U0599664

中华内丹学典籍丛书

古书隐楼藏书汇校

（上册）

[清]闵一得 撰
汪登伟 点校

华龄出版社
HUALING PRESS

图书在版编目（CIP）数据

古书隐楼藏书汇校：上下 /（清）闵一得撰；汪登伟点校 . -- 北京：华龄出版社，2024.4

ISBN 978-7-5169-2737-3

Ⅰ. ①古… Ⅱ. ①闵… ②汪… Ⅲ. ①道教—中国—清代—文集 Ⅳ. ① B958-53

中国国家版本馆 CIP 数据核字（2024）第 071579 号

策划编辑 南川一滴 **责任印制** 李未圻
责任编辑 郑 雍 **装帧设计** 何 朗

书　名	古书隐楼藏书汇校	**作　者**	［清］闵一得 撰 汪登伟 点校
出　版 发　行	华龄出版社 HUALING PRESS		
社　址	北京市东城区安定门外大街甲 57 号	**邮　编**	100011
发　行	（010）58122255	**传　真**	（010）84049572
承　印	文畅阁印刷有限公司		
版　次	2024 年 7 月第 1 版	**印　次**	2024 年 7 月第 1 次印刷
规　格	710mm × 1000mm	**开　本**	1/16
印　张	59	**字　数**	913 千字
书　号	ISBN 978-7-5169-2737-3		
定　价	218.00 元		

《中华内丹学典籍丛书》
编 委 会

凡 例

一、《古书隐楼藏书》目前见到的版本有光绪年间湖州金盖山纯阳宫刻本（本书称之为金盖本），和民国五年起由万启型重刻顶批本（本书称之为万本）两种。另有丁福保校读《古书隐楼藏书》本（现藏复旦大学，惜未能睹），计20册23种，丁福保将之编辑为《道藏续编》（本书称之为丁本）。

一、万本虽然晚于金盖本，但保留着更多原始信息，如序跋的完整等，所以本次点校以万本为底本（万本所收《碧苑坛经》《清规元妙》系道士王桐生所刻，这次点校以之底本）。万本未收而金盖本已收的书，一并增入。按闵一得之意本应收入但此两本都未收的书，此次点校不收。

一、金盖本已收闵一得高弟薛阳桂的《梅华问答编》，这次增入其另一作品《金仙直指性命真源》（为闵一得所鉴定者），方便读者了解闵派"玄关"及"双修"的内容。并增加了闵一得女弟陈兰云等对天仙心传问答而集成的《天仙心传答问》，以便深入了解天仙心传之学。

一、本次点校收入了三个版本的顶批、夹批。原书中的顶批、夹批，标识为原批（万本中几乎全录）、原夹批。若是万启型增入的顶批，标为万批；丁福保也有部分顶批，标为丁批。诸顶批以注释形式出现。万批、丁批有不合于原书之旨者，点校者以按语形式略作说明。

一、原书文间双行注释，以[ ]号内楷体字标明，附在正文中，不做脚注或尾注处理。

一、本次点校保留了原书中的部分通假字、异体字、避讳字（缺笔变形者，改为通行字，他字替代者——如用"元"代"玄"则不改）。无关紧要的版本异字，择善而从。疑为错字者，在校注中说明。缺损或无法识别的字，用□代替。

一、原版竖排，文中标识性的"左右"等同于今天横版排列的"下上"，所以按现在习惯读法修改。原文中表尊重的抬头、顶格、破格或空格一律免除。闵一得自称的"一得""得""苕雩"等字原作小字，本次点校与正文字体同大，未做区别处理。

一、本丛书所收丹书经咒的来源说明不一定尽合史实，闵一得的注解也不一定符合丹书经咒原意（因其别解而阐发丹道妙义），但他对丹道功夫的方法与经验有非同寻常的说明，对丹道理论也有发明。这是我们学习研究主要的方向，请读者留意。

一、本丛书所收丹书经咒独立成书，收入丛书中，又都围绕“返本还元，乃即所谓全受全归”之旨，所以此次点校按内容重新编排全书次序。各书的内部次序不变，只有《天仙心传》《雨香天经咒》等书稍做调整。原书内容则保存原貌，不作任何删节。

一、本丛书按内容重新进行分卷排序。第一卷是侧重性功和规戒的著作，有《碧苑坛经》《陆约庵先生就正录》《清规元妙》三种。第二卷为侧重命功和养生的著作，有《古法养生十三则阐微》《二懒心话》《如是我闻》《泄天机》四种。第三卷是深入阐发性命双修的著作，有《道程戒忌》《琐言续》《修真辩难参证》《阴符经玄解正义》《张三丰真人玄谭集》五种。第四卷为女丹，有《吕祖重申西王母女修正途十则》《泥丸李祖师女宗双修宝筏》两种。第五卷为经咒科法，有《雨香天经咒注》《行持佛说持世陀罗尼经法》两种。第六卷为医世功法，有作为医世张本的《吕祖师先天虚无太一金华宗旨》《尹真人东华正脉皇极阖辟证道仙经》，和医世正功的《吕祖师三尼医世说述》（含《读吕祖师三尼医世说述管窥》）《吕祖师三尼医世功诀》共四种。第七卷为上品丹法，有《金丹四百字注释》《上品丹法节次》《管窥编》三种。第八卷为《天仙心传》（含《天仙心传玄科》）和《天仙心传答问》两种。第九卷为《还源篇阐微》。第十卷为薛阳桂为“缘引后学欲读先生之书者”所作的《梅华问答编》，及《金仙直指性命真源》两种。而将序、像、赞、自述、遗言、传等放在卷首。

一、本次点校附入了林兆恩《玄谭》、刘真仙《金丹直指》、《大女金丹诀》、邵志琳本《先天虚无太乙金华宗旨》、白玉蟾《修仙辨惑论》作为《张三丰真人玄谭集》《西王母女修正途》《金华宗旨》与上品丹法的参考资料。

一、读者欲深入了解此丛书的成型、内容与主旨，请参考附录《古书隐楼藏书考》。附录还收入了《太上心传 丹道奇葩》《闵真人年谱》《沈一炳真人年谱》《万启型事迹及其丹法》《大悲神咒正译》《持世陀罗尼释词》，为学者提供参考。

目　录

（上册）

卷首　序传、像赞、自述、遗言

第一卷　性功与规戒

第二卷　命功与养生

第三卷　性命双修

第四卷　女丹

第五卷　经咒科法

（下册）

第六卷　医世功法

第七卷　上品丹法

第八卷　天仙心传

第九卷 还源阐微

第十卷　梅花问答与金仙直指

附录　参考资料

卷首　序传、像赞、自述、遗言

金盖本卷前有像、赞、宝诰、三篇小传、遗言。万本卷前有重刊二序，而像、赞、宝诰、遗言、自述在第十二册《清规元妙》卷前。今合并为卷首，并略调整其篇章次序。

重刻古书隐楼藏书序

道在天壤间，古今犹一日，此古德语也。余为转语云：道在天地间，古今由一息[①]。积息以成杪，积杪以成分，积分以成刻，积刻以成时，积时以成日，积日以成月，积月以成岁。前而千古，后而万年，莫非此一息之积累而渐成，即莫非此大道之斡运而周遍。道不可见，所可静观而领悟者，惟此一息尔。

天有此一息，故四时不忒；地有此一息，故六气无差；人有此一息，故呼息不绝；草木有此一息，故荣枯有候；金石有此一息，故宝藏潜滋。是息也，凡息耶？真息耶？寒暑也，云雷也，鼻嗅也，窳羸也［果仁中之白膜］，砂汞也［此指后天砂汞而言］，天地人物草木金石之凡息，凡人皆知之。昼夜也，星潮也，橐籥也，葫芦也，子午也，鄞鄂也，铅土也［此指先天铅土而言］，天地人物草木金石之凡息中之真息，惟修真者能知之。而真息中之无息，无息中之不息，非真人莫辨。虚极静笃之时，凡息除而真息见；杳杳冥冥之中，真息现而无息立；绵绵密密之顷，无息安而不息转。知转息，即知转识。知转识，即知转几。知几其神乎！虽然，转息非易易也。欲知转息，非知分息不可；欲知分息，非知离息不可；欲知离息，非知合息不可；欲知合息，非知通息不可。通则一,一而二,二而一也。庄子所谓“乘天地之正，而御六气之辨，以游无穷者”，非此之谓耶？

凡夫不知，必惊而讶之。或冷然笑之。庸讵知惊讶冷笑者，即此一息之转而未转，不转而转之几耶？欲实证之，当知五岳之一呼齐应，萍浮之大地皆春，公冶长之识鸟语，鹦鹉之能人言，莫非此坎离之一息，周流六虚，一转皆转，转无不转之几也。呜呼，可与知者言，难为外人道。西人之无线

① 万批：孔子之耳顺，孟子之知言，《中庸》之久征，佛之缘中，《摩诃衍止观》之息两边分别止，《楞严》之觉明空昧，《法华》之三乘，《唯识》之离摄，《阴符》之观天、执天，老子之道之反，庄子之吉祥止止，皆寓有转息之法，而未肯畅言。学者将此序熟玩百过，字字体会，久自通悟，届时方知余之非诳谬也。

电，尚能略明此理，中国开辟最早，而犹未闻知，道之不明也，无怪乎下士笑之也。人之在胞也，凡息无而真息已具；人之将死也，真息去而凡息犹存。龟之藏首也，真息定而无息现；鹤之守胎也，无息安而不息运。而能分能离，能合能通者，其惟龙吟欤？虎啸欤？转而转之，《易》所谓“云从龙，风从虎”“需于沙”“需于穴，出自穴也”。从从［两从字连合，中有深意］需出之义，泥于转息者不知，了然转息者自知之。知几其神乎！

慨列子御风一篇，不传于世，故吾师抱一先生，尝于指授天元后，嘱将转息法隐略发明，百世以俟圣人而不惑。兹因重刻《古书隐楼藏书》，笔之以冠书首，俾阅者知此书之有自来也。吾师著作，有《抱一子全书》《显道图说》《金刚导疑》，均年久湮佚无存。惟陆潜虚、闵小艮两先生书，为师所嘉许。陆书翻刻尚多，闵书早失其板，谋诸同人，议重刻之，略加批注，以醒初学。幸张君弼士，郑君陶斋，张君静生，以及方君、陈君诸大善士，慨助多金，俾是书得已早日告成，亦时机之所凑也。闵先生云：“吾师太虚翁尝谓：数十年后，大江南北，吾道将普行。”此其时乎？此其时乎？是为序。

民国五年清明后七日，东华正脉后学式一子万启型谨撰。

重刊古书隐楼藏书序

《悟真篇》云:“不求大道出迷途，纵负贤才岂丈夫?”此古真励俗之训也。虽然，性命双修、长生久视之道，岂易言哉?必须洞晓阴阳，深达造化，于有为名相之中，逆修之以成真成圣。故古帝轩辕氏得道于广成子，提挈阴阳，纪纲造化，开性命之宗，示三元之法，作《阴符》《龙虎》《玉皇心印》三经，实为道家鼻祖。继之者，有老圣《道德》，庄子《南华》，伯阳《参同》，紫阳《悟真》，均修真者必读之书。厥后，仙圣踵兴，丹书迭出，南北东西，派传各别，玄机妙谛，隐而不宣，致使好道之士望洋兴叹，靡所适从。惟前清闵小艮先生道得真传，汇集历来玄要之编，详加批评，剞劂成帙，名曰《古书隐楼藏书》。用以开示正轨，嘉惠士林，诚非浅鲜。惜书板毁于兵燹，湮没无存。万师雯轩因是书为抱一圣师所赏鉴，故纠合同志，捐资重刊，加以批注，醒示后学。书成，函嘱待鹤申序数言。自愧无文，辞之不获，勉为操觚，聊以塞责。窃思万师雯轩，以前清名宦，遗爱在民，好善不倦，阴德动天，曾蒙抱一圣师疗其沉疴，传授大道，命为东华正脉领袖，大江南北，度人颇众。待鹤自童年访道以来，于兹五十载，遍游海岳，变产力行，德薄魔重，迄无所成。兹以因缘，幸遇万师雯轩，代为转请抱一圣师，授以玄科秘旨，朝夕练习，无敢少懈。惟老态日增，家境日迫，丁此时艰，心益滋疚。每念吕祖师云“下手速修犹太迟”，薛祖师云“光景易迁，修短难测”，张紫阳祖师云“人生虽有百年期，修短穷通岂预知”，圣训煌煌，令人警惕，光阴有限，无常迅速，敢不急流勇退、壹志潜修?愿与同志，仰体上圣高真之训。共勉著书度世之心，此待鹤殷殷祈祷于无穷者也。

民国五年仲夏，罗浮待鹤山人郑观应谨序。

像赞

我忘景岂真？我觉景岂幻？若待罔两问，已惹庄生叹。省省复省省，真幻持两端。非省非省省，应作如是观。渺渺太虚中，赘此一身景。问景是何为？真幻随时省。

金盖山农自题。

大哉闵子三尼，承宣危微精一。庸行庸言厥中，枕秘独曰心传。读先生之混化，知至道之凝焉。

受业薛阳桂百拜谨题。

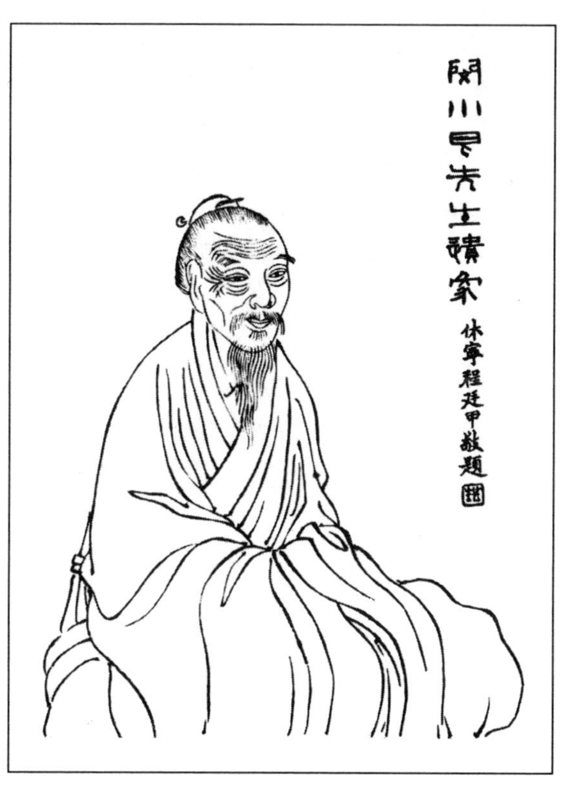

式一子重刊本画像

金盖山纯阳宫本画像

自述

人之齿，数悬弧之始，曰生腊；皈依玄门者，数就傅之始，曰道腊。盖生我者父母，成我者师傅也。

余初生，先慈梦见天际下一红灯，约有三尺许。恍若照顶直落，冉冉到胸际。以裾承之，携入室，腹大震，遂分娩。时先严假寐书室，见道士三人：貌清癯一老叟，二少年。一少年呈名纸曰："家师至矣。"接视之，硃纸一片，上署曰"贝懒云"。老者向前稽首，遽入内。急止之，忽不见。仆妇陈兑二扣扉曰："起，起！主母已生产，男也。"是时先严心知为贝叟降生矣。按《洞霄潘[①]志》：贝大钦，号懒云，南宋时人，奉诏住持洞霄宫者。

余生而足弱，膝骨大仅如豆，九岁犹不能行。奉庭训读书，然不能赴试。十余龄时，梦游仙山，松柏千寻，殿阁参差，隐现于翡翠丛中。有道士二三人，若素相识，授以导引之法。醒而如法行之，未及百日，两膝骨大如钱，渐能行矣。又数年，忽染患，郁郁无生理。先严选授仙居广文，余侍从，路过天台之紫阳宫。宫为崇道观下院。按崇道，即古桐柏宫。开山祖为仙人王子晋，司马承祯式廓之。其后屡兴屡废，雍正间，已为豪贵侵占，龙门道士范清一，来自茅山，厘旧址，造道院。其时紫阳张祖大显灵异。奉敕重建，额曰崇道观，仑焉焕焉。主是观者曰高东离，大学士高讳晋之伯父行也，年已百有十岁矣。侍司知众者，归安人，姓沈，名一炳，化号太虚，与先严为中表昆季。中途访之，余得随入山。所历山境，仿佛旧游，道侣皆一一若曾相识。予恋恋不能去。东离老人云："汝居此，疾可愈。"先严怜之，遂留勿行。越三载，疾果瘳，精神强固。遵古制以抵山之岁为初生，所谓道腊也。

其后出山省亲，不复以功名为念。先严慈亦听之，但谕勿废诗书耳。数年中，寻山问水，矻矻无倦，遂游楚汉间。是时先叔峙庭先生任湖北方岳，

① "潘"，疑当为"图"。

石君朱文正公任廉访，二公皆虔奉吕祖。一日降坛，谕予曰："尔本高僧，勿迷也。富贵路隘而险，勿迷也。且青山白云，较诸富贵若何？能省，他日领袖一山。"盖知余有金盖山息辙之日也。

余年方壮，逐逐于尘市，志欲积功行，而未悟大道。数十年中，挥金以数十万许，后乃窘甚。然砥行自勉，如还人遗金，救人厄难，小善亦时有之。和相国欲招致门下，以计脱，遂隐，而道腊已逾二旬。

又数年，先严心动，促就滇南。而先严即于是岁季冬二十三日辞世。奔归守制。服除，先慈又辞世。大事既毕，始入金盖，不复作出山计。生平屡遭磨折，虽有夙因，岂非自作孽乎？

初余在滇南，遇鸡足道者黄真人，示以《吕祖三尼医世说述》，谓"犹《佛说持世陀罗尼经》，子归访求，诚必自得，岂仅得如石君搆访详善本已哉"。既越若干年，果得《三尼医世功诀》。窃欲纂订成科，而余道腊已高。

近又继得《佛说持世陀罗尼经》，因缘凑集，乃并汇辑所述各种，合为一编，皆吾昔日闻教于先师往哲，种种微言奥旨，录呈世之同志。寻绎是编，能承能畅，可久可大。既识身心，自明身世、三才一吾，大可即身以治世者。此道既传，庶不负我先师往哲，在在接引小子之玄义，乃正曲全先严心动，促就滇南之妙用。盖以滇南不游，神人不遇，岂仅《医世》莫证？《持世》更无缘访也矣。可不知所勉乎？爰为述以自勉云，得者谅诸。

道光乙未春王正月朔，金盖山人闵一得拜手自述。

遗言

好为苟难，耽误一世。作异矜奇，全不济事。只此平常，还源密谛。三百日圆，时时如是。

祖师殿檐，“金峰半席”匾换“九天演政”四字。

山中日用清规，悉照旧章勿改。国课务要早完，勿可拖欠。

云根云山俱好的。饭疏饮水，道家风味。勤俭度日，常住总过得去的。勤能补拙，俭以养廉。

我不及到丙辰年了。我今于冬至日演政府受事，取材以能尽庸言庸行者为上，奇功卓行者次之。奇功卓行，有遇机缘成的，有一时高兴做出的，有心有力者可勉为之。倘生平言行不纯粹，仍瑜不掩瑕也。庸言庸行，非纯粹于道者不能。功行非难，用中为难。庸乎至中，一以贯通。门下诸君子有问，汝代我答之、导之。不问，勿强教。我生平诲人却有不倦之意，然强教是我毛病，徒然言者谆谆，听者藐藐。汝可不必。不问而教，言之无益。我所著书十几种，其中多有随地随人补偏救弊说法，不是经常公正之论。最元妙显豁者，是大涤洞音《天仙心传》，是不朽的。《丹法节次》也是我一部正书。此皆是太虚的传［语易三娅］。

我自题一联，为我录出。“修道只为求己志，著书未尽度人心。”又有一联：“不失其赤子之心，善养吾浩然之气。”为录楹贴，垂示后人，山家俱可用。

孝弟是立身根本，不孝不弟，不可为人。

三足乌，三足兔，日月合璧，性情交错。何阴非阳？何新非故？精气为物，何物非我？何物非我，何类不度。

天地混辟，不过动静；人身死生，不过动静。譬如出阵，战罢自静；譬如戏场，做罢即静。可知动处皆情，静即自性。

自性本静，静久自动。动而专一，是大把柄。一归其根，仍复于静。静曰复命，即是密谛。

专一，是敬以直内。动不专一，是散乱矣。散乱复静，是昏溃矣。所以动心，必要专一，是择善而固执之道理。动时专一，动毕还静。心神安醒，方是清明在躬。

在天赋我时谓之命，我得于天即谓之性。天命之谓性，性即是命，性外问命工，误了古今来多少英材。所以丹书著得不明白，实为可恨。咳！命宝不宜轻弄。

人到壮年，精是至宝，泄去了不复生长矣。

汝等须要奋志读书，方可复振家声。

但于动际求专，莫向静中寻一。但作动静观，勿作去留见。无往亦非来，我故常自在。动静都不是，放下两头看。我今常自在，无动亦非静。个里自惺惺，天人物我并。无天地人物，亦无所谓我。但闻花雨声，滴滴皆归土。

顷间，有一白衣人，又一黑衣人，我打发他过去了。这所见的，想就是无常、莫必。我心对他说："无常，无常，我得主而有常。莫必，莫必，吾无意而无必。"他都不见了。这不是鬼，还是自家魂魄的影子。

信天翁，信天翁自然得安稳。

时人不识予心乐，将谓偷闲学少年。要会偷闲，心清神自闲耳。

回首人间世，等闲八十年。白云还自散，明月又重圆。书要从头检，功须澈底专。生平未了事，后我好仔肩。我九岁皈道，到今完得不增不减。你们要晓得，减了固是缺陷，若增点又是累坠，都不是的！要晓得，你们大家要晓得！

不肖傅臣泣血谨述。

坤孙沈来仁敬刊。

宝诰一

太妙天史，西竺真仙。降生承德行家声，修己证道宗师表。度神度人度鬼，宏开选仙道场；复命复性复元，大阐还源密谛。赞文尼而医世，阴符造化之元功；返无极以朝真，特证瑶天之右相。大悲大愿，大慧大仁。东华密部开科初祖，太乙心法启化祖师，中天救劫大仙，雷酆岳渎都巡按，定梵妙行真人。玉清师相，经纶演政使司，神玑明德真君，大慈救劫天尊。

宝诰二

运承唯[1]渥，德业维新。开天地玄元之化，掌乾坤姤复之机。心传道德五千言，行立阴符三百诀。阐先圣之遗秘，混化三元；秉中正之真诚，庸言庸行。教阐龙门真种子，纲维西竺大勋臣。秉铎金峰，代佛扬化。果证伽陀演法尊者，龙树通慧菩萨。大慈大化，大德大仁。玉斗右宫，瑶天副相，九天协化，神机明德真君，通儒妙行天尊。

① 原注：唯，音委。

闵懒云先生传

仪征晏端书撰

先生姓闵，名苕旉，字补之，一字小艮。懒云，其道号也。世为吴兴望族。父大夏举于乡，授河南息县令，寻改教谕余杭。

先生生而体弱，九岁犹艰于行。依高东篱翁于桐柏山习导引术，遂皈龙门，派名一得。未几疾愈。归读书，研究性理，不为科举学。及壮，以父命入赀为州司马，服官滇南。寻奉讳归，绝意仕进。出访名胜，数遇异人相印证。

有沈子轻云者，东篱首座弟子也，学综三教，得东篱真传。翁将示化时，先生年逾弱冠，亲往送别。嗣后，遂从轻云学，以师礼事之，遵翁命也。其及门诸子，皆卓荦一时，先生独得其大，常守轻云十义之训，数十年不敢少懈。

邑南金盖山，为陶靖庵修真之所，沈师羽化，先生遂居是山，闭关修道。悯其法嗣凌替，屋宇倾颓，慨然思振其绪。于是修葺增壮，拓其规模，并修近山卫正节高士墓，植梅百余株。时或往来江浙间，随缘启迪，自搢绅之士，至胥吏仆舆，钦其道范，纳交受业者实繁有徒。入室者虽不多觏，而诱掖奖劝之下，因其言而自新者，亦复不少。

先生朗若秋月，和若春风，定则如山，虚则如谷。中年学已贯彻，晚境更臻纯粹。语默无非至道，起居纯是天机。至如乐善好施，精神强固，犹其小焉者也。其教人也，有体有用，有本有末，笃于实行，不事神奇。大旨以修身寡过为入门，穷理尽性至命为究竟，省察涵养为彻始彻终功夫。尝悯丹经邪正混淆，流弊滋多，爰取平日闻于师友，及四方好道之人持其所藏之本过访就正者，雠校勘订，剖其真伪，凡阴阳采补，讹传邪说，悉皆摒斥，归于中正。

所著《金盖心灯》八卷，沿流溯源，发潜阐幽。又《书隐楼藏书》三十余种[①]，及《还源篇阐微》，以儒释之精华，诠道家之元妙。言言口诀，字字心传，俾有志者循序渐进，自有为以造无为，不至昧厥旨归。石照山人谓其能集元学之大成，周梯霞谓为笃实辉光，清虚恢漠，足以承先启后者。洵不诬矣！

岁乙未，年七十八，其嗣迎养于家。逾年，冬，偶感微疾，翛然而逝。自拟身后楹联曰："修道只为求己志，著书未尽度人心。"又集《孟子》书曰："不失其赤子之心，善养吾浩然之气。"即此数言，其生平可概见矣。

先生生于乾隆戊寅十二月初二日，卒于道光丙申十一月初十日，住世七十有九年[②]，葬金盖山之东麓，门人祠之弗替焉。

赐进士出身翰林院编修、知浙江湖州府事晏端书顿首拜撰[③]。

① "三十余种"，同治《金盖心灯》本作"二十八种"，当从。

② 应为八十九岁，详见王宗耀《闵一得生年考疑》等相关文章。

③ 署名据《金盖心灯》补，而《心灯》篇首无"仪征晏端书撰"数字。

闵懒云先生传

后学杨维昆撰

先生名苕旉，字补之。吴兴世家子。生时，其父艮甫公梦羽服者至，自称贝懒云，故又自号懒云子。幼颖异。从群儿戏，堕井中，若有掖之出者。素羸弱，谒东篱高子于桐柏山，留数载，体始充。资性绝人，读书穷理，不为应举业。比壮，有经世志，援例入选，以州司马官云南。寻丁父忧，不复仕。

会东篱卒，从其高弟沈子轻云游。甚器之。沈卒，出访名胜，历吴楚燕赵，足迹半天下。先后遇金怀怀、白马李、李鬈头、龙门道士辈，与往复讲论，多所契合。所至，名公贤士争相推重。

晚隐邑之金盖山，山故有道栖息之所。拓地居之。学者日进，诱掖奖劝不少倦。为人傰爽冲和，超然物表，年七十余，精力不衰，如四五十人。

尝冬月遇一故人寒甚，即解身上裘衣之。族中停柩十数，贫不能举，为经理葬焉。时艮甫公在任所，梦衣冠者数辈来谢，疑之，后始知其故。盖即葬柩之夕也。其慷慨任事类如此。尤勤著述，采摭群书，参以旧闻，成《金盖心灯》八卷。并辑《书隐楼藏书》三十余种[①]行世。

年七十九卒，门人为祠祀之。

① “三十余种”，《金盖心灯》本作“二十余种”，当从。

懒云先生传

后学沈秉成撰

先生姓闵氏，名苕旉，归安人。父大夏，某科举人，官息县知县。先生生日，息县君梦羽服者至，曰："余贝懒云也。"故别署懒云子。

幼聪颖。从群儿嬉，堕井中，若有掖之出者。体素弱，谒高东篱于桐柏山，受服食、挢引法，气渐充。资性过人，读书千数百卷，洞极理要，不为应举业。承息县君命入赀，选云南州同。以父丧归，不复仕。东篱既羽化，从东篱高弟沈轻云问业。轻云卒，出游吴楚燕赵。先后遇金怀怀、白马李、李鬐头、龙门道者，相与往复讲论，多所契合。当代名公卿争推重焉。

晚隐县之金盖山，山故有道栖息之所。拓地立楼观堂庑。学者日聚，诱掖奖劝弗少倦。年七十时，精力完固，睟然有壮容。尝冬月遇一故人，衣薄见寒色，解身上裘衣之。族中停柩十数，贫不能举，为择地营葬。息县君方官河南，梦衣冠者数辈，踏阶肃谢。后得先生书，梦夕即葬日也。

生平勤于著述，辑《书隐楼藏书》三十余种①，别撰《金盖心灯》八卷。发明本师宗旨，于丹家邪说辟之尤力。笃实纯静，平易近人，论者以为有儒者气象。道光十六年卒，年七十九。未卒前一夕，集《孟子》作连句，曰："善养吾浩然之气，不失其赤子之心。"以示门人。门人立祠山上，揭二语于楹。

赞曰：梅福为尉，张楷作儒。委化金盖，归根玉枢。诀悟九丹，游遍五岳。掩骼知仁，崇元讲学。著书百卷，闻道一经。不失赤子，可读《黄庭》。

① "三十余种"，《金盖心灯》本作"二十余种"，当从。

第一卷　性功与规戒

碧苑坛经

碧苑坛经目录

卷首

卷上

卷中

卷下

阐教宏道
济度众生
智慧光明
神通妙用
了悟生死
功德圆满

卷末

参悟玄机

碧苑坛经卷首

大清高士全真演教龙门承律第七代祖师[①]王常月演

第八代戒子[②]施守平纂　第十一代宗裔闵一得订

心法真言

康熙二年，岁在癸卯，十月之吉，昆阳子说戒于金陵碧苑。谓凝真子邵守善、扶摇子詹守椿曰："余自髫年慕道，识透浮生不实，幻境无常，要免轮回，蚤修至道。但崆峒虽近，广成子未许相逢；蓬岛非遥，凡夫身安能得到？务必远离污染，扫尽尘埃，涤荡心胸，洁涓志虑，消磨结习而俗念如灰，淘沃欲身[③]而妄根截断。诸缘顿息，俱从戒定中一步步行来；万虑归空，悉自智慧里一层层看到。拨得开则拿得定，看得透则忍得来。是以竖起眉毛，手掣割情刀子；放开脚步，直登渡世船儿。翻身则解脱轮回，转念则超离罗网。悲心不泯，古云自度度他；慈愿常存，我欲自度度彼。

"记得昔年寻真访道，曾参王屋，得遇明师。上蒙三宝之洪恩，亲闻法宝；下仗一身之膂力，苦行修身。皈依无上法王，行持大乘妙道。当逢盛世，安乐清平，万劫难闻，千生罕见。敢不阐扬三宝，答报四恩？少尽涓埃之愿，聊输方寸之明。是以不忘僭妄之愆，开坛说戒；莫避笑讥之谤，演教谈经。非关好事沽名，只为辟邪解惑。天律不容绮语，至道惟在直言。谨将龙门第七代家风，告诸大众。敬录碧苑一腔直话，普利人天。不敢虚文，何妨实说。今将授汝，正以接引愚迷，阐明正法。若夫上乘法器，明眼高人，则贫道下风有幸，正欲请慈领教，以印证其所闻，贫道之愿也。"

二子闻是训已，作礼而退，东西序立。于是广陵戒弟子施守平稽首颂曰："法原无法因心有，心本无心为法空。心现法王心现相，法皈心主法皈空。

---

① "祖师"，金盖本作"昆阳子"。

② "戒子"，金盖本作"戒弟子"。

③ "淘沃欲身"，金盖本作"淘汰欲身"，《龙门心法》作"淘冶色身"。

要明定法非圆相[①]，须悟凡心即圣心。心法法心心法法，法心解脱是知音。”

皈依三宝

三宝者，道经师也。道本虚空，无形无名，非经不可以明道。道在经中，幽深微妙，非师不能得其理。若不皈依三宝，必致沉沦邪道，颠倒昏迷。凡修真学道之士，志心皈命者，须作难得遭逢之想。第一皈依，无上道宝，当愿众生，常侍天尊，永脱轮回。第二皈依，无上经宝，当愿众生，生生世世，得闻正法。第三皈依，无上师宝，当愿众生，学最上乘，不落邪见。

此三皈依，乃昔之圣贤，度人入道，第一步上升之路，第一重入德之门。成仙成道，成圣成贤，莫不从此三皈依起首。何以故？盖性命生死大事因缘，微妙秘密，难可见闻。最上一乘解脱妙法，若无师真垂慈开示，引诱灵机，安能顿悟大乘正宗，渐入虚无妙道，而不致堕落邪见，错入旁门也耶？所以未能明道之士，先皈依经。未能明经，先皈依师。若能皈依师宝，则经宝可闻于不闻之中。能闻经宝，则道宝可见于不见之际。昔日之不可见不可闻者，一旦豁然贯通，皆由皈依师宝之力也。自然解悟真文，得明正法，超脱生死，不落轮回。

但我所说皈依三宝法门，须要皈依真三宝。何以故？大众，如今三皈依视为泛常，早晚在圣像之前，口诵礼拜而已，并不曾嚼破皈依端的为何而来。故尔毕竟沉迷邪法，不免轮回。如何得明大道，得脱生死哉！

所说真三宝者。皈依意，使念无生灭，则道宝可得而明；皈依心，使机无障碍，则经宝可得而悟；皈依身，使眼无见，耳无闻，鼻无嗅，舌无尝，手无妄动，足无妄行，不染邪淫污浊，躬行苦行，劳其筋骨，饿其肌肤，堕[②]其肢体，舍其形骸，则师宝可得而感矣。有能感动师慈，传经授道者，必自己皈依自己之身心意，为真三宝也。我身之耳目，未能忘其见闻，非迷于色，即着于声。声色尚存，则身非真矣。非真何以感师？苟能持身端正，心养灵根，意合真常，则念念虚空，湛然泰定，名为皈依三宝。身不邪淫，则师宝可感；心不昧灵，则经宝可悟；意不二用，则道宝可明。身固则精全

① “圆相”，《龙门心法》作“圆法”。

② “墮”，底本作“度”，金盖本作“惰”，《龙门心法》作“隳”，据《庄子》改。

而体健，心灵则气清而慧通，意诚则神凝而性现。精气既足，神智变化，元妙不测，皆从皈依身心意自己三宝来，然道经师即从而出也。

且说如何皈依身心意。大众，汝等各各志心谛听，我今说明皈依身心意三宝之法，使汝等破暗除疑。大众，此身乃父精母血交媾成形，情性容颜肢体，俱从胞胎长就。一团污秽，四大皮囊，眼视耳听，足动手摇，口说舌尝，最非长久善良之物。善用者，则成仙成佛，成圣成贤；不善用者，则成魔成怪，成鬼成畜类。向上一转，则天堂可登；向下一转，则地狱可到。受福报者，以此为外物；受恶报者，以此作根基。何况大众既已出家，欲超生死，必须皈依此身，方为妥当。不然，则六根外用，三毒内生。万祸千灾，九魔十难，皆由身起。如何能彀修行入道？

若要皈依，惟有一法能制此身。须是行持戒律，收伏狂骸。以四大威仪为主，行住坐卧，约束端庄。使耳不听声，目不视色，庄严妙相，端正慈悲，人见欢喜，又生恭敬者。戒律拘制狂身，变为法体，而师宝可皈矣。

大众，此第一段法，既已指明，须是皈依心。大众，此心又比此身不同。险恶异变不可测度，如风吹海，海水洪深，风势涌烈，波涛潮浪，拥撼汹翻，起落不测，转辗难凭。历劫以来，所谓出头无日，苦海无边也。今欲皈依此心，当明此心是一团血肉结成，更非长久善良之物。食声娱色，不畏犯法遭刑；甘食好财，那顾丧身失命。沉于饿鬼畜生不怕，送之刀山炭火不惊；流于瘟瘴疫疠不辞，弄出星殒山崩不避。种种祸因，皆是此心招摇起首。六贼先锋，七情魁帅。若欲修行而不自皈依此心者，岂能降魔伏怪，开障除邪，悟透元机，得明正法，精参宗旨，直入上乘。

然欲制此心，又须持行戒律中冥心入定，勒马兜缰，回风熄焰。若此心无明火发，便以忍水[①]克之。化烈焰为慧风，变无明为大智。移恶因为善果，解仇怨为欢娱。拨声色为浮埃，转怠慢为恭敬。无起昏垢，不辨是非，不使去留交战，往复低昂，得失推移，旋转动荡。自然气定心平，心平气定，而经宝可皈矣。

大众，既将定力摄服血肉狂心，便浪静风恬，波平月现，珠透光明，慧通经蕴，智达经诠，又须皈依此意。此意又比此心难制，心则求正，意在于

---

① “忍水”,《龙门心法》作“定水”。

诚。诚者，慎密之谓也。定则密中了了分明，毫芒不掩，不二不息，动静一如，光明普照。是故未皈依于意，犹虞定静之心。窃发操权，机械变诈，诡幻纷岐。或来或去，造作多途；倏灭倏生，波翻巧样。如龙如虎，不可擒拿；为影为风，难能捉摸。无形可见，寸机弩发千钧；无声可闻，点滴舟通万斛。千谋万算，不测神通；换日偷天，无边诡计。自意皈依以后，即如冰消瓦解，万象回春。可以入圣成真，可以登仙了道。在俗化导，国治民安，时和岁稔，忠孝节义，廉洁贞清。三纲五伦，意诚而出；九流三教，意诚而生。诚不诚之间，祸福灾祥，吉凶否泰，皆视此意。为性命因缘，轮回果报也。

大众，若不皈依此意，此心必难安定。若欲安定，皈依此意。慧光自然朗照，觉悟便可一一了明。此念未动之前，湛然澄澈。此念一萌之际，为邪为正，不昧灵光，机由枢转，星随斗移。此意诚，生死之权可执。此意不诚，轮回之柄谁操？

大众，自己心中意宝，一念真纯，上可通天，下能格冥。鬼神失色，由此意；日月失明，由此意；造化失权，由此意；阴阳失当，由此意；妖魔遁迹，由此意；人物消长，由此意。三界内外，惟意为尊。放之则有，收之则无。纵横自在，莫非此意。上朝元始为祖气，中归灵宝为梵气，下依太上为真气，直伸普广为浩气，凝聚温和为元气，慈悲仁惠为阳气，惨戚怒罚为阴气，贪嗔燥暴为血气，淫杀盗妄为邪气，执着蔽塞为魔气，凶残暗昧为妖气，劫刻冤抑为怨气。皆由大众身不皈依师宝，偏纵凶强。心不皈依经宝，多昏迷暗。意不皈依道宝，杂乱纷更，偏斜不诚。不诚则失中，失中则慧光不生，定力不固，戒行不严，神不能凝，气不能聚，精不能化。是故身不能修，心不能定，意不能诚也。

大众，我今明将大道①，直指人心。若不急早降伏身心意，化为三宝真身，度出轮回，然后一一皈依世上先觉先知、道经师三宝，不枉了出家一段好因缘也。若有能依戒定慧三大法门，行持信切，不生游移退悔者，当知此人决定成道。如有半点差移，不能依着，自己懈怠者，当知此人罪深福薄，不能明道，天神不容，岂能得闻无上至真清静解脱之道哉？如遇斯辈，慎勿嗔呵，当生慈悯，委曲方便，善引入道，是名皈依三宝。

① “大道”，底本作“人道”，据金盖本、《龙门心法》改。

于是戒弟子等稽首皈依，而作颂曰："大道清虚不可名，因经微妙著为文。若非师阐元元理，混浊愚迷怎得明？明明相续号全真，全得真元脱死生。先知先觉慈悲切，无尽贤良引入门。"

忏悔罪业

大众，既已皈依三宝，必须遵修妙行。太上曰："祸福无门，惟人自召。善恶之报，如影随形。是以天地有司过之神，依人所犯轻重，以夺人算。""其过大小，有数百事，欲求长生者，先须避之。"罪业者，过失之谓也。如今修行之士，自昧良知，自欺本性，只见他人之过，不知自己之非。即此不知自己之过，罪已深，业已重矣。瞒心昧己，岂能入道？是以须当忏悔。忏悔者，恭对圣真，不敢隐其往咎，痛立誓愿，不致再犯前非，如此，方能上进。

我今不辞嗔责，将世间瞒心昧己讲个分明。大众，各各听之，便自明了。且说如何是瞒心昧己之事。口中高谈阔论，心中好货贪财；外面妆身做分，内里机械图谋；受戒不遵戒律，劝人不怕人非；阳为道士，阴暱顽徒；出言同堂不信，公干常自饰非；闻道不行，知法故犯；以智术骗愚痴，占便宜为地步；惯起无明，动多掘强；以无为有，以有为无；以假为真，以真当假；指鹿为马，卖狗悬羊；暗室亏心，青天捣鬼；腹中暗算，笑里藏刀。种种邪行，头头背道，未有自己不知者。不知者，痴人愚人，迷人妄人。知而故犯者，此之谓奸人恶人，邪人小人。岂非瞒心昧己？其罪业比痴愚迷妄之人更加深重。何以故？痴愚之人，无有智慧，无知误作，止能害己，不能害人。若使害人，亦终为人所害。惟有奸恶之人，阴险狡猾，既损他以利己，复昧己以欺心，要使天地不知其奸，鬼神不知其恶。巧幻机关，而行常掩饰；图深搆密，而曲肆弥缝。设网待人，而人不觉其网从何设；推人下井，而人莫测其井是谁开。如此之人，世间甚有。惟修行却使不得。如于未曾皈依三宝之先，有此心者，今既受戒，换面改头，速求忏悔。

近日元风不振，戒律多弛，道化颓靡，黄冠失教，屡屡受教羽流，多有违条犯戒。吾今不惜苦口，告诫叮咛，奉劝大众。不但历劫漂沉罪业当忏悔，多生父母罪业当忏悔，现在父母九元七祖罪业当忏悔，即自己从前罪业，速速暗中心念打扫干净。一切不正的妄心，一切纤毫的妄念，俱要忏其前非，悔其往过，方成道品。不然，掩耳盗铃，安能解脱？大道远矣！我今作一忏悔文，大众早晚诵之。

忏悔发愿文

弟子众等，自从受戒，以至如今，徒耽受戒虚名，未克行持实事。衣冠滥冒，规钵空传。既不能精进于初真，又复堕愆尤于中极。心无智慧，不能切问于明师；性发无明，每难忍辱于同类。襟怀窄狭，不能容情；心识偏邪，致多犯过。不明正觉，以幻为真；不察因由，认贼为子。以贤良为匪恶，颠倒难明；认君子为小人，是非莫辨。或募缘错人因果，钱粮尽入私囊；或诵经字句差讹，意念全然不察。或眼观美色而心动淫根，或耳听圣言而腹中疑谤。种种败行，永堕凡流。从今若不自新，将来日暮途穷，势必石沉海底。此后犹然任意，宁待钟鸣漏尽，方知剑树刀山。故尔兹者，假心香、心灯、心水之供，竭皈身、皈神、皈命之诚。时刻喁喁，望丹霄而请命；晨昏汲汲，仰金阙以输诚。用申[①]斋沐之虔，不惮辛勤之苦。翻身续叩师慈，设供哀求天宥！从此尽除诸恶，永为良善之人；自今奋发奉真，痛守初真之戒。倘或再犯前律，生遭天谴，死堕酆都；如违向日之科，阳受极刑，阴埋无间。但愿忏悔之后，罪灭福生，灾消厄释，冰融觉地，朣月开光。漆室复明，慧日照于黑夜；善芽增长，甘露洒于枯条。元纲流再造之仁，法雨沛重苏之泽。俾得谴削黑书，名标青简。精修大定，保固真身。八识胥捐，百障千魔云净；三生洞晓，九元七祖升霞。神风遐著，万炁扬津。绵绵丕振于宗风，脉脉绪流于祖座。行藏迪吉，息世外之风波；隐显升平，晏壶中之日月。再愿师资同学，眷属宗亲，大地群黎，普天檀信，人人心地开明，个个性天照朗。时和岁稔，国泰民安。兵戈偃息，水火均平。皇图巩固，帝业遐昌。圣皇万寿，宰辅贤良。万姓同诚，千邦乐道。等与群生，同归清静。伏惟圣慈，曲垂济度。

以上忏悔[②]文，朝夕虔诵。须要自己法身对越帝天，念念投诚，心心惭愧，句句分明朗诵，字字悔悟踌躇，勇猛精进。死活存亡，困苦饥冷，一齐放下。惟抱戒定，自有前程。

---

① “申”，底本作“深”，据金盖本改。

② “忏悔”二字后，金盖本有“发愿”一词。

碧苑坛经卷上

断除障碍

修行之人，障未断，则闭塞昏迷；碍不除，则愚顽暗昧。心体本同天日，妄情恰似浮云。雾塞青天，白日安能朗照？情迷灵窍，真机那得圆通？岂非修行人一大病哉？我今指出病根，这障碍道家有两种，一唤作理障，一唤作事障。不明其事，真假难分；不明其理，正邪难辨。若执理而论事，拘泥迂腐，为理障心；若行事而害理，悖戾乖张，为事贼性。或理或事，凡有所执，皆为障碍。

今将障碍两字，细细说来。大众，千经万典，皆是先觉先知欲令后人行善学好，悟道修真。众生不行善而反行恶，不学好而反学歹，不修真而反弄假，不悟道而反败教，这唤作事障本心。又有出家人，行善执善，学好执好，修真认真，悟道而着相殉迹，皆因好处，不曾解脱，这唤为理障本心。然这等有事理二障，还是一等向上之人。更有一等修行之人，心地未明，天机未转，到处都生障碍。见我等向上之人讲经说戒，他便明为称颂，暗动无明，生障碍心，动无明念。

大众，这障碍心不除，安能出得苦海？有船有筏，有篷有橹，明明可过海，却又不能过，不敢过，这却又为何来？哪知这点障碍之心，就如一时天起黑云，漫漫而来，欲风欲雨，必有巨浪凶涛之险，所以就不敢过，不能过了。

大众，苦海无边，回头是岸。这修行人的障碍，如黑云四起，腾腾瞒天之象，迨至断除了，便如浪静风恬，安稳自在，方能渡出苦海。你们岂不闻《高上玉皇本行集经》上说么："只因众生障重，不能得睹上帝慈颜。"又云："如是诸障，汝等各各当断除之。"《皇经》开首，所以就宣说断障："断障之法，当生大慧，无起疑惑，无起贪嗔，无起淫欲，无起嫉妒，无起杀害，无起凡情，无起凡思，无起昏垢，无起声色，无起是非，无起憎爱，无起分别，无起高慢，无起执着。凝神澄虑，万神调伏，心若太虚，内外贞白。无所不容，无所不纳。无令外邪乱其至道，牵失真宗，败其灵根，盗其至宝。

致尔万劫永堕凡流，堕入俗网，万魔来攻，百千万劫不闻妙法，鬼神执诛，从生入死。是故汝等，应当志心，善护真宗，无令丧失，如前所说，汝等各各当断除之。”则此训皆障碍之条款也。若不断除，便六根遍染，三业萦缠，就清净不成了。既不清净，如何得睹上帝慈颜？十七大光明，三十种功德，从何而至？是以上帝光明功德，为诸佛圣师，万天帝主。三卷五品之妙典，皆从断除障碍而成。

大众，世间障碍甚多，《皇经》不过指其行目事件，令你们知其大略，明天理的法门。汝等要明白，世间细微障碍，万缕千条，举心动念，难可枚指。即如看经诵典，其中妙义幽深，自己聪明有限，不能解悟，便知自己心窍未灵，智慧光小了。又不肯低心下气，参问高明，便是昏垢。及至问明，又生疑惑，惟恐其人之说不真。再问一人，彼此不同，心生烦恼。千歧万径，岂非障碍？又若伴侣同于一处读经，彼伴先熟，我尚未熟，心生烦躁，岂非障碍？又若我熟伴生，便生欢喜，岂非障碍？又如自己有才，他人愚钝，便生欺诳，岂非障碍？又如见人好善，或布施，或功行，他富我贫，便生嫉妒，我富彼乏，便生骄矜，岂非障碍？又如读经典，忽有解悟，微明其理，执以为是，向人讲说，彼又高明，我心不服，岂非障碍？又如修行打坐，偶有妙处，便自夸扬，岂非障碍？又如所闻妙理，执着在心，只知其一，不知变通，岂非障碍？又如同道伴侣一处从师闻道，师言彼明我暗，不自责己，反忌彼先，岂非障碍？至于积下财货，临死不舍一文。一切爱缘，贪习耽着，不断不除，如好琴好书，好棋好画，种种着相，均为障碍。又或有一等，以符术为神通妙用；又或有一等，以符术为有为劣法；彼喜而我忌，我好而彼恶，皆系障碍。

大众，汝等既求出世，欲免轮回，原要做出世的功夫，怀出世的道业。这些障碍，俱是塞灵关之牵蔽，迷悟性之妖氛，如何便就能出世？若是你们肯把纷纷的障碍一一断除，斩尽葛根，消遣杂虑，胸襟如太虚浩荡，则心灵活泼，万转圆明，智慧自生，性天昭朗。其中千般妙用，盖生死去来之机，天人合一之致。自然而然，非识可识矣！

呵呵，障碍，障碍，只在大众之能断除不能断除间尔。于是律师遂说法曰：“降衷伊始，明命非虚。照胆灵台，毫芒难掩。胸襟一朝廓落，眼光立地澄清。”

舍绝爱缘

大众，障碍为害，既得知矣。爱缘之害，比障碍又更狠。如何见得？障碍之心，不过遇境而有，境过即空，其害暂来暂去。至于爱缘两字，是无始劫前以至今生种下的孽根。所以圣贤仙佛，只劝众生不可着相，不可粘缚，不可贪恋。三教书中，俱劝天下后世，莫为爱缘缠住。这个爱缘，是诸魔之祖，万害之根。屡劫沉迷，多生堕落，总因爱缘。不得解脱之道，不明真空之理，皆因爱缘。生犯官刑，死沉地狱，皆因爱缘。水灾火死，劫杀刀兵，皆因爱缘。覆宗绝嗣，破戒违条，皆因爱缘。九祖受殃，香火颓废，皆因爱缘。生老病苦，性心乖戾，身体不健，道法难进，皆因爱缘。六根不净，六贼猖狂，六识分别，六道轮回，皆因爱缘。天地之内，五行之中，万物生枯，万种起灭，皆因爱缘。若欲出世，超脱生死，不求断除，绝缘舍爱，而能了了明明，清清净净，解脱自由者，未之有也！

我且把世间在家的君臣、父子、夫妇、昆弟、朋友的爱缘，先圣已说过五有、五止、五僻，以及发皆中节，亲亲尊贤之等杀。皆就这点虚灵内所固有者，为之品节裁成，各正性命，就把一个宇宙保合太和，浑沦元气，更无爱缘再须舍绝，纯乎自然清静解脱之道，慢慢再说。

今单说出家的，就是苑上今日诸檀信听者，也好汰去分外爱缘。将分内一切可爱不必爱，似缘有尽缘的，一一勘明，制节过去。大众，爱缘迷惑，你们全然不知。如何道？人念头耑喜使的，唤作爱缘。[①]一切大小精粗之物，一切远近眷属之人，一切内外邪正是非之事，一切圣贤三教儒释道之法，一切经书文献典籍之理，一切天地阴阳造化之妙，一切神奇元幻之术，一切清微、灵宝、全真道路，以至名山洞府、天宫圣境，以至七宝八珍、河图龟瑞。及自己身心、五脏六腑、齿舌精气，山河大地，草木禽兽昆虫，若念之所贪，意之所在，心之所想，神之所注，情之所恋，性之所喜，口之所欲，身之所乐，梦之所游，悉系爱缘。有一存念，便遭牵惹，不能得清静解脱之道，终为沉迷忧苦之徒。

大众，迷着则爱缘生，醒悟则爱缘灭，须要时时觉悟，刻刻承当，心

---

① “如何道？人念头耑喜使的，唤作爱缘”句，《龙门心法》作“如何人道念头，耑喜的使唤作爱缘”。

上着一毫所爱之事物，俱要即刻舍绝，不许复因缘起。爱喜睡者即当坐，爱喜坐者即当行。爱喜舍者，心神自然活泼；爱喜无者，灵性自然空虚。寸丝不挂，万缘不生。悟者则心生光明，不为境转，不为物动，不为事乱。久之则无端妙处，元窍开通矣。若今日不除，明日不断，既舍而又不绝，仍旧牵缠。则衣钵蒲团，都成罗网；芒鞋竹杖，皆是索绳；名山圣境，俱为牢狱；师兄道侣，尽化冤家。以至口诀真言，总要变砒霜毒药；道心本性，竟改作福报修罗矣。可不慎哉！可不痛哉！可不忍舍而绝之哉！

昔有一道人，坐久神现。见顶上放光，五彩鲜明，如霞如锦。其光之中，山河大地，万物总见。道人心喜，以为得上帝之大无碍光也。日夜端坐，思想前光，其光不复再有。道人不悟幻境非真，用意观想，万念皆忘，惟思光明。存思日久，如愚如痴，形骸土木，诸人以为得入至道。道人坐存六载，神凝形变，而不知觉。一日，气粗息急，同伴相守，惟望其人开静以便求道。其间惟有一修行人，知其着魔。至夜半，其入定之人，忽然手张如飞之状。众以灯烛香花供养礼拜。其人即气绝，口中飞出一蛾，扑灯烛火光而死。修行人取之，而告道们大众曰："此存想光明之道人身也。缘爱光明，即与蛾同。缘至形化，转入异类。爱缘不除，皆同此类。可不哀哉，可不断哉！"大众，心有所爱，即是缘也。缘从爱起，爱逐缘生。缘爱相缠，永无了澈。转父为子，转祖为孙，转男为女。换面改形，移名换姓。颠倒凡夫认为真实，可怕可怜！大众知之。

戒行精严

修行之士，既已割爱抛缘，诚求出世以了生死。假如爱缘不灭，爱欲重生，则此心依旧牵缠，复入网罗陷阱，是终无解脱。须要于未兆之前，预做隄防之计。不然，则从前之功夫徒费，未来之魔障难逃。是以当法上古圣贤，摄心于戒。

这个戒字，是降魔之杵，能镇压妖邪；是护命之符，能增延福寿；是升天之梯，能礼三清而超凡入圣；是引路之灯，能消除六欲而破暗除昏；是仙舟宝筏，能渡众生离苦海；是慈航[1]津梁，能济众生出爱河。诚修行人之保

① "慈航"，底本作"慈杠"，据《龙门心法》改。

障，为进道者之提纲。仙圣无门，皆从戒入；圣贤有路，皆自戒行。实系仙真之要路通衢，贤哲之中门正道。

大众，既已前生所种因缘，致今生得闻戒法，也是莫大之幸，若不依戒律行持，精严勤苦，则将莫大之幸，变为莫大之罪矣。这个戒律，乃元都禁约，就是元始灵宝太上所定的规条，女青天曹所受纠察，神兵卫护，天将稽巡。遵守者，丹策加功；犯悖者，黑书加过。丝毫不漏，针发不差。如今受戒之徒，总是无知之辈。如何唤作无知？只是未明其理。若是知得此理，便当精严不犯。若是违条，岂不是无知了？

所以说，大众中若是已戒者，须要把这戒字，着实去参详。如何唤作戒？戒者，禁住也。禁约的是什么？你又为何当初就受了？故你若是为戒法来的，便当日日行持。若不日日行持，何必受戒！这个念头，便不是为戒而来，还是为沽道士受戒的虚名私意而来，图道士受衣钵而已。不然，为何不守清规？切念我道门中，自七真阐教之后，教相衰微。戒律威仪，四百年不显于世。缘因教门之中，未曾有人出来担当其任。所以把这照道的天灯不曾剔明，使修行之人昏暗难行。扶身的拄杖抛开，失其把柄。怪不得旁门邪教，反通行于天下，清静解脱正大光明之道，反寂寂不闻。今幸道运当行，遭逢盛世，上有皇上福庇，天下太平，朝多官宰善信，教中护法。又有檀越布施，衣巾冠钵，制就现成，这便是千生难遇，历世希逢，这都是你们前因撞着。

既是受了戒法，就该把个戒字，仔细追求。如何唤作戒？可怜这受戒之徒，贤愚不等。愚者当初来受戒的念头还好，及至受了戒后，又把初心瞒昧起来，不能坚持戒律。岂不可惜了这个受戒的初心？把一件戒衣，一顶戒巾，付之东洋大海。或当或卖，或改常服，或补作袖头。亵渎天神，败毁道场。又把个净钵，改作香炉，贮钱贮米。开斋破戒，饮酒吃荤，无所不至，把智慧消灭，仙根断绝了也。这有现在公案，历历可证。

先有一个戒子，把戒行毁破，污了戒经，卖了戒衣，弃了戒钵，便忽死去。见许多鬼卒，将锁索套去。到了阴司，见一所衙门，甚是威严，两边排列许多鬼卒，锁着许多人，皆是平日同志，归阴的破戒道友。这戒子吃了一惊，问："你们如何到这里？"那些戒子说："不知道为何，先先后后的都在此相会。"只见门上有个匾额，写着"考对司"三个大字，遂问鬼卒道："如何唤作考对司？”鬼卒道：“这是天条新立的法司，有两座，专管僧道戒律之事。凡有人在阳世间发心受戒者，土地灶神就把某人名字上了册簿。某日受戒，某日行持有功，某日行持有过，某日某人有犯戒，某人背道悖师，某人毁律败教，某人卖衣，某人粆钵，某人诽谤律师，某人打算施主，某人奸贪，某人淫欲，细细记注，每月申报各司考对，要先从本司考对过，方到各衙门去。你们受戒者，除德行高明、道心严密者不到阴司。如你们这班不守戒的人，毕竟先到本司考察除名，才定限内勾取身死。若不从本司考过，各衙门不签押拿人。”众戒子你们听听，这个死去的，已经一夜半日还阳，讲出了这段公案。

大众，你们责人之过，偏生细微明白，到了自己有过，便全不知察，日积月盛，一一自己宽恕，做成了无边罪业，自己还要遮瞒，这叫作欺心。受了戒的人，全要把自己心上所行，口里所说，日夜存思，善即行，恶即改，不许自己曲全，不许自己饶恕。你有误处未经查点省悟，立刻回向圣真，哀哀忏悔，依戒经之律，细细参求，勤访明师，精深学问。敬师长如父母，敬道友如长兄，乐法如妻，爱经如玉。持戒在心，如持物在手。手中之物，一放即失；心中之戒，一放即破。世间王法律例，犯则招刑；天上道法，女青之律，犯则受报。莫道阴司冥而不见，生生死死，只在你心；莫说戒神幽而不显，出出入入，只在尔念。戒行精严四字，降心顺道，唤作戒；忍耐行持，唤作行；一丝不杂，唤作精；一毫不犯，唤作严。始终不变，唤作持戒；穷困不移，唤作守戒。你们这受过戒的，其中连戒的十条还不记得。甚么十条事呢。这是有名无实，何必乃尔！

但有一句法言，须教大众放心行持。这个天上主宰，原以好生为心，慈悲广大，救度众生。若是有犯了戒子，从此改悔，真心发现，复守科条，致严致精，再不敢犯二次，如此哀恳忏悔，天心亦自怜悯，赦宥还元。我今又有一段犯了戒后又守戒的因果，说与大众知道。

一戒子自云：受戒后忽遭魔难，开斋破戒，无所不为。一日夜间，梦到阴司，看审官司。只见阴司中，许多鬼判，都点挂纱灯，安排香案。少刻，见阎王出大门，威仪如世间天子一般。听得判官报道：“天使已到了，快些摆香案接诏。”与阳世官府接诏不异。只见天使是一位仙官，头戴一顶金莲冠，身披五云鹤氅，手捧黄简，递进去了，众鬼不得进去。这梦到的道人，便亦要进去。鬼卒嚷道："你是甚么处游魂，敢到森罗大殿？"一个鬼卒道："好像个道人打扮。"那鬼道："前日诏书吩咐，凡修行持戒之人，命终之日，许具衣冠进去。有光明者从正门进，光小者东角门进，无光者革除戒名，锁械西角门外，按牌赴审。你这道人又没有光明，一团黑气，与我一般儿，混充道人，快走快走！"一手执铁棍打来。戒子惊醒，明明记得。随即翻身下了单床，急亟净面，手取净火焚香，大生恐惧，悲哀忏悔，痛改前非，精严戒律。一日又梦游地府，仍系向日所游之处。见执铁棍铁锁的鬼卒跪道："请问仙长，要到何所？"戒子回言："我因云游到此，不敢惊动大王，就此回去也。"鬼卒言："大王有例，凡有戒行光明仙长过去，须要到茶厅，先请坐下，问下名号登簿，以便稽查。"戒子回说："并无公事，不坐罢了。"随即回身，忽然出境，觉来向大众告知。前游被鬼打骂，后游跪接问名，本系一心之进退，即有两样之看承，若非一悔前非，依然旧时本相。见神之为道，幽明一理，可不惧哉！

大众，"时光容易过，心性要光明。莫待无常到，阴司黑闇行。牛头无好处，马面不容情。有过须急改，全凭戒行精。万法千门内，修心最上乘。无岸无边海，循戒慧光明。"

忍辱降心[①]

修行人第一大病，难去难整的，是个嗔字。不是着了我相，便是着了人相。这个嗔字内，包着六欲七情。万过千愆，都从嗔起。嗔心一动，唤作无明业火。三毒之中，嗔毒居一。嗔心不解，内则烧己，嗔口出语，外则烧人。把一点灵关，森森烧化；一座法身，活活烧坏。六腑不能清泰，五脏不能安和。耳听人骂我，嗔火自肝生，烈焰遇狂风，把一个能闻的耳根，忽如闭窗塞窍。目见人侮我，嗔火自肾生，烈焰遇狂风，把一个能视的眼根，忽如遮门蔽路。口不觉嗔言，心中冲出恼恨之火，胆中涌起毒害之谋。上不怕天地神明，中不怕死生身命，幽不怕油锅剑树，官不畏斩绞军流，把一个能言舌根，造出千般罪业。这耳、这目、这口、这舌，为何有这苦楚？只因这肉团心，不能降伏，恃些儿气血，作福作威。到过后平心之时，便冰冷雪澹。

① 此章文字，《龙门心法》多有不同，读者可互参。

大众，世间众生，此个身儿，均是血气结成。此点嗔根，自从无始劫前，这无明业火，早已种下。所以遇事顺心，心便欢喜。不顺，便欢喜变作冤家。触境逆心，便生嗔怒，便是轮回劫根。你们既已出家，原为欲了生死，嗔根不断，则毒龙攻入天根。既求身出世网，原因性命深重，这嗔恨不灭，则致气填月窟。性本善也，嗔则变作毒龙，惯生嗔火，火发烧身；命本常存，嗔则变为猛虎，常生毒气，气急丧真。生死不明，皆因不能珍重性命。性命不立，皆因火强。以致六根不能收摄，四肢发战虚张，五官不能应用，毛窍火性飞扬，为害百端，伤夭促命。

大众，欲绝嗔根，先降恶念。何为恶念？不能忍辱，便为恶念。大圣孔子曰："宽柔以教，不报无道。"这心中不能忍，念在一日，还是一日恶人。恶人安能入道？大众，不能忍辱的人，其心不能降伏，就如毒龙猛虎一般，只知辱他人，不容辱自己。好强好胜，人前夺趣，使气作威，严声厉色，卖英雄，做豪杰，夺利争名，夸功伐势，恃力凌衰，傲长欺弱。虽有时热肠为众，不知能救得人，亦必能杀得人。众生迷而不悟，何曾远虑深思？天道好还，冤仇不解，总是嗔根不断来。嗔则必欲辱人，不甘我受人辱。不知受人辱，与我辱人，其间大相悬隔。

大众，这个辱字，包罗甚广。假如淫人妻妾，便不顾她丈夫被辱，儿孙被辱，祖宗被辱，门族被辱。待至他人淫你妻妾，便生嗔怒，大恶起来，想起这人淫我妻妾，使我体面何存？若人闻知，岂但我被耻辱，连父母祖宗之功德，儿孙后代之门风，尽遭污坏破败，岂可放他过去？便要拿刀弄棍，动火发怒，顿起杀心。再不想他辱我，我便如此。我设辱他，他又如何？"今生妻女被人淫，必定前生有夙因。前世淫人妻女孽，今生妻女被人淫。"这是人中必有之因，必有之果。你们各人听了这话，万不可起淫欲之心。我直对大众说，这些众生的性命，皆因淫欲而有。淫欲之心不除，生死之根不断。因淫欲而有色身，欲脱色身，洗除欲念。欲念除，则得于有坏色身之内生出法身，才能了脱生死。这是我的实话，休当作闲话放过。

近有戒子，平日极有道念的人，忽一日出募斋粮，托钵过一米铺。这铺内主人好道，心生欢喜，请戒子进中堂坐下，磕头献斋，又将碎银一钱，安放钵内。临出厅时，忽遇其妻，从廊下过，两下一见，其妻回避不及。戒子谢斋而出，既见其妻，夜间打坐，驰想其妻，摹其面。遂起，即跪香忏悔而卧。又忽然梦知自己身死，抱入胞胎，长成娶妻，颜色缥致，夫妻和合。出外路旁，见一道人，化斋觅食，心中便喜。同回至家，献斋作福，唤妻出见，自己磕头拜下。回身见道人以手招妻，心内不觉大怒。即起直入厨房中，持切菜刀来斩道人。失脚一扮[①]跌醒，心尚嗔恨，乃是一梦，通身汗下。回想道人其面目，即米铺施斋主人；其妻，即米铺廊下遇着之妇也。大众，这个戒子，初学功夫，戒行虽坚，定力未固，所以日见夜思，忽生妄见，妄念深切，入梦成境。

又一修行人，持戒坚固，从来口无妄言，念不妄动，受人耻辱，心不怀嗔，打不回拳，骂不回答，只思自不是，不认他人非。一日在路挑担而走，遇着一驴，驰骤而来。将身让驴，驴忽用头撞人身上。其人退避不及，仆倒在地。驴便口啮衣服，碎破而去。修行人至夜间打坐入定，朦胧之中，忽有一白衣人，谢之曰:“我即路上冲你之驴。于往劫中，曾结冤报。今已释怨，两相解脱。将从此脱得苦趣，复生人中。特来告知。至出月某日，寻至某处相会，以求超度。”言毕而去。修行人明明见得听得知得，似梦非梦，起来照常打坐。至次月所约之日，寻至其处。其家一门甚欢，似有好事。访问旁人，皆言此家夜来生一孩儿。修行人闻知，大加惊恐，暗记姓名，誓愿自度，然后度人。

大众，你们有此人，往结冤根，至今生了结。戒子，总要自己发心，忍辱释怨，受苦任难，忘耻吃亏，解怨顺孽，降伏此心，一切承受。执定戒刀，时时自杀无明火，刻刻身披忍字衣。听人打骂，甘人欺侮，任人谤讪，随人羞辱，皆不能破我一点戒心。以至无端连累，王法官刑，霹雳青天，火烧雷打，一切水淹贼劫，狼啣虎咬，病毒蛇伤，魔压[②]鬼迷，妖缠精害。世俗横言曲语，败坏声名。仇人恶口诅咒，毁虐亲属。甚而不容逃避，割截肢体，无能躲闪，破败此躯。总系往因定劫，难辞运限当头。只可安心承受，顺合天心，偿还夙债，报对前因。切莫动不服之意，害我戒规。惟宜回想，我受他欺者，毕竟我曾欺人。受他困者，我曾困他。以及遭魔遭难，遇害遇灾，悉系前生造下，自作自受。从今受戒之后，一切恶业，随心消散。自然

① “扮”，疑为“绊”。

② “压”，应为“魇”。

六欲不生，三毒消灭，身心轻健，情性安和，苦恼痊平，冤仇和释。

大众，自从无始以前之积怨，至今日当顿发天良。凡有冤愆债负，愿甘承受，一一偿还，损己利他，方为解脱。从此永归清净，依然太虚之贞，混沦之本，存神守默，酿成圆满报身。不然，前劫之债负而不还他，今生之耻辱又不肯让他，自然来世之报复不肯放你了也。此身如何得度超脱？此心如何得空？此道如何得修？你们如今些儿言语，尚且不能忍，又安能这生死到头、脱然清净？

大众，忍则无明火熄，自然五脏清凉。忍则华池水生，自然六腑调泰。忍则他心满欲，自然释怨和平。忍则我量包涵，自然胸襟阔大。大凡辱我者，我不为辱，其辱反归于彼。我辱人者，人受我辱，必以辱报于我。能忍则心气和平，便肝火不炎，化作青华救苦；能忍则心神慈善，便心火不炽，化作南斗消灾。能忍则肺腋生津，便普润胃脘，化为瑶池甘露；能忍则肾精不耗，便是下元解厄，化为元武灵泉；能忍则脾土不燥，便身轻体泰，化为白雪黄芽；能忍则法身无漏，便得道气通神，化作庄严妙相。现前能忍于国者，必有益有朝廷；能忍于家者，必有益于骨肉；能忍于身者，必有益于精神；能忍于心者，必有益于性命；能忍于教者，必有益于法眷。其能忍之益如此。

若不能忍，则心便不虚，神便不灵，气便不壮，量便不洪，胸便不开，愿便不大，功便不圆，行便不满，见便不透，思便不深，智慧便小，福德便浅，根基便薄，闻道不明，行道有碍，被人憎嫌，招人嫉妒，受人厌恶，惹人烦恼，为人贱慢，幽多鬼责，梦寐惊惶，明有神呵，疥癞疯疹。多劫之冤根不泯，来生之报复越深。苦海不住生波，欲河凭空起浪。

大众，你们岂不闻："德者，本也"，"有容德乃大"，"皇天无亲，唯德是辅"。尔辈之中，贤愚不等。也有重财丧德者，也有重色丧德者，也有重气丧德者。其间因财受辱，因色受辱，因气受辱，外遇不同，受辱则一。圣人曰："一朝之忿，忘其身以及其亲。"又曰："忿思难。"曾子曰："心有所忿懥，则不得其正。"这忍辱之戒，岂不重欤？这嗔忿之害，岂不毒欤？所以诸真列祖，以戒嗔为入门，以忘嗔为了道。以忍辱为杀心，以忘辱为满愿。《救苦经》太乙天尊曰："火翳成清署，剑树芳骞林。超度三界难，竟上元始天。"

大众，急须猛醒，听我偈言："早除人我相，急悟生死因。忍辱降嗔火，空中现法身。七情随念灭，百忍古人称。罪业甘承受，方为劫外人。""万端业障是前缘，负欠还债总一般。愚暗吃亏嗔火发，一团冤债黑漫漫。修行切戒占便宜，我占便宜他不依。历劫漂沉冤不解，清净堂中多是非。是非无着地天宽，仙子修罗有两般。清凉福地缘多忍，偿还辱债道功全。这点凡躯道上来，缘何不肯吃人亏。冲天怒气肤毛火，无位真人饿鬼灾。"

清净身心

大众，既奉戒皈依，便当专一以求出世，超离生死。但超离生死出世的高人，自有无死无生最上一乘之道，其道即世法转身，本无有法。世法与出世法，只在一心，所用逆顺不同，其实只是一法，法亦非仅[①]顺中逆用耳。夫顺中用逆，万法皈依无法，鬼神莫测其机。逆中随顺，一法散为万法，阴阳不出其算。不是以有心为作用，而用意推详。乃是神明智慧，理性本来如是，原不是另有甚么出世的法也。虽然，超出世间的是谁？又毕竟要送这人出世间到世外去，方是出世，这却又不是。

今说劝这人把身子要出世。夫天地之大，世界之广，那里算是世外？大众，你们仔细听着。世外者，世法之外也。识破世法非真，幻情是假；一切有为功能，俱是梦境；物物无事，事事非实；唯有将此心清净，能出世外。大众，如何见得此心能出世外？今夫天有阴晴运转，不能出世；今夫地有崩裂倾塌，不能出世；日月盈昃，不能出世；星宿迁殒，不能出世；风云雷雨，霜雪雾露，各有程限，不能出世；山摧石凿，水涸泉干，草枯木朽，金冶玉碎，不能出世；人有生死，不能出世；物有壮老，不能出世；情有厚薄，不能出世；气有呼吸，不能出世；心有动静，不能出世；精有泄漏，不能出世；神有昏散，不能出世；势有消长，不能出世；利有乘除，不能出世。一切有为，尽系成住空坏，生老病死，那得能勾出世？大众，你们要世法中，悟得出世法来方好。这出世之法，不在多言，只在乎此心还返而已。既知道天地万物、人情世事[②]总非出世之法。便知这天地万物、人情世事悉

① "法亦非仅"，底本作"法一非仅"，依金盖本改。《龙门心法》作"法亦非真"。

② "世事"，底本作"世物"，据金盖本改。《龙门心法》作"世法"。

在圈套之中、世界之内了也。若能心中悟得这一点，能有破得天地万物皆无常，世法人情多是幻的，是甚么真灵？这真灵无形无相，无臭无声，言在内又不止在内，言在外又非在外来，人人具，物物该，便是能出世的法王了。

大众，这点真灵的法王，宇宙古今，无物不有，无时不然，非同小可。在释谓之妙明真心，在儒谓之明德至善，在道谓之圆明道姥，又谓之祖炁。那许多别名，说不可尽。这能知天地万物、人情世法的，何处寻求？就在《大学》上，明其明德，止于至善了。这明德至善，寓于成住空坏，生老病死，身心之内，具着无成无住，无坏无空，无生无老，无病无死之真灵。亘古至今，常存不昧。通天澈地，出幽入冥。不生不改，不多不少。无欠无余，无来无去。能运阴阳，而不为阴阳所窒。能制鬼神，而不为鬼神所厄。能用万物，而不为万物所歧。能化人情，而不为人情所动。能应世法，而不为世法所溺。能出世外，能住世间。纵横三界，去来自在以无拘；统辖万灵，变化玄通而莫测。上天下地，唯此称尊，莫与为等。无如这点真灵，人人都有，个个难明，万法千门，三乘一藏，皆自此出。些些窍妙，点点机玄，悟之即在目前，迷之即落海底。

大众，要知出世修行，不越身心二字。身假心真，心假性真，须悟借假修真。外假内真，外色内空，不借外有为之色身，难修内无为之法身。不因外之生老病死身，难明内之湛然圆满心。不假虚灵活泼之心，难超证广大无边之性。然此性，自天命而来，有生之初，一无污染，与太虚同体，与太虚同量。空空洞洞，一无所有。囫囫囵囵，无一不有。

大众，如今要求出世，先要人人去清净身心。如何是清净身心的功夫？缘身乃血气所化，血气非不败之物，实为生死之根，祸患之本。连累我之心者也，戕贼我之性者也。好色贪淫，只为此身图快乐。争名夺利，只为此身图受用。犯法招刑，生灾惹病，皆从此身而起。太上曰："人之有患，为吾有身。及我无身，又复何患。"古人云："人若不为形所累，眼前便是大罗仙。"可见此身为害[①]不小。今须看透皮囊是假物，是地水火风酿成。若不讲到澈底修行，但劝人行孝，你要说身体发肤，受之父母，不可毁伤。父精母血，二五数成，禀天地之秀气，得阴阳之神功。头圆法天，足方法地，位

① "害"字原脱，据《龙门心法》补。

乎天地，共列三才。万物之中，人为第一。上可配天地，幽可赞鬼神。学可希圣贤，修可成仙佛。岂可视至贵至富之身，作臭秽粪土之想？不过要诸戒子，不甘堕落，与世波迷。勿为色身图安乐，只期真性返真常。志气欲统御阴阳，形神欲庄严法界。设使法身有漏，便不能形神俱妙，与道合真矣。

大众，今对你们说明清静之功。若要此身清静，先将俗务丢开，尘情远绝，一切不同世法。甘淡薄而乐清闲，绝肥甘而离喧闹。皈依三宝，刻守一真。性情涵养和平，手足端庄整肃，眼目不可偏邪，意念不可散乱，心不可存思着想，口不可高唤扬声。收两目之神光，内炤不昧灵台；返两耳之精窍，内听常闻天籁。稀言启默，归乎自然不动。期无悔吝，思不浮游，神无烦躁，天机清畅，玄理圆通。口断荤腥，暗消多生之杀劫。身遵戒律，密行四大之威仪。足不乱步者心不慌，手不妄举者心不躁。坐则中正，不许偏歪；卧则灵惺，戒多昏睡。食则茹淡减味，而五脏清平；语则谨慎从容，而声音和畅。这唤作粗行身清静。至于细微功夫，是要你们把清静二字参求，患你们不能入心钻进去行，不患你们究心实行而不成道。

大众，心无二念谓之清，念无驳杂谓之静。心不着相谓之清，念不停滞谓之静。念念圆明谓之清，光明无碍谓之静。一尘不染谓之清，万虑皆空谓之静。万物不能遁其形谓之清，鬼神不能测其机谓之静。心如流水谓之清，性如皓月谓之静。无始以来罪消灭谓之清，多劫之前因尽澈谓之静。内观其心、心无其心谓之清，远观其物、物无其物谓之静。三者既悟谓之清，惟见于空谓之静。观空亦空谓之清，空无所空谓之静。所空既无、无无亦无谓之清，湛然常寂、寂无所寂谓之静。真常应物谓之清，常应常静谓之静。洞然不昧谓之清，入众妙门谓之静。超出三界谓之清，解脱五行谓之静。虚空粉碎谓之清，粉碎虚空谓之静。光摄诸天谓之清，普度众生谓之静。

大众，我因开示，略言大约。这三教圣人，大藏经典，万法千门，诸天妙用，三万六千种道，八万四千法门，恒河沙数菩萨，无鞅数众金仙。皆不能出清静定慧无为妙法。大众，最上无上大乘上品至真妙道，生天生地，生人生物，皆从清静而来。太上曰："人能常清静，天地悉皆归。"又曰："清静则天下正。"可见清静身心，速求觉悟。大众，自今日起，须将平日所迷的铅汞龙虎、阴阳烧炼种种比喻，悉皆丢下。惟从清静法门，灭妄心，息邪念，平平稳稳，从中道大路而行，决不悮你，唤作"耽迟不耽错，有路莫登船”。若是我诳语相欺，即堕地狱。

维时，律师说偈曰：“念杂心非静，尘多身不清。不清难见性，不静岂无情？内炤身为幻，回光心亦空。空中神自见，定慧是真宗。日月须观察，平常要体行。逆行持斗柄，清静合天心。”

求师问道

自古圣贤仙佛，证果成真，无师不度。所以师师相授，口口相传，心心相印。就中道理，一贯而通。如乳水化，似胶漆投，同气相求，同声相应，水天一色，灯月交辉，方能尽其师弟之道。

大众，我见世人求师问道颇多，但多差了些儿。有师弟传授之名，无师弟传道之实。所以今日不惜齿牙，不辞诽谤，把求师问道之礼，说与你们，须要记在心头，到日后先为他人之弟子，能以此礼，则后为人师，那子弟也就仿古效法而行，尊师所以重道也。

大众，世上愚盲之徒，不识自心，随物而转。虽有道念，不知邪正之门；虽有道心，不知修行之法。他听人说“性由自悟，命假师传”这两句话，便依着行了。或遇那方上走的道人，身穿破衲，足踏芒鞋，手摇棕扇，肩负蒲团，行从城市经过，或坐下街头，捧瓢化斋，或慢行道上，自在逍遥。遇宫观即安单，逢庙堂便借宿。口谈丹诀，舌鼓笙簧：怎么是玄关一窍，尾闾海底，上至泥丸宫，下至涌泉穴，守中提气，立鼎安炉，延年却病，按摩导引，六字诀，八段锦，《悟真篇》，《参同契》。以及丹经上譬喻，铅汞龙虎，银砂夫妇，日月卦爻，龟蛇温养，沐浴结胎，入室坐圜，出阴神，出阳神。说不尽的三千六百旁门，八万四千魔法，那里数得尽？大众，这愚盲之徒，其心无慧，那里辨得真假、识得邪正？便就听得这个道人。更有可恨一流，那谈鼎器的邪人，炼茅银的骗子，动人以色，迷人以财，莫说无是一路道法，即使这种道法有真，岂是凡夫可以点金、淫人可以延寿？是以谈鼎器者，见色起心，对境动念，魂飞神荡，真汞下流，先天倾覆，至宝空亡，多成痨瘵，不曾接续得命，连命根都斩断了，岂不可恨可伤？至于烧茅银的骗子，讲砂说矿，一转两转，温养开点，言不尽的骗局哄脱之术，愚贪每至破家，比前面这些道人，罪业更加数倍。我也不忍细说，招人诽谤。但是受了戒的，就要听我说求师问道的大略了。

大众，这个皇天至道，恍恍惚惚，杳杳冥冥，至广至大，至高至尊，至玄至隐，至幽至渺，其大无外，其小无内。可以经天纬地，可以出幽入冥，若存若亡，入水不濡，入火不焚，前无古，后无今，生育天地，运行日月，长养万物，生圣生贤，生仙生佛。蠢动含灵，昆虫草木，无人不有，无处不存。日用寻常，悉皆妙道，只因百姓日用而不知，下士心迷而不悟，所以一真随失，万劫难明。父母未生前，真灵不知其始；精神已去后，此身不知其终。颠倒轮回，生死苦恼。我所以指出源根，教人急求真师，早闻至道。

但真师难见，高弟难逢。须知弟子无出世的真心，障闭慧性，虽遇真师，鬼神不使他见，掩他慧性，就见不能识其为真了。师父无度世普心，虽遇高徒，鬼神亦不使之见，掩其法眼，见亦无缘，所以当面错过颇多。大众，师求弟子，一如滚芥投针；弟子求师，好像水中捉月。真师难得，高弟难求，不在乎财宝之间，只在乎这心一念真诚之内。你见那个有道师父肯妄传匪人？你见那个高人访道肯乱拜师父？大众，师父既不肯乱传人，则此师怀抱至道，以访高弟子。弟子既不肯胡乱拜师，则此人识见高明，留心着眼了。设使这一等不肯轻投师乱拜道人的，心空障碍，志在尘寰，眼界既宽，胸襟又阔，遇见那有道之师，自然眼外分明，说得出，识得透，一言半句，芥子投针，针孔相投了。设使这一等不乱收徒弟轻传妄授之师，遇见此等高明弟子，岂有不欣然答问，高谈阔论，妙诀真诠，微密之天机，精玄之秘谛，心传至道，口授天章的理么？

大众，真师不少，弟子颇多。我今说与你们，如何唤作真师不少呢？大众，你这六根所受，都有真师。假如耳闻善言，你若依此善说，实实心服，这耳根便为引进师了，这善说便为传道师了。其余五根亦复如是。大众，学无常师，唯道为师。但凡耳闻好言善语，便要存神默听，就如甘露洒心，醍醐灌顶一般，存心默感此人，开我愚迷，慈悲方便，愿此宣扬善言之人，早证玄功，得无上道，这岂非师弟了么？假如眼见一切经典，三教文字，真言秘诀，心得开悟，便当礼拜赞叹，这种文字便是传道师，眼根就是引进师了。大众，这求师问道，执不得一法，靠不得一途，只要你认得真，信得极，自然师徒相遇。然而师家之慈航法桥，非一术也。孟子曰：“教亦多术矣”，“有如时雨之化者，有成德者，有达材者，有答问者，有私淑艾者”，即如“不屑之教诲也者，是亦教诲之而已”。是故有倾盖而相欢，一见而即投者；有白首如新，彼此不相知者；有稽首屈膝而相传者；有赍金盟誓而后传者。恭敬者，礼之未将者也。恭敬而无实，非恭敬也。要在观弟子之诚信笃行，尊师重道而已。故有屡试而后传，如云房之十试洞宾也。有屈身而后见，如刘玄德之三顾茅庐也。或有随师多年，而心不退转者。有明知真诚，而故试多艰者。这个传道受业，岂是小可？岂是轻易得的么？故有三口不言，六耳不传道者。盖上乘的道法，对中下的人传不得。中下的道法，对上智的人传不得。唯是因人而教。如孔门冉有问："闻斯行诸？"子曰："闻斯行之。"子路问："闻斯行诸？"子曰："有父兄在，如之何其闻斯行之。"盖求也退，故进之；由也兼人，故退之，是彼此参听不得的。故公西华两得闻之，便生疑惑了。至于夫子及门之问仁者多矣，夫子答之则不同，是也。人或一人信心，一人偶听，则信心者可言，偶听者不可言。故曰："莫将容易得，便作等闲看。"

大众，或有传道于千百人中，而其间智者得之易悟，昧者得之难行。高声朗念，把玄机明泄，有心受记，其有心而无缘者，风吹耳过，闻如等闲。大众，释迦牟尼佛拈花示众云："我有妙明真性，涅槃妙心，正法眼藏，诸人可见得么。"唯有迦叶拈花微笑。大众，迦叶、释迦，明修栈道，暗度陈仓，在大众之前，密传秘道，心心相印，口口相传，座下这些大众，竟不知传的是甚么，受的是甚么。又如孔子大圣，在列圣列贤诸子之前，对着曾子曰："参乎，吾道一以贯之。"曾子曰："唯。"其时门人甚多，岂非圣人传道于诸子之前，曾子度道于及门诸子之内？众人不识自心，则遇而不遇，竟不知传的是甚么，度的是甚么。曾子深明自性，自然暗合圣心了。昔轩辕黄帝往崆峒山中，求道于广成子。再三勤求，广成子不应。黄帝退而修斋，闲居三月，复往邀之。下风膝行而进，谦恭退逊，问以至道之要。广成子乃答之曰："至道之精，窈窈冥冥；至道之极，昏昏默默。无视无听，抱神以静，形将自正。必静必清，毋劳尔形，毋摇尔精，毋俾尔思虑营营，乃可长生。慎汝外，闭汝内，多智为败。我守其一，而处其和，故千二百年未尝衰老。"正正经经就这几句话头，乃当面说与黄帝，他便不开口了。你依着他行，也由你。不依着他行，也由你。这叫做各尽其道。

大众，我道门中，《道德》《南华》许多妙义，《冲虚》《文始》若干真言。以及三洞四辅，三十六部[①]，多少经文。谁能打扫耳根，恭听圣经之妙谛；放开眼界，超悟大道于言诠？不悟则心不光明，虽遇圣师，亦不识矣。

大众，未去求师，先须求己。未经问道，先须问心。若不依律而行持，万难得师而印道。其间关窍，究竟要你们谦虚卑抑，先将贡高我慢之心，尽皆刬剔，柔和逊顺。把诽谤嫉妒之念，逐一割除。逢人莫自夸能，只怕有人能似你。倘或遇见明眼高人，心空志士，一言半语，拦腰截住，你却如何挣脱？自然雪化见尸，难逃识者。我今奉劝大众，求师问道，非是草草向师前磕下几个头，口里叫几声师父便了。如今戒子，轻师慢道，比比皆然。大众，你们须急急反躬内省，向从上历祖师前，忏悔侮傲，变化旧习，尊敬法宝。若果真心苦切，留眼访师，则天不负人，仙真不求自至，不必限定远近迟早也。听我偈言，偈曰："求师须克己，问道要心诚。诚心方悟道，念切遇良因。万劫难遭遇，千生到得今。若能明我说，顿悟未生根。"

① "部"，底本作"奇"，据《龙门心法》改。

碧苑坛经卷中

定慧等持

大众，但受初真戒者，进受中极。先将初真十戒，细微妙行，密密行持过了，方来进受中极三百大戒。大众，这中极戒与初真戒有甚么分别？一戒无所不戒，一真无所不真了，怎么初真之后，又有中极？中极之后，又有天仙？这却为何分别先后呢？大众，这个道理也甚明白易见。我将这个道理，就向虚空取来告你。大众，你受的乃初真十戒，乃是教你们拘制色身，不许妄动胡行，起止无常的。至中极三百大戒，乃是教你们降伏顽心，不许妄想胡思，七心八意的。至天仙妙戒，乃是教你们解脱真意，不许执着粘缚的。大众，初真十戒粗，中极三百便细了。夫初真戒，制其外六根；中极戒[①]，扫其内六尘；天仙妙戒使三身解脱、八识消亡，九魔十难不敢侵犯。

大众，初真戒者，是因你们既悟前非，深追旧过，又念人生在世，光阴有限，生死无常，既是出家做了道士，便就叫做全真。仔细思量，自从出家到今，何曾全过甚么真来？终年虚度时日，与俗人一样的老了。终朝涉水登山，南奔北走，虽是朝礼过了几座名山，比俗人多见些石头树木，究竟与俗人经商为客，做买卖的一般苦。餐风宿水，着甚来由？何曾遇见神仙？传甚口诀？都是掮上掮下的俗人，肉眼凡胎，把丹经念上几篇，死死牢记着屑屑，名为吞石头，不会化的，全不知味。是故与俗人无异，安能出世超凡？今日受了初真戒，这知过之心，也还是本来面目犹存，何不把平日的假心肠改作真心肠，平日的假意思改作真意思，平日的假面目改作真面目？发露真心伸忏悔。今日受戒之日为始，唤作初真戒子。这初真戒律，行四大威仪，庄严身相，与法身无涉，定慧无干。知因你们浮躁得紧，不能沉静，所以把十戒制伏其身。若能依戒律行持，则此身安静而定，可以进受中极戒了。

大众，这中极戒，是定功，与初真戒不同。初真是个戒字，中极是个定字，天仙戒是个慧字。当初天尊慈悯众生，设此戒定慧，降伏身心意的工

① “戒”，底本作“界”，依文义改。

夫，就是出世超凡，金丹妙宝也。除此戒定慧之外，就别无甚么法儿了。外虽有八万四千种法，都不能跳出这个定慧两字。凭你神丹服食，金液还丹，白日升天，拔宅冲举，神通变化，飞空尸解，立化坐亡，投胎夺舍，许多的仙术，那定慧之光，却巍巍然不动，照见这些神通法术，如明镜当庭，一出一入，莫不自见其形，乃还在定慧之中，不能出定慧之外。

大众，中极的中字便是斗姥天枢，巍巍不动之中；这个极字便是南极注生、北极注死之极，生死大机，全凭斗柄默运灵枢之极。中极二字，秉天地之权，执生死之柄。这中字是非内非外，非左非右，非前非后，不偏不倚，无过不及的中字；允执厥中、致中和的中；多言数穷、不如守中的中；君子中道而行之中；中立而不倚之中。玄珠黍米，牟尼舍利，金丹太极，许多假名别号，其实不出这个中字，动静而已。这中字，便是所说人人有个虚灵不昧的妙明真性也。

大众，如何是定慧等持？大众，这一点灵机，被你无始以来所作的三业萦缠，六尘粘染，七情迷塞，六欲侵欺，三毒薰蒸，十魔强霸。把你的灵机暗窃，要死不敢偷生，要生不敢即死。上不能观天之道，执天之行。大众，这点灵机，是个法宝，只宜逆转，不可顺行。顺行则随物迁移，遇境而动，招魔聚怪，惹害遭殃，出入轮回，四生六道，流浪漂沉。若是受中极戒的，须要逆行。逆则不随一切物转，不随一切境转，魔怪灾殃不敢犯，轮回可出，流浪可超了。且问你何如唤作顺行？世法中，生男育女，娶妻买妾，儿孙父子，功名富贵，爬家撑产，买田买地，披紬穿缎，着绣拖罗，贪淫乐欲，杀生害命，美口充肠，这等总是便宜色身受用。这色身，却原是地水火风假合为人之皮囊，因父精母血，交媾淫欲，精气相感，聚血凝团，神识投灵，安胎立命，皆由二气幻化成身，到底无常，终归于土。独这功过二件，却不干色身事，反是法身受苦。

噫！大众，你们不信的，反说法身原在色身之中，色身一死，则法身已空。人至身死，则灵气归空便散，那里说甚么天堂地狱、饿鬼畜生、法身受报？如今我且问你，人身一死，便气散归空，缘何人家父母过后，四时八节，就设祭享？若说死后这一股灵气不曾阴司拿去考对，这生前善恶凶良，负欠谋夺，杀害偷盗，种种冤孽，则这一股灵气也就不来受享世间儿孙之祭祀了。既不来享受世间祭祀，则上古《周礼》等书，就不该虚说许多祭文祭器、祭仪祭礼。孔子大圣就不该说：事死如事生，事亡如事存；祭如在，祭神如神在；齐明盛服以承祭祀，洋洋乎如在其上，如在其左右。《诗》云：神之格思，不可度思。文王在上，於昭于天了。大众，既传下这如在其上、文王在上之说，则我心已存下鬼神来临之诚了。我心既已存下鬼神来临之诚了，则当日周公、孔子这些大圣，必定深知鬼神之情状，然后制下这些祭文祭器、祭仪祭礼，以垂教千百世于无穷。岂有圣人打诳语，说谎捏怪的理么？又如今缙绅做官的人，封赠官诰，追加品爵，设使死后的一股灵气，散而无知，则追封的荣显已是多了。谁受用金章紫诰，恩宠生天？若是受福便有鬼神，受罪便没鬼神，还是这人心欠明白，灵机不悟了。一等奸杀愚徒，只知贪恋酒色，昏迷财气，未参死后的业根，只认现前之血气，返强自吟出几句诗来说道："莫思身后无穷事，且尽生前酒一杯。"再不吟出那两句诗来说道："身没万般将不去，冥中唯有业随身。"

大众，业[①]有三种。第一业是不善业，一切牵枝带叶，不断不绝，不了不尽的业，有因有果，有果有报。如不信鬼神，不敬天地，不怕王法，不忠君王，不孝父母，三纲不正，五伦败坏，诽谤圣贤，杀盗邪淫，奸诈凶狠，妄为妄作，家门畏惧，乡党欺凌。这等命过之后，堕入地狱，狱狱迁流，受尽无限苦报，后生阳世，为畜生身。畜生报已，复转人身，五官不具，六根不全，痴愚昏暗，人事不惺，人人憎厌，人个贱恶，身充下役。复作丐人，遍身疮烂，臭秽虱嚼，衣不遮身，食不充口，饥寒无诉，痛苦万般。死于荒野，蚁食狗拖，渺渺孤魂，复沉地狱。第二业是善业，聪明正直，廉洁公平，六亲欢喜，乡党和平，孝父母，敬神明，礼天地，重君王，尊师长，爱友朋，淑身化俗，临财不苟，见色不贪，五伦不乱，百事端详。以及山中之比邱，洞中之老道，甘淡薄，忍耻辱，定力未固，道行未全之辈。命终之后，复转生人，或为宰官宦达，或为师长尊崇，或享现成富贵，或得福寿双全，安乐荣华，一生快乐。第三业是净业，志在圣贤，愿希仙佛，心存善念，口说善言，身行善事，接得善人，足踏善地，手持善物，厚重端严，身不妄动，心不妄游，期于必清，期于必静，久久功深，元神泰定，常居绛室之中，黄庭之内，金阙玉堂，万缘顿息，诸念皆空，独见真灵，忘形

① "业"，底本作"孽"，据金盖本、《龙门心法》改。

忘物，忘境忘机，是名为定。这定非同小可，便是虚灵不昧的三清境界，上超三十六天，下洞七十二地，逍遥乎三界之外，转运乎五行之中。这个定中境界，杳杳冥冥，昏昏默默，旋转天地，复归混沌，浑成一气，上非天，下非地，中非人，不可言，不可说，不可思议之中，忽然放出神光，涌出一轮慧性。分清为天，分浊为地，理中和之气为法身。智周三界，晃朗太玄，无一物能逃其形迹，无一事不知其去来，无一毫挂碍，无一丝遮挡，无一点尘垢。一切天龙鬼神妖魔，悉皆皈命。阎王一见，不敢扬声；牛头夜叉，擎拳拱服。生薄无名，死册无姓，可以长生世间，说法度人，可以飞神羽化，竟入清虚，上朝元始，永脱轮回。

大众，交关过度的天机，只在真心动静之间。大静唤作定力，真定名为慧光。若不先死妄心，安神定气，如何能得大定？不能常清常静，如何能得入定？不能入定，如何能得生慧？大众，心空则神定，神定则光生。若是定而无慧，唤作阴神胜阳神了。须要定中生慧，慧即法身，定为佛土。大众，定是家，戒是路，慧是主人[①]，世间万物万境万事皆是客。若是定慧互相生发，入众妙门，则真主之神通智慧长养已足，现出光明。能应万物万事，不被万物万事粘缚了；能转世间万境，不被世间万境迷惑了；能出阴阳生死轮回了。大众，先要明这罪福两途，因果报应，依着戒律一一行持，丝毫不敢乖戾。至参悟久了，自然就清静明白了。然后方去静观入定。定中本性圆明、慧光朗照，神气忽然灵悟，则山河大地，不出一身，万物死生，不出一念。自真主灵明，便有把柄，不入[②]轮回。这个中字的功夫，父子不能替得的，神鬼不能知得的，只要你们各人料理去行。

大众，我把天梯一竖，不知谁得上天梯；道筏一撑，不识何人登道筏也。听贫道偈言：“爱河渺渺无人渡，苦海茫茫少法桥。大众速持三百戒，等闲定慧出波涛。”

密行修真

大众，你们既是发愿修真，要学个全真道人，须要把真假二字认得分

① “主人”，底本作“生人”，据《龙门心法》改。

② “入”，底本作“久”，据金盖本、《龙门心法》改。

明，识个透澈，然后去下功夫。把假的竭力去改换个真的，方是修行人分内之事。

大众，你们听我说个假的，好去修那真的。大众，你这身也都是假的，名为无常的幻形，六根究竟要坏，六识毕竟归空，咽喉气在千般用，一旦无常万事休。大众，你们岂不见世上生人，身长九尺，腰阔十围，面如满月，唇似点朱，眼如黑漆，肤似绵脂，相貌堂堂，威风凛凛，能言会语，多智强谋，千般手段，万般机权，聪明能文，膂力善武，高官猛将，艺士材人，经营买卖，夺利争名，贪荣致显，殖货兴家。画堂前十二金钗，吹弹歌舞；玉阶上三千珠履，进退逢迎。金银过北斗，宝贝等南山。玉食锦衣，下箸则珍馐百味；交游豪侠，到处则礼节多方。妻年半老，便弃旧迎新；姬妾成群，忘却神枯精竭。家私富厚，粮田万顷立根基；儿女岐嶷，官阶一品还嫌小。日夜不休，迷花恋色；爱贪无厌，乏体劳心。暑湿风寒，六脉阴阳舛错；驱驰征逐，三魂零落飞扬。百病来攻，生老疾苦；千灾不脱，劳倦恹惫。服参苓而不愈，呼天地而无灵。痛楚千般言不尽，一朝气断落阴司。相貌堂堂，未转床而人掩鼻；威风凛凛，才闭眼而面朝天。四肢敛入木中，一像唯图纸上。儿女不来替死，妻妾无有随行。死者尸骸未冷，生者心念已生。兄弟们分财夺产，妻妾辈藏宝安裳。有子者，且思过日子的法儿；无男者，就想嫁他人的主意。宾客门前车马稀，常言道人在人情在；奴仆家中偷盗起，俗语说势败被奴欺。门墙倒塌谁来管，家业彫零那个知？妻淫子不肖，各自顾前程。几曾死而复生，那个去而再转？生下来原是空拳，死去了依然赤手。色身入土，名利归空，善恶两途，分明受报。

大众，你们看这色相的幻形，可不是假的！既是假的，他这欲起家、求富贵、要妻妾、爱儿孙、受荣华、享财禄的一点真灵，确是不假。你们看他这一点真灵往何处去了？分明在于冥中。既分明在于冥中，难道还要妻妾、爱儿孙、享财禄、受荣华么？大众，这善恶两因，罪福两报，苦乐两果，实实如影随形的。法身受苦受罪，岂有丝毫漏脱？所以必要大众把色身看轻，法身看重，借假修真，保真弃假，以求脱离苦海。然无这色身，无从修处，便致一灵法身不能自主，投入六道轮回，转去就费力了。我们既已受得人身，进了道门，便要解脱轮回，趁此眼光未落，精进修真。

修之之法奈何？大众，要将六根六尘扫净，五脏五气安和。主人常住灵台，魔贼不能侵扰。多行善行，拔除罪根。

但这修真法内又有两途。两途之中，有真有假，有有为，有无为。《金刚经》云：“一切有为法，如梦幻泡影，如露亦如电。”《清静经》云：“众生所以不得真道者，为有妄心。”这两经所说，可知这修真之内，有为法是不好的了。奈有一宗搬精运气，接命添油，返老还童，长生不死，着相去修。又有升铅降汞，打鼎烧茅，服食灵丹，吞符餐气。这些都算借假修真，都是有为种种假法，岂能见性立命、解脱轮回么？要出生死，总不是这等出的。

大众，借假修真，须要考究生死大事，实实明白得个真路道。其路道何在？在你之一心顺逆而已。顺则由得他，逆则由得我。人之色身，修也要死，不修也要死，纵活得千年，终归于土，却为何来？大众，有形即有坏，有始即有终，有造即有化，有聚即有散，有来即有去，有成即有败，有壮即有老。这身既生，自然要死。我所说的出生死法，不干这色身上的事，不过借他做个寓所，修我的天命法身而已。外道不明此理，即认了真，着了相，把个血肉的色身，也要修个不坏不死，岂不大可笑呢？我说的出生死法，只在身上这点真心之内，所动之念，所行之事上去修。妄念不动，则法身生；法身一静，则天机动；天机一活，则真光见矣。原为这真光不得圆满，借此色身多行善事而已。善事又有真假，着了相即是假，不着相方是真。你们看如来不着相布施，不着相功德，不着相说法，不着相修道。不着相出世，所以能出世。能出世，所以能出生死了也。《清静经》云“上德不德”，是不执着也。若是行好就夸己有功，行善就说己有德，打坐参玄就言己有道，虽是真的，只是这一着了相，就不是个解脱了，如何出得生死？不过多活几年，得些福报罢了。福报受尽，依旧不能超出轮回。大众，我劝你们依着太上的说，再不差的，“外其身而身存，后其身而身先”，方能死而不亡。大众，你把身子放在一边，休要拘拘的摇精荡气，贪图精气升降，窍穴疏通，血脉经行，延年却病，爱着其事，反顾色身坚固，快活逍遥，竟妄却了自己的性真，终年累日不去照管他，不知那一朝被小鬼等你个不提防，忽然勾去，你那时节法身何处随波浪，色身还请下泥坑，究竟一场空了也。我请大众密密行功，不要只管去着意修色身，且去那正经生死上修法身，若能密行降心耐性之功，早早见了性，你岂愁这命不立？大众，我提醒你，色身是个房屋，法身是个住房屋的主人。主人有宝，何愁房屋不整齐，主人若有病不好，或是惹了祸，招了灾，勾了去，你那齐整的房屋，却与谁住？大众，再提了一层，使你开悟。色身是租的房子，不是买的，主人去后还归泥土，地水火风一一分还四大去也。若能密密修成个不着相的真法身，岂愁色身不会安顿一个好处去么。

大众，我有拙偈几句，听我道来："色身原是法身房，内若明时外自光。但愿主人修福慧，何悉房屋不辉煌。全真先要消除假，真法须将假法忘。不自夸张不着相，双修性命出无常。密为忍辱波罗蜜，真是无为最上真。只要息心求解脱，幻身放下自真身。贪生怕死终须死，着相修真岂得真？如来割截身和体，玉帝曾为忍辱人。忘身殒命三千劫，舍国归山八百旬。道人执着皮囊假，万劫千生那出尘？休用意，枉劳神，有形到底要归阴。若还迷失真如性，苦海茫茫没处寻。噫，可怜假中着假重重假，枉学全真那得真？生老病魔愁死苦，死时何异世间人？枉戴黄冠着羽衣，何曾识得死生机？为寻衣食天涯走，罪业临身肉化泥。"若不明罪福本来空，则生死轮回不息；倘未悟假真原在己，则光明智慧谁开？大众各自参详，生死无常迅速。

我今所说的密行有三百条，即中极大戒三百细微，以修身则身端正，以修心则妄念消忘。内用则圣，外用则王。可以出世超凡，证清虚之果位；可以度人出苦，了生死之轮回。第一要紧者，是个密字。不能密，则不能全真；不全真，则心不明；心不明，则性不见也。大众，如何为密？圣人以此洗心退藏于密。密也者，谨警之至也。精密则秘于隐，密之极致也。大众，凡要受中极戒者，把第一戒至一百戒，是净身的大神咒，把这神咒谨慎行持，必要此身浮躁尽除，变为澄静，轻狂悉去，改换稳重，四大威仪，行则必由中道而行，坐不偏席，立则挺直，不许倚墙靠柱，扶壁伏桌，卧则曲躬侧身，不许仰面酣呼，鼻息如有微声，亦须调适，养成个恭而有礼的相貌，名唤外庄严。第一百戒至第二百戒，是净心的大神咒，把这神咒精思合道，必要精参密悟，念念归真，头头合道，字字不放松，参了又参，悟了又悟，远观其物，近取诸身，将狂乱邪僻之心，剿除殆尽，真心泰定。然后自第二百戒至第三百戒，是净意的大神咒，丝毫不可走漏，其中消息之机，往来之理，秘藏玄都之府，希夷微妙，不可思议，不可名象，可以神悟，不可言传，至上至尊无为妙道尽之矣。

大众，这个是密行修真的功夫，你们再听一言，仔细记着，至道切忌宣泄。大众原为修真，出离生死，岂是寻常小事么？天机不密则漏泄于匪人，故紫阳张真人三传匪人，三次遭天谴，故不可泄。何况要超出轮回，跳出世界，做个万劫不坏的真人，岂非天地鬼神所忌，阴阳造化所嗔？且你这一翻逆运倒行，与世法冰炭了也。须谨慎周密，不然，六亲不喜，九族成仇，妻子不情，朋友不信，皆从不发勇猛大志，所以有退道心焉。

报恩消灾

大众，既是出家，以求出世，世法中所结的千生夙业，累代沉冤，都要忏除，从今消灭，后不复生，方能清楚那酬偿报对之苦。这一说，仍是下乘劣报所为，乃是逃冤负债之徒，怕死贪生之辈，志小无能之下士。此人心地不明，性天未现，只图眼下，不顾来生，我如今且把这一种的外道，对大众说一件来知道知道。

有一道人半路出家，参访云游，遇见几个侣伴，同发下愿结庵，在山东崂山修行。后因兵乱，便相同[①]下山，到河南王屋山下，住单打坐。六人一处，虽是同处，却又不同志愿，各人有个工夫。住了一年，去了三个，只剩了三人，重发心愿，共求出世。后来三人之中，先有一个坐化了，这两个越发有志气。继又坐化了一个，止存这一个独自孤修。打坐之时，入定中，魂游天台山，忽遇见后化的道友，二人甚喜。后化的说道："遇得有缘，正要对你讲讲，你可将前年所发之愿，改这一改。我当日发愿修行，要忏除冤孽，以求解脱。谁知前日尘数尽时，到了三天门外，考对曹司，高声吩咐说：'某人冤根尚存，劫数难逃，天榜无名，丹台无位，不得前进。可至云台山，三元都会府受职。'随即罡风灏气将天门遮蔽，不见其处，我身竟至三元宫府。见三官大帝，将簿子一查，说：'汝乃下乘小志旁门，妄想超脱，今姑念汝迷途无知，天台桐柏宫山神缺职，汝且到彼权署其事，待阴曹出缺，准汝实授。'我即哀求开示，以便阴修，三官大帝慈颜吩咐曰：'汝在蒲团上打坐时，意想未净，心念未空，不曾看透色身是空，性灵是实，不曾悟到空中不空。只知道千生冤孽忏除，累代怨仇消灭，出家之

① "相同"，金盖本作"同相"，《龙门心法》作"仝"。

后，冤愆罪债，不复再生。就未尝深参澈悟，性灵中如何消灭怨仇？如何忏除冤孽？谁道你历劫积来冤孽，累世造下怨仇，就许你口中一说，心中一想，便能冤孽罪谴随风摆脱了么？还须入门立志，学最上乘大根大器，普度为怀。夫上乘大器，凡心顿灭，则天地皆空，幻相成灰，斯人我一体。独有宿业沉冤，尝不能解；负财负命，岂可小看？所以古佛阿利王割截肢体还偿夙孽，丝毫不挂，方证释迦牟尼。六祖大师洗净沉冤，细微承受，方证西天大鉴。今汝志小根劣，不肯酬还冤负，只想逃脱苦恼，把色身认得太真，唯怕仇对来，受刑受打，受杀受痛，一心只图色身常享快乐。这点怕偿私心，就是劣根，即为下乘了。夫冤根不空，复生后劫，孽因尚在，他生又遇，名为出家，实为逃苦。不能脱苦，劫劫缠绕，代代连绵，皆因始初愿力薄，而志量不宏。此生出家，止名修福，不名修道，本当应入轮回，转胎洪福。只缘汝曾讽诵上帝法宝一百卷、弥罗宝号三年，心诚念切，列衔充正一真人之职，该实授地府曹官之爵。今缘汝在世，为斋主讽经，并不曾错人功课。至于受人财物，也已施散用去，理合加功，加那一阶。该册入选，充洞天山神副职，速去管理，阴加修炼，莫懈怠去。’我便恍然自悟，自悔志气不宏，始明因小则果小，愿大则报大，今已悔不及了，正要入你清净神悟境地来，对你讲说。只因各守职掌，不敢离山界而游。道友今来得正好，你可去重发志愿。凡有冤亲，不辞报复，一心不退，方能果大。若少存挂碍恐怖之心，便有逃脱之考，就你得了手，果位亦不能大也。”言毕不见。道人出静，自此方知是个独善其身的下乘外道，将来还是守山鬼。因急焚了草庵，背了蒲团瓢拐，更重新参悟，心地上用功。忍一切辱，受一切苦，修一切行，驱除杂念，磨炼身心。发愿有冤结者，刀斧不避，照旧报除；有夙孽者，水火不辞，依劫还偿。将这血肉之身，视之有尽，将这性天之命，清净奉持。无挂无碍，不扰不惊，赤条条，光灼灼，圆陀陀，净裸裸，去来自在，有福不愿受福，有苦不辞受苦。赍此一志，又经多年，忽又一朝静境中，见一道人，进参礼拜。视之，即前番初化之道友也。形容照旧，面目惭愧，不敢仰视。问其来由，原系受师中之邪道，不明中理，常以神气，注想丹田，久久功深，成一守尸鬼。其光只有尺许，只照自己一身形骸躯壳，一身之外，依然昏暗，不见一物。今因这道人入静，光大了，摄入这先亡的一道友，入其静境中来，少刻亦不见矣。只因这后来未亡的一个道人，越发解悟性理。原来命在性中，添一分解悟，则多一分光明；多一分光明，便多一分智慧；多一分智慧，便多一分福德；多一分福德，便高一分果位。于是出静。这位道士，自问六根扫荡，八识消融，五蕴皆空，七情斩断了，正具皈依常清常静大天尊。无奈父母生成，天地化育，凡躯气数，运限告终。至次日，到山下外护诸门说："我今要别过列位，回首去也。"众人曰："为何要这等速行。"道人曰："我三业已偿，但少四恩未报，只得再生，了此一念。"言毕拱手[①]，回向礼拜虚空，完即坐化了。

大众，你们听着，其道错正不同，其愿大小不一。这三个人，看其回首，果地品位，就大小不一般了。大众，志大者为大人，志小者为小人。夫志不大，则心不广；心不广，则量不宽，愿不普；量窄愿隘，知浅见隘，便所养之气不能浩然。气不浩然，只充塞得一个幻囊皮袋，不能充塞太虚，位乎天地，贯乎日月，透入万类也，何得名为大哉至道耶？

大众，人生天地覆载，日月照临，父母养育，君师教导，为之四恩。这四恩宏深无尽，不能答报，还堕落色身，五蕴灾苦，还未超脱，双修福慧，还难绵永。大众，今既皈依三宝门下了，灾苦何还不超脱？福慧何还不绵永？盖冤债即夫妻儿女的爱根，福慧是富贵安乐的欲海。古语说："爱河千尺浪，欲海万层波。"须到水干波尽，澄澈性源。你须悟古今人物，那个不是同此性源？胎卵湿化，不有知觉，体认这物我同源，便是报天，生生不息，广大慈悲，纳污忍辱。又那个不是同此气魄？飞潜动植，赖之长养，便是报地。性地光明，性天圆朗，逢幽暗人，真言开示，指破迷途；遇昏溺者，度生说法，拨开障碍，便是报日报月。谨依师训，恪遵国法，敬奉王章，不致越分，悖德乖常，守清规而遵教典，祝圣寿而保皇图，传诸后人，昌明正道，便是报君报师。身体受之父母，发肤不触秽污，消除人我之私，忏拨幽冥之苦，过去父母之劬劳，祝解多生之业结，现生眷属之辛苦，拜偿烦恼之愆尤，只愿尽此色身，孝无已日，不度父母，自不登真。恭敬一切人之父母，皆如我父母一般孝敬，覆护一切人之子幼，皆似己身一般慈爱，俾七玄上举，三代高冲，便是报父报母。

---

① "拱手"，底本作"恭手"，据金盖本改。

大众，此心若有障碍丝毫，如何见得三清上圣、玉帝至尊、三官四圣、五老九真？报天报地，报日月、报君师、报父母呢？汝等今常分人我，惯发无明，心胸狭窒[①]，一事不能忍，肚量浅小，一人不能容。不察来历，错误是非，荣则喜，辱则怒。志不笃厚，念不光明，心无涵容，身多逸怠。以小失为无关，以片长即自恃。如何唤得报天报地、报君师、报宗亲呢？

大众，你要报天地之恩，须要明天地之道，体天地之心，通天地之理，达天地之德。暗室不欺，一切妄情俱斩尽；慧光普照，万般垢秽实能容。亏里吃亏，无一丝为我；苦中吃苦，绝万样偷心。功夫着实，境地光融。德重道高，鬼神钦服。神清慧发，物化人皈。上可感通帝座，下可役使雷霆。旱则祷雨润苍生，涝则祈晴消水厄。妖邪伏匿，魑魅逃亡。上祝金汤永固，圣寿无疆；下祝天下歌谣，万民乐业。这算能阐宗风，兴行道化。况我大众父母，怀胎十月，乳哺三年，辛苦万千，恩深罔极。及至长大，希望养老送终，门闾光大。君则宵衣旰食，六部九卿，分理宣化，除奸抚字，遏恶止非，尊贤重德。师则震聋豁瞽，则地法天，三纲赖以明，五常赖以悉，善恶知分，人禽之别，德岂浅鲜乎哉？汝今在家既不能孝养父母，出仕又不能为国宣猷，衣则叨千门布施，食则赖万姓耕耘。唯是逐浪随波，终朝混混，游手游食，口里喃喃，不修道德，不依科戒，动则违条，神昏心散。登坛祝国，则鬼神不降；驱邪清疠，则灾疫不痊，符法不灵，祈禳空设。下劣的，遇阴遇涝，反有诃风骂雨，恨地怨天，乱走胡行，反有逆亲忤族，破律嗔人。大众，你们见牛马驴骡，猪羊犬豕，亦具五官六根，阴阳牝牡，知觉灵性，只是于今，多这一口尚能言尔。咦！

尔时律师复示偈曰："定慧双修戒律精，天堂地狱自分明。寸丝不挂光恒澈，万累消忘心便清。受命由天原不易，了生出死要心诚。旁门诡异多岐道，普劝同人悟正贞。四恩未报心惭愧，三业犹存道不成。欲报四恩先守戒，要消三业且修真。守戒自然行正道，修真究竟悟浮生。浮生既悟无常透，三业空时报四恩。避俗离家欲出尘，贪嗔痴着总难真。凡情尽处心方净，天性明时道可亲。看破色身谁是实，洞观物事孰长生。丝毫不挂三心了，十戒全皈自在行。"

---

① "狭窒"，金盖本作"狭窄"。

立志发愿

大众，自古圣贤仙佛，看破世情，一切有为，凡所有相，皆是虚妄。便欲出世超凡，了悟生死，深入山林，忘身殒命，以求至道。

大众，你们只知圣贤仙佛之名，却不知圣贤仙佛之实；你们皆有要成圣贤仙佛之心，而却未立得圣贤仙佛之志；你们皆欲证圣贤仙佛之果，而确[①]不修圣贤仙佛之因；你们总要到圣贤仙佛的地位，恰又不发圣贤仙佛之愿力。所以说得行不得，只因口明心不明。盖道之不明者，在乎不遇明道之人。而道之不行[②]者，在乎不得行道之士。夫所以名称为之道士者，何曾知道士之精微？所以号唤为之全真者，那个行全真之实际？无怪乎教门颓败，祖道凋零。你们今日既皈依三宝，受持戒律，可谓得遇明道之人了。但要依我真言，去行那圣贤仙佛之事，方唤作行道之士。

大众，圣贤仙佛，未成道之先，也与你们一般的是个凡夫，不曾多只眼睛添着只手。只因他能立志，要求出世之法，明生死之机。这个志气，便与凡夫高明百倍，广大万分。身子虽系凡夫，心念已具圣体了。但圣人不是空空的口里说要出世，他便真真的心里存着，行那出世的事来。所以唤作有大雄力，存大悲心，大丈夫，天人师。总是个立志来的不凡，所以行事行得不小。轰轰烈烈，慧剑横肩，竖起眉毛飞闪电；威威赫赫，戒刀齐颈，睁开眼目动雷霆。外道心寒，悉皆远遁；邪风胆颤，总愿皈依。高登九品莲台，直上法王宝座。口出语言[③]音响，闻者皆是清净法音。使一切天人，醍醐灌顶。身出梵炁妙香，见者皆得普蒙解脱。使无鞅数众，酥酪成河。得道之后，大志已遂，又发大愿，无人相、我相、众生相、寿者相。不愿自度，惟愿度人。以自度之法，普度众生。而不以自度之心，而责众生。以百姓之心为心。百姓，即众生之别名也。众生，即我之同类也。以同类之法，救同类之人。不度众生，不愿成道。《清静经》云："虽名得道，实无所得。为化众生，名为得道。能悟之者，可传圣道。"

大众，圣贤仙佛，不异于人。这不同处，只在公私两字，圣人只是公平

---

① "确"，应为"却"字。

② "行"，底本作"得"，据金盖本、《龙门心法》改。

③ "语言"，底本作"诸言"，据金盖本、《龙门心法》改。

正大，为人不为己；凡夫只是偏邪私假，为己不为人。圣人只是清明沉静，凡夫便是浊暗浮躁。圣人只是内用刚以制身，外用柔以服人；凡夫便是内用柔以恕己，外用刚以责人。圣人常恐自己有非，凡夫唯责他人之过。圣人越任事处，常细心为；凡夫越担险事，粗心过大。圣人未曾有死，先明死后之机；凡夫死在目前，尚且只图生计。圣人要出世法，将世法炼心，为人子则尽孝，为人臣则尽忠；凡夫不但不知出世法，连世间的法尚且不知，那里知道忠于君、孝于亲？可怜这昏迷不悟的众人，既不知世法，又不知出世法，终日醉生梦死，虚生浪死，朝生夕死，偷生怕死，盲生瞎死。把一点的真灵性理，没在臭皮囊内，万劫漂沦，不知颠倒，翻来覆去，换面改头，轮回不已，不知何日才得出头耶？

大众，既已受了戒，便是出了头也。出了头，便可出得苦。出得苦，便可出得世了。大众，要出苦，先受苦；不受苦，难出苦。须要依那圣贤仙佛的实话，不要图那圣贤仙佛的虚名。须要立起圣贤仙佛之志，不要空说圣贤仙佛之言。须要修下圣贤仙佛之因，不要指望圣贤仙佛之果。须要种下圣贤仙佛之根，自然有那圣贤仙佛之报。须要积下圣贤仙佛之德，自然得那圣贤仙佛之道。须要行出圣贤仙佛之事，自然证那圣贤仙佛之位。若是行不顾言，言过其实，就是不长进的凡夫。妄想圣贤仙佛之道，岂是这等没志气的人行得的么？

大众呀！须要立下大志，发下大愿，方能出世也。即说偈曰："戒子志心听我说，立志能将生死脱。先须受苦制身心，苦尽甜来死复活。自心立志出尘埃，世法凡情逆转来。倒拈斗柄巍巍立，不动真空白玉台。不愿有为成外道，不愿无为迷异教。不无不有愿中和，非有非无修觉照。立志不随境界转，境界险危心不乱。能将心法转境界，智慧天开光遍满。立志不随世物移，被他移动施真机。威权一失魔头手，轮转由他悔已迟。立志不为事理障，执滞存留牵着相。理明事澈障成空，解脱真空消幻妄。立志不随耳听声，耳根内听见宗真。精防耳泄迷真性，忍辱先须塞耳听。立志不随目视色，含光内照生虚白。睛防光泄荡元神，眼不见时心主一。立志不随口出言，合道希言归自然。说法无声说法竟，无说无言气自绵。立志不随舌尝味，害命杀生神鬼忌。金浆玉液醴泉馨，神水津津甘露沁。立志不随鼻嗅香，人心动念坏真常。自从解脱天香后，各有心香献上苍。立志不随身乱动，常守威仪绝怠惰。不教污浊败灵根，道体端严恭敬座。立志不随心忤物，动怒生嗔没来历。降伏其心顺理行，和气溶溶神畅悦。立志不随意改变，诚意贞常时刻念。心无二念意无他，慎独诚存归一愿。立志不随缘爱牵，爱缘牵绊索绳缠。须把爱缘根掘断，斩尽萌芽上法船。立志不随狂劣友，劣友狂徒心不久。退人道念丧真心，败教如何同伴走。立志不被盲师误，六根六尘心不住。不依一法见真机，外道旁门身不度。立志先受初真戒，十戒能持心不坏。降心守律不迷真，四大威仪勤不懈。立志进受中极戒，密行微功观自在。色身解脱成法身，了证三身超劫外。立志报恩心念切，四大恩深须了结。能将身命报深恩，孝子忠臣天地悦。立志修真先去假，不敢推聋并学哑。真心实意不欺瞒，些须假便驴牛马。立志断除杀盗淫，酒色财气贪痴嗔。六欲七情三毒业，永绝重生迷自心。立志不修中下乘，不离福报报有尽。大乘清静解脱道，最上一乘志愿成。立志苦修心不退，灭却千愆并万罪。性明智慧福无涯，大德巍巍天地位。立志皈依戒定慧，无上法门无障碍。无遮无蔽大光明，无垢无净无怖畏。无生无死出世法，无灭无增无对代。无相无为无品载，无极无尊无上贵。超离三界达三清，梵炁弥罗登宝位。立志皈依元始尊，道经师宝鉴臣心。臣心立志超尘劫，了悟身心不转轮。志心发愿愿我等，从今立志除虚诳。愿将身命付虚空，心念真如空假妄。愿学最上一乘道，愿心不着一切相。六根清净六尘空，谨奉帝经先断障。愿消情识悟真宗，不将至宝随魔转。愿将心命等虚无，不令性命抛流浪。愿明生死超世界，法界宽洪法身大。法身圆满法界空，法界真空大无碍。愿度自身出生死，自度度人无彼此。唯愿普度一切人，一切众生如自己。愿心坚固得圆满，愿得真机能逆转。刀斧伤身身不辞，水火漂焚心不软。三灾八难并五苦，但愿担承休逆忤。愿力虽穷志不摧，一切天魔难隔阻。阳九百六劫难逃，身坏形亡愿不抛。石烂海干心不败，志愿金刚定慧牢。设使沉沦无间狱，定孽不辞无退缩。愿将自造恶孽因，忍辱苦心受满足。愿明无始沉迷性，愿入无漏常静定。愿将肝胆济三涂，愿入无遮大明镜。愿将悲念救众生，愿化良医疗世病。愿于苦海驾慈航，愿度众生出幻境。天地万物一切真，元始祖炁一切神。圣贤仙佛一切诚，普劝大众一切身，同随解脱出凡尘。”

大众，那立的苦志，发的大愿，于今一一吩咐，行行叮嘱。汝等兴道化的高徒，阐宗风的仙子，续道脉的灵童，破天关的道士。十洲三岛，均皆听见，均已知闻。各各寻思，早早打点一个修得的志愿，真是便宜。咄！此身不向今生度，更待何生度此身。光阴如箭，日月如梭，你们自出家以至于今，耽延岁月，捱误年光，头发如霜，皮肤纹皱，齿牙渐落，筋硬皮宽。嗳！骨软，则足不能远行；血耗，则力不能持重。精枯肾败，则两目昏花；神倦心狂，则一灵不定。魂消魄壮，则两耳重听；胃强脾弱，则饭食渐衰。大众，要知此身原是幻的，任凭坚强，总有死的日子，只是迟早不同。似这耳聋目暗，舌燥口干，牙落齿摇，腰疼背曲，发白鬓焦[①]，筋骨硬了，手足痹了，志气短了，心灰念冷，都是阎王送下来的邀帖，恭候早临。你们休得只顾老婆心肠，豆腐生意，孩子见识，畜生样痴迷，只顾目下，不顾来生。假如今日今时，鬼来勾你，你亦含忍，只得要去。难叫你是道人，出家脱俗，躲得过、避得了的么？何不细细看透，早早解脱了罢。临行一着，撒手便行，方见得是个大丈夫，奇男子，立志气，有手段，出世修行。不然，虚怯怯的神思，软擻擻的面目，四大之风火地水，各自奔投，一生之视听聪明，大家分散。唧唧哝哝，飘飘荡荡，悠悠扬扬，沉下地狱里去了咛。嗳呀！大众，“修行不立志，却似傀儡戏。锣鼓一场完，看你何处去？”“立志方能出世间，若无志愿万分难。惟能立志修真道，大力神通不等闲。”

印证效验

诸子，要修清静无为自在的妙道，须要有志向，做那自在的。若自在行得去，则自然之道也就在其中。假如自在上行不去的，其人就能自然了么？连世事不能做全，怎么能行自在乎？仙师有云：“欲修仙道，先修人道；人道未修，仙道远矣。”儒门曰：“先齐其家，而后可以治国。”齐家犹人道，治国犹仙道。家不能治，岂能治国乎？释氏曰：“须尽凡心，别无圣解。”这凡心乃三纲五常之理，如依此行完，即人道全，而修仙不难矣。虽不能成圣成真成佛，亦容易的了。

如何进修仙道呢？诸子，你们自入玄门，学做道士，拜师传诀，便去打坐静心，自谓凡世人道已尽矣，将来仙道指日可期。岂知自己待师的恭敬

① “发白鬓焦”，底本作“发白发蕉”，《龙门心法》作“须枯发白”，据金盖本改。

之心全未尽得，所传口诀正旁莫辨，就要劈空下手。才下手，便求效验。坐了三日两日，见没有光景，就撇下。又去拜个师父，得了两句说话，又去坐。这一点求道的心，又不上两三日，又图效验，连念头也捉不住[①]的。这等心迷智浅，枉自薄薄的修为，千思万想，神不能安，只算做梦一般。坐上二三十年来，还是一个凡夫。死到头来，尚不自知。可惜了虚度时光，空延岁月，水中捞月，镜里攀花，看得容易了。那有现成仙人之理？可怜你们盲师搬弄，外道欺瞒，我也不再宣。唯劝你们只将《戒行精严》一章，立志、报恩等事，翻覆参详，先正了念头，除去了烦恼无明等心。一心向道，皈依三宝，口诵真经，依律行持，在十方堂坐下一百日，外相庄严，色身稳重，诸事不乱，身体端正。然后动行礼拜，启请真师，发愿不学中下二乘，志心皈命，愿闻无上至真大乘清静解脱自然之妙道，了悟生死，永出轮回，方可来受初真十戒。大众，如何如是道以变化气质为先？得闻道后，方许上蒲团，冥心息念，绝虑忘情，心地用功，全抛世事。把那转受中极三百大戒，细细参悟，了澈精通，方知大事因缘，只在身中，不在心外。密地参悟真切，妙行圆满印证，虚无自然，百尺竿头，又有进步。不得扭曲作直，无知强辩。认得了几处道场，或得了一个庵庙，收了一两个徒弟，自己便心满意足，骄傲起来，不把那戒定慧放在心里。并不效法那律长戒师，威仪严密，又不与同门侣伴和同。瞎字不识，半窍不通，人还不曾变全，妄自尊大，向人说，我们是上乘的工夫。拿把扇子，写了几句丹语，挂个袋儿，装了几部丹经。葫芦弄得许多，搜寻许多草头放在内，卖骗俗人银子，口称异人传授海上丹方，取得银来，买酒买肉，满口狂言。脉理阴阳，全然不达，胡乱拾着几个方子，假说立功。终日哓哓，谈天说地，东走西跑，寻衣觅食。败坏太上的法教，玷辱全真的声名。毁律之徒，破戒之士，罪孽种子，将来恶贯满盈，自有天曹责罚，永堕地狱，可哀可痛哉！再有一等，才入道门，志小愿窒[②]，只要打坐偷安，不肯降心伏气，割爱绝情，只就拖泥带水，着相存心。只管望功夫效验，运气搬精，玄窍昏迷，认贼为子，久久不悟。不肯虚心求证，观访参详，积至幻熟，致不可救，多有自伤身命，堕落轮回。把无极大

① “不住”，底本、金盖本作“不止”，据《龙门心法》改。

② “愿窒”，金盖本作“愿窄”。

道，当作血肉团中之物，把识神认作元神，随他而转，如何能了得生死么？

诸子，你们切要记我语，把这些旁门左道，邪法岐支，一切急早扫去，放胆撇开。将身心意，磨炼于天命性中。切勿贪图眼前效验，只要心上参悟，有志把这条心，一直行去，即铜墙铁壁，也要冲开，自然有个出头的日子，果熟蒂落时到，心灵恍然大悟，通天澈地了。若福薄缘浅，须要积德累功，勇猛精进。或一世不悟，来生自悟，来生不悟，便千生万世，却少不得一悟。立下这个志愿，悟道之心劫劫不退，定然是个大悲大愿的贤哲，毕竟成道。然而洪福易修，清福难修。你们有志去做出世的道，是正道，不是那存思烹炼，求长生不死的外道。那乃万代千秋，一个看山守尸之鬼。这无极清静正道，是毋期速效，不求近功，不定三年九载，只以见性为主。效验日日有，时时变，津润口香，手足坚实，头生圆象，脑启天门，腹内火蒸，浑身骨响，然这是中下修功，须要步步节节归入道体。盖道本至虚，体本至无，故为无极。若功失所归，而以现得为得，便是旁门外道，所以失之毫厘，谬以千里者也。至于拘名执象，安甚炉，立甚鼎，子时升铅，午时降汞，进阳火，退阴符，按卦行功，依时取验，不识返还道体者，都是下乘小道。若夫清静无为，乃是自然还返之妙道，与此大不相同。假如《皇经》，发心立志，矢愿超凡，这一初心，便是玉女放香了。心香才放，便有四生六道，闻此香者，普得开度。这此放香，便是功夫，这此闻香，便是效应了。又如玉帝放光，就将一切诸天诸地，无极世界，都摄入光中，如无边明镜，互相容入，便是效应了。又如断障是功夫，十七光、三十种功德，便是效应了。《功德品》《报应品》，便是诵经人的罪福效应了。如你们先是轻浮躁妄的人，口不住，都是胡言；手不停，只是多忙；脚不止，只是瞎走；坐不正，只是歪斜；睡不安，身多反覆。两眼周张，东看看，西望望，走将来，一阵风，不像修道的行径。好如未穿鼻的牛，无笼头的马，不遵道路中正而走。如今受戒穿氅带巾，托钵着鞋，身子装了一个全真的样子，跟人学事，听言见样，把从前粗鲁慌忙之状，学做从容礼道之人，这是持戒功夫，变化气质，改为道貌，使人一见起敬，这便是持戒的外相了。若能持妙行，精思合道，只求明心见性，不图效应，只愁功夫不到，不愁效应不来，自然火候熟时，一悟到底。若是行持不密，只是两念三心，间断疑惑，心不真则神不灵，念不纯则气不聚，神游气浮，心念不切，效应从何而来？你们今日既有大志，要脱轮回，且把量放开些，功夫着紧，效应放后，就妙了。譬如良医下药，务在中和，庸医下药，多求速效，不顾本源，只图见效早。见了近效，毕竟伤了元气，本源一时不复，恒多变症。病人不知，后悔无及。

大众，若果朝朝夜夜，按律行持，依科修奉，时时提起，刻刻推求，何愁不效？然虽有些胸中扩落，眼界澄清，还须逊志降心，亲近有德，就证高明。万不可着了我相，忘了人相；又不可着了人相，忘了我相。两心不起，四相皆空，自有德福效应在后。

大众那！“修道全凭一点心，心真念切道相亲。若然了念心虚静，何处功夫不得灵。心要冷，念要灰，冷灰爆出荳巍巍。真火炁，能照物，太阳天上放光辉。戒行功夫密密持，定中效验慧光知。内中黍米包天地，说与旁人即是痴。诸子留心听法言，粗心浮气怎成仙。速依戒律修功行，志坚心笃斩意念。潜修密密山中坐，闭转山门心不粗。四相皆空心又静，两心不起道和通。今把天机泄与君，见功只在用功心。勤功苦行多灵验，刻刻时时密又深。心中内静自家思，不许旁人半点知。自心境界多休着，方是心头大悟时。痴猫守窟动无明，妄想胎圆产圣婴。金公何日骑苍虎，木母谁家跨白龙。顶现三华光灼灼，身藏五气兀腾腾。可怜不识真消息，闭塞灵台性不通。语君莫谤戒门低，戒是无为入道基。浪里撑来超海筏，空中竖起上天梯。莫夸自己生骄慢，莫谤他人辨是非。你不受时由得你，何须障碍动人疑？口头赞叹心头喜，方是兴玄护教人。若生毁谤招天谴，因果从来的真。咄！放着好人勿做，放着好话勿说。放着大道不修，只要弄巧成拙。不从戒定修行，怎得太上衣钵？不从福慧双修，怎得身心解脱？不明道理胡行，怎得拨开机括？不除障碍无明，怎得心量开阔？多罪不如少罪，乱说不如不说。至道不同外道，容尔轻谈弄舌。到处口诀卖钱，罪福高低明白。若是迷而不悟，将来有死无活。转身就是猪羊，业报被人屠割。难逃天地幽明，五腊三元考察。须知日月阴阳，不是糊涂墨黑。自然照见这人迷，大众心知莫谤非。重重哀悯慈悲劝，三千大戒早皈依。心无障碍是非空，坐卧行持处处通。孽火从今虚焰化，夜光报道法堂红。戒定慧中生解脱，守戒志诚亲越历。若疑戒律诳流传，天厌自当招拔舌。学人开悟无疑惑，不停浮云风卷澈。劫外逍遥自在行，恍然斩断闲藤葛。依科修奉礼天尊，口不扬声头不倾。内外一中神不忒，虽是凡身道已成。道成非易亦非难，戒持戒纵在心间。生死死生由戒定，既皈休忽戒为顽。”

保命延生

诸子，贫道前日上座之时，频频的参劝你们，都要发大勇猛，立大誓愿，惟求早明生死，不可小了志气，学那贪生怕死二乘之道。今日反又说个保命延生的心法，岂非两舌妄言，迷惑众生了么？诸子，我所说的保命延生之心法，却非执着形骸，单言精气，叫你们保那后天的寿命，延这现在之浮生也。今所说保命者，乃保守上天所以畀赋之命，居易以俟之也。所谓天命之谓性，释家之慧命，道门之本命星也。这个命字，乃“死而不亡”之寿，又《金刚经》“云何得长寿，金刚不坏身”，又“夭寿不二，修身以俟之”，又“穷理尽性以致于命”，立命之要理也。所说延生，不是却病延年，长生不死。乃是万劫不坏真性，亘古长存之法身，化育群生之体像，非常体也。若指皮囊，修养起来，亦多活几年，不过死得迟些罢了，总非真道。我今指此修养而保命者，一天地而齐万物。天地虽有动变，而我本性无有动变。万物都有终穷，而我道体无有终穷。天地万物皆有劫运往来，元会运世，而我之湛然真常，虚灵不昧，超然象外，无毁沦变迁。所保之命，所延之生者，此也。即所谓天理流行、生生不息之真常道也。

这一节，皆是万不得已而透出心言。若明眼之士，悟澈玄座说法，寂然无声，便就是知得此中之消息了。大道无边，包含天地，无处可遗，无时不在，无物不有，无所不该，日用寻常，头头是道。眼见耳闻，行住坐卧，食息进退，穿衣吃饭，阴晴寒暑，头头是道。怎奈尔等物蔽气拘，日用不知。所谓“虚无之内昭昭应，影响之前步步迷”。今者，我仗三教之祖师，饶普度之慈心，兴利生之悲愿，是以我不得不向诸子多舌了。故我普告众生，更无二法，若有二法，即非大乘正觉之道了。你们这一点灵性，便是慧命之别名，本来一物；这慧命便是道体之假名，原出一家。只因同出而异名，所以涵三而抱一。这慧命时时出现，你们不见其形；刻刻潜藏，你们不知其所；日日说法，你们不闻其声。你们岂不是对灯觅火，骑牛觅牛的痴人么？

诸子，为何教你们要保他？我恐你们不识这慧命[①]便是个灵宝。深知你

---

① “命”字原脱，据《龙门心法》补。

们动不动便违拗他，不是见性的老修行，知意的老道长。且你们见他，也不能用他。就有个用他之时，也不能大用。这点慧命去了之时，便是元始天尊离法座，轩辕黄帝失玄珠，铁老祖师遗拐杖，通玄张果少青驴。有口难言，空摸鼻孔，有心无窍，欠少玲珑，闇昧中去了。今我所以上副元始说法之圣心，并仰体邱祖好生之大德，为汝等醍醐如是，急急去参出个保命延生之妙理来。你们岂不闻《太上洞玄灵宝消灾护命妙经》么？诸子等既能转悟此经，即能续慧命于无穷，生生不息了。若顺口念经，名为供奉，非转悟也。供奉之人，随念随去，不能细味。经不云：汝等众生，从无始以来，心为形役，念逐境移。唯是恋爱情迷，了无休息，漂浪于爱河，沉沦于欲海，执着幻形有像，昧了本来面目。道本无形，执为有形；道本不空，执着为空。空色迷为，有无颠倒，究不能自明。岂能脱离生死之途、跳出轮回之业么？若有知空不空，知色不色，不着空见，离诸疑漏者，则此人便能清静六根，断除障碍了。这乃是吾门之宗旨，当说法以付之，经名曰“护命”，俾得仗法普度众生，传教世间，流通读诵。有能读诵而转之者，其人便有飞天神王，破邪金刚，护法灵童，救苦真人，金睛猛兽，各亿万众，侍卫此经，使众各各离此诸染。大众呵！色身岂会知空不空，知色不色，识无空法，洞观无碍，入众妙门？所以我与汝先说明经中妙谛，护大众之慧命也。上祖慈悲，唯恐诸子认色身为真身，便要不无中无，不色中色，不有中有，不空中空，被这血肉幻假的色身使唤，搬弄得无有休息，迷了真宗，失了慧宝。所以此经，使诸子各各保护灵根，培植元本，本固而道生矣。君子乐天，所以保命，夭寿不二，便是延生。君子事天，所以慧命长，故尔生生不息，化育流通，证金刚不坏之体，成真常无漏之法身矣。

大众呵，“三洞四辅[①]经箓，五千三百真文。只指延生保命，方能出劫超尘。着相即非保命，真空即是延生。慧性不离慧命，慧光即是慧灯。若要慧光常照，慧命须定常存。常存不离静定，灯光自得常明。悟真如灯常照，自照普度群生。光实无光可睹，明实非明可名。只是命中原有，慧开假说光明。色空世间生死，空色保命延生。延生即超劫外，超劫何死何名？众生只缘迷慧，生生劫劫漂沉。慧灯慧光普照，你等速悟戒因。试拈保延妙法，静

① “辅”，底本作“府”，据《龙门心法》改。

空宣指诸君。”诸子呀，诸子！经云“用之不可见”，则命可保；“见之不可用”，则生可延。“惟灭动心，不灭照心”，则生可延；但灭住心，须凝空心，则命可保。能延生，则慧命不断，而大药成；能保命，则无生可证，而大丹就。惟命不于常道，善则得之，不善则失之矣。“受命于天，顾諟天之明命”，“周虽旧邦，其命惟新”。俱是保延之实理，是谓立命之大道也。诸子，汝等能悟到这里，尽得这妙，我今不吝至宝，倾囊倒橐，直泄玄机，有偈四句，大众细参，曰：“命短命长原有命，生来生去本无生。延保不须求甚法，法归无法法王城。”

碧苑坛经卷下

阐教宏道

诸生，贫道昨日上座所讲之道，虽曰道体无为，法身实际，但要知得道体不离常体之外，法身即在色身之中。色身坚固，是外相有为功德之所庄严；法身清静，是内相无为功德之所庄严。内外双清，两者既悟，则神明解脱，无上最上不坏真空，大光明，大圆满，无能胜，万神朝礼，役使雷霆，三界侍卫，五帝司迎，洞慧交澈了也。这又非有为功德之所薰修的。诸生，固精养气，则气住精凝。息火回风，则精化为气，薰蒸四大，和合万神。真火无烟则气清，神水不漏则神静。气清则化神，神静则合虚。虚极静笃，则元真复，而九还七返，复命归根。归根即命立而真性存，真性存则道体彰，道体彰则法身现。诸生，此自有为中修无为之道体，自无用中修有用之法身。色身有寿命，法身有慧命。寿命由天不由己，故色身有轮回生死，劫运循环；慧命由我不由天，故法身威权自在，解脱无碍。诸生，色身之寿命有限，定业难逃，天要使死，不得不死。法身之慧命无穷，神通广大，永证无生，方得长生了。诸生，色身纵留万年，止名为妖，不名为道。法身去来常在，"朝闻道，夕死可矣"，至圣之真言也。法身死而不亡，故名长寿。色身死而复死，故为无常。诸生若悟得法身，则能使那短命无常之众，俱可为长寿矣。若执着色身为相，反使那无量长寿而落轮回了也。总诀一言，乃把色身看破，万虑皆空，真诚精修，一尘不染，莫使法身被色身裹住，只使色身看破，把法身度脱，岂非法轮大转、道运兴行么？今乃所讲阐教宏道，全仗法轮常转。要使祖道重辉，若不指明众生法身，谁来覆护呢？所谓教不宏则道不明，道不明则法不能行，法不能行，则道不能宏了。至圣有云："人能宏道，非道宏人。"只要你们各认取宏道之人，行取那宏道之法，讲出那明道之机，何愁道脉不兴，祖风衰落哉！

余幼时少学，书未博读，不通儒释，呆呆参访道学，云游方外数十年，务欲穷源。所参者，参自己之良知；所问者，问本来之慧性而已。内参既久，则良知独露于丹台；内问既深，则慧性生白于虚室。内有主人，何妨接宾应客；内有真宗，故欲阐教宏道。诸生，余不敏于文，有惭于三洞瑶函。少读丹经，无从抄真仙宝诀。因余性好懒，爱闲喜静，常参慧命，深入希夷，抛开万事，独抱真元，那里有功夫读儒书看丹经？所以直到如今，诸不能文，口拙言钝，将这至大真言，至秘玄机，粗粗俗俗直言，说些未泄的密语与你们听听。然而道本无言，何须说法？经原无字，何必开堂？教尚无为，何苦多事？这个道，人人有分，不可须臾离也。不拘在俗在道，亦可悟，亦可参，何必脱俗出家，访师觅友？只为这生死一事，心头不了，所以饥餐觅食，东西驰逸，海角天涯，求个复命归根之法。幸而有那玉清、上清、太清，授经说法，立教开坛，阐扬传钵，派演于今。所有那儒门周子、二程子、张子、朱子，受授圣经之秘，发明心法之要。再那《金刚经》《楞严经》《心经》，乃释氏真谛，静身脱欲之玄奥。三教所同，唯为性命一道，都是慈悲度厄，救苦济生之心法。今有我，乃叨列邱祖门下，依例而行，宣传法宝，受授阐扬而已。诸生，我乃一介凡夫，不会神通，单知[①]平常日用的工夫，教人开悟，不过是为道门中持行守戒的人。不比那卖诀化缘，游手好闲，白口吃饭，白手着衣，安能明得生死之辈。所以我只把自己的精神奋发起来，为普度之计。上则兴教相，下则利群生。原系为众，不是为已。

我龙门乃始于元朝邱祖，兴玄阐化，到今四百年来，高人罕觏，志士难逢。今我道末，不期于三十年心奉持戒，守律循规，参访求真，天从志愿，王屋逢师，九宫受法，二十多年。天开道运，欣遇皇朝，得逢盛世，绅宦好善，士商乐施，同志有缘，皈修遇时，因在都中开坛设戒。寒暑八度，风动千真，羽俗有缘，莫不皈依戒定，直入清虚妙道。贫道唯凭这一点灵机，真诚默运，感动天恩，得真际遇，僭登法座，妄作律师而已。至于大阐玄门，普宏道场，贫道之素愿也。诸生不可信那疑诮作孽的话，死守蒲团，闭喉咬齿，假装道相，久后自误。若是此等人，口说常应常静，应个甚么？又称大悲大愿，愿个甚么？为度众生，度个甚么？连自己的性命难顾，怎能顾得他人性命哉！

尔等须听着："戒律经文出《道藏》，依科传戒非虚妄。只因阐教度群生，愿尔迷徒休毁谤。劝同人，开肚量，忍辱修真宏教相。定慧双修福德深，普

---

① "单知"，《龙门心法》作"单以"。

度众生离苦洋。受戒生，先断障，障若除兮光明亮。何愁慧性少光辉，只虑光芒万万丈。韬焰保命慧方长，不住延生离幻相。抱纯养素学无为，慧命延长归浩荡。若是拘拘图色身，不知身死孰长生。不肯度人唯自了，那得仙师度我们？现成衣，自在饭，一口一身谁备办？米邱面山怎得消，滴水洪波阿鼻喊。哄人供养图安逸，暖衣饱饭并不渴。巧语花言道已成，飞升度汝相携挈。外护闻言供更勤，蚩蚩指望水中金。几个凡人能自悟，谁年谁月便飞升。慧悟之人无嫉妒，静则无为先自度。动时宏道度同人，万语千言唯一悟。唯一悟，缘普度，普度心虔坚且固。道宏教阐祖风扬，解脱真空心性和。”

济度众生

诸子，我所说阐教宏道，原非为己，亦不为教，只为着体道法天，济度众生。昔三教圣人，若不为众生，何得立教传经，宣坛显实，曲垂方便，费尽仁心耶？诸子，儒门是至圣先师，德参太极，道集大成，毋固毋必，毋我毋人，删书定乐，赞易执礼，在在行春秋之化，方方阐孝义之经。道传曾孟，一肩重任，为万世之儒师，作生民之教主。若非曾孟受授于周朝，程朱阐宗于宋代，安有今日哉？

释氏自西方释迦牟尼佛祖，雪山苦行，弃国辞家，降伏身心，功圆行满，五蕴皆空，六根清静，显诸妙相，化现十方。至汉明帝，金人入梦，白马西来，传五千四十八卷《金刚般若》真经，教流东土，名号如来。法传六祖，崇尊梵刹金仙，大乘慈悲至尊。若非我佛传经，那能今日咸崇金身罗汉哉？

道乃三清立极，荡荡难名，巍巍莫测，经文妙秘，圣圣相传，现身说法，历劫摩心，度人于苦海，救世于历朝。是三官传授，五极开坛。纯阳吕祖，掌三教之师，判五雷之令，方方显迹，处处开玄，大慈大悲，大仁大孝，忘却功名，留衍香火。传我邱祖，勤道存仁，拜丹书于凤阙，开宗传戒，兴清律于龙门，千辛万苦，誓愿度人，号尊长春真君，累崇明应天尊，照诸法界，均沾洪恩，行功立德，种种神通，只为济度众生，同臻大道。

诸子，济度者必须苦苦切切，先度自己，然后度人。如今教相不行，玄隐宗门者，正是这里不曾除得大病也。为何大道不行、教门衰薄？诸子，只因本教全真，“不能度己，只要度人”这八个字的大罪根，自坏全真教相的公案也。诸子，你阐教的，自己不能依教奉行，先要劝人依教奉行，谁肯信服呢？怎见得全真不能度己？诸子嗄！度众生者，度自己之众生也。自己之众生是甚么呀？诸子，杂念妄想，自己本心中之众生也。全真腹内，有八万四千妄想杂念，即是有八万四千众生。一日之内，二六时中，身坐蒲团，心游世上，这个妄心才灭，那个妄念又来。七情不息，六欲勾留，三毒牵缠，八识颠倒。如浮云掩日，东去西来，狂浪因风，西驰东荡，终朝日夜，何曾静得一时？累月经年，未能定得一念。不但坐在蒲团，就走在道路，至于梦寐，那刻撇去妄心，把持正念？心不休则身不度，念不一则道不明。所以全真门内，必须要止念休心，方才能得天心出现，慧光发露。大众，全真若此，便可称同志了。所以说先度己，方好去度化众人不迟。

那度己如何呢？刚烈、勇猛、精进、舍除、布施、高明、谦逊、解脱、自然。诸子，你们却须要用志不分，凝神澄虑。同志有机缘的，倾心听我一一指那九件道要。

咦，何谓刚烈？这出世法与世法本来相反，顺逆不同，方圆不合。出世法要在法身用功，就要把世间的幻境、色身的幻相两般先看假了，子女妻孥，恩情斩断，功名富有，味美裘马，留恋葛藤，一心跳出迷疴，洁志不浮灵宝，是曰刚烈。一曰降魔杵，又曰斩妖台。

何谓勇猛？优柔不断，游思或往或来；把柄脱离，光明或开或蔽。心不同于秋月，皎皎常明；神不登于朝霞，煌煌反照。迟延懈怠，逐浪随波；玩忽优悠，朝三暮四。不能得胸襟一朝廓落，眼光立地澄清。心上加功，全抛身世；道中苦行，摧尽邪魔。将这个无常迅速生死之事，昏迷不究。钻通铁壁铜墙，悟这是天堂地狱。诸子，所以刚烈之后，又要添加勇猛。

何谓精进？是这刚烈乃割断恩仇，修心立命。这勇猛是降伏散乱，整饬游移，神明镇定。更精进者，何也？这学者参求生死，此身未有之前，你在何处？此身死殁之后，你向何方？世间天地万物，日用平常，无不是道。眼之所见，耳之所闻，无一物不在道中，无一物能出道外。物有本末，即是物之生死；事有终始，即是事之生死。若是用心参悟，苦志精搜，能明物之本末，则能明身之生死；能明事之终始，则能明心之起灭了。从事物上细细体贴，实实理会，自一物以至万物，自一事以至万事，无不明其生死之机，起灭之理。则本末、生死、起灭，都成一贯功夫，到此方能于道相近了。然后冥心大道，微细追求，洞明幽隐，晓会玄机，默识天心，密通宗旨，能使我这一点虚灵不昧，直透源流，应万物而不迷，理万事而不惑。若是不肯精进，自懈自怠，则是自暴自弃，甘为下鬼，无志真修。纵是趺坐百年，延生千载，终归无常，仍落轮回。

何谓舍除？乃舍去以前粗俗，除尽旁门外道，从此新行，一诚向上。这一点的虚灵不昧真宗，是谓元元至宝，千变万化，无有定体。触物遇事，用各不同，应各不一。头头见影，刻刻迷踪。玄妙灵机，层层参悟进去，再难透顶穷玄。动而愈出，取之无穷，用之不竭。悟者自得，昧者远隔。因恐尔等既能有悟一二分之理，即能守之再悟，不可舍之另悟，便是无常了。须将有常不变之灵机，转那无常有变之事物，则理明性见，舍旧取新，一层层钻将进去，一步步追至高头。若不到卓然独立，那能洞达深机，烛照生死，超然出世之外，脱万劫之疑根哉？

何谓布施？如昨日之悟机，从前之妙理，所悟所得，或布施于众生，或归藏于黍米，不可存留，混我灵台。所谓过去心不可得，未来心不可得，即此现在心亦不可得。在这不可得之中，更寻出个自得之妙来，则智光圆满矣。如以财布施，名为修福。以法布施，名为修慧。财物布施，有个了尽。我这说法，布施无穷。以财布施，能济人之世法，养色身之衣食，作外相之庄严。财物能尽，则依然赤手空拳。我这以法布施，入世法也可行，出世法也可行。再以法布施，能开人迷窍，提拔灵根。然以财布施，非世上之财可布施。凡夫养生救人，济急扶危，捍灾御患，福国康民，动静水火，消灾解厄，种种代天宣化，御役阴阳，通天澈地，无量无边之妙力，此财者才也，即南洋大士观世音菩萨之童子善才也。咦，尔们知道“欲求天上宝，须用世间财”么？此世间财，非世上之凡财，此财乃自度度人之法财，名曰神宝，故能感得天宝。日用也者，以法布施云尔。能得悟此者，即为万劫先天智慧高人矣。

何谓高明？既能布施妙法，开度众生，必须见识真高明，智慧真通澈方好。这天地万物，莫不有此灵性。我若以法为法，是为执法。执法为法，乃是死法，不名活法，即是见识不高明。所以我若将自己所用之法以去教人，将版定之理去应物，则是死法呆机，即为钉桩摇橹，胶柱鼓瑟了。须得不以我法为是、人法为非，正大光明，随时开导，见机而动，委曲宣扬。若度圆用方，则不能旋转。度愚以智，便不合机宜。须定见愚人，说愚人之法，使愚人明白通晓，量愚人行得去得，慢慢可以会悟。若对智者，如愚人之法，亦不为合机。须要人我兼通，雅俗共赏，圆融活泼，智者见之为智，仁者见之为仁。淤塞可通，动惑可定。疑者解，鲁者睿，聋可闻，盲可见，方称高明，堪任济施之领袖也。

何谓谦逊？真修到此，遇明眼之人，智大心空，一切身外之物，一应世界之事，空空空了。上撼天关，下摇地轴，超出人世，神入虚无。那里还有个众生在面前呢？自古到今，二乘菩萨，下乘仙子[①]，总受了这个病。病入膏肓，总不知觉，所以唤作小乘劣根，旁门外教，邪道魔法了。若如此，殊不知道无定体，神化不测，是岂你限量得定、拿捉得住的？有限之物，如何便妄自尊称起来呢？你岂不闻太上“不敢为天下先”？不为福先，不自伐其功，不自见其道。进以退为主，高以卑为基。外其身而身存，后其身而身先。人皆争先，我独退后。上德不德，上士无争。视我不见，不自大，不自尊，不自强。既以与人己愈有，既以益人己愈多。吾不知其名，强名曰道。所以越到高明之地步，越行卑退之功夫。谦逊仁柔，以存厚道。一则普行慈惠，一则保蓄光芒。国之利器，不可示人。我不去服人，人自然服我。到此时，那解脱道理，不可不知矣。

何谓解脱？诸子，执着之者，不明道德。洒洒落落，不被法缠。赤条条，不为物累。圆陀陀，随方设教；光灼灼，历劫度人。入众妙之门，为众生之母。慈能爱物，不以爱物为慈；善能济人，不以济人为善。妙法能度众生，不以度众生为妙法；至道能出世，不以出世为至道。既能出世，又能入世。既能出苦，又能受苦。上可超出天堂，不以天宫为快乐之场；下可普救地狱，不以地狱为苦恼之处。遇苦则救人出苦，遇乐则同众共乐。乐中能指出众生之苦，困中能指明众生之乐。在天则度天龙鬼神，使鬼神得闻正觉，超证仙功；在地则能度罪业亡魂，使幽爽得见光明，转生人界；在人世则度一切善男信女，普修日用寻常，无为正直，忠信公平，贤良大道。不教那士农工商去入那下乘小法，搬弄精魂，着魔恶趣，征战修罗。这解脱之中，要臻那自然之用，即自在之道矣。

何谓自然？诸子，这自然之妙，乃《心经》云观自在菩萨，为观世音，

① “仙子”，底本作“仙了”，据金盖本、《龙门心法》改。

观世上之音，得自然之妙。自我自在观音，即我心上之菩萨；南海之观音，即观彼岸清静真空之妙相，虚无自然之理，能观得真音之妙相。非有真师指明，能悟真空妙相了么？咦，诸子呀！“色即是空空是色，不空不色道非真。真空妙相真常道，非空非色妙无穷。与我虚空同一体，虚空与彼没分已。”入金石而不碍，入水火而无伤。诸子，你们细参九章道要，端守蒲团，悟诸妙相，一规自然，三家已证，圆满度人，功高无量，德服鬼神，邪魔束手，妖精落魄，何患世间不信服而来皈依耶？正是：“普度功行利济心，勤参度己后天人。一诚志向真常道，自然菩萨护我行。九章妙典超尘世，一片全真琢磨深。布施微言真妙理，双修性命不辞辛。见识高明多说法，仁柔卑逊不矜能。舍除外相忘你我，真如天心大道行。逍遥解脱阐玄妙，无上真空玄玄道。水火无伤三姓合，功圆行满步云霄。”

智慧光明

诸子，你们受了中极的三百大戒，行持密行，微细威仪，比不得前日的初真戒。这律条细微深奥，惟要在自己当心上用工夫。凡生心动念之顷，就要存诚主敬，暗自端详，省察提撕，大中正直。把这心上念头，打扫清清净净。如青天皓月，没半点云翳。如水晶琉璃，无丝粟瑕玷。如无边明镜，无一毫尘垢。如夜明珠，无一丝迷暗。圆稳稳[①]，光灿灿的，方可以讲这智慧光明，真空妙相，原从戒定上来。自忍辱断障，戒律精严，克己历炼，兼之法药相助，方能至此。若有持戒，鲜能持守，行修微密精严，自欺自瞒，万分不能已。何以故？嗄，诸子，行持不密，唤作有漏之因，安能证得无为之果。

这个智慧光明四字，那是上乘利根。所以那下乘劣根不能悟入，只要用志不分，凝神气穴，栽培祖气，温养先天，致虚极，守静笃，纯一不二，神藏无极，极而太极，自然智慧光生，一阳来复，方见本来面目，知鬼神之情状，通造化之枢机，谓之智；参天地之化育，并日月之代明，同四时之错行，谓之慧；普现法身，能摄法界，不出觉照之外，尽归晃朗之中，谓之光；通万物于无形，见万事于未兆，遍虚空而无迹，凌日月而无影，谓之明。

① “稳稳”，《龙门心法》作“滚滚”。

若持戒不精密，则不能泰定；不能泰定，则智慧不生；智慧不生，则光明不现。《玉枢宝经》一卷，单提本性，直指人心，性谛显明，天机尽露，使众生转经悟道。怎奈迷者多，悟者少。口徒诵而心不能持，心虽诚而力不能转。可惜辜负圣心，空指法宝。我今不得不代经宣妙，指转真机，使诸子们涣然[①]入悟。尔等各各恭敬，志心谛听。

经云："吾昔于千五百劫之先，心缝此道，遂位上真；意酿此功，遂权大化。"又云："以清静心发广大愿，以智慧力而伏诸魔。"又云："尔诸天人，欲闻至道。至道深杳，不在其他。尔既欲闻，无闻者是。无闻无见，即是真道。闻见亦泯，惟尔而已。尔尚非有，何况于道。不闻而闻，何道可谈？"又云："道者，以诚而入，以默而守，以柔而用。用诚似愚，用默似讷，用柔似拙。夫如是，则可与忘形，可与忘我，可与忘忘。入道者知止，守道者知谨，用道者知微。能知微则慧光生，能知谨则圣智全，能知止则泰定安。泰定安则圣智全，圣智全则慧光生，慧光生则与道为一，是名真忘。惟其忘而不忘，忘无可忘，无可忘者，即是至道。道在天地，天地不知，有情无情，惟一无二。"又云："得悟之者，俾跻仙阼。"又云："愚可以智，浊可以清，唯命俾之。愚昏昏，浊冥冥，亦风土禀受之移之。天地神其机，使人不知，则曰自然。使知其不知，则亦曰自然。自然之妙，虽妙于知，而所以妙，则自乎不知。然于道，则未始有愚之浊之。"又云："所曾宣说，至士受经，皆当剸金置币，盟天以传。"

诸子，这便是《玉枢经》中真玄秘密，无上不可思议，乃清静自然解脱、上品微妙之法宝也。你们只知道终日诵经，并不曾明白经中妙旨。若你们诵奉之时，了悟经中秘妙，则为圣智全而得慧光生也。所说至道深奥，不可见闻。若非天尊千五百劫之先，开清静之心，发广大之愿，要度未来一切众生，俱证妙极。再说道本虚无，无声可闻，无色可见。既无音声可闻，则当忘其耳；既无形色可见，则当忘其目。耳目既忘，则闻见亦泯可矣。故耳目有形有色，为六根之首领；闻见着相着念，实六根之源头，岂能合道？若能清净六相，扫除六识，则不听之以耳，而听之以心；不视之以目，而观之以神。便不听而闻，不视而见。无闻无见，即合道也。

---

① “涣然”，底本作“焕然”，据金盖本、《龙门心法》改。

《赤文洞古经》有云：“忘于目则光溢无极，忘于耳则心识常渊。两机俱忘，入众妙门。”《护命经》云[①]：“视不见我，听不得闻，离种种边，名为妙道。”《南华经》云：“气止于耳，心止于符。”所以《玉枢经》云：“忘形忘我，入道之机。”又“以诚而入”，这诚字，即戒也。“以默而守”，这默字，即定也。“以柔而用”，这柔字，即智慧也。“用诚似愚”，即持戒制伏身心也。“用默似讷”，即是入定忘其耳目也。“用柔似拙”，即是智慧内藏于密也。又云：你们欲于自己色身内闻见求之，终不可见，不可闻也。《金刚经》云：“以色相求我，以音声求我，是人行邪道，不能见如来。”

夫欲入道者，唯当受戒入定，密密修持智慧，复迷以明，即不闻不见而闻而见矣。故入道者知止，此即持戒止念的功夫；知谨，此即是慎独精进的功夫；知微，此即是绝圣去智的功夫。止念，非戒不能；慎独，非定不能；知微，非智慧不能。诚能持戒入定修慧，即身心泰定，圣智纯全，慧光普照。慧光照透，则与道为一，乃唤作真忘。这真忘，不是静坐打顽空的真忘，乃真空也。这真空之内，中有紫金妙相，即空中不空之妙果。能不落顽空，空中不空，则妙相自然发现。唯其忘无所忘而所忘者，即至真妙道也。

又有云“愚智不同，则清浊各异，虽系风土禀受不齐，皆系造化之机，神运自然，气数之理，天命已定”。然而愚者自愚，智者自智，则天地何尝愚之智之？唯是能发清静心，立广大愿。愿出世以度人，必闻道而自度。自度者，皈依三宝，受戒入定，修智慧以放光明，则愚者可智，而浊者可清。若不能持受入定，智慧不通，无光可照，则清可浊而智可愚矣。《金刚经》云“我所说法，原无定法”，此之谓也。

所讲智慧光明，晃朗太玄，照烛法界，岂能出《玉枢宝经》之外哉？玉枢即真机。欲转经者，先转真机，密修福慧。只恐光明藏不能开不能见也。安能察鬼神之形状，握造化之枢机，参天地之化育，斡日月之运行，摄法界于黍米之中，定事物于未萌之始，称妙道之师，进天仙之境也哉！正是：“得见光明藏，能闻至道根。若非修戒定，安得智光深。着相非真相，忘闻始可闻。闻思修入妙，自在海潮音。”

---

① “《护命经》云”原脱，据《龙门心法》补。

神通妙用

诸子，上文所讲智慧光明之道，《玉枢经》只用“闻见亦泯”“无闻无见”，即已说尽妙用，现出神通了。诸子，《阴符经》云：“聋者善视，瞽者善听。”古仙云：“静听不闻雷声，熟视无见泰山。”《中庸》曰：“鬼神之为德，其盛已乎！视之而不见，听之而不闻。”《南华经》曰：“无视无听，抱神以静。”《参同契》曰：“耳目口三宝，闭塞勿发通。真人潜深渊，浮游守规中。”诸经书中，所有妙言，说不可尽。观世音大士，“从闻思修，入三摩地”。

夫耳根为泄精之窍，非是泄那后天淫欲之精，乃先天太乙含真之炁，真元显应之精。若内听而塞其聪，则精不飞而生智矣。眼为泄神之窍，非是泄后天思虑之神，乃先天妙相灵觉之良知，太素氤氲之元神。若内视而返其明，则不外游而生慧矣。能持戒入定，则智慧生。智慧生，则水火交。水火交，则坎离媾。坎离媾，则地天泰。地天泰，则金木合。金木合，则魂魄会。魂魄会，则精气化。精气化，则神通现。神通现，则光明放。光明放，则功德圆。功德圆，则法身成。法身成，则道体彰。道体彰，则妙用行。妙用行，则众生度。众生度，则愿力满。愿力满，则大事毕。大事毕，则位证果矣。唯此一乘法，余二即非真。始终不出一诚字。

《中庸》曰：“不诚无物。”物，即是“恍兮惚兮，其中有物；杳兮冥兮，其中有精；其精甚真，其中有信”。信，即诚也。是即《易》云精气为物，《大学》物格之物。精乃《尚书》精一之精。中即厥中之中。《法华经》曰有一宝，秘在形山。圣人以此洗心退藏于密，皆莫不是此物，先退藏而后见也。古歌曰：“若得此心无一物，眼前便是伏羲时。”又何必神通妙用？又何必智慧光明？

这神通妙用，乃自己守戒道的真人现身说法，以度众生，摄妄归真之妙用。是以大智光中，慧施金臂，拔救诸生，出苦恼而入清静。能使命促众生而得长寿，能使灾苦而变安乐。致国土清平，皆得延寿保命。使众生纯良方正，而除妖邪，驱强逆，殄魔怪。使众生慈仁而不杀生害物，能使众生保制劫运而冤消结解，能使众生昏暗破而光明现，能使众生百病痊而宿疾普消，能使众转愚成智、皈正弃邪，能使寡欲清心、摄情皈性，能使解脱无碍、超凡入圣，能使集福消灾、生祥灭罪，能使出世成道、离苦登真，能使能修上乘、上升天堂、普领众生、神游八极、超出天宫。

愿我众生一切凡身，俱为法王身，乃至不测其所，唤作神通。不泄其机，唤作妙用。所以戒定慧门的神通，乃不神之神，转六识为六通，通天通地，通神通鬼，通人通物，谓之神通。这妙用无妙之妙，运一机而示万方万化。化天魔，化地煞，化万鬼，化妖星，化恶人，化怪物，唤作妙用。那戒定门中是入静，定慧生光，乃先天一炁圆明瑞相，上通天宫，朝祖炁于三清之上，下通地府，赦罪魂于九泉之底。说法则天神摄伏，五帝临轩，万神侍卫，班列端严，愿闻正法而炼神还虚。已得度脱，悲心慈悯，济苦寒幽，则阎罗赞叹，地藏开光，鬼判遵依，冥曹摄伏，而赦罪超生，得闻正法，俾脱鬼籍，俱转极乐。于是自度而度人，发宏誓愿，愿人人普闻至道，以法药普救众生，使众生以及蠢动含灵，并蒙解脱，土木瓦砾，皆得感通，一切物情，无不通澈。运神通于不知不觉，而天地万物在我身中；发妙用于自然而然，而山河星斗归于法内。天魔无不敬伏，俯首恭迎；地地煞悉化慈和，警心慑服；凶祟厉鬼，闻化超升，永辞血食；修罗外道，奉法皈正，战争永息。枉屈尽伸，冤仇消释。以德化不以力降，则恶人俱为善人；以诚感不以术凌，则邪人悉变正人。逆持斗柄运阴阳，而神鬼不测；倒施化机超世界，而天地不知。普现神明，坚固法身，而无形可观。广宣最上一乘妙法，而无声可听。虚空则我之法界，我即虚空之法身。浑浑沦沦，与天地为一体；正正大大，与仙佛为一心。程子曰“放之则弥六合，卷之则退藏于密”，即此谓也。所谓众生之父母，道门之法师。岂非清静解脱之神通，无为自然之妙用耶?

诸子，不着相，则慧通广大；任天倪，则妙用无穷。只在乎日用寻常而不怠，造次急遽而不弃者，道德两字而已。又何必舍戒律而学符法，弃圭玉而恋碱砆，甘为无智之徒，不学上乘之道哉?

噫！“诸子入玄门，当求最上乘。人人含妙窍，个个智光明。止缘多障碍，视戒若虚文。纵持多间断，游移定不深。定力深，戒愿切，勿助勿忘为准则。二六时中刻刻持，三年五载无遗逆。定忘戒熟自通神，神自通兮妙用真。运神通，得妙用，诸子须仗进步诚。若是蚩蚩着相求，鬼窟生涯非正由。外道旁门多住形，着空住色亦非修。不着空，不住色，定则无形感则通。用则灵明神自别，几多道者失中功。我今不是多哓舌，咦！直把天机泄。神通显，妙用彰，际地蟠天大法王。不出常静真常道，魔教皈心恶化良。忤逆一朝通孝悌，顽凶俱变作慈祥。智若镜，慧如神，一片灵台灼灼明。六通互用无尘迹，大地山河尽是金。诸子无怠轻持戒，乃是天梯步步升。神难测，妙难量，不离戒定用真常。真如门有通天穴，不二斋中吐圣香。诸子诚修不自弃，从古神仙大道场。”

了悟生死

诸子，自古至今圣贤仙佛，只为大事因缘，九年面壁，惟是追求生死，出世降心。岂不闻石火电光，落花逝水，无常一到，片刻难留，罪福随身，轮回受报。言未毕而喉中气断，语未话而舌缩难声。赤条条何处安身？黑漫漫谁方立命？洪福则重来人世，恶业就堕落酆都。福报尽即还入轮回，业报终便转生畜类。万劫冤牵难解脱，千生罪业莫消磨。世世沉迷，醉生梦死。冤冤相报，戴角披毛。言起可痛而可哀，说起可怜而可怕。若不拿定主意，咬定天良，揭地掀天，悟死后如何样子；将心舍命，洞生前这种愚迷。若逢决烈汉，把眉毛直竖，斩魔宝剑手中提；果然大丈夫，将浩气放开，劈邪利刃心头割。毕定要看透父母未生我之前，何方立命？究竟澈底造化而来，死我之后那处安身？了悟三身，过去未来现在。穷追三世，犹昨日来朝[①]今晨。于是把万虑消忘，只有这灵光一点；将诸缘扫净，独存那慧性些儿。入玄关，一窍通而百窍通；见真宗，则三际明而三界出。解脱则五行不着，虚湛则四大归空。入众妙门，登三宝地，去来自在，变化无方。轻轻的转动天机，则鬼神不能测其妙；巍巍然逆持斗柄，则阴阳不得辖其权。逍遥乎梵炁弥罗，证位乎清虚渺漠。永离尘劫，超出樊笼。全真之大事已成，自度之因缘已毕。这一段真空法界，皆从我定中下手，一层层大路行来，是非不修而能骤至；这一位妙有法身，悉自智慧里得窍，一节节密功做去，岂能不悟而得曲成？

诸子！道在圣传修在己，德由人积鉴由天。又不闻“天向一中分造化，人从心上立经纶”。各人努力，速速行持，须要上紧赶办，未悟者不失良因。悟透者竟返青天，未悟者亦不堕地狱。

① “来朝”后底本有“即”字，依文法改。

诸子！却似金砖扣门，门设不开，而金砖还在。戒行修道，道设未悟，而戒行尚存，决不致沉落阴司。毕竟转生阳世，前因不昧，证果自成，只翻得个些儿，依然有个把柄在手。

诸子！了悟生死，莫向你身外去觅。生死悟了，方知是心内真元。我今哓舌许多言，当不得甚么法子。你若体心恁么去，自找着那个道理。死里参生，生中悟死，这死生机关，路头在人自转，由得你，由不得我。动中觅静，静中找动，则动静端倪，全凭良知内照，问得心，问不得师。谨记吾言，断不误事。不依我说，到底差迟。我这点暗路的灯光，引接得迷路行人千百万。我这只渡苦的筏子，撑驾飘洋宾客满恒河。

诸子，莫要起疑心，认得真时连夜行。于是满苑无声，而闻颂曰："生前何处是家乡，死后还归那一方？现在法身宜早悟，莫将空手过韶光。死生生死两相参，大事因缘不等闲。未死之前先象死，生机即在死中探。不在水，不在山，何须西北与东南。看来不出我身外，只在区区方寸间。戒定慧，入玄关，不把功夫落二三。一心只悟生和死，铁壁铜墙破不难。真个苦，好艰难，却似舟行浅水滩。忽遇江潮风又顺，片时飞过九龙湾。认得真，连夜走，觅过拄儿无一有。空空荡荡独修行，不渴不饥天地寿。"

功德圆满

诸子！虚空广大，这戒定门中便是登天梯；苦海茫茫，这智慧光中便是渡海航。若不放开脚步前行，九万里前程难到。若不竖起脊梁做去，千百劫正法难闻。倘或行不密而志不坚，安得功可圆而德可满。

诸子，心里念头莫把丝毫渗漏，身中元气自然充塞融和。德服鬼神，方可免轮回之报；道通天地，方可出生死之途。高登道岸，翻身便是家乡；深入希夷，转眼即还本相。

诸子！谁存不死？那见长生？不死者，岂是凡身？长生者，非关形质。彭祖至今何在？颜子万劫还存。不死者，我之法身；长生者，我之元炁。如来也有寂灭之期，深入涅槃之境；老聃也有飞升之日，高超大赤之天。道存即是人存，法在即同身在。死而不亡[①]者寿，千万劫不坏的无名之名；生而

① "亡"，底本作"忘"，据《道德经》《龙门心法》改。

不有者形，千百世无损的无相之相。

恒河沙莫可量、莫可算的圣贤，那一个不从这玄关出入？无鞅数不可思、不可议的仙佛，那一个不由这大路往来？明明白白的天衢，怎奈迷人疑惑不信。清清静静的佛国，怎奈凡夫障碍难除。只还是福薄罪深，虽有眼不如瞎子。人多因冤深业重，虽是生已算死人。肉走尸行，比畜生只多得个能言会语。昼眠夕寐，比植物反少却那挺干舒枝。一朝数尽鬼来勾，那管你全真道士？半字不差查罪案，仍判你无德恶人。

诸子！人皆有死，但要死得好。清清洁洁，干干净净，去来自在以无拘。人皆有散，只要散得妙，明明白白，脱脱洒洒，变化圆通而莫测。回首之前，遍辞大众；时候已到，撒手便行。赤条条现出婴儿，顶门上浩气祥光万道；圆陀陀飞升妙相，半天中彩云白鹤高翔。许多仙景，元神竟返清虚；一派祥光，真骨寄藏洞府。大丈夫能事毕矣！留下一个仙名于人间，传下一部道言于世内。使千百年后，知有某人。这便是死而不亡曰寿。使万亿劫后通行其道，即是大圆满、大功德、大福报的身也。

诸子，性命在己，告人不得。自己不修，未必替得。念头起灭，未必捉得。妄想私心，未必扫得。爱缘深重，未必舍得。法身无相，未必认得。戒律科条，未必行得。烦恼无明，未必灭得。俗尘结习，未必消得。许多障碍，未必除得。真言妙法，未必依得。罪福因果，未必信得。凡心世态，未必忘得。头[①]头着相，未必空得。旁门外道，未必辨得。有为幻妄，未必透得。事事物物，未必应得。境境界界，未必脱得。至人明师，未必求得。虚空大道，未必入得。诸生此生，未必度得。初心愿力，未必了得。

诸子，此是何故？只因你们戒子，贡高我慢，化你不得。好言善语，说你不得。疑惑不信，省你不得。孽重罪深，拔你不得。嗔怒讪谤，止你不得。欢喜奉承，拗你不得。性劣暴怒，逆你不得。奸谋险算，弃你不得。忠言苦说，入你不得。昏迷痴妄，破你不得。有眼无珠，点你不得。猖獗不端，禁你不得。疾病苦恼，医你不得。运气灾殃，赦你不得。在数在劫，饶你不得。轮回报应，放你不得。王法阴刑，免你不得。刀山剑树，顾你不得。慈航慧筏，渡你不得。金丹妙宝，付你不得。虽有天机，转你不得。虽

① “头头”，底本作“愿头”，据《龙门心法》改。

有神通，度你不得。

诸子，你们当真苦志苦行，守持戒律无违。定中求定，一诚不二，方真是回心向道。诸子，回心向道，忏悔自然洗得。皈奉大道，牵缠自可断得。天堂玄穹，清虚自能近得。地府黑暗，光明自然开得。宏灾大劫，轮回自可脱得。生死无常，把柄卓然立得。无极大道，心心自然合得。无上法身，了了自然证得。无限福报，自然安稳受得。无量众生，一一自能度得。宏誓大愿，精深自然满得。地久天长，寿算自堪同得。只要明心，障蔽自能通得。只要诚信，金石自能透得。只要虚心，纤毫不能染得。只要恒心，万魔不能夺得。只要好心，冤恶自然化得。只要真心，魔头不能惹得。只要明心，圣贤可以齐得，自然通达了也。只要了心，仙佛可以证得，自然澈悟了也。只要虚心，妙理可以见得，自然钻进了也。只要澄心，妙相可以识得，自然开慧了也。只要照心，真空可以达得，自然默契了也。只要定心，生死可以明得，自然融化了也。只要平心，阎王可以见得，自然无罪孽了。只要公心，鬼神可以对得，自然无欺蔽了。只要正心，妖怪可以伏得，自然有光明了。只要诚心，邪魔可以摄得，自然多智慧了。只要施心，天神可以近得，自然大愿力了。只要慈心，愚顽可以化得，自然普荫得了。只要威心，厉恶可以伏得，自然无怖畏了。只要忍心，无物可以弃得，自然宽宏量了。只要空心，无相可以留得，自然登觉照了。只要忘心，无相可以分得，自然无人我了。只要婆心，无人不可知得，自然度众生了。只要无心，无境可以住得，自然能圆活了。只要圆通心，三界不能拘得，自然无挂碍了。只要利济心，无劫不可过得。只要清静心，无边可以住得，自然大圆满了。

诸子，我今讲法已竟，道场圆满。但念你们，父子上山，父不能传之子，子不能代之父；同道修行，冷暖各人自知，进退各人自到。所以说法，并无一法。不过是依病开方，对症发药。病愈症除，就不必更用方儿，再需药了。如渡河必用舟船，到上了岸，不可又再想船。又如针引线，连衣缝完了，不必再求针线。不要画蛇添足，拨草寻蛇。只要各各努力向前，老老实实，乃把个戒律行持紧紧。戒中忘戒，律外加律，功夫深刻，火候到时，自得祖师提拔，接引通真。切不可没主意，倚师父，靠道友，执名着相，终日终年，随人脚跟瞎走。又须要拿定心肠，不生疑惑，一心一意，死而不悔。到得火候齐时，岂不闻皇天不负苦心耶？大道寂然不动，人能感而遂通。

诸子，既肯办个烈心，直前不顾，向往不回，可为志气高远，便是道门种子也。邱祖遗有无声偈言，不轻示众。今为诸子述出，要紧听受。偈曰："生死无常须自悟，死得自家人不顾。莫将自己靠他人，就自神仙也自度。不止六尘并六识，不依一法心常住。常住无常常住无，知因不昧因无数。因地参明自性空，果位悟空谁照住。自今了却生死机，从此勾却轮回簿。有人按律觅行持，自然天神暗默知。龙门心法法原无，苦口直言说一部。不须执法要扫除，方见偈言真实处。熟细我言讲法身，虚空便是多宝库。动而念出出无穷，道藏身中延福祚。心法融通法即心，法心空了长杠[1]度。"

---

① "长杠"，《龙门心法》作"长江"。

碧苑坛经卷末

参悟元机

诸子，这一点虚灵不昧的，即我元命真人，岂是容易见得的么？

古今来圣贤仙佛列祖群真，面壁九年，坐圜六载，三三七七，勤苦参求。以至历遍名山，云游福地，寻师访友，问道听经，苦行深功，布施累德。种种修行，不过为了此身生死性命，大事因缘，前不知来，后不知去，流浪沉沦，难免轮回，所以发下誓愿，立功行持。或以绝念忘情，为出世之法，便去打坐三年五载，坐破了多少蒲团，几曾些儿念绝，半刻情忘，乃二五还归十也。或以烹铅炼汞为出世的法，便行功朝屯暮蒙，退符进火，几曾见玉液七返，金液九还，拿住贼，放了贼也。或以存思观想，默朝上帝于三天；或以炼度济幽，超拔幽魂于九地。或以呼神召将，佩符箓以号真人；或以提气开关，运精气而称妙道。或讽诵经文而勤劳礼拜；或炮制丹药而救病医疮；或炼服食以望飞升；或效阴阳而行采取；或鼎器中橐籥呼吸，以神运真铅，延生接命；或鼎炉内砂火抽添，以炼茅银，立功布施；或以身体衰残，抱金丹之道而待传于有福；或以因缘浅薄，行难行之行而撒手于悬崖。种种昧却自性，为幻修行，俱是旁门。

诸子，绝念忘情，要参悟得这念在[①]何处起，情从何处来，拿得定，捉得稳，认得真，指得实，方才下手去绝，下手去忘。且问你这会拿、会捉、会认、会指、会下手、会绝念忘情的是个甚么？任你绝念忘情，蒲团坐破，念还是念，情还是情。大众，以念绝念，唤作头上安头；以情忘情，名为拿贼放贼。不若连这个忘情的忘法俱忘，绝念的绝法都绝，两机俱忘，入众妙门，方是个上乘道理也。诸子，我将法子去绝念，不知法子便是念头；我将法子去忘情，不知法子便是情种。大众，绝念不如念绝，忘情不如情忘，唤作求人不如求己也。

诸子，烹铅炼汞的，抽添火候的，比效卦爻的，把一个太极混元，穿

---

① “在”，底本作“存”，据金盖本改。

残凿破。认假名而为实用，指譬喻而作功夫。妄论三田，盲猜精炁，七情机械，九窍枢机。把七字九字，返字还字，当做七次九次、七回九回、七段九段、七年九年、七转九转，这个画图，那个出像，竖着脊梁，泥丸尾闾，丹田绛室，黄庭华池，水升火降，温养沐浴封固等法。今日也是坎离交，明日也是地天泰，后日也是魂魄合，今年也是这等婴儿，明年也是这等婴儿，后年也是这等婴儿，将至九年，还是个不知死的老造孽。他不自知差错，还摇着头，屈着指，对着外人胡说道："我是那一日结圣胎，温养火候又不错，沐浴时节又不差，为何胎成十月，不产婴儿？还是你我福薄罪深，鬼神不容成就！"他还捧着肚皮老着脸，张着嘴，探着眼睛，虚落泪下。尔知这劣根下愚之人，不知自心，不明自性，昏天黑地的业障，知甚么道理，尔知此人，还是有心向上着人，但是昏迷，不醒向上之机。

你们身中精气，本是先天元气元精，不增不减的宝。你若去搬弄他，也不见添出来，你不去搬弄他，也不见少一点。这个虚灵不昧的真元，便是元神。既称元神，又说是甚么婴儿？自己多劫以前，罪业未消，障碍未脱，心源未净，性根未灵。不去早早忏悔愆尤，改变气质，参师悟道，反把那个有用的真心，做那个没用的假事，反把那有限的光阴，候那个无影的婴儿做甚么？

诸子，自己身中知善知恶，知是知非，知邪知正，知生知灭，知己知彼，知真知假，便是婴儿。但这婴儿，原不知善恶是非、邪正生灭、彼己真假。这婴儿不自着相，因境生心，因心生智，因智生知，因善所以知恶，因是所以知非，因正所以知邪，因生所以知灭，因己所以知彼，因真所以知假。原无我相，以非空相，不过是这点在世界知觉运动以应万事。若讲个太极混元，则此知亦可以无知的。但此知乃良知，释门唤作善知识，道门名为婴儿元神。总而言之，大众，即是一点虚灵不昧之性体也。

你们只见道人入圜打坐，口说怀胎，入室十月之后，可曾见那个道士，现出婴儿、显相放光么？这等人未入圜之先，他不知天地鬼神阴阳情状，人间祸福，未来吉凶，生年死日。及至出圜之后，照旧不知。自己生死不明，不能自度，如何度得人？己之生死未明，吉凶未卜，祸福未知，得失未达，仍属鬼神所隶，天地所羁，生与俗人一般，死同凡夫不二，生与俗人衣食痛苦，死同凡夫葬埋臭秽，则这入圜打坐，岂非多事？

诸子，要先死妄心后入圜，先了爱缘后打坐。淫心久息，则肾足而真铅上升。嗔心久息，则心虚而真汞下降。饮食调节合乎时宜，则脾强而汞铅封固。情空则肺润，性定则肝荣。肾水旺，则眼光亮而瞳珠如漆。心火熄，则口津满而味咽如醴。魂清，则肝气顺而筋骨轻。魄安，则肺液通而须发黑。脾壮胃和，则舌喉爽利而音声响亮。窍通血盛则耳聪，气旺神全则目明。五脏得中，则百病却；五味淡泊，则正气生。按四时八节搓摩导引，则风寒暑湿不能侵。把六欲七情，戒性降心，则妖邪鬼魅不能犯。参求大道，则良心现而真性明，了悟真如，则色身空而法身见。自度而后度人，还是度己。

诸子，到此地位，才算进了大门头一步也。然后入圜坐静，上可通天，下能澈地，鬼神之情状，天地之枢机，阖辟不出呼吸之间，造化不出手掌之外。此皆从戒定来。故入圜时，凡胎俗骨；出圜后[①]，圣体法身。明大道，则眼界高，看破诸缘皆幻假；有拄杖，则心胸阔，包罗天地入虚空。人心未动我先知，事物未来我预识，方为六通，智慧无穷，一切天魔拜伏，暗护佑之，十方外道皈依，悉相畏惧。芥子中，须弥山纳之不觉；黍米内，十方世界藏之不知。舒放，则大地山河任我逍遥；潜藏，则微尘粒米凭我安顿。

诸子，这个向上无为至真妙道，第一在参微理而悟天机。所以你们须将盲修瞎坐，烹铅炼汞，存思观想，炼度济幽，加职受箓，提气摇扇，讽经诵诰，合药烧茅，服食采药，阴阳炉鼎，这许多无益之事，不急之为，且都放过一边。切切耑诚，对天发愿誓心。自从今日以及当来，唯愿早明生死去来之机，解脱轮回生死之苦，离种种边，得闻妙道。咦！这句“离种种边”的说话，实对你们言，便是参微理而悟天机的大方便门也。

诸子呀！如何是种种边？就是盲修瞎坐，烹铅炼汞，种种旁门也。如何是边呢？这些旁门非中非正，譬如一张桌案，这些旁门总在四边，不能入心，纵使到心，亦不离桌，殊不知离桌方是虚空大道，不能离桌，还是物，不是道，岂非边也！边者，旁也，邪也，界也，岸也。旁则不中，邪则不正。有地界，则不能广大；有崖岸，则不能洪溥。拘拘的守着这个肉袋子，认作千年古柏，万代青松，活活的困杀这主人公。反去舍灯寻火，恋假抛真，岂不是倒在一边？虽是成功，不过是个自了汉，未曾见性，虽有果位，报尽还入轮回，难超三界，与这些众生有什么利益？

① “后”，底本作“候”，依文意改。

诸子，成仙作佛，为圣为贤，全在舍己从人，为度众生，发洪誓愿。今这辈打坐的人，连自己还度不过来，那里度得众人？唤作自了汉，几曾明得大道，无量度人？倒在边修，深可怜悯！真君说偈，泄漏真机，教大众离了自利之心，又离却一边之法。使那旁门归于正中而行，邪教返乎正法而入。把有限地界，开展得无碍无遮；把广大的世界，舒展得通天通地；把有崖岸的沟渠，凿宽得无边无沿；把不可测的法身，伸放得无人无我。经云"视不见我，听不闻我。离种种边，名为妙道者"是也。

大众，参悟之门，要先放开心地。生从何来？死归何往？亲近那高明先达之师，智慧真诚之友。广存善心，细细究竟。生时如一瓯之茶，拘于形象，水已有味，泼在东洋大海，散为巨浪洪波。若欲求我本源，添了茶味，若言是水，则有色像。然究竟此海之内，寓我本源在内，何者为我本源？细细寻绎，究竟到视而无见，听而无闻。积功既久，自然胸襟一朝廓落，眼光立地澄清，见我本来面目明妙天机，现这一点真性，始信大道原不负人也！

诸子，圣贤仙佛成道升天已久。要见圣贤仙佛之心，先明圣贤仙佛之理。能明圣贤仙佛之理，便悟圣贤仙佛之法。能悟圣贤仙佛之法[①]，便行圣贤仙佛之事。能行圣贤仙佛之事，便是圣贤仙佛之身了。诸子，圣贤仙佛之心，果在何处？只在各人方寸台中。圣贤仙佛之理在何处？只在各人之眼前。圣贤仙佛之法在何处？只在经文史集中。圣贤仙佛之事，不出世法之外，只在世法之中。圣贤仙佛之身，又在圣贤仙佛之中心。若知圣贤仙佛之心于方寸之中者，则能明其理。能明其理，则能悟其法。能悟其法，则能行其事矣。能明其理，则正道存。能悟其法，则诸缘觉。能行其事，则功业立。而天机不息，万劫常存，当知此人神通智慧。已具圣贤仙佛之体，即是圣贤仙佛之身矣。诸子，参悟从甚么处下手？你们要先去受初真戒，降伏身心，使方寸不乱，则能见圣贤仙佛之心了。然后进受中极戒，开辟性灵，使玄关通澈，则能明圣贤仙佛之理了。然后进受天仙戒，精研妙义，使智慧圆通，则能通圣贤仙佛之道了。然后解脱无碍，可圆可方，可大可小，可行可止，可前可后，可生可死，可屈可伸，可出可入，可圣可贤，可仙可佛。可

① "能悟圣贤仙佛之法"底本原脱，据《龙门心法》补。

四生，可六道，可天宫，可地狱，随方设教，历劫度人，变化莫测，现身说法。如无边明镜照诸形影，互相容入，则能行圣贤仙佛之事，成圣贤仙佛之身，证圣贤仙佛之果矣！大众，到这地位，名为参微理而悟天机也。

诸子，昔日黄帝遗其玄珠于赤水，乃使离朱索之，离朱索之不得。乃使契垢索之，契垢索之不得。乃使罔象，罔象得之。彼离朱者，离宫朱色，乃人之后天肉团心也，是以索之不得，喻今之用心边见者也。彼契垢者，乃人之爱洁，净口净身，靠斋者也，是以索之亦不得。至于罔象，何以能得？诸子！罔者，无也。象者，形色也。罔象，乃无形无象之谓。故尔不称明珠，而曰玄珠。即至圣先师孔子有曰："形而上者谓之道，形而下者谓之器。"太上老祖所谓："内观其心，心无其心；外观其形，形无其形。"诸子，至理本无实相。圣圣贤贤，仙仙佛佛，总在不着相操持的。若是着相修行，便轩辕帝用智慧持斋把素求玄珠了。诸子，轩辕帝失玄珠，得之于罔象，凡人参妙理，得之于无心。大众。我已泄尽天机，发明心印。尔等却要仔细检点，紧密提防，这赤水中玄珠一失，更不知何方还也？

于是戒弟子等稽首皈依。而听偈曰："万卷仙经谈不尽，一篇直指泄无余。劝君莫弄多方法，道在心头不在书。着相参玄杂想多，有心打坐坐成魔。许多邪路人偏走，正道无人可奈何。真人无相亦无形，一段天机处处陈。不顾眼前多暗摸，休抛正路入旁门。"

尔时，昆阳子普同大众回向已，戒弟子施守平纂成卷册，呈请律师题示后学，律师曰："毋庸，汝但得人迭授，粤阅一百七十岁，当得订为《碧苑坛经》。"

附：龙门心法一之景文序

尝思道源自有正脉，万法不出一心。推而广之，道德五千言；约而述之，薪传十六字。所有分门而别户者，大抵殊途于同归耳。乃世之慕道者，徒向崆峒而访问，伐毛洗髓，欲换凡骨而无丹；立命寻真，语玄机而莫悟。殊未解理贵专心，法求一贯，要得其中之宗旨，端赖指示之相承。余在公余之暇，志道多年，素守国初白云观开山王氏真人《龙门心法》一经，朝夕穷其体用，恍然有所微明。随向契友白云观方丈张耕云，与炼师秦云樵，同道三人，言及惜是抄本，不得流行于世。而二公曰：真人则名垂紫府，望重神都，是本既存，学者若欲钻研，便能脚踏实地，诚谓仁者见之谓之仁，知者见之谓之知。现值开坛传戒，天下勇往求道者咸集于此，即可宣扬，后再付梓可也。余即欣然，不敢秘惜，常住捐资，愿刻流传。忆溯自我朝顺治之初，延及同治之始，而真人之潜德积久，于今得阐发幽光，实不胜额庆。惟愿神而明之者，不必觅蓬海壶天之妙药，又慕羽轮琪树之辉煌者也。则庶余之私幸，是以为序。

大清同治十年夏五月，一之景文谨序。

龙门心法后跋

道教自重阳祖师开立全真之法，以度丘刘谭马郝王孙七位真人。唯丘长春真人继法而兴，绍宗而阐。元祖车迎而问道，唯对以“治国莫若爱民，养生不如寡欲”之语。天心大悦，臣宰咸钦。敕建道场，延师演教。遂将玄门戒律，按大藏经法科仪，普阐真风，通行天下。邪教由兹而遁迹，旁门自此敛形。正法如日中天，至道如风拂草。弘宣清净，普利群生。修真得度者莫可纪述。迄今四百年来，颓衰不振，邪教外道充塞天下，害人心术，坏我教门，为毒为魔，其罪甚重。若寘之王法，则难逊刀斧之诛，不若绳以天条，则洗涤昏迷之罪。是以昆阳律师悯念愚人，爰开戒律，俾大众弃暗投明，直入清虚之路，改邪皈正，径登中正之门。万世罕逢，多生希有。又恐劣根浅智不能顿悟，必自渐修，妙典真经，不能解悟，常言直说，方入灵台，拨转迷心，挑开慧性，功德不可思议。倘有缘之士，有志之人，由此而了觉真空，由此而超离苦劫者，岂非丘长春真人之家风尚在、王重阳祖师之心法犹传？何必虑其大道不行，真风不振哉！大众，当闻恩修入真寔地可也。

康熙二年岁次癸卯初冬朔，弟子邵守善、詹守椿敬跋。

陆约庵先生就正录

弁言[①]

予与先生同受知于谦居简夫子，始以文艺往来，未识先生真面目。先生不弃予，屡以道德相规劝。予初不能解先生讲论，忘寝食，后稍觉悟。私以其说证之先贤语录，不爽毫发，因益喜闻其说。先生尝曰："人生本原，如是而已。濂溪令人寻孔颜乐处，即此便是也[②]。"嗣后从游日众，先生掀揭底里，日夕指点修己治人之方，体用寂感之妙，久大无穷之旨。弘宣厥蕴，与同志诸友，花晨月夕，风雨晦明，数十年无间。方私幸不传之学得以弗坠，奈同志诸友，多散在四方。阅几年，先生竟弃吾党而逝矣。所著有《圣学原委》《便幼》《天壤旷观记》《语录》《质疑》八编。诸书阐发圣贤奥义，真濂洛关闽以后所罕见者。余友黄子左臣，一见欣然，思有以广其传。而诸书卷帙繁多，急切不能尽付剞劂。黄子尤钦重者，则《就正录》并《与林奋千书》二册，遂授之梓，因援笔而序之。

先生生平学问极博，与人言，历昼夜津津不倦，原非二书所能尽。然先生常谓人生宇宙，不外形气灵三字[③]。但形为必敝之物，形尽而气灭，所谓真我，惟恃一灵。灵即太虚，太虚无形，即物以为形，贯三才，该万有，阅

---

① 原批：取是梓本以持，则则法有据。穷可以独善其身，达可以兼善天下。廓此心气，逆返之极。辅以医世，得效无偏，自有过化存仁（按：仁疑作当神）之妙，此余辑入《藏书》之意。况夫医世之学，颁自三尼，在天口授者。底本无此批，据金盖本、丁本补。

② 万批：孔颜之道，其最高处与仙佛无异，皆以性命为功也。其最浅处，治平之法，先王之陈迹耳。学者知识短浅，只知学其治平之粗迹，而不知学其性命之极功，故觉有苦而无乐。濂溪教人寻孔颜乐处，即是教人学性命之功。诚能修性复命，则无入而不自得，乐圣贤之乐，即是乐仙佛之乐，惜劳劳自苦者不知耳。

③ 万批：形气灵即是精气神，变换字面，是儒家做门面、挂招牌之恶习。其实周以前，儒道一家，并未分门别户，谁非黄帝之子孙？孔子曰："三年无改于父之道，可谓孝矣。"后儒身为黄帝之裔，而学取杂霸之功，乃动辄斥黄老之术，不屑为。吁！其不孝也孰甚。人至不孝，人道尚远，况云圣道乎？况云仙道、佛道乎？

历古今，横塞宇宙。以先生之道德文章经济，使其得志居要职，必能有所建立；列清班，必能有所阐明。奈命与时违，终老青衿，且年仅五十有二。徒以言论为吾党表率，岂足以尽先生哉？然其不朽者，不在遇合穷通，年算修迫也。世之高位厚禄，享有大年者夥矣。然生则赫赫一时，尸骨未寒，而姓名泯灭，千百年后，谁复知有某高位某大年者？遭际何尝夭寿不测，真不足为先生重轻也。无富无贵，无贫无践，无寿无夭，胥恃有此。此处能惺惺者，则为完人；不能者，直非人矣。古今圣贤豪杰，直完得一人而已，非于人有加也。此先生立言大旨，即千百万言，亦不过发明此旨。善读此二书者，亦可以得先生之大凡矣。先生讳世忱，字葵心，号约庵，六合邑庠，居邑西之龙山，从游者因称龙山先生。

时康熙丁丑十一月十二日，同学教弟袁綖拜序。

约庵先生就正录原序

袁子武若，大名豪杰士也，于今春三月间来游棠邑，寓准提静舍。余友李子叔静识之，交渐笃。一日，谓余曰："有袁子者，北方佳士，盍往晤之？"余因叩其为人，叔静曰："其人谦而和，爽而毅，且时时以不昧自心为志。"余跃然曰："是学问中人也！"于是即偕叔静往晤之，且以生平管见就正，谬蒙许可。每日夕，即造与谈。袁子曰："大丈夫居世一番，须有是大学问。惜某目下琐琐，不及尽请益，奈何？"余因反覆请证。袁子益喜，曰："俟某归，得稍宁息，即事此言。"十余日来，余以午节返山中，而袁子亦以羁旅事不暇，遂致暌隔。方切怀思，忽袁子告别，于次日返里。余低徊久之，愧无以赠，且恨心期未尽表曝，而性命之计未尽发明，恐辜千里同心之义也。敢略举平日所见，草述之，以就正有道云。

时康熙戊午五月二十日，六峰弟陆世忱拜书。

就正录

古棠约庵陆世忱著

学问之道无他，求其放心而已矣。此二句，是孟氏指出，千圣学诀。吾人用功，不在远求，只在此处寻头脑便得。若不能向心上做工夫，徒在事物上寻讨，气魄上支撑，才识上用事，到底不成真种子。故孟子只归到心内，曰存心，曰求放心，存即所以不放也[①]。

归到心内，非是要人遗却世务。存心工夫正在世务内做出，遗却世务，便是异学。不惟无可信，人且当群起而攻之。吾人为学，焉肯类是！所谓归到心上者，乃是以心为主。事事物物，行行止止，无不长存此心。譬之串子穿钱一络索，俱在手中，故曰一以贯之也[②]。自圣学不讲，大道不明，人都即事作心。其下焉者无论，即上焉者，亦拘于格套，往往做一、二好事善行，便以为尽境。不知好事善行，固是圣功，然其所以好，所以善处，须归自心，反覆揣度，看他从何处起，从何处出，便知本心所在[③]。昔象山先生与杨慈湖论本心，慈湖不识。一日，因慈湖断扇讼，因谓之曰："适见断扇讼，是者知其为是，非者知其为非，即敬仲本心。"慈湖言下大悟。可见为学不识本心，终非善学。所谓行不着，习不察，其弊若此。

故吾人今日为学，先要体认此心，认得明白，然后可以下手。今人无不自言有心，其实不知心在何处，他只将憧憧往来当做心[④]。殊不知此皆一切纷扰，一切缘感，一切意念。若教他除去此等，别认出一个真心来，他便莫知

---

① 万批：欲修命，先修性；欲修性，先修心。心明然后见性，性复则命固，此功夫次序也。孟子教人下手，功夫先求放心，是千古不易之法。丁本于顶上批"放心""存心"以醒目，嫌其琐碎，不录。后仿此。

② 万批：解一贯太浅，因教初学，不得不从浅处援引耳。

③ 万批：仁义礼智根于心，不从心上做工夫，徒袭仁义礼智之外貌，是舍本而逐末也。学何由精进？道何从入门？

④ 万批：世人心尚不自知，何能见性？不见性，何能复命？难矣哉！入道之不易也。虽然，孔子云："仁者先难而后获。"人果不畏难于始，由求放心以自明心。既明其心，当即见性。既见其性，即知复命。以后最简最易，不费一钱，不失一业，无事静坐，久自悟通，超凡入圣不难矣。愿世人勉旃。

所措。夫天下有一名必有一实，今既名为心，自有所以为心者在。何得以纷扰缘感意念竟当做心？会须体验寻讨，识出心来，方许有进步。天下万物皆有形有迹，唯心不可以形迹求。无声无臭，空空荡荡，向何处寻觅下手？会须悟出原故，养出端倪，方见人世间有如此大事。

凡平日发谋出虑，无不是心，然皆是心之运用，不是真体。直是一点灵明，乃为真心[①]。这点灵明，寂而长照，照而长寂，不落色相，不落声尘。何处认他？此处言语文字用不着，拟议思维亦用不着，惟宜默自会悟，自有见时。

其法，初于无事时，正襟危坐，不偏不倚，将两目向里视定，一意不走。自觉心中灵灵醒醒，上头全无一物，却又似长有一物不能忘记一般。此处正是真心，不用更觅心在何处。先儒讲“求放心”三字，谓求的即是心，才求即是放心已收，可谓透切了当，亦可作千古入手要诀，勿得误过。

静坐时，将神内敛，将目内视，中间必是纷纭起伏，意念不停，此却何以扫除[②]？然亦不必管他。盖这些意念都是平时伪妄，如何便能一时扫净，才去一念，又生一念，东灭西生，何时能已？只要见个真心，真心见时，群妄自息。譬如真主人在堂，豪奴悍婢，岂敢妄肆奸欺。果若有志求心，岂真无可见心哉？

静坐时，觑定此处，须要看前一念过去，后一念未来，这个过去未来之间，是名无念[③]，却向此一眼认定，再莫放他，便是真心所在。求即求此，存即存此，养即养此，学问即学问此。

前念已过，后念未生，此处不睹不闻，无声无嗅，便是心，便是性，便是命，便是天[④]。所谓孔颜乐处，千古不传之邈绪也。但不可错认，盖静坐中，不以空然荡然者为是，而以灵灵醒醒，知此空然荡然者为是。故昔人有以不睹不闻为本体，戒慎恐惧为工夫者。阳明谓亦可以戒慎恐惧为本体，不睹不闻为工夫。微哉斯言，亦可以识圣学之要矣。

初存此心最难，十分着意方可。才一懈，便已驰去，故曰操则存，舍则亡。吾人识此，须发一大狠，照破前后，将这个念头提定，时刻莫忘。先儒

---

① 万批：心之真体即是性。心明极处，自然见之。

② 万批：扫除妄念，须先平气。气平，则心自静。

③ 万批：无念即见性。

④ 万批：孟子所谓：“尽其心者，知其性也。知其性，则知天矣。”

所谓如龙养珠，如鸡伏卵，如领婴儿入市，一步一顾；又谓如猫之捕鼠，一眼望着他，一耳听着他，俱可谓善于形容。学者果克如此持行，即有透露时在，不论资禀好丑也。

初入工夫，虽是极力慎守，亦是易起易灭，此最要能接续为主。但一念来复，便用意操存一番，咬定牙，立定脚跟，不使丝毫放失。心心相次，念念相续，时时振奋，刻刻保守，方有进益。操存之初，能静不能动，此须用演习法。其法先坐定，内顾其心，将此点灵明提定；然后立起身来走走，亦只如是提定；将目游望四处，或看物类，亦只如是提定；习听亦然。总是耳目肢体照常运用，而心中只不少放。演习数日，乃知视听无碍于存心，而存心实有功于视听。然又苦不能思虑，才思虑，心又驰去。此亦须用演习一法[①]。其法或用文章一篇置前，先将心提定，后看文章。始之以神方内敛，看物必格格难入，且勿管他，只将此心提定，反覆看。大要宁可文章混混，断不可一念不存。如此数日，自然渐熟。初能少看，渐能多看。初能仿佛大意，渐能深得义旨。纵心思叠用，而灵明不昏，此炼心思运用之法。

工夫既久，心悟渐开，须于独坐时验之。其时上不知有天，下不知有地，外不见物，内不见我。空空旷旷，昭昭融融，是何光景？是何境地？乃是性体，乃是心斋坐忘时候[②]。

这个光景固妙，然又不是一向贪着。若贪着，又是认光景为真体，名为喜静厌动，依旧不是。须知静中无天无地、无我无人光景不重，只重一段灵明处[③]。果于心灵中能长醒长照，无事时非寂，有事时非感，寂感一如，动静无二，是为得之。

心兼动静，亦合内外。孟子“集义”两字，实万世成己成物之宗也。吾人果克勿忘勿助，以集其义，以养其气，则不动心之道在是。

心存既久，未免拘于向里。不知向里一着工夫，原是退藏于密一义。若泥定以为有在，又拘于狭小，不见性天广大。必定识得性天广大，方见道体

① 万批：在道家另有摄息之法，较此尤简易而有效，特非真师不知。

② 万批：说性境，极透彻。按：此境可名为“玄影”，不过是丹道最初还虚境地。非是心斋坐忘，自然说不到虚室生白，与天地合流之实境。若依《楞严》，仍在“如明目人，处大幽暗，精性妙净，心未发光”之处，“色阴”未尽，尚未见性。

③ 万批：此是真空境地，若贪认光景为真体，喜静厌动，则落顽空断灭矣。

全量[①]。故象山云："宇宙便是吾心，吾心便是宇宙。"何等广大，何等久远。须要见出，方知吾人一点灵明，自有位天地、育万物气象，且以知吾人不是如此渺小的人。

凡人泥于眼前，不识天高地厚，岂知天地万物是个我？古人云："道通天地有形外。"又云："万物静观皆自得。"何等胸襟！何等眼界！然要非强为大言，道体实是如此，急宜着眼。

要识心量之大，先看天地之大。从吾身起，上至天顶，下至地底，东至日出，西至日入，南北亦然。这是天地以内，日月星辰所经之地，犹有穷尽，有方体，尤是有外。其日月星辰之外，似不可知，却有可会，只须从一理推去，推到无穷尽、无方体地位，然后其大无外之言可见。今人闻吾此语，未免诧异。然不如此理会，则太虚无穷之理，终不可见，而语大莫载之说隐矣[②]。

《中庸》[③]言大曰莫载，言久曰无疆，其语自是横天极地，亘古亘今，后人眼孔小，心量窄，不复知有久大之学。岂知天地自大，古今自久，吾心与宇宙自无穷，宁有加损，特患其弗之思耳。天之生人，与人以百年之身，即与人以古今不息之心。徒为身计者，不得保全此心，百年终归于尽。能为心计者，未常或遗其身，而万古长神于天地之间。故曰从其大体为大人，从其小体为小人。大人者，存其心之谓也[④]。

吾人心存既久，形体渐忘，自然通天彻地，不隔不碍，始觉无物非性光景。然此不可拟议。工夫积久，自能朗彻。邵子云"无我，然后万物皆我"，此是至言，亦是真诀[⑤]。

《易》曰："原始反终，故知生死之说。"夫生死之说，诚何如哉？夫子答季路曰："未知生，焉知死？"生果何物？死果何物？吾人在世，惟此一点

---

① 万批：天地万物，本吾一体，养到真空，性境自见。道体全量，无物不有，无时不然，尚何人我物类之分哉。三家俱说无我之真性也。

② 按：此乃想象凑泊之言，《与林千奋书》更变本加厉。然不过如惠施所言无外之大，终与性体大道无干。

③ 万批：《大学》专言心，不言性；《中庸》专言性，不言心，工夫高下次序如此。欲见性，先明心，故学者先须读《大学》，后读《中庸》，不可躐等。

④ 万批：性是法身为大体，形是色身为小体。小体不能长存，而大体能常存于万古。

⑤ 万批：关尹子云：神无我，精无人。盖精是一人之私，神是万物之公，故性境无我。

灵知。若无一点灵知，何异木石？昔人所谓有气的死人也。由此看来，人之生，亏此一点灵知。有之，则观天地、察万物、塞上下、亘古今。无之，则虽肝胆毛发、骨肉爪指亦不自有。然则心之系于人为何如哉。由此看来，人之生，由心生也[①]；人之死，心先死也。惟夫灵去于身，而形乃死。圣贤养得此心常灵，不摇不动，则身虽死，而其所以为生者不死。故曰："朝闻道，夕死可也。"

吾人欲识此着，亦有悟入之方。孔子言："造次必于是，颠沛必于是。"又曰："有杀身以成仁。"夫曰颠沛，曰杀身，则或死于刀锯，或死于水火，俱未可知。试设身思之，假若值此境地，何以成仁？何以必于是？其法须将此心持定不动，将此境一一剥落去，再将心四顾，然后知吾身虽颠沛以死，而吾之为吾自若。然后上视天，仍如故也；下视地，仍如故也；远观万物，仍如故也。所少者，吾耳目手足身体发肤耳。然虽无目，吾之视如故；虽无耳，吾之听如故；虽无手足、身体等件，而吾之心思运用如故。故曰"成仁"。仁者，人也，谓真人也[②]。

识透此妙，则知至诚无息，不息则久之义矣！圣贤生则经纶天地，没则流行太虚，故曰知鬼神之情状[③]。

邵子谓："一念不起，鬼神不知。"盖鬼神无形无声，惟此一点灵知。吾人与鬼神同处，亦止此一点灵知。吾人若无此身，则亦鬼神耳。故鬼神之妙，全在能与人感通。起一念，动一意，无弗知之。惟不起处，则无可知耳。君子为学，不能藏密至此，终属浮浅。

学苟能于一念不起处用功[④]，是谓先天之学。达之可以平治天下，穷之可以独成其身。生则以人道经世，死则可万劫长灵。昔吾亡友惺夫张子谓"通昼夜，达死生，历混沌，惟此一心也"。不肖所述，此等皆是圣贤真实学问，非有过高语，虽不能至，心窃向往之。

---

① 万批：说生死极痛快！观此，而仙佛不死之理可知矣。

② 万批：修到六根清静，虽有耳目手足，亦不为所累，即是陆地神仙，菩提萨埵。按：此亦想像境，若无其身，必无其境。试以睡眠验之，即知。眠睡尚且不能维持其境，何况身坏焉？

③ 万批：知不息则久之义，则知仙佛圣贤可以不死之理，奈浅识者见不及此耶。

④ 万批：一念不起，即是性境。

吾人此身在天地间，原至微末。若小体是从，营营一生，何异犬马[①]？若非有此着学问，岂不辜负一生？故曰“人之所以异于禽兽者几希”。是故历代圣贤，罔弗兢兢业业。大禹惜寸阴，文王勤日昃，良有以耳。《易》称“易简而天下之理得，而成位乎其中”。吾人出世一番，去圣贤久远，若不能自创自艾，到底沦没，悔无及矣！

此理论其究竟，大不可名，而其入端，不过易简，存心焉，尽之矣。所谓存心，则吾前数法备矣。至于修身齐家，人伦日用之道，只要内不昧己，外不欺人，随时处中，自有妙用。

上十余则，皆不肖管见。虽言不次序，要皆修身之道、治心之方，而可为入圣之资者也。武若来客六合，忘其公子贵戚之尊，而下顾荒室陋巷之士，相与握手谈心，欣然道义相许，袁子诚学问中人哉！窃愧吾辈生长蒿莱，貌微论谫，而袁子文章学业燕冀人豪，何足当其顾盼？虽然，道同则相为谋，敢为袁子一终筹之。人生天地间，计盖不可少也。孔子三计，古今传之，然而犹未也。不肖以为有一世之计焉，有万世之计焉。曷言乎一世之计也？工文艺，炼才识，谋身世。自愚贱小人，以逮宰官将相，虽所事不同，而要以求得乎此生之安，然其事及身而止，身后虽遥，不我有也，故曰一世之计[②]。曷言乎万世计也？勤修道德，锻炼性情，寻究天人，以殷殷焉求得乎所性之理，所谓天爵良贵，性在乎是，大行穷居，不加不损，尧舜之道，至今而存，谓非万世之计哉！而况朝闻夕可，夭寿不二，自兹而往，有非万世所可得而穷者。呜呼大矣！吾人去古虽遥，而良知在人，万载有如一日，大丈夫何不可自我作古也[③]？袁子北方名士，而天质美茂，璞玉浑金，一见知为经世重器，岂肯[④]以圣贤事为第二义乎哉！不肖仰瞻道范，不禁神驰，惟恐其任道不专，聊复谆嘱，非袁子之果有待于言。远别之情殷，相知之意密，而属望之人多也。世忱再顿首识。

① 万批：夜归而抱子，朝起而忧贫，妻子货财，日作马牛之徇，可慨也夫！

② 万批：《〈中〉〈学〉参同》有云：“满腹文章，不达生死；读书万卷，一窍未通。”痛哉言乎！可为一世计者赠也。

③ 万批：圣贤仙佛，须有大丈夫气概方可学到。所谓大丈夫者，舍一切，包一切，利害不动，毁誉不摇，生死置之度外，富贵视若浮云，然后万物不干，一灵独露，亘古常存耳。

④ “肯”，万本作“有”，据金盖本、丁本改。

与林奋千先生书[①]

古棠约庵陆世忱著

天地之大，古今之遥，生人何限？贵而王公，贱而仆役，富而贯朽，贫而带索，寿而耄期，殀而殇札，智愚之相混，贤不肖之相杂，就一时耳目论之，亦若真实。乃未几岁月更焉，又未几山河改焉，回问向之往来奔走，营营逐逐者，都已消归无有。一变而城郭丘墟，再变而桑田沧海。极而推之，荒唐而论之，世运难留，乾坤易老，不转盼间，将十二万九千六百年之元会已过，而大块且不可久存。由是而言之，宇内虚幻景也，虚矣，幻矣，岂有一真实哉？自古帝王贤哲，视人世间一切功名富贵如春红入眼，浮云过太虚，了无余味，淡然相遭，独求天所以亶畀我者而力践之。此真至真至实之事，而毫无虚幻者也[②]。噫！上而天，下而地，前而千古，后而万年，东西南北，八表八极之无穷，我幸生其中，参为三才，灵于万物，谅必有一奇特处，岂同草木鸟兽之终归腐烂也者。奈何举世不思，尽人莫悟，甘心唯唯否否，虚度一生，到头形寄空木，魂归泉土[③]。而上天所以亶畀于我者，毫不之知。嗟乎！嗟乎！其辜负皇天后土者实多矣！岂特皇天后土而已，而我生之所以自辜自负者更多。

盖天之所以命人，至大至久。是大也，非寻常之所谓大，盖大无外；是久也，非寻常之所谓久，盖久无疆。大无外，则东西南北上下统焉；久无疆，则前古后今合焉。东西南北上下统，则六合之内，六合之外归之；前古后今合，则一元之前，一元之后贯之。何物非我有？何时非我有？夫至无物无时不为我有，岂非至真至实，而犹谓之虚幻可乎？

天之所以命我，而我之所以受于天者，何物也？心也。心何物也？灵

① 万批：议论博大而极精微，《中庸》所以致广大而尽精微者，此书庶几近之。

② 万批：《中庸》言至诚，《楞严》说真空，《参同契》云真一，皆此至真至实之事，毫无虚幻者耳。

③ 万批：魄归泉土，魂则不知其所之也。

也。灵何物也？觉也[1]。觉者，无形无象，须冥悟默会而后乃可得也。盖尝返观内顾，以求觉体。是体也，一意不生，前后际断，灵灵醒醒。若睡熟之被呼，而未经落想转念；若默坐之闻响，而未及审音辨物时也。先儒所谓“哑子吃苦瓜，意中了了，却说不得处”。又言“水中盐味，非无非有”，“如猫捕鼠，一眼看着他，一耳听着他也”。噫！至矣。天之所以为天，我之所以为我，只此而尽矣。盖一点灵光，照天烛地，人人都有。失此则禽兽鬼域之归，得此则神圣君子之列。可不重乎？可不慎乎？孟子曰：“人之所以异于禽兽者几希。”曾子、子思皆教人慎独，“独”即“几希”也。几希者何？即此灵灵醒醒觉处也。天下之人，同是一心，未尝有殊。而其归，乃或至十百千万之远者，无他，觉、不觉而已。觉则明，不觉则昏。明则见善而行，不明则趋恶而安。善则君子，恶则小人。小人之极，则幽厉归焉；君子之极，则尧舜称焉。此不齐之极致，而势所必然也。人之所以为人，觉而已矣。觉则醒，不觉则梦，醒梦之关也。觉则生，不觉则死，生死之关也。觉则人，不觉则禽兽，人禽之关也。是三关者，而皆赖一觉以通之。觉之为义大矣哉！

试以醒睡论：方睡时，茫然无觉。无觉则无所谓天地日月，无所谓山川百物，无所谓城郭宫室人烟杂处。不惟是也，将更无所谓父母妻子、堂房什物等事，且必无所谓近体之床帐衾枕衣服，而手足且无之，腑脏亦无之。惟其冥然少知，顽然不灵，即一我已不自有，而况其他乎？及醒也，仿佛之际，能辨有我矣。少焉，辨有身矣。倾耳聆之，声音达焉。拭目望之，光明接焉。披衣而起，翔步而出，俯察仰观，觉天地万物，莫不秩秩乎罗列于其中，觉使之然也。故有觉则有天地万物，无觉则无天地万物。非无天地万物也，有之而我不知，即谓之无天地万物也亦宜。

孔子曰：“朝闻道，夕死可矣。”道者，觉也。觉则何以死可也？曰觉则长觉[2]，身死性生，物去神留，天壤古今一觉中境矣。天吾天，地吾地，人吾人，物吾物矣。何也？觉也者，无声臭、不睹闻者也。无声臭不睹闻，是无极也。无极则无穷尽、无方体，廓之而六宇充，永之而万古存。山河有更，

① 万批：佛曰圆觉，道曰真觉，儒曰先觉，皆此妙明之性，一灵独露耳。

② 万批：修行者无非修到长觉耳，长觉则死而不亡者寿，于此可知仙佛境界。人皆不自觉耳，尚望其修长觉耶。

此觉不改；两大有尽，此觉靡穷。行将太虚絜量，混元比寿，无终无始，无上无下，无内无外。凡厥元会运世中之万有万变，一皆消息往来于浑浑浩浩之间，又何生死之足论乎？

夫人一物也，秉天之气，受地之形，陶铸于阴阳，予夺于造化，所以有生死也。觉非物也，不与生俱生，不与死俱死，所以大圣大贤，虽当既死之后，而形消气寂，万劫常灵[①]。此其道在人为德性，在天为天命，在往来造化为鬼神。天也，鬼神也，人也，一也。虽然，难言矣。夫人纵欲则易，循理则难。天理人欲，不容并立，皆杂出于方寸之间。欲去而后理存，人尽而后天见，然不外一觉焉尽之。朝闻道，其诸闻此矣乎。

昔者，季路问事鬼神及死，孔子答以："未能事人，焉能事鬼？未知生，焉知死？"死生之说，实自吾儒始，特其言引而不发，故若未尝言之云尔。故不肖尝谓，吾人论学，当平其心，定其气，从容寻绎，以求臻乎一是之地。是之所在，何容强非。故天地之间人为贵，此说不容非也。天下之大，修身为本，此说不容非也。然身要矣，心尤不可无。心要矣，而不灵不觉，何以为心？此说不容非也。灵矣，觉矣，念念如斯，时时勿昧，合动静常变而不易，刀锯鼎镬，身可得而杀，心不可得而动，造次必于是，颠沛必于是，其惟斯人乎！而谓其尚有死乎？且死也者，形之变也，气之散也，骨肉肢体之秽而烂也，然平日之所为昭昭灵灵、不依形、不恃气者，安往耶？苏子有言"不因生而存，不随死而亡"也，是实理也，是真事也，寻而究之自知，体而验之自见也。此说不容非也。

呜呼！圣人之徒，亦言其实理真事，不容非者而已。盖此事为吾人大本大原，非为生死计，得是事者自无生死，大无外，久无疆，充塞宇宙。天之所以与我，而我之所以受于天者盖如此。是故圣人泯心观化，知此性至大且久。思天地之无穷，识吾生之有限。谓是六宇何大？我身何小？岁时何永？我身何暂？生物何众？我身何微？计可以与造物争雄长者莫先乎此。所以慎守勿坠，而战战兢兢，如临深渊，如履薄冰也。夷齐之求，求此；孔颜之乐，乐此；历代圣贤之忧勤惕厉而不敢懈，不敢懈此。此也者何？觉也。觉

① 万批：《易系辞》曰："精气为物，游魂为变。"同一魂也，修炼则成灵，魂与性合体，而万古不朽；不修则为游魂，飘荡无归，又将变为物耳。

则真实矣，真实则诚矣[①]。《中庸》曰："至诚无息，不息则久，久则征，征则悠远，悠远则博厚，博厚则高明。"又曰："博厚所以载物也，高明所以覆物也，悠久所以成物也。"博厚配地，高明配天，悠久无疆，如此者，不见而章，不动而变，无为而成，天德王道其尽于此乎？虽然，是非必得时则驾，功大名显而后见此盛也。古之一室啸歌，翛然远引，初无羡于王公大人之尊富显荣，而终不失其素履者，诚在此而不在彼也。岂诚有分外之荣枯足动其欣戚哉？亦求所谓觉者而已。

夫吾之所谓觉者，人之所不见也。然觉虽人之所不见，而天即此物焉，地即此物焉，凡天地内所包含遍覆亦莫非此物焉[②]。盖由外而返求之，天则天矣，而天天者谁乎？地则地矣，而地地者谁乎？人则人、物则物矣，而人人、物物者谁乎？知非吾之觉之而不见其有也。古之君子，知无在非幻，而此独真，无在非虚，而此独实，盖有其真而后幻者不幻，有其实而后虚者不虚。噫，天地诚大，古今诚遥，向非灵明一点，宇宙俱无，安得不保其真而守其觉乎？天地之大，古今之遥，无非觉也，小觉小之也，大觉大之也。昔阳明子行山中，有指崖中花树问曰："夫子尝言天下无良知外物，若此花树亦是良知否？"阳明子答曰："汝未到崖谷时，此知与花树俱冥。汝才到面前，便一时都明白来，此非良知而何？"然则天下岂有觉外物也？

尝言大无外、久无疆矣。而所谓大无外者，何如光景也？所谓久无疆者，何如形状也？且试言其大无外者，人之所及意量者，至天地以内止耳。天地以内而止，是有外之大也。今试思三百六十五度之周天，而日月星辰系之，曾有几何，而即以谓之至大，不可也。夫惟旷观乎日月轮回之外，而知虚空不可穷尽。推而数之，可以一倍天地，可以十倍天地，可以百倍天地，可以千倍天地，可以万倍天地，可以万万倍天地。使其止是，仍有

---

① 万批：天地间万事万物皆假幻如泡影，不能久存，惟此觉性，最真最实，故至诚无息，可以配天地而无疆。人奈何弃真务假，日营营于幻境中，而甘与草木同朽耶，不思之甚也。按：觉即真实，何以真妄代谢？觉即长久，何故时觉时不觉？觉自常存，修之何益？莫自欺也，毋欺人也！

② 万批：觉者，无极之性也。无极生太极，太极生两仪，两仪生四象，四象生八卦，万事万物皆此无极之觉性化生无穷，故大无不包，小无不入，无物不有，无时不然，道不可须臾离，《中庸》所以专言性也。佛所谓真空不空，空即中色，色即是空也。

外矣。则更为极之一万万倍天地，极之十万万倍天地，极之百万万倍天地，极之千万万倍天地，极之万万万倍天地，然而不可穷也，不可尽也，故曰大无外焉。且试言其久无疆者，人之所及意量者，至混沌以内止耳。混沌以内而止，其有疆之久也。今试思十二万九千六百年之元会，而岁月日时积之，终归于尽，而即以谓之至久，不可也。夫惟遐思乎亥子递更之永，而知古今不可限量。推而数之，可以一番混沌，可以十番混沌，可以百番混沌，可以千番混沌，可以万番混沌，可以万万番混沌，使其止是，仍有疆矣。则更为极之一万万番混沌，极之十万万番混沌，极之百万万番混沌，极之千万万番混沌，极之万万万番混沌。然而不可穷也，不可尽也，故曰久无疆焉。至矣、尽矣，可谓真久真大矣。虽然，非觉而何以有是久大也？故大无外亦即觉之大无外也，久无疆亦即觉之久无疆也，故曰无穷尽、无方体也。

《易》曰："乾知大始，坤作成物。乾以易知，坤以简能。易则易知，简则易从。易知则有亲，易从则有功。有亲则可久，有功则可大。可久则贤人之德，可大则贤人之业。"由是言之，可大可久，易简焉尽之矣。夫易简之道，无他道也，觉是也。天下孰有久大于觉者？又孰有易简于觉者？故曰：人之所以为人，觉而已矣。是觉也，虞廷精一之旨，孔门一贯之传，周之静，程之敬，朱之正心诚意，尧夫之弄丸，象山之致广大，白沙之养出端倪，阳明之良知，皆是物也。《河图》，图此者也。《洛书》，书此者也。六经四子，而亦无非载此者也。凛是觉于跬步，则无倾跌之患；凛是觉于謦咳，则无不静之诮；凛是觉于日用饮食之地，则无贻悔于庸行①。以是凛于君则忠，凛于友则信，凛于父母、师长、夫妇、兄弟，则孝、则敬、则别、则序。施之家而家齐，施之国而国治，施之天下而天下平。无忝厥祖，可保子孙。呜呼！觉至是，则向之所谓幻者非幻，而已无不真；向之所谓虚者非虚，而已无不实矣。不然唯唯否否，虚度一生，如草木，如鸟兽，或全无知觉，或一知半觉，朽腐坏烂，而天之所以与我至大至久者，终不可见，亦足悲矣！亦足悲矣！

① 万批：孔子告颜渊曰："非礼勿视，非礼勿听，非礼勿言，非礼勿动。"礼是天理，即此觉性也。操持照顾于视听言动之间，则中有所主，自无散乱昏沉之弊。

夫宇宙何穷，我生止是，奚以参三才？奚以灵万物？庸庸琐琐，浮浮沉沉，痛痒不知，死活不顾，食粟饮水，穷日穷年，不旋踵而老至，不旋踵而大限临身，不可少延。蜗名蝇利，烟灭灰飞，向之所谓逞能求胜、计长虑短者安在乎？亦何贵为此一番空人乎哉！故曰：人之所以为人，觉而已矣。觉则大，不觉则小；觉则久，不觉则暂。将为大乎？将为小乎？将为久乎？将为暂乎？觉则人，不觉则兽；觉则生，不觉死。将为人乎？将为兽乎？将为生乎？将为死乎？觉则真，不觉则幻；觉则实，不觉则虚。将为真乎？将为幻乎？将为实乎？将为虚乎？此固不待智者而后知也。

鸣呼，世之儒者亦尝有志于学焉。没溺于辞章，拘牵于传注，固滞于闻见，缠缚于讲解。其下者，苟且功名，梦想富贵，所为卑污苟贱，真有市井庸愚不屑道者。噫嘻，何太甚也！夫此道之不讲久矣。人安固陋，则泥目前，浇刻居心，薄恶成俗。一旦有人焉，起而言之，不以为迂，则以为妄。夫以为迂，吾甘之，以为妄，吾受之，而独惜此道之不足见信于人，则可恨之至也[①]。

昔尧舜在上，此道明于天下，如日中天，光辉无处不到，三代之盛，君明臣良，家齐国治，而一时之风俗人心，还淳返朴，礼明乐备，仁育义正，盖莫不沦于肌肤，浃于骨髓，固已举斯世而登之仁寿之域，孔子所谓“明明德于天下”也。夫此道，久大之道，亦即合内外之道也。本其天德，施为王道。王道者何？修身齐家，治国平天下也。天德者何？乃天之所以与我，而我之所以受于天者。惟其实有以得之于己，故曰德也[②]。夫是德也，即天也，上之无上也，下之无下也，始之无始也，终之无终也。推之极东，而极东无尽；推之极西，而极西无尽。推之极南极北，莫不皆然。此非创为是说，盖天如是，德如是，道如是，此说不容非也。世人不察，往往才闻性命之说，便目为禅。鸣呼！“天命之谓性”，乃《中庸》首章开口一句，村农牧竖，谁不读？谁不闻？而忽将此两字认为异端所有，则惑之甚矣。昔程子闻人讲《中庸》，笑曰：“只怕开口一句，便已道错。”由今思之，道错尤善，只怕今

① 万批：老子云：“下士闻道而大笑。不笑，不足以为道。”

② 万批：道是全体，得道之一，谓之德，故天亦德也。天得一以清，地得一以宁，人得一以灵，万物得一以生。

人开口一句，便记不得。噫！蔽甚矣。夫人心之灵，千古有如一日。东海有圣人出焉，西南北海有圣人出焉，此心此理，莫不皆同。象山子之言，岂欺我乎？故不肖尝谓：乞丐之徒，皆有道体。盖尝于街衢间，闻其片言迩论，时或有近道合理可听者，故知其中心之灵，未尝无也。岂惟人哉？虽鸟兽昆虫亦有之。观其饮啄自如，游行自适，乃知天之生物，莫不各赋以性，各给以命有如此。奈何世之儒者，朝夕诗书，摛华掞藻，而毫不问此。与之言退藏于密，则曰："无乃太深？"与之言无方无体，则曰："无乃太元？"与之言大莫载小莫破，则曰荒唐渺茫；与之言规矩绳墨，则曰腐儒拘士；与之言圣神君子，则曰疯癫痴蹶。少者闻此言，则曰生死之说，此老年人当讲求，吾辈正当英发用事，何不祥如此？老者闻此言，则曰：倘前此几年，吾力犹能为之，今衰耄不须提矣。且窘于财者，多以丰厚为先图；而富家多累，又曰待吾事少清为之。时值安常，则今日待明日；及纷烦丛杂，又曰匪不欲，不暇也[①]。噫！人言如此，将必如何而可？不肖忱窃以为总归自暴自弃而已[②]。夫以如是之大，如是之久，而又人皆具足，人皆可为，何苦自暴自弃，甘为湮没朽腐，而同入禽兽鬼域之归？吾不知其何心也。

忱愚不肖，去圣逾远，去古云遥，禀赋既庸，习染愈甚，岂惟不敢希圣，亦胡敢希贤。然道则高矣美矣，即使若登天然，全不可几及，而亦思有以日孳孳也[③]。盖此道虽不易几及，而实有可学而至者，则惟其存心而已。曷存之？曰操之，则存之。曷操之？曰求之，则操之。曷求之？曰觉之，则求之。故曰学者，觉也。吾人为学，常守此心，如龙养珠，如鸡抱卵，如顾婴儿入市，一步一顾，耳目之近，使不限于大过，意念之动，使不丧其天真，其庶几乎？然则觉也者，何也？曰是吾所谓冥悟默会，而有所得者也。冥悟

① 万批：道尽俗人疵态，毫发无遗，议论痛快，阅此而尚不知省察忏悔、回心向道者，其于禽兽亦几希矣。

② 万批：孟子暴弃二字，道尽世界俗人通病，学者当自警也。

③ 万批：世人暴弃，皆谓道太高美，不易几及。故苟且自安于浅近，不知人果能立志求道，自遇真师益友指示方针，下手入门，向上做去，圣贤仙佛实有可学而至者。先生此论，苦口婆心，堪为万世津筏，有功于世道人心匪浅。余壮年亦自暴弃，以为圣贤仙佛非我辈所能为，嗣因病，求养生之学，得二三益友指示，乃渐知道不远人，人人可以求道。后遇陈师传授，恍然于大道之有门可入，有级可阶，奋志三年，至今幸有所得。因读此论，为之慨然，用以告世之暴弃者。

默会，不着一意，不落一想，而澄然湛然，了了独喻者，所谓觉也。然世人之不觉亦久矣，冥冥而趋，闇闇而行，比比皆是。可惜此天大好事，自己抛却不理，到头时戚戚身家儿女，丝毫无用，悔何及，恨何益也。然则今者未雨之绸，会宜早计，虽竭蹶趋走奔赴之而不暇，而又何暇他求乎哉！舍是而他图，是养其一指而失其肩背也。且此事则又非为之而无效者，一日为之有一日之效，终身为之有终身之效。忱以为即或未必果有成立，犹胜不为。况先难后获，在所断然。故人之为人，莫先夫学，而莫要于志也。孔子一志学，直到曳杖逍遥时方歇手[①]。孟子一生愿学孔子。吾人今日仰泰山之高，望沧海之大，巍乎岌岌，浩乎茫茫，真令人无可着想处。然而有此觉焉，则攀跻之路，而渡涉之航也。先儒谓学者“为天地立心，为生民立命，为往圣继绝业，为万世开太平”。向尝诵习此语，以为大丈夫之志，原当如此。今思之，岂不诚然乎哉？果克志此志，学此学，以圣贤为己任，则所得益进而日深。此点灵明，充塞天地，至大至久，皆非虚语。但祈提定此中，逐细看过，自知用意所在。

跋后

约庵先生，棠邑有道士也。闭户力学，以性命觉世为己任，奈世不古处，圣绪湮没久矣。二三同志外，识者寥寥，为可痛悼。然私念手泽尚新，有志者按而读之，较如也，洵足以奋然而兴。但先生生平著述甚富，予畴昔未及侍先生几席，尽启其箧。今年已加壮，而先生赴召玉楼，倏焉五载，诸所手订，又佚在四方。惟从石根袁先生笥中得睹要语二册，洋洋洒洒数千言，如清夜闻钟，如木铎警世，千古坠绪，赖以维持者，其在斯乎！倘听其湮没弗彰，使斯道斯人无以表见于世，亦吾党之责也夫！

时康熙丁丑仲冬月望日，晚生黄廷枚顿首敬识于复初馆。

① 万批：果能诚求入门，则先难后获，欲罢不能，虽欲歇手而不可得。

清规元妙

清规元妙目录[①]

① 此目录底本无，据金盖本补入。

清规元妙全真参访外集

规矩须知

天府考试[①]仙裔法派

道有宗源，仙有法派。法派不明，其人不真；宗源不清，其来必浊[②]。所以全真参访，必明[③]法派宗源，而后游福地名山，从[④]东华帝君，一脉五传之下，至于王重阳祖师，全真道教，通于四海，故法派说，因重阳一度七真，丘刘谭马郝王孙是也。七派之裔，各有名号派诗。凡血派滴传[⑤]，必知派目。一曰龙门丘祖，二曰随山刘祖，三曰南无谭祖，四曰遇仙马祖，五曰华山郝祖，六曰嵛山王祖，七曰清净孙祖。以此七真仙派，历传绵久。凡与方外萍水相逢，言起派脉不真，必有伪杂，若或窃闻强知，名为冒食儿。若遇此者，必须盘问，审其道学，察其虚实。如不能究彻元微，参悟道妙，而机锋傍杂，言语支离，谓之贡高我慢之流，混玷仙风也。

一、凡全真云水，有随身七宝物件。一蒲团，方外炼魔也；二衲衣，摄伏心性也；三单瓢[⑥]，儆贤饮食也；四棕笠，备风雨霜雪也：五棕扇，拂开尘事也；六青囊，秘藏丹经也；七扁拐，彰大道清风明月也。如若全备，问之有答，言义无虚，谓之博学之士。其内尤恐有赖教游食荤酒之辈，或有被套包裹铺程，脱衣而睡者，是为诈入元门，来历不真，不可不察也。

一、凡全真所戴之巾有九种：一曰唐巾，二曰冲和，三曰浩然，四曰逍遥，五曰紫阳，六曰一字，七曰纶巾，八曰三教，九曰九阳，如是九式。惟用唐巾者，因唐朝吕纯阳祖师之式，故戴唐巾，谓纯阳之裔也。或老者冲和，或少者逍遥，或冷者幅巾，或雪者浩然。中常紫阳、一字。上等有道之

---

① “考试”，金盖本作“考校”。

② “其来必浊”，金盖本作“其教不正”。

③ “必明”，金盖本作“必稽”。

④ “而后游福地名山，从”，金盖本作“粤维我”。以下文字底本与金盖本相差较大，本应多出校注。但因此书与《古书隐楼藏书》主旨关系不是很紧密，故多从略。

⑤ “滴传”，应为“嫡传”。

⑥ “单瓢”，金盖本作“箪瓢”。

士，初真戒纶巾、偃月冠，中极戒三教巾、三台冠，天仙戒冲和巾、五岳冠。巾皆用元色布缎所置。元为天，头圆象天，天一生水，水机[①]于道，尊道故顶于首也。或戴九阳等巾，纱缎所置，乃九流杂人，定诣应法等门，非真修之士也。或蓬头丫髻，或清风绣头簪冠，或身穿百衲衣，混元三皇、千针书本、二仙懒衲等衣，或腰系九股绦、吕公绦、一气绦，或手提风火棕拂，或手拿五明降鬼扇，或跣足，或多耳麻鞋，或草鞋棕履。此内有虚实不同，察其威仪规矩、学问修持，叩其踪迹法派、经典功课之事，少或不全，其中必假。外相既不能全，内修亦未能通。如若俗衣小帽、盘辫[②]素珠，乃愚昧下人，斋公之类，更恐内有异端邪教，理宜觉察不可不知也。

一、凡全真挂单，始进丛林，或名山宫观、庵堂寺院，全凭规矩。所以蒲团放于客堂门首，与知客稽首坐谈，茶罢问对，何处发足？今欲何往？言真语实，观其动静送单。次日清晨梳洗毕，谒圣，沐手整衣，调息缓步，恭对并足参坛，不得正中参拜。若或坛心拜者，旁观识为斗子，即有殿主言责，大众轻之。若或方外衣履不洁，即宜坛外傍参。或有八字脚立，或有双手合掌，以至头如冲罐，臂若大扒，或跪叩四五，或立揖二三。若此者，定是庸蠢之汉也。

一、凡全真朝谒，外有尊重威仪，内则冥心诚敬，注想[③]凝神，端拱对阙。鞠不过眉，躬如满月。五体投地，拜不疾起。必待气足，然后兴身。须俟神清，如前再拜。更有三皈九叩之秘，稽首揖首之模。若进钵堂，行十方礼，始从左旋而进，终从右旋而退，与大众作揖，堂主、都管作揖，次揖典座茶头，此必上士。即有知宾来陪于客堂，先茶后饭，静室安单。如或下士，任其散步，随堂茶饭，乃于十方堂歇之，因其礼貌不全之故也。

一、凡全真行住坐卧，俱有约规；问答言谈，悉有起止。所以习演行如鹤步，乃效道骨仙风。坐如提石[④]，卧如弯弓，行如清风，立如苍松。出声如病夫绣女，举动如雅士寒儒。问一答一，须按丹经而说；导傍指迷，莫引俗务之谈。若或行如风柳，坐如垂莲，或擅言邦国之事，谤讪释氏之学，或求

① “机”，应为“几”字。

② “辫”，底本作“瓣”，依金盖本改。

③ “注想”，底本作“注相”，依金盖本改。

④ “提石”，疑当为“磐石”。

问大道，泛说傍门，诳惑他人，自尊饱学，此谓无师指授之辈，道听途说之流，服冒全真，欺罔之辈，此之为三教毛、四不像。若或衣冠礼貌不合教规者，此为两头蛮。或着相傍门，不能有志于道者，不通之迷士也。

一、凡全真服式，惟青为主。青[①]为东方甲乙木，泰卦之位，又为青龙生旺之气。是为东华帝君之后脉，所以有木青泰，皆喻言隐义，以藏全真性命双修之理也。

一、朝参公服，顶黄冠，戴玄巾，着青袍，系黄绦，外穿鹤氅，足穿白袜，脚履云霞镶鞋，取五行俱备之故耳。若宗律两师，加中单礼足，方谓合式。

一、凡全真初会之时，必宜二三日后，乃可问其踪迹。或从那座名山出家，或常住那一省、那府、那县、那宫、那观、那一派？恐其只知七真宗派，而不知许真君有静明[②]派，萨真君有西河派，有老君混元派，玄帝派，茅山静一派，洞庭金丹派，乾元观闫祖派，尹真人楼观派，张三丰新宗派，牢山孙祖、徐祖，清微、灵宝、正一、宝田等派。此数派俱有闻人于方外，参学道法二事，寻访高士名人，或遥谒宗师教主。既慕名而至，进谒时，问答不伪，真修无虚，或行师生之礼，筵会以尽宾主之仪。两德俱全，乃不乖教，而名传四海矣。或问时不知法派来由，妄谈杂事，此乃诈伪之徒，非为参访道法之高士也。

一、凡全真内修者，有五经四书，至要之典，犹儒者之学，不可缺一也。五经者，《阴符经》《道德经》《黄庭经》《清静经》《龙虎经》是也。四书者，《参同契》《悟真篇》《三皇玉诀》《青华秘文》。又有《道书全集》，一切真人诸品仙经丹书，提起皆知，随时能讲，剖义无差，释理有据，此为参学留心于大道，明理之士。然秖宜默默自修为上，若或欣谈炉火，烧茅炼汞，彼家采战，服食按摩，存想搬运，或守顽空，或执口诵诸等杂学者，为三千六百傍门，九十六种外道之流。更有不通书义，呼牛作马，不通道理，以黑为白，见高明者嫉妒万般，见老幼者欺压百状，祖师云此为败教之魔军，地狱之种子，二枝角或有或无，一条尾千定万定。

一、凡全真必先功行，乃可渐入仙源。谨按《皇经》云：“从此渐进修，

① “青”字底本无，据金盖本补。

② “静明”，应为“净明”字。

成道事诸圣。”所以外修者，亦必习五经四书为至要之典，不可缺一。五经者，《皇经》《度人经》《玉枢经》《三官经》《北斗经》，此外修之五经是也。四书者，《生神章》《祭炼科》《祈祷仪》《千金方》，此外修之四书是也。更有诸品经忏，俱宜虔学，逐一精通，诵之必应，祷之必灵。或为国为民，水旱蝗虫，刀兵瘟疫，饥馑忏禳，保安扶危，施药治病，济幽拔苦，普度存亡，是为修真本务之事。如或妖言揑怪，左道邪术，伪法祷魔，指化骗俗，假经索利，违科弃典，饮酒食肉，五辛九厌不断，此为民间耗鼠，教内魔军，阳冥必报。

一、凡全真知天乐道，终日如愚，稀言自然，清虚冷淡，薄味甘贫。或栖山林，或居洞府，或隐市廛，或行浪迹，全在慈悲为本，方便为门，清静为道，柔弱为德，利济为功，操持为行。若或贡高我慢，嫉贤妒能，夸己讪人，废公毁善，言清行浊，内伪外恭，此非学道之士，不足言之也。

一、凡全真敬谒佛像，则合十和南，或顶礼问讯。参礼儒圣，则虎拜擎拳，或揖跪叩首。此本太上所云“道尚圆通，见相呈相”之义。

一、凡全真见父母官，行庭参礼，三揖三叩。其仪注，两手打拱，鞠躬揖下，以额叩手上，两膝一曲为一叩。如是三次，为庭参礼，故曰三揖三叩。参时，口称“某观道人参见父母爷”。参毕，退侍左右，端拱而立。官命坐，则又一揖，降而隅坐。有问答，则必肃然起立，不可坐问坐答，此本太上“礼以自卑，尊人乃亨”之义。然尤贵能雍雍合度，起立自然，切戒有跼蹐不安之状，并忌有轻浮便捷之风。

一、凡全真诵经，以和为尚，以诚为宗，一心不二，如身入皓月之中，空空洞洞，不见不闻。字字句句皆由心出。如不出声，对经默看，必要字字从天目中印出，方为合法。苟惟音调宜人，跪礼合度，是应门规模，犹非全真所尚也。

一、凡全真上殿，惟献香一刻，不论宾主，皆就炉前中跪。其仪注，盥手捧香，向上跪拱，继以左手献插炉内。香不离寸，且要齐匀平直。或以左手结止鹤诀衔献沉降香等，每香上以天目书一“心”字，此初上香也。嗣以左手结行鹤诀衔献，每块以天目书一“诚”字，此次上香也。又复以右手加结玉印，安于胸前，以左手结飞鹤诀衔献宝香，以天目书一“信”字，此三上香也。每进上香，皆宜默念祝香咒。上香事毕，苟非观主，须即退归本位，竭诚[①]叩礼。

一、凡全真供水，忌汲井泉。要于夜半子时，取于溪河之中，或用净布作帐，收取天泉，此为更净也。

一、凡全真供花，忌献梗生镵刺[②]，如月季之类不供。其最上者，莫如梅莲兰桂。其次则桃菊杏棠，牡丹芍药。以外皆非上品，但其味不臭，而其色可取者，亦许采供。

一、凡全真香禁燃檀，违者罪重。其条不独载于《女青》，而其说不一。昆阳律师谓檀出海南，今古宫妃，间以上供薰沐。按今禁中，岁以檀末涂壁，谓之香泥，一岁一更。故凡京铺所市线香，其色黄，其臭浊者，疑是宫泥所制也。又按《太微律注》亦云：燃檀之禁，由来久矣。然所禁者，宫遗秽檀，非谓净檀亦禁。查自唐玄宗后，其禁愈严，因有天师叶法善误用宫檀，致受七孔流血之罚故耳。今如欲用，可不慎加选择乎？

一、凡全真宴客，菜丰不过五簋，未昏即散。让菜以茶，至敬以露，如玫瑰、荷花、金银、松柏、苗叶、菊叶等露是也。

一、凡全真过午不食，菜禁兼味。食时不语，食后忌坐，尤忌饭饱诵经、食后礼拜。故凡欲坐诵礼拜，须刻焚线香半炷也。

一、凡全真有三不起：斋堂受斋不起，经堂诵经不起，圜堂打坐不起。不起者，客来不起立也。盖以律不当起而起，恐错因果。况心无二用，客且未见，何有起立？今虽修未到此，教相宜全。故三不起戒，不可不知也。

一、凡全真未习戒本，不得习经法。求戒受戒，不得躐等。已入戒，阅戒本，须焚香礼拜。不得草率展阅，不得容人盗看戒本，不得盗听真师说法。礼诵功课宜敬谨，三时勿简。不得矫饰威仪，求人恭敬；不得广谈因果，希人布施。不得非时礼拜，欲礼拜当白观主，总宜于人静时默拜也。凡非观主，礼拜不得占殿中央［中央是常住位］[③]。凡主殿上香灯供具，宜细行，不得粗率。凡梵香时，微默咒曰："常焚心香，得大清净。"上灯烛，微咒曰："破除重暗，洞照十方。"不得专拣应赴经典习学。或遇贫难不堪，当安命自慰，不得怨天恨地。不得见士俗便说当布施作福。不得对外教谈道法，不得

---

① "竭诚"，底本作"极诚"，据金盖本改。

② "镵刺"，底本作"残刺"，据金盖本改。

③ "中央是常住位"句，底本作正文，据金盖本改成注文。

强化施主财物，亦不得嘱托豪贵亲知募化。不得货殖营利。不得假托缘事，募财为私用。不得无故入他宫观及僧院。不得无故至俗家。或有事至俗家，事毕即返，不得久留。不得与亲俗小儿等笑谈杂语。不得以衣物寄顿俗家。远近出入，不得失仪。同事或失仪，不得非笑［此条出昆阳真人《玄门持戒编》，下数则同］[①]。

一、凡全真事师，朔望见师当礼拜，问师道法当礼拜。闻师饮食时、坐功时、诵经时，不进见，不问道。见师欲礼拜，师止之，当顺师命。师与人礼拜，不得与师同礼拜。师前不得受人礼拜。侍师讲论道法，师身心倦，教去应去。凡出入当先白师。制衣服冠巾等物，当先白师。作众事，如云游、守山、听讲、兴缘事等，当先白师。人从己借物，当先白师，师许然后与。欲从人借物，当先白师，师听然后去。欲习经忏，当先白师。若人以物施，当先白师，已然后受。己物欲施人，当先白师。师听，然后与。凡事白师，师听与否，皆当作礼而退，不得含愠。师有疾，宜尽心看视，不得懈怠。师令浣亵衣，不得现里。师令涤溺器，不得嫌不净。师唾涕，当即除去。灯月下不得履践师影。师教戒严切，不得还逆语。人问师讳，答云上某下某。问号，答云某师。

一、凡全真视听，各有威仪戒忌。如阅经典，当端坐体认。不得辄指日月虹霓，不得久视日月云汉。不得视外教书，不得视小说传奇闲杂书。侍坐师侧，及对宾客，宜正视，不得上视，不得下视，不得流视，不得注视乱色，叹羡奇艳。随师登高眺远，视师所视处，不得他视。随师出入，不得左右顾盼，当低头随后。入城市，遇一切戏幻聚众事，不得注目视。归，不得侈谈城市风景奢华。传达师友书信，不得私拆窥视。入师友房，不得乱将经籍翻视。入城市，不得顾视女人，不得睆视女人。不得盗听说法，不得倾耳听法。不得听淫乐，不得听笑谈杂话，不得听唱歌曲。不得隔垣倾听人语。师诵经讲道，当起敬谛听，不得杂听一切。

一、凡全真言语，各有威仪戒忌。如入法堂，及侍师席，不得高声言语，亦不得大声咳嗽，不得多言，不得疾言，不得效市语隐谜。师不问不得言，师语未了不得言。不得言人过失。不得言士俗家务。不得言朝廷官

---

① 此注语，底本作正文，依文体改。

府事。不得言闺阃事。不得言为媒为保事。不得非时言道法。不得与妇人低声密语。不得与少年子弟笑谈戏语。饮食时不得言语。寝息时不得言语。有亲友来访，不得在法堂久坐交谈，当在林下水边，方可倾心坐论。质疑问道，当礼拜致敬。师有问，当礼拜敬对，不得强不知以为知，执己见以为是。如问家常事，不必礼拜，当据实对。对士俗，不得言炉火黄白术，不得言彼家术，不得言符咒幻术，不得诃风骂雨。不得言一切傍门小术。不得言外教优劣。

一、凡全真盥漱，各有威仪戒忌。如盥漱吐水，当徐徐引下，不得高声呕吐唾涕。夏月盥器当覆，不令生虫。弃不净水，不得当路，当低低泼下。不得高手扬泼，溅人衣上。不得热汤泼地。内衣宜频浣，有虮虱宜先拾去。发宜多栉。积发多，乃焚僻静处，不得顿房内壁缝。法堂中，圣像前，不得盥漱，刺齿唾涕，当在僻静处。亦不得对北唾涕。有疮癣当避人，不得盥漱共器。有可畏疮痏，不得刺人目。

一、凡全真饮食，各有威仪戒忌。如凡斋会，先致敬供奉圣真，大众端庄齐立，诵《灵书中篇》毕，末座出生于众生盘内，诵偈云："汝等鬼神众，我今施汝供。一粒遍十方，河沙鬼神共。唵吽[①]灵，娑诃［三遍］。"出生，饭不过七粒，面不过一寸，馒头不过指甲许，余饮食蔬菜不出生。食时，微咒曰："五星之炁，六甲之精。三真天仓，清云常盈。黄父赤子，守中无倾。"饮时，微咒曰："神水入腹，五脏清明。"凡饮食时，不得笑语，不得含食语，不得呵食好恶，不得搔首，不得刺齿。欲刺齿，以袖掩口。不得啮食有声，不得作口容，不得咂舌有声，不得不逊恣食。不得已历己口，复反盘内。饭中有谷，当去皮食之，不得弃地。饮食中有虫螘，宜密去之，不得令众知。食竟不得更离座食。放碗箸不得有声，不得遍众食。不得见美味生贪心恣食。凡同众食，不得太迟，不得太速。举箸放箸，不在师长前。行食未至，不得生烦恼，不得大声呼唤。时常饮食，不得失仪。有失仪者，不得非笑。饮食毕，击磬，听大众经行。

一、凡全真出行，各有威仪戒忌。如入法堂，行要安详舒徐。有人阅经，不得在彼案前经行。有人礼拜，不得近彼头前经行。入观宇，不得行中

① 原夹批：音庵哄。

央，当缘或左或右行。随师行，当低头随后，不得左右顾盼，不得止道傍久共人语，不得驰行，不得掉臂行。不得与少年道俗谈笑同行。不得在女人前后互随行。不得与醉汉狂夫前后互随行。随师行，若偶分行，期会处，不得后时。凡遇官府，不论大小宜回避。年少戒行未坚，不得远方游行。必欲参师访道，当择贤侣，不得同不肖匪人同行。

一、凡全真起立，各有威仪戒忌。如立，不得偏任一足，及倚桌靠壁。侍师，不得对面立，不得高处立，不得远立。立师后，不得倚师座。见师长起立，见宾客起立，除诵经、作务、患病时，不起立。侍师，师命坐方坐。师有问，当起，儒礼云："君子问更端，则起而对。"

一、凡全真坐卧，各有威仪戒忌。如看阅经典，不得箕踞，当焚香正襟危坐。不得当圣像坐。坐功依师传授，按时静坐，不得失次。对师长不得坐功，对宾客不得坐功。夜中宜多坐少卧。不得同妇人坐，不得与女冠同坐。如女冠来问道，开示[①]毕，即遣归，不得久留坐。静坐约一时，或经行，或卧。与人并坐，不得横肱坐，不得竖膝坐，交臂膝坐。凡卧宜侧体屈足。醒则舒，不得偃仰卧。不得与俗友同房卧。或同房，不得同塌卧。师未卧，不得先卧。不得无故与师分房卧。已卧不得言语。不得脱小衣卧，不得于非处卧。临卧携火入房，须与同房者知，云"火入"；欲熄火，亦与知，云"更用灯否？"大暑不得伏地卧，不得露卧，不得昼卧。不得饱食便卧。不得置火枕边。不得携秽器从法堂前过。晨起，先左足下床。临卧时，咒曰："太真玉女，侍真卫魂。三宫金童，来守生门。"卧醒时，咒曰："当愿众生，以迷入觉，一旦豁然。"下床时，咒曰："化恶反善，上书三光。使我长生，乘景驾云。"

一、凡全真作务，各有威仪戒忌。凡作务，不得辞劳苦。平日当爱惜常住物件，不得狼籍米谷粉面等。凡洗菜，当三易水。凡汲水，当先洗手。又当谛视有虫无虫，绢滤过方用。严冬不得蚤滤水，须待日出。爨不得燃腐薪。凡作食，当三澡水，不得带爪甲垢。扫地当先洒水，每方五尺作一次，扫不得扬尘，不得逆风扫，不得聚灰土于门扇后[②]。

---

① "开示"，底本作"问示"，据金盖本改。

② 金盖本后有注语云："以上十则出王昆阳祖师《玄门持戒编》。"

元始灵书中篇［出《度人经》］[1]

亶娄阿荟，无恕观音。须延明首，法揽菩昙。稼那阿奔，忽诃流吟。华都曲丽，鲜菩育臻。答落大梵，散烟庆云。飞洒玉都，明魔上门。无行上首，回蹠流玄。阿陁龙罗，四象吁[2]员。

上东方八天。

南阎洞浮，玉眸诜诜。梵形落空，九灵推前。泽落菩台，绿罗大千。眇莽九丑，韶谣缘遭。云上九都，飞生自骞。那育郁馥，摩罗法轮。霐持无镜，揽资运容。馥朗廓奔，神缨自宫。

上南方八天。

刀利禅猷，婆泥咎通。宛薮涤色，大眇之堂。流罗梵萌，景蔚萧嵎。易邈无寂，宛首少都。阿滥郁竺，华莫延由。九开自辨，阿那品首。无量扶盖，浮罗合神。玉诞长桑，柏空度仙。

上西方八天。

玃无自育，九日导乾。坤母东覆，形摄上玄。陀罗育邈，眇炁合云。飞天大魄，总监上天。沙陀劫量，龙汉瑛鲜。碧落浮黎，空歌保珍。恶奔无品，洞妙自真。元梵恢漠，幽寂度人。

上北方八天。

跋[3]

上集纂自碧云子，而订正于逍遥客。我山僻在吴兴，金盖道众乐闻，爰为重梓。闵小艮敬跋。

① 《灵书中篇》，底本无，据金盖本补。
② “吁”，底本作“虚”，据《灵宝经》改。
③ 此跋原在正文前。

清规元妙全真参访内集

学道须知

夫学道高贤，希仙烈士，既慕全真大教，须知性命双修。若不参访明师，岂得天机妙诀？跳出凡笼[①]，抛离火院；除情割爱，舍妄归真。黄冠鹤氅，为太上之门人；羽扇芒鞋，作东华之弟子。操持戒行，磨炼身心。睹诸邪道，如睹冤仇。避诸爱欲，如避水火。餐风宿雨，灭富贵之身心。戴月披星，绝奢华之妄念。单瓢[②]只笠，不辞万里之遥。野鹤孤云，惟寻一心之乐。安贫而积德，知命以待时。琢磨尘垢，修养性天。或至名山而挂搭，或投洞府以安单，或进钵堂而演学，或入丛林以访求，须知忍辱藏垢，切宜谨言慎行。心存柔逊，志戒刚强。莫干是非之见，务忘物我之情。绝巧弃智，为立德之址基；含光守虚，乃进道之权舆。动静云为，遵五祖仪范而约束；行住[③]坐卧，依七真规矩以修持。

所阅丹经，《道德》《阴符》《龙虎》；欲闻玄妙，《悟真》《金碧》《参同》。至要于《三皇秘诀》，至显于《青华秘文》。《规中指南》，字减而言彻；《黄庭内注》，理直以窍明。《南华》则文深义奥，览之难详；《清静》则性见心明，观之易悟。博学审问，苦志殷勤。求道若轩辕之走膝，问礼如仲尼之虚衷。不惮进履之劳，休惜断臂之痛。自感明师之指教，必得至人之心传。引证性命之宗，而搜寻根蒂；深穷生死之旨，以明辨本来。盟天方谈魁斗，歃血乃示台罡。要知大道，当究一炁二仪，三才四象，五行六合，七政八卦，九宫十极，须言言而省悟；欲知丹法，必晓十转九还，八关[④]七返，六通五明，四门三元，二弦一窍，宜字字以参详。探阴阳升降于圜中，审水火反[⑤]还于身内。知止方明造化，诚意始觉妙音。守真抱一，对景忘情。湛

---

① “凡笼”，即“樊笼”。

② “单瓢”，同“箪瓢”。

③ “住”，底本作“往”，依金盖本改。

④ “八关”，金盖本作“八阙”。

⑤ “反”，同“返”。

然万缘不染，自然一旦贯通。性天莹彻，实际悟明。期为一襟之朗月，堪舞两袖之清风。或择洞天而入室，或选福地以闭圜。预交云朋霞友，以为道伴；次结茅庵草舍，以作丹房。调琴理性，飞剑降魔。驱龙就虎，则会合风云；提[①]兔擒乌，则交接铅汞。转地轴，则复通乾谷；拨天关，则姤返坤宫。鼓巽风而煅炼，运离火以烹煎。加减进退之有时，温养沐浴之无错。则太乙壶中，满饮长生之酒；黄庭宫内，永结不老之丹。停功罢战，混俗和光。或隐尘寰而积行，或栖廛市以累功。德满人间，名题天上。静待玉京之诏，早谒金阙之尊。宴赐蟠桃[②]，敕游阆苑。九属[③]皆超于极乐，仙友同上于蓬壶。此系清修之结果，即大成之标榜也。

兹外或有才离俗网，乍入元门，未涤已往之愆，悬思将来之福。或根钝智浅，岂究天机之妙诀。或德薄业深，难逢圣道之明师。性随物转，意被情缠。致使一心着于二念，三毒扰于四非。因其五蕴不空，故尔六贼难伏。七情牵动，八识分攻。九窍之邪，永干于真境；十恶之业，滋蔓于灵台。如云迷皓月，似雾掩青天。慧光不耀，圣智难明。灵机因而闭塞，妄欲由以叠生。斯无神气之凝，焉有返还之妙？正所为[④]身不劳而功不大，天神未佑；行不广而心不死，仙圣难容。学者莫负清净之虚名，休执无为之假相。虽甘衣草食木[⑤]，徒自苦已劳形。若顽坐存思，必着于魔景；但妄行搬运，定结于幻丹。恐致恩中生害，有始鲜终。叮咛学者，微细参详，勿错修持，须寻正道。勇猛精进，宜尊九节之功；奋勉修行，渐进三乘之路。合身心而并炼，兼内外以交修。静则穷理尽性，动则积行累功。须行时时之方便，务存种种之慈悲。济幽拔苦，葛仙翁由是以成道；扶灾施药，萨真人因此以登仙；除害荡妖，许旌阳功圆而拔宅；祝国佑民，陶弘景行满而飞升。历古至仙，悉从苦行而超越；迄今末学，岂离积德以成真？勤涤障冤，殷生定慧。常含默默之光，每存绵绵之息。则善芽增长于三田，而灵根培植于寸地。此系渐修之法门，即上乘之阶级也！

① “提”，疑当为“捉”。

② “蟠桃”，金盖本作“瑶池”。

③ “九属”，金盖本作“眷属”。

④ “为”，同“谓”。

⑤ “食木”，底本作“木食”，据金盖本改。此词常作“草衣木食”。

要之，渐顿虽有二途，至道皆原一本。凡慕道英贤，矢志参访，俱当体此前修，庶不溺于旁术。故识斯论，以照昏渠[①]。堪为修真宝鉴，办道[②]灵梯。即参访之关凭，亦云游之路引。进我教者，执为符券。寻海岳可契矣。

天戒云：纤毫失度，即招暗黑之愆；霎倾邪言，必犯禁空之魄。天神耳目，咫尺非遥。克告行人，自当觉察。倘言行无愧，阴德周隆，自有神仙作汝师，至此何忧身不度。

戒食铭

凡入斋堂，严整衣冠。云厨煮粟，非是等闲。无内无外，粒米同餐。先学斋食，后学成仙。匙钵[③]展转，饭可重添。扬言宜忌，并斜侧肩。行尊道气，休看衣衫。莫论主客，一体皆安。谨慎检点，务要心坚。道气常存，一体同观。粒米茎薪，工夫一年。念头若错，孽累尽填。披毛戴角，骨肉奉还。

紫清真人清规榜

天、地、神、人、鬼五仙，尽规矩，定方圆。逆则路路生颠倒，顺则头头合自然。夫此圣贤息肩之地，亦惟神仙养素之轩。晨昏焚香顶祝，颂皇王圣寿以无疆。朝暮圣号宣扬，保宰官士庶而清宁。是以凡圣同居，隐显莫测。只履单瓢，作壶中之活计；孤云野鹤，为物外之闲人。散澹无拘，逍遥物外。黄粱梦觉，安然一枕清风；金汞炉开，不觉半窗明月。功成行满，体妙神灵，伏龙虎而出昏衢，跨鸾鹤而归洞府。或其初离尘俗，乍入元门，心地尚迷，性天未彻，切以遵守清规，行持莫犯。待师敬友，念道思真。常在性命上留心，莫向利名中挂意。行须缓步，语要低声。勿歌妖艳之词，休讲是非之事。公私出干，不许灯火而回。打坐绝言，只等钟鸣而起。来时明向挂搭，去时对众抽单。倘有违犯，量情究责。轻则香油茶饼，重则竹篦下山。偷盗杖逐，烧毁衣钵。赌博荤酒，不许在堂执事。邪淫奸骗，撒骨扬灰。有违同众倍罚。故兹榜示，各宜知悉。

---

① “昏渠”，应为“昏衢”。

② “办道”，底本作“辨道”，金盖本作“进道”，依文意改。

③ “匙钵”，底本作“题钵”，据金盖本改。

五湖云水，混居一堂。既集徒侣，须明纪纲。或凡或圣，时隐时彰。神化无定，道规有常。

长春真人清规榜

夫处山者，清虚冷淡，潇洒寂寥。见性为本，养命为用。柔弱为常，谦和为德。慈悲为本，方便为门。在众者常居低下，处静者勿起尘情。所有尘劳，量力运用，可以[①]过度。每一衣食，不可过用。每计钱粮，不可积剩。治身衣服，不可贪求。或常住之物有余者，济赡往来经过贫寒之士。或于他处行缘，或以备斋设会。十二时中，不着于假，常要明真，扫除尘垢。刷釜汲水，担薪炊膳。除己私意，勿起嗔心。各处一室，澄心辨道[②]。各分局次，当占一科。或以互换，调炼真性。不得执着为用，不得递相是非。谨要降心，削除人我，泯于声色，离形去智，湛然无欲。见三教门人，须当平待，不得怠慢骄心。无事不得出观，晚夕早闭其户，寅旦晚启其门。倘有送供者，平常接待；无施利者，勿起二心。凡有游历之士，但过三日；是高明者，举进住坐；无志气者，他处游行。次验脚册，分据详察缘由。若不分明，其间恐有隐匿诈伪之人，不当稳便。防一等野道愚徒 之辈，奸诈之人，以言相惑，点污徒众，破除观舍，常谈是非，便合遣出。若有投观出家者，不得擅便引进，先观道气，次看悟道，或祖上家风善恶，又自己德行浅深。高明者携之，愚蠢者抑之。或于观中干办等事，先问观主，次与合堂道众评论。出家无论早晚，不择老幼，但只达理明心者，堪为上人也。凡有化导，不得诈伪师家名目，若使心指托观舍，要取檀越等物，自己用度，便是私瞒常住，上天鉴察，必无轻谴。故兹榜示。

长春真人执事榜

窃闻人生天地之间，如白驹过隙，忽然而已，来之不可御，去之不可止。及其六八变灭，四大分离，身尚不存，生非我有。观其所以然者，莫若体乎至道；察其所以修者，莫若明乎本心。盖心即是道，道即是心；心外无

① “可以”，金盖本作“不可”。
② “辨道”，应为“办道”。

道，道外无心，惟在吾人一默会耳。故作凡作圣，皆由我做。悟真悟道，不出他行。先须领解，次须进修。运水搬柴，无非这个；诵经礼忏，只在些儿。各请具眼同观，勿得当面错过。自今云水相逢，烟霞集会。倘得道逢师，师传得旨。恒心领悟，了知出世之家风；立志修持，堪作升仙之活计。毋亏功行，当悟本来。所有玄宪清规，凡诸执事，条陈于后。

一、都监者，总括玄纲，纠诸执事。

一、都管者，宰制道范，监斋督戒。

二者乃人天之眼目，仙圣之规模。以道德存心，以仁慈利众。向父母未生前，悟本来面目；在圣贤经教内，发性地光明。先调中和命脉，后观窍妙真机。造化炉中，擒龙制虎。乾坤鼎内，取坎填离。以升堂入室之旨，就里提撕；以明心见性之功，意外领悟。导引福善，开化贤良，动静肃恭，威仪诚敬，稍有过差，倍众公罚。

一、左堂执，提辖侍者。

一、右堂执，协理茶司。

二者实大众之纲纪，作后学之筌蹄。辅佐元范，运转法轮。出入巡香，恒加敬畏。上下止静，务要纯和。纠察轻躁之失仪，公举怠违之越理。言语庄重，气色温柔。有犯元规，跪香罚拜。

一、龙虎二单者，诚当办道，协志修身。除杂念以观心，息思虑而注意。调神摄静，功夫[①]常蕴于丹田；举步轻行，戒律每存于赤窟。须守元宪，勿犯清现。违者跪香。

一、日月二单者，诵经礼忏之际，以戒慎恐惧而注想尊容，以斋庄中正而昭事上帝。同音赞仪，一志皈依。倘朝奏失仪，诵念疏略者，同众罚香。

一、侍香灯、殿主者，侍奉香灯，陈设品供，诚心洁静，勿令厌秽，触犯灵坛。从事精勤，当要虔恭，同临法会。倘有缺误，供品不齐者，跪香。

一、典座、饭头者，为大众司命，丛林中根本。办上贤之斋馐，宜谨宜

① “功夫”，金盖本作“玄功”。

洁，勿怠勿疏。菜品精制，六味调和，三餐齐备[①]。戒馂馀之不洁，防人物之残失。所以格天真而歆享，资道众以和身。倘有忽略不恭，罚香。

一、茶头、水头者，洁备清泉，烹煎玉露，献仙供圣，延奉高真。运水须净泉源，人我必戒秽污。倘有失误者，罚香。

一、火头、司静者，早则开静先起。晚则止静方眠。灶前火烛，加护谨慎。洒扫阶庭，务须清洁，违者跪香。

一、库头者，执掌钱粮，经收出入。锱铢布施，乃众善之脂膏；颗粒斋粮，实诸缘之血汗。勿欺勿昧，此心方可对青天；若染若侵，他日纠而沉黑暗。务要登记明白，收放得宜，倘有差失隐匿之情，许大众直言表出。轻者罚斋，重者逐出。

一、买办者，务得正直光明，勿欺暗室。凡属听用斋粮供品，蔬菜什物等件，俱入库为义，办买物体，照依实价，勿得因染脂膏，有坏道心。倘有私隐情弊者，重罚。

一、化主者，导引贤良，开化福善。募缘于贵人君子，积功于圣境灵坛。当思利人利物，勿得狥己狥私。倘有偏移，倍罚设斋供众。

一、知宾者[②]，为常住之仪表，先存谦恭敬让，次须礼貌端严。迎送勿失清规，酬答必合元范。虚怀应客，正己待贤。或矫慢不恭者，重罚。

一、书记者，乃丛林出类拔萃之流，超群越众之辈。文式藏于胸中，元机讳于心内。申奏文疏，俱要端楷精诚，而感格天帝；回发书札，当清正恭敬，会答高贤。闹中取静，而默运身心；忙里偷闲，而穷悟妙道。务求证圣成真，勿令转凡入趣。倘或字意差讹，同类宜当面较。如拗慢故违，重则办斋，轻则跪香。

一、知观者，总理常住一应大小事体，为丛林之表率，作大众之领袖。以道德蕴乎心胸，以仁义彰于形状。松柏节操，水月襟怀。四威仪内，慎独恒修；万行门中，忍辱培养。以责人之心责己，恕己之念恕人。宽以待众，谦以持身。扇真风于海宇，阐元化于诸方。名重当时，德流遐迩，不负素位之任也。稍有文饰，加倍罚斋。

---

① “三餐齐备”，底本无，据金盖本补。

② “者”字底本无，据同一体例补。

一、副观者，亦丛林之栋梁，大众之纲领。必以道德齐备，仁义兼彻，威仪可法，德行无亏。待众以谦为本，款客以礼为尊。敬神圣俨然在上，视将帅如在殿庭。导众名题玉藉，先人字列神京。阐太上之教法，宣玉帝之金经。乡间仰德，众庶蒙休。稍有怠弛，倍罚斋供。

一、静主者，道德兼全，仁义并著。坐静安圜，惜精养气。以清净为本，而以定慧为宗。去俗中之境界，作物外之生涯。朝暮朝真，祝延圣寿。专持入圣超凡，出入金门自在。炼三宝作金丹，守一真为大药。斡开元窍，反复阴阳。灿百焰于九鼎之中，聚万化于一壶之内。三千功满，名挂仙群。八百殷勤，方超尘劫。如此则阴籍无名，仙班有分，领众冲举，上升霄汉，真仙比肩，天人同驾。倘有公私人我，一例罚斋供众。

一、巡照者[①]，丛林鉴察都司，统辖一堂大小执事，乃代天宣化，替祖阐扬。提拔有道高人，而修真养性；巡察犯规羽士，而按律施行。倘有失察，公罚。

一、收供者，办大众之斋粮，实常住之根蒂，民之足食，犹国之足兵。虽珍馐美味可除，而黄齑淡饭难免。常存释迦有喂虎之心，须念墨子以身磨利世。毋辞劳苦，毋起悔心。如或懈怠失遗，而文饰崛强者，罚香。

一、园头者，宜当健健勤勤，勿致疏缺。四时之菜蔬，不失其时；一岁之吃食，有余有剩。如或应用有缺，窃取私卖者，重罚。

一、凡诸文武职事，各有其德，不得互相争竞，有害道风。文有燮理纪纲，宣扬正法，导引愚迷，开诱暴恶。武有护道安民，奋身立德，寒暑无辞，昼夜不间。皆可谓太上之法器，而不耻祖师之苗裔。正当上下相照，内外相和；各宜共扫尘情，同证妙果。凡诸执事，自尽规条。虽未见性，庶几近焉。倘若文职自恃才能盖众，视武职为愚蠢；武职自谓勇干立功，议文人为无用者，此皆非有智之士也。如或各恃其能，而生傲慢者，知过谢罪。

以上数条，务望人人留意，个个省心。倘有推托倚靠等情，大众自有真实公举。两堂功课宜持，五品皇经莫怠。十方有志高人，住者自当恭敬，不可独善其身。倘外明而内暗，口是而心非；或阴多而阳少，公来而私去。十

① “者”字为点校者补。

方檀越，视我为贪吝之徒；护法真官，自有分明报应。咦！宁教诸人负我，不可我负诸人。

年　月　日立

须知榜者。

本观住持谨白

清规榜

伏以道居象帝之先，万殊一本；无为淳朴之后，三教同源。居尘出尘不易，在欲无欲实难。每见愚蒙，常沉苦海，污浊尘凡。高明贤士，宜加警策，勿堕迷津。太上开不二法门，忍辱第一。长春演钵堂之教，规模为先。天上不容无礼神仙，人间岂有犯规羽士？此修心炼性之所，非醉生梦死之场！如谈说人我，讲论是非。如此存心，焉能出世？兹者共居善地，爰立圣堂。聚千里而来之善友，合十方有道之良朋。务要互相警觉，共扫前非。莫起丝毫杂念，休生纤芥嗔心。戒凛冰霜，心持砥砺。所有清现，胪列如后[①]：

一、凡奸盗邪淫，败太上之律法，坏列祖之宗风者，架火焚身。

一、凡拐带欺骗者，炙眉烧单。

一、凡搅扰清规、不遵律法者，杖责革出。

一、凡赌博顽钱者，杖责顶清规。

一、凡谈讲烧丹炼汞、哄骗迷人者，杖责逐出。

一、凡饮酒、茹荤、食肉、搅乱常住者，杖责逐出。

一、凡毁伤父母、詈骂大众者，杖责逐出。

一、凡不拜师长、不知宗派者，逐出。

一、凡常住办事，克众利己、隐瞒大众者，罚打斋。

一、凡倚势官长俗党欺压道众者，合堂公议，杖责逐出。

一、凡博奕戏谑不遵规模行事者，轻跪香，重杖责迁单。

一、凡大众大堂公事，俗衣小帽者，跪香。

一、凡私自募缘，不通众、不入常住者，迁单。

① “所有清现，胪列如后”句，底本无，据金盖本补。

一、凡妒嫉贤良、欺谩后学、骄傲自夸者，逐出。

一、凡上殿登坛，笑谈喧嚷、背立呼童、邪目曲视、吃烟唾痰、不依臣礼、拜跪不恭者，跪香。

一、凡宝殿楼阁，早晚香灯供桌污秽，灵坛不净者，跪香。

一、凡朝暮功课转天尊不到者，跪香。有公事者免。

一、凡朔望圣诞，大众朝贺，云集不到者，跪香。有公事者免。

一、凡上斋堂，言语衣冠不正，碗响筷箸落地者，跪香。

一、凡挂插袋荷包上斋堂吃烟，不遵道规者，跪香。

一、凡常住食物私自待宾，不上客堂者，跪香。

一、凡常住赤体露睡、不穿小衣、不扎裤管者，跪香。

一、凡烹厨供献、污水秽柴、交谈接语、食烟不虔者，跪香。

一、凡灶火烧香、小衣上殿、失带冠巾不恭者，跪香。

一、凡出门不告白、不领签者，跪香。

一、凡丛林私食，不供众者，罚打斋。

一、凡出坡动静不随众者，跪香。有公事者免。

一、凡公私出干灯火回者，跪香。有公事者免。

一、凡开静不起者，跪香。

一、凡止静不吹灯阐单者，跪香。

一、凡私自开看藏经，不通众者，罚打斋

一、凡夜寝言语惊众者，罚香。

一、凡厨房抛五谷、毁坏什物家伙者，跪香。

一、凡常住公事不帮助者，罚香。

一、凡巡照，知犯清规者不罚，大众察出，同罚打斋。

一、凡戊禁，惟除春戊寅、秋戊申两戊不忌，余戊皆忌。其所禁之日，凡法官道俗，有开静烧香，上章进表，关申天曹者，灭身。知而故犯者，殃及九祖，风刀万劫不原，非佩箓者减三等。《赤文天律章》《女青天律》同。

以上三十六条，告白大众，各依法律，共遵元范。故三人同行，必有我师；一堂共居，岂无资藉？常住大众各加觉察，勿致违误，有犯清规。依此禁戒之仪，毋起恣纵之念。切思十方饮食难消，须惜一寸光阴易过，每常谨慎修持，庶得道心坚固。谨榜。

执事榜

夫大厦非一木能支，必须众材之助。丛林岂孤身可立？还期庶职共襄。量其材而分其司，尊卑有序；食其禄而共其事，大小无亏。我等既沐皇恩，不织不耕，恒存素餐之耻；克勤克慎，毋虚白日之过。马公移瓦课经，良有以也；庞氏担柴运水，岂徒然哉？由是定规立矩，固已先乎一己；轮管分职，是所望于群公。今将职事，开列于下：

都监　都管　知观　副观　书记　知客　司库

典座　买办　贴案　饭头　行堂　火头　水头

茶头　值岁　巡山　田庄　园头　圊头

西序

静主　高功　都讲　监斋　知磬　表白　经师

堂主　香灯　殿主　巡照　侍者　启闭　杂务

知随　童子

年　月　日立

本观住持谨白

长春真人垂训文

吾教后辈门人知悉：

尔等既入玄门之正教，必通夙世之善根。一证今生之福果，二修来者之不堕。若有向道之真心，常遵太上之法律。奈何只图道教以度平生，并不知玄科而有禁戒。粒米文钱，俱有关系，乃世人之肤脂，农夫之血汗，非用力何能消？岂无功而可受？汝等愚迷，不自揣度，不肯修持，反言本教无功，便向外道有意。以致奸盗邪淫，损人利己。或荤酒赌博，坏教败宗；或烧茅汞煅，骗哄迷人；或信投傍门，毁谤正教。似此无赖，种种不堪。岂是尔等道教所当为者？

且莫说尔等后学难逃果报，即天神有过亦黜其位，地祇有过亦降其职，神仙有过则堕入尘，鬼祟有过则灭其迹，君王有过则失其国，臣僚有过则加其刑，士人有过则削其名，庶人有过则掠其福，一切过恶各有所归，何况尔等作孽者，岂无报应？故吾教后学门人，当自揣出家为何？盖为看破轮回苦恼，方才进道。岂可反造愆尤，重增罪孽？

法有三乘，遵循本宗而行，量力而进。立志而守，苦行而修，方是出家人之正路也！

夫上乘者，修真养性，苦志参元。证虚无之妙道，法天地之正气，除尘世之冤愆。广行仁义，大积阴功。只候三千功满，八百行圆。然后身超三界，位列仙班。乘鸾鹤而朝金阙，驾彩云而赴瑶池。千真恭敬，万圣护持。与天地同体，日月同光。岂不为出家之大丈夫哉！

中乘者，诚心演教，礼忏诵经。诵太上之元科，称天尊之宝号。信心恳祷于神前，虔诚斋戒于庙中。清静身心，阐扬大道。一念纯真，常存正法。运用灭度之时，自有善人[①]拥护。或转送皇宫，或投生官府，或拜相而位列三台，或为君而名登九五，那时万民敬仰，四海投归。人中殊胜，岂不尊乎！

下乘者，建宫盖庙，印经造像；修桥补路，戒杀放生；施茶施药，周穷济苦；不悭不吝，转化为人。生富贵之家，遂心满愿。一生享用无穷，岂不快哉！

如是修为三乘之法，句句分明。倘不省悟，不除酒色财气，不如还俗归家！染苦为甜，任意所为，随心所欲，岂不洒乐？如何久恋元门，迷而不省？造下无边罪孽，果报难逃！有至诚者，可以精进。无夙缘者，可以速退。不然，造罪加倍，吾甚怜悯！为此训焉。倘有见此回心，闻训转念，重整刚志，痛改前非，勇猛精进，闻者省悟，见者开发。省悟者，回光之心也；开发者，返照之意也。如不早觉，必然永失真如，一堕冥途，常沉苦海，化为异类。到此之时，悔之何及？聪明达人，细细思之，今生错过，大道难遇矣！

光绪甲申年嘉平月。

① “善人”，疑当为“善神”。

万本后跋[①]

著书难，刻书亦不易，余与诸同志重刻《古书隐楼藏书》，批注校勘，竭数人之力，已越二载而尚未告竣。适汪乐川先生来云："杨君光甫访得广陵赞化宫前道士王桐生所刻《碧苑坛经》《清规元妙》二版，字尚清晰未芜。"因与徐君星槎、严君澹庵、刘君甸侯、夏君友柏集资，将版购存，附入此次重刻之内。是举也，一则可免重刻之劳，二则不没王道士之志，此皆汪、杨二君体恤之深衷，余亦不忍没之，故记数语于书后。

民国丁巳年三月式一子谨记。

① 此跋原在《参访外集》之后，今移至此，题名也作修改。

第二卷　命功与养生

古法养生十三则阐微

古法养生本文

一曰：两手握固，闭目冥心。

二曰：舌抵上腭，一意调心。

三曰：神游水府，双擦两肾。

四曰：心注尾闾，频耸两肩。

五曰：目视顶门，叩齿搅口。

六曰：静运两目，频频咽气。

七曰：澄神摩腹，手攀两足。

八曰：俯身鸣鼓，数息凝神。

九曰：摆腰洒腿，两手托天。

十曰：左右开弓，平心静气。

十一：无我无人，心如止水。

十二：遍体常暖，昼夜充和。

十三：动静不二，和光同尘。

十三则阐微

一曰：两手握固，闭目冥心[①]

人身一心耳，而其名有三。心之本位曰人心，其神脑注曰天心，其神腹注曰地心。其用有三：天心生精，地心生气，人心生血。欲收人心，必须握固。握固者何？以两手大指尖各掐两手亥子纹间，而以四指包握大指成拳形是也。盖心乃至灵之物，但一着想，即住想处。况心具阴阳，其理奇而耦者，本位之心也。稽其寄宫，乃在两手之心。一经掐夫亥子纹而握固之，则我之人心得住于本位矣。心居本位，则一身之气咸自相拱护，不劳招聚而自相聚于绛阙上下四傍也。

凡夫后天之气，其质润而温，凡其聚处，如云如雾然[②]。于本位，则其如云如雾之物，必先化而为液，下滴点心，便化为血。其间时候，谅非顷刻而化而成，是以握固之后，便应冥心[③]。冥心须久，久则方妙。于是知养生家之所以必握固、必冥心也。

我言行是功，必须功夫长久些者，一以心静不易，而欲令其安然而冥，则尤非易。一以心冥而安，斯为真冥，而一身之气来朝。其朝绛阙也，谅非一朝便能化液，苟非聚之久而周，则如云如雾之效不现。且必吾心冥而安且也，则其所聚之气，亦始和之极，然后得有变化之机呈焉。此一定之理，奈何可有马到成功之想乎？

闻之师云，世人中宫痰饮之多，酿成痼疾者，无他，每于食后脾倦，或瞪目呆定，或闭目冥定，其在绛宫上下四傍之气，亦随而拥护之，亦有如云

① 万批：起手一步不错，乃理任法。盖心，火也。心冥则火下降，火降则水潮，水火既济，则生化无穷，养生家不可不留意于此。

② 按：文中所说感觉如云如雾的东西，现今一般称作“气感”（《道程宝则》说“或痒或痛，或麻或跳，或凉或温，或火烫或冰冷，或如丝如带，或如雾如云”，都是“气”的运化带来的感觉，其中的“痛”等大约是“气冲病灶”而有）。它是“气”的一种（后面说的暖气、大热也是“气”），其物类如水汽，故可以液化，钟吕丹法中称为“气液相生”。后世丹法中，多称其为后天气。

③ 按：冥心之诀，参考《二懒心话》，其曰：“冥心之诀，微以意引心气，退丽于夹脊之前，觉吾一身之温气，氤氲然归护于绛宫前后左右、上下中间。”

如雾光景。但不到化液而起，或即到化液之后，彼不知内养之诀，而徒知便安一层，则所滴之液，不点入心，而傍落于中脘左右，则成痰。久久积多，则成痰饮症。世之修养家亦多此停饮之症者，无他，于冥心一功上不加功，略行香寸许，或半寸许，即行他功，其灵液未化血而中止之故耳。

我深悉此病，故每劝人于此一步功上，着实加功。今故不惮烦而疏说如上，见者幸勿视为常谈而忽诸。噫，行得液滴化血之后，不接行调心之诀，则又将酿骇人病出矣。其说则剖陈于后云。

二曰：舌抵上腭，一意调心

夫人一身皆心也，虚处者心之体，实处者心之用。此之体用，乃贴粗浅一边说，其妙义乃气血焉。以一心之所主者，故曰一身惟心云。古先哲教人修养，而于闭目冥心后，继以“舌抵上腭，一意调心”者，旨何在乎？舌为心之苗，舌抵上腭，则心之神便随而上注。盖神为气帅，气为血将，如是一作用，则我神已上居夫乾元。其中已具有存想泥丸一段妙用存其间矣。此不过略一存想我泥丸，或有明晃晃气象[①]，我则即用此明晃晃一光，遍将我身前前后后通体一罩，继即从事下句加功。其所谓加功者，不过先调息。看我气息随此光，自顶自口、自心自腹。次则继以虚其头，虚其心腹，是即存虚妙诀。妙诀之妙，在于存其虚意，而步步自里达外焉。谓之调者，有不虚处，以意虚之；有不通处，以意通之。有欲达外而若有墙壁、紧向里迫然[②]者，我则以意一散一松，则其中气象自能疏畅焉。或若有物兜住我气机，如被网锁然，我则以意一放一松一脱，其诀在放心于无何有之乡而已。此又在行之者之能心领神会焉。此之谓调，此之谓一意调也。

闻之师曰：世多染吐络血，与夫赤浊、肠红、赤带者，其病类由如上所云。饮食困倦后，得养血化妙矣。无如所化，未行于络，未藏于肝，未统于脾，蹶然而兴起酬应焉，其血横行而无归，积而外发，遂成等等症，不胜骇

① 按：明晃晃气象不易得，或称其为性光。既非如《金华宗旨》中“如磨镜”然运目刺激眼目而有的“眼光”，亦非视觉后象，又非幻觉，已是“从眼入意”了——大约是脑中气机刺激视神经而有（或是其他波段的光）。初学者难见光，亦可行其法，但功效要打折扣。前说之“气”与此处所说之“光”，是修炼工夫的基础。

② 按：紧迫如壁者，通常是用意偏重或引生紧张导致。放松不管，转移注意力，即可化解。

人。世之养生，初行功时，无不见效，已而忽得等等之症而中止者比比，此非别有故，盖于调心一功不加畅行耳！我亦深悉其弊，故不惮烦而详论之如上。

三曰：神游水府，双擦腰肾

盖血为精本，精为气源，而使之血化精、精化气者，神不游夫水府，则水冷而不化，其所积留于下部间者，乃顽液，并不得谓之精也矣。古人有言："肾暖则生精，心凉则生血。"味斯二语，则神之游夫水府也，非惟益乎肾，亦且利乎心矣。

其诀惟何？将我目光内导心气，从我心后分注两腰，各盘旋于左右两肾之间，则凡所生血即随气降，分注两肾，经我目神注旋不已，暖气自生，渐渐大热，如沸如炙，则随降之血立化真液，而色纯白焉。此一物，盖即世人所谓精者。然此一物不经夫两肾大热，如沸如炙，以至各于左右大热，会前升入脐轮，再加非常真火大煅一场，此物仅随向所积液伏于膀胱左右耳。相火一动，则油然走泄，是即世人所患遗精与白浊也。诀惟加功于两腰肾，使彼腰肾常大热，则脐轮一关，自得大热，而精自化气。其世有赤浊赤带之症者，由所降心血达至于腰，未经真火一烘，即随气流膀胱，隐伏而滞，后感外邪，一引而出，男曰赤浊，女曰赤带云。于斯可悟双肾之不可不加擦，而神必肾游之妙义矣。

然不标曰神存神运、神摩神旋，而曰双擦腰肾者，以人初学，其神不灵，其气不旺，其火不足，其一身之关窍脉络，半有积痰壅阻其间，引之导之，未易领教，则效不可必，而病可因积，故不得已而教之以手擦焉。呜呼！此先辈度世不得已之苦心，故立言止此。然有因而薄视之，以为事非内运，有为外功，置之勿行，以为有志，遂有等等病生，卒因功废。惜哉！余深洞悉其妙，且又洞悉世之流弊，故不惮烦而为缕详于上，见者幸勿视为常谈而忽诸。

但凡行是功者，擦勿用力，惟以心随掌转，自外达中，周而复始，不计擦之多寡，总以大热为妙，慎毋如俗僧之了诵《受生经》，虚行故事为戒。何以故？人之一身，血气旺则无病得染，而神为气血之主，又以气血为养神之本。气血之为一身宝也，人人知之，而不知所以养之，故日就月衰，而回澜无计也。果能从事夫上所言，而又能实心实力、恒久不废，何长生之不可逾及哉？

四曰：心注尾闾，频耸两肩

此段工夫，乃为初行上言辈救弊之法，亦养生家必行之作用也。盖心者，神之谓也。果如上言而极行之，其真炁自能攻穿尾闾，暖气冲脊，层层烘升，自达巅顶，原无事乎心注而频耸也。但彼初学之士，真气既衰，而神力又薄，其尾闾之关，闭塞而勿开。夹脊之节，二十有四，其间积痰，节节有之，苟不仗此有为作用，其穿关也固不易，而欲节节通升，焉能无阻？然事又不可中止，倘此尾闾不开，则所有精不固，而所降留之气，岂肯安驻腹间？不变为腹胀胁疼、肛痈痔漏，则变为气忡心怔，小则亦必变为牙疼、眼赤、头眩等症。幸而关穿脊达，倘或中住，则有发背、对口、脑疽等患。是以先哲开此不得已有为作用，以解种种之厄。

其诀乃一意神注尾闾，而于粪门作忍大便势，其气则缩而提矣。如是行之，尾关必开，我则以头稍向前面，而又用意自下提上，耸其两肩，则其气自从夹脊节节上升，升一节则加一提耸之功，直觉此气已到玉枕骨间，则可从事于下文之所示也矣。

此一段工夫，稽即丹经所称“黄河逆流”一步玄诀。然其关有三：尾闾一也，夹脊二也，玉枕三也。今犹三关仅通其二云，我故曰：过此关，尚须从事于下所示者，以有玉枕一关耳。

五曰：目视顶门，叩齿搅口

曰目视者，非以开眼视之，乃以眼合着，其目则向下，而使其气上达，有如神在深渊，而一意上注之法，如是视则得矣。标曰顶门，要使学者察其气升，已过玉枕与否耳。然其间犹有一段大玄大妙，养生家必行一秘，藏而未之泄。

其诀惟何？亦仍在顶门两字间也。顶者，极高之谓。门，乃天门。谓当导引此气[①]，即从玉枕关直冲上去，存冲到天上，要觉有窅窅冥冥，而日月星辰犹在我神光之下，方谓之足。如是，则我身后天浊气，化为先天清炁矣。如是后，方从事于叩齿搅口一工，斯无拖泥带水之弊焉。

---

① 按：导引存冲上天之“气”，非是前说如云如雾之“气”，而大致与光电相关，需要进一步研究。

然我所云天门者，非指上天之门，原是我之顶，而上通天气之门耳。此一门也，我身天罡真炁之所驻者。其炁下临，群阴悉化。此关一过，则我身所具三关，将势如破竹，有不待用兵将焉。此修养家至宝之物。而欲得此一炁，非从破关直冲，上接天上之天罡，则此炁凝结于顶门，不为我用。即或世从别法精修，亦乘云驭空，而神从天目出者，尚矣，然犹是神仙一门也。惟得此炁而进修之，自有白日冲举之妙，我师言之详矣。故于此关，犹详述如此。

至如叩齿搅口，不过聚神引津之小作用耳。然于养生家，则大有所补云。陶贞白《真诰》载：有一夫，不解修炼，而寿逾百岁，岳吏不敢近其所居。察其故，彼有风疾，其齿常自相击，乃疾使然。然于道，凡人叩齿，则身神毕集者。彼夫之齿，虽因风常击，而其身神无敢或离，则其关窍得护甚固，故身有光焰，鬼不得近，有以夫！《真诰》所载如此。至夫搅口者，以人舌下有二窍，一通心，一通肾，丹经所称水火华池是也。以舌搅之，其液自出，且默以引所后升之气到口，以便吞咽，我故曰大有所补云尔。

六曰：静运两目，频频咽气

此一段虽为初学说法，然其寓意，亦精玄也。其曰静运两目者，所以聚神也。以所升之气已过玉枕，或已降注口中，则自有甘露随下，我必与舌搅得津同咽矣。而有余气，尚因叩搅，停驻泥丸。我则从事运目，自得润而热而凉，其神光圆白如珠[①]，得悬于目前空际。而下曰频频咽气，不曰咽津，其旨玄矣哉！盖彼初学，阴液多而阳气微，虑有他变，咽气所以助阳也。令彼下田，得有常热[②]之妙，而身中水火始均，此补偏救弊之妙秘也。稽之丹书，自明斯理之非妄云。故我师谓此说，纵已超夫玄境，此段工夫亦不谓之虚劳焉，况初学乎！何以故？丹道以阳为宗者，补阳即以除阴，经曰：“分阳不尽不成鬼，分阴不尽不成仙。”[③]即此可悟矣。我愿见者循行，勿疑是嘱。第所

---

① 按：神光圆白如珠，比明晃晃气象更进一步。后者尚且浮薄，前者则已凝结。

② 按：所咽空气，非是产出热能的正因。人体内部分物质（葡萄糖）氧化才放热。吞咽而入的空气，进入肠胃后，虽然含氧气，但是否能助热？在什么条件下助热？尚待研究。

③ 万批：二语不刊之论，盖鬼纯阴，仙纯阳，人则负阴而抱阳。阴不尽，阳不纯，去仙道远矣。

咽气，不到下田，不可中止云尔。

七曰：澄神摩腹，手攀两足

此一段，虽为初学而说，而藏有火土相生、三家会聚之妙义也。有补土燥湿之功，有聚气会神之妙，有五行会宗之用。夫神澄则浊质附土，摩腹则气运土驯。手攀者必俯其身，则腹贮清炁，必自穿尾而达乎泥丸。两足承攀，必直其胫而外挺其气，达出必足。既而受攀，则足心阳气必自脚背而升，上至尾间，随其腹穿之炁，而同升夹脊焉。此其中妙义盖有不胜述者。核诸下文所述，其妙义自知不虚焉。

八曰：俯身鸣鼓，数息凝神

曰俯身，承上法而加以无为一用焉。盖觉两足之炁已从尾关穿上，故放却两足。以手捧头，掌掩两耳，以指向玉枕下击之，其声如鼓，故曰鸣鼓。鸣鼓何？所以致灵也。俯身而鼓，所以召我阳神，自背而达上，所谓乘槎达汉之一法也。逮至数息，则又直身而坐行矣。

盖斯时也，神咸集于泥丸，将俯而听政矣。而返行数息，何也？泥丸乃听政之府，而燕息还在中黄。要知数息之时，我之阳神，业已退休土府矣。其数息也，所以进阳火也，此即息息归脐之妙，又即所谓安不忘危之道。故其数息之诀，不计数于升际，而着存于将降之候[①]，则能息息归脐焉。故即继之以凝神之道，此盖借数息一法，为凝神作用云尔。

九曰：摆腰洒腿，两手托天

此一段乃静极而动之妙用，盖非浅见一流所能测也。殆以加意凝神之后，我身气机，有所阻住，故必先行缓步，或十步，或二十步。退而坐摆我腰[②]，或九或十，或十五。起而洒腿，左右咸如摆腰数。继即加以托天，数则或三或五，其起也缓，其落也如之。总以骨节通畅，而不致气粗为妙。

① 万批：不计升而着降，亦理任降浊之法。浊降则清升，养生妙谛，无过于此。

② 万批：摆腰法甚好，不必起步，只续前功而坐摆之，摆必数十旋转，转则腿亦动摇，不必再洒也。

十日：左右开弓，平心静气

此一段无甚深义，学者但依法循行可也。

十一日：无我无人，心如止水

此一段似贴性功一边，而实炼命家脚踏实地之奇验焉[①]。如每行功，无此一步，断无成就之理。其法总如初步行功，加以一尘不染，万籁皆空之志行去，自得此真实境界。如果到此，而时候又久，其去大道也不远矣！

十二日：遍体常暖，昼夜充和

功夫到此，去仙近矣[②]。然其所以致此者，还从上文来也。盖非可幸致者。

十三日：动静不二，和光同尘

至此已超出地仙之上，并非水仙境界。其所俟者，牟尼宝珠耳。殆非累行功圆者所得企及者矣[③]。

以上十三则，名目尚矣，大约养生家之所宗者。行之者未得其诀，每有弊生。今据师传，核之丹书，合而发之，名曰“阐微”。其言粗浅，其义精深，凡夫龙虎坎离、卦爻斤两之说，概不之采。从事斯道者见之，我知其必不鄙而遐弃也。

嘉庆戊寅仲冬月望日，金盖山人小艮氏纂于娄工工次。

---

① 万批：先命后性是正法也，由后返先之义焉。

② 万批：此仙字指人仙而言。若指天仙，则尚远矣。

③ 万批：未得宝珠，犹是人仙，何能超出地仙之上？盖地仙者，得丹后，形神俱妙，驻世积功以待冲举者也。此篇功法只是行人道以养生尽年，其去仙道尚远。称为人仙，亦知者乐、仁者寿之意耳。学者宜更进一层，毋自画也。

二懒心话

萍逢

君寄天南，我寄地北，今秋乍会，欢若平生，缘矣哉！君师李赤脚，我师太虚翁，无缘而缘，二师之所默致合也。君近交城北公，城北为石照山人付法传道士，君所未知也。其师祖金怀怀，王姓而清楚名者，又为君之师祖，则君师赤脚翁乃我石照山人之同砚兄也。金怀怀，余尝师之，乃因太虚翁而得师之者。我与君本有服堂昆季也。一见水乳，宗同而事一，其趣味自相投矣。

"城北公示君何道？"

曰："某所闻，惟识玄关一窍[①]、心肾交姤而已。"

曰："玄关一窍开否，识之不难，开之有道。使此关尚未开也，我不知君如何交姤焉。"

曰："愿受教！"

曰："本是一家，岂容膜视？第今犹是萍逢，他日共析玄奥也可。"

善问

一日复遇于古寺，大懒曰："古云其机在目，我愿究竟其微妙。"

懒翁肃然起曰："善哉问！人身遍体属阴，赖以化阴还阳者，两目也。此即入道第一口诀，君既知之，从此用以内照，则头头是道，玄关可望开矣。"

---

① 万批：不识玄关一窍，功夫无从下手。此窍有得神力开之者，有因功夫到时自开者，然非十年八载，难言开窍。若当虚极静笃之时，恍然其中，天空地阔，似有开关之象，不知者即认为玄关已开，其误甚矣。盖此是玄象现呈，非玄关开辟也。玄象有时而现，有时不现，关则一开而永开耳。关开则神有所藏，妄念自无，而真心自见。余蒙陈师神力开关展窍，故辨之最晰，不敢自隐，以误初学，而负师恩，故详记之。

曰："内照从何下手？"

曰："冥尔目，调息片时。觉息调矣，始以意凝神于脑，以目光微向巅顶一看，觉有微明，如黑夜月色然[①]。随即用意，引此光映泥丸，待得脑中光满，而头若水晶然［此即洗髓法也］。久之，乃引此明由重楼达绛宫。存之片晌[②]，觉我绛宫纯白［此即洗心法也］。随以意引到中黄，亦如上法存之，觉中黄纯白［此即净土法也］。其光明自觉随气下降，又觉下田渐渐宽阔，而更幽深焉［此即靖海法也］。内照至此，愈久愈明，而愈宽愈广。久之又久，觉有气动于中［此即龙从海底现也］。我则一念清虚，微以意引目光，从海底兜照后去。未几，觉此光明已透尾闾［此即虎从水底翻也］，渐渐有光自下升上［此即黄河水逆流也］，竟透达巅［此即还精补脑法也］。我于斯时，用首尾照顾法。其法惟何？我之两目光存在半天空，如日如月下照巅顶，直透三关，照至极深海底［此即'圣日圣月，照耀金庭'之诀］，几然现有一轮月影，沉于海底，与上半天空月轮上下相映［此即水在长江月在天之诀］。我于斯际，万籁皆空，惟用一意上冲下透、并行不悖之诀。行之久久，觉此清光上透九霄，下破九渊。斯时我身已不觉有焉，内照之入手如此。吁！说时容易，行时难也。"

曰："某虽不敏，请事斯语。"

善疑

一日相叙既散，复至曰："余此去从事内照，继事无想，未几而心地清朗，渐觉下部豁然若失，觉无边际，深亦莫测。是从内拓，加功许久，念寂至笃，乃现此景。惟觉遍体冲和。已而并此景象亦置之度外，惟觉呼吸之气无，而下部腾腾气热。忽于极热之际，得有几缕凉气，或自胸腹下降，或自腑后脊前流下，溯洄于男根左右，若有走泄之机，恐非妙境［此正妙境］，中道而止［若止，不加火而炼，则有弊］。出而肃叩焉。"

懒翁曰："善哉疑也。此下部阴精，遇炁而化［此阴精，即上所说几缕凉

① 万批：初时只是以意为之，并未有光。久之，则光现矣。光现，则性纯而命固矣。

② "片晌"，底本作"片响"，据金盖本改。

气四边流下者是也]，真炁力微，化而失炼[不能大热者，真炁微故，真炁即真火]，则与凡气合[凡气即凡火，此际凡火，相火也]，将成交感之精，不进阳火[闭息存思，即名进阳火也]，此物必将夺关而出。法惟有凝神集炁于海底，以两目光推而荡之，如转磨然。我于此际，此心愈加宁静，则呼吸气停，而真炁得注留下部[此真是进阳火之大秘诀]，下部斯得热如鼎沸[沸，煮水水开貌]，而阴精化气，随炁后攻，穿尾闾，升至泥丸，化为真液[此之谓还精补脑之实据]，下降重楼，润绛宫[此名后天甘露，乃是化血之物]。从心后脊前，分达两肾[此时甘露已变红色，化成血矣]。我则以两目光降送至肾，左右分旋，急旋急转，便热如火[所以炼血化精也]，由两肾热至脐轮[所以炼凡返真、炼气返炁之诀也]。此一热也，须比前倍热数倍，斯此物由真精化而为炁矣。从此不住手[断不可稍住也]，其热复降至海底，而仍行其存往之功[此为要嘱]，则如前云之阴精[此所必有且必多者，要炼到周身纯阳之后方无矣]，又得化气而后升矣。炼阴还阳之诀，不外乎此，其效验可时见[间断则难见，故戒间断也]，而要妙在能恒久焉[切嘱！切嘱]。果能循环无间、日行时作[必要如此如此方是]，何愁不如前贤所许，计月而成者哉[是可必可，必无疑者也]！”

大懒曰：“君之言然也，某请从事焉。然某闻之，法从心后分降两肾云云者，女子之修诀如是也[①]。盖女子以血为本，故其玄关一窍开自绛阙。以其修诀，加摩于两乳中间，名曰乳溪，揉摩至百至千，则胸间火热，微觉气闷，且有板木之景之象，其血生始旺，法惟以意退入心后脊前，分注两肾。若如男子一直从心降腹，则有血崩之虞[此一问，乃大懒太夫人正行内修之功，懒翁为之陈说于平时者，故复有此问。此是女子修丹要诀]，故其作用，洵如君言。今君所述，乃气也。气升于脑，返化为液，斯已奇矣。既已化液，则直下下田何碍？而必欲如女子降至绛阙，退而后达，由两肾转上脐轮，方始化炁，斯理未明。况炁与气，一物也，性皆属火，不过有先天后天之名耳。今闻君论，疑窦四开，莫自塞焉，愿为开示。”

懒翁曰：“善哉斯问，君真可称善疑者矣。我所言，半闻诸师、半得诸书者，今为略述其概也可。”

---

① 万批：兼示女修之法，简而赅，精而透。

曰："愿聆奥旨！"

曰："男子之阳在腹，女子之阳在背，此乃天地自然不易之理。我之所言阴精者，其形似精而非精，乃饮食所化之液。未经化血，流滞于百络之间，乃成痰类；停滞中焦，则成饮症；流注膀胱，则成滑液。我之一身，三百骨节之缝、八万四千毫窍之内，不乏此品盘踞其间。外邪乘隙入，与此品朋比为奸，为害非细。今因我真炁周烘，斯物融活，随气护炁，流注下田，其性阴寒，故其流注也，机趣惟凉。然使积而不之化，则又必化火而出，世人认为流火症，亦此品也。故凡我于坐际，每逢真炁流行，则觉有飕飕凉气，自内而出，亦此品化而出之功效也。故我于此品流注下田之候，须必大加真火以煅之［此皆至要之诀也］，则此品成如云气然，随夫真炁由后上升，达至巅顶，一聚一凝，便成真液，如雨如露，由鼻空处滴下口际［此凡甘露也］，润至绛宫［到此须存、多存一存］，又得心火一烘，便化成血。故须从心后脊前分降两肾，一经煅炼，随炁注脐，又经大炼，斯可成炁。此是一定之气化，不分男女者也。

"夫人孰不饮食，则饮食所化之液无日不有，苟昧由心一炼之诀，鲜不因而致病，是以十人九多痰。修持者每患遗泄，世人不悟，委之有念，或委之心肾不交，或委之克化不济，皆非也。是皆不知从心一存其气，则其津液横流，积化成痰，流注下出。故有强而涩之，变成外症，发为疽毒，是又化火而出也。其流弊也，握发难数，我故详为申说之。

"若夫所谓真精者，浑而体之则有，握而取之则无。至如交感之精，尚是气化之物，故有形色焉；而其来自内，故能生育焉。若此饮食之液，其来自外，不经心炼，血尚未化，不过形似精耳，焉能生育？[①] 原非至宝，偶而遗泄，亦何足恨？因而忧郁焉，烦燥焉，不亦惑乎！与其服药以涩之，不如如我言而炼之，此之谓釜底抽薪。我于此节津津言之者，以此一品，虽是凡物，如法一炼，便成阴气，到脑降心，便可化血，已是宝物。再降至肾，升炼于脐，得土一和，遂与真炁无二无别，几然至宝云尔。

---

① 按：闵真从经验中，似乎已经发现"生育之精"与"饮食之液"所化的"阴精""泥精"（精浆）的不同，即前者有精子，后者无精子（生殖管道腺体的分泌物）或精子数量微小。不过，将"交感之精"解释成气化，还是那个时代的产物。同样，其说液血相生等理论，现今也需要重新解释。

"大懒，先天为阳，后天为阴，我辈修持，无非炼阴还阳之道。其诀不外乎忘形以养气，忘气以养神，忘神以养虚[①]。其所以必造夫忘字境者，以所聚之精之气之神，皆得咸属先天，始为无弊。况所重在身常受炼，其用惟火。火足则昌，火衰则败。不忘则不聚，能忘火乃足。是乃修真之至要诀也。大懒识之。"

曰："敢不唯命是听！"

已而大懒又问曰："某闻之，心有三，何谓也？"

曰："然。曰天心、曰地心、曰人心，其实惟一。经不云乎：心为神明之府，变化之道由焉。盖人一身咸秉心气而行而止者，犹鱼之处夫水也。古人云：一身之实处，地也；一身之虚处，天也；屈之伸之，语言视听，人也。又曰：天之心居脑，地之心居腹，人之心居绛宫。绛宫之心，块然而虚灵不昧，是一物而含三有焉。盖其居脑居腹之心，无形无质，乃即块然居中、形如垂莲者之灵之炁、之上透下注而诚存者也，我故曰其实惟一。"

懒翁曰："大懒识之：意者，心之所发也。心无声臭者，念动而发，是名曰意。念也者，今心之谓，犹曰即心是也。意也者，心之音也，谓其念头已发动也。佛家所称观世音者，此一圣号，乃治身治心之一大秘诀也，宜细味之。我按佛经'世'字，即作'身'字解，犹言详省我一身中动静气机，勿入于邪之义也。吕祖有言曰：'大道教人先止念，念头不止亦徒然。'又曰：'不怕念起，只怕觉迟。'轻云子曰：'念头未离腔子里，除之大易；放而出之，除便稍难矣。'故古有曰：'念起即除，神仙许汝。'大懒识之。"

大懒笑而问曰："修仙之秘，止于斯乎？某闻之：有曰'修命不修性，修行第一病'，又曰'修性不修命，万劫阴灵难入圣'，何谓也？"

懒翁曰："噫！命无性不灵，性无命不呈，谓必性命双修也。据我见，修得一分性，保得一分命，盖以性命两字不可分也。实以有时偏乎性而命在其中，偏乎命而性在其中，有如形影然，得可分乎？第凡修道，先一我志，性功之始基也；惜身如玉，命功之始基也。从而进之，止念除妄，性功也；调息住息，运行升降，命功也。体而参之，念不止，息不调，妄不除，功不进也。凡夫调住运行升降，及夫混合交结等功，总得于无思无虑之际，而畅于

① 万批：道家重一忘字，佛家重一离字，皆抑后存先之法也。

万籁皆空、一尘不染之候也。我故曰：‘修得一分性，保得一分命。’大懒以为然否？”

曰：“然，经常试之矣。惟丹道谓身有四海：心曰血海，胃曰谷海，肾曰气海，脑曰髓海。其微妙未之悉，愿为开示。”

曰：“善哉问。人之一身，皆藉自然生炁以生以成。惟胃一海，仰藉后天外来饮食，以消以化，补夫周身生炁之或缺，人人知之，无庸赘述。大懒，子明夫养生家立论，每先自‘冥心’一层始，其故何也？诚以心为血海，心凉则生血，心冥则心凉。夫冥心之诀，微以意引心气，退丽于夹脊之前，觉吾一身之温气，氤氲然归护于绛宫前后左右、上下中间。如是，则凡温温然之生气，一近绛宫，便有油然自化为血，又自氤氲然达于肌络之间。其至精者退后，而降至两肾，则赤洒洒者化而为纯精天一之气焉。大懒，子明夫养生家于未冥心前加曰‘闭目’乎[①]？噫！其义玄、其指精也。心之灵发窍于目，一也；两目又藏有肝魂、肺魄、脾灵、肾脏之精炁，二也；一冥心而目预之闭，则脏腑四肢内外生气，自来朝会于绛阙，三也；且凡其来朝生气，自得不期相化而自化为纯血，其妙用亦在两目，四也；更能使夫纯血各随其炁分布流润于脉络肌腠之间者，总因我两目悬如日月，周照乎内内外外、高高下下、远远近近，一若有意，一若无意，似为引导而不引导之故，五也。君昔曰‘其机在目’，即此可信古人之言不我欺也。”

懒翁曰：“夫肾，水脏也。谓曰气海，君疑，善疑也。虽然，要知水脏之为水脏，非谓膀胱之贮有浊水而云然也。乃吾身呼吸之气之所归，纯是后天。而又有阴阳之别，阳则名气，阴则名液。此二种也，不得我身太阳之火为之烹炼，则此二物滞而不化，为害非细，其变而为病也不胜数其名目焉。炼之之诀惟何？总不外乎用我两目，导彼真阳存于海底。我则一念不杂，气机通畅，无内无外，不知五脏焉、六腑焉、四肢焉、地天焉。惟时自省于海底，沉一红日[②][此至要之诀也]，忘失即须觉存，存即事乎忘[妙哉如是行也]，失即觉为存，循环事之[此为要嘱]，则此一海泰定而无弊焉矣。大懒，修道如牛毛，成道如兔角，何哉？废弃于此海一关，天下比比然也。君

---

① 万批：修炼必闭目内视之理，透发无遗，为诸丹书所未有。

② 万批：功诀最要在此，学者须注意。

果有志焉，从而坚持之。持之不坚、坚之不恒，亦无益也［切戒！切戒］。君其勉乎哉［千万千万！切嘱切嘱］！”

懒翁曰：“大懒，君其识之。上所言，虽示炼夫气海一关，其间景象多多也，不胜述也。千言万语，三教经书，诸子百家，汗牛充栋，无非治心一法，大懒识之。好不足喜，歹不足忧，一切好好歹歹景象，似真而咸幻有者，心不可为之动、念不可为之摇、行不可为之阻。其所现之象，总不外乎惊喜两种，然其中变变幻幻，每有出人意表者，总以不动为宗，须明皆是魔幻，或是上真遣来尝试者。惟能不为魔动，方是大丈夫本来面目。故凡遇夫魔扰，则宜益加坚定、益加勇猛为是。大懒，大懒，我之所以大声疾呼者，邪正不两立，而魔道每并存。何以故？无魔不显道，魔而不退道乃成。大懒勉之。”

懒翁曰：“脑号髓海，其理显明，无庸烦说。然此一海，世说作用伙矣！类皆地仙鬼仙之诀，非至道也，不可从也。君所向、我所事天仙一宗，所炼以纯返先天为了当者，故不可不慎所炼焉。大懒，要明夫天仙之究竟，与夫先天一炁之淳妙，其质至清至柔、而至刚至锐，金铁不能格也。所过者化，所存者神，大周天界，细入微尘，放之可包三千大千恒河沙世界，化之可结亿亿万万人物山水、殿城宫观［此等境界不愁不得，惟愁神着。何以故？一经念动，则此等境界变现不休，且必愈出愈奇。一经着相，便入魔道，小则成魔，大则立死。世间修道人着此而死者，比比也。非惟本人不知，即其眷属道侣，亦且认为某果得道而去也，其误人也不小矣。是故天仙家概不以此为效验，且咸以此为魔扰。若坐而现此之境，又不可用意辟之，一用意辟，则又化成斗境，有变现不测之相扰相降，必成狂疾而死。或竟为魔摄去而死。或竟入魔彀中，几然战胜，从此神通法力不炼而大，本人迷昧，以为道得之明验焉。孰知正为魔诱入彀，命终而去，适成修罗眷属而已。又或因斗不胜，全神离壳而去，其壳反为魔踞。外人不得而知也，以为斯人道成。试其神通法力，与古神仙无二。其魔踞壳，行其魔道，从者如云。究其谈论，以淫、以嗔、以贪、以诈为无妨于真道，从之者咸入魔境，成魔眷属。如今昔白莲邪教之教首类，因修道迷误，魔踞其壳，而成斯等邪教也。此不可不知也。故凡修道者，总以见而不见、闻而不闻为降魔大秘诀，所谓‘凭他风浪起，我自不开船’。此示以不之动念之大要诀也。凡炼髓海者，切鉴之也可]，聚则成形，散则成炁，混三清而不二，合三教而为一者[此指一守我清空无住之念，一任他有有无无、青黄白赤焉而已。学者慎无着在聚散、混合、形色上]。此天仙之究竟，是亦先天一炁之妙用。我侪有志，自能造及，此非妄也，志则如是。古仙有言：'学仙须得学天仙，惟有金丹最端的。'故志不可不自立也。炼此髓海，其诀惟何？上与天通而下澈地局，四维四正，无际无边，气象湛如寂如，不有山川城郭，惟存有赤洒洒黄金世界、明晃晃皓月当空，此为入手之秘。凡现夫种种瑶台琼室、十洲三岛，亦不视之[此即上德无为、有而不有之秘诀也]，铁围无间、刀山剑树、焰原沸池，亦弗之察[此即不以察求之诀]，惟存一无可着之正念，而除其动心，此治髓海一关之要诀也。

"若夫谷海之关，其炼法，惟有以手磨腹，助我阳气，以消以化。故古之人每于食后，先以一手自中脘摩至腹，徐行约百步。又以手在腹际如磨镜然，自内而外，循环而行，约行三百步。其间左手如乏，易以右手。继则静审其气机，得已通泰乃止。嗣如得闲而坐，则接行'冥心闭目，存神绛宫'一法，则中宫谷气便可化血而达肾。兼行此功者，万无津液化痰之弊，亦无液化阴精之虞。虽似有为之功，而实无为之一助[此即下德有为、其用不休之一法也]。大懒识之。慎毋以其小作而忽诸，此正我师预治阴精之秘道也。行亦简易甚者。"

大懒起而揖曰："诺，谨受教！"

已而，大懒肃其衣冠，至诚而告曰："某闻之，玄关不开，圣胎不结；乳哺失宜，圣婴内疾；脱迁不道，真人夭卒。某以此惧，愿垂训示！若某也，玄关可幸开乎？圣胎可幸结乎？"

懒翁闻，怡然笑，翼然前，曰："君误矣。抑君之自道乎君之玄关已于前夜洞开矣。下部云云，时正君开关已后之明验焉。至夫胎结与否，须自问者：君可遍体通畅否？亦有氤氲气象否？得夫物我两忘否[此皆至要之功夫，勤乃得]？"

曰："均已遇，时有矣[得常有为妙]。"

曰："得夫万籁皆空、一灵独露境界否？"

曰："此均试有焉，而未之得久为恨[如得之久，其去结胎也近矣]。"

曰："君之坤腹，有何证验？"

曰："每于坐时，觉有真炁缕缕自心而下。未几，觉似自内豁然洞开，其大无外，其小无内；觉有种种真炁氤氲内注，且觉此中无底；惟觉此中温然，又若有火，又若无火。而自有一种暖炁，悠悠扬扬，自下部腾腾然四周而升。第觉向后直上，浓然达背、达巅顶。又觉烘然下面下喉际，适至绛阙，忽觉化为凉液滴下。既过心坎，又忽化如热汤奔下，满腹火热，颇觉周身通畅焉。"

懒翁曰："洵如是，其去结胎也不远矣。"

懒翁又曰："大懒，君须悟夫天仙结胎，不同世所传闻。君须熟揣《修仙辨惑论》，如何炼？如何结？如何采取？如何火候？如何隄防？如何温养？如何沐浴？如何运用？如何降伏？如何移神换鼎、脱胎了当[①]？一论之中，均备述焉。其最要诀，在'念中无念''如鸡抱卵'，与夫'端坐习定为采取，断续不专为隄防，行止坐卧为火候'。又曰'勤而不遇，必遇至人；遇而不勤，终为下鬼'，此四句，君当时时自省为要。"

大懒曰："《修仙辨惑论》外，当看何书？"曰："《鹤林问道篇》《玄关显秘论》《性命说》。外则《金华宗旨》《仙佛合宗》《天仙正理》《燃犀篇》。推而上之，《参同契》《悟真篇》。大而化之，《白注道德经》《金刚》《楞严》《圆觉》等经。噫！白祖有言曰：'一言半句便通玄，何用丹书千万篇。人若不为形所累，眼前即是大罗天。'"

序

斯二子，不知何许人[②]，亦不详其姓氏。阅其心话，殆养生家而将从事于南宫者。余见而录之，喜其言浅而深、粗而精，其间命意，似有所向，殆又非顽隐一流，趣味与余不二。爰去其不经，而存其常说，名之曰"二懒心话"。盖以其一号懒翁，一号大懒。按其懒字，从心不从女，是有取夫赖心而学之义焉，是殆苏懒翁之流亚也，盖能从事夫天心道心者。

嘉庆戊寅之十一月望日，小艮肃录并识。

① 按：相关内容参见《管窥编》。

② 按：从《萍逢》来看，此篇恐为闵真托名懒翁之作。既师事太虚翁，又师事金怀怀者，手上资料显示只有闵真一人。

如是我闻

无名氏授　天水子录佩　闵一得重订[①]

曰"如是"，盖谓所授功诀也。曰"我"，无名氏之自谓。其曰"闻"者，盖明得自口授也。授道而隐姓氏，品高而志谦也。得取寂体而精味之，仙道人道，剖示昭然。编中援引，屡标我祖泥丸李翁，疑编出自西川陈翁口授。然则天水子，或即钦刘郭翁之隐号，藏有习坎精义欤？况按编中载有我宗东华，又有"斋心习坎"诀说，而竟曰"祖儆"。则此编出陈翁门下无疑。惜所订本，决非天水手录，故多鱼鲁，乃为息心体订，是为我宗一家言也。

道光癸巳天中日，后学闵一得谨跋于金盖之书隐楼。

金丹说

金丹之道，全在静定其心。若不静定，则神志错乱，难调真息。其息不住，身中先天炁隐。三才真炁，无朋不归，行无补益，将何以生药？是以遇事制心，凡有所为，顺听自然。事若未至，不生行念；事若过去，释同冰化。务令此心常若无事，则心静矣。静则自定[②]。

以此定心，独处静室，少坐片时，盘膝握固，塞兑垂帘，回光返照，内观其心，存其心若婴儿，端坐心舍。所谓端坐也者，不过寂静；存如婴者，不过内外混穆、无识无知之义；所谓心舍者，不过此中虚朗，况若舍然，只可觉，不可见也。倘若泥文执象，便堕幻妄，非真清静矣。如法内观，乃见其心。行造自然而然，方是其心真况[③]。况者，体也。体即道体。泥丸氏曰：

① "闵一得重订"，金盖本作"闵一得小艮氏重订"。

② 万批：此段说虽未详尽，而理法不错。初学照此下手，不至误入歧途。

③ 万批：有念是心，无念是性。既见其心，当尽其心，方能见性，孟子所谓"尽其心者，知其性也"。心之真况，虚无自然，圆明妙觉，感而遂通，即是性境，学者须自静悟。

"道本至虚，体本至无。"学知悟此，方可与言其心，而观诀得矣。未得真况，只自无念，必觉鼻息若无，而息归心脐，斯造真况矣。

既造真况，方可与意归海。海乃元海。归海念纯，胎息亦息，才可举念大阖辟。乃是以我真神运我真气，何关何窍之不开哉？而法惟以意后透。斯时坤炉火发，两肾汤煎，心液下注，海阴化阳，腾腾上升，立破尾闾、夹脊双关，次于风府，而上朝昆仑矣。而其得效之由，由于神游水府，然属意迎元旺，未可谓之天人合发也，丹书名曰"玄影"。以之乳哺，用以温养，如是如是。谓之神凝胎结、一复一粒，泥丸氏谓"自欺"云。学者须谨志之，金丹真幻所由分也，何可忽乎哉！

开关说法

人之一身有三关：尾闾、夹脊、玉枕是也。闾关在脊尽头处。此一关也，内通肾窍。髓路一条，从此关起，号曰漕溪，又曰黄河，按即人道，谓之督脉，窍为黑道。直由夹脊双关，上至脑后，谓之玉枕关[①]，而又谓之铁壁，是以此处窍细而关坚，故有是名。行循穿窍入脑，谓之正透。有或踰岭降入，似无不可，然属二气归黄之仙径，大非初学所可躐等者。有或犯之，后凡杂入，流弊无穷，故须痛戒也。夫此仙径，升由闾前海后，中有一窍，直升达顶，透至盖骨，存留融化，化自直下气海，或有分循任脉而下，分驻绛阙中黄，统归气海，一任自然，勿忘勿助，古哲皆名归化圣功[②]。个中微妙，皆非一言可尽者。

若循黑道，须破三关。三关之中，各有洞房[③]，乃神栖息之所，种种生化寓焉。故有上田上宫、中田中宫、下田下宫之名[④]。上田曰泥丸，中田曰土釜，下田曰华池。上田方圆一寸二分，虚开一穴，是乃藏神之所。其穴在眉心入内三寸正中之地。眉心为天门[⑤]，入内一寸为明堂，再入一寸为洞房，更

① 万批：欲开玉枕，须用理脑法。《参同契》云："瞻（赡）理脑，快（决。通常作定）升玄。"吾师注云："欲知端的意，北斗面南看。"

② 万批：此处精细可玩。

③ 万批：洞房者，骨节内藏髓之空窍。内有房，外有节，生化寓焉。

④ 万批：上中下三田是前三关。

⑤ 万批：天门亦曰天目。

晋一寸为泥丸，是为上田三宫。眉心之下，谓之鼻柱，内有金桥。下有两窍，达口通喉，谓之鹊桥。盖喉有内外两管，外有硬喉，谓之气管，乃气出入之喉。内有软喉，谓之食管，乃咽饮食，通膈入胃之喉也。其气管有十二节，名曰重楼，直达肺窍，以至于心。心下有一窍，名曰绛宫，是乃龙虎交会之处。直下三寸六分，名曰土釜，又曰黄庭，是为中丹田。左明堂，右洞房，元英居左，白元居右。亦是空开一穴，内亦方圆一寸二分，乃是藏炁之所，养丹之地。直至脐后，约有三寸六分。故曰“天上三十六，地下三十六”。自天至地八万四千里，人自心至肾有八寸四分。天心三寸六分，地肾三寸六分，中丹田一寸二分，非八寸四分而何？脐门号曰生门，内有七窍，通外肾，乃精气泄漏之窍。脐后肾前正中处，名曰偃月炉，又曰气海。稍下一寸三分，名曰华池，乃是下丹田，是为藏精之所，采药之处。左有明堂，右有洞房，亦是虚开一穴[①]，方圆一寸二分。此处有二窍通内肾，中有一窍通尾闾。

一身有形有所之大关大窍则如此，而皆不可认为玄牝也。盖阳曰玄、阴曰牝，总之为玄窍，不在身，却在身[②]，有无之根，虚实之鼻，阴阳之蒂。儒曰太极，道曰金丹，释曰圆觉是也。只可虚极而现，静笃而辟，万难拟而现、运而辟，法惟直养而直入焉。盖可意会，不可言传。故尔此窍而外，皆可一依前法，握固而冥心，回光而返照，待息一定，随机发意，直下涌泉，机升随升，机止随止，自得化生。谓必升至外肾，会合左右，由脐七窍，入存气海，降由下田，仍归肾府，转攻尾闾，闾穿脊透，关破壁穿而入脑。则自任督相会，仝下金桥而入口，或由眉心鼻柱，略存迎罡，汇放入口，口为上池，均宜上池略存。然后经楼达阙——楼乃重楼，阙乃阙盆，胸膺是也。由阙留宫而息息——宫乃绛宫，息乃气息。曰息息者，气息若无，静之至，然正以炼液而化血也。个中有真况，凉趣盈宫，方由心后分注两肾。盖此心后，生有二络，从络至肾，血自化精，阴生阳也。原心心血，义属真阴，法惟静极，液乃化血。此步圣功，万不可缺，古哲未之泄也。有或阙前放灌脏腑，所以润脉络、和营卫，亦是要着。有或心后心前一同注放，而自汇归气

① 万批：此穴名阴蹻。

② 万批：不在身，却在身，即丹经所谓不在身内，不在身外也。盖身一也，有先后天之分焉，此处必求名师指示，勿妄猜也。

海，以烹以炼者，所以炼精化气，气盛关开，直若无阻然。然上种种，均属自然而然，故能功步后先，丝毫不爽，无或紊遗。

谨按功步，一循人道。盖其升则循督，降则循任。而任为赤道，督为黑道。学必尔循者，吕祖有言："欲修仙道，先尽人道。"又曰："人道不修，仙道远矣。"是以一身三宝，皆属后凡，不返不化，终归灭没。而或摄升摄降，无非有形浊质，失神以驭，不汇归炉，每每散滞关窍，适足填黄，攻之忌器，导化不从，为祸非细。法惟用意率气，扫除赤黑二道，抚恤关窍流离，焚贼巢穴，歼贼魁从。故有穿闾破关人行，又有息心止念圣功，所以除暴安良，正以化后返先也。故有"欲修仙道，先尽人道"之玄训。是以人自情窦开后，玄关窍闭，真元身隐，一身关窍，贼众啸聚，黄中黄道，伏有后凡，势必靖人[①]，故有"人道不修，仙道远矣"之棒喝。无如世学误会，泥丸氏悯之，故为宣释如此。此是入门至要之诀，学者必当谨省。

然斯人道，功诀步骤，示若指掌，循行似易，而纯属有为，通理则能，化返不得，非道究竟，道圆无日[②]。且究繁琐，如何而可？泥丸氏曰："学于斯道，初则备目，伏揣无遗。如是，一身关窍，举则洞现，入则历循，止则释如，惟空亦无。继则循体循观而循无，终则循若勿循，造至不循自循。此是假法，如是假循，一值时至，真机顿现，斯可随机而顺运焉。个中微妙，全在心清，方识其来非影，我采非妄，归之存之，载生载化，载沉载浮[③]。而况非假况，寂以存之，忘以凝之。金丹作用，可说只此。"此乃千圣不泄之圣诀，泥丸氏乃于开关说中泄者，是悯世失心传，冒禁而泄[④]。得当宝秘宝秘，非仅慎传也。得而不行、行而不勤，是皆亵秘，天律良可畏也。

泥丸又曰："所事关窍，确有方位，所得征验，确有真况。即如气海，时到气临，便觉下田火炽，两肾汤煎，顶则露洒昆仑，上池泉涌，露滴阙凉，绛涌心液，流合坤火，遍体冲和，下池应之，金波澄澈[⑤]。其穿闾也，如蛇

① 万批：孟子曰尽心知性，佛曰明心见性，皆修人道以合仙道，即靖人之法也。

② 万批：通理是人道，化返是仙道，究竟则丹圆矣。辨别最精，宜细玩之。

③ 万批：辨得浮沉，方知生化，非遇名师指示不明。否则为假况，不能存凝，修属无益。

④ 万批：泄其理，而未泄其法，泄犹未泄，故不犯禁。按：此为总诀，泥丸氏所述天仙功诀，在本丛书中有详细说明。

⑤ 万批：真说实验，言之确凿，学人功夫到时，自能领会，方知仙道非虚假之法，可以空谈无实者也。

内钻，一旦透脊，升若车轮，及其枕透脑临，声若海潮，欸乃音承，钟磬协焉。已而甘霖霈洒，流池若注，味香而甜。及到眉心，便觉掣胀。斯时以神入心，天门随开，便觉我身八万四千毫窍、三百六十骨节，一齐爆开。此即所谓一窍开百窍齐开，大关开众关齐开欤！法于此际，使意引气入鼻柱，降金桥，觉有凉水盈池，切忌用意以吞，只宜随机而咽，自流入肺。倘有些儿气逆，此是平日顺行惯了，一旦逆行，便不顺从，是宜息心静俟，顷即自顺。则此精气自然灌溉五脏，不仅达胃，又使复归于肾，故得谓曰归根。自肾而转尾闾，复自尾闾而上泥丸，自泥丸而降绛宫，故得谓曰复命。自此而行之，日久，不劳费事，一存一周天，盖有意到机行之妙。若能行住坐卧常常默运，则精气在内周流旋转，决无漏泄之患[①]。兼之内气既转，鼻中气息自微，且自三才真气从鼻而入，下接我肾祖气，与之混合，被我一齐运行，自上而下，下而复上，自然补益真气，正是'竹破须将竹补宜'也。此一真气，正是融化我人日逐谷气所生精液，化成真精。精盛自化真气，气盛自化真神，斯三充满一身，而大药自产。然后踵行采取，亦可自结灵丹，然仅得夫玉液耳[②]！其故何也？纯以导引入手，则所辟所生，关非玄关，窍非玄窍，故其所产，产自色身，不由法身，则所生物，于身则先天，于道则后天。世学不察，故有妄指命门，或指泥丸，或指口鼻，或指上池下池，认为玄牝。岂知斯窍斯关，实属色身有形有所之玄牝，则所得夫天地间气，实属天地间可见之有、可觉之无，于世则先天，于道则后天。学必得夫太极所生，乃可与天地参。此真气也，只可于无情中得，不可于有心中求。古哲亦常棒喝，闻而得悟者鲜。然非由假，不能造真，上故历为详述功步，并非秘真而泄假也。"

金丹要旨

夫人一身属阴，惟此先天一气属阳，乃自团的一声，便落下田气海。此一海也，左阳右阴，太极影具，故得亦号玄牝。然究属夫后天，敢云其非影乎哉？影则成影，敢谓金丹乎哉？要知五脏六腑，精液气血，皆非真阳。而

① 万批：漏泄之患，皆由精不化气之故。

② 万批：玉液可成人仙，不可成天仙，欲求金液大丹，非真师口传不可。盖其法，非文字所能传也。

此先天一气，不是吹嘘呼吸之气，亦无形影气象，故悟真先生以为“可见不可用，可用不可见”。

此身未受气之先，在母胎中先受此物。受此物，然后生二肾，继生两眼，由而生心生肝，生肺生脾，生九窍百骸四肢，而后人象具足。从此化化生生，俨然一小天地。而人第从流[①]，不识还返，故有生老病死。哲人悯之，乃示斋心习坎成诀。诚以心即乾也，身即坤也。而离位在心，汞所自出；坎位在肾，有铅以生者。其中有窍曰命门，南有黄庭，北有关元，古哲言之详矣，谓此中气便是大药者。即身而论，命门一窍，左阳而右阴，具有太极玄牝玄影，不独气综一身，本与天地玄牝一孔通融。而人每患间隔者，以无真意，且由念杂耳。故凡从事长生，只即命门一地，寂存不贰[②]。时到随机，降降升升，行行止止，一任自然，勿忘勿助，数周运圆，先自归先，后自归后，不劳引导，亦自还返。能循不怠，后全返先，水仙可必。盖以命门，前乃气海，后乃尾闾，闾骨有窍，任督之总径，穿窍后透，谓之循督。透脊达关，会于风府，上朝泥丸。复由泥丸下明堂，开天门，经鼻柱，由鹊桥降，合任于上池，共下重楼，直达绛阙，生生化化，放归下池，合汞入炉，一凭橐籥于中鼓动，谓之大陶大冶，是为穷极人功。于斯而后，方可升从海后闾前虚穴而升，名曰归黄。盖以斯穴，黄道之天关，天仙之总持，承而应时采结，乃为圣胎，从而乳哺温养等等，概有成说，学宜详慎，乃得胎圆欲出时也。

然亦遗有成说，学须自问何如耳？倘或孟浪顺出，为祸非细。若夫初用、继用、终用玄诀[③]，祖盖做夫攒年簇月一诀也，踵而循行，步骤功况，历成熟径。学只一循道体，有而不有，觉而勿着，随机静动[④]，则历关窍，自造玄玄，更有何后之得杂、何凡之不化乎？准是行去，自造胎无凡后，故自无况非真，而婴无出入，有何方所远近、高下凡胜乎哉？

---

① 万批：从流下而忘返，即是凡人。返本还源，即是圣贤仙佛。

② 万批：初存甚难，时到则机动而气随之，乃甚易也。

③ 万批：初终玄诀，非口传不知，切勿妄猜，致来外祸。

④ 万批：静极而动，则关开；动极而静，则窍开。是一是二，此中玄玄。须自造其境者，方知也。非初学所能悟到。

泄天机

神人泥丸李翁口授　无名氏述　闵一得重纂

金液大还直指

至道药物，固是三才。而生成妙义，不外二五。凡人下手，总以神充气足入门。神充气足，真精乃生。真精发生，气神乃保。盖以精竭则神飞，神亡则气散。而气自心生，精由身出，识此妙义，还返圣功，不过身心混化[①]，则此生成至道，不外乎此。泥丸氏曰："气属天，精属地，神则属人。"盖以人禀二五之精而成，则人即[②]天地，天地即人。故完天地之道，法天象地，不外一我。其法惟何？心如天之清，身如地之宁。克清克宁，即天即地矣，从而大还，学造自然而已。造极之诀，不外至诚无息焉尔。其得无息者，学承二五之精故，故尔泥丸氏曰："学惟至诚无息，乃得金液大还。"然非自内自外，先哲谓自虚无是也。盖言道本至虚，体本至无[③]，则知金液大还，还自道体也。学循道体，是即太上所谓"识得一,万事毕"也夫!

小艮氏曰：谨按是书，书名篇目，洵出神人口授。乃体其文，决非口述原本，定经后人参杂。故都玉石错砌，不以增删，误后非细，爰纂神人口授太虚诚斋玄论，成章于后。惜未经证先哲，录以待证高明云。闵一得谨序并识。

① 万批：身心即是性命，性命即是身心，特分先后天耳。身心至混化时，则后天不用，乃见先天性命焉。

② "即"。底本作"则"，据金盖本、丁本改。

③ "至无"，万本作"自无"，据金盖本、丁本改。

筑基全凭橐籥[①]

凡人神生于精，精生于气。五气融充，发为营卫，补益阴阳，化为精髓。然或体流则精泄，若人不知保惜道体，则精流而髓从，渐渐耗竭矣。凡今世人，无不下手于既破之后，则其下手也，必先立基。其立基也，必自调心始。心调气和，则可冀造真息[②]。真息也者，盖即《南华》之“踵息”，泥丸谓为胎息之由，而籍意引，未造自然[③]。一成胎息，则直与天地合德。而中无容心处，呼则随呼，吸则随吸，一如橐籥，吸吸呼呼，循环不息，是谓真息。真息既调，意到即现，阖开自如，不假意念，只须依法开接上下鹊桥，微以胸膈撑开，将心中之气，降下少腹，存于坤宫中极，谓之虚心实腹。两手将肾茎并阴囊，兜捧使热，若举更妙，令我之阳气发露，则天地之阳气方应，得招摄而入我身中也。切不可着意于彼，拨动欲念。欲火一炽，原阳乱动，反被天地消受我身阳气而去矣。故尔只要“心息相依”而已。

泥丸氏曰：“学于此际，用意存养，且须听降禁升。迨到丹田火炽，两肾汤煎，约经九息，乃以意引，穿闾后透，自得五龙捧圣之验。然有破脊烧关，撒壁入脑声势，切戒惊惶；而忽洞府瞥启，得有闻所未闻，见所未见，尤戒眷恋。寂守久之，但觉下降得有甘露霈洒，咽不胜咽，由重楼达降阙，加得凉趣袭心，安泰难状，迟忽坠下，变若汤倾，而觉遍体冲和。功造此后，人道尽矣，续事仙道，可无躐等之弊。仙道维何？乃于阳生之际，法用天目照于阴蹻，但随真息阖辟，微微吸动阴蹻，随息起伏。行造若亡，自觉尾闾之前，启有灵窍，现觉窍内飕飕然，如磁吸针，天地之真气，入于阴蹻。升从脊前心后夹缝中，直达泥丸，学须存留，约至三五息。听下华池，降由重楼，下阙、下丹田，两地均须存留约有三五息。又至阴蹻，吸接后息所入之气，而须大存九息，始听上升。此后行持，一听自然，盖已得寓升降于阖辟之中也。”

---

① 万批：此篇字字精透，与《阖辟仙经》可称双璧。但《阖辟仙经》详而尽，此则简而赅，学者须合参之。

② 丁批：造真息以立基。

③ 丁批：自然。以下尚有此类醒眼者多处，不录。

泥丸氏曰："如是行持，不计遍数，造至循环无端。迨到二气相停，惟觉遍身融畅。然其初得，或有四肢若山石，而身若木墩者，乃我身中伏阴之气，见此阳气攻击欲去，故有此沉重幽爽之状。片饷阴尽，清快难名。向后每一行持，火足身轻，神悦美好之景，日进日增。元阳渐茂，元气冲和，化身中阴垢而为元和之精，化心中凡焰而为真一之气。髓固精凝，永无渗漏妄泄之患，基址坚实，丹家外户具矣。是云身不动也。然身不动之义，不但精固，即涕汗津液七般俱无，即见可欲而不动。且经所谓精足不思淫，皆主身不动而言也。"

闵小艮曰：丹家理气，原有三道，曰赤、曰黑、曰黄。赤乃任脉，道在前，心气所由之路。心色赤，故曰赤道。而赤性炎上，法必制之使降，则心凉而肾暖。黑乃督脉，道在后，肾气所由之路。肾色黑，故曰黑道。而黑性润下，法必制之使升，则髓运而神安。原斯二道，精气所由出，人物赖以生存者，法故标曰"人道"，丹家医家详述如此。黄乃黄中，道介赤黑中缝，位在脊前心后，而德统二气，为阖辟中主，境则极虚而寂，故所经驻，只容先天。凡夫仙胎之结之圆，皆在斯境，虽有三田之别，实则一贯，法故标曰"仙道"。然为先哲宝秘，故尔丹书充栋，鲜敢备述，周秦迄明，法皆口授，而受必三更盟授。先师太虚翁曰："授而笔之书者，始自蓬头尹氏。我师泥丸，神人也，然亦不过略示端倪者。盖以心性未明，后凡体踞，而质禀好奇且躁。兼之世多外道，总以闻见开导，此与道体显背，何论其他。"得今肃读是篇，抹煞赤黑，迳述黄中，天机仍未直泄，得何敢隐？不为补述，辜负神人，爰为补述成章，见者谅之。金盖山人小艮氏闵一得谨识。

炼己须用真铅。金水铸剑采先天

己者，土也。土者，意也，即至诚无妄真意是也。心属火，妄想情欲，皆属后天，炽灼奔驰，难以遏灭，必得先天水中真金元阳真精一点，方能绝其凡焰，变成真意。丹家所谓黄中黄庭，而又谓之金鼎神室，故能有方无方、无体而体者。按前筑基之始，已备炼己，而有相须妙用。但前以汞投铅，炼铅产金，在人身为"炼形"，资养真精。至此节方是以铅投汞，水火既济，在人身为"炼精化气"，而成金丹神室也。秘诀：在阳举之时，即活子时，急宜采取。然活子时，亦有先天后天之不同，《悟真》所谓“两般作用”是也。若见可欲，有触动念起者，乃后天人心，从欲念至者也。此时只用追摄法，上下关按定，安体静心，垂帘下照阴蹻，转尾上升，鼓动橐籥，迳透虚空，则其念自灭，其欲自熄。此虽阳气，内带欲火，倘住泥丸，而无点化之法，则后来积聚数满，必致喷顶坐化。救法：须用天目，自绕泥丸，用意左旋三十六转，右旋二十四转。少停，则此阳气亦自化为寒泉，而下入绛宫，并即散归脉络矣。静坐片时，亦得小补。若乃先天活子时，或半夜子时，或丑寅时，静极生阳[①]，身中凡阳真气，应天地之阳气而发，不由情念气触而生，乃天心真一元阳之气也。然此时，有经有度，不得太过不及。不及，则火未极，而金不现。若采之，乃火也，则药销铄而无用。太过，则金化水而成质。若采之，乃水也，秽浊而害事。故经曰：“铅遇癸生须急采，金逢望远不堪尝。”须以识金水平分，冬至子半，天心无改，万物未生之际，其阳坚极，阴蹻与尾闾有虫蚁蠕动之状，乃其候也。急用手诀，缓提谷道，并提小便，鼓动橐籥，则吾身之真气，遂引天地之阳气，从尾闾飕飕而入，随橐籥巽风，升上泥丸，定观不动，则斯阴阳二气，化为玉露，下洒绛宫。此液一点，凡焰全消，而元气出现，与之相交，入于黄中，结成一块死硃，称之为“己”也。然经曰“分明一味水中金”，则知丹家始终只此[②]一物一事。按前止言橐籥，至此炼铅金，生真精，言产铅金中之水，用以制火为土也。而功夫尚属操持，故称“炼己”。炼己以后，则真土已就，乃采天地之气，化土生金，而成乾阳金液之丹。此药所以有浅深，而各以境殊也。

得药方施烹炼。抽添火候不忒，方为陆地神仙[③]

烹者，阳烹；炼者，阴炼。得药必在活子，乃身中一阳来复之时，二候所得之大药也。自下手筑基炼己，俱有采药之功。此又重出发明者，前之采

① 万批：先天活子，不必定在半夜寅丑时发现，静极而动，真阳自生，此正是真子也。

② “只此”，万本作“则此”，据金盖本、丁本改。

③ 万批：此篇烹炼抽添之法，所谓详备，惟学者不得真师指示，终觉运用不灵，恐无实效。吾师以南宫法追摄默护，得丹者不自知，而烹炼抽添自然合度。神哉！神哉！

药，为修鼎炉，今之采炼，用成还丹也。必俟夜半清静之子，天机自动，外阳举时，谓之“天人合发”，未可便采，还须用意助之，谓之进阳火，直至龟眼圆睁，龙身直竖，正是火候。只用意目，普照下田——意乃真意，目则天目也，嗣必田现黍珠，内外二气，觉相引从，从微至著，自觉真气愈吸愈来，关窍之间，如蚁蠕动，胸腹颈背，真光隐现，此是真金气满，天癸正生之时也，急须采之。乃用武火，提小便，摄谷道，掀少腹，开橐籥。少顷，便觉此药自化真气，随即用意后导，自必飕飕升透，乃是由督达脑，抵镇而止——镇乃人镇，顶骨是也。此骨成自落地以后，一身生炁升成之物，上应天镇。天镇也者，五星之中星，大地精华升结之星。辰位天罡之主，光照则生，光注则化——照乃普照，注则入注，造化赖以生成，至人假以结蜕者。今则假以会罡合任而前降，乃由天目，分经池柱，下停绛阙——池则上池，人口是也；柱乃鼻柱，山根是也。法于抵镇，即脑迎星——星乃天镇，迎以化凡而返先。至要要用，故必数之九息，非有留恋而然，盖俟元阳气化甘露，分随罡镇，霈下池阙。此一露也，清凉香美，玄用无穷，而其霈随罡镇，更有玄义。泥丸氏曰：“有形之露，随罡点阙；无形之露，随镇归黄。”故凡露由鹊桥下停绛阙者，概藉口咽，乃得经楼抵关，而有阴阳清浊之别。至人于此，乃以阴浊存化血液，流行脉络。以其清阳融落中黄，与我元气交接，随同真意，即于中宫，左上右下，自小至大，顺运三十六转。又于右胯，右上左下，自大至小，逆旋二十四转，止于中宫之中，谓之“卯酉周天”。静坐片时，或起或睡，任意施事，不必追寻落在何处，住于何地，惟觉融化于虚静不着之中，亦为神息胞胎真气之实际。方其得药升降，定觉周身畅美，切忌贪着，一或染着，立变凡后，为祸非细。法于事后，只守真息，浮游规中，不得外求。如此日采日炼，至于爻满铢盈，三田充足，两肾汤暖，气海火炽，玉液浮空，大药将生，即须入圜，候结产婴，以臻天仙大道。谨秘！谨秘！

再求大药证金仙，火候修持九转

大药者，金液大还，天仙之大药也。即《悟真》所谓“学仙须是学天仙，惟有金丹最的端”是也。前药乃外真铅，是谓外金丹，又名玉液还丹，地仙之药物也。玉液既满，急宜入圜[①]，寂俟金液产生，点化元神，结成圣胎，点化元气，凝为神宝。须择名山福地，筑立圜室。高低明暗适宜，用志心道友三人卫护。房中设平榻一张，四面帏帐，上悬明镜，左右插剑。床下铺雄黄三斤，上置蒲团，并混元衣一领，起臀一个，余外不安一物于前。四维安列八卦，须择吉奏达上帝。入圜静坐，无为无着，一意规中，身如槁木，跏趺端坐，昼夜不间，只存胎息，神气相抱，不出不入，如在母腹。外人视之，宛同不省人事，是乃归根复命。金液产生之际，有或七日、十四日，甚有二十一日者。志友护卫，不可暂离，大戒音扰，尤忌声惊。盖以学者斯时神休应谷，音触则觉，声触则惊——觉虑出定，养功失矣；惊则神散，祸莫大焉。泥丸故曰："外护一职，生死系之。"学者得此，内必现月一轮悬于西，又现日如悬于东，寂而守之，两轮必相吞吐，旋竟合璧，悬于谷前，长春有言曰："学于斯时，全赖知音志友，从旁谛审寂守。但得学者眉间一放光明，须即通知。无劳声达，第以音传，学自神会。应用心罡，引镇眷注，则神自休谷，自得感生大药，随罡合元，融成珠若也。"学造此境，已与太虚神通气贯，无复三界六合可分，盖即丹经"金归性初"之候。而珠即神宝也，神宝即金仙也。神宝既得，还须加行十月温养，谨持九转，始得胎完珠化，身证圣婴。然此温养，此火候，与前不同，前有抽添升降之别，此则一意规中，如春沼鱼，如百虫蛰，吸聚元阳，灵气不散，招摄太虚，培育元精[②]。此一步也，全仗罡镇两星，刻时葆照，而功法不外若存若亡、勿忘勿助焉。泥丸氏曰："意不可散，意散则火冷；念不可起，念起则火炎。二俱伤胎，切宜详慎。"如此一年，实则九月之功，故谓之九转。一年除二八两月不用火功者，非撒手抛空，竟置膜外，只如无心照顾，不复加意耳。然退火，则水潮清静之象，乃沐浴之候，灌溉黄芽之时。此法只以结丹日为

---

① 原批：太虚有言曰："玉液既满，急宜入圜，成法其然。然只重在寂俟一诀也。后学学造此而境遇不能，泥丸氏曰：'但自一循道体，致虚致寂于大庭广众之中，则所得亦自无量。凡夫外护内护，皆可勿用，然此只自问，毋自欺焉。'个中妙用，大非浮躁能事，亦非固执能行，惟于活泼中行其至诚无息者能之。"尔时海留高翁闻而就问曰："欲得大还，必须大定。既须大定，内外护法，何能勿用？"太虚氏曰："圆寂者，觉无不圆。觉圆者，明无不圆。玄机到时，玄况呈时，无能或昧，何劳知音音达哉！我师之论是至理。况非故辟成说，原为境力不逮者言之。且凡志士，境力都薄，必如成说，付之浩叹而已。"

② 万批：培育元精一步，最为要着。盖元精固则元神聚，元神聚则元气充。周流不息，则与天地合德，日月合明，长生久视，理固如此。

十一月冬至节，算至九十日候，即沐浴一节，为二月节。月以结丹之日为初一日。至八日二十三沐浴一节，至次月一日，又为十二月初一日也。日则以结胎之时，至第四时为卯，第十时为酉月也。以此活法[1]，温养沐浴，九转火足，气候圆满，婴儿欲动，还宜自问，曾否到返还功纯，如后凡悉化悉销者，自必动定一如，驻世升遐，惟其所愿。盖已即身即世，即地即天，与道合真，何有出入升降、高下远近凡胜乎哉！倘或凭运而通而化、而结而圆，先少后多，未能融化此身，则必预放金光一团，悬于顶上虚际，名曰意珠，上应镇星者。

太虚氏曰："镇为天罡罡主，为坤地真元炁升而结，光照则生，光注则化，人物赖以生成者。位在中天，按即五星之中星，高出日月诸星之上。我师泥丸氏曰：'于人身，按即顖门盖骨。'此一骨也，人身生炁所聚结，成于落地之后，吕祖谓为人镇。其华金阙，谓为意珠，太上用以卫婴者，学人不可不知。倘得药过早者，用于圣婴既育未壮之时，假取是珠悬于顶上虚际，以补平时还返未纯、识神未化功夫，祛除诱侮，不致被魔吞食耳。义详正阳末后一着，正阳有言：'学造婴成，谈何容易！然而分阴未尽，必有身识勾引外魔，朋比串侮。法惟退隐道体。苟或先少后多，则惟混入意珠，自融自化自造，内外冰释，久久身等古佛也。'"太虚曰："意珠足珍如此。然而历祖传经，鲜有备述者，尚因此法为救下士性根未彻而设；如性光早定者，末后无须此法故也。"

随将我身透入，珠随包覆我身，内融外洽，销化后凡，自然淘净。学士惟自存虚寂寂虚以化之。已而闻见胥泯，到得寂无所寂，真常得性，自与还返功纯一般。此禀受有不同，入手有各别，安行利行，成功则一，造物毫无容心焉。是故证贵自审，乃有留形之驻世，所以尽性，正以致命而圆志耳。

闵小艮曰：我侪修道，一生精勤，只为证升。稍或迷昧，前功尽去。今按是篇，削删口授，详述世传，果何心哉？爰故删削其述，详为补述师授，并述师训以注以证者，以见神人确有所授，绝非无根无蒂云尔。一得谨识。

---

① 万批：活法二字宜着眼。

九年面壁绝尘缘，始合神仙本愿

欲了本愿，无过面壁一宗[①]，是盖行于得圆未化时也。泥丸氏曰："是西圣教外别传，启自薄伽筏帝。达磨承之，于是现身东土，乃有九年之面壁。自是千百年来，两地人承，鲜识宗旨，而率皆为了性了命。岂知初祖来时，一身性命，行已极圆，故能乘苇飞渡，此明征也。而仍行夫九年面壁者，特示震旦至人，共行即身即世，即世即心，而功必以面壁入门，是以世治愿始圆耳。其法备于《吕祖三尼医世功诀》，而行乘色身未脱时，故有乘此生年月日时之训。"吾宗乃全真，全真末后大著，指此步也。是以道凭行进，功赖德圆，故有三千功、八百行之积。然以在下匹夫，功由何积、行由何圆哉？惟此别传，不劳丝力，不费一钱，只与造化一心，即身以理，但具恒诚而无息，行无不验，功无不圆。其诀至简而至易，盖惟致如天之清、地之静而已。是以心即天也，身即地也，而神即人也。如是体之，何须身外求治乎哉？然皆天机也，古哲未之汇泄，泥丸氏泄之。余承而述，故仍以"泄天机"名之。

闵小艮曰：医世一宗，律宗之枕秘，向惟口授。是书不述，似出谨慎。然既详述篇目，理应略述端倪，如或不信此理，请读《碧苑坛经》。得承师训，谨补述之。

道光癸巳七月七日，后学闵一得谨识。

① 万批：面壁功法，即圣贤造极之学，在佛家为教外别传，在儒家为深造之道，在道家为升玄之功，皆一法也。泥丸氏泄未全泄，厥有故焉。盖此法为最上一乘，学必单符单诀，以续灯传，非泛泛普通之法可比，知者自悟焉可。

第三卷　性命双修

道程戒忌（初名太虚集录）

天仙道程宝则

泥丸氏传　太虚翁述　懒云氏纂　返真子订[①]

第一宝则［原曰圆明］

心性圆明[②]。

泥丸氏曰："心性圆明，脚跟定而天仙程现矣。"

太虚翁曰："要知天地之大，初亦无有，有自妄生，因妄结妄，始有世界，《太玄玉经》所言'罗三蓝波，逮洽台离。堂运推入，连广灵都。郁罗殊邈'[③]是也。人之四大，何独不然？溯我父母未生以前，蓝如波如，清空一炁，与彼先天是一非二，何有去来？何有通塞？无所为动，无所为静，湛如穆如焉而已。逮遭父母，因妄妄觉，缘觉妄交，成我四大。妄质缘呈，始与现有世界无二无别。继乃或住于有，或住于弗，或住于超，或住于散，憧憧扰扰于中，遂有动静，因有申窒。七情为之感，六欲为之应，致使四大无主，而夭横判、夭横兆焉。达者昧其身之所自，曰：'彼夫血肉之团，与彼有形有相，咸属妄质，出自妄因。推而至夫木土金石，无非由妄妄呈者。身之所有，惟彼妙明圆觉之心之性，出自妙有之天，圆陀陀，光烁烁，不随幻有而灭者。惟其现泥［去声］于身，虽若传舍，而究与天隔。势惟尽此一报之生，返升太玄矣。'是以每每听其所之，身不之惜，以为达者。不悟此质虽幻，仍是妙明圆觉心性一家之物，究其精神气血，无非妙有，出自妙无，何

---

① "返真子订"四字依金盖本，丁本同。万本空出，以便题：式一子批。

② 万批：此篇全是溯源之论，精透极矣。老子云："有生于无。"庄子云："太初有无，有有无无（按原文为：无有无名）。"《楞严经》曰："因妄有虚空，依空成世界。"

③ 按：下面费解处参看《玉章经》注，或可明白。

忍听其殉妄溺妄、疲于奔命，不令一返其源？盖视听言动者，妄质也。而所以视听言动者，非妄质也。截其指使，则四大自宁，而万虑自寂。截之之诀，惟有谁踞庭盼，则已意苞而猷玄。谁者，主人翁也[①]。自然善圆者，我之妙明圆觉之心之性也。夫此一心，儒家体之曰中，佛家体之曰空，我道体之曰虚，李伯阳、陈翠虚体以炼身而成道者。其大无外，其小无内，包三界而有余，纳芥子而不窄，盼则立现，金石至坚，犹不膜隔。矧此血肉之团，本无关隔者，人患不修省耳。故其法惟有圆觉。圆觉之功，始自洗髓。髓洗则心明，心明觉自圆也。髓也者，天心之心，谁是也，其位在脑。洗之者，水也，水位在肾。《参同契》曰'真人潜深渊'，《易》曰'潜龙勿用'，《修仙辩惑论》曰'念中无念'，是皆涵谁洗髓之诀。若夫七情六欲，三尸九虫，缘妄成妄，生自妄因。人之后天，感气而化，无所为根，无所为本，绝无技俩，一无神通。其所谓技俩神通者，一疑惑，一谗耸，窃权纵肆焉而已。一经夫妙明圆觉之谁一加朗耀，其权顿失，避匿无踪。故法惟并此幻质，而一返置于无何有之乡，照之顾之，虚之寂之，烹之炼之，厥质斯真。次亦惟有按兵不动，修我文德，饮之食之，教之诲之，权不下移。令自谁出，是即凝神聚炁。念不妄动，一守充和，无微不烛，久而久之，群阴咸化，国泰民安，而身治矣。是以修身家必以心性圆明为第一宝则云。"

第二宝则［原曰圆净］

持戒圆净[②]。

泥丸氏曰："持戒圆净，则习业消而四大净矣。"

太虚翁曰："要知生死轮回缘于习业，习业不净，欲修至道，譬如蒸砂作饭，万无成理。非惟染淫染瞋染贪染妄，凡夫有碍于身心性命之理者，咸当戒而勿之染也，斯得谓之持戒圆净矣。古人有言曰：丧身之事不一，而好色者必死。有动乎中，必摇其精。精摇中动，何道可修？无如身自有情中有，而又长养于七情六欲之间，无物不足以碍我修，无地不足以囿我志。惟大智

① 万批：庄子云："吹万不同，夫其自与，咸其所自取，而怒者谁耶？"此可知谁之为主人翁也。故吕祖《百字碑》亦云："无事更寻谁。"人能寻谁，则思过半矣。

② 万批：此篇全是除习之论，切实可观。佛典云："习气不除，难以人道。"吾师训词亦曰："旧染之习未能涤除净尽，则旋安旋扰，功夫终难打成一片。"

慧者，乃能于欲海情波中翻然，持我利剑，劈开生死路，深入清净门。视彼声色香味触法，皆是牿性之利刃，避之惟恐勿及，如是庶几可以戒圆。始而勉，继而驯如，如是庶几戒可圆净焉。是即所谓欲摄其心，先摄其身之义。实以淫业不除，尘不可出；淫心不除，终落魔道[1]，流入爱坑，失证真路。杀业不除，尘不可出；杀心不除，必落神道，流入怨海，失证真路。欺业不除，尘不可出；欺心不除，必落邪道，流入渗域，失证真路。是以志士首断杀盗淫业，并绝杀盗淫心，以为证真张本。噫！要知我身来自情海，非自情海，炁无去来，而道亦如是。舍妄即真，舍真即妄，念念返本，即是清空一炁，何习之得染？何道之得证哉！第今妄业未除，业习正固，法惟张我慧兵，尽净搜削，有或不恭，惟谁是问，庶几证真路净耳。此修真家之所以重持戒，而以持戒圆净为第二宝则云。”

第三宝则［原曰圆精］

精进无间[2]。

泥丸氏曰：“精进无间，则性田耕熟，而无渗漏之虞矣。”

太虚翁曰：“要知三田久芜，荆棘初除，稍一怠忽，自必间断，而萌芽滋长，殆有不可问也矣。盖人一身，内魔伏于内，外魔诱于外，内外伺隙，其理必然。而大凡人情，或生怠于乍得乍失之后，而每忽于已得未行之际，一不自省，为害非细。况从善如登，而积习隐铸于情关欲壑之奥。我师所言渗漏，其包甚广，非仅指夫精漏也。眼不谨则神从眼漏，耳不谨则神从耳漏，口不谨则神从口漏，鼻不谨则神从鼻漏。若夫心之飞，精之摇，意之乱，神之昏，气之浊，志之迷，是漏也，而邻于渗矣。渗也者，有漏于不觉不知之境，而失于防不及防，如漏水田然。其为害也，似缓而速，似微而巨，智者戒之，昧者忽焉。我按是则，盖即《修仙辨惑论》中‘断续不专’之对照也。是说虽似贴性分上说，而实是修命家日乘之津梁。故我

① 万批：《楞严经》开章首重戒淫，其后五十五位，亦首重乾慧。吾师教人，凡淫业不断者，不授以功诀。皆同一宗旨。即儒家三戒，亦首重在色。学者当知之。

② 万批：此篇原戒无间断，而扩而充之，乃至于无渗漏。其精微之论，较之佛法，尤为细密。盖佛只言无漏之功，而此更详无渗之旨，愈推愈细，愈精愈微，性功之中命功寓焉，真可谓宝则矣。

师以是则为修真第三宝则云。”

第四宝则［原曰圆庸］

庸其蹊径[①]。

泥丸氏曰：“庸其蹊径。则内魔不生，外魔束手，而丹道坦矣。”

太虚翁曰：“要知斯道也，何道也？返本还源之大道也。其道虽大，至中至庸，一无作为，一无奇异，斯为天仙之道。人人具有，个个圆成，至坚至虚，至灵至混，视之不见，听之不闻，体万物而不遗，纳微尘而勿窄者也。学者如是精体而修之，则功日进而无好胜神飞之患，自无见见闻闻之险，故我师曰丹道坦矣。噫！非无见见闻闻也。此道一成，上与三清合其德，下与三界一其炁。凡夫三千大千世界，上天下地，主宰军民，魔王魔主，人非人等类，如属下令出承行，疾如风火，何神通之得胜？何奇异之得加？苟不办夫金刚不坏之志，焉能修金刚不坏之道！而方其矢志修时，必多魔试。其相试也，自百倍千倍于地仙人仙之道。其为怪怪异异，出人意表之见见闻闻，如何蔑有？诀惟以不动二字以付之。且要深明夫一切见闻，悉是幻妄，似实非实，譬如目眩之人，认晕成见，因见惑志。且要深明夫我道本体，原无不包，原无不有，凡彼见见闻闻，仍非外物，是我一体。心生分别，遂有见闻，因有生灭，生灭知妄，喜惧无因，心便泰定，行功无阻矣。是以智士但靖心意，成功与否，不之计也。况人一身，阴阳二气耳。阳利人善，阴利人恶。修真一道，炼阴化阳。阴尽为成，阳纯为道。炼阴之境，日存海底。阴遭阳炼，精气溢身，如云如雾。阳胜则暖，阴胜则凉。阳胜则通，阴胜则滞。相搏则疼，相食则和。阳性善飞，阴性善伏。阳为火，阴为水。气为阳，精为阴。凡夫见见闻闻之物，类为阴精乘气而幻化者，诀惟有凝神海底，一念默注，勿飞其心，全神注守。通塞痛痒，概置勿顾。生死存亡，悉置度外。万无内魔猖獗之理，亦无外魔得肆之祸。此皆我与先师亲历之境，其制法也惟如是。昔我砚兄刘君不依此诀，因而中废而死，是自取灭亡也，非关修道之故。诀惟有‘尚德无为，不以察求；下德有为，其用不休’而已。其曰不以察求者，任有见见闻闻之遇，而仍存我无闻无见之诀，不动一

---

① 万批：此篇全是存注之法，《易》所谓“成性存存，道义之门”是也。

毫趋避顺降之念，以全其尚德无为之旨，正以助夫下德有为之作用也。其曰不休者，非有他法也，亦惟注神海底，聚炁以烹，不以见见闻闻，或痛或痒，而移神他顾也。此虽惟事乎下德，而正所以辅尚德也。呜呼！古之作用神矣哉！而其立法之平淡如此。故此则为修真家第四宝则乎？师曰‘如是如是’云。”

第五宝则［原曰圆一］

专气致柔。

泥丸氏曰：“专气致柔，则后先不杂，而丹道淳矣。”

太虚翁曰：“要知天仙之气，炁而非气，至虚至清，至纯至灵，故但上升而无住。曰专气者，气不专则神不凝而火不旺，火不旺则精气不化，后天者依然粗浊，不入丹品。时至取之，则后先混纳，斯有坐静气冲之弊。而玄关炁杂，胎不能安，如有袱裹，下如有底。倘昧凝神烹炼之诀，气液不干，胎不灵圣，贻误非细[①]。纵能温养，地仙而已，岂不惜哉！欲无斯弊，惟有专气致柔于前，凝神干液于后，则万无一失。我见世之学者，每以火旺为虑，我常大声而疾呼之，醒之者甚少，不亦哀哉。无他，昧夫不识定静之功，错使后天凡火，每于交媾之际，周身通畅，略似夫妇行房，而错会竟同凡媾。转瞬间竟致有周身麻颤、身震、气喘之状，十倍受用于凡媾，以为得功得计。岂知勾动相火，从而煽炽我身真精真炁，咸化为交感呼吸之物。其则斯法而行者，无不面如童子，又肥又润。岂知一朝命尽，不有丹火内焰五脏焦裂而死，即染三消之症，或有精泄数斛而卒者。余年未多，而历历见有二十三人矣。其中有断欲者，有不断欲者，有多蓄姬妾者，有借用阳鼎者，皆能以不泄而取乐，以为得所助，而津津向人道，不以为过者也。而能善终者，卒惟断欲一人，然亦终染三消之症而死，可不惧哉！我道之所谓交媾者，通畅之极，盖和之至，有不知天地人我，中惟见氤氲气象而已。声息尚未之有，而况震颤也哉？倘或有之，诀惟加澄我心志，而置此身于无何有之乡，亦无须住手，此亦要嘱。不然，则所化后天。竟后天矣，岂不惜哉？我师以专气至柔纂为修真家第五宝则，有以夫。”

① 原批：此皆诸书未详说者也，看者要具慧眼看之，方不错过。

第六宝则［原曰圆寂］

一尘不染。

泥丸氏曰："一尘不染，则呼吸气无，而玄关开矣。"

太虚翁曰："要知呼吸之气不无，则真炁不现。真炁现，而玄关始开。其开也有真有幻，自内而开出者真，自外而开入者幻。又有似自外开而实自内开者，此又不可不自审[①]。其诀总从事于忘忘一功，厥关自开，而万无不真也矣。其曰一尘不染，则其无杂念也可知。念无而后息住，息住而后关开[②]，此一定之理。然亦有一虚一寂，而便开焉者，此乃气穴，非炁穴也。气穴者，祖炁之所自出，而炁穴在其中。炁穴开，而玄关辟矣。此一说也，知者鲜矣[③]。噫，此地仙之所以多夫天仙者欤？失之毫厘，谬之千里。语曰：欲知山下路，须问过来人。不蒙师示，到老还成骨董，是某之幸也夫！师不云乎：'气穴不开，进火无门。炁穴不开，圣胎不结。忘而又忘，玄关斯辟。是二非二，是一非一。如鸡抱卵，不说而说[④]。'我师又曰：'其诀且从一尘不染上始。'是以修真家纂以此句为第六宝则云。"

第七宝则［原曰圆照］

凝神入穴[⑤]。

泥丸氏曰："凝神入穴，则气穴暖而真火旺矣，真火旺而关辟无魔，液不渗入，而圣胎有室，婴儿斯无失乳之讥焉。然而知之者鲜矣，是不可为外人道也。"

太虚翁曰："慈哉我师也欤！关无气穴则丹冷，胎乏阴精则乳失［此乃真精，非凡液也。凡液乃凡气所化，故忌渗入也。真精乃真气所化，玉液是也。尚非金液耳］。呜呼，不有师传，我乌知此？我生四十有五年，辛勤

---

① 原批：诸书皆未详言者。

② 原批：此二句千古丹书未之道破，而此则泄之，得视者之大福也。

③ 万批：气穴在下，炁穴在上，穴同而窍异也。此非已经开关者不知。余蒙师恩，以神力开关，故未敢自私，特详示之，以告来者。若遇开关之士，当以余言为不谬矣。按：万氏以为炁穴在脊前心后，气穴在脐，故有如是说。但其说非是沈太虚所说之气穴、炁穴，如《戒忌须知》说"下护玄关，上腾夹脊"。

④ 原批：泥丸氏曰：十句偈言，古圣名曰不传宝诀，得者毋妄传。

⑤ 原批：此则乃我宗至秘之诀。诸书未之见者，而此则泄之，故谓此则为我宗至秘之则也。

三十有五载，足迹遍天下，遇师七十有八人，师师闻至道，而我无缘，未为我道。倦而返浙，始遇师于何山，拜聆斯则，得成今日之我。我今述以示汝者，以汝命多缘胜人，知汝能不以利售，又能破人悭吝之习，化人暴戾之天，是以付汝。汝其郑重而藏，待时而出，必遇志士，汝遇勉之［又曰：一毋[①]秘，二毋避，三毋秘若弃，四毋避不秘刊而布，诸事不由己。识之，识之］。"

异日，太虚翁又曰："汝每以凝神一句谓有语病，汝不得凝之一字神理。所谓凝也，先以目光注所凝处，微以意敛真炁，氤氲四归，我即以和义寄于其间，而撤其机心。有若存若忘之用，旋即从事于忘忘，其和斯极，而神始凝焉［师曰其凝在于忘忘时也］。何至有杂参气血之弊？若夫老子之游心于物初一句，乃是结胎安灵之秘奥[②]，此非进火之候也，汝其识之。故我师以凝神入穴为修真第七宝则，其指趣也玄矣夫。"

第八宝则［原曰圆觉］

端坐习定[③]。

泥丸氏曰："端坐习定，采取之秘诀，传自翠虚翁，惜乎世人囫囵读之耳。咀而味之，修道之要，行功之诀，得采之义，承受之秘，已尽备于四字中矣。慈哉翠虚翁！世即囫囵读之，亦可谓一句破的，循而行之，亦自成道。"

太虚翁曰："然。端也者，寓有六时耑一之义，非寓道要乎？坐也者，寓有两目附土之义，非寓功诀乎？习也者，寓有羽趋潜阳之义，非寓得采之道乎？定也者，寂然不动之谓，非真指夫受炼之秘乎［师曰：古云：行存曰受焉，忘受曰炼焉］？盖道以勤修为要，六时耑一，勤义有焉。修以一意为诀，两目附土，一意寓焉。修功之作用止此。曰羽趋、曰潜阳，自然之妙理，亦自然之功效，不待作用者也。阴无阳则滞，阳无阴则飞，阴阳相须，自然之妙道。情净则阳伏于海底，而群阴自四趋附，此自然之功效。阴曰羽趋，阴无滞弊矣。阳曰潜阳，阳得阴伏矣。阳伏阴附，炼不虚炼，而采非妄采矣。噫，要知采取一功，至简至易，厥诀惟一習字义云。丹书至重于

---

① "毋"，诸本作"戊"，依文意改。

② 原批：此诀犹未详泄，然一点破则明露矣，故为标出之。

③ 万批：功法全在此篇，宜熟玩之。

采取一功者，阳待阴养，阴须阳化。我惟全神专注下极，则潜阳旺，斯有阴附立化之功，而群阴羽趋之效，有不待致而来者，我惟虚其气机，则脉络自无阻塞之虞［遇有阻塞，则愈加我虚松其气机一诀］。而中有或痒或痛，或麻或跳，或凉或温，或火烫或冰冷，或如丝如带，或如雾如云，种种不同，现于四肢之间。而我只行虚我气机，冥其闻见，心存海底，不起一念，专守下极，白祖所谓'开乾闭巽，留坤塞艮'而已。乾者，顶际也，首是也。坤者，腹也，下极足心俱属坤也。巽者，鼻也，呼吸出入之门也。言闭也者，无有呼吸之气出入也，呼吸之气停于内也。艮者，地户也，人之粪门是也。塞也者，如忍大便然是也。开也者，有上冲之天、下达之渊之景象也。留也者，存之之义也。盖指群阴羽趋潜阳，一种之阴精阴气阴神也。白祖之八字丹经，正当于此则中参用之，故采以示人也。呜呼！噫吁！古人著书，志在指迷。传之后世，适以致迷。呼之不醒，杖之不悟，可悲也夫！即如曰交媾、曰采补，至正至精之论，今沦为鼎器家邪说之印证焉。如彭好古辈之注《参同》《悟真》等书，援正入邪，迷以指迷，祸无底止，悲夫！天上天下，名山洞府，岂容淫棍混居其中。仙佛虽慈，胸无物我，无有净秽，此指性体而言也。不然何有蒸砂成饭，刻粪作佛，种种微妙戒喻乎？以此必无之事也。故以斯喻为证云。吁！要知我身之阴，皆我真阳失守而化。业已散注于三百骨节之间，四肢五脏之内。待我真阳一尽，崩然委地，随彼地阴，糜然入土，无复生理[①]。圣人惜之，立此修复一门，以渡迷者。其诀惟有以意凝神，聚存海底。则阴自求耦，翕然下会。我则加以定守之功，真火益旺，阴来立化，变气附守，充则随炁达肢。阴得阳烘，油然纯活，随神会气，而朝阳于下极，又必旋化气炁，而达而守。日积月累，群阴咸化，真阳始纯，而仙道且成。白祖丹诀，实与此则不二者，故以此为修真家第八宝则云。"

第九宝则［原曰圆镕］

如鸡抱卵[②]。

泥丸氏曰："如鸡抱卵，则有内外充和之妙矣。"

---

① 万批：此处透发无遗。

② 万批：此篇重在不忘所守，孔子曰"知及之，仁不能守之。虽得之，必失之"，此之谓也。

太虚翁曰："要知此则作用，在一不忘守所守耳。忘则神散而不凝，真火因之而微，真水因之而冷，凡精凡气因之不化，不惟损胎，为祸非细［阴积不化，必成凡火，烧滏真精］。其诀惟何？绵绵若存，用之不勤而已。不勤者，勤也，犹言用之不当［去声］，惟勤乃当。师谓此句宜读［音豆］断读之，余故作如是解。"

太虚翁曰："玄乎其玄，其斯九则欤！余昔得之于何山之麓，为我师泥丸氏口授，则而行之，遂有今日。真天仙家不传之秘！我师得之于张无我律师，律师得之于南宗白祖，白祖得之于翠虚陈祖，陈祖得之于道光薛祖，薛祖得之于杏林石祖，石祖得之于紫阳张祖，张祖得之于海蟾刘祖，刘祖得之于钟吕二祖，二祖得之于少阳帝君，少阳帝君得之于金阙帝君，金阙帝君得之于西王母，西王母得之于太上，太上得之于太玄神母。母生九霄，为元始天尊之母也。其诀至简，初惟清、寂、凝、炼、明、神、一七字，递传递演，遂成九则，然皆口口相传，不留文字者。传至无我祖师，而泥丸氏至，祖师乃以笔述授之，然文第三十有六字，而无序次得循，盖杜盗弊耳。我师得之，从而演定，乃有九则。余荷师授，百日筑基，十月胎圆，行三年之乳哺，养十载之忘忘。计自了当，迄今又二十有五年矣。得子而授，重负释焉。爰为逐则赘述闻见，明知漏泄过甚，鉴彼后学值生杂法横行之世，有不得不为之详剖者。上天慈明，悉知悉见，应亦无庸疏达。汝授人时，当斟酌出之。此书得行尚有待，岁越四八而又一，庶有行机矣。勉诸慎诸，自度度人。白祖有言'遇而不勤，终为下鬼'，可不勉哉！可不慎哉！"

懒云氏曰："此九则及述言，皆我大师太虚翁口授，余为笔录者。以今行值戊寅岁。其原稿存于玄盖洞天之天柱峰金筑坪。坪为大师墓舍，故藏之。冀有所遇。于袁浦间，述所记忆者于上。时惟腊月四日，录于山安娄工工次。"懒云氏并识。

天仙道戒忌须知

泥丸氏传　太虚翁述　懒云氏纂　返真子订[1]

戒忌须知第一

迷不知止[2]。

泥丸氏曰："不知止，则志无所立，而趋向惑摇矣。"

太虚翁曰："学仙须得学天仙，天仙为仙道之止，知止则不为地水仙等则法迷惑，而功用纯矣。天仙之学，心学也。专一修心，为明知止。天仙之心，妙明圆觉，真常寂生，其大无外，其小无内者。行止坐卧，或失此趣，应即反照，觉照稍迟，便名迷止。道程之所戒忌也。要知我身非我身也，无一非此心之妙有，而一出自妙无者。我则一一摄之复所自，则我身完固，而此心始全，儒门所云全受全归。知此修复，古人谓之小知止。以彼学者知觉运行，纯出天理，犹藉觉照而纯一者，尚有分别人法之见也。如能人法双忘，出无入有，湛然常寂而告止者，古人谓惟自度一流，天仙之民人是也，未可谓之天仙之止。夫我天仙之心，有视我身如世界者；有视世界如我身者；有一身世如微尘者；有纳微尘中藏亿亿恒河沙世界，而身于亿亿恒河沙世界，界界在在无量众生前，或竖大法幢，或隐或显，教策济度，人非人等，咸登道岸，心不为功，其出种种言行，若不出自我言、出自我行，一若出自纳现世界、界界在在各各众生，一一自心之所自言自行，我无与焉者，厥心斯真。由是修养，精勤无住，愈返愈明，愈纯愈精，是乃大罗天仙之心境如此。知此立志，谓之无上大知止。上所言辅命之性宗也，命无性不立，故先详示云。

"若夫炼命之旨，总以阴尽阳纯为止。神通飞腾不与焉。其受炼也，曰精、曰气、曰神。我闻之师，有先天之精焉，有后天之精焉，神与气亦各有

---

① "返真子订"四字依金盖本，丁本同。万本作：式一子批。

② 万批：此篇与第八宝则相表里。

二焉者。炼之之法，亦自有一定之止诀焉。研夫后天之精，有形有质者，似精而非精，饮食之所化，未经绛宫化血，而散游于四肢脏腑。若不经彼海底一炼，不得化为凡气，随炁升脑降心，而化液化血以达肾。复又升脐一和，随炁抵海，大炼一番，势有不能成炁，焉能升脑而化玉液乎？凡炼形质之精，不依此序而加功，谓之迷不知止。炼之未及化成玉液而中止者，亦不得谓之知所止也。若彼先天之精，真精也。然其性属阴，我身肺气之所化。炼之之法，经肾经脐，而下海一烹，复自升脐，与土一和，降穿尾闾，升巅一聚，天罡顶炁照之，立化金液，油然而降，滴入绛宫，始极清凉，脏腑为之一爽，转眼便化热炁，烘然下行，遍体为之一暖。觉此暖炁氤氲，和入玄关，觉其中有吞吐之趣，此即乳哺婴儿之明证也。世之炼真精者，炼不依此炼之，谓之迷不知止。循诀而炼，不到和入玄关，亦不得谓之知止也。至夫先天之气，阳火也，其真性属阴。后天之气，阴火也，其体性属阳。先天之气无劳炼者，知所养诀，则与造物之真气通，而取之无尽矣。先天之气来自坤宫，乾感坤气而成者，故其真性属阴。后天之气来自兑方，兑窃震气而施行者，故其性体属阳。养之之诀惟何？洗我髓，净我心，潜龙勿用是也。炼之之诀惟何？从事上养之诀，加以凝神定虑，用我目光，时巡海底，则下极自得热腾如沸。非惟凡气化为真炁，而凡液亦得化为凡气。得成如云如雾，下护玄关，上腾夹脊，随其真炁氤氲升脑，时得天罡恩加炁照，亦得与真炁迳化玉液焉，不亦幸乎！是玉液也，引以灌我绛宫，则清凉无比，脏腑生春，以滋土釜，丹田温润，降透玄关，婴儿得食，遍体充和，是乃炼气初关之止境。循而行之，其秘亦不外乎此者。世之炼气者，则此法诀以行，亦可谓之能知止。第其间升降运行，时有阻有滞，如束如兜，或痛或庠，则另有止诀存焉。”

戒忌须知第二

断续不专。

泥丸氏曰：“此则句义，与《修仙辨惑论》语意不同。此则句义偏在戒忌边，非有作用深义存焉，盖学贵绵密与专精耳。若一断续、一不专，虽得真传，与无闻等。鬼神恶之，非惟无益，玄律炳存，难逃冥罚，可不惧哉！可不戒哉！”

太虚翁曰：“修道如牛毛，成道如兔角，盖指此辈之学道耳。不然，古今道成者，即我闻见，亦成卷帖，何至有兔角之嘅喻乎？其断续不专之弊，总惟性理不明，嗜欲碍败。或因纽于成见，或缘妄识悟岐，或不耐辛苦，或视为高妙，或疑其简易，或虑师传未全，或与侣伴非士，或有宿疾顿发，或值新病适生，或见所尊暴殒，或闻外道名扬，或躐等致疾，或妄作滋灾，或眷属阻碍[①]，或待时而误。其魔缘不一，而失修惟同。可胜叹哉！”

戒忌须知第三

未足为足。

泥丸氏曰：“未足为足，古今修道人之通病，其根由于无闻，缘乏圣师友辅之故。”

太虚翁曰：“我以是故，故于知止一则中，已逗所止境，为若辈当头棒喝也。”

戒忌须知第四

不信因果。

泥丸氏曰：“不信因果，达者之病，其病至恶。虽得至道，性理不通，以未思深之故。但知空寂，总成小乘。愚昧宗之，酿成沉习，祸无底止，可不惧哉。”

太虚翁曰：“因之与果，如影随形。创不信说者，非惟自绝去径，亦且截其归路也。纵或坚持空寂，不犯他戒，我知其命终之后，福报尽日，定化微尘，散之空境而已。”

戒忌须知第五

人我山高。

泥丸氏曰：“人我山高，私心肆矣。纵能精进，必堕魔道。”

太虚翁曰：“人我不除，四相具矣。烦恼是非，刻无得静，势有必然，嗔念必多。纵知炼气精圆，适成魔家眷属，我师之言信也。”

---

① “碍”字万本、金盖本无，据丁本补。

戒忌须知第六

淫心不断[①]。

泥丸氏曰："淫心不断，纵能精修，譬如蒸砂作饭，万无成理。"

太虚翁曰："淫心之生，出自爱海。不断淫戒，人根火炽，烧断真路，堕落水族，为祸非细。况丹道以保精为第一关，精亏则气亏，气亏则神衰，神衰则真火微，炉灶必冷，而群阴肆，病发必死。若彼志士，或纽于成见，以为不孝有三，无后为大，我辈生自儒门，岂容迳辟。亦惟为奏帝天，开一活径。倘有志士于神完精足之际，愿为其先延一种子，以劝度执见迂儒者，许其一索再索，理无不中，生必是男。第一已孕，即须断戒，不得流连。有违戒者，贬入人道，流充爱坑，受种种报。我师以为然，为达吕祖。吕祖许之，已有存案。存行三天，下诰九原矣。然此乃秘密之说，知之者毋得妄泄诰行之原，恐招人谤耳。呜呼，天地且幻，万有非真，形形相续，习业因缘之所造，正是苦事。世人之不断淫事也，好之深，谓曰嗣续计者，乃托词也。不然，寡欲多男，医书可证。彼所谓色者，并非色也，特欲火炽而莫制耳。断之之法，惟一惧字，庶几利焉。由勉至淳，三百日斯易不炽矣。是以古人悬一髑髅，存如腐尸，或悬圣像，或持经咒，或行礼拜，或结侣伴，皆以制斯一念耳。然莫若置身于虚，摄心于无，使彼六根六尘，无处着脚。惟用我老子游心于初一诀，何等简易[②]！我愿世之志士，刻从事斯句，则丹道亦因速成，何利如之。"

师曰："然，是汝所说。"

戒忌须知第七

吝伐不除[③]。

泥丸氏曰："吝伐不除，人我相大，因果感应之源，注记帐繁，消报不平，公案难了，超脱无期，或变业障，古今比比也。"

---

① 万批：此篇与第二宝则相表里。

② 原批：此处之义，又是一法。

③ 万批：学道人不积功德，是独善其身，而无济世利人之念，其自私也，与大公之道正相反，何能成道？真是贪生畏死，徒縻食于世宙耳。老而不死谓之贼，其斯人之谓欤？孔子曰："己欲立而立人，己欲达而达人。能近取譬，可谓仁之方也。"已学者戒之。

太虚翁曰："要知舍施济拔，分内事也。一生吝念，善缘错过。舍而念存，谓之退悔，功转微矣，岂不惜哉！一存伐念，骄胜气肆，非惟功除，业根栽矣，可不惧哉！我师所以出此痛言于上，盖欲修道，必欲积功。积功一层，舍布施苦行，何从而积？且彼善缘，易失而难得，遇而即行谓之仁，行而不伐谓之义，受侮招谤不之悔谓之德，施恩种德莫之念谓之道。噫，天与我力，又赐我缘，是以得行，奈何从而生吝生伐乎？古之志士，闻见必信，信无不行。今之志士，以能疑为智，以察审为明[①]，是以有立功立德之谋，而终无德功得积也，是昧夫所为德与功，一心性天良圆而已。故古之志士但尽我心我力，闻则斯行，终不计夫彼之虚实也，故其德功积易圆。若云可疑，天下事无不可疑者，待信而后行，万无行理。亦恐待济者已早不及待，死者死、败者败焉已，可不惜哉！若吝与伐者，不足与言大道也。彼虽精修，我决其终囿生死窟，而化为冤债种子云。可不戒哉！"

戒忌须知第八

得失念生[②]。

泥丸氏曰："得失念生者，未有能循古志，而不妄加作用者也。其自造流弊，有不可胜数矣。"

太虚翁曰："要知人性本善，天理备存，曰得曰失，据彼人事而言也。我辈所修者道。道曰修者，以为妄蔽我心，妄障我性，三尸九虫，七情六欲，朋比为奸，以克我身，是必加修而身始安。修也者，修而去其妄蔽焉而已。妄去则真，障去则明。真与明也，完然而具，未尝有失，得从何来？戡破斯理，何得失之可有？有且无有，心何妄动？憧憧内战，是其自贻伊戚耳。我以为除得一分欲，明得一分心；去得十分欲，明得十分心。我愿学者务除其欲而去其妄，则其心性自得妙明圆觉矣。苟或不信，而住于患得患失之间，我不知其究竟矣。我亦惟有听之焉而已矣。可不戒哉。"

---

① "以察审为明"，万本、丁本作"以察当为的"，据金盖本改。

② 万批：《道德经》云："为学日益，为道日损。损之又损，以至于无为。"尚何得失之有哉。此篇简明确切，最有关于性功，不可不留意。

戒忌须知第九

动静有间[①]。

泥丸氏曰："人之一身，自该动静。动者其神，静者其精。气之动静，一听之神。故其身之动也，神使夫气，气承夫神，御精而行也。及其静也，神驭精于气，率气以休于气穴而已。吾之妙明圆觉心性，本无动静，焉有去来？奈何因身之动之静，而有间我心学乎？吁，未之思耳。"

太虚翁曰："旨哉师言，发前人所未发，慈示后人，余小子敢不从而详述哉。闻之师，古之志人，行止坐卧，不废其功，而各有行之之诀，故能动静无间。而有百日筑基，十月胎圆，三年乳哺之功之验。今研其动，曰行曰止。止者，立也；行者，步也。研其静，曰坐曰卧而已。其炼诀惟一，而存炼之所则有四。一者何？凝神而已［此一句包括汗牛充栋所言炼诀烹法诸书］。四者何？行则凝神于涌泉两穴，立则凝神于海底，坐则凝神于绛宫，卧则凝神于坤腹。若夫坐而应对，立而酬应，则又异于独坐独立焉。坐则先存自海底兜后达背，有如佛像之火焰然，则应对神静［据鄙见，还宜加用炁向客那前一边，在客背后一包，从地底收回］，而语言调达［此一包要得神速。只须看见客时，以神向其背后，从地下包过来，则此炁机已在我后升上。又复向客一包，如一鸡卵然，而我与客在其中。如是，则我但用遍体神凝一段充和功用为妙］。立则先存神凝两足底板，微微用力踏住，而口酬应［即如坐功之上亦可如此］，则神安而不飞焉。其卧功亦有两法，一名希夷睡，一名环阳睡。希夷者，陈抟祖师御赐之徽号。环阳者，茅山李老君之号，是柏子老君，非太上所化之老君也。其睡法各有妙处。如用希夷睡，侧左者曲其左肱，以手心垫面，开其大指、食指，以左耳安在大指、食指开空之处，则耳窍留空矣。直其腰背，曲其左股，达其坤腹，泰然安帖于褥际［鄙见谓腰腹及右股须各偏平仰一边，则丹田气舒也矣］。直安右股于左足脚侧［鄙见谓右股宜略带平势而开，则与肾处不帖着，方为安当］，以右手手心，安帖脐轮，而凝其神于脐后。存我一身咸如晶之明，而如睡于平波水面，下空无底。而一身被褥，存化白气如鸡卵然，而我睡其中。此侧左之法。如侧右，亦如左侧法。若用环阳睡，睡不侧睡，而于上半身垫物，须

① 原批：此则亦发前人未尽道，不可忽视。万批：此篇功法详细，最宜潜玩。

高厚于下半身所垫，约高半尺或三寸，仰而睡。两手握固，直其两臂，八字安开。两股亦然，而于开处各离肾囊一二寸许。缄口闭目而冥其心，时约十几息，存见氤氳然，如云如雾，绕我一身内外，以意凝留绛宫［凝留此氤氳气也］，有若存若忘之诀［如是存，当必觉此胸际或板木、或烦热，几有不可忍之气象，是氤氳之气得我心火一烘，气将化血，方用下所说诀，则血可归肾焉］。我之两目冥照于胸背褥下，有若无底然［如是，则自有热气从心后脊前分作两路，左右流注腰肾，乃血化为精之验］。亦勿太作意，而松松如顾而已［此顾字，即《修仙辨惑论》中“操持照顾”之顾也］。其中妙义，有不可胜述者［盖即我注中所述之类］。其大旨，在生血之功有八，而化精之功有二焉。若夫与人同睡，其诀有九，恐误后学，流入旁门，不敢述也。”

初丙午岁十月朔，懒云氏侍太虚翁，为述泥丸氏《天仙道程宝则》《天仙道戒忌须知》。述至“动静有间”一则，懒云氏心动，太虚翁神人也，为南岳分神，左手有文曰“主宰太虚”［其文似篆而灵活，有飞蟠之势，其色纯硃，于其殁际，沐手乃见］，故号太虚。懒云氏盖心请笔所述于书，以度世之有缘者。太虚翁曰：“可。得汝而笔之，我何吝焉？大江南北，将遍流诸。虽然，时尚有待。”乃起而吟，吟曰：“皇岁三六，越又二三[①]。神河滨北，娄工舍南。琐琐野人，赤脚弟男。伊焉授受，诀始流传。”吟毕，复曰：“得之不难，闻之亦众，第其中各视其质地何如，而所修自异，即所证亦不同焉。览是书者，皆我个中人，幸毋自弃。”已而又曰：“我师昨至，谓我将应帝召，行有期矣。”遂起而吟曰：“住世七十九，光阴非等闲。喜完真面目，神证太虚天。”吟毕，授笔出纸，曰：“录。”遂自《道程宝则》起，次第端书，录至“动静有间”，则已值月之望日矣。太虚翁曰：“盍将朔日吟句，会纂成则，附于是则述后，以为将来首授道侣作一证缘乎！”懒云氏起而纂之。纂毕以呈，太虚翁曰：“善。”又曰：“为我续书之。”续曰：“我所述，诸书未悉载，得之者慎毋轻视。得而不行，行而不勤，勤而不恒，皆

① 按：太虚翁羽化三十三年后，此书诀方才刻板，故疑“三六”为“五六”之误。五六三十，再加三年，就是三十三年了。这也和《道程宝则》中所说“岁越四八而有一，庶有行机矣”一致。而后所说“赤脚弟男”，大约是指李赤脚的徒弟，此人应该就是《二懒心话》中的大懒。

名轻视，毕生不成道。某月日［原本乃乾隆丙午十月望日］，澹泊主人［澹泊，斋名，即归安县射村开化院之澹泊境，太虚翁之羽化处］太虚翁嘱，懒云氏识。”吁！时越十一日，而太虚翁果辞世矣。今岁戊寅，懒云氏游寓娄工工次，悟而出录，以待赠夫有缘者。爰复续识数语于段末云。

戒忌须知第十

行不由人①。

泥丸氏曰：“行不由人者，非安分之志士，乃好奇务异之徒，王难或幸免，天律必难容。故律有之，偶而一犯，罚滞三载。恶其性喜隐僻，不由中道，流祸至烈，故重罚不稍宥焉。可不戒哉！”

太虚翁曰：“我师所言，真实不虚者。古之隐士住世忘年，载之册籍，炳炳可考者千有余人。今反混迹尘寰，或为荒寺收供僧，或与褴褛乞丐伍。最上者，匿迹峨嵋、鸡足、太华、劳、黄诸山至僻处，豺狼为侣，趺坐数百春秋，叶落没躯，荆榛塞径，惟恐人知，是皆汉魏六朝唐宋元明之大术士也。昔日显异迹多者，其罚滞也无岁月。我实知之，我实见之，不忍白其名姓焉而已。我恐世之有志者，迷而误用，其自害也不浅，故不吝为人一饶舌。志士切戒之也可，慎毋行不由人是嘱。”

尔时，海留翁侍②，曰：“神通法术，乃驻世真人藉以积功累行者，册籍载之详矣。夫子戒之，岂以书载不足尽信欤？抑寓有深意而故辟之极欤？”太虚翁曰：“汝迷，不足以语此。虽然，不为汝说，贻误后人。汝见翼卵而成雏者否？”曰：“见。”曰：“见形未全而预有出壳者否？”曰：“未之见。”曰：“卵之变化有其道，变化成形有其理，形成破壳有其时，未有时未至而得变化，时未变化而得形成，时未形坚而得破壳者。强而致之出，未化未形者死，形成未坚者萎，形坚时未至者病。我昔所言，盖已形成而坚如者，特时未至一流，故其患也仅如此。然已病甚矣！吁，雏之一物，凡物也，自无而化有者。养至形成，其功已竣，而天破人破，其损其益犹如此。若夫吾道，

① 万批：此篇即《中庸》所谓“索隐行怪，后世有述焉，吾弗为之矣”。可知天仙之道，即圣道也。学者不知而异视之，无怪其不信也。

② 原批：此篇中有多少内景，乃天仙家正印证，不可滑视。

仙道也[①]，自有化无，炼实还虚，拨妄返真，摄性归性，炼阴成阳。种种修诀，不舍色身，不着色身，活活泼泼，混混穆穆，若存若亡，精精纯纯。不以五脏六腑为五脏六腑，不以四肢百骸为四肢百骸。视惟存有圆陀陀，光烁烁。始成水月境界，次成黄金沙世，终成红紫净境。卒忽现境缩小，如米如粟。我则以真意摄入玄关，如磁吸铁，透入玄胎，乃为安灵入圣之妙用。不假外来丝毫杂气，与我身中未经历炼之凡精凡气凡神半缕混入者也。方其玄关初辟，一杂用显异秘宗，我胎未结，真炁甚微，真灵虽备，而尘蔽尤坚，光明无几。显异秘宗，乃是真灵率彼识神，统我凡气，外合地天罡杀生气以行事者。其灵异在假天帝之号令，是以地天之气，莫不来合[②]。然其来合者，莫非六天魔王，上遵帝令，敕其魔气会合而来。中多畏正佯驯之神，其心未正，既遵号召而致，自必如令而承行者，故其行也必灵必验。要知行法之士，功夫未淳，真炁未足，真灵尚微，心性未圆，妄念犹炽，是以有此妄炼，无非妄有，好胜好名，贪灵希异，与夫欲速尝试之痴心也。彼诸魔神，鉴之熟矣，因而诱我内魔，朋比篡踞我躯。彼诸学者，亦不自觉心已着魔，从此肆行无忌，而法益灵异[③]，反谓昔修咸错，因而自误误人，必然之势。倘渠道根深厚，得遇至人从而喝醒，复反真道，勇猛修持，亦得胎圆胎出。而于粉粹了当一着，百千年久，有不得而行者。何以故？昔之妄业，积如山海，业消罪赦，天诏乃临，斯关始破，可不戒哉！海留，要知内养一圆，功行自足，与造物者一鼻呼吸，念动神应，神凝气护，如心使指，指无不应，而谓神通不巨乎？何藉乎法、何藉乎术哉？蔽而不之神，蔽而未之通者，凡情凡念耳！净其凡情凡念，而一策之复之真，斯自神通矣。”海留翁悦。懒云氏乃为笔之于书云。

戒忌须知第十一

耽于闲逸。

泥丸氏曰：“耽于闲逸者，非志士，并非自度者可比，大可哀也。圣人复

① 原批：此下皆说玄理玄境，层次井然，一丝不爽，而安灵一诀亦露焉。其下警示，亦须牢记。

② 原批：法家作用，于此亦泄也，旨哉论！何幸得见之。

③ 原批：说得可怕，实有其事也。

起，亦难策而致道。其身纯阴，盖炼有不胜其炼者。呜呼，余复何言。”

太虚翁曰：“慈哉我师，不屑教诲者，正以深诲之也。若辈性静者，其病在懒，似达非达，似知足而不知足，乃才短一流，混迹于玄门中，其用心也苦矣。我师心甚怜之，故加棒喝。世之纳身于枯木圜堂者，此辈比比云。我谓此辈特昧夫修诀耳！知置身于烦恼场，而一守其闲逸之趣，兼能刻省得失，便是大善知识。久而群知其养，则又移置无知之地，以考此趣之得失。内窃克养于中，以问安勉，孰谓非得天仙之大蹊径乎？何以故？既皈玄门，慎毋虚过光阴，若欲于恬静处终其天年，我决其终此百千生，而此闲逸之趣万无定得者，此正我师棒喝之旨夫。噫！既无其才，又无其力，勉欲精勤，病必随之，不如就其才料而纳之造就之窠。此即乌鹄异质，各有受炼之秘存乎其中。人不虚生，是人总可得道，幸毋自弃是嘱。”

戒忌须知第十二

致功克期。

泥丸氏曰：“致功可以克期者，一人之说，非通论也。盖禀受不一，而愚智有殊。克期而可致功，未有不因而致弊者。”

太虚翁曰：“然。师言破的。饮水饮汤，冷暖自觉，师不得定之于弟，父不得定之于子，禀受有殊，智愚不一耳。行适其当，不及其期而已足。不得其当，虽过其期，行不中止。曰七曰九者，老少之名目，并非致功之期克也。曰百日、曰十月、曰三年，恒久之义焉。左转三十六，右转三十六，是即半觔八两之说。类此而推，均可无庸泥滞也。譬如行路然，计弓准步而定里，成法则如此。由斯路者，行之而已，总以得到为宗，奚必执途人而考其步数乎？步有大小，其数自殊，考步以计里，不亦惑乎！天仙之道，活泼泼者是，固非泥象执文者可与议斯道。”

戒忌须知第十三

净秽自画。

泥丸氏曰：“净秽在心，境不与焉。世之志士，迷而功阻者比比，大可笑也。”

太虚翁曰：“旨哉斯言！‘净秽在心，境不与焉’，不易之论也。滞境而画，食古不化之故。要知净秽辟秽种种作用，盖即‘净面连心洗，焚香带性烧'之义。奈何有礼废吊唁，而行避茔塚者？以为书载'见尸四十九，终身不得道'，不知此说出于礼诵之门，而隐讽夫阴阳流，专以送死领葬为生计者。梦寐寝食于其间，究其一身内外，无非死气焉，是诚万无道成之理者。然世之阴阳家，果能诚诵夫《太玄玉经》，且更能口诵心维，不惟此身清净，所过者化，所存者神，累行积功，孰[①]有胜于此者？此之谓下结鬼缘，亦证道之一助。况心无生死轮回乎！吁，生死且无，何有净秽？惟礼诵一门，理宜内外精洁，稍懈非所以致我敬，是以有焚香设供之仪，沐浴更衣之事。若夫修养一宗，纯存贞一，天仙一道，寂浩无踪，均无凶秽得触之虞，庸何忌焉？然苟无其道，而心有感之，则诀有退持《太玄玉经》，存放慈光，若月若日，照耀金庭，虽有感触，亦无弊焉。万无有因而自画，必待七终，乃始往吊，致废大礼，亦万勿因往而自画进修之功。此我师揭此一则，以示人之慈旨云。"

戒忌须知第十四

泥［去声］古律今。

泥丸氏曰："时移世变，气运使然。泥古律今者，徒知好古，食而不化者也。不可以不戒。"

太虚翁曰："然。古法不行于世也久矣。即如传道一科，情有不得而古法者，然而知之者鲜矣。昔某于某地，传某以某道，仪礼均未具，而受授竣。有某者起而责曰：'某道传自某祖，得自某师，仪若彼，礼若此，何其重也！今某传某，若此简，若此亵，可乎？'某欲辩而未得，迄今传为话柄。呜呼，彼之责者亦是也。然彼也者，乌知夫今昔情殊也哉。经曰：'礼云礼云，玉帛云乎哉？'古哲[②]之重夫仪文者，正以卜受之诚与否耳。今则不然矣，计仪以受授，将以召彼，而群疑我，且将因仪而谤道焉。乌乎可！某之不计仪而受授，是崇道，非慢道也。即此以律，泥古律今，殆有不可不戒者矣。吁！天下滔滔，泥古且未真，洞而审之，类皆假古以律今者，其心其行，更有不可问焉者矣。"

① "孰"，万本作"熟"，据金盖本、丁本改。万批：熟字当是孰字之误。

② "古哲"，万本丁本作"古则"，此依金盖本。

戒忌须知第十五

身心意任[①]。

泥丸氏曰："以三逆任者仙，以三殉任者人，故以身心意任为戒。"

太虚翁曰："玄哉师说！身心意者，谓之气精神也可，谓之天地水也可，盖其内蕴有是理。故精乃心之所出，神乃意之所有，气乃身之所载，其实一心以主之。以三逆任者，盖能以心制意，以意制身，以身定志，以志定神，以神定气，相制相定，欲净理纯，纯一不二，则仙之道也。以三殉任者，盖但心任意，意任身，以身殉意，以意殉心，相殉相任，欲炽理灭，千态万状，则人之道也。噫！要知天仙一道，以逆为用者。天地定位也，地天乃泰。他若水火木金，有相媾相交之妙，而水土亦有和洽之功。类而推之，无不以逆为用者，此我师之所以谆谆诰诫也欤。"

戒忌须知第十六

礼仪荒忽[②]。

泥丸氏曰："是可即外以证内，正是止敬存诚一功之现于内外者也，何可荒忽？志士犯此，必堕魔道，可不戒哉！是昧夫足恭之一说耳。"

太虚翁曰："犯此则戒者，大都似达非达一流[③]。盖此一辈，夙修乏福，而薄有才智，沦落不偶，识者鲜焉。致恭致敬，人之不答，更有从而笑之者，遂渐大反其行止。又遇好事者从而推奖之，曰：'某也材，古之狂狷无以过之。'世之无知者从而附和之，因美其名曰能解脱，能恬淡，能孤高，相赞相成。风闻夫无闻志士之耳，遂亦遥遥应染焉，此末世群以礼仪荒忽为存本色之因也。夫学者诚宜戒之。否则必堕流我慢魔道，可不戒哉！第当内外如一，又当如分而止。故凡身处尊贵之阶，礼宜持夫忘分之礼；身处卑幼之序，则但尽夫子弟之仪。若于同侪酬应之际，礼文无失，当而已矣。夫我道，天仙之大道，不避人、不逃世者，酬酢不得而缺。鼓钟于宫，声闻于外，慎毋使彼四方君子闻所闻来、见所见去。况夫天仙家乃寓火候于行止坐

① 原批：此节藏大妙用。

② 原批：此则当合"动静有间"一则并参行之。

③ 万批：读此胜读《曲礼》全部，可知天仙之道无异内圣外王之功。三教心源同一宗旨，彼妄肆攻击者，特一曲之士，见其偏未见其全也。

卧间者，何可忽诸？若遇当坐而谈者，则有载谈载坐之行诀。步而谈者，又有载谈载步之行诀。立而谈者，又有载谈载立之行诀。人坐亦坐，人起亦起，人立亦立，人步亦步。周旋拜礼，莫不有微细妙诀存乎其中，大可随地随时，行我功诀，炼我炁精，更可详验我行功之安勉。岂慢行酬酢之仪文于外，而无我内治之神功哉？是以天仙一戒，律有三千八百之多、之微细条目也。盖心愈静而愈圆，有不待存注而无不中规中矩之妙。然须于平时细微体认而体行之，则当场酬应之际，自不厌其礼文之繁琐矣。故古之志士必于家庭间，随时随处不废其起起立立、坐坐步步之仪文者，正以炼其起起坐坐、行行立立之功诀也。一旦应时而出，或事上，或接平，或临下，自然周致而合度合诀焉。不然大隐朝市，此说何谓乎？今则不然，以为家无常礼，而惰其百骸四肢焉。不知家无常礼之说，言不惟晨昏定省而已。凡彼巨细仪文，咸当于斯际而体认，如何内外不二，而仪文非仪文，一一必使其内外如一，而无偏胜之弊，故曰无常礼焉。夫子之申申如、夭夭如，正是于闲居燕处时而行其体认之妙用，第可以意会，不可言传。慎毋误以为闲居燕处，而稍忽其自然止敬之功为要。《记》[①]有之：'进思尽忠，退思补过。'岂仅专指夫政事焉而已哉。要知政事之得失，不出乎一心。行止坐起，知有以安驻其神之诀，则神驻于身，而不飞扬他注矣。出而立朝，则理事自明，决政自当，应对自和，进退自正。一切周旋酬酢，谦适于谨，恭适于安，让适于宜，辨适于达，论适于畅，行适于正，操适于真。盖我天仙之道，穷则独善其身，达则兼善天下；存则圣贤，化则仙佛。无非终始于治心一功，而造夫大而化犹不自住焉，乃为天仙之学。孰谓可以礼仪荒忽也哉！彼此礼仪为礼仪，则具文矣。外恭敬而内怠慢，犹荒忽也，不可不以为切戒者，二三子识之。"

① 按：此句出自《孝经》（亦见《左传》），不是《礼记》。

琐言续

自序

余道得之于太虚翁，翁为驻世神仙泥丸李真人手度弟子。翁姓沈，名真扬，一名一炳，吴兴世家子。品学淳粹，世莫测其底蕴。所授余者，悉为泥丸真人口授。真人生于蜀汉，学得谌母传，著有《阴符经注》，唐代时犹以术法闻者，自号八百。乾隆间，三至湖州，五游松郡，在在遗有圣迹。谓号泥丸，以华亭卫源母丧，贫无以殓。真人寓其侧，闻源号泣，声悲杂愤。诘得其情，就地取泥丸投源母口，母立复活。次年冬，源有殓资，乃仍歿。世神之，因以泥丸相呼，盖非自号也。太虚初会于吴兴之何山坞。时大雪，太虚归自城，见其露坐，而无点雪得近身，周广八尺许。诚请事，因成师生，太虚时年十六。常谓真人游行郊野，必有儿童相随逐，每以生面糊均，摊于腹际，未几香熟，取以分啖而散。又于松郡东郊，为孝丐曹大，口吞银汞，顷成白金。此后不复面焉。究其修养，亦自三则始。

余于嘉庆间，游于河上，遇长山袁君培，为述所授：一曰《太虚集录》，二曰《双修宝筏》，三曰《古法养生》，四曰《河上琐言》。《琐言》一册，寿梓于古越赵君然、吴门徐君阳泰。此册流布有年，据学者，江浙有人，而克进臻者，尚无几。今春游姑苏，遇山阳诸生吴君江，以《琐言》进叩曰：“此册简明，何以循修多阻？”余曰：“向所述，叙其理，未备其变。且诸学者，究未精体力行。其或潜心体认者，非年老即多病，急切求效，古无是法，所谓‘七年之病，三年之艾’。学未悟及，此其所以进臻之鲜也。”因以十二时诀示之。江则晋叩活子午，乃统以活岁活月活日活时，增入古哲治病行工活诀数则纂付。诚鉴于寿世丹书不得师传，书虽授世，授犹不授。爰循工诀，申贯于草蛇灰线，按步树帜。不具只眼，从容中道，是假心以镕迹，而假迹以征时，重在无住，而加工于不有有诀。故空不落莽荡，而实勿堕妄幻也。爰名是编曰“琐言续”，所以申《河上》所未发。词虽粗率，玄路直陈，从此精参，担修无阻。惟愿同志，洄溯夫《古法养生》《太虚集录》《双修宝筏》，指日可与古哲齐驱并驾。识此数行，以弁编首云。

道光六年丙戌二月清明日，金盖山人小艮氏自叙。

琐言续

太虚翁口授　闵一得恭述

陆柳溪敬刊　薛心香恭订[①]

古哲有言曰："修炼有三乘［天仙、地仙、水仙也］，而炼法惟三则[②]。"三则惟何？端直其体，空洞其心，真实其念［念即志。志乃主宰内外者，故又名曰主人翁］。此三句是双修家［性命双修之家也］彻终彻始、片时片刻莫可或遗者［遗，忘也］。其工法增减，第可自审而维持之［秉性有明暗，体质有厚薄，阴阳有偏胜，境地有忙闲，天时有冬夏］。丹书所载，无非培命口诀，而行贵得中，又炼须合时。盖一年有二至，一月有朔望，一日有子午，体有自然气机［机者，动之兆、升降之先觉者也］，现有不同景象［静观其机，吉凶可卜。及其已现，吉凶已定。窃欲挽回，还于机兆时。以意维之，俟其已现酌加增损乃妙］，而火候寓焉。究其秘要，不过升降放收而已；其利弊，不过勉强自然、通泰塞执，与夫确遵疑间焉而已。

古之人，以一年缩一月，以一月缩一日，以一日缩一时，以一时缩一刻，名曰功夺造化。《入药镜》寿其诀，诸丹经承述之，行无不验。而古哲谓须循体以待时——时乃活子，体乃道体也。

原夫冬春，气机贵后透。法自下极，气穿尾间、上夹脊、透玉枕、入泥丸，略存而降。又自华池下重楼，由绛宫一停，乃过心［泥丸名髓海，暖气达脑乃化液。华池乃任督会宫，故须略停，非仅止泥丸也。重楼乃直下。至如绛宫，乃藏气之府，脑池所降之液，便可于此化血者］。或经心后，分两路达下腰肾，又略存之［心后有两络通腰肾，人用心太劳而心血枯，两肾之精逆上以救，故劳心者其肾必亏，此腰痠疼之症所由致也。今于心后退降其炁，其血随下，血便化白，而肾气充足，故须略存之］。觉此暖炁，各向腹

① "陆柳溪敬刊，薛心香恭订"，万本作"雯轩万启型批注"，据金盖本、丁本改。

② 万批：三则功法精细，辨理亦明白透澈，遵而行之，不至误人旁门。惟其功法中之秘诀尚多，闵先生亦未全泄。学者欲仿行其法，必先质之真师指示，否则流弊在所不免，故特为揭出，以告来学。

兜，环拱至脐轮，须大存之［此又炼液化气之妙用，故须大存］。乃以意注命门，又须久存［此乃炼气化炁之妙用，故须久存。余按炼诀，其于命门、绛阙、泥丸三处，为仙凡共宝之要地。凡人于此能着意，精气神充足；事仙舍此三地，无从下手。然水府本冷，绛阙本暖，而下极又系阴浊会地，泥丸为清会之天。盖水性润下，火性炎上，乃欲令水上升，火使下达，非意指使不从命也。究其寒能令暖，热能令凉，固必藉夫真意以挽回之，然亦内有自然之义焉。盖此水府自有命门，状若佛前琉璃灯，昼夜不或熄；绛阙有华池，而心苗涵其中，上有髓海布下真阴以覆之。此天造地设现成真境。古哲于此真境中，默令真意以维持之。若从水府入手，则于活子阳生时，维不外透，而又默集夫四家真火，附入命门，厥阳自旺，群阴恋炼，寒且化暖，而真阳亦藉以润，升透自易。及其既透，又有过化存神之妙，而升透自无稍阻，此督通御极自然之妙义。若从绛阙入手，则于活午阴生时，维不内滞，而又默集夫四家真水，汇注华池，厥阴自旺，群阳乐涵，热且化凉，而真阴亦藉以镕，降灌自利。且其下灌，亦有过化存神之妙，而降灌自无或滞。绛阙神清，境忘其热，得有化血化炁之验。因而下注中黄，辟开生面，四境咸宁，此任通抚世自然妙验之义］。然后下穿尾闾，如前法升而降而存。按工诀，谓以未穿尾闾为一周天［盖此工法，乃自下极起手，行到下极，已满一周天耳］。古哲题为冬春工法[①]。

若值夏秋，体其气机，乃贵前通。其功法乃自华池一存后，方下重楼，抵绛宫。法当存此绛宫局境宽邃，趣味悠闲，恍见性水，波光蓝如［说法如是，然戒按图索骏］。顿觉得有凉液，自天滴下［按工法，学者斯时项背须直，而头面须带仰势］，一到心宫，倍觉清凉［谨按工法，学者斯时方见性水。可悟上所述，第言其理耳］，斯时大存之［所谓大存者，并无作用寓焉。从事忘忘，是即大存也］。继乃随机溜下［味斯溜字，有油然自得之趣］，分达心后［此由心后两络，分达腰肾，藏有露液化血，露血化精等等妙验］。及腹，又觉遍体氤氲［是又余液化气之验］，下极火热［是又炼气化炁之验］，身前身后，微微汗透，得有如沐如浴景象［按工法未满一周而效至此，

① 万批：冬春阳气潜藏，故行升功，长阳以消阴；夏秋阳气发泄，故行降功，育阴以敛阳。惟初学总宜先降以消浊阴，后升以复清阳。若后天三宝未充，遽事升法，恐真气不能上透，反夹带浊气，以逆流经络之间，其受害无穷矣。学者不可不慎。

即欲停工，亦无不可。第欲停工，须加忘热片时也］。微以意向后注［曰微者，以时值夏令，内景贵凉，学者内无积寒淤滞，而工到汗透，工已足矣。若再加意，便违天时］，自透尾闾而升巅顶［工到透关达脊，虽值夏令，不妨加意内透，以达内伏积阴，亦口诀也］。一到泥丸[1]，须大存之［此一存也，其理微妙，学者慎毋认作故事行去，是乃督通之竟验，又为通任之初基，中通之元始。绛阙赖以安宁，华池藉以清洁，黄中通理，玄窍神凝，以生以成，咸叨其荫，是内药、外药分金之通会。学者于此，法惟空洞其心，真实其念，顺其烝腾，勿忘勿助，透足烝回，髓澄无际，即有箫台琼馆，阆苑金庭，隐现于斯。惟存敬肃，戒住欣赏。学者功足，现益清澈，要知犹系身具，未足为真。第此净境，是名真影，日后道成所造证者实似之。目前大存，法惟益加清省，戒起妄念而已］。乃复自脑下华池，达绛宫，又大存之［此存有大关系，其工法玄矣，然不外夫无为工里施工也。盖阙乃化血之府，心凉生血，故须无为。血须归络，故机气须虚。意不加松，其机尚滞；中无敛意，血又妄行。法宜向机以佐导之，而胸背腰腹，法有定制，苟或违制，工到验至，竟大悬殊，致有因成血症者。定制惟何？胸势惟向后而已，是虚心靖阙之秘旨，学者识之］，自觉遍体清快，古哲谓为一周天。夏秋工法乃如此[2]［古哲之行合天时者，功法乃尔］。

然上所述，乃行工之常法，为身无疾病者言之。苟有疾病，其中另有工法，须自酌施，总以行合道体而又得时，厥验乃神，慎毋固必焉。

一值夏秋，而病患积寒内滞，还宜先事冬夏互行工诀。其行夏秋本法，惟主气降。若行冬春，于气得降腹后，大加存运，能得腹暖，有气后攻，乃加翘臀，注穿尾闾，透脊达巅，以得汗透为得功。其后工功，但存忘热一诀［心静之极，且能从无闻无见处深入，其热乃忘］。次第加减，即为互行工诀。若专行夏秋，必俟积寒尽出后，乃可行焉。不尔，不惟无效，适

---

① 原批：按：泥丸乃人身天宫。行工时所现之境，正是脑宫现于光内，心静光明，光明乃见影，如以镜照物，物影在镜而物体却在对面，此理不明，便有南行而北向之误。丹书对面真我之说，其义如此。

② 原批：此一步为修功大关键，此注不可不三复，丹书所未泄者。按皆无为而蕴工用者，所谓无为工里施工也。至其定制，尤不可忽。

能增病[1]。

一患素体多痰者，宜于夏令治之［其时气机向外透，行工者顺攻，其内积随气外透，则病根除。此正行合天时之古法也］。其法先以顺气下降，得气既降，加行坠注工法，总以腹有气行，更得暖气后攻，方行翘臀等诀。行后得汗，倘不耐热，加行清降之工，以气降胸宽为度。既得气降心凉，立即嗣行神注命门，觉有气攻，加行翘臀等诀，其汗自透。于既透后，即续行清降法。如是循环，间行一七、二七后，必易暖易升。犹须加坠腹、注神等工[2]［坠腹工法，乃胸右降下，兜脐转左，中存推进下达，则痰自大便而出。注神工诀，乃自胸左降下，兜脐转右，中存推进，神附命门。盖左下法进火，右下法退符，各有妙义存焉］。如是行去，其于升后，必多凉液，自项自胸而下［此物降时，必须面带仰势，否则有流弊］，切勿认作甘露。此乃泥精，经神烘活，又为炁御下降之物，不得脐轮大炼一番，犹能为祸[3]。法当加意，神注命门，得逢火发［此法得于外肾举时，以意兜回，厥火乃大发］，热若炭炙，存而炼之。且缓行透后工法，惟循行忘热，加用真意，横栏臆下，禁炁上透，此为要嘱[4]。如或疏虞致透，意用两目上视，兜引乾气降压，其炁便自回下，须急随其机，向后关注透，其炁必破关后透。仍以意引透至顶，又必大汗如雨［此积阴化汗而出，切勿执汗多亡阳等说自误］。渐渐复自顶，下降绛阙。倘得有一点滴下，甚捷而极凉者，乃是真液。若有滴下，不捷亦不凉，尚是泥物所化，不是甘露。必行得有甘露，方为大效，然总以积阴尽除，再图后效是嘱。

一患内热发躁者，惟用降诀，或加行虚心工法。有食自消。再行引火归源，神注命门，得有气行下极，随机旋运，得有浊火下注，微以意送，放出狱门。随以两目上视泥丸，收回清气。门闭，仍由绛阙下注脐轮，透入祖窍，加以忘字诀守之。既得神凝息定，而胸膈必舒，病已去矣。乃可续行实腹，须兼神注命门，其腹自实。此后可行通督法，督通则必有液下，而须细

---

① 原批：按降法定制，头颈胸腹俱直，而带仰势；升法头颈带仰，胸背俱直，而俱带俯势也。

② 原批：此功法丹书罕及之。

③ 原批：此液说，丹书未之辨也。

④ 原批：此等要诀，举世少知，可嘅也夫。

辨真凡[①]，此亦要嘱。其降既真，方可循行炼精化气、炼气化神、炼神还虚等等工诀。

一患血热气滞、胸膈板满者，先行虚心法，继加退背工。便觉心后有炁二股，从心后际分达腰肾，热如汤注［行此工者，胸势带仰乃妙］。渐觉此热，绕兜脐轮，满腹大热，遍体微汗。斯时心地必觉松宽，是全赖退背一诀也。退背工法，乃于阙盆，以意后导。阙盆即绛阙化血之府，又名炁藏。此法自李少君后，世鲜知之。有患络血狂吐者，亦须先行此诀，继行辟豁中关，而虚心工法寓焉。或有工自华池，引降乾金，加行虚心工决，厥病亦痊。统名夏秋功法。

或谓俟腹大热，行加翘臀，达脊抵脑等工法。俟炁达脑，乃大存之，加用返视泥丸，引此乾宫真炁下会任督于华池，自得甘露满口，咽咽送至绛阙一蒸，乃达中黄。觉此绛阙清凉而中黄温润。学者于此加行溯古神工，是名开中关，又名辟混沌，丹书谓之开玄关。其法诀，从事忘忘而已。此关辟后，生药有地、藏药有所矣。得开真境惟何？宽广无涯，深邃如之。盖此一则，乃造命立命之真工，学者须宝志之。噫！勤而不遇，必遇至人，学者勉之。

一患积阴化火，状若有余者。法惟先行夏秋工法，以治其标。病减，加行冬春。此指积阴未全化火者。若已全化火，法惟引火归源，而酌加夏秋降诀，助火归源，乃得济［此症当以潇洒为宗，置此身于已死，念起即以佛号扫之，有津濒咽乃济］。若其积阴内滞，尚未化火者，诀惟内运真火，而外加擦耸，循环无间，庶几有效［外工加擦腰肾，及腹腿膝足手，与夫叠耸两肩，辘轳双转，撇腿摆腰，纽颈托天，浴面咽津。内工如注神、闭息之类］。俟腹知暖［闭息乃能］，再加透后工［亦惟闭息工熟，乃得外透功验］。盖以此中真炁不旺［亦正此中积阴太富］，阳不胜阴，见效甚难［如置盆火于冰窖中，如何觉暖］。法惟外加擦耸，而内行闭息［如是则气机活，而外透有期］，俟其阳充，得有自透自攻真景［虽曰自透自攻，然仗闭息等法而得］，始用意逼破关［非于阳生时加功不得也］，其阳已充，故能得透［汗出乃透，此症以得大汗为功］。

---

① 原批：细辨真凡，乃言行工已竣之后，理当细辨。若正值行之际，切戒于中详认也，不戒便反堕魔幻。切嘱！切嘱！

若其积阴兼滞百络者［此症加工更不容易，以中多窒塞耳］，亦惟先行闭息，次加存运于坤腹，始其炁自透络，得征通泰［惟得汗透如雨数次，乃有是效］。法于此际［行工到此，方有收效］，尚须加意存运［苟一畏劳停工，便有炉冷之弊］，以培真火。何以故？百络向滞之物，得炁以烘，理必随炁以行，汇趋下极［世人行工，每多下泄，职是故耳］，则斯下极，群阴势旺，譬如盆火室中，围以冰墙，有暖不胜寒之象。法惟大加炭火，犹恐不济，故惟加炭功勤，不计时日，总以冰墙尽化，乃为大济。无如学者不悟，每撒废于斯时，古今不少，故法惟恒且勤，勤且勇，行效其然，不效亦然，则滞物虽夥，而尽化有期，何患终不大效哉？旷观斯世之患斯症者，十有二三，大抵非商即儒，何以故？其症成于心劳身逸。盖心劳者神必衰，身不劳者气必滞。神衰气滞者，愈恶劳而喜逸，此阴寒积滞之由。欲愈斯症，须反素习。素习能反，厥病自痊。病痊再求工法，此乃王道，愿者行之。

如上所示，化工也，非大根器人，未有不半途而废，此八段、十二段、十六段、二十四段等等锦法，所以慈示也。盖此阴精，成于气滞。气滞则精泥血淤，不得武工以荡以磨，万无见效之期。学者不察，竟弃勿事，非厌烦也，殆以伎小不屑为。噫！譬如登高必自卑，况夫等等武工，藉以治病，何尝取藉成道者哉！学者其省之。

谨按：古哲遗有四时工法，而缩行于十二时中，余今以十二时一定气象，为学者言之。

凡夫水月交映，得之自然者，子正有之；我无觉有，丑正有之；觉气通流，寅正也；气机洋溢，卯正也；存无守有，辰正之工；隐现莫测，巳正气象；万象罗列，午正气局；真幻无常，未正如之；念起即扫，申正工法；一灵独露，是酉正兆；闻见顿泯，觉无端倪，非戌不现；切戒惊疑，守戌正法；湛如寂如，是值亥正①［此虽一定气局，而惟得之自然为真。是故即于子正时标示。学者准此一句玄谕，循而行之，自然吻合，万无中变。要知水月交映，其机根于湛寂，学者于此湛如寂如之际，一念不生，其气清极，而水月自现。此天一生水，坎象也。坎中一画，即月现之本，有是体存，自有用现，故曰得之自然。其理则如是，然要知此一步，起自下极，乃冬象也。水

① 万批：分别气机，精透无四（匹）。

之现、月之升，是即活子之内现，故曰子正有之。学者斯时，盖必身无其身也。及至此身觉有，已是人身之活丑景现，一如天之有地，所谓“逮洽台离”之象。自无而有，自虚而实，大道自然之义，故曰我无觉有，是觉而未着也。然既觉有，则此中动静必自觉，是于其既，乃有觉气通流趣味。然仅体觉于无闻无见中，乃三才初现，的是寅正之秋。及其气机洋溢，乃有透外之势，洵是此身活卯气象，有闻见将启之义。既至辰正，不无具有分别气机。古哲于此，惟置此念于不计，且将见见闻闻有而不有，意惟守夫混穆气象，此正保夫诸有，故曰存无——核即所以守有之意，是有工法在，故曰辰正之功。所谓工法，乃存诸有于绝无之中，而诸有得守焉而已。然其中有隐现两义，古哲于此，法惟听之，不加一毫维持作用，故于巳正，但曰气象，明夫无庸作用之义。午正亦然，法惟听其自罗自列焉，故但以气局二字该之。然此一时乃活午阴生之始，仲夏气象。世运到此，万路齐开，心目易眩。及其季也，感慨自生，此是人情。古哲于此，惟以气局视之，中无一动，听其长消，归诸数运。其于世事，参勘已透，故于灵境现前，听其隐隐现现，一如蜃楼海市焉视之，此是未正之气机。法惟自守其真，然非初学所能。而又愈现愈奇，有移步换影之幻，触动心目，法惟念起即扫，乃合活申工法。此关破后，内慧光充，乃有一灵独露之兆，现于浊滞，而机趣晏安，酉正其然。学者斯时不住于明，而神栖于寂，便造一无见闻而端倪亦隐之境。此种真境，可遇而不可求，真阳得以养，真阴藉以生，是为象帝之先。核诸天时，是岁九秋，活时戌正。无如初学未悟，行工至此，翻以闻见俱泯为觉无端倪，因生惶惑，古哲悯之，标曰正法，又曰切戒。能如戒进，便得湛如寂如，与天合德，为亥活法，故曰是值亥正，是即老子之游心于物之初。其妙诀在一如字，如字妙义乃无住二字之生魂、大道之全影，学者能仍从此字进修，则复递现递守而递进，进无穷，自知造化在手、命不在天。诚而行之，计日可与古仙齐驱并驾]。

上所述，核即前辈缩年、缩月、缩日、缩时、缩刻，按部行去，所现灵境有如此。然须善会，而工法咸备。其大旨在无住，而旨脑全凭不动一诀[其诀法惟在无住与不动，信然！学者细体前注，自能步步合法]。故凡行至亥正，法惟神注下田，而工须若存若忘。忽得红日一轮，透自天心月中，初见大如豆许[谨按：此月乃于下极海底透出，已乘中炁升巅。斯时学者工到身无其身，故得现有水月。要知月魄仍藏坎位，光华上射，乾气凝之，现有是象。其时坎水波澄，月影波涵，故曰交映。至其放光，乃因肝阳下注，恋月停轮，魂为月孕，此又月吐日辉之由。而日精未升，尚潜海底。此后日升，宜循督透，法惟以意后注乃得。倘或升循中、任，其祸盖莫测也[①]]，切戒念动。已而月隐日彰，法惟息心以俟，得有腹田若炙，乃是日浴海底之效，故得遍体充和。又觉内炁后攻，旋复炁穿尾闾，腾腾上透，乃无弊焉。方其海浴未透时，切戒惊提。否则立有莫测，状若流火，法惟叠用忘诀乃痊。古哲于此，微移其神，导之后透，自必破关上达。既已抵枕，乃以意引，盖此玉枕，丹书名为铁壁，在天即名罡际，非此真炁，莫能透也。得此真炁，以引透之，乃为通督。修至督通，一半功矣。第行此工，惟用引字，切戒用武。一杂武工，便致有声若雷、若霹雳。学者即或失戒，致有此种，切戒惊怖［诀用两手掐藏魂诀以坐，即循[②]大惊，不致神飞之险］。法惟益加定静，守过半饷工夫，随有一滴如泉，从空滴下，体其趣味，觉大清凉，或极甘美。体其滴下，有形亦好，无形更妙不可言［要知此一定静，从加意至忘忘，须得半饷乃能，故下接曰随有，此明夫甘露须自忘忘中得，其得乃真。此时工已造至无身界，故曰自空云云。然学者要知“体其”两字，非当时之意义，乃事竣之追思。法于此时从空不辨，清凉甘美，有形无形，概置勿问，其工乃足。盖当未有滴下，但觉空无；及有滴下，自觉从空。滴下自觉，方非莽荡，不觉从空，工邻昏散，非正工法，第加体认，便堕情障，已着意识界，不可不戒，注故及此］。古哲谓此一滴，直落绛宫［速可知矣］，是名真阴。其降景象，缓亦好，捷亦好［味两亦字，乃教后学置此种于勿问，是古哲教杜意识之工诀］，惟能滴下无阻，点点到心［于此可悟，究以捷者为真］，更为难得。又云“有形而速名玉液，无形而速名金液”［此说不传之秘。余昔得之于太虚翁，今年已老，虑终失传，述于编中，详授有缘］。太虚翁曰：“有形而速，无形而缓，总属妙有，法当体认得真者。”盖以此点

① 原批：按下极之水，名坎水，坎水即月魄。魄气上升，乾气凝之，而魄得日辉故明。其精在上，名曰天月，坎水下澄，天月影于水中，名曰水月，其实一物，坎精耳。及得日现月中，而月影水涵，下部火热，是乃月晦之日月同宫，既济义全，丹道之能事基此。此一段何可不加细味？

② “即循”，疑为“即使”。

到心极凉，过心极热，热若汤泼，斯乃真液。若点无上说，尚属后天，不过得润气机而已，不可视为仙品。然于当时，切戒拟议念起，法惟循次行去，亦为有益工验。

诚以古哲工法，有参天时之四季，有参岁日之二六，其法至活而至玄，如前所议之四时，与夫十二时之灵境，乃缩得片刻之间，其情其景确可逐步绘示。然须学者自问，可果能步步如戒，中无或着、或有中着否耳？若行无或着，自无中变；倘有或着，便有中变，所现情景便自大异。夫岂古哲示有未真者哉？

太虚翁有言曰："学者于中，着一察念，起一拟议，落一意识，来情来景，变更莫测，便与古议大殊。急宜停工勿事，少顷，念静气平。仍行本步，不如退行本步前程，总以得合入手初步灵境，体无二焉，方许顺循下行。否则宁将前工尽舍，另起入手为妙。古哲所谓行贵得中，而天时须合者，乃缩一年一月一日一时之灵境，汇而按次，统现于片刻之中，而具有四时十二月，而月月有朔望三十日，日日有十二时，时时有自然光景。其法至玄而至真，然惟能息心体认，循行不惑，方能步步合古说法。噫！要知既缩岁景于一刻者，法惟活其气机、寂其心意以行，自合古法。能行炷香，已夺百年造化，古哲故名此为功夺造化，是难而易者，学者勉之。

"原夫子午，子有活子，午有活午。岁之二至，乃天地之活子午，运年月日时，乃天地之定子午。即人而论，天地之二至，运年月日之子午，皆属定子午。惟二时之子午，乃人身之活子午也[①]。然犹属丹书不得已示人之活子午，所谓一阳初动之活子是也。究其真正之活子午，犹有辨焉。其真正者，须于无形无象中求之。其说惟何？乃于工到寂无所寂，忽觉内机有若得得焉[②]，此是活子之初。继觉勃然机现，乃是活子正象。油然内透，将达男根，已是活子内炁充盈。法用天目凝之[③]，其炁自循督脉逆上昆仑。微以意留，觉

---

① 万批：定子午易辨，活子午难知，真子午尤不易见，不见何以采之？是故有推求之法在焉。《参同契》云"日月为期度，动静有早晚"，《入药镜》云"天应星，地应潮"，皆所以推求真子午之法也。学者未经师授，幸勿妄猜以致误。按：真子午，不可泥在万氏所暗示的算法上。此算法自古以来就未落于文字，因非常法可算故。学者惟凭至诚前知之神慧方可自明。

② 原批：寂无所寂，性之初也。忽觉云云，情之现也。

③ 原批：天目凝之，顾禔之义也。

此髓海波宁，油然下注，华池生风，汇临绛阙[①]。斯时天君泰定，万国咸安，是名取坎填离。若至外肾已举，更值念生，斯时外肾必大举，古哲于此急以意引回[②]，乃循海底，逆透上巅，存于乾鼎，勿忘勿助。气得髓涵，自化玉露，油然注池，下降阙盆。露得盆存，自化赤液，分注心后，得遇坎阳应升而上者，另有一种春深趣味得尝。但可领会，切戒情牵。倘一心动，急引乾宫真炁降压，立自新清[③]；或以意包现象，敛下下田，大煅一番，引其后透达巅，存于泥丸，大行淘汰。所谓淘汰者，置此见见闻闻于意外耳[④]！已而华池液涌，咽咽咽下，觉此绛阙金碧辉煌，旋更宽广无涯，现有海市蜃楼气局，而有乍远乍近情形。学者于此，始悉性工为保命之鄣墉也[⑤]。法惟置而勿着，否必现有淫席，荡吾心志。法惟以意一包一敛，置勿之审，急将目光耳神，敛入无见无闻之处[⑥]。如是一存，即造身世咸亡之境。已复觉有氤氲气象，现于湛如寂如之中，法亦置而勿问，则又造夫人法双忘。到此地位，忽觉有身，乃以意审窍中窍而止。丹书名曰‘采药入炉’，又曰‘活子行功’，其效乃尔。”

第味丹书，其说吞吐，广设譬喻，未迳直陈，似属运心未溥。岂知活午用验，具于活子言下，咸备述有此。盖古哲令由不令知耳，然足误事，太虚悯之，故此一节翻覆示以觉诀，而工采、工取、工炼、工凝，井然内具。若照丹书所示，外肾无念而举，洵是活子阳生。然须加行引提到脑，脑中一存，引下中黄，方始事采，而用加无念一诀，再示封炉。于中手法，较诸师示，作用详减不符，而说法仅完活子工诀。非也，丹书所言“活子后事”，学者自失体认，而自泥一见，是于愈行愈惑，卒有望洋之叹。然亦古哲自道所造。初不料后学识窒若斯，而病染穿凿，太虚悯之，遂有今日之示。盖其所谓活午者，核即古哲活子后事，并非别开生面也。第古哲之行工，起自活子；而太虚说法，重在活午。味其创申十二时诀，谓到现有“黄金世界”，

① 原批：波宁风生，情归性初之验。此天仙功法，故一无作用。

② 原批：此水仙家工法，略有作用。

③ 原批：此地仙家工法。

④ 原批：此以神仙法入手者。

⑤ 原批：此三家共由之玄径。

⑥ 原批：此等工效，养而自致者曰天仙；稍加维持，随机勿住者曰水仙；大加把握，强炼还源者曰地仙。三家之极境惟同，而致极有异者，由于性天。故曰：“修命不修性，修行第一病。”按：此一气呵成之功夫，因人质性清浊、得机迟速之异而可分出天水地三家功法，若依别家之说谓是三段，则谬矣。

此正活午上上真境，工宜事采。究其采诀，谓用《清静经》三观工法。其最上者，从事无无，而又不住于空寂。及其归缩，仍寄于无。如是循环，炼至聚则成形、散则成炁而止。

其中工法，有可揭示者，第宜会而体之，密而持之，一若按图而索骏，实复得鱼而忘筌。其则惟何？学者于得见黄金世界，急起身后无上灵炁，透至极上极远、光不照到处落下，统将灵境一罩，敛成黍米。或由宝瓶吸入；或以意收入腹。或乘罩劲，由我身前极远处，兜下极深，透上极高，下瞩灵境，有我色身坐立焰中，急存忘热一诀，顿觉色身镕化，惟见光明。急以意收意敛，转见一珠如豆，悬于太虚，急以意收，安于虚寂玄窍之中，仍得湛如寂如玄境而止。或于灵境现时，微用真意摄此灵境，纳向身后，默用提诀，由身后提，加用两眼，上视泥丸，觉我泥丸真炁氤氲。仍以意引下注，觉有炁溢一境，恍见池水盈盈，此则已到华池，便有玉液金液沛注，咽咽咽下，由重楼，抵绛宫，自得无上清凉。继复下注中黄，另有一番趣味，而遍体充和。此时觉有二炁[①]，左右盘旋。又有一炁上升、一炁下降，一旦针锋准对，乃有上就下迎，又复此追彼退、此退彼追，更有相纽莫放之情。斯时切戒贪着，戒动凡思。略染夫情，则此二炁战吞情肆，三家纯化后天，体必发颤，呼吸必粗，外肾火热，便有万难自新之厄。此时救法，惟凭两目上视，引降真阴，以压情焰。然此至宝，已化后天，法惟大集真火，下极猛烹而猛煅之，令其重透尾闾、达泥丸，重下重楼、下绛阙，得大清新一番，否则此宝不得复原。故古哲于此一节不敢泄漏，盖以学者极少童真，其身情窦既已开破，工行到此，如何不动情思？且此一径，乃是熟路，欲不夺关而出，难乎其难！惟彼童真，此窦未启、此事不知，行工到此，不过觉大春生，而神机上透，自不下达，万无此变。古哲性功淳澈，功行至此，急引真阴以压浊火，赖此绛阙清凉，化炁下凝，藏于炁穴，以意封之，湛寂片刻而止。

大凡工从活午入手者，乾宫为至要之工。淘此炁机，下注华池，灌夫绛阙。活子到来，但凭神审，子午会交，惟凭性靖，工以终造清新为合度。若从活子入手者，坤腹为至要之工。炼此液气，上达泥丸，下灌华池，清乎绛阙。活午到来，切戒情漏，午子会交，亦凭性靖，以终造充和为合度。若夫

---

① 按：此二炁正是仙家极密之龙虎初弦之炁，得以成丹，是为天仙。

闭目内观，自有种种灵境得现，法贵无着。逐步进工，而移步换影，境不胜述，法惟毋住焉而已。及至炁到坤位，总以得暖为功。俟炁后透，达巅降阙，总以得凉为功，大旨如此。惟能内观不二而一者，全以神体而神会之，此天仙工法，能者从之［二乃二目，一则天目也］。

太虚翁曰："我辈修持，固贵一合天时，而前详言活午者，以此活午不明，则真阴坐失，纵得从事活子，苟无真阴以涵，工足化神，其飞可必[①]。凡夫丹书所言清凉金玉等等，寄在活子工后，故标曰真阴二字，此乃言炼阳得阴，而中藏却炼阴得阳一诀，非遗而不令行也。惟已令行，而不与言耳。至夫十二时诀，古哲却秘之，余今直泄者，诚以真道久晦，学者每仅循迹而行，昧此程途定景，行无把握，如盲无明杖，不无中惑而退弃。又知汝缘广厚，更能舍己，此诀不授，虚此法会，而真道失传。倘得有大根大器者遇汝，得闻十二时诀，进叩活岁活月活日活时，循而精行一过，后因事故间断，日后加工，亦知下手工步，以及了手景象，行无或疑，则自前行无阻。进事前闻活岁活月活日活时，了了心目，岂非快事乎！第斯活义，固不得于有为，而又每失于无为，惟能会夫'有用用中无用，无为工里施工'两句意义者，万无或失，而所得必真。汝曷不证诸丹经？'外肾无念而举为阳生'，又曰'是乃活子'。于此可悟'外肾无念而大举，已值身中活正午'[②]。此而方事夫取，则所得已非真阳，窃欲藉以养生则可，欲藉成道，不其难乎？此因学者昧夫内机初动初现、继动继现情景，阳复之初，不加培养，俟到正午而采之。故究其所以致误，乃昧夫古哲缩字诀，而仍泥夫定子，故误而不悟。纵能按说加工，已致中误也。其胆怯而复泥见者，竟且置而勿取，以为过时之阳不可采，岂知尚是望正之月？置而勿采，是又误而再误矣。吁，要知津津泄夫活午者，诚以活午乃修道之大关键，若不了悉其情，则十遇而十误。我

---

① 万批：人只知进阳以退阴，不知育阴以涵阳。退阴者是退阴浊，育阴者是育真阴。真阴不存，真阳亦散，此一而二、二而一之相为抱负者也。

② 万批：真正先天活子来时，外阳亦不举。至举阳，则已落后天矣。至阳大举，尤为后天之后天，采之何益？所谓"见之不可用，用之不可见"也。学者不可不辨。按：活子时若情念杂生，烁金动气而举阳，已化后天。若如"未知牝牡之合而朘作"，仍是先天（但此先天，仍是其身之先天，而非形而上之先天）。功至正午，内境不知维系，外阳大举，情势所趋，亦必化为后天。然但言"采之何益？"而弃之，正是下文太虚真人所谓"胆怯而复泥见者"也。既失养生之宜，更难窥回天挽日之功。

按前辈精修，每得于活子，计其所失，莫不失于活午者，何哉？性功未足，性为情移［按：非仅于灵境现时失也，学者恒失于杂念骤起。盖坐至杂念云起，即是身中之活午到验。弃而勿坐，与坐而勿制、制而勿定，皆为失手］。方到正午之际，万路齐开，无奇不现，无巧不彰，命之有者，咸呈勿隐。大凡命功足者，所现必愈精妙［古哲有自知之明者，行功至午，半垂其帘，有目若无目，一凭神会，以调气机，归以清和，炁得藏处而止］，非仅得声得色；上而天宫，琼楼霞馆；中繁玉女金童，琪花瑶草，莫可数述；即现中下，亦必名山胜地，或献女乐，或供仙馔；最下灵境，亦自超尘，人物之美，铺陈之精，大足令人顾惑。偶一情系，便滞勿超，迟其升证，如恋兜率；次则神滞泥丸，胎脱无望；更或舍为魔踞，而神遭魔啖。是皆昧却活午工诀所致也。"

太虚又曰："工到真幻无常，虽已未正，苟能督率气志，而加工凝定，半晌之间，运返正午，现有黄金世界，照耀心目，是即李少君日昃再中之功，药物最足，乃以意收，自化真炁。仍以意凝，收入祖窍，乃谓得药。南宗列祖宗此大成者，淮南王、魏伯阳、葛许二真。加行包提等诀，拔宅飞升。我师泥丸翁，行而勿用。吾亦身试，得有六天震动之验。师止勿终习。汝宜宝秘，待时授之人。若夫工见坍墙败屋，种种衰象，乃是学者阳衰阴损之验，法惟念念祟真，行行合度，加以存守命门，兼事虚心，致乎实腹，切戒忧恶念生，此亦古哲功从活午入手之口诀。"

翁又曰："我辈用工，须法古圣仙佛，必于动处炼性，静处炼命。毋若世之学者，但于趺坐时，方加工法。若辈其然，故十人十不就。古哲不然，故百炼百成。我愿学者，先从身等虚空入手，以天地虚空作法身，以此色身作天心之神室，以此肉心作天心之宰，一无好恶、取舍、趋避等等识念，一无所系，绝无游思。惟存一空空洞洞，无明无暗，所谓浩浩荡荡，不偏不倚，端直其体，空洞其心，真实其念，方不负此良会。而工至活子，不失培养；工至活午，收包得诀焉。呜呼！此身不向今生度，更向何生度此身？"

古哲有言曰："前关闭，降心炁，工从夏秋功乃济。"又曰："后关通，一半功，缩艮开乾是正工。"要知气不后升，皆因泥精塞络及窍之故，法惟神注坤腹，炁归命门。火旺则气暖，泥精遇暖，则融如水，络窍不为滞塞，厥气自能后透。原夫气行循络，络塞则气滞。要知塞络之物，即昔气御以行之精。然则气之不升，精中淤故；精之中淤，气不暖故；气之不暖，命门衰故；命门火衰，神失守故[①]。盖精得行以气，气之得暖以神。神旺则气暖，神衰则气凉。气凉则精凝不化，中变成痰，充塞经络，而孔窍咸塞。其流弊，非惟大道难行，性命亦难暂保。法惟坤腹极热以挽之。要知精之为物，旺气御之，如云乘燥风，升则成霞，降则如露；衰气御之，如雾乘湿风，升成滞云，降化尤雨。况此阴精下注，逗留膀胱，偶经相火一烘，油然外泄，此又滞下之大弊。若经气御，散至百络，一干风火，变作痈疽，或成瘫痪，更或积久化火，便成骨蒸。世之劳瘵等症，皆此物以酿成者。古哲忧之，此所以谕有培火之说也。

培火之说，惟有意存坤腹，炁归命门。命门之火，视之不见，体之则有，神火之根。命门火旺，饮食之精便可化气，更得意注坤腹，燥者培真土，润者泽百骸、滋气机，以涵雷阳，真火之用大矣哉！我辈平时，饮食日化，向昧培火一说，百络之间，或鲜被累，膀胱一地，此物必多，阴不化阳，其流弊必致如上说也。可不知所加注乎？气不后升，其去斯祸不远矣。且气不后升，升必自前，气若前透，其祸更大［小则肝气发，大则脚气冲］，而病发必春。春发犹可，夏发乃烈。盖此泥精成痰，先塞中宫，阻气下注。间有随炁下流，而命门火衰，降物凝塞于下，而尾闾穴壅，则其夹脊顶枕必咸壅塞。是已任督咸闭，祸岂能测？欲预救挽，法兼勒缩艮工，汇集臣民，以助以培，命门真火乃旺，用以烘炙中下，阴精日自镕销，真炁势大，用以破关通络。如是一七、二七，行至七七不间，则其前滞后滞之物化而任督通，不惟病愈已也。若但求通，不事培助，往昔淤泥，仍留络窍，不过瞬暂或安。究其所致，志在苟安，实因阳衰气弱，振率觉难耳！积习难挽，乃至于此，可慨也夫！我侪志士，可切戒之。

若夫气机既通，阴精既化，宿疾既除，大可从事修炼三则[②]。第其中尚有工诀，盖凡自子至巳，工宜翘臀俯躬、直项缩艮，二十四息，引提至乾，存神泥丸，一有六息。平直其体，坠腹而坐，一有六息。共行三十六息，如是循行六时。若自午至亥，工宜抚腹直腰、仰项虚心，一十六息。存神坤腹，一有四息。如前平直，息息归脐，一有四息。共行二十四息，如是循行六时。先哲有言曰："自子至巳，宜进阳火，阳旺则升，阳升则机灵；自午

① 万批：说理甚精，最宜细玩。明此一段，即知修炼之大概矣。

② 万批：三则中尚有秘诀未泄。

至亥，宜退阴符，阴镕则降，降则滞活。”又曰：“首为乾鼎，心乃神室，腹曰坤炉。心乃藏炁之府，腹为性命交宫，生药之地。心宜虚，腹宜实。心不虚，则念杂炁乱，宿积不化下，酿成痰饮；腹不实，则炁虚气滞，液精不镕化，酿成精漏。”学者念之。

何以端直其体？要知任督二脉，体不端直，则气机塞；体一端直，则气机无阻，百络通利。关系非细。第初行此诀，气不易降，每有气翻逆涌，或觉身前身后胀滞发痠，皆因络有淤泥，尚滞未消，经炁透冲，现此不舒，正是通兆。急须加行翘臀等诀以逼督，虚心实腹以逼任，任督大通，前患自平。任督既通，除午子两时循行取采大法外，须于得药之后，循行翘臀虚心等工，加行平直工法，以炼以养，三年有成。

何以空洞其心？心不空洞，气神随念散注，理失其端，治无其绪，厥功难行。心一空洞，炁统于一，纵有淤滞，炁到立化，厥功易效，且犹有妙用寓焉。若或从事通任一工，其既，必行坠腹澄神，有坎阳陷阴之象，易落昏沉。备是诀者，气静神清，于斯之际，且必得有一灵独露之功。其若从事通督者，工既，必行存乾涤髓一诀，此工失备，升已杂浊，每有脑胀目赤，因动躁念，引起雷阳，致召雷震神飞之险。备斯一诀，万无等等患，纵或但犯胀眩，略加虚松退透等诀，患自立失。此句妙用，可胜述哉！

太虚又曰：“大凡饱食，切戒坠腹骤行，诀惟虚心。食既略落，亦惟神存心腹，勿事武工，诀加缓步抚腹而已。食坠既消，方可用武。”古哲有言曰“食后工用文”，又曰：“食后加虚心，心虚食易消。”盖人以食为天，而致病之由，基于食滞中宫，化成痰饮，翻胃等症[①]所由发也。食后加武，谷气随行，降滞下极，肛痈痔漏之由。逐气滞络，则又瘫痪等症之由。此物滞附于骨节者，积久化火，又成痨瘵骨蒸等症。古哲所谓文者，神存中极，意注命门而已。若加坠，其用乃武，适以致病，故戒之。虚心之诀惟何[②]？虚松其气机焉而已。曰缓步，寓有助脾化食之功。曰抚腹，寓有兜回谷气、导令藉火化炁之义。及食既化，又须加行缩艮一工。缩艮之诀惟何？如忍大小便然，所以防闲谷气，不令外泄，又使不能下滞之义。盖此一物，清者随炁上

---

① “症”，依丁本，金盖本作“证”，万本作“病”。

② 原批：所谓虚者，不滞不着，又不竟忘所在。若又忘其所事，则其神安而其炁凝，如是则气机松活而灵而圆。

升而化血，散充百络；浊者随气下行而润肠胃。一失神烘，便成阴液，为祸一身，故古哲于此必三留意焉。方其神存中宫，觉此胸臆满胀，敬以意运，从胸右降下，绕兜脐轮，自左上兜，绕脐到右而下，此是退阴符。盖以谷气太旺，故须从退诀。稍松，即止工，但行虚心一诀，自得松落之趣。渐觉得有氤氲气象，现于心目，是乃谷气薰蒸，初现之效。次觉此景遍周，乃是谷气乘我中炁，流行一身之效。既而胸臆气爽，惟腹尚充。此时食已下落，可加左中右运等工。谨按斯法，行体鼻息，息左则左，息中则中，息右则有，厥理精妙，而功法惟文。古哲泄未明泄，惟云但循诀运［古法盖依鼻息之气，出左出右而行。然鼻只两孔，出惟左右，那有中出之气？所谓中者，乃是两孔并出时，即为中炁也。人之鼻息，一合天时，验之有素，古法不我欺者。其息出入，乃是子左丑右、寅左卯右，按时递更，一一不爽。其于两时相界，则两孔并出。息出之数，惟子午较增，余时皆仿佛。其运法，气从左出者，即从胸左而下，兜腹转右，随转至脐上二寸许，向内一推，直附命门，此名进阳火。阳亏者，多运至三十六转而止。气从右出者，即从胸右而下，兜腹转左，随转至脐上二寸许，向内一推，直至下田，不附命门，此名退阴符。阴亏者，多运至二十四转而止。两孔并出为中炁，则自绛阙直抵中黄，于脐轮左旋三十六，右旋二十四，亦于脐上二寸许向内一推，直入玄窍中，无思无虑，片刻而止，是名封炉。按此工法，能按十二时不间断者，却是大秘法］。已忽造入屯蒙气局，此是神游水府之验。学者此际，急用清空工诀，转加神注坤腹，兼事缩艮，便得下田火发。逮至上中炁应，切戒前提，工惟前降，须助炁后攻。一旦破关后透，腾腾过脊，透枕而上，停凝半饷，自能下达华池。法于斯时，倍加息心，必得甘露沛澍，口满分咽，觉吾绛阙，真炁凝如。旋即从事忘诀，得有身无其身之妙。忽复觉有一滴，降自虚无，直滴到心，惟觉得大清凉。忽又下滴中黄，觉极温润，遍体春如，此是谷气已化至宝。于斯时也，法惟寂俟于不识不知之境，是名袭宝归炉，丹书名曰“宝归混沌”。凡我学者，未到辟谷地位，此工功夫岂可日忽？诚以得功在此，而得祸亦在此也。

修道人初步，何以必自身等虚空一诀始[①]？盖斯虚空乃天地之本体，吾

① 万批：虚空一诀，三教并重。盖惟道集虚，元气本空。惜人未体会耳。

身之究竟。假此真象以入手，则后持工诀，头头合道。谨按行工，无不以天地为法身者，究其工诀，乃自宽其气机。气机宽，始无中滞，乃得以身为铅，以心为汞，以定为水，以慧为火，而一无或难。况吾身虚处即天，实处即地。其中心肝脾肺肾，乃既精神魂魄意，其在天地间，即为金木水火土；而于道，则为仁义礼智信。体其作用，无非补偏救弊，而不外夫定慧两义[①]。有谓定乃道体，慧乃道用，其说似是而非者。盖定对不定而言，慧亦对夫不慧也。按其精义，定慧两字，皆属道用。夫道之为道，自然纯一，而具万有，该古今先后，而有若寂无。彷之太极，庶几似之。物来顺应，慧之义也；物往勿随，定之义也。然惟圣人能之，我辈修持，亦致修及似。始而难，继而能，终至自似焉而已。其工法不外克己。克己工法，无事净其常，有事净其变。吾师太虚翁曰："若以虚空为法身，而不以色身为天心神室，则落莽荡之虚无，而中乏主宰，是为外道。"故古哲必以此诀续之，而又虑入无情外道，故更以肉心为天心之心。盖明夫天心无时或昧，而圆净圆觉，故能应拂无偏，而又出诸自然，气机自充。循是以行夫身心铅汞，定慧水火，此念而外，不杂一念，是即所谓念中无念。若并此念而去之，是为水火煮空铛，乃无情之外道。景仰天仙者，须共参之。

谨按古哲，先从无妄入手。我辈行工，姑假定慧别解行之。其工法亦从无妄入手，惟以无妄为定，以妄起立除为慧。其次第：初除粗妄，继除微妄，终除无妄之妄，造至自然纯一为了当。谨先立此真念为吾天心真种子，是名径炼上关，且置夫结胎、养胎、脱胎等等勿问。盖以此种名目，古哲寓有玄意，正以藉详节次，使无躐等躁进之弊而已。究其趋向，不外除妄存真。参其工诀，无非假一除万。推其工法，乃是由浅入深，循名质实，与夫精而求精，妙以征妙。详其极着，归于无住。而无住一诀，实又终始持之者。彀中真种，以性为体，以命为用，凝而存之，镕以一之，炼以神之，而又循以深造，直与无朕之先合则无二。有是道体，厥用自神。然岂有不自无妄而终而始哉？此先哲立名标目之苦衷。无如后学不悟，翻因着妄，致增种种邪见，导入歧途。能悟是旨者，始可取诸丹书以印以证，否则宁可置诸高阁。

---

① 万批：定慧亦三教始终本末之所在。

修真辩难参证

序

羲皇道渺，厥旨幽深，火记六百篇，沦作趋避尘事而设。东汉魏伯阳真人出，准《易》精义，著为《参同契》，徐从事等，从而笺注之，黄老丹学乃彰。汉晋以来，得其粗而遗其精，流为采取旁术，祸延至今。栖云山悟元子，姓刘，名一明，以儒入道，博览群书，数十年穷理尽性，由参悟透入三易，著书一十三函，而《易》居其四，《道德经会要》一函，《参悟直指》一函，《西游原指》四函，《指南针》一函，《会心集》一函，《指南》三书共一函，知其名，未见其书。今春正月，新安鲍生，名兰浦，字淦亭，号昆峰，派名阳用，从事玄学久矣。孔君昭璞授之书，交采抽添结圆之旨，行承亦有日矣。以余曾遇至人，折节事余几六年也。至日，乃以悟元子著《修真辩难》全编印证于余，始得反覆探讨。书为湖北长春观主崔名教淳律师，募梓悟元子全书之一。上下共二卷，上有崔序，序言是书前编“言简意该，意在学者先识正途，不致惑于淫辞邪说，误入旁门外道，以害性命大事。是故言愈浅近，则道愈显明。虽略读书，粗识字义者，亦可寻踪而入，由浅及深，最为初学切要之书”。崔知论及此，故能发愿，首刻是书，续为尽刻所著，乃为圆愿。崔之护道传宗，此功此德，倍于悟元子矣。不有崔刻，何由广布？他日得是书，而因入正宗者，刘则度师，而崔乃引进者矣。不知顶礼，而阅是书，必是妄人也。要知是书得成，乃由读破万卷而来者，则其所著三易等书，不有数十年苦学，断难发泄者也。然即是书而论，惟于玄关一窍，致开功诀未备，则于虚空大交大媾从何入手？所谓坤方不死之人，从何会面乎？如是，则全部无用矣。余感作者刻者一片婆心，千古一遇奇缘，余既有所闻，淦亭请问甚殷，不敢自秘，爰为采择师传，谨述补于问答则中义泄未备下，似注非注，似批非批，上以求印于悟元子，下以请证于读是书者。

书垂成，恍惚感至悟元长者，为易一答，谕非原本，易自从学某手，余述云云，均沐印证，可易是书为某子修真辩难参证。语毕遂隐，灯光黯然，乃坐梦耳。既觉，香气犹存，而非兰非麝。爰立注于原答之下。不敢为真，亦不敢为幻，三才本一气，万古本同心，余即悟元子，悟元子即余，又何异焉？书成，爰并识诸序，以告鲍生。鲍生阅是书，慎毋勿如昔揣[①]，是书乃吾宗之至宝，当如东汉魏氏书读之。若得三易注略各种，幸即示我。

道光九年春二月谷旦，吴兴后学金盖山人闵一得谨序于上洋水仙宫。

原序

金城唐介亭先生来武昌，见示璞素老人所著《道德会要》诸书，并留存观中，以为有志修真者法。中有《前后辩难》一书，衲反复熟读，悦其前辩，言简意该，意在学者先识正途，不致惑于淫辞邪说，误入外道旁门，以害性命大事。是故言愈浅近，则道愈显明，虽略读书，粗识字义者，亦可寻踪而入，由浅及深，最为初学切要之书。慈悲之德，不綦大欤？然踪其所著各书，卷帙浩繁，重刊不易。明经秦瑶圃先生乃雅意捐资，先刻《辩难》全编，徐俟仁人君子，有发愿佽助者，续成此举，以广流传，是则为塔合尖，广种功果，实衲之私心而虔祝者。书目并载于后，谨为条其厓略，弁诸卷首。

嘉庆十六年三月，长春观道衲崔教淳樸然子序。

悟元子自序

《易》曰："一阴一阳之为道。"又曰："穷理尽性，以致于命。"夫理即道也，道即理也。阴阳之道即性命之道，此理此道，位天地而育万物，其大无外，其小无内，先天而天勿违，先天而奉天时，最幽最深，至精至微。知之者，成圣成仙成佛；迷之者，为人为物为鬼。然不得师诀，千譬百喻，以有形无，以实形虚，或露枝条，或泄根底，甚难穷究。加之后世旁门曲径，穿凿圣道，紊乱仙经，各说其说，各是其是。认真经书之喻言，埋没古人之本意。或流而为闺丹，或误而为炉火，或执其色身，或着于空寂，邪说淫辞，

① 万批：案："慎毋勿如昔揣"句欠解，当是"慎毋仍如昔揣"。

流行宇内。即有一二志士，满眼针刺，两耳梆铃，聪明无施，主意不定，一入网中，终身难出，此予《辩难》所由作也。辩何难？辩其似是而非、似真而假之难，辩其古人托言隐语、指象画形之难。其中天道圣功，性命源流，药火是非，无不一一分晰[①]。书成之后，又恐头绪涣散，语句冗繁，阅者不能会通一贯，故外著二十六条，名曰《修真后辩》，撮其大要，分出题目，言浅意显，文简理明，去譬喻而就实义，削枝条而拔根蒂，庶乎同道者见之一目了然于阴阳性命之理，可以极深研几，深造自得，而无难矣。吁！予岂好辩哉？予不得已也。

时嘉庆三年，岁次戊午，三月三日，栖云山朴素老人悟元子刘一明自序于自在窝中。

悟元子自著后序

庄子谓："大道不称，大辩不言。"盖以道本无名，有何可称？道本无形，有何可言？称且不可，言且不可，更何可辩？然世有称道者，有言道者。一自有称，则是非混杂，而道不真矣。一自有言，则邪正相争，而道有假矣。称道不真，言道有假，不是称道，反是谤道，不是言道，反是埋道。谤道埋道，塞修真之门，阻行道之路，为害最大。此予不得不强辩，以破其称之不真；不得不细辩，以劈其言之有假。辩不真之称，则不可称之道，学者可不难于渐悟；辩有假之言，则不可言之道，学者可不难于默会。难悟者，能使自悟；难会者，能使自会。此前后辩之存心也。虽然，既有辩矣，谓之无言可乎？既有言矣，谓之无称可乎？既有称矣，既有言矣，犹辩不真之称、有假之言可乎？人亦称矣，我亦称矣，人亦言矣，我亦言矣，焉知人之称者真乎？我之称者不真乎？焉知我之称者真乎？人之称者不真乎？焉知人之言者假乎？我之言者不假乎？焉知我之言者假乎？人之言者不假乎？谁真谁不真，谁假谁不假，是不在称道，不在言道者，见而自知之，吾乌乎辩乎！

悟元子再序。

① "分晰"，万本作"分淅"，据金盖本改。

栖云山悟元子修真辩难前编参证

桐城刘一明先生著　金盖后学闵一得参证

大清乾隆壬寅中秋之夜，月朗星稀，悟元默坐栖云峰顶，神入恍惚杳冥之乡，形归虚无寂寥之境[①]。

即境通玄，门开山见，从而深入，何等活泼！个中正子、活子，跃如昭如矣。学者莫作序事文看过。

众弟子侍侧，候至中宵，一弟子启而问曰："师不动不摇，无声无臭，其悟道乎？其坐忘乎？"三问而三不答。

非序事，乃假点此刻玄用耳。师是师，不作悟元子会，当作众弟子侍侧会，则得此则师字义矣。其旨脑在不动摇、无声臭，故能由悟入忘。而中宵之一乃启而问，问有着落。子字非虚文。子动而口现于门下矣[②]！故必三问而三不答，答在其中矣。是明明一幅阳动寂采，无上玄况图象也。二千五百人曰师。师无动摇，师无声臭，有一以视之。一者谁？子中之悟元子。要知一子之启，启自门内者也。厥口有三：曰天、曰地、曰人。三而一则得，一而三则失，故此三问三不答。答字大有玄义！不归于一，则答失所归，乌乎可？吾故曰："三问而三不答，答在其中。"学者审之。

弟子复请曰："师不发一言，毋乃朽木不可雕，粪土之墙不可圬，不足与语乎？"悟元熟视良久，从容而告曰："此非尔所知也。"

此则，是假问答以明妙义，以后亦然者，毋庸言外探讨。此则玄意，盖示门下当自静省，故熟视良久，而仍告以"非尔所知"云。

弟子问曰："敢请其故？"

悟元曰："吾将以天地为逆旅，以日月为过客，以万物为游丝，以世事为梦幻，以人情为寇仇，以富贵为浮云，以形骸为桎梏，以四大为枯木，以六根为孔窍，以身心为灰土，何动何摇？何声何臭？"[③]

---

① 万批：全从《南华》得笔。

② 按：此处拆问字为门口。子动之子指活子、正子，一指真一主宰。

③ 万批：胎息《南华》。

是仅答其所以能无动摇，所以致无声臭焉耳。其实即是学启玄关初步功法。悟元子极欲点破，无如世众正在沉溺，急切棒喝，无从下手。故姑以放下身心入门，而逗有借假修真妙用，乃在于以六根为孔窍也。盖言看达一切，心志斯一。我于斯时，即从六贼孔窍，透入希夷神域耳。无如学者不悟何？是乃举世通病，法惟导之使由而已。

弟子曰："如师所言，一无所有乎？"悟元曰："安得无有？"弟子曰："所有者何？"悟元曰："惟知有道耳。"弟子曰："然则道无为乎？"悟元曰："安得无为？道有体有用，有进有退，有逆有顺，有急有缓，有止有足，有始有终，有先有后，有爻铢，有层次，有变化，有等等大作大用，安得无为？"弟子曰："弟子入道多年，阅尽丹经，参访多人，毫无一知。望师慈悲，稍开茅塞。"悟元曰："道为天地所秘，鬼神所忌，非可立谈。若非斋戒，不得妄听。"

弟子拜退，一四大不着而身斋，二诸虑俱息而意斋，三回光反照而眼斋，四声音不入而耳斋，五香臭不到而鼻斋，六是非不动而舌斋。六斋已毕，复进而请曰："弟子斋矣。敢问其道？"悟元曰："未也，尚有一斋未完，如何敢问？"弟子曰："六斋之外还有何斋？祈师指明。"悟元曰："尚有心境一斋。此一境，其秽污更甚六根。六根为外贼，有时而来，有时而去。心境为内贼，此境有识神居之，为万劫轮回之种子，此境不斋，六斋无益。"弟子大惊而退。

莫谓六斋无益，第此六斋皆属有心。斋至于心，出诸自然，亦得谓之克斋矣。此六斋也，一一出诸自然，则自可名心斋也矣。

于是扫净万缘，离种种边，应无所住而生其心。片刻之间，如冻冰解散，毫无滓质。复诚敬跪前，泣而问曰："蒙师慈悲，已斋无斋，无斋可斋；斋之不斋，不斋而斋；不斋谁斋，谁斋其斋；斋者不斋，不斋是斋；知斋非斋，斋无可斋；若欲真斋，斋不见斋；斋既无斋，何用强斋[①]？"悟元子曰："尔知斋矣，尔已斋矣。可与问道，可与闻道。"

功到此际，道体全现，一点即悟。若令从此体认，而仍有无不立，人法

① 万批：得佛之藏通别圆四教语意，而出之以南华之笔，故语妙可爱。阅者宜细思之，方有领悟。

双忘，造至无所无边，自入无量化域，身机心机，自与造化合一。更令散斋七七，不失此况。待到时至，随机应点，自已身证自然，而六通具足，何先天之或昧，而胎有不结不圆乎？如是开导，大可顿超无上知德。惜仅允以知斋已斋，可以问道闻道，不为当下点破，又不为加鞭策进，或即座前面试，相机棒喝，自必一了百当，乃竟坐失此机，惜哉！盖此种高弟，能自勉，能精进，其去生知仅隔一线耳。余惜未之遇。余若遇之，余必乘机踏入，是乘其锐，巧以接引，必奏奇功者也。纵或有阻，而玄关一窍，自必大开而常开，采取、结养、脱化等等，乃可随问随点，总以无住无所，觉而勿着为用焉耳。悟元先生岂不识此？盖亦设此问答，以明至道。未必有此高弟得遇焉！有则未必如此失机者也。

问曰："何为道？"

答曰："道者，先天生物之祖气。视之不见，听之不闻，搏之不得，包罗天地，生育万物，其大无外，其小无内。在儒则名曰太极，在道则名曰金丹，在释则名曰圆觉，本无名字，强名曰道。拟之则非，议之则失，无形无象，不色不空，不有不无。若着色空有无之象，则非道矣。"

按所答，道之本体和盘托出，则此金丹大道，学者知所从事矣。其旨脑在一无着，觉而勿着，便是矣。

问曰："道既无形无象，是浑然一气，何以《易》曰'一阴一阳之谓道'？"

答曰："一阴一阳之谓道，是就道之用言；无形无象，是就道之体言。太极未分之时，道包阴阳。太极既分以后，阴阳生道。若无阴阳，道气不见。惟阴阳迭运，其中道气长存，历万劫而不坏。在先天则为道，在后天则为阴阳。道者，阴阳之根本。阴阳者，道之发挥[①]。所谓太极分阴阳，阴阳合而成太极，一而二，二而一也。"

问曰："太极分阴阳，是即两个阴阳矣。何以古人又言'两重天地、四个阴阳'乎？"

答曰："两重天地，先天、后天也。四个阴阳，先天、后天阴阳也。先天阴阳以气言，后天阴阳以质言。先天阴阳，太极中所含之阴阳；后天阴阳，

① 万批：分别最清。

太极中生出之阴阳。金丹大道，取其气而不取其质，于后天返先天，故曰先天大道。”

问曰：“先天后天，阴阳各有分界，何以又云‘后天中返先天’乎？”

答曰：“先天一破，生出后天阴阳；而后天阴阳一动一静，其中又生先天。至人于此后天中，采取所生一点先天之气，逆而运之，返本还元，复全太极之体，故曰还丹。”

问曰：“阴阳既分先天后天矣，何以又有内阴阳、外阴阳之说乎？”

答曰：“内阴阳，即后天之阴阳，生于形体。外阴阳，即先天之阴阳，出于虚空。形体阴阳，顺行之阴阳，天地所生者也。虚空阴阳，逆运之阴阳，生乎天地者也。所谓内外者，以用言耳①。”

问曰：“阴阳既有内外，五行亦有内外否？”

答曰：“五行从阴阳中出，阴阳有内外，五行安得无内外？如十天干、十二地支五行皆二。以天干而论：丙为阳火，丁为阴火；甲为阳木，乙为阴木；庚为阳金，辛为阴金；壬为阳水，癸为阴水；戊为阳土，己为阴土。以地支而论：亥水为阳，子水为阴；寅木为阳，卯木为阴；巳火为阳，午火为阴；申金为阳，酉金为阴；辰、戌二土为阳，丑、未二土为阴。阳为外，属先天；阴为内，属后天。此先后天之所分，内外药之所别也。”

问曰：“内药了性，外药了命，乃是修持性命各有时节矣。《易》曰‘先天而天勿违，后天而奉天时’，则是逆施顺运，两不相关矣。何以《入药镜》云‘先天气，后天气。得之者，常似醉’也？”

答曰：“祖师慈悲，分明说了，尔自不悟。夫内药了性，即‘后天而奉天时’；外药了命，即‘先天而天勿违’者。勿违者，用逆道，先发制人，所以夺造化而结丹。奉时者，用顺道，天然火候，所以融五行而脱丹。前后两段功夫，故曰性命双修。内外一齐修持，故曰逆顺并用。”

问曰：“性属阴，命属阳，是太极所分之阴阳乎？”

答曰：“此有分别。性有气质之性，有天赋之性。命有分定之命，有道气之命。气质之性，分定之命，后天有形之性命。天赋之性，道气之命，先天

---

① 万批：观先天八卦皆逆行，后天八卦皆顺行，即知先后天阴阳之理。

无形之性命。修后天性命者，顺造化。修先天性命者，逆其造化[①]。大修行人借后天而返先天，修先天而化后天，混而为一，性命凝结，是谓丹成。性命者，阴阳之体；阴阳者，性命之用。但有真假之分，先后之别，惟在辨的详细，认的分明耳。”

问曰：“性命必赖阴阳而后凝结，则是有阴不可无阳，有阳不可无阴，何以又有‘群阴剥尽丹成熟’之说？到底用阴乎？不用阴乎？”

答曰：“所用者，真阴真阳；不用者，假阴假阳。真阴真阳为先天，假阴假阳为后天。先天成道，后天败道。”

问曰：“何为真阴真阳？何为假阴假阳？”

答曰：“阳中之阴为真阴，阴中之阳为真阳，此所用之阴阳，古经所谓‘阴阳得类’者是也。亢阳无阴为假阳，孤阴无阳为假阴，此不用之阴阳，古经所谓‘孤阴寡阳’者是也。”

惜此节所泄“类”字，未为透顶泄出。盖此精义，先圣所秘，故仅引丹经曾泄者欤？然此义泄不彻透，后之学者，仍在荆棘中也。余故于《阴符经玄解正义》中述示焉，无如唱和绝少知音。噫，丹经所谓“同类易施功，非种难为巧”，此两句诀法备矣。味此“类”字，知在先天中讨同类。大地生人，龙虎无量，其中合星合潮者，亦自有无量数可接可取，第以见不见为可否焉。此道惟吾北宗得之[②]。其谓种者，义更精矣。不知彻用种义，适合水火空煮之讥。见此批者，幸勿草草看过。然此采法，岂仅不宽衣、不解带哉！鄞鄂宽广，百里之内，不面不期，如磁吸铁，而迩若同座也。惟玄关寂开者，行乃不妄，亦不幻也[③]。

问曰：“阴阳交感，天地自然之道，何以有孤寡？”

答曰：“吾已曾言矣：阴阳交感，即是真阴阳；不交，即是假阴阳。其真假，在交、不交上分别耳。”

问曰：“阴阳既有交感之道，则道出自然，何待修持？”

答曰：“后天阴阳，有时而交，有时而不交。圣人先天学问，顺中逆运，使长交而不散，所以人能胜天，而不为阴阳所拘。”

---

① 万批：此亦先后八卦顺逆不同之理。

② 万批：此道南宗亦得之，惟是功法不同耳。

③ 万批：南北二宗皆须玄关开后，方能采取，但有渐法激法之不同耳。

谨按是答，当循马丹阳《还元秘旨》功法，不入歧途。谓须深耕以置种，浸灌无亏，所以待时也。已而人机齐应，是为天人合发，乃可假幻以勾玄。个中反覆，鬼神莫之测。不假混沌片时，得不圆成；不置身心局外，必有飞走等虞。钟祖处之泰如，吕祖得而三失。诀惟清和两字，以济以调，乃得四季长春，人定胜天也。其即所谓先天学问欤？盖以节节事事而先于天，乃得时至不落于后，切勿胡思杂测，致入歧途。而悟元子述既及此，不为和盘托出，余恐后学仍在荆棘中求生计，故为述而补之。

问曰："阴阳之交在内乎？在外乎？"

答曰："然。后天阴阳在内，先天阴阳在外。在内出于自然，在外出于作为。"

若论后天之交，全在逆施，而答曰"自然"；先天之交，全在无为，而答曰"有作"。是犹贴两色身之内外言欤？抑贴两幻法身气感之内外言欤？从贴两幻论：阳幻藏有先天阴，阴幻藏有先天阳。若从先天，则当逆施，故曰有作；若从后天，则入顺行，故曰自然。如是之答，谓之泛答，似非悟元子之本旨。应从幻法气感而言，方有精义。盖按丹法，有形有象者，曰后曰内；无声无臭者，曰先曰外。当其两幻相值，神凝气结，出之自然；郁而外透，达于虚际，亦出自然。已而太极应感，沛然元注，充乎两幻，个中玄况，笔难罄述。吕祖三还三失，正此时至焉。必须步步合作，乃得泰定，是乃悟元子所述有作之宗旨，学者慎勿泛泛体之。

问曰："在外阴阳，必不关乎我身，或谓在天地，或谓在彼家，是否？"

答曰："愚人不明在外之义，或吐纳天地云霞等气，或采取妇女红铅梅子浊血，弃正入邪，做孽百端。殊不知外者，包罗天地，不属于我之谓。有生之初，原是我家之物，因先天一破，假者用事，真者退位，日远日疏，与我无涉，所以为外。这个秘密，不遇真师，难以识认。"

按所辟，是也。然以秘密之物，端从同类中求之；曰内曰外，乃从现前而言。其实是一物，何有阴阳内外哉？行从先天立脚，天地、日月、云霞、红铅、梅子等等，质皆是假，气皆是气，气岂类外气哉？古哲缕示，皆有妙用，第非初学所能，更非执着可得。惟能步步不离先天，从头寻讨先天之先，玄关八达，触着撞着，无不先天，如一亮纱大罗罗帐，物物珍珍，洞明洞见。只须具得千手千眼，随意检收。向所失物，全在此中。然不得遇真师，嘱开玄窍于前[①]，具此千手千眼法身于后，从何识得？悟元子秘不之泄，余故述以补之。

问曰："先天之物与我疏远，则必一身纯阴，不得执此身而修，何以《易》有'不远复，以修身'之说？"

答曰："大道不离此身，亦不执此身。在外求之，非我同类，便是入于邪道；在我求之，一己纯阴，便是着于后天。是特有法在[②]，能使无者而复有，去者而仍来，所以谓还元返本。"

按此答云云，已详前批，前批云云，正是此答特有之法。学者可详味之，诚行无不验也。究此特有之法，还自斋心一诀入手。此诀习透，然后循行马祖所授口诀，加一恒字也。

问曰："既不在身内，又不在身外，先天之物果在何处？"

答曰："在玄关一窍[③]。夫所谓玄关者，乃四大不着之处，非有非无，非色非空，非内非外。又曰玄牝门，曰生杀舍，曰阴阳窍，曰生死关，曰混沌穴，曰龙虎坛，曰龟蛇窍，曰恍惚乡，曰杳冥地，曰出纳户，曰戊己门，等等异名，总谓玄关窍。在身非心肝脾肺肾，非眼耳鼻舌身意，非三百六十骨节，非八万四千毛孔。古来仙真不肯分明说破，所以诸多旁门妄猜私议，皆于一身色象中求之，大错大错。吾今与你指出，要知此窍，在于六根不着之地，五行不到之处，恍兮惚兮，其中有窍，杳兮冥兮，其内有门，自开自阖，呼之则应，敲之则灵，明明朗朗，现现成成，迷之则远隔千里，悟之则近在当前。噫，神而明之，存乎其人。非下数十年穷理工夫，不能见此。"

按此答，先生于此一步，乃自穷理而得，似在彀中，却未真得者，余即于所示见焉。先生之失，失在看书与穷理耳，有识功从虚寂入手者，自知余言不谬也。此节大病，在于呼、敲两句，与后归功穷理得见焉。夫此一步，惟从虚寂两字入手，功到极处，一切玄况，概须觉而勿着，古哲所谓"无思无虑，忽然透入玄况，若归故土，绝勿为异"。置此有无动静、实虚空色等

① 万批：欲先开玄窍于前，然后渐修了性了命之功，非遇真师不可。

② 万批：有法不轻传。

③ 万批：玄关一窍确有定位，悟元子未曾开关，故言多拟议。宜闵先生斥之。然闵批所云，亦是开关后之玄况，而玄关之位未肯轻泄。盖恐学者躐等，妄行摸索，致生闯入后天之弊耳。学者勤而行之，开关后自知之矣。

等，见若勿见，觉若勿觉，厥关开否不之究。若稍住滞，便落窍外幻妄，不可不戒。人能寂守此诀，一念不生，忽如梦觉，浩浩兮无涯，冥冥兮莫测，古哲谓神真入窍之初境。已而机忽自泯，古哲谓为神造混穆。忽复觉彻种种，而中寂如故，古哲谓为玄窍自具之活元运。按此运机，乃正戌末至夫活子之初之玄况也。学者此时，必若身凌万仞峰顶，眼界无际，高深如之，古哲名为窍中正子之玄况。已而生杀互应，变化无端，应接繁庶，我仍寂视，念不稍动，古哲谓为窍中之活午。斯时，法惟加行退摄，摄返先天，不令阴盛阳衰，致于中和，而亦寓有沐浴功法。是为真入、真感、真应焉！盖此玄窍直与造化一鼻呼吸，虚不极、静不笃，万无开入之理，古哲谓此个中，总而天地五行，阴阳三才，生灭于此。大修行人无不于此筑基者。天、水、地、人、神、鬼六种仙眷，皆于此出。《西王母女修正途十则》则中备言之，其得之由，在于机感机应云。

问曰："玄关一窍，既不在身，又不在外，而曰阴阳窍，本身岂无阴阳乎？"

答曰："人秉天地阴阳五行之气以成形，形中又含阴阳五行之气。阴之灵为魄，阳之灵为魂。魂魄在身，如室之有人。玄关者，即魂魄出入之门户。但此门户无形无象，在虚空中阖辟，而魂魄亦在虚空中出入。因其在虚空中，所以不在身内，亦不在身外，即此身之一动一静，亦在虚空中。故尔自静思：此身如何能行？如何能立？如何能坐？如何能卧？如何能言？如何能默？如何能屈？如何能伸？诸如此类，皆从玄关中出。这个消息果在何处？若能知的，则见阴阳之门户，可能保全性命矣。"[①]

按此玄窍，诚非拟议可得。盖以窍非凡窍，直是先天后天界限之处。然以丹经体云"念头动处是玄牝"，则此玄窍，究当于脊前宫后寂虚以俟，功到自然，无不得现也。此说闻自驻世神仙黄、李二真人，一得常获神验者，不敢自私，谨补以述云。

问曰："阴阳既在身中，则性命之修持在己，非可假借于他人者。何以古人又云'莫以此身云是道，须认他家不死方'乎？"

答曰："此就后天言耳[②]！人自有生之初，性命一家，阴阳一气，渐生渐

---

① 万批：此段亦属拟议之词，悟元子一再含混，故闵先生至此不得不直泄之曰脊前宫后，使学者知玄关之确有定位，而未可含混也。

② 万批：南宗之他家，非指后天而言，须详辨之。

长，年至二八，阳气已足，一阴潜生。于是乾与坤交，乾虚而成离，坤实而成坎，离中藏性，坎中藏命。坎陷其真，犹虎奔而寓于西，命不属我，而我之所有，纯阴之物耳。若执此身而修，不过修此后天之精气已耳，焉能到的纯阳完成之体？故必须他家不死之方，即坎中所陷一点阳精。因其坎陷，非我所有，故谓他家，非身外一切他家之说。若着身外，便是毁谤圣道，当入拔舌地狱。缘督子曰‘一点阳精，秘在形山，不在心肾，而在乎玄关一窍’者，此也。”

按此答[①]，尚是地仙家固元初步功诀。然若玄关不开，事亦无济也。先师太虚翁曰：“缘督子以通儒而得真传，惜有所秘。然曰‘不在心肾，而在玄关一窍’，盖已不泄泄之矣。第不透泄，适足误人。”先师之论如此。今按悟元先生此答，无亦受误于陈说也欤？陈说盖有为而说者。戡破陈说，惟吾南宗泥丸陈祖也。陈祖慨之，故谓紫阳张祖“运心不普”。夫以紫阳张祖之圣，尚被误于陈说，又何怪乎缘督赵真哉！余阅其书，载有“无遮佛会”，又曰：“不得真传，安知采取？”则此采取真诀，赵真亦必闻之。第如悟元先生，乃畏玄谴，故其所泄只止此，然曰“不在心肾，而在玄关一窍”，亦已暗示功诀。盖以后学真破元亏，惟宜深耕置种，乃能假幻钩玄。不识深耕置种，无由返本还元也。欲事深耕，功从三观始。三观功熟，乃事置种。种者何？同类也。知识同类，又谙采取，胎尚赖结赖圆，岂仅元固已哉！然不为之指示终始，未有不仍事邪说者也。

闻之太虚翁，翁谓“邪说之行，病在功不破关，类不识类”。破关直指，无过置此身心于先天之先，行到自自在在地位，不劳功力，玄关自开，自见自入，第当知忌着相着想，又忌当面错过。盖功造初见，既见之时，若一动念，玄关立隐。个中玄况，立必随念而变，致莫中止之虞。诀惟置我神志于不识不知之地，行到万虑不生，一灵亦泯，是造混穆极境，是已深入玄窍窍中地位矣。忽而一念顿动，寂而视之，觉有如吸应呼，不击自鸣，乃是一阳初动之候，须加寂如一诀，又忌木住一弊。诀惟循动透入，是正玄关洞启之候。倘犯木住，古哲名为僵立内外。学造此候，旋必如春如夏，境得日暖风和，花明柳暗。我若真瞽真聋，六门紧闭，一窍不开，是为错过。若因驰骋

① 万批：此披（批）先生煞费苦心，南北二法皆既略透露，学者须详玩之。

颠倒，昧我本来，是为逐物，亦足自误。诀惟廓放真元，与境元合，而内存涵志，一意内虚且寂。已觉个中得有无上湛润，外境庶繁，听之而已，是为功造正午、万路齐开之玄况。诀惟从事退阴，然亦不过意存敛志，其元必自若云归洞，第见霞绕空谷。倏忽由和返肃，是造申酉玄况矣。寂视久之，况现冬象，则事乾卦初爻。学者至此，未可住手，诀惟神收下极，功造遍体充和，悠然住手，是为从事玄关初步功法。如是行满百日，再商进步。而于置种等等诀，有力者预谋元种[①]，无力者寂隐市朝。至上莫如净结无遮佛会，谋成隐成结成，自各有无上上大用。如上所云云，只了得深耕一着也，古哲名为性学、命学之始基。是乃悟元先生秘未之泄之大道，余恐后学误入歧途，毕生莫救，故为补述于此。然是历古圣真山盟海誓，三更时候口授之诀，未尝形之纸笔者，学者见之，毋作等闲看过。其要全在深耕一着，深耕功浅，得收无多，深耕功熟，得收盈仓，此是至理，幸勿自误。

所谓置种者，乃搆生龙活虎于丹室[②]，用以感致真元，男则致夫坤元，女则致夫乾元。两元气感，交于虚际，必有所生。吾用我媒，引至个中，结成夫妇，是为神仙延年而已。惟能廓我鄞鄂，内感三元，假[③]中真火，剥阴留阳，日行月炼，打成一片，待时作用。得感坤母，应敕人元真一，降配我中，真真合德，自得真火如然，炼生黍珠，以志引落中黄极中，如珠盘旋，霞云覆护，存若女孕，乃为结胎。法惟虚寂以存之，既惟日温时养而已。如是休养，功到是一非一，是二非二，乃为致成天仙之功诀。我师太虚翁之玄论如此。此即悟元先生所谓"到的纯阳完成之体"之真真功用也。若遵先生所示，尚属幻幻气感交生之元，未得即谓纯阳完成之体。火候功法，亦未尽泄。余故述而补之。

问曰："性命属于坎离，心是离，肾是坎乎？"

答曰："此后天幻身之坎离，非先天法身之坎离。法身坎离，以离去其阳为离，以坎陷其真为坎。离去其阳，则所有者必阴。坎陷其真，则所藏者

---

① 万批：元种者，人元之真种。

② 万批：学者细玩此披（批），须知：生龙活虎是真诠，个中消息在元元。北宗寓有南宗法，谁识先生教外传。教外传，我来传，篇中隐语皆玄玄。借问僻处孤修客，何以双修是人元。

③ "假"，疑为"个"。

必阳。离为日魂，乃丽明之象，然外雄内雌，魂中有魄也。坎为月魂，乃晦暗之象，然外黑内白，魄中有魂也。中阴中阳，具乾坤中正之体，为真阴真阳，乃性命之根。丹道采此二气，合而成真，超凡入圣，是岂后天有形之坎离可比乎？”

问曰：“坎离即是真阴真阳，取坎填离，所取者何阳？所填者又是何阴？”

答曰：“此就后天中返先天而言，所填之阴，即我家之阴。后天之物为假，阴乃离内七般硃砂，身中涕唾[①]精津气血液也，七般灵物，时刻难留。坎中之阳，即他家之物，先天之真阳。取此坎中之真阳，以填我离内之假阴，如猫捕鼠，是以先天化后天，以真阳制假阴耳。不得以假阴认真阴。假阴天地所生者，真阴生乎天地者，何得相混？”

问曰：“真阴阳、假阴阳之实迹，可得闻乎？”

答曰：“真阴阳，如世间媒妁所合之夫妻。假阴阳，如世间私通苟合之男女[②]。私通苟合，一朝事败，性命有伤，非徒无益，而又害之。媒妁所合，光明正大，生子生孙，谁得而拆？谁得而败？盖以真者成事，假者败事，故至人不用假而取真也。”

问曰：“和合阴阳以黄婆为媒娉。黄婆在何处？”

答曰：“中土也。《易》曰‘黄中通理’，盖中土所以和阴阳、合四象、攒五行。修行若无此土，阴阳何以和？四象何以合？五行何以攒？特以土为阴阳、四象、五行之信。故春夏秋冬四季，各有土王十八日者，取其信也。”

问曰：“土有真假、先天后天之分乎？”

答曰：“如何无有？譬之春夏秋冬，各有土王十八日。此土乃无形之土，属于先天，土之气也。大地之土，乃有形之土，属于后天，土之质也。气为真，质为假。不特土之真假如是，即四象五行亦然。”

问曰：“假土既不用，何以大地假土生物乎？”

答曰：“真者借假而施功，假者借真而生形。无假不现真，无真不现假。假即在真之中，真即在假之中。大道后天中返先天，亦是此意也。”

问曰：“‘坎离若还无戊己，虽含四象不成丹’，此戊己二土即真假之别

---

① “涕唾”，诸本作“涕吐”，据《修真辨难》改。

② 万批：此处譬喻，稍觉牵强。

名乎？”

答曰：“此戊己即吾所谓先天之土，而非言后天也。盖先天有戊己，后天亦有戊己。以先天而论，离中有己，坎中有戊。戊乃静中之动土属阳，己乃动中之静土属阴。所谓镇位中宫者，即静土。所谓招摄先天者，即动土。具此二土，以合坎离，则水火相济而结丹，逆道也。以后天而论，离之一阴为假阴，乃不正之阴，明于外而暗于内，为不静之己土。坎之一阳为假阳，乃不正之阳，正气闭而邪气彰，为妄动之戊土。具此二土，伤人性命，则水火不济而败道。有此分别，何得一概而论？”

问曰：“先天戊己，同用乎？分用乎？”

答曰：“以还丹而论，以内之己土而招外之戊土，以己求人而采药。以大丹而论，以外之戊土而就内之己土，以情归性而结胎。此分用也。采药之时，内之己土不倡，则外之戊土不和，外之戊土不动，则内之己土不应，内外同济而药自虚无中生出。结胎之时，内之己土不迎，则外之戊土难就，外之戊土不动，则内之己土难施，动静如一而胎从自然处结就，此同用也。”

问曰：“还丹、大丹之理如何分别？”

答曰：“还丹者，还其原本，后天中返先天也。大丹者，修其原本，无象中生实象也。盖人自阳极生阴之后，日复一日，阴剥其阳，先天之气消化，分数大缺。还者，以法追摄，渐采渐收，复其本来原有之数，如物已失而复得，已去而复还，此还丹也。然本数虽足，若不经火煅炼，不能以无形生有形，以无质生有质。故必于还丹之后，重安炉，复立鼎[①]；以铅投汞，以汞养铅，用天然真火煅炼成真，变为金刚不坏之物，与天地并久，与日月争光，方能全的一个原本。否则还丹已就而不修大丹，虽有原本，必不坚固，终有得而复失之时。”

还丹末后一着，按即混俗之妙用，丹道必经之要着[②]。其中旨契，各有趋向，未可一概而论也。然皆名为重安炉、复立鼎。曰鼎曰炉，喻言耳。悟元子示，乃汉唐以来成法，尚未追溯太上心宗，故有重安复立等说。是或踪循裴航故事，或循薛祖隐妙，皆是踵循要道，全其妙行者也。惟吾太上心

① 万批：重安炉、复立鼎二语须细玩之，盖还丹之后，必继以大丹，而道乃成。还丹，玉液也。大丹，金液也。此南北之所由分，而东华之所以合也。按：其说非是。

② 万批：混俗二句，须知之。个中人，自默会。

宗，不外先天立脚，还丹在此，大丹在此，是为不二法门。至精至微，至玄至奥，然又极中极庸，极浅极近者。体而事之，个中浩渺如大海，要妙如河沙。学者只须修具千手千眼，炼筑无际无边大法藏，藏有吸金大宝石，我则于中捡而袭之。此一宝石生自无极，无形无象，无声无臭。先哲不得而名之，第以无质生质，而又似石非石，强名曰宝石。夫岂磁石乎哉？人之真一实似之。至夫千手千眼，与夫无际无边大法藏，还从克己一功中炼出者。先师太虚翁玄论如此。究其功法，不外“万缘放下，一意留坤。开启功用，如是如是”。不敢自私，谨以补述悟元先生所未示云。

问曰：“还丹、大丹，即内药、外药乎？”

答曰：“有数说。以丹道终始而论，则延命之术为外药，了性之道为内药。非外药不能脱幻身，非内药不能脱法身。外药所以结胎，内药所以脱胎。以还丹而论，坎为外药，离为内药。以大丹而论，真铅为外药，真汞为内药。古人之言，各有所指，不得泥文执象[①]。”

问曰：“真铅在坎，真汞在离，还丹已结，铅汞相投矣，何以大丹又有铅汞？岂非四个铅汞乎？”

答曰：“还丹，坎中之铅，离中之汞，是后天中所藏先天之铅汞。将此铅汞返出，是谓还丹，又曰金丹，又曰真种，又曰真铅。点一己之阴汞，如磁石吸铁。此汞即离内七般硃砂[②]。汞得铅气，霎时而干。后用已死之真汞中天然真火，温养十月，抽添运用，铅气片片飞浮而去，只留得一味灵砂。纯阳无阴，法身成矣。”

问曰：“金丹乃铅汞相结而成。既云以汞制铅[③]，又曰温养十月，铅飞汞干，岂不前后矛盾乎？”

答曰：“这个天机，古今来不知迷杀多少学人，千人万人，谁能知的？夫灵砂者，先天至阳之物。因阳极生阴，先天入于后天，真中有假。若不得他家真铅以制之[④]，则此灵砂，终非我有。盖真铅内藏先天真一之气，以此铅气

---

① 万批：此处内药外药之分，还丹大丹之别，延命了性之异，言之最悉。斥外鼎者，须细参之。按：万说非刘一明本意。

② “硃砂”，万本作“珠砂”，据金盖本、丁本改。

③ 万批：案：以汞制铅恐误，当是以铅制汞。

④ 万批：真铅在彼家。双修者，宜细思之。

点我灵汞，则汞自不走。此汞已死，若不将铅气抽尽，灵砂不结。何则？铅虽先天之气，然自后天中出，外阴而内阳，带有阴气在焉。将此阴气抽尽，方能刚健中正，露出一颗黍米宝珠，内外光明，通天彻地，放之则弥六合，卷之则退藏于密。《悟真》云：‘用铅不得用凡铅，用了真铅也弃捐。此是用铅真妙诀，用铅不用是诚言。’于此，可知用铅之说矣。”

用铅如此，用汞可知矣。铅汞其然，四象五行，天地人物，不其然乎？是即用气不用质之义。此则更进一步，乃是用先不用后之大道焉。此之谓能知返还之妙义，学者当体行之。经曰：炼精化气，炼气化神，炼神还虚，炼虚合道，炼道合自然。返还之次序如此。返还至此，则可生死自主矣。功不至此，亦必遇魔而退，退至听天，岂不惜哉[①]！究其功用，端自尽己始。未有己不尽而能尽性致命也。我师太虚翁遗训如此。

问曰：“还丹大丹有分别，火候亦有分别乎？”

答曰：“有分别。还丹火候在活子时，大丹火候在正子时。活子时者，‘不刻时中分子午’。正子时者，‘一时辰内管丹成’。刻中子午者，刻刻有阴生阳长之机，遇子而进阳，遇午而退阴[②]。《入药镜》云：‘一日内，十二时。意所到，皆可为。’言意度其阴阳消息而为之，正此不刻时中采药之活子时也。一时丹成者，此一时与天地合其德，与日月合其明，与四时合其序，与鬼神合其吉凶，难得而易失，生死所系，性命所关。至人于此一时，奋大用，发大机，天地之数夺尽，万物之数夺尽。驱龙就虎，以虎驾龙，入于黄房，结为至宝，乃一时结丹调和之正子时也。”

问曰：“活子时、正子时之来，如何得知？”

答曰：“不知如何作用？以活子时而论，先天真阳为后天所蔽，不能自发。即有时而发，为人欲所混，亦必旋有而旋失。何以故？认假不认真耳。至人于此先天一发之际，用法追摄，渐采渐收，积药已足，温之养之，气足神全。正子时到，大药发生。用片饷工夫，采而服之，与我真汞相合，复全混沌之一气，此合大造化也。服丹之后，混沌七日，死而复生，换过后天卦爻，露出先天根苗，从有为而入于无为矣。”

---

① 万批：世之遇魔而退者，不知凡几，皆未得真师指授耳。

② “退阴”，万本作“进阴”，据金盖本、丁本改。

按此一段开示，乃从秦汉以后功法人手，故有等等说张。其法繁难，见效易，而得成者，千万众一人而已。其病，不从先天之先立脚耳。体其功法，重在有作有用，先天之气，万无或遇也。则其所谓混沌，直是阳陷于阴，故须七日，阳始得透。然有间得通灵幻化，世人何知，从而崇奉，然于大道无一或合者，吾宗戒之。得虽德薄，不敢附和云。我师太虚翁亦尝论及，谓此一段功法，孤修双修，均须外侣维持。孤修者，入定而已，嘱备上品引磬，耳边击之，俟韵垂绝，复又击之。定浅者，一击即醒。定深者，或三、或五、或七，无不醒也。若或移动其躯，得醒者，十无二三。既醒，必发奇症。双修亦然。如是不醒，须嘱外侣，移神注定，或竟与定，口鼻紧对，自能致醒。苟或迷昧，双修则双死，单修则单死[①]。

先师曰："余昔游洞庭，路过草庵。庵为静师卓锡之所，静师常开无遮佛会，亦有年矣。是日，余未入门，一老妪自内出，情甚张皇。顷有一童追呼'妈妈'，情甚欢喜。妪问疏[②]，曰：'庆姑醒矣。'妪随返。余窃异之，乃从入。未及问，庆姑已下阶，见余大喜曰：'果是，果是。'乃引入室。庆曰：'东座某某，西座某某，北座之左某，右即弟子。弟子神出，见师凝立庵侧，遂醒。疑是梦，不期果是！'因述合堂念佛入座，乃有此变。余闻，静审合堂无死机，乃取引磬按序击之，东西皆苏。惟庆左座，七击不醒。乃令庆坐定右，并嘱聚精汇神，注向定躯，刻许亦苏。群皆伏地叩曰：'某等正入雾乡，莫辨东西。忽得蒲牢风送，心志稍定，乃觉。'左座一僧，桐庐庆姑姑表兄，年十六[③]，庵主静师弟子。僧曰：'某被迷雾迷睛，误入冰窖，身僵不得动。钟声喤喤，僵迷更甚，忽得暖气，触透身心，心乃活。闻师呼我，始如梦觉。'余告曰：'是为入定。今而后，倘复若此，慎毋移眠床榻，仍以磬招，无不醒者。同定先醒，慎勿下座，必俟俱醒，乃可下也。此番合堂入定，千古奇缘，惜才混沌，未造清空，能到春和，再见星月，碧水千寻，芙蓉夹岸，复入混穆而醒，其去得道不远矣。今惜静师亦入彀，庵无主者。余敢从经不从权乎？然已上干卿云覆护，佛天必有恩荫者。此余凝立庵侧之由，庆姑勉诸。'"先师之则，樵云先生采载《金盖日记》，此可为修真者鉴，得故补述于此。

---

① 万批：无遮大会，亦是双修，释道皆同，孤修者其鉴诸。按：无遮是众修，非双。

② 万批：案：妪问疏之疏字，当作苏字。

③ 万批：按年十六，当是六十。按：此语亦见万氏之内蕴。

问曰：“金丹之道，一得永得，如何有死而复生之险？”

答曰：“正子时乃接命之一时。当真铅投汞，铅汞相融，百脉皆息，万虑俱寂，入于混沌之窍，一不小心，大丹即漏。盖以此时为紧要之关口，接命在此，伤命亦在此，所以古人云‘混沌七日死复生，全凭侣伴调水火’也[①]。”

问曰：“结丹消息在自己，侣伴如何能调水火？”

答曰：“此非外之侣伴水火，是内之侣伴水火，乃同心合意之人，能调阴阳以助我力。所谓‘先因我主他宾客，次反我宾他主人。彼我会而性情合，人已通而铅汞结’。一水一火，在鼎炉之中，自烹自煎。一龙一虎，在造化窟里，相吞相啗。神凝气聚，婴儿有象。若非侣伴之功，安能到此？但此侣伴，最不易得。噫！‘凡俗欲求天上宝，寻时须用世间财。若他少行多悭吝，千万神仙不肯来[②]。’”

按答所示，乃贴虎龙姤交之内侣，故曰“同心合意之人”。然非泥水，尚属气神德合作用。而所得，乃是一粒复一粒之天宝。宝而非宝，不二圣姑所述止啼之物，是黄叶，非真金也。悟元先生想未亲历，故以古哲得致虚空感降天宝视之，乃有婴儿成象一语，后学须细体会。若果侣属置种之侣，不宽衣，不解带，一龙一虎，均以清净气神，会透虚空，即于虚空净境，相吞相啗。我于其下，但廓鄞鄂，寂虚以俟，得有种龙种虎神交生物，自必下投吾谷。我但加倍寂虚，自与吾汞镕合。惟戒内起杂念，必无他变。功竣之后，觉吾此中顿倍安泰焉！

倘沐天缘，竟于种交之际，感降上天圣父圣母精交虚际，必有天宝，如月如日，合璧虚悬。我于其时，鄞鄂旷廓，兼吾真阴，积如玄圃，渊深无际，则可以意上迎，自得天宝，如针投芥，亦无他变。倘我此中鄞鄂未具，真阴无多，只可窃叨遗荫，身如背暴日中而已。若或不量，妄意上迎，必有火焰昆岗，玉石俱焚之变。虽有知音侣伴，同成灰烬也矣。古哲所谓天宝，乃是此宝。所谓世财，乃是鄞鄂与真阴也。盖此天宝，烈过火毬，已无真阴以配。我身民相随之，色身立成灰烬者，此无救法也。

① 万批：金液大丹若是孤修，何须侣伴。

② 万批：金液大丹必真师下降，是岂悭吝者所能感召而至哉？噫，可慨矣。

若如先生所得之宝，虽属生龙活虎交生之物[①]，致而来归，亦须自问。倘吾性学未彻，命学未备，亦有非常之险，乃须知音侣伴，默相调护，可致安泰。盖当宝归北海，大忌南炤火炎，此火即是欲火。实以其时，必有非常逸趣。我非童真，即或童真，知识早开，必有所闻，世风如是，真已非真，一旦身得逸趣，难免溜堕情海，此为至险，不可不预防严。先生亦曾计及，故前有一不小心之戒。学者值此，急须摄此身心于无何有之乡，且须定情于脊前心后，是之谓循艮背，然犹有复燃之虞。此须知音外护，从中谨醒[②]，三人咸共遵行，亦以击磬为号，古哲遗有则律。律载：法提涌泉黑煞，升会海底命玄，逆自海北极处，从后升腾，经背达脑，汇聚虚际，即从虚际，往前下注，自觉火降，由面下膺，必有巽风内鼓。旋见大地玄黄，已复天清地宁，乃可寂守玄窍，行夫乾卦初爻，四六呼吸而止，是之谓助调。盖即于侣伴身中，行其内运，升而外注我身者。又必假用法磬，所以致四成一耳。至若世所妄搆，此种圣侣，贵为帝王，富有天下，而德若四配，功若伊周，不有宿因，杳不一遇也。至人悯之，乃有深耕置种，假幻钩玄之妙用。非好异也，以此圣侣纯是天缘，否则得道难矣。古哲得遇，有几人哉？悟元先生泄而未备，备而未详，故为补述焉[③]。

问曰："修行人首戒悭吝财物。既曰'要世间财'，又曰'悭吝神仙不肯来'，到底用财不用财乎？"

答曰："用而不用。夫财者，人之所爱。以财为用，易取人之欢心，易买天之真宝，而天人无不在其术中矣。倘无财而欲得真宝，是强取强求。不但天不我从，而人亦不我顺。便是少行悭吝，神仙怎得而来？此世财之所以必用也。然财易足败人德行，伤人性命。一惜其财，则我为财所愚，无不听其财之使用。故必德先财后，以德为本，以财为末，此世财之所以不用也。但此世财，有世间之善财，有世间之凡财，不可不辨[④]。"

问曰："财足取人欢心，财足买天真宝，此说不近于闺丹炉火事乎？"

---

① 万批：生龙活虎亦多非常之险，是非真师指授真法，未可轻易入室。此吾师所叮咛嘱咐者。

② 万批：按谨醒之谨，疑是警字之误。

③ 万批：金液大丹之秘，可泄者已泄之，其不可泄者，不敢泄也。

④ 万批：佛之六度，首重布施，亦此意也。悭吝即是贪毒，此关不破，何能入道？修养者所以须有大丈夫气概，非鄙夫所能几及也。

答曰："人乃坤方之人，非世间之女子。宝乃天上之宝，非世间之金石。坤方之人乃不死之人，即世财所招之神仙也。天上之宝，乃中有一宝之物，即世间所寻之真实也。倘以女子金石猜之，便是毁谤圣道，初世为人之辈。"

问曰："所用世财之说，其即法财乎？"

答曰："财是财，法是法，是两件，非一事，乃法财两用之说。法者，修持煅炼之作用。财者，诚心祈求之礼物。有法无财，则悬虚不实，而他家之真宝不露。有财无法，则火候有差，而我家之器皿不当。法也，财也，两者缺一不可，故曰法财，乃法中有财，财中有法，非世间金银钱财之说也。"

问曰："财既非金银之财，何以抱朴子闻道二十年，家无积聚，不得为之？上阳子谓'贫者患无财，有财患无侣'，张三丰谓'金花朵朵鲜，无钱难修炼'，此又何意？"

答曰："此中机秘，非师罔知，不得冒猜。夫修真之道有二：一系上德，以道全形之事；一系下德，以术延命之事。上德者，纯阳未破，以道全形，不用财而行无为之功，即可了性。性了，而命亦了矣。下德者，先天已失，如贫者无财，必借[①]他家之财，以术延命，而行有为之道，方能了命。命了，而性始可修矣。抱朴子闻道二十年，是闻得以道全形之事。家无积聚，不得为者，是无法财之积，不得以术延命，非以无金银之财而不得为。果系必用金银之财，抱朴子系贵宦之家，何以无积聚？又如马丹阳以半州之富，何以弃家入铁查穷居？刘海蟾何以弃相位而游江湖？罗状元何以弃富贵而受贫澹？古圣先贤比比皆然，岂有弃自己现在之银钱，而又寻他人难遇之物乎？可知别有道理，而非世间凡财也。"

财如是，人可知矣。以半州之富，卿相之位，何求不得？至如秦皇、汉武，五千四十八之鼎，九千九万又何难有？《阿房宫赋》不云乎"粉白黛绿，有不得见者三十六年"，此可悟矣。欲修斯道，玄关不开，真先不复，而鄞鄂日倾，流珠四散，无一而可。要知玄关一窍，外包三才，内充四大，本无内外，无处无所，乃是一气，何有通闭？特为外物自堵自塞。能置身心于先天之先，三才与我，本是一物。个中真先，原无得失。所失种种，犹如内库

① "借"，万本作"惜"，据金盖本、丁本改。万批：按必惜他家之财句，惜字，疑是借字之误。

珍藏，移于外库。我但靖我内库，物物件件，取归如寄。所谓上德、下德，均据现在而言，人知自悟，但自靖我内库，步步不离还返。行我炼精返气，炼气返神，炼神返虚，炼虚返道，造至道返自然，则我内库已成无上法藏，三世三才，返成一粒黍珠，有何上德下德可分也哉？那有了性了命之别乎？是乃太上心宗还返之诀。悟元先生未之泄，余故述而补之。

原夫先生所谓世，世即吾身也；所谓财，财即吾身之财，所谓精气神者是。其所谓善，善即先天；其所谓凡，凡即后天。先天成道，后天败道，故不可以不辨。先生悉而不泄，盖惧玄谴耳。然余以为大道之晦，究缘先哲运心不普。世谓紫阳张祖三传匪人，三遭天谴。余谓三谴之由，由于寓隐，致使淫邪引为证盟，则所垂书，大足误世。翠虚陈祖见及此，故有不普之讥。琼琯先生张祖像赞，亦有微辞，是盖讥其寓隐。诚以天地乐人奉道者，著书寿世，以度有缘，是犹天授。翠虚有言曰："我将度尽世人。"又曰："天其不天乎？"若然，泄泻道奥，又何忌哉？爰为补述于此。

问曰："既非世财，则外护之说，亦是荒唐。何以杏林付道于道光，嘱之曰：'汝急往通邑大都，依巨富大力者为之[①]。'"

答曰："世财有真假，外护岂无内外乎？内之外护，乃是金公，所以成法身。外之外护，即世之外护，所以保幻身。此身未离凡世，犹有灾患。外护，乃护持我性命，助我成道者。通邑大都，修世间法也。盖以此道易起人谤，通邑大都，混俗和光，所以使人不识，而得以潜修密炼。慧能隐于四会猎人之中，道光复俗以了大事，均是此意。"

薛祖之隐通都大邑，而依巨富有力者，石祖使之，又曰为之，盖已以太上心传密授也。盖通都大邑，乃是大丹材库。巨富而有力家，所蓄更精而近。祖于其中廓其鄞鄂，洞其玄关，朝迎夕迎，不惟法身日固，天宝必自惠来。假名混俗，乃是一时之权宜。究其易服改装，岂以时尚崇道而然哉？内既事玄，自应道服，所谓"行尧之言，服尧之服"焉耳。谓其避谤，尚是俗情，似非祖意。谓与六祖同辙，是也。然其情势，似非一辙。六祖禅学，已造无住无所，不必定隐人海。且值同衣嫉妒，依猎起居，足为幻护。且其三

① 万批：金液大丹非巨富大力者不能为，此说型亦早有疑义。自遇师后，一一详质之，而详示之，始知向之浅见，不足以言道也。今故揭出，不敢隐秘，使人知所从耳，敢避谤以欺世耶。

更授受，乃是无遮，依猎居处，足以护法。法乃法身，幻乃幻体。假幻钩玄，亦是大事。有此两义，隐故乃尔。薛祖之隐人海，只为迎得才一而然，此外无须如此。我师鸡足真仙曾言之，得故述补，以备并参云。

问曰："修道乃光明正大之事，何以易起人谤？"

答曰："此道也，异于世道者。世道以名利恩爱为重，修道以名利恩爱为轻；世道以聪明伶俐为真，修道以聪明伶俐为假。为富不仁，为仁不富，二者相反。所以神仙之道，世人之所不乐为，不以为愚，必以为邪。大修行人外圆内方，混俗和光，正为此耳。"

问曰："修道者，原欲绝俗离尘，万缘俱寂。今混俗和光，得不染于尘俗乎？"

答曰："空寂无为，乃得丹以后之事。若未得丹，而即无为，则造化何由夺？生死何由了？混俗和光，正为夺造化，了生死耳。虽曰在俗，而实脱俗；虽曰在尘，而实出尘。到的大丹凝结以后，不待空寂而自空寂，方可绝俗离尘。不应世事，行九年面壁之功，以期超脱也。"

谨按此答末句，先生于太上心宗，尚未彻底洞悉也。否则即于上答中，洞泄所以和光，所以混俗，则此修真奥妙，得寻得入。举世学人，自不仍泥陈法，致不必从面壁，岂非大般若船乎？无如先生泄不洞悉何？盖虽遗有深耕置种大法[①]，无如力不能行，势不可办。如吾薛祖者，元既破，真既失，法惟权隐于通都大邑，洞开玄窍，放光引至世散元一，收修鄞鄂；再依巨富有力之家，虔行格至上天天宝，结我圣婴，了此大事。如是以后，单亦不孤，而双非徒双，何愁温养乳哺，脱化粉碎等等后事乎哉？

此诀不泄，大道不明。纵或胎结胎脱，不行九年面壁，万难粉碎虚空者，以其所结之丹，真中有假耳。其病在求速效，而未得其真信无无之一。《唱道真言》谓为：遗此苦功于这个婴儿做了，堂堂大路不走，偏在羊肠鸟道中作生活。做得功成，仍是凡夫身分，多此九年教养，而终不如圣婴一辈[②]。

太上心宗，大道丹法，进一步淘洗一步。所谓淘洗者，步步命学，返至

---

① 万批：深耕置种，非大力大势者不能行，可知金液大丹之难也。后又批云：此诀不泄，大道不明。先生苦心孤诣，古今同慨，安得个中人，与之长谈耶。

② 按此引语乃意引，《唱道真言》原文无，仅有"是故先命而后性者，殆欲求速效，连累这孩子不能成个圣婴"云云。

自然。究其功效，乃以弥纶玄况，炼成存似黍珠，古哲功法本如是也。譬田一亩，米只石许，而稌有十挑，加去壳糠，又有石许。学者要知剔拣稍粗，田米何可作食？情势盖如是也。是以古哲于此一道，必自炼心入手，乃能步步返元，造至虚无可虚，寂无可寂，先天乃现。如是虚寂，造至自然，玄关乃开。关开，始能左右逢源，天宝始从此得。如是结圆，故能聚则成形，散则成气，无须加行面壁也矣。

问曰："九年面壁之功，行必九年静坐乎？"

答曰："非也。所谓九年者，即九还之义。面壁者，不是定坐，特用志不分，乃凝于神[①]，而期无一毫滓质之物，如壁立万仞于前，一无所见，万法归空之义。乃静养婴儿胎化一着，非旁门静坐止念，面壁存神，以九年为九转也。"

按此行功于还结养圆之后，似属稳当，不知极费大功，而不中废者，古有几人哉？不如太上心宗，彻性即以彻命为尤妙。诀中至诀，彻一凝一，积少成多，乃合丹书"一粒复一粒"之义。

先师太虚翁曰："譬如深耕布种，以至收获垅舂，粜易钱银，未为精妙。必须以白易黄，以黄易珠，袠藏内库，如是[②]变易，外库一空，斯无诲盗之祸，是乃以粗易精之妙用。是即自有返无、由假返真之至诀。"日日如此，月月岁岁如此，乃正合日计月计之义。无如鲜克知遵，积不知化，以致精粗并贮，藏不胜藏，外而诲盗，内而红腐，钱化青蚨，银化雀蛤，是皆不识还返先天妙义耳。古之至人，步步还虚，造至自然，乃合良贾之深藏，行止得自便，犹以百万资财，易至握不成握，故能"腰缠十万贯，骑鹤上扬州"，欲脱立脱，欲化立化，是已造夫虚空粉碎地位，何劳面壁九年哉？

问曰："婴儿，即婴儿姹女之婴儿乎？"

答曰："此有分别。婴儿姹女之婴儿，乃坎中之阳，后天中所藏先天之气。圣胎之婴儿，是先天之气，自虚无中来，与真汞配合而成象者，所谓阳神者是也。"

问曰："阳神、阴神，功用之异，可得闻乎？"

答曰："阴神乃后天之识神，《阴符经》所谓'神而神'者是也。阳神乃

① 万批：用志不分，乃凝于神，见《南华经》，此彻始彻终之法也。

② "如是"，万本作"以是"，据金盖本、丁本改。

先天之元神，《阴符经》谓‘不神而神’者是也。神而神，顺其生死，生则存，死则去，为万劫轮回之孽根。不神而神，逆其造化，从虚空中结就，生死不碍，超然独坐，乃生仙成佛之真种。大修行人修其先天，化其后天，消尽历劫轮回孽根，露出先天金刚不坏之神，与天地同久，日月争光。若夫中下二乘，不知先天，只在一已下功夫[①]，静守识神，稍开狂慧，自为得道。岂知四大归空之后，阴灵无依，只得别寻房屋安身，所谓‘无量劫来生死本，痴人唤作本来人’也。”

谨按佛乘，原不以识神为心神[②]，后代禅学不明佛旨，乃以昭昭灵灵为心，认识为真，夫岂达摩即心即佛之旨哉？《唱道真言》专以炼心为主者，盖以心即是道，而心为识神占居，故须加功炼死其识。识死，道心乃见。识心是轮回种子，道心乃金刚不坏之神。寂体《金刚》《圆觉》《华严》《楞严》，何尝以识为真哉？炼心失旨，是乃释氏后学。岂知释氏后学，并非炼心，乃是顺识而守识，故堕入妄，是犯《楞严》纯情则堕。堕入顺识，大非《唱道真言》所说之炼心。心而曰炼者，乃死其识，心乃活焉。心无识占，心亦何待炼而后明哉？学者须具只眼看书，则头头合旨矣。悟元子所示中下二乘之学，是顺识守识之学，非灭识死识之学。细体味之，言下本自分明。学者读而不辨，则必误谓《唱道真言》不足循行矣。余故识此数言，预为后学棒喝云。盖以顺识守识，乃中下二乘，灭识死识，为无上上乘。同一心学，乃有圣魔之别，学者省之。

问曰：“元神、识神之来因如何？”

答曰：“元神，乃二五之精，生于混沌鸿濛之中，非色非空，无形无象，乃天地阴阳之气结聚而成者。即人受生之始，父母精血交合，杳冥之中，有一点造化氤氲之气，入乎胞胎，始而无形生形，无象生象，五官百骸，四肢五脏，不期然而然。父母亦莫知其所以然。胎中即具先天灵气，元神已藏于中，此元神之来因也。识神者，即后天之阴神，历万劫而不坏，在轮回而不息。当婴儿出胞时，方入其窍，与元神相合，混而为一，此识神之来因也。”

问曰：“识神既与元神相合，修识神即是修元神。何以又说修识神为一已

---

① 万批：只在一已下工夫一句，孤修者，须细思之。

② 万批：儒家以六识为穷理尽性以至于命，道家以八识为昏默窈冥之元神，惟佛则九识净白，乃见真性，此百尺竿头更进一步也，学者不可不知。

之阴乎？”

答曰：“此有说也。当人生之初，识神原与元神相合。及至二八，纯阳之体一破，分而为二。先天气散，后天气发，识神用事，元神遁藏，久而纯是识神当权，元神灭迹。其不死能生者谁乎？若执一己而修，不过修此识神，纵能极往知来，奈何屋坏移居，终落空亡耳。”

问曰：“先天一散，后天用事。知其先天在于何处，而乃可复乎？”

答曰：“先天虽为后天所蔽，而先天犹未尽泯于后天。古仙云‘一毫阳气不尽不死’，就于一毫不死处下手，从无守有，何难返本还元也。”

问曰：“后天为有形有象之物，何以云无？先天为无形无象之物，何以云有？”

答曰：“后天有形有象，乃阴浊之物，有其假而无其真，所以云无。先天无形无象，乃纯粹之精，有其真无其假，所以云有。丹道取坎填离，即以有而填无也。”

问曰：“先天无形无象，如何能取坎填离乎？”

答曰：“气虽无形，而其理实具，特患人不自知耳。果其知之，以实形虚，以有形无。天地里黄芽生长，遍满乾坤，金花开绽，以法追摄，渐采渐炼。只等水净金生，因其时而复之，何难之有？”

学者不从真假上考问，乃从取义上更问，故于真假，发挥未透。盖取坎填离，原即是返本还元之真义，学者不知推问，乃以取字上着脚，便又在用上讨消息。若知从坎离上究有无，以证真假，则有大门得入，大路可行。厥体不究，而究用法，故以后俱在用上推寻矣。遂致先天面目依旧不明。先天面目不明，玄关一窍从何勘入？玄关不开，个中大交大姤断难承当，元从何处返？真从何处还乎？水净金生，固有时候，真假根源，尚自茫然，真假面目从何认识哉？今古丹法难明，病在舍本究末耳。

我道《道藏》载有《先天道德经》，全部皆明道体者，无人知取究参。斯经文义渊深，幸有息斋李先生为之注解，余拟从而体注之，庶几人知体味焉。得而伏揣，后先了然，真假得辨。余拟取作分金炉用之。惜余学浅才疏，而年又垂迈，驻世神仙无缘重遇。真师沈太虚存时，惜书未之遇。有疑莫问，有难莫辩，渴欲即注，以体以参，窃有未敢云。

问曰：“丹道有火候，有功运，何以云不难？”

答曰："不难者，一时之得药。所难者，火候之细微。故《悟真》云：'纵识硃砂与黑铅，不知火候也如闲。大都全藉修持力，毫发差殊不作丹。'果火候不差，工夫细微，亦不难也。"

火候细微，到时有玄况。能识中和义，毫发自不差。苟昧先天立脚一诀，往往当面错过。大道根源不明，药生不知，纵识火候，徒事功运而已。余窃有心慨，故语及此。

问曰："既云一时得药，则火候工夫无用，何以又言工夫细微？"

答曰："所谓一时者，乃得药之效。所谓火候者，乃修持之功。还丹最易，炼己最难。圣人攒年至月，攒月至日，攒日至时，于此一时之中，运动神功，采药归壶，结三百日之胎于霎时中，最为易事。然炼己不勤，火候不谨，则铅至而汞失迎，坎来而离不受，彼到而我不待，必至当面错过，得而复失。"

要知炼己即是炼心，功法无过《唱道真言》。《唱道真言》所以得为丹经指南针者，以有此炼己精义耳。熟揣是书，参以《参》《悟》，天仙之道备矣。先师太虚翁遗训如此。

问曰："如何知彼来而我待？"

答曰："不知如何能待？太上云：'恍兮惚兮，其中有物；杳兮冥兮，其中有精；其精甚真，其中有信。'此物非凡物，乃药物；此精非浊精，乃真精；此真非凡真，乃天真；此信非常信，乃实信。此信一来，虎啸风生，龙吟云起。大修行人于此驱龙就虎，以虎会龙，收于黄庭土釜，结而成丹。这个天机，悟之者近在咫尺，迷之者远隔千里。"

按此恍惚杳冥，风生云起，皆为个中之玄况。然而玄关不开，玄况不现；炼己功亏，窍开不之觉。苟不置我身心于先天之先，己亦不知炼也。欲置身心于先天之先，先自六斋始。六斋斋竣，再事斋心。于此斋心之际，功造自然，无动静，无方所，乃真造乎自然玄况真境，而玄窍开如亮纱幔虚空，孔孔常开。

寂仍如昔，纱幔亦化，眼前已即个中，绝无出入，何有内外？功造此际，乃有种种玄况，叠现无隐。我只以不有有，不无无[①]，但自省内，内亦如外。而惟凝虚凝寂，是即所谓玄用之用，万无错失于其间者。先师太虚翁玄

① 万批：不有有，不无无，确是开关后工夫，先生泄露至此，有益后学不浅。

论如此，足以为是答补，爰故录之。

问曰："黄庭土釜，即是中宫黄庭穴乎？"

答曰："此乃攒簇五行，和合四象，无形无象之真土，而非身内有形有象之黄庭可比。特丹道所言，黄庭不落于有无，不逐于方所。以采药而论，则谓黄婆；以炼药而论，则谓土釜；以结胎而论，则谓黄庭。黄婆者，调和阴阳者也。土釜者，烹炼铅汞者也。黄庭者，静养谷神者也。若以后天黄庭穴为真，如何和阴阳、炼铅汞、养谷神乎？陆子野云'真土无位，真意无形'，即黄庭土釜之谓欤？"

问曰："真土既无位，真意既无形，凝结圣胎亦无位乎？"

答曰："无位是就采药之时言之。若结胎之时，则阴阳相合，土在其中。黄中通理，正位居体，混然一气，丹元有象。虽无位，而实有位，但有位，非一切着空、执相之位，仍是无形，不过有动静之分耳。"

问曰："土本静，而今云动，得毋涉于假乎？"

答曰："此非寻常动静之土，乃先天真土之动静。动者属阳，为外黄婆；静者属阴，为内黄婆。外黄婆，所以通两家之和好，故无位而动；内黄婆，所以传一时之过送，故有位而静。动者，所以采药。静者，所以炼药。不动，而先天之气如何招摄的来？不静，而先天之气如何凝结成胎？此内外之别，动静之分也。"

问曰："土之用，有内外。四象之用，亦有内外否？"

答曰："四象加土①，即五行。外五行，所以采先天而了命。内五行，所以成后天而了性。内外俱了，性命双修之道也。"

问曰："性属内，命属外，然则一身无命乎？"

答曰："天以阴阳五行化生万物，气以成形，而理亦具。气即命，理即性，气不离理，理不离气，即性不离命、命不离性，焉得有性无命？"

问曰："人身既有命，则修一身，即全其命，何必再求他家？"

答曰："命属先天，性属后天。人自先天之气失散，于命有亏。若执一己而修，则所修者空性；若执一身而修，则所修者浊物。纵能保的现在之气而

① "加土"，万本作"之土"，据金盖本、丁本改。

不失，焉能摄得已失之气而复还？必用他家不死之方者[①]，所以招摄其已失之气数耳。"

问曰："先天气，无形无象，既失则无矣，如何能招摄的来？"

答曰："祖师口传心授之秘，正在于此，万劫一传之道，亦在于此。夫物从何失，还从何求。先天之气因一阴来姤而失，今仍于一阴来姤处招摄。故物现在，不待他求，顺手可得。《易》曰'不远复，以修身'者是也。虽然，招摄先天，莫先贵乎得人。若不得人，先天不复。子野云：'药出西南是坤位，欲寻坤位岂离人？分明说破君须记，只恐相逢认不真。'若非明师口授，此药此人，岂易识哉？"

先天之气，乃是先天太极之真阴真阳相交而生之气。在天曰乾元，在地曰坤元，在人曰真元，亦曰人元。三才之气曰元，所禀之理曰一。元即命也，一即性也。命曰我，性曰彼，原是一物、一类、一家，以其各有寄体而强名之，乃有元一、理气、性命、彼我、阴阳、龙虎等等之名，其实一道而已。自此后学执名而辨形，纷纷执见，而心目瞇眩，邪说流行。贤者不能不惑，其源误于天律载有"妄传遗殃"一条耳。古之至人无不信古，是以著书立说，每多寓隐，适为邪说家引作证据。

我师太虚翁悯之，爰为笔述律宗口授一则，曰："虚靖律师夜侍长春邱祖于演钵堂，祖为述解'失从人失，还从人求'。曰：'此我祖正阳帝君金口口传之诀。这两个人字，不可混会。上句人字，指人事；下句人字，指人元。是言先天之气，散于人事，不可复得，惟知求元于太极，元无不复。要知世上三元，元根太极。在天曰天元，在地曰地元，在人曰人元。人元之失，不求之自，元何克复？故曰：失从人失，还从人求。且更有假幻钩玄一诀，先哲名曰置种。但当置我身心于先天之先，不惟元复，一且随至。我则虚以待之，寂以凝之。是亦两句之玄用。'律师曰：'然则何以又有坤方不死人说乎？'祖曰：'元寓于坤，资生万物，三才赖之，故曰生门。是言元寓于坤，以坤位西南，而坤又禀资成之德耳。按坤又号人门者，人为万物长，故号人门。方曰不死者，物有生灭，而元无生灭，坤亦赖以固焉。先哲以其寓有生元，因故名以不死方。复以物得坤寓而生，人亦物也，故曰坤方不死之人。

---

① 万批：欲悉他家不死之方，须究闵批中置种钩玄之诀，学者切勿误会。

则此人字，不是仙，不是佛，乃是人元之谓，不得误作凡人会也。人知如是体认，虚寂以迎，先天之元无不立复者。得复，元自凝，何藉乎炉？何藉乎鼎哉？况炉与鼎，古哲之寓言也。世人不悟，乃有等等邪会焉。'"律宗枕秘所载如此。

余以先生此答，乃有"莫先贵乎得人"。又曰："气因一阴来姤而失，仍于一阴来姤处招摄。"大足流作邪说家证印，故述师述，以补此答所未备。况夫人元之失，岂仅专与阴姤而失？佛经载有以手出精之失。《戒淫编》有外好龙阳之失。医籍载有梦泄之失。而谓"必于失处求复"，又曰"所失原物，现在易复"，若如余述所说，原处原物，万无寻复之理也。惟吾先师所述"来从太极来，去归太极去"，则我求复，必当迎自太极，其理至正而至真。然按先生答中"失从何失，还从何求"，必自律宗后学口授，而误以"人"字作"何"字，大有关系，见者宜慎参之。先生既以"辩难"名其书，则此两字不可不辩也，见者审之。

余于乾隆壬子秋，访至道于驻世神仙黄名守中，时仙年五百余岁，生于宋代，元初进中国，月支人，顺治十二年受三大戒于高士昆阳王先生者，谓："人性命得从何处得，失从何处求，不得心传，何能还返？然人性命有先后。先天性命，散归无极。后天性命，散归天地。天地虽大，无极之后天也。人身无形之性命，得自无极。人身后天之性命，成自父母，是为有形之三宝。故其失守，归还地天，所谓'魂升于天，魄降于地'是也。古之至人，先后散失，统自寂求于无极者，盖以无极气包先后故耳。寂求之法，虚寂我色身，湛寂我法身。乃以不招招，不摄摄，不凝凝，统惟循之自然。盖以自然炁融三才耳。才三而气一也，本无去来，无有无，无动静，无生灭，不可得而名，强名之曰太极。人言无极生太极，实则太极而有极无极出焉，故曰太极也。若然，无极太极，有祖孙之义，藏有以克为生之妙用，是即金丹还返作用。"余闻之先律师者又如此。更有深耕置种，假幻钩玄[①]，大作大用。此非海誓山盟，不敢口授。然亦不外"寂求"一法以成之。

驻世神仙，持戒律祖，玄论皆乃尔。然此金丹至道，惟我律宗存而循

① 万批：深耕置种、假幻钩玄之法，必须海誓山盟后，始能口授。此律宗最高最捷之功诀，岂泛泛不诚不信之辈所能窃取乎哉？

之。律外宗门，书虽充栋，求如沈、黄两律师心传，似是而已。非未之闻，殆亦不敢泄耳。

问曰："性命乃我之性命，修持在乎自己，他人不能代力。今言不离人，得毋求于人乎？"

答曰："此人非外人，乃不死之人，即本来之真人。古仙云：'若要人不死，须寻不死人。'名曰金公，金公原是我家之物，因走失于他家，迷而不返。我家所有，一己纯阴。若执一己而修，何能济事？故必唤回金公，与我木母配合，方能生药结丹。"

按所答，悟元先生明明说了。然不回味余上赘述，此理总难测也。其曰"不死人"，又曰"本来真人"，更曰"金公原是我家故物，走入他家，必须唤回金公，乃能济事"，何等分明！是言先天之气走归无极去了，故须唤回。若泥他我作色身体之，疑窦四启矣。余味先生答中"与我木母配合"，尚欠精细。若据黄真师口授，人之先天走失，非仅金公扬去，木母亦必大归。我身所住心神，皆属金公婢妾而已。法宜唤回金公，迎还木母，重振家计，乃合玄义焉。盖人妄念一动，则神飞而气散，精亦必泄，未有气散神不飞、精不泄者。如是，则先天性命俱不在家。家中所有皆是后天性命，故曰纯阴。余故谓须唤回金公，迎归木母，则金木并，而生生之道乃备。木母不归，扇炽之祸不泯。金公断难安居也。先生遗此一段要义，似属缺典，故为补述之。

问曰："金公如何唤回？"

答曰："唤之易甚，特患不能认得。果能认得，一呼就到。如空谷传声，未有不来者。盖金公之去，因我远疏而去之。今知其为救命之物，亲之爱之，当时还家，绝不费力。"

要知金公之去，由于权臣当政，艳妻扇炽，木母大归，以致金公有蒙尘之羞。诀惟摈绝权奸，迎归木母，肃清宫政，然后商事复辟，金公自必惠临，绝不费力者，是乃性命双修之道。究其功法，不外息心静气，造致虚寂，极至极笃，而造自然。则此宫政朝政，咸清咸肃，金公自至，木母自归也。若着一毫识认念，必有后患者。先生答不及此，盖失此迎归木母先着，落在认识一边，似与金丹大道未全合焉。故谨述补，以证高明云。

问曰："金公唤回，即可接得命否？"

答曰："未也。金公来，是真种到手。从此方下实落工夫，及时耕种。黄芽发生，温之养之，到的成熟，吞而服之，方能接得住。"

余闻之驻世神仙张蓬头，张其寄姓也，故明忠臣瞿讳式耜之子，嘉庆间来金盖，貌若三十许人。余闻其名久矣，因叩以阴阳门派，究以何派为的[①]？

仙曰："汝师太虚翁应有开示，何问我？"余跪而诉曰："然。师谓有得于太空，有得自通都大邑，有得自丹室，有得自坛靖，更有得自丹座。而皆非旁门。"仙曰："得自太空者，以太空为法体，以三才为药物，乃是无上上乘。得自通都大邑者，以六合为法身，以活虎生龙气化之材为药物。得自丹室者，以法身为鄞鄂，亦用龙虎为种为媒，致感太极阴阳交生之物，以意摄归黄庭为丹本。得自坛靖，以丹室为鄞鄂，法身为玄窍。法虎法龙，神凝丹室，摄归玄窍，产生真一。留一配元，以为真种者有之；或用虎龙为媒，致合太极阴阳，神凝丹室，而虎龙亦有所生。乃留太极交生之一与我，致还虎龙所生元一。以一归龙，以元归虎，寂然各归而止。皆属上乘。此下尚有中下两乘，汝师勿道，是也。汝守吾示而行，能虚尔心，寂尔神，忘尔气，世财充足，所得必富。汝欲事此，培德为先[②]，德大则福大。上天泄此妙道，所以度一而济万。志在长生，上天未必鉴佑。汝自量材以行可也[③]。"

余乃拜而受之。是日也，五彩云罗，时许乃散。仙师指而示曰："小子凛之。今日事，天神已感鉴矣。何不笔以志之？待时授之世可也。"余今录于答后者，盖感师恩，罔敢自私，惟愿志士，息心自体以行，幸甚望甚。

问曰："接命之道，有性理否？"

答曰："不能修性，焉能立命？盖性者命之寄，命者性之存，性命原是一家，焉得不修性？"

---

① 万批：道之不明也，皆由无真师传授，故纷纷聚讼，莫知折衷。学玉液者不信金液，学金液者鄙薄玉液。言北者斥南，宗南者诃北。知还丹者不知有大丹，知大丹者不欲为还丹。此犹上乘之互相攻击也。至若下乘之流，一知半解，辄为人师，外道旁门，小术杂技，迷惑世人，尤不胜数。余初学丹道，以盲遇盲，屡怀疑义。自得陈师传授后，拨云见日，乃知成道多门，功法各别，未可以故见自封。惜乎有缘者少，贪鄙者多，虽欲倾怀尽吐，其如时机未至何？隐忍守律，良用慨然。

② 万批：世人不知培德，妄思成道，有是理耶？

③ 万批：详阅此批，可知道派甚多，皆可成就，不必成见自泥，务须得真师传授。先生详示，有功后学不浅。

问曰："性命一家，了命即可了性，何以又有修命之后，还当修性之说？"

答曰："修命时所修之性，乃天赋之性；修命后所修之性，乃虚无之性。天赋之性，从阴阳中来；虚无之性，从太极中来，不得一例而看。"

问曰："修虚无性，有火候乎？"

答曰："修性之理，乃以道全形，抱一无为之事。虽云无为，其中有防危虑险之功，非寂灭全无之说，所以能归于真如妙觉之地。"

修性之理，只看利钝，原无火候可说也。人一己百，人十己千，不明不彻，固无止理，大明大彻，何可稍忽？盖命有止境，而性无止境也[①]。止境尚无，何有火候乎？即以佛经证之：观世音明照大千世界，如看掌上纹。释迦文佛明照三千大千世界，如看掌上纹，性光可谓至矣。然与毗卢遮那如来较之，只有如来千瓣莲花座片瓣而已，则文佛性光尚欠九百九十九瓣。即此可悟性无止境者也，何有火候可说哉？

问曰："归于真如妙觉，即到道之尽头地乎？"

答曰："未也。打破虚空，方为了当。倘以虚空为事，犹有虚空在，不得谓尽头地也。"

此之尽头地，是言命理则近是。以道言之，命与性无有穷尽者。证之佛经，四大部洲粒粟可藏，微尘可纳。散而言之，世之数亿万恒河沙数，沙沙含有亿万亿亿恒河沙尘世。数与道，皆无尽者矣。是以志士精修，修无止境。谓有止境，所积德功，必无足问者也。

问曰："先修命而后修性，既得闻命矣。又有先修性而后修命之说，何也？"

答曰："此言顿悟之后而渐修也。盖人秉气有清浊，性根有利钝。秉气清而性根利者，一遇师诀，顿悟圆通，即认得未生以前本来面目。稳稳当当，从此不废渐修之功，保全这个面目，所谓由性而修命也。至于秉气浊而性根钝者，即得师诀，不能直下看透，故必由渐而顿，由勉而安，此所谓由命而修性也。"

问曰："修命之道，即渐修之功乎？"

---

① 万批：命有止境，性无止境，此语诚然。尝闻陈师云：成道后专研性功，至今数百年，尚无或间。可知性功之无穷也。

答曰："先天之气，由渐而消。今欲复之，亦由渐而复。《悟真》云：'大都全藉修持力，毫发差殊不作丹。'又古仙云：'言语不通非眷属，工夫不到不方圆。'此皆言渐修之功也。"

问曰："真火本无候，大药不计觔。若得真诀，一直修持，如何得差？"

答曰："真火本无候，是不刻时中分子午也；大药不计觔，是工夫不到不方圆也。不刻时中分子午，进之退之，随机应变，而非有时节可定。工夫不到不方圆，采之炼之，养气全神，而非有觔两可限。特以金丹大道至细至微，有吉凶、止足，老嫩、急缓之层次，不得不谨慎也。"

问曰："吉凶止足、老嫩急缓之旨，可得闻乎？"

答曰："复其先天为吉，顺其后天为凶。药已成熟为足，火功到处宜止。药气方生为嫩，药气已过为老。药未得而宜急，药已得而宜缓。知得此者，丹可还，胎可结，逆顺运用，无不如意。"

问曰："先天之道，逆道也，何以言顺？"

答曰："所以盗先天之气，返其阳也。顺者，所以成后天之功，退其阴也。返阳退阴，先天而天弗违，后天而奉天时。"

问曰："先天之气，亦天地所生，何以天不我违乎？"

答曰："气虽天地所生，至人能安身于天地之先，待其一生，而即采之，使天地不我觉。故《易·剥卦》上爻曰'硕果不食'。盖留其一阳，止而不进，将为返还之本，所以谓先天之学也。"

问曰："剥者，以阴而剥阳，何能由剥而返阳乎？"

答曰："剥者，天地顺行之造化，留一阳而不进。圣人逆运之造化，由剥而复，后天中返先天，用六而不为六所用，盖欲借阴以救阳耳。其盗机也，天下莫能知，莫能见。"

问曰："道在天地之间，光明正大，何以云盗？"

答曰："天与人以气数，不过暂为借贷耳，借久必讨。于是天地乘人不觉，暗盗其气，盗尽则死。至人善知造化者也，不待气尽，而乘天地之不觉，反盗天地之气，延年益寿。若不盗而明取，已为天地所觉，纵能逆而制之，幸而得之，已失真而获假。所以谓'见之不可用，用之不可见'，惟其先乎天，则天地在我术中，无不为我所用矣。"

先生此答，虽非杜撰，然非正论[①]，尚泥世间所解盗字耳。若从三皇折字玄解，其义颇精。盗也者，物次于皿之义也。次，藏也，犹国之库藏，家之仓箱。在天则无极，在身则玄窍。至人隐其名，故谓曰盗。循是说以解盗字，似为稳便。

至如天地之与人气，气无声色，出之自然。人死气归，气自归元，地天收之，亦出自然。取讨且无存意者，而谓“天亦乘人不觉而取之”句有语病，是不脱子书家措词习气。况以道论，三才不但一家，直是一气，无出无入，何取何与？曰得曰失，人之拟议则然也。至人视之，三才一我，六合一心，物物件件，统藏无极，自无得失去取，收精遗粗，并无内库外库之隔也。第所藏有所，而主藏有司，取与亦然。有如取金于库，取画于堂，取马于厩，取衣于箱，取具于舍，取粟于仓，取食于厨，取薪于场，而各有所有司者在，欲取欲与，如志而已，无庸颐指而气使也。如是而还返先天，又何难焉？于此可悟夫欲仁仁至之意旨。无如学者不知自尽其心耳，何吝何悭、何夺何讨之有？而曰“地天不觉”，似也。乃谓“在其术中”，的是大语病。盖以还返造化之大道，而以术字该之，不脱子书家法。况夫觉字，乃修养等等功法至要之旨，修到大成，不过圆觉而已。当人置身于先天之先，寂俟机兆而收之者，正以机气初形，乃为黄芽而有用，非乘地天不觉而行其窃攘。当人染欲元飞，造物收于无极，乃造物之爱道，亦是落叶归根之义。人知还返，求自复之，现现成成，犹是饥食渴饮[②]于父母之前，无庸计取者也。义理如是，一杂子书家法，堂皇经义变成权诈。失之毫厘，谬于千里，措词可不慎乎？

问曰：“人秉天地阴阳五行之气而生，则我为天地间之一物耳，何以能胜于天？而天在我术中乎？”

答曰：“圣人之所以能胜于天者，以其有包罗天地之道也。包罗天地，在天地之外逆运，故能我命由我不由天也。”

---

① 万批：批驳盗字、术字之误解，亦自有理。然修养之真诀，实有时须盗取而用术者，未可一概而论也。先生前批亦云，行道多门，采取不一，此又矛盾其词，可见立说之难。读古人书者，慎毋苛论古人，可也。按：闵真前批所示上乘之法，以端坐习定为采取，即或有所作用，也不是万氏所持的“南宗”人元盗取之术，此等关键之处，读者留意。

② “渴饮”，万本作“喝饮”，据金盖本、丁本改。万批：按喝，当作渴。

此说固有本，而其“所以能胜”之义，尚未彻底透示，乃是权说。学者要知三才之出[1]，出自太极。两大与人，同秉一道。而两大以无心为体，我人以有心为用。原夫造化以无心寄之两大，而以有心寄于人者，以我人处其中耳。故凡造化之挽回，世运之升降，天地总其成而已也。盖此升降，乃顺气化。世有盛衰，运失其道。运道之权，权在乎人，不在两大。人能法道，道法自然者，人能静体气机之来，不及者补之，有过者损之。凡夫刚柔、强懦、温凉、燥润、滞放等等机来，总以致得中和，无有偏胜，则生杀当而进退宜。以之理运则运亨，以之理丹则丹结，斯不负道付人掌之职。天地赖以位，万物赖以育。以有是理，故人亦得称才而与两大并列为三。学人知有此理，则心心体道，不稍杂私，一如先哲，不小其身，不负其心。以此有心，造物付以治世而有之，非为一己而有也，乃是太极所有，而出藏于我也，故有谓“人为天地心”。世运之盛衰，人实使之，天地不与也。人有此职，是以一夫不获，若挞之于市朝，儒宗述之，度尽众生，佛道任之，盖以实有是职是任也。

先生所答，乃属后天权变说法，非经论也，不可以不辩。况人在六合，渺如沧海粒粟，以秉有是心，受有是职，古哲任之不略推逊者，实见此心即天地元气中之元一。其大无外，其小无内，在道曰道心，在佛曰佛心，在儒曰天心，原非指夫肉团之心也。肉团之心但能生血而已。至夫人定胜天之天，是后天非先天。谓道逆行者，非逆其道，乃逆返归元。按即《左传》“逆女”之逆也。乃以术字贴道用，恐误后人，故为之辩云。

问曰：“人力胜天之道，可得闻乎？”

答曰：“道者，先天虚无之一气，为生天、生地、生物之本。圣功在虚无中着脚，故能天不我违。试观世人有命犯孤寡、夭折穷困者，或行一大德，立一大行，孤寡者反多子孙，夭折者反而长寿，穷困者反而富贵。德足胜天如是，道之胜天亦何足怪？”

所答是也。然于人能胜天一道，究未剖示。何不将虚空立脚之圣功明白示之？夫此一气生自太极，本无出入，何有来去？皆因人感而应，气无存心者。致运盛衰，感有偏胜耳，气不任其咎也。至人知之，立身于无，审心

---

① 万批：此批解三才同秉一道，见得到，说得透，学者须熟玩之。

于虚。世人心感不可测，而天气之应，自必动现于虚际者。至人乃于机兆兆时，或生或杀，必有端倪，静审自得，乃为挽回于兆初，当迎当遏，绝不费力。世未之知，而我道冥全。是犹人寂省心，念起必觉，乃于兆际，或听或否，皆得自主，何待念行，始为拂遏哉？盖以身乃气也，念动则气应，其捷如响，推之天人应感之速，亦如是者。应感而回，是之为胜，有何大作大用存焉哉？先生未之示，故为补述之。

问曰："修道亦积德否？"

答曰："如何不积德？道之不可无德，犹阳之不可无阴。德者，为人之事。道者，为己之事。学道之人，若不先积德，鬼神所恶，常有内魔蔽窍，不能深入。修道之士，若不先种德，天地不喜，动有外魔阻挡，不能前进。不论学道修道，以立德为先，逢凶化吉，遇险而安，决定成道。盖道有尽而德无尽，古来仙真，成道以后，犹在尘世积功累行，必待三千功满，八百行完，方受天诏。《悟真》云：'若非修行积阴德，动有群魔作障缘。'德岂可不修乎？"

所答是也。能事《吕祖三尼医世说述》，遵其三尼医世功诀，大可即身以医世，不费一钱，不劳丝力，乃有位育天地实验者。溯为律宗秘宝，今已梓行寿世。有志大道者，可无《悟真》所云之忧，大得身世并益云。而先生未之述及，想亦未之闻耳。

问曰："真修行人一贫如洗，衣食皆十方而来，何有银钱以积德乎？"

答曰："积德不必定用银钱，无银钱之德，比用银钱之德更大。出家人方便二字为最要之着。如苦己利人，言语老实，不哄十方，施药舍茶，修桥补路，引人作善。稍有益于人者为之，稍有损于人者不为，俱是积德立行。如是行去，人缘已结，天缘有望，不但利人，而且利已。"

所答大是。上德下德者，皆先持行。如是三年，宿业可赎。然后从事医世，大功可得也。

问曰："专一积德，无妨于修道之功乎？"

答曰："如何能妨？外而积德，内而修道，以德佐道，以道全德。道德并行，内外同济，圣贤脚踏实地之事业。而非若中下二乘，空空无为，执心为道之虚学也。"

窃按医世大道，乃是即身以医世也。大是圣人脚踏实地大学问，是至道，非法力也。究其效验，实实落落，身安而世治者。但须开得玄关，方可下手。盖其所事，不外性命，而有德功并臻之验，是丹道之无上上乘。有志大道者，请事可也。

其中作用，以头为天，以绛阙为都会，以坤腹为闾阎。诀中至诀，意迎无极真气，降注腹心，透脊达背，以得心清气恬，遍体充和为宗旨，不计岁月，日行三次，功验不之间。盖以此宗，乃无上大乘心学，按即《中庸》大道。而以事清则迎乾，事和则迎坤，以此二气致之中和者也。是为寓德于道之实学云。

问曰："儒家存心养性，道家修心炼性，释家明心见性，三教圣人皆以心性立教。今云'心不是道'，实有所不解。"

答曰："道是道，心性是心性，而非言心性是道也。夫所谓存心养性者，将欲行其道也。修心炼性者，恐有害其道也。明心见性者，乃欲全其道也。是用心性修其道，而非修心性即是道。况云存养、修炼、明见，则非空空无为矣。果其一空其心为道，则心即是道。修心即可长生，养心即可不死，又何必寻师访友、求问真诀乎？"

问曰："心既不是道，得毋任其心之出入乎？"

答曰："心为生生死死之根蒂，乃害道之物。修行人下手，先将此物斩草除根，方能一往直前，不被他挡路。圣人云：'人心惟危，道心惟微。'心之害人甚矣哉！"

按即"心死神方活"义，是指识心。下文所示，皆是道心。

问曰："道心独非心乎？"

答曰："道心者，天地之心，是心非心，空空洞洞，无一理不具，无一物能着，乃五行精一之神，曰真阳，曰真铅，曰真种，曰黑虎，曰金公，曰真精，曰神明，曰水中金，曰坎中阳，曰他家不死方，曰九三郎君，曰灵明童子，等等异名，总而言之，曰道心。此心，无形无象，无声无臭，世人罕得而遇。即或一遇，而不认真，当面放去。圣人以法追摄，从虚空中结就九还七返，超凡入圣。在儒则为中庸之道，在释则为一乘之道，在道则为金丹之道。后之缁黄，不知圣人一脉大道，妄言释道之理异于儒，何其愚甚！"

问曰："金丹一乘之道，即中庸之道，何以孔子罕言命乎？"

答曰："罕言者，未尝不言，不过不轻言耳。盖命理幽深，其中有夺造化、转生死之机，言之起人惊疑。然《大学》《中庸》俱身心性命之学，其中有大露天机处，特人不自识耳。至于赞易《十传》，无非穷理尽性至命之学。后世不明大理，各争教门，彼此毁谤。彼乌知道义之门即众妙之门，亦即不二之门乎[①]？”

问曰：“孔子既言命矣，何以不并传火候？”

答曰：“明卦爻，即是传火候。其吉凶悔吝之理，即抽添进退之实功。其中天机大露，在人自会之耳。”

问曰：“颜子在圣门，居德行之首，闻一知十，于夫子之道，不违如愚，亦足以发。夫子深嘉，宜其能了命，何以短命而死乎？”

答曰：“了命不了命，在道理上分别，不在幻形上讲究。未了道，虽生如死。能了道，虽死如生。盖所死者幻形，而不死者道。颜子得孔子之道，居人不堪其忧，而乐在其中，得一善，则拳拳服膺而弗失之，是已得先天真一之气，归根复命，不为阴阳所拘，到得圣人地位。自不爱此幻形，可以死的矣。观于匡人之厄，对孔子曰：‘子在，回何敢死？’亦足以见生死由己不由天。至于孔子‘不幸短命死’之说，是借颜子而勉众门人之意。果其短命而死，岂有明道而短命者乎？岂有使不短命之人而学短命者乎？言下分明，何得错悟？”

问曰：“道成之后，寿与天齐，何以颜子三十二岁即死乎？”

答曰：“成道以后，身外有身，是云真身，又云阳神。阳神乃金刚不坏之真身。道至阳神出现，回视幻身，如一堆粪土，何足恋之？圣贤暂存幻身者，不过为修真身耳。真身既存，幻身无用，不弃何为[②]？”

问曰：“孔子七十余岁而寿终，岂成道犹不如颜子之速乎？”

答曰：“孔子以救世为心，将欲行道于天下，以斯道觉斯民。至西狩获麟，已知道不能行，又不忍大道绝世，故删《诗》《书》，定《礼》《乐》，赞《周易》，修《春秋》，以开后世之聋聩，聊以尽救世之愿。至于心愿已了，辞世而去。颜子道成，已有孔子前而救世矣，自无用力处，故不妨脱

---

① 万批：乡学究识见不广，徒知崇儒而诋佛道者，读此可以渐悟矣。

② 万批：孔颜成道最早，故孔子曰“三十而立”，颜子曰“如有所立”。所谓立者，即是能自立命，所谓我命由我，身外有身也。而其解脱之迟早，实因世缘之浅深不同，非一二浅见者所能窥测。尝闻陈师论此，故附志之。

化而早去。”

生死得以自由，孔、颜皆能而不为，见之经书，先生岂不见及？盖必有为而言也。若以正论，畏匡一节，孔子信天，颜子亦信天，故能不惧、不死。短命一节，乃正孔颜之顺命，不敢逆天以自由，故死、故恸。若谓师在不敢死，父在可以死乎？是正颜子之不逆命，非关幻法之有无也。三教宗旨，学重立命，而正所以安命，故皆夭寿不贰，修身以俟之。先生自必见及此，而兹答乃尔者，盖必有所为也。况已于上答中示曰“幻有死生，而道无死生”，后学可以会悟矣。无如世之修道学道者，各有私念而修而学耳，余复何言？盖世之忻慕，全在下文所叩，全是贪生、好奇两大病。得吾先生后答，吾恐闻而退席者，不仅五千也。悲夫！

问曰：“幻身不能成道，何以世传黄帝鼎湖跨龙升天，许真君拔宅飞升乎？”

答曰：“实有此事，但不是这样说。金丹大道，是取坎填离，依坤归乾。道成之后，群阴剥尽，变为乾体，打破虚空，为大罗天仙。是所谓跨龙上天，而非言肉身乘龙而去也。至于拔宅飞升之说，乃一子成道，九祖升天之意。亦有大功大行，玉帝敕封，恩及全家，移居于天民极乐之国，受其天禄；或移家于洞天福地，避其烦恼。世人不知，以为飞升，成仙而去。抑思神仙乃修炼而成，彼无修无证，如何得仙？于此可知拔宅飞升之说。更有一等愚人，直以为房屋宅室一并拔去。试问：神仙皆在虚空之境，房屋土木重浊之物，虚空如何载的？况神仙包罗天地，何物不可得，而犹爱此尘世之土木乎？噫！幻身且弃，何恋土木？何不三思？”

余曾以是事叩之太虚翁。翁曰：“此道千真万真，皆非虚妄。究其得到白日飞升，乃从假幻以炼真。始而化赤成白，既而化白成气，继则化气成炁，加炼归虚合道，以致自然，无非还返先天。然非今日那、明日此，乃是一时辰内功法，日计、月计、岁计乃成。方其道成遐举之际，纯是先天气凝之身，所服衣履，悉属气化，是故日中行立而无影。吾尝三遇泥丸翁，以叩之。答曰：‘汝犹昧夫还返之非妄？’余凝思间，蒙为一手取余巾，一手自擎戴帽，嘱余俯察。惟见巾影，巾外一无有。余方惊异，复蒙以帽戴余头，而以余巾自戴，亦惟察见余巾，而余头影无帽。乃笑曰：‘汝可悟矣。然功从实朴朴地下手，乃能还虚。微沙未化，微沙影在焉。’余因述叩拔宅一义，答曰：'是有两门，一法一道，法幻道真也。吾考古今拔宅升举者，七十余所。而由道而升者，惟黄帝、桓玄与贞白也。他若伯阳、淮南、旌阳辈，皆假法以显道，实则避地海岛，加修还虚等等。道成与否，未可知也。是乃肉身偕宅而去者。若夫黄帝、桓玄、贞白，乃是肉身冲举，余皆蜕壳，共有八百余位。然非三官保举，玉诏诏升，不能幸举者也。而谓升尽幻法乎？可谓仙非凡证乎？'"我师所述如此，兹为补述。盖以证夫册籍所载，无一而非真者也。

我师又曰："拔宅圣功，功从卯守始。卯守功诀，以天地为法身，大气盘旋，下包地局，上包云际，由远缩近，行功不怠。一旦气罡合，造至罡气护身，风云不能侵，厥效见矣。渐至门启，蛇兽不能入，功更进矣。习炼不止，待时移居，亦自不难。然三千年内，惟伯阳魏祖、远游许祖两仙能之。而吾泥丸李老师以为道非切己，余故未之敢习。"又曰："拔宅之举，古哲出于不得已而为之者，淮南旌阳盖已然矣。淮南三族遐举，八公之力也。旌阳以黄白积功，门下从行，因干天谴，拟以法度，乃以炭化歌妓试之。八百有零之众，克守三戒者，惟玉真、隐真等十人。故而长屿超迁，七百九十零一不得度，乃有龙沙谶文遗世。戒律宜守，前车可鉴焉。"我师述之，盖非无意也，爰并附识于此。

问曰："幻身既无用，何以修行人或有死后临葬，棺中失尸，或棺中有竹杖，或棺中有衣履，岂非并幻身而带去乎？"

答曰："此不可一概而论。或有道成以后，脱离幻身，而法身显化于一方，积功累行，数十年间，功完行满，上朝玉帝，不露天机，示死而去。人不知妙用，见棺中无物，便以为肉身成仙。亦有道未成而避患，或用幻化之术，以拄杖、衣履代身，其身远遁，示其无迹者，亦非肉身成道也。太上云：'吾所以有大患者，为吾有身。及吾无身，吾有何患？'所以脱幻身者，去其患耳。"

问曰："亦有留形住世而不脱幻身者，何也？"

答曰："此亦不可一概而论。有道已成，功行不足而留形立功者；有了命未了性，不能脱幻身，而留形住世者。若性命俱了，功行完足，犹恋幻身，不肯舍去，此名'恋家鬼'，神仙之所不乐为也[1]。"

① 万批：闻之陈师曰：性命俱了，世缘未了，亦不能解脱而去。

按恋家鬼，必是不明性学之顽仙。不惟性未了，而其命非天命之命，乃凭识神以固幻身一流。谓之了性命，是世论乃尔。否或志成无上乘，非恋形，乃炼形，致无微沙幻形，乃为全受全归者。古哲有之，则不得以恋家鬼目之矣，此不可以不辩也。

问曰："了命不了性，犹为幻身所累，何不了性而超脱乎？"

答曰："看当日所得乎师者何如耳。果其始终通彻，了命之后又了性，脱幻身而出法身，自不容已。或有仅知命理，而不知性理，只可为陆地神仙，长生不死，虽要脱幻身而不能脱。倘自知还有向上事，访师问诀，明得末后一着，从有为而入无为，不为幻身所累。身外有身，形神俱妙，与道合真矣。"

问曰："无为之道，乃上德全形之事，何以下德延命者，亦行无为之道乎？"

答曰："上德者，本原未亏，灵窟[①]未闭，若得真诀，一了百当，直超彼岸，故行无为之道，而有为之事即在其中，性了而命亦全矣。下德者，先天已亏，百病俱发，纵得师诀，不得直下纯一，必须由渐而顿，由勉而安，到的了命之后，与上德者同归一辙，始可以无为矣。非言上德者只行无为之事，下德者只行有为之事也。至于道之极处，有无俱不立，天地悉归空，不独有为用不着，即无为亦用不着。其所言有为无为，悉是就修下手处而论。不但上德、下德者下手有分别，即男女修行，下手处亦各不同。"

问曰："男女下手处，分别如何？"

答曰："男子下手之着，以炼气为要。女子下手之着，以炼形为要。炼气者，伏其气也。伏气务期其气回。气回则虚极静笃，归根复命，而白虎降。炼形者，隐其形也。隐形务期其灭形。形灭则四大入空，剥烂肢体，而赤脉斩。男子白虎降，则变为童体，而后天之精自不泄漏，可以结丹，可以延年。女子赤脉斩，则变为男体，而阴浊之血自不下行，可以出死，可以入生。故男子修炼曰太阳炼气，女子修炼曰太阴炼形。"

问曰："女子炼形不伏气乎？"

---

① 万批：灵窟，即玄关一窍。

答曰："女子性阴，其气易伏，而赤脉最能害道，其所重者在此，故下手则在着重处用力。赤脉一斩，气自驯顺。非若男子性阳，其气难伏，譬如伏气三年，女子一年可伏。果是女中丈夫，得师口诀，行太阴炼形法，三五年间，即可成道，其法更比男子省力。但女中丈夫最不易得。不易得者，女子刚烈须过于男子百倍之力者，方能济事。若与男子等力者，万万不能。"

问曰："大道不分男女，何以男女有分别？"

答曰："其道则同，其用则异。盖以秉性不同，而形骸有别。故同一性命之道，而行持作用大有不同也。"

问曰："赤脉如何斩？"

答曰："赤脉本身后天之阴气所化，阴气动而浊血流。欲化其血，先煅其气。气化而血返于上，入于乳房，以赤变白，周流一身，自无欲火炎燥之患。欲火消而真火出，从此稳稳当当，平平顺顺，保命全形，自不难耳。"

问曰："金丹成就，吞而服之，女转成男，老变为童，此事有否？"

答曰："此言其理，非言其形。女子成道以后，剥尽群阴，变为纯阳之体，与男子成道相同，故曰女转成男。老者成道以后，复还先天，成其纯阳之体，与童子圆满相同，故曰老变为童。非言其变幻像也。"

问曰："道既不关乎幻像，何以六根不全者不授道？"

答曰："六根不全者，名为废疾之人，乃无用之人。道为天地所贵，窃阴阳，夺造化，是大圣人之事。彼废疾之人，安能作此惊天动地之事？不能作者，非不欲作，乃形有所限，气有所塞。若付大道，必将有用之宝，置于无用之地，决遭天谴，故不敢授。果六根不全，而行大功大行者，则指以性理小乘，使其修来去之路可也。至于金丹大道，决不敢授。此中秘密，惟闻大道者自知之耳。"

问曰："亦有六根全而不得命理，仅了其性者，彼岂不知有命理乎？"

答曰："命理乃九还七返金液大还丹之道，万劫一传。若非真正丈夫，抱金刚之志，负圣贤之姿者不能得。而真师亦不敢传，即强欲传之，暗中鬼神阻挡。盖以其人非载道之物，传之匪人，泄天机也。若性理守中抱一之道，即中下之流，德行之士，不妨度引以全形。盖以性理，乃自有之天机，无窃取造化之说，不大关系。然非其人，不得妄传。大抵学人上智者少，中下者多。故祖师以性理度中人，以命理度上智，因人而立教耳。亦有传授之师，仅知其性，而不知其命者。亦有学人仅得其性理，而不知其命理者，不可一概而论。”

问曰：“金丹大道，万劫一传，不几绝于世乎？”

答曰：“所谓万劫一传者，是至尊至贵，不敢轻传之意。故人成道以后，不得其人，数百年在世混迹，必得其人而后去。如正阳得纯阳，纯阳得海蟾、重阳，皆数百年始得其人。古人谨慎如此，其不得妄传可知矣。紫阳三传匪人，三遭天谴，此又不得妄传之证也。”

钟、吕两祖了性了命后，以未得传人，因而留形在世。吾宗知其驻世之由，禅宗不知，乃有“恋尸鬼”之讥。可见君子之所为，众人固不识也。此可补于留形辩后，得再识。

问曰：“金丹大道，只付上智，中下之人必不可得乎？”

答曰：“亦有得者，在人学之如何耳。果其脚踏实地，为一大事，自卑登高，由浅及深，愈久愈力，苦尽甜来。真人一见，必喜接引。若本来自己根行浅薄，又无大志，如何能闻金丹大道乎？”

问曰：“学道亦有法乎？”

答曰：“修行成败，全在学上定高低。一处不到一处迷，一事不知一事难。虽赖明师传授，还要自己会悟。未闻道之先，要像个为性命之人。为性命者，酒色财气，一无所累；贪嗔痴爱，一概抛却；除道之外，别无所计；真心实意，亲近有道之士，如敬天地神明，毫无欺心。再加苦志立德，努力积行，不到明理之后，势不休歇，虽终身不能明道，亦不懊悔。如此居心，圣贤暗中接引，真师亦自喜欢指点。今人不实心学道，即遇明人，亦不肯低头。即低头，三朝两日，即便要道。稍不如意，以为无缘，即便远去。生平又不积德立行，专在衣食上留心，世事上打闹，争强好胜，贪嗔痴爱，无一不备。偶得旁门小事，如获珍宝，自满自足，即有高人在前，亦自负有道，不肯就正。欺心如此，尚欲得真道乎？若是至人，一出头来，便异于人，又有志，又会学，又老实，又聪明，不肯空过岁月，自误前程。故道光明心见性之后，自知还有那边事，又必访求明人，卒得杏林之传，以成大道。吕祖三次还丹未成，后得崔公《入药镜》而大丹始就。彼二公者，皆虚心而有受益之效。后之学者心高气傲，予圣自雄，不肯着实为性命，专弄虚头，犹欲妄想神仙，不是求福，反是折福，何其愚也[①]。”

按：答述吕祖以崔公《入药镜》而还丹始就。玄乎！玄乎！可与知者道，难与俗人言。若作公案看过，熟读其书，不会其题，鲜不沉水入火，自取灭亡也；知其题而昧却虚心，与夫高傲自雄，仍必当面错过，而有宝山空回之叹。其病乃在不肯着实为性命，专弄虚头耳。虚头者，我道身无极中一之头，乃是三才、八公之一，悬于须弥峰顶，顶下之物，人知取以入药，安于镜后，炼归镜前，斯不犯着，又不落空，吞而服之，乃谓之得，乃谓之成。此是吕祖炼得崔公“入药镜”，而丹始成之公案。余忆我师太虚翁曾发玄论，谓有如此玄义。然曾又有玄谓：玄关洞开，世财空乏，此宝得来，不有以配，则亦必有沉水入火之虞云云。余故采补斯答之后，以证悟元子答，非无口授。后答云云，殆有未敢显泄焉耳。

问曰：“吕祖三次还丹未成，岂所得之不真乎？”

答曰：“吕祖之道得于正阳真人，千真万真，不真如何能还？特已还而仍失耳。夫修金丹之道，采药须知老嫩，炼药须知止足，结丹须知凶吉，温养须知抽添，脱丹须知时节。更有药之真假，数之多寡，用之逆顺。有等等难能之事，倘差之毫发，失之千里。吕祖还丹三次未成，必火候细微，有见不到处，故当面错过，得而复失。所以学人学道，须要彻始彻终，通微达妙，一无所疑，方可下手，临炉无差耳。”

按述等等，以吕祖之圣，必能通微达妙，安有火候细微之失？其必前示功法，特少崔公入药之镜[②]，以镜个中，先天不之凝聚于中，后天不因以化，是亦名为专弄虚头[③]。不有真阴以济，而真水真火不会，其物不化，安得为我而聚存哉！吕祖之失以此。既得其书，顾名知义，用以炼之，且以结焉。吕祖盖以清净入手者，自得崔公《入药镜》，用以弄虚，虚自全归，仍不失夫

① 万批：俗人学道之鄙习，与至人求道之专诚，此答描写尽态，学者当以为戒。

② 万批：入药镜是大丹真传，不得以寻常内炼之法视之。特其诀中诀，仍非师传不明，无怪后世之未遇真师者，竟以内炼法注解，殊堪发笑。噫，道之不明也，可慨乎！

③ 按：巧的是，入药虚头，与明陆西星曾得吕祖乩传以示结胎的一首《入头镜》似有相似，录引备考。诗云：“入头镜，在我心，心不虚兮景不明。有一药，悬太空，取来磨之空又空。照怪物，非定形，炼钢打剑飘青风。富我屋，润我身，邪魔不扰兮月大明。面山坐，养真人，真人出兮万象形。耀武火，沸涌时，战野龙鸣初发声。济文火，听蝉鸣，蝉不鸣时放大红。不可过，过则伤（疑后脱一句），莫不足，不足则嫩，嫩则返兮汞又腾。要知来时景，须观此日中。要知止时信，须知惺又惺。此是结胎法，子等慎而行。”

清净宗旨，玄乎！玄矣。书名之妙乃如此，悟元子知之，而未敢为从学者述，第于此答而逗以“一无所疑”四字，为知音从学者道焉，大道之轻泄又如此。

问曰：“始终通彻，下手修为，即可成道乎？”

答曰：“大匠诲人，能与人规矩，不能使人巧。师所授者，不过指其真药真火，大关大窍。至于用之巧妙，行之急缓，成之迟速，在学者力量大小，志气锐弱，性根利钝耳。故大道作为之法，有上、中、下三法，在人量力而行之。”

问曰：“三法为何法？”

答曰：“上等法，乃自在法。中等法，乃权度法。下等法，乃攻磨法。自在法者，顿悟圆通，一了百当，净倮倮，赤洒洒，圆陀陀，光灼灼，行住坐卧不离这个。如明镜止水，无物不照，无物能瞒，从容中道，安而行之，天人合发也。权度法者，后天中返先天，顺道中行逆道，以真化假，借假全真，随机应变，因事制宜，利而行之，内外相济也。攻磨法者，秉性鲁钝，识见不大，必须心地下功，全抛世事，苦其心志，劳其筋骨，饿其体肤，千磨百炼，择善固执。苦人之所不能苦，受人之所不能受，人一能之己百之，人十能之己千之。从一切艰难苦恼处狠力作造，忽的露出本来面目，从此直下实落功夫，与上中之法同一揆辙，此勉强而行之，以己求人也[①]。三法皆古来仙真口口相传之秘诀，教人量力而行，不能行上法者行中法，不能行中法者行下法，总以了性了命为归结。出此三法，再无他法矣。”

按此答，太上复生，不易其言也。然皆以炼心工夫入手，而保命在其中。即此一答，先生之功大矣哉！性学至此，其命学必等上中。从此晋参崔公《入药镜》，一炼必得，而况中而上者乎？余等只宜从事下法者也[②]。噫！学者要知根器如邱祖，尚从下法入手，况根器不及邱祖万万乎？闻之先师太虚翁。翁谓：“邱祖，太乙临凡者，而受大难七十二，小难无其数，跌

① 万批：观顺中行逆，内外相济，学者可以默悟。盖上等法是道之天元、佛之禅宗、儒之安行。中等法是道之人元、佛之教宗、儒之利行。下等法是道之还丹、佛之净土、儒之勉行。学者当自量力为之。苟得真师传授，而成功则一也。

② 万批：上等法须福德，中等法须法财，下法则人人可学，先生故勉人循之，有功于世不浅。

死、冻死、饿死，不在小难之中，凝然顺受，卒中金阙选仙，升证天相，为万世师。五祖藉封帝君，旁及刘祖，亦加帝号。吾辈何人，敢以下法为苦乎哉？”先师又谓：“邱祖道成应阙，悲恸不能起。吕祖奏曰：‘邱某自以太乙临凡，尚受折磨乃尔，世人根器浅薄，不胜其磨，则道统难有继承，是以恸。’玉帝慨然慰曰：‘世人有尔三分，证果与尔等。’上界天仙，不期稽首，若崩厥角。祖乃谢恩而退。有此公案载在《道藏》，此后学之大幸，然不可执以自慰者。”先师语及此，先师能不以自慰，其垂戒后学也深矣，余故录以自警云。

问曰：“闻之仙有五等，皆此一道乎？”

答曰：“不是一道。炼九还七返金液大丹，了命了性，成金刚不坏之体，千百亿化身，隐显不测者，天仙之道。即万劫一传之道。从后天中返先天，还元返本，归根复命，凝神聚气，留形住世，长生不死者，地仙之道也。受三甲符箓，炼上清三洞妙法，飞云走雾，避三灾八难，来去无碍者，列仙之道[①]，南宫护身之道也。修真空之性，极往知来，出阴神而尸解，不落恶趣者，鬼仙之道，即以道全形之道也。降伏身心，保养精气，住世而无苦恼者，人仙之道，乃培植后天之道也。此五等仙，惟地仙再进一步，行无为之道，即可到天仙之位。其余皆有劫数，欲证天仙，尚有许多层次隔碍，无金丹之道点化，万难有成。”

闻之先师太虚翁曰：“修行人能得太极交生之物为圣胎，谓之天仙；得自地天交生之物为圣胎，谓之地仙；得自虚空真阴真阳之元作圣胎，谓之神仙；得自生龙活虎虚空交生之物为胎者，谓之人仙。更知加迎太极之一，以点化之，是谓水仙，变化莫测，稍亚天仙，非仅不坏已也[②]。”

问曰：“成圣、成仙、成佛，皆曰成道。何以曰金丹，又何以曰九还七返金液大还丹？不曰道而曰丹，何也？”

答曰：“道者，先天浑然一气，太极之谓也。丹者，圆满无亏，活活泼泼，以象太极。丹即道，道即丹，其名有二，其理则一。金之为物，亘古今

---

① 万批：列仙即是神仙。

② 万批：仙分五等，说各不一，而佛经又分十等，更难推求。须知仙虽不一，而成道皆同；佛虽不同，而圆寂无异。学者不必拘疑，致生枝节。按：《楞严》谓十种仙乃不修正觉，别求生理者，乃释氏贱视仙道之言，然其言仅是臆想。

而不坏，与天地而并久，取其至坚也。九者，金之成数，七者，火之成数，皆属于阳。返还者，复于纯阳无阴之地也。道本无为，而法有作。因其无为，阴阳变幻，不能无亏缺。圣人用法修持，金火煅炼，既能使亏者复圆，又能使圆者永久不亏，还其太极，还其无极，而至于无声无臭，寂寥之境也。天地有坏，这个不坏，故曰九还七返金液大还丹。曰丹者，是因经火煅炼而名之也。"

问曰："修此大丹，动处好修，静处好修乎？"

答曰："道通寤寐，道达幽明，动静不拘。至于大修行人，活活泼泼，外圆内方，何妨在市居朝。"

问曰："在市居朝，未免有人情世事，何能一心修道？"

答曰[①]："在市居朝，正好奋大用，发大机处，乃上等作法。盖金丹在人类中而有，在市朝中而求。古人通都大邑，依有力者为之，正在此耳。"

问曰："道在虚空，又在人类中、市朝中，何也？"

答曰："惟其在虚空，所以百姓日用而不知。如其知之，行住坐卧，俱是道也。人类中正好修持，市朝中最好作为。岂静处安身，万法皆空，始为道乎？"

处市居朝，大修行人，隐有大作用。但处市为德，而居朝为行，德无行不德，德而有行，道乃成也。悟元子言之，而此中另有道用在，未必有如余昔所闻。

盖余所闻，德乃无上大德，行乃无极大行，不费一钱，不劳丝力，立而行之，杂处俦人广众之中，绝无同异，人故无得而拟议者。自朝至暮，中惟处市不处，如入虚寂，不朝居朝，如包六合。有时而德行相济，随愿并成；有时而专修一德，德足乃修其行；有时而专修一行，行就乃完其愿。古哲行之，个中妙行，不外《三尼医世》，而神事黄帝《阴符》、文昌《阴骘》。究其入手要诀，出自《清静妙经》。人不得而知，己惟尽心以行。此余之闻于鸡足真人者，谓其律宗世修之常道云。

问曰："行住坐卧俱是道，何以又有炼睡之一事？"

答曰："炼睡是初学之事。凡人睡卧，神入阴窟，气散四肢，梦寐颠倒，

① 万批：此下两答并批词，皆隐言大丹作用。观批末"律宗世修"四字，如龙点睛，非真有法眼者不辨，措词含蓄之妙，无可匹也。

罟镬陷井，无不投之。日所积者，不如夜所耗。故必打炼睡魔，使心神居室，清气上升，浊气下降，庶得行道无阻。古仙云：‘睡了一时，死了一时。睡了一日，死了一日。日日有功，无睡千日，便了事也。’又云：‘一年不睡，下结丹；二年不睡，中结丹；三年不睡，上丹结。’此为的言，若虚室生白，神明常照，虽寐犹寤，不妨去睡。《参同契》云：‘寝寐神相抱，觉寤候存亡。’此不为睡害事也。不到此地不可睡。前辈蜀地国清寺张翁湟中、睡仙张翁俱是初而炼睡，后而长睡，此炼睡之证也①。”

问曰：“上丹、中丹、下丹，丹有三乎？”

答曰：“总是一丹。分而言之：下丹者，炼精化气；中丹者，炼气化神；上丹者，炼神还虚。三丹之名，就层次而言。到的还虚地步，精气神混而为一气，是为金液大还丹也。经书三田、三关之说是此意。”

按丹法，并非今日炼精，明日炼气，后日炼神也，一刻之中具此三法者也。即如一部丹书，从头至尾，层次虽多，亦非今日行一层，明日行二层，皆在一刻之中经行勿缺者也，故能得无偏胜之虞，然而大非关限未通者能如是。

盖关有前三、后三，通关所以理任督也。前三，所以理任脉。后三，所以理督脉。任通乃可理督，其理如此。然情实不然，还宜即吸即呼以理之。

按吸，吸自海底阴蹻穴。自穴逆吸，透尾经脊，逾枕达巅，入于天谷——巅即昆仑，人头是也；谷即人脑之中，乃上田也。即自脑中下降，自鼻至上唇，乃与任合，会于华池——池乃舌底，故人口为华池，是乃理督之成法。

呼则起自华池，顺经重楼——重楼即人喉管，从此顺降绛阙——绛阙即膺、即胸堂，从此达中黄——即中田，从此达腹，驻于脐后深处——处曰气海，即是下田。从此达阴蹻穴——穴在粪门之前，卵囊之后，乃任督交聚处，是为理任之成法。

盖皆以意导气，由想合道，乃初学通关必用之成法。

吕祖曰：“三三通，一半功，神而通之闭巽风。”巽风即鼻息，心静致极，

---

① 万批：炼睡之法，俗师不明，往往害人。或有夜倦而强制不睡者；或有夜睡片刻而强起，起而复坐，坐又复睡者。往往令人神气昏迷，致生心肾不交之病，其害人诚非浅鲜。须知修真者日间神气相抱，常使惺惺，虽醒犹睡，故夜间神气清明，中自朗朗，虽睡犹醒。非如凡人之白昼扰乱，寤寐昏昏，故谓之炼睡也。学者须知之，无为俗师所惑也。

息微若闭，导成胎息之法。道至胎息，乃是三三通后之神功，盖非别有神功也。

学者初事通关，且循吸呼意导入手。关限已通，三田不芜，功加虚极静笃，则此胎息亦泯，乃为真息息——息者，止也。功造真息亦息，百脉亦停，六腑五脏，咸安咸泰，一点先天乃从此步收得者也[①]。

学人要知曰停曰息者，乃言精细之极，不觉其起其止耳。乃正此气周行一身。全部丹书细微层次，统于此一刻中，周行无缺。丹书所谓夺尽造化之大作用，切莫轻视。

如是日行岁事而无间，天仙且必成，况其亚次乎哉！其诀不外二化、一还与二合也。今且节节步步，返而又返，日计不足，月计有余。《易》曰"不远复"，又曰"不恒其德，或承之羞"，活活泼泼，存乎其人。学者念诸。

问曰："精气神，后天乎？先天乎？"

答曰："是先天。《心印经》云：'上药三品，神与气精。恍恍惚惚，杳杳冥冥。视之不见，听之不闻。从无守有，顷刻而成。'岂可以后天有形之物视之？故大修行人炼先天元精，而交感之精自不泄漏；炼先天元气，而呼吸之气自然调和；炼先天之神，而思虑之神自然定静。先天成，后天化。学者努力修持，方能有验。否则后天且不保，而况先天乎？"

先生此答，圣人复起不易其言也。盖此从无守有，是还返之要诀。是以无为万物之母耳。按此句似将经文"存"字改了"从"字。然存则自然，而"从"则着意。初学必由从而能存者，故不必定从经文，仍改存字，此正先生有意而改，并非误笔也。

问曰："既云顷刻而成，又云炼精化气、炼气化神、炼神还虚，何也？"

答曰："顷刻而成，是得药之效也。炼精、炼气、炼神，是渐修之功，火候之妙。"

问曰："三品大药，皆属先天，金丹即此三药而成乎？"

答曰："三药虽属先天，然无形无象，犹属于阴[②]，不能结圣胎。须得虚无先天真一之气点化，方能无形生形，无质生质，而三药变为纯阳矣。"

---

① 万批：此处辨息亦精透，特略而不详，欲知其详，请观序文中余所著转息法，则知千古言息者，无如此明晰，虽圣人复起，不易吾言。

② 万批：所谓属阴者，谓先天隐于先天之中先天属阴，非谓先天属阴也。欲化身中之后天，非取身外之先天以点化之，不能变为纯阳，此大丹之旨也。

问曰："无形生形，无质生质，则圣胎有象乎？"

答曰："是法相，不是色相。法相，是相非相。盖一气从虚无中结就，又名阳神。此神聚则成形，散则成气，入水不溺，入火不焚，虎兕不能伤，刀刃不能加，出入无碍，非若色相大患之身也。"

问曰："有出阴神者，何也？"

答曰："即玉液还丹，了真如之性者。真如性了，用志不分，乃凝于神，久之静极神出，顷刻千里，极往知来，但鬼仙耳，无影无形。若欲有形，还要改头换面，来世参访高明，修金丹大道而能之。故大修行人了得玉液还丹，即修金液大丹，期归于纯阳无阴之地而后已也[①]。"

闻之先师太虚翁曰："鬼仙道成，而未脱色身者，知有无上大乘，而进求金液大丹，尚有捷法。但须虚寂身心，埵［音朵］其知觉，塞其闻见，绝其思虑，一如婴儿未孩之时，专志诚迎无极真一，则此金液大丹，自必旋得。而宛如梦觉一般，拨发自然真火，不武不文，载炼载养，一旦阴化纯阳，天仙可学。然须预置有无存亡于勿问，遇惊勿惊，遇喜勿喜，湛寂之外，概以梦幻泡影视之，庶得真一常存，后天得因而化。因者，依也[②]，依此无极所降真一也。原此降一，乃属金液之母，能化身阴。身阴乃是吾身之三宝，在身曰先天，在极曰后天[③]，尚是阴物，法惟依一乃化者也。

然功至此，身中识力，必觉大减，勿因怠惰。始若不支，渐复其初，已而渐入泰安，四肢加旺，神色光润，两目有光。如是，加迎天罡，返照我身真一，则自身一日生。诚持不间，岂仅一元全复，而世财充满。他日缘到，大还丹降，万无沉水入火之虞也。"又曰："鬼仙道成，不加等等功法，一旦劫临，四大非我有，无舍得安，不欲迁移，另开生面，何可得哉？"先师遗论有此一则，谨为录附此答之后，以补悟元子所未及，学者参证可也。

问曰："世之投胎夺舍，移居旧住，即此阴神乎？"

答曰："不是。真如之阴神，即是元神。以不能了命为阴耳。至于投胎夺舍之流，乃专弄识神，守轮回种子，与大道绝不相关，故出此入彼，生死不息。其异于常人者，不过能择住处，不入异类耳。至于明心见性，入定出

---

① 万批：玉液金液，还丹大丹，分得最清，可与陆潜虚《玄肤论》相表里。

② 万批：因字须着眼，识得古因字，便知大丹之法。

③ 万批：身中先天三宝，在太极尚曰后天，则太极之先天究何在？此非真师口诀不明。

神，彼安能之？”

问曰：“了性未了命，来世生来迷否？”

答曰：“有迷者，有不迷者。不迷者，生来自知性理，又求大丹之事，完成大道[①]。迷者，失其故路，必须明人指点，方能会悟前因。如明时状元罗真人，若非乃翁提点，亦几乎忘之矣。虽迷而犹有宿根在，故一提即醒。若无宿根，虽提不醒。不但能了性者如是，即有志之士，终身学道，未遇明师，死后转生，亦带宿根。一出头来，自知有此一件大事，仍在道中研磨，千方百计，一心好道修行，不爱荣华富贵者，皆是有宿根之人。若无宿根，纵彼孤寡贫穷，艰难百端，甘于困死，而不爱入此道也。”

问曰：“修性者欲完大道，总要再来人世。修命者与天同寿，必不来矣？”

答曰：“亦有来者。以术延命之道，非真实大丈夫不能得，非天纵之上智不能行。虽能得之，还要祖上积德深厚，自己功行重大，有无数天缘结聚，方能无阻无挡，顺顺序序，了此大事[②]。倘祖上无德，自己宿根不深，虽能勇往直前，或限于事之未就，而数已尽；或阻于功之方用，而魔障早来。往往有法无财，有道无力，抱道而亡者甚多。然虽未成道，而来去分明，与凡人大不相同。亦有半功而亡，亦有未半而亡。半功而亡者，再世必系生知。未半而亡者，再世亦必志道。故学道者，须要知的自己有宿根，不要自暴自弃，而一失人身万劫难也。”

问曰：“生知者，可以不求师而自即能修持乎？”

答曰：“虽是生知，还有迷处，不遇高明者指点，亦不成道。若遇指点，顿悟圆通，一了百当，下手修为，无有不成道者。吾曾遇生知者有二：一系江苏顾公，一系陇西汪公。顾公以宦途所迷，汪公以利途所迷。虽知而不以性命为重，此其所以迷也。如二公者，必定祖上无大德，自己缺功行，所以牵缠不断，跳不出罗网，来生又不知何如？可不惜哉！后学者，可不及早积德乎？”

① 万批：非大丹不能成大道，世之知此者，有几人哉？

② 万批：修大丹者，必积大德，以结天缘，非泛泛者所可几及也。

问曰："弟子亦有宿根乎[①]？"

答曰："尔无宿根，焉能闻大道之名？焉能闻大道之说？有宿根，无宿根，尔亦不知。吾有数语，尔自知之。"即说偈曰："前生尔姓袁，现生尔姓路。姓袁名成德，姓路名我固。此是前后因，仔细认脚步。言下甚分明，早悟须早悟。"

弟子言下大悟，即跪而献歌曰："悟得前身与后身，他人是我我他人。打开混沌入灵窟，看见原来一点真。一点之真如露电，无头无尾又无面。拄天拄地难思量，恍惚杳冥中有变。幸蒙恩师暗点破，才识这个古董货。眼前就有真面目，何劳别处立功课？"

师徒问答之间，不觉东方发白，大地生光。众弟子各去伺事，悟元子亦独步于洗心亭矣。

① 万批：慕道而欲修证者，皆是具有宿根，特宿根有浅深厚薄之不同，故闻道有早暮难易之各别，学者但能一念向道，即宜继续不绝，穷力直追，自得明师指授，而成道可期，切勿畏难苟安，自暴自弃，跂余望之。

栖云山悟元子修真辩难后编参证

桐城刘一明先生著　金盖后学闵一得参证

先天精气神

紫清翁云："其精不是交感精，乃是玉皇口中涎；其气即非呼吸气，乃知却是太素烟；其神即非思虑神，可与元始相比肩。"是即所谓元精、元气、元神也。

精气神而曰元，是本来之物。人未有此身，先有此物。既有此物，而后无形生形，无质生质，乃从父母未交之时而来者。方交之时，父精未施，母血未包，情合意投，其中杳冥有物，隔碍潜通，混而为一，氤氲不散。既而精泄血受，精血相融，包此一点真，变化成形，已有精气神寓于形内。虽名为三，其实是一。一者，混元之义；三者，分灵之谓。一是体，三是用。盖混元之体，纯一不杂为精，融通血脉为气，虚灵活动为神。三而一，一而三。所谓上药三品者，用也；所谓具足圆成者，体也。不得言三，亦不得言一。

学人多不知三而是一，一而是三，或抱元守一，而落于着空；或炼药三品，而失于执相。着空执相，皆非还元妙理。还元者，即还元精、元气、元神也。若欲修道，先要知的此三物，在混元中潜藏。离乎混元，便非先天精气神本体。失却本体，不是元物。《心印经》曰："上药三品，神与气精。恍恍惚惚，杳杳冥冥。视之不见，听之不闻。从无守有，顷刻而成。"曰恍惚，曰杳冥，曰有无，则为无形之物可知。惟此元精如珠如露，纯粹不杂，滋润百骸；元气如烟如雾，贯穿百脉；元神至灵至圣，主宰万事。知之，可以延年益寿，长生不老。学者若能识得此三药，则修道有望。

学者能自混元中体认三宝，自可不误。况已慈示"滋润"等等，无而非无之义，了如掌文，足以体得。得而守之，自不落于着空。能省"从无"一诀，自不落于执相。古哲要言，全贵神领。闻而不会，皆足自误者也。读此则而仍执相着空，吾未如之何也已矣。

后天精气神

后天之精，交感之精；后天之气，呼吸之气；后天之神，思虑之神。三物有形有象，生身以后之物。

男女交媾，精血融和，结为胚胎。胎中只有元气，并无呼吸之气。及其十月胎完，脱出其胞，落地之时，哇的一声，纳受天地有形之气，入于丹田，与元气相合。从此气自口鼻出入，外接天地之气以为气，此呼吸气之根也。后天之神亦于此而生，此神乃历劫轮回之识神。生时先来，死时先去，转人转兽是这个，为善为恶是这个，生来死去亦是这个，出此入彼，移旧住新，无不是这个。当落地哇的一声，即此神入窍之时也。所以婴儿落地，不哇者不活，盖以无神入窍也。初生之时神气相御，以为后天根本，生长幻身。

至于交感之精，尤系后有之物。在母胎时无此精，初生身亦无此精。及至二八之年，元阳气足，满而必溢，极而必返，阳极则阴生，阴生则阳消，阴气用事，阳气退位。无形之阴，又生有形之阴，肾中窍开，真水亏而欲火潜生，稍有触动，其火上炎，蒸炙一身，激发百骸血脉，五脏六腑津液，尽皆沸腾，上涌聚会于头顶百会穴——此穴乃百脉聚会之处。其气血从此穴下降夹脊，至肾腧，过后始化而为白，过尾闾达阴窍始泄焉。此精不但生时并无，生后亦无，特气血所化耳。其肾窍不过是出精之门，精何尝在肾也？所谓交感之精者，因有交有感而有精，不交不感即无精。至于梦遗，亦由感而有。间有不感而遗者，是气虚而血脉不固，邪火催逼而出之。此交感之精之所由来也。

当阳极生阴，不但精从此有，即思虑之神从此而发，呼吸之气从此而暴。学者须要识得此三者，皆生身以后所有，而非生身以前之物。以生身以后之物，欲保全性命，延年益寿，超出乎阴阳之外，能乎？否耶？学者当三思之。[①]

谨按此身三物，古哲惜之，以能还返，则三可返一，后而非后矣。究其功法，不外“从无”两字也。

---

① 万批：专保后天，虽不能超出阴阳之外，然欲做先天工夫，非先保后天不可。盖先天藏于后天之中，后天不惜，先天必伤，学者切勿因此言而遂将后天看轻，任其丧失而莫之惜也。余故谆谆以勉焉。

先天真一之气[①]

缘督子曰："先天之气，自虚无中来。"《悟真》云："道自虚无生一气，便从一气产阴阳。"道光云："有物先天地，无名本寂寥。能为万象主，不逐四时凋。"此皆言先天之气，为生物之祖气，乃自虚无中来，为万象之主，天地之宗，无形无象，无声无臭，视之不见，听之不闻，搏之不得。然虽无形而能生形，无象而能生象。以言其神，为不神之神；以言其气，为真一之气；以言其精，为真一之精。又名真种，又名金丹，又名他家不死方。非后天呼吸气、思虑神、交感精可比，亦非元精、元气、元神可同。盖元精、元气、元神，在后天则为阳，在先天还为阴。非若先天真一之气，历万劫而不坏，超群类而独尊，生死不拘，有无不立，为后天精气神之根本，为先天精气神之主宰。乃至阳之物，天上之宝，人罕识之。盖此物不在内，不在外，不落五蕴八识，不在五脏六腑，不在六根门头，不在百骨穴窍，而在乎玄关一窍。有意寻之则着相，无意守之则着空，思之不得，议之不可。本来自有，因阳极生阴，走于他家，不为我有。至人用法追摄，以实形虚，以有形无，激而有象，从虚空中来。采而修之，以阴符阳火煅炼成丹，结就一粒，大如黍米，吞而服之，点先天之宝，以无生有，化后天之物，转阴成阳，三尸五贼尽皆灭踪，八万四千毛神俱化为护法，故曰"一粒金丹吞人腹，始知我命不由天"。

迷人不知此先天真一之气是生物之祖气，是鸿濛未判之始气，是混沌初分之灵根。或以元气为先天真一之气；或以丹田呼吸之气为先天真一之气；或以抱一守中，为守先天真一之气；或以观空止念，为观止先天真一之气；更有一等地狱种子，炼五金八石，采红铅梅子，以为服食先天真一之气。种种歧路，岂足以语先天真一之气乎？夫先天真一之气是混元祖气，生天、生地、生人物，其大无外，其小无内，动静如一，阴阳混成。在先天而生乎阴阳，在后天而藏于阴阳，乃真一而非假一。抱守真一，真一岂可抱守哉？如可抱守，则非真一，而所抱守者，必是假一。观止真一，真一岂可观止哉？

① 万批：先天真一之气最难言状，须开关展窍后，自默喻之。若从语言文字、身心幻想中摸索，终是隔靴搔痒。盖凡有所见，皆是识神。识神不藏，元神不现。元神不现，安知真一之气之所在乎。

如可观止，则一非真，而所观止者，一必是假。至于千门万户，诸多旁门，俱是认贼为子，弃正从邪，并不知真一之气为何物色。无怪乎到老无成，而落空亡矣。

悟元初遇龛谷老人，示以修真大道，诸事显然。惟于“先天之气自虚无中来”之语，因自己所见不到，模糊十三年之久，阅尽丹经，究未知其端的。后遇仙留丈人，抉破源流，咬开铁弹，言下分明，了然于心。始知的虚无真虚无，真一是真一，不于我有，不从他得，不可言象，不可画图，以意契之，以神会之。放之则弥六合，卷之则退藏于密，通天彻地，为圣为贤，成仙作佛，皆出于此。若能知得此先天真一之气，则大本已立，其他皆余事矣！所以古仙云“得其一,万事毕”也。

得诀以修，头头是道。古仙云:“处处绿杨堪系马，家家门阃透长安。”欲寻真一，诚行自得。第不深造自然，万无幸得之理。盖以悟元子所论之道，是为先天大道，纯以还元为事。苟不置此身心于先天之先，玄关不开。故按悟元所示功诀，不造自然，先天不现，而所得不真。果能抱守止观，功从先天之先下手，而深造自然地位，则其全神，已证其一。以一求一，易如反掌，焉有得假作真之弊!

据余所闻，按此所示，其当必戒者，红铅梅子、五金八石二门，古哲备行，法惟用作种媒，盖有勾玄大妙用也。若作服食用，断非神仙家法，故须力辟。二门之外，门门堪以证果，第当均以“从无”为则者。从无次序，还当循夫内观、外观、远观，造至空无所空，寂无所寂，然后晋求圣道，打破虚空，则与虚空先天真一不二不一矣。是为能得先天真一之道。是余得之于太虚先师，且曾印证于鸡足真人者，述以补夫悟元先生所未道云。

真假身心

今人皆曰身心，只知幻化之身心，而不知真正之身心。舍真从假，无怪乎寿数未尽，而身心早累，形如生人而魂入鬼窟矣。何则？幻化之身，肉身也。幻化之心，人心也。眼耳鼻舌身口意，俱幻身之所出。喜怒哀乐爱恶欲，皆人心之所出。六根门头，样样足以丧生。七情妄念，件件能以致死。磕着撞着，便自发作。不至伤害性命者，有几人哉？若以幻化身心为真实，是认贼为子，以奴作主。一旦天不假年，身在何处？心在何处？其为幻化之物也无疑。

至于真正之身，法身也。真正之心，天心也。阴阳五行，法身之所出。婴儿、姹女、木母、金公、黄婆，珊瑚、砗磲、水晶、碧玉、黄金，天心之所生。五性因缘，俱皆成道之种。五般至宝，尽系炼丹之财。采之修之，起死回生，返老还童，俱此法身天心。人多不识，所以法身埋没，幻身用事，天心退位，人心当权。以故生生死死，轮回不息，无有了期。

夫此法身，上柱天，下柱地，无头无尾，无背无面，中立不倚。以言其刚，则粉碎虚空；以言其柔，则万化俱息；以言其坚固，则入水不溺，入火不焚，入金石无碍，虎兕不能伤，刀兵不能加，是命之所寄也。此天心，不垢不净，至虚至灵，寂然不动，感而遂通。以言其静，则无声无臭；以言其动，则至神至妙；以言其形象，如偃月，如仰盂，如黍珠，不色不空，即色即空，不有不无，即有即无，是性之所寄也。

知此身心，以修性命，则了性了命易如反掌。所以古人道："都来身心两个字，隐在丹经万卷书。"果是幻身人心，明明朗朗，虽愚夫愚妇皆知，何故万卷丹经隐而不言？其所以隐者，必有秘密难言处，岂可以幻化身心目之哉？噫，身心岂易知乎？苟不下数十年穷理工夫，法身不易见，天心不易明。身心不知，性命何[①]修？学者勉之。

按此真身真心，人人具足，迷者失之，悟者自复。古哲授有追摄等诀，或即身以事复，或设媒以引还，所以克复克还者，真幻同出于一，分后分先，辩之极易。一乃体也，元乃用也。从用则落后，从体则返先。学者体此，则亦孰为体孰为用，论之详矣。其所谓秘密难言者，盖指深耕置种、借假还真等等摄追妙用耳。然岂外乎身心？第宜明辩真幻于此中，则行有指南，头头合道矣。

真假性命[②]

《易》曰："穷理尽性，以至于命。"古仙云："修性不修命，万劫阴灵难入圣；修命不修性，犹有家财无主柄。"此皆为性命双修而言也。然性有

① "何"，万本作"不"，据金盖本、丁本改。
② 万批：此篇言性命真假，分别最清，非从性命工夫有真实体验者不知。

性之理，命有命之理，非穷理工夫不得而知。特以性有天赋之性，有气质之性；命有天数之命，有道气之命。天赋之性，良知良能，具众理而应万事者也。气质之性，贤愚智不肖，秉气清浊邪正不等者也。天数之命，夭寿穷通，富贵困亨，长短不一者也。道气之命，刚健纯粹，齐一生死，永劫长存，天地不违，阴阳不拘者也。

天赋之性为真，气质之性为假；道气之命为真，天数之命为假。真者先天之物，假者后天之物。先天在阴阳之外，后天在阴阳之中。此真假不同，性命有异。修道者，若知修天赋之性以化气质之性，修道气之命以转天数之命，性命之道得矣！

且性者，心之所生。心为神舍，心明则神清，神清则性定，所以道性之造化系乎心。命者，人之一叩，叩则必应，应则气活，气活为命蒂。人即身也，所以道命之造化系乎身。命属他家，性属我家。先求他家不死之方以立命，后求我家原有之物以了性。身心不二，性命一家，而性命俱了。

旁门外道不知何者是命，或以后天气为命，或以肾中浊精为命，或以令为命。不知何者是性，或以灵明知觉为性，或以顽空寂灭为性，或以秉受气质为性。是皆言命而不知命之窍，言性而不知性之宗者也。

何为性？不识不知，顺帝之则，即是性；圆陀陀，光灼灼，净倮倮，赤洒洒，即是性；乾遇巽时观月窟，月窟即是性；无欲以观其妙，妙即是性。何为命？男女媾精，万物化生，即是命；恍惚中物，杳冥内精，即是命；地逢雷处见天根，天根即是命；有欲以观其窍，窍即是命。穷得此性命，方是知性命，知得此性命，方能修性命。噫，知者且稀，而况修者乎？学者何不早辩之。

所有性命，盖已和盘托出矣。诚非下数十年苦功，不能了了。

先后天阴阳

先天阴阳，有无是也。后天阴阳，心肾是也。有无阴阳而无形，心肾阴阳而有象。有者，坎中之一阳，为真阳，为妙有。无者，离中之一阴，为真阴，为真空。阳而曰真，则非假阳可知。阴而曰真，则非假阴可知。有真阴真阳，则必有假阴假阳。真阴阳出于先天，在太极中运用。假阴阳出于后天，在一身内存藏。假阴阳，身存则存、身亡则亡而有坏；真阴阳，出于无形、运于无象而不朽。盖心肾阴阳，乃父母交媾精血之所化，有气有质，所以随身而有无。至于先天阴阳，从法身而出，乃虚无一气所生，有气无质，所以与天地而长久。此先天后天之别也。

然先天阴阳虽生于先天，一自有身，便藏于后天中，所以属于坎离。坎者外阴而内阳，其外阴即后天之阴，内阳即先天之阳。离外阳而内阴，其外阳即后天之阳，内阴即先天之阴。此又先后天之别也。

且后天阴阳只行于一身，顺其造化。子时一阳生，肾中有一阳之气，上升而昼运血脉。午时一阴生，心中有一阴之气，下降而夜运血脉。阴阳迭运，昼夜旋转。人自先天埋藏，后天用事，思虑过度以伤神，淫欲取乐而耗精，精神衰败，暗消其气，气尽则死矣。至于先天阴阳，运于虚空，逆其造化。当活子时到坎中，一阳来复，即进阳火而生育。当活午时到离中，一阴来姤，即退阴符而温养法身。乃至法身成就，十月气足，脱出圣胎，则仙矣。此又先后天之别也。

噫，一身后天阴阳，且不能了性了命，彼以男女为阴阳而行邪术者，其罪尚可言欤？学者果于先后天阴阳辩的分明，急求真师印证，庶几有造。倘不识阴阳真假，妄想一言半语即欲窃夺造化，超凡入圣，焉有是理？学者可不三思乎！

所辩精极，学者宗之，进道有路矣。知于此中推而诚事，却大有作用。而非若旁门误看近取远取之用，仍于有形有象上立脚之谓也。悟元子谓非一言半语可通玄，正指此中有大玄用耳。然果知于先天之先立脚，自必左右逢源。先师太虚翁谓："修至无我，自明三才一物，个自分三，为忘融化。古之至人能以三才为法身，以有无为阴阳，而以真一为无极。有无不之动，动静不之住，湛然寂然，终始如之，为我乃天心。古之至人能如是，学者则之，由暂至常，由勉至安，不亦妙乎？"我师妙论如此。此可以补悟元子论所未及，故述证之。

内外五行

五行攒而金丹成，金丹亏而五行分，此理之必然，但阴阳有二，五行即不是一。何则？有内五行，有外五行；有天之内外五行，有地之内外五行。天之五行是运，地之五行是气。天之五行，甲乙丙丁戊己庚辛壬癸十干是也。

地之五行，子丑寅卯辰巳午未申酉戌亥十二支是也。甲丙庚壬戊为阳为外，乙丁辛癸己为阴为内。寅申巳亥辰戌为阳为外，子午卯酉丑未为阴为内。

独是五行，只是一个，何至有四个？特以五行者，阴阳二气所生。立天之道曰阴曰阳，立地之道曰柔曰刚。天之五行，天之阴阳所化，金木水火土各有阴阳之气。甲丙庚壬戊具有阳气，乙丁辛癸己具有阴气，此天之阴阳五行也。地之五行，地之刚柔所化，金木水火土亦各具刚柔之气。寅申巳亥辰戌具有刚气，子午卯酉丑未具有柔气，此地之阴阳五行也。天之五行主动，而动中亦有静。动中静，即乙丁辛癸己也。地之五行主静，而静中亦有动。静中动，即寅申巳亥辰戌也。以天地全体而论，则天之五行属外，地之五行属内。以天地分形而论，则天之甲丙庚壬戊为外，乙丁辛癸己为内；地之寅申巳亥辰戌为外，子午卯酉丑未为内。此四个五行，内外阴阳之理也。

人身亦然，有天干五行，有地支五行。天干五行者，元性、元情、元神、元精、元气为阴，仁、义、礼、智、信为阳。地支五行者，游魂、鬼魄、识神、浊精、妄意为阴，喜、怒、哀、乐、欲为阳。至于心、肝、脾、肺、肾之阳，胃、胆、三焦、膀胱、大小肠之阴，乃后天有形有象之浊物，又不在四个五行之例矣。

惟此四个五行，以法身幻身合而论之，以天干五行而运地支五行也。以法身幻身分而论之，法身以仁义礼智信，而全性情精神气也。幻身以精神魂魄意，而含喜怒哀乐欲也。以上皆天地人内外五行之分别。

五行有相生之道：金生水，水生木，木生火，火生土，土生金；又有相克之道：金克木，木克土，土克水，水克火，火克金。更有生中有克，克中有生之道：生中有克，后天顺行之道；克中有生，先天逆运之道。学者若能知的生克，识的逆顺，则五行之理了了。

这篇精理，闲时熟揣，行时体认，一一会悟，了了心目中。习而又习，体而精体，则值忙时偷行，得勿错乱；造至忘时，自得勿背。学者毋得自误，失之毫厘，谬有千里者也。

盖吾辈有生以来，背道违真，个中放收，失规失度，大非若婴儿内局。初起修持，必须置身于虚，立心于寂，勿助勿忘，如是湛寂，无所无时，所谓“但灭动心，不灭照心”。造到不虚而虚，不寂而寂，然后专一体认，则内所现，尽出先天，只仍一一寂视之。如是久之，现景愈淳，乃可从事维持，酌加取去，而无或失焉。

究其始基，必先揣熟斯论，按步持行，节节身体，戒杂住着，不为闻见乱志，且置功效于勿问，忘时忘日以持，此为要嘱。一身全[①]病悉除，自能步步中规，乃有滴滴归源之妙。学者毋得作老僧常谈视之。凭你智慧过颜闵，不有真功不入门。先师太虚翁遗论如此。余感悟元子慈肠，故录师示以告同志云。

内外药物

药物有内外，工夫有两段。修道者，若不知内外二药，如盲人走路，聋子听声，终无得手处。

何为内外？内药者，一己所有。外药者，他家所出。一己所有者，灵汞是也。他家所出者，真铅是也。灵汞非水银，真铅非黑锡，俱天生之至宝，非世间之浊物。盖灵汞者，姹女也，为妻主内。真铅者，婴儿也，为夫主外。灵汞虽为天宝，其性好动，见火则飞。不得真铅制之，则必游行无踪，未免真中有假，恩中生害，如世间女子无夫，久必失节。故用真铅制真汞，铅汞相投，夫妻相得，遇火而反有济矣。但此灵汞，一己现有，不待他求。至于真铅，自阳极阴生之后，走于他家，不属于我。必须先寻此物，归于我家，与真汞合配，始无阴差阳错之患。以其铅属他，汞属我，故有内外之名，人我之别。

丹经所谓七返者，即返此真汞之本性；所谓九还者，即还此真铅之本性。至于他家之称，非人我他家之说，是真铅未来，属他外也；真铅既来，属我内也。其所谓外者、他者，因未来言之耳，非真实有他家也。内外之说，亦是此意。

原其生身受气之初，铅汞一气，非有内外之别，并无人我之分。及其圆极而亏，铅汞分为两处，始有人我内外之说。但此铅汞有两义，不可不知。当修还丹之时，取黑铅以制红汞，铅汞相投，结成还丹。此亦内外二药之别。及其还丹结就，又名真铅。以此真铅吞而服之，点一己之阴汞，霎时而干。复用已干之汞，温养真铅，结成大丹。此亦内外二药之别。学者若能明

① “全”，疑为“垢”。

的两层内外药，则还丹、大丹之事可以了了。

所论内外我他，点极明白。学者知所事矣。乃更慈示两层内外药，尤为难得。以后阶级，从可追寻。慈哉！慈哉！是书之出，道宗之运可重振，未审学者知晋追研否？噫，悟元子示尚属小还，而大还工诀，不外置此身心于先天之先，引至三才元一，会合一身元一。究其作用，端在“从无”两字。盖无极而一始现，然非释氏后学所尚之无[①]。是乃极有不有，乃得极无。得而服之，是无也，名曰万物之母，是为三才之根。得此一无，乃为大还。先师太虚翁玄论如此，述以补证斯论所未全泄云。

大小还丹

《悟真》云："赫赫金丹一日成。"又古经云："还丹在一时，温养须十月。"噫，还丹之道，岂易知哉？盖还丹有小还丹，有大还丹；小还丹名曰金丹，大还丹名曰七返九还金液大丹[②]。

所谓小还丹者，后天中返先天，以铅制汞，以水济火，以金公配姹女，以黑虎驾赤龙，以乌龟吞朱雀，以他家制我家，还其我家之故物，复其我家之本真，乃还元之道，所以名曰还丹，又曰金丹。经云"金来归性初，乃得称还丹"者，即此小还丹也。所言小者，仅还其元，复其当年之原本，如亏者而又足，去者而复还。此丹虽还，尚未经火锻炼，一时不谨，犹有得而复失之患，故曰小还。于此再加向上工夫，重安炉，复立鼎，将此还丹温之养之，以至虚极静笃，贞下起元。复运阴符阳火，渐抽渐添，自无而有，自微而著，十月胎全，瓜熟蒂落，脱出法身，是曰大丹。至于别造乾坤，再安炉鼎，子生孙兮孙又枝，为十极大罗真人，不在大小还丹之数也。

世人不知大小还丹之分别，而直曰金丹之道，妄想得师一言半语，便欲成功，何其愚甚！其他旁门外道，俱不足论。即就其所得之真者论之，或有知炼己而不知采药，或有知采药而不知安炉立鼎，或知安炉立鼎而不知调和

① 万批：学者能知佛所尚之无，方知道家所取之无也。

② 万批：篇中于大小还丹名义未分别清晰，故闵批有不满之意。按悟元子穷理功深，未遇真师传授，故于丹道秘要处，言多含混，可见此事难知，非师莫辨。余向亦佩服悟元子谈理之精，自遇陈师得诀后，始不为古人所惑也。按："大小还丹名义未分别清晰，故闵批有不满之意"，细阅闵真之批，却不是万氏所言。

之法，又有仅知小还丹而不知大还丹、半途而废者。噫，始则有为，终则无为。苟知始而不知终，欲成大道难矣。学者须原始要终，必无一毫之疑惑而后可。

论中重在安炉立鼎，古哲原亦如是。鄙见以为世财不充，原始已难，况要终乎？是以太上慈开置种假幻一门，以授律宗，始则致元以固法，继则迎一以结丹，何等堂皇！何等自在！若如悟元所论，原是要妙。然或世财未充，鲜无不至沉焚者也。况无夙植，不得幸遇乎哉！余故为述所闻，以补斯论所未备。且此原始要终，必启诽谤，欲令学者无疑，万不可得者也。

运用吉凶

《悟真》云：“祸福由来互倚伏，还如影响相随逐。若能转此生杀机，反掌之间灾变福。”又云：“须将死户为生户，莫执生门号死门。若会杀机明反覆，始知害里却生恩。”盖以金丹之道，先要识得吉凶之理，而后可以进退随时，运用由心。否则吉凶不知，是非罔辩，冒然下手，则必火生于木，祸发必克，非徒无益，而又有害矣！

何为吉凶？以药物而论：方生则吉，已过则凶；西南为吉，东北为凶；元神为吉，识神为凶；元精、元气为吉，后天精气为凶；真身为吉，幻身为凶；天性为吉，气性为凶；道心为吉，人心为凶。

以采取而论：水火相济则吉，水火不济则凶；金木相并则吉，金木间隔则凶；先天化后天则吉，后天贼先天则凶；急缓迟速随时则吉，文烹武炼失度则凶；裒多益寡则吉，弃正从邪则凶；杀中求生则吉，生中带杀则凶。

以还丹而论：有人有己则吉，有我无人则凶；情来归性则吉，性去随情则凶；集义而生则吉，义袭而取则凶；龙虎不伤人则吉，神气而散乱则凶；他家之阳来则吉，我家之阴凝则凶；自剥而复则吉，自夬而姤则凶；坎来而离迎受则吉，彼到而我不待则凶；以铅制汞则吉，以阴消阳则凶；药足温养则吉，持盈未已则凶。

以大丹而论：龟蛇蟠绕则吉，龙虎相争则凶[①]；结丹一时则吉，混沌七日则凶；同心侣伴则吉，外来客邪则凶；防危虑险则吉，水冷火炎则凶；固济

① 此两句顺序依金盖本，万本、丁本此两句顺序相反。

牢封则吉，失误觉察则凶；胎完脱化则吉，未完急出则凶。

以上皆内外二丹吉凶之理，必须节节通彻，事事精详，方可下手。

更有剥之硕果，复之灾眚，泰之命乱，否之后喜，夬之无号，姤之含章，既济之终乱，未济之晖吉，凶中有吉，吉中有凶，吉凶不定，变化无常。

倘知之不真，即行之不当，毫发之差，千里之失。若于运用吉凶处打通消息，真知灼见，进之退之，急之缓之，损之益之，无不随心如意，步步得力也。

所论极精，学者慎毋忽。然有极简妙诀，果能念念清和，自造无上乘者。盖如悟元子论，尚属地仙家法，琼琯先生所谓“其法繁难不易成者”是也。若余所述，乃是天仙家法，所谓“以身为铅，以心为汞。以定为水，以慧为火”。究其火候，以中以和而已，既无卦爻，又无斤两者[①]。悟元子不之述，故为补述如此。学者更能于先天之先立脚，而以清和两字理此身心，自能造致中和地位，一无流弊焉。先师太虚翁玄论如是云。

前后炉鼎

《悟真》云：“先把乾坤为鼎器，次抟乌兔药来烹。既驱二物归黄道，争得金丹不解生？”又云：“偃月炉中玉蕊生，硃砂鼎里水银平。”观此，则知炉鼎为修炼之首着。若无炉鼎，药自何收？丹自何炼也？但炉鼎非外面铜铁泥土之炉鼎，亦非闺丹女子之炉鼎，乃道之大造炉，威光鼎。古人以乾为鼎，坤为炉，盖取乾阳健、坤阴顺之义。乾鼎坤炉，即是阳健阴顺也。所谓偃月炉，硃砂鼎，亦阴阳健顺之义。言偃月取阴中生阳之义，言硃砂取阳中有阴之义。阳健阴顺，阴济阳，而阳济阴，方是修道真正之炉鼎。若舍阴阳健顺四字，而别求炉鼎，则是行邪道，而非正道矣。

但炉鼎亦有分别，有还丹炉鼎，有大丹炉鼎。还丹以乾坤为炉鼎，乌兔为药物。大丹以虚无为炉鼎，一气为药物[②]。此还丹大丹之分别。

然还丹中更有坎离炉鼎，不可不为早辨。盖此炉鼎最为紧要，若不知之，虽有乾坤炉鼎，而金丹未可遽结。何则？偃月炉，真火所生之处。硃砂

① 万批：此是玉液法。按：万批非是，详见《还源篇阐微》。

② 万批：此虚无一气，乃有而无，无而有者也，《契》曰“器用者空”，即虚无之谓也。

鼎，真水所生之处。知此炉鼎，以水济火，水火同宫，先天之气自虚无中来，自然结为至宝。此宝一结，复入于虚无鼎炉，运动天然真火，无质生质，无形生形，神全体就，脱出圣胎，并虚无炉鼎，亦无用矣。

至于向上一着，别有炉鼎，非可于语言求者。噫，“鼎鼎原无鼎，炉炉亦没炉。身心两个字，举世尽糊涂。”

通篇玄论，至显至明。末后点出身心两字，苟非亲授口诀，那知向上一着。悟元子既已直泄，学者自当领悟矣。曰乾坤，曰坎离，曰虚无，而于偃月，点曰“真火所生之处”；于硃砂，点曰“真水所生之处”。又曰“知此炉鼎，以水济火，水火同宫，先天之气自虚无中来，自然结为至宝。此宝一结，复入虚无鼎炉，运动天然真火，无质生质，无形生形，神全体就，脱出圣胎，并虚无炉鼎亦无用矣”云云，悟元子盖已和盘托出。复又点曰“不外身心”，则其所谓向上一着，别有鼎炉者，直是迎一化元，元随一化，身心虚无，绝无分别。古哲所谓粉碎虚空这一着，有何鼎炉，有何火候哉？悟元子知之悉矣，故曰“鼎鼎原无鼎，炉炉亦没炉”云。究其工法，还自“有无均不立，动静一般持”，故能聚则成形，散则成气耳。

内外火候

古仙云：“真火本无候，大药不计斤。”《悟真》云：“纵识硃砂与黑铅，不知火候也如闲。大都全藉修持力，毫发差殊不作丹。”此皆为火候而发。

后人不知古人立言之意，或执“真火本无候”之语，不流于寂灭，即落于忘形；或执“不知火候也如闲”之句，不疑于子午卯酉之时，必惑于采取年月日时；亦有因语句矛盾疑惑而不深究者。噫，古人立言各有妙旨，虽立言不一，而其意皆同。

所谓“真火本无候”者，言真火本无一定之时候，遇阳生之候即进阳，遇阴生之候即退阴，不是言火常运而无候也。所谓“不知火候也如闲”者，言运火而必有一定之候。炼己待时，阳生即进火之候，阴生即退阴之候，非言时日之死候也。“本无候”“须知候”，同一机关，所以《入药镜》云：“一日内，十二时。意所到，皆可为。”此言十二时中皆有阳到阴到[①]之候，意料

① “阳到阴到”，金盖本、丁本作“阴到阳到”。

其到，遇阳即进阳，遇阴即退阴，阳到阴到，皆是可为之时。言下分明，何待细辩？

但火候不一，有内火候，有外火候，有采药火候，有炼药火候，有合丹火候，有结丹火候，有温养火候，有脱丹火候，有服丹火候，有结胎火候，有脱胎火候，有修性火候，有修命火候，有文烹火候，有武炼火候。火候居[1]多，总要知其分数爻铢，止足老嫩之候，随时运用，不使有毫发之差耳。噫，“月之圆，存乎口诀；时至子，妙在心传！”火候之妙，岂易知哉？

今人不知火候最细最微，执古人“一言半语便通玄”之句，直谓一无可说，一无可传。殊不知一言半语之妙，乃真师附耳低言，指示一点天机之秘，而非言传火候也。世间一艺一技且有多少法则，而况性命大事，岂能一言半语了悟乎？学者何不三思？

开示极细，的是地仙家法。若余所闻，贵在知时识候。时知候识，则进退合度，应文应武，自不失宜。个中之维持调护，只在学者灭动不灭照，机现自觉，随机分处，致之中和，念不偏胜，捷在转瞬，绝不费事。第非虚极静笃，流入莽荡昏迷，则时到不知，机现不觉，足大害事。果能用志于寂，置心于虚，不照而照，一灵常存，何时之或失？机之或蒙也哉？

苟遗斯诀而他求，纵得洞悉卦爻等等，诀繁条琐，适足紊扰，万难保无毫发之差殊也。是于太上正宗一概扫除，专以致虚致一为体，亦以中和清和为用。南宗陈、白二祖，盖尝印证于律宗钟、吕老祖者。故陈讥《悟真》一书“运心不普”，而白题紫阳像赞，亦有微辞，所谓“带些铅汞气”者是也。然须熟揣所论，步步节节中精义，息心体会，至再至三，个中精义，了了无遗。加之虚极静笃，而一灵存照，则时至必觉，机现必知，等等火候，何难中式合规哉？律宗大旨，专一还返先天，造至中和，不失心传而已。

至谓“一言半语，乃属真师附耳低声所示之秘”，恐启后学猜疑，流入左道，学者审之，盖非的论也。况据鄙见，儒宗一贯，亦只一句。此盖学到垂成，一点玄悟，是亦至理。即或附耳低言，必系学者师前危坐，机现有阻，现于形色，师知就示，不可高声，声高则惊之故。何尝存有密示之意？学者不可错会。是有关系之文，余故不敢不为申说云。

---

① “居”，疑为“虽”。

他家我家[①]

《悟真》云："休施巧伪为功力，认取他家不死方。"又云："此般至宝家家有，自是愚人识不全。"此皆指示先天药生之处。后人不知古人秘谛，见他家、家家字句，或猜为女子，流于闺丹之术，忍心污行，作孽百端，入于禽兽之域者，不可枚举。彼乌知先天之气从虚无中来者，安可于有形有象中求之乎？

夫人秉先天之气，借凡父凡母之精血而有身，则人身即有此先天之气矣。但此气日生夜长，阳极必阴，乾宫之阳走于坤宫，于是乾虚为离，坤实成坎。曰离者，离去其阳也；曰坎者，坎陷其真也。阳陷于阴，不属于我，故曰他家。

《悟真》云："要知产药川源处，只在西南是本乡。"西南者坤方，乃阴极阳生之处。子野云："药出西南是坤位，欲寻坤位岂离人。分明说破君须记，只恐相逢认不真。"此人名曰不死之人，又曰真人。古仙云："若要人不死，须寻不死人。"这不死人，即他家不死方。曰我家者，我之真阳离去，所以离为我；曰他家者，我之真阳为阴所陷，所以坎为彼。因有坎离之分，故有他我之名。他我之名是就阳未复来言之耳。果若阳复，则他即是我，我即是他，只是一个，无有两样。

《黄鹤赋》曰："效男女之生，必发天机而作，泄天之机。"曰效曰泄，是就世法而泄道法，非言男女，即道中之他我。后人不知古人立言妙义，直以他家为外面之他家，作禽兽之事，败坏教门，求其来生为人而不可得，尚欲望仙乎？

夫丹经凡言彼我者，以阴阳言；凡言主宾者，以运用言；凡言颠倒者，以招摄言；凡言有无者，以动静言；凡言龙虎者，以性情言；凡言铅汞者，以浮沉言。要之，总不外乎阴阳二字；究之，不外乎性命二字，然实不外乎身心二字也。彼世间孽根罪人，未明圣贤大道，以女子为他家，以首经为至宝，以梅子为长生药。是非修圣道，实是谤圣道，当入拔舌地狱矣。

噫，家家有之，而非自家所有者，盖其用之不可见也。若欲求之，大要

---

① 万批：此论有语病，非得真师者莫辨。按：此篇刘一明别解他人诸语，而痛斥女鼎，与万氏所学相反，故万氏作此批语。

法财。必于神州赤县者，以其见之不可用也。用之不可见，见之不可用，一身尚且无，他人岂能有？内里既不见，外边更何求？此中秘密，苟非精明阴阳，深达造化，识得先天真一之气者，安能知之？

悟元子示，直破万重黑暗，有功玄学非细。惜于不死方“方”字，不离人“人”字，未为确切点明。悟元子乃信古者，其过盖缘古哲秘隐太过，所谓运心不普，泄而不泄，遗误后学。此吾张祖三遭天谴之由，而世误谓妄泄所致，以被斥于驻世至人鸡足道者矣。

道者曰：“《悟真》所谓不死人方，按即达摩之‘神州赤县’，《道藏》所称‘大赤天宫’。子野所谓‘岂离之人’，乃即‘大赤天人’，故曰真人。”按斯天宫，乃为人元之本位。人元既亏而求复，自应于斯宫求之。盖斯宫也，以身而论，位不离乎心腹，则书所言，达摩所访，悉皆符合矣。且以理论，人则荷乾而履坤者。坤之方位，先天之坤在正北，后天之坤在西南。古哲盖以人元倚于坤者，故曰坤方不死之人。又按法箓，亦以乾为天门，艮为地户，巽为鬼路，坤为人门者，学人不可以悟乎？其说出自律宗，述以补证斯论之未泄。

真正首经

《悟真》云：“白虎首经至宝。”又云：“铅遇癸生须急采。”此皆言首经为先天真一之气也。白虎属西方，为兑金。首者，先天祖气。经者，常行之道。先天祖气藏于坎中，为阴气所陷，不能自出。兑之少女，有坤宫真土，代母用事，能发坎中之阳，以归于坤，而现象首经，即初三偃月，又曰天地之心，又曰先天之气，又曰真铅。以其积阴之下，静极而动，阳气初复，为先天祖气所行之常道，故曰首经。所谓首经者，以体言；所谓铅遇癸生者，以用言。

夫铅者，壬水也。壬水清，癸水浊。壬水一生，如珠如露，难得易失。当其现象，急宜下手。若稍有缓，癸水即生。癸水一生，则壬水潜藏，落于后天，不堪用矣。采壬水，即是采真正首经。此经，先天而生，后天而存，生天、生地、生人物，顺之则死，逆之则生，为仙在此，为凡在此。本来仙凡无异，因阳极生阴，乾中之阳走于坤宫，乾中虚成离，坤中实成坎，先天乾坤变为后天坎离，而真经于是潜藏矣。大修行人以法追摄于一个时辰内，还此真经，煅炼成丹，名曰金丹，吞而服之，返老还童，长生不死。可知金丹即是首经，但未炼则谓首经，已炼则谓金丹。金丹、首经，一而已矣，非有两也。

后世迷人不达祖师妙旨，直以十四岁之女子首经猜之[①]。噫，首经是首经，非圣贤至清至洁之经，乃凡夫至浊至污之经耳。夫经者，径也，径即道也。道字从首从彳从止。彳止，即动静之气。气之首，非首经乎？然则道即首经，首经即道。是首经也，无形无象，无声无臭，拟之则非，议之则失，不可画图，只可神会，非浊血之经可知矣。

至于五千四十八黄道之说，乃阴极生阳，先天来复之秘，而非定十四年也。十四年乃五千零四十日，其余八日归在何处？盖五者，土之生数。千十者，土之成数。四者，金之生数。土属坤，金属兑。自兑至坤，阴极生阳，西南得朋，月现庚方，非首经乎？八日者，八日兑上弦，金水平分，阴阳相和，正在黄道之中，乃阴中生阳，阳气经行，归于中道，非五千四十八黄道乎？且八日者，七日之多一日。天地以七日而来复。当阴极阳生，七日复而八日经行，增长归于中道，正合五千四十八黄道之说。又八日者，三五相合。三五合而阳气纯，一气浑然，中立不倚，如十五之月，光辉圆满，正行天地之中，亦合五千四十八黄道之说。七日复，八日弦，三五合一，总是静极而动，阳气经行之首上着脚耳。

祖师立言奥妙，大有关系，岂可以人间十四岁女子之首经妄猜哉！至于十四岁女子之首经，乃是阳极生阴，非是阴极生阳。盖血属阴，经血通，即是阴生之所发现者，何得错认经血纯浊之物为先天至清之气乎？《悟真》云："竹破须将竹补宜，抱鸡当用卵为之。"《参同》云："同类易施工，非种难为巧。"盖我之先天有伤，必用我之先天补之，方是同类真种。我之性命不固，仍以我之性命接之，方是同类真种。若失自己本来原物，而寻他人之物，岂是同类真种乎？夫人各有性命，人之性命不能与我，犹我之性命不能与人，此理不辩可知。果男子得女子之首经而能成道，何以女子得男子之首精而不能长生？果男子修道而用女子，则女子修道亦必用男子矣。此理又不辩而可知。

① 万批：此篇辩得痛快，却未得真指，道之不明也，可慨乎。

吾劝同道者，速把孽坑填平，急将两眼睁开，分其邪正，辨其是非，积德立行，以为长久之计，甚莫在迷城里作生活，漆桶里寻明珠也。

快哉斯辩！如老吏之定爰书，一字不可移易。取以悬诸国门，孰敢道一否字？即此一篇文，定必升作神仙领袖。

惜其于同类真种上眼界不开，开示不大，想于虚空一功，未经真师澈授耳。盖人与地天并列为三者，同属先天真一所生。若以同类而论，三才还是一气，一而三,三而一者。纵因此身阳极而亏，古哲谓竹破竹补，不向三才生处追寻，更于何处求复？此理昭然，则当念念不舍真一，以一索一，如心使身，一自降充，破补何难？第人自昧，一味顺流而逐末，不知返本而还元，以致阴长阳消耳。悟元子既知还返妙义，何不廓其慧力，朝斯夕斯，身为世唱，先以身试，身阴尽则身阳纯。人一己百，人十己千，由勉而安，由安而得，无见小，无欲速，由刻而时，由时而日，由日而月，由月而年，何必另寻工法！山河大地，莫非鼎炉；蠢动含灵，莫非药物。如何采？如何结？如何烹炼？温之养之，成之脱之，至于粉碎虚空而止，悟元子俱闻命矣，行为世唱，不亦快乎？莫谓德行未巨，尚有《三尼医世》书在，大可并行而不悖者。噫，自好若悟元子，而学问造至此。宇宙虽大，求如悟元子心德，岂有二三种子哉？驻世神仙，乾隆嘉庆间，驻有几尊，而悟元子不得一遇。不解真不解，识此聊以自警云。

伏炼九鼎

《参同》云:“惟昔圣贤，怀元抱真。伏炼九鼎，化迹隐沦。”又古仙云:“伏气不服气，服气须伏气。服气不长生，长生须伏气[①]。”此丹经要语，后人不知其义。事服食者，用九鼎而炼药。作闺丹者，度九女而采气。噫，九鼎之旨岂铁鼎、女鼎哉？若猜疑为铁鼎女鼎，是将祖师度世之天梯，变为酆都之路引矣，岂不可悲可伤？夫所谓伏食者，乃伏先天之气，以实其腹，而非服饵金石草木之谓。所谓九鼎者，乃金丹九转，纯阳无阴之义，而非炉火换九鼎、闺丹用九女之说。

① 万批：伏气与服气不同，各有其法，均非真师传授不明。伏气功浅，服气功深。悟元子之道学，皆从故纸得来，可为玉液者开示，难为金液者指玄。余非敢妄论古人，实不敢诬道也。

夫先天之气，视之不见，听之不闻，搏之不得，如露如电，来无踪，去无影，难得易失。至人以实形虚，以有形无，攒年至月，攒月至日，攒日至时，于此一时，夺三千六百年之正气，回七十二候之要津，伏此一点先天真阳，入于造化炉中，凝结为圣胎，是曰伏食。结胎以后，运天然真火，煅尽余阴，露出乾元面目，修就金刚不坏之物，名曰九转大丹，是云伏炼九鼎。此乃法身上事，从虚无中结就，并无男女等相，不干气质皮囊。故古仙云："鼎鼎原无鼎，药药亦无药。"其所云炉鼎药物者，是借炉火烹煎之象，形容修炼金丹之法，而非实有炉鼎之说。

夫金丹者，太极也。太极中含一气，一气动而生阳，静而生阴。动极则必静，静极则必动；阳极则必阴，阴极则必阳，阴阳互为其根。四象五行，八卦甲子，万象万物，即于此而生矣，此造化顺行之道。若欲尽性至命，则必夺造化，转生杀，逆五行，颠倒气机，复还混沌之一气，完成太极之本相，岂有形之炉鼎能炼乎？

所谓煅炼金丹之说，即完成太极之旨。太极者，圆成之物。圆极必亏，故借修持以保全。太极本无亏，因阴阳而有亏。欲全太极，先调阴阳。阴阳混合，一气运转，复还当年浑然太极本相，是曰采药炼丹。因其药欲混化，故名混化药物者为鼎。因其药欲煅炼，故名煅炼药物者为炉。因其煅炼成真，经久不坏，故名之曰金丹。其实鼎炉金丹，皆假名托象，显露消息耳。名象尚且无，更何有女鼎炉灶之秽行邪事耶？

噫，"自从会得长生诀，年年海上觅知音。不知谁是知音者，试把狂言着意寻。"

辩极通明，有功玄学之作。是有旋乾转坤妙义，其入手在篇首古仙云云内。诀中诀在篇末四句偈，而中旨作法，乃在化迹隐沦。究其所事，怀元抱真而已。盖"元乃一之元，一乃元之主。元无一则散，一无元不存"，是于怀元而抱真也。抱真化元，是为工法，个中妙用，隐有借假返真之义。所谓那么不那么，不那么却那么，而实无那么，乃为两边事一齐了。如是知音，德圆乃遇，千古同慨。

元关一窍

经云："道法三千六百门，人人各执一苗根。要知些子元关窍，不在三千六百门。”特以此窍乃至元至妙之关口，生死在此分，圣凡在此别。为古今来祖祖相传之秘密，非等闲猜量而知。后世学人不遇真师，或认口鼻，或认眉间，或认囟门，或认百会，或认咽喉，或认夹脊，或认尾闾，或认心窍，或认黄庭，或认丹田、关元、气海，凡此等类，皆非元关一窍。

夫元关者[①]，无形无象，岂有定位？不色不空，焉有方所？若以方所定位目之，则为有形有象之物，即不得名为元关矣！盖此窍不着于幻身，亦不离乎幻身。不着幻身者，非一切有形之物。不离幻身者，非可于身外求也。既非身外物，又非身内物，则必有不内不外者存，是特有天机焉。所以古人不敢笔之于书，而又不敢秘而不言，喻之曰生杀舍、玄牝门、龙虎坛、龟蛇窍、戊己门、生死关、刑德门、阴阳户、众妙门、希夷府、仙佛地、性命窍、元神室、虚无穴、威音国，等等异名，无非明此一窍。紫阳云：“此窍非凡窍，乾坤共合成。名为神气穴，内有坎离精。”此语天机大露，其如人不能识何哉！

悟元子今不惜两片皮，重为祖师传神写影，发其所未发，泄其所未泄，以神会之，以意契之，而告同人曰：“此窍样如蓬壶，外小而内大，深不可测，非圆非方，黑白相符，幽明相通。其门高五丈，阔四尺，有门两扇，一开一阖，左有青龙蟠，右有白虎卧，上有朱雀飞，下有乌龟伏[②]。恍兮惚兮，杳兮冥兮，其中有真人居焉，名曰谷神，号曰长生寿者，日食黍米粥，夜饮鸿濛酒，有时唱清平，有时紧闭口。一呼则窍门开，一吸则窍门闭。故经云：‘谷神不死，是谓元牝。元牝之门，是谓天地根。’乃生天、生地、生人之孔窍，成圣、成佛、成仙之家乡。安炉立鼎在此，采药烹炼在此，结丹在此，脱丹在此，有为在此，无为在此，始终功用总在此。但此窍在四大不着之处，在寂寥虚无之境。有意求之不可，无心求之不得。修行之人，须要将此一窍，先当追求，真知灼见，方可下手探取天宝。若不知此窍，纵辛勤千般，劳苦万状，终无进益处。学者可不自勉自力，尽心穷理哉！”

---

① 万批：悟元子未得真师，未开玄关，故不知玄关之定位，而论皆意揣，毫无根据，所以前数篇之痛斥外鼎，全属强词夺理，不足为训，故闵小艮先生批云“悟元子之见揣自书中，未经真师证印者，中毒已深”云云，确是正论，非好谤也。按：闵真所评在悟元子之臆想，关开后人妄；万氏之斥在悟元贬外鼎，言其未开关。两者差异甚大。

② 万批：此处直是魔！可笑。

谨按斯辩，揆之师传。悟元子之见，揣自书中，未经真师证印者。其病根凭书体究，志在灼见真知，中［去声］毒已深。个中三尸乘间布幻，故有高阔阖开色声等等幻景。自迷自昧，妄以取证诸书。自信真灼，可以下手，不知已入僰夷绿瓮罗刹逊洞矣。

当时若遇真师一喝，令置此心于先天之先，寂而又寂，惟存一觉，则不落于枯灭。遇有有有无无，无际无所，真真幻幻，隐现于中，吾则以气机处之，则所现所隐，自各还返，吾则总以审得湛寂玄景为真为正，凭他时时新、局局变，吾只寂视寂体，不造混穆而仍湛如者，不可出定。则凡所谓生之采之，烹之炼之，或结或圆，或温或养，造［去声］成造脱造化，一一体之自然，而略加维持，毋任偏胜。此惟从"念中无念"一诀入手，是为玄关开入后作用。方其未启之际，总惟置此身心于先天之先，由勉至安，自得开现，不劳追求。古哲所谓追求者，乃是追返先天之谓，并无拟议于其间也。平时一着拟议，临行必有幻景历现。悟元子中［去声］病，正在平时阅书体拟所致。故其自述一节，学者不可率从。

要知曰关曰窍者，不过说有此步，并无关窍具焉者。所谓关也者，有阻之之义。窍也者，得通得容之义耳。学者知于先天之先立脚，而又深造自然，目前玄况即是窍中玄况，何劳追求乎哉？先师太虚翁论如此，蓬头张真人、泥丸李真人、鸡足黄真人、赤脚李真人，立论印证皆如此，谓此玄关开无方所，景无定景。若使开有方所，景有定景，亦不得名玄关矣。

盖此玄关，前包亿亿万年，后包亿亿万年。个中玄理玄境，微尘之细，无有或遗，触而应现，捷如影响。得入与否，即在机触之际，或后或前，均不得入也[①]。故古哲修持要诀，端自虚极静笃上定审动静之启机。若或妄感，关亦妄应，大有关系存焉，机可妄动乎哉？古哲以此关窍，无理不备，无境不具者。学人已克不净，净不造至自然，玄关真境，自难幸入者也。

---

① 万批：闵先生之论玄关，是从《唱道真言》套来，亦非确论，不敢为古人文过也。按：万氏此语谬甚，其意谓玄关有方所定位，在心后脊前，见前诸批。《前辩》亦有。《阖辟经》闵真注曰："按此窍在脊前脘后，而有形无形，未开谓之玄关，既开谓之玄窍。"其赞曰："此批考究玄关最为精切，系入道之阶，非过来人不能道其一字，非过来人亦不明其所指，钦佩良深！"此又曰"不敢为古人文过"，何其自违如是？由是则知其非明闵真所言玄关之意者，更不知机感机应之实质，而只能于皮囊中求生计。

余述至此，慨然叹曰："惜吾悟元子昔未闻也，是有大关系，入道成道之能否，全看此窍之是否，余敢不为补述乎？"

此则述竣，悠然而寐，不知所之。始而星月横空，既见远山如画，邮亭枕流。登而睇之，平波万顷，月印湖心，一舟泼剌而来。问："渡否？"三问不答。若会其意，释履而登。舟子曰："可矣。"既登，乃巨舰也。波浪大作，舟巨不至覆。浪平，已抵岸。斯时，已置身于无何有之乡，是故浪作不之惊，波平不之喜。舟子颇然之。于是相登岸而履未曾释。余不自异，舟子亦大然之，且曰："若然，子固知事玄关者也。"语毕，岸非岸，乃一净居也。后有峭壁，下有一池。有童自外入，曰："有客。"出迎，乃吾悟元先生，科头蓝褐，率侣四五，两黄冠、三长老，随一白衣，由竹径登坡。见余即拜，礼甚恭。余答拜。及起，一无闻见而醒，漏已三下矣。是乃应感之妙义，但不知舟子之为谁？爰识此以参云。

天罡消息[①]

《参同》云："循斗而摇光兮，执衡定元纪。"三丰云："运转魁罡斡斗标，煅炼一炉真日月，扫尽三千六百条。"修真之道，须要知的斗罡消息，方能逆施造化，扭转乾坤，规弄阴阳，而不为阴阳所规弄也。

天罡者，乃北斗第七星，一名破军，一名摇光，一名标星，系北极之权臣，执生杀之衡，握造化之柄，运五行，推四时，生万物，为列宿之领袖，运气之枢纽。其任最重，其功最大。人得天地之正气而生，亦具此天罡之气，主宰生死，掌握性命，其功与天上之斗罡无异。知此者生，昧此者死，但此罡星有先天后天之分，不可不知。

后天之罡星，日行十二经络，融通一身血脉。炼罡气者，以人罡合天罡，内外一气，以避百邪。究之顾外失内，虚而不实，未益于彼，先伤于我。至于先天之罡星，与本来主人相亲相爱，君臣一心，并行不悖。乃至元阳一破，先天入于后天，背主求荣，结连外寇。始而护我性命者，既而伤我性命，犹虎奔而寓于西，绝不相顾矣。

① 万批：运罡一法，即是回光返照之功，然非经师口传，无从入手。此天元四大威仪之一也，学者不能骤明其法，不可不知其理。

何则？罡星所坐者凶，所指者吉。因其不指于我，而指于他。指于他，则生气在他，杀气在我。杀之不已，则我之性命倾矣。大修行人求他家不死之方者，正以求取罡星所指之生气耳。取气之法，总不离乎罡星。罡星坐我家，则生气在他家；罡星坐他家，则生气在我家，是必移罡星坐于他家，方能有造。移罡之法，亦无难处，只要将他脚跟一扭，即便翻身回顾，归家认祖。

这个天机不着于声色，不落于空寂，不是自己有，不是身外求，现现成成，明明朗朗。世人遇而不识，每每当面错过。所谓“破军前一位，誓愿不传人”者，此也。不传人者，非真不传，恐传之匪人，鬼神所不容耳。不容者，以其此事为天下希有之事。得之者，生死自主，性命自由，天地不能役，阴阳不能拘，非大忠大孝者承当不起，非大贤大德者载负不得。君子得之固穷[①]，小人得之轻命，而非一切旁门外道所可揣摸其一二。噫，悟之者立跻圣位，迷之者永劫沉沦。“金蝦蟆，玉老鸦，认得真的是作家。”其如人多不识罡星何哉！

按此一论，学者当诚奉作宝则，乃是天神深秘之道。悟元子慈泄乃尔，余为学者佩感无涯。知而诚行，三尸自灭。余闻四十有九年矣，欲泄未之敢者，恐遭谴耳。昔吕祖还丹三成而三失者，为未得此一诀。及得崔公《入药镜》，复又证诸钟祖，始敢用天罡。密受律宗以世守，是为太上心传。得此一诀，古哲暗合而已。举世学人但知返照，岂知即是扭转罡星一诀乎哉？所谓“民可使由，不可使知”也。今而后学者得有指南矣。岂仅还丹可结，已可藉以克尽。先师太虚翁曰：“玄学步步无魔，全仗扭转天罡一诀。”得而体之，乃即回光之返照云。先生泄之，余故窃为学者庆幸焉。

生杀刑德[②]

《阴符经》云：“天发杀机，移星易宿；地发杀机，龙蛇起陆；人发杀机，天地翻覆。”《道德经》云：“兵者，不祥之器，非君子之器，不得已而用之。”

---

① “穷”，他本《阴符经》作“躬”。

② 万批：刑德生杀，互相倚伏。顺用之，则德者亦刑，生者亦死。善反之，则刑中有德，死中有生。端在学人立志。志不怠，则时时操持，时时照顾，久之自能转识成智，转息结胎矣。

然则杀虽伤生，而亦能卫生，刑虽伤德，而亦能成德，只在神而明之，存乎其人耳。

夫人自有生以后，秉气质之性，受父母精血之气，加之识神历劫之尘，生平积习之污，一身上下尽皆阴气盘旋，只有一点阳气秘在形山，隐而不现，古人所谓“四大一身皆属阴，不知何物是阳精”者是也。但一身虽阴，若未交后天，犹是先天用事，不能为害。大智者于此防危虑险，固济真阳，不为后天阴气所侵，则直超彼岸，而刑杀之法，无所用之。所谓法以除弊，无弊则法莫施，此刑杀之所不用也。

至于先天潜藏，后天用事，阴气俱发，通身是病。有已发者，有未发者，有历劫生根者，有现劫生根者，有出于天者，有出于人者，古怪百般，魔障万样。使无抑阴扶阳之法，化邪归正之术，则阴气日长日盛，必至消尽其阳，倾丧性命，是刑杀之所必用也。

刑德生杀，四者相需。盖刑所以成德，德所以用刑；杀所以卫生，生所以救杀。倘只刑而不德，杀而不生，则刑杀过刻，必至和气有伤；倘只德而不刑，生而无杀，则生德无威，必至客邪潜入。是必生杀两用，刑德并行，斯无意外之患，不测之忧。夫刑杀者，所以化阴气；生德者，所以保阳气。阳气盛而阴气自退，阴气消而阳气自固。生杀刑德，岂小补云哉？

修行人若明的刑德枢纽，知得生杀运用，则刑之德之，生之杀之，刑中有德，杀中有生，用刑以保德，用杀以扶生，逆来顺去，缓急进退，无可无不可矣。

刑德生杀，采取烹炼温养，所必凭以致功者，斯论已详。而于如何得知得行，尚未述及。盖有致知致得之诀存焉。其诀惟何？操持照顾四法而已。四法谨备，机兆必觉，不为气化混濛，则刑德生杀得当，而丹道乃圆。是命学之大关键，然非性学淳者，鲜不棘手。

上德下德[①]

古经云：“上德无为，而无以为。下德为之，而有以为。”又云：“上德者，以道全其形；下德者，以术延其命。”是皆言上德下德，身分有别，而

① 万批：上德之人，千万中难得一二，所以有为之功不可不讲究也。

作运亦不同。

盖上德者，体全德备，乾阳未伤之人。未伤者，是未伤先天之阳，非是未破后天之身。当乾阳具足之时，纯粹至精，浑然一气，五行攒簇，四象和合，宝物佳珍，件件俱全。若无保守之法，则必阳极生阴，圆极即亏。知之者急求明师口诀，不待阴生，即用以道全形之法，运天然真火，炼尽一身阴气，用六而不为六所用，以成后天之功，阴尽阳纯，长生不死矣。

若夫下德者，自阳极阴生之后，先天已散，五行各分，四象不和，诸般宝物皆失。若以无为之道修之，犹如鼎中无种子，水火煮空铛，济的甚事？是必窃阴阳，夺造化，后天中返先天，则当年故物，方能无而复有，去而又来，还我一个完完全全家当也。还其原物，命基已固，别立炉鼎，行无为之道。温养圣胎，十月气足，脱出法身，与上德者同归一途矣。

后人不知何者为上德，何者为下德，乃直曰精漏者为下德，精全者为上德，何其谬甚？夫交感之精，系后有之物，浊中之浊，岂可以此为凭证乎？至于十六岁破身之说，乃言二八一斤，阳极生阴，阴生后而精生。是就阴阳定论，不就岁数定论。如就岁数定论，世有十六岁而精通者，亦有未至十六而精通者，尤有过十六岁而精通者，此又何说？可知上德下德不在后天上讲究，而在先天中分别。先天全则为上德，先天亏则为下德，方是定论。

更有不明大道之流，乃曰："命为重，性为轻。"或曰："性为重，命为轻。"皆非也。夫性命必须双修，工夫还要两段。上德者不待修命而即修性，性了而命亦了。下德者必先修命而后修性，了命又必了性。了命者有为，了性者无为。有为无为之道，为上德下德者下手而设。若到大道完成，不但有为用不着，即无为亦用不着。至于向上一着，别有妙用，又不在有无之例。

若学者不知上德下德之说，而即求有为无为之旨，岂能知真有为真无为乎？不知真有为真无为，不但性不能全，命亦不能保。性命之所以然处，全在上德下德处分别出来也。学者可不深究乎？

论辩极精，古人罕道，非身体力行，穷究数十年，不知辨也。

窃按精漏未漏，致功有难易。方其时到阳生，功到交姤地位，童真值之，但觉遍体酥麻而气机向上。其曾漏者，气机易以向下。向上者不化精即化气，故安稳。若一向下，念触凡趣，则必直注玉茎，大危大险。此亦至情，极宜急行兜勒，后透尾闾上升，乃可无漏。无如人心至活，气极至灵，行到此步，倘真童耳闻心知有此交姤一事者，功到此步，念自及茎，气则立注。

余于童身时，曾漏三五次者，此正悟元子所谓先天有伤。其伤在耳闻心知之际，其精未漏，其窍已开，一经功到念动，立有此变，是亦天机之有顺行之理耳。

今世童子不知此行者，十无一二。故即童子进修，亦宜令其于阳生之时，即向后穿后透，不废塞艮一诀，则阳自留炉，不抵男根，截其出路，此为要着。不幸犯漏一次，求其下次不犯，极难极难矣！

余自九龄入道，行至十一岁而大漏，后几成弱，废功不行，命乃保，可不惧哉！爰补赘此，以告同志。

且余更有所闻，今古丹书未经分晰者。先师太虚翁曰："闻诸吾师泥丸氏云：'上德下德之说出自老子，而《参同契》所云与古丹经所引，引同而义异者。古经所引，其分别在无以、有以，是贴上乘下乘而引者。《参同》所引，其分别在无为、有为，是贴部位上，作用有不同。'古经所引，考与《清静妙经》经义略同。《参同》旧解有贴气质而说，有贴学业而说。吾师嵩山二五老人谓'契经但讲丹道，而其口诀乃在上德下德、上开下开[①]等句，是贴一身部位而言，与《道德经》经义不同'云云。"小艮氏今核悟元子所辨，似贴《参同》旧解法说，均属正论。后学取以合参乃妙，故并述于此。

有为无为[②]

《悟真》云："始于有作人难见，及至无为众始知。但见无为为要妙，岂知有作是根基。"此修真始终作用之法。

后人不知有作是何说，或子午运气，或转运河车，或心肾相交，或任督相会，或聚气脑后，或气冲顶门，或调呼吸之气，或炼交感之精，或肘后飞金晶，或摇骨而摆髓，或吞日月之精，或服云霞之气，或炉火而炼金石，或御女而取闺丹，或炼天罡之气，或聚五脏之精。如此类者千有余条，虽道路

---

① "上开下开"，应作"上闭下闭"。

② 万批：无为者道之体，有为者道之用。执有为则滞，执无为则空。有无不立，修悟同功。斯体用赅而道自成矣。悟元子此论，颇得要领，学者宜服膺之毋忽。

不同，而执相则一，以是为有为之道，失之远矣！

所辟种种，洵非大道，尚属可行，而谓失远，盖有为也。据余所闻，内惟炉火与御女，虽亦古法，而五脏柔脆者，万不可服金石；色身不化、身外无身者，万无御女得益。二门以外，得诀不真，然亦慎毋身试。先师遗论如此。悟元子俱辟之，盖亦慎谨焉耳。

不知无为是何说，或守黄庭，或思囟门，或思鼻端，或观明堂，或守脐下，或思夹脊，或观空，或观心，或止念，或忘形，或默朝上帝，或鉴形凝神，或思神出壳，如此类者千有余条。虽用心不一，而着空则同，以是为无为之道，错之多矣！

所述种种，除鉴形思神二门不可学外，余皆可因进道，第不可执此为大道耳。先师遗论如此。

夫着空执相，皆是在臭皮囊上作活计，破插袋上用心思。彼乌知圣贤大道，不着于空，不执其相，有不空不色者在乎？

所辟是也。若知是用假以返真，则便是修真正路矣。学者须当会悟，方不负作者一片婆心。

所谓有作者，非强作强为。盖人自先天埋藏，性命不固，若不得栽接之法，返还之道，焉能延年益寿，完成大道哉？有为者，欲还其所已去，返其所本有，此系窃阴阳、夺造化、转生杀之道。先天而天弗违，后天而奉天时，鬼神不能知，蓍龟不能测，人焉得而见之？人不得见，则非一切执相之事矣！

所论是也。然要知三关九窍不通，血气有阻，治病不暇，而暇远作栽接乎？古哲所示种种，正为修此大道张本。若不为此而然，则为臭皮囊上寻活计矣。焉得不辟乎？

所谓无为者，非枯木寒灰之说。盖以真种不能到手，须假法以摄之。既已到手，则原本复回，急须牢固封藏，沐浴温养，防危虑险，以保全此原本，不至有得而复失之患。

所论极是。然要知真种之失，失由中扰。既已假法摄归，可不急事止念观空等法？况夫内观、外观、远观，出自《清静妙经》，止念之旨，吕祖不云乎："大道教人先止念，念头不止亦徒然。"然则止念观空等诀何可辟乎？悟元子辟之，盖辟夫枯灭为道者也。

及其身外有身，神通广大，至诚前知，孰不知之？始则求其他家，终则保其我家，方是有为无为，知始始之、知终终之之妙旨。岂一切执相着空者所能窥其涯涘哉！学者若遇明师，先求其有为之道，后求其无为之道，更求其有无不立之道，则修真之事，方能大彻大悟，不至有头无尾，半途而废也。学者须宜勉力。

论至此，学者可以知其所以宜辟矣。以彼所事者，知此昧彼，故斥其执与着也。悟元子盖亦深知金丹大道，岂能就授？亦必先付理气通关等道，然后续付追摄还元等等作用。用灵元复，理必戒以止念，从事观空，引罡返照，则所复不失，而牢封妙义即在其中，而非执有执无所能造致者。不辟不能悟，此又所以立辩之苦衷也。学者可不体认乎哉？

子午卯酉[①]

古经云："不必天边寻子午，身中自有一阳生。"又云："冬至不在子，卯酉诚虚比。"则是子午卯酉无一定之时，无一定之方。其所谓子午卯酉者，亦因理而强名之。

盖一阳生为子，一阴生为午，阳与阴合为卯，阴与阳合为酉，在时为阴阳之生旺，在方为阴阳之中正，是以阴阳而定子午卯酉，非以子午卯酉而定阴阳。故当阳气方生，急须进阳，不可使阳气消耗，故曰子时进阳火。当阴气方生，急须退阴，不可纵阴气增长，故曰午时退阴符。进阳而至于中正，则阳气平和，此时宜休歇，须当以阴济之，庶无刚而过躁之患，故曰卯时宜沐浴。阴退而至中正，则阴气平顺，此时宜止息，须当以阳济之，庶无柔而过懦之失，故曰酉时宜沐浴。三丰所谓"遇子午，专行火候。逢卯酉，沐浴金丹"者，正是此意。

后世旁门外道之流，不得真传，皆认天边子午卯酉之时，或子时守肾，午时定心，卯酉静坐；或冬至养阳，夏至抑阴，卯酉二月无为。噫，此乃天之子午卯酉，与我何涉？夫天有天之时，我有我之时。人秉天地之正气而

---

① 万批：有正子午，有活子午。正子午不可拘泥，活子午亦不可臆揣。须识子午中间之一机，乃得真子午。此余闻之于陈师者。因悟元子正文及闵小艮批中均未言及，似觉泄未尽泄，反使学者怀疑，终莫知子午卯酉之何谓，故特补述之，倘刘闵两先生知之，当亦许曰：启予者商也。按：活子、活午，以及十二活时辰，参见《琐言续》，闵真所述甚为明晰。

生，一身即具天地造化，自有阴阳，何须求天地之阴阳？若求天地阴阳，不过是后天有形有象之阴阳，岂能复我先天至阳之气，超出乎后天阴阳之外耶？后天阴阳，皆顺行造化，有生有死。若执后天而修，终在五行陶冶之中。有时四大解散，一灵难留，未免又移他地，别寻住处矣。

独是子午卯酉，非可于身中求，亦非可于身外求，大抵在于虚无求之，方有着落。盖阳生者，非身之动，非心之动，非肾之动，亦非眼耳鼻舌之动，乃坤中孕震，后天中先天发现之谓。阴生者，非神之昏，非气之浊，非精之发，亦非声色香味触法，乃乾下藏巽，先天中后天忽来之谓。至于阳进而归于中道，乃先天复其半也；阴退而归于中道，乃后天消其半也。进阳火，退阴符，阴阳相当，大小无伤，两国俱全。天地至中至正之道在是，圣贤精一执中之道亦在是。学者若能穷究到此处，修真窍妙，可以了了，其如人多将此四时错认，而不细心穷究何哉！

慈哉！斯示也。竟将身历玄秘和盘托出，寿诸梨枣。古哲所未能泄，悟元子竟乃尔。可为后学焚香顶礼，谢地谢天，重整衣冠，端肃望空，再三稽首，谢而笔此，以告得见是书者[①]。

噫，《阴符经》“天人合发”之活子活午，万卷丹经曾泄否？惟吾律宗天仙戒授，乃口授之，悟元子且以寿诸梨枣。自刻以后，是乃天授，道宗之运转矣。然见是书，而敢傲忽者[②]，天律有言曰：“傲忽真诀，削其灵根，塞其玄窍。有不告戒而授受，殃及九祖。”[③]吾师太虚翁告授此秘，曾告余[④]曰：“师告勿听，师勿与罚。受者凛之，幸毋傲忽[⑤]。”余以是书寿泄此秘，恐贻悟元子罚，不敢不以述告同志云[⑥]。

生死有无

《易》曰：“西南得朋，东北丧朋。”《阴符经》曰：“生者，死之根；死

---

① 此数句，丁本同。金盖本作：“谢天谢地，整肃衣冠，望空稽首，再申虔谢，以告得见是书者之幸。”

② 此句金盖本作：“得是秘者，而敢傲忽乎？”

③ 此句后，金盖本有“岂可忽之？”一句。

④ 金盖本无“告授此秘，曾告余”数字。

⑤ 此句金盖本作：“慎毋轻亵。”

⑥ 余以句，金盖本作：“余以是书鲜泄所秘，敢不以告同志云。”

者，生之根。”此皆言生死之根[①]，有无之窍。学人不达此理，皆以有呼吸之气谓生，无呼吸之气谓死。噫，以此为生死有无，差之多矣。殊不知人之生死，虽不离乎呼吸之气，而其根源，并不在乎呼吸之气也。

人自有生以来，内藏先天精气神，以养法身；外得后天精气神，以长幻身。及至二八之年，后天用事，先天退位，顺行造化，阳气渐消，阴气渐长，而生死之根于此立矣。自此日复一日，年复一年，阴气旺而阳气衰，正不胜邪，一日之间，千生万死。忽而阳气尽，阴气纯，其不归于大化者，谁哉？至于婴儿孩提，犹未交于后天而夭死者，是特所秉先天不足，阳气不生，日久自散耳。

惟大修行人知生死之关，明有无之窍，于生身受气之初，逆施造化，窃夺阴阳。既能扶阳气渐生，又能抑阴气渐化，更能使阳气长生而不死，阴气长死而不生。所谓死中求生，无中生有者，此也。古仙云：“识神生复死，元神死复生。”又《悟真》云：“须将死户为生户，莫执生门号死门。”这生门死户，不在眼耳鼻舌身意，不在精神魂魄气血，不在五脏六腑，不在百脉三田，而在四大不着，太虚空谷之中，明明朗朗，现现成成。但人不下肯心，为世事所扰，为恩爱所牵，为财色所迷，以故当面不识，遇宝空过。果是个中人，认定这个门户，稳着脚步，于生我处还其元，于死我处返其本，黑中生白，雄里怀雌，长生不死，有何难哉？

但所谓生者，生其真身；死者，死其幻身。幻身不死，则真身难脱；真身不生，则幻身不死。生死不并立，真幻不同途。非若傍门外道，以幻身生死为真，以真身生死为假；以先天虚无之气为假，以后天呼吸之气为真也。

学者欲了生死，先穷其生死之理。生死之理既明，则能长生不死，则能无生无死。修道至无生无死，方是了却生死，庄子[②]所谓“摄精神而长生，忘精神而无生”者是也。知生死知到此处，齐一生死，有无不立，大道可成矣。

---

① 万批：人以死为真死，则其生亦非真生；人知其生非真生，则其死犹未死。此理明之者甚罕，明之而肯言之者尤罕，悟元子一口说破，度化迷徒匪浅。

② 庄子云云，按其所引句，出自《关尹子》。原句作：“是道也，能见精神而久生，能忘精神而超生。”

谈道谈到此，世有几人？非不知也，不肯言也。吾师太虚翁不论亦已，论必彻底，恐误后学，故不敢讷。

先后坎离[①]

经云：“别有些儿奇又奇，心肾原来非坎离。”此中秘密，可为知者道，难与不知者言。盖先天造化，无形无象，不着于有，不落于无，无形而能生形，无象而能生象，何得以心肾为坎离也？夫心肾者，乃后天有形有象之物，不但不是先天坎离，而并不是后天坎离，乃后天坎离之滓质耳。

所谓真坎离者，以水火言之，坎为水，离为火。然水中有真阳，火中有真阴，真阴真阳乃乾坤健顺中正之气，故曰：“坎离者，乾坤之继体。”本来阴阳一气，因先天太极一分，而阴阳出。阴阳一出，乾与坤交，乾中之阳，走于坤宫，坤中之阴，入于乾宫，乾虚而为离，坤实而成坎，于是先天乾坤变为后天坎离。离者，离去其阳也；坎者，坎陷其真也。离卦外阳而内阴，阳失其实，则外阳必系假。坎卦外阴而内阳，阴陷其真，则外阴必系假。阳亦不纯，阴亦不真，此后天坎离也。

然虽外阴阳不真，而阳中所藏之阴为真阴，阴中所藏之阳为真阳。真阴藏于假阳中，真阳藏于假阴中，此后天中所藏先天之坎离。

先天后天皆不关乎心肾。后世学人不但不知先天，而并不知后天，只认心肾坎离为真，或以男女为坎离，大错大错。夫人之坎离，犹如天之日月。天之日月来往，推运四时，生长万物。人之坎离动静，调和神气，卫持性命。天之日月并无方所，人之坎离岂有定位？但人自交后天，顺行造化，假者用事，真者潜藏，先天为后天所蔽，不能自出，以故有生有死，不能长生而不死。

惟大修行人知的先天坎离，又识的后天坎离，于后天中返先天，于常道中行仙道，取其坎中先天真阳之气以填于离，取其离中先天真阴之气以归于坎，则坎离后天之阴阳，亦浑化而返其真，仍是乾坤相合，阴阳一气，太极圆成之物，“先天气，后天气。得之者，常似醉”矣。

---

① 万批：分得先后天体用清晰，自知乾坤坎离之斡运。篇中辨别颇精，点出玄关一窍，须知纯是天元功夫，非关窍洞开，无从领会，学者只要明白其理，不必妄生猜度，反起支离，是为切嘱！

古仙云："一点阳精，秘在形山，不在心肾，而在乎玄关一窍。"则心肾无阳精，不是真坎离，又可知矣。

至于先天大道，尤有借阴以藏阳，借阳以退阴之坎离，别有秘密，不在先天后天之列。噫，神而明之，存乎其人。坎离岂易知哉？

议论精确。能知领会，个中工诀跃如也。深得古人授受之妙，岂仅震聋豁瞽已哉！

炼己筑基

吕祖云："七返还丹，在人先须，炼己待时。"紫阳云："若要修成九转，先须炼己持心。"《参同》云："初正则终修，干立末可持。"然则欲修金丹大道，非炼己筑基不能。

独是炼己筑基不是两事，乃是一理。筑基不在炼己之外，炼己即在筑基之中。非炼己之外再筑基，筑基已毕又炼己①。所谓炼己者，以用功言。所谓筑基者，以固气言。炼己纯熟，则还丹可望；筑基坚固，则神室稳当，炼己筑基岂小事哉？吕祖三次还丹，炼己不熟也。紫清半夜风雷，筑基不固也。二公者，乃神仙中之耳目，教门中之领袖，工夫不到犹不方圆，而况他人乎？

何谓炼己筑基？己者，私欲也，有我也，有己也。基者，实地也，根本也。人之所以不得成道者，因其有我有己也。一有己我，私心满怀，不能脚踏实地，千魔百障，蔽塞灵窟，步步阻滞，事事糊涂，六贼猖生，七情朋党，丧其良心，伤其真性，摇动本命，神昏气浊，无往而非妄念邪心，尚欲进德修业以成大道，能乎？否耶？祖师教人先须炼己筑基者，是欲人在实地上下工夫，自卑登高，由浅及深，用渐进之功也。

夫人自有生以来，幻身带父母精血之气，藏历劫识神之阴，又受后天五行之气，内外纯阴，只有一点阳精隐而不现，正不胜邪，邪蔽其正。若非将内外阴气煅炼退去，阳精如何返出？此炼己筑基之功，不可缺也。

试明炼己筑基之要：惩忿窒欲，炼己也；心灰意冷，炼己也；忘情绝念，炼己也；富贵不淫，贫贱不移，炼己也；不贪名利，不恋声色，炼己

---

① 万批：北宗则炼己筑基合而为一，南宗则分而为二，工夫次第不同也。

也；损已利人，虚心请益，炼己也；众善奉行，诸恶不作，炼已也；志念不退，勇猛精进，炼己也；主心一定，至死无二，炼已也。牢固阴精，不伤神气，筑基也；全身放下，物我皆空，筑基也；以天地为怀，以万物为体，筑基也；幽隐不欺，暗室无亏，筑基也；虎兕不怕，威武不屈，筑基也；生死不顾，疾病不忧，筑基也。炼己筑基两不相离，能炼己，即可筑基；能筑基，即是炼己，归到实处，炼己筑基一而已。若能炼己筑基，工夫到时，还丹可结，大丹可修。

噫，筑基时须用橐籥，炼已时还要真铅，炼己筑基，岂易事乎？

此则乃成道之玄律，学者谨铭之心，刻刻不间，行住坐卧，每刻心中字字默诵一遍，方克持守。细体“筑基用橐籥，炼己要真铅”，慈哉！斯示也。

据鄙见：玄关窍不开，真功没捉摸。天铅积如山，取毋遗钥橐。非橐取数穷，有钥采归柜。欲完大道基，功只有慎独。

内外侣伴

经云：“混沌七日死复生，全凭侣伴调水火。”又云：“讬心知，谨护持，照应炉中火候飞。”特以修持大道，全要侣伴相应，而后可以有为。倘侣伴不当，或无侣伴，一己孤阴，动必有凶，何能窃阴阳而夺造化乎？夫二人同心，其利断金。三人同志，足以防危。侣伴乃性命所赖，道德所藉，修真者始终不可或离者也。但侣伴不一，有内侣伴，有外侣伴。

外侣伴者，知音道伴，乃生死相托，患难相扶，有善则劝，有恶则规，同心合意，彼此资益，共修大道者也。

内侣伴者，乃西南坤方不死之人[①]。负刚烈之气，具正直之体，抱果断之才，掌生杀之权，握生死之柄，除邪扶正，赏善罚恶，转祸为福，逢凶化吉，内魔不得生，外魔不敢侵，所以护性命运造化者。在神为灵官，在宿为天罡，在方为金星。大修行人以此为侣伴，同心合意，托以性命，则性命可全，委以造化，则造化可逆。开天门而闭地户，留人门而塞鬼路，用杀机而

① 万批：坤方不死之人，非真有其人也。即西南不死之方，亦非真有其方也。《易》曰“易无方无体”是也。又曰“西南得朋，乃以类行”。谓同类者可以得之也。盖皆指先天一气而言。其气本无形象，亦无方所，惟在人能感而致之，存而凝之，自然渐渐摄伏。久之，无象而居然有象，无方而俨然有方，则功深而道成矣。此陈师秘传，谨略述之，以示后学。

求生机，颠倒阴阳，直有可必。故外之侣伴或可以无，内之侣伴决不可少。倘内侣伴一失，则性乱命摇，心迷神昏，先天失而后天发，出生入死，魔障百端，无所不至。故修道以结同心侣伴为第一着。

但同心侣伴人最难识。其本体无形无象，无声无色，无背无面，恶化则为夜叉，善化则为菩提，变化无端，隐显不测。人皆当面错过，不肯认真，因此日远日疏，与我隔绝。若有知音者，忽的寻着，结为同心，行住坐卧，须臾不离。更得外之侣伴，共相劝勉，内外共济，还丹大丹俱可成就。

但内侣伴固难，外侣伴亦不易。苟非有大功大行、大福分大缘法者，不能两全。修真志士宁失其外侣伴，不可无内侣伴。内侣伴所以成法身，外侣伴所以护幻身。法身事重，幻身事轻。长春真人云："病即教他病，死即教他死。"至死一着，抱道而亡，即此轻幻身、重法身之谓欤？学者可不知之乎？

所论，乃道宗至秘之文。即其剖示内侣伴，分有虚实两法，是皆为得天宝而设。一言得自坤方，一言得自知音。

坤方之来，来自虚空[①]。然无媒种，何由感至？则此媒种为之内侣亦可。然按余闻，以为外侣者，知音侣伴，直是眷属[②]，而古哲用以为媒，勾致无形无象之至宝，以为大丹丹主，育化真元，故亦名曰外侣。

惟如丁、许、裴、李四大古仙所娶者，乃为内侣焉。是于又设外侣以护之。个中作用，第一世财致充，第二克己无缺，第三寻觅外护法。用磬鱼分省他我，遗有致调陈法，是概用磬以省阳，用鱼以省阴者。当其交与化也，用鱼用磬，不先不后，不疾不徐，调至极和为主。此可意会，不可言传。

余按悟元子论，似精似详，然尚有混淆，且多未述，想但得其名，而未闻其说者。即其所述味之，乃因知音侣伴悟入坤方求宝者也，故有宁无外侣云云焉。

原夫求宝坤方一诀，法用置种设媒，个中火候，全凭外侣审报无差者。先师太虚翁云："凡夫感致之物，有元有一。而元有浊清，一有先后。元清则静，元浊则摇。推其所自，清则自先，浊则自后也。欲辨后先，全凭一

---

① "虚空"，万本作"空虚"，据金盖本、丁本改。

② 万批：此眷属是清静伴侣，非寻常眷属也。

己[①]，外侣不得与焉者。个中至要，全在自己学问，世财充足。学问到家，方能辨识先后；世财充足，方能直受无妨。至如火候之当否，虽可自主，古哲恐有差失，故立致委外护一法，以有得失死生关系存焉。”先哲口授如此，而悟元子反于此节不之重，则于虚空感致一宗，个中功法未必全闻也。

至夫尘世知音，洵岂易得哉？秦皇汉武，贵为天子，富有四海，不之得。达摩尊者，中印梵王王子，中印国土不小，而远求于震旦赤县乃得。千掌[②]和尚驻世千二百载，不遇而逝。此非宿世结有证助奇因，而时又适值，万难凑合者。是不犹泛海求珠乎？舍坤方可求不求，偏欲于茫茫尘世冀遇。余无如千掌寿算，达摩福德，故以知音尘侣一门，记惟俟夫世之大有宿缘者踵而行之，不敢阻亦不敢劝。

学者要知坤方是即道言之“大赤天宫”，释言之“神洲赤县”。世传神洲赤县是汴梁，附会之言，不足为据也。吾真师鸡足黄真人谓属太极中之无极。无极无定位，而元有定名，曰天元、曰地元、曰人元。吾处三才之中，形没归地，神升附天者，盖以有形有象耳，是言后天则然也。吾身之得生，非此后天之形神也，先天元一尽乃各归其类，故有归地附天之说。若然，吾之先天元一亏失，自当求复于人元。人元为人先天，而安充于无极之中。古哲名此元一为坤方人者，以人倚坤而立也。原此人元说有则有，说无则无，动静虚实，生死亦然者。人能有若勿有，无若勿无，动静语默，一能如之，已合先天本体。从而一志求复求充，立得充复，捷若响应。自必油然灌注，是为志尽人道、满愿克成之妙法。真师口授又如此。

尽心穷理[③]

《易》曰：“原始反终，故知死生之说。”孟子曰：“始条理者，智之事。终条理者，圣之事。”盖圣贤大道有始有终，有本有末。知其始，明其终，究其本，穷其末，方能从头至尾，大彻大悟，有往有利。倘一事不明，即一事有迷，知之不真，即行之不通。学者必须穷其理，而后可以行其理，致知

① 万批：先天者清，后天者浊；无形者清，有形者浊。欲辨先后清浊，个中秘诀，须师口授。

② “千掌”，当为“宝掌”。

③ 万批：此篇指示颇详，堪为入道之阶。学者宜究心焉。

力行，缺一不可。

其理为何理？即天地造化之道也。造化之道，有体有用，有始有终。其间阴阳迭运，消长互更，变化无端，然其最要处，总在一气，一气总不外乎虚无。这个枢纽子，非色非空，非有非无，不可有心求，又不可无心得，难描难画，难思难议，顺之则生人生物，逆之则成仙成佛，性命于此寄，生死于此出，悟之者立跻圣位，迷之者万劫沉沦。

穷理者，即穷此理也。穷透此理，方能行得此理。但此理有火候，有工程，有权变，有迟速，有急缓，有收放，有隐显，有方圆，有盈亏，有止足，有等等作用。先须明其道，次要知其法。道法两用，性命双修，方是无上一乘之道，乃脚踏实地之道。脚踏实地之道，须要循序渐进，不得躐等而求。

何为循序渐进？积德立行为第一着，炼己筑基为第二着，以铅制汞为第三着，铅汞相投为第四着，温养还丹为第五着，大药发生为第六着，服食金丹为第七着，凝结圣胎为第八着，以汞养铅为第九着，抽铅添汞为第十着，防危虑险为十一着，胎完止火为十二着，九年面壁为十三着，脱胎出神为十四着，乳哺婴儿为十五着，别安炉鼎为十六着，神化不测为十七着，打破虚空为十八着。

以上皆修道之要着，圣功之全能。果能于此等处认得清白，打的透彻，有始有终，力行不殆，性命可了。但世上学人认假不认真，不肯尽心穷理，轻视性命，未曾入门，便要升堂，未尽人事，便想仙道，自己不出一力，便要他人真宝，略不如意，稍着苦恼，即便退步，半途而废，委之无缘，如此举止，何能近圣贤门墙？

夫圣贤之学，穷理尽性至命之学也。其理精微，其义幽深，蓍龟难测，鬼神莫知，非一言半语可以了悟。苟非下数十年穷理死工夫，不能揣摸其一二；非积德立行、勇猛精进、一意不回，不能感动乎真师。若个丈夫，以性命为一大事，夙夜不懈，极深研几，穷神知化。有时苦尽甜来，福缘忽到，磕着撞着，将往时无头无尾一切疑团，如冰消瓦散，始知的生平心思不是错用。

可叹世之学人，不思性命之事为何事，不推性命之道为何道，糊涂学道，糊涂修道，妄想一步登天，立地成圣，无怪乎为盲师时师所误，而终在鬼窟中作生涯也。试观世之一技一艺，亦必细心久学而后成，况此生死大事，为天下希有之事，岂能容易而知乎？

昔我仙留老师初在蜀川参学，来往于白石归清之间十有余年，未得究竟。后到汉南，以师事红沟道人，其志愈坚，其行愈苦，八九年间，总无会心处。后游甘肃皋兰阿干镇，得逢余丈人，机缘相投，始明大道。以仙留老师志诚学道，功行异人，落魄江湖三十余年，方能闻的香风。彼一切痴迷汉，朝学而欲夕得，昨学而欲今得者，何其愚哉？

吾劝同道者，立不朽志，存长久心，除妄想念，重性命事，穷造化理，死心踏地，一层层剥进去，一层进一层，直剥到道之骨髓处，方见得大地尘沙尽是珍宝，信步走去，头头是道，大彻大悟，通前达后，一往直前，何患性命不了，大道不成耶？

学知尽心穷理，自克原始反终，是知行并进之学。知之者心，行之者身，知行并进，身心不贰，是为脚踏实地。能自第一着实实体返体还，玄关自开。玄关一开，金丹大道修复不落虚妄。而致开之诀，端自克己第一着始。克己功法，端自净心除妄始。从此死心踏地，一层层剥进，剥去一层，直剥到道之髓处，始知真妄本无相，念妄则妄，念真则真，真妄之现，现于念动。古哲故以念头动处为玄牝。

盖阳曰玄，阴曰牝。金丹大道，修返纯阳之义。然而阳极则阴生，欲使个中无阴，无是理也。古哲修之，一归于真而已。是以日生日返，融归于一。斯一难名，强名曰窍。然则所谓学入关窍者，学归于一，毋使阳散阴泛焉耳。生一日、返一日，学问岂有涯岸哉？故古仙云“元始天尊开辟至今，无刻不采取，无刻不烹炼”者，则知元始天尊无刻不事还返也，故无生老病死苦。

谨按《修真辨难》全部，阐发古哲欲发未发处数不胜数，有功玄教之作。惟于玄关一窍，篇中节去自述一段，乃为完璧矣。学者要知一身关窍，各有真幻二气，是即《易经》所谓“一阴一阳之为道”者是也。玄门所重，在于感应。真感则真应，幻感则幻应。感应从类，其理如是。若然，彼家我家，亦各具有真幻二气者也。古哲事空事寂者，志在克己以全真也。至道真源，不在气机之隐现，而在隐现莫测，心不之摇，念不之动，乃为全真。以真感真，玄关乃开。开真，则所现所隐亦真。隐现既真，则取炼还返无妄，而得效亦真。盖此玄关一窍，上包过去，下包未来，个中真妄，各随类感，随感随应，神祇无得暂阻。有此要妙，古哲鉴之，是以致功玄学，首以克己为第一着。

跋

悟元子取以此篇作全部关束，深得古人著书宗旨。学者慎毋以有一节之失，乃置全书于高阁。悟元子之失，正是智者千虑之一失。余为参证，乃正愚者千虑之一得。余学问较之悟元子，岂仅小巫大巫已哉！是余真实语，笔以告夫同志云。

闵一得题

原夫至道失传，由于丹书之多隐寓。其源由一密字误之。岂知所谓密者，冷暖自知之义。学者要知人与天地同出一道，人知循行还返，为克奉所生，而知全受全归之孝子。以理而论，岂有奉亲之子，而返遭亲谴乎哉？且闻天地无心，心寄于人者，故人有补天医世之职。然则著丹书，授真诀，导人修真，是犹教孝教忠也，而谓反遭刑戮，有是王章否？第其中原有至危至险之机，学者要知天有修罗，地有罗刹，人有盗跖，身有尸贼，修或不纯，尸贼内感，后元机应，捷如影响，招之使来，复逆其趋，大祸立至。不知者以为奉道遭谴，岂知一己未克之故。苟知一念不杂，置此身心于先天之先，尸贼自泯，元神独露，以先感先，以一感一，不隔一纸，呼吸自通[①]，痛痒自关，如睫护睛，不待招摄，天神立应。何忧乎修罗？何忧乎罗刹、盗跖哉？人特不知自泯尸贼耳。况此至道，两大受之而付于人者，人以所授，互相发明，不得谓之漏泄也。但以至道玄微，无形无象，无声无臭者，至人知之，欲以授受，理惟以有形无，以实形虚，故有种种譬喻，随机拈指，何尝存有隐秘哉？是犹西教月下谈性，指月以示，何等显明。无如学者认指不认月，傍有铜盆，乃扣示之，盖示圆满无缺耳。不意学者退而省曰："性无定体，有直有圆，且有声。声则嗡然，余韵悠长，洵足感人心志。"如此，因而自信通彻佛性，辗转示人。噫！是岂教者之失示？无如学者之错会何？然则至道之失，乃由学者之错会，故有闻而大笑者，此悟元子所以复著《后辩》欤？然犹有会指会盆之谬，余于玄关一窍论见之。夫其所谓高五阔四者，乃从五千四十说中悟入者也。岂知玄关一窍？玄关即玄牝，玄牝即身心，身心即

① "自通"，万本作"不通"，据金盖本、丁本改。

虚实，虚实即阴阳，阴阳即坎离，坎离即地天。水在地中行，言水地在其中。经云“天一生水，地六成之”，是言此窍具有生成二义。窍即身也，身即关也，玄即天也，天即一也，一即心也，故曰心包万物，又曰心包天地。究其妙义，金丹大道，只一心学焉耳。放之则弥六合，卷之则退藏于密，是亦一虚一实，一有一无，有无相将，实虚相形，真一乃现，此之谓有无不立，实虚不住，是为修真之密旨。斯旨也，超天地，出五行，故能位育天地，造化三才，而心为道心，不可得而名，强名之曰玄窍。一落拟议，便非真正玄况，万不可得而寻入矣。是乃是书全部大关键，不可不明。爰为识泄于《后辩》序首。金盖后学闵一得，谨跋于上洋水仙宫，时维己丑清明前一日。

后序①

庄子谓：“大道不称，大辩不言。”盖以道本无名，有何可称？道本无形，有何可言？称且不可，言且不可，更何可辩？然世有称道者，有言道者。一自有称，则是非混杂，而道不真矣。一自有言，则邪正相争，而道有假矣。称道不真，言道有假，不是称道，反是谤道；不是言道，反是埋道。谤道埋道，塞修真之门，阻行道之路，为害最大，此予不得不强辩，以破其称之不真；不得不细辩，以劈其言之有假。辩不真之称，则不可称之道，学者可不难于渐悟；辩有假之言，则不可言之道，学者可不难于默会。难悟者，能使自悟；难会者，能使自会。此前后辩难之存心也。虽然，既有辩矣，谓之无言可乎？既有言矣，谓之无称可乎？既有称矣，既有言矣，犹辩不真之称、有假之言可乎？人亦称矣，我亦称矣，人亦言矣，我亦言矣，焉知人之称者真乎？我之称者不真乎？焉知我之称者真乎？人之称者不真乎？焉知人之言者假乎，我之言者不假乎？焉知我之言者假乎？人之言者不假乎？谁真谁不真，谁假谁不假，是在不称道、不言道者见而自知之，吾乌乎辩！悟元子再序。

① 此序重出，微微不同。

阴符经玄解正义

归安闵一得笺注　武进瞿曾辑参订　金陵王来申敬梓[①]

《阴符经玄解》者，范一中所著，名曰“玄解”而义不轨于正，遗误非细，故述本经之义以正之。一得亦深惧饶舌之罚，惟是《阴符经》注凡数十家，各有玄义，何敢轻议，而谓是的解，则未能洽于心。

先师太虚翁遗有泥丸李真人《三一音符》一书。其后跋有曰：“《阴符》一经，为崆峒授受之文，不得口传，无由心领。吾昔受教于二五道人，退而思之，说虽切近，而谓大道已赅，则心窃不安，反覆探索有年。一日泥丸氏老师自远方来，谓余曰：‘汝昔所闻，实是古仙因文会意，奥诀贵能通会，舍迹求玄，则得矣。近闻自牧氏著有《阴符发秘》[②]，然其言运心不普。夫阴符正宗，太上传之西域。达摩东来，复传中国，此即世间教外别传，乃即心即佛、即色即空之妙旨。我宗祖师长春真人身体而力行之，其道传自火龙真人、重阳王祖。王祖晚岁得闻，取以印证于纯阳吕祖。吕祖曰：是经玄旨在于观天执天。相机取舍，作用合时。个中玄义在于日月一节。阴阳体异，立基各判，各有妙用，在于愚人一节。别开生面，触处洞然，皆有滴滴归源之妙，在于人以一节。究其启发心传，在于不字。诀中之诀，在于是经末节。是皆于虚极无极中讨消息，而其入手在于静字，致之中和在于杀［去声］字。更须于末节奇器两字里作胎养入圣之究竟，盖有澈始澈终之妙在也。汝可先于篇中盗字参之。盗者，物次于皿之谓也。按此盗字，已为奇器两字作引。第此盗字，尚有端倪，而所次惟元，圣人言之，盖惟培养色身，而元中

① “金陵王来申敬梓”，金盖本已删。

② 《阴符发秘》乃张清夜（1676–1763）于成都所作，范宜宾谓：“得自牧道人所著《阴符发秘》一册，其中秘旨，道人已流露于前，则隐而未发之义，不得不解之于后，以成上下符合，名曰《玄解》。”则范注似有资于张注。《阴符发秘》，近人蒙文通有辑校，亦有刻本存世。阅《发秘》，方知范注实别出心裁者。

有一，故亦可谓之培性。令汝先参盗字者，以此。至于奇器之为物，难言也，迹求不得，形忘乃现。圣人以道不外身，用以浑炼，炼成神舍。动时鸢飞鱼跃，静则万籁无声。日长真元，日返于一，不复有我，神舍靖矣。然有鄞鄂尚未修焉。于是聚精会神，虚位以凝，真一扩充一身，以浑合三才，须等色相于虚无，持之以俟。时至，三才之元必合个中，富庶若固有之。化化生生，听之自然。纯之又纯，三才元化，成一宝珠。惚兮恍兮，悬于我前，鄞鄂完矣。已而珠我忽合，惟觉光明无际，此则三才真一与我真一合一不二，乃谓胎结于器。器，即奇器也。奇器之用大矣哉！然究其初工，还自炼己始。炼己工纯，乃可从事奇器焉。经虽示于末节，而此理圣凡男女咸各具于性体者。世人专贴男子说，误也。第其正用，却在天人合发一节。故曰：不得口传，难以心领。是经之大略如此。读是经者，心眼贵明，离合字体固为玄妙，然须会而通之，维持调护，触类圆通。法无定法，不外于消息生杀四字。盖有双管齐下处，指不胜指，处处有之，切不可忽，尤不可穿凿。一失正旨，而横堕三岐，救不及救者也。居，我语汝。从事此道，步骤惟三：始则自有入无；继则无中识有；末则摄有归无，是即退藏于密之义。无非出于自然，盖有莫之为而为者在也。天仙大道，备是经矣。修道而舍是经，将何所适从？以是经为体，大用之则可医世，小用之则三千行满、八百功圆，亦可以证果。王祖拜而受之。斯论也，王祖述之，邱祖志之，未尝笔之书，历授至余。近闻好事者误会正解，语涉阴阳邪说，是为祸世之文，余为世直述玄旨。汝其志之。'"

太虚翁拜而受之，笔此语于《三一音符》之后。是书盖与《阴符经》相表里也，一得藏之四十春秋矣。兹因门下施生兆麟于案头探阅《阴符经玄解》，质之于余。余取阅之，不觉为之三叹。是解盖沈阳范君儒名宜宾者，据所闻而述，其志可嘉，惜所闻不全，故其所解不正。味其语句，中溺邪说，而以世传拆字诀证之，正合泥丸氏真人所谓"祸世之文"。今且收入《道藏》。盖我祖我师必早知之，故宜明玄旨于八十年前，以救后世之迷惑。可见大道不终晦也。一得既沐师传，敢避玄罚乎？爰为谨述于范注之后，名是书曰《阴符经玄解正义》，志在绍述师传，昌明正道。不自觉其措词繁琐，不合疏注体例，见者谅之。

一得又按：《阴符经》解，《道藏辑要》所载者，有十真集解。十真者，赤松子、子房张真人良、太极左宫葛仙翁玄、西山许真人逊、正阳帝君钟离祖师权、纯阳帝君吕祖师岩、华阳施真人肩吾、至一崔真人明公、海蟾帝君刘祖师玄英、清虚曹真人道冲，盖系凭沙演解者也。又有唐通玄先生张果注、元混然子王道渊注、明时复初道人高时明订正，亦属乩笔。一本沈亚夫注，一本苍崖氏注，一本元阳子颂，均属乩笔。此外，古注善本有如：张洪阳序本，陈希夷珍本，李荃注本，朱紫阳注本，《辑要》均未收入，采书须具只眼也。

阴符经

范氏曰：阴者，太阴月也。符者，太阴与太阳相交，一年有十二次合朔，十二次圆满，此合朔圆满之期，即为符候。第太阴借日生光，内含真火，故又谓之火符至。经者，即月节有五六之数，如海之潮汐，不失其期之谓。前人以暗解阴，及寸阴分阴之说，皆属错认。此乃显言太阴，正见太阴中有太阳真火，在依符盗取，诚为修道之玄范。是此三字为全章之秘旨云尔。

一得曰：斯解甚切近，不支离。学者会斯解而归于正，则无蹈空之弊。若泥斯解而以迹求，则堕入旁门，适以轻命矣。

上篇

观天之道，执天之行，尽矣。

范氏曰[①]：道者，下交之义，如初功自首下走之意，合首走岂非道字乎？而道功一人成大，今言天，乃纯阳之谓。第此纯阳实非一人能成，必须二人，而二字即阴之谓，以二人而合归一处，又岂非天字乎？至觀字中具妙义，是用二口于佳花之上，自必有目见之机，故以觀字隐含其义也。第阴阳之阖辟，如天之虚静，自然而然，现其交光。的须效天之逆行，执中过渡，幸得一丸，以为造化之枢机。人体此施功，则阴符之秘全在于此。是此二句，为全经之纲领，以起下文也。

一得曰：范氏不得真传，徒泥拆字诀，因以诬圣惑众，纵其所闻有自，

① 万批：《玄解》拆字未免穿凿附会，然个中玄理精义却多可采处，学者须善观之。

总是旁门。盖此一节为全经总冒，依经直解，重在观天执天。是以天字为体，观字执字为用。是故曰道、曰行。道字无庸拆看。道字拆看，乃属阴阳门不入品之最下乘，其门开自番僧，汉后传入中夏，碧眼胡僧是也。世有其书，为吾宗鄙弃者。此道字直解为是，天字亦然。惟观字拆之，却有妙理，而又不从正体拆看。执字拆之，亦有理。而采法须从观字正体体入，加功于虚于寂，则个中妙义妙应，层出无穷，洵为玄秘。吾愿学者合而参之，其义极中正者，此节已有双管齐下之妙。观字知从正体拆看，即玄解自见，头头是道矣。

天有五贼，见之者昌。五贼在心，施行于天。宇宙在乎手，万化生乎身。

范氏曰：二人之天，有眼、耳、鼻、舌、身之五累[①]。识此五者为我之累，是能见之，而功中却不离此五贼之用。要我心识五贼，而以五贼致用于人，为彼之累，切不可使五贼为我之累也。盖施五贼于二人之天，不过如刍狗之用，将阴阳我握在手，使五贼扰累于人，的须万变应机，则万化方生于我之身矣。

一得曰：范氏此解，悖谬极矣。乃认圣经专为男子而设，其见已私，是精灵作用。范氏未知思耳。诡道求成，必遭雷殛，死堕蛇狐，甚则沦入蛤蚧之属，为人作房中媚药之用，其业报必至于此。岂知是节乃圣人修省之学，发明上节观执二字之旨。言五行正则为五德，邪则为五贼，重在一见字，偏胜则为五贼。心能察之，而顺天之施行，则可权操乎手，而万化生乎身矣。男女皆受天地之中以生，各正性命，岂有损彼益此之天道耶？谨按经旨言五行之用，德中有刑，制其过而用其中，则万化之原不为贼耳。是统男女而概示修省者，斯之谓大道。

天性，人也。人心，机也。立天之道，以定人也。

范氏曰：二人之天，生来本小，有自然之五贼，此五贼之机现前，莫不生之于人心。心识此机，假目以观，故称机心也。知之者，息此机心于内，

① 万批：以六根附会五贼，而于上下文意亦不通贯，此解太拙。

用此机心于二人之天，以立道基。而此道基之立，不离乎先天六一之铅[①]，正以“六一”二字指人以定之。是心与性，天与人，为道之必用，无咫尺之远，无丝毫之惑也。

一得曰：此解大旨已错，何论其他。既昧此节经旨，又不识得真一，邪说溺心，故将立字拆为“六一”。不知此节是言人禀天性，而人心为万化之机，经旨是示人尽性以立命。盖以尽性为道基耳！区区六一之铅，何足为道基哉！彼认六一为真一，岂知六一乃真元？是以认民为君矣。此节言性，下节乃言命，而保命在性，故须尽性以立基。只须顺理直解，则上下贯通。立字何须拆会？

天发杀机，移星易宿；地发杀机，龙蛇起陆；人发杀机，天地反覆。天人合发，万化定基。

范氏曰：阳以星宿光明之机下照，是发于天也。阴以龙蛇起腾之机上现，是发于地也。此乃分而言之也。要合而言之，地发气腾固因天气之下交，即天发之光明亦因地气之上腾。而人察天地感应之机兆，使阴阳颠倒，逆回此气，全在二人合一不分，有一口之发，故于此际盗天地真一之气[②]，夺阴阳造化之玄。此正不生之生，不化之化，反离为乾之奥用。无非以向定之人，而定我之根元也。此中天人合发一句，为全经之秘密矣[③]。

一得曰：此节乃极精极大之理，奈何范氏误用邪说以会之，是直痴人说梦。盖此一节，所以立命，而注意[④]全在性功。所谓“凭他风浪起，我自不开船”。言当静定中看消息，雨过天青，云开日现，迎机以导，万化自生，岂劳人力也哉？据理直说，可以会悟。所谓杀者，变化之理寓焉。盖五行生气，莫不伏根于死气之中，如金生水，水生木，是金为木之祖气，而木遇金则囚死，盖生气藏于死气之中也，此即惨舒互为其根之机。非杀机，则有伸

① 万批：以六一拆立字尤谬。

② “全在二人……真一之气”万本缺，据范宜宾《阴符玄解》、金盖本补。

③ 万批：此解却有精义，条理不差，而闵先生批斥未免太过。盖范氏与闵先生宗派不同，故持论各别。余受师传为东华正脉，故合南北而互用，未敢偏执以误人。虽闵批精卓，亦不肯全行袒护耳。有识者自知之。按：万氏不顾范氏上下文而断章取义，强作解人，自误深矣。学人切勿为其所误。

④ “注意”，当作“主意”。

无屈，而其道穷矣。星宿龙蛇，阴阳消长递嬗之迹象；天地反覆，阴阳颠倒之义理。化机生于逆中。生，顺也；杀，逆也。逆以成顺，则万化定基矣。按上六句，统言三才感应之妙，下两句乃言丹道，含有无穷妙义，而诀惟于自然机发之初，相机调拨，使无过不及，不先不后，间不容发。此非虚之极，静之笃，无从下手。范氏谓全经秘密是也，然讹以坎阳为真一，而泥将合字拆作二人合口会之，则为三峰家作证盟矣，于经旨岂不大谬哉！一解杀字作去声读，盖即《易经》谦卦之义。三才之情之性，无不恶盈而好谦者。第按此义，乃用于机发之后，为承启交关时手法，亦丹道须知之要着也。节中定字，亦含有定订两韵妙义。此等作用，无非为得真一张本。真一得，则基立矣。然非智巧所得取者。苟或蒙昧，则当杀不杀，欲定不定，求合不合矣，失之毫厘，谬以千里。是皆此节中之大关键也。

性有巧拙，可以伏藏。九窍之邪，在乎三要，可以动静。

范氏曰：真一之气生自小中，非功不能勾取，非手不能托出，其用得宜，全凭心生。若为性所使，虽巧而返拙。不为性所使，似拙而正大。巧则退伏藏密之，为正似拙，实巧之作用也。掠取真阴中之真阳，伏藏于密，前后升降，以周行任督，流通而不滞。所以能悠久长存，正长生须伏气之谓。庸人不知伏藏之奥，不谨九窍之邪，故失其生。而九窍之最灵者，无过耳目口，三者为至要。是三者用于动静之中，如太上所云：欲翕故张、欲弱故强、欲废故兴、欲夺故与之为也。三藏于一,一中含三，虽专指此三者，而又不离西女为要，隐在其中，为圣功吃紧处也①。

一得曰：此性字，指气质之性，伏藏不动之义。拙者锢于阴浊之累，巧者亦役于事物纷应之累。皆当伏藏不动。久则大慧可生，巧不足言也，拙不足为害也。谨按此节乃承上“基”字说来，言人秉性有巧拙，能知伏藏不用，则可不为九窍邪引。忘巧化拙，诀在知守三要。须动而勿动，所谓静亦静，动亦静也。此节静能生慧之义，是示人养性之诀也。范氏中溺邪说，又不明性命宗旨。何谓勾取手托乎？性可觉而不可持，命可见而不可执，是皆极虚而无体质者也。性命皆在虚寂中，生龙活虎，古经言之。

① 万批：此解亦谬。

乃欲于西女凡体中勾取而手托之，其惟癸水乎！？丹书曰：“见之不可用，用之不可见。”范氏应亦知之，何得出此门外汉语。况坤中坎一，尚属真元，何关于性？其视性为何物欤？此节乃为循行上节失手者而发，下节亦然。此节眼目在伏藏，下节乃承此节末句而发。究其主脑，要在明心，心明方能审机云尔[①]。

火生于木，祸发必克；奸生于国，时动必溃。知之修之，谓之圣人。

范氏曰：首二句言人无戒定之笃诚，为识神所使，投身妄作，一失其真，化为臭腐，如火发木焚之喻。中二句乃双关为言，亦可如上二句之意看。又指三女为姦，因有生于其身之动，我又因其动使之，必溃于天人合发之时。运我自然之杀机，返后天为先天，知用此矢口之修，可谓圣功之人。第此聖字，耳为坎，口为离，正谓坎离相交，得真一之炁，归入中土为王也。此聖字，幸勿略之！

一得曰：范注大谬，不可从也。不惟“知”字谬说，“聖”字解法亦不合字义。“聖”字正体从“壬”不从“王”。按此一节，以“知”字为体，“修”字为用，承上节下句说来，其节旨在一“知”字。盖有体而后有用，不知如何得修？修者，修之于动静之机未现之先也。知机乃可下手，故知节旨重一知字。自可依文直解，无庸于字画中别寻秘旨。其大要在五行之播，不可纵而无节，是承上文而言，盖示毋忘杀字义耳。首二句乃言生中伏杀，中二句乃言安不可怀，末二句乃言知修之妙。据文直解，言生之过，则杀机动，贼我者在内不在外也。火本木中所生之气，而火发则木毁；奸本国中所生之人，而奸动则国破，几有防不及防之祸。机已发动，则无及矣。其机惟何？生之过而无节制，则为祸为奸，圣人戒之。治世修身，道无二致，是经本义如此。范氏之说极谬极曲，而曰圣功，是直诬圣也。至如拆知字作矢口解之，自有《三皇玉诀》[②]可证。范氏所解，乃用近世传流口诀。不知《玉诀》所示，极堂皇，极冠冕，虽处通衢大庭，有矢口之用，岂仅不宽衣、不解带？即使彼我不面，亦且远近不隔，所谓“山河大地，莫非鼎炉；蠢动含

---

① 万批：闵批此处解得最正大。

② 按：查《道藏》中《阴符经三皇玉诀》，未见有拆字之说。不知其说出自何处。

灵，无非药物”。第当空我色相，寂我思虑，只存一炁，无际无边，六合三才，视同粒粟。我之个中光华内透，有若应感而出，其直如矢，旋见圣日圣月，金光照耀，五彩云霞，浮空随注，疾若飚风，无遮无碍。已而日月合璧，悬我金庭，渐近渐缩，其小如豆，恍若佛前琉璃灯。个中大无不容，细无不纳，此之谓口。斯时不起一念，初必有物来自虚无，觉我此中得有万种充和况味，但可领会，莫可端倪。三圣谓此是真元之至，尚非真一。真一之来，亦倏然自入，寂无声色，惟觉此中万分泰定，安若磐石，而莫可形容。真元真一，如镞之赴的，此之谓矢。盖即佛氏所称牟尼、阿利也。夫口也者，盖我道宗所谓玄窍，按即是经末节之奇器。一拳打破，是即佛氏之彼岸，儒家之无极也。昔如来说法彼国，从学五千众，乃于寂定光中，众见一光直入佛怀，佛若沉醉而苏。故有五千退席之说，盖言弟子讹认佛倦而退。是可为矢口之一证，范氏未之闻耳。若夫经中“故”字，不必从拆字诀会。即以拆字论，亦自有正义，是言文胜之机，则当反古，此即老子游心于物初之义，奈何证以三峰家作用哉[①]！

以上数百字，天仙大道尽泄于斯。原不应笔于此节，只因点破矢口，若不和盘托出，则此知字精义不显。非以功到此节，始用知字也。以经义言之，自在“天人合发”二句中耳，见者审之。

中篇

天生天杀，道之理也。

范氏曰：天生者，常道之顺行也；天杀者，返道之逆行也。今以常道自然顺生之身，行返道自然逆回之奥，故谓天生天杀。而此专用逆回颠颠倒倒之妙理，方谓成圣登真之大道也[②]。

一得曰：此节盖承上篇“天发杀机”一节之义理、条理也。五行无杀机，则四序杂施，而无循环之理矣。杀中有生，藏生于杀，所以秩然有理，递嬗而不穷也。

① 万批：闵批此节畅发玄要，学者宜究心焉。

② 万批：此解甚正，理亦透彻。

天地，万物之盗；万物，人之盗；人，万物之盗。三盗即宜，三才乃安。

范氏曰：万物之荣枯随天地之运转，故天地为万物之盗。人不能持守，被万物戕贼其真性，故万物为人之盗。人若能保固不失，掠取万物之真，故人又为万物之盗。三次之盗，始成一爻，九次之盗，方全乾卦。个中之先后，不过用人之一口，以合其宜，则三爻无非以女而得安全也。

一得曰：旧解"天地，万物之所盗；万物，人之所盗；人，万物之所盗"，此解最为直截。谨按：经义承上，发此篇第一节玄理，而以三才喻三田。用时取宜，无违自然，而各有归束，一如奠安三才之道。盗字解见上，太虚翁谓下篇之奇器，物物自具，故能互相为盗。究此字之妙义，必须口授。然不外乎若愚若拙，而又若虚，则此字之体用全备，斯能物来即纳。次犹舍也，器能容纳，则物得安，大要在一和字。而范氏谓得女而安，异哉！所谓既宜且安者，盖言三田皆宜充裕耳。第三田之充裕，各有一物，而驯致充裕，自有步骤。精充则气充，气充则神充，神充精乃足，此则又有一道焉。此节精义如此，是则三才奠安之秘旨，其义见于下节[①]。

故曰：食其时，百骸理。动其机，万化安。

范氏曰：故也者，接上文之安字。安十字于口，以返口中之真一，斯有"故曰"之用。食者，食大药也，即"得之者，常如醉"之谓也。然必因彼之时至，而彼之时至，必有机现动象。是机之动象现，乃正食彼之时，即人为万物之盗也。第此兔髓乌精，人一食之，则周身之骸尽皆通理。浊阴逐而化清阳者，必素日之退阴符进阳火周天之功，有万遍之化，精气神足，故一食之得安于化。此万化又岂离女而得安乎[②]。

一得曰：不失其时，而后能食其时；不拂其机，而后能动其机。"故曰"二字藏有妙义，亦见《三皇玉诀》。其诀惟在还返而不流，复于邃古之初，复命之义也。致一之诀，其惟"曰"字乎？"曰"也者，个中有一。万缘放

---

① 万批：此节范解不谬，闵义亦正。惟宗旨不同，故立说各异，在善读书者会其通耳。

② 万批：此解不甚差谬，而闵义斥之，盖因宗派不同耳。门户之见，宋儒最重，闵先生亦有此弊，可见浑化之难。按：万氏执彼家小说，求药女体（所谓"彼之时至，必有机现动象"之药生），而昧阴阳大道，药产虚无（所谓"彼我克修，各自达于虚无之境"而后方有作用），故强辨高下偏正之说为门户之见，是真不知浑化者。

下，意缩身世入我个中，其大无际，一任气机流行，如云如霞，忽复万籁俱息，内外安定，即以意凝之，但觉油然，寂寂无声，三圣谓是真一之来归，乃是曰字玄象。此则所谓无象之象也。若泥于形，则所得必伪。能从虚无入手，则曰时、曰机，皆合道矣。范氏所述，原属古仙假外象说内功之口诀，而云"岂离女而得安"，则打入邪说矣。窃按：古字、知字、故字、曰字、虞字、圣字等等，均以识时为要。然范氏但知泥用一时，不知时时可用。盖时有活定两说，非仅子午有活定，自子至亥皆有活定。所谓真一真元，不外一身，而又不泥一身者。大约于起功之刻，自辨所值景况以定其时，此法最活而最灵。以一身言之，其时有定活；以三才六合言之，其时亦有定活。故其互相感应也，定则应定，活则应活，间不容发，是以时之中有机焉。时到则机动，机动则化行，是乃自然之妙理，自然之大道。范氏直坐井观天耳！

人知其神之神，不知其不神之所以神。

范氏曰：神者，阳也。神之神者，阳中之阳，即玄之又玄之谓也。但此真阳藏于真阴之中，而取此真阳是自矢口而得，即吕祖所云口对口之神用。试思以知字中分，岂非矢口两字乎？故谓之知其神之神也。第此之用，不离乎寻常平淡，无一毫矫揉造作之举，似无为而却有为，有为中又却无为。故谓之知其不神之所以神也。要知取此阳气，的以奇器，用不神之神法，方其阳气之来，正父母未生前之始气也[①]。

一得曰：此两知字，范氏未得真传，流入邪说，盖不闻虚无中的有交感之妙义耳。此节上句乃指物我气神相交于虚无之中所生之真元也。下句乃言三才真元发扬于上之气，感我之气神，上达而应之凝之，则虚无之中合并而生真一也。谨按：经义言取物我平感合生之物，不过真元，故谓之神之神，不足贵也。能得彼我气神上感两大、人元降合，虚无而生之物，乃是真一，得而有之，始成圣真之胎，是为至宝。神与神合，故谓之神之神。至合中所生之一，则虚极矣，不可以神言也，故谓之不神之神也。语气偏重下句，故有知、不知之别。

---

① 万批：此解义理甚精，不合诟斥。惟拆知字无味。按：范氏别解，万氏别会，于文义早已谬以千里矣。

日月有数，大小有定，圣功生焉，神明出焉。

范氏曰：日阳体而属离阴之小，月阴体而属坎阳之大。各有其数，日数须足十六，月数须足五千四十八日。人以日月之行度为言，非也。至云前三后三者，乃言甲庚之并，丁壬之合也。假如成乾之初爻，先用甲前逆排三位，癸后之壬并之。次用庚后顺排三位之壬，亦是甲前逆排癸前之壬并之。末又用甲前逆排三位，癸后之壬并之。此正前弦之后后弦前，前三后三之诀也。如此三并而成乾卦之初爻，如此九并而成乾卦之三爻，方至纯阳地位。此必日月之数足定，用此成圣之功，使五行攒簇于中宫，而神人生焉、出焉。是神人生成，非日月相并为明，未能成就，此正不神之所以神也。第此之云前三后三、前弦后弦、甲庚丁壬之指，即是火符也。日月数足，即火符数足。发现之机，正知其神之神也。纯阳祖师所云"遥指天边日月轮"，又云"地下海潮天上月"，崔希范云"天应星，地应潮"，莫不本此。此解实《阴符》成圣之大道，千古不传之奥义也①。

一得曰：日月计庚甲，小大言阴阳，自是易理，范氏之说是也。谨按此节发明上文"人知"句义，实为千古一鼻心传口诀，而经却以人知言之。盖黄帝时修道者多，此种经义人人知之，故曰人知其神之神也。范氏不悟，以此节为不传之秘，是认此节为不神之神，未闻《阴符》最上上乘功法耳。盖此节尚贴阴阳两家，数足时至机动之顷，平透平感之火候。未曾说到六合三才，普感普应，浑一合交合生之修。然已圣功生焉，神明出焉。先师太虚翁故谓此节是贴上文首句说。若夫最上上乘，是从天地未有，父母未生前落脚，故无阴阳五行、年月日时等用。一俟机动，节情归性，成一宝珠，吸入奇器。日积月累，竟与三才真一合一不二，乃成圣胎。如是，则三才坏而我自长存。是为三皇时玄修功诀，尚非黄帝时人所得共知之秘。上文下句乃指此，故有不知云云。是乃百尺竿头功法，左右逢源，天下归仁之妙道②。一得

---

① 万批：此节透发南宗秘旨，是通篇精义所存，多有可采处。学者须于此等解说参悟，方知范氏命义之所在，勿徒为闵批诟詈，堙没古人之苦衷。此余之殷殷于后学，而不敢偏袒一家言者耳。按：不说范氏火候算法无效，即使有效，一刻之机，焉其能算？

② 万批：此处玄理谈得最高，若做到，恐不易易。所谓"吾闻其语矣，未见其人也"。按：此说乃是玄关大开时之功夫，诚非常人所能。然观万氏前文"火生于木"一节批语"此节畅发玄要，学者宜究心"，及后文"人以愚虞圣"一节批语"此节《玄解》不若《正义》之平正通达"的相关内容，则见其头尾不相顾矣。

所闻于先师者如此。然师又谓此节玄理乃立身之本，此节遗忘，则最上上乘无由以精进者。此一节何可暂遗也哉？

其盗机也，天下莫能见，莫能知。君子得之固躬，小人得之轻命。

范氏曰：盗者，道也；道者，盗也。圣功作用，观其机以施盗于二人之天，则一七之真阳，莫能目见其下。一七之真阳，惟凭矢口中得之。君子知二人之寸阳，必须以十字大口小口之法方得追来，以固其躬而长存。小人不能自守，恃才忘作，流于邪道，丧身不悟，故云轻命。此示人邪正之吉凶也。

一得曰：此节其字，是指上节所言之道。盗者，密取而藏之之义。机者，彼我所发之机也。不藏则散，故贵知盗。莫能见，莫能知，故曰盗。然贵存普心，毋使偏胜。盖含有取、与两义。知此谓之君子，昧此是为小人。此其中盖有天命在焉。观天执天者，何可忽诸！盗机合乎天则固躬，挟私以盗适以轻命矣。得者何得，此取与之道也。谨按此节尚属小试之道，故有此诫。范氏见不及此，故其所解，堕入轻命一流，不可从也[①]。

下篇

聋者善视，瞽者善听。绝利一源，用师十倍。三返昼夜，用师万倍。

范氏曰：此指功中遇用美口之时，必须如聋者之善视，瞽者之善听。二善喻专字之义，又含用口而心无口之谓也。要知功中用盗，非口不能取。丝色真一源头之利，惟口一源之用最为至要。是先以耳目之用于机，得机始用其口，而口一用，又缘十字以得之。果以十字而三返根源，真如用兵师之危厉，此正火里栽莲，诚有万倍之获。是全耳目口宵旦不辍，以成盗机之利，以起下文机心之用也。"倍"字另有妙义，未敢笔之，请勿略也。

一得曰：上中两篇言其义理之当，然个中利弊亦道及。下篇所言乃是功法，而义理寓焉。从而去取损益于其间，则法备矣。统而体之，在专一、在至静极虚而中无人我，一任自然，有有无无一以气机视之。此中常寂寂，忘其寂，则可造至常应常静。谨按此节首二句，专义也。第三句，一义也。目

---

① 万批：此节范解甚精，闵批毫无意味。此亦不敢袒护者也。按：万氏叹赏，乃挟私贼命，盗用彼家，轻弄命宝者，其焉识双修双益诸正法？正是闵批中之轻命小人也。

利视，耳利听，聋瞽能绝其歧，则源一也。其第四句，集益之义也，而验于此得。三返句，恒义也。师，众也，《易》师卦之象言“畜众也”，此正言倚人广众之中，有归仁逢源之大道。三返昼夜，三十六时也。三十六者，阴数之极也。言能专一而恒，则阴尽化阳，三十六宫都是春也。十倍万倍，约词也。言专一则能用众，恒则愈能倍用之也。“倍”字折看，乃阴阳门地天作用，须连十字合参。“萬”字折看，乃艸、禺两字，艸属坤气，禺属阴类，此就范氏解法言之。按理而论，用倍字作用较胜范氏所宗。然按正义，只言道不孤修，学者能循是经正宗，纵在一室孤修，而虚空感至真一、真元，采不胜采，竟有十倍、万倍之获。是经正义不在折字也。谨按此节意在立命，而辞旨注在性边，盖以命圆在性耳！学者审之，则知所事矣①。

心生于物，死于物，机在目

范氏曰：心为物机所牵，是为物之用，虽心生而自促其死也。心不为物机所牵，将物为心所用，是心死而自得其生也。此正不死不生，不生不死之谓也。然生死之途，用目观机而定，正为办道之津梁。心假目之用，必学如死人之不动，为最要之上着也②。

一得曰：引于物而情动，为生于物。役于物而神耗，耗则毙，为死于物。心因物而生死，实则心无生死。凡生于物之时，而能觉照，则无死机矣。其机惟目见之。目，乃天目，位在两眉之间，非两目也，是为真一之所凭临者。用目瞩机，机绪万端，变幻莫测，目能见端识绪，见绪识端，而机莫遁矣。目之用大矣哉！故曰“心生于物，死于物”，又曰“机在目”也。此示人须凭真一为宰耳。知用与否，乃在一心，故贵心明。心明乃能见性，故学以明心地为澈始澈终要着。按此目字，即上篇觀字之主脑。圣人所以用目者，盖以明心，意在言外。静揣上下经文，厥旨自见。

天之无恩而大恩生，迅雷烈风，莫不蠢然。至乐性余，至静性廉。天之至私，用之至公。

---

① 万批：此节当舍范解而从闵批。

② 万批：此节范解正大可从，闵批尤精卓可观。按：范氏其心私、其行偏，万氏蔽于其所知，故断取范语，而不见其全体中“用目观机”为何意，故赞其“正大”。

范氏曰：二人之间，不作尘情之拘扰，全无常道顺生之为，是为无恩。俟其时至机现，是大药生矣。当此之时，须分别壬癸，使庚甲相并。吞入腹中，返成乾体，而得长生，岂非大恩乎？然金木之并，不过烈风之顷，再加当头一震，跃然蠢动，顿脱狂迷，天真吐露矣。全赖神此一击，故吕祖所云"霹雳声中自得根"之语，堪为证据。但生来一厶之小土，击出兑中一丝之白金，食之虽小而堪充六合。生来一厶之小土，原本清静，承受一滴之青阳，凝然不争。其廉小，但二人一厶土之功用，固属不可见之私为。而我太空一震，得返成真，却显现入我一厶土中为用，故又谓之公。是此四至字，莫非归中守中之旨也。

一得曰：至乐，性之动也。余者，溢于外也。至静，性之定也。廉者，约于内也。雷雨之动满盈，故有充溢之应。迅雷风烈必变，故戒侈放之愆。莫不蠢动，是用之公。惟修道者，感风雷而受益，是独得天恩之私也。此节玄理如此。声音之感，莫大于风雷，此节是承上"善听"之义，上节承上"善视"之义。二节言视听之灵，应机不汩，而后有下节制禽之作用也。范氏之说，亦可节取，然只可会其意，而行之于虚寂之中，一或泥迹，便非大道[①]。

禽之制在炁。

范氏曰：此专言炁，正明天人合发之妙，是用炁而不用形之作用，如鹤以声交也。其用炁之旨，非身中之炁。若不以功力致之，炁亦不来，而我之任督不通，升降路塞，纵得亦失，无招摄伏藏之所也。盖炁即阳，人得阳则生，失阳则死，人为仙鬼之各半。行此功者，正去阴益阳之为也。但神既迷乱于纷华，气[②]又亏失于爱欲，非此相机以制，相感以炁之妙，何能返还于本原也？

一得曰：范氏此节，不愧玄解二字，实为无有遗憾。惜上篇观字不从《洪武正韵》折看，讹从帖体，乃有"用夫二口于佳花之上"云云。若以隹字折看，则便知此篇此句之所以然矣。盖隹［音追］乃灵敏之鸟，机触立作。故着"見"字于右。所以察夫隹性，用炁以制，使隹勿觉。已而时至机

① 万批：此节范解可味，闵义无深意。

② "气"字原脱，据金盖本补。

到，二炁既见，则自贪合忘冲。“觀”字之义如此，而作用在一炁字。此炁何炁？坤元中炁是也。盖斯禽为离乌，含有真精流珠是也，其性灵敏。《参同》不云乎：“太阳流珠，常欲弃人。卒［音猝］得精华，转而相因。”金华者何？坤元中炁是也。及其时至，坎髓上升，是为兔髓，坎离一合，化为白液，凝结至坚。凝结则不飞，所谓制也。其效如此，乃自然之妙用。究其得致之诀，在乎浑穆之中。《易》曰：“至哉坤元，万物资生，乃顺承天。”是此节之精义，范氏尚未见及此①。

生者，死之根；死者，生之根。恩生于害，害生于恩。

范氏曰：死者，常道之为也；生者，逆道之功也。常道生人，是心迷于情欲，则精气神失，必至于死，故以生为死根。逆道生身，是心死于情欲，则精气神全，必至于生，故以死者云为生根。紫阳所云“但将死户为生户，莫把生门当死门”之谓也。总之，用逆道之伏藏，身未死，先学死之道，始得生全。即龙蛇起陆，缘于豢养气血之腾；雷震风行，因于丹台月印之候，故为恩生于害。奸邪蕴国，将成盗夺必溃之机；叶茂花明，实阴尽阳回之应，故为害生于恩。下二句正火候之谓。其火候与刑德相负之机，请合参焉。

一得曰：五行生死，互为其根，故恩害亦相倚伏，此节顺文直解足矣，是为下文作一提头，乃承上“制”字之义。总在能察气机，不使过而偏胜，相机而反制之，则得矣。是有害以成恩、死以成生作用。下节妙旨乃教人下手施功之法。其火候在时，所以审气机先后之倚伏也。其采取在物，所以调济吾身阴阳之偏胜也。厥用至玄，厥机至幻。然不外乎此节之所言也。此节之旨，言能尽性者，乃能致命。此节以后，纯是命理，其中仍有性以主之。

---

① 万批：此节范解最精，闵先生至此亦不能再加诟斥。而《正义》所云，且渐渐暗合范解，曲从人元。可知舍南宗而专言北宗，未尝不清静自高，其如古训昭垂，终难强古人以就我。况汉唐以上，只有东华正脉，并无南北宗派之分。自法律分途授受，于是门户各争，分河饮水，此我陈师所以深防偏执之弊，而亟欲重振宗风也。按：万氏一石二鸟，拟欲自高，究其所论，自以为是，尚未梦见闵真——其焉知闵真所谓坤元中炁之人元非其“彼家”之人元哉？何来曲从其所谓南宗人元之论？其不见《正义》前注中已显露之上乘双修法耶？

范氏此节所解亦有可采处[①]。

愚人以天地文理圣，我以时物文理哲。

范氏曰：禺者，母猴也。禺之天地，至气数充足，自有光华之文理发现，以为坎离相交，入中成土之兆也。是此观天察地之旨，非天星地文之俗学，实乃日月有数、小大有定、天人合发之玄范，为夺神功、改天命之道，尽在于兹。故以天地文理为圣者，知愚人之谓也。我则以日月之数、小大之定、机现之时，用不神之神令其必以盗机以发现光华，时文之理合圣于哲。更能于物诱纷纭之际，令其就天地文理为圣者，默运其气机，因能以物理之哲明于我也。而此时之文理，乃吾人从朝至暮、至亲至近、极平常处，正圣凡转关之要诀也。吾人不可错认，请详参焉[②]。

一得曰：显于外者为文，通于中者为理。圣哲皆明晓通达之称。天文，星辰也；地理，山川也。虽明于象纬堪舆，是天地之迹，非天地之道也。"时"者，赅天人而言。天有定时，人身有活时，其递嬗隐现皆有厘然之文、秩然之理，施功不可错也。时之用大矣哉！"物"者，对我之称，谓人也。迹象之见于下者，蔚为人文。神气之发于上者，各有条理，感合不相紊也。物之用溥矣哉！言志于道者，莫不远求于天地时物者，人之所忽，而不知大道即在时物之中。气机之流行于天地者，推算而符，目之所见；消息之感通于时物者，默体而符，目之所不见也。此《阴符》之旨也，直解之理如此。谨按：此节是示两家各正性命之大旨，具有双管齐下妙理。拆愚言禺者，指

---

① 万批：此节范解尤精，盖此四句，正是南宗人元之确证。若照北派解之，孤修者，先死其心，而后能生其身。上二句尚可牵就，下二句恩害二字，实难强合。岂孤修清静之为，亦是害人之事耶？不然，何以经云"恩生于害"也。至此闵先生虽欲自圆其宗说，而亦不能。故《正义》只好含混其辞耳。此余所以不敢偏袒古人焉。按：万氏云："岂孤修清静之为，亦是害人之事耶？"万氏此意，是其所崇彼家南宗乃"是害人之事"矣！若果如此，虽不受国法之戮，其不入魔外而折寿短命、"自取灭亡"者，难矣！其以彼家为南宗，以孤修为北宗，非但不识双修大义，更不知玄关妙理，其不见闵批"纵在一室孤修，而虚空感至真一、真元，采不胜采，竟有十倍、万倍之获"乎？其如何能参透闵真一贯之道？故其所谓"不敢偏袒"者，正显其私心自是、自偏自袒也。

② 万批：此节范解固精透，而闵先生《正义》尤详明，学者须细玩之。

女人之心而言。《左传》:“女,阳物也。”[1] 其性专静,当以用心入手,故宜以自身天地文理融会贯通,时感合虚空所生之真一,以为圣胎。我则以无心为用者,故但于时物文理充足机现时,极虚极寂,机自来合,以真意包之,乃成圣胎。盖禺本无心,其机易感;我本中实,非虚莫纳,其理如此。《阴符》正旨,禺我各处一方,各有气机外透,而气机各不离其体,乃有若现勿现之玄。三才一元,充满六合。彼我克修,各自达于虚无之境。三才三宝,以无为舍者,无与无遇,相合无分。而此中各具阴阳,空中媾结,变化出焉。若欲形容其妙,罄南山之竹,不能尽之。虚无更加寂静,则万化之相交必畅,而所生必充。及至不失其时,虚受其物,则互有所得,彼我个中各各积玉成山,铺金成地。此正上篇天发杀机一节之作用,而基筑于此节者。圣人统男女而普度之,故又有下节功法,所以别开生面也。其诀至玄,而功用却极平近。然古今人阅是经而鲜克领悟者,以无口授故耳。一得窃体师意,已将玄旨和盘托出,见者幸共勉旃。

人以愚虞圣,我以不愚虞圣。人以奇期圣,我以不奇期圣。沉水入火,自取灭亡。

范氏曰:愚者,不识不知,懵懵然之谓。是知其人要如愚之说也。虞者,恐人知觉我之所以为,又以口喻我中宫之说也[2]。圣者不类常道,故云以愚虞圣。我明宇宙在手,万化生身,坎离之交,金木之并,圣功之生,神明之出,自然无为之道,故云不以愚虞圣。此“愚虞圣”三字之秘旨也[3]。

一得曰:范氏解经悖谬之由,总缘认经为男子而设,继又泥于拆字,不得口传,一凭私智,且更认元为一,故费尽心思,适堕旁门。不如据文直解,厥义自明。虞,度也。圣,通明也。愚,谓定静如愚,实不愚也。奇,谓作用神异。圣道自然,不在奇也。矫强作用,则自取灭亡矣。此节语意,正以起下文“自然”二字。看去似浅近,而玄旨甚深。盖黄帝之时,言道不

① 按:《春秋左传注疏》卷四十一《考证》云:“《传》‘女阳物而晦时’。臣照按:六子二阴一阳,皆男也。二阳一阴,皆女也,阴卦多阳,故曰‘女阳物也’。杜氏以女随男为解,其义未莹。孔氏谓女是阳象之物,益以不明。”

② “虞者……中宫之说也”,万本脱,据范宜宾《阴符玄解》、金盖本补。

③ 万批:此节《玄解》不若《正义》之平正通达。

言丹。延至后世，乃有种种说法，然不过身心两字尽之。按此节，是从上节透入，别开生面，乃涵万于一之妙用，彼我并成之大道。然非造作而出，故此下节点出“自然”二字。言以静字为入手，而以至静至虚，得用奇器为真功，造至粉碎虚空为了当。经尚秘之，未尽泄也。此节玄义，须从吕祖印传口诀以解之。若曰上节言入手之则，时物文理息息静参，则日月小大之中，有神明之用。此节功法并将日月小大、时物文理等等作用，一脚踢翻。是乃涵三为一，戴高履厚，并作一身，动植生灵，皆为道侣。性分中包罗圆足，悬若弹丸。然方其进火、退符之时，身踞丸巅以看火候，是乃扩修鄞鄂之作用。已而火候既足，身乃透入丸中，以凝以养，所以休息元神，亦以静镇鄞鄂。斯时耳目无闻见，外象愚矣。而不知大智若愚，所以入圣也。天地有反覆，内象奇矣。而不知交泰非奇，所以作圣也。盖上节作用，是指三才散布之真元，乃为扩修我一之鄞鄂，只是我真一之辅翼，与我先天真一尚无关涉，是即释氏身积舍利等等耳。末节奇器，乃是真一之别名，用乃大焉。是皆自然之至理，于末节点明。不合自然，则堕落旁门，入火沉水矣。圣经之旨如此。

自然之道静，故天地万物生。天地之道浸，故阴阳胜。阴阳相摧，而变化顺矣。

范氏曰：自然之道静者，乃先天太极浑然之体，静极而动，化生天地，而大仪两仪，互为相交，又化生万物。此明先天应时，自然之化育也。第此阴阳天地之道，炁机流动，循还不息，渐沁渐溃，至于数足时动，阴阳相胜而发。我则相摧相荡，使变化顺人物以遂其生者。此明后天炁机，奉时之现象也，而奉天时。是知天人合发之时，时动食时之时[①]，日月小大之时，此种种时，正火候之宗源也[②]。

一得曰：浸，相入相灌之谓。阴中有阳，阳中有阴，故曰阴阳胜。范氏此节所解，甚合道妙。然须知有物而施，功等无物。及至无物，而仍如有

① “时动食之时”句万本脱，据范宜宾《阴符玄解》、金盖本补。

② 万批：此节范解、闵义皆精。余更为注释数语，以醒初学。盖自然之道，先天之道也。天地之道，后天之道也。先天之道，自然而静，静极而动，化生天地万物，皆出于自然也。后天之道，渐浸而动，动极而静，阴阳有相胜之机。相胜则相摧，雨露寒暑，生病老死。人物皆顺天地之变化而终焉。而莫能以自主。此先后之所分，即生死之各别也。修行人故舍顺取逆，从事先天，法自然之道焉。

物。倒倒颠颠，个中有玄义，可以意会，不可言传，而总以虚极静笃为宗。虚极则无障，不为后天所碍，且能以道陶镕，使之还虚。虚而后能静，静则中清，机临必觉，不致蒙昧，措施合宜，可无违时之弊。此一时也，其机之现，有先天，有后天，有宜迎，有宜舍。当进，进火；当退，退符。虽属自然，须凭意运。而运有抑抑扬扬，宜柔宜刚，宜缓宜急，宜透宜藏。变化从此生，圣功从此出者。

先师太虚翁曰："圣人传药不传火，非不传也，火候因时而起，相机而行，依样画葫芦，无是理耳。上乘丹法须以心传；中乘丹法须以口授；下乘丹法必以书授，其法繁琐也。《阴符》一经，文属云篆，篆方丈余，轩辕黄帝得自崆峒天坛。以帝之圣尚赖问答乃明。世所奉本，盖属黄帝手授之文，虽落文字，而玄旨在乎心传。息心体之，是经最上上乘，已于是节首句道破。老子不云乎'人法地，地法天，天法道，道法自然'。此节首句，黄帝已揭出宗旨，是示人直从父母未生、天地未有、造化无朕中立脚。知从自然会入，则自滴滴归源，头头合道。"又曰："上节既将日月小大、时物文理，包一切，扫一切。而此节阴阳变化中，却藏有知时之义，大宜领会。上节之旨，戒在拘迹；此节之旨，戒在忽机。我师泥丸氏谓宜口授者，盖指此等精义耳。"

一得谨按：此节"摧"字，今古本皆作"推"。从《易经》"刚柔相推"句，则此"摧"字应作"推"字。太微律院云隐律师有国师王昆阳高士密付法物。盖自邱祖以来，历代真人所传衣钵卷册、如意经杖等等，中有《崆峒问答》一书，上有宋太宗御题御玺，系称陈希夷珍本，并有重阳王祖亲笔传戒偈存焉，是为宋元以前之古本，乃作"摧"字。则此本"摧"字，必有所本，非笔误也。按《易经》"龙战于野，其血玄黄"，有相摧之义。一得故仍从范本作"摧"字。上篇"知之修之"句，他本均作"修炼"，惟律院吕本作"修之"，文法较古。盖范氏所得之本，必自律宗来者，故全经篇段节句悉从范本，不从他本分章标题，见者审之。

是故圣人知自然之道不可违，因而制之。至静之道，律历所不能契。爰有奇器，是生万物。八卦甲子，神机鬼藏。阴阳相胜之术，昭昭乎进乎象矣。

范氏曰：自然之道，胎息三部之功也。而胎息之功，非世俗所谓注意丹田，强拉河车之为。乃先为天地之交，后行坎离之济，末运归中之妙。是学在母腹之形状，使任督开通，升降流行，以资生化者。莫不用十口之反文，以得阳炁之下走，所以有“是故”之称也。前之成圣登真者，莫不由此。故立一无为不动之功，至当不易之法。而此非律历之数计可能契符，于是有奇器之用。而此奇器，实为道之源，炁之本，万化之基，阴符之祖。圣人藉以为下手施功之地，机于此器，立可而杀；盗于此器，立可而盗；不神之神，神于此器，立可而获效；周流八卦，甲子水金，莫不由此器，立可而逆旋。天人合发，神迎鬼藏，莫不凭此器立可之功能也。此器即阴阳相胜之术。一进用之，必得口口刀圭之阳，故有昭昭之象。而此器言于末章，是又示人用此奇器于末时也。第此奇器，人以玄牝、炉鼎、丹田、太极等等指认，皆非正。即《参同契》所称“圆三五，寸一分。口四八，两寸唇。长尺二，厚薄均”等句之谓，为奇器之形。此中器字，有口对口，窍对窍之秘。進字又用此奇器之处也。功至用奇器，未有不得其一而万事毕矣。嗟乎，圣经当前，妙诀存心，造化现存，何甘自弃，而不知急务耶？勉之勉之[①]。

一得曰：此解器字，与上下经文不贯，非正解也。其引《参同契》，而

① 万批：此节范解虽拆故字、奇字，稍觉附会。然其说理亦自精卓不刊。闵批纯从北派理会，亦能自圆其说，惟于奇器二字，终未透彻。余按形而上者谓之道，形而下者谓之器。自然之道不易求，而沌奇之器尚可得。得此器而成道，是由有为而返无为，从有作还自然也。圣人因而制之，有神机焉，有鬼藏焉，盖所以制伏于阴阳相胜之中，而其妙术，则超乎器象之先，而进于道矣。学者当善悟之，毋偏执可也。按：万氏以为沌奇之器易得，是解奇器为混沌女鼎。若是，彼欲易成则须用男鼎矣。若果如是，是真“害人之事”矣！其于《阖辟经》批云：“盖玄关未开，只是凝神于气穴（下丹田），做人元功夫。若玄关已开，则凝神于炁穴（腔后脊前），直接天元矣。此是最须明辨，经中尚未论及，予得之师传，不敢隐秘，学者宜留意焉。”以此气穴炁穴分南北，而言南北宗派差异，从而标榜其所谓“东华正脉”。然气穴采药既非紫阳之法，亦非琼琯之法（世论“南宗”，实乃彼家之术，殊不知紫阳乃“内通外亦须通”“定息采真铅”之流，而琼琯乃清修）。其又多误论闵真所言炁穴人元为气穴人元，若非识见不及，恐是居心叵测。又细玩全书万批，其论玄关定位（即心后脊前）及其所得（所谓“关则一开而永开耳。关开则神有所藏，妄念自无，而真心自见”），至多不过偶尔玄关初启而已——吾恐犹多是气穴境——玄关境不定在丹田、心后脊前部位（玄关境中“虽有三田之别，实则一贯”。万氏亦说“炉鼎即身中大空旷处，上而泥丸，下而乐海是也……必冥闻见而乃见之，故为法身”，但仍执玄关有定位，故曰“神室，亦是身之虚空处，心后脊前，玄窍是也”），而在功夫之浅深层级，故其学后先混杂不明，而其语前后多违，却又常恒自囿己见，而金泥莫辨。

曰奇器之形，是溺于注家邪说，更不可从。惟云阳道人以《河图》《洛书》注“圆三五”等句，最为精确。若以《图》《书》注器字，庶乎近道矣。形而上者谓之道，形而下者谓之器。器者，道之象也。按此“器”字，当作道字看，可作量字理会。凡器有形质，而此器无形质；凡器有大小，而此器无大小；凡器有内外，而此器无内外；凡器有尽藏，而此器无尽藏，故曰“奇器”。以其范围天地，曲成万物，是以名之曰器。实天地之所由生，万物之所从出也，故曰“是生万物”。以其用言之，则曰器；以其体言之，则曰道，自然之道也。自然之道静，律历能测后天之动，而不能契先天之静。八卦甲子，皆动中之数。主宰乎八卦甲子之中者，此至静之奇器，有神机鬼藏之用存焉。其在先天，无迹可名；其在人身，则曰玄窍，亦无迹可见。是物我同得于先天者，万物立命之基，即万物归根之地。万化所由生，圣功所由作。本此器以修身，则百骸理。本此器以治人，则万化安。圣人知天地有自然之道，制器不能契也。爰有自然之奇器，是万物所由生者，因而本此器以制阴阳之有愆状，探本于生万物之原，而后万化生乎身。内则施之于一身，外则施之于天下，皆有神机鬼藏之妙用。神者，阳气之伸，故言机。鬼者，阴气之返，故言藏。阴阳相胜，而适得其平，则万物生。斯器无象，而昭昭有象矣，此观天道、执天行之极功也。

范氏以私智诬大道，得吾说而存之，邪说庶几其息乎！

张三丰真人玄谭集

张三丰真人自序

仆自幼酷好炉火[①]，百无一成。

是指世传用炉用鼎。如世所传黄白，乃用药点而成，确确有之，而药皆隐号，不有指示，药不可得，抱朴子载是也。先生所言，盖指此。然余闻先生元季所事，得自旌阳许祖，法假药物作媒引，感乾炁坤炁以成黄白，故炉而非炉，鼎而非鼎，是即所居之地，以行之道，并无炉鼎形迹可见者，姑射山神人皆能之。故凡此炁一到，惟见电掣雷轰。行竣，则此瓦砾，立成黄白。所成之金，可历万年，无或稍变。我山子春梅祖，亦事此事于北宋徽钦间，事载韩箕筹《三山馆录》。是道而非术。我师太虚翁得受于泥丸李祖，自恐得用不当，是即浪用，有干玄谴，旌阳从学，前车可鉴也。至如抱朴所事，乃药法，有误五百年后之人，志士宜戒，吕祖不之行，我师逼毁所得，慈哉，慈哉。

然余更有所闻而目击者，不为之告，是负吾好友冯君云彪矣。冯君，番禺人，见余性豪，曰："以子之用财，家必中落。而豪性自若，必堕羽士术中，而且不悔也。"余切叩之再，君乃慨然曰："世有黄白术，知否？"余曰："是至道，非术也。第非凡人能行。"君曰："余所知是药法，第非中国所事，其法传自东西二洋，闽广羽士颇知之。余亦得自羽流，就正于红毛贡使，百

① 万批：尝闻之陈抱一先生云：炉火之法，得真师传授，确有把握。外丹点化金石，可以济世；内丹服之，结成神室，由地元上接天元，可成天仙。惟二金易得，砂土难求。上品砂产处，其山必有屈曲湾水萦抱，其水必多沙金，所以养砂者也。现在辰州、铜仁等处之砂，皆不能用，因洪江水中沙金渐渐取尽，砂已歇气。欲求好砂，惟美利坚之绮色佳城北三百里，其山初开，砂气充足可用。至于真土，尤不可少，尤不易得。凡炼丹遇狮头起时，不得法以制之，真气必走，惟真土可以制之。真土系五金矿苗之太极图壳子。中国开辟已久，此土无存。欧西亦无存者，惟美利坚有之。现在朱君履谦已派人往美购求。若得真土，数年之后，丹成济世，功德无量。虽然地元之事，时机未至，功德不深，纵有真法，亦难成就。岂独善其身谋利肥己者，能希冀于万一哉！师训如此，姑录之，以告世之酷好炉火之术者。

用百灵，能携百万黄白，孤行万里，是携魂而弃魄耳。其源出自神人，乃为被难难人而行，今则变为妖民聚财而贮也。盖金有五金，咸具魂魄，得药八两，能提黄魂两许。魂提难易有差等，黄难于白，白难于铜，铜难于铁，铁难于铅。铁法不行于中国，吾今所留，惟黄与白。”于是令余取银十两，置诸羊城罐，发炉镕之，覆以松脂。焰熄取凉，色白无光。取以碎之，极松而轻。曰：“所存魄也。”顷复置诸罐，极火以煅，凝不之化。乃更覆以松脂，加入硝磺，声若阴雷。曰：“可矣。凉而验之，灿然有光。取出称之，得黄亦如白数。”曰：“惜不以铅魄入之，可加重至两许也。”仍取入罐，覆亦如初，焰熄验之，便成白魄。于是重发炉，覆亦如昔，焰熄验之，仍成白物，称勿稍失。乃大笑曰：“何如？何如？可知药法之神如此。世间鼎飞炉炸，都是提魂。先生今而后，可不堕是术也矣。”得见，谨志诸心。兹因真人述及，爰笔以告同人云。

又以轩辕铸九鼎而成道，以为用鼎器九人。仆也曾进过五七鼎，并无成就。且人念头一动，先天纯朴即散。先天既丧，后天虽存，何益于身心？不过健其四大而已。这样无知下愚之徒[①]，岂知天不言而四时行、百物生之妙哉？人身造化同天地，但不知天之清、地之宁也，且不知主宰造化是何物。若能知此清净为体，以定为基，天心为主，元神为用[②]，三盗相宜，还返天真，复命归根，何患不至圣人地位哉？

按此盗字，当从三皇拆字诀解。盗也者，物次于皿之谓，藏而守之之义也。

如鼎一事，纵有所得，不过却病延年而已，否则有害无益。仙佛所为，万万无此事，断断无此理也[③]。何以故？丧其无象，散其无体，是以不出于万物有形之表也。今人多言“七七白虎双双养”，以为用十四之鼎器。噫，岂知“两七聚，辅益人”，即经云“履践天光，呼吸育清”之妙？又言“花酒悟长生”，俱执以为鼎器。又岂知“月圆时玉蕊生，月缺时金花谢”之喻？

---

① 万批：四大老残者不得已而用此，岂概目之下愚哉？亦过矫之言也。

② 万批：天心二句，是修炼总诀。学者宜着眼。

③ 万批：鼎之一事，确有其事，自有深理，《参同》《悟真》言之详矣。惟未遇师，妄作妄为，诚属有害无益。若遇真师，则用亦可，不用亦可，所谓成道多门也。何必执一隅之见哉？

坤复之间，得先后天，常似醉之语哉？仙又言家家有之，何男女鼎器之用？此乃知和光同尘，积铅于市廛，法财两用，方得大用现前之说也。不遇真师，皆错认男女相之为鼎器，可胜叹哉！有缘之士，得遇真师[①]，潜心默炼，则金丹可坐而致。同志之士，宜三复是书，而毋为盲人所惑也。

三丰真人小像跋

三丰先生，姓张，名君宝，字全一。生有异质，尝与人议论三教等书，如决江河。其所言，专以忠孝仁义劝世。我太祖高皇帝遣三山高道访于四方，竟弗至。太宗御极，遣使至书曰：真仙张三丰足下。复使礼科都给事中胡濙，道录任一愚，岷州[②]卫指挥杨永吉，遍诣名山，访求未获。特敕正一张碧云于武当山建宫以候。天顺中，赠为通微显化真人，锡之诰命。而侍立翠湖，乃先生高弟也，有灵异[③]。《通纪》《传》《双槐岁抄》，及他诸刻，而有以三丰为三峰，误矣。三峰古书名，不著姓氏，旁术也。先生安亵取以自号乎？

此跋载在《玄谭集》真人像后，未审何人所作。姑录此以仍其旧。世以三峰采战，即为先生之术，不知采战所谓三峰者，指女子口、乳、阴窍以为言，而先生之号乃三丰。丰者，丰神，先天之英。曰三丰，盖取三才之丰，而音韵适合耳。况先生明初人，旌阳《石函记》已有大辟三峰御女术说，又如道光、泥丸、玉蟾诸仙翁，早共排斥三峰采战于千年百年之上，先生尚未世生，顾安得指此邪术出自先生？有谓先生不幸自号三峰故耳，余谓先生自号，岂有故犯邪术书名之理？兹跋已明言矣。晋揣先生自著《破迷直指》及其自叙，世之君子，亦可自信世传之误也矣。而世犹断断执迷不悟，何哉？

① 万批：惟遇真师者，乃知真鼎器，庶不为盲师所惑也。

② "岷州"，万本作"氓州"，依史料改。

③ "有灵异"之后的文字，《林子三教正宗统论·玄谭》为双行小字注释，曰："《通纪》《传》《双槐岁抄》，及他诸刻，皆以三峰为三丰，误矣。"

三丰真人玄谭全集

归安闵苕敷参校[1]

玄谭

张三丰曰：夫道，中而已矣。故儒曰致中，道曰守中，释曰空中。而内丹之所谓中，窍中之窍也。窍中之窍，乃真中也。余独慨夫世人之不识中也，或求之九宫之中，曰泥丸，而不得也；或求之脐下一寸三分，曰丹田，而不得也；或求之心脐相去八寸四分，而以中一寸二分为中，与夫两肾之间，前对脐轮，而不得也。夫以有形求之，而皆不能得也。乃复逆而度之，则关曰玄关，牝曰玄牝，岂虚无之谷，而不可以有形求欤？夫以无形求之，而又不能得也。乃复逆而度之，则曰无而不着于无，有而不着于有，岂非有非无而不着于有无间欤？智过颜、闵，真难强猜。予今冒禁言之，非得已也，盖以神仙降生于此时者众，以救世也。或官矣，或士矣，农工商贾矣，道矣，释矣，故作此篇，以吁徕之。俾知救世，复返天上，而不堕落于尘寰者，此余之心也。图说如下：

释氏外景图[2]：

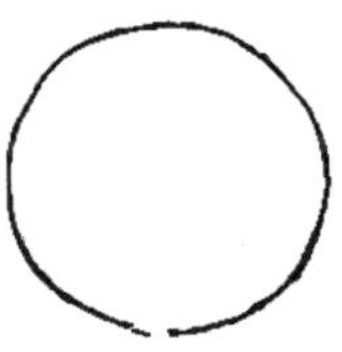

外景也者，外其身而虚空之，先了性也。

张三丰曰：释氏了性，须要持斋，故太虚是我，先空其身。其身既空，天地亦空；天地既空，太空亦空；空无所空，乃是真空。

---

① 此题名依丁本。金盖本作：张三丰真人著，金盖山人闵一得苕敷参校。万本作：闵苕旉先生参校，雯轩万启型批注。

② 原批：此是三才合一之本体，必合道家内景而修，方合医世功法。

又曰：无无乃出天地，外虚空以体无无。

道家内景图[①]：

内景也者，内其身而胎息之，先了命也。

张三丰曰：胎因息长，息因胎住，而窍中之窍，乃神仙长胎住息之真去处也。天地虽大，亦一胎也。而日月之往来，斗柄之旋转者，真息也。又不观三氏之书乎？《易经》曰："成性存存，道义之门。"《道德经》曰："玄之又玄，众妙之门。"《遗教经》曰："制之一处，无事不办。"皆直指也。

我之看书无滞，才知圣凡一炁，不为盲人迷惑。扫尽旁门，重整心猿，重发志气，低心下意，历魔历难，苦求明师，穷取受炁之初。初者，先天始祖祖炁。此炁含着一点真阴真阳，产于天地之先，混元之始。这个灵明黍米宝珠，悬在至空至正之中，明明洒洒，但有未明旨的人，若醉相似，离此一着一着都是旁门［沈氏曰：黍米宝珠，即戊土也。按《洛书》之数，金木水火皆居八方，独戊己居虚无之中。故云至空至正之中也］。这个灵明宝珠，于空悬之中，包含万象，发生万物，都是此⊙者。

此物在道，喻为真铅真汞，一得永得。不可执乾坤、日月、男女相上去，只于己身内外安炉立鼎，炼己持心，明理见性之时，攒簇发火，不出乎一个时辰，立得一黍玄珠，现于曲江之上。刀圭入口，顷刻之间，一窍开百窍齐开。火发四肢，浑身筋骨血肉都化成炁，与外水银相似。到此时候，用百日火力，方有灵妙。一得永得，勿有返还，住世留形，炼神还虚，与道为一矣。

○此物在释门，说是真空，真如觉性。若知下手端的，炼魔见性，片饷工夫，发起三昧真火，返本还元，一体同观，天地咸空，霞光万道，五眼六通，炼成金刚不坏之身，了鬼神窥不破之机。

① 原批：此是三教合持之功法，必用释氏外景以体之身心，功学斯无或漏，而医世之学乃圆，有事半功倍之妙。

○此物在儒，是无极而太极。依外天地而论，无极是天地周图，日月未判之前，四维上下不辨，一混混沌沌，如阴雾水。及气至时到，气满相激，才生太极。太极是日月，只要体法天地日月，不是要采天地之日月也。日月既生，天地自分。清气在上为天，虚无一派神祇，都是清炁精明之光曜也。浊气在下，大地山河人民，俱在地下。五谷一切万物，虽在地发生，都借天气方得有生。天之清气为纯阳，地之浊气为纯阴，而露从天降，是阳能生阴；万物从地生，是阴能生阳。天地是个虚无包藏，无穷尽，无边际。天之星宿神祇，其动转各有方位，地下万物，按四时八节，发生总自虚无。夫日月是天之精，上照三十三天，下照九泉黄极，东西运转，上下升降，寒暑往来。日是纯阳之体，内含一点真阴之精，属青龙、姹女、甲木、水银、金乌、三魂，即是外彼；月是纯阴之体，内含一点真阳之炁，属白虎、婴儿、庚金、朱砂、玉兔、七魄，即是内我。人身造化同天地，故人身亦有真日月。道本在迩，而人反求诸远也。三魂属性，性在天边；七魄属命，命在海底。内外通来性命两个字，了却万卷书。性属神是阴，命属炁是阳，故曰一阴一阳之谓道也。那个真阴与真阳相对，这个真阴之精既不知，又乌知这一点真阳之炁乎？今之学者，不惟不知真阳，亦且不知真阴。若知真阴，则真阳亦自知之矣。不遇真师，枉用猜疑。是道在天地，天地亦不知也。学者穷究身中天地人三才之妙窍，一身内外阴阳真消息，如不得旨，一见诸书之异名，必无定见，执诸旁门，无能辨理。既不能穷理，则心不明；心既不明，则性天不能如朗月。既不能见性，焉能知命？噫，只为丹经无口诀，教君何处结灵胎。

外，先天真阳。⊙，此图是一身内外之造化，名通天窍，炼丹炉，躲生死路，生身处，父母未生前，五行不到处。一点真阳，明明在四大形山秘密处，此个消息，玄之又玄。此个灵明宝珠在人身，与外天地日月同体，是一身之祖炁。今日说破真父母，明朝不怕死和生，即太上慈悲所言《黄庭经》外景之旨也。

中，身中。○，此图是产天地之造化，剑铸雌雄，药看老嫩，全在此中。安天立地，不离此中。万劫因缘要正传，是天炁下降不到地，地炁上升不到天，空里常悬，理最难明，故曰“中间一窍少人知，须要明师亲口传”。然乾坤交姤在此也，坎离交姤亦在此也。

内，海底命主。●，此一图是海底金精之灵龟，吾身彼家之兑金，戊土之命主。浑身百脉，五脏六腑，全凭此物执掌，且成仙成佛，超生出死，亦凭此穴安排。实是个固命之地，养命之方，却诸病不生，为万炁之根蒂，乃一身中之太极，即太上慈悲所言《黄庭》内景之旨也。

天、地、人三才，实在自己一身而言。以后天论之，则于身中有象有方；若以先天究之，则生天、生地、生人、生物，无象无方之物也。仙云："先天不得后天，无以招摄；后天不得先天，无以变化。"此是天地人在己身内外上中下三个真消息，三个真炉鼎，又属三教，三乘妙法，体外天地人三才，廓外三教经书。此个五行中人之五行，皆在性命中，岂求之他人哉？《悟真篇》云："三五一都三个字，古今明者实然稀。"仆说的不是大言，且不论火候攒簇细微，只说三个五行，百万人中无一知者。若知三才相盗，返此之本，还此之元，传精送神，偷精换气，颠倒采取，若人敢承当，要作仙佛也不难。

凡学修炼者，先穷取一身内外真炉鼎。若不识内外真炉鼎，则无处下手。既知安炉立鼎之在内外，及阴阳往来之旨，便穷取真铅真汞，及内外药生的时候，方可进火修炼。若不知吾身内外药材，则炉鼎中煅炼何物？

外，真铅真汞。⊙，此个窍，己身内外真炉鼎。安九阳之鼎，铸慧剑以定时候，开关采药，朱里回汞，攒簇沐浴，水火既济，持空养虚，只在此窍。含着一点真朱砂水银，明明在身不内不外之地，万人不识。离此一着，都是盲修瞎炼。此就是己身外五行，外炉鼎，外造化，即轩辕所铸九阳之鼎是也。[①]

中，坤土釜。○，此个窍，正是攒簇结胎，生天地人物，及风云雷雨，都在此中宫正位。此是神室宝鼎，产内外二药，铸雌雄二剑，抽铅添汞，候取点化丹药，故曰中间一窍少人知。[②]

内，脐下命主。●，此个窍，乃兴功之根本，成道之梯航。安炉立鼎在内，水火锻炼，法财俱足，神气完全，上七窍生光，才是真正时候，方可采

---

① 原批：此圈（图）说，即言太极之蕴，其象⊙如此。个中一丶，乃言阴阳未判时，其象乃丶如此。曰外者，以此一圈来自坎卦下爻，变返太极，而具有真铅真汞，故得喻曰外炉鼎、外造化也。其实不出一身，而象则如此。

② 原批：按中圈即上圈中之一点，下圈中之空白，有而不有，乃是真体，其得而象者如此。

吾身外炉鼎之药，以配身中之雌雄。又全凭此穴，调神纯熟，万神受使，星回斗转，方可夺外天机也。[①]

夫上一窍乃纯阳之体，内含一点真阴之精，是我身彼家之物，属外在内，即两肾中间一点明，发之于外，故喻他也。下一窍乃纯阴之体，内藏着一点真阳之气，是吾身我家之物，属内，即乾宫泄入坤位之物，故喻我也。上窍内是女体，外是男子；下窍内是男体，外是女身。故仙翁多以男女彼我喻也。然中间一窍为中宫，黄婆，媒舍，若会此处颠倒配合，方可成圣。

夫命宝从己身之外来，还是自己坤位之物，却在吾法身中，色身内之他家也，故仙云"采取不离自己元神"是也。世之学者不得正传，无处下手，执己又不是，离己也不是。谁知一点元阳，明明洒洒，在己身玄中高处，隐藏于不内不外之密处，内外一气牵连，千古不传之秘。然人身现成放着两个真消息，与外天地日月同体，不差毫发。是天地乃万物之最大者，人为万物中之最灵者。天地不过是个大人，人不过是个小天地，所以人身造化同天地也[②]。谁能省悟：人人有个通天窍？人人有一味长生不死药？人人有个炼丹炉？人人有个上天梯？人人有个人不识？人人不信有长生不死方，人人不信有白日升天路，情愿受死，哀哉痛哉！

凡炼大还丹，先要补虚，只补得骨髓盈满，方可炼金液大还丹。夫下手工夫，先采上窍阳里真阴，入内金鼎气海之中，与肾经配合。夫阳里真阴，即是自己元神真形，在外属三魂；下窍阴里真阳，即是身中元炁，属七魄。其先后二炁一会，则坎离自交，魂魄混合，神凝气结，胎息自定。每日如夫妇交情，美快无比，切不可着意。水火既济，发运四肢，如外火活焰相似，只要水火均平[③]，此是小周天火候。调和熏蒸，喉中真息倒回元海，则下肾自入内，真火自然冲入四肢，浑身软，美快无穷，腹内如活龙回转升降，有数十样变化，婴儿姹女自然交合，此是采阳补阴，筑基炼己一节事[④]。

---

① 原批：按此图说，亦只言太极之蕴，其象●如此。个中空白，乃是真阳，其外黑，乃是真阴，而曰内者，以此外黑来自离中中爻，木汞赖以不飞，乾铅赖以生活者，引而返归乾位，故曰内也。三图作用，全在中图。三段宗旨如此。

② 万批：千古至论，妙哉妙哉！

③ 原批：曰均平，是藏有真意中调之意，故曰均平。

④ 万批：由此观之，世之所谓采战者，的是邪术无疑矣！再参观《三丰真人小像跋》，愈明采战之误。

夫修炼金液大还丹，广积内外法财，终日逍遥，昼夜常明，则长生久视之道也。世人全赖五谷养命，若数日不食，则气脱而死也。若人老，则下元虚损，骨髓俱空，不能胜五谷之气。是五谷能养人，亦能杀人。若会内水火既济，气血逆流，则五脏气和，脾胃开畅，食入腹中，亦能化气，生精生神。果得天机下手工夫，直候骨髓盈满，腹脐如满胎妇人一般，却不是果有胎块之形象也，不过气满、精满、神满而已。如果三全，则真火煅炼，调神炼气，大丈夫自有功成名遂之时也。仆今奉劝世人，参访苦求工夫，决破一身内外天机，下手速修，炼己待时。时候一至，择地入室，炼此龙虎大丹。必要僻静，鸡犬不闻之处，外边只要知音道侣，不许一个闲杂人来到，恐防惊神。仙言和光同尘，仆言僻静处，何也？盖炼己于尘俗，养气于山林也。

金液还丹乃超凡入圣之道，非他事之可比，必须一尘不染，万虑俱忘，一刀两段，丝毫无罣，永作他乡之客，终无退悔之心，如此立志，乃是出家。入室时，持空炼神，守虚养气，直养得精血充盈，觔骨柔和，身无皱纹，如蜘蛛相似。上七窍生光，昼夜长明，心如太虚，才正是时候，方可求仙。又专心致志，演神纯熟，成形受使，星回斗转，随意所变。直到这么时候，才是气满神全，法财广大，方可炼大丹，方作得一个丹客也。[①]

工夫既行，七窍生光，三阳开泰，神剑成形，趁水推船，因风发火，一阳生内，方可夺外天机，下手开关，采吾身外金丹，以龙嫁虎而作夫妇也。若会攒簇，湛然摄起海底之金郎，后开夹脊，通泥丸，落入水晶宫内，与木汞配合。不过半个时辰，攒簇已定，真火冲入四肢，浑身骨肉火烧刀割相似，最难禁受。就是十分好汉，到此无分主张。须要防危虑险，沐浴身心，水火既济。顷刻浑身如炒豆子一般相似，百窍一齐爆开，浑身气血都会成形、都会说话，就在身上吵成一堆。舌根下又有两穴，左为丹井，右为甘泉，名正涌穴，随骨脉一齐开，下肾水涌到口，即时咽纳不及，滋味甚异，比沙糖大不相同。直至三十时辰两日半，狂水已尽，专候天癸降。此正是时候，忽然一点真铅下降，凉如冰片，即时下一点真汞迎之。攒簇之后，浑身湛然，如千百面战鼓之声，又如百万颗雷霆之吼，此即一身百脉气血变化所

① 万批：此段全是性功。世人多畏其难，每欲别求捷径，以为易能。岂知天下事皆先难后易，先易后难，所以修真一途，必须大丈夫方可从事于斯。岂一知半解徼倖苟得者所可几及哉？记此以勉同志修行者，慎毋畏难自弃也。

致。休要惊怕，只要踏罡步斗，执剑掌印，这里正是凶恶处，三回九转，降师召将[①]，如此防顾。于虚空中或见龙虎相交，天地交泰，日月合宫，诸仙诸境发现，切不可认以为真，恐着外邪。既得真铅投汞，三日之后才生大药。当此两家争战之时，仆若不亲口说破，十个九个都吓杀了也，心有恐怖，即遭魔障。既炼先天元阳，遍体都化成神，返来害已。虽化成形，却是阴神，阴神最灵化，能千变万化诸境为害，未肯善善降伏。常人有言："你会六通神，方才说死生。不会六通神，休思伏鬼神。"既伏不得鬼神，休想成道。若使鬼神不能相见，焉能为害？混混又至三十时辰两日半，气气相通，气满至极，忽然活泼泼捧出太阳流珠，脱壳入口，百万龙神尽皆惊失。此是元神真丹药入口，始知我命由我不由天也。仙云这回大死今方活，又云一战而天下平。到此地位，才是真正天地交泰，日月交宫。真阳之药到，顷刻周天火发，骨胎化作一堆肉泥，阳神脱体，撒手无碍。专心致志，持空守虚，随神变化。夫万物皆天地所发生，则万神皆朝礼而宾服。厌居尘世，逍遥蓬莱，有三千玉女侍奉，终日蟠桃会上，饮仙酒，戴仙花，四大醺醺，浑身彻底琝珑，海底龟蛇自然蟠绕，到此才是真五龙大蛰法也。

炼之百日，玄关自开[②]，婴儿现相，龟蛇出现，万神受使，才是真铅真汞颠倒，浑身紫雾毫光，瑞气千条，红光罩体。学者到此地位，口中才得干汞。炼之六个月，体似银膏，血化白浆，浑身香气袭人，口中出气成云，此是灵丹成就，人服之永不死，亦能治死人返活。

炼之十个月，阳神脱体，一身能化为十万身。只候十二个月夺尽天地全数，阳神已就，浑身脱去八万四千阴神，步日月无影，入金石无碍，入水不溺，入火不焚，刀兵无所容其刃，鬼神莫能测其机，变化无穷，乃成真人矣。浑身气候都是真药，鸡餐成凤，马食成龙，人服成仙，此理鬼神亦难明。若不见过做过，这等言语谁人肯信？

夫大药金丹，造化工夫，三回九转，火候细微，攒簇口诀，只在五七之

---

① 原批：曰踏罡、曰步斗、曰执剑、曰掌印，皆比喻，莫认用作南宫宫法以降魔，学者不可不省。曰踏罡，诚意是也。曰步斗，正心是也。曰执剑，不为物误，须凭慧剑以指之义。曰掌印者，修按师传，不入歧途，全凭印证，毋或自欺之义。曰降师者，乃或就授师而问难，或取经书而体证焉。召将者，志能帅气，帅其志气以行事也。

② 万批：百日开玄关，未免言之太易。若上等根器，而又苦志专勤者，或可如此。否则，非静修数载不可。

间，把天地都颠倒过，都是自然而然。虽是自然，却要知体法天地造化，方可成就，却不是要在天地日月上然后成道也。

夫大药入口事，从做过，从见过，从试过，应到自然处。工夫虽一年，火候细微只在百日之内，动静凶恶只在九十日以里。得内外而攒簇，顷刻湛然，圣胎成就，产个黍米之珠，吞入腹中，周天火发，脱胎换骨。只要持空养虚，余皆自然而然。今人果得真师明示，先去炼己于尘俗，积铅于市廛[①]，攒年簇月，攒日簇时、簇刻，大定之中，只在一刹那间，不出半个时辰，把天机都颠倒过。运火十月之工，体天地自然之法，若不能死中求活[②]，焉能逃出三灾八难之外哉？大学之士聪敏智慧，闻一知十，三教经书能讲能说，不过明性理字义而已[③]。而于金丹造化，大道天机，内外两个真消息，焉能省悟？若果遇至人，真传实授，便主穷理尽性开悟，如水归大海，省诸丹书，横竖无不是道。诸子丹书，前人不肯妄言，一句句字字不空，只是人不能省悟。譬如说金丹吞入腹之言，不能得旨之人，就错认在口腹上说话，岂知窍妙、吸尽西江之玄哉？譬如说天地、日月、男女上去了，都是胡猜胡说。执着旁门，声音颜色，拒人于千里之外，不肯谦恭下士，终无了悟。反吹毛求疵，诽谤高人，焉能得其法术哉？反为天人之共恶，是皆地狱种子，诚可哀也。奉劝世人，如遇至人，切不可执着已见，当虚心参访，苦求明师，方不致自误也。

⊙，此督脉也[④]。督者，总也，总领一身之气脉也。正是天地未判，父母未生身前，先天元阳祖炁，浩劫长存，亘古至今而不坏者也。

○，此任脉也[⑤]。任者，仁也，乃生生不息之元气也。净罗罗，圆陀陀，

---

① 万批：炼己尘俗二语，是名言至论。

② 万批：死中求活，亦是不刊之论。

③ 万批：三教性命秘旨，皆须口传，不能笔之于书。儒者见六经无性命秘传，遂斥道家秘传为不可信，岂知孔子亦云“中人以上，可以语上也。中人以下，不可以语上也”？夫所谓上者何哉？非性命秘旨耶？子贡云：“夫子之言性与天道，不可得而闻也。”岂性与天道竟不可闻哉？非其人则不传，故不可得闻耳。同门张君静生前数月来函，尝疑道家秘传之非公理，余几难以深辨。及受陈师先天培补法后，恍然《周易》《河洛》之奥旨，《参同》《悟真》之隐言，始信三教皆有秘传，非经真师指示，虽明如尧舜，终无由悟入也。不然，上圣若黄帝，何以尚须师事广成、歧伯耶？记之，以告拘儒之执固者。

④ 原批：一圈即我一身，丶即督脉，此我身法身之阳也。

⑤ 原批：一圈即我身中间空洞洞，是我法身之真阴，性是也。

赤洒洒，精喇喇，明丽丽，光灼灼，活泼泼。此物是象帝之先，万神之祖，包含万象，发生万物，释云摩尼珠，道云黍米玄珠，医云活滚滚一丸真灵丹妙药，实千古不传之秘。今人不明此理，亦无传授，又不醒悟，焉知内外二字之妙？任督二脉实先后天之玄，诚哉百姓日用而不知也。

督脉，⊙，此窍是生身之源。未有此身，先有此窍，非凡孔窍之窍也，乃玄机之妙窍也。此消息，正是父母未生前一点元阳祖炁。

任脉，○，此窍是一身五脏之主，内外执掌，全在此窍。若知颠倒攒簇，是生五脏之根。未有五脏，先有此窍；未生此身，先生此窍也。此个消息是养命之方，留命不死之根蒂。

这上中下三个真消息，若得正传，能归根复命，使四炁归入下元，魂魄不散，水火既济，有何病症？这元阳得传授明白，或遇法网不能脱，不能成道，不得已然后将海底命主为四炁之根本，发起命主，归元炁不散，用一着撒手无碍，舍此消息，亦可再出头而学道也，此是鬼神不测之玄机。这先天元炁，黍米玄珠，真心传得明白，勤而行之，忽然大悟，则三教经书，了然在吾目前，不待思索，自然解悟[①]。以大理论，则浑身上下，内外血气，俱后天渣滓之浊阴，唯秘密处一点元阳，是个纯阳。此真形属心，此心是真空心，非这个血肉心。此真心万人不识，其中别有个乾坤世界。仆把内外三心述之于后。

外心。天心[②]：○此心是真空心，曰玄关[③]，通天窍，正是内外五行真炉鼎。凡开关发火，踏罡步斗，执剑掌印，了鬼神窥不破之机，全在此心，要知法度可也。

中心。人心[④]：○，此心是中心一窍也，为黄婆舍，内外攒簇，看时定候，全凭黄婆是也。安炉立鼎，为炼内外二药，老嫩要辨，真伪亦然，出自此心也。

内心。地心[⑤]：○，此心正海底命主，万神之蒂。凡修大乘，先修小乘，

① 万批：此儒所谓豁然贯通，释氏所谓由定发慧境界。

② 原批：此心位在脑，人脑百会穴中是也，以其得自坤卦上爻，故曰外。

③ 万批：此处称玄关，未免含混，盖玄关自有定处也。

④ 原批：此心非血肉之心，乃即外内心，圈中之空空洞洞者是，而却有位可考，位在心下脐上，神室是也，故曰中。

⑤ 原批：此心在脐内一寸三分，不在脐下一寸三分也，以其得自乾卦中爻，故曰内。

筑基炼己，聚积法财，保养汞气，全在此穴，要识刚柔可也。

此三个心，在一身内外，三个消息若会，把天地颠倒过，打开无缝锁，一句了却古弥陀。此三心万古不传之秘。除了这血肉心，还有三个真心。这三心贯通虚无真空。若明这个真心，则天地万象，包含在这空心里。这个空心含着真阴真阳，然真空消息是把无缝锁，终不能开，生死何处躲？仙云："金针容易得，玉线最难穿。要知生死路，如滚芥投里针。"喻言阴阳，阴阳是性命，谁人识得么？然人觉三日、五日，一七、二七、三七日，回首要留命不死，当捉住水、火、风不散，归我身中彼家兑之命主，不要动心，是不死之方。若人年老，不能行持了道，要回首去，如瓜儿一熟，蒂儿一落，全在这些消息。一知时候，发海底命主，归上虚无元性，自然魂魄不散，任从自己，方不迷矣[①]。

正道歌

我有一口诀，长叹无处说。天下访不着，人人不可说。顺凡逆是仙，此是真口诀。万般枉费心，都是胡扭捏。熟记《悟真篇》，求师仔细别。自然些子妙，玄机神莫测。融融乾坤髓，拣时用意啜。要须地下宝，须明天上月。浮沉看老嫩，水源别清洁。若逢野战时，猿马休颠劣。宾来先作主，主来后作客。黄婆媒姹女，交姤丹自结。外面黑如漆，里面白如雪，中间黄紫烂，肉青皮似血。结就五炁丹，三尸阴鬼灭。琭珑剔透人，痴聋喑哑拙。心也无得思，口也没得说。用文须用武，采取按时节。金鼎常令暖，玉炉毋令热。交姤顷刻间，温养十个月。男子会生产，产个三岛客。活吞一粒丹，天仙来迎接。九年功行满，稳步朝金阙。

又

道情不是等闲情，既识玄机不可轻。先把世情都放下，后将妙理自研明。未炼还丹先炼性，未修大药且修心。心定自然丹性至，性清然后药材生。雷声隐隐震虚空，黄庭紫雾罩千寻。若还到此休惊怕，只把元神守洞门。守洞门，如猫捕鼠兔逢鹰。万般景象都非正，一个红光是至真。此个红

① 万批：人能复命复性，则魂魄可以自主，此是至论。学者当默会之。

光生异象，其中犹若明窗尘。中含一点先天气，远似葡萄近似金。到手全凭要谨慎，丝毫念起丧天真。待他一阳归洞府，身中化作四时春。一片白云香一阵，一番雨过一番新。终日绵绵如醉汉，悠悠只守洞中春。遍体阴精都剥尽，化作纯阳一块金。此时气绝如小死，打成一片是全真。到此工夫为了当，却来尘世积功勋[①]。功成行满天命诏，阳神出现了真灵。此言休与非人说，轻泄天机霹雳轰。嘱咐仙朋与道侣，不逢达者莫轻论。其中句句通玄妙，此真之外更无真。收拾锦囊牢闭固，他日修行可印心。可印心，五十二句要君听。若有虚言遭横死，误尔灵官鞭碎身。

① 万批：工夫虽了当，而功德未满，亦不能成。记此，以戒独善其身者。

三丰张真人破疑直指全卷

论言直指[①]

金丹破疑直指

世有一等小根盲人，见先仙所言外阴阳、外炉鼎、外药物，便执迷以女人为鼎器，诚可哀也。这样无知之徒，岂知清静大道，有三身四智、内外鼎炉、内外药物、内外火候之玄哉？岂知万物皆备于我，天地造化皆同我之大哉？

假如有缘之士，得遇真师，先行玉液内还丹，炼己和光，操持涵养，回光返照，此明心见性之事。若夫金液还丹，乃情归性，直到真空地位，大用现前，龙女现一宝珠，发现至此，方为一得永得。亥子之交，坤腹之间，于一阳初动兴功之时，手探月窟，足蹑天根，回风混合，从此方有百日功灵之验。金液还丹乃全此五行之大事也，除此性命双修清静之道，余皆旁门小术耳。

吾于一身内外，安炉立鼎之妙，攒簇五行口诀，药物火候细微已得。不知虚空法度，便去入室，行外药入腹大事。发火兴功，行到秘密处，有虚空万神朝礼，仙音戏顶，此事鬼神难明。只因自己不能炼己于尘俗，未得积铅于市廛[②]，气脉又未大定，基址亦未三全，理虽融而性未见，故万神发现，凶险百出，心神恍惚，不能作主。又因外边无知音道侣护看防守，着其声色，惊散元阳，激鼎熕炉，劣了心猿，走了意马，神不守舍，气不归元，遭其阴魔。何为阴魔？我不细说，后学不知。皆因真阳一散，阴气用事，昼夜身中鬼神为害，不论睁眼合眼，耳中只听鬼神噪闹。白日间犹可，到晚最为难过，不敢定静一时。我身彼家海底命主，兑金之戊土，冲翻五脏百脉，血气皆随上腾，连身提起不着地，杀身丧命，鬼家活计。仆暂弃前功，遵师训

① 按：万本、丁本有此篇名，但并没有内容。金盖本已删此题，并且也没有《三丰张真人破疑直指全卷》题名。

② 原批：即此尘俗市廛，亦要活看。悟则市廛即深山，迷则深山亦廛市矣。

指，大隐市廛，积铅尘俗，摄情归性，杀机返心。自幼至老，被天地人物盗去天真，今于虚无中、尘色内，却要盗夺返还于我天性之中，方得元精、元气、元神，欲还三全，全凭虚极静笃，造致万物芸芸，乃得各复归根。根归理融，理融见性，身心大定，五行攒簇，才去行向上事而了道也。

想先代贤哲，多有中道而废者，皆因未曾炼己持心，金来归性，以至二候得药，于四候进火之时，不知虚空法度，粗心大意，是以白公有“再斫松筠节”之叹。谁知虚空消息至细至微，至凶至恶，若是擒捉不住，定不饶人。学人能知一身内外两个消息，了然无碍，从此操持涵养，克去己私，复还天理，则还丹之功，至简至易。终日操吾身外之黄花，以候先后二天之琼浆，此正是饮酒戴花悟长生之妙也。然混元一事，则毋意、毋必、毋固、毋我，任死任生，忘人忘我，终日穿街过市，玩景怡情，于淫房酒肆，兀坐妄言，岂不动人之惊疑笑谤哉？摄境积铅，法财两用，岂不致俗子之欺弄祸身哉？是以藉通都大邑有力之家以为外护，目击道存，韬光晦迹。仙云：“若贪天上宝，须用世间财。”乃吾身天上九阳鼎之大宝也。

凡寄生于宇宙之间，男女所赖以生而不死者，唯此一点阳精而已。岂有学仙的人，男子学道必用女人？女人学道必用男子？是败坏天下之风化，皆无知禽兽之所为也。噫，言语不通，执迷不悟，岂仙佛之眷属乎？学者果能操持涵养，于造次颠沛流离之际，不失方寸，然后求向上外药入腹事。顷刻湛然，脱胎换鼎，浑身化一道金光，大地成空，身外有身，阳神脱体，持空养虚，此是五龙大蛰法。仙云：“内丹不成，外丹不就。”言人得正传，且先积精累气，并积内外法财，养得气满神全，金光出现，昼夜常明，则此时内丹成，而吾身外丹法象现矣。凡看书，不可按图索骥。学者于昼夜常明之时，药苗一生，方可采吾身外药，配吾身中之雌雄，一得金光入口，周天火发，顷刻湛然，撒手无碍，才是金蝉大脱壳也。学者未遇人时，当小心低意，积功累行，遇魔勿退，遇谤勿嗔，重道轻财。一遇至人，笃志苦求，决破一身内外两个真消息，忽然醒悟真去处而言之，所谓吾身一天地也。然此真去处，虽曰不依形而立，而窍中之窍，夫岂无形哉？今乃借物以明之，譬之乂口然，实其中则张，虚其中则弛。而窍之能张能弛，亦复如是。

起手时先须凝神，入于窍中之窍，息息归根而中实矣，中实而胎长矣。然神本生于窍中之窍，而寄体于心宫，余尝谓之原是我家之物，而复返于我也。

窍中之窍[①]者，神室也。神室即气穴，即中黄。盖黄即土之正色，而土，意也。故坎之土戊，其意常在于离，离之土己，其意常在于坎，此其性情然也，而自有相投合之机矣。若能识其投合之机，而以意送之，神凝气住，则自然结成一点金丹，至简至易，而非有穿凿也。此盖以母之气伏子之气，而子母之气相眷恋于窍中之窍，丹岂有不成者乎？[②]

① 万批：上为炁穴，下为气穴。穴两而窍异，故云窍中之窍也。

② 万批：此篇只言其大略，无甚精义，殊不足观。

第四卷　女丹

吕祖师重申西王母女修正途

纯阳子序[①]

纯阳子誓渡众生，已有《九皇丹经注》，为男子修仙之津梁。不忍坐视女子具有夙根、素存道念者不得真传，误入歧途，沦于鬼趣。乃于己未孟冬朔日乩临焕彩楼，感不二仙子，诚将西王母口授魏元君真传，原名《女大金丹诀》阐之。是书历经魏、金、何、麻、樊、凤诸大女真佩行证授，数百年来，真传错杂，讹以传讹，吾甚悯之。爰命不二仙子息心删订，辑述授世，以续女真一脉。仙子剔净循传，辑述以呈，个中本末昭然矣，世之学道遵行有路矣。敬以录册，申改女修正途九则，上仍冠以西王母三字，并请颁示女真九戒，以肃道风，共成十则，统沐慈准受授，亦遵玉清神母懿旨也。女功既圆，则自万化生于身，坤德承乾，大可赞襄医世，功成之日，身世并圆。业蒙诏下三天帝主，普敕三界龙神，一体睫护，造化幸甚，是乃开辟以来未有之遭逢。自今以后，不惟善女得立成真，善姑得立了道，天之所覆，地之所载，日月所照，霜露所坠，无不安如磐石。然尤贵能身率者，仙子勉诸，道用无边，而道基还自十则始。

是为序。

不二元君序

不二元君孙贞一曰：女真丹书，世岂无有？率皆混杂曲说，以致妄徒穿凿附会，自诬诬世。甚有导堕精灵者，祸流肆蔓。道祖浑厚，仅以沦入鬼趣慨之。然念女子从一而终，失身莫逭，元亏难修，何可误堕？是乃人禽所由

① 本书两篇序，万本只在第一篇序前题“序”（金盖本同，丁本作“序言”），下篇无题名。为了醒目，点校者补充了题名。

分也。贞一切痛久矣！幸沐道祖委删订辑，爰雠剔之。一循西王母《女大金丹诀》文原本，参增玉清神母口授大道玄影，辑成九则，录呈鉴政。道不终隐，仰蒙申改，题曰“西王母女修正途”。冠以女真九戒文，共成十则。并请发明玄秘，俾知女子修真，地道无成而代有终，原有参赞化育之大道，大可身体而力行之。统沐慈准，便宜受授。从此女宗不惟不堕歧途，且易直登天阙，道运之当重振也。敬立欢忭，拜序子武林焕彩楼，所以志幸也。

全真正宗道孙孙贞一百拜谨序。

西王母女修正途十则

吕祖师申政重题　孙元君遵剔重述
大师沈一炳授
受业闵一得注、沈阳一校

第一则：九戒[①]

若曰：按女修，应受九戒[②]。戒律曰：行持不退，大有利益。戒果圆成，不经地狱之苦，生逢十善之家，名登紫府，位列仙班。今颁《女修正途》，应以九戒戒文为第一则。文曰：孝敬柔和，慎言不妒；贞静持身，离诸秽行；惜诸物命，慈悯不杀；礼诵勤慎，断绝荤酒；衣具质素，不事华饰；调摄性情，不生烦恼；不得数［音索］赴斋会；不得虐便奴仆；不得隐善扬恶。以上九戒能遵，方可受持《正途》。盖以所颁，至珍至贵，不戒授受，为亵天宝，授者受者，一体受罚，慎之凛之！

谨按全部，则则皆冠"若曰"两字者，文成于述授之手，乃代西王母金口宣，记者之词。是犹佛经冠以"如是我闻"，道经冠以"道言"之义。又按此则则中九戒文，前人取冠于第一则则前，乃在净身、净口、净坛等等文列。吕祖申政全部，始将戒文加以申说，纂作正文第一则。从此道不轻传，大义开门见山矣。

第二则：本命

若曰：女修正途第二则，题曰"本命"。盖言女子，阴质也，月象也。当十三、四、五岁时，元炁充足，真血盈满，有阴中之一阳，月圆之光正旺。至天癸一降，元炁遂破，真血遂泄。若到婚嫁之后，或生男女，元炁渐损，真血渐亏，虽月月有信水复生，即月月有信水复伤。女命难修，在此一

① 原书未有题名，为便于阅读，点校者增加了九则题名。
② 万批：三教皆戒律为重，词异而意同也。

着。女欲保命还元，须寻修诀。得诀以修，功成甚速也。题曰“本命”者，盖以女命还在天癸。天癸不化，命何能保？还元无日！无如修诀至珍，故以“九戒”文为第一则，而以“本命”文为第二则，先性后命之义。进体此则之下，接曰“性原”，盖言修性正以保命耳！

谨按全部，除去第一则出自吕祖创纂，第二至九则皆属不二元君重订辑成，复经吕祖手政者。意在明显，故措词从达，恐复因文掩义，贻误后人。见者切勿以文欠古雅，疑非仙笔焉。至如第十则，全经吕祖纂出，盖自申准以后，而续演政者也。

第三则：性原

若曰：女修正途第三则，题曰“性原”。盖言女子，水性也，花质也。时当年少，知识已开，即宜自饬，毋任戏游，兼戒奔驰。于斯时也，自有一点初经，含于内牝，如星如珠，乃是先天至宝，藏于坤腹之上，位在中黄之中。女子斯时，若知洁性，不看淫戏，不听淫词，举止幽闲，动循内则，静则释如，则此一物得附性天，便成元一，不变赤珠，不化天癸。无如凡女无知，童性喜动，或随嬉戏，或逐跳奔，不无气动心摇，精神内乱，真炁不固，则此星星天宝，油然融化，其热如火，夺门而下，破扉而出，举世名曰天癸。际此以后，纵或守贞不字，总是凡女也矣。此无他，不识性原之故。志欲修还，惟自下则修起焉。

谨按：内牝即是牝户，以下又有泉扉亦名牝户，故以中黄之户曰内牝云。又按：初经命宝，不失知修，则附性天而化元一，古之圣女有行之者，大士、天妃，此明证也。世间不乏慧女，可惜内无仙父母，外无圣师友，千慧千堕，悲夫！

第四则：修经

若曰：女修正途第四则，题曰“修经”。盖言女子天癸已下，真炁已破，真血已亏，不事修经，真血日少，真炁日亏，纵欲精修，有何益乎？丹书曰“竹破须将竹补宜”，其诀惟何？凡有月信者，先斩赤龙；无月信者，又须先复而再斩。究其起手，皆用周天之法。于子午二时，跨寉而坐，万缘放下，叩齿七十二次，以通肺腧二穴。次用两鼻微微呼吸三十六次，以通周身血脉。于斯时也，诚恐炁从下泄，必须窪跨加劲，毋任放松。须以两手分叉脐下扉上，以意往后向上而送，约行三十六息。再以两手作托天，必须分意存在尾闾，导炁后达而升。如是约行三十六息。再行缓托三十六次，急托三十六次，则自觉尾闾气动，有腾腾上升之机趣。如是后，可将两手放下，仍叉两腰，加用两肩往上直耸三十六次，则自觉夹脊关、肺腧等地气势动升。而或有塞阻处，加行咬紧牙关，意存后颈，往上直提三十六次，则自觉玉枕、泥丸皆通矣。如是后，方用下嘴唇包上嘴唇，微微着力，则自觉泥丸之炁下到鼻中低处。其时只用舌搭天桥，无须着力，须以意存舌搭之处，甘露自降。乃于鼻中微带缩法，以意送露咽下，直降绛阙。存留片饷，方以意导向后退降，须分左右达存两腰，各旋三十六次。再以意导分向脐轮，左旋三十六次，右旋三十六次，则自觉满腹通畅。于斯时也，两手仍叉脐下扉上，以意分导乃是左右同刻，齐提三十六次，则自觉有一点点入子宫，则须若存若忘，片饷而已。此是修经之大略，个中尚有无上活法①，此时未可言也，然不外夫“寂虚而视”一句云。

谨按部位，子宫即内牝，盖即男子之玄窍。丹书曰：“阳曰玄，阴曰牝。”合而言之，是即老子所谓“玄牝之门”，《黄帝阴符经》载之“奇［音几］器”也。曰奇器、曰玄窍、曰牝户、曰子宫，名虽有四，而穴则一穴。谨按此则之以子宫言，盖假人事以明之，然可见圣胎、凡胎皆结于此。又按：“不外夫”句，盖言有消息可体行，使毋大意云尔。

若夫子宫体得一阵热气盘旋，此时泉扉更宜紧闭，莫教放松。得有逸趣，最忌念起。稍有恋情，便致遍体酥麻，非惟急宜定情，仙凡从此两分。

言当紧闭，不可大意。扉闭稍松，真炁扉泄。下文云云，则更危矣。盖以其时，扉内必有非凡震痒，再经提闭，则此牝内必得非常逸趣。不加定情，必致遍体酥麻，溜入情海，虽欲定情，恐不及矣，故曰“仙凡从此两分”。大师太虚翁曰：“法惟艮背，厥情乃定。”否则，扉必洞开，精漏若注也矣。惜哉！惜哉！

于斯时也，急须息心多时，寂俟子宫安静而已，盖即魏元君“宝归北海

① 万批：以上所述，皆是古法大略。至于无上活法，须得真师口传，若照此妄行，流弊甚多，阅者不可不知。

安妥妥”也。虽然，尚是黄叶之止儿啼，切莫认作结胎云。

谨按：觉海即南海，则此子宫即北海，而位却在中极中黄之北，盖即《周易》“黄中通理”之处——乃以前后为南北，不以下上为北南也，况有魏元君句足证乎？故必寂俟子宫安静，乃可停功。窃按此则，是有赤龙而修，修至龙斩以后等等功法，大宜静体以行，一鲁莽，功尽废，故曰“仙凡从此两分”云。又按：此则乃是全部圆影，所谓还元返本。造［音糙］至结胎，玄景已具。第是则就一身之天地五行，炼而还返之至宝，尚属小还小返，大可日行、时行而得，丹书所谓“一粒复一粒”者，是此至宝也。此则故以黄叶晓之，然于收取煅炼之诀，引归安妥等等处所，乃是完完全全一部大还玄影，大宜体识［音志］，切勿鲁莽看过。

第五则：复还

若曰：女修正途第五则，题曰“复还”。盖言世上女流，有年至老而身未净者，有年仅四十五、六而龙已云断者，皆当修致还元，一如处女样。此功此法，即前四则内之功之法也。但以往上后提者，改为往前下注，流归溪海。应咽甘露，只许咽咽留阙，不许下送。加用手摩乳溪，左旋三十六，右旋三十六，觉此阙溪现有溶溶趣味。再加分摩两乳，缓摩三十六，急摩三十六，先轻后重，亦各行三十六，共成百四零四之数。自觉两房及溪之中真炁氤氲，得有凉液如泉，出自双关，涌归南海。息心俟之，毋许心后分注两腰，只许于中宫万缘放下，而却绝不用夫引导等等，随机散布而已。自觉遍体极清极和。如是行持，一日不间，弱自渐强，衰自渐壮，老者亦渐还少，而面有花色，两乳渐收如处子，中渐结若桃核。如是百日之内，定得天癸，色若胭脂水。三日之后，即行四则内功，一毫不加不换，赤龙又自斩矣。然以得见［音现］日月而现若双环，乃为真得云。

谨按道典，言有年老妇女尚有信水，水非信水，乃是饮食之津，是经民相火烘而成，不归肝脾之物，或变肠红，或变赤带，或成倒经，皆此物也。症皆属亏，故于先期而断，同用修复，一如处女样后，方可从事断龙耳！又按“得见”见字，当从现韵读。盖此见作现韵读之，见乃是现兆，惟心寂体，乃可见也。现若之现，体之即见也。按此两字，义有浅深，不可鲁莽读过。

第六则：乳房

若曰：女修正途第六则，题曰“乳房”。盖言乳房，上通心肺之津液，下澈血海之真汁。炼得乳房如处女小儿形，便是女换男体。其功法不外四则五则者，女子以血为本也。而此则题旨，乃在炼赤返白。又患本亏，故有炼液化血一着。化液成血，莫如露露留阙。神注双关，关内旧积泥［去声］液油然镕化，而溪归海归，血生必旺，其中精义乃在第五则内。若欲化血返白，莫如意注溪房，口齿紧咬，加意虚寂心念，炁自归溪达房。加用两掌分揉两乳，先缓后急，先轻后重。其行百四零四，炁聚倍旺，加意后退，分注两腰。更以目神分率炁旋左右，共成七十有二息，必得炁烘若炙。更以意导绕轮，不计其数，必得下极若沸。则此赤化新白，必自化气，穿闾升脊，踰枕透谷。斯时内现三山玄圃，不如净境，急须从事忘忘。忽又冥寞成夜，我自寂守。久之，必自得有电掣雷轰，露洒若注，华池充满，咽不胜咽，油然降阙达脐，遍体清和，吾仍寂体以视之。如是百日不间[①]，两乳中壮者，平如小子；两乳中空［去声］者，实若核桃，一如处子。究其得如小子，乃从化白功足；得如处子者，功从化赤功足。吾宗遵行，得验者不少，著有诗词者，凤姑也，兹堪采以作证。其诗曰：“左日右月一阴阳，关鼻内运名运罡。若欲阴阳归日月，手把真火揉双房。”受者勉诸。

谨按：双关位在脊前宫后。关内有二穴，人身泥液之所踞，左曰膏，右曰肓，药力不能到，真炁不自至者。泥液踞祸一身，造化生人，乃为设关以护心，故名其处曰双关。夫液曰泥，似液而非液者，本属饮食之所化，津类也。乘气着肺，散布一身，以润经络者，此一物也。身内真炁旺，物经则化，为用无穷。真炁若衰，物经不化，流注脏腑经络，亦不为害。惟适感至阴阴炁，乃成泥液，似精非精，壅塞炁道，而被注留最多处，双关下极两地。留祸最肆，莫如双关，盖以真炁不自至故。故其聚积，积若昆阴冰雪，历经三伏而不化。虽有己［音几，上声］土心罡以防以护，神旺则安，神衰则危。古哲知之，故有聚神烘关一诀，而世罕得闻。知而行验，载诸诗词者，其惟凤真，兹故取以印证也。然考凤真遵行得验，还仗先事虚寂心念一诀。惟能虚寂心念，故得神归炁旺，加以注溪揉房工法，始得泥液镕涌出关，达洋承炼，是得有无相济之

---

① “不间”，万本作“之间”，据金盖本、丁本改。

妙用耳！又按：乳之左房通肝，右房通肺，溪则通心通肾又通脾，故宜刻时观注。然于平时，只须有意无意以持之。盖以女子命根根于心，乂得坤卦中爻而成离，伏有真火。然血以凉生，血旺而神安，故宜倍加虚寂，原是治病养生、复元成道之要地。第当行得《清静经》三观观法为妙耳。

第七则：玉液

若曰：女修正途第七则，题曰“玉液”。盖言男子清静入手，功到运彻河车，真精保足，不出玄关，逆流至顶，露洒天谷，沛下华池，亦名玉液。然以得到阴神出现，魂游玉府，魄朝帝真，圆光罩顶，潮涌玄海，响彻玉清，乃真玉液之丹还，古真名曰“醍醐灌顶”。若夫女子玉液，乃是赤龙液化白凤髓，厥髓充足，乃可从事逆流，不为虚行故事。个中功法，虽不离乎四则之所示，而妙义须循六则。盖以能如是，方能用用无穷，是即前贤所谓“一粒复一粒，用取岂有竭？得到真种子，此事还当力”。然其致足致得之由，总因克事虚寂心念，受者勉诸。

谨按此则，当引翠娥仙子自述一则注之。《则》曰：“余昔从事还丹，法用人忘其人，法忘其法入手。时至则行，故能吾忘为我。但自今斯明斯[今，今日。明，明日。斯，指此还丹大事也]，日忘其日，时忘其时，一旦天地亦无。久之，而吾忽醒如悟如，寂听寂视而已，然竟浑忘何事而事也。但觉炙如焚如，而后现有脂如油如[后，乃北极之后。脂如油如，赤龙液化白凤之髓也]，无际无涯，若有声，若无声，时流时止，载激载喷。有时而悬若雪练，有时而净若冰湖，时非一时，处非一处，目不为眩，神不为疲。忽于个中，见见闻闻，却足迷性者。吾于斯时，尚克自警曰：‘毋为物诱。’又忽觉曰：‘逝者如斯。’盖可颐指而气使者。将起试之，忽又觉曰：‘天地与我同体者，返身内省，吾身谅亦同然，理果外然内亦然，则必内然外亦然也。’于是反躬自省，吾无有我，寂体久之，我乃现焉。然欲深入内省，绝无门窦，遽然如梦觉。觉此身中，中下下极，火热如炙，声发如雷，风声潮声，起自个中。倏忽之间，穿闾升脊，透枕达谷，如注甘露，乃由鼻落。华池水满，咽不胜咽，而时不半晌，已造[音糙]液涌南洋，寻将注腰绕脐，以镕以冶，天地同体，外然内然，其信然矣。我于斯时，竟循常序，功竣乃退云云。”仙子所述，纯是化工，想其平时，必克专事虚寂于前，进事忘忘于后者也。得故采以证印事是功法者。

第八则：胎息

若曰：女修正途第八则，题曰“胎息”。盖言胎息，至道也，天梯也。女子还丹以后，精气充足，与男同体，不假胎息，还虚无日也。夫此一息，功用无边，而诀修至简。然非尽人一成，其中大有差等。是非造物有以主之，造物亦自因物成物也。方人假寂以寻息鼻，无思也，无虑也。朝斯夕斯，一朝摸着祖窍，窍自洞开。不招也，不拒也，翕然息与鼻合，浩浩兮无涯，冥冥兮莫测，不知祖是我，我是祖，一鼻呼吸，古哲名曰胎息。然此窍中，阴阳五行，天地人物，皆生于此。息随机感而机应，自成天、水、地、人、神、鬼六等仙眷者。诀惟虚寂致极，德合真一而修，成天仙；德合玄一而修，成水仙；德合贞一而修，成地仙；德合精一而修，成人仙。以下二乘，德合情一而修，偏阳成神，偏阴成鬼，善人之证果，未可得谓真仙也。差等致如是，种在机感机应。虽曰天赋，岂非自取？受者勉旃[①]。

谨味则说胎息一功，真至道、真天梯也，敢不勉旃！

第九则：南无

若曰：女修正途第九则，题曰“南无”。盖言女修大成，无如大士。乃苦行［去声］薰修，修证佛菩萨。其得力乃在南无二字。二字之中，蕴藏玄义。惟能体守此身即佛，犹如一座晶制七级浮屠，安镇普陀岩上。座前有个红孩儿，乃是识神领袖，大士一任他东参西参，参到五十三参，参参见佛，公案了了。继凭南洋龙女捧献自在玄珠，乃用紫竹林隔住，旋任白鹦鹉上下飞舞，手持清净瓶，插住杨柳枝儿，收取自然甘露水，稳坐普陀岩上，用哆啰之法，以一唵字，放在真意之地，收得至宝，放在鱼篮之中，念伽罗伐哆，将一切娑婆纵在南海，海中由他波浪滚滚，俺只自在观自在。此一部大法，却少不得第四则内功，尤当息息出自上则，则自步步、步返真虚真寂。

① 万批：女修最难，此篇四五则内虽详示功法，而其中秘诀必须真师口传。若徒按此行之，恐多流弊。学者未遇真师，而欲修炼者，不若先从虚寂静穆入手，似较妥当。吾师不肯轻授女修功法，凡来求道者，先示以陀罗尼，使试习之，俟其心定身固，再命受律而传以诀，俾其一蹴而成，法无善于此者。记此以告来学。

功圆行［去声］满，乃得与大士相视而笑，穆如释如也矣。受者勉诸[①]。

谨按，此则纯以化工了化机，只许意会，毋许饶舌。但自[②]勤勤恳恳于南无，体守此身即佛，活活泼泼，无住无所焉而已。

第十则：慎终

若曰：女修正途第十则，题曰“慎终”。盖言女子，坤德也。地道无成而代有终者，是亦应行赞襄化育于光天化日之下也。而功仍自虚寂入手，不费分文，不劳丝力，坐而致之。人莫知之，而德参造化，是盖即身以医世也。而功纯以调心虚寂为用：调至胸怀清静，而天都泰安；调至坤腹通泰，而闾阎富庶；调至四肢通畅，而四夷安靖。如是体调而身安，身安而世治，响应如是。故能一刻清和，即有一刻实德，虽不见效，而效自有焉。第恐素学未淳，三田不贯[③]，盖未有一身未济，而能得济世才也。诀惟朝斯夕斯，人一己百，人十己千，虽愚必明也。受者勉诸。

谨按此则，乃是西王母准重颁授全部，不二元君乃遵玉清神母口授医世大道，辑易昔传末则，以殿［音店］则末。信属开辟以来未有之旷典，吕祖谓为“造化幸甚”，元君谓为“道运之当重振”，其有厚望于后学如此。得愿得见是书者，互相劝勉云。

① 万批：全是喻言，即吾师先授陀罗尼之意也。按：此诀非是“先示以陀罗尼，使试习之，俟其心定身固，再命受律而传以诀”之意，乃承上一部完结之大功，所谓末后大着者。

② “自”，金盖本作“须要”。

③ 万批：三田一贯与男修同。

泥丸李祖师女宗双修宝筏

太虚翁沈大师述并注　受业弟子闵一得谨重订正

女功指南

第一则

泥丸氏曰："女功进步，初则止念，继则调心[①]。念止心调，便可从事按摩矣。法忌避炎就凉。盖女以血为本者，其性偏阴，阴性喜凉，不假按摩以微行气机，则易沦入纯阴。阴则凉，凉则冰，如不加之以动运，酿成痰凝血淤等病，而功难行矣。然须从止念调心始。女属坤，而坤藏真火，火伏则吉，火发烁金。不调而运，金遭火逼，则有翰音登天之象。故女修诀，惟从止念调心始。止念调心，功不厌多，亦不忌久行者，静中有动也。"

太虚氏曰："念止则气纯，心调则气和。续行按摩，则有阳发之机。虑或机郁躁生，故复示戒。且凡女性喜凉恶热，而初得止念调心，和趣中或遭机郁躁生景象，必起提灌真阴之念，此纯阴汹聚之由。盖静则阴凝，不动则阳郁，初学必有此弊。不知推究发躁生烦之由，遽求得凉快一时，误矣！必须加功，用运通气机之法，气行则躁自释。不悟此而求其效，适更增病，此又痰凝血淤之所由致也，故切戒之。法惟续事按摩者，正以杜斯淤凝之窦。又以人情乐功喜进，或致按摩过猛，地火焰腾，凡火从之，则有烁金之弊，故有翰音登天之戒。翰音者，酉禽也。逼之极，则飞走上登，故又申说止念调心之妙。盖示此则为女宗澈始澈终之要诀云尔。"

第二则

泥丸氏曰："女子精修，以阳旺为始，而以阴格为终，此法至秘，知者鲜

---

① 万批：止念调心，即是前篇虚寂静穆之法，最为切要。

矣！迷者循修男诀；智者趋向禅宗，亦克自证一果，得有立亡坐化之效，不知仍沦鬼趣，离道远矣。盖女以血为本者，血旺则精盈，心凉则生血，古云液血之炼，血精之化，还仗神清。血无液化，液失神烘[1]，液泥［去声］成痰，流注脾胃，蒸升着肺，散流经络，百病猬生，五脏被灾，六腑遭厄。故古丹诀必先息心，心息定而神清，心斯凉矣。故必当俟心凉液涌，然后念注乳溪，加以用手旋摩，务使气机洋溢。次举两手分旋其房，亦惟俟此絪缊周绕，更觉暖气后烘，双关得有烟焰，势逼透关，满关泥液，分沛乳溪，一如泉涌。旋以真意，导入南洋，寂而守之，约有四九之息。舍意一松，觉此个中，油然而降，分注两腰，左右盘旋，各约神息四九之数。乃一意引聚脐轮深处，缓旋四十九，急旋四十九。察吾尾闾，暖气后穿，如或势缓，可用提缩二便法[2]，自得穿尾升脊，上过昆仑，降注泥丸。觉此泥丸，宽广如海，自可停留涵育。既而降注华池绛阙，大地阁浮，露珠沛洒，混忘所事，但觉恍焉惚焉，不呼自呼，不吸自吸，不提自提，不咽自咽，此中滋味甘香，气神充和，三田一贯。已而玄况四塞，急须内顾，顺将万缘放下，旋觉身虚若谷，大地亦无，隐隐凉气袭人，絪缊四塞。忽复雾散云收，下现性海，碧波澄如，我总一念不动，忘境忘情。忽现金光万道，细雨如珠，随光下注，左旋右转，化成皓月，浮沉晶海，遽然如梦而醒。”泥丸氏曰：“此际急须内省此身，斯时以气爽神清、遍体和畅为得。得则全身照凝片时，以意注牝，觉得此中恬泰是矣。遂复摩手摩面，运神绕腹，双耸辘轳，俱各行四十九息。徐徐扭腰，摆洒膝腿，坐点趾尖，各行二十四息而止。行之百日，日行三次无间，天仙根基立矣。”

太虚氏曰：“此则大略，古名上天梯，大道丹诀在是，只欠末后大着。后之学者务先熟读，字字体去，息心默会，日十百遍，则行功时，如入熟径，不为境迷，纵或现象稍异，而层次井然，切戒学者持作《西游记》看过。盖男子丹经，汗牛充栋。女子丹经，世少全册。得如《金华直指》一十八则，已属不传之秘；得此《指南》以合参之，坤道天仙秘诀备矣。若仅得夫《直指》，地仙人仙而已矣。”

---

① 万批：血无液化，液失神烘，液泥成痰，流注脾胃，此人致病之由也。若知反此，则即却病之功焉。

② 万批：此则功法精微，非心静气和后不能领会。

第三则

泥丸氏曰："男子双修不用鼎，用鼎终非得道人。添油乃小术非真诀，真诀三才为一身。女子双修总一般，无含三有育成丹。个中真一如仓粟，造化为炉熟任餐。"又曰："可知世有无遮会，种子原来遍大千。假个坛场作炉鼎，卢能去后失真传。"又曰："吾说此偈，天龙八部应各惊骇，谓吾饶舌，恐遭玄罚。而我畅言之者，盖承玉清神母懿旨，谓惜大道绝传，曾敕不二圣姑，郑重宣示，口以授我，意在直泄，毋复假名易号，重误后人。其说曰：'孤修非至道，同类自相须。身外有身者，形忘堪事诸。'其诀曰：'乾元得自顶，坤元失自牝。人元遍大千,三元一心领。不外心寂虚，不外身无梗。动静合真常，我无元自并。元并一亦并，一元即情性。情乃性之元，性为才共禀。能无元一化，自超无上品。'是乃玉清神母之懿旨，不二圣姑之口授也，能者从之。"

太虚氏曰："同类相须，太极之理，是即所谓'二五之精，妙合而凝'也。《悟真》内外，全部《参同》，所言只此一理，世人误会，乃有三峰之秽行。今得师训，千百载心传始白。炳何幸而得授［炳，乃太虚翁派名也］，世何幸而得明！是为男女二宗末后大着。第非具有慧力，鲜克有终者。炳味宗旨，法惟无我，乃能无物。物我两忘，真一乃现。真一已现，循一以持，一自相镕，化化生生，无穷无已。个中皇道，莫如无遮佛会，丹书所谓'生龙活虎，遍满虚空'，炳于斯会见之。然须一循古制，乃无侮吝。以斯会也，其义至密，而迹至显者。切莫误会，夫所谓密，密在一心，有得有失，人莫得而知者是。其所谓显，显若市聚，行行止止，纤毫无隐者是。惟其则法乃尔，故能不为世忌。噫！哲人之心苦矣，哲人之见远矣！"

第四则

泥丸氏曰："然。古圣有云：'凡质不化，了道无期。功行［去声］不圆，证果无日。躐等而进，适证岐迷。不圆而证，下品小果。'学者凛此慈示，须预炼得法身坚固，则有受煅之基。此基不立，未可与言上则也。上则所事，纯是化工，而步步起自色身，是乃寓虚于实，即实致虚之作用。天仙功法如此。"

太虚氏曰："法身者，身外之身也。夫此一身，非存想所得有，非法炼所能成。其诀则借假修真，其加修不外色身。诀惟炼此色身，内外贞白，是身非身，非身是身，所谓功举则身无，功停则身有。方其无时，一切寒暖觉非我，一切痛痒觉非我，所谓觉而勿着者是也[①]。如何得能？法惟神宅虚无，身不为身，则能之。能识真一，一外皆幻者，更能之。如是炼至无远无近，无内无外，则更进矣。加修至夫无去无来，无入无出，则真造夫无远无近、无内无外也矣。再能加修夫无起无灭、无动无静，斯真无去来出入矣。如是，则已具法身净境矣。然不外于色身中讨者。”

第五则

泥丸氏曰：“真阳之言是［真阳，太虚氏之号，为泥丸氏所赠也］。如是精修，法身自具；如是不退，身外有身。汝须知，古哲必藉末后大着以了道者，乃是了道中之捷径耳！盖以一身之真阴真阳有限，从而炼之，不外后先互煅。平时炼得此诀，非无日增月累之效，无如一身后天凡累[②]，亦有日生月增之势，纵能勇于精修，而遭大厄者古今不少，良可悯也。无他，总缘一身之真先多寡可计，而一身之伪后滋长莫测，况修不自童真，沾染破败，人人难免乎？汝于此，可为世人惧矣！”

太虚氏曰：“饮水饮汤，冷暖自觉。苟其法身已具，所谓调护之诀，收放之宜，无劳访得者，固已有内验足审也。即或法身未具，所谓调护之诀、放收之宜，亦只宜于一身中寻其消息者，亦不外乎塞通升降、寒温燥润也。于此而施其则法者，夫岂外乎塞者通之、寒者温之、燥者润之，循环颠倒于其间乎？其大旨，以专以柔，不为物诱，调其心炁，一其气机。知此身为寄器，凡夫按摩提缩，与诸存运频加者，不过灵活其气机焉而已。苟其炁机已灵且活，法惟专柔为主，念起即化，一收即休。慎毋骑牛觅牛，收不知休，是名头上安头。即如通充升降、温凉平润等验得之，皆忌粘滞，亦犹收当知休之义耳！准此以修以养，万无脱毙之虞也。炳见如是。”

第六则

泥丸氏曰：“然，汝言是。女之神飞，男之精泥［去声］，皆缘头上安头

① 万批：此论精透极矣，为性功最上一乘，三教皆同，无有或异，学者当留意熟玩。按：此是玄关开，法身显之事。有此法身，才有末后大着。

② “凡累”，万本、丁本作“凡壘”，此依金盖本。壘（垒）、纍（累）相通，所改只是方便理解（书中所用垒字，都已改成累，仅在些说明）。

之故。盖神之所恋者，精也。神凝精平则安，精涸神孤则飞，不知者谬为蜕化，大可哀也。于是可知过行按摩存注之非。其故何哉？女子内阴而外阳，卦义属离，而真阴每随月信漏失，故静胜动者吉，动胜静者凶。男子以精为本，女子以血为本，精以暖旺，血以凉生，知此，则知所以养矣。女功之不废按摩存注者，其义有二：一以通其气机，则经络疏畅；二以炼其津液，不使液滞化痰，而液乃化血。古哲谓以静存为宗者，亦有二义：君安臣庶安，则神清不飞；又静则慧生，不为欲搅，而命得保固。此则一己双修之诀也。气机既舒，志意净寂，加之以充和，继之以贞白，日计不足，月计有余，踵而事之，一旦证夫身等虚空，三田一贯，惟觉肢肢节节窍窍光明。功修至此，一己之身外身具矣。果能踵事不退，神足气充，念不外驰，则神不逐念，血生必旺，真阴亦足，气精自有弥天塞地局境。然或逐念腾飞，便堕二乘，丹书所谓'阴神出壳'是也。学者不可不戒。"

太虚氏曰："炳尝闻诸夫子：'神者心神，守而不飞者，恋精而守也。精一涸，则神飞矣。精者肾精，精之不泥者，得神以御耳！'盖此泥精，尚非元精，乃是液类，血且未成者是也，真神一离，斯精乃泥凝矣。《易》曰'一阴一阳之谓道'，偈曰'半觔八两始成真'，又曰'孤阴不生，独阳不长'，乾坤坎离、震巽兑艮，地天日月，性命男女，一阴阳也，循环终始，谓之常道。修或一乘，感或一偏，便成弊政。又曰：大凡人之初修，惟在一身中求配合，而第有先后之分，先者曰真，后者曰假。原夫假育于真，真亦名假；假返于真，便亦名元。采或失时，或着色相，便落旁径，即成凡幻，大足为患，然犹有救。其最烈者，莫如孤修功足之候，感入杳冥，而念或一偏，则格致亦偏，虽求中止，事不及矣。女则神飞，男则精泥，可不慎哉！噫，要知崔公《入药镜》'是性命，非神气'，曰神曰精者，犹如黄叶止儿啼也。不识真金，焉辨黄叶？钟祖有言：'四大一身皆属阴，不知何物是阳精。有缘遭遇明师指，得道神仙只事身。'又云：'有无交入为丹本，隐显相扶是水金。莫执此身云是道，独修一物是孤阴。'合之师示，盖有所谓真种子者在欤！然不外于此身求者[①]，其旨玄矣！"

① 万批：不外此身求一句，宜细玩索，方知言外之意。

第七则

泥丸氏曰："然。《道德经》云：'有物混成，先天地生，寂兮寥兮，独立而不改，周行而不殆，可以为天下母。吾不知其名，强名曰道。'又云：'恍兮惚兮，其中有物。杳兮冥兮，其中有精。其精甚真，其中有信。'盖此一物，闭[①]在形山，古人有言：'不在身中求，不在身外采。恍恍又惚惚，虚无杳冥间[②]。'而不外乎玄关一窍。此一窍也，其大无外，其小无内，思之不得，运之不开。法惟身等虚无，万缘放下，空忘其空，寂忘其寂者，神自入彀，炁自内出。气体氤氲，无头无尾者，是此物之发现，身外身之始兆也。此窍不开[③]，纵能断龙神化，尚是黄叶之幻有幻无也，何得谓之结胎？何得谓之入门？前则所示，尚是黄叶，非真金也。"

太虚氏曰："按摩虽妄，弃之则气机不通；注想亦诬，废之则炁精不足。踵而上之，修至有物无物，而师意犹未许为究竟者，以犹是这边事耳！虽然，这边事尽，那边易通；那边未通，机隔重山。其通也，以念引之，油然沛然，四邻自至。故虽隔山隔湖，而气机之通，有如觌面。其法惟何？闻之师云：'放光以引之，摄心以俟之。'若彼升我降，彼退我归，会而已矣，无益也。法惟于不寂中寂然不动，虚而善受。气机一到，觉有谐畅之趣，仍自寂然不动。以意包摄之，深藏内炼，由坤达艮，乘槎入汉，觉有金光电掣，凉气弥空，如云如烟，绕身内外。于斯时也，戒杂人意，或慕或疑，念起立撇之。觉有一种气机，油然充塞于中，无有内外，无有边际。倏忽之间，变态叠现，难以计算，莫之能绘，莫之能说。然亦有寂无光耀，黑漆成夜者。是皆谓之玄影，又名彼岸圆像。实则彼我圆图，谓之华严、楞严、法华三境，三山、十洲玄景。其实彼我化工之气机，彼岸非彼岸也。而彼岸得证，又不外此。师云：'某尝质诸清净元君。元君曰：如是如是。又曰：男功何独不然。'"

第八则

泥丸氏曰："偈有之：'翻来覆去乾坤事，二炁交精合艮金。'又曰：'鹰

① "闭"，应作"閟"，通"秘"。

② "虚无杳冥间"，原作"似在虚无杳冥之间"，不合诗律，故改。

③ 万批：男女功修到后皆须开玄关一窍，方为入室升堂。否则，任读丹经万卷、佛典三藏，终隔一窍，学者勉之。

拿燕雀，鹘打寒鸦。’细中之细，妙中之妙，而不外夫知白守黑，知雄守雌，又岂外夫存无守有也哉？”

太虚氏曰：“《道德》《南华》，非女子所能日诵。《清净》一经，读之宜熟。《内则》宜崇，外惟《坤宁》《贞一》二经欤！盖性不彻者命难存，戒不严者功不笃也。味师引偈，其义隐奥，讵易测蠡？虽沐揭示上上法，凡女何知？依然洋望，天下比比也。盖含全部火记于中。熟读《黄帝阴符》，参看《龙虎》《参同》《悟真》，乃可与言是则也。炳为略示端倪，曰：‘翻来自覆去，其事有循环。识得一中一，参参一在前。都来只二炁，精交影万端。身无一乃现，能包彼大千。大千影灿灿，灿灿是彼元。不为元引去，元始即吾元。元元不一一，一一一无全。寂然不撒手，功夫岂等闲？雀燕由渠燕，鸦寒亦听寒。不饥时不到，时到任吾餐。是为妙中妙，玄中更有玄。白知故守黑，浑忘得大全。问渠何得尔，极无极具焉。’师之精义盖如此。虽然，有无自相生，取舍须循一也。色身不化，百事无成者。”

第九则

泥丸氏曰：“善哉，汝说也。语有诸：‘欲事超凡，先净凡思，继空三界。’而不愆内则，不媚鬼神；孝敬慈祥，无违夫子；柔顺利贞，不违坤道；动则循理，静则释如。寓道妙于执箕执帚，悟火候于执爨执炊。《诗》曰：‘委委佗佗，如山如河。之子不淑，云如之何？’其垂戒也，谓何如哉！”

太虚氏曰：“师此一则，其旨微矣。慨夫世之皈道皈释者，鲜循内则，罕识性宗。能柔顺以事师长？每嫉狠以悖伦常。其弟其师，不齿于名教，抑将自投于铁围阿鼻也，不亦哀哉！”

一得曰：我师太虚翁无上大道得传于师祖泥丸氏者，十有八九更于此书见矣。按此中心传，岂仅女宗之宝筏？男宗枕秘，于中逗透者，不一而足。原本盖由辗转传写，颇多讹舛，谨订正而厘定之。惜有《男宗双修宝筏》，为长山袁氏携去。待访之，应未失也。盖男宗书中，亦逗女宗宝秘，而其誊本，乃亦大有脱简，若得而订正之，合刻之，斯成完璧，两书得以会参矣，度世之功不小也。识此以告得男宗书之君子云，毁去善书，必遭冥罚，见诸经典，可不戒哉！

金盖山人闵一得谨跋。时维道光十年岁次庚寅孟秋望日。

第五卷　经咒科法

雨香天经咒注

雨香天经咒注序

凡音之起，由人心生也。故杨子曰："言，心声也。画，心画也。"人心本同，而气质则有南朔东西、刚柔弱强之异。气质各从其水土，发而为声，则有喉舌唇齿、抗坠重轻之异。微独生同斯世，随方而变。亦且古往今来，本音讹传，随时而变。是以古韵往往与今韵不谐。异域文书不同，而中华文字亦屡变，风会所趋，几不可比而同之矣。然探源而论，则皆出于人心之所同，心通则声通。闻磬知忧，闻琴知杀，心通于声耳。余尝云游海内，虽言语不通之处，每于定静之中，偶闻人言，辄能知其意。及心动而审听之，则仍不可晓。盖气禀所拘，着相则不通矣。

《道藏》所载经咒，有上清法箓，非下方文字，然其音，则与下方之人心通也。《鹖冠子》："唯圣人能正其音、调其声，故其德上及太清。太清，天也。"谓人间元音，上通于天也。内典所载经咒，多西域梵音，非东土文字。而其音，则与东土之人心通也。《十六国春秋》：鸠摩罗什、佛图澄者皆能译华言。盖华严字母，实通中国也。余究心经咒有年，恒于极静之时，默有所会。有扞格不通之处，索解不得者，忽闻神语曰："无口循其义，有口会其声。揭而传之，毋负神佛启牖下民之意。"因恍然领悟，分析注之，然不敢自信。道书经咒注，质之先师太虚翁，以为不失元解。释典梵咒注，则鸡足道者黄真人所鉴定。真人本月支人也，窃幸有所禀承，庶免穿凿之讥。

或以为经咒故多前贤注释，何必辞费？余谓圣经底蕴无穷，任人寻绎，仁者见仁，智者见智。犹五经列于学官，有监本注疏，而儒家之笺释圣经者，各抽新义，注《周易》者尤多。盖经旨如日月经天，见全体者是，见隙光者亦是。管窥蠡测，听天下之学者自抒所见，于理亦必有所发明，非功令所禁也。惟余学识浅陋，非敢以一知半解，蔽斯世之聪明。或因愚说而引伸之，别有会心，更得深奥之旨，昌明妙谛，普觉大千，宏宣心印，同证菩提，于以利益一切众生，则鄙人有厚望焉。吴兴金盖山人闵苕旉[①]序。

序

谨按道有隐显，释有显密，均贴受授而设，各须心领，毋滞成见，致障道眼。古哲切诫者，虚堕言诠而已。余初未悟其诠，尝为注释道宗奥典，经如《大洞玉经》，咒如《智慧真言》等，而于释宗密部，不敢饶舌，以非华言，不可推测耳。

其时，寓于姑苏莲华庵，门人忍庵、心乡辈，以《大悲咒》请注。余曰："余华人，焉识西方梵语？"语未毕，空中得大斥曰："否，佛乃会通华言而说法者！究其字义，乃在有口无口中测之。盖此梵语，有言无文，受而笔述者，世之善知识也。会而笔之，韵通而义有异者，乃加口旁以别之。汝会佛义，以测以通，自可注释也。"爰即取以测之，则知曩谟即南无，喝啰即赫啰也，怛乃性日也，那者他也，乃是指点口气，啰者助语辞。按此一句，盖言心虚则性现，乃有如日之威明，是教学人明心见性为宗。故其下文，皆说怛义。然按西方古德，乃谓一句一佛号者，是训西方后学，遵循句义，以彷以修之慈旨。若训华人，只以明心见性会之，不必证以佛号，说见《云门语录》。谓是随方设教释法。苟或执此非彼，执彼非此，均失圆融，皆非善知识也。况佛出此真言，导师取以训后，所以杜堕意识，使心虚土净入手而设。我辈可勿体之，而自纷纷聚讼乎哉？即兹所释，尚属仁者见仁，智者见智而已。谓尽真言玄义，可乎哉？不可也。弁此数行，以自怡悦焉耳，非敢曰序也。

道光甲午清和朔日西湖发僧际莲谨识。

① 金盖本此经咒注中"苕旉"多作"一得"。

大洞玉章经注[①]

大洞玉章经正文辨体[②]

吴兴金盖山人闵苕旉纂辑

谨按此经，乃玉清神母口授元始法王，列圣相传，遂有文字，然未尝有句读可诵。后世传法各异，其取用亦不同，始有四言、三言、五言、七言诸科本。乃系各宗师自成一家，以神其妙用耳！而稽古初传，惟有逐字成章，均系云篆，集以一盒散珠。旌阳许祖以难记忆，谌母为降，口授奇义，许乃翻成世楷，编成四言章句，逐楷加入霒乚之内，以便流传，名曰《玉章经》。其五言古本，虽称传自春秋时，而究出宋代时侍宸林灵素真人之手。五言苏本，或谓传自李环阳，或谓传自梓潼君，或谓传自许远游。三言本，则来自西方，为爂彝大士所编。七言本，编自洛人宫无上，于南宋时，授之辽相刘操者。今首稽古初传，并无句法，因逐字胪列于简端，以仍其有文之始。惟此文谓为诸天之隐讳[③]，苕旉何敢妄逞臆见，附以注释。只将各传本运用之不

---

① 此标题为点校者所加。

② 金盖本误作“雨香天经（正文辨体）”。

③ 按：《玉章经》之源，注者曾尽力探求，从而得知其流变的大体情形。先是，道兄祁至峰因阅览明代周思得编辑的《上清灵宝济度大成金书》，在卷二十三中发现其中载有《〈上清大洞玉经〉秘章》，内容与《玉章经》基本一致，喜告注者。注者细阅其文，见其谓此《大洞玉经》“乃诸天上帝内名隐讳也”，于是进一步查寻检索相关资料。然后在《道法会元》卷二百四十四中看到《玉清灵宝无量度人上道·玉清元始隐讳大洞真经》，内容也与《玉章经》基本一致。再后，在上清大洞经中发现其源头，如蒋宗瑛校勘之《上清大洞真经》、龚德同抄录并序之《大洞玉经》、《上清九天上帝祝百神内名经》、《上清众经诸真圣秘》卷一之《大洞真经三十九章太上道君玉箓百神名》都有，但只是前半截相似。如《太上道君玉箓百神名》谓：“第一高上虚皇道君，内名‘三蓝罗、波建台’，于［地］上音‘天命长、人恒宁’。第二上皇玉虚君，内名‘离堂合、推运入’，于地上音‘延天骨、辟龙毒’。第三皇上玉帝君，内名‘珠郁罗、广都灵’，地上音‘长存体、去害子’。第四上皇先生紫晨君，内名‘弗育邈、散兆生’，地上音‘眄常在、去无轮’。第五太微天帝君，内名‘超滞天、横冥始’，地上音‘勃沙玄、无定方’。第六三元紫精君，内名‘骞苞庭、眄猷已’，地上音‘幸长劫、放万龄’。第七真阳元老玄一君，内名‘玄幄沙、称福神’，地上音‘无生死、入胎门’。第八上元太素三元君，内名‘明柱子、会和存’，地上音‘扶天命、登明曜’。第九上清紫精三素君，内名‘乐伯勒、飞冥贤’，地上音‘始生王、上道宗’。”略可知，其先乃三字一句本，为诸神内名隐讳。大约在元末明初，此百神名箓之秘章演变成单独的文本，或称《大洞玉经》（究竟如何创造性转变的，目前没有资料说明）。清代到闵真时，则名《大洞玉章经》。

同，先行分晰，辨明其文字之相殊者，即注于每字之下，以便受持者信乎今而不昧乎古也。

上辨经文各本编传之源。

玩，四言本每字加霒字，概镶于玩字乚内。其上加⻗头者，盖因古文本系云篆，继以云楷故也。余俱仿此。左从玩者，盖取元始玉文之义，许真君所传。我宗医世玄科，正照用之。

三言本，每字加霿，盖取乾君制胜之义，㚟彝大士所传者。

五言古本，每字加霒，盖因传自王兀[①]故也。

五言苏本，本每字加霒，与四言本所加从同，今订每字加雿，系从笔箓科本，谓盖传自元皇道君故也。其原本加霒者，或亦取授自元始法王之意也。

七言本，竟如字相传，并无上加左镶，出自宫无上者。

惟另考之法家祈祷科中，有加䨺者，则首填罗字于鬼字乚内。余字顺文叠填之。填完覆以金书，涂成硃墨团。盖用于法箓中，或上胆、中胆、下胆，各有成式，不得师心妄用者也。其文句，亦有三言、四言、五言、七言之不同。今各本皆注，独不及祈祷科本，以近于法秘，且科本甚烦，注不胜注。至如《医世玄科》，至道也，恐堕言诠，故不注。

谨按初传经文，本系云篆，然考唐时柳公权所书，即系楷本，今因之从楷法。

上辨经文各本所加运用，间自改易经字。

羅[②][各本皆从罗[③]]

三［五言苏本作参。余本俱从三[④]］

藍［各本皆从蓝］

波［各本皆从波］

逮［各本皆从逮］

洽［各本皆从洽］

---

① “兀”，万本作“元”，前霒作霒，据金盖本改。

② 以下《玉章经》四字古本诸字，沿用繁体字。

③ 金盖本后有“楷法以下均同”数字。

④ 金盖本无此句，以下“各本皆从某”都省略。间有小异，不注。

臺［各本皆从台］

離［音丽。各本皆从离］

堂［各本皆从堂］

運［五言苏本作会。各本俱从运］

推［各本皆从推］

入［各本皆从入］

連［五言古本作莲。余本俱从连］

廣［各本皆从广］

靈［各本皆从灵］

都［各本皆从都］

鬱［各本皆从郁］

羅［各本皆从罗］

殊［各本皆从殊］

邈［音穆。五言苏本作迈。余本俱从邈］

育［各本皆从育］

弗［各本皆从弗］

超［各本皆从超］

散［各本皆从散］

兆［各本皆从兆］

生［各本皆从生］

天［惟四言本从天。余本皆作夭］

横［各本皆从横］

滯［各本皆从滞。惟祈禳科中有作带字者］

始［三言本、五言苏本作殆。余本俱从始］

冥［各本皆从冥］

騫［各本皆从骞］

庭［五言苏本作廷。余本俱从庭］

盼［各本皆从盼］

萢［各本皆从苞］

己［音几。各本皆从己］

酞［各本皆从酞］

玄［各本皆从玄］

握［四言本从握，三言、五言各本俱作幄，七言本作渥］

稱［五言苏本作快。余本俱从称，音秤］

沙［各本皆从沙］

福［各本皆从福］

煙［各本皆从烟］

明［各本皆从明］

桂［各本皆从桂］

會［各本皆从会］

和［各本皆从和］

子［各本皆从子］

存［各本皆从存］

樂［音洛。五言苏本作赖。余本皆从乐］

賢［各本皆从贤］

勒［各本皆从勒。惟祈禳科中有作勤字者］

百［各本皆从百］

奮［各本皆从奋。惟祈禳科中有作扮字者］

天［各本皆从天］

垕［垕同垢，从垕。惟祈禳科中有作后字者］

土［各本皆从土］

成［各本皆从成］

垣［五言古本作坦。余本俱从垣］

平［五言苏本作败。余本俱从平］

彌［各本皆从弥］

結［各本皆从结］

章［五言苏本、七言本、四言本、医世科本俱从章。余本有作障者］

生［各本皆从生］

章［五言苏本作獐，四言本、医世玄科本俱从章。余本有作樟者］

結［各本皆从结］

陸［各本皆从陆］

渺［各本皆从渺］

萊［四言本、医世玄科本皆从莱，五言古本、七言本作兰，三言本、五言苏本作阑］

蒙［五言苏本作懈，余本俱从蒙。惟祈祷科中有作朦字者］

龍［三言本、五言古本俱作胧。余本俱从龙］

登［各本皆从登］

獰［各本皆从狞］

獬［各本皆从獬］

筌［五言苏本作全，余本俱从筌。惟祈禳科中有作荃字者］

信［各本皆从信，如字读。惟三言本音申。祈禳科中有作信字者］

帝［各本皆从帝］

聻［音你。各本皆从聻］

馱［各本皆从驮］

猍［五言苏本作碍。余本俱从猍］

南[①]［三言本、七言本、医世科本俱从南。余本俱作曩，四言今本尚作曩］

無［三言本、五言古本、五言苏本、七言本俱作谟。惟医世科本从无］

珏［五言苏本作玉。余本皆从珏］

法［各本皆从法］

乘［音成。各本皆从乘］

津［各本皆从津］

幽［各本皆从幽］

延［各本皆从延］

日［各本皆从日］

月［五言苏本作在。余本俱从月］

星［各本皆从星］

斗［各本皆从斗］

曜［各本皆从曜。惟祈禳科本中有作耀字者］

① “南”，金盖本作“曩”。下“無”字作“謨”，应从。

息［各本皆从息］

命［四言本、医世玄科本、七言本俱从命，三言本作盖，祈祷科中有作伞者］

炁［各本皆从炁。惟祈禳科中有作气字者］

上仍稽古初传经文，即辨各本文字之相殊。

按四言古本，此下续以：防元德丘，壽貞固靈，壽天地晶［此三句十二字宗师所续。有止诵首句者，有止诵次句者，有止诵末句者。三句惟其所用，用虽不同，总名《太玄玉经百字真言》。亦有用首次两句者，亦有用首末两句者，亦有用次末两句者，亦有三句全诵者，亦称经文。下再续以］，臣今持誦，惟願云云［此祝词也，以结经意］。

上辨四言古本结经之文。

按三言古本，此下续以：壽貞固，[illegible][illegible]众，晅朒炓，滅邪精，防元德，丘靈晶［此六句一十八字，尊者所续，亦称经文，须全诵之。下再续以］，綠甕域，别有春［二句祝词］，唵吽吽，吽吽達，娑嚩賀［三句敕词。并上共五句，盖僰彝大土所传，以结经意］。

上辨三言古本结经之文。

按五言古本，即将上文“炁”字，连下贯成句，其文曰：炁防元德丘，炁壽貞固靈，炁壽天地晶［此三句宗师续编成文，亦称经文，须全诵之。下再续以］，臣今依教持，濟度諸靈爽，願仗玉經力，成就臣所願［此四句，祝词也，盖亦宗师所传，以结经意］。

又按此本，固为祭炼科传本，向亦有奉为笔箓科本。第将结经之文，去其“炁壽貞固靈”等六句，另续以“三皇五帝派，五經四子書，孔孟教无類”三句似也。但稽此科本，林灵素真人谓传自鲁帅。考鲁帅一神，并无笔箓宗师之称号。即林真人手纂此科，亦未见一言涉及笔箓。即其所加玩傍而论，于笔箓亦不符成式。种种可疑，苦无折衷也久矣。今按之五言苏本，其文字，镶以玩字，虽与四言古本所加之字样无异，而文成韵语，义取经纶，以为笔箓科本，殊属惬当。惟其末句“炁受真固奈”以下，竟无结经之文，似有残缺。因思苏本得自法家，乃复往询。则谓科本实止此句，惟传度时，曾有几句口授，随法便宜续念者，不敢妄泄云云。苕旉于是遂心有所得，即取此五言古本内，向所奉为笔箓科结经之文四句［即“气防元使丘，三皇五帝派。五经四子书，孔孟教无类”四句］续于苏本之后。其意通畅，其文连络，其韵贯串。于是竟定苏本若彼，而定古本若此。又思其所加雴字，何以符我四言本。如其科竟为笔箓用，何以又不似我笔箓科所加雴字样？且彼法家者，奉此科以行各种法，又何以各种皆灵应。盖所加雴字，本义取元始玉文之正旨，以行各种法，各种皆灵应也固宜。其云“几句口授，随法便宜”者，必行一法，自有一种口诀行焉。其奉此传本，以为诸法之总持科无疑焉。第彼奉为总持科，苕旉得其本，将订为笔箓专科。奉为总持科者，理非镶以玩字不可。为笔箓专科者，亦理宜镶以元字，以符成式。于是立意从元，不复从玩。订成，以示法家，则率尔若惊。苕旉质之以情，则蔼焉称是。且曰：“本来先辈归自巴，世传此法济，法加运用结经语，法法原非一法，若笔箓用，这字体，这结语，合符璧。”并乞苕旉所定两五言稿本存之。夫法家者流，尊秘科本，宜也。苕旉有得，公之同好，愿也。况既注其文，不知则阙疑可也。知之而不明订之，我乌乎用我知。故此科竟订为祭炼正本，其结经之文，专箓如后，更不复以“三皇五帝派”等句并列经末矣。谨识此考据，以质诸明经者。

上辨五言古本结经之文。

按五言苏本，即将上正文“炁”字，连下贯成句，其文曰：炁受真固奈［此句按原本。宗师续编以成文者，其抄本文字只此。以下四句五言古本中向有之，与炁防元德丘、炁寿贞固灵等七句，并列于经文之末者。因读此本，疑有残缺，质之法家。亦谓此下原有四句，乃师传口语，不立文字。其语与我古本附列之文同，爰续订之，以结经意。文曰］，炁防元德邱［一作丘字］，三皇五帝派，五經四子書，孔孟［一作成达］教無類［此为宗师所续之言，亦称经文可也。按末二句，有似祝词，解解子笔箓科本亦云］。

上辨五言苏本结经之文。

按七言古本，即将上正文“斗曜息命炁”五字，连下“防元”二字作一句。其文曰：斗曜息命炁防元，德邱壽貞固靈壽，是曰玉書可精研［此一十六字，盖亦宗师续编成言，惟按末句曾见《黄庭经》内，所传如是，概称经文可也，盖以诰词结经意］。

上辨七言古本结经之文。

大洞玉章经四言古本注[①]

吴兴金盖山人闵苕旉注释

按四言诵法，传自玉清神母，尚矣！晋时旌阳令许讳逊者，得之谌母，因而得上升，证谏议大夫，久为玄门家枕中秘。余得之太虚翁，曰："熟读之，自能会悟焉。"持之三十有余年，忽忽若有觉。从而细究之，豁然洞启，乃随所见注释之。非敢为正解也，第拟附夫智见仁见之列之末云。

珊三藍波，逮洽臺離。

此两句，溯示龙汉初时玄境也。罗，敷布貌。罗从珊者，盖示玉清元始之真文，诸天隐讳之义也。此经一名《太玄玉经》，计字九十有六，字咸加玩。今从简法，止于首一字加之，存古式也。三者，三界也。蓝者，天之色。波者，水之纹。犹言包罗三界，惟水与天也。逮，及也。洽，凝也。台者，台也。离者，丽也，虚也。犹言及其浊阴下凝，台然丽透真水之面者，地是也。此种景象，非虚极静笃时，不之现也。

堂運推入，連廣靈都。

此两句示人内运入手之则。堂，运堂，天目是也。运，旋运，法如磨镜然。推，却也。却除云气，则堂明如月。法须闭目运我目光，云霾自除也。入，运入也，法从天目而运入之，即内观初步功夫。连，不断貌。广，高大貌。灵，灵台。都，都邑，三田九宫是也。一解句首堂字为加意，盖取加土曰堂之义。意属土，加意，即加土义也。此种内观，必先专气致柔，万缘

① 注字诸本无，为点校者所加，后同此例。

放下，一灵独露，微举真意，如上运秘加功，乃可现有。而忌滞景，又戒忘虚。虚乃道体，见有而忘虚义者，未有不有囿而勿脱也，故戒之。

鬱羅殊邈，育弗超散。

郁，庶富。罗，广大。殊，不一。邈[1]，莫测。言其中山川之广，宫室之丽，人物之庶，风俗之殊，情性之异，远有舟楫所不及，思虑所不到，是形容内有之一如外有也。不自靖焉，内障立生。法惟虚以笼之，灵以瞩之，使无过不及焉，其庶几矣。其法有四焉，曰育，曰弗，曰超，曰散。育者何？养之化之也。弗者何？拂之饬之也。超者何？羽之翼之也。散者何，开之释之也。然必使夫知自位焉，知自除焉，知自勤焉，知自苏焉，乃为无弊焉。其法盖自调心始，心调气自和焉。

兆生天横，滞始冥騫。

此两句示人知谨其兆，则人禽关判；能原其始，则明晦路通。兆者，朕兆也。生，念生也。天地之道，竖横而已；心机之动，人禽而已。人则顶天而行，禽则背驮日月，故曰“天横”。有兆生，必有滞始。凡彼滞境，咸无光注，故曰冥也。骞者，迁而出之也，有悔迁之义焉。

庭盼苞己，猷玄握稱。

此二句示人以照顾为宗，操持莫忽之训。庭，天庭。盼，视也，顾照之义也。苞，固护也。己，性善变，故一训改。猷，善也。玄，极也。握，把握。称，权衡。按上句有试取天罡苞戊己一义，下句有权衡轻重善斯玄一义。

沙福煙明，桂會和子。

此二句是悬一幅太平景象图。沙者，众也。福，天福。有可生受，不可拟议之义。烟者，氤氲之气。明者，不夜之天。桂者，长青之义。会者，三华聚顶，五气朝元。和者，金木交并，水火既济，乾坤混合之妙。子者，生生不已之义，有如松柏之茂，无不尔或承者义。

---

① “邈”，万本作“貌”。此处句读为“不一貌”。据金盖本改。

存樂賢勒，百奮天垕。

此二句，义承上文而示人省察也，是即《感应篇》所谓“欲修天仙者，当立一千三百善；欲修地仙者，当立三百善”义。存者，存无守有之义。乐者，乐善好施之义。贤者，贤贤易色之义。百者，成数之名。勒者，临流勒马之义。合之富贵不淫，贫贱不移，威武不屈，咸勒义也。奋者，振作之意。所谓百奋者，亦不过法天效地之义。天者，天之道。垕者，地之道。地平天成之义也。按垕,《医世玄科》作垢本义，其旨更玄，可存参。

土成垣平，獮結章生。

此两句紧接上文下句之义，而示以防范之策也。曰土成者，心无杂念，意无氛秽也。曰垣平者，防微杜渐之义。曰弥结者，防之周，杜之密也。曰章生者，示有备也。一云彰、障，古通作章，应作障之义解。按古本作章，此义颇通，则此字意义，亦垣字之申说也。犹言障以护生也。土，意土也。成，平成，意土平成之义也。垣，城属，筑用土石者。平，平阳。弥，周密也。结，坚固也。章作障解，古障字也。生，生精生神生气也。盖指护夫关窍也，是名内护，故曰垣也。隐有内念不生，外魔自熄之义也。

章結陸渺，萊蒙龍登。

此两句示以奠远之道，有事半功倍之妙用。其诀何？植樟以护之。按此章字，应作樟字解，斯可穷陆竭渺而咸结之。所谓莱蒙龙之三山亦囿其中，保登无虞焉。樟之为性，耐寒而寿，高高下下，植无不宜，植不数年，城郭天成，故曰事半而功倍，永不崩朽之失。今之西域，犹有行是典者，盖古法也。以喻人以生气护诸关窍也。

獰獮筌信，帝讋駄狹。

此两句紧接上文登字而别开生面。一若曰“百尺竿头须进步，极危险处是平都”，虚空粉碎是也。知此，则无往不利矣。又何虑夫狞獮？又何虑夫驮莱哉？率一信字焉而已。曰筌，曰帝讋者，陈法也[①]。苟无明信，神其鉴之

① “也”，万本作“曰”，据金盖本改。

乎！故曰犴𤞞筌信。继即曰帝𩆜驮狭，昭有信也。信之为用大矣哉！犴𤞞，二兽名，能知贤佞，其性刚烈而善噬，故儒门用以比言官也。筌，法柱名，法柱有五，此即一也。竖以陶溶性情者。信，明信也。帝，上帝也。𩆜，帝号，紫微之所用者。驮狭，神兽，龙种也，上帝用以守宝藏者。驮主入，狭主出，各以性使之者，故咸克守其职。使之者谁也？信也，真种子，主人翁也。

曩谟珏法，乘津幽延。

此两句总承经义，一若曰：是圣圣相承之谟典，垂以启迪后昆者，无津之不渡，无幽之不烛，无远不之届，无旧不之新者，乘此法乘也，故曰曩谟珏法，故曰[①]乘津幽延。曩者，昔时也。谟者，典谟也，训也，诰也。珏者，美玉名。法，法度也。乘，法乘也。乘有大乘、小乘、中乘、无上乘，种种乘名不一，皆所以令人乘之以修以渡者。此则名曰珏法乘。乘之为用大矣哉！津，通津，歧渡之口也。幽，晦也，曲也，深邃之径也。延，长也，悠也，久也，绵远弥承不弊之义也。盖言此经乃万古之常道也。按曩谟，《医世玄科》作南无，其义更玄，可存参。

日月星斗，曜息命炁。

此两句紧承上文延字之义，一若曰：如日月星斗之丽者，盖有元降之命之炁在焉。炁无命主，何由曜息于其间哉？故曰日月星斗，曜息命炁也。此一命字，按为全经之旨，命之用大哉！曰炁不曰气者，气乃后天之物，凡气也。气返先天，始名曰炁。炁则先天至宝，是即神也，即灵也，即心之用也。经曰：神能入石，神能飞形，神能起死，神能回生。其为物也，视之不见，听之不闻，不识不知，顺帝之则，故经曰“人能常清静，天地悉皆归”。归者何？炁是也。炁之用亦伟矣乎！

经文止此，下文乃宗师续著者。

防元德丘，壽貞固霛，壽天地晶。

此三句宗师述示往圣授持《玉经》者，以勉后学义。防，隄防，慎独

① “故曰”，万本作“又曰”，据金盖本改。

之义。元，首善，心之本体是也。德，心德，得之于心者是也。丘，至圣先师之讳也。寿，不朽之义。贞，不败之义。固，不破之义。灵，太乙天尊之讳。曰寿天地者，言天地不坏，道亦不坏也。而佛经不作是解。以天之常清，地之常宁者，犹赖此气以常存焉，非天地之自能存也，此经之力也。体此经义而存天地者，毗卢遮那如来也，故曰寿天地晶。晶，毗卢遮那如来之讳。盖言授是经，于是而寿彼天地者，毗卢遮那如来也。则知毗卢遮那如来，即性非人也。佛氏崇性，故尊曰如来佛云。是总颂是经之大力也。

宗师所续之文止此。下文乃学者祝词，不可以言经也。

臣今持誦，惟願云云。

此两句，学者之祝词，所祝不一，所愿亦异，故曰云云。按《青律》《赤文》二书言，凡章奏疏申，及夫种种祝词，必宜采自经典，杜撰者律有罚，则此祝词须用成句为妙。谨按此经祝词，惟《医世玄科》泥丸李祖所撰，可以直接上三句。先师太虚氏谓："上三句出自吕祖。三句之下，后学有志绍圣，须加持我师所续。学者勉之。"

大洞玉章经三言古本注

吴兴金盖山闵苕旉注释

韉邏三蓝，

罗者，敷也，布也。三,三界也。蓝者，色也，言其色蓝如也。此太极未判时景象也。从乾傍者，降伏科所加则如此。

波逮洽。

波，水纹。逮，及也。洽，合也，凝也。太极将判时景象也。

台离堂，

台，台也，地浮之象也。离，丽也。堂，明堂，喻真意也，人之运堂之别名也。

运推入。

运者，荡摩之义也。推，推而出之也。入者，运而进之也。

连广灵，

连，接也，通也，续也。广，旷也，大也，广居是也。灵，灵台也。此言人身中之景象。

都郁罗。

都者，美之谓也。郁者，茂之谓也。罗者，周遍之谓也。

殊邈育，

殊者，异也，远也。邈者，深也，旷也。育者，生也，养也。

弗超散。

弗者，抑也，去也。超者，扬也。散者，开也，涣也。此示人调心理气之则也。

兆生夭，

兆，朕也，生物之机也，心之主宰之自谓也。生，生长。夭，不寿。

横滞殆。

横，横逆。滞，胶滞。殆，危殆。此言进修之磨折也。

冥骞庭，

冥，北冥玄阙也。骞，迁而升也。庭，天庭也，泥丸、绛宫、黄庭是也。

盼苞己。

盼，目照物也。苞，护也，坚也，固也。己，改也，意动也。此示人化凡成圣有则也。

猷玄幄，

猷，善也。玄，极也。幄，帏幄，喻护养也。此示人保护善念及真气也。

称沙福。

称，称当也。沙，众也。福，天福也，乐土也，仙境也。得幄之效也。

烟明桂，

烟者，氤氲之气。明者，不夜之天。桂者，长青之义。

会和子。

会者，三华聚顶。和者，夫唱妇随之义。子者，生生不已之谓。

存乐贤，

存者，存无守有之义。乐者，乐育英才之义。贤者，贤贤易色之义。

勒百奋。

勒者，不纵之义。百者，百尺竿头之候。奋者，勇猛精进之谓。

天垕土，

天者，天之道。垕者，地之道。土者，人之道。承上奋字义。

成垣平。

成，平成之义。垣，城属，筑以御寇者。平，太平无事之时。以喻功到泰定，神安祖窍，斯无不测之义。

弥结彰，

弥，周密也。结，坚固也。彰，现成也，不劳作为也。承上垣字义。

生樟结。

生，生也，言自生也。樟。树名，四时长青者。古之人树以庇生，谓之樟城，今西域尚行是典者有几国焉，见《西域志》。结者，结此樟以代土石也。

陆渺阑，

陆，旱域。渺，水域。阑，以格内外之具，犹垣义也，阑栏古通，盖承垣字义也。

蒙胧登。

蒙者，童蒙。胧者，浑厚。登者，收录。此言上天录选所。

犷獬筌，

犷獬，两兽名，性恶贪暴者。筌，法柱，纯金铸之，上帝用以制两兽者也。

信帝聻。

信，音申，伸凭之意也。帝，上帝，亦蒂义也。地在脐后一寸三分，气穴是也。又名玄关一窍。聻，紫微之秘号，用以征诛者也。音你。

驮狳南，

驮狳，二神兽名，上帝用以守宝藏者。驮主入，狳主出，皆龙种，事见《禽鱼考·兽部》。南，绛宫，朱陵府是也，炼性之府也。

谟珏法。

谟，典谟。珏，玉也。法，法则。如上所言是也。

乘津幽，

乘，法乘。津，渡口。幽，暗也，曲也，深也。

延日月。

延，请也。日，阳气。月，阴气。外而两目，内而阴阳二气，皆名日月也。延之者谁也？真种子，主人翁也。

星斗曜，

星，天星。斗，心斗。曜，放光也。人有八万四千毫孔，天有八万四千宿星，功夫至此，则有窍窍光明之验焉。

息盖炁。

息，消息。盖之物，能收能放，以喻作用也。炁，神炁，不曰气而曰炁，其旨微矣。盖气乃后天，而炁则先天也。修仙秘旨，只在后天返先天耳，其诀只如盖焉而已。

按经文止此。以下乃圣师续者，颂词也。

寿贞固，

寿，不朽义。贞，正而固也，有如金如玉之义焉。固，坚固，有不骞不崩之义焉。皆所以颂《玉经》也。

𠀾䨺众。

𠀾，三天之秘号。䨺，三地之秘号。众，三皇之秘号。亦颂词也。言三天三地三皇之宝秘也。不曰天地人，而曰𠀾䨺众者，其有作用存乎其中也。法士所至宝者也。

暅朒炓，

暅，日讳。朒，月讳。炓，天罡讳。是名三光秘讳，法士宝之，亦颂词也。

灭邪精。

即以一概万也，此传降伏法，故加此句。亦颂词也。

防元德，

防者，防微杜渐之义。元者，善之长也。德者，得也，得之于心而守之不失之义。此申明修法，不外此诀也。

丘灵晶。

丘，乃至圣先师之讳。灵，乃太乙天尊之讳。晶，乃毗卢遮那如来之讳。事出西竺心宗伽陀法科，乃不空尊者持行之所加，为僰彝大士所传者。

绿瓮域，

绿瓮，洞名，在云南大理府属，唐朝时自诏[①]之域。域者，疆域。事出《白国志》，罗刹所居之洞，大士收而置之者。

别有春。

大士收伏罗刹祝词也。

唵吽吽，

唵，叹美词。吽吽，心光上冲貌。

吽吽达，

吽吽达者，引到彼岸之词也，盖引罗刹入洞之义也。

娑嚩贺。

敕词也，乃速伏义。

大洞玉章经五言古本注

吴兴全盖山人闵苕旉注释

《大洞玉章经》者，玉清神母元君口授元始法王，乃诸天隐讳，集成经文，为玄门至宝。其句读诵法不一，有三言、四言、五言、七言，各有所用。

是科为春秋时王讳骀所传。骀，鲁人，《庄子》载与孔子平分鲁国者，曾不为世容，而刖其足，因自号王兀焉，事详宋本《太极祭炼玄科》。科为

① “自诏”，未知所指。查现今佚存的《云南古佚书》，也未知。后说《白国志》也不知何书。

林灵素真人手纂，称骀曰鲁帅，青童君之分神，降以度刑遗者，没为太乙慈尊之主帅。传有五言《太乙玄经》，令宗师平时运于天目，存运既久，身有慈光，临行坐炼，放以接引诸苦爽，无狱不之破者。法士久持，身等元始法体，能与元始法王合而不二，上证大罗天卿，百不失一。其最下者，亦得九玄超拔，身证真官，没得尸解上道。乃天地间自然真文，一字有无量妙用，无量神通，矧汇而持之乎！此章一持，声出法随，万神听令，为诸经之祖根，万法之元始。文无定文，有五言、三言、七言、四言、一字玄科，错纵参互，颠返转合，其用不一，其秘无算。或加云头鬼脚、乾玩玔等，种种作用。如行降伏，则加雲头而乾包，或鬼抱而雲覆，或从雲玩，或从雲玔皆可，而押师之衔，从而分焉。一混用之，则不灵矣。须当口授，不得妄传。

是科押师乃王骀，主帅乃王兀，乃师帅一灵，而气从后先，故一而二焉。其加秘，则从雲头而兀包，或加王字于左，皆极灵验。真元门之至宝，而为元科之不夜珠，八万劫一传者也。此说《萨祖祭炼科》中亦备载者。

𤫎三蓝波逮，洽台离堂运。

罗，敷布也。三，三界。罗三者，罗此三界也。蓝，生炁之色，天也。波，皱縠之纹，水也。逮，至也，及也。洽，合貌，水天混一之貌。台，台榭。离，丽也。堂，明堂，加土之义。言加土透波之面，如台之丽于虚然地也。运，运动也。言凭慧眼一照，三界一同泡影，转眼还虚，所谓应运而呈有也，亦幻境义也，所以棒喝自己无着色相，凡有形必败之理，正以唤醒滞魄迷魂，令无滞于宿业，顿生解脱心，则可得骞夫明境义也。

推入莲广灵，都郁罗殊邈。

推者，推除杂念。入者，入于真境。言人杂念除，然后得入清空明境义。是即筑基炼已功夫，度已之道，亦度鬼之道也。所谓“大道教人先除念”是也。莲，莲台，心也。广，广居，犹世之大都会然是也。都，美也。郁，茂也。罗，敷也。殊，异也。邈，音穆，幽闲适意之义也。言此真境之中，灵府之内，别有乾坤之义。

育弗超散兆，生夭横滞始。

育，位育。弗，拂除。超，超拔。散，解脱。兆，兆庶。言此真境之中，间有不纯之景象，亦因主宰于兆生众庶时，失其作用，不知有以育之弗之超之散之，以安兆庶之故。盖喻有理气调心种种作用也，昧此则有下句之弊焉。生，受生，又授生也，兼有两义者。夭，夭亡。横者，不得其死。滞者，滞于九幽。始者，始也，未始有始之始也。盖指禀命往生时，已有异兆存焉。是承上句育兆两字意义，而历示其弊。主之者不得辞其咎焉，盖有授生之柄耳。是警夫坐炼者，于炼时一念不动，则性光圆，于祭时开脱周到，则宿业净，感而受生焉，则咸成真种子，尽此缘生，同证道果。盖人受生之灵之炁，悉禀自坐炼者，是于炼须圆、祭须周。此即坐炼者之作用，然与否判焉，而功过在其中矣。

冥骞庭盼苞，已猷玄幄称。

冥，暗也，九幽之境也。骞，迁而出之也。庭，天庭，光明之界也。盼，慈视貌。苞，法护也，如竹之有苞，而不离本体者。已，一已，心之机也，藏于玄牝，佛曰世音，道言念头，儒曰心体，声所自出。猷，善也，所行所言皆善也。玄，玄妙，无穷尽，无方体，善之极也。幄者，张以蔽风尘之具，帐属也，喻善护也。称，当也，无过不及之弊也。言彼坐炼宗师，破冥迁明，慈以盼之，法以苞之，正其世音，教彼言善行善，超证极玄，而庇之以幄，令无风尘之触者，正以陶溶其性心，使之坚固，一禀均平，无过不及。此之谓祭，此之谓炼，乃可谓之曰称。称者，称其情性之均平，而后授之以生果，则所往头头合道。古之人坐炼行功，有如此者。反此，谓之虚设，有负经义矣。

沙福烟明桂，会和子存乐。

沙，众也，指受度者言。福，福庇，亦指受度者言。能如上坐炼，则如沙数之诸灵，咸受炼师之福庇，是承上幄字义，犹言沙受赐也。烟，烟也，性上升不下坠者，喻诸灵之得超证意。明，日月合璧之义，不昧之谓也。桂，桂树，冬夏长青，喻不斫丧之意。言其禀性高明，长保元善，故曰烟明桂也。桂性耐寒而花香，烟性柔而上达，故又训之曰高。会，合貌。和，音护，相应不孤意。子者，相承之义也。存者，念兹在兹之义。乐者，乐此不疲之义。皆指受度诸灵，而言坐炼之效也。

贤勒百奋天，垕土成坦平。

贤者，大善之称。勒者，不流之义。此承上言诸灵爽，皆克如烟之升，如日月之明，贤矣。能如桂性之耐寒，群居唱和，日就月将，不离这个，乐此不疲，可谓能贤所贤，而勒所勒者。坐炼宗师，可谓善赋其性，亦善勒其情者矣。而大道岂止此哉！上所言，犹是人天果报，未可谓之大道，是犹有识神存乎其间也。坐炼者未可以为究竟，而便施升送之功也。其秘要还在宗师能发大慈悲，运夫还虚粉碎之功焉。即下所谓百奋是也。百，成数之名，亦百尺竿头之义。奋，奋发，勇猛精进之义。天者，天之道。无穷尽，无方体，浑浑穆穆，湛如寂如，体万物而不遗，生杀随之，动静不二，何无何有，其大无外，其小无内，其色蓝如，其体圆如，仙佛同得此体，斯为之极，斯为之无极。其次莫如法地，载华岳而不重，振河海而不泄，万物载焉，故名曰垕。垕者，后此土也。以后为德者，故曰后。后者，後也，不敢为天下先，让之至也。土者，十一之谓也，小十而大一，阴而阳承也，依阳而陈之义也。人之真意，其德如此。故土音杜，信义也，诚义也。成，平成。言如是或法天，或效地，无不成者也。天，天仙。地，地仙也。坦者，无私之谓。平者，不显之名，无我无物之意。故贤勒百[①]奋天，垕土成坦平。如是如是，其庶几焉，犹未也。

弥结彰生樟，结陆渺兰蒙。

弥，周密貌。结，坚实不虚貌。彰，流露貌。生，生炁。樟，树名。耐寒而寿，西方树以庇众庶者，樟城是也。此树易生而长青，高高下下，陆地水乡，随树随生而易大者。人身真炁之流布，无边无际，若生樟然，永无凋谢之虞。在在流注，亦如樟之在在自生，或陆或渺，咸得藉以卫兰而养蒙也。故曰“弥结彰生樟，结陆渺兰蒙”也。陆，陆地，平洋是也。渺，滨水，泽国是也。兰，君子之花，王者之香，喻种子也。蒙，德泽，《易》曰：“蒙以养正，圣功也。”此承上文，述其神化。坐炼至此，乃有世出世间，随

① “百”，诸本脱，据经文补。

念圆成之功用矣。

胧登狞獬筌，信帝聻驮猍。

胧，混沌貌，有“不识不知，顺帝之则”之义，厚之极也。诸灵爽等，受炼性镕，打成一片，无我无人，冤亲平等，惟一含夫浑穆元炁而已。坐炼至此，乃可以送之九霄。其至清至淳、至虚至一者，超证天仙、地仙、神仙之境。其次者，亦得降生人天，若现宰官身，或现居士体，生生育养，在在树勋，尽此报身，同升金阙。其下者，亦不失其本来天性，少诸嗜好，与道有缘，薰修有志，尽此报身，同升玄域，为仙指臂，此其大略也。此释登字之义也。登者，升也，有送升之义，有超证之义，有判往之义。其最下者，有性如狞獬焉，如驮焉猍焉者，亦得筌而化之，聻以令之，各有用于天府人世焉。坐炼之妙有如此。狞獬，猛兽名，性恶贪佞而善噬。筌，法柱名，一名法幢，上帝用竖于域，以化不淳者，其柱有五，此其一也。信，明信。帝，根蒂。聻，紫微秘号，用以镇煞安淳者。驮猍神兽，皆龙种，上帝用以守宝藏者。驮性忠，故主入；猍性义，故主出。以喻人性之或有偏滞者，陶之镕之，亦成妙材之义。祭炼之功用止此。

曩谟珏法乘，津幽延日月。

此两句总结全篇，言所示皆曩谟也，皆度世之珏法乘也。以之乘津而幽而延，如日月然，皆常经也，非偏论也。曩，昔时也，犹言古时也。谟，嘉训也。曰曩谟者，犹言古先至圣口口相传之谟训也。珏，美玉名。法，法则也。乘，车乘也。乘之义，兼舟车言，盖言乘以逾山越海，喻词也。故乘有上乘、中乘、下乘，又有大乘、小乘、无上乘，皆喻经法也。此曰珏法乘，亦此义，乃赞《玉经》之通利，若乘然也。故曰曩谟珏法乘，赞极之词也。津，通津，三叉渡口也。幽，深也，邃也。延，长也，悠也，久也。日月者，光明不昧之义，指此珏法乘也。盖有诚则明矣，明则诚矣两义也。愚按：曩谟，宜从南无，乃令无念乃妙。

星斗曜息命，炁防元德丘，炁寿贞固灵，炁寿天地晶。

星，天星。斗，心斗。天以斗为心，人以心为斗，天有八万四千星宿，人有八万四千毫窍，睽[①]之天，二而一者也。曜者，燿也。息者，熄也。命，天命，人所共禀者也。曜则生，息则死，其权操自斗，信也。而有不然者，惟至人能之。亦惟至愚者，能速其死。所谓君子造命、小人丧命、庸人囿命是也。炁者，气所化，神之谓也。神存则生，神去则死，炁乃人之命也。呼吸之，升降之，后天之气也，不足恃以仙者也。炁则先天之至宝，似气而实非者，古人混之不辨，以炁乃气之所化也。不知气乃神所使者，炁旺则气行而血活。譬如同一人也，帝与民是也。君圣则民安，神衰则气滞，保神即所以保气也。炁气之分在此。盖气乃无知，而炁则灵甚焉。炁乃心之体，气乃炁之用，故谓气犹炁也犹可，谓炁即气也则不可。有清浊之分，有贵贱之别，有先后之殊焉。气炁辨，而修养之为仙；炁气不辨，而混保之惟寿。余故从而申说之，阅《玉经》则尤信矣。此一炁字，三教之所统宝者焉。故曰炁防元德者，孔子也；炁寿贞固者，太乙也；炁寿天地者，如来也，如来即性也。防者何？防微杜渐也。元者，善之长也。德者，心之得也。寿也者，寿此炁也。贞也者，贞此炁也，亦防义也。固者何？固此炁也。盖以炁防，则其防也周，而元善存，心德全。炁寿则心寿，炁固则心体坚，外魔不得而入，此儒门道门宗师所续之文。下句，续自佛门宗师者，言我如来，且以此炁寿彼天地，使得清宁，安我众庶，故我如来亦得号曰毗卢遮那如来佛。按皆颂称是经耳。经文九十六字，止于炁字。

按此五言，宗师用以普度三教之灵爽者，欲演祭炼玄科，须用此五言古本云。

臣今依教持，济度诸灵爽。愿仗玉经力，成就臣所愿。

此四句，临行坐炼时念之，乃祝词也。

大洞玉章经五言苏本注

吴兴金盖山人闵苕旉注释

此本之文，旧止百字，今订百二十字，其义详述于《辨体》。盖文无定

① “睽”，当为“揆”。

文，即余旧得四、三、五、七言四种，亦各不同。丁丑至苏，又得此本于法家，其字句有大异者，闻其先得自巴蜀，盛传于施铁竹门下，颇著灵应。爰注其异字，而略其同文焉。原本字左加玩，今订从元者，义亦详《辨体》。

玀参蓝波逮，洽台离堂会。

参，音川，三才也。言罗有三才，备有三纲，开有三境，具有三光之义也。而其最著者，蓝波台是也。台，灵台，君所居游者。堂，明堂，朝觐之地也。会，聚也，群臣会聚之义也。

推入连广灵，都郁罗殊迈。

远，远也。言其德政广布，而流行之茂郁义也。

育弗超散兆，生夭横滞殆。

殆，危也，承兆字而言其变也。所赖在上者，能修其育弗超散，以生彼夭横滞殆者也。

冥骞廷盼苞，己猷玄幄快。

廷，朝廷。幄，覆也。快，快足也。言必迁而出之明廷，而如幄以覆其迁善者，君心斯快之义也。

沙福烟明桂，会和子存赖。

赖，恃也。此承上快字义，言此大善运会，恃君终始全成之义也。

贤勒百奋天，垦土成垣败。

败，亡也，坏也。言当教之义方，以护以卫。若恃夫城守而已，其败亡也必矣。

弥结章生獐，结陆渺阑懈。

章，障古通，承垣字义来者。獐，神兽，性善啖毒蛇而食素，古人禁猎之，留以障山野居民，仁政之一也。阑栏古通，承章字义也。懈者，言有此仁政，即阑即障即垣也，几可无恃夫阑矣，故曰懈，犹言不要紧也。

龙登狞獬全，信帝蜼驮碍。

全者，全君之德也。碍者，碍君德政也。言朝有直臣，则佞除而君圣。但知守货，不知赈济，是碍德也。

曩谟玉法乘，津幽延日在。

日者，慧日，指心言也。在，自在，亘古今而常在者也。此总经文，言陈法具于《玉经》，而运在心。譬如行路然，非有程途可考，循而行之，有歧路焉，不有指南，幽暗绵长，无由深入，此慧日之不可失所在也。而要知慧日，人人具足，个个圆成，颠沛顷刻不离者。非从外至，乃亘古今而常明，在天曰日，在人曰心，无内无外，无我无人，有感斯照，无念默存，是名慧日。以非外至，亦不暂失，故曰在也。盖训为上者，当自明其慧日，则国治矣。

星斗曜息命，炁受真固奈。

星者，喻诸臣庶。斗者，斗极，喻人君也。命，诰命。炁，心炁，喻君命也。受，顺受。真，诚也。固，执滞义。奈者，无如何也。盖言君命之宜慎出，则关乎兴废者，令有不行，教化之未周也，未可以其梗命而置之不化也。必如盘康之诰迁，周公之抚洛乃可矣。

原本经文止此。

炁防元德邱，三皇五帝派。

元，元气，指培下言。德，心德，指在上言。邱，邱陵，高义也。派，支派，乃脉脉相传之义。

此二句并下二句，原本所未有，采自五言古本，以结此科经义云。

五经四子书，孔孟教无类。

盖祷词也。按孔孟二字，一本作成达，盖言成德达材也。

大洞玉章经七言古本注

吴兴金盖山人闵苕旉注释

按此一科，未标何用，似亦奉真一流之所宝秘者也。

罗三蓝波逮洽台，

此句示从外境入观，不局一隅之义，其妙旨在一罗字也。

离堂运推入连广。

此句示以内运入手，其妙旨在一运字也。

灵都郁罗殊邀育，

此句直悬一幅灵都胜境图，其妙旨在一育字也。

弗超散兆生夭横。

此句之眼在生字，有回天之手段焉。

滞始冥骞庭盼苞，

此句之眼在盼字，有救苦之宏愿焉。

已猷玄渥称沙福。

此句之眼在称字，有紫微之权衡焉。

烟明桂会和子存，

此句之眼在和字，有欣欣向荣之义。

乐贤勒百奋天垦。

此句之眼在奋字，有更上一层之义。

土成垣平弥结章，

此句之眼在弥字，有无远弗届之义。

生樟结陆渺兰蒙。

此句之眼在蒙字，有蒙以养正之功。

虢登犷獬筌信帝，

此句之眼在信字，有昭明信也之义。

犟驮狳南谟珏法。

此句之眼在谟字，有率由旧章之义。

乘津幽延日月星，

此句之眼在乘字，有无征不信之义。

斗曜息命炁防元。

此句之眼在斗字，有一切惟心之义。

德邱寿贞固灵寿，

此句之眼在固字，有金刚不坏之义。

是曰玉书可精研。

此句盖摘自《黄庭经》，以结此经之义。

按经文惟九十有六字，后续十六字，乃宗师宫无上所编，以示后人者。

智慧真言注[①]

金盖山人闵苕旉注释

按此真言，传自谌母，为旌阳许祖所宝秘，向无注释者。余持之久，忽忽若有所得，爰为注释之，以为同志者一豁心目云。

唵，

唵，音庵，叹美词。

钵啰，

钵，音波。啰，音拉。钵者，金器，如碗而口微小，口圆而中空，太极之所自出，其光烁烁然，人之性珠实似之。兹曰钵啰，盖此义也。啰者，助语词，犹言然也、如也之义。

钵啰，

重言之，以足其义，犹言放光又放光也。

吽钵啰，

吽，音沙，众义也。吽钵啰者，性理叠现之貌，万殊之义也。

吽钵啰，

重言之，盖指性理层出不穷，有如无量金钵叠现然也。

印尼隶野，

印者，证也，符合之义。尼，三尼，至圣也、释迦也、太上也。言其性天之明净，光耀之广大，直与仲尼、牟尼、青尼若合符节也。隶，属也。

① 参考《诸经日诵集要》卷中所收之“求智慧咒”，其曰：“唵，婆啰婆啰，三婆啰，三婆啰，印涅嚟野，弥轮陀尼，啥啰啥啰，折唎曳（二合），锁诃。”

野，野人，先进之君子也。言彼性之光明无量，已符合夫三尼，则其分量，已隶属于先进之列矣。

弥轮陀尼，

弥者，弥大无大之谓。轮者，周流无滞之貌。言性光之广大周遍，无少住滞之义。陀者，圆陀陀、光烁烁之义。尼，太阳之隐讳。天语呼日曰尼，西方梵语亦然。言性光之形之用，不但与三尼合其德，而直如太阳矣。

含鲁含鲁，

含者，藏也。鲁者，钝也。曰含鲁者，犹言大智深藏，一若拙钝然，藏之至也。重言之，以启下文之义。

哲利予，

此承上，言古先哲人之所乐，予以至道者，正以学者之大智若愚也。哲，古哲也。予，音与，赋也，赐也。

哲利予，

言古哲人，必乐予之至道也。

哲利予，

三言之，以启下文也。犹言岂但乐予至道哉！

娑诃！

娑，天语，速义也。诃，音货，亦天语，言其速之至，有如货一声然也。此承上，言非惟予之，且速予之。盖智慧非至道，而至道非大智慧者不可得，故古哲人之所深爱惜也。古哲人者，元始、元皇、皇人是也。

唵，音庵，叹美词。钵，音波，器也，似碗而口微小，圆而无缺，形如无极，而有光明，灿然耀目。人之性光实似之，故以之取喻也[①]。又曰钵啰者，重言以申明之，犹言如此如此也。吀，本音沙，叠现貌，亦沙字之义。曰吀钵啰者，盖言许多性珠，如钵一样，随前所放性光钵啰然次第现放义也。又曰吀钵啰者，亦重申之义也。印者，合也，符也，犹言符合也。尼，太阳也，九霄之神语，呼日曰尼，西方佛国呼日曰牟尼。言我性珠钵啰然无数放出，上与太阳符合也。盖言其光明之大，竟如日然，故曰印尼。隶者，属也。野者，先进君子之称，《语》曰野人是也。言我性光既得合夫天日，则身分应隶于古君子之列，故曰印尼隶野。弥，周遍不缺貌。轮，辗转无滞貌。陀，圆满广大貌。尼，太阳。含，藏也。鲁，钝也，质也。哲，古哲人也。利，乐也。予，音与，给也，付也，赐也。言此周遍不缺，辗转无滞，圆满广大太阳如性珠，每含藏于质鲁之人。其每含藏于质鲁之人者，古哲之所眷顾者也，此重言含鲁之义也。是以下文直接曰哲利予者三，又直接曰娑诃。盖娑者，速也。诃，一作贺，音货者，形容速字之义，犹曰货一声然也。哲，古哲，上圣上真是也。利者，乐予之义。予者，与也。上一句承含鲁两字来，犹言此是一定之理也。第二句，犹言正是一定之理，决词也。第三句，乃起下文娑诃二字之义也，犹言非但利予，而且予之速也，故直接曰娑诃也。印尼之尼，不作三尼解为妙。

① 疑后脱释“钵啰”一句义。

一目真言注

吴兴金盖山人闵苕旉注释

按此真言，谓传自斗中孝悌王，久为礼斗宝笈。科用宝镜一面，置之蒲团前，每遍一叩首，叩叩着于镜面，不计数礼之。其源传自郭汾阳，笔箓科用以求智慧，而冠于智慧真言之上，其说甚通而甚秘。盖以法出乎斗，而自无注释。我辈学道，全凭智慧，用以求慧，本无不可，爰为加注，以体以诵之。不敢自私，谨梓以公同志云。

娑诃一目浑般［娑诃一作娑哈者，祈祷科中之所用也］，

娑者，千条万理之义。诃，音霍，合也。目，条目。浑者，浑然天理，无有一毫人意杂于其间。般，音卜，梵语，大智光也，与钵啰义似是而异。盖钵啰有象可拟，而般则洞明无际。娑诃云者，有搏万成一之功。一目浑者，有镕之为玄之义。夫人性本善，溅习而迷。欲返初赋之智光，惟在贯条理于一目，悉以镕浑焉，则真智始复，是即所谓般也。般也者，恍现一光明华藏，无际无边，有可以想象而莫可形容之妙。般之为义玄矣哉！其究竟有如下文所云。

娑诃帝帝新般［娑诃，祈祷科中作娑哈］，

此承上般字之义而言，众理悉合，则性光复旦，但恐一时之偶合，未能固蒂深根，则合者易散，而混者复淆，其所得智光，亦且悬而无薄。必使万物芸芸，各归其根，故上言娑诃一目浑，有不识不知之义，而此言娑诃，有顺帝之则之顺意存也。帝也者，蒂也。帝帝者，蒂之蒂也。上帝字即顺帝之义，下帝字即顺帝之则之义也。新者，革其旧之谓也。言千条万理，既会归于一目浑然，而复其本来之真智，即当于千条万理中，各探其所系之根蒂，复进而探其根蒂之所系。斯万物各归其根，会其有极，即帝帝之义得，而旧染污浊，咸与维新，本来具足之智光，一如古镜重明，由是一目浑之功用，可冀永贞无弊。此申明上句而穷其本源，足征有本之学，一如源泉之浑

浑然。

盖此真言，乃上真所传，俾志士佩之，以自得其智慧者。首句娑诃，有博学反约，使自得而居安之义。此句娑诃，有居安而资深之义。下句娑诃，有资之深，而左右逢其源之义。

娑诃波啰波啰［娑诃一作娑哈，波啰一作波罗，皆祈祷科所用。罗者敷也、遍也。波者，泽也］，

此承上言，众理既合于帝之帝，犹大水之宿于星宿海，醖而未泻然，此句娑诃之义也。波者，性海洋洋，迢递发行之象。啰，语助词。波啰波啰云者，言般之发用，有一波未平一波兴之貌。其组织自然，叠现成纹，无穷尽无方体也。此申明帝帝新般之发泄有如此者。

观般观般，

此承上波啰波啰之意，而示以观我之义。上观字，如字读，审视也。下观字，音贯，有洞照无遗之义。言性理既洋溢而四出，其广大清明，有波啰波啰一种光景，非不上善若水矣，第恐人心之易于变迁，犹水之易于淫溢。水遇阻则泛，泛则溢，溢则淫，淫则怀山襄陵，其势不可复制。惟顺其性以导之，斯通泰而无滞，法惟行其所无事。智者之天资本善，然恐遇欲而摇，摇即夺，夺即漓其天，而纵横其心性，此天人危微之际，审视宜精。惟于将发未发时，率其本性以修之，则隐微自有宰，法亦行其所无事，即观义也。曰般观者，言以本来大智光，照顾于千条万理中，以直养而无害，有明目达聪，无为而治之之象，《虞书》所谓“敕天之命，唯时唯几”是也。下般字，《周颂》所谓“维天之命，於穆不已”是也。此示人以观法也，此般观般之大要也，此般之正义也。自求多福者，有所依矣。

因般帝，

因，犹依也。因字之义，承上观字来。因般帝者，言惟能依夫般观之般，以朔其波啰波啰之源，直穷乎帝帝新般之帝。苟舍是以相依，则离道益远，而天机遂汩。其波啰波啰之流露，何难忽就于污下，即娑诃一目浑之功用，亦安得镕之为玄，而不化之为孽耶？因之字义甚精矣。特于天人界上，

标一危微之正旨焉。

因般娑嚩贺［娑嚩贺一作娑婆哈，祈祷科所用。娑，众也。婆，普也。哈，速也］。

嚩，音复，复初之义。贺，音货，如货一声然，言其速也。此承上言惟能因般，则千条万理，咸复于帝始之初心，其功效之神速，有如响斯应者。

按此真言，上连《智慧真言》，下即续以《增智慧真言》，统成一咒。则首句娑诃二字，即承上文智慧真言之末句而来，更属有源有委。下文增智慧真言，首言怛字，即此篇因般之义，其文理亦甚贯通。此在首持者之一以贯之耳。

增智慧真言注[①]

吴兴金盖山人闵苕旉注释

按此真言，或谓传自少阳帝君，有谓传自许旌阳，而解解子笔箓科，谓传自玉清神母，斗中孝悌王授于韩昌黎，南宋白琼琯先生得之于玄盖洞天，久为笔箓家枕中秘。余阅《大藏辑要》，又为大慧尊者所传于世，似由西域来者。其说不一。轻云子谓传自东华，以授正阳帝君，正阳帝君历传吕纯阳、刘海蟾、张紫阳三祖师，张即亲授海琼白祖，以授鹤林彭祖，而后此真言盛传于世。奉笔箓科者，不可少此云。

怛你也，怛你也，怛你也他[②]。唵，闭祖，闭祖。

怛，此○也，道心、天心、佛心是也。你也者，此丶也。丶出诸○者，故曰你也。三言之者，申明此理，犹言这也是你，那也是你之意。他者何？此○是也，此指月指日之义，取以印证义，故曰他。所以证丶即是上○此是也。唵，叹美词。闭，摈除一切杂念妄想之义。有如门之闭而不开，不令心神外放之义。祖，祖窍，生我之地，玄牝之门，究竟之乡，涅槃之境是也。重言之，以起下文之义。

钵啰，钵啰，钵啰，倪也。钵啰，钵啰，钵啰，倪也。钵啰，钵啰，钵啰，倪也。嚩里驮，你［○此也］。

此承上言一经闭祖而闭祖之。则有钵啰钵啰钵啰，如一种圆陀陀、光烁烁次第放出，无有端倪可测可寻可破，一性理呈焉者，所谓倪也是也。汝试从此中测度之，所谓嚩里驮是也。圣师恐人迷认是外至之物，又或迷认是天心、道心、佛心、古来之圣人心，而自迷其本来面目，乃有骑牛觅牛之误，

① 参考施护译《增慧陀罗尼经》，其咒曰："怛儞也（二合）他。唵（引），闭祖闭祖，钵啰（二合）倪也（二合），嚩哩驮（二合）儞，惹啰惹啰，弥驮（引）嚩哩驮（二合）儞，地哩地哩，没弟嚩哩驮（二合）弥，娑嚩（二合引）贺（引）。"

② 按：怛你也他（tadyatha），汉译乃是即说咒曰，或所谓之意。是咒语起首之词。

故即棒喝曰你，言所示所闻所见即你也。本来具足，不假修证，人人具有，个个圆成，不自外至，与古圣仙佛同具者。你也之义，此初破参时，所得之功夫景象。下文乃从此一悟后，更进一层焉。

钵啰，钵啰，钵啰，倪也。钵啰，钵啰，钵啰，倪也。钵啰，钵啰，钵啰，倪也。噂里驮，你［⊙此也］。

此承上点破后进一层玄理，其效验有钵啰钵啰钵啰如，而悉无端倪可寻可破者，叠现于前焉。圣师恐后学住于初破妙境，乃复令其从此中入而测度之、究参之，故又曰噂里驮也。圣师见其既已深而测度之，恐其别有趣合，或为理障所误，乃复奉棒喝曰你。犹言不是别理，还是你更进一层之本来面目也。此是破参后又是一种景象，盖已造妙有发现之境界焉。如第一层破参时，但见清空一炁周流景象，乃入虚无初地，未可谓之妙无。此更进后，万有洞开，生生化化，目不暇接，挥之不得去，留之不得存，不惟城郭山川，士女如云，而所见悉皆黄金为瓦，白玉为阶，五色宝石而严饰之，珍禽异草，在在咸陈，性海仁山，澄峙无际。而其中有不可言之见见闻闻，有如三山四海，佛国罗刹，上圣高真，凡夫俗子，人非人等，无不洞悉洞闻，此之谓妙有。从而更进之，则又大异焉，下文所现者是也。

钵啰，钵啰，钵啰，倪也。钵啰，钵啰，钵啰，倪也。钵啰，钵啰，钵啰，倪也。噂里驮，你［⊙此也］。

此承上更进后，又有钵啰钵啰钵啰然一种玄妙莫测景象出呈焉。揣之不得测，啮之不得破，无可赞斥于其间，所谓倪然似也。圣师令其重行深入而究竟之，则疑窦又开矣。盖已证入妙无真境矣，较之初破参际，似是而实大异焉。圣师虑有住此离彼，住彼离此，顿生歧念，便入傍门，故又喝曰你。功夫至此，一经点破，则又有万路齐开之胜境现焉，较之昔现妙有，又大异矣。故下文又有开示焉。

惹啰，惹啰，弥驮，噂里驮，你［⊙此也］。

此承上喝破之后，万路齐开，而似未可概听之现有已也。圣师虑其疑为幻化，而不知究研，则有神散万有而不一贯焉。故训曰：汝所放现者，是慧光之所烛露也，何不即尔所放之慧烛种种，从而周度之。是即古云“且向万殊色相现成看”义也。下句乃有“毫末个中沙世界，无从寻处见天真”，盖即物物一太极义。故又令曰嚩里驮，已更喝曰你，是即“六经四书，皆吾心注解”义，故又喝曰你。是将证圆通圆明境界也，故下文更有示焉。

地里，地里，没地嚩里驮，没地嚩里驮，你［○此也］。

此承上弥驮、嚩里驮后更向极广厚地，深入根参而穷究之。盖欲令无余义可究参也，乃若答曰似无余地得有深入待参者，故曰地里地里，没地嚩里驮。此是学者自问之词也，盖已证入圆通圆明境界也。圣师知之，故即接其吻曰：没地嚩里驮。即是你将证圆觉圆寂妙境也，故即喝曰你。学者承此一喝后，则有放下又放下，一种圆寂境界全现也，故下文所示如此。。

娑嚩［⊙此也］，

娑者，一切之谓。嚩者，复也，与上嚩里驮嚩字义异。上嚩字，作腹字义解。此嚩字，作复字义解，犹言天赋悉复之谓，盖指圆寂也。性惟圆寂，乃是真本来之全体也。此句乃圣师之指点词也，言此汝本来面目咸复之验也。

娑嚩［○此也］，

此句学者自问之词，言此圆寂之境，是本来之真面目，我当谨识义。

娑嚩贺。

此两句，圣师深许之，盖有为之摩顶授记义在焉。贺，音货，庆词也，或作至速之义解亦通。

密迹金刚神咒注①

吴兴发僧际莲氏闵苕旉注释

谨按释藏载此神咒，盛行于李唐之际，其经有二卷。述载文佛释迦牟尼世尊当涅槃后，螺髻梵王不来吊唁，乃复肆令部下摄彼佛国优婆夷、比邱尼邪淫无度，灭坏佛教。佛国震恐，阿难等十大弟子，遣诸罗汉、无量力士、亿亿咒师前往责诘，无一生还，咸被梵王布秽触净故。佛国等众向佛悲号，世尊感之，化一力士，三头六臂，现告四众优婆塞、优婆夷、比邱、比邱尼，及诸尊者阿难、迦叶等曰："我能降伏。"腾身虚空，金光弥布，日月光隐。移时旋返，梵王悔悟，亲送前往诸罗汉、众力士、咒师及诸优婆夷、比邱尼等。赍彼宝香，无上珍宝，带彼眷属，俯伏佛前，哀求赦罪，密迹力士乃为摩顶受戒，令彼回国。复为佛众说此经咒，流为密部第一妙法，名曰《密迹金刚神咒》。人能持诵，力士誓愿赴护，悉如彼愿。以其出自佛心，故曰密迹，以能破秽，故又曰秽迹神咒云。

唵，佛咕堀嘽，

唵作瓮字音出之，叹美之词也。佛，音鼻。咕，音豁。堀，音咽。嘽，音鲁。此句犹言佛说过也。言佛曾向佛众说过也。

摩诃钵啰，

此句是指前往责诘之诸罗汉也。摩诃，梵语，华言大也。钵，音卜。

① 参考阿质达霰译《秽迹金刚说神通大满陀罗尼法术灵要门》，其咒曰："唵，咈咶啒嘽，摩诃钵啰（二合），恨那㖶（三音），吻汁吻（四音），微咭微，摩那栖（六音），呜深慕（七音）啒嘽，泮泮，泮泮泮，娑诃。"另参考咫观《法界圣凡水陆大斋法轮宝忏》所引："唵（引）（一）（上音读。从胸引声至喉中。俗传读作瓮音。恐未可信），咈咶啒嘽（二），摩诃般啰（二合）（三），很那碍（四），吻汁吻（五），醯摩尼（六），微咭微（七），摩那栖（八）。唵，斫急那（九），乌深暮（十），啒嘽（十一），吽吽吽（十二），泮泮泮（十三），泮泮娑诃（十四）（古经本咒四十三字。唐太宗朝人多持诵，感验非一。后人除去十字而不灵，以防妄用。今不除去）。"

啰，音拉。言性明如钵然也。钵似碗而口微小，金所铸者，其光灿然，以喻明性之体也。言诸罗汉，皆有大慧性光如钵然者。啰，助语词，犹言然也、如也之义。

很那喝，

此句是指无量力士也。很狠音同，义亦通。那，音奴。喝，音许。犹言前往之无量力士，皆极有法力者，我所深许之也。盖很即狠，勇义也。那者，那也。喝，即许字义也。

吻汁吻，

吻，音汶，乃口吻之吻，咒义也。汁者，精之义也。重言吻者，言口口不绝声也，是指亿亿咒师也。

醯摩尼，

醯者，有革故鼎新之慈念。摩，责善之谓。言所以前往之意，原不过令彼梵王有迁改之心，故慈而相摩责也。尼，太阳也。言愿破暗开明如太阳也。此诸罗汉、诸力士、诸咒师之慈念如此也。

微咭微，

微，音尾，读作委音者。咭，音接，犹言尾接尾也。此言前往之人之众，有尾接尾不断而往也。

摩那栖。

摩，作莫字义读。那，作奈字音义读。栖者，止也，其也，犹言莫奈其止栖也。尔时，螺髻梵王遍布恶秽以触佛众，故有法力神通莫能自安，焉能令彼悔悟，故曰摩那栖。

唵，

唵，音安，悲叹声。盖叹梵王之无道，而悲佛众之被蔑污也。

斫急那，

斫着音义通。那，音拿，犹言着急之至也。言诸佛众死者死，污者污，思彼梵王一无悔悟，则祸临佛土，几无底止矣，故曰斫急那。斫字本义，以斤以石相伐之谓也。急，紧急也。那者，无如何也之义。是世尊感十大弟子等号哭时之言也。

乌深暮啯啤，

乌，乌鸟，其色黑。深，深入其境也。暮者，无日之谓。言彼梵王若是污蔑，是无日之世界也。此句乃世尊自说往彼降伏之意。犹言如彼乌鸟飞去，深入此无日之天，而行我啯啤啯啤之正大光明辟秽神咒也。此句啯啤，与首句啯啤两字义异，首句啯啤，言说过落也。此句啯啤，言咒声也。一解乌作我字义会，深作升字义会，暮作望字义会，啯啤亦作持咒之声解。盖以乌我深升暮望音通，则犹言我感佛众之悲鸣，故升腾霄汉间，望彼梵王都会处，念动此神咒，啯啤然一声，则死者活，污者净之效。下文故接曰吽吽吽，犹言好好好也。

吽吽吽，

吽，音吼，旧作心光解，不如从好字义会之。盖吽好西方音通。故吽吽吽者，犹言好好好也。言将佛咒一念，则恶秽悉化净物，而向所被触死者悉皆复生，神通咸复如昔，不觉见而自庆曰好好好，盖自庆之词。若从旧解亦妙。盖此句承上言我佛往彼，大念神咒，叠放心光，照彼无日之世，则诸秽咸净，而向之被触而死者咸得复生，如下文所言者。二解可并存之。

泮泮泮，

此句承上，言我佛将咒一持，将心一照，凡彼境之恶秽，一一咸净，我之佛众，被诸秽触而致失法失生者，一一咸苏如昔焉。咒之神力如此，心光之妙用如此义也。泮者，释也，涣也，生也，言涣化夫恶秽，而生释我触萎者也。三言之者，有次第化涣生释之义也。

泮泮娑诃。

此句承上，言得涣化释生甚速也。娑诃者，甚速之义。

大悲神咒注

吴兴发僧际莲氏闵苕旉注释

广大圆满无阂大悲心大陀罗尼神妙章句。陀罗尼曰：

广大圆满无阂者，言此性光本来广大圆满，一无阻阂也。阂，礙也，不作礙与碍，而作阂者，即此一字，其义意可谓精且微矣。盖作礙，则因有疑而阻，是不行之阻也，非奉持者之所有也。以已知奉，则不必作有疑之阻虑矣，故标题不作礙而作阂。若作碍，则有未得谓得之妄。以阻其所进之阻，其阻虽一，而一阻于疑，一阻于妄，皆非天定之障，乃人自作之孽也。阂字之障，从门从亥，乃天生之障，譬如大海当前，非舟莫渡，乃处世之阻也，天限之也。人身之中，百关万窍，偶为痰塞，气不通流，则有病生，而修持因阻，亦天限也。惟此大悲心大陀罗尼光到则度则通，故作天限之阂，不作人限之礙与碍也，故下即曰大悲心大陀罗尼也。其曰无阂者，别物有质，故有阂。此性虚灵，故遍彼虚空，满彼恒河沙世，而无处无物，坚如金，秽如粪，恶毒如蛇蝎虎狼，无知如草木土石，而此光无不洞入，无不周满，无一片刻得阂而或缺者，故曰广大圆满无阂也。此之谓性天，人人具足，个个圆成者也。曰大悲心者，圆通无住之谓也，故大士一号圆通自在菩萨。世人此句作慈悲悲字解，乃大谬也。当作大圆通心解，此承上无阂义也。曰大陀罗尼者，指证上文性光真体发现，有如此之广大圆满无阂大悲光明然也。大，大也。陀罗尼，言滚圆满遍，如太阳然一颗宝珠也。上天天语呼日曰尼，西方梵语同。犹言即此奇大滚圆的太阳也。是指证性光之真体，坐观时所现如此，非言性光即日也，此即慧日、慧月之名，天心、佛心义也。神妙章句者，言其发露于世，结成神化妙玄之章之句，有散而万殊，卷而一本之义。故下即醒之曰陀罗尼也。犹言原是这个滚圆的太阳样，圆陀陀，光烁烁，广大圆满，无阂无住心焉耳。有指点口气。会得此意持大悲咒，则己度、人度、物度、鬼度不难。

按此咒本属有音无文，圣圣口传，不留文字。而原其有文之始，已在中国。中古圣师自西东来，虽属据音手录，而圣师已会通夫华言而出诸口，故不必以梵语莫通，自障心识，原可以意会得解之者。第其义意渊深，有仁者见之谓之仁、智者见之谓之智之妙，未可自是所见，而必强夫人人咸附我见。如余今注释，然亦不过备一解释焉而已也。

南无喝啰怛那哆啰夜哪，

南无者，心无杂念也，莫作曩谟会。喝啰怛那者，犹言威光赫奕着一颗夜明珠然也。喝，作赫字会。啰，助语词，犹言着也、然也解。怛，音塔，不夜之珠名也，喻佛性也。按此怛字，乃通篇之主脑，翻来覆去，无非发明此字。那，音拿，指点歇时带出之音。有言已了，而神犹注之义，一名歇语词。哆啰夜哪者，犹言大定着黑漆漆地方也。哆，大定貌。哪，同耶，疑词也。夜哪者，黑漆漆貌，有拟象意，盖喻不见不闻之地义。按此句是通篇主脑，而怛字又为此句之主也。

南无阿唎哪，

南无，旧解误，向准《佛尔雅》作圣师圣友会，言是流传法语，乃我圣师友也，谓即尚友古人之义，有人不法古，则道不明义。然不若竟准南无本音本义会，以无口傍故耳。阿唎应作代日珠解。《白国志》载迦叶佛说法鸡足南麓龙树山故事。周懿王时，西方有国日常没，日耀时许尔，民苦其暗。尔时，迦叶应运旨，往彼说法，阿唎龙王化一士人，混进听讲，七昼夜国常明，龙王听至佛以“无住而生其心”，合掌而逝，遗珠于宝髻中。迦释佛[①]取以置之山树之巅，以代日月。民感其德，名其国曰阿唎。龙王以此舍珠功德，升证无上果。已而迦释佛以将涅槃，为众说法于土山，龙女感之，亦来听法，听至“法尚应舍，何况非法”，顿悟性空，舍身化树，树开五色花，香千由旬，以供迦释佛。佛名其树曰龙树，颂曰优钵罗。龙女以是功德，升证龙树王菩萨，位在阿唎尊者之下。可信舍身功德，不及率心度迷也。据此，南无前解，不若作心心无念也。哪，疑词。谓岂神龙阿唎舍其心珠以代日珠悬耶，何光明之广大圆满无阂无住耶！是赞首句怛字义也。

① “迦释佛”，疑为“迦叶佛”。

婆卢羯帝烁钵啰哪。

婆卢，梵语，华言摩利天。羯帝，华言日月争光，有如羊斗然，合璧之义也。烁者，如电光之掣然。钵，口圆而体明有光，故曰烁钵啰哪。言日月合璧，其光耀有如两钵相掣相放然，盖亦形容首句怛字义也。哪者，疑词，犹言岂如是耶义。

菩提萨哆婆耶，

菩提，梵语，华言正觉。萨，情也。哆，大定也。婆，布周也，广也[①]。言岂正觉者，法性光布于情缘大定时耶？何所放现若是之周遍耶？

摩诃萨哆婆哪，

摩诃萨，梵语，华言大觉。哆婆，解见上。犹言岂彼大觉者，功入大定，而普布放其大定智光耶？是亦赞夫首句怛字也。

摩诃迦卢尼迦哪。

此句总承上文以启下文也。摩诃，大而无算之谓。迦，能仁之名。卢者，真炁充足之貌，法体是也。尼者，光明莫测之貌，太阳是也，喻佛心也。言其岂有大而无算之仁德真炁，充遍虚空，有脱越圆融，无住无相之趣之规，现有圆陀陀，光烁烁，普施仁照如日之心，悬于太虚间耶？以为惟佛出世，乃能现此之义也。总以形容怛字之义，以启人景仰遵修之意。

唵，

唵，旧解作一切天龙八部、人非人等合掌恭敬之谓，其解是也。一说作叹美词解，言不图有此种种光明，不觉同声叹美之义。二说皆妙。

萨皤啰罚曳，

此示人修省得功之义，承上唵字义来。言汝等徒知恭敬叹美，如何能悟？贵能于动念处觉察，不惮迁改，翻然自新其新，而严以责改，不自放

① “广也”，万本无，据金盖本补。

逸，若临严师然，则旧染去而光明现焉之义也。萨，情也，觉也。皤，番黑返白貌，日新之谓。罚，自治之严义。曳，出也，性光始现之义。

数怛那怛写，

此示人修心则心明义。数，音索，屡也，即时习之义。怛，佛性。写，泻也。言知数治其心，即是佛性，所以人人可以作佛，今昔典谟，皆泻自佛性中来也。

南无悉吉利埵伊蒙阿利唎，

南无，往训也，即上怛写之典谟也。悉，尽义。吉，吉祥。利，利济。言此典谟，能悉其吉利，则吉利焉。埵，护生之具，城属也。伊，三目天神，言明察也。蒙，昧也。阿，无也。利，利益也。言当悉其防护有如埵然，悉其明察有如伊然，而心存吉祥利济，惧或邻私，有如防寇然，护生然，埵焉伊焉，一若昧焉，则何益之有焉？故曰蒙阿利唎。是戒人当存普济心，莫作自了汉义。一解蒙乃养义，阿乃不见不闻之地，利唎，有无利不利之念。皆蒙字中作用义，是即南无悉吉利义。所谓吉也吉，不吉也吉；利也利，不利也利，故曰悉吉利。其埵也伊也，正以抚蒙以养正于不见不闻之地，亦不计其教养有益与无益也，此解最妙。

婆卢吉帝室佛啰楞陀婆。

婆卢者，法体广大，如一娑婆世界然义。言其真炁敷布，广大周遍有如此，是承上普济愿来者。吉帝室佛啰楞陀婆，犹言养成娑婆世界大一个法卢，作为大吉祥帝居宫室，奉佛以居然，而栏以慧光，亦如娑婆世界之广大周遍焉。是示人以广大真炁护持我佛性，尤仗慧光以照义也，故曰卢吉帝室佛啰楞陀婆。楞，栏属，设以格内外者，以比智慧光也。陀者，圆陀陀、光烁烁是也。婆者，举世之谓，喻一身也，是示人戒行必当精严之意。

南无那罗谨墀，

南无，往训也。那，何也。罗，敷示之意。谨，谨小慎微也，虑失德也，戒行一亏，前功枉费也。墀，丹墀，墀有九级，以喻九成也。言彼往训，何谓也示一谨字，以为后天学者升堂入室之阶梯，如丹墀之于殿下升有九级然，谨一步，则升一步之义也，故曰南无那罗谨墀。此句承上义而以谨字该之也，此即儒门慎独之意焉。

醯唎摩诃皤哆沙咩，

醯，醋属，味酸而性敛，有去旧生新之功用。唎者，利也，利涉之利也。摩诃，大也。犹言能如醯之去旧生新，敛放一切，其涉利最大也。皤者，反黑成白之义也。哆，定也。沙，众也。咩，羊鸣之声也，其声犹如小儿之呼母然，喻人之哀鸣求救也。言能革故鼎新，则有反黑成白之功效，而能定夫众生之哀鸣求度也，故曰醯唎摩诃皤哆沙咩。一解哆者，定而不进貌。是指行有所阻，诸凡不济，故有如羊鸣然也。此说亦可互参。盖度须自度，为君师者，但能喻令众生，各自去旧更新，使自反本还元，而定其如羊之鸣然。是承上文言己之不敢稍懈，而谨其心志行为者，所以护我佛性也。若惟独善，则违本性，便不成佛，佛训如此。我既能谨所谨，迁悔之益必多，渐可修至黑返纯白，我之佛性自得大定，不如众生之徒知鸣救也矣。按此说，乃贴修养一边说。

萨婆阿他豆输朋，

萨婆者，犹言觉彼举世也，盖有自觉觉世之义。阿他，犹言无托也。他、托，西方音通，盖阿者，无也，犹言无他靠也。豆、头古通，首字之义也，犹言第一也。输，输而出之乐土也。朋，同类也。盖以娑婆为一身，物我有不二者，矧夫鳏寡孤独，乃我兄弟之颠连而无告者也，焉得不首提而输出之哉？此承上文沙咩之义也。

阿逝孕，

阿者，无也。逝者，去也。言彼无去一流，较之无告者等也。法惟有如母之孕子然，收而抚育之，此心乃安，是之谓佛性中当然之念之行也。一作飞腾夜叉解，考即诃利母之子有名孕者。诃利母一产五百子，其乳哺时，以手洒乳，五百子同刻鼓腹，其乳哺之神便如此，堪取为乳众法，事见《大藏辑要》。世人误认作观音奉之，比比也。

萨婆萨哆那，摩婆萨哆那摩婆伽，

萨婆萨哆那者，上萨字作觉察义解，下萨字作情状义解，婆作娑婆世界义解。犹言觉彼世情，情状既觉，而世情乃定，如何而可，故曰哆那。哆者，定而不变貌。那者，如何而可也，问词也。摩婆萨哆那者，犹言揣摹之，乃能世情咸觉而知其能定之道，在于何政乃可义也。摩者，揣摹之义。萨者，觉也，知也。哆那者，定法不一，究行何政而可之义也，亦问词也。摩婆伽者，犹言揣摩举世，惟以得上而授之守之一善政也，答词也。伽者，上也，恒产也。此即儒门“既庶矣，又何加焉？曰富”之义也。

摩罚特豆。

摩者，砥砺之义。罚者，责善之严。特，一也，识得一,万事毕之义。豆者，头也，犹言第一也。此承上义而益之以教，教莫善于互相砥砺，则责善严同归一义，不令歧趋，此为第一。盖即儒门“既富矣，又何加焉？曰教”之义也。

怛姪他，

此承上特字义来，言所谓特者何？此句怛字也。怛者何？在天曰命，在人曰性，其大无外，其小无内，圆如烁如，湛如寂如，人人具足，个个圆成，不以颠沛而失，不以造次而遗，圣贤仙佛不之增，愚夫愚妇不之减者是也。姪者，这也。他者，他也。盖指圆陀陀，光烁烁太阳，如广大圆满无阂无住大陀罗尼也。曰姪他者，犹言就是他也，指点之词也。

唵。阿婆卢醯，

此句承上，言虽未有色身，先有此性。而得见此广大圆满无阂大悲心大陀罗尼者，究需修有弥大无大娑婆世界如之法卢，更需从而如醯义然，涵之育之，熏之陶之。住去无住，人法双忘，一旦豁然，天心朗现，未可以为人人具足，个个圆成，因循怠惰，致入自然外道，而不自省也。此其大旨如此。唵者，藏有此义，而发此叹词也。阿者，弥大无大之谓。婆者，娑婆世界也。卢者，法卢，色身所养而现复者，先天之炁是也。醯者，革故鼎新，有炼神还虚之义也。此句乃承上启下一大关键也。此句唵字，与第七句唵字义意异也，是赞叹义，寓有警省义也。赞叹根自上句，警省含有此句，及下文种种说法也。

卢迦帝，

此句根上醯字义来，言所谓醯义者，治此法卢，一如迦帝焉。迦帝者，纯一不已，有混然穆然之仁之帝焉。帝者，蒂基也，仁所自出之根之源，盖指佛心也。法卢能仁之帝也，故曰卢迦帝。是申明成佛作祖，见性明心，咸仗此醯字一义焉。

迦罗帝，

此句言必仁大如天以为基也，故曰迦罗帝。罗，罗天。帝，帝乃蒂基。申明醯义之宜极致也。

夷醯唎，

此句承上罗字义来。夷者，平也，言平时也。凡人之情，每忽于闲散停功之际，有志者则倍加警省，不忘醯义，此所以有益不自止，有无刻或忽之利焉，故曰夷醯唎。唎通利，言不自塞其迁改之功也。

摩诃菩提萨埵。

此承上示以圆觉之义。摩诃，大也。菩提萨，佛觉也。埵，城属，筑以卫众善也。犹言大佛觉护如埵然也。盖大佛之得证大佛者，以无时无地不自觉察，故称圆觉。而名曰大佛觉者，即圆觉是也。觉之得圆，其功用在平时，克无刻懈醯义焉。是又以觉察为护持义。埵者，法海金城是也。

萨婆萨婆，

上萨字，乃洞觉义。婆者，喻身世之如娑婆也。下萨字，乃兼指身世中种种生情也。下婆字，亦与上婆字意义不一，乃喻觉察之周之密，亦如娑婆之广大周遍，微巨不遗之义，故曰萨婆萨婆。萨婆萨婆者，犹言洞觉夫身世中种种生情，然后可情治其不中不一、不虚不灵、不湛不寂种种隐弊，而无不治焉者。其治乃周乃广、乃精乃微，婆字之义也。盖婆也者，普遍周广之义也，不必同上婆字义一例解为妙，按此句贴在气质上说，有净除八识之功。

摩罗摩罗，

摩，摩洗。罗，法卢。此承上萨婆萨婆进炼之功也。上文还在色身上觉察，此句乃在法卢上摩洗，故曰摩罗摩。曰婆曰卢曰罗，皆指修者现成法体，而有差等焉。罗者，法天之道；婆者，法地之道；卢者，法神之道。盖罗则近于纯一；卢则才超色相而未离色相，仅与天地不隔之义；婆则志在立德。故其气机不一焉，有万殊之义，所造不同，而摩也萨也，亦有不同矣。而总不离夫醯义焉。如此句，则摩造乎纯仁焉，则庶几耳。犹言摩罗摩也，则罗不二矣。故曰摩罗摩罗。

摩醯摩醯唎驮孕，

此承上，言所谓摩罗摩罗者，亦不过教之摩醯摩也。摩也者，相摩益善之义。有虚实之相摩，有真妄之相摩，有刚柔动静之相摩，有新陈明昧之相摩，其摩也无底，其得益也无际，不可以口舌纸笔所得备述也。盖醯性去瘀生新，故取以为喻者。唎，利益，即指去瘀生新之益也。《金刚经》曰佛以“无住而生其心”。住即瘀义也。取醯之义在能去住，住去则无着，由空四相起，至双忘，皆醯义也。曰摩醯摩者，犹言佛教相摩，志惟如醯，则摩不虚摩，而自醯焉之唎，故曰摩醯摩醯唎也。驮者，负来之义。孕，内有之义。犹如子存母腹然，故曰驮孕也，此即人性本善之义。一解唎作理字会，亦通。犹言因摩而有醯之验，因醯而得洞夫佛理，然此理非从外得，乃驮自母腹中来者，故曰摩醯摩醯唎驮孕。

俱卢俱卢羯懞，

此承上言，今世之人孰不出自母胎已具法体者哉！故曰俱卢。卢曰俱者，兼有周遍无缺之义，所谓法卢是也。盖当初生未孩，纯乎混浊，故得全其所有，虽如块然一肉团，而其气机直与天地合一焉，故得谓之俱卢。夫卢字之喻夫法体也，从庐字义中抽出者。庐，舍也，人所居也。上有所覆，义与天格，犹夫未经修养之身然。卢则上无所覆，傍无所障，浑然身处其中，则与天气直通，有不知天是我，我是天之妙。喻人身中真气，发露于上下四傍，亦似庐然，而无有覆障，则如卢然也，是为以卢喻彼法身之义也。及人稍长，则意识生，遂有天人二相现，渐长渐失，有羊斗然，则懞而迷焉。所谓理欲交战，理胜则法身犹存，欲胜则法身便失，所谓羯懞是也。羯，羊斗貌。懞，迷昧貌。重言俱卢者，以起下文之义，训人毋自恃本具而不加摩醯焉。

度卢度卢，罚阇哪帝，

度者，自度之谓也。言人当时法身不惟不失，必期有以度之也。盖此法身，乃我佛性之庐舍，合之即名曰法卢，乃佛性之所发现于外者，即道门无火之炁也。欲度此炁，惟勇猛精进，于万籁皆空之候，不使稍为见见闻闻牵入幻妄、或有微住焉而已。罚，责也，敕也。阇哪帝者，勇猛精进心是也

摩诃罚者哪帝。

此句承上，言当大敕其勇猛精进之心，方有后文之神验。

陀罗陀罗，

陀罗者，勇猛精进不懈之貌，言如陀然而周转之也。重言之，以证其勇猛精进不自稍懈义。陀也者，圆陀陀，光烁烁，如珠在盘中，周流中转，无稍自滞自歇之貌，乃有下文地利尼现也。罗，周遍貌。此句一[①]解作念念阿弥陀，体其法体，洞其法性，一心观注，不懈不间，谓之陀罗陀罗也。此说亦大妙。

地利尼，

地者，里也。利者，利也。尼者，日也，佛之心也，经曰舍利子者是也。此句承上，言底里流利心之宝珠也，故曰地利尼也。乃人之佛心中之天心也。无修无证者，此也。然必有如上所言然，始证见夫如地大而不虚，普利无边如日然，仁威咸备，一佛性中之全体发露焉，亘古今仙佛圣贤所修复者，此也。

① “此句一”，万本作“此一句”，据金盖本改。

室佛啰耶，

此句承上，言当室此地利尼，如室佛然。耶，问词也，意在当室而奉之者。室，宫室，譬词也。盖当恭敬保卫勿懈忽义，下文所言是也。

遮啰遮啰，

此承上言当保之卫之，毋稍忽懈，故曰遮啰遮啰，犹言护而又护也。

摩摩罚摩罗，

摩摩，犹言某甲某愿云云。盖示人若修见性光已圆之际，真心已露，则默向祝告誓愿，故曰摩摩也。罚摩罗者，愿敕责勇猛心，勤摩而罗，则道行坚而佛性常明之义。

穆帝囇，

此句承上祝祷后，悬出一幅万籁皆空，一灵独露图来。妙哉，妙哉！至此乃可称明心见性矣。穆者，浑然无物，寂然无闻之义。帝者，极也。囇者何？一灵而已。

伊醯伊醯，

伊者，天神之有三目者。功夫至此，慧眼洞开，即上所囇者是也。凡夫上天下地、过去未来、有情无情，咸能洞鉴其隐微，洞悉其情状，圣人有诸，惟以自治，故曰伊醯伊醯，犹言仗其慧力以修以证，而惟仗其慧力以修以证焉而已。

室那室那，

此句承上，言此慧眼宜藏，非时勿用之义。那者，此也，指此慧眼也。室者，深藏之义。重言之者，深藏又深藏之义也。

阿罗嘇佛，罗舍利，

此句言能宽其度量，德乃宏也义。阿罗嘇佛者，犹言视彼普天下人皆同佛然也。罗舍利者，犹言视彼普天下人皆善知识，有大智慧者也。嘇者，等也。舍利者，智慧第一之名也。罗，世也，犹言普天下也。阿罗者，犹言进彼普天以下也。嘇佛者，犹言皆有佛性，兼万物而言也。此固示人以量宏为德，亦正是慧眼之明，能见其本来，悉皆自佛而化来者，咸具大佛性、大慧光，非仅量宏已也，此之谓佛知见。

罚沙罚嘇，

罚者，棒喝之义，责善之道也。沙者，众庶之名。嘇者，平等之谓。言佛之严以教众庶者，正以众庶与佛平等，有不敢听其自堕义，故曰罚沙罚嘇。犹言我之罚众庶，非以异我而罚之，正以同我而罚之也。所谓见之真者，教自切也义。

佛啰舍耶，

此句承上，言我岂不欲体佛，宽以舍之耶？以彼众庶具有佛性，故有此句之说。

呼嚧呼嚧摩啰，

言我不但不能无罚而舍之，且责令渠各自呼嚧呼嚧然互相琢磨，正我所以体佛，不忍舍之也。此句正承上文而言者，故曰呼嚧呼嚧摩啰。呼嚧者，琢磨之声。重言之者，乃互相琢磨之声也。摩者，琢磨之谓也。啰，助语词。

呼嚧呼嚧醯利，

此承上，我之令彼呼嚧呼嚧者，冀其如醯焉以自利耳。醯性能去瘀，瘀去新自生。喻人互自琢磨，则旧染日除，而明德日新，故以醯利喻之也。

娑罗娑罗，

娑罗者，西域大树之名，取以比世家子弟者。兹取以喻精修者之得道庇，亦犹如娑罗之庇荫众庶也。重言之，喻其必如娑罗之庇荫众庶也。

悉利悉利，

悉者，有尽然无不然之义[①]。利者，宜也，言处无不宜，行无不宜之谓。是承上文言其利益之周广普遍，有无时无地不利之义。然按所谓悉利悉利者，乃如下文所言，方是真利也。

苏嚧苏嚧，

苏者，松也，抽也，萌也。嚧者，芦也，生生之气透现之景象也。此形容慧德佛仁腾腾生长貌，一若有声然，如树芽之透生，有苏嚧苏嚧之声然，得闻见于不闻不见地然，是极言上文悉利悉利之义也。

菩提夜菩提夜，

菩提，佛觉也，乃即佛知佛见之义。夜者，密义也，不见不知之境，盖极静之候也，极静则慧光生义。重言之，进进不已之义。即上文所言苏嚧苏嚧然生者，此也。言当生于静笃之候者，故曰菩提夜菩提夜。

菩驮夜菩驮夜，

菩，作普字义会。驮，作负字义会。夜，作默默义会。犹言普负众生于黑暗也，故曰菩驮夜。重言之，亦上文进进不已之义。一解夜作水深义解，驮作水母名解，亦通。

弥地利夜，

弥者，大而周密之貌。言上密驮而密增益者，乃彼密帝之所利护黑夜众生之宝也，故曰弥地利夜，是申明上句之义。一解弥帝作人之真心解，亦正。

那罗谨墀，

那者，指点之词，盖指弥帝利夜也。罗，世也。世者，身也。谨，谨修一切佛道也。墀者，丹墀。墀有九级，喻功次也。言此弥帝利夜，乃汝身世所恃以谨修不懈，而明造夫极乐净土之乡，按而步升，有如墀然者，此宝是

---

① “之义”，万本作“之利”，据金盖本改。

也。盖墀有九级，功有九成，故曰那罗谨墀也。

地利瑟尼那，

承上墀字义，言功次惟九，而则法甚多，能从忍辱仁柔如地义然，还当以普利普济为怀，内以调和心气，外以调和物理，又必如日之明，毋使或昧，而有圆明普照之行，无我无人之德，乃能步不中阻，墀尽而堂升，此权在汝，汝自着力，则终到焉，故曰地利瑟尼那也。地者，法地之义。利者，普济之怀。瑟者，调和之谓。尼者，日也。那者，汝也。此承上而示以行则之。

波夜摩那，

波者，善逝之义，又有浸润之功，涵养之学。夜者，慎独之义，有退藏之道。摩者，有摩利以须之义，有居易俟命之道。那者，你也，有权在汝之义。此句之下，皆言功效之速，以证广大圆满无阂无住之大陀罗尼心之神妙义。按此句，或云义在善逝，夜台安稳，生则修养其身，摩炼其性，以待西归，未知何如，故曰婆夜摩那。是以波字作善终义，夜作阴司会，摩作炼修义，那作何字解。其说与下文颇相照会，此解甚通。又有一解，作逝至夜台，受诸摩罚则奈何，此说亦通。

娑婆诃。

娑婆者，犹言一切咸得开复而悉解脱也。诃者，速也。一说娑作速字解。婆者，复之谓。诃作贺字义，亦通。

悉陀夜，

悉者，尽然之谓。夜者，长夜，地狱之谓。陀者，佛性，一作度字义，而佛性即在其中也。此句谓有发愿，悉将佛光度彼长夜诸灵爽者，果能将此陀度，长夜之狱必空也。

娑婆诃。

此承上言，无不一切咸度而且速也。以所持度之陀，乃是广大圆满无阂大悲心大陀罗尼也，应无不尽狱而超之也，故曰娑婆诃。

摩诃悉陀夜，

此句犹言，虽有无量大铁围，无量大阿鼻，种种大地狱，以是陀度，悉成不夜，狱无不空者，故曰摩诃悉陀夜。

娑婆诃。

此句言不但可悉度，而且度之速也。

悉陀喻艺，

此句谓求通悟神智才艺者。喻，晓也。艺，神智才艺也。是指通悟种种情状，与夫种种变现之神艺也。

室皤罗耶，

谓愿护彼琼花已萎，形神衰朽，长住罗天人世。如经云：色如驴颜唇，悉返蘋婆果。盖非易能，故曰室皤罗耶。耶，疑词。室，室而护持之。皤者，衰老之称，谓彼须发皤然者。罗，罗天人世也。谓愿护彼衰朽，延命住世。是承上句艺字义来。

娑婆诃。

谓彼神悟智艺，性所自具，求无不得，其用至神。矧彼愿护衰朽留形住世，是亦性分中事，勿谓之妄，以是陀力而求护焉，无不满愿者，故威许曰娑婆诃。

那罗谨墀，

此句言愿得升证罗天果者。那者，有所指之词也。罗，罗天也。天有三十六，愿欲仗此陀力，谨谨修登，如登墀然。曰愿登某天，故曰那罗谨墀。墀，阶属，升有九级者，丹墀是也。

娑婆诃。

言持此陀，证佛犹能，况罗天乎？故许之曰娑婆诃。

摩罗那罗，

此句言，愿斗天庇护罗世众庶也。摩者，摩利支罗天也，故曰摩罗。那者，犹言他也。罗者，彼之所罗之世也，故曰那罗。是愿斗天转祸为福，返乱为治之义。

娑婆诃。

言此乃普护仁愿，持陀以求，无不满愿，故曰娑婆诃。

悉罗僧阿穆佉耶，

此句言愿尽彼罗世之为道为僧者，无不薰修净业，不入旁蹊邪径也。悉者，尽也。罗者，天之道。僧者，佛之道。阿者，无不之谓也。穆者，净业也。佉者，旁蹊。耶者，邪径，邪、耶通，故耶作邪字义训。又正韵，佉同祛。穆佉耶，作静穆以祛耶[①]解。

娑婆诃。

言愿虽宏大，而的是大悲大陀罗尼心，故曰娑婆诃。

娑婆摩诃阿悉陀夜，

此句承上而推广之。娑婆者，举世之谓。而曰摩诃焉，则有三千大千之广矣。乃曰阿悉陀夜，其愿之宏大极矣。盖阿者，无不之谓。悉者，周遍之义。陀者，大陀罗尼也。夜者，不夜之天也。陀中有光照夜，故曰陀夜。惟发愿焉，则人人具有此陀。苟能如下文所许，则教化人众，虽彼僻壤穷乡，咸有领袖，持此陀以化之，则无不互相发露，而此三千大千世界，悉成不夜之天矣，故下文竟许之。

娑婆诃。

解见上文注中，盖许其愿力之宏。以此愿力，正是大悲心大陀罗尼也，其效验应速义。

---

① “耶”，当作“邪”。

者吉罗阿悉陀夜，

此句言愿天无恶曜，则地无灾厄。灾厄之临，恶曜照故。恶曜无，则丽夫天者咸吉曜矣，何患不成大光明界乎？此愿似玄而平正者。夫恶曜之为恶曜也，曜无善恶，而世之戾气冲以凝丽者，仗此陀力以消夫戾气，则气返乎纯淳，而恶曜便成吉曜焉。此在持陀者之坚固与否耳！故下文亦许之。

娑婆诃。

解见上注，盖亦许其愿力坚固耳。言此正是大陀罗尼心本来面目也，故曰娑婆诃。

波陀摩羯悉哆夜，

此句言愿海不扬波、商旅安定也。波者，海波。陀者，山陀。摩者，激奋之貌。羯者，相触之貌。此指飓风迅发，其势有如此奋激，情如羊斗然。商旅当之，舟皆覆溺，人葬鱼腹，大可哀恻。哆者，定也，风恬浪定也。夜者，昏黑之象也。盖此种飓风，发非无因，悉皆不平之气以召之者，能持此陀以照之，不平咸平，此厄有立解之义焉，故下文许之。

娑婆诃。

言能平心以持陀焉，效可立见者，故曰娑婆诃。

那罗谨墀皤伽罗耶，

此句言运值天变，愿得老成而居显位者，发其护父之心，以护君也。那罗谨墀者，犹言那是天儆君上，使知谨戒也。墀，丹墀，君上也。言彼苍苍儆夫君上，每有饥馑兵革之临，惟愿皤然侯伯发彼护父之心以护君，则君安而民有救赈者，世乃泰焉。皤者，老成练达之称。伽者，有土有位之谓。罗者，护之周也。耶、爷通，训父也。此救劫之第一法也。

娑婆诃。

言彼劫运之临，皆缘天之厌乱而降警者，能持此陀以诚感之，所求自应，愿无不满者，故曰娑婆诃。

摩婆利胜羯罗夜，

此句愿解杀运横开、修罗逞胜、人间涂炭之厄。摩婆者，阿修罗世也。利胜者，以胜为利者也。羯者，相持而斗，有莫解之势。罗夜者，万民涂炭，竟如无日之世然。大可衷也！故愿解之。

娑婆诃。

言此煞运，天人咸痛之，果能持陀而力解之，天人合德，修罗虽强，佛能制之，但以大慈心气感之，嗔心自灭，嗔气立化，故曰娑婆诃。

南无喝啰怛那哆啰夜哪，

此句解详篇首。言能发愿修证，悉如篇首所示，其愿似妄而非妄，有为者亦若是，故所发愿不一，而证修亦有差别，其间大小虽殊，而佛一一许之者，以人人自具此佛性，则所许者，皆如来真语也。

南无阿唎哪，

解详篇首。言此即汝心之圣师友，亦汝心自具之不夜珠，向为凡气锢蔽者也。唎、㘑通。

婆嚧吉帝，

解详篇首。言即汝心具有之吉帝，非自外降者。嚧、卢通。

烁皤啰夜，

解见篇首。言即烁自汝心出者，向为物欲之所闭者也。皤、钵通。

娑婆诃。

言汝有志无不满愿者，以人人具足，个个圆成，非从外至，持之坚者，复自速也，故咸许之曰娑婆诃。

唵，悉殿都，

此句以下，皆我佛奖劝之词也。唵，叹惜声。悉者，同然之义。殿者，音店，不进之貌。都者，美也，奖劝之词也。一若曰：唵，汝诸众庶，何为甘自退后，不思前进，岂自以染深不能白耶？抑自为驽马不堪策耶？佛亦人而修成者，汝诸众庶亦人也，有为者亦若是也。自我慧眼观之，皆净体也，皆骥材也，皆可成佛作祖也，故曰都也。此我佛之大慈大悲语，亦我佛之真实不虚语也。

漫哆罗，

漫，懒貌。哆，止而不进貌。罗，人天世界也。言此汝众庶，具有佛性佛力，乃自漫然懒，哆然止，不思动，不思进，岂非虚生此人天世界乎？此承唵字义来。

跋陀耶，

跋者，走也，失也，犹言走失也，自弃之词也。陀者，大陀罗尼也，是即广大圆满无阂大悲心大陀罗尼也。人人具足，个个圆成，乃自委曰已走失耶？未之思耳。耶者，疑词，是决其必不走失，而故代为设词以问之，故曰跋陀耶。

娑婆诃。

言汝众庶，群相自弃，曰已走失矣。汝果能发勇猛心，虽已走失，复可立许者，故曰娑婆诃。

大悲神咒注释跋

《广大圆满无阂大悲心大陀罗神妙章句》，古本于句下标注而绣象焉，谓是句句佛天圣号。大宿师讥之，以此神咒纯阐佛性之功用，其大无外，其小无内，一经标示，便落见闻，是小此神妙章句矣。苕萼会是旨，揣之久，似有所得。而世少善本，其间字之讹误，与夫句读不当者叠叠焉。

今秋得古传善本于姑苏莲华庵，庵为蒋讳元益常居之庵。苕萼因卢君忍庵、薛君心香、徐君南崖三君子寓于是，得寓目焉。细味其旨趣，会参以闻见，采其驯雅者，按句注释之。非敢自信也，聊以发明一二玄理，使世之奉持者因知读其宜读，则佛语不割裂，小子之愿焉。谓曰信训，则罪业矣，能不为大宿根者吐弃乎？注成，识此数行，以求诲我者。

嘉庆二十二年岁次丁丑九月九日，吴兴发僧际莲氏小艮闵苕萼谨跋于莲华庵雨香天。

佛说持世陀罗尼经注[①]

三藏法师玄奘译　归安发僧际莲注

大觉曰佛，即事开讲曰说，即境庇护曰持，巨持三界，细持一身，内典统名曰世，其旨玄矣。陀罗尼，梵语，先师野闼婆阇，西域月支人，曾语际莲曰："斯是如来广大无阂圆满无上心法，即三字解之，圆净无阂曰陀，赅括无隐曰罗，威慧无际曰尼。体此持世经文，三字奥妙已可推测也。个中作用，已泄八九，汝知道以身体，行以心宣，内外感应，堪步妙月后尘，所欠往昔苦行不及耳。内典经属显部，体诸身故。咒属密部，行凭心志故。非有秘奥匿其中。"先师之言如此。先师元时由月支进中国，驻鸡足山。顺治十三年受道戒于国师昆阳王先生，至乾隆壬子岁示寂。其论皆见道之言也。窃按经也者，圣凡共由之径耳，不诚莫诵，诚非斋沐之谓，能如妙月长者之素行，不斋亦斋矣。然未有遵奉佛行，而身不斋戒者，所贵能存普心，而志愿归一。更置功验于不问，庶几近焉。寂体师训，谓当道以身体，行以心宣，论极玄而义极切者，盖三界与吾身，同一真一所生，而各有一真一自存。以三才统言之，两大真一全寄于人。以身而言，乃寄于心。故若即心以宣，个中感应不出个中，口诵心维，应感自速。盖三界一大心境耳，通之者意也。意非心音乎哉！显部示人持诵，此即密部极玄秘诀也，人特自小其心与身耳。今按妙月长者于授受之际，合掌恭敬，右绕世尊百千匝已，顶礼佛足，欢喜而去。佛即告知阿难，谓彼长者诸库藏中今悉盈满，乃属长者能发宏愿，广为他说，利益安乐有情，更知求佛护念所致。按其行止，盖已即身而事者矣！际莲窃更有会焉。先师太虚翁曰："西教《持世陀罗尼经》，薄伽梵应时应地应人而出西域如是，《见闻录》载今之乌鲁斯［按乌斯国即今俄啰嘶国］，即古憍饷弥国。往昔有居士，名号妙月，感致薄伽梵帝亲降维持，故今改名，盖志幸也。中夏得传，尚自唐

① 按：此经凡四译，初为唐玄奘之《持世陀罗尼经》，第二译为不空之《佛说雨宝陀罗尼经》，第三译为宋代法天之《大乘圣吉祥持世陀罗尼经》，第四译为施护之《圣持世陀罗尼经》，以上四种译本均收于《大正藏》第二十册，编号1163—1165。又本经之梵本现存。

贞观始，正值李唐极盛之世，玄奘法师得闻而译，第藏内府，未闻广为宣传，有负如来慈旨者。盖仅视为致盈仓库耳，其时正值富庶，故以为事非急务，不为广宣。”先师尝惋惜之。际莲忆及，乃为之注，且寿诸梓以公同志诚持云。

如是我闻，

谨按自此句至白佛言，皆属尊者阿难忆记之言。如是两字为全经总冒，又为往古事实，阿难融会而述之，故曰如是。我，阿难之自称。曰闻，则赅所见矣。内典起句皆用之。

一时薄伽梵

按曰一时者，谓非时时得见得闻之意，盖自过去世，历至现在世，才见才闻之时，已踰十二万年之久，志有无尽喜幸之义，故曰一时。薄，凌义也。伽，三界也。梵，炁也。是言释迦如来之德之行，乃已超凌三界梵炁之上，始自乘时开化之义。

在憍饷弥国，

在，一时所到处也。憍，虚奢侈饰之谓。饷，粮饷，度用也。弥，大不检收之义。梵音弥縻通，縻费粮饷之谓。国，国土也。言佛所临之国，风俗虚奢侈饰，故其度用縻耗几无底止也。如来悯之，为降其国，盖怀挽救之念焉。

建磔迦林，

迦，香木，樟桂之属，枝椏盘曲而扶苏，叶冬不凋者。磔，石纹碎裂，而有底面，堪以取叠筑障注水者也。如来即其林，建筑休止，国人所弃之地也。

与大苾蒭众五百人，

苾蒭，梵语，华言有德比邱，能甘草衣木食，将证菩萨果者，故曰大苾蒭。三人曰众，兹曰众五百人，则有一千五百比邱，将证大善知识者也。记者记之，故众五百人。

俱菩萨摩诃萨。

言佛与此大苾蒭，及众五百人皆是菩萨摩诃萨也。菩萨摩诃萨，皆梵语。华言正等正觉，菩萨是也。大而无比善知识，乃为摩诃萨。是言现在从处众等之功行，得有如此地位者，盖志胜会也。

过

过，过去世也。记者记此从佛之众，现世证造［去声］乃尔，必具大夙根，盖欲溯追前世因也。下文所述者是也。

俱胝数，

俱，犹言皆也。行大苦行［去声］，曰胝。数［入声］，言非一世一行［去声］也。按胝乃脚不离地，茧起数［去声］重［平声］，其劳可见，而无非以救济为身任者也。

及诸天人、阿素洛等，无量大众，

及，与也，同也。天人者，贵显上人，王子王孙公卿之属是也。阿素洛，由贫而致极富，为世掌财之人，没证五路财神之属是也。曰等无量者，言其贵富之福，均等无量者也。溯此佛众，具有此因，咸集于此，成此大胜道场会众，原佛会众夙因乃尔。

前后围绕。

是记道场初结之规模，跻跻济济，有仪可象，足振佛威，遂有下文之胜因启，而佛法乃宏矣。

时彼国中有一长者，

时，此时。彼国，憍饷弥国也。长者，居士慈善之称，非必以其年老也。曰有一者，足征不可多得之义。.

名为妙月，

即其自命之名，长者之胸怀可见矣。

容范温华，

俨然一菩萨矣。

志愿闲远，

直是大善知识。

男女僮仆，其数众多，

此足征长者原是彼国巨室也，则其食指浩繁可想见矣。即此家境，而能容范温华，志愿闲远，不亦难乎？惟能闲远，故能温华，其学问盖已超凡矣。

于佛法僧，深生敬信。

得致闲远二句之力，俗子见地，更增一层，不自在矣。

来诣佛所，

诣，至也。所者，磔迦林也。

顶礼佛足，

五体投地曰顶礼。佛足，佛前也。西礼有捧足之仪，所以叩安请诲，乃卑幼见尊长必有之礼。长者已以君父师礼见也。

遶百千匝，

礼毕而绕者，不以现在佛奉，盖以如来奉之，谓意绕身绕皆可。据鄙见，竟属身绕，盖纯以神会，亦不自知其所以然。佛与佛众，亦自浑穆，觉若不觉，不觉而觉，才为佛会，可以意会，不可言传。记者以如是见，即以如是述焉。是故读经，全贵意会而神领也夫！下句亦当作如是领会，并非瞩目以注，亦非瞠目而立，而又不妨瞠目瞩目，学者体此神领则得矣。长者之得佛应不在后之问答，而在此绕与下句者也。

却住一面。

住，住绕也。绕周见佛，如是绕住百千匝，如红孩儿参参见佛之义。

合掌恭敬，

住住若此，非谓百千匝后方尔也。

而白佛言：

至此方真见佛矣。向之百千匝住，住住所见乃见佛仪，未见佛顶圆相。至此始见，乃可对佛而白矣。

世尊，

此一称不从凡口出，不从凡心出，乃从长者真一中吐出。凡人听之，一如常音，如来听之，直透佛心，所谓感也。

欲问如来应正等觉，少所疑事。

如来，乃指过去世诸佛，不是释迦如来。按佛为西方圣人之称，是现在世之圣人。而已上升者，乃称如来。盖与虚灵之性不二，无有生灭存亡去来等等。《金刚经》云："如来者，无所从来，亦无所去，故名如来。"应，指感者而言也。正等觉，犹言正等正觉，则其所感于如来，如来因感而应，微妙莫测，不能无□□□□[①]也。少所疑事，言少有所疑之事。犹云不敢多问，卑逊语气也。盖以所感而应，其事甚确，而非常理所得测者，长者疑其中别有奥妙，不可显传，故叩之如此。味下辞句，是恐佛不容问，故先以欲问情殷，自陈乃尔，是正长者信疑交战之真情也。

惟愿大悲，垂愍听许。

不曰大慈，而曰大悲，长者可谓知所问矣。盖以三教所事，无非心法，与心不二者谓之慈，于心未惬者谓之悲。长者以昔所闻，实非虚妄，内问之心，犹有未安，似宜另有功法致与心合者，故以大悲二字，透恳慈示云。

尔时世尊哀愍彼故，以慈软音告言：

此二句，记者之言。窃按世众，罔知自护，世尊哀悯久矣，复经长者

① 原缺四字。

百千匝绕，定静乃请，其情切矣。世尊满腔慈悲，感长者之诚，乃有此应，是亦心法之出于自然者。旧解谓恐阻抑，故以慈软音出之，是出有意，犹浅之乎测如来者。晋味下文可见矣。

长者，

体佛以此两字称之，悯固十分，敬而重之，亦有十分，纯自个中流出者也。

恣汝意问，吾当为汝方便分别，令汝心喜。

此所谓慈感慈应，慈之用大矣哉！恺切慈祥，天神敬仰，于此见矣。

时彼长者欢喜踊跃，稽首作礼，合掌请言：

窃按长者之欢喜踊跃，为世之心居多，非专为己也。

世尊，云何善男子、善女人诸贫贱者可得富贵？诸有疾者可令病愈？诸有罪者可令罪灭？诸危惧者可令安乐？

按此四者，乃属善男善女似有夙因于其间，但挽回非一，而于富贵曰可得，于疾于罪于危惧，皆可令愈令灭令安乐，佛无诳语，盖其间自有妙因得以转移，或更别有妙道感通造化者。是皆不可不问之隐情，长者故有此切问焉。

尔时，世尊知而故问：

曰知故问者，以佛六通具足，应［平声］无不知，意必藏有玄义。际莲以为是道极玄，待申乃传，盖非适然感应即可密授，必当揭其诚悃，悃达天应，三界佥闻，而后宣之。具有移星易宿、反覆造化之道，天地鬼神承运而已。斯权斯柄，惟真一操之，不有毗卢遮那如来为之主，事终不济者。世尊意中，以此大事因缘，十二万年乃得一传，不可草率。自此传后，其事其道，当载《大藏》，何可心心默喻，不集三界天龙神鬼、人非人等，悉同证盟乎？然不有章奏符箓于其间，自此日后，当以磔迦林为坛，而即设人神舍，斡旋造化，总之不出佛说。其时世尊，盖为万世说法，有不申不行之义，故有此问。际莲曾以斯见，白之先师。先师欣然，起为摩顶者三，事在乾隆壬子之秋，先师手识于鸡足山龙树山房是经之后。忽忽三十七年矣，戊子季秋，因注是经，忆录于此句之下，盖识忽不循事之罪云。

长者，何缘作如是说？

体味长者两字，而出自佛口，中含玄义，盖示无长者之心之行，不能有此宏愿。何缘两字，更含警觉义。世尊得授斯道于过去世薄伽梵缘，印证长者现在发愿因缘，开后长者所请方便缘。际莲不觉爽然若失，恍悟何缘两字，直是当头棒喝也，证果高下，于此定矣。

时彼长者重白佛言：

按长者不复恭敬改容，而但重白，是未悟世尊含有极大慈望，不自警省，此又记者深为心惜，故如是直书之。余于上文知而故问句，省得玄机也。先师曰："如是，如是。"故自此重白呈露我等二字，佛固知之，而必使彼自揭之者，将以祛其自利之见也。

世尊，我等在家，多诸眷属，资财乏少，难可周济，又多疹疾，罪累危惧。故请世尊，开示方便，

窃按长者所言，阅历如此，闻有方便法济，下文所言，未之得闻，故请开示。先师曰："长者之心慈矣，愿亦宏矣，情亦切矣，能舍曰我等，而曰三千大千，如是无量无数，实可哀悯，愿为无量恒河沙世众生哀请云云，则愿宏直等世尊矣。惜长者愿犹未及也。"

令贫贱者得大财位，周给亲属，广修惠施，饶益一切，仓库无尽。令有病者四大康和，勤修善业，身心无倦。令有罪者速得除灭，身坏命终，生于善趣。令危惧者身心安乐，亲近供养佛法僧宝，速证无上正等菩提。

按四令字，似权在我，盖必有道法在焉者，长者未闻，故愿开示。

尔时，世尊告彼长者：

世尊愿普告善男子，而特于长者发其端，故向长者言之也。

善男子，

按佛此称，非专告长者，概唤与会佛众，凡夫［音扶］心善行善之人，皆许闻之。盖以此念此行，人人应存应行，而惟善男子能存能行耳。故不呼长者，而呼善男子，正示以普渡有情之初愿也。不言女者，言男而女在其中，观大士可见矣。先师鸡足道者曾如是言也。

我于过去无数劫前，遇佛世尊，名持金刚海音如来、

按《密部记由》载：古佛世尊，名持金刚海音如来，创唱“持世陀罗尼”，音彻性海，即今星宿海，不见喉吻振振，上天下地，霎时震动，过无量劫，说法中印度。释迦如来于古佛世尊时，名勇精进尊者，实得其传。越一十二万年，释迦如来道成，开化慉饷弥国，即今乌鲁斯，如来休于皪迦林，知时已至，乃授其国善男子，名妙月尊者。阿难记其事，初名《妙月长者问》，乃入大藏。今名《佛说持世陀罗尼经》，鸠摩罗什译之，秘未入藏。玄奘法师重译之，始入震旦国。吾国得传是宝，即自妙月长者始，为我世尊口授云。谨按不见喉吻振振，古德谓是瑜伽持，先师鸡足道者曰：“否！是名三摩地持。”盖谓音由性发，咒以心宣，内外通感，天人乃合，而应验以是得，得乃非妄，是真不传之秘，惟西教逗其机者，“金刚海音”四字也。先师曰：“是音透自性天，吾宗名曰玉音。”按即真一，三才赖以安，三田无一，谓之行尸，音之用大矣哉！西教化人之神，皆此金刚海音也。按此过去世尊，即毗卢遮那如来化身。又曰：“经文古本，余少时曾见于摩利支天宫，宫为唐公主所建，忆此句下‘应’字，直接‘为欲’句。‘为欲’句上，无有‘正等觉’句二十六字，想增自宋代，注文讹入经文，有失世尊自述语意。盖此二十六字，颂词也。世尊岂肯自颂，恐落半明眼人口实，故为一订，然削则不可。”

应正等觉、明行［去声］圆满、善逝、世间解、无上丈夫、调御士、天人师、佛、薄伽梵，

按此数句，即颂如来于无量劫前，过去世中，苦行之诚感也。则此四十二字，乃世尊颂如来，如是可不削矣。

为欲利乐诸有情故，说陀罗尼，名曰持世。我时闻已，欢喜踊跃，受持读诵，广为他说，利益安乐无量有情。

申说如来，并无一念涉已，出示长者，念念常存，护世不有自苏心。世尊知其未能如佛，故有长者何缘之问。长者若能惟知有世，悽悽惶惶，感应必亦无量焉。际莲故谓同一发愿，同一承当，而证果高下可定也。

由是因缘，福慧增长，速证无上正等菩提，为诸天人说微妙法。今为汝说此陀罗尼，汝天人等皆应谛听，闻已受持，广为他说。此咒神力不可思议，令诸有情，皆获利乐。

曰由是，世尊即一己所得所证，以奖以劝，而又标出因缘两字，则所得所证，乃有由咒不由咒，不由咒而由咒，一字玄奥，跃然彻现。而上文所问之何缘两字，一点灵犀，上彻九霄，下彻九泉，愿者闻者，听至此节，莫不怦怦自问，劝者劝，勉者勉矣。世尊之善教如此。

陀罗尼曰：

解见上。

蘇魯閉[①]，

苏也者，苏其困而醒之之义，是通篇之主脑。鲁也者，闇钝枯索之貌。闭也者，艰难厄困之境，运当凋弊之际，世况如此。曰苏者，如来普济之心愿，务令闇者启之，钝者利之，枯者泽之，艰难厄困者，一一令入安乐泰亨之地。是为菩提之正觉，出自人身固有之本心，特为见闻所感发，所谓良知良能也。下文乃苏字之作用。个中玄理，无非迎机而导，法无定法者也。

跋達邏筏底，

《韩诗》云："不由蹊遂而涉曰跋。"又《集韵》："与跟同，行不正也。"《玉篇》："底，止也。"逻，周遍也。筏，渡济用，编竹为之，以载人物者也。歧津处多，不逻设筏，其为救也不周，设逻乃为普，而所救无遗。言从生迷

---

① 此咒文沿用繁体字。

罔，不由正道而涉，广设筏以达之，乃得所止，即境喻心，即具喻法也。

瞢揭麗，

有目不自见曰瞢，以喻迷昧之困庶，有筏不知登渡者。揭者，揭其障蔽，则筏见知登。丽也者，《易离卦》：“离，丽也。”如日月之丽乎天，以喻明义。又《释名》：“丽，离也。”一目视天，一目视地，目明则能分离所视不同，无不照也。

額折麗，

额，兽名，形似猴，见物则笑，遇人则佯死，因而被执，性善自欺，以喻憍习众庶也。折，磨折，言此憍性如额者，不磨不明，不知改也，故曰额折丽。此句重在折字。

額摺鉢麗，

摺，层叠屈折，多加折磨之义。钵，金器中空而口圆，内典以喻人性者。如此额性之庶，本性已失，不叠折磨，此性不复，性复乃丽矣。此句重在折钵两字，较上句加深，谓重叠折之，而后性光可复也。

嘔伽折尼，

嘔，呕吐而无物吐之声，喻倾吐忏悔也。伽也者，真土真意是也。折解见上。尼，西域天、日、君、师统呼曰尼。言令发露真意，向尼忏悔受折之义。此句重在嘔伽两字。

嘔鞞達尼，

鞞，鼓名，西域用以自首罪愆之器也。达，达其忏辞于天日君师之前也。此句重鞞达两字，如是嘔鞞，忏祷乃诚，可邀天日君师慈鉴矣。此句以下，乃贴天日君师一边说，味其语趣自见矣。

薩寫罰底，

萨，乃情觉，非妄觉也。写，泻也。罚，折磨。底，训止，又下之尽处为底。言为民上者，当以洞悉下情为得。盖以其忏悔写心之辞，萨光洞烛，而原宥之，则罚可止也。

驮娜罰底，

驮，驴马任负之貌。娜，稚女之称，纤弱无力者也。谓受罚艰苦之人，如无力而负重，以喻困乏众庶也。言天日之光，洞照下民，疲乏困顿之可哀，鉴其忏悔而罚即止。为民上者，即天日也，当折之于前，达之于后，有儒宗所谓“使先知觉后知，使先觉觉后觉”义，味后呾字乃见矣。

達那罰底，

达，申达，乃贴为民上者说，为达毗卢遮那如来也。那［去声］，犹言他也，是指受困受罚之难［去声］庶也。盖为申达难庶，代首于如来也。此中有牖启功用，其旨深矣，其用玄矣，可以意会，不可言也。按此句重一达字。

室利沫底，

室，身也，家也，世也。利，利益也。沫者，润义也。沫底，犹云润到底，泽莫不足义。言为申宥，兼乞准恤于如来也。按此句重一沫字。

鉢拉婆罰底，

钵，解见上。拉，曳而出之之谓。婆，普也，大也，是言难庶受罚之婆也。能复性光，则自拉脱法网矣。即属上文达那之义，言施惠沾沫而利益之，则拉出陷溺之众，而性光发现罚乃止矣。此既富方谷之理。按此句，重一钵字。

罯沫麗，

罯[①]，中心昏昧，不知谋生一辈。施佛法以沫润之，而后可通其慧光，使得明丽。按此一句，重一丽字，而沫义为尤重，下句亦然。否则救死不暇，奚暇治礼义哉？

---

① 原夹批：音暗。

毘沬麗，

毗，外障重重，泽不及沾之辈。较诸詈者更可怜悯，必须沬丽交济，勿令消耗。施丽功法，尚在下文也。

魯盧蘇縷，

鲁、苏，解见上。卢，身也，家也。缕，丝缕，喻生路之微也。盖言知守鲁，以啬其卢，则丝缕可望苏息之义。按此句，重在鲁卢两字，而中有教诲之义。

波毘沬麗，

波，恩波。此承上文毗字来，言其外障重重，有如经文所言，多诸眷属，又多疹疾，罪戾危惧者。盖毗，不过处境叠厄，而非如额之性，施之恩波，而能鲁卢苏缕，则沾沬润泽，正以开其本性之光，不至淫佚忘善而蔽其丽，为人上者养之，又当继以教之。故此一句，重在丽字，而语意贴天日君师一边也。

額捺捺悉諦，

额，解见上。捺捺，犹言从重［上声］重［平声］磨也。谓若额辈，则须如此如此，乃明悟焉。悉，明也，悟也。谛，性谛，根也，源也。此句重在悉谛，而致悉谛功法，在此捺捺两字，能令悉谛额度而愿乃圆焉。

毘呾悉諦，

毗，解见上，是为境困者。呾，呼而醒之也。言毗非额比，一喝便醒，厥谛自能悉也。

毘濕縛縏始，

湿也者，因波润，而深受累，一若迷雾然，则本性转蒙，沉溺如缚系，由波沬始矣。世上苦人多，毗者是也，施之沬，以开其丽，教之守鲁，以保其丽。额则须捺捺，毗则不尽须捺也，一呾便醒。既沬之醒之，而又惧其因波沬而沉溺，为湿所缚，仍失悉谛，转为受困之始也。数句文义贯注，佛之忧民如此，皆为为民上者说法。《国语》“沃土之民不才，淫也”，此湿缚之旨。

狭矩麗，

狭，兽名，形似狐，而善忘善睡，因而受杀，喻夫吃苦不记苦一辈。法惟示一矩字，导入通衢，行人不绝，则不致昏睡焉。故此一句，重一矩字，下句亦然。，

茫矩麗，

茫，莽莽荡荡之谓。不识方向，不辨蹊径，如来悯之，故亦以矩字导之。狭者，不知所戒。茫者，不知所守。矩，礼法也。纳民于轨物，所以极其湿缚之苦也。范以矩，则不迷而丽矣。

毘毘謎，杜杜謎，呾呾麗，

此承上说来，《头陀寺碑》"杜口毗牙，不言而默喻之"之意。曰毗毗，曰杜杜，皆古法。如来以为非法，适足致入谜妄者，不如呾字之无流弊，第非一呾便可了事，故曰呾呾丽。犹言呾而又呾，是即儒宗"耳提面命"之义。

呾洛，呾咯，

洛，水名，其源自昆仑，发星宿，穿龙门，达经洛阳而入海者，盖喻性学大道也。呾而导入，乃为愿圆。又洛与络同，水溜下之貌。又《春秋说题辞》"洛之为言绎也"，言教人者当不厌络绎，受教者尤当知寻绎，故曰呾洛呾洛云。

罰折麗，罰折麗，

是言悟于呾而寻绎者自省之词。谓昔遭责之叠加，正是天恩，不折不省，乃大悟之见解，如来呾愿，可冀圆焉。此感服语，故重言之，呾字之妙验也，细味自悟。

羯蘇羯蘇，罰栗殺尼，

羯蘇，咀嚼之声，所以辨味也。重言之，味而又味也。栗，慄也。杀［去声］，轻灭之义。尼，解见上。罚栗杀尼者，犹言罚知戒惧，罚便灭除，皆是天日君师玉成之恩耳。正是蒙呾得悟者之言。细味旨趣，尽属称感呾罚

之辞，如来述以纂入陀罗尼者，寓有奖劝慈旨云。

昵謵波達尼，

昵，亲近，即眷属也。謵，滞而不润貌。盖指往昔之困境，眷属所共受者。波，大润貌。达，通也，因波润而达于丽也。是代眷属仰感尼恩，故曰昵謵波达尼。

罰折洛達洛，

此洛字，从虚字解。言获罪者罚折不停，如水之润下，因呾而达者，恩波速被，亦无停滞，如水之溜下，灌输溥济也。此先困后亨者，喜幸之辞。

娑揭洛，

娑，众义，盖指眷属也。是有一子成道，九族升天之义。揭，揭开，盖言眷属皆揭通如洛，有喜出望外之意。娑揭之恩大矣哉！统属追溯之辞，下文亦然。

昵懼衫，呾他揭耽，額奴颭沫洛，

昵，解见上。惧，戒心也。衫，袒庇也。揭，揭示也。耽，泰也。额奴，额属。飒，疾风也。沫，润貌。洛，大通也。是言受罚眷属，心知戒惧，则衫以庇之，呾以启之，揭醒而安泰之，额奴皆速得被泽，疾若飒风矣。

呾他揭多薩點，颭沫洛，

多，定也，安也。萨，解见上。点，点而破之也。是言呾义之利人如此，以其能觉照点醒耳。

達磨薩點，颭沫洛，

是言受罚众庶，能因磨以达于丽者，赖有为之萨点耳。此其所以速得沫洛欤。

僧伽薩點，颰沫洛，

僧，众义，皈佛之凡夫也。是指感悟入道众庶，向受困厄者。伽，伽蓝，护道护法之人天。转相情点，故得满愿若是之速。下文所言是也。

呾吒，呾吒，

吒，萨点之法音。重言之，盖指萨点众庶，互相劝戒，故曰呾吒呾吒云。

譜洛，譜洛，

谱，册籍之属，天神之所掌，德隆德替之名籍。一生言行，尽载是籍者也。洛者，注行络绎不停也。

譜剌耶，

剌也者，记功记过之神掌之。岁逢元腊，纂以申奏天曹，天曹凭以入谱洛，下发岳渎隍社，执以祸福众庶，日时分量，不敢惑忒，所以持世者也。耶，疑辞。曰耶者，正言无可疑也。盖言人德有隆替，故谱剌有增减，疑无可疑也。是言剌无惑忒也。一说《周礼·秋官》司剌注：“剌，讯决也。”倘谱剌册中讯有情应授比者，另入跋洛簿中，请旨决夺。

跋洛，跋洛尼，

跋洛也者，梵天制有援引情例，考即西域核实之信册总典。曰尼者，言入跋洛簿人，盖经佛光普照，情有援引，上跋洛，天曹掌之，下跋洛，岳渎持之，而皆经尼定夺者。此尼字乃指毗卢遮那如来，不是天日君师，先师鸡足道者所言也。先师，月支人，《陀罗尼》曾经西域圣僧口授，其言可据为证也。以下所言，皆属如来玉音，世尊亲承摩顶而授受者出。

蘇瞢揭麗，

先师曰：此句出自如来玉音，文思曲折，难可寻详，顺而体之，犹言苏瞢者，揭之丽也；逆而体之，犹言丽揭，瞢自苏焉；左逆而体之，丽以苏之，揭瞢之道也；右逆而体之，苏以丽之，瞢揭则自知自苏矣；自中左旋，则言揭瞢，非丽不苏也；自中右旋，则言瞢揭得苏，苏乃丽焉。此皆持世度瞢之秘旨，会而融之，无瞢不度，度瞢之愿，乃可圆焉。盖已入跋洛籍中，佛发慈悲，犹欲苏之揭之也。

扇多沫底，

先师曰：扇，散也，藉物而散曰扇。犹摇扇挥风以散之之义。西域扇散同音，义亦同。此句散义，当从扇，贴在为民上者说，故当从扇义会也。寓有财散则民聚句义。多，定也，定民心也。沫，沾润貌，润如甘露然也，困极得苏之况。底，言止也。受困之众，众如河沙，为民上者财有分限，竭廪竭库以散之，亦难具足，不过沾润而止矣，故曰扇多沫底。谓当因民之所利而利之，使民揭丽，则自然罚底而安矣。故按《陀罗尼》全篇，以呾以罚以折为用，其见远矣，其旨深矣。

瞢揭羅罰底，

先师曰：如来谓瞢揭则罚止，揭瞢可稍迟事哉？是承上句说来也。盖以瞢之罚，不罚自天日君师，乃瞢者之自致，惟瞢故致罚。瞢揭，罚自止矣。罗，包括之意。言大千之罚瞢，一揭而皆止也。此句佛旨，乃勉瞢者自揭耳。

蘇跋達洛罰底，

苏跋达洛，持世心典，言警省跋者，悔过迁善，以达于洛册，则罚止而苏息也。先师曰：如来洞悉世因，有此恺示。盖言难庶之罚，皆有夙因，不发改过宏愿，敬持《持世陀罗尼》，罚无底止，苏无日也，是其过去世中，广造剥侵利乐，一时失性颠倒，罔识修省，病人、危人，种种不善，故有此报。今欲得苏，誓返往行，下文所言是也。

阿揭車，阿揭車，三沫閣，

按此三句，乃承扇多之义，而贴在众庶说。盖以罚之所积，乃是往昔贪多吝扇，遂有无所不至，种种颠倒之行之念。车，载物之具。揭，揭而取之，藏诸仓库。此曰阿揭，阿无也，言不取藏也。重言之，其志坚也。三，西域三沙音义同，言如沙数无量之义。阇，阇浮也。曰三沫阇者，言虽立愿散财施济，而物少世广，则所利益于世者，沫而已。然人人如此，则阇浮皆积沫成润矣。故其施愿亦甚普也已。是经文所言，广为利益无量有情者矣。佛则更能广为他说，因成正果，如来揭示三句，其心其愿，何可量哉！

阿奴颾沫洛，莎訶。

阿奴者，无功无过平人是也。知遵上三句，而发愿持行，得验甚速，一如飒风也。沫，小润。洛，大通，所祈之愿也。莎诃，梵语速义也。

阿罰剌喃，額奴颾沫洛，莎訶。

罚剌，记罪册名。喃，所定之案件也。曰阿罚者，犹言未照罚剌喃所载而罚。能知遵上三句，发愿真实，虽额奴之为，即得沫洛，一疾如飒风云。先师谓此罚剌，岳渎隍社掌之。

鉢剌婆几［音殊］，額奴颾沫洛，莎訶。

钵剌，册名。婆几，签名也。先师曰：钵剌，毗卢遮那如来案下率性天掌之，原赦之册也。原赦有六条，婆几亦有原宥六条，分刊签上。签乃碧玉所制，得有岳渎隍社，情陈宥章，章达案前，如来准批，发率性施行，乃降婆几，下行该管去处，便宜行事，莫敢违逆，违逆者斩。条文极秘，不敢泄，泄者斩。世之额奴，知循前文三句，真实发愿，岳渎隍社精详考核，情确上奏，准则下降，照几护佑，故得一疾如飒风云。

經栗砧，額奴颾沫洛，莎訶。

经栗砧，未详。或谓疫疠死亡相枕之兆。核即所谓经也者，实也。盖以表哀戚。栗，寒栗之栗，悚惧貌。哀惧皆悔心之切者。砧，捣石，所以除垢而平之也。谓额奴能发愿，哀惧痛悔，除其旧染，则沾恩泽甚速也。

毘折闍，額奴颾沫洛，莎訶。

毗折阇者，犹言触时触处，无非逆厄，乃是夙业沉重。故尔他人他时逢凶化吉，遇难成祥，而此难众当之，无不历反。夫岂两造之不慈，实由难众夙生一味斗智，不安分定。故其那时际遇，一若北获庶众，思衣得衣，思食得食，物物处处，思无虚思然。盖此北获庶众，宿积德厚，故有累行罗刹，于中效力。事详《阿育志》。正我两造处报修福善庶也。今此难庶，乃系往昔极奸巨滑性成一流，谪自有为而为，善非真善，两造恶之，生夺其魄，故今难庶无不群疑满腹。众难塞胸于前，遂致在在鲁闭于后，然正两造毗而折阎之慈旨，正以感悟难众也。故有下句速脱之验。

薩缚薩埵，毘捺閤，額奴颬沫洛，莎訶。

萨，觉也。缚者，犹言捆也。埵者，障也。毗捺阎者，乃承缚埵两义而言。盖以额奴自欺性成，故尔触处情缚，无行不埵。造物悯之，乃有下句治法，是正即缚而缚，即埵而埵，使由毗捺而阎，历经必悟，故有下句速脱之验。

此陀罗尼具大神力，

陀罗尼，解见上。具，备也。曰大神力，必有天龙八部、人非人等寻声应感之义，所以如是。乃是字字出自顶轮王如来心吐玉音故也。

若有善男子、善女人

即此，见是平等法，不分男女，而所贵在一善字也。

至心受持，广为他说，

心曰至心，诚之至、专之极之义。受，受之于师。持，持之于心。他，世人也。说，说此《陀罗尼》也。

诸恶神鬼、天龙药叉、人非人等皆不能害，诸利乐事昼夜增长[①]。

按诸恶神等，天地之煞气，亦元运中自然必生之气。两大[②]……尼炁为

---

① 万本批：原本缺第二十九、三十两页。

② 此后缺两页，约少七百字左右。原经文有“若能至诚供养三宝，念诵如是陀罗尼经七昼夜，时无暂阙，诸天龙神皆生欢喜，自来冥雨所须财谷，饥馑疫疠皆悉消除，所有罪障无不殄灭，一切危惧并得安宁，福慧渐增，所求如意，速证无上正等菩提”一段，只存下以注释。按：“冥雨所须财谷”乃是此经主要功能，所以别译本经题为“雨宝”。实非“持世”，更与“医世”无关。据《梵汉佛教语大辞典》，其经题中 vasu-dhārā 一词，vasu 有天、世、财、宝诸义，-dhārā 有雨、流注诸义，故其义应为雨宝（后世即将 vasu-dhārā 称作财富之神）。若后词作 dhāra，方有执持、护持之意。

媒，集招三才真元，暂注一地，财库等等立自充盈。是大道，原非法用。佛之慈旨，令世信佛，因完佛性耳。要知三才一性，所生世间财宝，何一非此真元所结？而元乃一生，万世世众，能悟是旨，皆崇佛性，方合世尊度人无量之慈旨慈愿也。三阎浮世，无量有情，悉沾衣食之惠，世尊视之，直如吾辈钵饭杯水，济一穷黎饥渴，佛量岂止如是小惠哉？经文却正娓娓言之，盖为世人说法耳。然或徒知佛量，妄夸虚愿，鄙是说为小道，弃而勿学，是额类也矣。切戒，切戒。谓体陀罗尼文，额奴度之，额勿与度，可不戒哉，可不戒哉。

尔时，佛告妙月长者：汝应信受此陀罗尼，忆念诵持，广为他说，所求利乐，无不谐遂。

上文世尊因感长者诚请，为述往昔受授，乃世尊亲历实验也，不惟启信于长者，所以感发在会佛众及诸天人、人非人等，普发慈心慈愿也。至此节，乃呼长者曰汝应信受者，世尊含有慈旨，谓如长者往昔愿行，始可信受，所以饬励佛众，各敦素行耳。故曰“汝应信受”，又曰“忆念诵持”，再曰“广为他说”，末则曰“无不谐遂”，是即长者以喝佛众，意在念普，乃能圆愿焉。

时彼长者闻佛所说，欢喜踊跃，而白佛言：我能受持，广为他说，利益安乐无量有情，惟愿世尊慈悲护念。

谨按长者闻说直任，何等勇往，信之极，愿之宏，其所由来者渐矣。而犹愿世尊护念，知其中更有不可思议之神力在焉，而窃恐自身三宝有不逮处，故有愿护之请，是长者之真实语。

世尊告曰：如是，如是。

佛之慈允，固非漫许，然隐有妙义在焉。凡行一事，气以承之，见馁气亦馁矣。佛之慈允者，以壮长者勇承之气耳。其实无佛护念，行必有成，所当戒除者，馁字也。儒书不云乎“舜何人也，予何人也，有为者亦若是”，盖有气焰以取之也。其故何？信以成之。信深气自壮矣。如来亦只增其信受二字耳。先师之论如此。

时彼长者合掌恭敬，右绕世尊百千匝已，顶礼佛足，欢喜而去。

西教恭敬必合掌，蕴有妙义。人心发窍于两掌心，两掌合，则心一而神凝，故礼必合掌。兹曰右绕者，天道左旋，地道右旋，弟承师授而行，宜从地道，故从右旋。学者承事发端，此义不可不明。按绕世尊百千匝者，已得即身持世之义，其时长者此身，已化三阎浮世，存此生气，随旋化运，绕至百千匝矣，火候足，而生炁具。足，乃礼佛足，谢佛慈护，即辞佛欢喜而去。盖知神效已验，而他人未知，例应秘密，故辞无一语，浑穆之义应如此。而心知已验，不免露此欢喜，是皆有妙义当领会。先师之论如此。

尔时，世尊告阿难曰：妙月长者诸库藏中种种财谷，今悉盈满。

世尊独告阿难者，阿难为佛首座，而博闻强识，令信心默喻得如长者。阿难未晓其意，未知问也，将以启其问难耳。正为普饬佛众弟子，发愿受持地也。

尊者阿难欢喜白佛：何因缘故，妙月长者诸库藏中欻然盈满？

盖疑别有感应是也。而集生炁以生，可以心授，不可言传，非不会及，知佛不说，故有此问。尊者意中，盖欲示闻尽人能行能验之妙义耳。

佛告阿难：妙月长者闻我所说大陀罗尼，深信欢喜，受持读诵，愿为无量有情宣说，由斯福力，库藏皆满。

世尊果以尽人可行告知，是之谓使由之而已。先师谓不泄而泄，在此陀罗尼三字，一道陀罗尼文，已成碎锦，乃为一盒陀罗尼，所谓物物一太极。统而持之，不着文义，但用字字在浑穆光中流出，此持陀罗尼不传秘诀。生生真元，不生而生，不住维持，是即集义之道。诸库藏盈，特个中之一验，修到彼岸，自证佛果，不过完全得陀罗尼三字耳。此旨当时惟阿难能心会，故曰不泄已泄云。

汝等亦应受持诵读，广为他说此陀罗尼，令此三千大千世界诸有情类皆得利乐。

汝等，指在会诸弟子，受持诵读，指自身也。广为他说，指度世也。盖言一身诵读，即是广为他说也。诵读广说，即为受持，非此陀罗尼外别有诵读广说也。三千，人世也；大千，身世也。三千大千，统名世界，言无分别，同一有情之类也。世尊以此三千大千，无一得出陀罗尼外也。能诵读此，诸有情类，皆得利乐者也。盖此陀罗尼，大无不包，细无不入，故得有情皆度也。

我观世间天魔梵等，无能毁越，此陀罗尼文句正真不可坏故。诸薄福者不可得闻，

我观，世尊自说历观也。世间，盖说无量劫前过去世，迄今现在三千大千世界中也。其间天魔梵等，无能毁越。毁，毁灭也；越，越出乎此陀罗尼也。观此陀罗尼文句，正真如来之心音，故不可得而毁越败坏也。世之无根薄福之众庶，岂但不得诵读受持陀罗尼，名且不得闻也，闻犹不闻也。

所以者何？如是章句，三世诸佛同所称扬，以不可思议神力加被，令闻持者皆获利乐。

所以句，亦是世尊自问之辞，言彼薄福无根不可得闻者，盖有故也。如是章句，三世诸佛同所称扬。三世，过去、未来、现在也。诸佛，诸大觉圣、天人师、佛、薄伽梵也。称，称诵。扬，扬宣。曰同所者，犹言皆是也。不思议，盖言尊奉，出之自然也，故其神力之大，不可思议也。加被，加护也。令，使也。闻持，得闻得持陀罗尼者。利，利益。乐，安乐。言无困窘，疹疾祸患危惧也，以有诸佛皆以神力加被故也。

先师曰：个中之旨，玄矣哉！外身而求，堕入外道；弃世而修，乃证四果。即身即世，即世即身，打成一片，才得合佛宗旨。其所说诸天龙神恶鬼药叉人非人等，果在外不在外耶？能悟此，可以事斯经矣。一拳打破，世身，命也；陀罗尼，性也。身世可见，条理井然，毁成炳然。斯陀罗尼者，视之不见，听之不闻，身世失此，大块小块而已。学者要知陀罗尼妙义，在音不在文也，如来出示，令人因事求文，因文求音，因音悟性，则知大道在己。寂而体之，身世果二乎哉？性命果分乎哉？知此，则知《持世经》，只完儒宗尽性两字，造［去声］到致命，悠然撒手。西教神矣哉！非世尊不能说，非阿难不能纂，非玄奘法师不能译也。西教大全藏中，世身两度，不离命，不出性，自此可以进参《圆觉》《华严》矣。

尊者阿难深心欢喜，以妙伽他［音拕］而赞颂曰：

妙伽他，香饼名也，一曰返魂香，一曰水安息。参以沉檀速降末，和成饼者是。烧之，能令死者复生，更能定魂完元，西域宝香也。阿难以之，盖爇之也。是有大慈大悲义，是欲令人藉透斯经经义，入心沦髓也。是示受持斯经第一步入手功法也，是假香以彻一身及六合也。盖有昨日死、今日生义。先师之论如此。

诸佛不思议，所说法亦尔。能正奉行者，果报亦复然。

按此四句，赞经力也。

一切智法王，灭生老病死。已到胜彼岸，稽首大觉尊。

按此四句，颂经验也。

尔时，阿难踊跃欢喜，礼佛合掌，白言：世尊，今此法门当名何等？今者云何受持？

阿难体斯经旨惟一，而应用不一，须立名目，以奉以持以遗无量世承之体之，以为上中下一定名目，阿难之见远愿宏，跃然现焉。

佛告阿难：此名妙月长者所问，

即事以名，授受持行，应感有征，故以是名冠其首。

亦名能感一切财位，

虽似专贴困厄，而致疾致罪致危，由于境迫而成者，十居其九，感得财位一护，诸厄之解有机矣，此立名之玄义也。

亦名愈疾，亦名灭罪，亦名能除一切危惧，

分明所事，则按名行持，专而不杂，感应得验而速，玄理本应［平声］如是也。

亦名诸佛同所称扬，亦名诸佛神力加被，

明非私智，其来有自，乃承佛念佛愿而达，是犹道经之名“本行［去声］、本愿”义。

亦名持世陀罗尼经。

谨按此贴大善知识、具佛宏愿、普为三千大千世界持行者所用，以申以饬天龙地祇、人非人等者也。为一身、为一家、为一地者，以上诸名奉持，不得以此名奉持，盖先师之论如此。又曰：用持乃统三才而存运，不出一身，方合佛说，而得验神速，某尝亲历，如是如是云。

汝当奉持，勿令忘失，利益安乐一切有情。

先师曰：是全部归束之慈旨，性于此尽，命于此圆，藏有至显至微无上玄义，世尊故有此嘱。西教以不住功德为正宗，而此经似住功德一边，世尊恐世间为果行一门，不悟是为尽性致命之学，故呼阿难以告之。

时薄伽梵说此经已，无量声闻，及诸天人、阿素洛等一切大众闻佛所说，皆大欢喜，信受奉行。

薄伽梵，解见上。阿素洛，同见上注。先师曰：经言天龙等，皆贴人身气分上说，言世以明身耳。缘身气世气，一气也，人性佛性，一性也，同属陀罗尼，故可即身以持世。舍性而持，便落外道，不可不悟者也。际莲体此，大可与《三尼医世》一书并参，儒教道教不外乎此，训以注是经。按经旨，敦养兼济，能觉悟其性，而后能利益安乐，真言中娓娓言之，正医世之大道。医世，即持世也。

祭炼心咒注［附］

吴兴金盖山人闵苕旉注释

按此心咒，传自萨祖，用于五言《玉章经》后，为法家之宝秘。法用白米七粒，书“灭罪超升”四字。毕，盖以萨祖心印，铁师讳，太乙讳，太乙心印，元始金书，玉皇玉篆。毕，以青灵诀对米虚书，念此咒不计遍，以粒粒放光为度。收贮铁罐之中，每夜取以祀孤，其功最大。或放于铁罐之盖，盖有七星孔，行持者启师竣，趺坐观想，默持五言《玉章经》，存诸灵爽，附魂法粒，自能走入孔内。如七粒俱下，则为得度南宫，上生天界。若止一粒、二粒、三粒，不过罪业已消，生入人天。若有四粒、五粒、六粒，则入十善人天，必得富贵大善之身，去仙不远。故一晚不效，则行持不已，或行至四十九夜、八十一夜之久，未有不得奇效者也。其铁罐有一定之式，另详《铁罐炼科》，兹不之载。其咒文向无注释，兹亦不敢尽泄，但于每句下，略注一二，使持之者，知蕴有口工耳。

唵，

唵，音庵。此字宜存哀悯之心而出之，其音引长，必若有所现焉而已。故此字惟首遍用之，余则七遍一加，九遍一加而已。

唆啰修，

唆，音进，一音净[①]。啰，音拉，一音来，一音赖。修，一如字读，一音收，一音秀，各有口诀存焉。其大旨，存彼诸灵端肃前进之义，而已则以慈光接引而来之义。

哎啰修，

哎，音益，一音是[②]。其大旨，诰彼诸灵，互相忏除夙业之义。哎者，翼

① “净”，金盖本作“梭”。

② “是”，金盖本作“儒”。

也，互相忏除貌。已则以慈光照烛之，有如一轮明镜然，令彼诸灵就前自照，则有互相忏悔之良心发现焉。

修啰吆，

慰词也，亦奖词也。存为开除刑具，赐以衣食，或施之以丹药，疗其疾病，存彼诸灵，各完天赋，欢喜受度之貌。

波露吒，

示以性海也。存彼诸灵于中沐浴，而悬圣日圣月以烛之。

华露吒，

示以心法也。存彼性海透生无量五色莲华，发无上心香，诸灵见之，各各了悟，腾身华中，各各趺坐。

真灵吉帝吒，

吒，作槎字义会。盖真灵者，即指诸灵心已了悟，已非鬼类也。故以真灵呼之也。是证盟之词也。吉帝吒者，犹曰太乙慈航也，即指上句所现之心华是也。至此须存升送之意，存上莲华，枝枝直透，驭云驭风，上升空际，渐化一片彩云，腾升无际之象。

麻陀，

麻者，众合之貌。陀者，光明圆足之象。言惟见彼诸灵，化成一团明晃晃、光烁烁，直升霄汉间，至此微以意直送升之，已则寂然，良久乃止，此其大略如此。

按此心咒，科本不之载，世世口传，五百年于兹矣。或于此咒续以变衣、变食诸咒，轻云子以为倒置不可从，故不之录，非秘也。其神效之源，在能诚持《玉章经》。欲习是科者，须先诚持《玉章经》十万八千遍，则行持时，此咒一诵既灵，不过百十遍，观想既周，便可勿持也。

雨香天经咒注跋

西竺心宗一百一代裔孙闵真仙谨述：

僭释密部秘句，略曰：非敢妄释，其来有自。曩蒙我师野达婆阇奏授《伽陀雷司心章①》，有云："按我本宗经典，文皆梵体，韵悉梵音。薄伽梵帝悯世非一，风土不同，宣授难普，授犹不授，乃开随方翻译一例。一例之中，遗有字音俱翻，如世三藏经文；字音不翻，如藏梵筴；或有翻音不翻字，如藏卍等；更有推而即文即义以会以贯者。盖以字乃心文，音乃心韵，个中玄妙，自可普会而神领，如来宗旨所宗者。心窃体之，统以授付震旦世生闵，给名真仙，以承心宗，是为后派一代。爰肃奉闻，伏望如来不违本誓，终始护念云。"真仙承之，曾为翻译如《智慧真言》《密迹神咒》，《大悲》《持世》二经陀罗尼。自知秉授凡劣，何敢认妄为真。往昔所释，实仁者见仁而已。兹因门下取以寿梓，爰述其略于上，见者谅之，真仙幸甚焉。

道光甲午仲冬望日谨跋。

① "心章"，万本作"心竞"，据金盖本改。

行持佛说持世陀罗尼经法全部［附参考］

西竺心宗第百代嘓哆律师衍
第百有一代真仙纂
第百有二代守性梓

请身真言[①]

唵［引］嚂。

请心真言

唵［引］，嚜呢钵纳［二合］铭吽［音吼］。

请意真言

唵［引］，悉怛哆，钵怛啰。

启请

南无常住十方佛，
南无常住十方法，

---

① 万批：佛之陀罗尼咒，道之玄科云篆，皆寓命功于性功之中，使人循持默祷，而不必以文字推求。迨其声应气化，自能功效著焉。此孔子所谓"民可使由之，不可使知之"之道也。故陀罗尼咒音可传，义不可解。义在音中，音转则气转，所以使人修命，而未可以寻常字义解释此命功之秘也。况其音皆梵音，而出以天籁，其义皆精蕴而发于天机。故自来释典均无解咒之例。闵小艮先生知陀罗尼咒系佛之命功所寓，而不知其咒之不可以中国文字解释，而妄为笺注，似属画蛇添足。细玩闵注中精义固多，然而附会穿凿亦在所不免，阅之令人生厌。且反使一知半解之士窃取一二以为希奇奥旨，以讹传讹，贻误后学，实非浅鲜。余故于闵注《持世陀罗尼经咒》以及《雨香天经》两种均不加批注。非没其美也，盖不敢袒护古人，因错就错，留害将来耳。闵先生一灵有知，当许余为直友善知识。博闻多见，应恕余之狂谈。式一子万启型批。

南无常住十方僧，
南无释迦牟尼佛，
南无佛顶首楞严，
南无观世音菩萨，
南无金刚藏菩萨，
南无广宣寿世妙月尊者，
南无西承东衍囒哆尊者。

开经偈

妙湛总持不动尊，首楞严王身世有。
能消亿劫颠倒想，不历僧祇证法身。
薄伽梵佛亲口宣，经曰持世陀罗尼。
世人受持广宣说，弹指愿圆除遗逸。
今世洞明无上道，于无无中无生灭。
是即世证陀罗尼，烁迦罗心无动转。
伏望世尊默护愿，身世治宁不二一。

佛说持世陀罗尼经

如是我闻，一时薄伽梵在憍饷弥国［是昔磔迦岛，即今之誐罗斯国，《西域志》载之未甚详悉，是经御序所载甚为详悉］建磔迦林，与大苾蒭众五百人，俱菩萨摩诃萨，过俱胝数，及诸天人、阿素洛等，无量大众前后围绕。时彼国中有一长者，名为妙月。容范温华，志愿闲远。男女僮仆，其数众多。于佛法僧，深生敬信。来诣佛所，顶礼佛足，绕百千匝，却住一面，合掌恭敬而白佛言："世尊，欲问如来应正等觉，少所疑事，惟愿大悲，垂悯听许。"尔时世尊哀愍彼故，以慈软音告言："长者，恣汝意问，吾当为汝方便分别，令汝心喜。"时彼长者欢喜踊跃，稽首作礼，合掌请言："世尊，云何善男子、善女人诸贫贱者可得富贵？诸有疾者可令病愈？诸有罪者可今罪灭？诸危惧者可令安乐？"尔时，世尊知而故问："长者，何缘作如是说？"时彼长者重白佛言："世尊，我等在家，多诸眷属，资财乏少，难可周济。又多疹疾，罪累危惧。故请世尊开示方便，令贫贱者得大财位，周给亲属，广修惠施，饶益一切，仓库无尽。令有病者四大康和，勤修善业，身心无倦。令有罪者速得除灭，身坏命终，生于善趣。令危惧者身心安乐，亲近供养佛法僧宝，速证无上正等菩提。”

尔时，世尊告彼长者：“善男子，我于过去无数劫前，遇佛世尊，名持金刚海音如来、应[①]正等觉、明行圆满、善逝、世间解、无上丈夫、调御士、天人师、佛、薄伽梵，为欲利乐诸有情故，说陀罗尼，名曰持世。我时闻已，欢喜踊跃，受持诵读，广为他说，利益安乐无量有情。由是因缘，福慧增长，速证无上正等菩提，为诸天人说微妙法。今为汝说此陀罗尼，汝天人等皆应谛听，闻已受持，广为他说。此咒神力不可思议，令诸有情，皆获利乐。

“陀罗尼曰：蘇魯閉，跋達邏筏底，瞢揭麗，頞折麗，頞摺鉢麗，嗢伽折尼，嗢鞞達尼，薩寫罰底，馱娜罰底，達那罰底，室利洙底，鉢拉婆罰底，罯沫麗，毘沫麗，魯盧蘇縷，波毘沫麗，頞捺捺悉諦，毘呾悉諦，毘濕縛繫始，狭矩麗，茫矩麗，毘毘謎，杜杜迷，呾呾麗，呾洛呾咯，罰折麗，罰折麗，羯蘇羯蘇，罰栗殺尼，昵瀊波達尼，罰折洛達洛，娑揭洛，呢懼衫，呾他揭耽，頞奴颰沫洛，呾他揭多，薩點颰沫洛，達磨薩點颰沫洛，僧伽薩點颰沫洛，呾吒呾吒，譜洛譜洛，譜剌譜剌耶，跋洛跋洛尼，蘇瞢揭麗，扇多沫底，瞢揭羅罰底，蘇跋達洛罰底，阿揭車，阿揭車，三沫閻，阿奴颰沫洛莎訶，阿罰剌南，頞奴颰沫洛莎訶，鉢剌婆几［音殊］，頞奴颰沫洛莎訶，經栗砧，頞奴颰沫洛莎訶，毘折閻，頞奴颰沫洛莎訶，薩縛薩埵，毘捺閻，頞奴颰沫洛莎訶。

“此陀罗尼，具大神力。若有善男子、善女人至心受持，广为他说，诸恶神鬼、天龙药叉、人非人等，皆不能害，诸利乐事昼夜增长。若能至诚供养三宝，念诵如是陀罗尼经七昼夜，时无暂阙，诸天龙神皆生欢喜，自来冥雨所须财谷，饥馑疫疠皆悉消除，所有罪障无不殄灭，一切危惧并得安宁，福慧渐增，所求如意，速证无上正等菩提。”

尔时，佛告妙月长者：“汝应信受此陀罗尼，忆念诵持，广为他说，所求利乐，无不谐遂。”时彼长者闻佛所说，欢喜踊跃，而白佛言：“我能受持，

① 原批：持此应字，乃述如来应运而述，原可勿贴文佛自上敬会之故，可不作阿难所增。真仙谨白。

广为他说，利益安乐无量有情，惟愿世尊慈悲护念。”世尊告曰：“如是，如是。”时彼长者合掌恭敬，右绕世尊百千匝已，顶礼佛足，欢喜而去。

尔时，世尊告阿难曰：“妙月长者诸库藏中种种财谷，今悉盈满。”尊者阿难欢喜白佛：“何因缘故，妙月长者诸库藏中欻然盈满？”佛告阿难：“妙月长者，闻我所说大陀罗尼，深信欢喜，受持读诵，愿为无量有情宣说，由斯福力，库藏皆满。汝等亦应受持读诵，广为他说此陀罗尼，令此三千大千世界诸有情类，皆得利乐。我观世间天魔梵等，无能毁越，此陀罗尼文句正真不能坏故。诸薄福者不可得闻，所以者何？如是章句，三世诸佛同所称扬，以不可思议神力加被，令闻持者皆获利乐。”尊者阿难深心欢喜，以妙伽他而赞颂曰：“诸佛不思议，所说法亦尔。能正奉行者，果报亦复然。一切智法王，灭生老病死。已到胜彼岸，稽首大觉尊。”

尔时，阿难踊跃欢喜，礼佛合掌，白言：“世尊，今此法门当名何等？我等今者云何受持？”佛告阿难：“此名妙月长者所问，亦名能感一切财位，亦名愈疾，亦名灭罪，亦名能除一切危惧，亦名诸佛同所称扬，亦名诸佛神力加被，亦名持世陀罗尼经。汝当奉持，勿令忘失，利益安乐一切有情。”

尔时，薄伽梵说此经已，无量声闻、及诸菩萨、并诸天人、阿素洛等一切大众闻佛所说，皆大欢喜，信受奉行。

三皈而退

自皈依佛，当愿众生，体解大道，发无上心。

自皈依法，当愿众生，深入经藏，智慧如海。

自皈依僧，当愿众生，统理大众，一切无碍。

和南圣众。

凡持是经咒，例应结坛，供养丰洁，威仪闲雅，心气和平，音韵调泰，不高不下，不散不结，字字韵韵，流自性天。尤宜置夫应验得未等等思议于绝无无中，斯能佛凡混一，世身身世溶成一片，乃证世身身世大陀罗尼。方合持若勿持，不持而持。久久凝而复化、我身顶先天心王——核即西方佛顶尊胜王如来斯成，强名不二果。然按入手，总从闲雅和平调泰于有作无作中得也。我师启述授世玄义乃如此。真仙谨识。

经跋

谨按是经，佛曰“持世”，盖犹我宗之“医世”，乃有身治世宁之义。其义创自薄伽梵，为世宣说《持世陀罗尼》。文佛释迦承授妙月长者，四众宗之，广为宣说。流传震旦，始自我国贞观间也。持行工法，至简极易，第非薄福得闻。然无智愚，能具信心，受持极验者。何以故？太乙有言“心即天也，身即地也，念即人也”，如是体之，三才一身也。原人一身，自心以上曰天，自心以下曰人曰物，自腹以下曰地曰海，而心能包身，身能容念，故身亦名世，世身身世，不二不一。盖谓主夫世者惟人，主夫身者乃念。而念承乎心，心承乎天，身承乎地，地天无心，寄心于人，故人得为造化主，人自小视身心耳。我师野怛婆阇曰：“汝祖泥丸李翁亦谓：往昔薄伽梵悯世溺情，故为宣说《持世陀罗尼》，不外靖身靖心靖念而已。诚以身即世也，世即身也，学知靖念，则心自清，而身自修，世有不治乎哉！”我师又曰：“道祖纯阳翁，不更有言乎‘匹妇啣冤，三年不雨’，可悟劫厄频仍，造物无心，不过因物付物焉耳。噫！身同心同，能如妙月信承，更广宣说，世自承化。凡诸有情，咸得利乐，人非人等，咸皆欢喜，无敢毁越，咸悉如意，直在刹那间者，以此陀罗尼流自薄伽梵心，音韵微妙。有感斯应。”我师玄论如此。

道光甲午冬至日，嗣宗弟子闵真仙拜跋于舜湖菊隐居。

行持佛说持世陀罗尼经法规则

闵真仙述

行持佛说持世陀罗尼经法规则小序[①]

原世建立坛场一切规则，盖为祈求现证者设。若夫缁素平时行持，凭诚足矣。《楞严经》云："设有众生，于散乱心，非三摩地，心忆口持，是金刚王常随从彼诸善男子，何况定发菩提心者？"又云："纵不作坛，不入道场，亦不行道，功德无有异也。乃至读诵书写此咒，身上带持，若安住处，庄宅园馆，如有积业，犹汤消雪，不久皆得悟无生忍。"要而论之，必须三密相应，所谓口诵神咒，心想梵字，手结印相，谓之三坛，然非初学所能。我师野怛婆阇一准《三尼医世功法》纂成便科以授余[②]。盖以佛说世字，乃合身世世身者，义与医世宗旨无二无别。道宗所谓"心即天也，身即地也，念即人也"，诚以人次天地之中，而又以地天无心，寄心于人。故以世身论之，主夫世者是人；以身世而论之，主夫身者是神。以有是义，往哲纯阳翁创有"卵守"功诀，世身身世，混而承生承化，承凝承判而承循，专以无无亦无为宗，而工法乃惟假虚涵实，即实返虚，置夫有无真幻于无住无所。是由觉而不着，深造忘忘亦释为究竟。所谓工法，惟自靖念，造返纯一。一者何？念念流返性天，故能韵皆天籁，则自韵触立化。而世鲜克受承者，盖群执夫持诵之无间，而不会夫七昼七夜之玄义，自谓质非原材，身非童身，真元早破，一七昼夜，那能无间，望洋而叹。职此之由，世之知识谓惟生知而天授者能之。师谓世识自小身世，故与世隔，而惮发悲悯，岂知五口小人因证佛果，学何所畏而弗事弗述乎？真仙领而心藏四十余年

① 此序目据金盖本补入。

② 原批：学者即师述以体之，乃悟下文率众轮承一诀，端就一身身内腑脏关窍之神气，以及三尸九虫之灵，化归无极之极，以养真一，待足顺生以盼前失。然必置夫自然，乃得合夫《大学》首章学业，功从克己，以修以行。学苟昧自身求，而务皋友会承，大则祸招感众之罪，细亦徒费内外资财，万无一成之谤。学故贵会经旨，领悟玄义耳。余故持笔以告读是经者。真仙谨白。

矣。研师启述，揆诸道典释典，无不一鼻出气，惟未遇心受心授者，难望弗谤。然所会曰：授但诚授，所谓尽心尽性而已。兹故藉笔以述，题曰《行持规则》，世受与否，法惟听之。

门人闵真仙追述于舜湖菊隐居，时维道光十四年岁次甲午冬至后一日。

行持规则［共四条］

结坛

凡结坛，用平屋三间，或一大间，四无陈设。中安圆桌，桌中供木制小浮屠一座，或六面，或八面，面面刻主佛一尊。每尊前各供香花灯水米，在洁不在丰。桌外面面安小方半桌，核即用供烛香。半桌外设蒲芦棉等制蓝色垫，离桌尺许，以便礼拜。地面铺盖棕毡，以便即毡趺坐。坛屋坤乾二地，开设便门，其正门开在离位。圆桌桌围制如盖式而有平顶，即作桌毡用，其色纯紫。半桌桌围纯用大红。

服色

增益用金黄，敬爱用大红，消灾用白色，延生用青色，降伏用黑色。行凡戒子，袍加偏衫。凡庶只用道袍，或衣冠俱可。

持法

持者，时也。持而即时，惟谁能摄？得谁以持？惟佛乃得。故持而时者，岂仅用玄而已哉！即斯经示，语出佛口，善落事之法，惟寓神于密，始能感无不应，应无不感者。一拳打破，体圆用句神耳。学欲事之，须先识夫一七昼夜，造至时无暂阙，厥体乃圆。已而忘夫一七昼夜，造至时无暂阙，已到忘无所忘，则自用无不神。是为持是陀罗尼法。

诵法

按斯经示，诵出持下，其旨玄而用故神。学须会悟而事，诵非喉舌，亦非金刚，且非瑜珈，而自三摩地者，直是持若不持，五脏六腑、三尸九虫但闻音韵之悠扬，莫识海潮蜂和之为何。却自音韵触存，触无不化，存无不神，有若若承若授然。斯经佛示诵义如是，学须体悟。我师故常谓：凡持陀罗尼，总以音得海潮声，泛泛洋洋，无起无灭，且要数忘其数，乃为诵得三昧。次则得如万蜂朝衙声。是皆出于形忘情泯时中，自然流露之玄韵，故应验淳粹，莫可拟议也。盖以人身物物皆阴，而阳惟声耳。太乙有云：阳中之阳，乃是无声之声，是指音韵言也。故又言：发难体测，乃为先天先机，太素是也。在道即是真意，核即内典不念而念、念而非念者是。

源流

伽陀正宗，启自先天薄伽梵，应运付授勇精进如来。如来以是咒力，获证现在世释迦文佛。佛又应运付授妙月长者。长者深信受持，广为他说，利乐度诸有情，是为正宗二代。遗有记云：汝递承传，启有素宗副事正法，核即西竺心宗。承自铁牛圣僧，圣僧授诸妙梵菩萨。是经是咒流布震旦，谓自三藏玄奘者，奉诏翻译其文耳。运至元代，我师野怛婆阇承，由月支入滇，休于鸡足，溯为素宗百叶宗师，留守待承。直至乾隆壬子秋，小子入侍，梦想不到得受素宗心学，始明三教传本一贯，法天象地，不外身心，而所行运，还之返之，一秉自然，若少杂作，便坠旁门。原其入手，以至成圆，不外念净焉耳！师为伽陀副事竺宗前派百叶，小子僭承，得名真仙，乃为竺宗后派一叶。千钧丝发，危如之何？惟愿薄伽梵佛护念，宗祖妙月长者承衍鸿德悲悯，百叶嘱哆宗师承启大愿，俯垂覆护东土信心，幸甚！幸甚！爰为谨述源流如上。真仙拜撰。

续派

真守初元一，咸安性命圆。德隆存虚寂，恒信道根源。西成由东作，启后便承先。显密绵宗种，悟不在言诠。

计共四十字。我师野怛婆阇续衍于滇南鸡足山，时为乾隆壬子仲秋。真仙心衮有年，兹因舜湖周守性未识规则，又昧续起嘱哆者，爰为重述巅末云。

释义

何曰伽陀？是犹华言一切无碍也。何曰陀罗尼？是犹华言无上心韵也。

何曰野怛婆阇？是犹华言求道士[①]也。何曰薄伽梵？是犹华言德薄地天。薄者，超也、越也、凌也之义。

度师野怛婆阇传

师号野怛婆阇，西域月支人，元初入鸡足，休于优钵罗舍，精研密部薄伽梵教外别传，妙月宗祖百叶孙，群称鸡足道者。顺治间至京师，观光演钵，昆阳王祖契其德，赠姓曰黄，命名守中，成师久守鸡足之志，叠授我宗三戒。师时已通华言，退与管天仙、张蓬头、王金婴、王袖虎、李赤脚、云大辫、李蓬头、王大脚辈，互相砥砺。乾隆壬子夏，余始诣谒，遂止宿焉。越三月朔，辞返五华，路遇总制富公使返自鸡足，报师于望日逝。迟至九秋，蜀吏某来云：仲秋望日，遇师于峨嵋鹿洞，眠食谈论无异平时。师状貌视等五旬，两目常垂，偶一开视，晃同电掣，洞烛脏腑，能令人默。常月余一食，食惟橡实，斗许不言饱。声发如钟，复如雷。故于诵持陀罗尼，有若金铁声，而韵从海起，泛泛洋洋，无起无灭，宛若潮来，人数数学之不得。师盖由养而致，夫岂易言习哉！至夫内蕴之富，造诣之玄，惜侍未久，莫能测其究竟。然已喜出望外者，教外别传因承习受，广为宣说，小子之幸，是亦震旦信心之大幸也。受业门人闵真仙谨撰。

参考

《楞严疏纂》[②]云：

翻译经咒，例有四则。一、音字俱翻，诸经文是也；二、音字俱不翻，西来梵筴是也；三、翻音不翻字，卍字是也；四、翻字不翻音，诸咒语也。又有五种不翻，一秘密，诸咒是也。二多含，薄伽[③]六义。三本无，如阎浮

---

① “求道士”，莫尼卡教授曾将此词还原为梵文、藏文，但找不到对应之词。实际上，野怛婆阇由野怛和婆阇两词合成，其音对应梵语 āyatànàn（音译为阿野怛那，省作野怛。处所、位置之意，有入之意）和 vajra（音译为跋折罗、婆阇那等，省作婆阇。金刚之意。婆阇罗的译例，如“婆阇罗波尼婆里卑”，其梵文为：vajrapānibalin），大意是处金刚位者，与求道士的含义相近，似也可译为得道士。

② 按：《楞严疏纂》及后说《楞严疏》，乃指清代浙江慈云寺沙门续法所撰之《疏》，其书一名《楞严经灌顶疏》。

③ “薄伽”，“薄伽梵”的省称。

树。四顺古，阿耨菩提。五生善，般若尊重。

《正脉》云：显教，如授方显说；密咒，如授药密治。义开三力。一理法力，以一字含无边妙理，如元亨利贞。二威德力，三宝神圣名德力，大如王臣声势。三实语力，真言咒愿，超凡入圣，如诏敕继极。

长水云：自古不翻，略有五意。一诸佛密语，余圣难通。二诸佛密印，如王印信。三总持法门，婆伽六义。四鬼神王名，呼敕守护。五不思议力，赦罪受职。

孤山云：诸经密咒，例皆不翻。自古人师，多有异说。天台会之，不出四悉。一云咒者，鬼神王名，称其王号，部落敬主，不敢为非，世间欢喜益也。二云咒者，如军中密号，相应无所呵问，不相应即执治，是人生善益也。三云咒者，密默遮恶余无识者，如贱人奔他国，诈称王子，妻以公主，多嗔难事，人来剖明，假一偈言，默然自歇，即对治彼恶益也。四云咒者，诸佛密语，惟圣能知，如王索仙陀婆，一名四宝，盐水器马也。群下莫晓，惟智臣知。咒只[①]一语，遍有诸力，病愈罪灭，生善合道，入理第一义。咒具[②]四益，亦如是也。

幽溪云：初曰鬼神王名，如毗舍遮，鸠槃荼，揭啰诃等。又婆伽婆帝，甚皆访佛菩萨名，此使闻感其恩。又跋阇啰，高揭啰制婆等，皆金刚密迹号，此使闻畏其威。皆欢喜益也。又或于军中密令，或如密默遮恶，或是诸佛密语，无非欲令闻持诵者，欢喜生善，灭恶入理而已。故显密说，义利一也。

长水亦云：跢姪他前诸句咒语，俱是皈命诸佛菩萨、众贤圣等，及叙咒愿加被，离诸恶鬼病等诸难。至唵字下方说咒心。然此节是秘密首楞严也，自古不翻。补遗云：圣地密语，凡岂能解？纵翻华言，义亦莫晓，例如典语、名物，物实不异，后人莫知。其犹如大武柔毛以召牛羊，清涤清酌以召水浆，而庸俗者，不了此为何语。显密之谈，亦若此也。

上叙诸解秘密不翻。今家释云：考诸古德亦有翻者，晋竺法护《正法华》中陀罗尼咒，翻字又翻音也。《持心梵天所问经》中咒句字音，亦并翻

① “只”，原作“纸”，据《楞严经灌顶疏解》改。

② “具”，原作“真”，据《楞严经灌顶疏解》改。

也。又五不翻，薄伽翻圣尊，阎浮翻胜金，阿耨菩提翻无上觉，般若翻智慧。昔秘不翻，今何能知？至于秘密诸咒，金刚智三藏《略出念诵》中，翻译咒语。不空上师《仁王般若理趣释》，宋三藏求那译神咒四十八名，贤首国师解般若咒，西土龙树菩萨持小明藏中，释《准提咒》及诸密语，《守护国主陀罗尼经》《大悲空智》《一字》等经，佛与菩萨，亲口赞释字种咒语。《涅槃》《般若》《华严》经中，佛与迦叶善现众艺知识，解释四十二字母义。则知诸部秘密真言，亦依密藏可翻译也。

梵语南无，此翻皈命。佛陀翻觉者，具有自觉、觉他、满觉三义也。法者以可轨可持为义，即三藏十二部类。僧翻和合众，有二义：一理和，谓同证择灭无为；二事和，谓戒和同修，见和同解，利和同均，身和同住，口和无争，意和同悦。梵语劫波，此云时分［以上出自《楞严疏》，摘录以存参］。

嚠哆云：“梵语南无，初翻皈命，继翻曩谟，而宋三藏又翻性空，是初翻义，继乃翻音，而宋仍译义也。然考南无，大可即字即音以会，核即性心虚无之义。古德所谓彻通梵语，不外乎心，盖以音乃心声，故但从字审，有无口旁会之是也。”

又云：“《楞严疏纂》：此节可作南无两字注解。”

《楞严疏纂》云：梵语阿僧祇，此云无数。凡言三历阿僧祇，乃指历劫修行种因，所以示非易成，而修贵恒诚之义也。《楞严》偈云“销我亿劫颠倒想，不历僧祇获法身”者，乃言见性者，一见便明，明即了了，故不须三历，且自刹那间成也［此节录自我师摘释之文，兹故录以存参］。

《楞严疏纂》云：楞严咒唵字已后才是咒心。并依唐循州怀迪法师译释，出大藏深字函，上明古世元翻，下显译成多益，略列有二十四。一知佛号，称则常见佛身。二知本三宝，仗凭威德加持。三知金刚将，邪魔尽来皈降。四知鬼神王，部党回护无殃。五知佛咒，五部第一尊胜。六知顶咒，念时诸佛灌顶。七神咒，灵通感应难思。八明咒，生大智慧光明。九知咒王，一切咒中总王。十知咒心，诵即见性明心。十一咒印，印信富贵无违。十二咒诀，变化万物莫测。十三咒愿，因果随愿圆成。十四咒诅，相要祸福无差。十五咒祝，祈祷佛天如响。十六咒法，发开知辩无碍。十七知本，四藏文字根本。十八知字母，显密圣贤从生。十九字义，含摄无边理趣。二十字种，原为诸佛智种。二十一知梵音，佛天最先传出。二十二知总持，一切法义总该。二十三知真言，如所如说不欺。二十四知密语，军令圣旨无泄。前四局五会，后二十通咒心，此则统示前后咒益。若翻末后咒心，法益有六：一一字含多法义。二华梵音字圆通。三表显三藏三十心。四示该三贤地等妙。五回归三十七圣。六经纬一切字母。密部问："真言梵字，何有如是不思议神用？"益相答："是诸佛心体故，法性如是故，一字具多法义故，菩萨行愿故，不思议神力加持故，此出翻译，令得多益如是。"下复诫劝行人，毋得妄谈。

又《陀罗尼门诸部要旨》云：瑜伽会说五部。一佛部，毗卢为主。二金刚部，阿閦为主。三宝部，宝生为主。四莲花部，弥陀为主。五羯磨部，成就为主。《五秘密修行念诵仪》云：五部，即五密瑜伽法门，谓息灾、增益、降伏、钩召、敬爱法也。今属佛部，增益出世法门。《苏悉地》经云：扇底迦，息灾法。补瑟征迦，增益法。阿毗遮噜迦，降伏法。此三部，各有三等真言。一圣者说，诸佛菩萨、缘觉声闻，名为圣者真言。二诸天说，从净居天，乃至三十二天，是为诸天真言。三地居天说，八部神王，名为地居天真言。今当佛圣，增益部也。会义云：密部有三,一佛部，二菩萨部，三鬼神部。各论上中下三品。成就增益，名上品法。禳灾摄召，名中品法。降伏，名下品法。上法又三，谓行仪、观法、严禁三品法也。通以无上菩提道心为主。若无师传，则名盗法。若违行仪，则招恶报。若犯严禁，辄以功效向他人说，则招奇祸。并出佛不思议四悉益。

《妙臂菩萨所问经》云：行人若欲持诵，速[①]得悉地义利成就者，所有仪法，不得纤毫缺犯，使诸魔障而得其便。是故行人当心持诵，长时无间，使观想真言字种，一一精熟，事事相应，方成瑜伽无作妙行。又持诵者不得心缘异境，与人杂语，诵若间断，悉地不成。又持诵不依仪法，或不持戒，或不清净，非惟法不成就，亦当招损。彼部主明王，皆佛菩萨，终不瞑害，所有侍从天龙、猛毒鬼神，见其过故，便当损害。

《金刚顶瑜伽念诵经》云：凡修瑜伽教者，须具智慧，明了三昧，及真言法，住菩萨戒，发菩提心，如是功德，许入念头。

---

① "速"，原作"述"，据《楞严经灌顶疏解》改。

《菩萨善戒经》云：受持神咒，五不得为：一食肉，二饮酒，三五辛，四淫事，五在不净家饮食。具此五戒，能大利益众生，能治恶神毒病。

《法苑》云：道俗诵持无功效者，自无至诚，谤言无征。或文字讹著，或音韵不典，或饮酒啗肉，或杂食荤辛，或触手污秽，或浪谈俗语，或衣服不净，或处所不严，八种法戒，致令鬼神得便，翻受其殃。若欲行持，每须澡浴，口尝含香，志诚殷重，普为六趣，发心匪懈，如是至意，定验不疑。

《显密圆通》云：《金刚顶》《苏悉地》《准提经》等，皆说行者用功持诵，或梦见诸佛菩萨、圣僧天将，或梦见自身触空，乘马渡江，种种香光，及诸异相。若得如是应验，则须策发三业，加功唪念，不得宣说咒中境界，炫卖与人。惟同道者，不为名利敬赞，方得说之。

《大悲经》云：若人紧切念时，或逢种种魔障，忽然怕怖，身心不安，或多瞑多睡，舌难持诵，或见诸异相，或于咒疑心，或多分别想，或无明着。有若对治者，应观梵书嚂字[illegible]，或观哑字[illegible]。彼谐境想自然灭，当知因缘法本空也。五会真言，虽依古德翻释，后来宏传法者，临咒默随意，不必局定。应讲不讲，孔子云：“可与言而不与之言，失人；不可与言而与之言，失言。智者不失人，亦不失言。”故孟子有五种教，有五不答。《楞严经》中，亦四种说密部不翻，为推伏诸魔外也。前所开明三义，皆为法中紧要，特于咒首，预表出之。嘓哆曰：“只在虚寂恒诚，能遵无失，无不神验，万无获戾也。”

五会真言注曰：所以有五会者，《显密圆通》云：“藏经神咒不出五部：一佛部，谓诸佛咒。二莲花部，谓诸菩萨咒。三金刚部，谓诸金刚王咒。四宝部，谓天咒。五羯磨部，诸鬼神咒。”前坛室中五佛，表五部主。又五佛即佛部，观音莲花菩萨部，金刚藏金刚明王部，释梵宝生诸天部，频那夜迦羯磨鬼神部。此之五会，诸五部咒，悉总持也。又香花钵镜每十六者，《金刚顶瑜伽经》中说受十六大供养也。

一会真言注曰：瑜伽中有四种念诵：一音声念诵，出声念也；二金刚念诵，合口默念；三三摩地念，心念者是；四真实义念，如字修行。又或开五：一出入息诵，想咒字字义，随出入息，息出字出，息入字入，字字朗然，如贯明珠，前后无间；二瑜伽持诵，想心月轮，内外分明，咒字次第，从前右旋，周匝轮缘，终而复始；三金刚持诵，口中微微默转；四微声持诵，字字分明称念，但令自耳闻之；五高声持诵，令他闻之，灭恶生善。详《金刚顶》《五字》《准提》等经。《如意宝中经》妙住菩萨问：“持此总持王章句，何因不见三世诸佛？”佛言：“以住业故，疑未断故，有为心故，无方便心故。若能心无疑惑，决定专注，是名真实持者。”又妙臂菩萨问：“持诵真言，不能成果，为法力无能耶？所作非时耶？种性非性耶？真言缺利耶？修持轻慢耶？供养不具耶？”金刚手菩萨答：“修真言行求成就者，应当离诸烦恼，起于深信，发菩提心，重佛法众［众即僧也］，远十恶业，离邪见网，行十善法，入大曼拏，依阿阇黎，决志勇进，忏悔宿障，助伴同行，供养虔洁，真言无讹。今不如法，岂应验耶？”下云：“纵经饮酒噉辛，种种不净，破衣无坛，佛天不将为过，此皆如来随机说法，令得四悉益也。不可疑执，自成其失，名为毗卢真法会。谓如十二法门密言，皆一毗卢真心法身所流演也［怀师标云：大毗卢法会］。”

第六卷　医世功法

吕祖师先天虚无太一金华宗旨

序

道在目前，身体自得，何劳身外寻求哉？人身为三才合一之身，造物赋我，其用甚大。我人日具而不知，圣人悯之，征诸一身以示之。盖谓道在一身，而其机在目，故有“金华宗旨”之示。学者行不合旨，何也？体用不辨故也。乃于其上加以“太一”二字，而从行犹未能合诀，误在致力于用，而用中不能窥体，纵罄南山之竹，而体之为体更隐。乃复加以“先天虚无”四字，体乃洞现。道祖孚佑帝君兴行妙道天尊，志在普度，怀有医世鸿愿，乃体先天虚无太一金华宗旨十字玄义，著书十有三章，以作后学医世张本，文由是成，教由是授，天尊玄旨盖如此。

先师太虚翁曰：“余闻之驻世神仙泥丸李翁，谓是书道旨。孚佑帝君初证道果，四大已化，未及医世，乃著诗三章，题曰《至教宗旨》，宋元之际业已梓布。其次章，即是书《逍遥诀》也。是书出于康熙戊辰岁，演成于金盖龙峤山房，实为陶靖庵、黄隐真、盛青厓、朱九还、闵雪簑翁、陶石庵、谢凝素诸名宿，皆医世之材，故授此大道，岂仅为独善一身之流说法哉？神人尹蓬头亦有寥阳殿演出一书，名曰《东华正脉皇极阖辟证道仙经》，与此书相为表里。修其性命，实为医世张本；从事医世，实即性命玄功。观此书《回光证验章》中所示：‘不可以小根小器承当，必思度尽众生。’《周天章》中所示：‘一身回旋，天地万物悉与之回旋，方寸处极小而极大。’是即身即世，合内外之道，《宗旨》已昭著矣。无非仰体太上好生之心，期人无复辜负此生年月日，以成大道，以度众生。彼小就者，今日龙虎，明日坎离，沾沾自顾，纵得证果，升作无位天民，独利一家七祖，上帝奚取焉？”先师所述，书之成，书之授，道祖孚佑帝君之慈意如此。陶黄盛朱诸真得受此书，以传后学，其鸿愿亦如此。

然是书递传失真，即《道藏辑要》梓本可概见矣。兹故取以订政之。愿大千志士得是书，并《阖辟经》，合体以行，则人能宏道，大千幸甚！

是为序。

时维道光辛卯四月上浣，金盖山人龙门第十一代闵一得沐手谨序。

吕祖师先天虚无太一金华宗旨

蒋侍郎元庭先生辑本　金盖山人闵一得订政[①]

是书出于康熙戊辰岁，金盖龙峤山房宗坛所传，本山先哲陶石庵先生寿诸梓。嘉庆间蒋侍郎元庭先生得传抄讹本，纂入《道藏辑要》，后在浙省见本山梓本，议即改梓，而板在京邸。及送板归南，而先生又北上，卒于京，事故中止。此未了要事，一得之心不能刻忘也。今岁游金陵，得世所传誊本，亦与陶本不尽合，而较蒋本反多收一二节，似又出自陶本者。各以私意增损，言人人殊，何以信后，兹一准陶本订政之[②]。

天心章第一

祖师曰：

天心者，三才同禀之心，丹书所谓玄窍是也[③]。人人具有，贤哲启之，愚迷闭之。启则长生，闭者短折，委之命数者，凡夫之见也。无人不愿求生，而无不寻死，夫岂别有肺肠哉？六根以引之，六尘以扰之，骎骎年少，转眼颓殁。至人悯之，授以至道，诲者谆谆，听者渺渺，其何故哉？盖不明大道体用，而互相戕贼，如是求生，犹南辕而北辙也。夫岂知大道以虚无为体，以隐现为用？故不须住于有，不住于无，而气机通流。吾辈功法，惟当以太一为本，金华为末，则本末相资，长生不死矣。

斯道也，古来仙真，心心相印，传一得一。自太上化现，递传东华，以

---

① 题名栏，万本作：蒋元廷先生辑本，闵小艮先生订政，雯轩万启型批注。金盖本作：蒋侍郎元廷先生辑，金盖山人闵一得订正。丁本作：蒋侍郎元廷先生辑，金盖山人闵一得订政。据诸本改定。

② 此一段小序，丁本同，而金盖本字词相差过大，录于后："是书出于康熙戊辰岁，吴兴金盖龙峤山房所传，先哲陶石庵先生寿诸梓。嘉庆间蒋元庭侍郎误得讹本，纂入《道藏辑要》，后得本山原本于浙省，儗即改梓，而板在京邸。及取归，而侍郎又北上，卒于京师，事遂中止。此未了事也，但一得之心岂能刻忘。今适游秣陵，获见世传誊本，亦与陶本不尽合，而较蒋本反多一二节，似又出自陶本者。各有增损，言人人殊，兹一准陶本订正之。"

③ 万批：天心即玄窍。

及南北二宗[①]。道本无隐，而心传极秘。非秘也，非心授心受，不能授受也。口传固妙，而领会难一，况笔示乎？是以太上大道，贵乎心传，而授受于乌睹之中，豁然而开，师不得期授于弟，弟不得期受于师，真信纯纯，一旦机合神融，洞然豁然，或相视一笑，或涕泣承当，入道悟道，均有同然者。第或由悟而入者有诸，由入而悟者有诸，未有不由心一心信而入而得者[②]。不一则散，不信则浮，散则光不聚，浮则光不凝，不能自见其心，又何能合太上所传之心？故儒崇内省，道崇内观，佛氏《四十二章经》亦云："置心一处[③]，何事不办？"盖以无上大道，只完得一心全体焉耳。全体惟何？虚净无杂焉耳。《宗旨》妙体如此，《宗旨》妙用，亦惟在置心一处也。内观即是置心一处之诀，即是心传秘旨。非徒可以心领，且可以口授；非徒可以口授，且可以笔示。至于功造其极，心空漏尽之时，然后恍然洞彻玄妙之旨[④]，非笔之所得而示，并非口之所得而传。真虚真寂，真净真无，一颗玄珠，心心相印，极秘也。至得悟得入之后，而仍极显矣。此无他，天心洞启故耳。今之求道者，若涉大水，其无津涯。已到彼岸，则如筏喻者，法尚应舍。若不知所从者，可不示之以筏乎？

我今叨为度师，先当明示以筏，然天心一窍，不在身中，不在身外，不可以摸索而开，只可以默存以俟。欲识其存，不外色即是空，空即是色[⑤]，丹书所谓"是那么，非那么；非那么，却那么"，才是如如，一开永开也。而功法在于"存诚"两字。

诸子，存诚妙用，尚有诀中捷诀，乃于万缘放下之时，惟用梵天∴字[⑥]［即伊字也，梵天伊作∴，谓即日、月、天罡，在人身即是左目、右目与眉心。先天神人皆具三目，如斗母、雷祖是也。人知修炼，眉心即开。所开之目，名曰天目是也］，以字中点存诸眉心，以左点存左目，右点存右目，则

① 万批：东华正脉所以合南北二宗而为一也。

② 万批：三教道学皆须由信愿而入，否则执德不宏，信道不笃，焉能为有，焉能为无。

③ 万批：置心一处是总诀。

④ 万批：此玄关洞开以后之境界，所谓由定发慧也。

⑤ 万批：空色不异，则心无扰而性存，此至诚之道也。

⑥ 按：悉昙字母表伊音之字，不作三点，而类似三个小圈，但上边才是两小圈，下边并未封口，如图。

人两目神光自得会眉心，眉心即天目[①]，乃为三光会归，出入之总户［丹书所谓日月合璧之处］。人能用三目如梵伊字然，微以意运如磨镜，三光立聚眉心，光耀如日现前，既即以意引临心后关前［关即双关也］。此一处也，按即玄牝之门。以意引之，光立随临。而勿忘"若如"二字玄义，天心必自洞启。以后玄用，再为细示，所切嘱者，终始弗为元引耳［元者，气机之所变幻。皆非真实玄况，若为引动，便堕魔窟］。

诸子遵循行去，别无求进之法，只在纯想于此。《楞严经》云"纯想即飞，必生天上"，天非苍苍之天，即生身于乾宫是也。久之，自然得有身外天。

盖身犹国土，而一乃主君。光即主君心意，又如主君敕旨。故一回光，则周身之气皆上朝，如圣王定都立极，执玉帛者万国。又如主佐同心，臣庶自然奉命，各司其事。诸子只去专一回光，便是无上妙谛。回之既久，此光凝结，即成自然法身。廓而充之，吾宗所谓鄞鄂，西教所谓法王城是也。主君得辅，精气日生，而神愈旺，一旦身心融化，岂仅天外有天、身外有身已哉？

然则金华即金丹，神明变化，各师于心，此中妙诀[②]，虽不差毫末，然而甚活，全要聪明，又须沉静，非极聪明人行不得，非极沉静人守不得[③]。

按此节乃是举世棒喝，举世学人万不可少此一喝。而蒋氏所得之本节去之，是未身体力行之故。无他，信未真笃之所致也。

元神、识神章第二

祖师曰：

天地视人如蜉蝣，大道视天地亦泡影。惟元神真性，则超元会而上之。其精气则随天地而败坏矣。然有元神在，即无极也。生天生地，皆由此矣。学人但能护元神，则超生阴阳外，不在三界中[④]。此见性方可，所谓本来面目也。

---

① 万批：天目在眉心之中，有气无形。

② 万批：有妙诀，尤有活诀。妙诀可笔述，活诀须口传也。

③ 万批：论语所谓"智及之，仁不能守之，虽得之，必失之"是也。

④ 万批：佛曰四大皆空，儒曰精气为物，盖四大悉精气所凝结而为物者。既为物矣，无不败坏之理。其所不坏者，惟此元神真性，变化不穷，《易》故又曰"游魂为变"。学者参透此章，乃知炼魂制魄之功宜亟亟也。

按：此“见性方可”四字，是棒喝，万不可删，而誊本删之，今仍补入。祖意盖言人于大道，乃有行而不能入，得而不能守者，总以未见真性本体[①]，不能无疑，大障随之，此其所以不入不守也。非真见而曰守，不过守所闻焉耳。若果能见，未有不能守也。故祖圣意，重在见性一边。一得故知此章四字为棒喝，是承上章而来也。

凡人投胎时，元神居方寸，而识神则居下心。下面血肉心，形如大桃，有肺以覆翼之，肝以佐之，大小肠承之。假如一日不食，心上便大不自在。以致闻惊则跳，闻怒则闷，见死亡则悲，见美色则眩，头上何尝微微有些儿动。[问：方寸不能动乎？]方寸中之真意，如何能动？到动时便不妙，然亦最妙。凡人死时方动，此为不妙。最妙者，光已凝结为法身，渐渐灵通欲动矣，此千古不传之秘也。

谨按：千古不传之秘，非仅“光凝法身”一节，如云“元神居方寸，识神居下心”[②]，古哲未尝一并指示，而后学乃有误认识心为心，而加之以运注，翻着有为，以致助火。盖此血肉心体，识神所依，属阴火，惟宜致寂致虚而致无者。元神乃真性，来自乾，亦属火，天火也。祖师故并标而出之。

下识心，如强藩悍将，欺天君孤立，便尔遥执纪纲。久之，太阿倒置矣。今拟光照元宫，如英明主有伊周佐之。日日回光，如左右臣工尽心辅弼，内政既肃，自然一切奸邪无不倒戈乞命矣。

丹道以精水、神火、意土三者为无上之宝。精水云何？乃先天真一之炁。神火即光也。意土即中宫天心也。以神火为用，意土为体，精水为基[③]。凡人以意生身，身不止七尺者为身也。盖身有魄焉，魄附识而用，识依魄而生。魄阴也，识之体也。识不断，则生生世世魄之变形易舍无已也。惟有魂者，神之所藏也。魂昼寓于目，夜舍于肝，寓目而视，舍肝而梦。梦者，神

---

① 万批：欲见真性本体，须从八识用功。八识不用，乃见九识净白之体。否则，徒效禅宗高谈明心见性，而实无依据。空言何益。

② 万批：识神由元神所出，所谓全妄即真也。但有阴阳先后之分，而无上下各居之别。此处稍误，延旧说也。故特改之。然非深于释氏性相二宗之学者，又安知余言之不谬耶？按：邵志琳刊本所说元神，其居方寸天心，此方寸天心指泥丸宫，故谓居形体上方。而闵本所说元神，所居亦方寸天心，但此天心为玄关窍（一名中黄），是形而上之上。

③ 万批：尝改云：“精水云何？先天真炁所生之液；神火云何？先天真炁所现之光；意土云何？先天真炁变化之藏。故以神火为用，意土为体，精水为基。”似较明晰易晓。阅者恕勿斥余为妄也。

游也，九天九地，刹那历遍。觉则冥冥焉，拘于形也，即拘于魄也[①]。故回光即所以炼魂，即所以保神，即所以制魄，即所以断识。古人出世法，炼尽阴滓，以返纯乾，不过消魄全魂耳。回光者，消阴制魄之诀也。无返乾之功，只有回光之诀。光即乾也。回之，即返之也。只守此法，自然精足，神火发生，意土凝定，而圣胎可结矣。蜣螂转丸，而丸中生白，神注之神功也。粪丸中尚可生胎离壳，而吾天心休息处，注神于此，安得不生身乎？

按此功法，究其入手，以回光聚天池，是由泥丸外宫，悬于天目，有如日然。以意引，由绛阙，存照中黄，透入玄窍，乃达神室。既则牵降识神，下达下田。其时必有津液护识、护神而就冶炼者也。此是回光光聚泥丸以后工法。大忌躁妄，又忌散漫与昏沉。法惟万虑皆空，一念不扰，待得天心一开，则自油然照入。是时也，不独一身百窍窍窍放光，大地天元，三才三宝，皆可悠然感至者[②]。故我斯时，总以不采采之，其妙更无穷焉。而祖师不之示者，恐学者鄞鄂未固，而世财未充，且于言外藏有妙义，不可不为述及也。盖神室毗连绛阙，绛阙一地，纯以无作无为为事，如是寂体寂照，绛阙乃凉，识神有制，始自随神下降下田，受烹受炼，而无逆违之验。其妙在于一念虚寂，则六贼六根，自无驻足处，中宫始泰，元神得以临莅，而胎元有兆矣。祖师玄意盖如此，是即无为功里施功之作用，而即儒宗之使由不使知也。

斯篇妙语，乃樵云大师得自驻世神人张蓬头者。神人本姓瞿，故明殉节忠宣公讳式耜之子，管天仙亦以师礼事之者。乾隆四十三年，云游至金盖，斯时樵云大师尚未皈依太虚也。越四载，太虚翁至，谕将斯论，注于是章之下，今故述之。

一灵真性既落乾宫，便分魂魄。魂在天心，阳也，轻清之气也，此自太虚得来，与元始同形。魄，阴也，沉浊之气也，附于有形之凡体。魂好生，魄望死[③]。一切好色动气，皆魄之所为，即识神也。死后享血食，活则大苦，

① 万批：魄所以载魂，无魄则魂飞，无魂则魄落。老子故云“载营魄抱一，能无离乎”。

② 万批：功法大致如此，而其次序高下，各随人之性质以为差，是须真师口授。若照此普通法行之，恐无效验。按：忌散漫昏沉（法用内视内听，回光调息），则身心清静。静以回光，久之光生。光聚天池，而后存照中黄，下达下田。若天心一开，自然油然而入，而后可感三才三宝。功法已显明如是，不愁无效，但患不诚不恒耳。非如万氏所说。

③ 万批：魄为魂所制，故不欲生而望死。

阴返阴也，以类聚也。学人炼尽阴魄，即为纯阳。

回光守中[①]章第三

祖师曰：

回光之名何昉乎？昉之自文始真人也［即关尹子］。回光，则天地阴阳之气无不凝，所谓精思者此也，纯气者此也，纯想者此也。初行之诀，是有中似无。久之功成，身外有身，乃无中生有。百日专功光才真，方为神火。百日后，光自然聚，一点真阳，忽生黍珠，如夫妇交合有胎，便当静以待之。光之回，即火候也。

回光之益之妙，本文详矣。回光得聚之诀亦备矣。然犹有欲取先与玄妙一诀，可引而伸之。其诀乃放光以引耳。放光妙用，在知廓其气机。欲廓气机，在知气透九霄。欲行上透，须知下达。下达作用，须先目光聚于乾宫，光足则下达中下，乃穿闾后透，透顶而上。透愈高，现愈广。觉广，仍以事回耳。此未传之秘也[②]。

夫元化之中，有阳光为主宰。有形者为日，在人为目，走漏神识，莫此甚顺。故金华之道，全用逆法。回光者，非回一身之精华，直回造化之真气；非止一时之妄想，直空千劫之轮回。故一息当一年人间时刻也，一息当百年九途长夜也。凡人自囮［户卧切，音和］地一声之后，逐境顺生，至老未尝逆视，阳气衰灭，便是九幽之界。故《楞严经》云：纯想即飞，纯情即堕[③]。学人想少情多，沉沦下道。惟谛观息静，便成正觉，用逆法也。《阴符经》云“机在目”，《黄帝素问》云“人身精华皆上注于空窍”[④]是也。得此一

---

① 按：《道法会元》卷七十二《雷霆默朝内旨》“舌拄上腭目视顶”句注曰：“《参同契》云：‘金来归性初，始得称还丹。’泥丸乃万神之府。舌为火官，应心。心乃北斗。面南看，斗口在心，五为康贞（指北斗第五星玉衡），居两眉中，乃天罡也。合左日右月（指两目）作用，三光（“双目、眉中天罡三光”）吞啖，交滚于眉中，两目倒插，回光下照中宫。”已初见回光守中功诀了。

② 万批：是为真秘，尚有秘中之秘未泄。

③ 万批：情生六识，想出八识，盖想属现量，情属比量也。回光则七识转而返内，六识不用，八识精明之体存矣。按：《楞严》本言情想多寡以定其升天入狱，《宗旨》前引“必生天上”之语已有断章取义之嫌，万氏此批更是凭空虚造。

④ 此处引文不知出自何处。《素问》有语云：“十二经脉，三百六十五络，其血气皆上于面而走空窍，其精阳气上走于目而为睛。”或与此相关。若是，此所谓“空窍”当指眼。

节，长生者在兹，超升者亦在兹矣。此贯彻三教工夫也。

光不在身中，亦不在身外。山河日月大地，无非此光，故不独在身中。聪明智慧，一切运转，亦无非此光，所以亦不在身外。天地之光华布满大千，一身之光华亦自漫天盖地，所以一回光，天地山河一切皆回矣[①]。人之精华，上注于目，此人身之大关键也。子辈思之，一日不静坐，此光流转，何所底止？若一刻能静坐，万劫千生从此了彻。万法归于静，真不可思议此妙谛也。然工夫下手，由浅入深，由粗入细，总以不间断为妙。工夫始终则一，但其间冷暖自知，要归于天空海阔，万法如如，方为得手。

圣圣相传，不离反照。孔云知止，释号观心，老云内观，皆此法也。但返照二字，人人能言，不能得手，未识二字之义耳。返者，自知觉之心返乎形神未兆之初，即吾六尺之中，返求个天地未生之体。今人但一二时闲坐，反顾其私，便云返照，安得到头？

佛道二祖教人看鼻尖者，非谓着念于鼻端也。亦非谓眼观鼻端，而念又注中黄也。眼之所至，心亦至焉，心之所至，气亦至焉，何能一上而一下也？又何能忽上而忽下也？此皆认指为月。毕竟如何？曰：鼻端二字最妙，只是借鼻以为眼之准耳。初不在鼻上，盖以太开眼，则视远而不见鼻矣。太闭眼，则眼合而不见鼻矣。太开失之外走，易于散乱。太闭失之内驰，易于昏沉。惟垂帘得中，恰好望见鼻端，故取以为准。只是垂帘恰好去处，彼光自然透入，不劳你注射与不注射也。

《天心章》言“以意引临心后关前”，是示功夫已到之人，统说回光之全功也。此言不必念又注黄中，是教初学凝神一处以聚光，不可分心两处也。待得透入之后，则鼻尖是指，中黄是月。看鼻尖者，用以为眼之准，使无外走内驰之弊，惟垂帘为得中。然意初不在鼻，而在天目，所以聚光于此。光既得聚，则又须引光下注中黄。盖以中黄，在人身地天之正中，即《易》之“黄中”，释氏所谓“缘中”，吾宗名曰“玄牝之门”，乃是生天生地、生人生物之玄窍。修真成道之基，基于此者。初学如何便得注此？故须假鼻尖以为准，始得光聚天目。天目为三光之都会，而山根为人身之性户，上达泥丸，

① 万批:《楞严经》云:“因（迷）妄有虚空，依空成（立）世界。”大地山河皆妄所成。若能回光，则返妄归真，一缕元性直与无始相通，何世界之有？所谓出世法者，此也。

中达黄中，下通脐后者。故须凝聚光于此处，由此而下注，是乃不易之功法。然忌太着意，又忌无意，兼忌躐等而进。其理如此。必须循序而行，尤须无滞无脱，密密绵绵，一任自然，总以光聚黄中为得也。

看鼻端，只于最初入静处，举眼一视，定个准则便放下，如泥水匠人用线一般。彼自起手一挂，便依了做去，不只管把线看也。

止观是佛法，原不秘的。以两目谛观鼻端，正身安坐，系心缘中。道言中黄，佛言缘中，一也。不必言头中，初学但于两目中间齐平处系念便了。光是活泼泼的东西，系念眼之齐平处，光自然透入，不必着一念于中黄也。此数语，已括尽要旨。其余入静出静前后，以《小止观》书印证可也。

缘中二字妙极。中无不在，遍大千皆在里许，聊指造化之机，缘此入门耳。缘此为端倪，非有定着也。此一字之义，活甚妙甚。

止观二字，原离不得，即定慧也。以后凡念起时，不要仍旧兀坐，当究此念在何处？从何起？从何灭？反复推究，了不可得，即见此念起处也，不要又讨过起处。所谓“觅心了不可得”“吾与汝安心竟”，此是正观，反此者名为邪观。如是不可得已，即仍旧绵绵去。止而继之以观，观而继之以止，是定慧双修法。此为回光。回者，止也；光者，观也。止而不观，名为有回无光；观而不止，名为有光无回。志之！

止观原文，有此推究功法，是为未见心体，且不真信心体本虚本无、本净本寂，故有等等推究。造至了不可得，盖已为汝安心竟也。此一句，是为即境指点法。若已见性，一照即觉，妄自遁矣，不劳推究。妄去体验，不劳寻觅。然只可为见性者道。若未见性，必令从推究体得，尚须当下点破，信根方坚，疑根方断也。此后绵绵行去，但嘱勿动勿随，凭他妄况弥天盖地，而吾体自存。种种妄况，一切如浮云之点太虚，与我何损之有？盖此种种妄况，乃是气机，第无净尽之理，一起扫除之念，此念即妄，此起即着[①]。古德云“驱除烦恼重增念，趋向真如即是邪”。故吾宗但嘱勿动。动则非逐即随，岂仅乱性已哉？谨按此节祖意，乃在知止，故有等等推究功法也，吾辈事之，但加心信以行，一味返妄归真。返妄归真，不外回字，回光自返，无劳引导。一得寂体宗旨，谓当静也照，动也照。第照字当若

① 万批：此处全是佛法，推究极微，所谓全真成妄，全妄即真也。

春之日，秋之月，乃为得宜耳。

回光调息章第四

祖师曰：

《宗旨》只要纯心行去，不求验而验自至。大约初机病痛，昏沉、散乱二种尽之。却此机窍，无过寄心于息。息者，自心也。自心为息，心一动而即有气，气本心之所化也。吾人动念至速，霎顷起一妄念，即一呼吸应之，故内呼吸与外呼吸如声响之相应。一日有几万息，即有几万妄念。神明漏尽，如木槁灰死矣。然则欲无念乎？不能无念也。欲无息乎？不能无息也。莫若即其病而为药，则心息相依是已。故回光必兼之调息，此法全用耳光。一是目光，一是耳光。目光者，外日月交光也；耳光者，内日月交精也。然精即光之凝定处，同出而异名也。故聪明总一灵光而已。坐时用目垂帘后，定个准则便放下。然竟放又恐不能，即存心于听息。息之出入，不可使耳闻，听惟听其无声。一有声，即粗浮而不入细。当耐心轻轻微微，愈放愈微，愈微愈静。久之，忽然微者遽断，此则真息现在[①]，而心体可识矣。盖心细则息细，心一则动气也；息细则心细，气一则动心也。定心必先之养气者，亦以心无处入手，故缘气为之端倪，所谓纯气之守也。

调息用耳光，秘法也。然有耳聋一辈，息之粗细不得闻，奈何？是当体之以觉。盖以气由心化，心无形，其粗其细不易觉。气则无质而尚有迹，可体觉也。迹粗则加静其心，心静则迹自细，而息已微矣。迹造至无，则息已造真息息矣。较用耳光，得调更速。故古有调息不若调心之妙用也。年老耳聋之人，舍是体觉一诀，此步功夫，终难入彀也。况觉乃性精，迹乃命末，是亦有性命相顾之义。先师太虚翁曾为高海留言之。谨采以补祖示之所未及。

子辈不明动字。动者，以线索牵动言，即掣之别名也。既可以奔驰使之动，独不可以纯静使之宁乎？此大圣人视心气之交，而善立方便，以惠后人也。丹书云“鸡能抱卵心常听”，此要妙诀也。盖鸡之所以能生卵者，以暖气也。暖气止能暖其壳，不能入其中，则以心引气入。其听也，一心注焉，

① 万批：此段工夫纯出庄子。《南华经》云：“毋听之以耳，而听之以心；毋听之以心，而听之以气。盖听止于耳，心止于符。气也者，虚以待物者也，惟道集虚。”

心入则气入，得暖气而生矣。故母鸡虽有时出外，而常作侧耳势，其神之所注未常少间也。神之所注未尝少间，即暖气亦昼夜无间而神活矣。神活者，由其心之先死也。人能死心，元神即活。死心非枯槁之谓，乃专一不分之谓也。佛云："置心一处，无事不办。"心易走，即以气纯之；气易粗，即以心细之。如此而心焉有不定者乎？

大约昏沉、散乱二病，只要静功日日无间，自有大休歇处。若不静坐时，虽有散乱，亦不自知。既知散乱，即是却散乱之机也。昏沉而不知，与昏沉而知，相去奚啻千里！不知之昏沉，真昏沉也。知之昏沉，非全昏沉也，清明在是矣①。

散乱者，神驰也。昏沉者，神未清也。散乱易治，昏沉难医。譬之病焉，有痛有痒者，药之可也。昏沉则麻木不仁之症也。散者可以收之，乱者可以整之，若昏沉，则蠢蠢焉，冥冥焉。散乱尚有方所，至昏沉，全是魄用事也。散乱尚有魂在，至昏沉，则纯阴为主矣。静坐时欲睡去，便是昏沉。却昏沉，只在调息，息即口鼻出入之息，虽非真息，而真息之出入亦于此寄焉。凡坐，须要静心纯气。心何以静？用在息上。息之出入，惟心自知，不可使耳闻。不闻则细，细则清。闻则粗，粗则浊，浊则昏沉而欲睡，自然之理也。虽然，心用在息上，又要善会。亦是不用之用，只要微微照听可耳。何谓照？即眼光自照。目惟内视而不外视，不外视而惺然者，即内视也，非实有内视。何谓听？即耳光自听，耳惟内听而不外听。听者，听其无声；视者，视其无形。目不外视，耳不外听，则闭而欲内驰。惟内视内听，则既不外肆，又不内驰，而中不昏沉矣，此即日月交精交光也。

昏沉欲睡，即起散步，神清再坐。清晨有暇，坐一炷香为妙。过午人事多扰，易落昏沉。然亦不必限定一炷香，只要诸缘放下，静坐片时，久久便有入头，不落昏睡矣。

回光差谬章第五

祖师曰：

诸子工夫渐渐纯熟，然枯木岩前错路多，正要细细开示。此中消息，身

---

① 万批：心只一，而无二，知妄即真，滞真即妄。

到方知，吾今则可以言矣。吾宗与禅学不同，有一步一步征验，请先言其差别处，然后再言征验。宗旨将行之际，预作方便，勿多用心，放教活泼泼地，令气和心适，然后入静。静时正要得机得窍，不可坐在无事甲里［所谓无记空也］。万缘放下之中[①]，惺惺自若也。又不可着意承当［凡太认真，即易有此。非谓不宜认真，但真消息在若有若无之间，以有意无意得之可也］。惺惺不昧之中，放下自若也。又不可堕于蕴界。所谓蕴界者，乃五阴魔用事。如一般入定，而槁木死灰之意多，大地阳春之意少。此则落阴界，其气冷，其息沉，且有许多寒衰景象。久之，便堕木石。又不可随于万缘。如一入静，而无端众绪忽至，欲却之不能，随之反觉顺适，此名主为奴役。久之，落于色欲界。上者生人，下者生狸奴中，若狐仙是也。彼在名山中，亦自受用风月花果，琪树瑶草，三五百年受用去，多至数千年，然报尽还生诸趣中。此数者，皆差路也。差路既知，然后可求证验。

回光证验章第六

祖师曰：

证验亦多，不可以小根小器承当，必思度尽众生；不可以轻心慢心承当，必须请事斯语。静中绵绵无间，神情悦豫，如醉如浴，此为遍体阳和，金华乍吐也。既而万类俱寂，皓月中天，觉大地俱是光明境界，此为心体开明，金华正放也[②]。既而遍体充实，不畏风霜，人当之兴味索然者，我遇之精神更旺，黄金起屋，白玉为台，世间腐朽之物，我以真气呵之立生，红血为乳，七尺肉团，无非金宝，此则金华大凝也。

第一段是应《观经》日落大水行树法象。日落者，从混沌立基，无极也。上善若水，清而无瑕，此即太极主宰，出震之帝也。震为木，故以行树象焉。七重行树，七窍光明也［西北乾方，移一位为坎，日落大水，乾坎之象也。坎为子方，冬至雷在地中，隐隐隆隆，至震而阳出地上矣，行树之象也。余可类而推之者］。第二段即肇基于此。大地为冰，琉璃宝地，光明渐渐凝矣，所以有蓬[③]台而继之佛现也。金性即现，非佛而何？佛者，大觉金仙也

① 万批：六祖云“不思善，不思恶”，是无住之空，则万缘齐放下矣。

② 万批：金华即是性光，盖大地河山皆在性光之中，故我之性光一现，即见大地皆光矣。

③ “蓬”，丁本改作“莲”，可从。

山本此下，载有宣示秘文：至此，鸾笔忽停，时值月晦，倏大明亮，非日非月，而毫末不隐。异香充塞，空中隐隐闻有天乐。久之，鸾始飞舞。判曰："此毗卢遮那如来光注也。吾宗太上曾言：'昔我于无量劫前，位证无量寿主，境土极西，去今西牛贺洲十万八千里，国曰无量寿国。我于斯地集诸同志万五千人，即身即世，即世即身，以觉通性，灭度一切。光明藏中，法界如琉璃，而大地行树，七宝凝成。人无男女，莲花化生，飞潜动植，无不咸若，寿亦无量。今之阿弥陀佛国，即昔无量寿国也。'今岩于龙峤演说《先天虚无太一金华宗旨》，盖亦欲自此修证，可俾东土化成极乐国。善哉，善哉。宏愿肇宣，宏运斯应，朕兆有开必先，性光无远勿届。今得感降祖性光注，福庇无量矣。祖性，即毗卢遮那如来也。"长春邱祖亦临坛，训曰："《金刚经》曰：'如来者，无所从来，亦无所去，故名如来。'心存则现，念隐则泯，泯现者迹耳，并无生灭者也。"其时众真咸会，各有颂赞，不能悉述，识其要训如此。此真八万劫一集之会，不期于龙峤遇之，得读是书者，慎毋自弃。裔孙太定谨识。

此先哲石庵氏所志，今蒋氏所本，乃中宗后裔掩袭此书，而抑北宗，故削去之。誊本亦然，兹特为补录。

现在可考证有三：一则坐去，神入谷中，闻人说话如隔里许，一一明了，而声入皆如谷中答响，未尝不闻，我未尝一闻。此为神在谷中，随时可以自验。一则静中，目光腾腾，满前皆白，如在云中，开眼觅身①，无从觅视。此为虚室生白，内外通明，吉祥止止也。一则静中，肉身絪縕，如绵如玉，坐中若留不住，而腾腾上浮。此为神归顶天，久之上升②，可以立待。此三者，皆现在可验者也。然亦说不尽的，随人根器各现殊胜，如《止观》中所云"善根发相"是也。此事如人饮水，冷暖自知，须自己信得过方真。

先天一炁即在现前证验中自讨。一炁若得，丹亦立成此一粒真黍也。一粒复一粒，从微而至著。有时时之先天，一粒是也；有统体之先天，一粒乃至无量也。一粒有一粒力量，此要自己愿大为第一义。

蒋本誊本"自家愿大"改作"胆大"，此误笔，是大有关系。盖愿大两

① 原批：开眼是法身开眼，不是色身。金盖本作：开眼是法身，不是色身。

② 原批：曰上升，言升天谷也。不可误认升天。天即天谷耳。

字，即承根器而来。愿大者，大根大器人，非自了汉也。况上文功作，并无奇异，何须胆大乎？

回光活法章第七

祖师曰：

回光循循然行去，不要废弃正业。古人云："事来要应过，物来要识过。"子以正念治事，即光不为物转，当境即回。此时时无相之回光也。

日用间，能刻刻随事返照，不着一毫人我相，便是随地回光，此第一妙用。清晨能遣尽诸缘，静坐一二时最妙。凡应事接物，只用返法，便无一刻间断。如此行之，三月两月，天上诸真必来印证矣。

逍遥诀章第八

祖师曰：

"玉清留下逍遥诀，四字凝神入气穴。六月俄看白雪飞，三更又见日轮赫。水中吹起藉巽风，天上游归食坤德。更有一句玄中玄，无何有乡是真宅。"律诗一首，玄奥已尽。大道之要，不外无为而为四字。惟无为，故不滞方所形象；惟无为而为，故不堕顽空死虚。作用不外一中，而枢机全在二目。二目者，斗柄也，斡旋造化，转运阴阳。其大药，则始终一水中金而已［即水中铅］。前言回光，乃指点初机从外以制内，即辅以得主。此为中下之士修下二关，以透上一关者也。今路头渐明，机括渐熟，天不爱道，直泄无上宗旨，诸子秘之秘之！勉之勉之！

夫回光，其总名耳。工夫进一层，则光华盛一番，回法更妙一番。前者由外制内，今则居中御外。前者即辅相主，今则奉主宣猷，面目一大颠倒矣。法子欲入静，先调摄身心，自在安和，放下万缘，一丝不挂，天心正位乎中。然后两目垂帘，如奉圣旨以召大臣，孰敢不至？次以两目内照坎宫，光华所到，真阳即出以应之。离外阳而内阴，乾体也。一阴入内而为主，随物生心，顺出流转。今回光内照，不随物生，阴气即住。而光华注照，则纯阳也。同类必亲，故坎阳上腾。非坎阳也，仍是乾阳应乾阳耳。二物一遇，便纽结不散，絪缊活动，倏来倏往，倏浮倏沉。自己元宫中恍若太虚无量，遍身轻妙欲腾，所谓云满千山也。次则来往无踪，浮沉无辩，脉住气停，此则真交媾矣，所谓月涵万水也。使[①]其杳冥中，忽然天心一动，此则一阳来复，活子时也。然而此中消息要细说。

山本此下，载有王昆阳律祖[②]玄论。时为康熙戊辰秋，律师自北南来，馆于杭城宗阳宫，靖庵隐真往谒，呈上此书。律师郑重其仪，拜而阅之，曰："太上心传，备于此矣。是乃即世圆行之功法，而淑世功验，亦于此卜，不可偏在一身看。其大旨微露在斡旋造化二句，虽无一字及普济，而此章内功缜密之中，正陶冶全世功法，不言世而世在其中。行功至此章，身世方有真验可得。二三子毋自歉，亦毋自恃，大行正有待也。"乃命小子识之，今故附梓于后，后学者勉之。太定谨白。

一得今按蒋本此注不录，誊本亦不载，律师谓"行有待"，信矣！

凡人一听耳目，逐物而动，物去则已。此之动静，全是民庶，而天君反随之役，是常与鬼居矣。今令一动一静，皆与人俱——人乃真人，即身中天君也。彼动即与之俱动，动则天根也；静则与之俱静，静则月窟也。动静无端，亦与之为动静无端；休息上下，亦与之为休息上下。所谓"天根月窟闲来往"也。天心镇静，动违其时，则失之嫩；天心已动，而后动以应之，则失之老。天心一动，即以真意上升乾宫，而神光视顶，为导引焉，此动而应时者也。天君既升乾顶，游扬自得。忽而欲寂，急以真意引入黄庭，而目光视中黄神室焉。既而欲寂者一念不生矣，视内者忽忘其视矣。尔时身心便当一场大放，万缘泯迹，即我之神室炉鼎亦不知在何所，欲觅己身，了不可得。此为天入地中、众妙归根之时也，即此便是凝神入气穴。

夫一回光也，始而散者欲敛，六用不行，此为涵养本原、添油接命也。既而敛者自然优游，不费纤毫之力，此为安神祖窍、翕聚先天也。既而影响俱灭，寂然大定，此为蛰藏气穴、众妙归根也。一节中具有三节[③]。一节中具有九节，且俟后日发挥。今以一节中具有三节言之：当其涵养而初静也，翕聚亦为涵养，蛰藏亦为涵养。至后而涵养皆蛰藏矣。中一层可类推。不易处而处分矣。此为无形之窍，千处万处一处也；不易时而时分焉，此为无候之时，元会运世一刻也。

① "使"，丁本作"俟"，可从。

② "律祖"，金盖本作"律师"。

③ 此句后疑脱"一节中具有九节"一句。

谨按无形之窍，玄窍是也。玄窍无处，三才尽在玄窍之中，何大何小、何远何近、何人何物、何身何世之有分限哉？无候之候，活时是也。活时无候，万古总在活时之中，何上元下元、春夏秋冬、子午卯酉、月日时刻之可执哉？然而欲开玄窍，须于活午活子者，动极而静，静极而动，窍之得体，盖于此耳。何为活子？万类无声，一机时振，而无所向者是。何为活午？万路齐开，一机时寂，而无所归者是。盖以窍无刻闭，机寂则现，机搅则隐。现则觉，隐则迷，觉则循真，迷则入惑。欲启玄窍，绝无动运法，惟在寂体。是故智者但自栖神虚无，气机之动静，含光视之而已，亦不须作意寂定于其间，故能无入而不自得。回光妙诀盖如此。循是诀者，活子亦得，活午亦得。正子正午，或得或失，不出乎心。心为机所自出耳，是为正本清源之要旨。曰子曰午者，动与静、阴与阳乃于此别。而得有后先，有清浊，有老嫩，乃在一节之中具有九节焉。其说繁琐，五种仙眷所自出，有非一言得了者。祖故谕云“俟后日发挥”。

凡心非极静则不能动。动动妄动，非本体之动也，故曰“感于物而动，性之欲也”。若不感于物而动，即天地之动也。不以天之动对天之性句，落下说个欲字。欲在有物也，此为出位之思，动而有动矣。一念不起，则正念乃生，此为真意。寂然大定中，而天机忽动，非无念之动乎？无为而为，即此意。

诗首二句，全括金华作用。次二句是日月互体意。六月，即离火也。白雪飞，即离中真阴将返乎坤也。三更，即坎水也。日轮，即坎中一阳将赫然而返乎乾也。取坎填离即在其中。次二句说斗柄作用，升降全机。水中，非坎乎？目为巽风，目光照入坎宫，摄召太阳之精是也。天上，即乾宫。游归食坤德，即神入炁中，天入地中，养火也。末二句是指出诀中诀。诀中之诀，始终离不得，所谓洗心涤虑为沐浴也。

圣学以知止始，以止至善终。始乎无极，归乎无极。佛以无住而生心，为一大藏教旨。吾道以致虚二字，完性命全功。总之，三教不过一句，为出死护生之神丹。神丹维何？曰：一切处无心而已[①]。吾道最秘者沐浴，如此一

① 万批：无心、空心非真心无、心空，盖谓遇事随缘方便，无所染着，则心自空虚而无住耳。性功妙诀，无过于此。学者遵行之久，自有顿悟处。

部全功，不过“空心”二字足以了之。今一言指破，省却数十年参访矣。

子辈不明一节中具有三节，我以佛家空、假、中三观为喻[①]。三观先空，看一切物皆空。次假，虽知其空，然不毁万物，仍于空中建立一切事。既不毁万物，而又不着万物，此为中观。当其修空观时，亦知万物不可毁，而又不着，此兼三观也。然毕竟以看得空为得力，故修空观，则空固空，假亦空，中亦空。修假观，是用上得力居多，则假固假，空亦假，中亦假。中道时亦作空想，然不名为空而名为中矣。亦作假观，然不名为假而名为中矣。至于中，则不必言矣。

吾虽有时单说离，有时兼说坎，究竟不曾移动一句。开口提云：枢机全在二目。所谓枢机者，用也。用此斡旋造化，非言造化止此也。六根七窍，悉是光明藏，岂取二目，而他概不问乎？用坎阳，仍用离光照摄，即此便明。

朱子［云阳，讳玄育，北宗派］尝云：“瞎子不好修道，聋子不妨。”与吾言何异？特表其主辅轻重耳。日月原是一物，日中含真阴，是真月之精，月窟不在月而在日，所谓月之窟也。不然，只言月足矣。月中翕真阳，是真日之光，日光反在月中，所谓天之根也。不然，只言天足矣。一日一月，分开止是半个，合来方成一个全体。如一夫一妇，独居不成家室；有夫有妇，方算得一家完全。然而物难喻道，夫妇分开不失为两人，日月分开不成全体矣。知此，则耳目犹是也。吾谓瞎子已无耳，聋子已无目。如此看来，说甚一物？说甚两物？说甚六根，六根一根也；说甚七窍，七窍一窍也。吾言只透露其相通处，所以不见有两。子辈专执其隔处，所以随处换却眼睛。

百日立基章第九

祖师曰：

《心印经》云：“回风混合，百日功灵。”总之立基百日，方有真光。如子辈尚是目光，非神火也，非性光也，非慧智炬烛也[②]。回之百日，则精气自

---

① 万批：三观是佛学台宗最妙之法，欲详究其旨，须看《摩诃衍止观》《大乘止观法门》等书，方明其法之精蕴。此章不过略举其概耳。

② 万批：目光多幻象，神火发性光。幻象圈中有黑点，性光灏然如太阳。学者功深力到，自能见之，方知余言之不谬也。

足，真阳自生，水中自有真火。以此持行，自然交媾，自然结胎，吾方在不识不知之天，而婴儿已成矣。若略作意，便是外道。

百日立基，非百日也。一日立基，非一日也。一息立基，非呼吸之谓也。息者自心也。自心为息，元神也，元气也，元精也。升降离合，悉从心起；有无虚实，咸在念中。一息一生持，何止百日？然百日亦一息也。

百日只在得力。昼中得力，夜中受用；夜中得力，昼中受用。

百日立基，玉旨耳。上真言语无不与人身应，真师言语无不与学人应。此是玄中之玄[①]，不可解者也。见性乃知。所以学人必求真师授记，任性发出，一一皆验。

性光识光章第十

祖师曰：

回光法，原道[②]行住坐卧，只要自得[③]机窍。吾前开示云“虚室生白”，光非白也[④]？但有一说，初未见光时，此为效验，若见为光，而有意着之，即落意识，非性光也。子不管他有光无光，只要无念生念[⑤]。何谓无念？千休千处得。何谓生念？一念一生持。此念乃正念，与平日念不同。今心为念。念者，现在心也。此心即光即药。凡人视物，任眼一照去，不及分别，此为性光，如镜之无心而照也，如水之无心而鉴也。少顷，即为识光，以其分别也。镜有影，已无镜矣。水有象，已非水矣。光有识，尚何光哉！

子等初则性光，转念则识。识起而光杳无可觅。非无光也，光已为识矣。黄帝曰“声动不生声而生响”，即此义也。《楞严推勘入门》曰：“不在尘，不在识，惟选根[⑥]。此则何意？尘是外物，所谓器界也。与吾了不相涉，

---

① 万批：玄中之玄，必得真师传授，见性岂易言哉。

② “道”，丁本改作“通”，可从。

③ “自得”，万本作“目得”，据金盖本、丁本改。

④ “也”，丁本改作“耶”，可从。

⑤ 万批：道家言性，只云有念无念，辞义太简。故非真师口授，无门可入。佛家言性较详，九识三细六粗，发挥透彻。能于七识之转相用功，自能无念生念，念中无念耳。欲研性功，非博极性相两宗之书不可。

⑥ 万批：此从楞严经之征心别见一节夺来。而初学阅之，反觉疑而莫辨者，总由性相之学未深。余为择要言之，九识净白之体是性，八识之业相是性光，七识之转相是转性为识，六识之现相则识起而分别矣。见相无性，所谓见见非见也。如此简言，或易明晓。

逐物则认物为己。物必有还，通还户牖，明还日月。将他为自，终非吾有。至于不汝还者，非汝而谁？明还日月，见日月之明无还也。天有无日月之时，人无有无见日月之性。若然，则分别日月者，还可与为吾有耶？不知因明暗而分别者，当明暗两忘之时，分别何在？故亦有还，此为内尘也。惟见性无还，见见之时，见非是见，则见性亦还矣。还者，还其识流转之见性，即阿难使汝流转，心目为咎也。初言八还，上七者皆明其一一有还，姑留见性，以为阿难拄杖。究竟见性既带八识，非真不还也。最后并此一破，方为真见性，真不还矣。”子等回光，正回其最初不还之光，故一毫识念用不着。使汝流转者，惟此六根；使汝成菩提者，亦惟此六根。而尘与识皆不用。非用根也，用其根中之性耳。今不堕识回光，则用根中之元性；落识而回光，则用根中之识性。毫厘之辩，乃在此也。

用心即为识光，放下乃为性光[①]。毫厘千里，不可不辩。识不断，则神不生；心不空，则丹不结。

心静则丹，心空即药。不着一物，是名心静；不留一物，是名心空。空见为空，空犹未空；空忘其空，斯名真空。

坎离交媾章第十一

祖师曰：

凡漏泄精神，动而交物者，皆离也。凡收转神识，静而中涵者，皆坎也。七窍之外走者为离，七窍之内返者为坎。一阴主于逐色随声，一阳主于返闻收见。坎离即阴阳，阴阳即性命，性命即身心，身心即神炁。一自敛息，精神不为境缘流转，即是真交。而沉默趺坐时，又无论矣[②]。

周天章第十二

祖师曰：

周天非以气作主，以心到为妙诀。若毕竟如何周天，是助长也。无心而守，无意而行，仰观乎天，三百六十五度，刻刻变迁，而斗枢终古不移［蒋

---

① 万批：二语是性功妙诀。

② 万批：言简意该，精透极矣。北宗与佛学相通，于此可见一二。

本、眷本俱作斗柄。钱恬斋方伯藏本作北辰。朱石君中堂佩本亦作北辰，而注载“当从龙峤本，作斗枢”。其下有注曰：“斗枢即北斗第三禄存贞星君，德合北极辰星。辰星者，镇星也，动而不出其极者。故北斗禄存星君亦自终古不移其处。斗为天心盖以此。邵子诗曰‘冬至子之半，天心无改移’。以其定若枢然，故曰斗枢。况按是书出自龙峤山房，世本不足据云。”可见是书都中自有陶本可采，蒋侍郎何故不之采？想必误于王和尚也]，吾心亦犹是也。心即斗枢，气即群星。吾身之气，四肢百骸原是贯通，不要十分着力。于此煅炼识神，断除妄见，然后药生。药非有形之物，此性光也，而即先天之真炁。然必于大定后方见，并无采法。言采者，大谬矣。见之既久，心地光明，自然心空漏尽，解脱尘海。若今日龙虎，明日水火，终成妄想。吾昔受火龙真人口诀如是，不知丹书所说更何如也。

一日有一周天，一刻有一周天，坎离交处便是一周。我之交，即天之回旋也。未能休歇，所以有交之时，即有不交之时。然天之回旋未尝少息，果能阴阳交泰，大地阳和，我之中宫正位，万物一时畅遂，即丹经沐浴法也。非大周天而何［石庵氏曰：句中有话，莫小用了〇今世本皆失采入］？此中火候，实实有大小不同，究竟无大小可别［石庵氏曰：吾辈可以悟矣。小就惜哉］。到得功夫自然，不知坎离为何物，天地为何等，孰为交，孰为一周两周，何处觅大小之分别耶？总之，一身旋运难真。不真，见得极大亦小；真，则一回旋，天地万物悉与之回旋，即在方寸处，极小亦为极大。故金丹火候，全要行归自然[①]。不自然，天地自还天地，万物各归万物。若欲强之使合，终不能合。即如天时亢旱，阴阳不和。乾坤未尝一日不周，然终见得有多少不自然处。我能转运阴阳，调摄自然，一时云蒸雨降，草木酣适，山河流畅，纵有乖戾，亦觉顿释，此即大周天也。

不可无此棒喝。不真即妄，毫厘而亿万亿也。治身得真，医世在其中矣。寂而体之，祖即以天时验内功，旨哉，旨哉！

问：“活子时甚妙，必认定正子时[②]，似着相？”曰：“不着相。不指明正子时，何从而识活子时？既识得活子时，确然又有正子时。是一是二，非正非

① 万批：自然二字是总要捷诀。

② 万批：活子时固是活法，正子时亦是活法。各随人之气质性情、动静语默以为差。若得真传，实能自知其子时之正活，则采取可以施功，而丹道思过半矣。

活，总要人看得真。一真，则无不正、无不活矣。见得不真，何者为活？何者为正耶？即如活子时，是时时见得的。毕竟到正子时，志气清明，活子时愈觉发现。若未识得活的，只向正的时候验取，则正者现前，活者无不神妙矣。”

劝世歌章第十三

祖师曰：

“吾因度世丹衷热，不惜婆心并饶舌。世尊亦为大因缘，直指生死真可惜。老君也患有吾身，传示谷神人不识。吾今略说寻真路，黄中通理载大易，正位居体是玄关，子午中间堪定息[①]。光回祖窍万神安，药产川源一炁出。透幕变化有金光，一轮红日常赫赫。世人错认坎离精，搬运心肾成间隔。如何人道合天心，天若符兮道自合。放下万缘毫不起，此是先天真无极。太虚穆穆朕兆捐，性命关头忘意识。意识忘后见本真，水清珠现玄难测。无始烦障一旦空，玉京降下九龙册。步霄汉兮登天阙，掌风霆兮驱霹雳。凝神定息是初机，退藏密地是常寂。”

吾昔度张珍奴二词，会有宗旨。子后午前，非时也，坎离耳。定息者，息息归根中黄也[②]。坐者，心不动也。夹脊者，非背上轮子，乃直透玉清大路也。双关者，此处有难言，忌忘神守，而贵虚寂与无。所守，守此义也。液于是化，血于是成，而后于是返先天，气于是返神，神于是还虚，虚于是合道，道于是圆志，志于是满愿。诀不胜述[③]，此处是也［此十三句，惟我宗坛遗册有之］。至如地雷震动山头者，真气生也。黄芽出土者，真药生也。而基皆筑于神守双关也［此一句，亦惟宗坛遗册有之］[④]。小小二段，已尽修行大路。明此，可不惑人言[⑤]。

---

① 万批：识得子午中间之机，则息定而胎自结矣。

② 万批：息息归根中黄，非玄关洞开不可。

③ 万批：此处另有单符单诀。

④ 万批：关不开，神亦不能守。

⑤ 按：《夷坚丁志》卷十八张珍奴条载：吴兴歌妓张珍奴自书“逢师许多时．不说些儿个，及至如今闷损我”（《紫阳真人悟真篇注疏》则载：“自书曰：‘逢师许多时，不说些儿个。安得仍前相对坐，懊恨韶光空自过。直到如今闷损我’”）。吕祖即续其后云：“别无巧妙，与你方儿一个。子后午前定息坐，夹脊双关昆仑过。恁时得气力，思量我。”别后留有《步蟾宫》词曰：“坎离震兑分子午，须认取自家宗祖。地雷震动山头雨，洗濯黄芽出坤土。捉得金精牢闭故，炼庚甲要生龙虎。待他问汝甚人传，但说道、先生姓吕。”

昔夫子与颜子登太山顶，望吴门白马。颜子见为匹练，太用眼力，神光走落，故致蚤死。回光可不勉哉！

回光在纯心行去，只待真息凝照于中宫[①]。久之，自能通灵达变也。总是心静气定为基，心忘气凝为效，气息心空为丹成，心气浑一为温养，明心见性为了道。子辈各宜勉力行去，错过光阴，可惜也！七子勉之！一日不行，一日即鬼也；一息行此，一息真仙也。参赞化育，其基于此，七子勉之！

① 万批：此中宫指玄关而言。

尹真人东华正脉皇极阖辟证道仙经

皇极阖辟证道仙经

序

原夫大道宝筏，莫不应运而出，盖由太上好生，悯世忘善，乃授纯修弟子，以度众生，俾各会归于极，以合皇极，永保升平于无极耳。无如学者心性不明，日趋污下，所示秘文宝筏，辗转流传，始惟鱼鲁，继且私心涂改，以至旨昧宗淆，是以得书，贵慎校订。然传本讹误，未有如近日所见謄本二书，一名《吕祖师先天虚无太一金华宗旨》，一名《尹真人东华正脉皇极阖辟证道仙经》，实皆太上心传，玄门宝筏。是二书也，吾山遗有初传梓本，取以印证，正合原序所云"至道隐而不宣，必遭魔障"。一得何敢稍懈，爰为仇订仇政，遂成完璧。原序曰："太上心传，无非命宝，应昌明之元会，八万劫而一传，顾皆天魔深忌之文。每乘学者心念一偏，魔便乘机而入，改参魔说，以败正道。故古哲一得秘书，立即寿诸金石，垂作砥柱，邪说乱宗，得取以证。"又曰："今值真道流行，时不可失，毋庸秘而不泄，什袭收藏，不若寿诸梨枣，布诸都邑，无缘者忽视之，传而不传。有志者钻研之，秘而非秘。中有循环守护者。"二书原序所载已如此。

今幸《阖辟经》讹本未纂入《道藏》，《金华宗旨》謬本虽入《藏》，而板存姑苏，取以重梓，亦自易易。且其所误，不过支派混淆，取证失真，明眼人见之，自然立辨。况书自山出，梓本久已传世。而此《东华正脉皇极阖辟证道仙经》梓本流传未广，世故罕见。其所参杂謬本，又相传来自青羊宫，乃为此经发源之地，混淆内溃，最足误人。不早为辨正，遗误必烈。本山书板，虽已残缺，幸有刷印原本，原可照本翻刻。然謬本流传已广，必须补其缺，正其误，一一标而出之。庶以謬本为枕中秘者，不为所惑，知所适从矣。不敢以原书具在，无烦笔削，可登梨枣，遂惜墨偷安也。爰拟即为付梓，广为流布，谨述订正颠末，以弁其首。盖以是经，于道宗旨，大有关系云尔。

时维道光辛卯仲夏望日，浙湖金盖山龙门正宗第十一代闵一得沐手谨序。

尹真人东华正脉皇极阖辟证道仙经卷之上

青羊宫传钞本　浙湖金盖山人闵一得订政①

添油接命章第一

尹真人曰②：

原人生受气之初，在胞胎内随母呼吸，受气而成此缕，与母相连，渐推渐开，中空如管。气通往来，前通于脐，后通于肾，上通夹脊。由明堂至山根而生双窍，由双窍下至准头，而成鼻之两孔，是以名曰鼻祖。斯时我之气通母之气，母之气通天地之气，天地之气通太虚之气，窍窍相通，无有阂隔③。及乎数足，裂胞而出，剪断脐带，囫地一声，一点元阳④，落于脐轮之后，号曰天心⑤，虚灵一点是也。自此后天用事，虽有呼吸往来，不得与元始祖气相通。人生自幼至老，断未有一息注于其中。尘生尘灭，万死万生，皆为寻不着旧路耳！所以太上立法，教人修炼，由其能夺先天之正气。所以能夺者，由其有两孔之呼吸也。所呼者，自己之元气从中而出；所吸者，天地之正气从外而入。人若使根源牢固，呼吸之间亦可夺天地之正气，而寿命绵长。若根源不固，所吸天地之正气，恒随呼吸而出，元气不为己有，反为天地所得，亦只为不得其门而入耳。盖常人呼吸，皆从咽喉而下，至中脘而回，不能与祖气相通，所谓“众人之息以喉”也。若至人呼吸，直贯明堂而上［此惟息息自先天，故能息息由黄道⑥］。盖切切然以意守夹脊双关［其

---

① 题名栏，万本作：闵小艮先生原订本，式一子万启型批注。金盖本作：青羊宫传抄本，金盖山人闵一得小艮氏订正。丁本作：青羊宫传钞本，浙湖金盖山人闵一得订政。此据丁本。

② 万批：尹真人名尹蓬头，在东汉时名屈桢。

③ 万批：天地万物皆在太虚气化之中，故窍窍相通。

④ 万批：此元阳是后天之生气，非先天之祖气。犹天之有太阳日光也。得此气后，皆为后天用事，而先天隐于其中矣。

⑤ 丁批：天心。

⑥ 丁批：黄道也，胎息也。

间即黄中，即神室，又名黄堂。位在关前心后，非后天呼吸所得经也][①]，自然通于天心一窍，得与元始祖气相连，如磁吸铁，而同类相亲，即庄子所谓“真人之息以踵”也。踵者，深也，即“真人潜深渊，浮游守规中”之义。既潜深渊，则我命在我，而不复为大冶所陶矣！

此窍初凝，即生两肾，次而生心，其肾如藕，其心如莲，其梗中空外直、拄地撑天。心肾相去八寸四分，中余一寸二分，谓之腔子里，乃心肾往来之路、水火既济之乡[是皆胎始结时，气与母一所成之一缕，乃先天真气结成，渐推渐开而然也。原其得结之由，由于未孩，不有思虑，故气不杂而纯。初无朕兆得见，继因往来，久久乃现，然属有形而无质也。既而未孩而孩，始有脐带得凭以通，而尚无心，故得与同呼吸。及既出胎，囫的一声，气落下极，则已自成一物，故惟自行呼吸。然与天地终始相通而其与祖不接者，气浮不沉之故。欲与祖接，绝不费功，但自放下一切，吾心自静。心静气自静，气静则自下沉，下沉自与祖接，自得通流一体。久久气淳，不但周流一体，自与天地太虚同一呼吸，那有不得长生之理]。欲通此窍，先要穷想山根[②][曰穷想者，犹言想到无可想想，念则自无]，则呼吸之气，方渐次而通夹脊，透泥丸，以达于天心祖窍，而子母会合，破镜重圆。渐渐扩充，则根本完固，救住命宝，始可言修炼工夫。行之既久，一呼一吸，入于气穴，乃自然而然之妙也[此千古不传之秘，而妙用只是无念而已，是纯由黄道升降，故能自然如此]。

按了真子曰：“欲点长明灯，须用添油法。”一息尚存，皆可复命。人若知添油之法，续尽灯而复明，即如返魂香点枯荄而重茂也。油干灯绝，气尽身亡，若非此窍，则必不能添油，必不能接命，无常到来，懵懵而去矣。故吕祖曰：“塞精宜急早，接命莫教迟。”接则长生，不接则夭死也。人生气数有限，而盛不知保，衰不知救，如刘海蟾云：“朝伤暮损迷不知，丧乱精神无所据。”细细消磨，渐渐衰耗，元阳斯去，阖辟之机一停，呼吸之气立断。

① 原批：着眼。丁本同。万批作：此处着眼。丁本尚有明堂、双关等醒人眼目的顶批，其后类似情况尚多，不一一注。

② 原批：着眼。万批：此处最宜着眼。丁本批：着眼、山根。此处丁福保又增批云：日月（按：指两目）中作∴之下二点中者，乃山根所在。山根者，中岳（按：指鼻）之巅也，所以穷想者，因欲与元始祖气相通耳。

噫，生死机关，迅何如也？而世人不肯回心向道者，将谓繁耶？抑畏难耶？然于此着功法，最是简易，但行住坐卧，常操此心藏于夹脊之窍，则天地真气随鼻呼吸，以扯而进，自与己之混元真精凝结丹田，而为吾养生之益。

盖此窍之气，上通天谷，下达尾闾，周流百节之处，以天地无涯之元气，续我有限之形躯，自是容易。学者诚能凝神夹脊之窍，守而不离[①]，久久纯熟，则里面皎皎明明，如月在水相似，自然散其邪火，消其杂虑，降其动心，止其妄念。忘念止则真息自现，真息现而真念无念、真息无息。息无则命根永固，念无则性体常存。性存命固，息念俱消，即性命双修之第一步功也。张崇烈云"先天气从两窍中来，西江水要一口吸尽"，即此义也。

嗟夫，人生如无根之树，全凭气息以为根株，一息不来，即命非我有。故修长生者，首节专以保固真精为本，精旺自然精化为气，气旺自然充满四肢。四肢充满，则身中之元气不随呼而出，天地之正气恒随吸而入。久之胎息安、鄞鄂固[②]，斯长生有路矣。此段工夫，自始至终舍他不得：起手时，有添油接命之功；坤炉药生时，有助火开关载金之功；婴儿成形时，有温养乳哺之功。只待婴儿既长，脱穴而升，移居内院之时，则是"到岸不须船"，而此添油接命之功，方才无用。夫添油入窍，种种玄况不一，总以造有热汤倾注之验[③]，觉极通畅，却并不是将无作有的话头。学者细心行持，自有天然妙处。

南樵子曰：此夹脊双关一窍，在人背脊二十四节上下之正中，真可以夺神功，改天命。《易》曰"黄中通理，正位居体，美在其中"，和之至也。

闵小艮曰：按此窍在脊前脘后，而有形无形，未开谓之玄关，既开谓之玄窍[④]。学者行到虚极静笃时，此窍乃现，胎息息于此也。我身元神于此升降，乃谓得道道路也，谓得彻天彻地也。故此元神一入，自觉此中大无外、细无内也。丹书一名神室，又曰黄房，其名不一。总之，结胎养胎，造至脱胎，皆基于此处，第非后天三宝所得闯入也。盖以此处是黄中，先天休养之

---

① 原批：第一步已直贯到性命全功，所谓简易也。

② 万批：鄞鄂即玄关一窍，结胎在此。《参同契》云："经营养鄞鄂，凝神以成躯。"鄞鄂指玄关而言也。学者于此处最宜考求，毋为邪说所惑。此师训谆谆者。

③ 万批：陈师云：修养人须以三有为验，腹有暖气，口有甘露，目有电光。成道人须以三无为验，睡中无梦，初觉无忧，白昼无惊。

④ 万批：此披（批）考究玄关最为精切，系入道之阶，非过来人不能道其一字，非过来人亦不明其所指，钦佩良深。

所，主君之堂，臣辅得入须凭宣召者。若夫任督，乃为赤黑道，后天精血所由之径，为之导者，亦藉神气。世人未知分别，每有后天闹黄之弊。历古丹经，不敢迳示由中升降，而但示以由任而降，由督而升，职此故也。是经慈示，实为万古未尝少泄之秘，而为证道捷径。是故谆谆导以自然[①]。自然则无后天升降，升降纯是先天矣。一得惟恐学者妄用心意，不从自然，致遭不测。识此数行，以告同学云。

凝神入窍章第二

尹真人曰：

太上云［谨遵山本增改］："吾从无量劫来，观心得道，乃至虚无。"夫观心者，非观肉团之血心。若观此心，则有血热［抄本"热"作"凝"］火旺［抄本"火旺"作"气滞"］之患，不可不慎也。

闵小艮曰：谨按太上观心，核属三观，盖即内观、外观、远观也[②]。人心虽妄，当于此心之后而退藏之，妙用无穷，皆基于此。其法盖以观虚、观无，且观静寂耳。如是观若勿观，个中玄窍始开。若一杂有意念，其弊亦莫测，故有不可不慎之戒。

人有三心，曰人心、道心、天心。人心者，妄心也；道心者，照心也；天心者，元关祖窍，气穴是也。太上观心者，以道心而普照天心也。

又曰［抄本误作"南樵子曰"，兹准山本订正之］：入窍观心之法，凝神定息，清虚自然，六根大定，百脉平和，将向来夹脊双关所凝，潜入命府，谓"送归大冶牢封固"[③]。命门一窍，即脐后一寸二分，天心是也，一名神炉，又名坤炉［此句准山本增之］，而息之起，息之止，在此一穴。

按自气穴起息，状如炉烟，随吾呼吸，仍不外乎黄庭为之主张者，盖有元神在也。调处之法，乃以道心而照天心，则此灵谷之中，气机虽繁，有神以主，亦仍如如不动，本体常存，神与气合，紧紧不离，是名外炼，而不失夫胎息。盖如凝神于炁穴［是神室也］，时时收视返听、照顾不已，则此气穴［是坤炉也］亦自寂寂惺惺、永无昏沉，而睡魔自遣，且能应抽应添，运

① 原批：着眼。丁本同。万批作：此处着眼。

② 万批：佛门天台教，亦有一心三观，盖指观假、观空、观中而言，与道家用异而体实同。

③ 此句，化自《悟真篇》"送归土釜牢封固"句。

用自如矣。《楞严经》云："一根既返元，六根自解脱。"盖无六根，则无六识；无六识，则无轮回种子；既无种子，则我一点真心，独立无倚，空空荡荡，光光净净，斯万劫而常存也。每见专务顶门之性为宗者，是不知命也；专务坤炉修命为宗者，是不知性也。纯阳曰："修命不修性，此是修行第一病；只修祖性不修丹，万劫阴灵难入圣。"若此凝神入窍之法，乃性命双修之诀，盖得中央黄晕所结之神以宰之耳。人若识于此处，而迎吾一点元神，入于元始祖窍、天心气穴之中，绵绵续续，勿助勿忘，引而亲之，一若升于无何有之乡，则少焉呼吸相含，神气相抱，结为丹母①，镇在下田。待时至时，则摄吾身先天灵物，上引三才真一，油然下入②，合我身中铅汞，即成无上英华，融而化之，有如北辰居所、众星皆拱之验，是皆元神潜入气穴所致，故尔诸气归根，万神听令。然而古哲谓是黄叶，非真金也。必须久久行之，先天性命真正合一，如汞投铅而相制伏，而大丹真孕其中矣③。盖以此段工夫，神既入窍，则呼吸一在窍内，而吾鼻中呼吸，只有一点，而微若无，方为入窍之验。验验不失，乃得真金焉。

南樵子曰［抄本误作"师又复言"，盖误将"经又曰"作"南樵子曰"。故误以此注反作师又复言。今准山本正之］：此一章工夫，妙在运双关所凝之神，藏于气穴④，守而不离，则天地元始祖气，得以相通而入也。凡修持者，每日以子午卯酉四时为则，每时或坐一香三香，斯时毛窍已开，必须再坐一、二香，将神一敛下坐，方可出户。否则恐干外邪，故亦不可不慎。

闵小艮曰：此章玄论皆属丹经所未泄，了道成真，秘旨备矣。中被魔学节改，幸道不终隐，得准山本一一订正，夫岂人力也哉！

神息相依章第三⑤

尹真人曰［谨遵山本增之］：

---

① 原批：丹母。

② 原批：内通外亦通。

③ 原批：结丹。

④ 万批：盖玄关未开，只是凝神于气穴，做人元功夫。若玄关已开，则凝神于炁穴，直接天元矣。此是最须明辨，经中尚未论及，予得之师传，不敢隐秘，学者宜留意焉。

⑤ 万批：神息相依是彻始彻终功夫，但须虚极静笃之时，神安息定，自然相依，不可勉强。否则以心逐息，流弊无穷。陆潜虚先生辨之最详，见《玄肤论》。学者须细参之。

天谷之神，湛然寂然，真性也；神炉之中，真气氤氲而不息者，真命也。他两个才是真水火、真乌兔、真夫妇、真性命。使二者纽结一团，混合一处，炼在一炉。二六时中，神不离气，气不离神，性不离命，命不离性，二者则二而一、一而二者也。其功与前章之功一贯而下，每日子前午后，定息静坐，开天门以采先天，闭地户以守胎息，纳四时之正气，以归正室，以养胎真，渐采渐炼，以完乾体，以全亲之所生、天之所赋。真汞八两，真铅半斤，气若婴儿，阴阳吻合，混沌不分，出息微微，入息绵绵，内气不出，外气反入。久之，神炉药生，丹田火炽，两肾汤煎，此胎息还元之初、众妙归根之始也。则一刻工夫，可夺天地一年之节候。璇玑停轮，日月合璧，真是“万里阴沉春气到，九霄清彻露华凝”，妙矣哉！真阳交感之候欤。盖神入气中，犹天气之降于地；气与神合，犹地道之承于天，《易》曰“大哉乾元，万物资始”也。盖一阳不生于复，而生于坤，坤虽至阴，然阴里藏阳，大药之生实根柢于此[①]。药将产时，就与孕妇保胎一般，一切饮食起居，俱要小心谨慎。诗云：“潮来水面侵堤岸，风定江心绝浪波。性寂情空心不动，坐无昏愦睡无魔。”此惟凝神气穴，定心觉海，元神与真气相依相恋[②]，自然神满不思睡，而真精自凝，铅汞自投，胎婴自栖，三尸自灭，九虫自出，其身自觉安而轻，其神自觉圆而明[③]，若此便是长生路，休问道之成不成。此境必待神炉药生、丹田火炽、两肾煎汤，方见此效，方可行开关之功。

又曰［青羊抄本误作“南樵子曰”，兹准梓本订归经文录之］：修真之士果能将夹脊双关所凝之神藏于气穴，守而不离。则一呼一吸，夺先天元始祖气，尽入气穴之中。久而真气充满，畅于四肢，散于百骸，无有阻滞，则自然两肾汤煎、丹田火热而开关也[④]。

南樵子曰：此一段工夫，妙在照之一字。照者，慧目也。慧日照破昏衢，能见本来面目。《心经》云：“照见五蕴皆空。”空者，光明之象也。五蕴皆空，则六识无倚，九窍玲珑，百关透彻，空空荡荡，光光净净。惟到此地，方为复我本来之天真，还我无极之造化。明心见性，汞去金存，再行添

---

① 万批：《南华经》云“赫赫者发乎地”，盖即指此。

② 原批：着眼。

③ 万批：确有此效验，修行人久自知之，勿谓其奇语也。

④ 万批：开关由火热而自透，最为确论。彼以意为之者，恐有大害，不可不知。

油入窍之功，神息永不相离，只待婴儿成形，移居内院方歇止。

闵小艮曰：按此内院，即是泥丸，又为玉清宫，元神坐以待诏飞升之地也。

聚火开关章第四

尹真人曰［抄本误作“南樵子曰”］：

开关乃修真首务，胎息即证道根基。未有不守胎息而望开关，不待开关而能得长生在世者。许旌阳曰：“关未开，休打坐，如无麦子空挨磨；开得关，透得锁，六道轮回可躲过。”此确论也。

闵小艮曰：此关是元关[①]，乃即尾闾关，故可聚火以开，上而夹脊双关亦然，皆可以运行开者。锁则无缝锁，大造用以封锁玄窍者也。法惟虚寂之极，先天匙现，豁然洞启。此窍一启，九窍齐开，而胎息得行，大道乃有路焉矣。然按章旨，真人盖为元关未开者而发，乃从色身上攻去积阴，则行无病阻，是亦一法也。余更进而寂体，真人另有玄意，乃补首章所未示，恐人专事中透捷法，而置任督于勿理，则于生生妙用未免功缺，亦非至庸至正功法。此功行后，则于色身固大利，而于法身得培，更无歉缺，后学遵循中透[②]，亦无混入闹黄之误，玄意盖如此。

开关之法，择黄道吉日，入室静定，开天门以采先天，闭地户以守胎息，谨候神炉药生，丹田火炽，两肾汤煎，见此功效，上闭巽窍[③]，塞兑垂帘[④]，神息归根[⑤]，以意引气，沉于尾闾，自与水中真火纽作一股，直撞三关［抄本作“自有天然真火”，误］。当此之时，切勿散漫，倒提金锁锁，以心役神，以神驭气，以气冲火，火炽金镕，默默相冲，自一息至数百息，必要撞开尾闾，火逼金过太元关，而闾口内觉刺痛，此乃尾闾开关之验。一意后冲，紧撮谷道，以鼻息在闾抽吸，内提上去，如推车上高坡陡处，似撑船到急水滩头，不得停篙住手，猛烹急炼，直逼上升。再经夹脊双关，仍然刺痛，此又二关开通之验。以神合气，以气凝神，舌拄上腭，目视顶门，运过

---

① 按：此元关指太玄关，即尾闾，下同。

② 万批：遵循中透，即是中黄一路，然非玄关开后不能直透，故不如循由督任之稳而无弊也。

③ 丁批：闭息，闭口。

④ 丁批：闭目，调心。

⑤ 丁批：调息，调神。

玉枕，直达泥丸顶上，融融温暖。息数周天数足，以目左旋三十六转，铅与汞合，真气入脑而化为髓。再候药生，仍行前功，每日昼夜或行五七九次，行之百日，任督自然交会。一元上下，旋转如轮，前降后升，络绎不绝。内有一股氤氲之气，如云如雾，腾腾上升，冲透三关，直达紫府。渐采渐凝。久则金气布满九宫，补脑之余，化而为甘露，异香异美，降入口中，以意送入黄庭土府，散于百络，否则送炉。如是三关透彻，百脉调合，一身快畅，上下流通[①]，所谓“醍醐灌顶得清凉，同入坤炉大道场”者此也［抄本于“土府”下少两句］。

百日之功，无间时刻，关窍大开，方可行采药归壶之事。不然，纵遇大药，而关窍不开，徒费神机，采亦全无应验。张三丰云：“不炼还丹先炼性，未修大道且修心。修心自然丹性至，性至然后药材生。”还虚子曰：“开关之法，妙在神守双关一窍，此窍能通十二经络，善透八万四千毛窍，神凝于此，闭息行持。久之精满气化，气满自然冲开三关，流通百脉，畅于四肢，窍窍光明。此为上根利器也[②]。然于中下之士，或又行功怠缓[③]，则关窍难开，必得丹田火炽，两肾汤煎，依法运行，方能开通。故经云：‘天之神栖于日，人之栖于目。’古人谓：目之所至，神亦至焉；神之所至，气亦至焉。又云：‘神行则气行，神住则气住。’开关功夫，不外乎此。”

南樵子曰［抄本误纂下文入经，故无四字，兹准山本订正之］：此章功夫，始而妙在神气纽作一股，默默透后上冲。次而直如推车至上半山，似渡江临急流水，必要登巅达岸而后已，学者专心致志，努力行持，自有此效。

闵小艮曰：先师太虚翁云：“吕祖师《医世功法》入手，亦以开关[④]为第一义。”大可即此章以治身，即可准此功以医世。细体以行，身无有不治，世无有不安泰也。其效乃在流通百脉，畅于四肢，而难在通关透窍也。关开乃有用，窍透用始得当，治身其然，治世亦尔也。

---

① 万批：此段工夫，犹是以意为之，非出自然，学之不善，恐有流弊。不若陈师所授之法，纯任自然，非由勉强。上中根器修之百日，自然火聚关开，而无意想造作之苦。同门中万筱圃诸君已得经验，学者可详询之，毋徒泥古法也。

② 万批：还虚子所说最为确论。

③ 万批：中下之士，与行功怠缓及年高人，关窍均难遽开，须恒诚守之为要。

④ 按：此关指玄关。任督通而浑身关窍通，玄窍开而功用始得当。

尹真人东华正脉皇极阖辟证道仙经卷之中

青羊宫传钞本　浙湖金盖山人闵一得订政

采药归壶章第五

尹真人曰［谨遵山本增之］：

采药必用夜半子时，一阳初动者，其时太阳正在北方，而人身之气在尾闾，正与天地相应，乃可以盗天地之机[①]，夺阴阳之妙，炼魂魄以为一，合性命而双修。盖此时乃坤复之际，天地开辟于此时，日月合璧于此时，草木萌蘖于此时，人身阴阳交会于此时，至人于此时而采药，则内征外应，若合符节，乃天人合发之机，至元而至妙者也。经云："食其时，百骸理。盗其机，万化安。"又云："每当天地交合时，盗取阴阳造化机。"

于亥末子初之时[②]，清心静坐，凝神定息，收视返听，一念不生，万缘尽息。浑沦如太极之未分，溟涬如两仪之未兆，湛然如秋江之映月，寂然似止水之无波，内不知乎吾身，外则忘乎宇宙。虚极静笃，心与天通，先天大药，随我呼吸而入于黄庭[③]。周天数足，铅汞交结，天然真火，薰蒸百脉，周流六虚，冲和八表。一霎时雷轰巽户，电发坤门，五蕴空明，九宫透彻，玉鼎汤煎，金炉火炽，黄芽遍地，白雪漫天，铅汞髓凝，结如黍珠。三十六宫花似锦，乾坤无处不春风。诀曰："存神惟在肾，水火养潜龙。含光须默默，调息顺鸿濛。"此乃封闭之要诀也[④]［青羊抄本此下有文六句，梓本无之，盖后人所搀也。兹削而不录］。

南樵子曰：修真炼至明心见性，归真已得其半。学者果能九窍玲珑，五

① 万批：《阴符》一篇，全讲盗机二字，盖人不能盗天地之机，则天地时时盗人之机，故老死病苦，皆为天地盗机所致，特人不自知耳。修行人若知盗机之法，则思过半矣。

② 原批：此下言采药功法。

③ 丁批：自然之妙。

④ 原批：此言归壶封闭功法。

蕴空寂，百节透澈，则采药亦易得。邱长春曰："深耕则易耨，布种为钧玄。识得玄中奥，人元遍大千。"在人遇师不遇师耳①［此梓本原文，抄本大有窜改，不录］！

闵小艮曰：闻诸驻世神人泥丸李翁谕我先师太虚翁，云："成道多门，而采取非一②。律宗所事为最高，盖谓得自虚空也。得之之时，学者倘有遍体统炽之患，此情动于中之故。法惟退心于密，能感致太极真阳，阴焰自灭。夫此真阳，归自坤位，升得乾护，归休太极，故能降熄燎原之焰。然非凉德所能感降吾身者。是以学贵累行，名曰深耕。次惟大隐朝市，不劳布种，自有人元虚集，而己则寂静虚无以俟，此则律宗之所受授也。"夫太极真阳，学者德能感此，必自顶门而下，且必滴顶应阙，霎时清凉，验乃如此，所谓"乾元得自顶，三界立清凉"是也。南樵所述，玄乎玄乎，而青羊抄本削而不录，故准梓本订增之。

又曰：一得参究"遇师"语意，辗转不成寐。久之，忽入一境，见我师太虚翁，燕坐如生平，手执一卷，青纸金书，曰："此是琼琯先生所遗，鹤林彭君纂入《天仙枕中秘》，世间尚有之，访可得者。"一得跪而阅之，记其大旨，乃即太上宗旨所载，须置活虎生龙，备为勾引，感太玄于虚际，是乃清净道侣，以元引元、以一引一，此自然通感之妙用③。书内有八十一偈，其七言曰："活虎生龙习静时，虚空交感不相知。无中生有还归彼，有里还无我得之。得此恍同巫峡雨，全凭目力慎维持。"盖言以目后透而升，斯无逐情外漏之弊④。其殿偈四言，盖释"师"字之义。按《尔雅》"师，众也"，《玉篇》"像他人也"。是籍男女众人，以引元之义，如释氏之无遮大会，即此妙用也。《礼》曰："师也者，教之以事而喻诸德者也。"教以事，如集清净道侣，以引太玄之事；谕诸德，则兼有积德之旨。师字之义，所该如此。偈云："太玄真一，极休如雌。感而遂通，行行合师。五五不圆，勿克应之。得之则荣，失之则枯。道无予夺，德孤乃孤。"太虚翁曰："斯贵自勉，毋辜负，

① 万批：师字是隐语，观闵小艮先生披释，当可默会。

② 万批：采取非一，有南派之采取，有北派之采取，有东派之采取，有西派之采取，此金液玉液还丹之种种不同也。

③ 原批：此处大须着眼体会，是性命双修诀中诀、秘中秘之玄机奥旨也。

④ 万批：此南宗法，须得真师指授，不可轻试。按：万说非是，此是众修之法。

尔自知。”又曰：“后世必有误会者，岂仅作功行条数已哉！”二千五百人为师[①]，五五是解师中众字之义。孤者众之反，曰“德孤乃孤”者，言无德，虽遇众，如不遇也[②]。南樵所述师字，隐含如许妙义也。南樵述而不之释，感师慈示，爰谨识之。道光辛卯季夏朔日，谨志于金陵甘露园。

卯酉周天章第六[③]

尹真人曰：

前章先天大药，入于黄庭，采药也。此章卯酉周天，左右旋转，收功也。张全一《铅火秘诀》云：“大药之生有时节，亥末子初正二刻。精神交媾含光华，恍恍惚惚生明月。媾毕流下喷泡然，一阳来复休轻泄。急须闭住太元关，火逼金过尾闾穴。采时用目守泥丸，垂于左上且凝歇。谓之专理脑生玄，右边放下复旋折。六爻数毕药升乾，阳极阴生往右迁。须开关门以退火，目光下瞩守坤田。右上左下六凝住，三八数了一周天。此是天然真火候，自然升降自抽添。也无弦望与晦朔，也无沐浴达长篇。异名剪除譬喻扫，只斯数语是真诠。”[④]此于采药归壶后行之，则所结金丹不致耗散。大药采来归鼎，若不行卯酉周天之功，如有车无轮，有舟无舵，欲求远载，其可得乎？

其法先以法器顶住太玄关口，次以行气主宰，下照坤脐。良久，徐徐从左上照乾顶；少停，从右下降坤脐，为一度。如此三十六转，为进阳火。三十六度毕，去了法器，开关退火，亦用行气主宰，下照坤脐。良久，徐徐从右上照乾顶；少停，从左下降坤脐，为一度。如此二十四，为退阴符。纯阳云“有人问我修行法，遥指天边月一轮”，此即行气主宰之义也。

此功与采药归壶之功，共是一连。采取药物于曲江之下，聚火载金于乾顶之上，乾坤交媾于九宫，周天运转而凝结，故清者凝结于乾顶，浊者流归于坤炉。逐日如此抽添，如此交媾，汞渐多而铅渐少，久而铅枯汞乾，阴剥阳纯，结成牟尼宝珠，是为金液大还丹也。盖坎中之铅，原是九天之真精，离中之汞，原是九天之真气。始因乾体一破，二物遂分两弦，常人日离

---

① 万批：师字是隐语，闵小艮先生颇肯泄露真秘，佩服深之。

② 万批：虽得南宗真法，若无德者，尚难操券得之，可知修行之不易耳。

③ 万批：此章全是北宗法。

④ 万批引李西月语云：《铅火秘诀》中左右二字，作前后看，勿误。三丰自记。

日分，分尽而死。而至人法乾坤之体，效坎离之用，夺神功，改天命，而求坎中之铅，制离中之汞，取坎中之阳，制离中之阴，盖阳纯而复成乾元之体也。紫阳曰："取将坎位中心实，点化离宫腹内阴。自此变成乾健体，潜藏飞跃尽由心。"

南樵子曰［抄本以下误纂入经］：后升前降，采外药也。左旋三十六以进阳火，右转二十四以退阴符，皆收内药，而使来归壶，不致耗散也。日积月久，炼成一黍米之珠，以成真人者，即此也。

偈曰："移来北斗过南辰，两手双擎日月轮。飞趁昆仑山顶上，须臾化作紫霄云。"

闵小艮曰：谨按此章，乃就一身中采取坎一以为种子，与上章经义不一。上章得自虚空，此章成自神功者也[①]。

① 按：此经之"采药归壶"与"卯酉周天"是功夫的两个步骤，所谓"前章先天大药，入于黄庭，采药也。此章卯酉周天，左右旋转，收功也"。至长养圣胎章才言感致太虚之真阳。至于闵真于下章中说"盖前两章得法不同，而皆有未尽善处。一由性功未纯……其次章之失，乃是命理未精"，乃是强调必须"开先天玄关，摸着大造鼻孔，同出同入"，而"招致玄窍感降之一，与吾神炉炼物，融成一粒"方为"真种"。解读虽然有别，而功夫自是一贯，读者识之。

尹真人东华正脉皇极阖辟证道仙经卷之下

青羊宫传钞本　浙湖金盖山人闵一得订政

长养圣胎章第七

尹真人曰：

始初那点金精，浑然在矿，因火相逼，遂上乾宫，渐采渐积，日烹日镕，损之又损，炼之又炼，直至烟销火灭，方才成一粒龙虎金丹。圆陀陀，活泼泼，辉煌闪灼，光耀昆仑，放则迸开天地窍，归复隐于翠微宫。此时药也不生，轮也不转，液也不降，火也不炎，五气俱朝于上阳，三花皆聚于乾顶，阳纯阴剥，丹熟珠灵，此其候也。

然鼎中有宝非真宝，欲重结灵胎，而此珠尚在昆仑，何由得下而结耶？必假我灵，申透真阳之气以催之，太阳真火以逼之。催逼久，则灵丹自应时而脱落，降入口中，化为金液，而直射于丹扃之内。霎时云腾雨施，雷轰电掣，鏖战片晌之间，而消尽一身阴滓，则百灵遂如车之辏毂，七宝直如水之朝宗矣。许宣平曰："神居窍而千智生，丹入鼎而万种化。"然我既得灵丹入鼎，内外交修，炼之又炼，至与天地合德，则太虚中自有一点真阳，从鼻窍而入于中宫，与我之灵丹合而为一。盖吾身之灵，感天地之灵，内征外应，浑然混合。老子云："人能常清净，天地悉皆归。"

当此两阳乍合，圣胎初凝，必须时常照觉，谨慎护持，如小龙之初养珠，如幼女之初怀孕，牢关圣室，不可使之渗漏。更于一切时中，四威仪内，时时照顾，念念在兹，混混沌沌，如子在抱，终日如愚，不可须臾间断也。葛仙翁曰："息息归中无间断，天真胎里自坚凝。"陈虚白曰："念不可起，念起则火炎；意不可散，意散则火冷。"惟要不起不散，含光默默，真息绵绵[①]，此长养圣胎之火候也[②]。

---

① 万批：绵绵二字是真秘诀，老圣云"绵绵若存，用之不勤"，此之谓也。

② 原批：着眼。

南樵子曰：道之所以长养圣胎者，不独玄门为然，释氏亦有形成出胎之语。修真之士于静定之中入三摩地者，谓道之元神、元气、元精三者合一而归于天心一窍也。释氏谓之正定、正中、正受，三昧真定，而入于真空大定也[①]。入定之时，“慧日悬空朗大千，大道分明体自然。十月圣胎完就了，一声霹雳出丹田。”照天心一窍者，以耳内听此窍，以眼内观此窍，如如不动，寂寂惺惺，身如琉璃，内外明彻，包含十方诸佛刹土，静定自如，虚空淡然，浑然一物，此为三昧真定法门。

偈曰：“男儿怀孕是胎仙，只为蟾光夜夜圆。夺得阴阳真造化，身中自有玉清天。”

闵小艮曰：谨按此章，双承前两章，得药归壶，示以长养圣胎功也[②]。盖前两章得法不同，而皆有未尽善处。一由性功未纯，而感外扰，致有燎原之患。幸知累行积功，上感大造降至真阳，色身赖以拯救。然经此患，玉石俱伤，欲保功成，必须得法以抚以安也。其次章之失，乃是命理未精，所采所得尽属后天，丹书所谓黄叶，不是真金。何以故？我身三宝得自父母，父母得自天地，是太极无极之降本流末也。以人而论是先天，以道而论尚属后天。至人知之，故必先事身中胎息，致开先天玄关，摸着大造鼻孔，同出同入，始得于中招引人元，出坤入坤。按两坤字，上坤指坤方，西南是也；下坤指人身，坤腹是也。如是呼吸，自得一一收归坤炉，朝烹夕炼，与夫平日所引所致种种真元炼而成珠者，引归神室[③]，溶成一粒，乃为胎成。先师太虚翁谓工至此，方可从事长养。倘或所聚有杂，必重加工力，以镕以化[④]。盖以往昔所结，尚属幻化之胎，法惟仗神逼出内院，镕成金液，重下坤炉，招致玄窍感降之一，与吾神炉炼物融成一粒，引归神室中，以休以养，始得谓真

① 万批：南樵子之佛学程度亦高，故言之最晰。

② 万批：闵先生此章披释泄露真秘不少，寓南宗于北宗之内，语语隐括，字字精详，是东派正脉。启型自信知先生最深，故一一揭出，开示来兹。否则，先生苦心恐永无人知也。得法不同，有遵南宗法得者，有遵北宗法得者，要皆以性定命固为主，徒法不能以妄行也。故东派必俟玄关开后，胎息已定，方事采取，乃万无一失。否则性荡情移，人元不得，家宝反丧矣。

③ 万批：神室即是玄关。

④ 万批：所聚有杂，是先天夹带后天也。此处闵先生辨之最晰，为诸书所无，开示后学不浅。吾师示启型至此，不觉嗟叹久之。盖陈师曾经此苦，后倾家一掷，竭力直追，始得成道，故感旧伤怀，言之最悉。

种。今按是章所言，若合符节。则知是章所言鼻窍，不可认作人身鼻孔，此窍必是玄窍，而鼻则祖义焉耳！南樵子隐而未泄，恐误后人，不敢不白云。

乳哺婴儿章第八

尹真人曰：

前面火候已足，圣胎已圆，若果之必熟，儿之必生，弥历十月，脱出其胎。释氏以此谓之法身，玄门以此谓之婴儿。盖炁穴［抄本作“气”，误也。按此炁穴即是玄窍，又名神室。而气穴是神炉，又曰坤炉，乃为药归煅炼之所，而炁穴乃是仙胎结养之地，此不可以不辨者也］[①]原是神仙长胎住息之乡，赤子安身立命之处。婴儿既晏坐静室，安处道场，须藏之以玄玄，守之以默默，始借坤母黄芽以育之，继聚天地生气以哺之。此感彼应，其中自呼自吸，自阖自辟，自动自静，自由自在，若神仙逍遥于无何有之乡，若如来禅定于寂灭海之场[②]。虽到此大安乐处，仍须关元，勿令外缘六尘魔贼所侵，内结烦恼奸回所乱。若坐若卧，常施莹净之功；时行时止，广运维持之力。方得六门不漏，一道常存，真体如如，丹基永固。朝夕如此护持，如此保固，如龙之养珠，如鹤之抱卵，而不敢顷刻之偶忘，方谓“真人潜深渊，浮游守规中”也。其法以眼观内窍，以耳听内窍，潜藏飞跃，总是一心。则外无声色臭味之牵，内无意必固我之累，方寸虚明，万缘澄寂，而我本来之赤子，遂怡怡然安处其中矣[③]。老子云：外其身而身修，忘其形而形存。知心空无碍，则神愈炼而灵；身空无碍，则神愈炼而愈精。炼到形与神而相涵，身与心而为一，才是形神俱妙、与道合真者。

古仙云：“此际婴儿渐露其形，与人无异，愈要含华隐曜，镇静心田者，若起欢心，即为着魔。”婴儿既长，自然脱窍，时而上升乾顶，时而出升虚际，时而顿超三界外，不在五行中，出没隐现，人莫能测。修道必经之境，古哲处之，惟循清虚湛寂焉[④]，是为潜养圣婴之至道。

---

① 万批：此处辨之最精，学者须留意。

② 万批：功夫至此，方是由有为反到无为境界。《悟真篇》云“始于有作人难见，及至无为众始知”，盖指此而言。

③ 原批：乳哺要言。

④ 万批：清虚湛寂，即是无为之诀。

南樵子曰：火候已足，圣胎已完，全赖灵父圣母阴阳凝结以成之。虽然，婴儿显象，尚未老成，须六根大定，万虑全消，而同太虚之至静，则婴儿宴居静室，安处道场，始能得灵父圣母虚无之祖炁以养育之。养育之法：神归大定，一毫不染；开天门以采先天，闭地户以守坤室；无昼无夜，刻刻提防；勿令外缘六尘所侵，内贼五阴嗔魔扰乱。心心谨笃，三年婴儿老成，自得升超天谷，直与太虚不二矣。

偈曰："含养胞胎须十月，婴儿乳哺要千朝。胎离欲界升内院，乘时直上紫云霄。"

闵小艮曰：青羊抄本，搀入门外汉语。如此章中，既云"婴儿既长，穴不能居"，又于注末搀入"婴儿老成，自尾闾而升天谷"。既长而穴不能居，是肉身耶？婴儿乃由尾闾钻上耶？且焉有玄窍嫌窄者，翻能透闾而上？自相矛盾乃尔，兹准山本订正之。

移神内院章第九

尹真人曰：

始而有作有为者，采药结丹以了命也；终而无作无为者，抱一冥心以了性也。施肩吾曰："达摩面壁九年，方超内院；世尊冥心六载，始脱藩笼。"夫冥心者，深居静室，端拱默默，一尘不染，万虑潜消，无思无为，任运自如，无视无听，抱神以静，体含虚极，常觉常明。此心常明，则万法归一。婴儿常居于清净之境，栖止于不动之场，则色不得而碍之，空不得而缚之[①]，体若虚空，斯安然自在矣[②]。

阴长生曰："无位真人居上界，空寂更无尘可碍。有为功就又无为，无为也有功夫在。"所谓居上界者，盖即婴儿之栖天谷也；空寂明心者，盖即吕祖"向晦宴息，冥心合道"之法也；无为也有功夫在者，盖即太上即身即世、即世即心，遥相固济之宗旨。其次盖即谭长真所云"婴儿移居上丹田，端拱冥心合自然。修道三千功行满，凭他作佛与升仙"也。谓必移居天谷者，非必以地峻极于天，实以其纯一不杂，婴儿居此，自无一毫情念

① 万批：是八地菩萨安处常寂光土。

② 万批：前章是由有为反到无为境界，此章是无为而无不为境界，观后六通神化、混俗和光等语，方知无为也有工夫在耳。

得起。但起希仙作佛之心，便堕生死窟中，不能得出。夫此清净体中，空空荡荡，晃晃朗朗，一无所有，一无所住。心体能知，知即是心；心本虚寂，至虚至灵。由空寂虚灵而知者，先知也；由空寂虚灵而觉者，先觉也。不虑而觉者，谓之正觉；不思而知者，谓之真知。虽修空，不以空为证，不作空想，即是真空；虽修定，不以定为证，不作定想，即为真定[①]。空定真极，通达无碍，一旦天机透露，慧性灵通，乍似莲花开，恍如睡梦觉，忽然现乾元之境，充满于上天下地而无尽藏。此正心性常明，炯炯不昧，晃朗宇宙，照彻古今，变化莫测，神妙无方。虽具肉眼，而开慧眼之光明；匪易凡心，而同佛心之觉照。此由见性见到彻处，修行修到密处，故得一性圆明，六根顿定。

何谓六通？玉阳太师曰："坐到静时，陡然心光发现，内则自见肺肝，外则自见须眉，知神踊跃，日赋万言，说法谈玄，无穷无极，此是心境通也；不出庐舍，豫知未来，身处室中，隔墙见物，此是神境通也；正坐之间，霎时迷闷闷，混沌不分，少顷，心窍豁然大开，天地山河，犹如掌上观纹，此是天眼通也；能闻十方之语如耳边音，能忆前生之事如眼前境，此是天耳通也；或昼或夜，能入大定，上见天堂，下见地狱，观透无数来劫，及宿命所根，此是宿性通也；神通变化，出入自如，洞见众生心内隐微之事，意念未起，了然先知，此是他心通也[②]。"若是者，何也？子思曰"心之精神谓之圣"，故心定而能慧，心寂而能感，心静而能知，心空而能灵，心诚而能明，心虚而能觉。

功夫至此，凡一切善恶境界，楼台殿阁，诸佛众仙，不可染着。此时须用虚空之道，而扩而充之，则我天谷之神，升入太虚，合而为一也。再加精进，将天谷元神炼到至极至妙之地，证成道果。太上曰："将此身世、身心，融归入窍，外则混俗和光，出处尘凡，而同流俗，往来行藏，不露圭角，而暗积阴功，开诚普度，以修以证，是正性命双修之妙用[③]。"究其旨归，不外皇极阖辟之玄功。

《易》曰"先天而天弗违"者，盖言机发于心，两大之气机，合发而弗违也。此即人能宏道之旨。而功法不外神栖天谷，行夫不识不知，惟深惟

① 万批：佛家声闻缘觉皆是沉空滞寂，故落二乘。虽然，不至九地，未易语此。
② 万批：此处非深通佛学者难以领会，浅识者讶其言之过奇也。佛家十行十向工夫似此。
③ 万批：此是无为而无不为境界。

寂，阳光不漏。故能愈扩愈大，弥远弥光，自然变化生神。生之又生，生之无尽，化之又化，化之无穷。

东华帝君曰："法身刚大通天地，心性圆明贯古今。不识三才原一个，空教心性独圆明。"是言当以普济为事，是即行满三千，功圆八百之旨。又曰："世间也有修元者，先后浑凝类圣婴。若未顶门开巨眼，莫教散影与分形。"是言杂有后天。后天有形，一纸能隔，况骨肉乎？若夫先天，金玉能透，何劳生开巨眼哉！惟其杂有后天，开眼而出，虽可变化无穷，未能与天合德，故须加以九年面壁之功，淘洗净尽，乃与天合。自然跳出五行之外，返于无极之乡。证实相玄之又玄，得真功全之又全[①]，成金刚不坏之体，作万年不死之人，自觉觉他，绍隆道种，三千功满而白鹤来迎，八百行圆而丹书来诏，飞升金阙，拱揖帝乡。

《中和集》云："成就顶门开一窍，个中别有一乾坤。"然此顶门，岂易开哉？先发三昧火以透，不通；次聚太阳火以冲之。二火腾腾，攻击不已，霎时红光遍界，紫焰弥天，霹雳一声，天门开也。吕祖亦云："九年火候真经过，忽尔天门顶中破。真人出现大神通，从此天仙可称贺。"此言后天未净，破顶而出也。至于积功累行，全在神栖内院之时。余昔有云："功圆才许上瑶京，无限神通在色身。行满便成超脱法，飘然跨鹤觐三清。""见今金阙正需材，邱氏功高为救灾。止杀何如消杀劫，三千世界尽春台。"

南樵子曰：吾师运心，何等之普？今之人得有一诀一法，秘密深藏，惟恐泄漏[②]，知与吾师自较，岂不愧死！噫，度人即是度己，累行即是修仙，盖以普度即性天耳！

闵小艮曰：按抄本此一章大有改削，注不胜注，兹一准山本增政之。细体经文，直是医世入手功法，其间圆证宗旨，亦备示焉，第未说破医世之旨耳！驻世神人泥丸李祖谓是书与山本所降《金华宗旨》，皆为医世而出，盖必上承元始法旨者。然章中不露应运而说，迳谓旨归不外云云，是从太上所示体会而得。按真人在世以法显，未闻倡行医世之道，此经盖升证后宣示之文，亦运会使然也。故神人李祖有"欲说未说今将说"之偈，见于是经下章。

① 万批：实相无相，真功无功，与佛学符合。

② 万批：诀中之诀，秘中之秘，仍是未敢泄露，盖恐误人耳。予自遇师，方信此律。按：万说是其一家之言，非此书之理。

炼虚合道章第十

尹真人曰：

水邱子云："打破虚空息亿劫，既登彼岸舍舟揖。阅尽丹书万万篇，末后一句无人说。"李真人曰："欲说未说今将说，即外即内还虚寂。气穴为炉理自然，行满功圆返无极。"高真人曰："此秘藏心印，皆佛佛相授，祖祖相承，迄今六祖衣钵止而不传，请佛秘藏于斯已矣！今值元会，樵阳再生，真道当大行，世所传炼神还虚而止者，犹落第二义，非无上至真之道也。"

樵阳者，古真人之号，姓王，不知何代人。王昆阳律祖，潞洲人，相传生时，有仙人过其门曰："樵阳再生矣！太上律宗，从此复振矣！"载在《三山馆录》。律祖于顺治、康熙间，五开演钵堂，付授太上三大戒，弟子三千余人，传戒衣钵，有《吕祖医世说述》，则得受者有三千余部，岂非真道之大行乎？况律祖戒堂，开在京邸白云观，尔时佛道两宗传戒，非奉旨不得私开。其所传，有律、有书、有手卷，卷中载历祖支派，自太上而下，所传戒偈，或五言、或七言、或四言，累代相承无缺。无所承者，则必属冒入，律必究送勿贷。卷上录有谕旨，冠其卷端，而玄律亦极严，所以杜假冒耳！所传之书，义理本无所禁，然戒律郑重，恐人亵玩，故轻泄之律最严，是以律裔一概袭藏，而凡无人可授之裔，则必聚而焚之，此食古不化之流弊。律祖三传而道遂绝，今嘉庆间所开演钵，邱祖戒本失传，近所传访诸《净明宗教录》，与邱祖所传小同而大异也。我山先辈，亦守戒焚之，书则录本幸存，而卷律亡矣。先师太虚翁道及，必抚膺流涕，盖为此耳！真人此书，直与医世妙用一贯相通，循以修入太上宗旨，如示诸掌。不为注而出之，何以对我师？且任情不政，何以对真人？此一得不得已之苦衷，非好为饶舌也。龙门后学闵一得谨志。

禅关一窍，息心体之［此一句为开玄窍之枕中秘］，一旦参透，打开三家宝藏，消释万法千门。还丹至理，豁然贯通，而千佛之秘藏，复开于今世。盖释曰禅关，道曰玄窍，儒曰黄中[①]，事之事之，方能炼虚合道，乃为

① 万批：玄关一窍，最为紧要，入道在此，造道在此，成道亦在此。此窍一开，则神有所藏，而造道有路，然非积功累行，岂易开其窍哉。学者果能虚寂恒诚，久久做去，则其窍亦自能洞开耳。故三教造修皆重在此，虽名异而实同也。

圣谛第一义，即释氏最上一乘之法也。此法无他，只是复炼阳神以还我毗卢性海，以烹以炼，浊尽清纯，送归天谷。又将天谷之神退藏于密，如龙养颔下之珠，似鹤抱巢中之卵，即内即外，即气即心，凝成一粒，谨谨护持，无出无入，眼前即是无量寿国，而此三千大千世界咸各默受其益，无有圭角可露。虚寂之极，变化之至，则其所谓造化者，自然而复性命，自然而复空虚，至此则已五变矣。变不尽变，化不尽化，此通灵变化之至神者也。故神百炼而愈灵，金百炼而愈精，炼之又炼，则炉火焰消，虚空现若微尘，尘尘蕴具万顷冰壶世界。少焉，神光满穴，阳焰腾空，自内窍达于外窍。外大窍九，以应九州，大窍之中，窍窍皆大神光也。小窍八万四千，以应郡邑，小窍之中，窍窍皆大神光也。澈内澈外，透顶透足，在在皆大神光[①]。

光之所注，其处利益，故当在在照注，注以透澈为度，无有丝毫作用于其间，惟以恒定为妙[②]。定则周遍，恒则透澈，医世秘诀，尽于此章矣。盖照则“一”到，光则“元”至，能透能足，施有虚施乎哉？是有实理实验。然在行者，不费一文，不劳丝力，坐而致之。得间即行，日计不足，月计有余，况有三年九载乎？第当切戒者，于光照之时，慎忽妄加作用。按《琼官诗文集》详载：白祖本是先天北斗禄存星君，唐尧时大旱，玉帝付以瓶水拂尘，命星君驭龙施雨。旨曰：“某地几点，某地某地几点，毋缺毋多。”既行，见地皆赤，禾苗枯、溪涧涸，乃不遵旨，倾瓶罄水而回，致有九年之水，星君乃下谪为人[③]。此可见天工人代，不可作意于其间，畸轻畸重也。医世功法，无如是书“光照”两字，而教养亦自两全。即如用清用和，我辈性功未澈，命理未精，用或不当，得罪非细，不如迎光普照，不加意念为得。鄙见如是，笔以质诸高明。

再又摄归祖窍之中，一尘不染，寂灭而静定，静定而寂灭。静定之久，则红光如奔云发电，从中窍而贯于上窍，则更无论大小之窍，而神光动耀，照澈十方，上天下地中人，无处不照耀矣！

医世至此，所得益地，不独震旦南赡可周，西牛、东胜、北获、中赤皆受益焉。而功用全在一尘不染，并无作用于其间也。下文所行所言亦如此，

① 原批：充实而有光辉之谓大。
② 原批：玄理。
③ 按：见白玉蟾《华阳吟》，此说为转述语意，但有张大。

是有涵育薰陶，俟其自化之义。

如是，则更加敛摄，消归祖窍之中，一尘不染，寂灭而静定，静定而寂灭。静定之久，则六龙之变化已全，而神更变为舍利之光，如赫赫日轮，从祖窍之内一涌而出，化为万万毫光，直上于九霄之上，普照大千世界。一如大觉禅师所说偈言，方知太上所云“天地有坏，这个不坏”。这个才是先天主人翁，这个才是真性本体[①]，这个才是金刚不变不换之全真，这个才是无始以来不生不灭之元神。这个大神通，大性光，觉照阎浮提，普度一切，才是不可称、不可量、不可思议之无量功德也。故其偈曰：“一颗舍利光烈烈，照尽亿万无穷劫。大千世界总皈依，三十三天咸统摄。”

北宗龙门第十一代闵一得读是经毕，欢喜踊跃，百拜稽首，谨献一偈。偈曰：“至真妙道隐西天，东土重闻赖师述。是名皇极阖辟经，道宗玄旨该儒释。即修即证道并行，功用默申医世说。忘年忘月一心持，有效无效敢休歇？自从无始到如今，生生世世空劳力。生年月日时现存，一寸光阴皆可惜。一朝圆满返大罗，大罗天本为人立。大千志士莫灰心，佛也凡夫修乃及。如是如如非杜撰，皇皇经语堪重绎。”

青羊宫原本，辗转传写，道贩辈证诸律宗，律宗惊其轻泄，节去其要，道贩辈又从而增损之，故尔强半失真。奉天李蓬头，名一炁，曾论及此，此世传譌本之由。有夙根者，具慧眼，觉其参错不纯，委余校订，幸有本山梓本，刊自康熙间者，取以仇剔，遂成完璧。吾宗丹书，皆为世珍，先师太虚翁于是书有跋，惜为同人携去。忆其大旨，谓“此经上承正脉，是通天澈地之道，长生久视乃其余事”。又言“真人生于东汉，隐现不可测。驻世神仙泥丸李翁谓尝会于青羊宫之寥阳殿，自云于岭南蜕化，生平以有为法炫世，大厄随至，乃跨铁鹤以遗世。兹述虚无大道，以勉同志焉”。观于此，则是经炼虚合道章所引李诗，即为我祖泥丸真人无疑矣！尹真人于元明时姓尹，世所称尹蓬头是也。于东汉时姓屈讳祯，道号无我，阅千数百年，盖屡易姓名以隐于尘世者。余生也晚，何幸得处其山，又得其书，今更得其譌本而订政之，个中奇缘盖有不可思议者，故谨志之。龙门后学闵一得谨跋。

① 原批：只完得本来性分。

尹真人寥阳殿问答编［计共六篇］

青羊宫传钞本　浙湖金盖山人闵一得订政[①]

第一篇［按即升座篇］

尔时尹真人在西蜀青城山白云堂下，诸弟子散斋致斋毕，设座于寥阳殿东庑，迎请真人登座。真人乃临［此山本之文，与钞本稍异］，诸生三参礼毕，各各依次而立。真人为诸生讲说"皇极开天阖辟玄机"，清净解脱，不二法门。座中有一弟子，名曰玄真，离次而出，诣真人座前，稽首再拜而问焉。

曰："请问真人，生死阴阳之理？"

真人答曰："大众好生恶死，莫识生从何来，死从何去。徒在生前千谋百计，奔驰一生。及至死时，如生龟解壳，活鳖落汤，地水火风各自分散。神既离形，而但观世界，直与泼墨相似。东西莫辩，上下不知，轮回六道，随业受生[②]。只见有缘之处如火，见光明色，发为爱种，纳想成胎。十月满足，囝地一声，天命真元注于祖窍，属于坤卦。自一岁至三岁，属于复卦；至五岁，属于临卦；至八岁，应乎泰卦；至十岁，应乎大壮；至十三，应乎夬卦；至十六，应乎乾卦。自一阴[③]以至六阳，男子无漏，称为乾体。此时倘遇明师授诀，修炼顿圆，此乃上德全人也。自后欲情一动，真元即泄，此时八年损一阳。十六岁至二十四岁，一阴初生，应乎姤卦；至三十二岁，应乎遁卦；至四十岁，应乎否卦；至四十八岁，应乎观卦；至五十六岁，应乎剥卦；至六十四岁，纯阴用事，复返于坤。此乃人生不出六阴之数也。人之一生，千作万为，俱为虚幻，而所与偕行者，惟生前所作善恶二业，紧紧随身一丝不漏者也。"

---

① 题名栏，万本作：闵小艮先生原订本，式一子万启型批注。金盖本作：青羊宫传钞本，金盖山人闵一得小艮氏订正。丁本作：青羊宫传钞本，浙湖金盖山人闵一得订政。此据丁本。

② 万批：此言轮回之理，与佛说相同。而卦气一段，尤为佛学所未及，盖佛重性，道重命，差有不同耳。

③ "一阴"，诸本如是，疑当为"一阳"。

又问："前三田？"

答曰："脐轮之后，一寸二分，囫地一声，真元落于此处，号曰天心，一名气海，又曰神炉，乃胎仙元命之根，是故又号天根。为炼精化气，炼气上升之地[①]，是故又号坤炉。按即丹书之下田。下田之上，亦曰黄庭，乃是赤子立命之处。人之血心，名曰绛宫，不可修炼，只宜存养。盖以存液成血，养血化精，是亦要地。心之后而稍下，乃是中田，名曰黄堂，又名土府，《易》曰黄中，道曰玄窍[②]，乃仙胎结养之所，最忌后天三宝渗入者。顶中泥丸，名曰乾顶，一名天谷，又号内院，婴儿成形，升驻于此，丹书名曰上田，此处是也［钞本所改谬混之至，谨准山本一一订政］。"

又问："后三关？"

答曰："人之尾闾，在尻脊上第三节，一名长强，一名三岔路，一名河车路，一名禁门，其下曰元关，其前曰气海。乃阴阳变化之乡，任督交会之处，丹书名曰尾闾关者是也。人之背脊二十四节，上应二十四气，有关在二十四节头尾之中，一名双关，直透顶门，此即夹脊关也[③]。人之后脑骨，一名风池，其窍最小而难开。欲开此窍，舌拄上腭，目视顶门，全仗神炉聚火，接续冲起，此关乃开。此关名曰玉枕，又曰铁壁也[④]。身后三关开法如此［统准山本订政之］。"

又问："人之元气可以发生否？"

答曰："元气逐日发生，子时一阳之气生于复卦，其气到尾闾，乃尻骨上第三节是也；丑时二阳之气生于临卦，其气到肾堂，自下数上第七节是也；寅时三阳之气生于泰卦，其气到元枢，自下数上第十一节是也；卯时四阳之气生于大壮，其气到夹脊，自下数上第十二节是也；辰时五阳之气生于夬卦，其气到陶道，自下数上第二十二节是也；巳时六阳纯乾之气至玉枕关，阳已极也。阳极阴生，理所必然，午时一阴之气生于姤卦，其气到泥丸宫，

① 万批：炼化者，是合先后天镕化一炉，如冶金然，既经锻炼，则后天渣滓仍由孔窍而外出，先天真元乃循冲督而上升，此诸书所未详辨者，故特揭出，俾学者易于分晓。

② 万批：玄窍即玄关一窍，未开谓之玄关，已开谓之玄窍。此窍一开，智慧顿发，神有所藏，堪以采取，渐结胎息。彼凡丹经所谓虚极静笃之后，一灵初动，即是玄窍，而并无实在处所者，皆未经历实验之语也。

③ 万批：夹脊关与玄关并峙而潜通，故曰夹脊双关。

④ 万批：玉枕窍最难通，亦须真气上行，自然而通，不容勉强，此师训也。

即百会穴也；未时二阴之气生于遁卦，其气到明堂，明堂在两眉之正中上一寸二分是也；申时三阴之气生于否卦，其气到膻中，心之外包络是也；酉时四阴之气生于观卦，其气到中脘；戌时五阴之气生于剥卦，其气到神关；亥时六阴之气乃纯坤之卦，阴极又阳生矣。自子至巳为六阳，行阳二十五度，自午至亥为六阴，行阴二十五度，昼夜周流于五脏六腑之间，而气滞则病，气息则死①。人之修炼而长生住世者，总由固精以养气，闭任以开督，使两脉运行而不息也。"

请问："太极之理？"

师曰："太极者，吾人之天心也，释氏曰圆觉，道曰金丹，儒曰太极。所谓无极而太极者，不可极而极之之谓也。凡人始生之初，只此一点灵光，所以主宰形骸者，即此太极也。父母未生以前，一片太极，而其所以不属乎形骸者，乃为无极也。欲识本来真面目，未生身处一轮明。太极有二理，自运行而言，则曰时候，虽天地不外乎一息；自凝结而言，则曰真种，虽一黍可包乎天地。宿蛰归根，晏息杳冥，是为时候太极；孕字结实，交媾结胎②，是为真种太极。人能保完二极而不失，则可以长生，可以不化，岂止穷年令终而已哉③？"

请问："如何谓之火龙水虎？"

答曰："水虎者，黑铅也，是天地万物发生之根，乃有质无气者，真铅也；火龙者，红铅也，是天地万物发生之本，乃有气无质者，真汞也。有质者，真铅也，太阴月之精，为天地万物有形之母；无质者，真汞也，太阳日之光，为天地万物发生之父。铅汞之体，互相孳育，循环不已，不可谓生天生地生万物之祖宗乎？古今至人知神物隐于此，法爻象而采取太阴之精，设炉鼎而透会太阳之气，以二者归于神室，混混沌沌相交，交合不已，孳育无穷，而木中生魂，金中生魄，凝然而化为鄞鄂，结为百宝，名曰金液大还丹④。"

此答蕴有极玄极秘、极妙极宏而又极庸极奇、极简极正之体之用，然不

① 万批：后天气滞，先天碍通，则病；后天气寒，先天不通，则死矣。

② 万批：结实结胎均一理，不过顺逆不同耳。

③ 万批：大成则长生不化，小成则穷年令终。

④ 万批：此则专主北派而言，须详辨之。

外乎我师太虚翁两句，曰："内而虚极静笃，外而混俗和光。"按此必以天地为药物，太虚为炉鼎，用以措之世，即为三尼医世；用以归之一身神室，谓之金液大还丹。如是行去，谓之公私两利、世身并益焉。先哲谓是书功法足取医世，有以夫！

请问："如何谓之日乌月兔？"

答曰："日者阳也，阳内含阴象，砂中有汞也。阳无阴则不能自耀，其魂为雌火，乃阳中含阴也。日中有乌，卦属南方，谓之离女，故曰'日居离位反为女'。月者阴也，内含阳象，铅中有银也。阴无阳则不能自莹，其魄名雄金，乃阴中含阳也。月中有兔，卦属北方，谓之坎男，故曰'坎配蟾宫却是男'。无隐子曰：'铅取玉兔脑中精，汞取金乌心内血。只此二物结成丹，至道不繁无扭捏。'二物者，一体也①。"

此节发明上节之玄理，而取贵得精焉耳！用以医世，理信然也。究其妙用，不外清和两字，而功用必如乌兔，遥相固济，用乃无穷，古哲曰："用日必如春，用月必如秋。"有以夫。

请问："大小炉鼎？"

师曰："凡修金液大还丹，先要安炉立鼎。鼎之为器，非金非铁；炉之为器，非玉非石。黄庭为鼎，气穴为炉。黄庭正在气穴之上，一缕相连，乃真人身血脉交会之处，鼎卦曰'正位凝命'是也。此之谓小炉鼎也。乾位为鼎，坤位为炉。鼎中有水银之阴，即火龙也；炉内有玉蕊之阳，即水虎也。虎在下为发火之枢机，龙在上起云腾之风浪。若炉内升阳降阴无差，则鼎内天魂地魄留恋，青龙白虎相拘，玉兔金乌相抱，火候调停，炼成至宝。故青霞子曰：'鼎鼎非金鼎，炉炉非玉炉。火从脐下发，水向顶中符。三姓既会合，二物自相拘。固济胎不泄，变化在须臾。'此之谓大炉鼎也②。"

先哲靖庵氏曰："医大千，当用大炉鼎；烹小鲜，只用小炉鼎。"太虚氏曰："医世运，须用大炉鼎。若治身家，病在一己，只须频事小炉鼎，身无有

---

① 万批：此主南派而言，故闵批云：取贵得精，又云遥相固济，用乃无穷，皆秘诀不敢详说耳。按：万氏不见批语中"用以医世"云云，显然是在随意断章取义。

② 万批：大炉鼎，南派学也。小炉鼎，北派学也。此处采取之法已隐含未露，学者当默悟之。按：原文大小炉鼎是功夫次第，先小后大，不是南北之分。闵真注谓大炉鼎是医世大周天所用，小炉鼎是一身所用，则是更进一步的发挥。

不正，家无有不治者也.”

请问：“内药、外药火候之旨[①]？”

师曰：“凡修炼者，先修外药，后修内药。若明睿之士，夙具灵根，则一炼外药，便炼内药。内药无为无不为，外药有为有以为。内药无形无质而实有，外药有体有用而实无。外药可以治病，可以长生久视；内药可以超升，可以出有入无。外药外阴阳往来，内药内坎离辐辏。以外药言之，交感之精先要不漏，呼吸之气更要微微，思虑之神贵在安静。以内药言之，炼精者炼元精，抽坎中之阳也，元精固则交感之精自不泄漏。炼气者炼元气，补离中之元阴也，元气住则呼吸之气自不出入。炼神者炼元神，坎离合体而复乾元，元神凝则思虑之神自然泰定[②]。内外兼修，成仙必矣。紫阳云：‘内药还同外药，内通外亦须通。丹头和合类相同，温养两般作用。内有天然真火，炉中赫赫常红。外炉增减要勤功，妙绝无边真种。’真种者，人元也，火符之断案也。”

无边真种，来自大千，得诀以修，多如仓粟。无时无地盈满虚空者，说详《双修宝筏》。所以难得者，中不虚寂耳！斯答所言内药，乃指身中之先天；所言外药，乃指身中之后天。先师太虚翁曰：“长春真人曰：‘以身而言，坎铅为外药，离汞为内药，其实身心而已；以世而言，乾坤之气为外药，坎离之精为内药，其实后先而已。’故以道论，太极之极为外药，无极之极为内药。是以天地有病，义取太极以补之；不济，迎至无极以生之，至人作用有如此。此载《太上大戒说》中者，我宗律祖世世相承，传至昆阳王祖而绝。其说尚存，所示功诀，不过空述其义，非天夺之，人心不古故也。吾得闻此，自吾恩师泥丸真人述之，谓云游遍大千，所见所闻，无上玄旨，无有过于此者。然谓道不终隐，此是长春真人首徒虚靖赵氏一祖之言，有所授之也。”先师之论，现载《三一阴符》经中，感而述于是答之后。噫！吾身亦是天地之身，穷返极复，亦可深造无极，既造无极，则自可与无极一鼻孔出气，况古至人，亦非三头六臂者。古人云“有志竟成”，成不成莫问，事不事在我，计惟死而后已可也。

---

① 万批：论内外药最精透，但年老病虚之体，非先修外药以固其躯，则迫不及待。此南宗所以为灯传耳。

② 原批：以后天三宝为外药，以先天三宝为内药。万批于此后增四字：是北宗法。

请问："取坎填离，复我乾健之体之旨？"

师曰："铅汞者，太极初分先天之气。先天气者，龙虎初弦之气也。虎居北方坎水之中，阳爻原出于乾，乃劫运未交之先，乾因颠灭驰骤误陷于坤，乾之中爻遂损而成离，离本汞居，故坎中黄男名汞祖也。龙居南方离火之内，而离内阴爻原属于坤，乃混沌颠落之后，坤因含受孳育得配于乾，坤之中爻遂实而为坎，坎本铅金，故离中玄女是坎家也[①]。似此男女异室，铅汞异炉，阴阳不交，而天地否矣。圣人以意为黄婆，引坎内黄男配离中玄女，夫妻一媾，即复纯乾，是谓取坎填离，复我先天乾健之体。紫阳云'取将坎内心中实，点化离宫腹内虚'是也。"

取坎填离活法，无如《金华宗旨·坎离交媾章》，功法最妙。祖师曰："凡漏泄精神，动而交物者，皆离也；凡收转神识，静而中涵者，皆坎也。七窍之外走者为离，七窍之内返者为坎[②]。一阴主于逐色随声，一阳生于返闻收见。坎离即阴阳，阴阳即性命，性命即身心，身心即神炁。一自敛息，精神不为境缘流转，即是真交[③]。而沉默趺坐时，又无论矣。"准是法以行，则医世亦于此得诀，而用不支离矣。

请问："如何谓之降龙？"

师曰："离日为汞，中有己土，强名曰龙。其形狞恶，主生人杀人之权，专成仙成佛之道，威灵变化，感而遂通，云行雨施，品物流行。乾之九二'见龙在田，利见大人'，孔子曰'龙德而正中者也'。世上不悟此龙生生之功，每反受其害。若人能知而畏之，周而驭之，则能降此狞恶之龙，而积至精之汞不难矣。降之之法，制其心中之真火，火性不飞，而龙可降[④]，则有投铅之时。不积汞，何以取其铅？不降龙，何以伏其虎？且真铅真汞未易相投，而真龙真虎亦难相制。学者若能了得这个龙字，则此外皆末事也。"

---

① 万批：总之，阴阳之藏在于其宅，阴中有阳，阳中有阴。今取阴中之阳，以化阳中之阴，则离之中虚还为乾之刚健矣。其他丹经之龙虎坎离、日月铅汞皆是比喻之词。兹为揭出，使学者不为眩惑，始知道固简而易明也。

② 万批：七窍之外走皆者为离，七窍之内返者皆为坎，数语精透，无上真诠，学者参破，则性中有命矣。

③ 原批：着眼。

④ 万批：此龙是生龙，最难降伏。降之之法，答中亦未敢尽泄，闵批虽稍泄而未透，《三山馆录》虽略透而亦难悟。此处功法甚大，吾师尝叮咛嘱咐，非其人勿妄示也。每见世人之不能降龙者，徒为一叹。

炼丹妙诀，无过降龙；医世功法，首正人心。诀惟一切放下，迎请乾元以注阎浮，朝斯夕斯，世风自正。随升坤元之气以辅相之，用葆真风。先哲石庵氏尝言此感通之理，应验如神，盖道其实学也。说载韩箕畴《三山馆录》。韩乃康熙间名士，有文行者，石庵氏为其戚友，非虚语也。

请问："如何谓之伏虎[①]？"

师曰："坎月为铅，中有戊土，强名曰虎。其形猖狂，虽能害人杀人，却蕴大乘气象，举动风威，叩之则应，含宏光大，品物资生。《易》曰'履虎尾，不咥人，亨'，孔子曰'素履之往，独行愿也'。若人能知而畏之、驯而调之，则能伏此猖狂之虎，以产先天之铅矣。其降龙必继之以伏虎者，盖伏虎则无咥人之患也。故历代圣师以降龙为炼己，以伏虎为持心。紫阳曰'若要修成九转，先须炼己持心'，即此义也。"

炼丹妙诀固如是也。用以医世，诀惟摄坤元以宁之。何以故？无恒产而有恒心，惟士为能耳！

请问："如何谓之心印衣钵[②]？"

答曰："善哉，汝以此为问乎！佛有《梵网经》《陀罗尼》[③]，天有《元始律》《玉章经》，乃真心印，乃真衣钵也。然其义理渊深，而所包无际，如天之无不覆，如地之无不载。智如三藏法师，仅译其文，而于《陀罗尼》经旨，未尝身体力行。圣如纯阳帝君，仅述其说，而于《玉章经》真文，未尝诠注一字。东华帝君曰：'法身刚大通天地，心性圆明贯古今。不识三才原一个，空教心性独圆明。'盖言即身即世，即世即心，无内无外，无灭无生，合修合证者，乃为菩萨，乃为天仙也。故吾佛道，惟律宗始得传授。然衣钵相传，历千数百年，而未有发其覆以倡宗风者，盖待其人而后行，亦待其运会而后有其人。然人非天外人也，人人可学，人人可能。性命功圆，则经义自能通晓，经力自能觉照大千，通乎天地而运乎一心。此虚无秘密、清净妙明之机，保合含宏、觉通光大之体，小则纤尘不染，大则沙界弥纶。十方诸

① 万批：若知降龙，即知伏虎。降龙可以积精，伏虎可以采气，精气结而胎成，飞升可待也。仙佛大道不外此降伏秘旨。学者须扼要以参之，故闵批亦云：炼丹妙诀固如是也。

② 万批：佛之陀罗尼，道之玄科秘旨，均是心印衣钵，故不可言说解论，只可相印于心也。

③ 原批：谓《持世陀罗尼经》也。

佛，共这一个鼻孔出气者；三界众仙，向这里立命安身者；了道悟真，从这里打破者；成佛作祖，在这里涵溶者。三才三宝，三宝一真，非有非无，现在规中，形如满月，状似蓬壶。然非心非肾，非脏非腑，放之则弥六合，卷之则退藏于密。魔王拱服，众圣皈依。如红日当空，阴魔敛形；如皎月中天，容光必照。机旋星斗，气转乾坤，祖祖无言，师师吐舌，此无上无极之真品也。此乃是无极真空，教外别传之旨，是乃千真不露之灵章，万圣不传之奥典。即译即说以事，必须修见本来面目，造至真实彻悟，然后循行水火之功，煅炼之法，三田充满，三界清和，再须加以九年温养，是已修造清净广大法身，承行始无不验。我玄门斯道之传，始于晋授天仙戒[①]，世世相承，宝而秘之，然而长春真人三千门弟子，而闻道者一十八真耳！”偈曰：“不是玄门消息深，高山流水少知音。有人寻着来时路，赤子原通天地心。”

钞本此篇大与梓本不同，或为律裔惊其漏泄秘文而削去之，道贩辈又从而窜改之，故于宗旨奥义尽净除去。兹准山本原文改政。

请问：“如何谓之采药[②]？”

答曰：“采药之法，乃心心相印，口口相传，不敢轻泄，汝今问及，不亦智乎？汝于亥末子初，观一阳初动之际，虚极静笃，心与天同，神息合一，先天之炁随我呼吸入于黄庭。周天数足，丹田汤沸，此真验也。百脉如虫行，四肢如火炽，此采药归壶之秘诀也。”

请问：“如何谓之转识为智？变化气质之性为佛性？”

答曰：“本来天真之性，本无尘染，不着一物，即大圆镜智性是也。因一念萌动，合于凡躯，为后天知识所诱，故转而为识。今欲返其本而复其初，每日不拘时候，凝神定息，神息相依，抱一无离。时以善法扶助自心[③]，时以赤水润泽自心，时以境界净治自心，时以忍耐坦荡自心，时以仙佛知见开发自心，时以仙佛平等广大自心，时以正法眼界观照涅槃妙心。久久行之，尘根扫尽，六识无依，而我本来面目如皎日当空，复我最初之本体，还我无极之造化，由兹转识为智，化气质之性为佛性，良有以也[④]。”

---

① “戒”，万本作“界”，据金盖本、丁本改。

② 万批：若知降龙伏虎之法，则采药之秘不待泄矣。

③ 万批：扶助善法，即是前章降伏之法。

④ 原批：此一段文，胜读《唱道真言》全部，句句须着眼。

请问："若诸众生精修道业，有护持否？若诸众生不能修炼，将此经敬奉供养，有福德否？"

答曰："若诸众生精心行持，即是广积阴功。

所谓色身一刻清和，闾阎即受一刻利益，况能终日终月乎！先师太虚翁曰："泥丸翁云：'一日行三时，三月必得征应。'我辈云水，无位无财，三千功、八百行，何日得圆？太上悯之，故垂是典。无如世无恒心，心且不恒，又何论行哉？恒行无间，三载胎圆，斯胎即名无量功德胎。护道天神，昼夜巡护，如睫护睛，行有不圆乎哉？然律有对代者：'知而不行罪无赦！一日一大过。'可不惧哉！吾宗律裔，修多磨折，盖或忽此故也。日有刻持，九年亦必道成，中或有间，便当折算，斯乃三元考功司所掌。岁逢五腊，上元天官汇申玉阙，此常例也。闾阎祷祝，佛道持诵，亦归医世律中者，世所未之闻也。"先师所述有如此，不敢秘，谨以告吾同人。按下文所示亦有是义，并非神其说。曰解说、曰书写、曰供养，是归祷祝、礼诵一律者，遵行亦必有验，是乃真人不得已之婆心，所以救赎失持一流人物耳！而其鸿愿，盖在行持也。

玉帝敕命十方天仙、飞天神王侍卫左右，如护玉帝，护持正道，一切诸魔不敢侵害，修真之人九玄七祖升仙界。若为尘缘所牵不能修炼，将此真文为人解说，教人行持，其功德不可思议。若诸众生，将此真文精洁书写，上中下卷合以成部，供养净室，晨昏香灯不辍，吉星照耀，宅舍光明，诸佛拥护，万圣锡福，禳灾禳疾，无不应验。痴聋瘖哑，虔诚供养，礼拜真文，久久行持，心性灵通，气质顿改。"

是时问答已毕，异香满座，现前大众各各明了性命，豁然开悟。尔时慧庵主人座下有一弟子，名曰静极，起诣真人座前，稽首长跪而赞曰：

大哉至道，无上至尊。开天立极，敷落神真。
天地之祖，万物之根。混沌太无，杳杳冥冥。
天震地裂，元始诞生。阖辟开通，神冲六门。
不生不灭，无臭无声。灵明不昧，亘古长存。
上彻天清，下烛地宁。中立皇极，元始至尊。
三皇辅佐，召摄万灵。主宰五炁，混合百神。
性命之蒂，阖辟之衡。万神侍卫，魔王保迎。

有缘之士，得遇是经。能断爱欲，绝灭七情。

依经修炼，得命归根。绵绵固蒂，神守命庭。

丹田三宝，煅炼坚凝。神通内运，旋乾转坤。

即内即外，会归道心。三才六合，荡荡平平。

婴儿升证，号曰真人。阐扬正教，普渡迷津。

布传万卷，上报天真。东华正脉，皇极真文。

吾师悟述，接引后人。道成上达，九祖同登。

宝之秘之，万圣咸钦。

时静极弟子诵赞毕，会中大众，各各踊跃欢喜，敬信遵奉，礼拜而退。

按青羊钞本于煅炼坚凝下，节去七句，兹准山本增之。

第二吸提篇

尹真人曰：

“一吸便提，气气归脐。一提便咽，水火相见［山本注曰：他本作一呼。今作提非误笔，是准律宗秘本也］。”乃仙家保命十六字诀，以其珍贵，故名“十六锭金”。是言一吸一呼通任督二脉，而归于脐也。人身负阳抱阴，督脉在背属阳，任脉在胸属阴[①]。督有三关：曰尾间、曰夹脊、曰泥丸；任有二截：下自阴根至脐，上自顶下至脐。人之呼吸，任乎自然，工夫全在两提字，静中略用意与目力为提，然太着意，则反害之矣[②]。“一吸”入腹，略用意与目力，从阴根提起，纳之于脐。“便提”者，提一吸之气，通任脉下半截而纳于脐，所谓“一吸便提，气气归脐”也。“一提”即一呼，于一呼之中，略用意与目力提入督脉，从尾间通背骨直至顶门[③]。常人不通督脉，故尾间亦谓之关，提入督脉，则尾间便通腰间。夹脊亦一关也，尾间、夹脊皆易通，而顶门一关最难通，故谓之泥丸。用功久之，则泥丸自通。通时乐不可言，昔人比之天上醍醐，又比之交媾。泥丸既通，则咽入任脉之上半截，而纳于脐。“便咽”之咽，非咽精，亦非咽气，气从顶门落下喉间，略一纳便归脐矣。泥丸未通，全在两“提”字用功。“便咽”，则通关以后事也。一

① 万批：督属阳，故真阳之气由督脉而上升。任属阴，故浊阴之气由任脉而降。

② 原批：着眼。

③ 原批：着眼。

阴一阳之谓道，一呼一吸之谓息，呼吸皆归于脐，阴阳固济，所谓水火相见也。脐内一寸三分为丹田，“归脐”，则归丹田矣。未生时胎息于此，仙家炼丹亦于此，实为气之橐籥、一身之太极也。任督脉通，水火交济，每一呼吸，周身灌输，病何自而生哉！

山本注曰：“斯论本古说，我宗亦有遵行之者。先以理任，继事理督，终则一事胎息，以其浊后归诸脐，以其清先寄诸脑。但事养生，别有捷诀，盖以放下万缘为养阴，聚火开关为助阳。诀则以吸，吸自尾闾；以呼，呼自泥丸。方其吸升，统背内外，阳气雍雍而普升也；方其呼降，统额而胸内外，油然下坡[①]胸腹腰际[②]，内而五脏六腑，畅适无赛。以意渐收，统归下极，神注二十四息，总以造至若存若忘，悠然住手。如是日行无间，不惟却病，亦可延年也。”

按此注文，乃得九世从祖雪蓑翁所注，后学闵一得订政至此，因谨补述焉。

第三篇［按即始基篇］

尹真人曰：

修道以见性为始基［以上谨遵山本增之］。夫人之性，日居两目，藏于泥丸；夜居二肾，藏于丹田。古德云“心是枢机，目为盗贼”，欲摄其心，先摄其目。盖弩之发动在机，心之缘引在目，机不动则弩住，目不动则心住。《阴符经》曰：“机在目。”《道德经》曰：“不见可欲，使心不乱。”老子曰“常无欲以观其妙，常有欲以观其窍”者，观此也。黄帝三月内观者，观此也。故观心得道，自然念止妄消。长生久视，心息相依，全在此目。目之所至，心亦至焉；心之所至，气亦至焉。然下丹田为命之蒂，上丹田为性之宗。由下而达上者，渐法也；先上而兼中下者，顿法也。《黄庭经》云：“玉房之中神门户，子欲不死修昆仑。”

吾人未有此身，先有此息。受生之初，随母呼吸，此缕与母联属，前通于脐，后通于肾，上通夹脊、泥丸，至山根而生双窍，是名鼻祖。斯时我之气通母之气，母之气通天地之气。逮夫裂胞而出，一点元阳落于立命

---

① 万批：案坡当作披。

② 原批：此更未传之秘诀。

之处，自此后天用事，虽有呼吸往来，不得与元始祖气相通，只为寻不着来时旧路耳！太上立法，教人修炼长生，以夺天地之正气者，由其有两孔之呼吸也。今之调息、数息、抑息，皆不到元关[①]一窍者，总因不得其门而入。夫人之生也，一窍初凝，即生两肾，次生其心，心肾相去八寸四分，中余一寸二分，乃心肾往来之路、水火既济之乡。欲通此窍，全要存想山根[②]，则呼吸之气直贯明堂。凡一身之九窍八脉、十二经、十五络，无不周流贯通，真如提纲挈领，众星拱极，万壑朝宗，有不一得而永得者乎？丹道之妙，始基于此。

石庵子曰：山根一地[③]亦名玄牝，于此存观，学到一念不生，自能豁然内辟，神由黄道，直达中黄，自觉宽广高深无际，乃为内玄牝。从此寂体如初，直可深透造化玄牝，遂与元始祖窍一鼻孔出气，而头头是道，岂仅寻着一身祖窍哉！故曰“丹道之妙，始基于此”。

第四篇［按即神室篇］

尹真人曰：

始基者，升堂之谓也。试更详夫入室之妙。尔时门人默叩曰：“元性元神，可有异否［以上谨遵山本增改］？”曰：“元性即元神，无以异也。以其灵通莫测、妙应无方，故名之曰神。谓之元者，所以别于后天之思虑也。”“神之在人，亦有宅乎？”曰：“吾闻诸紫清仙师云：人有三谷，乃元神之室，性灵之所存也。其空如谷，又名谷神。神存则生，神去则死。日则接于物，夜则接于梦，神不安其居也。《灵枢内经》曰：天谷元神，守之自真。人身之中，上曰天谷，泥丸是也；中曰应谷，绛宫是也；下曰灵谷，关元是也。此三谷者，神皆居之，谓之三田。请更进而申其说。夫泥丸者，栖神之本宫也；绛宫者，布政之明堂也；灵谷者，藏修之密室也[④]。故夫元神居于绛宫，则耳有闻，目有见，五官效职而百体为之从令矣；元神居于灵谷，则视

---

① 万批：元关当作玄关。

② 原批：着眼。

③ 原批：经文山根只说命功，此更直通性功。万批：存想山根固是捷诀，特患妄念繁兴，想不常存耳。此处另有秘诀。

④ 万批：做人元，则灵谷为藏修之密室；做天元。则玄关为藏修之密室也。此篇盖就未开关者而言。阅者须知之。

者返，听者收，神气相守而营魄为之抱一矣[①]。扬子有言：‘藏心于渊，美厥灵根。’渊者，深昧不测之所，即灵谷也，即气穴也。廖蟾晖所云‘前对脐轮后对肾，中央有个真金鼎’，此正藏神之室也。”

是盖泛言元神即元性，而未说到结胎，特示栖神之室耳。

第五篇［按即河车篇］

尹真人曰：

神既藏矣，是谓归根，归根曰静，静曰复命，将见神气相守，抱一无离。迨夫静极而动，则是神也，复乘气机而上升于泥丸，于是河车之路始通。要知河车之路，乃吾身前后任督二脉也。夫气之始升也，油然滃然，郁蒸于两肾之间，浩浩如潮生，溶溶如冰泮。泛滥于五腧之上者，乃水经滥行，不由沟洫也。吾急以神斡归尾闾，使之循尾闾而上，至夹脊双关，上风府，而直至于泥丸，神与气交会于此，则其疏畅融液，不言可知。少焉，降为新美之津，自重楼而下，由绛宫入气穴，归其所藏之处而休焉。如此循环灌注，久久纯熟，气满三田，上下交泰，所谓“常使气冲关节透，自然精满谷神存”也。造化至此，内炼之真境见矣。然非深造而诣极，又乌知余言之足征哉[②]！

第六篇［按即秘授篇］

未坐先治心[③]，空如寂如，事来则理，理去则忘，置事成败于勿问，惟自尽心而已。次则理气，充如浩如，当升听升，当降听降，置作用于勿事，惟俟机醇而已。盖以气由心生，心治气自治焉。如是行持，总以无间为妙。无间，则身心自泰。故坐不拘子午，得闲则坐［闲不作閒，而作閑，字中有妙用］。坐亦不须结趺，而手须握固［诀名也。以大拇指甲掐住亥子纹间，以四指握之，须中指中节平处压盖大指指甲之末。闻惊则加劲以握，惊自定，

① 原批：着眼。

② 万批：河车之路通，乃返本还原之初机。盖童真时精气未漓，督任常通，自情欲开而精气泄，先天隐而后天见，弥漫充塞，于是河车之路中阻。今修真之士果能积精累气，则元神斡运，而旧路仍通。此返还之初机也，并非奇特之事，在不知道者多以为奇耳。

③ 万批：先性后命，功有次第。今学者性功未熟，贪做命功，以求速效，不啻无益，而流弊滋多。窃恨旁门外道之害人匪浅也。

故其诀名握固。此要诀也]，所以镇惊也[1]。

身既得静，止念为先。刻惟返观内照，起自额前空际[2]，存有红黄如月，悬照山根，有光无光听之。从此心息相依，念无外念，惟觉三田一贯。凡夫色相，虚空玄况，非我本来，隐现听之，不为转念，此是主脑，是即《周易》“思不出位”之至道。然而人心至灵，况又初学，何能便尔？诀有之：“不怕念起，只怕觉迟。”又曰：“念起是病，不续是药。”故有“但灭动心，不灭照心”之义。而于身心既定，亦必返照有所[所者，处所也]，所谓即一以制万。初则率神归室，室即神室也[3]。如是体照，自觉此中虚寂而湛如。得到自如之候，不假存照而得，乃为得见吾心本体。初学焉能至此？寂体久之，此况始现。

若欲保此而求进，必须不忘而如忘，则自中广无际，清寂如之。如是行去，总以止念返照，刻刻如是。行满七日，乃可自此景中移目下视脐内，自得直入下田[4]，便有暖气随目下注。须更用目内旋，初则自中至外，旋旋如此，自觉下田渐宽，乃复令目自外至中，旋旋如之[5]。此中自觉渊如，而觉暖气内发，渐至沸如。此心仍如止水，则自得有凉液一点，点出绛宫，乃是退符之真验。于斯时也，必有热气自穴上迎[6]，至于脘下，左右盘旋，其气腾如，若有所待。吾则一意守之以目，迎之以心，如是以应之。少顷，便有凉液涌自心后[7]，与肾热气相接，现有吞吐莫释、畅快难言之景。切莫贪恋，即须收住。徐以两目内视渊深之处，继以心意导之，使此气机旋转腹中，初则自小而大，后则复收为小，仍导二炁，一归气海，乃为坎离交，又名小周天[8]，实为退符之大用。不知者误谓进火，而进火之机，却基于此。

故我于斯时，一呼一吸，满口津液如饴，便宜烹炼，或留绛阙，或散经

---

① 万批：此篇词简意赅，总括全经之奥，学者须熟读之。

② 按：《秘授篇》起自额前空际云云，当参究《金华宗旨》之回光，《二懒心话》之内照。深一步的话则与《医世》及《天仙心传》功夫相贯。

③ 原批：初归神室。

④ 原批：移入下田。

⑤ 原批：下田功诀。

⑥ 原批：下交上。

⑦ 原批：上交下。

⑧ 原批：上归下。以上言小周天。

络，或注心后而入肾，各有妙用[①]。故必当连咽，将此心火存烘，俟有化机洋溢，随义施行，终则导归气海，以火逼入。所谓液于是化血、血于是化精、精于是化气、气于是冲关透后者。然液之化血，必于绛阙；血之化精，必于两肾；精之化气，必于气海。如是化存，则下田三宝充盈，乃有无路可走之势，自然冲开尾闾，从太元关逆流，隐隐觉有两股暖气，上肾堂，过夹脊，历二十四骨节。《圭旨》有云"火逼金行颠倒转，自然鼎内大丹凝"，此之谓也。但至夹脊，学者道浅，宝积未富，那能一时便得直透而上？切勿烦躁欲速，惟自日日行之，意中须以心目相送，微用提撮谷道法[②]，如辘轳循环，自然志至气次，时候一到，片晌之间，夹脊自开，双关自辟，直上玉枕。玉枕一关，名曰铁壁，居头凹之处，有一高骨，尤难过此，必须闭目上视，低头用意，直透此关，上至泥丸，与神交合。此时景象，有如雷轰电掣，火焚波沸，种种形声，似真似幻。切须牢守身心，勿惊勿喜，徐徐自定。清磬泠然，渗入两耳，泥丸昆仑之间，如火珠一颗，盘旋不已，隐现于眉间。觉从鼻内而下向元膺，仍自降入气管，乃由华盖绛宫，直抵丹田[③]。此时身心快乐，难以言喻，所谓"乾坤交媾罢，一点落黄庭"是也。学者如或真火稍微，再加微火吹动［是加巽风以鼓之。巽风者，鼻息也］，微微抽添，又复如前，从后而上，从前而下，环绕不已，此即河车自转也。然后升前降，俱在骨节内行，不在皮肤内行。诗云："丹田直透泥丸顶，自在河车几百遭。"则铅枯而汞乾矣！此乃大周天火候[④]。

行之既熟，更须急行卯酉周天之法。世人止知乾坤交媾，而不知卯酉周天，是有南北而无东西，如有车无轮、有舟无舵，其欲致远，不亦难乎？第预清净其心，空洞其念，虚寂其机，湛如油如，外用一物顶住太元关，时至发动，寂体以随，中无后天参杂。用目守住泥丸，下照坤脐。良久，自从气穴中透出火珠一粒，自左边升起，至脐左边，次到绛宫，从绛宫之左，忽折入左胁下，而后透入左肩，上左耳根，入左目，到山根。略存一顷，即转

① 原批：前降功法。此批，万本无法字。

② 万批：照常法须用心目相送。遵陈师之法则自然透关而上升，不须着意。此万筱圃诸君均有实验也。

③ 原批：仍归前降。

④ 原批：以上言大周天。

右目，从右耳根后，下右肩，绕而前转心之右，下至脐，仍还丹田。如是者三十六次，为进阳火。又从右边升起，左边降下，二十四次，为退阴符。但初时入手，未免略略着意，到纯熟地位，自然左右俱升，且或分从治命桥前后，俱不知其然而然者。

人之一身皆属阴，惟目属阳，盖目者，阳窍也。故目之所到即心之所到，心之所到即气之所到，此收内药之妙也。治命桥，丹经未有及之者，独《金笥宝录》云："内有栖神窟，横安治命桥。"言之甚明。工夫行到纯熟，气穴中自然元气升起，如喷泡然，入于脐轮，横过治命之桥。此一桥也，前通丹田，后通命门，中空如管，乃元气往来之所。忽然两肾如汤煎，若尚有阴火，小觉微痛，盖"龙战于野"之义，若阴火已刬尽者，不痛也。徐徐滚上昆仑之顶，此时下而尾闾、中而二十四骨节都不经历，且更有一种妙处，并不由玉枕关，忽从两腮边上元始宫中，自慢慢降入山根，到鼻准，入人中，浓液凝如[①]雀卵，从雀桥入舌下，历十二重楼，徐徐咽入中宫，则先天一立，后天退藏矣。所过之穴有阴气者，未免相战，微微作痛，盖战尽群阴始完全先天也。一正至而百邪难容，一窍开则万孔生春。铅气上升，汞气下降，铅汞之气浑圆于丹鼎之外，却病延年，可成陆地神仙，金丹之道思过半矣。《圭旨》云："大道分明见此元，璇玑卯酉法天然。由中达外中全外，自后推前后即前。阳火进来从右转，阴符退后往西旋。霎时火候周天毕，炼颗明珠似月圆。"此明珠，即婴儿种子也[②]。

长养圣胎[③]，又当另做，非可容易。既做了卯酉周天，火逼金行，一点乾金，遂上乾宫，渐采渐积，日烹日镕，损之又损，到得炼无可炼，此时药也不生，轮也不转，液也不降，火也不炎，五气俱朝于上阳，三花皆聚于乾顶。然经云："鼎中有宝非真宝，重结灵胎是圣胎。"但珠在昆仑，何由得下？必假神炉窃灵阳真气以催之，太阳真火以逼之，催逼既久，灵丹应手脱落，化为金液，吞入口中，直射丹扃之内——此即中丹田也[④]。于一切时中，时时照顾，念念在兹，混混沌沌，不即不离，所谓"时时照丹扃，

① "凝如"，诸本作"凝入"。万批："浓液凝如雀卵，原本入字误也。"据其说改。

② 原批：以上言卯酉周天。

③ 原批：收下言结胎。

④ 原批：以下言养胎。

刻刻守黄庭”是也。又云：“漫守药炉看火候，但安神息任天然。”陈虚白曰：“念不可起，念起则火燥；意不可散，意散则火冷。”只要一念不起，一意不散，含光默默，真息绵绵，此长养圣胎之真火候也。故白玉蟾曰：“采药物于不动之中，行火候于无为之内。”如此十月，圣胎成矣。气足胎完，脱出其胞，移神上宫，无须霹雳一声，盖金石能透，何劳顶门开裂哉！

盖其末后重结之胎[①]，乃以天地至先之元为法身，以其自得之一为法心，究其妙用，乃以三才为药物，而以太虚为炉鼎，感致无极之真与我法心合而成一也。故其末后行功，鬼神莫得而窥，岂仅出入自如、变化无方已哉！然或未身体力行，化育大道，太上犹仅视属天民，一自了汉耳[②]！谓必与天合体，与地合用，行全道备，方不负为形神俱妙、与道合真之人。噫！学者要知人之得与天地并列为三者，天地为大造，人身亦一大造也。人之足重如此，二三子可不勉哉！

石庵子曰：道运宏开，是书乃出，古圣真非不能道，时未至耳！若真人者，可谓善乘时者也。虽然，读而不能体，体而不能行，真人亦未如之何也已矣。

① 原批：言脱胎，而归结到无为大道。

② 万批：独善其身，圣学犹戒，况仙佛大道，岂可自私自隘耶。

吕祖师三尼医世说述

序

文所以载道也，余闻世间有是秘文久矣。忆自弱冠时，得侍东篱老师于桐柏山。师奉天人，年已百有十余岁[①]，姓高氏。浙闽总制高公[②]，盖师同宗也，巡边过山，以“三尼医世说”问师。师曰：“吾曾见于王阳明先生箦中书[③]之内编，其门人王龙溪刻以传世者，是羲黄以身治世之大道也。又尝闻诸驻世神仙李泥丸——吾门下沈一炳曾三遇之，一炳尝以‘三尼’两字，叩于泥丸——泥丸曰：‘此道传自羲黄，仲尼、牟尼、青尼三大圣人，阐以立教。三家之徒各述其入门之径，汇成一编，或曰说述，或曰心传，或曰功诀，或曰功用，今散轶矣。’”余昔闻于高师者如此。

至乾隆丙午岁十月二十六日，吾大师太虚翁是日辞世。于先两日，授书一册，嘱收勿泄。其时尚达，不务慎守，听为友人携赴晋宁，久假不归。乃即《吕祖三尼医世功诀》也。

岁己酉，浙督学朱石君先生按临湖州，进谒于右文馆。始知先生有是书珍藏，不以示人，颇疑有脱简。闻金盖藏本完善，以余为诚实可信，嘱往搆取，不得而返。乃示余所藏之本，系明代人手录，有诚意伯跋。余拟录之，适先生傲装，将按他郡，匆匆不果。

越四载，宦游过鸡足山，访住世神仙鸡足道者于龙树山房。仙姓黄名守中，西域月支人，元时进中国，久休鸡足，故有是号。顺治十六年入京师，求授太上三大戒于昆阳王律师，初无名字，自号野闼婆闍，华言求道士也。律师以其身休中国有年，因命以华人姓名，曰黄守中，迄今滇人咸以黄真人

① 按：据《金盖心灯》，疑脱“五”字，或为“百五十余岁”。

② 按：高晋为两江总督。

③ 按：据点校者所见《脉望》中所引《箦中书》部分，及抄本《修养真诠》中托名雪巢老人传王阳明之《箦中书》的相关资料，并无医世内容。医世本《箦中书》，或为后来的变化。

呼之。年已五百有余岁，而貌若六十许人，双眸炯炯，声若洪钟。案头无多书，《佛说持世陀罗尼经》外，惟《三尼医世说述》，核即东篱所见，太虚神说者。乞勿与，请录之。笑曰："毋，子归而求之，诚访二美得自集者，今非其时，姑待之。"余因问曰："某昔得有《吕祖三尼医世功诀》，为某大师太虚翁所授，未及体阅，为友携去，此书如何？"曰："余向亦有之，善册也。他日亦必得者。"余又问曰："先生尝行是说乎？"先生曰："时哉！时哉！"又问曰："圣如孔子，不以斯道医世，何也？"曰："圣人立人之极，行斯道于万世者也。夫子之道大，不在一时也。且郏鄏定鼎，卜年七百，春秋之季，其数已终，安知非参赞之神功维持衰运，迓续乃命于天乎？"曰："夫子若以斯道济世，当时应大治矣！"曰："春秋之时，孽海甚深，杀运将启，天故未欲平治天下也。凡暴殄之气足以致虚耗，淫泆之气足以致水涝，冤抑之气足以致亢旱，悖逆之气足以致兵刃。乖气久郁而不散，则元气隔阂而不通，无位之圣人能培人心固有之善，而不能锄人世已稔之恶。师道立，则善人多。善人多，则可以维持世运。其自作不靖者，天将聚而歼旃，非韦布之士所得而治也。"曰："然则斯道，亦有穷乎？"曰："良医攻疾，必去其疾，而后元气可通。子不闻老子之言乎道大、天大、地大、王亦大？王亦大者，薄海内外，百万亿生灵之所归，有旋乾转坤之权也。道与权合，则兵刑礼乐，革旧俗而新之，权足以去其疾而奠安之也。有道而无权，岂能于凶人败类而亦安之怀之也哉？世之为病有二：曰人为之病，曰天运之病。人为之病，戾气所钟，所谓'自作之孽不可活'，惟有权者能医之。天运之病，协气可逭，所谓'天作孽，犹可为'，惟有道者能医之。然而天运亦转移于人事，消戾气于未萌之先，则天运亦应之。天运通，则元气通。元气通，则大化通，斯道仍大通而不穷也。在上之君子，则平地成天，于物一无所遗；在下之君子，则立人达人，于物亦大有所济。以道医世，不因世废道也。况当升平之世，海宇乂安，上有大圣人以为之主，道与权合，版图之内，无有顽民污吏，酿灾眚以梗塞气机。则此道流通，虽一介之士，亦有位天地、育万物之能事，得襄赞于不见不闻之中矣。若五行百物之生成，偶有偏灾小劫，行此道以补之，上合仁主之心，下济生灵之厄，有不如响斯应者乎？"余之受教于黄真人者如此。

至岁癸丑，游洞庭之东山，休于朱氏。朱为吾山前辈九还翁昪孙，好玄学。出示藏本二册，其一为文正中堂珍藏之书，亦属誊本，而无名人手跋。

其一为吾山石庵律师手录于龙峤山房，辑题于隐真黄祖者，文义更为明畅，殆鸡足真人所称详善本也，因乞携归。其时未闻个中玄理，妄期道成而后行之。

迟至道光五年，蒙吾太虚翁询呈昔授《医世功诀》，又沐吕祖临沙，洋洋万言，玄理乃明。始悔师传《功诀》为友携赴晋宁，迄今未归。幸有鸡足真人谓必自得。爰谨节录沙示，又采闻见，汇而注之。儒释二家之说，则分引经义以补之。以未读《持世经》[①]故，爰附《管窥》七则，钞成一册。详述得书注书巅末，以祛无征之惑，将以公诸同志。

稿既成，或有见而问曰："是道，惟存心济世者可行之，若私心用事之人，亦可行乎？"余瞿然起立曰："是何言欤！挟私则背道，必不可行！吕祖尝降坛，诫谕曰：'二气之用，阳为德，阴为刑，动于私，即入于阴。中正慈祥则为德，邪忒凶暴则为刑。苟非利物济人之心，而欲以吾气引动乾坤之气，则刑气所召，间不容发。天魔应之，天神殛之，其祸甚速，自取灭亡，历劫不赦，悔不可追。'祖师明训如此。"故学道者，正心为第一义，识此，以为玩亵是书者鉴焉。

时道光戊子年孟夏望日，嗣龙门正宗第十一代闵一得谨序。

原序

归安陶太定撰

太始之初，道立于一。确不可拔，而无所倚；坚不可破，而无所住。无贰无间，无内无外。静而无静，动而无动。刚柔健顺之未判，而为至刚至柔、至健至顺之所由出。大生之母，大道之原，是曰真一。真一者，先天之精，活泼泼地，其发不可遏。发则通，通则为阳，其复则为阴，通复是气之始。阳清则升，阴浊则降，清浊是形之始。故真一为生天生地之始，体万有而空万有，无极是也。惟无，故无隔阂；无隔阂，故极灵极明。惟无，故无挂无碍；无挂碍，故能屈能伸。人物得其灵明之理而为性，得其屈伸之气而为命。万物皆在性命之中，性命皆在真一之中。性命之外无道，性命之外无

① 道光戊子季秋闵真方注《持世经》，然文中第四步说法中有引，曰"利益安乐，一切有情"。

教，三教同出于一也。儒尽性以立命，释见性而度命，道成性以复命。儒贯一，释皈一，道得一。而其功化之极，则皆无远勿届，流行于四大部洲，而无所底止。儒家之道，至于位天地，育万物，所过者化，所存者神；释家之道，至于无住相布施，四维上下虚空福德不可思量；道家之道，至于万物作而不辞，生而不恃，为而不有，功成而不居。其宗旨，皆无为而济世，岂舍己而从事于世哉？有生以来，人我同此一性，同此一命，即同此一道。形隔而气通，气通则性命通，极之天之所覆，地之所载，皆一气呼吸之所通。道在我，则我为之宰。其始，一物不有；其终，一物不遗。而其妙万物也，仍一物不有。斯道也，何道也？真一之道也。成己成物，皆道中之事。万物各正性命，而后道之量于是乎全。遗世独立，不可以言道，此医世之说所由来也。

医世之说，其本经全书，自有金简玉函，藏在天府，世不概见。此书全部，尚有儒释医世说述。太律师昆阳王祖闻诸异人云："儒毁于秦，释毁于晋，世不可得而见矣。"世所流传者，特道宗医世入手之则。盖吕祖驻世时，得闻是说，阐述本经之义，授之法嗣，乃本经注疏，不是经文。故其文平近易晓，而于经中玄微功候，尚未述及。第就道宗医世入手，次第叙起焉耳。其大要与儒释两门虽殊途，而同归于一，故此书有三尼之名。且经吕祖升证金仙后，尝亲印证于三尼者。是三尼在天之灵，宣说参天地、赞化育之大道。俾有志斯道者，闻而传之，踵而行之，世世可登仁寿之域也。读是书者，慎毋亵视焉！

是书本山世有藏本，不知谁氏携去，蒙吕祖降坛宣示，辞意尤详，爰敬录之，弁数言于首。

时康熙甲辰元旦日，嗣龙门正宗第九代陶太定谨叙于金盖之龙峤山房。

三才一氣之圖

上十二卦，阳长则阴消，阴来则阳往，循环十二支中，各应其气，以著阴阳进退之象。道有变动，爻位互易而成六十四，上下无常，刚柔相易。六十四卦，不出此十二卦中，推迁以尽其变，随体察易，天下之理得矣。

吕祖师三尼医世说述

龙门第八代赤阳黄律师谨题　龙门第九代石庵陶律师敬辑

第十一代孙闵一得疏　第十二孙代沈阳一校

吕祖师为太上门下关尹子嗣道曾孙，本唐宗室，姓李，名琼，字伯玉。避武后之祸，偕夫人金氏隐于嵩山深谷，改姓吕，名曰嵒，字洞宾。夫人殁，因号纯阳，钟离祖师弟子。元世宗敕封警化孚佑帝君。

三尼者，孔子、如来、老子也。《心印集经》曰："青尼致中，仲尼时中，牟尼空中。三尼师师，文尼翼司。三尼克传，文尼斯赞。宏敷教育，裨生化之源。"此元始诰文尼之文。本经又言："纯阳真人化号文尼，职司铎化，故诏以三尼之道，敷赐于世，阴骘下民。"吕祖师之统儒释道以宣教，天所命也，是以宝诰亦称为三教之师。

"医世说"乃三圣之精蕴，发育万物，峻极于天。开辟以来，天下之道无有大于此者。吕祖述之，以开无量劫怀保惠康之化。所言入手之则，虽属玄门，实不外始基于定静。定静乃三家同入之门，惟道宗功法较为简而易晓，故拈以示人。至于尽性知命，而功及于天地，则三尼同道，悉该于此焉。吕祖笔之于书，以授门下，历代祖师宝之，藏于梅岛之龙峤山房。地为黄隐真律师别业，今址犹存，地离云巢二里许，金盖之东麓也。

是书原序，为陶律师石庵著，其标题盖出自隐真律师。曰"吕祖师三尼医世说述"者，正以明是书尚有三圣本经，吕祖述其意以教人云尔。

第一步说法

☳大壮。

本易象以明各步功法，非尽以卦气时序言也。"大壮利贞"，大者，正也。内乾外震，乾为天、为首，震起也，故功起于此。"帝出乎震"，帝，太乙也，即真一之宰也。震巽特变为多白眼，目注脑则向上，故"多白"，谓当注视乾宫也[①]。震，阳之动也。意者，心之所发，阳气之动也。

若曰：法先闭目，意敛目神，向脑一注。

箕中书同。“若曰”者，明非本经，盖本经简奥难晓，吕祖述其意。若曰，如是如是也。陶律师本无“若曰”两字，次句有“微以”两字，末句“脑”字下有“际”字，“一注”作“存守”。吕祖曰：“存者真一，守者真元。真一是性，真元是气。脑为髓海，又为天性都会府，犹天上之有玉清胜境，其境至清，高居星月之上，乃太无之天。能知存守，自能明道。”

继于脑中，向顶注之。

箕中书同。陶本“中”作“际”，下句有“门上”两字，“注之”作“一注”。吕祖曰：“脑为人身玉清宫，元始所居。顶曰囟门，穴名百会，乃三元聚会之所，上接三天真一。向顶注之，真一感通，真元汇注，得见红黄星点若雨洒下为验。”盖真一无形，所可见者真元。真元者，真一所生之气也。

一得按：《礼》曰：“本于太乙，分而为天地，转而为阴阳，变而为四时，列而为鬼神，其降曰命，其官于天也。”太乙即真一，天之宰也。首为人身之天阙，故迎乾必于首。《易》曰“乾元”，曰“首出庶物”，乾为天为首也。《虞氏易》义，乾为性，天命之性也。心目注之，即《尚书》所谓“顾諟天之明命”，朱子曰“常目在之也”。内典曰“大佛顶首陀罗尼”——言慧光如日在佛顶也，又曰“斯是如来无见顶相，无为心佛”，又曰“摩顶令其开悟”，言人之性光皆在顶也[②]。儒释二家医世功法，以经义参之，与此书宗旨重规叠矩矣。

此为下手第一步。

箕中书同。陶本每步此句有“功法”二字。吕祖曰：“法，法则也；功，功用也。‘法先闭目’者，目为我心使气神。法箓目神在天，即为苟毕二帅。其在人身，行则注于两涌泉，坐则注于两腰肾。闭也者，凝字之义也。曰

① 万批：乾宫即泥丸，脑顶是也。

② 万批：顶即天谷，栖神之所也。《内经》云：“天谷元神，守之自真。”

'微以'者，有以若无以之义。意为心神之号令，令出乃行，犹人君之有诰敕也。曰'上注'者，有透顶而上之义。所以注迎真一之元，以护身世也。"

第二步说法

☱ 夬。

内乾外兑。逸象乾为神[①]，兑为通，与神通气也，引乾气下通之义也。夬，决也，刚决柔也，君子道长，小人道消——小人谓阴。阙盆下通于腹，腹为阴，引乾阳下注，以决阴也。

乃自百会，下游阙盆。

箕中书同。陶本作"继于脑际，向下胸堂"。百会，穴名，其穴在顶门。阙盆，亦穴名，其穴在胸。吕祖曰："此不言意，意在其中。曰'下'者，引一引元并下之义，味下句自可见。"

☰ 乾。

元亨利贞。元始，亨通，利和，贞正。元始，谓易生复初，探赜索隐，万物资始。亨通，以阳通阴。各正性命，为利贞。心以上为阳，腹为阴。胸乃阳始通阴之界[②]，天下之赜将由之而起，不可憧扰。乾有伏坤，驭动以静，乃为体得闲趋[③]。体乾之德，刚健中正纯粹精。此七德者，所由觉空色相，一丝不挂也。

游夫阙盆，体得闲趣。

箕中书同。陶本作"用守胸堂，一丝不挂"。一得按：《易》曰"清明在躬"，《心经》曰"五蕴皆空"，盖同是道也。吕祖曰："第一戒毋率躁，第二戒毋昏迷，第三戒毋莽荡。要识此中本无一物，有何人我？有何内外？光明磊落，彻地彻天，物物件件，机动乃现——现非心体也。现而勿察，隐而勿

① 万批：按"逸象"当作"易象"为是。按：虞翻谓："（兑）为巫。乾为神，兑为通，与神通气，女故为巫。"

② 万批：《内经》云：手之三阳，从手至头；足之三阴，从足入腹。

③ "趋"，同"趣"。

追，如浮云之点太空，过而已矣[①]。所当迎者，清存十分，和迎三五。盖此一步，《参同》谓之‘上德’。德以清虚恬淡，一尘不染。得失有无不稍粘滞，乃为得法。”。

此为下手第二步。

吕祖曰：“此步中必现有纷纭景象[②]，若稍滞稍扰，天君有病，不惟无益，为害非细。而于下步，便无下手处矣。可不戒哉！”。

一得窃谓：能体游字、闲字，意义自得，行合祖训焉。

第三步说法

☴姤。

内巽外乾。《彖》曰“姤，遇也，柔遇刚也”，阴为柔。“刚遇中正，天下大行”，谓以刚克柔，五中正，故刚遇中正。阴始生，故宜勒照。姤与复旁通，复则龙蛇俱蛰，姤则万物发扬，阴阳相伏之理。《彖》曰“天地相遇，品物咸章”，故为万路齐开。“天下有风”，无路不通也。

运值正午，诀惟勒照[③]。

箕中书同。陶本首句上有“已而”两字，下句作“万路齐开”。言此中元运旺，既庶且富，无物不备，有日中则昃、月盈则阙之惧，故当有勒照作用。正午，于世为中元，于身中为心，于功候为活午时，乃一阴初生之候，宜勒照也。

䷠遁。

内艮外乾。《象》曰：“天下有山，遁。君子以远小人，不恶而严。”君子

① 万批：此佛典所谓空不空、不空而空之法也。初学恐不易做。按：医世之功，功用总自胎息一节始，岂初学之能？万氏误会深矣。

② 万批：纷纭景象最难描摸，盖天气氤氲之象，非纷纭繁扰之象也，而此景象，总须出于自然。若有意为之，则滞而扰矣。故功法全在闲游二字，学者须细参之，庶无流弊。

③ 万批：勒照二字，诸书罕见，闵批亦未发明，学者未易领会。盖有悬崖勒马之，上下左右均须照顾之义，其功诀各人不同。非师传授不可，未敢轻泄也。按：勒义见《玉章经》注，曰：“勒者，临流勒马之义。合之富贵不淫，贫贱不移，威武不屈，咸勒义也。”

谓乾，乾为远、为严。位于首，其位已远。远而严，正本清源之道。刚当位而阴渐长，故有偏颇之象。

已值未正，正本清源[①]。

篑中书同。陶本“已”作“若”，下句作“便有偏颇”，盖民忘善之所致也。世泰已久，则民惟逸是安。逸是安，则忘善；忘善则恶机已伏，自然之势也。宜体“正本清源”句义，乃有下手处。鄙意：诀则迎一以化之，不惟迎坤元而已。

䷋否。

内坤外乾。《象》曰“天地不交，而万物不通。内小人而外君子”，故外强中干。“大往小来”，故当植培。此天地闭塞之候。

一入申正，植培而已[②]。

篑中书同。陶本“申正”下作“外强中干，须事植培”，意义与此书同。盖值申正，运当下元之初，其时人民燕安成性，罔知奋勉，无有远虑，风气浮华，举止文胜，故曰“外强”。惟民生厚，其气已漓，百产亦渐耗竭，故曰“中干”。一旦劫临，梃而走险，适以速毙，诚可哀也。志斯道者，诀惟植培为事，所以思患预防也。

䷓观。

内坤外巽。《象》曰：“风行地上，观。先王以省方，观民设教。”观主化民，故当致新。五位未变，为“大观在上”。近乾爻，故迎乾。陶本曰“成贤劫”者，酉时卦中有蹇有明夷，值运之艰也。

若值酉正，诀惟致新。

篑中书同。陶本“酉正”下作“诀惟迎乾，以成贤劫”，义与此书相表

---

① 万批：正本清源当于无形象中体会。

② 万批：植培当如花木，于冬藏春生之间，善为培养而已。此中亦大有功法。

里。西正者，下元之中运也。旧染污俗，迎乾气以廓清之，使民自新也。顽谗犹欲并生，使民自新，则劫运之来，化大成小，所谓贤劫是也。较诸兵火相乘，不已相去多多乎！吕祖盖有深意存焉。贤劫者何？饥馑疫疠昏垫是也。

䷖剥。

内坤外艮，此戌卦也。《乾凿度》曰："夫阴，伤害为行……当九月之候，阳气衰消，而阴终不能尽阳，小人不能决君子也。谓之剥。"言不安而已。《彖》曰："不利有攸往，小人长也。"

䷁坤。

六爻皆阴，此亥卦也。卦德为柔顺利贞，卦气为灭藏于癸，极晦之象，阳尽灭也。故有"履霜，坚冰至"之占。戌亥为剥为坤，此曰"法惟屯蒙以俟复"者。舍值时之卦，而言因时之用，谓此时惟当息养。盖戌亥，于身为下极，于世为下元之下运，言内言外皆当息养也。

运至戌亥，法惟屯蒙以俟复。

箦中书同。陶本下句作"屯蒙而已"，意义与是书无异。屯蒙者，万物冥昧之象。养之，以俟其复而已。屯，内震外坎，动而遇险，劫运多艰，故屯利居贞。蒙，内坎外艮，坎智艮止，性灵窒塞，机窍未开，故蒙以养正。大元运之戌亥，万物皆息；小元运之戌亥，亦贵息养元气。吕祖曰："究其致此之由，总因失照失培之故。"言小元运之可挽于前也。

一得按：《易》曰"凡益之道，与时偕行"，《书》曰"道有升降，政由俗革"，此儒教之视否泰元运而医世也。《华严经》曰"清净光明，遍照世间。以无碍愿，住一切劫，常勤利益一切众生"，《楞严经》曰"于恒沙劫中，救世悉安宁"，此释教之历无量元运而医世也。

此为下手第三步。

箦中书此句上有"吕祖曰：究其致此之由，总因失照失培之故"十七字。按前后文均无吕祖曰字样，当是后人以此书质诸吕祖，仙笔凭沙所示，录者误入正文耳！今采入前注。

窃按是书，二步以上自顶至胸，言身不言世。乃是自修之事，浑浑穆穆，不必分时体验，故不言时。三步中，分言六时者，功用至午位则为心，乃一身之宰，一世之宰。至未以下则为腹，为阎浮提。世事不同，补救之法亦不同，故逐时分析言之，以明随运之用。此六时之用，皆言学问之事，谓当裕道法于未用之时，午未申酉戌亥，皆迎一迎乾之所贯注。乾，君也。盖有随时医世之学术，而后可以任斯世之重，能调元赞化，而后可以上格君心。欲从事于泽民，必先以致君为主也。

第四步说法

☷☳复。

内震外坤。震，修省致福；坤，德合无疆。《彖》曰："复亨，刚反动而以顺行……利有攸往，刚长也。"阳来返初，而应天行，阴顺之，明良之际会也。

已而华开见佛，自造庆会，於［音乌］万斯年。此为下手第四步。

箕中书同。陶本"已而"作"既乃"，下有"别有妙用，不外忠贞"二句，"自造庆会"下有"得致"两字。华，心华。佛，喻君也。开者，开心见诚之义。中无意必固我，随机导引，格非启沃，大有红炉点雪之神。"不外忠贞"者，言忠贞，则咸有一德，上下交孚，不待语言文字，故曰"自造"，诚之通也。忠则表里如一，贞则夙夜非懈，是以能充满其肃肃雍雍之气。而君臣皆在一气之中，为上为德也；天下亦皆在一气之中，为下为民也。海隅苍生阴受其福，而不知矣。吕祖曰："惟知迎一与元者能之。"

一得按：《书》曰"燮理阴阳，寅亮天地"。《楞严经》曰"于大菩提，善得通达，觉通如来，尽佛境界"，《持世陀罗尼经》曰"利益安乐，一切有情"，同此功用也[①]。

第五步说法

☷☱临。

内兑外坤。兑悦、坤顺，故无间。元亨利贞。《彖》曰："悦而顺，刚中

① 万批：此段证释颇精，最宜细玩。

而应。”悦而顺，混一之原；刚中而应，妙凝之德，大亨以正也。

于斯时也，功造无间，一举一措，不谋自合。盖已两气混一，志神不二，是妙凝之神验。此为下手第五步。

箦中书、陶本同，文正藏本有小异。吕祖曰：“行到此步，益宜人我两忘，任此乾坤正气氤如氲如，有弥天盖地气象，乃得此验。偶或现有戾机，必当迎人元以通之，倍迎乾元以新之，坤元以和之，寂体真一以一之，自然君圣臣良，上下一气，功行不怠。造致雍熙，计日可待。”

一得按：《书》曰“咸有一德”，《金刚经》曰“以福德无故，如来说福德多”，皆是道也。

第六步说法

☷泰。

内乾外坤。《彖》曰：“天地交而万物通也，上下交而其志同也。”《象》曰：“后以财成天地之道，辅相天地之宜，以左右民。”以阴辅阳，坤承乾命，庶绩咸熙，四海升平之象也。

功到此际，朝宁雍熙，百工亮采，而民隐君悉。从而加迎真一，下照万方。继迎坤元以抚之，乾元以一之。物产繁衍，民行淳驯。此为下手第六步［驯，当作良］。

箦中书、陶本同，文正藏本句繁不悉载。

一得按：《礼》曰“德者，性之端也”，“极乎天而蟠乎地，行乎阴阳而通乎鬼神”。功用至此，天地顺而四时当，民有德而五谷昌。诗曰“允矣君子，展也大成”，合外内之道也。《金刚经》曰“佛说非身，是名大身”，纳大千于一粟也。《弥陀经》曰阿弥陀佛国“众生无有众苦，但受诸乐，是故名为极乐”。皆道在一身，效在众生，申赐无疆之轨也。儒释二家医世之道，亦该于此书矣！

吕祖曰：“此抚世之极功，圣人之能事，然非有待于外。六合九州，不出坤腹，呼吸可通，尽人能学，惟在志坚，切戒私智用事耳！”又曰：“天地无心，寄心于人，人故能行，行必有成。”又曰：“要知世运之有上中下，犹人之有少壮老。人无不愿常少壮，天地岂有不愿常上中哉？至人体之，故垂是说，以俟志士。然有至玄玄理，终古未经道破。余昔早闻是说，而窃有待。及既道成且圆，甫知昔既未事，今亦惟能述此说［曰“述此说”，明非本经原文，祖师述其说以示人也］，以俟后之踵行者。妆曹姑勿穷诘［详语意，此经之道甚大，仙真且不得尽闻，凡人不当穷诘秘篆。赖祖师慈悲，吾辈得闻说述，岂非三生之幸乎］。今姑为汝曹详述其能致之本［可见全经上半部尚有修为功夫，下文乃述其意耳］。”乃曰：“《参同契》《悟真篇》足以圆命，《唱道真言》足以圆性，《大洞玉经》足以化凡，《三尼医世》足以证果[①]。无如《参》《悟》两书，中多隐秘，易入歧途。《大洞玉经》经义简该，藉化气质，功用极神。加之《唱道真言》仗以炼心，则三宝淳粹。然后参以《参》《悟》以圆命，《医世》以证果。证果，计行［去声，下同］以证者。行有巨于《三尼医世说》乎？呜呼！匹妇衔冤，三年不雨，凶乃尔，吉亦然也。余尝亲印诸三尼，咸云‘如是如是’。三尼又曰：‘性功不圆者验不淳，命功不圆者致不坚，气质不圣者用不神。三宝尽圆，返夫先天者，行之藉诸人。’此即至玄玄理，吾昔未之闻也，汝曹今可悟矣。否则两大自谋何其疏，万圣同寅何其懈，岂非有生以来一大疑团哉？汝曹今而后，趁此生年月日，时时力行勿怠，尽此报身而证果，不亦宜乎！然治病要知源，病源不知，如何下手？两大无心无欲者，然而好生，生多则乏。医有子病补母，母病补子。若夫保极而新民，一法也。爱民而悍灾，一法也。惟此医世，乃有循环补济，用用无穷，不费一钱，不劳丝力，坐而致之，功圆上升。与其从事三千功八百行须藉人力，不若行［去声，上同］凭一念，操纵自由，而诀又不繁，乃反空度岁月，不亦惑乎？时哉！时哉！幸毋待焉。”此道光三年分所示者。

又曰：“两大元复，则物产茂，生人良。人良则物茂，物茂则人良，人良物茂非世泰乎？非有互相医治之义乎？又何观望乎哉！昔姑射［音弋］山神人姓许名晶字子由，创医两大于尧舜时，而洪水平，苗民臣服，非明征欤［《葛陆问答》亦载此］？其尤著者，佛说《持世陀罗尼经》，亲授妙月长者

① 万批：《参同契》《悟真篇》是正南宗，《唱道真言》是的北宗。南宗重命，故足以圆命，北派重性，故足以圆性。《大洞玉经》劝善规恶，故足以化凡。《三尼医世》趋正辟邪，故足以证果。此数书，学者不可不究心焉。按：万氏以为劝善辟邪为化凡证果，谬之千里矣。其南北宗之论，亦非。

于憍弥国，迄今西域受其赐，见诸内典［彭尺木《佛藏随笔》亦引］。厥功厥德，可胜量哉？吾宗以此道证果仙者，惟北派七子。然而尽人可学也，以昔未奉玉清神母懿旨，秘不敢泄。今则统沐懿旨，诰下三天，普敕三界，准行授受，无分男女。三天三界，昼夜巡护，授持善信，有感斯应，魔无干犯。洵是开辟以来未有之遭逢，造化幸甚！亿万世世幸甚！然贵有以身率者。余诀，则以得合真一为本，而功用总自胎息一节始。余知道不终隐，故昔降《说述》，存于兹山之龙峤山房也。今更彻底宣示未泄，汝曹应共凛遵，慎毋稍存期效念，无验自验，理如是，道如是也。”吕祖之训如此。

有志斯道者，阅是书，必能发所未发，身体而力行之。三尼且默鉴之。此一得采集吕祖遗训，疏解是书之本意。上数条，均属吕祖诞辰降示者。其余强半采诸蒋元庭侍郎纂刻《吕祖天仙正宗内集》。侍郎有跋，谓：“闻云南五华山藏有祖师《医世说经》，似合《内集》所示玄义。历访未得，得则拟以冠诸《内集》，盖必有要妙存是经中，《道藏》未采，缺典也。”一得窃以侍郎所闻，或即鸡足山本，得之传闻，故有是经云云耳。盖以陶律师原序覈之，决非经文，而谓“吕祖医世”亦误也。识此以俟考。一得谨识。

跋

箧中书刻本，原无卦画，余所得朱氏钞本，各步前有卦象，或疑是后之学道者所拟。余谓钞本传世已久，不可删，故疏解卦义而存之。或又疑而问曰：“世之为病多端，医世之事亦多术，如禳旱涝，消沴祲，厌兵燹，除疾疢，救焚拯溺，捍大灾大患，皆当有大神通、大法力，施符持咒，分应而不穷。今是书以一法而欲治众病，若是其疏乎？抑全书中诸法皆备，而子未见乎？”予应之曰：“子之所言，术也。此书之所言，道也。吾知此书必不言术。明玄学者，不屑为触石斗棋之幻；握神机者，不屑为羽扇反风、杯酒濮雨之事。曾谓圣人之大道，而可杂以技术乎？谓吾未见全书，信也！谓吾未见全书中之法术，吾不信也。是书所见异词，所传闻又异词，安知不有好奇之士，窃取他书符咒之说，附入此书？见者迷以为是书之本文，讹以传讹，流于方技，作伪欺人，勿为所惑，勿为所愚，焚之可也。”曰：“然则灾患多端，执一说可尽之乎？抑将束手而听之乎？”曰：“子未知道而好言术，术小而道大，非子所知也。凡世间之病，皆五行偏胜之气，吾人一身之中具五行之正气，应五方之分野。察其受病之源，攻其受病之方，合人世之气于一身，内不见我，外不见人世，过者损之，不及者益之，郁者散之，顽者化之，逆者顺之，病不可悉数，医道亦不可殚述，消息盈虚，各视其症而理之。人或有病，以吾身之阴阳运化之。世或有病，亦以吾身之阴阳调摄之。不疾而速，神乎神乎！然而非人所能为也，乾元也，坤元也，真一也，迎而存之，乃如响斯应耳。况大道之行，何待患至，而后为之补偏救敝哉？知斯理者，可不为符咒术数之所惑矣。”

道光戊子孟夏，浙湖金盖山人、嗣龙门正宗第十一代闵一得谨跋于金陵之甘露园。

读吕祖师三尼医世说述管窥

归安闵一得著

其一

按《医世说》，吕祖师奉教于三尼。石庵陶律师谓是三圣在天之灵，宣说参天地、赞化育之大道，祖师尝得闻之，而述以示人者。其大旨不外即身以治世，是道非法。据管窥，乃从三才源头上立脚者。《医世》经文，玉清之宝笈，盖深奥如《大洞玉章经》，凡人难晓，非其人不可妄传。故祖师不宣示本文，而第述其说以示诚心学道者。又恐学者不知入手之门，故降坛之日，娓娓言之，谓当以《参同》《悟真》了命，《大洞玉经》化凡，《唱道真言》炼心，然后以《三尼医世》证果。则《医世》经义自可默会，而行之自有步骤。使世志士得其大略，诚以事之，敬以行之，从此上续三尼心学，累行积功，惠而不费，大而非夸，天仙之梯航也。

窃尝息心体会，即身即世，宜事培元[①]。元培，功乃进焉。其诀惟何？虚我色相，一我气神，卵而守之，久则内外无间，神完气足而精化。此身之神气既旺，则所事得实，必无不济而中止之虞。又久之，乃一丝不挂，身世两忘，归于太无，功竣一敛，全复太初，而缩斯身斯世于祖窍之中，悠然住手。斯时也，身世两益，嗣则相力加进，自戒计验计程。所当刻省者，身不可不端直，心不可不专一，行不可不坚不恒，置生死[②]穷通于不问而已。

其二

忆昔事此，每到身世两忘，旋现一境：上截澈清，下截浑和，虚无边

① 万批：培元二字，北派之中有南宗，闵先生未肯多说，学者当自悟之。按：万氏痴心分别南北，其批语中屡见。学者宜以史实及功法流变立论，慎勿为其语所惑。

② “生死”，金盖本作“身世”。

际。返而内照此身，肢体脏腑空无所有，但觉白者天如，黑者地如，且有激浊扬清之变化，流露于动静之中。寂而体之，下界叠现，历历布若棋局。更寂体之，又见熙熙攘攘，纷若明窗之尘。以是气机之征验[①]，叩之吕祖。吕祖曰："向之初现者，三才混一之太极。继而现于内照者，一身之太极。其后纷纷叠现者，是混一太极中，含世宙亿亿太极之玄影，统摄于一心之中。惟能体而勿滞，见而不着，日时行功而勿间，三才真一感而下合，乃可中加作用矣。若未迎合真一，但当循是征验，益加虚寂其心，置此真元景象于不见不闻之中，庶不为元所障，久之自可冀得真一。喜汝不由想像而得，玄影印心，能不动念而加寂体，不负太虚保举，汝其勉诸！今所得虽属玄影，一得真一，便非玄影已也。然斯真一，岂得以岁月期哉？噫！玄影入腔，进功之阶，汝其勉之。"此为嘉庆十六年事。盖以初步进功必由之境，故识之，以为同志者先路之导。

其三

是道入手，现黑白，见升沉，是为消息，而总以自得为真。苟有心想像，便落幻妄，故以得见真一为宗。真一者，持之不得，体之则存。上所言者，乃是真元。元之为物，有一以持之，内则用以治身，外则用以治世。第本一气，忽判成两，轻清者上升，重浊者下降，此自然之道，而至人必究其所自。据理而论，静以致清，动以致浊，而使之一动一静者，非无神以宰之也。在人之宰曰心，心乃至灵之物，必凭一念以定，所谓志也。君子所以贵立志，成贤成圣，皆此志之定力。知此，则治心有法矣！

治心之法，不外刚健中正四字。如何刚？如何健？如何中？如何正？内问诸心，心自了了者，以有天赋之性在焉。中正性之体，刚健性之用，性即天心也[②]。明此，则存养有方，而中有把握。

一得有志未逮，窃闻先师绪论，谓学者当遵《唱道真言》以自洗刷，则心体大明，自能辨气机之先后。气机之滞，凡质之累也，虔奉《玉经》而气

① 万批：气机二字宜着眼。

② 万批：天心二字宜活看。

质自化。参诸《参》《悟》，不为喻言蒙惑，而七情胥归一性之正，禀赋乃全。于是用志不分，以之医世，出神入化，近则一家一村，远则一县一郡，推其极则四大部洲，无不调摄于此方寸之中。消其灾沴，则无水火刀兵，虫蝗疫疠；正其趋向，则俗无不化，人无不新，民安物阜，熙熙然如登春台。小用之而小效，大用之而大效。道如是也，而用之则存乎其人。人禀天地之气，故通天地之气，而能运天地之气，人气为天地二气之枢纽。性命之功未圆则气不灵，性命之功既圆，而四大已空，则无所依据以有为。故天仙亦让其权于人，此人所以为三才之一也。

其四

要知天地无心，非块然两大也，言其自然之道耳。作善而百祥随之，作不善而百殃随之，皆自然之道也。而致殃致祥之柄，乃自人操之，而天随之，是可见人有转移造化之力矣。其故何哉？盖从逆则凶，惠迪则吉。天本无心，惟人自召，听其纵欲则从逆而凶，消其戾气则惠迪而吉。转移在人，而藉有转之移之之人，一气转而人心皆转，人心转而天心亦转矣！

所谓寄者，非出而寄之也。三才一气，原是一物，言其形则有三焉。气以成形，各有所归，是惟太极。轻清者自归天，重浊者自归地，乃各从其类。动而愈出，生清浊者真元也；玄之又玄，妙清浊者真一也。君子知而迎之，合同而化之，令各返夫先天，乃为得诀。

斯真一也，群居而不异，独立而不孤，同得而分，各得而合。盖元与一，是一非一，是二非二。离气而言曰真一，合气而言曰真元①。天心之气曰真元，真元之宰曰真一，真一即天心②。天心无形，赋于人而有形，即真一也。真元有气，藉心迎一，藉一敕元。天以真一真元铸有形，吾以真一真元培有形，令各安泰，是曰医世。是性命之学，有为而无为者。

尽心尽性以致之，得验与否，不欲人知。远近久暂，证果之高下定焉。君子存心，合内外以成其道，不计功效，况计人世之勋业哉！盖以是为性分

---

① 万批：一与元，分得最清，此南北分途之嚆矢也。

② 万批：天心是天然之谓，非天地之心也。

中事，一有所为［去声］，不可与言道。士所以为四民之首者，以其有化民之责也。得闻是道，可不勉欤？

其五

是道也，当于定静之中，寂审气机之通塞，及既充和，一守清明之在躬。有性命合修之理，而医世之用赅焉。一得尝学之，窃有所会。方其由心注顶，由顶达胸，奉元首而启乃心，明良之象也。及其由胸达腹，奉天心以鬻下民，康济之事也。以一身言之，则为通理督任之法[①]。继由下极穿尾闾、循夹脊、透玉枕、上昆仑、驻混丸，天雷一震，甘露沛洒，五脏清凉。斯时任督已交，天气降而地气升，煦妪发育，含宏光大，品物咸亨，上下成泰，朝野不隔，而民亲其上，是实其腹而藏富于民也。地不爱宝，上达天庭，膏泽洋溢，复下华池，驻护绛宫者，下流上通，所以致雍熙也。从而坤乾并迎，绵绵照注，俗化民新，滃滃盛哉！究其得致之由，中有真一以宰之耳！斯道也，谓之升仙之宝筏也可，谓之医世之神功也亦可。然非致虚极、守静笃，诣力充足，则不可以行。

吕祖曰："顶不知存，存不至足；胸不知存，存不至足；腹不知存，存不至足，前三不通也。下极不知存，存不到极足，后三不得通也。三三通，一半功，成仙致治攻复攻，下半功夫闭巽风。"按攻，专治也。巽风，鼻气也。鼻有两窍，致闭乃圆。不从鼻漏，直由黄道载升载降，而鼻若虚设，乃谓之"闭"。此虚极静笃之验，盖得孟子直养之义焉。养者何？养此真一也，孟子所谓"至大至刚，塞乎天地之间者"，"无若宋人然"，则得矣。

其六

忆昔学此诀未了了，但趺其足，直其体，虚其心志，平其气机，安守下极。既觉充和，渐热若炙，安守如故，觉此暖气腾腾向后，寂守勿助。又久

① 万批：是通河车功法。按：万说非是，详后注。

之，乃觉下极宽广，气机无稍阻塞，知已透关欲上矣[①]。关者，尾闾是也。微用下翘上耸之诀，随机纵任之，便觉脊背非背，旷若通衢，平衍上跻，绵亘数十里，琦花夹道，步者骑者、兜者笠者、负且乘者，肩摩毂击，如五都之市。其中冠盖云集，辎重辐辏，雕题凿齿，亦接踵而来，有万国珙球、趋赴神京之象。忽见白虹一道，起自北海，肃肃有声，直趋峻岭而南。元神殿［音坫］而随之，见山顶极平广，中峙殿宇，金碧辉煌，精曜华烛，别有天地。此道家所谓昆仑，内典所谓兜率[②]，实人身之元首也。此中不敢顾恋，俄见赤气炤耀，起自天南，隆隆有声，知是天罡，砰訇一震，与白虹相击，乃合成螮蝀，长桥横空，上有羽葆旌幢，往来杂沓。已而风送繁响，鄷琅磅唐，知是天乐，不敢顷听。又见星冠羽衣，仙禽神兽，环璚鸿纷，绚若图画，霭然灿然，弥满空际[③]。斯时心怦怦欲动，凝神强定，倏寂无所见，黑窣成夜，心又稍动，且有虎啸猿啼之扰。镇静久之，大声忽起，疾若霹雳，知是剥复机关，息心候之，略有甘露沛注，遍体作旃檀气。寂然不动，光明顿开，见沃野千里，城雉环列，气象壮丽，知是释典所谓帝释天，道典所谓鄞鄂也，肃然起敬，果见天神衮冕下降，舆卫庄严。身即俯伏，存迎真一，布护天宫。有顷，忽觉身随云逝，远离阊阖，回视天宫，五彩炫目，俯见大地如棋局，遍观遐迩，绣壤相错，山川纠纷，知是下方，云气垂注，瑞光纠缦，锦覆大千。定神谛审，熙来攘往之众，粟如蚁如。既而渐近，历历如掌示。斯时心目中，觉众庶非众庶，直是一我所分现，众庶之悲愉忻戚悉无所隔，直是一我所亲尝。此即融万为一、物我无分之真境也。盖此真境，胞与众生，春满乾坤，三元之气妙合而凝，斯身斯世均在太和翔洽之中。惜尔时未及加迎真一，陶镕于林林总总之间。虚静内观，遂入浑穆。久又久之，元神出定，吾身趺直如初，而颜色顿变，忽成少年，须发皆变白成黑。此为嘉

---

① 万批：是通河车景象。按：万批谬甚，有将金作泥之嫌。按太虚翁云："吕祖师《医世功法》入手，亦以开关（玄关）为第一义。"观闵真所述功夫，已是玄关开启，任督自然交会，河车已通后之事。河车功法景象，参见《寥阳殿问答篇第五》《如是我闻》等。若只是河车通，未感致先天炁，岂有下文如许化功？观《修真前辩参证》"医世大道……须开得玄关，方可下手……其中作用，以头为天，以绛阙为都会，以坤腹为闾阎。诀中至诀，意迎无极真气，降注腹心，透脊达背，以得心清气恬，遍体充和为宗旨……事清则迎乾（元），事和则迎坤（元），以此二气致之中和者也"之所云，不待辨而自明矣。

② 万批：道家玄况，佛家净土，同一妙境，读《大弥陀经》知之。

③ 万批：佛之莲花世界亦如此。

庆十八年长至日事。

予学问疏漏，功夫未足，遑敢云有益于世乎？谨以所历之境叩之吕祖，吕祖曰："得之矣。能行之不怠，必有征验云。"以上所历之境，不必尽泥，盖各有精神诣力之不同，不可按图索骥也。

其七

谨按是书，离世以事身，原可成仙。即一身包罗一世以医之，身世皆有功而证果，是正一举两得者。个中消息，前已略呈其概，所当空净者，凡情凡绪与妄觉妄知也；所当迎存者，乾元坤元真一也。盖乾无坤不和，坤无乾不清，知迎坤乾而不知迎两元中之真一，是犹以水火煮空铛，万无得丹成仙之理，以中无物耳！物者何？真一是也。得真一则个中有主，措施无偏胜矣，此《医世》之纲领也。诚而行之，诀中有诀[①]，盖不外有真我以持之。所谓以我之真，感合三才之真，逆而一之，复完太极。浇漓亏损之处，斟酌清和，维持调剂于其间，当不计岁月，不计功验，尽此报身而止。古人行之见诸册籍者，周时吴会张讳亚字善勋，以医世之道，阴行名世之功业，默辅周召于成王时，道洽政治，福祚无疆，而证文昌果位。事载宝箓，《文昌大洞仙经》原叙亦引之，叙为存华[②]魏元君手著者[③]。

一得沐先师晓谕，黾勉从事于迎元，而尚未注意于迎一[④]，盖以性未明彻，真一之一恐难协应，亦因未闻个中玄理，妄有所待，欲得别参秘旨而后行之。然迎元之应，已历有神验：一得久寓之乡，春花重放于秋季，非一次二次、三四五次也。如金盖之云巢，姑苏之大德庵、莲华庵、葆元善堂，禹航之天柱观、半持庵，武林之寂宁阁，上洋[⑤]之小蓬莱，若杏若桃，若玉兰紫荆，木笔木瓜，西府海棠之属，秋令作花，灿烂芬馥，浓若三春，万目

---

① 万批：诀中之诀是活诀也，随人授之，无定法，故书不能泄，非秘之也。按：万氏又无事生非，殊不知闵真所谓诀中有诀，乃是有真我以持之之意。

② "存华"，三本俱作此，应为"华存"。

③ 按：查魏序及诸文，未见医世之说。不知是何版本中有此类语。

④ 万批：迎一是玄科法，盖迎元有意，迎一无心。按：万说非是，见上文迎真一布护天宫之说。

⑤ "上洋"，金盖本作"上海"。

共睹，题咏成帖。九九桃花，吕祖师尝赐诗，诸君子和之。事在嘉庆十六、七、八三年。金盖之花木尤盛，遍满山麓，岁放成例[①]。

斯十年中，吴沈门桑椹重实于小春者，亦有七载。吴沈门[②]，金盖之河埠也。嘉兴童翁名宏毅，衰颓足蹇，有神相断其寿数终于是岁之腊，年已七十矣。得是埠冬实于树，服之盈握，骤强健，弃杖入山，往返七里许，身轻如飞，归采斗许。纯紫者配丸配酒，常服之。次者配于施药方中，治病无不立愈。乃岁岁如期来采，救危疾无算。其友莫达诚顶患血瘤，大如拳，皮软薄若熟柿，翁以椹酒杯许饮之，入口片时，痒不可忍，立即平伏若失。遂与翁发愿，募砌进山石路千二百步有奇，造石桥二，路亭一。亭名止止，吕祖降坛为之题额。初，宋梅子春常止此，赵松雪题其亭曰"鹤止"。今重建，吕祖示人知止之义，故改是名。钱唐鲍薇垣太守鲲为作碑文，详志造桥砌路胜因。梁侍讲山舟同书为之书。是年春，山上院中忽生杨柳红蓼，今柳已成阴，红蓼每岁皆发。柳叶能治疟疠，红蓼入曲酿酒，能消中胀。迄今嘉湖杭郡有疾者咸来采取，呼其柳曰"神柳"，蓼曰"仙蓼"。叩之吕祖，祖曰："由气化而生，古来有之，事载《径山志》，为国一禅师事，不足异也。然亦足为迎元之一证。九九桃花，载在《续文献月令》，为林侍宸灵素广陵故事，吾题咏载焉，今所题诗即用广陵原韵。此非仅迎元得致者。喜秋桃岁放，放亦繁衍秾郁，类昔广陵风景矣。汝曹勉之。"又曰"汝曹亦知林侍宸之仅证灵匼［音钦］秘箓一代宗师者，其故何哉？将大道而树私名，一也；及既赴召，叠以法显，二也；反舍真一，谬云有待，三也。使其能不赴召，而密迎真一以医世，宵小潜消，天下太平，其功尚可量哉？迷不师古，吾曾凭沙谕示，而有待之见，牢不可破，以致不能直上天衢，惜哉！"此嘉庆二十一年短至日示。

一得学力未充，辄蒙祖师奖许，其应在草木者，众所共见，故志之以劝同志。若众所不知者，为所当为，不欲为外人道也。

① 万批：中庸所谓"能尽人之性，则能尽物之性也"。

② "吴沈门"三字为点校者所加。

吕祖师三尼医世功诀

太虚大师沈一炳授　门弟闵一得重述并注

三尼者，仲尼、牟尼、青尼也。世，世界也。按此世字，兼身而言，乃是即身以医世也。吕祖旧有《三尼医世说述》刻本，余曾得而疏之，而功诀未备。《功诀》一册，得自大师太虚翁，翁谓功惟神持《玉经》，而诀自《玄蕴咒》入手云云[①]。中为友人携去，岁越四十春秋，始得重事。乃为重述而手注之，后更以申以祝词，以昭示我功用。如是，诀功乃备。不取自私，谨以公诸同学云。

玄蕴咒

云篆太虚，浩劫之初。乍遐乍迩，或沉或浮。五方徘徊，一丈之余。

谨按功诀，师命辑从《玄蕴》开张者，欲学者游心于物之初也。夫我未寓形，原与太虚同体，如云篆于浩劫之初，遐迩浮沉于五方，不出乎一丈天心之外。及至寓形成物，初尚未失真元，迨后外物交错，识神用事，莫知自返。久之，习染疴尘，将且求医之不暇，更何能从事此诀？吾故愿志此者，首格物致知以诚己意。己意一诚，乃可学此。每于持经之先，体诵此咒，以新心目，而返吾初。使彼识神，无从驻足，本命乃安，心乃泰定。既安且定，真元乃复，此云篆方得遍罗太虚，是得静极而动之明证。然其动出无心，遐迩浮沉，徘徊未定。其为物也，至虚至灵，忽隐忽现。惟五方既现端倪，太虚已有云篆，自可演象成文。纵蕴有增损于其间，究莫漓天心之方丈，是又动不移极之至理。犹夫吾心不离方寸是也。方寸，心也。人心曰方

① 万批：玄蕴即是玄科，其咒可以普通示人，持念其法，必随人之高下厚薄而分别以授之。盖咒密而法圆，咒神而法变也。

寸，天心曰方丈云。

天真皇人，

谨按道典，在天曰天真皇人，在人曰本命元神。

按笔乃书。以演洞章，

洞章，即《玉经》，按为生天生地生人物之文。皇人，乃先天之真，故能体演成经。以人而言，乃为先觉之灵。朕兆未现，灵先觉焉。此《玉经》正旨，学者毋或背焉。

次书灵符。

按即洞章之文，皇人剖而书之，乃为一字一符。

元始下降，真文诞敷。

谨按此元始，乃即元始法王在天之灵，三才真一之精是也。下句真文，乃为三才所生之圣，乘时流演之圣训，三教经书是也。

昭昭其有，冥冥其无。

言皆真一所生所化，无非妙有妙无之隐现，二而一者也，故统以其字该之。

沉疴能自痊，尘劳溺可扶。

按世沉疴，半由人事，半由运戾，故不可以药力致痊。若世尘劳，半由习染，半由气禀，故不可以威惠维持。惟应迎一[①]以镕以化。庶几沉疴能自痊，尘劳溺可扶。有志自新新民者，务勉诚体以行之。

幽明皆有赖，由是升清都。

幽乃地道，冥冥是也。明乃天德，昭昭是也。人之一身，兼而有之，身心是也。惟明知白守黑、知雄守雌者，庶克所用无偏，而幽明咸赖焉。清都者，三清圣人所居之天都也。升者，平也。人知循一引一[②]，以镕以化，自克平证清都。盖言真一之妙用，进体下句是字，直接此句是字，可见矣。

是为元命宝，穷劫不消磨。人能常持诵，世与天为徒。

按此世字，专贴一身而言。元命宝，即是坎中一画，升由海底，后穿尾闾，透脊达脑，化成王倪，悬于天灵盖骨，运到中宫炁合，便成满月，而光现红黄，丹书字曰天罡，究属中央生炁所聚结。在天曰镇星，高出日月之

① 万批：迎一即玄科法。

② 万批：须一引一，是迎一法中之法。

上，乃是地毬精华上腾成象。其为炁也，极中极正，而又至刚至仁。道典曰:“所注则化，所镇则正。而光随斗转，心不移极。”盖言其心中镇，定若磨盘之心。故其中宫，常得泰定。吾辈医世，必事迎镇，罡气自随下注者，故宜色身端直，如立山巅，四顾空廓。盖镇如日，上丽天际，不假人存，自得光注全身。惟当虚寂身心，而容光必照。人能如是行持，自造［音糙，下同］身若纱縠[①]，内外通透，此非中宫虚寂之极，不之现也[②]。尤贵不住昭昭，兼听冥冥[③]。一旦身造清和，视若故有，心不稍动，是为身造清和，不滞色相。再能加造忘忘，乃入圆证矣。然或并此假法亦忘，则又堕入自然外道，不散漫，即昏沉[④]。此古哲必假元命命宝之由。盖以命宝乃是吾身真一，用一以镇，心乃泰定。余今进体吕祖之假《玉经》以调心，其旨更玄，其用更微。我师用以辅相命宝，上迎下注，全体虚灵，尤为神效也。盖以《玉经》乃是三才真一之精，而命宝又为天赋真一，即一引一，有无互镕而互化，世有不治乎哉?然惟至诚无息者能之，故曰“人能常持诵，世与天为徒”。古哲之垂戒如此。是言《玉经》虽灵，尤贵持诵之无或间耳。

玉经[⑤]

罗三蓝波，逮洽台离。堂运推入，连广灵都。郁罗殊邈［音穆］，育弗超散。兆生天横，滞始冥骞。庭盼苞已［音几，上声］，猷玄握称［平声］。沙福烟明，桂会和［去声］子。存乐［音洛］贤勒，百奋天垕［垕同垢。昔日音后，谬］。土成垣［音员］平，弥结章生。章结陆渺，莱蒙龙登。狞［音能］獬［音械］筌信，帝譚［音你］㘦猍。南无［昔日另音曩谟，谬］珏法，乘［平声］津幽延。日月星斗，耀息命炁。防元德丘，寿贞固灵，寿天地晶。

谨按:《玉经》经文，止至耀息命炁。其下文，乃言儒释道三大宗教之

① “縠”，万本作“壳”，据金盖本、丁本改。

② 万批：此是开关后景象。

③ 万批：冥冥惟神可听，非耳可听。

④ 万批：若无法而空坐，不散乱，即昏沉，所以高谈佛学三观者，多自欺也。

⑤ 万批：道之云篆、玄科、玉经、符咒，即佛之陀罗尼，皆不可以世俗文字解释，所谓秘密宗、神通法也。

所同祖，后代宗师之言，非经文也。经文出自浩劫之初，尚无天地人物。既现如云如霞，遍满虚空，是名玄篆。先天皇人起而体之，按形摹写，集而成文，然无句读［音豆］可分，第流存世。及至中古，天神相之，为云篆，为蝌蚪，随集成章。再后谌母下临，口授旌阳许祖，不惟形体较准，音韵亦得详悉。祖欲易以世楷，复虑世人愚鲁，不无遗误，乃以丹道意义，搆成四言，便无遗误而已，非以先天经义如是焉。故此四言《玉经》，亦犹周氏之集《千字文》，今人之集《兰亭契帖》，重在体韵焉耳。

余昔自叹解悟之难，为之注释，究堕言诠。所幸音韵无多违背，惟于南无二字另音囊谟。又于百奋天垕垕字，另音后字，别有体会，未符此诀。兹阅《医世功诀》，并无注释，中有音韵，所存如录，且戒注释，但久持诵，自得会悟。原传玄训，其义至精。只可意会，不可言传。玄门所谓：诚诵一年成人仙，二年成地仙，三年成天仙，最下日持不间，亦得尸解上道云云，岂欺我哉？特恐持之或间耳！《玉经》经力，其可思议乎？

余今以师传实效录述于世，惟愿学者纯以调心虚寂入门。调至胸怀清静，而天都泰定；调至坤腹通泰，而闾阎富庶；调至四肢通畅，而四夷安靖。如是体调而身安，身安而世治，功效捷如响。一经参破，即圣门赞育化功，并非说妙谈玄，乃是脚踏实地道学。此人之得与天地并立为三之至理，吾辈有何疑惧，而甘暴弃乎？尤恐学者不悟，更将在昔已效工诀，述为祝词，俾持诵之，以同臻实效。第非一掘得泉，果能人一己百，人十己千，虽愚必明矣。下文云云，乃是祝词，非经文也。然功诀具在下文，宜细体行，毋仅口诵。

祝词［咒附］

我
吾今持诵，

此句紧接经文而来。谨按：曰吾、曰我，而不曰臣，非妄也。考诸道典，人身一小天地。天地有一神，人身亦有之；人身之神灵，天地之神乃应[①]。盖此吾字、我字，系法家用以结斗讳，非泛泛而称者。按玄律，阳日念我

① 万批：《道德经》云："天得一以清，地得一以宁，人得一以灵。"

字，结以贪斗九星；阴日念吾字，结以魁斗九星。法以一笔一星，人知会意以持，阳日念我，阴日念吾而已，亦自应验者。人心有七窍，辅以腰肾、小心而成九，是证心与斗一。盖戒念毋自欺，一当顾禔明命，以示诀惟无妄焉耳。

依教奉行。

可见下文所言，皆由实体工夫以发实用，学者当诚体行，毋[1]仅口诵是嘱。

三才卵守，

言视天地如鸡卵，而人世乃在鸡卵卵黄，我得而守之耳。此句尚混于喜怒哀乐未发之中也。

世化福庭。

按此世字，乃兼身世而言。庭，即《玉经》"庭盼苞己"之庭。此卵守之功用，天地悉皆归之实效也。

耗星退散，福曜照临。

此两句，即《大学》所云："富润屋，德润身，心广体胖，故君子必诚其意。"

诸天眷佑，财位信亲。

此两句，乃与天地合其德，与日月合其明，与四时合其序，与鬼神合其吉凶，先天而弗违之道也。财位，出内典，即富贵福泽之意。信则立，亲则逊，厚其生而正其德也。

观天执天[2]，自新新民。

观天者，观其至诚之无息也。执天者，执其为物之不贰也。自新新民者，本身征民之实效也。

有无不立，人法双忘。圆虚圆寂，圆正圆刚。圆和圆泰，圆觉圆清。

此六句，无为而治，苞存在己之切实真象，犹经文之出于身世，惟常庭盼者，得宅乎中，而觉此圆也。若初学先以意识识之，则妄矣，此诀必无成就。然必知此存此而持，始有定力，而功用始足，后效始实。故门人有恐学者误以识识，请削此六句，而未之许也，请共喻之。况此则上一句，乃性天入手之要诀；次句，又为性功进步之卓识。以下四句，乃戒有住有所之玄训。盖有遍六合，尽法界，无或偏倚为得法，是即天之所覆，地之所载，日

---

① "毋"，万本、丁本作"母"，据金盖本改。万批：母当作毋。

② 万批：《阴符经》云："观天之道，执天之行，尽矣。"

月所照，霜露所坠，有情无情，均被灵光道炁之义。而所用功，保无泥漏之弊，乃皆全部至要功诀，何可削乎？学者宜悉体行，毋忽毋漏。

共扶宗教，不负四恩。

按上所事，尽是吾身性分中具有之物。天地有我，父母生我，君师教我，日月照我，盖谓具有是物，足完我事而有余也。余故不敢自负，述注功诀，以呈以勗，愿为共扶宗教，勉报四恩云。

成大觉世，元亨利贞。

按此世字，乃贴一身而言。盖言成物必先成己。成己功业，不外觉字，而所成业，不外元利亨贞四字云。下文所述，乃是咒词，律戒注释，不敢渎也。

唵，噌噬［二合］，娑诃。

按此咒词，乃是佛顶所说一字顶轮王真言，学者持之，三遍三顶礼，而行者但自行持而已。余按全部功诀，总从一念不生入手，行致心清气调，遍体充和地位，则即身世并益，第以恒久为妙。然能一刻清和，有一刻实德，虽不见效，而效自有焉。学者切戒有欲速之念，诚恐堕入意识业。盖人心识最灵而最魔，一入彀中，闻见纷纭，断不胜断，不可不戒。学者但自息心静气入手，自得真一元炁发生。盖此真一元炁乃自呼吸气静而出，呼吸未静，真一不生也。然此无他诀，惟有一念不生，则心自静极，而呼吸自无矣。若误用闭字功法，是又南辕北辙[①]，息必反促，不可不戒！夫所谓一念不生者，非竟无念，乃是不杂他念之谓，盖实至诚无息之道也[②]。

① “辙”，三本俱作“车”，万注：车当作辙。据其说改。

② 万批：此段是真实功法，学者不可不信奉焉。

第七卷　上品丹法

金丹四百字注释

金丹四百字自序注

跋[①]

呜呼！此序何为而作也？昔者紫阳张祖大丹既成，欲永其道于世，尚恐泄机，复遭天谴。乃著《悟真》一编，假譬喻以为言。盖欲学者因假悟真，不啻心传口授。不虞其言铅汞过多，形神未显。读者不谅其心，而泥其文，反致溺于曲径旁蹊。而旁门杂出之徒，每引其言以为证，甚至贻厥元孙海南白子误会其旨，亦三炼而三倾，翻欲骂倒其书，重致慨于先师之不复作也。维时张祖悯世人之不谅，复著《金丹四百字》，托言因马自然去，以寄示海南。犹恐其见铅汞而目逃，复明以自序如此。白子始得以二八两之药，结三百日之胎。亦复悯念世人悟真者寡，泥象者多，暇日复自录其师传《修仙辨惑论》一篇，锓木以传于世。并不敢隐我张祖运心不普之过。

夫道家丹经，如《悟真篇》者，亦美矣！然以白子天纵之资，读之而未得其窍，尚误会而难成。苟不得此《四百字》，及此《序言》，几无以补救于后。今之人，德慧不及白子，窃恐其读此，而仍无着手处也。得故于辛卯之秋，将余门人阳林子，签呈其笺释彭注《金丹四百字》一册，刊示同门。今年正月，敬检我北宗朱云阳真人所注《悟真篇阐幽》一书，重刊行世，阐明张祖正指之所在。兹复审译此序，逐节笺注。而于玄牝一节，即将己所阅历课程，略为指引如后。所望世之愚不肖如得者，即仿此课程以进功，其贤智如白子者，仍读本文而得诀，由是而进按《悟真篇阐幽》一书，以为法度之准程，不亦无碍乎？

① 此跋原附在《自序》注之后。文中有“即将己所阅历课程，略为指引如左”之语，故知此跋原在序文前。

白子顿之宗也，得渐之徒也。顿与渐，取径虽殊，及其至之，一也。张祖所谓“虽愚昧小人行之，立跻圣域”，诚实语也。愿与普天下后世学人，循序进修，同跻圣域，永无负我张祖此序，以补救《悟真篇》之慈旨可也。

道光十五年二月初吉，北宗后裔闵一得谨注，并跋。

金丹四百字自序

七返九还金液大丹者，七以火数，九乃金数，以火炼金，返本还元，谓之金丹。以身心分上下两弦，以神气别冬夏二至，以形神契坎离二卦。以东魂之木，西魄之金，南神之火，北精之水，中意之土，是为攒簇五行。以含眼光，凝耳韵，调鼻息，缄舌气，是为和合四象。以眼不视而魂在肝，耳不闻而精在肾，舌不声而神在心，鼻不香而魄在肺，四肢不动而意在脾，故名曰五气朝元。以精化为气，以气化为神，以神化为虚，故名曰三花聚顶。以魂在肝而不从眼漏，魄在肺而不从鼻漏，神在心而不从口漏，精在肾而不从耳漏，意在脾而不从四肢孔窍漏，故曰无漏。精神魂魄意，相与混融，化为一气，不可见闻，亦无名状，故曰虚无。炼精者，炼元精，非淫泆所感之精。炼气者，炼元气，非口鼻呼吸之气。炼神者，炼元神，非心意念虑之神。故此神气精者，与天地同其根，与万物同其体，得之则生，失之则死。以阳火炼之则化成阳气，以阴符养之则化成阴精，故曰“见之不可用，用之不可见[①]”。身者心之宅，心者身之主。心之猖狂如龙，身之狞恶如虎。身中有一点真阳之气，心中有一点真阴之精，故曰二物。心属乾，身属坤，故曰乾坤鼎器。阳气属离，阴精属坎，故曰乌兔药物。抱一守中，炼元养素，故曰采先天混元之炁。朝屯暮蒙，昼午夜子，故曰行周天之火候。木液旺在卯，金精旺在酉，故当沐浴。震男饮西酒，兑女攀北花，巽风吹起六阳，坤土藏蓄七数，故当抽添。夫采药之初，动乾坤之橐籥，取坎离之刀圭。初时如云满千山，次则如月涵万水。自然如龟蛇之交合，马牛之步骤。龙争魂，虎争魄，乌战精，兔战神，恍惚之中见真铅，杳冥之内有真汞，以黄婆媒合，守在中宫。铅见火则飞，汞见火则走，遂以无为油和之，复以无名璞镇之。铅

① 万批：先天三宝皆不可见。如其可见，人人皆知修炼，何必得真师口传其法哉，此理易明。记之以戒无师妄作者。

归坤宫，汞归乾位，真土混合，含光默默。火数盛则燥，水铢多则滥。火之燥，水之滥，不可以不调匀，故有斤两法度。修炼至此，泥丸风生，绛宫月明，丹田火炽，谷海波澄。夹脊如车轮，四肢如山石。毛窍如浴之方起，骨脉如睡之正酣，精神如夫妇之欢合，魂魄如母子之留恋，此乃真境界，非譬喻也。以法度炼之，则聚而不散；以斤两炼之，则结而愈坚。魂藏魄灭，精结神凝，一意冲和，肌肤爽透。随日随时，渐凝渐聚，无质生质，结成圣胎。夫一年十有二月，一月三十日，一日百刻，一月总计三千刻，十月总计三万刻。行住坐卧，绵绵若存，胎气既凝，婴儿显相，玄珠成象，太乙含真。三万刻之中，可以夺天上三万年之数，何也？一刻之工夫，自有一年之节候，所以三万刻可以夺三万年之数也。故一年十二月，总有三万六千之数，虽愚昧小人行之，立跻圣域。奈何百姓日用而不知。元精丧也，元气竭也，元神离也。是以三万刻，刻刻要调和，如有一刻差违，则药材消耗，火候亏缺，故曰"毫发差殊不作丹"。是宜刻刻用事，用之不劳，真气凝结，元神广大。内则一年炼三万刻之丹，外则夺三万年之数。大则一日结一万三千五百息之胎，小则十二时行八万四千里之气。故曰夺天地一点之阳，采日月二轮之气，行真水于铅炉，运真火于汞鼎。以铅见汞，名曰华池；以汞入铅，名曰神水。不可执于无为，不可形于有作，不可泥于存想，不可着于持守，不可枯坐灰心，不可盲修瞎炼。惟恐不识药材出处，又恐不知火候法度。要须知夫身中一窍，名曰玄牝。此窍者，非心非肾，非口非鼻，非脾胃，非谷道，非膀胱，非丹田，非泥丸。能知此一窍[①]，则冬至在此矣，药物在此矣，火候亦在此矣，沐浴亦在此矣，结胎亦在此矣，脱体亦在此矣。夫此一窍，亦无边旁，更无内外，乃神气之根，虚无之谷，在身中求之，不可求于他也。此之一窍，不可以私意揣度，是必心传口授。苟或不尔，皆妄为矣。今作此《金丹四百字》，包含造化之根基，贯穿阴阳之骨髓，使炼丹之士寻流而知源，舍妄以从真，不至乎忘本逐末也。夫金丹于无中生有，养就婴儿，岂可泥象执文，而溺于旁蹊曲径？然金丹之生于无，又不可为顽空。当知此空，乃是真空；无中不无，乃真虚无。今因马自然去，讲此数语，汝其味之。

紫阳张伯端序。

---

① 万批：一窍即指玄关一窍而言。

《金丹四百字自序》注

北宗龙门宗裔闵一得注

七返九还金液大丹者，七以火数［火喻身中之神］，九乃金数［金喻身中之气］，以火炼金［神返身中，气自还也］，返本还元［神返本性，气还元命，神气混一，性命交融］，谓之金丹［此节破题，已属明白之至。下文逐一承明，更为缕晰］。

以身心分上下两弦，以神气别冬夏二至，以形神契坎离二卦［此三节标明丹法纲领］。

以东魂之木，西魄之金，南神之火，北精之水，中意之土，是为攒簇五行［此节标出作丹之药材］。

以含眼光，凝耳韵，调鼻息，缄舌气，是为和合四象［此节教人用功，收聚药材］。

以眼不视而魂在肝，耳不闻而精在肾，舌不声而神在心，鼻不香而魄在肺，四肢不动而意在脾，故名曰五气朝元。以精化为气，以气化为神，以神化为虚，故名曰三花聚顶。以魂在肝而不从眼漏，魄在肺而不从鼻漏，神在心而不从口漏，精在肾而不从耳漏，意在脾而不从四肢孔窍漏，故曰无漏［此上四节，皆言购聚药材，务使充足而勿漏之法］。

精神魂魄意，相与混融，化为一气，不可见闻，亦无名状，故曰虚无。炼精者，炼元精，非淫泆所感之精［淫泆所感之精，是漏精，非元精］。炼气者，炼元气，非口鼻呼吸之气［口鼻呼吸之气，是漏气，非元气］。炼神者，炼元神，非心忆念虑之神［心忆念虑之神，是漏神，非元神］。故此神气精者［止念久则神不漏而还元，惩忿久则气不漏而还元，窒欲久则精不漏而还元，乃为元精、元气、元神］，与天地同其根，与万物同其体，得之则生，失之则死。以阳火炼之则化成阳气，以阴符养之则化成阴精［平昔窒欲能久，则真水自升；平昔惩忿能久，则真火自降］，故曰见之不可用，用之不可见［此二节言烹炼药材使之混融之法］。

身者心之宅，心者身之主。心之猖狂如龙，身之狞恶如虎。身中有一点真阳之气［窒欲久而真水升，焰出先天之气］，心中有一点真阴之精［惩忿久而真火降，流出太极之精］，故曰二物［此节标出所以点药成丹之妙品］。

心属乾，身属坤，故曰乾坤鼎器。阳气属离，阴精属坎，故曰乌兔药物。抱一守中，炼元养素，故曰采先天混元之炁［到得身心混合，自然神凝于虚，即是采取丹头之法］。朝屯暮蒙，昼午夜子，故曰行周天之火候［念不起则火不炎，意不散则火不冷，故必以清静自然为运用之法］。木液旺在卯，金精旺在酉，故当沐浴［息念以养火，真气自薰蒸］。震男饮西酒，兑女攀北花，巽风吹起六阳，坤土藏蓄七数［性静则情逸，心动则神疲，为学日损，为道日益矣①］，故当抽添［此六节，皆示以火候调匀之法度］。

夫采药之初，动乾坤之橐籥［谁为动之？如何动法？何处动手？是不可以知知之也。惟求之谷神自知］，取坎离之刀圭［谁能取之？如何取法？何从着手？此不可以力争也。当使象罔也］。初时如云满千山，次则如月涵万水。自然如龟蛇之交合，马牛之步骤。龙争魂，虎争魄，乌战精，兔战神，恍惚之中见真铅，杳冥之内有真汞，以黄婆媒合，守在中宫。铅见火则飞，汞见火则走，遂以无为油和之，复以无名璞镇之。铅归坤宫，汞归乾位，真土混合，含光默默。火数盛则燥，水铢多则滥。火之燥［咎由念起］，水之滥［咎由意散］，不可以不调匀，故有觔两法度［此节畅言以火炼金时要妙，皆属譬喻，非真景也②。只是过来人追叙初时有此光景，其实尔时只是念不起、意不散，自然神凝气聚。置我于无，即是调匀，断不可泥象执文，论觔较两，自取坏事］。

修炼至此，泥丸风生，绛宫月明，丹田火炽，谷海波澄。夹脊如车轮，四肢如山石。毛窍如浴之方起，骨脉如睡之正酣，精神如夫妇之欢合，魂魄如母子之留恋。此乃真境界，非譬喻也［此节言其效验有如此。并无作用］。

以法度炼之［法度载在下文，学者寻流而知源，只在无功功里施功］，则聚而不散；以觔两炼之［觔两载在《悟真》，学者舍妄以从真，只是有用用中无用］，则结而愈坚。魂藏魄灭，精结神凝，一意冲和，肌肤爽透。随日随时，渐凝渐聚，无质生质，结成圣胎［此节复申明调匀之总诀］。

---

① 万批：注中为学二句，原出老子，而损益二字，当颠倒更正之。

② 按："初时如云满千山，次则如月涵万水"句，虽是譬喻，但其所喻乃有实景。云喻气，月喻性，山水喻身，此为初基，而后才有下节功用。

夫一年有十二月，一月三十日，一日百刻，一月总计三千刻，十月总计三万刻。行住坐卧，绵绵若存［此八字是法度］，胎气既凝，婴儿显相［无相之相］，玄珠成象［无象之象］，太乙含真［圆圆囵囵］。三万刻之中，可以夺天上三万年之数，何也？一刻之工夫，自有一年之节候［此乃自然法度，不可以私智推求］，所以三万刻可以夺三万年之数也。故一年十二月，总有三万六千之数，虽愚昧小人行之，立跻圣域［此是真实语，苟得其养，无物不长］。奈何百姓日用［二字点眼］而不知。元精丧也，元气竭也，元神离也［苟失其养，无物不消］。是以三万刻，刻刻要调和［只是念不起、意不散是也］，如有一刻差违，则药材消耗，火候亏缺［意一散则药即消，念一起则药即耗，犯此病者，皆由平昔惩忿窒欲工夫未足之故］，故曰毫发差殊不作丹。是宜刻刻用事［只是行住坐卧，绵绵若存］，用之不劳［动而专一，则意自不散；静里翕机，则念自不起。所谓“绵绵若存，用之不勤”是也］，真气凝结［意不散，故气得凝结］，元神广大［念不起，故神能广大］。内则一年炼三万刻之丹，外则夺三万年之数。大则一日结一万三千五百息之胎，小则十二时行八万四千里之气。故曰夺天地一点之阳，采日月二轮之气，行真水于铅炉［由戒得定，神气充足］，运真火于汞鼎［由定生慧，神智圆明］。以铅见汞［身入心中］，名曰华池；以汞入铅［心宅身内］，名曰神水。不可执以无为［自有入无］，不可形于有作［无中生有］，不可泥于存想［泥于存想，总在窍外。即存而忘，乃入窍中］，不可着于持守［着于持守，即出窍矣。因持而安，自在窍中］，不可枯坐灰心，不可盲修瞎炼［其身未宅神室者，曰枯坐灰心；其人未知运用者，曰盲修瞎炼。是皆有损无益，断断不可］。惟恐不识药材出处［上文第五节至第十节，已指明出处］，又恐不知火候法度［第十一节至此，指示法度甚详。然究竟于何处得手，须译下文］。

要须知夫身中一窍，名曰玄牝。此窍者，非心非肾，非口非鼻，非脾胃，非谷道，非膀胱，非丹田，非泥丸。能知此一窍，则冬至在此矣，药物在此矣，火候在此矣，沐浴亦在此矣，结丹亦在此矣，脱体亦在此矣。夫此一窍，亦无边旁，更无内外，乃神气之根，虚无之谷，在身中求之，不可求于他也。此之一窍，不可以私意揣度，是必心传口授［揣度，即是念头。夫大道教人忘念，乌可私意揣度？然既戒揣度，又戒他求，谓必心传口授者，显示学者以必由心得也。在上智之人，天怀素定者，读之自可顿入。中智之士，功需渐进者，尚恐觅趋径而无由。吾今仰体张祖婆心，普为学人身中指一入窍正路，厥惟止念一法。夫欲止念，先须惩忿窒欲，芟除种种杂念，只留正念。正念虽留，却不许有依附傍念，潜滋暗长。俄而此念顿息，后念未起，正是万虑消忘，绝妙好时。得师一句，便能心受矣。然人果能于前念已断，后念未续之际，当下猛然一觉，不啻心传，尽堪自得，夫亦何待夫口授耶？要当下觉得，切勿自惊。弗自惊者，则居之安。居之安，则身中药材，亦资之深。而所谓法度者，亦取诸左右逢其源矣！上文所谓冬至、药物、火候等等，尽在于此者，信也。若以私意揣度之，不几南辕而北辙哉！乌乎可？]。苟或不尔，皆妄为矣。

今作《金丹四百字》，包含造化之根基，贯穿阴阳之骨髓，使炼丹之士寻流而知源［寻文知义］，舍妄以从真［因假悟真］，不至乎忘本逐末也［性命为本，神气为末。此节教读者不可泥文执象，下文复申明虚无实际］。

夫金丹于无中生有，养就婴儿，岂可泥文执象，而溺于旁蹊曲径？然金丹之生于无，又不可为顽空。当知此空，乃是真空；无中不无，乃真虚无［人当万虑消亡之候，当下得之，自能心领神会，有不可思议之妙］。

今因马自然去［因马自然去五字。又是一个炼丹总持口诀］，讲此数语，汝［指海南白子也］其味之。

紫阳张伯端序。

金丹四百字注释

金丹四百字正文

真土擒真铅，真铅制真汞。铅汞归真土，身心寂不动。

虚无生白雪，寂静发黄芽。玉炉火温温，金鼎飞紫霞。

华池莲花开，神水金波静。夜深月正明，天地一轮镜。

硃砂炼阳气，水银烹金精。金精与阳气，硃砂而水银。

日魂玉兔脂，月魄金乌髓。掇来归鼎中，化作一泓水。

药物生玄窍，火候发阳炉。龙虎交会时，宝鼎产玄珠。

此窍非凡窍，乾坤共合成。名为神气穴，内有坎离精。

木汞一点红，金铅四觔黑。铅汞结成珠，耿耿紫金色。

家园景物丽，风雨正春深。犁锄不费力，大地皆黄金。

真铅生于坎，其用在离宫。以黑而变红，一鼎云气浓。

真汞产在离，其用却在坎。姹女过南园，手持玉橄榄。

震兑非东西，坎离不南北。斗柄运周天，要人会攒簇。

火候不用时，冬至不在子。及其沐浴法，卯酉时虚比。

乌肝与兔髓，擒来共一处。一粒复一粒，从微而至著。

浑沌包虚空，虚空括三界。及寻其根源，一粒黍米大。

天地交真液，日月含真精。会得坎离基，三界归一身。

龙从东海来，虎向西山起。两兽战一场，化作天地髓。

金花开汞叶，玉蒂长铅枝。坎离不曾闲，乾坤经几时。

沐浴防危险，抽添自谨持。都来三万刻，差失恐毫厘。

夫妇交会时，洞房云雨作。一载生个儿，个个会骑鹤。

金丹四百字注释

西陵一壑居士彭好古注解　西浙龙门宗子闵阳林释义

真土擒真铅，真铅制真汞。铅汞归真土，身心寂不动。

注[①]：人之初生，天一生坎水为肾，肾水沉重象铅，肾生气，气中一点真一之精，是为真铅；地二生离火为心，心火飞扬象汞，心生液，液中一点正阳之气，是为真汞。坎中有戊土，离中有己土。水本阴，而阴中有真阳；火本阳，而阳中有真阴。是为真土。阴交于阳，阳交于阴，全凭真土。

真铅即身中之气，真汞即心中之神，真土即身心中之意也。诚能运吾之真意，使汞常迎铅，铅常制汞，铅汞归真土，则神气浑融，性情合一，而身心寂然不动矣。虽曰不动，其实如如之中有了了，冥冥之中有昭昭。妄心已除而照心不昧，肉身若死而法身常生，非坠顽空而甘枯槁也。

释：举意宅身以收心，即得五行攒簇，四象和合，从此五气朝元，渐见三花聚顶，何等直截！并不繁难，只是一个诚意以先之耳！

虚无生白雪，寂静发黄芽。玉炉火温温，金鼎飞紫霞。

注：虚无寂静，下手采药之功夫；白雪黄芽，吾身药生之景象。然以白雪归虚无，以黄芽归寂静，亦自有辩：白雪自虚空而生，黄芽须火养而生，以火能生土也。时当姤卦，天交于地，虚无则白雪自生；时当复卦，地交于天，寂静则黄芽自发。正如天地之间，阳极而阴，则白雪自天而飞；阴极而阳，则黄芽自地而长[②]。

玉炉即黄庭，火即神。以神驭气，火在玉炉之中。温温者，行火之候。鼎者，乾位，神之本宫。黑变红为紫，火飞上为霞，霞与火非二物也。“玉炉火温温”，乾宫之神熠入于坤宫之内。至于“鼎上飞紫霞”，则坤受乾火，发现于坤宫之表，有飞象矣。

释：心宅身久，身得心治之初效也。

华池莲花开，神水金波静。夜深月正明，天地一轮镜。

注：紫阳本序云：“以铅见汞，名曰华池；以汞入铅，名曰神水。”即此而观，华池为命蒂，神水为性根。欲性命浑融，始以汞投铅，次以铅制汞。

① 万批：彭注精透，字字珠玉，学者当细玩之。

② 万批：洞达阴阳造化之理，精义名言，当熟玩之。

坎宫真一之精，载正阳之炁而上升，气象似莲花之开矣。离宫正阳之炁，随真一之精而下降，安净似金波之净矣。至时之将子，水清金白，而性命神气两相浑合矣。故曰天地一轮镜。只在以性合命，凝神入气穴是也。昔人谓：炼丹无别法，但引神水入华池，万事皆矣。正言此意。

释：心身合一，纯乎天理，自然运行，乃得有下手之时也。

砵砂炼阳气，水银烹金精。金精与阳气，砵砂而水银。

注：砵砂是液中正阳之气，水银是气中真一之精。补离宫之阴，液中采取真一之精。“金精与阳气”，以阳火炼之，则如砵砂；以阴符养之，则如水银，非二物也。

释：得下手时，极炼极烹。仍以心治身、以身养心以待之，无别法也。

日魂玉兔脂，月魄金乌髓。掇来归鼎中，化作一泓水。

注：太阳木火为日魂，魂藏神，而阳中有阴，阴即月魄，日非月无以生其光，故曰玉兔脂，脂从精也。太阴金水为月魄，魄藏精，而阴中有阳，阳即日魂，月非日无以成其体，故曰金乌髓，髓从神也。犹砵砂是日中之精，中感月华而生真汞；水银是月中之华，中感日精而生真铅。大修行人，上士以神化气，以气化精。中士以精留气，以气留神[①]。精神混合，调合于宝鼎之中，则甘露自降，而为一泓水矣！

释：交养融和，而身心始化也。夫然后将以观其窍矣！

药物生玄窍，火候发阳炉。龙虎交会时，宝鼎产玄珠。

注：玄窍即玄牝。玄阳而牝阴，总谓之玄窍。人身下田为炉，乃神之所栖，火发于此，故曰阳炉。炉上则鼎也，静极而动，药物自生，时当采取。得药之后，苟无火候以烹炼之，其药复散，玄珠何从而产哉？是必拨转顶门关捩子，夺取骊龙领下珠。药即是火，火即是药，药火合一，则龙虎交会，而悬胎宝鼎自产黍米之玄珠矣。然必玄窍生药，方可阳炉发火，若机未至而先助长，则外火虽行，内符不应，适以自焚其躯耳！大抵神气和融，则玄窍

① 万批：以神化气四句是修炼真诀。

自见。玄窍既见，则火候自知。火候既知，则龙虎自并。龙虎既并，则玄珠自成。其妙在动静之间，不差毫发可也。

释：身心纯一不杂，化象豁然，尤须一意主持，慎独是至要也。前五节只着力一静字，至此加一敬字为主持。主敬存诚工夫，其在斯乎?

此窍非凡窍，乾坤共合成。名为神气穴，内有坎离精。

注：此窍，即上玄窍。以其不属有无，不落方体，超乎身心之外，出乎恍惚之间，故曰非凡窍[①]。人身上乾而下坤，乾之中爻索坤而成坎，坎居坤位，而气居之。坤之中爻索乾而成离，离寄乾位，而神居之。神者，心中之汞也。气者，身中之铅也。心为神室，身为气府，故曰名为神气穴。身中有一点真阳之气，气属离，心中有一点真阴之精，精属坎，故曰内有坎离精。

释：身心浑然，静观得窍，即非肉体凡身矣。此后更须戒慎身心，勿离勿放，大旨惟必诚其意、克欲从严是也。

木汞一点红，金铅四斤黑。铅汞结成珠，耿耿紫金色。

注：心中一点真阴之精，名曰木汞，木数三，内涵真阳之气为一，故曰一点。木能生火，火色红，故曰一点红。身中一点真阳之炁，名曰金铅，金数四，故曰四斤。铅色黑，金水同宫，故曰四斤黑。初以红入黑，次炼黑入红，红黑相投，结成黍米之珠于宝鼎，而耿耿如紫色矣。红与黑相间，其色紫，故曰紫金色。然铅汞非有定物，红黑非有定色，一点四斤，亦非定数也。得意者当自知。

释：仍是身心浑化，主敬存诚工夫。真积日久，至道大凝之时矣。夫然后快足于心，乃可以清静自然为运用也夫!

家园景物丽，风雨正春深。犁锄不费力，大地皆黄金。

注：家园者，身中之真土也。景物者，身中药物景象也。时遇一阳来复之际，但鼓巽风以吹坤土，即引神水以润华池。及至三阳交泰之时，亦甚[②]

① 万批：此段彭注稍欠透彻，得真传者方能细辨，非初学所知。

② “甚”，万本、丁本作“慎”，此依金盖本。

不费采取之力，但勿忘勿助，而大地黄芽，自土中而迸出矣。谓之金者，言其结成金丹也。

释：集义所生之气，至大至刚，惟以直养无害而已矣！[①]

真铅生于坎，其用在离宫。以黑而变红，一鼎云气浓。

注：肾生气，气中真一之水为真铅。真一之水，即离宫正阳之气见液相合，气中收取真一之水。非液中采取正阳之气，使母子相逢而相顾恋，则金隐于水，无由上升。盖以神驭气，千古传心之要诀也，故曰其用在离宫，体在坎而用在离也。铅既以火而出，水则以黑变红。药即是火，但见自三关路头，以抵九重天上，油然而兴，霏然而升，翕然而蒸，霭然而凝，而其气如云之浓，上升鼎内矣。

释：此承上节，特标身心浑化之功工，全在以心治身之所致也，静之力也。

真汞产于离，其用却在坎。姹女过南园，手持玉橄榄。

注：汞虽产自离宫，然非得北方之正炁以制伏之，则常欲去人，不得凝聚，故曰其用却在坎。姹女者，汞也；南园者，离也。离中之汞一见坎中之铅，则铅汞相投，将舍离宫而同降坎位，故曰过南园。一过南园，而汞成白雪矣。玉者，象其色之白也。橄榄者，象其不方不圆也。

释：此复标身心浑化之工用，全在以身养心之所致也，敬之至也。

震兑非东西，坎离不南北。斗柄运周天，要人会攒簇。

注：震东兑西，离南坎北，八卦之方位。天道运行，无时休息，而斗柄转移，逐月各指一方，阴阳寒暑，不愆其期。人身一天地也，自玄谷上泥丸，复下重楼，以归北海，谓之周天。其斡旋之机亦由乎斗柄。一年十二月，一月三十日，共三百六十日。一日一百刻，一年计三万六千刻。一日之功，可夺三万六千刻之气，言修丹之士，运周天火候于一日之内，以一日易一年，以十二时易十二月，攒年于日，簇月于时，惟随斗柄以为转运，而东西南北不必言矣。斗柄一差，则时令乖忒，慎之慎之。

① 万批：此释最确切。

火候不用时，冬至不在子。及其沐浴法，卯酉时虚比。

注：火之为物，太大则炎，太小则冷，要在调和得中，故火必曰候。一时有六候。候者，吾身之节候。何时之有？吾身静极而动，在月即为冬至，在日即为子时，迎此机而与之俱动，则火候在此矣。大抵一阳升为子，一阴降为午，阳升阴降为卯，阴升阳降为酉。所谓不刻时中分子午，非必以冬至为子，夏至为午，兔鸡之月为卯酉也。如外丹，进火为子，抽火为午，不增火、不减火为沐浴。不拘子午，亦不拘卯酉也。

释：此二节统言身心浑一之工用，专赖一真意以主持之。静之力也，敬之至也，其实诚之至而无息也。真人复示此八十字，不第授学者以运用之柄，且为执文泥象之士，扫除一切丹书眼障而言也。

乌肝与兔髓，擒来共一处。一粒复一粒，从微而至著。

注：人禀天地真元之炁三百八十四铢，共重一斤。八两日之精，故曰乌肝，即木液也；八两月之精，故曰兔髓，即金精也。金木间隔，假戊己为媒娉，用火煅炼，日生一粒，如黍米大，重一铢八厘。自微至著，积铢而成两，三十日重三十八铢四丝，三百日重三百八十四铢，方圆一寸，而重一斤矣。

释：显言只须身心交合，并无别法运用[①]，但以直养无害，自微至著而已。是由慎独，以至心广体胖，其气将塞乎天地之间矣。

浑沌包虚空，虚空括三界。及寻其根源，一粒黍米大。

注：有世界则有三才，有三才则有虚空，有虚空则有浑沌。未有天地之先，浑浑沌沌，浑沌包虚空，虚空括三界。及寻吾身受气之初，不过一粒大如黍米。此人生之根源，而修丹者之所当知也。故曰："有人要觅长生诀，只去搜寻造化根。"

释：浑沌者，身也。虚空者，心也。一者，诚也。身包心，心括身，所以致此者，一真意由之也。真意在天地，为造化之枢机，在人身为生化之主宰也。既使由之，不妨仍使知之，见得真土工用，其盛大有如此者。

---

① 万批：身心交合，无法运用，此自然之运用，无法之法也。上根人可以做此，而行中下者，恐未易学也。

天地交真液，日月含真精。会得坎离基，三界归一身。

注：心液下降，肾气上升，液与气总名曰液，天地交真，液也。魂为乌精，魄为兔髓，总名曰精，日月含真，精也。坎属阴，坎中藏戊，戊为阳土，是阳者，坎之基也。离属阳，离中藏己，己为阴土，是阴者，离之基也。会得坎中戊土基始于阳，离中己土基始于阴，则身中天地，身中日月，皆由真土为之运用，而三界归于一身矣。

释：坎者，身也。离者，心也。坎离基者，意也。坎在先天居西，为魄。至后天居北，是魄已流而为精。今统先后天，混精魄为一家者，身也。离在先天居东，为魂。至后天居南，是魂已显而为神。今统先后天，浑神魂而为一家者，心也。惟土居中央，会合四象，实为先后天坎离之基。未尝因先后天而变其所者，意也。惟上士举意宅身以收心，使身心意三者浑归一处，不贰不息，鞠养成真，以致盛大而能生物，岂非万物已备于我，三界归一身耶？此丹道之极工，圣人之能事具矣。

此后四节，乃重申精凝神结之工用，并非更进一层之说，慎勿疑有重立炉鼎之事，为邪说引误可也。

龙从东海来，虎向西山起。两兽战一场，化作天地髓。

注：心中正阳之气为龙，木能生火，震属木，故龙从东方来。肾中真一之精为虎，金能生水，兑属金，故虎向西山起。若使龙吟云起而下降，虎啸风生而上升，二兽相逢，交战于黄屋之前，则龙吞虎髓，虎啖龙精，风云庆会，混合为一，而化为天地之髓矣。

释：此溯言下手时身心初得浑凝之象，非实有战象也。此言战者，言人从后天欲复先天，必须天人交战一场。天定胜人，则情魔灭尽；人定胜天，则理障消融。然后天人浑合，身心乃得浑化耳。

按：紫阳本序云：“心之猖狂如龙，身之狞恶如虎。”此节言龙从东海来，乃心家之魂也，虎向西山起，乃身家之魄也，其实即本序所云“身中一点真阳之气，心中一点真阴之精”，谓之二物，即此两兽也。本序又云：“心属乾，身属坤。”此节言战一场者，即陈泥丸云“以制伏身心为野战”是也。言化作天地髓者，即“天地日月软如绵”是也。彭居士忘却先天坎离本位，率从后天探象，故落出心肾震兑等字，殊非本旨，应从本序改注如此。

金花开汞叶，玉蒂长铅枝，坎离不曾闲，乾坤经几时。

注：金花本真铅，借汞成胎；玉蒂本真汞，借铅成形。人身汞为神，铅为精。金花开汞叶者，恍恍惚惚水中生神也；玉蒂长铅枝者，杳杳冥冥火中生精也。得诀者，坐至金花显露，玉蒂滋萌，则铅汞之枝叶已茂，此时正宜采药进火，使坎离运行于东西，乾坤周回于上下，一往一复，一升一降，如环无端，不可有顷刻之停。盖未得药时，须要认汞叶之开，与铅枝之长。既得药后，又要知往复之妙，升降之宜。方为始终兼尽，而圣胎圆成矣。苟乾坤坎离，不循环于十月之中，则鼎器药物，暂得竟失，金花乌保其不谢？玉蒂乌保其不凋耶？

释：此节标示，全在真意主持，务使身心刻刻交融，无一丝毫间断，惟以心体乾道之大健，以身由坤道之大顺，自然周运不息，将复坎离而乾坤矣。更不必疏明震兑艮巽，复障心目。下节即申明取填之说。

沐浴防危险，抽添自谨持。都来三万刻，差失恐毫厘。

注：一年十二月，共计三万六千刻，攒簇一日之内。十二月之中，十月行火候。阳生则采药于子宫，而使之逆升，谓之抽铅；阴生则退火于午位，而使之顺降，谓之添汞。其余两月，卯月益水安金，酉月行火止水。只行水候，不行火候，谓之沐浴。以卯月生中有杀，酉月杀中有生，防火之太燥而有危险也。除两月六千刻，止十月三万刻，故曰都来三万刻。三万刻工夫，毫厘有差，则阴阳差互，惟既防危险，又知谨持，专心致志于一圈之中，与动俱现，与静俱隐，期年可以养成婴儿，而为超脱之仙矣。

释：惟是主敬存诚，斯其为物不贰，苟有用之者，期月而已可也。故曰都来三万刻也。差失之恐者，只须纯一无间，三万刻中无一息之停，非有别项差失可虑。《易》曰："不恒其德，或承之羞。"是所恐也。

夫妇交会时，洞房云雨作。一载生个儿，个个会骑鹤。

注：夫妇者，身中真阴真阳也。真阴真阳，得真土为媒娉，结为夫妇，洞房交结，云腾雨施。一年之内，十月怀胎，两月沐浴，胎完气足，产个婴儿，便跨鹤自泥丸出矣。九载生九个，故曰个个。千百亿化身，无非一身，非真有九个也。婴儿为孩，亥子交会，合为孩字，此结胎下手之要也。

释：夫，即乾也。妇，即坤也。洞房，即非凡窍也。发明第七节大旨，总言身心得意，以擒以制而混化之，以与天地参，皆至诚之工用也。譬诸夫妇得媒以婚以嫁而交会之，以生育婴儿。此特由非凡窍生得非凡儿，全在逆之斯仙耳。不若世间夫妇道，顺之成人也。今再为揭喻一说：真土为意，譬诸媒也；真铅为身，譬诸夫也；真汞为心，譬诸妇也；得媒合夫妇以成室家，譬诸举意混身心而凝至道。然耶？否耶？敢以质诸夫子！

金丹四百字释义跋

壬辰之秋，阳林与诸同人，入侍家叔祖艮翁于金盖山房。翁方寂定，诸同人偶以铅汞坎离之说争论幕前，林一一叩之，虽各有所见，而皆未尽合于师旨。幕前适有彭注《金丹四百字》一册。林乃先以三家相见之说告之，次为逐节开示大意。方毕，艮翁启扉出，曰："此四百字，系紫清真人读《悟真篇》而未得，紫阳真人复以此寄示，乃得下手成真，实为先圣一代宗旨。汝曹应知天仙之道，法最简易，学必可成。首节二十字，即是凝结。其次十五节三百字，概言成功。其后四节八十字，复明混合之工诀。既无卦爻，有何斤两？其中铅汞坎离，炉鼎银砂，乌兔龙虎等等假名，汝曹不精心体究于平时，今而纷纷若聚讼。纵使参而得之，亦属干慧[①]，无益于道。阳林辟除诚是！然傥不先标出三家相见之说，汝曹乌知父即是爷？其以顷所言者，逐节录于册，并跋余言为证可也。"林不敢违，谨复笔叙于后。

道光十二年正重阳日，阳林并叙。

---

① 万批：干慧正入道之基，何以云无益于道？佛学五十五位，以干慧为首，闵小艮先生佛学虽浅，决不至误言。若引想系阳林述言之误，故特更正之，免误后学。按：此干慧非彼《楞严》之干慧，不宜偷换概念，此亦见万氏随意注释之一斑。

上品丹法节次

上品丹法节次目录

金盖山人闵一得编定

上品丹法节次

衡阳道人李德洽原述　金盖山人闵一得续纂

受业侄孙闵[①]阳林较订

炼己存诚

尝观红尘之中，纷纷扰扰，大抵皆汨于利欲，非滞功名事业，即自玩忽年华，不知复还本性。间有夙生智慧，希求大道者，而机缘不偶，却遇庸流指引，陷入曲径旁蹊，终身莫悟。此至道之不明于世也久矣！予因夙世良缘，幸遇真师，得参上品丹法工夫节次，今已效验，不敢自私，务为剪荆除棘，辟门引路，直指坦平大道，便人按步循行。如有好道之士，立心诚笃，信受无疑，须即澹嗜好、寡言语、省思虑、薄滋味、慎寒暑、均劳逸[②]，以期志气清明，乃可希登仙品。故必先存诚以炼己，炼净后起之习染，独露先天之真体，即孔子所谓“克己复礼”之意。学者果能炼去凡心，独存真性，无论行住坐卧，应事接物，立身行己之际，将平日七情六欲、种种妄想念头刻刻扫除，当不见不闻之际，默默检摄己心，于忽起忽灭时隄防，驯致乎不识不知之际，寻其趣味，则万般虚妄幻想更无从起，即是起首慎独工夫。直待俗缘顿息，神思渐清，收拾身心，退藏于密，即归中宫祖窍[③]，从此勿复外驰，一味凝神定虑，养我本来一点灵光，常应常静，如太虚之有容而无碍，乃可以深造无穷尽圣境也。此节工夫，或一二年，三年四年，积久益善，磨炼过一番，方可入圜修炼，行下节工夫矣。

闵阳林曰：炼己存诚，覈即克己复礼心传。原本说法浮游，未见工诀。且云与孔子克己复礼之意有别，定是讹舛。谨遵师命，改订切实。至此节工法，专为养开玄窍而设。学有体质利钝之不齐，故有“一二年，或三年四

① “闵”字为点校者加。

② 万批：澹嗜好所以保精，寡言语所以养气，省思虑所以存神，薄滋味所以生液，慎寒暑所以固卫，均劳逸所以和营，六者须刻刻省察，不可忘焉，即入道之门也。

③ 万批：此即“在止于至善”功法。

年，积久益善”之切训也。其下十一节，悉准先师纂定，较订无讹。

筑基培药

学者既有前功，方可择一静地为圜室，远避尘氛，供设东华帝君、正阳帝君、纯阳帝君、海蟾帝君、重阳帝君、紫阳张祖、杏林石祖、道光薛祖、泥丸陈祖、玉蟾白祖，以及北派诸祖神位，本支经籍度师，长灯香火祀之。日渐收拾身心，敛藏神炁，同归中宫祖窍之中，存抱元守一之诀。

闵小艮曰：谨按上品丹法，乃以身为坛炉鼎灶者。今谓入圜，又令设供列祖列宗，尚为中下学人说法，令从洋洋如在，无形与声之静境，直造无无亦无地位。倘或中懈，藉以触目警心，不敢废撤，念复恒诚焉尔。上智之士，动与天俱，自强不息，诗所谓“上帝临汝，敢贰尔心”乎？

夫人之元性，即是金丹，即是大道，即是无位真人。世人不明修炼金丹是修个甚么，所以到底无成。可怜无人指点，埋没了多少有志气的人。若知丹道之元神，即是自己元性，是吾固有之物，借身中先天一气点化，炼成纯阳之体，安有修炼而无成者乎？王祖师云“本来元性唤金丹，四假为炉炼作团”是也。中宫祖窍，即是太上所谓玄牝之门，修炼金丹，全在此窍。所谓守一而万事毕者，此也。

闵小艮曰：谨按中宫祖窍，洵是玄牝之门。但此中字，须要认得真，不要认做有形有所，乃是不偏不倚、无过不及之中，故无方所[①]，亦无内外。曰珠、曰黍米，又曰牟尼、舍利、金丹、太极，许多假名别号，皆在此中取得、种得、炼得、圆得、脱得、化得也。但此中宫、此祖窍，开之入之，端在克己功纯，造至自然，以致虚极而静笃，则已深入彀中矣。一失虚静，便堕窍外。惟随机动静，不杂己念，则自头头合道。盖此一窍，道曰玄牝，覈即儒之人禽，释之魔佛，都在几希之间。第此玄窍，左阳而右阴，故曰玄牝，则与人禽、魔佛究有异者，何以故？阳乃真阳，阴乃真阴，均属先天，故可总曰玄窍。泥丸氏曰：“机动则入玄，机静则入牝。”此乃自然之至

① 万批：言祖窍无方所，未免说得太空，使学者无从领会，虚极静笃之中，此窍顿开，确有方所，不在身内，不在身外，得明师指示，乃恍然大悟，非实在功夫做到开窍时，终是隔靴搔痒耳。按：万氏所言亦自含混，其所谓“确有方所”，指心后脊前。既有方所，为何却说“不在身内，不在身外”？徒使“学者无从领会”。

道。然而《修仙辨惑论》乃有“念头动处为玄牝”，斯议为何？盖自静中观动而言，是即儒释所谓人禽魔佛也欤！若夫《金丹四百字序》乃曰“在人身中，莫向他求”，故其正文有云“此窍非凡窍，乾坤共合成”也。泥丸氏又曰：“此是假法，然不于此处寻求，万无得入之理。何以故？此一窍也，其大无外，其小无内，故尔粟米能藏大千，能纳三才也。”得体各训，紫阳所示，切且近矣！我祖泥丸慈示假法，旨哉旨哉！三才都在玄窍之中，我身岂在玄窍外哉？我身既在窍中，我身祖窍反在玄窍外乎？得故信从祖窍直入，随而念绝情忘以事之，果头头自在矣！不敢自秘，谨以告诸同志，惟愿同志，息心体之。

在人身中，心下肾上，中余一寸二分之中，此乃先天元始祖炁之窍[①]。学者认清一条门路，方可修行进于大道，又须从形体上一一收摄，则元神方有正位可居。古人云：“有一宝珠，闭[②]在形山。”殊不知此一宝珠，即在六根门中，时时放大光明，人多不悟，所以虚生浪死，吾今指出路头，显然明白。人身虽有六根，总从一根所发，机要惟是，三元混一，四象合和，归于虚无。使身心意不动，收摄我后天之神，归于中宫。时时觉照，刻刻规中，存抱元守一工夫。久久纯熟，精气神全，玄牝立基，能生真炁，化生真铅，再究以下工诀，其功方应。此是天仙修证之妙机，得之者立跻圣域，非具大智慧者，安得领悟此中玄奥哉！

闵小艮曰：此节所述，虽属假法，若不假此作为，学无进路。玄关玄奥，万难得开，而开法不在有为，乃在虚无不动四字。所谓门路，乃是一根；所谓作为，乃是混一合和，与夫归使收摄等字也。及既归宫，盖已透入玄窍，是为假法之初步。若夫时时觉照，乃是二步要诀。刻刻规中，乃是三步功法。学者遵此修持，而所持者，抱元也，守一也。元者何？元始祖炁

① 万批：此处明言祖窍方所，小艮先生批《阖辟仙经》亦明言祖窍方所，而此篇又云无方所。是立言之病也，学者勿为所迷惑焉。予不敢附和闵先生以害来者。按：万氏所言非是，闵真言无方所者，其体也。故虽示假法而省之以实，故言无方所。可见万氏所得，犹在皮囊上做活计，又不肯虚心读书，一味自以为是。然此有无方所之论，于今当重新解释，方不误人。其初于身也，神气凝固，能量聚变，跃入另一层面，故尔感知无边无际（实则有限），大无外，小无内（无内外但有大小），或于小腹，或于胸臆，或于泥丸诸处现起。强于现处曰有方所。若功力深者，勃然机发，并无现有身心感受，何有方所可寻？及其胎结，玄关大开，贯通人我，独立周流（周流故可与身并行，独立故可与物无干），是真无方所也。

② “闭”，当作“閟”。

也；一者何？本来元性也。功夫久久，自造纯熟，既造纯熟，三宝乃全。而下不曰基立者，尚是玄牝初立之始基，气未化炁，元命未复也。迨至气返化炁，真铅始至。到得真铅将至，即可从事下诀。学者务须体认，只此活子片晌，顿然铅至汞应，遂尔凝结，全赖夫炼己筑基工足耳。太虚氏曰："阳生则阴应，理有不期自至者也。"泥丸氏曰："不愁真阴不我应，只恐阳生未必真。"学者可以悟矣！

前功娴熟，然后体认存神入炁穴工夫。将眼耳鼻三者，皆收拾向里，目不外视、耳不外听、鼻不外嗅，俾元神都归于气穴之中，自然呼吸调匀，绵绵若存，是培药之真口诀。陈虚白云："垂帘塞兑，窒欲调息。离形去智，几于坐忘。劝君终日默如愚，炼成一颗如意珠。"白玉蟾云："吾曾遇师真口诀，只要存神入气穴。"皆言筑基口诀也。

昔者明庵刘祖师云："下手立丹基，体将子午推。静中才一动，便是癸生时。"[①] 此种语意，皆为初入圜者而言也。所谓立丹基者，止言培药时事，非谓采大药也。休将于午推者，恐人疑于身中升降之子午周天，或疑是子时午时下工之事，故以休将两字醒之，以别其用功之次第也。其所谓时者，即《入药镜》所云"十二时，意所到，皆可为"之时也，何须拘定子午二时耶？静中才一动，所谓阴极阳生，虚极静笃之际也，故其动也，便是癸生时也。祖师指破迷津，教人一见阳生，即当采取，勿俟癸足机危，空劳神用。若至癸足而采，止是顺时发生之阳气，非大药也。惟能于静处一动便采者，斯为万物未生时之元阳，即生天生地生人物之神母，即先天一炁是也。

闵小艮曰：谨按下手之阳生，虽出自然，尚属假法。故所生采，乃属一身之阳，虽号先天，犹属后天。即如《入药镜》之阳生，虽非假法，而曰意到，尚属因意而发。其所感发，尚属先天之后天，曰"非大药"，辨析极精。泥丸有言曰："十二时中，机发于勃然者，是先天之炁，不可小视。人能及时而采得者，乃即至宝。古哲得之，或形神未充者，用以修完鄞鄂，或修神室黄房等等。"是说也，屡经门下阳林禀陈甚悉，凡我同志，可与参之。若夫真正子阳生，得大药，亦非定论。太虚有言曰："相值应感，而体本虚极，时际静笃者，则其得也无量，而所生也莫测。苟或未虚而静，或仅虚未静者，

① 按：此诗乃是李清庵（李道纯）《金丹了然图》中的下手诗，不知为何署在刘明庵名下了。

断无得理。”得故每与人言观复之法，总不外乎“致虚极，守静笃”二句工诀，知此诀者有几人哉？得年已老，一旦归空，诀不传世，徒似无毛狮子，大吼无声，不无遗憾！爰将此节所论“时”字，详晰改明，并为注释于此，见者幸珍体之。

丹经曰：“天得一以清，地得一以宁，人得一以长生。”盖此先天一炁，从虚无中来，又非虚空全无。谓守静极于虚无，身居恍惚杳冥之中，混沌大定，神明自来，一灵常湛，是真先天，空而不空者也。

闵小艮曰：按此先天，非仅一身先天，直是太极之祖炁，并非是两造虚实之炁，故能空而不空者也。愚按“此先天”一句，乃指太极之炁。“又非”一句，乃指三才流行之炁[①]。今述功法，乃云致静于虚，其旨甚玄。盖虚为体，静为功，非静不能得，非静于虚则得不全也。余恐学人疑与前注功法相背，故特笔以释之。至夫太极之祖炁，得可为母；太极流行之炁，得则乳哺。皆属大药，而自有别者。盖太极为两造所自生，而此祖炁，又太极所从出，得可结胎，故谓之母。流行之炁，乃太极内三才所发之炁也，在造物为先天，在道为后天，个中清浊不齐，只可收作培养，故曰可作乳哺。中下之士得此成胎，乃是幻影，非圣婴，所以须行此后三篇工诀。爰为辨别而详述之，以明人品有不同，丹品有各别耳！

盖任为阳水，是虚无清气；癸为阴水，是药老成质[②]。丹家喜阳而不喜阴，癸水为丹道所忌。故真阳所生，乃有气无质，纯阳之气也，稍迟则生质矣。生质便为癸水，重浊之物岂能逆流而上升？此紫阳祖师有“铅遇癸生须急采，金逢望远不堪尝”之口诀也。凡言癸生者[③]，恐其生也，非喜其生也，勿错认癸生为阳生方妙。凡阳既生，便当以真意摄入中宫，与离中真阴会合，便龙虎交姤之初功也。

闵小艮曰：论丹道喜阳而忌阴，所述洵属不磨之定论。若为养生而事，即或过时，亦可勿弃，第别有工法——俟透巅后，惟一任散布周身，遂自忘形以养气，则凉趣到心，便化真阴，畅于四肢，放归百络，滋润筋节，亦属培补色身之妙诀，惟切戒留宫变饮云尔。太虚翁为老年学道者言，有此一

① 万批：此处辨炁甚精，说理亦透，宜细玩之。

② 万批：阳水无形而有信，癸水有质而无性。

③ 万批：将生未生之际，须急采之。

说，谓与石杏林真人所云归复法相似，少壮之士断勿安此可也。

丹经云“龙从火里出”，谓龙生于离中也。又云“虎向水中生”，谓虎生于坎中也。作丹之法，其始也，以龙召于虎；其继也，以虎而应于龙。当虚极静笃之时，但将元神沉于炁穴，听其自呼自吸，着不得一些作为，及有意见功之心，务要悠扬自在，不可执着，反生不和，方合神用。日久之时，息不用调，自然充和。若要起身行动，必要闭目静坐，听其复归旧穴，直待至静而后起。切记切记！倘有不得已而起身，事过时仍补前功，亦是斡旋[①]之法。

闵小艮曰：谨按其始云云，乃即《金丹四百字》之以“真土擒真铅”也；其继云云，乃即“真铅制真汞”也。但将云云，乃即“铅汞归真土”也。听其云云，乃即“身心寂不动”也。修丹工法，至要宗旨，已全备矣！学者未明龙虎，必须明师指点，方知是喻未炼时之心身也。此节口诀在二“听”字。一曰着不得，二曰及有意，戒之至也。曰务要、曰不可、曰反生、曰方合，何等叮咛！又恐求效心切，故又有日久云云。我辈读书，志在明了，何可草草滑过？举世学人都犯此病。爰赘数言，谨以奉劝，愿同志有则改之，无则加勉焉。古云“读书具只眼”，不过精体焉尔。

自冬至前，先期下工四十九日，而一阳来复于五阴之下，以此先天一炁，点化后天之神，而成阳神。此世间稀有之法，其微妙岂易言哉！但筑基时培药，与采取大药工夫，各有分别，不可一概混行，方为明澈吾道者矣！

闵小艮曰：按此先期下工，乃即行夫克己也。盖修至道，必自启窍。此窍不启，工难越入。然非运行能启，必藉克己。己净念自无杂，而志始纯一。志念克一，玄窍必自洞厥矣。我师太虚翁言之详矣。然恐存有期效心者，兹故不得已，述有四十九日之说。学宜自问，苟心未净，何妨起自夏至乎？且何妨起自上一年冬至前乎？此即第一篇“积久益善”之谈，并非刻期定程者也。

其培药与采大药工夫各别，前已注明，兹不复赘。第尚有一大疑窦，古今丹书罕述，是书亦不述及，不知误了多少志士。得知不敢不辨。即如白紫清祖师《修仙辨惑论》，凡吾门下已为家弦户诵之书，无如诵皆滑过者。疑窦惟何？一采字也。不知身体者，但如走马看花，字且不疑，更何必辨？若

① “斡旋”，万本作“斡全”，据金盖本、丁本改。

求体认者，谓有作为，盲参瞎访，因堕旁蹊，翻置此论于脑后，是可悲也。《论》不云乎："以身为铅，以心为汞。以定为水，以慧为火。"又曰："以精神魂魄意为药材，以行住坐卧为火候，以清静自然为运用。"及言炼法，则曰："以身为坛炉鼎灶，以心为神室，以端坐习定为采取，以操持照顾为行火，以作止为进退，以断续不专为隄防，以运用为抽添，以真炁薰蒸为沐浴，以息念为养火，以制伏身心为野战，以凝神聚炁为守城，以忘机绝虑为生杀，以念头动处为玄牝，以打成一块为交结，以归根复命为丹成，以移神为换鼎，以身外有身为脱胎，以返本还原为真宗，以打破虚空为了当。"何等明显！是采取只在端坐习定，此疑不解，致有南辕北辙之误，毕世无成，委诸福薄而废，大可哀也！愿诸同志，先体培字。乘虽有三，采取工诀并无二说也。一得又白。

坎离交媾

修真之士，筑基有效，不可懈弛。仍照前调鼻息、缄舌气、凝耳韵、闭谷道，四象和合，归于虚无，务使身心不动。收后天之神，归于真人呼吸处，守之勿失，与炁交合，自然虚极静笃。忽觉海底蠕蠕而光透，浑似一钩新月，挂于西南之乡，如初三日月出庚方，此金气初现也。坎中有一点热气，上冲心主，以意顺下，由黄道穿尾闾、经夹脊、透玉枕、入泥丸、游九宫，自上腭而下，温温然如滴水之状，香似醍醐，味如甘露，目送于虚，意迎于无，自归鼎内，此坎离交媾之妙也。

闵小艮曰：此归复法，即胎息入手工法。言到虚极静笃后，则有光透帘帏，似有一钩新月云云，成说如此，未必尽然。盖有或现如粟如珠者，而现总在腹。曰坤位、曰庚方，不过发明金气初现耳。谓"有一点热气冲心"，亦非定说，第须以意顺下。至如原本"穿尾闾，由黄道，过玉枕"则大谬，定属错脱。得故改以"由黄道穿尾闾"，再加"经夹脊、透玉枕、入泥丸"字样。

盖按人身有三道：曰黑、曰赤、曰黄。黄道循肾前脐后中缝直升，是由脊前心后中缝，直透泥丸者。赤道则由绛逆循，会黑附黄，顺升抵镇，复又会黑附黄而归绛。黑道由海会赤，附黄逆循，穿闾而透枕，复由镇位会赤附黄，循额抵池，顺下绛宫，复归于海。三道蹊径如此，而其得名之由，世鲜知之，其实身心意三宝是也。心属乾，乾之本位在离，其色赤，故名赤道，实即我身任脉也。任性炎上，学必使之下降。身属坤，坤之本位在坎，其色黑，故曰黑道，实即我身督脉也。督性润下，学必使之上升。此之谓颠倒阴阳，盖以督阳而任阴也。曰督曰任者，义取乾健坤顺焉尔。意属土，其色黄，故曰黄道。成说则如此，个中玄义亦难尽说，即如经以赤黑曰人道，而以黄曰仙道，其旨所在，何可勿悉？得门下阳林体释《金丹四百字》甚为详晰，其释曰："坎者，身也。离者，心也。坎离基者，意也。坎在先天居西为魄，至后天居北，是魄已流而为精。今统先后天，混精魄为一家者，身也。离在先天居东为魂，至后天居南，是魂已显而为神。今统先后天，浑神魂为一家者，心也。惟土居中央，会合四象，实为先后天坎离之基，未尝因先后天而变其所者，意也。上士举意宅身以收心，使身心意三者浑归一处，不贰不息，鞠养成真，以致盛大而能生物，岂非万物已备于我，三界归于一身耶？"其释如此，举以会体三道，了如指掌。吕祖曰："欲修仙道，先尽人道。人道不修，仙道远矣！"泥丸氏曰："仙道人道，不外一身。"世人误会，身外寻绎，无从着手。盖昧赤黑为人，人净返白，乃可归黄之义。太虚氏曰："丹道圣功，不外还返。"得体赤黑发乎离坎，学事还返，必自离坎淘洗，务要后尽返先，凡自化圣也。而世学通病在于欲速，每每躐等取进，致有闹黄惊疑之失。余于《天仙心传》注中详述矣！同志取以参之，知余非得已，而故创此说也。

此本颇有精义，信为丹道家难得之作。无如辗转传录，致有字错句脱之讹。得不改正，必有闹黄等弊，关系非细。兹虽订正，不为详述精义，后学尚难循行，或因此阻功，不可不虑。并将过玉枕"过"字改作"透"字，以此玉枕一关窍小而骨坚，一名铁壁，学者后凡未化，若任踰越而降，必致闹黄之害，小则脑胀，大则伤脑，其祸犹烈，不可不知。其下文"目送意迎"云者，乃收拾心目，同归虚无也。其下篇"鼎"字，乃指正位凝命，勿遽误会头脑为乾鼎可也。此为胎息入手工法，然已不可轻视，苟不虚极静笃，胎息断不能得也。长春邱祖之小周天，正是此节所述，只是真常不贰，心息相依焉尔。

小艮又曰：以上三篇，皆准原本，依文改订，均属正传无误。以下尚有九篇，曰"采药归鼎"，曰"周天火候"，曰"乾坤交媾"，曰"十月养胎"，曰"移神换鼎"，曰"乳哺三年"，曰"炼神还虚"，曰"炼虚合道"，曰"待诏飞升"，大都曲说支离，俱属中下二品，觔两卦爻，并杂以数息咽津诸说，全非上品工夫，与此书题不称，系为盲贩串混。得阅再四，不禁心目浑摇，如是三昼夜，眠食几废。至孟冬十有四日，晨坐心动，执笔直书，不知机从何来。就题另述，去其"乳哺三年"，易以"泥丸养慧"；去其"待诏飞升"，易以"与道合真"。共完九篇，扫去一切支离，直标正道。此即我师太虚翁所谓人同心同之妙契也夫。其原本九篇，不复并陈，恐碍学人心目，读者谅之可也。

采药归鼎

既得坎离交媾，已自身心混合，特未妙合而凝。此时目送意迎之际，仍以致虚为体，守静为功，不计时刻。造至虚极静笃，渐归杳冥混沌，自然渊默之际，顿起雷声，中似裂帛，即是天根机动。登时丹田火热，两肾汤煎。得此证候[①]，即自全身顿于海底，目送转闾，意迎上透，三关轰轰，龙雷如火，直上云衢。旋觉滃然，翕聚泥丸，即是月窟风生。随觉眉间内涌圆光，不知不觉，经由鹊桥而下重楼，第觉味如冰片之美，薄荷之凉，沁入心脾，即是绛宫月明。旋即送归土釜，是为采药归还。曰鼎者，《易》象之卦名也。即先哲丹诀内，所谓"一时辰内，二候得药"。还复默运周天火候，是谓"四候封固"。然所得者，谓之玉液还丹，无形而尚有形可象者。紫阳真人所谓"取将坎位中心实，点破离中腹内阴"，又曰"一粒复一粒，从微而至著"，即此购料贮材之法诀也。

闵小艮曰：此炼取谷神之法，即是取坎填离，谓取后天之坎，填满后天之离，以复完先天乾坤本位是也。

周天火候

薛祖师曰："月之圆，存乎口诀；时之子，妙在心传。"又曰："周天息数微微数，玉漏声寒滴滴符。"此即口口相传之周天火候也。是以翠虚真人云：

---

① 万批：得玉液者景象固如是。若得金液龙虎三元大丹者，其魄力之大，飞腾跳舞，景象亦自不同。

"万籁风初起，千山月正圆。急须行正令，便可运周天。"此述石祖师之句，以征薛祖师之口诀，教人行功于自然符合之密旨也。

衡阳子以谓"凡炼丹，随正子时阳气起火，则火力全，他时不然。盖夜半正子时，太阳在北方，正人身气到尾闾关节，此时起火，又正值身中阴极阳生之候。以天地间之正子时，值人身之活子时，一齐发动，则内外相合，方是天人合发妙机，得以全盗天地之造化而成丹"[①]。其说甚明，颇为的确，虽得者不必尽然，尚堪以疏薛祖师心传妙诀。第其所论周天之数，谓在自子至巳阳时六位，应乾之策，共得二百一十六数，内除卯阳三十六数应沐浴息火不用，实行一百八十数。其在自午至亥阴时六位，应坤之策共得一百四十四数，内除酉阴二十四数应沐浴停符不用，实行一百二十数。合成三百息，连沐浴总计之，合成三百六十息，闰余尚有二十四数，即为三百八十四息。以释"周天息数微微数"之句，固为亲切详明，但将此息数，教人于行工之际留心数计，则进火已嫌太旺而烦杂，其退符必至紊扰而失调，何异治丝而棼之？不与白紫清行火进退抽添沐浴之说异耶？要知薛祖师说了"周天息数微微数"一句，随说"玉漏声寒滴滴符"一句，以醒学人下手功诀，原教人喻息数于平时，准周天而神运。白紫清谓"以清静自然为运用"者是也。张紫阳所谓"火候不用时，冬至不在子。及其沐浴法，卯酉时虚比"是也。得故将原本图说，以及鼻吸吞咽、掐掌轮位种种琐碎字句，全行删削，免得障人心目。只期学者工夫到此，但将"微微滴滴"字样默会循行，自然意无渗漏，只觉心息相依，息调心静，即是玉液还丹告成之候矣。

薛祖师又曰："圣人传药不传火，从来火候少人知。莫将火候为儿戏，须共神仙仔细推。"是可知不传火者，正恐学人习用其说，而有碍于火候，故又曰莫为儿戏、须共细推。学人要知药即是火，火即是药。自身心既交而采取，则谓之药；身心既妙合以凝，而刻意保合太和，则谓之火。岂可以吸天风、吞地液、掐掌轮位、逐宫运行以为运周天之火候？几同于唱筹量沙，挠乱真意，竟犯火候为儿戏之戒耶？吾宗学士须明辨之。

闵小艮曰：世至中古，已鲜真阳不破之身，是以立有坎离交媾、采药归

① 按：此说参考俞琰《周易参同契发挥》，其云："《玉芝书》曰：凡炼丹随子时阳气而起火，其火力方全。余外别时起火，其火不然。盖子时太阳在北方，而人身气到尾闾关。于此时而起火，则内外相合，乃可以盗天地之机而成丹。"

鼎、周天火候三篇工诀，是为玉液还丹，只是补还后天破漏之阳精、阳气、阳神，复与童身一般而已。若有妙龄闻道，即肯下手，但先炼己筑基，即可乾坤交媾，自是最上一乘，实为上品直截丹法。世无其人，不得不于上品丹法之中，插此中品丹诀三篇，以补后天之亏缺，方与童真一体，乃可从事下文乾坤交媾工法也。若原本所载，显是下品丹法，必非衡阳原笔，兹故删去不存。一得谨识。

乾坤交媾[①]

自上三篇工法，言坎离既交而成药，采药归鼎以行火，行到周天满足，则先天乾坤之位已定。从此绝不可从形相推求，仍自虚其心，以致虚之极；实其腹，以守静之笃；诚于中，以自观其复。自得凝然大定，纯粹以精。勃然机发，顿失我与天地现存形相，第觉虚灵朗耀，无际无边。一觉急收，登时冥息，即自入于窍中，混混冥冥，不识不知，无声无臭，斯为大开玄关，深入一窍。顷久一点自落黄庭，才是先天气复，自然周流六虚，方知此身原是坛炉鼎灶，心为神室，我处其中只是一个真意。觉得气爽神清，身和心畅，天地日月仍软如绵，是谓金液还丹。只觉圆陀光烁，浑如玄珠之在晶盘，其实无形无象，圣人所云“虚灵独露”是也，先师所谓“乾坤混合，完我太极”者是也。学士此际更宜慎守精微，以此洗心退藏于密，无思无为，自然虚而不屈，法为十月养胎。白紫清曰“片晌凝结，十月胎圆。既无卦爻，亦无斤两。其法简易，惟上士可以学之，甚易成者”，此也。

十月养胎

前者灵丹既归神室，古人所谓“丹灶河车休矻矻，鹤胎龟息自绵绵”之候。王重阳曰：“圣胎既凝，养以文火。安神定息，任其自然。”正阳老祖云：“不须行火候，炉里自温温。”杏林祖师曰：“炼气徒施力，存神枉用功。岂知丹诀妙，镇日玩真空。”以上皆是养胎真口诀。盖以前虽得大药，五彩并现，时人便谓之结胎，然未经变化也。是以仙师曰：“丹田有宝非真宝，重结灵

① 万批：得金液大丹者，当玄关洞开之时，必先云雨交作，丹自升鼎，迨至周天数毕，云收雨散，一点自落黄庭。落后或稍旋转，或见圆光，均确有实象，得丹者自知之，非空谈幻境者也。

胎是圣胎。”得丹之后，为十月养胎之始。此后当刻刻操持，时时照顾，如龙养珠，如鸡抱卵，暖气不绝，始得灵胎日渐坚固。一意温和为主，念不可起，念起则火炎；意不可散，意散则火冷。第令无过不及，惟以炉里温温为是，别无他法也。若有作为，危险立至，慎之哉，慎之哉！十个月工夫，自始至终须得犹如一日，时时全此七情未发之中，刻刻保此八识未染之体，方谓修之炼之，而得以神全胎化也。如遇丹火发热，存两眉间有一黑毬如碗大，收摄入于神室，其热自退，不可不知。

移神换鼎

十月养胎之工既毕，则气足神全，婴儿现相。既出其胞，便可移神而换鼎。长春邱祖以为即由中宫直升上黄。上黄曰泥丸，又曰天谷，人身至清之境也。按此婴儿，全是先天凝结，并非凡精凡气凡神，隐现随心，金铁能透，毫无透迹得体。曰胎曰婴，喻义而已[①]。薛祖故云：“太上心传，存若婴儿者，言须养若婴儿，乃是假实证虚之慈旨。”然而端阳有言：“法身已凝，神更宜定。”故有天谷之移居，非第取其清，乃法自然。世昧其旨，故有出入隐现。学者仍自寂定，正位居体，不为魂魄眩惑，而中外清明。萧紫虚云：“移神天谷，正以炼性。方其三华聚顶，五炁会元，直有一刻万几之扰，而能端拱无为者，慧以镇之，乃有机到自寂之验。”然而学鲜保安者，每为丹家述有阳神现形之神说以扰之尔。薛祖故曰：“大道无形，有何形相？大道无名，有何灵圣？种种名号，无上神说，无非即此明彼，是即假幻成真妙用。而其致极之神功，全在移神天谷时炼之。无如此种玄旨，世失其传久矣！后学得之，慎毋视性学理论与命无干。不知紫磨金身，即是虚无一炁之所凝现尔，故能欲隐而立释，欲现而立彰。”薛祖又曰：“个中玄义，有能体会于大动大静间者，乃可心领。莫杂拟议，凛之慎之！”

泥丸养慧

泥丸为一身之天谷，犹斗之有北极，世之有天镇，天之有玉清天也。学

① 原批：道德经云：“专气至柔，能如婴儿乎？”又曰“若婴儿之未孩”是也。

既神移天谷，别无工法[①]，一杂作为，立堕幻妄，先哲言之详矣。法惟冥心而寂定者，盖以人尚寓形在世，真我未化，真神未全，未能如星斗之归其有极，更未能如诸天之三境同清，且犹与天镇未能合一也。天镇无我，我尚有我。天上镇星，为大块真金所结，块而非块，故能一顺天心，随生随化。我人学炼金丹，全凭我之真我法身，真神凝结。既得大造精一点化，上栖天谷，决应法镇以顺天也。镇能普照三才，我亦普照三才。第我只照一身之三才，苟不内外消忘，自在无我，何能贯彻三界、随地顺天、动静一如、聚散不贰？此固非无神慧者所可冀及，亦断非专恃神慧者所能永保也。薛祖故曰："纯阳有云：'法天象地，谈何容易？不假虚极静笃，万难居尘出尘。'然而得致之者，端在入尘磨炼，所谓静以养慧、动以炼慧也。"杏林注曰："但恐识不破、撇不下，故须加炼。"愚按炼法，止不外一诚字。诚者，非自成己而已也，所以成物也。是故诚于静者神自明，诚于动者性自澈。性澈而神自大定，天下无撇不下之凡情；神明而性自圆通，天下无识不破之物理。此真物格知致而意以诚，其心之正、身之修，有不期然而然，如响斯应者，乃为养慧、炼慧之真秘诀。其中不可以知知，不可以识识，并不可以神神，惟安定我不神之所以神，即造自诚而明之本性也。有命也，君子不徒为性也，是即炼神之工用。进造还虚，基在是矣。

炼神还虚

前乃定能生慧，覈即静极而动，有虚而不屈、动而愈出之妙，得大智慧，具大神通。但使常动而不还，则慧何能保？而神何能不疲？祖师故又有炼神还虚之诀。其诀即于群动之中，独抱静观自得之趣。存此身世，至广至大，个中气机，隐现无常，皆我一体。观彼凡夫身处其中，渺如一粟，与世浮沉。我则独体真常，物来顺应，既不忤物，亦不废物。凡夫七情八识之隐隐现现，无非梵炁之弥罗。我独擅我浩浩元精，融化得虚空粉碎。第觉物我一贯，咸乘六气而周流。凡圣同天，更无形神之分别。寄平地成天之符命于帝主，而我不宰其权；任存神过化之应感于气机，而我不期其效。一如日月之容光必照，而日月无容心，斯能亘古今而常明，历万劫而

① 万批：非无工法，不轻传耳。

不敝。曰炼曰还，如是而已。谓曰炼还，仍假法也。善还虚者，一如得鱼而忘筌焉可也。

炼虚合道

前曰还虚，已到物我无间地位，尚有物我之见存焉。此见不除，克己未尽，必须百尺竿头，更进一步。祖师尚有炼虚合道一诀，得之方能与道合真。盖以此世此身，终属幻影，可见可闻，若不破此虚空，仍存此实彼虚、此虚彼实之邪见。此见不除，终难保无薄蚀之患，一遇世缘忤犯，复堕扰攘尘寰。"憧憧往来，朋从尔思"，何能绝念忘情哉？法惟真幻两忘，一任自然，乃自合道。谓曰炼者，只有"打破虚空"一句，登时道合自然。夫此道也，譬如阎浮之通衢大路，万物并由之，所谓"周道如砥，其直如矢"。只患目不明、足不健、志不专，何患造诣之不抵其极哉？无如世失其道，而中无只眼，兼被邪师盲贩妄指蹊径，妄予柱杖，甚有南辕而北辙者。太上悯之，复生衡阳李公述此金丹节次工夫，而又为道贩窃真杂伪，欺世营私。殊不知此道之在人心，不分三教，不问何宗，大家有不可磨灭之良知良能，直贯乎太上之心传。衡阳系出南宗，得叨嗣北宗，同属吕祖门下，师本一家，言岂有异？遭觏此书，惜其真赝错杂，为之补缀成编，宛如一室寤言，同声相应。即拟惠诸后学，以副同气之相求。惟愿后之学者得此心传，毫无假名托喻之疑，又无劳神苦形之迹。一心静定，直见本来；一念不生，轮回便息；尘沙恶业，随念消除；等与群生，同清静果。何等直捷，何等快活！更何所惮而不肯直下承当耶？功造其极，自能全受全归。黄帝失珠得珠，曾子启手启足，皆了此炼虚一着完成之候也。三教门人，当共可以恍然喻矣。

与道合真

工至炼虚合道，更无功力可施，衡其学力，以际圣人知命、耳顺之等级，惟期于语默动静之间，冶炼纯熟，则事事不免而中，念念不思而得。从容中道，自世人观之，但见语即成爻，默则成象，动与天俱，静与天游。自然八百功圆、三千行满，如仲尼之从心所欲，尧舜之从欲以治，孟子所谓天民，释氏所谓大乘金仙，吾宗所谓上品天仙。用行于世，而国治天下平。动而世为天下道，行而世为天下法，言而世为天下则。远之则有望，近之则不厌。神证太虚，则无不持载，无不覆帱，并育万物而不害，周流六虚而不宰，与天地同其阖辟循环，不与天地同其缺陷休戚。吾师所谓“羲皇齐驱，元始比肩”，其实与羲皇元始浑化于无垠矣。

原本此篇题名“待诏飞升”，云“于此际，必须积功累行，以待天诏下降，鸾鹤来迎，飞升冲举”等语，是渺小见解，仍为中下二品丹成之效，未足以证上品丹法，故并改之。学者幸毋疑焉可也。

管窥编

小艮曰："余闻之师曰：'读书贵体味，尤贵具只眼。'"

今味其摘述《修仙辨惑论》，曰：

"天仙之道，至简至易，而曰上士可以学之，何也？盖本《老子》'上士闻道，勤而行之'之意也夫。夫所谓上士者，其禀也纯，其志也一，物欲不能蔽其性，利害不能动其中，能常置其心于无何有之乡，而屡摄其身于虽死犹生之境[①]。故自百折不回，守行其混然无二之功，此其所以可学也欤！不然，以身为铅，以心为汞，以定为水，以慧为火，其法简易，何等直捷！不有卦爻，又无斤两，虽有智巧，无所用之，则凡至愚至蠢，亦可举而学之矣。要如斯道也，成惟仗夫慧力，故曰上士可以学之。

"其以身也比之铅，其以心也比之汞，精哉斯喻也夫！夫铅得汞合则铅柔，汞得铅合则汞死。以之喻夫身心，身心合并则有治验焉。盖身得心守则身暖，心得身依则心安，身暖心安则修有把握，不觉其劳。此真是下手第一着妙诀，而又是彻始彻终不舍之恒法。久而久之，始得形神俱妙，与道合真也。

"若夫以定为水，以慧为火[②]，只是两种作用，而水火在其中矣。其定也，万籁皆空，湛然常寂者是；其慧也，念起即除，无微不烛者是。

"至夫以身为坛炉鼎灶，以心为神室，其旨玄矣。若以此身为色身欤，则坛炉鼎灶如何安置？循而行之，不流于地仙，则邻于水仙矣。若以此身为非色身欤，则坛炉鼎灶又将外设。循而行之，不流于外道，则邻于炉火矣！况明示之曰身，则非外设也。盖所谓坛炉鼎灶者，喻词也，其身则法身。所谓法身者，是色身而非色身，非色身而即色身，视之而不见，听之而不闻。故谓可以见见者非，可以闻闻者非，其必冥其闻闻而闻，冥其见见而见，斯

① 万批：数语即是天仙功夫，学者宜细审之。

② 万批：定则气沉而精水生，慧则心空而神火发。

真法身矣[①]。然则此说之心，可举而为神室者，其非汞喻之心也明矣。然则斯心也，何心也？其即儒之仁心，释之佛心，吾道谓之天心是也。亦当冥其见见闻闻，而始得见得闻也。其大无外，其小无内，混焉穆焉，造次不可离、颠沛不可失也。故曰炼丹之要云。

“进而味其言采取也，曰端坐、曰习定；言行火也，曰操持、曰照顾；言进退也，曰作、曰止；言提防也，曰断续、曰不专；言抽添也，曰运用。其言运用也，曰清静自然。于火候也，则曰行止坐卧；于药材也，则曰精神魂魄意[②]。他若言以真气蒸蒸为沐浴，息念为养火，制伏身心为野战，凝神聚炁为守城，忘机绝虑为生杀，念头动处为玄牝，打成一片为交结，归根复命为丹成，移神为换鼎，身外有身为脱胎，返本还源为真空，打破虚空为了当。若是而示，真所谓和盘托出者矣。遇而不行，行而不勤，终成下鬼，惜哉！”

小艮曰：“闻之师，上所录固已和盘托出矣，而究宜摘味其旨，斯不负圣师宣示之慈衷焉。

“其曰端坐习定者，盖先具恭敬之心，如迎大宾然，则不落昏迷之境。其间调心闭息之功，谅必周致。一旦人法双忘，此之谓定。继或念起，复加放下。如是起，如是复，一而再，再而三，此之谓习定。

“其曰操持照顾者，其义有四，而其用也惟二。四者何？操贴行，持贴止，照贴坐，顾贴卧。凡人于行动之际，心易外驰；于无事之时，心易怠忽；于静坐之际，心易昏迷；于倦卧之时，心易遗忘。故圣师标示惟周。二者何？操持之功，乃须用力，惟于神安下极之际，有求援于中上处，斯须用

---

① 万批：此段言坛炉鼎灶神室，犹是空谈，学者无从寻觅，反增迷惑。余今直实指之，以泄天机，使学者有所悟入。盖炉鼎即身中大空旷处，上而泥丸，下而乐海是也。不在身之实处，故曰不在身内，不在身外，必冥闻见而乃见之，故为法身。神室，亦是身之虚空处，心后脊前，玄窍是也。此处细微，尤非闻见所及，故亦曰冥闻见，而始得闻见也。按：观乎“身中大空旷处”“心后脊前”云云，则知万氏始终在身内捉摸者也，与闵真所阐释玄关相比，算是渺小见解了。

② 万批：精神魂魄意为修炼之药材，诸丹经皆未发明，此篇亦未详说，恐泄天机耳。余自得师传后，颇深领悟。兹为学者略述之，俾有秘悟，然亦不敢尽泄天机也。盖性者，合天地万物而一者也，性得元精而生元神，神引魂魄而生真意，真意运用则追魂摄魄，而钤制元精，与元神会合而生元气。元气充，则真一之祖炁自来吞并而凝性以立命。命固则性常，追而丹成矣。长生久视，道固如此。学者可细绎之，至其运用，追摄钤制，勾引凝合之法，非时至缘凑，不能传授，恐泄天机而遭神谴也。学者须谅之。按：精神魂魄意为药材已玄矣，万氏更于空中作阁，精彩则精彩，然不过玄谈而已。

此二字。至夫照顾之功，乃不用力者，宜用于神栖上极之际，斯为得法云。

“其于进退也，曰作曰止。然此作止二字，莫作用工、停工二义解，乃指进阳火、退阴符而说。所谓作者，行进阳火之义；止者，止退阴符之义也。所谓进阳火者，非进呼吸之气，乃于息调之后，降存之时久，有如闭息作用然。所谓退阴符者，微以意向后一退，而我即从事于万缘放下之功耳。

“其于提防也，则云断续不专。此即所谓断者续之，不则专之，是乃隄防之义云耳。盖指因为事阻而断，则云续也。若因带行他功而疏其功焉，则舍他功而仍专于一，乃为不则专之之义云。

“若夫曰以运用为抽添，则即从其前说所云‘清静自然为运用’句，两相证注，即朗然矣。至如沐浴养火等等口诀，即依文直行，可无他虑者，故不必赘注云。惟夫末后‘念中无念’句，大须体贴，盖指夫凝神静定等功，全仗真念。所谓真念者，即夫操持照顾之真念焉云。”

第八卷　天仙心传

天仙心传

自序[①]

原夫运限无常，世运之通否，道运之明晦，其机由人，天地因而运转者。中古已上，人各完神，运无或蹇，道无或晦也。方今世尚，群务形声，力扫虚寂。其弊启自导师，初由讹会微言，忘却纯［音整］情则堕，以致自误误人。继而挟词以利己者，起而附和之，从而招招焉。以致学者大半堕其术中，死而不悔，全不悟妙有妙无，真实之相循，圣人特藉以观其窍妙。故其为用也，无情有情，惟一非二。近世导师，见不及此，学士亦悟不及，由是相习成风，乃流致下元之否惫，身世道运，殆有不可问焉。造物者固莫可如何，惟人为造物之至灵，欲挽此运，惟先自法古之圣人而已。

法古惟何？我国有羲皇，西域有能仁，东土有太乙，启蒙养正，以淑人心，垂有微言，以教后世。三教经文具在，洗心以读之，自知世身非二，性命一物，方知主夫世者人也，而主夫人者神也，三才一贯，义则如此。太乙不云乎："人身一世身。心即天也，身即地也，念即人也。"诚正修齐，以至治平，毋劳分理，端自净念返诚而已。上古圣人，治世功法，不由身外体制，并勿念外维持，惟自尽己以为功，即使人人尽己以为学，何等简易！何等宥密而自在哉！其得使人尽学己由自者，学尚虚寂志念耳，所谓"天下之本在国，国之本在家，家之本在身"是也。愚更为进其说，以为身之本在心，心之根在神，神非虚不灵。非寂不宁，不灵不宁，神何克纯？是以学尚

① 此书篇章次序乃点校者据金盖本等重新调整。万本顺序为：道光甲午正月初一之序，次为道光十二年之自述，次为《古书隐楼藏书》所刊书目的小结，次为李蓬头法言一则，次为太虚氏法言一则，次为天仙心传医世玄科，次圆诀薛阳桂注，次为正文内外篇、圆诀、续篇、大涤洞音、自警篇，次为内外篇注。金盖本次序为：自序，自述，正文（内外篇、圆诀、续篇、大涤洞音、自警篇），内外篇及圆诀注，医世玄科（仪则，正本并注），附录法言两则（李蓬头法言、太虚氏法言），最后附有《古书隐楼藏书》的主旨与书目。笔者另见密歇根大学万本电子文档篇章次序与金盖本同。丁本次序也与金盖本同，但无《古书隐楼藏书》所刊之书目。

虚寂，运道惟神。

三代以后，人竞功业，以为有征足信，适开机械诈伪之端，由是道运以晦，而世运日否。吕祖悯之，肇启医世一宗，我祖泥丸李翁，默相辅相。无如世逐浇漓，群染污浊，惟于亿亿万亿中，得一我师太虚翁，宗承无替，克守虚寂，而行合中庸，不尚功勋，而因心则友。及至乾隆丙午，余始得耳食于玄盖洞天之大涤洞，神人瞿蓬头默相证授于不识不知之天，铭之心版久矣。兹特自愧学不如师，不克振无字之心音，传之学者，纂此三册二种[①]，总名《天仙心传》。后学承之，果能镕一而神化，无不竿立而影现。揭其总持，不外虚寂恒诚四字而已。四字所宗，自完神始，即以神完为究竟之学焉，诚不过以神为身世主耳。

道光甲午新正下浣一日，金盖山人闵一得自序。

自述

师传天仙工夫，余于乾隆丙午岁，耳食于玄盖洞天。心袭以藏之者，迄今四十有七年矣。屡述与人，食之者寡。天涯海角，已踏破乎铁鞋；万载千秋，徒劳神而久视。深恐委师传于草莽，用敢寿口诀于枣梨。惟是初学之士，或心性未纯，关窍莫启；或情尘久搅，锢蔽方深。法惟先事洗涤，继事存思（存是存想，思是精思）。倘有中阻，虽因后天物滞，究因杂念中肆，以致真炁隐藏，关窍闭塞。上士于此，惟有不事搬运，但崇止念，晋造自然，终始不贰，自还先天，身得晶若。故欲完先天，法惟一意虚寂，念中无念，自然后天气寂，先天仍现，元炁仍行，身中关窍，豁然洞开。惟觉五色神光，亿万千聚，此系攒簇五行之实据。学士不为惊惶，不为喜悦，亦全凭真一不贰，遂得凝然大定，纯粹以精。仍以真一育养，功圆行满，梵炁弥罗天地，元胚模范十方。谓其现而显诸仁也，岂知其贯三清而上下，太极本无？谓其隐而藏诸用也，岂知其乘六气而周流，至虚不宰？坐镇太虚真境，长为无极金仙。谓其将升证也，更何天阶之可升？正不知我之为太初玉清，太初玉清之为我矣。

---

① 三册两种，指《天仙心传正文》《天仙心传注》两册为一种，《玄科》一册一种。

无如世尚逐物，得此简易工诀，退仍惑而自弃。其病在自晦“万缘放下”一句，终身无从入手。即有不晦此句，但略扫除片刻，自谓中已寂虚，遽事迎罡一诀，闯入黄中，夹带后天凡神凡气，坐塞身中玄窍，何殊运水担泥填塞崆峒仙境？纵使后来竭五丁大力以辟除，而泥水留痕，究难洗涤。即能洗涤净尽，而羲鞭不停，日月云迈。其能抱道而终者，已属吾宗之种子。若竟半途而弃去，几同畏噎而废餐，可不悯哉！吾故以先师之心传，录传于世。今将锓诸木，而复以“万缘放下”一句为学者再扣晨钟。

道光十二年闰重阳日，金盖山人闵一得谨述。

天仙心传正文[①]

太虚氏授　闵一得纂

内篇（九章）

师曰混化。天仙工夫，万缘放下，身自寂虚[②]。
爰引清镇，承照常持。正维中下，罔或刻疏。
圆虚圆寂，圆清圆和。何内何外，何有何无。
化化生生，一付如如。还返妙用，如斯如斯。
成身内身，是名真吾。尊之曰宰，亲之曰儿。
温养沐浴，乳哺尔疏。功纯行粹，还我太初。
自终溯始，诰诫无多。惟喜混穆，切戒模糊[③]。
模糊混穆，相去几何。一仍圆觉，一竟糊涂。
觉则成圣，昧则成魔。师训乃尔，慎毋参讹。

---

① “正文”二字，万本与丁本在“闵一得纂”与“内篇”之间，单独作标题，金盖本无，今移至此。此中文字，与注释中正文文字略有不同，不出注，亦不改动。

② 万批：不混化，即不能万缘放下。不放下万缘，身何能寂虚？不寂虚，何能入道？此修持总诀，一篇之宗旨所在也。学者于此着眼，遵而行之，则造道有基矣。否则，东掏西摸，误入旁门，终身不得，可慨也夫。

③ 万批：混穆即混化。混穆是大智若愚，模糊是无知妄作，差之毫厘，失之千里。圣凡之分在此，学者勉诸。

外篇（八章）

天仙心传，视身晶若。假以迎镇，如承日下。

镇照则生，镇注则化。化化生生，功惟一法[①]。

天以一生，地以一成。身失其一，晶何得能?

一之为一，无念而诚。有无不立，人法双泯。

原用之神，互根其根。置身于一，置一于心。

大周天界，细入微尘。无色无法，混化圆真。

是为真我，名身外身。视之不见，听之不闻。

神通变化，隐现随心。功圆行满，平升玉清。

上二篇，余耳食于师者。道光壬辰录示金盖诸生，内外丹诀备矣，故曰内外篇。

圆诀（四章）

上穷九天，下极九渊。三才卵守，黄是福田[②]。

我处其中，混化坤乾。知还知返，无后非先。

克纯克纯，无地非天。常真真常，玄之又玄。

绵绵密密，道无不圆。功造其极，我即佛仙。

上四章，乃示门下薛阳桂者。天仙心学备矣，故曰圆诀。小艮氏识。

续篇（十二章）[③]

嗟我志士，有志竟成。三尼医世，胡不踵行?

亦主混化，不事支离。假虚涵静，假静还虚。

虚极静笃，至道已基。三年五载，身世希夷。

从而涵育，不自满假。可久可大，神何敢懈。

薄伽梵帝，乌鲁斯僧。德化以来，征验维新。

居二千载，兵疫不侵。男尚中正，女尚幽贞。

---

① 万批：一即神也。通篇功法，皆是运神而已。

② 万批：三才卵守是天元法中入手功诀，欲知究竟全功，须阅《天元秘旨》一书始明。

③ 万批：此篇用以警世，最重在虚寂恒诚四字。盖四字乃修真彻始彻终之功诀，学者不可不知。

《西域志》述，佛亦犹人。经曰《持世》，玄奘译文。

功无增减，混化致淳。事造其极，隐现随心。

斯真至道，圣圣心言。散诸经籍，世昧稽研。

吕祖集示，显而复湮。泥丸承坠，太虚继宣。

小子承之，受而未授。穆穆洞音，大涤斯究。

爰为纂述，愿以共友。虚寂恒诚，四字切守。

上篇名续，计共十二章，乃续天仙心传而述也。功诀简易，不蔓不支，踵而行之，得大自在，直与西圣无字真经相为表里者也。谨按《西域志》，乌鲁斯国，绵延数万里，厥壤肥饶，隶有属国千城，岁仰维恤，风俗最淳，较诸羲皇有胜盛焉。[①] 又稽内典，即昔磔迦岛，薄迦梵帝未临以前，岛俗尚奢，民多游惰，屡遭海泛，不省隄防，渐致不支。时有长者，名号妙月，敬信佛法。乃感薄伽梵帝，自由中印度，率徒二千五百人俱，遥临其地，垒礫筑隄。长者从之，自备资釜，雇众循累。已而举国化从，礫尽而隄成。既且海不扬波，岛绝霪雨。薄伽梵帝乃为宣说《持世陀罗尼经》，以授长者，竟返中印度。按即释迦佛也。我国贞观间，玄奘法师返自西域，奉诏重译，御制经序，备载如此。道光癸巳除夕，金盖山人定梵氏闵一得纂，并跋于居易书屋。

大涤洞音（共十一节）[②]

蓬头瞿氏曰："教无声臭，惟觉雍雍。不色而色，不空而空。"太虚沈子曰："此之谓道。"

瞿又应曰："法天涵地，法地修身。至诚无息，道即吾心。"沈曰："然。此之谓德。"

瞿又唱曰："事相须则济，物相让则余。"太虚续曰："得失本无常，与计非过欤。"

沈又唱曰："色即是空，空即是色。"瞿乃应曰："不识不知，顺帝之则。"

① 按：此《西域志》（不知是否指《大唐西域记》）之说及后文所说《持世陀罗尼经》"御制经序"，目前尚未见到相关史料。

② 万批：读此如读《永嘉禅师证道歌》，顽石当为感化。学者细心领会一过，若犹不为之感悟者，必系业障深重，终当堕入阿鼻狱也。

沈因曰："打破虚空便无物。"瞿曰："然。翻身忘我见天真。可知不有有中我。"沈乃续曰："才是金刚不坏身。"

沈又唱曰："大道本无我，观空即住空。"瞿乃应曰："有无都不立，真在有无中。"

沈曰："不得也无失，相将顺运行。"瞿乃应曰："此是真消息，知音有几人。"

蓬头唱曰："至道几亡矣，瓦缶似雷鸣。"太虚应曰："只有方便法，动静听天心。"

沈又唱曰："云开日自现，日现雪消亡。"蓬头应曰："也须心内讼，消息本无常。"

瞿又言曰："只如医世运，运蹇且由人。"太虚应曰："会得此宗旨，余将先活神。"

蓬头续曰："神乃身心主，身心即地天。"太虚圆曰："造物无意必，故人秉世权。"

上洞音，共十一节。真人瞿蓬头、沈太虚两相宣说于大涤洞天。余心领袭之，初谓皆我心音尔。嘉庆元年，奉天李蓬头到金盖，相见情甚洽。余心忆洞音，李真即跃然曰："太音声希，神室不靖，不闻唱应者。题须即境以名之，方合道旨。"爰名《大涤洞音》，今又三十七年矣。遥承空谷之传声，爰记命题而笔述，学者其深体之。金盖山人定梵氏闵一得谨识于居易书屋，时在道光癸巳除夕。

自警篇（共十有九章）[①]

鸢飞戾天，鱼跃于渊。天然机炁，发自福田。不劳俯仰，自然而然。至诚无息，大道凝焉。

我身即地，我心即天。念即物我，我物一焉。浑而化之，密密绵绵。无时或昧，无刻或粘。

谈何容易，念绝神清。念何能绝？勿逐勿听。假虚假寂，由勉致淳。淳

① 万批：此篇自警以警世，所以结束前数篇之义也。其宗旨在虚、寂、恒、诚，而入手在混化，归功在自然而然，三教大法，不外乎此，最宜潜玩毋忽。

造忘如，诚恒乃能。

我毋再忽，身存能承。一旦物化，要能不能。我年已迈，一息仅存。趁此一息，秉命承行。

普天普地，同志少人。我毋痴待，要行立行。未归大造，神尚造神。何可观望，羲鞭无情。

妙月长者，磔伽凡夫。敬信佛法，文佛感乎。事载内典，典岂欺吾。足征足信，我可如他（音拖）。

矧斯至道，功惟维吾。致中致正，致庸致和。如心使指，如水归涡。谨持毋懈，慎独无他（仝上）。

“向寐何熟，迫始醒欤？”“已则如此，世何足讥？不材固尔，责何敢辞。”

世又笑曰：“斯传果真，从学必众，子何独闻？世况蹇久，何不早承？”

不材默然，答无可答。神忽大言：“可说难说，向待道成，错会计得。

“纯阳泥丸，往哲同然。生年月日，悟后乃宣。斯则天机，泄何敢全？

“运到庚辰，神母懿旨。持世承颁，泄罚律恕。太虚承之，乃敢诰世。

“斯旨何指？学成纯（音整）纯（音绳）。中无意必，更（平声）藉人更（同上）。行必乃尔，人须成人。

“中知靖念，不为人侵。维之持之，身靖世宁。苟学未极，适足乱心。

“某故迟迟，是慎非轻。今惟自勉，不敢勉人。世各自问，毋贰尔心。

“同志悟之，中各自省。虚寂恒诚，或昧立醒。亦即医世，身世不梗。

“男尚中正，女尚幽贞。从而涵育，尽此报身。得沐佛应，磔迦岛能。

“应固乃尔，不应亦承。行我本分，不行非人。愿我同志，只如如行。”

世佥曰：“诺。子且力持。禀有厚薄，征验自殊。行藏显晦，一付如如。”

上篇十有九章，题曰自警，以束心传全部也。时为道光甲午仲春之望。地曰瑶坛，宫曰赞化，堂曰葆元，中奉吕、邱、白、黄、沈真，乃属累行积功之所，肇于忍奄、春帆、兰坡、镜轩、南崖、心乡，成于晴波、兰云、直卿、镜唐、稼堂、补愚、春泉、懋[①]唐、希唐、莳香、云伯等。若而同学，意在谨承金盖宗坛而设也。余则以为行属有为，人存则存，人亡则亡者。乃

① 万本“懋”字后空两格才是“唐”字，光绪本、丁本直接作“懋唐”。

为宣示吕祖医世圣功，直泻心传，主在率淑人心，乃为医运之抽薪，顺作修身之宝筏。总名《天仙心传》，三册而二种。所以申明身世行功一致之义。而身运适蹇，镜轩、懋唐得而梓之，余遂续纂《自警》一十九章以为殿，岂非及时之胜会乎？跋此数行以志幸。金盖山人定梵氏闵一得谨纂，并跋。

天仙心传注[①]

内篇注[②]

太虚翁口授　闵一得述注

师曰混化。

师，乃泥丸李祖也。谨按混化，乃即吕祖三尼医世功诀，法造身等虚无，迎罡下照，纯行三才卯守[③]，中无他念杂入而已。太虚氏曰："此是无上上乘丹诀，然可心领，不可言传者。我师泥丸氏，述授余曰：是真太上心传。而入手务先止念，或预存运，继事存思，尤要明夫宗旨。宗旨惟何？知还知返而已。盖还乃还元，返乃返本也。苟昧道本至虚，体本至无，则还失其还，返失其返，此而还返，不犹南辕而北辙乎？宗旨一明，始可从事有为，不为有为棘手，而头头合道矣。其诀，在知假法也。假法惟何？或由假虚以涵实，或由假实以煅虚，是两法门，皆属假幻成真之法，要皆引入究竟。执一以持，皆名执着。执着之者，不明道德。世之丹书，皆本黄老，莫非致中宝筏，而各宗其宗，不识汇参，适足贻误，动有毫厘千里之差。我宗溯自秦汉，直承单传，始自关尹。吕祖承之，宗旨复振。既而中晦，我师泥丸氏承之，炳得窃袭（炳乃太虚派名）。自惭德薄，第谨识授，学者得之，务望参诸道籍，证诸佛经，不立有无，一循道体，而事兼存导，尤必造至自然，庶几不负所示云尔。"

天仙工夫，

仙有五等，按即天仙、水仙、地仙、神仙、鬼仙也。等虽有五，事之成者，统号真人，谓惟真人克事斯尔。然人禀习殊异，则修养功作万难一致，此仙有五等之由。后学述之，各述所事终始，以承以授，世存丹籍，大率类此。不有心传，茫无入手。白祖琼琯先生悯之，乃著《修仙辨惑论》以授

---

① "注"字诸本无，系点校者依本篇内容所加。其后之内篇注、外篇注、圆诀注，俱题作"天仙心传"，在署名后题作内篇、外篇、圆诀。

② 万本、丁本俱题作"内篇"，在"闵一得述注"之后。点校者改移至至此。且"注"字诸本无，为点校者所加。

③ 万批：三才卯守尚有功诀，未尽透泄。学者欲行此法，须得真师传授。

世。无如世乏上智，而自问卑下，每置斯论而罔参。我师泥丸氏体之，谓可直承吕祖三尼医世功诀入手，则便身世两利，毋劳续事，功圆一宗者。究其功法，不外混化[1]。故立标曰“天仙工夫”，谓非水仙、地仙所得与行也。

万缘放下，

缘者何，情根情尘是也。不由内蕴，即由外触，必须放下，天心乃现。此是入手第一步，修性始此，修命亦始此。个中妙义，行者自悟，无劳赘述者。第其放下，功法不一，择其至精而无流弊者言之。泥丸氏曰：“缘起立除，一法也。缘起成猬，中如焚炙，聚而坡放，一法也。缘起膜视，听缘自缘，一法也[2]。三法之中，末后一著，乃为仙著。斯则如云点虚，虚自无染，故无损益者。后学从事，但自顾密而已。”太虚氏曰：“然。师故不曰扫除，而曰放下也。盖缘乃意成，意乃心发，心泯意自化，而缘自脱根，不劳作为者也。学者体之。”

身自寂虚。

身，身中。自，自然。气静曰寂，念无曰虚。如是则身等虚无，而容光必照。按此一句，乃混化入手第一步秘诀，而功从存思入。存思惟何？初则即外以证内，次则即内以证外，再次内外如如，无可分别。泥丸氏曰：“此等功验，不从眼得得乃真，第非初学所能。故如即外证内一法，是乃从眼入意之法。次之即内证外者，乃是从意入眼之法。再次如如，乃是无意无眼之验。学者造此，乃可从事迎罡，而行不虚行，行久无间，乃造真心常存而若虚，真炁常充而若无。此种玄况，不存而现，不思而得，乃合自然。行功到此，谈何容易哉！而诀惟念中无念焉尔。”

爰引天罡，晋照常持。

是承上句工验。再加引罡假法，以造真虚真无玄境。而其晋照，自有方所（晋乃晋卦之晋，进义也）。泥丸氏曰：“晋而下照，乃自顶盖，前下眉心。

---

① 万批：混化是第一着功夫，须注意。

② 万批：听缘自缘是顺其自然，而无强制，故为道家第一着性功。若佛家遣妄之法，尤有最上乘者，佛于华严会上，应富楼那之问，答曰：“惟有礼真法，可以除妄念。”惜乎此法经典不传，必得师授。昔憨山大师梦授藕益大师曰：“吾授尔以礼真法，使尔妄遣真存，三十年可发挥佛典八十种。”后藕益师果著作如林，皆得力于此法也。法只四句，为遣妄最捷之功，惜非其人，则师亦不肯轻传耳。所望学者自诚其心，自宏其愿，虚衷下问，感动真师。自有与闻之一日。岂诈妄之徒，能窃取于徼幸哉。

复由眉心，照注山根。尤须先以真意，直由顶门，透迎上天镇星，自能引到天罡，下合身罡，聚存山根，汇照阙盆。加行虚极静笃，自能深透玄窍。觉已透窍，加造自然，坚持无念一诀，自得胎息真验。然非常持不能得也。要知此一功法，终始赖之。行到化凡成圣，无遗毫发未化地位，乃可歇手。”

于天于渊，无间刻时。

天，天灵盖骨是也。渊，乃脚底，涌泉是也。按天镇星，位在中天，高过日月星辰，为大地精华上升所结，实为斗口天罡之主。又为五星之中星，焕明五方，而不改其常度。下有北辰（即天枢也），主宰森罗万象。在人身为囟门盖骨，此骨乃人身生炁所结，成于落地之后者。上通天上镇星，故欲引天罡，须迎镇星。镇星既接，天罡自注。从此普照，昼夜常存，犹如晶瓶仰承日下，内外通明，上下透彻，而后后天化尽矣。

按此一步，正属还元要诀。诀曰归黄，乃是呼吸气停，炁由间前透达，直由下、中中道，抵至顶骨，而若无升无降者。先天炁清，无质可体故耳。先哲循之，谓惟行于一念无杂之时，则所升降，尽属先天，故无流弊，而验自极神。苟或虚寂未造自然，法惟升则听升，而于降际，毋忘注海一诀也。太虚口授乃尔。是为初学妄事归黄，必犯后凡随升而说。傥并昧此，受祸非细云。

圆虚圆寂，圆清圆和[①]。

功法崇普遍，必须圆而无缺，造无丝毫凡后中杂乃妙。太虚氏曰：“虚寂是体，清和是验。功用造圆，自无流弊。迥非初学由搬运而通，存思而遍者也。既通既遍，仍自纯行无念，自然返还，法皆谓之混化，故必以清静自然为运用。苟或不尔，必有闹黄、闯黄之弊。”

何内何外，何有何无。生生化化，一付如如[②]。

按曰如如，则更深造自然矣。太虚氏曰：“内，乃色身以内，脏腑等等是也。外，即色身而言，皮肉筋骨等等是也。而泥丸氏乃谓‘内则色身，外则法身’，是则吕祖三尼医世功诀。准此行持，乃犹法制神仙肉，以天地作锅灶，以鄞鄂作瓦罐，以泡影色身作肉，加以定慧作维持。其法甚简甚易，但闭六门，毋使漏炁而已，此即行夫胎息焉。余今所示，盖以学人身心未靖，

① 万批：虚是心空，寂是气静。空则心清，静则气和。心属性，气属命，虚寂清和，则性命双修矣。

② 万批：能知“生生化化，一付如如”，则万缘放下，身自寂虚矣。

关窍未通，须从身色上加行搬运，继以存思。迨到关窍全通，存思无妄，然后遵师玄示，刻时无间，则无自欺之弊。学者体之，慎毋躐等云。"

还返妙用，如斯如斯。

还，乃还元。返，乃还本。太虚氏曰："要知道本至虚，体本至无。学昧斯义，往往还失其还，返失其返也。"按曰"妙用"，盖有假虚涵实，假实煅虚等等作用于其间者。后学审之，慎毋滞虚滞实也。故曰"如斯如斯"云。

成身内身，是名真吾。

按即丹书之真人。而功法，较诸丹书，简甚易甚者。切忌或作或辍[①]，与夫散漫昏沉焉。其法盖以太虚为炉鼎，而以色法两身作药物，一以定慧二义为水火，更以无间为火候。火候功足，真吾乃现，不劳破顶升遐，而隐现随心，并无方所远近，惟觉动静焉尔。

尊之曰宰，亲之曰儿。

丹书所示，尽属假法。不会其义，受悮非细也。

温养沐浴，乳哺尔疏。

太虚氏曰："温养、沐浴、乳哺等等，虽有成说，备载丹书。然有活法，一如禹疏九河，随势顺导，凭我玄况而心维之，自然从心不踰，以期致中致和而已。"

功纯行粹，还我太初。

功乃内功，行乃内行。按曰"还我"，就我所故有而还之也。太初者，先天之初，无极之根，真一是也。

自终溯始，训诰无多。惟喜混穆，切戒模糊。模糊混穆，相去几何？一仍圆觉，一竟糊涂。觉则成圣，昧则成魔。师训乃尔，慎毋参讹。

此十二语，亦太虚翁训诰之词。

外篇注[②]

太虚翁口授　闵一得述注

天仙心传，视身晶若。

---

① "辍"，金盖本、丁本作"撤"。

② 万本、丁本俱题作"天仙心传"，于"闵一得述注"之后别题"外篇"。点校者改移至此，且"注"字诸本无，为点校者所加。

视，内视，即心视也。身，色身，即凡体也。晶，水晶，喻通明也。此步工夫，纯从万缘放下时入手，须得若存若忘玄秘，方不致堕幻妄，故曰晶若，大觉如如之义也。

假以迎罡，如承日下。

法详医世功诀，犹以晶瓶承日下，光自注入，内外通明也。

罡照则生，罡注则化。化化生生，功惟一法。

照则普照，注则凝注，生则自生，化则变化。功法不同如此，而一凭夫真一焉，故曰"功惟一法"。法，法则。功，功用。主斯法用，盖有真我在焉者。

天以一生，地以一成。

天仙妙用，不过生成。天地证验，亦惟生成。而其玄义，赖一以成。人而事仙，一何可舍哉！

身失其一，晶何得能？

身本一生，身而晶若，纯一乃成。一何能纯？在知还返，无念而诚。太虚口授如此。

一之为一，无念而诚。有无不立，人法双泯[①]。

无念也者，盖言念中无念耳。诚，乃"不诚无物"之诚，真一是也。有，乃有闻有见之有。无，乃无动无变之无。不立者，乃听其隐现。人，乃人情。法，乃法则。双泯者，乃泯其察求。功能如是，念自寂然，而心复泰定矣。此是彻始彻终所当诚守也。如是诚守，虚可极，静可笃，胎息自成，玄关窍开，呼吸气停，真炁周行，无或散滞，则所隐现，无非真况。然总以寂视无着，为无流弊云。

原用之神，互根其根。置身于一，置一于心。大周天界，细入微尘。无色无法，混化圆真。

原者，原其终始。互，乃交互，犹言循环也。根，乃所自之根。而曰其者，盖言真一也。置，安置也。身，乃色身。一，乃真一。心，乃识心。天界，指身而言。微尘，指性而言。色，指色身。法，指法身。谨按混化，乃

---

① 万批：无念而诚，是三教通诀。《参同契》云"无念以为常"，佛说"念中无念"，《易》曰"寂然不动"，皆同一宗旨。舍此，别无修炼之善法。学者宜着眼。

合色法两身，置之天心，以行陶铸也。盖色固凡浊，而中存真一，法固清灵，而中杂凡后，必须叠加陶洗，更汇冶陶，厥真乃出乃圆[①]。工法之妙，乃在“互根其根”一句。其下置身置一，已具大周、细入神用。而其所以得神者，以无所住而生其心。故曰“无色无法，混化圆真”。个中精妙，非笔所能罄述也。

是为真我，名身外身。视之不见，听之不闻。神通变化，隐现随心。功圆行满，平升玉清。

真我，即真人。而曰“身外身”者，盖比色身而论之，以其能离色身，出处不二耳。下两句，系引经语，以证真我乃道体，正以棒喝世迷，毋复囿于成说，致堕幻妄而不悟也。末后四句，乃示真空不空，真无不无。痴人不识天地三才只是一个，但慕至人之隐现，不识致使隐现之由惟由一心，一现则现，一隐则隐。盖至人之心已与天地不贰不息，故能隐现无穷，神通莫测也。始而色身未造纯法，故有混化之行。继造纯法，未造自然，犹未可以平升玉清，乃有混有混无，混化混圆，留身住世以事之者。迨至功圆行满，乃升玉清。曰平升者，是已无劳破顶升遐，盖以六合三洲，不外一心，自无方所，有何高下远近，而劳出入升降乎哉？此皆由混化于一，大周细入之神功，得与天地合德，迥非地、水、神、鬼各种仙人，去天尚远，还须上升，乃至玉清者也。故曰天仙工夫也。

圆诀注[②]

定梵氏体述　门人薛阳桂体注

上穷九天，下极九渊。

九天，盖指头脑，泥丸是也。九渊，盖指涌泉，脚底中心是也。此以人身一小天地，故古说法乃尔。穷，尽也。极，极也。含有溯洄相从功法，乃即于天于渊，无间刻时之作用。

三才卵守，黄是福田。

---

① 万批：真依假立，故曰中存真一；妄由真生，故曰中杂凡后。全真即妄，全妄即真，故无色身法身之别。混化于一，斯真乃圆融耳。

② 万本、丁本俱题作“天仙心传”，于“薛阳桂体注”之后别题“圆诀”。点校者改移至至此，且“注”字诸本无，为点校者所加。

卵，鸡卵。喻义出自内典。黄，乃鸡卵卵黄，喻人世也。而曰守者，盖以太虚为炉鼎，而以三才为药物。混化总诀如此。

我处其中，混化坤乾。

我，真我。处，处守也。中，乃黄中。而曰其者，真我之所自成，故以其字言之。谨按功法，乃混身世于黄中，但循道体，一念虚无而寂静，寂静而虚无，不住方所，不杂知识，自造（音糙）天炁下注，地炁上升，化否（音丕）成泰。混化初验则如此，故曰混化坤乾。

知还知返，无后非先[①]。

还，乃还元。返，乃返本。后，乃后天。先，乃先天。知，乃觉知，犹夫明也。惟明而后能诚，诚无不还，诚无不返。如是返还，则自无后非先矣。是乃自然之神验。盖贴精气神而言，尚属内篇作用。

克纯（音绳）克纯（音整），无地非天[②]。

克，能也。纯，专一也，盖贴用说。纯，整片也，盖贴验说。地道耦，天道奇（音机），奇阳而耦阴，混化至此，乃成纯阳，无缕阴存，故曰无地非天。是乃外篇之造验也。岂易造及哉！

常真真常，玄之又玄。

谨按恒久曰常，不假曰真。盖言所事所造，恒而且实，实而且恒，功造其极，而验自造真矣，故曰玄之又玄。盖已造至无极而极也。究其终始，不出还返两字。穷其所极，还返乎道体焉尔。

绵绵密密，道无不圆[③]。

谨按常真曰绵，真常曰密。密密绵绵，乃造至诚而无息也矣，更何道之不圆？师故断曰“道无不圆”。

功超其极，我即佛仙[④]。

功，乃还返之功。超，乃超出。其，乃其道。极，则无极之极。我，乃真我。核即外篇所言之身外身，无质而质，正犹佛氏紫磨金身，玄宗真常种

---

① 万批：后天皆先天所斡运，若知返本还元，则后天皆化为先天矣。故曰无后非先。

② 万批：人之四大曰地水火风，而水火风皆地气所化，实皆天气所鼓荡而生。不知修炼，则死后终归于地。能知还返，则纯一仍升于天。《中庸》曰“於穆不已，文王之德之纯亦不已”，即无地非天之谓也。

③ 万批：绵绵，不绝之谓；密密，不疏之谓。不绝不疏，道自混化而圆融矣。

④ 万批：妄念一动，仙佛亦化为凡人而转劫；真念时存，我身亦无异仙佛之超升。

子，故曰我即佛仙。

羲皇齐驱，元始比肩。

羲，乃天皇伏羲氏也。齐驱，即并驾。元始，万有万无之祖号。比肩，并立之义。是足上文比喻也。学者慎毋住相，是即“舜何人也，予何人也”云尔。

天仙心传玄科[①]

太虚氏授　闵一得述

医世玄科仪则

设坛

斗室一间，中陈净几一张，矮几一张，一置圣前，一置室东。室不必大，以净以明。门窗紧闭，所以避风也。蒲团两个，一置圣前，一置室东。棕毯一席，桌围一条，三事件一副。中供白米一盘，上供净水一杯，明灯一盏，供烛一对，香用好线香三枝。净衣一件，净履一双。此外不置一物。

进坛

毋不敬，俨若思，后乃入。入则端直其体，空洞其心，真一其念。无视无听后，方向上行三朝礼。礼毕侧退，西向端坐。坐前侍以矮几一只，上陈玄科，下安蒲团一个。士则端坐，俟气已静，然后展科，默持唵嚂两字，或三遍五遍七遍，所以净身、净心、净意也。故于默持唵时，须存中无一念，以观造清空一炁，如水如天后，方出嚂字。故西法唵下注一引字。若按引

① “玄科”二字，万本与丁本在“闵一得述”与“医世玄科仪则”之间，单独作为一个标题，金盖本无，今移至此。万批：道之玄科，佛之密宗，皆神威所寓，至大至精，至高至捷，神通变化而莫可思议者也。《易》曰“变化莫测之谓神”，《孟子》曰“圣而不可知之谓神”，皆此之谓也。吾师陈抱一先生教人最重玄科，而变化神通较古法为尤捷。盖古法虽精而变化尚少，吾师则因古法而推扩之，择其精者而化裁之，故收效尤速焉。其法分二十四门，四千八百八十四法，十九万九千七百六十四诀。人各一诀，法有始终加减变换之不同，门有上上、上中、中下等等之差别。盖志在普度，有教无类，故不得不如是之周密而广大也。现在同门之受诀者，无一人同法者焉，而功效之速，殊途同归，可见神威之力之大而无穷也。学者将此古玄科玩索而熟习之，迨功修精到之后，自知此中精义无穷，神化莫测，所谓“宇宙在手，变化生心”者，斯时始会悟其用中之用、玄中之玄焉，而集风召雨，呼雷引电，尤游戏之末耳。惟斯法授受自古维严，非其人则不传。诚恐轻泄天机，必遭天谴，可不慎哉。

义，只将唵韵拖长而已。士能如法，诚观诚存而诚持，三遍亦足矣。持毕，接行礼诰，而不载仪注者，法用神礼耳。若欲退出，必须起诣圣前，如上肃礼，三礼而退。又按神礼，须以神向清空而神叩，色身寂不动也。

退休

身出而神内凝，不但不言不视不听，内惟存守清和景象。遇事则应，应毕立释，毋逐情，致失存趣。失则立凝，凝则释如，则神自常清，气自常静也。复进，仪注如初。功课既圆，退而独处，总以念绝情忘为宗。始而强，终则纯，毋畏难，毋苟安。

告圆

须具恒诚，发大誓愿。存有偈言，伏而默念，曰："某沐师授，云：假虚涵静，假静还虚。虚极静笃，三元合机。互相医世，征验新奇（音几）。刻斯时斯，毋间须臾。志心恳祷，愿造希夷。"念毕三叩，起诣圣前，如初肃礼，三礼而退。

上科，仪则惟四。历圣之所遗，简易之至。然属入门规则，故有进退仪文。志士行之，总在一身也。《修仙辨惑》云："以身为坛炉鼎灶，以心为神室。"兹则以心为天，以身为地，以念为人，从而致虚致静，致中致和，致圆致极，身世自化。于斯时也，色法两身自必与若勿与，而却无或昧，此之谓混，此之谓化。吕祖开科心学则如此。苟或拘仪拘境，其去科教远矣。

玄科正本并注

开科偈

即虚涵实，即实返虚。实虚镕一，身世可医。

工法详后。

镕一真言

唵（引），嚂。

不计遍，以造清空一炁，无世无身，声臭亦泯，乃为镕一焉。体其功用，乃在唵字，故其音韵绵长。盖括 字精义于唵字韵中耳。然按内典，是名净界，不名镕一也。

圣诰

天宝灵宝神宝，玉清上清太清。一炁流行，三清演化。含光默默，不言而运布四时；正色空空，无为而化生三境。大罗天上，金阙宫中，虚无自然，三清[①]三境三宝天尊。

此即玉清神母诰，太乙所颁，元初乃出，世本称为三清总诰，其来旧矣。泥丸氏曰："士诵此诰，忌杂知见，总以空洞无涯、声臭亦泯为宗。"余体诰文，直写道体。圣非神母，不足当也；笔非太乙，不能述也。士修至道，当刻内持。世虽讹认，三清全义备焉。谓之总诰，亦无不可。

情词

伏以运值下元，惟一能更。我承宥密，摄世归心。崇仁崇顺，凡庶炁新。伏望宏慈，普垂照注。

天炁下施曰仁，地炁上承曰顺。一呼一吸间，两义互自循环者。初则存运，纯则自致，总以毋住毋所乃妙。

忏解真言

考诸内典，乃大明咒，自在菩萨之心音。人诚持诵，世感物化，身尸应顺，能发无上菩提念，故能消释业案。然按功法，精严之至也。泥丸氏曰："吕祖取用者，下元劫厄皆由人造，造物因而运行尔。业案不消，世运难亨也。"

唵（引），嚒呢钵纳铭吽（音吼）。

工法还自观空始，须观造身心两忘，世身乃一。自得现有粟如，游行于中，而色黑如漆者，乃是下元身世，黑乃习染所致。法于现时，神忆真言，而须造至持若勿持，乃有声入心通之应。切戒起有思议，斯便致得无音之音，响彻十方，不识声自何来。乃自学造诚极，得于不持持中者，乃犹魂梦

① "三清"两字，万本无，据金盖本、丁本补。

持诵之验也。学既造此，方有世感而物化，身应而炁凝焉。吕祖医科圣功如此。夫岂喉舌持诵者，所得造至哉？然而道不离世，致造入圣，端自喉舌起也。学者不可不悟焉。

云篆

按此云篆，太乙有言，名曰玄蕴。盖言先天真炁之所凝，神母之心华，篆篆蕴有天地山川、三教经义者。其体可究，其用不可穷也。尔时果老会之，为著《玄蕴真言》以授世。世故假作开经偈，乌知专贴云篆而说哉？其体可究，元命是也，故可假以医世运。凡从持运，功行两全，世身并利。盖此篆蕴道体，体既至真，其用自神，第非私智可测。故谓用不可穷，玄蕴偈释，非虚语也。

[illegible]

次一 次二 次三 次四 次五 次六

上八十四篆，神母布之，皇人摹之，谌母订之，旌阳集之，果老阐之，纯阳用之，泥丸袭之，一炳承之。我师泥丸氏曰："太素云篆，散布太虚，一时之胜因。皇人天真，见而摹之，藏诸天府，授诸世真。譬犹一斛牟尼，散盛（音成）人世，并无句读（音豆），亦无音韵可稽。旌阳集得而慨曰：'散寿无方，寿难圆寿。兼之篆体离奇，摹仿非亦易[①]也。'谌母因而感降，为授音韵，使人可读。旌阳领之，从而翻译成楷，随更集而成文，始有《大洞玉经》之名。然犹未辑入《藏》者。延至刘宋，乌程陆修静奉诏辑入。余按世用，盖有用霐，用霳，用霔，用霡，又有用元，用玩，用乾，用鬼，而统将译楷，逐字分砌钩中，均有玄义存焉者。吕祖医科，独取玩包，稽谓元始玉法焉尔，乃即篆集经文'南无珏法'句义也。"我师又曰："物物有自而生者。云篆之生，生自金书。金书之现，现自王倪。王倪惟何？元命是也。学知体究，是为穷源。知而谨运，化化生生，不违道体。要知道本至虚，体本至无。此义一明，虚无二字，又为王倪所自出也矣。此之谓澈，学者凛体毋忽。以下十二篆，吕祖所续，然其玄义可度而测者。"

盖指儒宗禀承之道。

① "非亦易"，金盖本作"真非易"，丁本作"亦非易"。

盖指玄宗禀承之道。

[illegible]。次七

盖指释宗禀承之道。

[illegible]。次八

[illegible]。次九

上二十四篆，泥丸氏所续，按即祝词也。泥丸诰曰："斯宗乃至道，云篆是真文。一篆由心运，三才神仰临。所求无不验，有愿自圆成。能将全篆运，运运出天心。不落有无界，乌鲁斯得征。燃灯曾有记，隐现立随心。”泥丸又曰：“持运有遗制，无缘难见闻也。遗制惟何？道祖纯阳翁曰：士学持运，只将云篆依次分存，或脐或脑，而序有先后，准而持之。先运王倪，次运金书，再次运篆，不可倒置。王倪惟何，○是也。金书惟何，◎是也。”泥丸又曰：“吕祖之运王倪金书也，乃用天目。而其口工，惟假唵嚂两字，法如磨镜，是正用神以持者。故其运篆，亦用天目，向空而运。篆成，摄而存脐存脑，个中尚有至精玄义。篆虽运承金书起手，而此王倪，三才之元命，极极化生之自出。以身而言，未出母胎时，本位在脑。既出母胎，便落气海。又按金书，三才之元性，物物隐现之所仰。以身而言，物未感时，本位在离。既感而应，乃临天谷。故凡篆承金书而运，则由天谷前降，故以降得清明为妙。篆承王倪而运，则由气海后升，故以升得冲和为妙。准此而运，[王邏]则存脑，玩则存脐，寓有上行下斅之义，工法并如也。谓必一篆升，一篆降，且必篆篆默持全篆一周者，所以致无偏胜也。准而持之，升降平，阴阳调，呼吸均，进退整矣。谓必持若勿持，运若勿运者，所以致造自然也。学造自然，三元机炁自返先天。元造返先，身世不已治乎？从而时不刻间，三年五载，以涵以炼，世有不化，运有不昌，天其不天，地其不地乎哉？要知灾劫频临，皆由人造者。故尔仙佛圣贤，教主修省身心，返还道体，夭寿不之贰焉。医世之学，吕祖肇而集示。乃假云篆，加修加证。功诀简易，端在维持一念。所谓意诚心正，心正身修，身修家齐，家齐国治，国治而后天下平也。夫岂专利一身哉！至谓道不外我，其义精玄而切实也。太乙不云乎：‘人身一世身，心即天也，身即地也，念即人也。’人处天地之中，渺如一粟，而天实包地，地则载物而承天，形如鸡卵。天则清如，地则黄如，人物森森于其间。主之裁之，惟人乃能。故尔两造翻若人承然者，人乃天地之神耳。是以神贵虚寂，偈有诸：‘一脚踏翻尘世界，情忘念绝见天心。’此之谓致虚，此之谓守静。从而精进，乃造宥密。学造宥密而自然，始可医世，不为世惑矣。谈何容易哉！不诚不进，不恒不证。可见斯学，只在虚寂恒诚四字焉。”

普应真言

唵（引），嚐嚨（二合），娑诃。

按出内典，而用法随心。故尔佛法斗法，统取用之。谨按两法，嚐嚨之下亦即直接娑诃。而于娑诃之上，亦皆注曰“二合”。第按西法，合音葛者。故其念法，唵韵隐于喉鼻间，其韵长而幽。开口念之，乃始合诀。其下噌韵短而缩，嚨韵放而洪。再下两字，娑音速，诃音霍，义盖用以降（音杭）伏诸魔，故名一字顶轮王真言。此咒声出，四十里内，诸魔器械，尽自震落。我宗宗斗，斗法合音喝者，义则重（平声）言以申之。故有一合二合，以至八合九合者。吕祖引用从斗，故名普应真言，意在普感普应焉尔。泥丸又曰：持运已毕，总应礼诰而退。至如次数，学戒贪多。即日持八篆，亦不为少。总以神完无漏为主，而工法惟以升得冲和，降得清明为真验焉。

回向誓偈

二氏科本，或经或忏，均有回向文言。盖以所持所运精义，回存个中，令守勿失。是即释兹在兹也。

愿承宥密，摄世入微。假虚涵静，假静还虚。虚极静笃，三元合机。互相医运，征验新奇（音几）。刻斯时斯，毋间须臾。志心完神，愿造希夷。

愿，乃医世宏愿。承者，踵而承行是也。宥，乃安义。密，乃不见不闻，鬼神莫测是也。假，借也，即此明彼，对治工法乃尔。摄，乃收摄。世，兼身世而言。微，乃几微，元性性源是也。虚指心，静指身。涵，乃涵养。还，乃还元。极，乃极处。笃，乃笃实。三元，天元、地元、人元也。机，乃真机，先天真一之炁机。互，乃交互。征，乃征信。验，乃应验。奇音几，不贰之义。刻，乃片刻。时，乃暂时。间，乃间断。视之不见曰希，听之不闻曰夷。念毕三叩，起诣圣前，肃礼三礼而退。

上科乃正本，而所持惟八，可谓简易之至。准而行之，捷应如响者，为能致虚致寂而致诚耳。学鲜克成，乃在不恒。学知体注，功法并如也。道光癸巳除夕，后学闵一得谨跋。

法言两则[①]

神人李蓬头法言一则

定梵氏述

何为混化？继何加以混忘乎？

曰：混化之义，犹以晶瓶承照日下也。究其入手，乃由假始。假法惟何？存此身世，等同晶若也。诚而行之，切戒期效，毋住见闻。法惟浑此身世于虚寂之中耳。在汝入手，须先明澈其义，方不堕入幻妄，何可草草！体会明澈，乃可行焉。我为言之，其义惟何？有形之实，不是真实；可见之虚，不是真虚。故尔古哲有言：真实之虚，金玉得之故坚；真实之实，虚空得之故溥。我今更以两造言之：苍苍之天，乃合地炁结成者，然而不可不谓天也；块然之地，乃承天炁结成者，然而不可不谓之地也。学由是义，以行混照，念自无得而着，心自得而不贰焉。如是体行，实虚必自镕一。功到镕一，已造化境。以无分别，故名曰浑。而必继以浑忘者，并此存浑体用而悉释之，乃得深造自然地位耳。学造自然，永无流弊，古哲所谓百尺竿头更进一层是也。

上乃授出神人李蓬头，而得自门下徐生。生号根云，泰州人氏。诚信有余，灵慧阙然者。授以书，晓夜对以泣拜，诚极感神。李真乃至，闻竟授生大道。乃窃询之，述谓授以一纸书，口谓："道以止念为经，浑照浑化为纬，继以浑忘为竟。"所授纸书，受而未能读也。即取与得，言计二百九十有零。按即我师太虚翁所事之学。纸色亦黯澹，盖非为生而出，假以授得者也。爰熟读之。今因汇录《心传》，笔此数行，以志得读得事之由。道光甲午三月三日，金盖山人一得氏谨跋。

① 诸本未有此题，系点校者所加。两则法言之前，底本与丁本，俱题作"天仙心传"，金盖本作"天仙心传（附录）"

真师太虚氏法言一则

定梵氏述

太虚氏曰："三才曰世，我身亦曰世，故世与身，可分可合。我师泥丸氏曰：'以修法言之，人法地，地法天，天法道，道法自然[①]。以义言之，自然，体也；道，乃用也。盖体本至虚，道本自无者。准此而事，法惟虚无而已。住作住为，即背自然，去体远矣，是名小道，志士勿之事也。''然而古哲古德不有言乎：始因有作人不识，乃至无为众始知，其说何说？'曰：'此之谓法。法乃法则也。谓须有用用中无用，无为功里施功耳。古哲故曰：那么不那么，不那么却那么。才是那么，不背那么。惟诚与恒者可以入道，可以证道。'"

太虚又曰："人身一小天地。言天地，而人在其中。太乙不云乎：'我心即天，我身即地，我念即人。'如是体之，三才一我也，何身何世之可分哉？此我道祖纯阳吕翁肇有医世圣功之原由。后学承之，身治而世宁，其验疾于影响。而体验只在一身，天地鬼神不得而测者，盖得《周易》盗字之义。其义惟何？乃完密字而已。究其功法，只惟止念二字。吕祖不云乎：'大道教人先止念，念头不止亦徒然。'所云大道，指此一宗。学者承之，三千功，八百行，片刻可圆。第患不信不明，明而不恒不诚尔。"

太虚又曰："人身难得，大道难闻。我师泥丸氏曰：'汝既为人，先修人道。汝等要知，不修人道，如何合道？道无人我，中无意必者，故能常应常静而能常湛者，心知止念也。念何能止？法惟勿逐勿听而已。盖犹云掩太空然，法惟听之，太空自空，无能为害也。古哲不云乎：不怕念起，只怕觉迟。'"

太虚曰："我师云：'人有几等人？道有几等道？我今不怕泄露，为汝言之。世间人，碌碌庸庸，随波逐浪者，众生也。知修知省者，凡夫也。修知合世而法道者，人也。法道而化身者，道人也。即身而医世者，神仙也。即世而化世者，真仙也。世身而合化者，天仙也。'"

---

① 万批："人法地"四句，出老圣《道德经》，为千古修道不易之法。盖道有体有用，体不可见，而用有作为，欲返自然之体，非作当然之用不可。天地之所以长久者，亦是处处合于当然，故能处处出于自然，当风则风，当雨则雨，当寒则寒，当暑则暑。而其用也，实出于无用用中之用；其功也，实由于无功功里施功。故《阴符经》云："观天之道，执天之行，尽矣。"道不可见，而天地可观，人欲合道，舍天地无以为法。若徒翻阅丹经，考求佛典，一知半解，穿凿支离，无论其中无实据也，即偶有所得，而旋得旋失，终亦必亡而已，是之谓术，不可谓道。

我师问曰："汝今愿为何等人？"余乃跪曰："某虽不敏，愿学天仙。"师始诰曰："愿大不为妄，能者从之，然须痛扫闻见。往昔见闻，尽属支离，皆为小道，所谓法繁而难成。天仙心学，既无卦爻，又无斤两，澈始澈终，惟守无念两字。得验与成，付诸东流，念始归一焉。"某闻，叩首问曰："然则《参同契》《悟真篇》，道属支离欤？"师曰："汝自不悟，故尔从事不达。古哲盖为不识世身一致而言也[①]。今已洞悉其说，自宜神会旨趣，以行一身，何可钉椿而刻划。古哲不云乎'得诀回来好看书'，又曰'得诀回来可废书'，何可转生疑惑？汝自昧我说耳。盖此二书，乃是鱼筌。我向授汝之说，令以汝身化作鱼筌耳。汝不即身以渔，故有此问。汝今而后，但将身心浑照，继须浑化，再继浑忘，乃造自然，自会朝屯而暮蒙，且自合夫应星应潮。若仍按图索骥，心何能一，念何能纯哉？"

泥丸氏曰："世间志士不少，类皆泥小而遗大，故为世圊，莫出范围。我道以出脱为宗，故能一身世而镕化。不可得而名，强名之曰混化。"

太虚氏曰："世间志士，大都修身以合世，造至即世以化身，此后不复加修，故尔徒有出世之志，而无出世之实。所谓用尽平生力，一觔斗翻十万八千里，原在如来手掌中。我宗不然，一息尚存，此志不容稍懈。其始也，亦皆修身以合世，继亦即世以化身，从而即身以医世。造至世化而不已，务必世身镕一，由安而化，乃为究竟。故能跳出天地外，不在五行中。我宗立法如此，能造与否，不之计也。此愿何愿？内典所谓'尽此一报身，同升极乐国'者是。"

道光甲午三月三日，金盖山人闵一得谨述于吴门赞化宫。

① 万批：能识世身一致，则随缘不变，不变随缘，毋意毋必，毋固毋我，混然于气化之中。身且无有，法于何存！此所谓"得兔忘蹄，得鱼忘筌"之境也。《庄子》云忘人、忘我、忘忘，又云"人相忘于道术"，盖忘即无念之谓也。念中无念，非修道之善术耶？

古书隐楼藏书主旨与书目[①]

我宗功法，一准天元，中间杂有作用者，盖以学人向自世尚入手，不得不假有作以致中庸耳。若未入世尚者，只从《碧苑坛经》入门，而致由夫白祖所注《道德经》，云门朱祖所注《参同》《悟真》两书，归宗于张祖《金丹四百字》，累行于《三尼医世》，致化于《天仙心传》，救弊于《悟元子前后辩参证》一书，证明于《阴符经玄解正义》《泥丸氏双修宝筏》二书。以上所事，翻翻覆覆，不过造致中和两字耳。其旨只是返本还元，乃即所谓全受全归而已。

现已梓者:《碧苑坛经》、《吕祖师三尼医世说述》、《张三丰真人玄谭集》、《陆约庵先生就正录》、《吕祖三尼医世功诀》、《吕祖师重申西王母女修正途十则》、《泥丸李翁女宗双修宝筏十则》，张祖师《金丹四百字》、太虚氏《天仙心传》、太虚氏《天仙心传医世玄科》、《悟元子前辩参证》、《悟元子后辩参证》、《古法养生十三则》、《道程戒忌》、《琐言续》、《如是我闻》、《泄天机》、《上品丹法功夫节次》[②]、《吕祖师金华宗旨》、《尹蓬头皇极阖辟证道仙经》、《阴符经玄解正义》、《雨香天经咒注》一部。以上二十种，共装一套，总名《古书隐楼藏书》。外《金盖心灯》八卷，共一套，总名同上。

尚有宋代李注《元始天尊先天道德经》一部，宋代白祖手注《道德经》一部，云门朱祖《参同契阐幽》一部，又《悟真篇阐幽》一部，王无异《周易图说》一部，郧阳守梓陈翁《易说》一部，计共六种。兹缘力薄，未能重梓。此须与有力志士图之。道光甲午清和月，定梵氏手识。

---

① 此段文字，诸本未有此题，系点校者所加。

② 《泄天机》《上品丹法功夫节次》，此两书金盖本的顺序相反。

天仙心传答问[1]

洞云外史编辑

薛心香序[2]

夫道本无言，言以显道。但专藉乎语言，而不返诸身心，则道终无可得。盖道者，心也。心之妙不能言，可言者理也。理乃事物当行之理，外感内应，理斯备焉。然应感纷纭，何能事事中窍？学者先以忠君、孝亲、从兄、信友，反诸身心而行，则酬酢万变，自不离方寸。久久行功，火然泉达，斯为有本之学。否则，虽功盖天下，名传万世，终是袭取，非仁义行，乃行仁义也。白沙云“学贵自得，然后博之以典籍”[3]，随动静以施其功，始见鸢飞鱼跃之意。飞跃真机，其天理之流行乎？天理出于自然，自然者，天之道也。日月星辰之照耀，四时行焉，百物生焉。孰纲维是？孰主宰是？故体于自然者，谓之道；修诸自心者，谓之学；中道而行，谓之儒；观妙观窍，谓之元，要皆心之为之也。舍心之外，奚学焉？第学而不讲，难期自明，焉能望其自得哉！是以讲求讨论，诚学者第一事。

先师闵小艮先生，著有《古书隐楼藏书》二十余种，皆言性命之学。而《天仙心传》一书，尤为晚年心得之书。虽言出元宗，实与儒书相表里，诚为修身立命之本。吴门陈兰云与女弟爽卿同师小艮先生。兰云适长山袁氏，爽卿适平江杨氏，兰云由元门而究参性理，爽卿由性理而得元功。姊妹孀居，论学不辍，钱塘汪允庄以华阳姊妹比之，允庄乃兰云入室弟子也。兰云有书斋名“蕊珠华藏”，时与爽卿及同门门下诸女弟子讲学于中，不徒哆口，

---

① 本篇以民国郑观应刊本为底本。

② 原仅题“序”，点校者补入作序者之名。

③ 白沙原语为：“夫学贵乎自得也。自得之，然后博之以典籍，则典籍之言，我之言也，否则，典籍自典籍，而我自我也。”

唯务反身，故所言皆切实，盖躬行实践而有心得者。平日所论，不能徧录，兹心传问难，特阐先师未尽之秘旨，允庄录而纪之。余与兰云为中表戚，又同侍师门，不揣鄙陋，为编辑之，名曰“天仙心传答问”。盖元宗枕秘，亦唯一心学焉耳，有志者宁不有在于斯乎！爰为之序。

道光庚子长至月，洞云薛心香谨序于竹影梅花馆。

陈颐道序[①]

余师闵小艮先生，从事元门八十年，得李祖泥丸天仙之传。晚年以沈祖太虚口授者，为《天仙心传》一书，以授兰云、爽卿姊妹两人，余同族女弟也。兰云深于道言，爽卿兼通儒理，余子妇汪允庄方之华阳陶贞白女弟钱妙真、妙惠，非虚誉也。闵师此书，以混化为宗旨，尤以“万缘放下”一语为功诀。不曰扫除，而曰放下者，谓扫除则勉强用力，旋即萌生。放下则甫生即灭，任其自然，所谓化也。余尝以此自试，而知立言之妙也。先生未化之先，坐三昼夜，命弟子录其遗言，以“中庸”二字为主，尤以“庸”字为精微之极至。盖即愚夫愚妇之知能，以返乎赤子无思无虑之初。曰“功夫不从庸字入手，古来误了多少英才”，斯至言也。斯编答问，即师言而更阐之，明白浅近，入手易，成功亦易，在《女修正宗》诸书之上，其《西王母彩凤衔书》之流亚欤！因为付梓，以附书隐楼诸书之后。

辛丑花朝，颐道居士序于繁昌官舍。

后序

三教皆从静坐入手，以止念也。念之所起，心为之。然肉团之心，不能念也。神居之而始灵，则念生。神昼居于目，无所不见，故佛家以眼界色尘为第一障碍，道家亦言“机在目”。静坐则闭目，心为神舍，闭目则神居于舍。神居舍则心灵，心灵则念生。念者，妄念也。不知念之所从生，即不能究念之所终极，故二氏以觉治之，曰“不怕念起，惟怕觉迟”，曰“念起是

① 原仅题“序”，点校者补入作序者之名。

病，不续是药”。然尚是空言其理也，又为之功诀曰“心息相依”，谓数息也。以念管息，则无暇他念也，禅家之教人念佛亦此意也。

神仙之说，自古有之，言道而已，不言丹也。自魏伯阳作《参同契》，而张紫阳《悟真篇》继之，专主命功，详言丹法。然紫阳尚有《外篇》，所言纯是性功，载在释藏，则紫阳亦兼言性功，惜此书世多未见耳。道愈求而愈精，道书亦愈讲而愈明，则以性命双修，为无上真谛也。

天仙心传，李祖泥丸以传沈祖太虚，太虚口授余师闵小艮先生，笔述加训诂焉。其未详者，兰云姊妹常因叩问而得之，载之答问，益加详焉。心法曰“万缘放下，中自寂虚”，曰“一之为一，无念而诚”。无念必自止念始，止念必自知念始，故以管见所及者详言之，犹病者之有标本，知病根之所在，然后疏方有效也。

天仙者，仙家之上乘，超乎神仙、水仙、地仙、鬼仙者也。《感应篇》曰“欲求天仙者，当立一千三百善”，《抱朴子》亦言之。故道书多有“三千行满，八百功圆”之说，《天仙正理[①]》是书已详言之矣。吾今更为有志者立一简便之法，有志于道者，先发愿立功德，以《感应篇》《阴骘文》所言为纲目，以功过格为考验，以古人格言录置坐右，晨夕观览。更于《太上清静经》及《西王母彩凤衔书》二种精语体味之。《清静经》曰“人能常清净，天地悉皆归”“夫人神好清，而心扰之。心好静，而欲牵之。若能常遣其欲，而心自静；澄其心，而神自清。自然六欲不生，三毒消灭。所以不能者，为心未澄、欲未遣也”。《彩凤衔书》曰：“饮啄不止身不轻，思虑不止神不清，声色不止心不宁。心不宁则神不灵，神不灵则道不成。其要妙也，不在瞻星礼斗，苦已劳形。贵在湛然方寸，无所营营。神仙之道，乃可长生。”诸经各有要旨，此最为明显矣！

三教圣人皆为众生说法，世尊曰“一切众生具有如来智慧德相，但以妄相执着，不能证得”，故自利利他，为人解说，言人人可以作佛，愿人人作佛也。观此书所言，则人人可以为仙，人人可以为天仙也。一超直入如来地，天仙亦犹是耳。有志者胡不勉而行之！

花朝次日，颐道又序。

---

① “正理”，底本作“精理”，依伍守阳书名改。

天仙心传答问自序

兰云子闲居蕊珠华藏，尝与女弟爽卿、碧城内主管静初——世所称管夫人也，暨门下沈子云显、陈子茗仙、黄子素亭、叶子复贞辈讲学于此，同志互参，各有证悟。《天仙心传》者，先师闵小艮先生述，沈太虚先生所传也。以真我为体，以妙元为用，以浑化为彻始彻终之要。管夫人尤究心于此，诸子亦各有所见，汪子心澈随所闻而笔之，洞云子编辑之，曰《天仙心传答问》。蕊珠华藏者，余燕息之所，族兄颐道所题。蕊珠证道，言华藏参禅悦禅亦道也。天仙乃道之上乘也。管夫人以道通禅者也。爽卿多读儒家先辈书，以儒证道，方称正学。告往知来，无所不说，启予之助，深有幸焉。既付手民，用识缘起。

道光辛丑元旦自序。

蕊珠华藏天仙心传答问

洞云外史编辑

管夫人曰："吾师所著《书隐楼遗书》，言言金玉，字字珠玑，诚性命之真诠，修身之宝筏，一生度世婆心，尽在于斯。惜世人迷昧者多，舍却身心性命，驰骛于声色货利，虚死虚生，与草木同腐，如何而使迷者得明，昧者得觉？"

爽卿子曰："谚云'有志者，事竟成'，故为学必先立志。人苟立志，将吾师遗书细心参究，身体力行，一言一动合乎天理，顺乎人情，久久私欲尽去，天理流行，何患不能明觉耶！"

兰云子曰："这件事原非容易，要实在识得道之所以贵，德之所以尊，世事之无常，学问之无穷，并须知性之如何复，命之如何立，神之如何妙，精之如何一，气之如何养，夭寿不二，修身以俟之，方可有成。欲实在做工夫，必先明心性。欲明心性，必先静坐。二曲[①]先生立教，先以静坐一法。程子见人静坐，便叹其善学。阳明先生亦谓静坐可补小学一段工夫。近时云间倪畬香先生及我小艮先生，俱以静坐为入门要着，使其精神收摄向里，静中得有端倪，方有进步。人苟有志为学，先用一二年静坐苦功，看是如何。"

管夫人曰："斯言诚然。即如鄙人如此病躯，自皈道以来，实知此心难制，若非自有主意，早不能至今日。虽不常做工夫，有时静坐，顿觉神清气爽，其中意味稍知些子，惜有家事缠扰，不能专心致志耳。先生之书亦常参究，独《天仙心传》于心最契。唯其中道理多费解，尚有须参证处。即如内外两篇，既有《内篇》，又有《外篇》，两篇之义，大略相同，未识其分别安在？"

兰云子曰："静中稍得光景，亦靠不住，必须在事上磨炼。工夫原不外行常[②]日用，所云家事缠扰，不能专心为虑，乃天下人通病。《心传》道理原不

① "二曲"，底本作"二则"，依文意改。二曲先生，即李颙（1627—1705），字中孚，号二曲，陕西周至人。

② "行常"，疑当作"寻常"。

易解，然越不可解之处，越有妙义，必须细心研求，同参密证，自能明白，切不可忽略过去。然工夫不间，自然有会悟的日子。至于内外两篇，虽属相同，工夫亦有次第。解得《内篇》，再参《外篇》，自然势如破竹，不可囫囵吞枣。”

爽卿子曰：“《内篇》是真吾之事，《外篇》是真我之事。此内外两篇，犹《黄庭》之内外经，言工夫之有内外也。”

苕仙曰：“‘吾’‘我’有何分别？”

兰云子曰：“吾者，后天色身中之主人[①]；我者，先天法身之主人也，色法两身，虽分先后，要皆不离乎一真耳。”

苕仙曰：“身，一耳。何以有两个主人？”

兰云子曰：“主人原只是一，因其在色身中，未经修炼，所以曰真吾。若修成了法身，便名真我矣。色身是后天有质之躯，法身乃先天无形之体。身既有色、法之别，则主人亦有吾、我之分矣。”

爽卿子曰；“先天且不论，就现在各人身中，试问什么是主人？”

苕仙曰：“一日到晚治事的，是我主人。”

兰云子曰：“此是身体在那里行动干办，中间必有主人，才好干事。”

素亭曰：“吾眼看、耳听的是主人。”

兰云子曰：“此是眼与耳。眼司视，耳司听，若无个主人，即视而不见，听而不闻，有了主，才能视听。”

复贞曰：“要吃、要着的是主人。”

兰云子曰：“此是欲念。人为衣食之累，就误了一生大事。”

云显曰：“知寒、知暖者，吾主人也。”

兰云子微笑而不答。

管夫人曰：“莫不是能怒能喜者乎？”

爽卿子曰：“能怒能喜，即是知寒知暖。一日到夜干事，是有了主，方能身体去干。眼观耳听，也是有了主，才能观听。要吃要着，也是有了主，方晓得吃着。然而能怒能喜，及知寒知暖的，究是身中何物？若无下落，这个主人终不认得。”

---

① “中之主人”，底本作“主中之人”，依文意改。

众皆默然。

兰云子曰："这个就是你们各人底'灵性'。"

爽卿子曰："虽是明明白白说了，然恐仍不认得；苟非言不承当，终难立其大本。大本不立，道何由而明！古德所谓吃了一世饭，未曾嚼着一粒米，茫然与草木同腐，不亦惜乎！"

云显沉思良久，跃然曰："如是说来，是吾之心矣！"

爽卿子曰："何以知其是心？"

云显曰："吾心上要吃就吃，要着就着，知寒欲衣，知暖欲脱。闻逆耳言，见拂意事，心即怒。遇可爱事，及入耳言，心即喜。是知一切所为，皆一心为之主也。"

爽卿子曰："虽不可说不是心，但不是这个心。这个心谓之人心，一切起灭，皆私欲之念，古人名之曰贼，是害吾身心性命者也。须认得自己儿子，方能有用。若认贼为子，非惟败我家业，必然害我性命，岂不危乎！"

苕仙曰："既不是这个心，如何另有一心？"

爽卿子曰："人岂有两个心？书曰'人心惟危，道心唯微'。人心者，因其日用行常，任性而行，一味恣情纵欲，应事接物，全不顾一点道理，故曰惟危。若一切作事行为，出言吐语，无不在道理上，此即道心也。其天理人欲之辨，危微二字而已。人心道心，相去几希！是贼即儿子，不得认有二个。此心知管束，受管束，即是儿子。不知管束，不受管束，即为贼。若知得管束，会得管束，即是贼变为好儿子矣。谚云'败子回头金不换'，即此义也。"

箬仙曰："儿子即是主人否？"

爽卿曰："儿子者，心也。主人，乃性也。心性原无分别，古人云'未发之前心是性，既发之后性是情'，横渠谓心统性情者也。因其为一身主宰，谓之心；具生生之理，谓之性；应于事物谓之情，然具众理而应万事则一也。"

云显曰："虽闻是说，究未能领会，更请详示，以启愚蒙。"

爽卿子曰："大哉问也。若不究问明白，则学问工夫何由以进？必了明心性，则性命两字，示诸掌矣。凡为人者，皆有个性灵。此天之所赋，合父母精气而成，周子所谓'无极之真，二五之精，妙合而凝'者也。此胎一成，即为吾人生身之本，易云'太极'是也。有此太极，则动而生阳，静而生阴，所谓‘太极生两仪’，两仪者阴阳也。阴阳是气，二气中具有灵而明者，谓之神，含有一点真一之水，谓之精。此精、气、神乃一极中具有三者之用。口鼻呼吸之气，是身中元气发越于外者。视听言动，元神之明照于外者。涕唾津精汗血液，元精所化而成也。是故元精在身，资养五脏。元气在身，流通百骸九窍。元神在身，运育一身造化。精气神之根柢，即性命是也，而心为之主宰。是以心之所至，精气神即随之。心逸日休，心劳日拙。气即命也，性即理也，理是性中之条理，如心肝脾肺肾，属火木土金水，主仁义礼智信，其中色色有条理，事事有节文，故性者，理之总也。儒家言理气，其实理气即性命也。性命根于太极。太极者，心也。精气神根于性命，苟能心不外驰，则精气神三者在身中自然化育，而五脏六腑、四肢百骸皆得其所养矣。诚能知得心外无道，性外无物，然后可以语道。其实心之与性，吾之与我，只是一个，唯作用之不同，先后之差别耳，所谓‘同出而异名’也。因大概不知自反，任情纵欲，至老而不悔。故古人云‘海枯终见底，人死不知心’，岂不可哀也已！惟人皆参三才之一，欲思为圣为贤、成仙作佛，诚分内事，是故先须认得了主人翁，方好商量。二曲先生云‘学问贵知头脑，自身要识主人’，识得主人，然后知省察念头。所以省察念头是为人第一件吃紧要事，君子小人由此分，成仙作佛从此始，故圣贤仙佛，必由心上做工夫。若不从此处立脚，如舟之无舵，车之无轮，何能引路？道由路也，人所共由之大路也。舍此他求，即属异端外道，故曰‘克念作圣’。儒家讲学重于省察克治，今将此大端置而不论，入道先错了，又何他问哉！”

云显曰：“何谓省察克治？”

爽卿子曰：“克，能也。治，制也。克制者，能制其念也。省，自审也。察，自看也。在应接事物之间，审看这念头如何？倘有不善即须改之，不得放松过去。虽无事时亦须戒谨[①]恐惧，以遏其嗜欲之几，要保任于未发之前，省察于将萌之际。《易》曰‘知几其神乎’，几者，动之微，吉凶之先见者也。龙溪先生曰：‘动而未形于有无之间者，谓之几。’圣人知几，故纯吉而无凶。贤人知几，故恒吉而寡凶。学者审几，故趋吉而避凶。是以察念端在审几，莫见莫显，君子其所以慎其独也。然克念是制于已萌，审几是治于未

① “戒谨”，疑当作“戒慎”。

形。遏欲于将萌之际则易，遏欲于已形之后则难。盖已形者，念已出窍矣。虽欲遏之，不亦难乎！若治于几动之时，立可涣然冰释。颜子‘有不善未尝不知，知之未尝复行’，所谓‘不远复’者，此也。《中庸》不云乎‘戒慎乎其所不睹，恐惧乎其所不闻’，犹言不睹不闻之时，亦须戒慎[①]恐惧，是道之不可须臾离也。不独存天理，去人欲，非此不可得，即元学中工夫，非此亦不能进步，有志于斯者，其熟思之！”

兰云子曰：“欲去人欲，须先察理。欲察理，须明本体。见得本体，然后知一切维心。所以克治两字乃入圣之基，又为变化气质底良药。若气质不化，学问工夫总不能纯粹。吾侪当困勉而行，人一之已百之，人十之已千之，何患不能为圣人之徒欤！”

爽卿子曰：“人心虚灵，应感出入无迹。虽应感由之，其实有意存焉。盖心动则意生，心虽无善无恶，意则有善有恶。阳明先生曰：‘无善无恶心之体，有善有恶意之动。’经云：‘欲正其心，先诚其意。’故正心之功，在诚意上用。诚意者，敬也。诚意工夫一敬字尽之。敬则诚，诚则一,一则其心湛然，只在这里。朱子所谓常惺惺法，濂溪之主一[②]是也。所以明道底人心不离方寸，君子思不出其位。若常人之心，日逐于外，神气亦随之而散，能使此心常存敬畏，则精神敛藏于内，自然身强体健，却病延年特易事耳，故孟子曰‘学问之道无他，求其放心而已矣’。”

云显曰：“敬之一字，谓之性分工夫可也。若常存敬畏，虽得精神内藏，不过身强体健而已，而保命之道即若是乎？尝闻道家曰命，释氏曰性，其异同可得闻欤？且儒家之必辟二氏，抑何由耶？”

爽卿子曰：“此虽是性分功夫，然要保命，必须修性，古哲云：‘修得一分性，保得一分命；修得十分性，保得十分命。’三教之所谓修者，同修此心而已矣。儒曰心学，道曰心法，释曰心宗，教则云三，心唯有一。释氏《金刚经》中问：‘云何应住？云何降伏其心？’佛云：‘如是住，如是降伏其心[③]。’所谓住者，即大学之止也。降伏其心，即克治之义也。如字并非虚

---

① “戒慎”，底本作“戒谨”。其后凡“戒谨”者不再改。

② 主一之说，见周敦颐《通书·圣学第二十》。其曰：“一为要。一者，无欲也。无欲，则静虚动直。静虚则明，明则通；动直则公，公则溥。”

③ “其心”二字原脱，据下文及《金刚经》补。

说，如乃心不动而常觉，即至善之地也。故如即是住，如即是降伏。王文成良知宗旨，即此义。良知觌体见前，不劳安排拟议，学者能体，当自明之。儒家之治心，重于省察克治，是以不睹不闻之本体，用以戒谨恐惧作工夫，统内外动静而言。故致知格物，莫非如是住，如是降伏，乃天则自然之妙用，亦吾儒本体即工夫之学问，此是最上一乘之大道。其次则精严戒律，慎重威仪，以之降伏其心，即是工夫合本体也。道家自吕祖以下，派分南北。南宗重于命，故《悟真》等书，发挥妙义，名曰金丹。无非以神御气，以气凝神，神气凝一为结丹，至粉碎虚空为极至。北宗重于戒律，有初真、中极、天仙三大戒，就戒律精微中以凝其一，是主于性而兼摄乎命，其实即是尽性至命之学。虽其立法各异，而克治则一也。儒家在伦常中立脚，致用于修齐治平，是为经世之学。二氏则主于出世，先以独善其身为主，是以阳明先生谓其不能用于天下国家，良有以也。然天人一贯，三教一心，皆不外中和位育而已。子思子所谓‘万物并育而不相害，道并行而不相悖’，川流敦化，无非为天地立心、生民立命耳，故曰：‘知微之显，可与入德。’君子之所不可及者，其唯人之所不见乎？”

管夫人曰：“《天仙心传》所言，似不主乎此？”

兰云子曰：“主虽不是，却不出乎此。盖工夫皆由吾心来做。若不将此心收拾得洁洁净净，所做工夫总不能纯粹，虽功夫十分绵密，性分中总有障碍，无事时自得安徐，有事时恐未必舒泰，或致受病。果能内省不疚，无恶于志，方是涵养性天之实学。儒家讲学乃重于去心上之病耳。”

管夫人曰：“修行去心病是也，身病当如何治？”

兰云子曰：“身病有二种：一由外感，一是内生。外感者受风寒暑湿而成，此易治也。若内生则由于心之有病耳。医家云七情难治，然不独七情也，即饮食起居，苟不节养，皆要成病。若不坦然解脱，病皆难治。内病一发，外病随之。欲除病因，当疗病心。心若能疗，总然有病，亦是易除。即或外感成病，我心总是安然舒泰，病亦易痊。否则一遇病来，心已忙乱，或不肯耐性服药调养，虽属小病，亦要变成大病矣！”

茗仙曰：“不做工夫，自然难治。有功夫者，气机灵活，关窍皆通，苟有病自当易治。”

兰云子曰：“何能如是容易？有功夫或不致酿成大病，所谓病者，病吾躯壳而已。若无功夫之人则混无主意。倘性分功夫确有实据者，其平时七情六欲虽不能尽净，而心中自有主宰，不致手忙脚乱。身虽有病，心仍无病，服药调养，病即易痊也。若无性分功夫，身中虽实有元妙，倘一病来，仍然毫无主意。盖其神气虽入虚无妙境，而平时却少克治之功；即如静定，乃是神气暂凝之故，非性分内之正定也。其平时神凝气静，功夫玄妙，若被情欲一触，则心动神飞、气机横发，其害可胜言哉！所以命学功夫若不从性分上做来，终必有悮，不能保命，幸而不病者鲜矣！吕祖曰‘未得修成九转，先须炼己待时’，炼得已熟，方若筑得基固。譬如造屋，若不先将基地打得结实，起造房屋，无有不坍塌者。”

爽卿子曰：“总而言之，炼己功夫乃是管束自己底心猿意马，收拾念头的一法。二曲先生曰‘为学之道，在乎定心；为学之要，在乎心定’，窃意以为第一贵乎立志，第二贵乎虚心，第三贵乎自悔，第四贵乎入悟，第五贵乎专一，第六贵乎笃行，此六件缺一不可。盖立志然后肯虚心学问，虚心然后肯悔过知非，知悔然后悟门可入，入悟然后能专一不二，专一而加以笃行。既笃行矣，何患乎学不就、业不成，而气质不化也哉！”

云显曰：“何谓气质？如何可变？”

兰云子曰：“气质者，是人生来后天之本性。即受生时所禀五行之各一。故气质有强弱之不同，极其难化。所贵克治严密，遇事戒谨，则可日渐复其先天之本体，是谓变化。性非有二，以其承受之体不同故耳，先儒加气质二字以别之。气质既变，则功夫自然日进，与人相接，如光风霁月，自然心悦诚服，所过者化，所谓‘不言而教’、‘不令而行’者也，此是心传缜密功夫，苟不体认自勉，则学无真际。”

茗仙曰：“何谓心传？”

爽卿子曰：“心传者，口不能言，而心独喻之谓。师以心传，弟以心受，乃是心上明白这个道理是也。”

管夫人曰：“变化是否即是混化之义？”

兰云子曰：“亦是，亦不是。盖功夫俱属心之妙用，而化与化相同，惟化气质谓之变，若化大道方谓之混，化理虽同，功成互异，变之于始，混以成终，彻始彻终无二理也。”

云显曰：“请问化之义如何？”

爽卿子曰："混化工夫，从儒家涵养入手，方能纯粹。胡敬斋曰：'心无主宰，静也不是，动也不是。心有主，虽在闹中亦静。'又曰：'无事时不教心空，有事时不教心乱。'许鲁斋曰：'静时涵养其德性浑全，动时涵养其应接不逐。所以学者贵乎入悟。苟非悟得，不知涵养个什么。'薛敬轩曰：'养之深则发之厚，养之浅则发之薄，观之造化可见。'故涵养之功既纯，则身中精气神混然入于化域，后天变先天矣。"

兰云子曰："心、性、神三者虽在身中，然总属虚无，不过虚无中有此灵明妙觉而已。虚无即是虚空。身内之虚空，即吾心性神之虚空；身外之虚空，乃天地之大虚空也。虚空中有精气神，与吾身中之精气神原属相通，根柢本是一个，空而不空，所以谓之真空。因人有私欲锢蔽，自心不知，故把天光隔了。学者能去得私欲，明得性体，方知内外相通，本原维一，上下十方皆是我心真境。此是入圣真脉络，从此用功，谓之混化。混者，'不识不知，顺帝之则'，诗云'维天之命，于穆不已'是也。既知我心神与夫天地之心神本来唯一，始知'吾心正，则天地之心亦正；吾气顺，则天地之气亦顺'并非虚语。天理流行，真气妙运，心实为之。自运自化，而吾何与焉？此是最上一乘大道，非水仙、神仙、地仙之道可比，是以谓之'天仙心传'。天之日月星辰、风雷雨电，无非神之运也；地之山川草木、萌蘖潜藏，无非气之化也。四时行焉，百物生焉，天地之混化也。《阴符经》曰'观天之道，执天之行，尽矣！'混化之义，如是焉而已。"

管夫人曰："先师注'混化'二字云：'身等虚无，迎罡下照。'又云：'三才卵守，中无他念杂入。'请问如何是身等虚无？如何是三才卵守？"

兰云子曰："先师不云乎：'入手务先止念，或预存运，继事存思。'大凡工夫先须无念。存运者，存吾之神在身，则真气自然运化。思，即存神之义，言其专一也。乃是用吾意思将我之神光收敛而存之，继以专一不二，所谓'用志不分，乃凝于神'是也。久之，觉身子虚无。又久之，更觉连此房屋、天地皆无了，此是'身等虚无'真景象。三才者，天、地、人也。功到身体、房屋、天地皆无时候，但觉一片清空，所有者维吾一点灵明而已。到这时候，以真意将我神光内外统一而存之，所存气象如一个大卵，然我处其中，不住方所，不着有为，专志于一，唯觉一灵独露，即广成子所谓'无视无听，抱神以静'之玄况也。"

管夫人曰："如是存之，是矣。注有所谓'假虚涵实，以实煅虚'者，何耶？"

兰云子曰："虚即虚无景象，实乃吾之心神是也。心神体虚而用实，似无而实有，并无形象长短、声色方圆，谓之无；实有灵明知觉，谓之有。不见形迹声臭故虚，即天地之虚空，实是吾之心神，此二者同属虚明寂照，无而有，有而无者。虚空中有日月星辰、风雷雨电，吾身中有心神性灵、声气精液，故天地一大身也，吾身一小天地也。究其功法，以天地之虚无来涵养吾之心神，谓之'假虚涵实'。若以吾之心神去招摄天地之虚空，来与吾混而为一，谓之'以实煅虚'。此一法也。若以吾知觉之虚，涵养吾心神之实，或以吾心神之实，存照我灵觉之虚，此又一法也。然皆不落言诠，要在心领神会，心知、心觉、心得，得方真。再若初学无从下手，先用存思之功，将吾之灵明知觉存自己身上、心中，自会得无念。倘[①]有念起，即提醒主人而再存，功夫不间，自然会得存了。所以功夫不是一用即成，须具坚忍之志，造次颠沛不违，自然只有所存之念，并无他杂矣。此即白紫清所谓'念中无念'是也。念到无处，自然会得身等虚无矣。所云'假虚涵实''以实煅虚'，即是存神工诀，然较之初学则又异矣。由是而行，是为天仙家法，实即周子主一之学，唯中藏一点机窍维持耳。"

云显曰："虽如是说即可到无念地位，然'万缘放下'一句如何能彀？且人心本无一刻之停，并且不知如何是心。即略知者，仍觉其纷如乱丝，又何能放下？"

爽卿子曰："所以讲道先要明白了心性，然后可讲此心性两字。古人说尽千言万语，学者终不明白，盖因不肯向自己身心上切实体认，反去向外寻求。殊不知心即道也，道即心也。离心便无道，见物便见心。物非外物，乃身心意知之物也。果肯向自己灵明知觉处寻讨，自然明白。方知道本在己，并不烦难，即我之知觉便是入道阶梯。夫所谓知觉者，即是这个知寒知暖、知善知恶的，此人人皆有，但大概乃认识为知，谓之知识。何谓知识？盖凡为一个人，自幼到老，见见闻闻，皆是习染而成知，惯熟而成识，多见一件事、多闻一句话，心上就多了一个迹。一切应感在见闻上发来，且多了个分

① "倘"，底本作"尚"，依文意改。

别，所以谓之知识，是知之次也。若德性之知，不由见闻而得，不生分别之意，是吾天然之知。譬如水之清、镜之明，水清照澈星斗，镜明妍媸自辨，而水之与镜并不自生分别，吾之知亦犹是也，是以谓之良知，乃是我本性光明发见也。龙溪曰：'良知者，性之灵窍也。'乃人生混沌初开第一窍。所以知得吾自己的，这个知，就是我灵性了。此是天然自有之天，则谓曰德性之知，乃知之上者也。果能晓得良知下落，是不在见闻，不着声色，心中又不起一念，自己看我灵明知觉，乃是虚明四达，湛然寂然，觉一片光明在心目之间，这个觉的就是良知本体，本性根原。心中不起一念谓之'寂'。心目间觉一片光明谓之'湛'，就在这湛寂上立定脚根，看有何事放不下。龟山门下递传教学者静观喜怒哀乐未发气象，即此义也。师言'缘者情根、情尘，不由内蕴，即由外触，必须放下，方无蕴触之患'，情根者，眼、耳、鼻、舌、身、意之六根也。情尘者，色、声、香、味、触、法之六尘也。在我者谓之根，在物者谓之尘。内蕴，外无所扰而中自缠。外触，外有所缠而中复扰。由此内蕴外触，以致挠乱心思。若做工夫，必须万缘放下才是。今但说放下，不得其诀，不知所放是甚么，又如何能放？所以师言三个放法，任学者自择：一曰'缘起立除'，一曰'缘起成猬，聚而坡放'，一曰'缘起膜视，听缘自缘'。上智者自能会得，得真传者亦能领会。假如诸君惟恐或有所难耳，故就自己良知上寻讨，自然渐渐会得放了。明得一分，即能放得一分。明得十分，便能放得十分。全在各人之领悟不领悟，用功之绵密不绵密耳。儒家之学，要在应接事物之间，亦然如是湛寂，不昧此灵明知觉，物来则应，物去则无。随事应事，因物付物，不以知识应接，全以良知应感，此即《大学》致知格物、物格知致之妙用也。使若应之有心，即落识神用事，谓之知识，以其蔽于本体耳。所以为学贵乎入悟，悟得寂体，方知下落。得其下落，放下特易事也。"

管夫人曰："先师又云'即内证外，即外证内'，其义何居？"

兰云子曰："师云'即外证内，是从眼入意之法；即内证外，是从意入眼之法'，此两句者，即是'假虚涵实，以实煅[①]虚'之注脚，所以云'不从眼得得乃真'。斯言眼得，即非心悟；若非心悟，自己总无实据。更且下句

① "煅"，底本作"假"，据前文改。

乃是‘内外如如’，即是无意无眼之验。果能心上悟得，则其气象可知，非意非眼之所得而见也。如如者，乃是无内无外，内外如一之真况也。故先师云：‘行功无间，则自然造得真心常存而若虚，真炁常充而若无矣。’究其总诀，不外乎‘念中无念’之一句耳。”

云显曰：“既造到如如境界，即是佛家所谓正等正觉了，何以又要引天罡晋照常持？此又涉于作为矣。未识其中有何妙义？”

兰云子曰：“非作为也，持真意维持耳。盖天以斗为心，人以心为斗。斗即天之北斗星，为天之枢纽，周天众星皆从其斗杓旋转。天体常动，昼夜无停，而斗之枢纽常定不移，维其杓引着众星而昼夜旋转。斗杓之前有一星名曰天罡，《玉枢经》曰：‘雷城十二门，并随天罡之所指。罡星指丑，其身在未。所指者吉，所在者凶……若人见之，寿可千岁。’法家云：‘月月常加戌，时时见破军。破军前一位，万世不传人。’其罡星之郑重如此。斗杓一日夜旋转十二时，天罡为之前导，是即天心之运转也。人心即是北斗，人身中气血亦周流而不息，亦是此心为之运转。故气血流通百脉，而精神滋养百骸。盖是心之所至，气即从之之妙耳。天罡即心上光芒之气，心动即天罡动。天罡之气能生能杀，杀得尽，然后生得透。先师又云：‘天镇星位在中天，高过日月星辰，为大地精华上升所结，实为斗口天罡之主，又为五星之中星，下有北辰，主宰森罗万象，在人为顖门盖骨。此骨乃人身生气所结成，于落地之后，上通天上镇星。故欲引天罡，须迎镇星。镇星既接，天罡自注。从此晋照，昼夜常存，而后后天化尽。’师说如是。若吾所谓引天罡者，即是以我之心引天心到我身中，炼化我之凡躯而已。”

爽卿子曰：“元宗妙义，较之儒家更为详密。此迎天罡一法，在儒学即是《周易》‘敬以直内’之义。盖天心在地，地心在天，天地之心寄于人，人与天地并立为三。人心即天地之心，本来惟一，故必直内，然后可与天地合德，日月合明。晋照常持者，枢机在我，允执无间。常如此持守也。一刻不如是，则一刻就与天地隔；一日不如是，则一日就与天地不合德。一日不合德，则一日非人；一刻之隔，则一刻近于禽兽。故师云‘此一功法，终始赖之，必行到化凡成圣，无毫发之间，乃为了当’。敬义立而德不孤，方能充塞乎天地，是为作圣澈始澈终之要诀。先师之所谓迎者，乃为下学不悟是理，不得中行，故假此一点机窍，为敬字工夫耳。”

兰云子曰："先师之言，原与中下人说，为上智者指其实据，即'于天于渊，无间刻时'师注云'天乃天灵盖骨，渊乃脚底涌泉穴'，似乎泥着形质，非上乘功法。然要知泥于形质固不是，若离去形质又不是，要不即不离方得真窍。而于天于渊，乃是飞跃之真机，子思子所谓'上下察焉'者也。察者是谁？上下又是谁？盖上下昭著，莫非天理之用，本来活泼泼地，以其私欲锢蔽，至将天理间隔。苟去其人欲，则真机无不流行。且命由性立，养德正所以养生，第恐学者性体未澈，住于身外之虚空泡影，忘却我灵觉之真空，或独住于自己形质，不知心神即是虚空之妙，至犯滞虚滞实之弊，必得反诸身心，以不即不离之存观方为真诀，是即所谓"静观未发气象"是也。如是，方是'内外如如'之真境，而又行贵乎一念无杂，始可渐至无体无质、身等虚无真景象，凝一澈一，则后天渐化，先天始无流弊，此是元门真诀、儒学实据。"

管夫人曰："功夫到此，我之心神已竖澈三界，横亘十方矣。静观未发，而虚寂清和在焉。何以师曰"圆虚圆寂，圆清圆和"，其圆字之义又何如耶？且未发气象，静则方见，动则岂能见耶？"

兰云子曰："圆字之义，岂易言哉！盖虚是虚其身心，寂是寂其念虑。虚其身心，可造身等虚空；寂其念虑，性体自然澄澈。此从上文'无间刻时'而来，言须上下兼顾，不即不离，勿忘勿助，专志于未发，则动静如一。莹立于中，不有一时一刻之或间，造次如是，颠沛如是，是故君子无终食之间违仁也。若独于静时如是，何能无间刻时哉？必得程子所谓'动亦定，静亦定''廓然大公，物来顺应'，方是一内外、融显微，功行无怠，自到真虚真寂真境界，则自觉徧[①]体清和，活泼泼地。此等气象，不由眼见意拟所得，乃天则自然之妙用。是吟风弄月之真机，舞雩风咏之真乐。功夫如是，方可谓圆，始无闯黄闹黄之弊。苟涉一点作为，而播弄精魂，或躐等而进，致有闯闹之患，未可知也。盖功从无念始，又必循自然以为则。初由勉然，既即自然，并且要处处自然，步步自然，使有丝毫意见安排，便非自然矣。噫！说时容易做时难，苟不坚铁石之志，何能臻此？"

云显曰："何谓闯黄闹黄？"

---

① "徧"，底本作"偏"，依文意改。

兰云子曰："黄者，中央之土色，人之中宫，谓之黄庭。此黄庭非形体上有部位之黄庭穴，乃身中之虚处，又名黄中，《易》曰'黄中通理，正位居体'。是人身之正中正位，为吾人生身立命根本处，又即是人身太极之立极处，道家谓之元关。老子曰'元牝之门，是谓[①]天地根'，言其此处通天地，故元关开，则黄中通。庭即庭中，以其指正位而言也。工夫由自然而到身等虚无，则渐渐养开元窍。此黄中元窍，皆先天地位，故不可以后天凡气杂入。盖先天炁与后天气虽曰一气，然先天无形，后天有象。其真火与凡火虽同一火，而先天真隐，后天显迹。然要知气即是火，火即是气。丹经曰'药生即火生'，盖火即药也，药即气也。是故后天不净，则凡火易入。一有后天杂入，遇七情六欲，偶一触之，气必作梗，致有闯黄闹黄之患，其害非细，甚有性命之虞。所以必由性功而入，做存理克欲之功，始冀情欲可以净尽，后天凡火不动，方能尽化先天，然后可无此弊。若由命学入手，工夫虽得元妙，而情欲未经炼净，难于不染。所以先师《遗言》云'性外问命功，悮了古今来多少英材。丹书著得不明白，实为可恨！'苟如是行功，谓之躐等，鲜克有终者。且人之心易动，心动则神摇，而火随之。火动则真凡夹杂，而气不凝净，致有闯入中黄，气逆直冲之患。若元关未开者，其气虽逆而乱行，不过在脏腑之间，轻则疼痛或致酸胀，重则气臌或成血症，最甚者致成怔忡。若元关已开，是中外关窍皆通，稍不沉静，一有感触，则气易入中黄而成是疾。按医书云：人胸前一脉，名曰任脉；背后一脉，名曰督脉；中间一脉，名曰冲脉。脉乃气行之路，任脉由阴会而入腹，循上而至承浆；督脉亦由阴会入背，循上而至人迎。此任督两脉，元宗名为赤黑二道，又曰'人道'。丹书云：常人此二脉不通。至三关通者，此二脉方通。龟通任脉，鹿通督脉，故皆长寿。窃谓常人身中，无非后天正气，先天之真气隐藏于后天中，后天气无处不到，十二经及奇经八脉处处皆通，岂有独于任督不通者乎？所谓通三关者，乃采取先天真炁，待至充足，然后冲透此二脉，斯命学入手之所由也。若从性分入手，而养开元窍，则诸脉皆通，况此两脉哉！盖此两脉为诸脉之纲领，二气之升降由此。中间之冲脉谓之黄道，丹书题曰'仙道'，元关开黄道始通。此处为三才之正中，天心之正位，危微之分、人

① "谓"，底本无，依文意加。

禽之判在此。倘性体不纯净，留有情欲之迹，则气或致不和。不和则二气不交，偶一触动于中，则后凡夹入，而闯至中黄，气或逆上，脉即胀大，其坚如铁条冲起，或致发厥，是谓闯黄闹黄。苟犯此者，性命在呼吸之间，可不惧哉！素有肝阳者，尤易犯此。盖肝为将军之官，所主为怒，怒则气动而火生，动则必致冲逆，七情之感，怒领其纲，怒则气旺而强病来，以此。程子曰：'夫人之情易发而难制者，惟怒为甚。能于怒时，而观理之是非，则于道亦思过半矣。'所谓工法，必须虚寂其体，空洞其心，中无凡念杂入，由勉然而晋造自然，以致虚寂清和之验，方为至当。苟非立志笃行，克治严密，断难臻此也。是以先师云：'若昧夫万缘放下一句，终身无入手处。但若扫除片刻，自谓中已虚寂，遽事迎罡，则夹带后天凡神凡气，坐塞身中元窍，何殊运水担泥，填塞崆峒仙境？总使五丁辟除，而泥水留痕，终难涤洗。'欲无闯闹之虞，其可得耶？"

管夫人曰："闯黄之病，缘于性功未纯，致有此患。先师于'无有内外，生化如如'一节曰'犹法制神仙肉，以天地作锅灶，以鄞鄂为瓦罐，色身作肉，加以定慧维持，其功法甚简易'，又曰'身心未靖，关窍未通者，须从色身上作搬运，继以存思'等语，窃以搬运即非自然，存思与定慧亦属异同，未识旨趣如何？"

兰云子曰："搬运非有为之搬运，乃真机自然之神运。若用意导引，则涉于有为矣。上乘功法，特一神之妙运，非可口舌宣也。虽然法无定法，先师慈意，该中下而言之，学者当自问志趋何乘，中下人以有为法而行导引，亦无不可。制神仙肉一法，细体即可得。混化之义，其要妙在于'无有内外，生化如如'两句耳。"

云显曰："请问上乘神运如何？"

兰云子曰："神运者，亦不过存其心而已矣。盖心存则神存，神存则气机自然活泼。昔先师语心香子曰'存神，须虚寂中养其闲活'，此已道尽矣。盖虚者，心之体；寂者，性之本。心清则气爽，性定则神和，真机自然流转无滞，则变动不居，周流六虚。诚[①]动变化，至绵至密，关窍自然洞开。然初学须明渐进之功，不可有欲速之念，气机未活，或活而未畅，必有种种不

① "诚"，疑误。或为"感"？

舒意象，我则一味存神澄心闲放，由其自行自化，机兆自然日变。我惟[①]镇心不动，任其自然，不加一毫有为之意。用主一工夫，以诚敬存之，勿忘勿助，机缘凑合，忽然而忘，自到混穆地位，则变动之机，尽化为先天矣。此是用涵养功夫、养开元窍，始一无毛病。若中下之士，关窍未通，首行导引，先使其气机活泼，然后加静定之功以终之，亦无不可。然此导引，亦是机动神随，作用不过略加一点真意维持耳。所谓以神驭气，以气凝神之法。待至神凝，则机兆自有豁然之象。日日如是，关窍亦渐次而开矣。此亦属上乘功用。至所谓定者，定其心。心体本动，故必凝一其志。慧者，用其神。神用无方，故必随心而一。定慧功法，先存我与天地内外不隔，觉如大圆宝镜。然后宁定而寂守，不着内外，不管气息，唯觉清明在躬，志气如神，身中气机动静皆觉而不着，任其自然，所谓'生生化化，一付如如'，此真是返本还元之妙诀，以工夫合本体之作用。若性体明澈者，天地与我本来一个，无有内外，何有大小，只有这圆陀陀、光灼灼的一片虚明，又何用存而守哉？动也如是，静也如是，生也如是，死也如是。所谓工夫者，乃孟子之必有事焉，颜子之欲罢不能是也，此是即本体是工夫之学问。两者皆是制神仙肉之妙法。总之，儒家之主一持敬，即二氏之定慧双修，非有二也。"

复贞曰："何谓返本还元？"

兰云子曰："本，即本来，是天所赋我的真性之根。元，乃元气，是我受生的天命之原，即所谓太极是也。众人忙忙碌碌，为着名利，迷恋于声色货利之中。自有知识以来，将精气神日逐耗散，无一刻之能还能返。今得明其道，得行其诀，将日所放之心神，收归身中，去其杂染之污，复我明觉之体，则性复命还，而神气归元，修其心，炼其性，时时还我受生之太极，是谓返本还元。"

复贞曰："若返本还元，吾可以成真吾矣。"管夫人曰："恐尚未也，下文不云乎'成身内身，是名真吾'。先师曰'火侯功足，真吾乃现'，可见元本虽还，尚未成真吾。然此说与前所云主人翁，又似乎异矣。未识究竟若何？"

兰云子曰："前所说主人翁，乃因自己尚不认得，所以指点各人之灵性就是主人。认得主人，然后识得真吾。吾之所谓真者，法身是也。原要修而后

---

① "惟"，底本"维"，依文意改。

成，以其尚在色身中，未与天地合一，故尚属《内篇》作用。若《外篇》之真我，方纯是先天，与天地同一极矣。此《内篇》工夫，乃是在色身中煅炼出法身来，故虽亦以太虚为炉鼎，而要色法两身作药物，以定慧为水火，烹而炼之，俟火侯功足，真吾乃现，现则始成法身耳。成了法身，此吾方真。”

素亭曰：“法身，即是出现的元神否？”

兰云子曰：“虽是，然不是向来传说，可以上天入地、出幽入冥之神。”

素亭曰：“既成元神，何以不是？”

兰云子曰：“向来传说，乃是从顋门出窍的阳神，此是神仙之法。我先师所传，乃是天仙大道，非神仙可比。盖天仙同乎天地，神仙惟一个阳神而已。”

素亭曰：“神仙道成，再学天仙，自然更妙？”

兰云子曰：“难！难！难！所以丹书有‘重安炉鼎，再立乾坤’之说。天仙功法，极简易，一了百当。若从神仙起手，其法繁难，火侯要配卦爻，药物要配觔两，子午之水火要均匀，卯酉之沐浴要防虑，必得明师益友，跬步不离，方保无虞。待成了阳神之后，重安炉鼎，再立乾坤，炼神还虚，再习天仙功法，岂非一番手脚两番做？从前工夫白用了，还要九年面壁，十载忘言，待至功成，然后出来炼性，积三千八百之功行，始克证天仙之位。若入首就习天仙功用，用一步功，还一步虚，炼精化气，尽在于斯，且又省前一段工夫。故天仙家法，即属儒家心学，唯心传心受、心领神会而已。白祖云‘以心传之，甚易成也’，究其功用，‘主一无欲’四字尽之。以无念为入手，不动心为学问，中正仁义立人极为始终要诀。待至神凝气聚，则一得其凝。凝得一，则以下工夫，一任天然矣。所谓工夫者，吃紧在去人欲，存天理，私欲净尽，天理自然流行，无一点凡尘夹杂，纯归清静自然之神妙。故九年面壁，即在平常日用之间；三千八百之功行，尽在去人欲、存天理之中。其中功效，只须存得心在，养得性明，日积日化，日化日还，后天渐化为先天，万化归一，一亦无存而已矣。故最简最易，虽愚夫愚妇，苟得其要，亦可立跻圣域。此是形神俱妙，与道合真，并非独成一个我在天地之中，所以先师云‘不劳破顶升遐，而隐现在心，并无方所远近，亦无大小长短，惟觉动静焉耳’，程子所谓‘放之则弥六合，卷之则退藏于密’，要皆一心之妙用也夫。夫天地六合，无处非我，又何有远近方所之谓哉？”

管夫人曰：“‘功纯行粹，还我太初’，先师注曰：‘太初者，先天之初，无极之根，真一是也。’窃谓无极已无到极处，尚何有根在？此真一是否即是真吾？若即是真吾，乃吾自己之灵性，自受生以来即有，到死了方无，何以谓之还我？”

爽卿子曰：‘先师所云，指人身而言也。天地为先天，人为后天，此真一乃天地之一，在人为无极之根，故云然也。真吾可以说即是真一，而真一不可说即是真吾。盖真吾者性也，真一者性命之根也。到了真一，方是性命合一之根柢。凡人之精气神，自幼至老，日逐耗散，及至散尽，则命不存，而性无以立，不复为我矣。今修道者，将精气神日渐收回，由后天而化先天，复还元精、元气、元神，与我初受生时一样，谓之曰还。既将此三元还我本来面目，则性返其本，命还其元。造至功纯行粹，则三元[①]合而性命全，性命合而真一见矣。如是方还到先天之初、无极之根的地位，所以先师曰‘就我所本有而还之也’。还到太初，则《内篇》之功圆矣。《外篇》功法，由是而入手。”

管夫人曰：“这篇结尾曰：‘自终溯始，训诰无多。惟喜混穆，切戒模糊。’又曰：‘一仍圆觉，一竟糊涂。觉则成圣，昧则成魔。’请问如何是混穆？如何是糊涂？”

爽卿子曰：“此节大义，重在‘圆觉’二字。大凡功夫，动且不论，今就静而言之。凡人气禀清、念虑少者，则心易正、意易诚。意诚，则我之灵觉不待圆而自圆矣。所谓圆者，即喜怒哀乐未发气象。知此气象者是谁，乃自己灵觉之所自觉也。觉我灵觉之明照，上至九天，下至九地，横而至于四面八方，无一处不在我所觉中；即我之觉无一处不照到，所谓竖澈三界，横亘十方。然又不着方所，不住远近，不离色身，不滞色身，无内无外，非色非空，《金刚经》所云‘无所住而生其心’者是也。子思子谓之‘中’。《圆觉经》云：‘有照有觉，俱名障碍，是故菩萨常觉不住。’古人云：‘德修罔觉，觉则生矣。罔觉之觉，是为真觉。’[②]功至其时，则神凝气聚，心正意诚，神抱其气，气合其神，神气混融，如蛰藏虫伏，法乾之初九，潜龙勿用，方是混穆真境。佛家谓之正觉，又谓之入定，故能一念万年，通乎昼夜。若是

① “三元”，底本作“二元”，依前句意改。

② 此则出自王畿之说。原文曰：“古人云：德修罔觉，乐则生矣。不知手舞足蹈，此是不犯手入微公案。罔觉之觉，是为真觉；不知之知，始为真知。”

糊涂，不是散乱，定是昏沉。散乱之病易治，昏沉之病难消，是以常觉者成圣，昏沉散乱者入魔。若入定之时，连此一觉亦泯，正程子所谓‘坐驰’也，又何能通乎昼夜哉？虽然，非初学之所能为也。不有久久元功，何能到此？有志者其熟思焉。苟不能造此，欲出苦海、免轮回难已。”

管夫人曰：“《内篇》之妙，既论其微。《外篇》之理，其有异乎？”

兰云子曰：“《外篇》与《内篇》，并非有异，而工夫次第所造浅深迥然各别。即如‘视身晶若’，以及‘如承日下’，非存思观想之法，乃由《内篇》工夫，造到圆觉地位，而功行纯粹，则身无其身，太虚即我，我即太虚，我与天地万物浑然一体，形与人同，而心与人异。即我所觉之中，却是无身而有身，斯身乃一片光明，我之一灵，如在水晶宫中，又觉如晶瓶，放在日下，内外通明，此等气象，唯有心知心觉，难向人言。其故何也？盖曰‘身无其身’矣，而又曰‘无身而有身’，岂不是一大疑团？若非自己深造其境，何能知此？即‘迎罡下照’一句，亦只是以心维持之耳，此是大觉如如中之妙用也。其‘罡照则生，罡注则化。化化生生，功维一法’。师云：‘照则普照，注则凝注，生则自生，化则变化，功法不同，而一凭夫真一焉。’要知普照即是圆觉之义，而凝注即是直内之法。直则迎在其中，我以直迎，彼即直注，我惟涵养，彼即交凝。凝则我之造化自生，生则彼之变化无穷，所以先师点出‘真一’二字，又曰‘功维一法’。主斯法者，盖有真我在焉，谓此皆属心法，而真我为之主宰，故一凭夫真一之造化焉。是以曰‘天以一生，地以一成。身失其一，晶何得能？’要知真我即一，若不宗夫主一功夫，则未免泥于气象，即落二乘。一涉气象，苟寓一点意思，即属知解。故功须无念，无念则无意，无意则不落知解安排。既无知解安排，则意自诚，而心自正。心正意诚，则有无不立，而入于人法双忘，所以师云‘念中无念，泯其察求，则念自寂然，而心泰定矣’。如是诚守，虚可极，静可笃，胎息自成，元关自开，呼吸气停，天理自然流行，其所隐现，无非真况矣。”

云显曰：“如师所言，主宰唯一。窃谓真一既即是真我，真我为性命之根。性命之根，非心而何？何以曰‘原用之神，互根其根。置身于一，置一于心’，似一之与心，又为二矣。”

兰云子曰：“此中妙义，非透顶莫能言。一落言诠，即非浑然之妙。老子曰：可道非常道，可名非常名。吾强言之，子妄听之可也。所谓原者，本原也。神者，本原中所具之神明也。根乃根柢，即根本是也。天地之根，即是吾人之根。吾心之一，即是天地之一。吾人之心，即是天地之心。心，太极也，太极即一也，一即根本是也。形而上者言之，三界一太极也；形而下者言之，万物各一太极也。三界之太极，为万物之祖；各一之太极，为一身之本。天地生万物，以其有天地心为之主宰；吾人之有生，亦一心为主宰，即以天地之心为主宰耳。故曰吾与天地万物一体同仁，而仁为天地生物之心。是以人与天地，虽若根本各一，悟之者即心即一，成之者非一非心。庶人罔知其理，天不隔，而人自隔之。至人明其本，故天地万物同此一仁。推原其本，总由天地所自来。人之根，根于天地；天地之根，根于人，故曰'原用之神，互根其根'。人能反诸身心，切实体会，初则悟其理，知心之唯一。继则证其一，会三界于唯心。心也，一也，太极本无极也。色身者，有而有者也；法身者，无而有者也。有而有者，凡质；无而有者，圣胎。圣胎则妙，无而妙有，亘古今而常存。凡质乃实而又实，虽暂有而终无。'置身于一'，即紫阳之居敬穷理；'置一于心'，即濂溪之主一无欲。工夫非可以岁月计，而贵在绵密；妙理非可以拟议得，而要在心传。其中效验，自有天然之则，行乎其所不得不行，止乎其所不得不止，功唯有无不立，人法双泯，则大可周于天界，细可入于微尘，吾无得而与焉。色法皆无，则混化之道，真而圆矣。庶人观我出处不二，而我之为我，已同天地不贰不息，待到行满功圆，自然平升于玉清之境，是以师云：'无劳破顶升遐，自然出有入无。盖以六合三洲，不外一心，自无方所，有何高下，而劳出入乎哉？此皆由混化于一，大周细入之神功，得与天地合德，故曰天仙。'"

云显曰："天仙工夫，内外两篇备矣。《圆诀》一章，其意云何？"

兰云子曰："此章乃先师所体述，总括两篇全旨，非太虚翁原传也，盖即乃赓再歌之意。自初学以至功成，不外乎此，故句句可浅可深。浅则指夫初学，深则咸归其极。浅则就一身而言，以人身一天地也，故九天即头顶泥丸，九渊则脚底涌泉。深究其旨，九天乃九霄，天之极高处，九渊乃重泉，地之极卑处。而智者知之，不出乎一心。不知者，与天地为二矣。是以上智行功，则三才卵守。下愚工法，则独守一身。我处其中，而行混化工夫，似无分别，却有妙旨，所以薛子云'但循道体，只要一念虚无而寂静，寂静而虚无，不住方所，不落拟议，不杂知识'，而混然为一，任其自生自化，自返自还，则无后而非先矣。盖天道虚，地道实，人之一身，内外虚处皆天，实处皆地。我无方所，不落知识，则虚境在迩，故无地而非天也。万物皆无常，人身岂不朽？唯我一点之真灵，亘古今而常存，故常真者始得真常。真而且常，非我之道体而何？诚而有恒，实而无妄，非无极而太极，太极本无极乎？究其功要，只在‘绵绵密密’四字，故圆者，真自然之究竟也。元学既真，圣学乃成矣，何二何一哉？”

芍仙跋①

伯姊兰云、仲姊爽卿均问道于金盖闵先生，受西王母女修正宗。仲姊喜读儒书、语录，伯姊兼通性命之学，若钱妙真、妙惠之于华阳隐居，谢自然、焦静真之于司马子微也。族兄颐道先生亦尝问道金盖，明三教同源之旨。继室管静初奉道诚笃，与两姊相契尤深。伯姊尝推其性功，谓其自然合乎中庸，不涉勉强。兹册三人与伯姊门下诸子，论《天仙心传》之作。天仙心传者，闵师承李泥丸真人以授沈祖太虚之功诀也。大道不分男女也，唐岑文本《孟法师静素碑》所云“禀两仪之灵和，体五常之休德”“志在芝桂，心系烟霞”，两姊有焉。若夫栖心大道，投迹长生，三生可涉，九转方成，虽不能至，心向往之。翟衣未绝，鹤御方殷，餐绛雪而蹑青霞，未尝不神往于灵开光碧间也。愿与卷中诸弟子共勉之，并望两姊有以教我也。

道光辛丑中和节，女弟芍仙敬跋。

熊来实跋②

智愚贤不肖，人孰无天性之一点灵光哉？既落形气之中，不能不为资禀所拘，习俗所染，日积日深，遂使一点灵光与天地生气，有格不相通之势。富贵功名，宫室妻妾，据而有之，以为我之真乐在是矣。不知旦明之气，日生甚少，不从而培养之，又从而戕贼之，一朝气尽，骨化魂消，凡平日所据

---

① 原只题“跋”，点校者据文末署名添加名字。

② 原未有题，点校者加。

以为乐者，皆非我有。然则或生或死，必有操其柄者在焉。操之者何？厥惟天地。然而天地又安能操其柄哉？仍我之自失其为我而已。我生之前谁为我？我死之后谁为我？静而验之，当可悟我在之时谁则为我。夫我果何如乎？一点灵光是也。光何寄？寄于其心而已。灵何浚？浚于其心而已。心何操？操于其知而已。知何致？致于其天良而已。盖人同此心，心同此知。徇欲者为知识，此气质之性也，所以死我者也。从理者为良知，此天命之性也，所以生我者也。率性之谓道，岂有他哉？存理遏欲而已矣。存得一分理，多一分生机；遏得一分欲，少一分死机。宣尼曰“朝闻道，夕死可矣”，盖理纯欲净，生气常存，灵光不昧，夭寿不贰，其生也与天地浑忘，其死也与天地浑化，天地又孰从而操其柄哉？可见一点灵光本与天地同，此太虚元炁，特去其蒙蔽者，而自无不通耳。人同此性，奈何惮而不为耶？

实谬列胶庠，不明性道，疑圣学必有秘传入手处，苦无问津者，遂兼涉二氏之书，然亦茫无从入，嗣读《王阳明先生全集》，反复详玩，始知率性工夫不外静存动察，然其谓与二氏之学同原，尚未冰释。今夏客吴门，知金盖师祖闵太先生遗世，爰修通家子侄礼，求见其女弟子我师袁太宜人。实本其族兄颐道陈先生受业弟子也。夙生有幸，感蒙不弃，授以心传正学。其传者何？始则求其放心，既则不失其赤子之心，终则从心所欲而已。其间节目，虽有层次，要皆一意行去，不期然而然，乃始了然于穷理尽性以至命，不大声色。三教同源，在儒曰圣贤，在释曰大觉，在道曰天仙，稍有未纯，等而下之，路惟一条，诣难一辙，惟视乎其人之自取焉耳。我师著有《天仙心传答问》一书，志在启迪后人，命实为跋，实幸列门墙，得窥阃奥，理无敢辞，因谨将亲承警戒，万语千言，述其大旨，节而志之。实不肖，私心向往，而尤愿才质百倍于实者，同由此正路而行，力扫先性后命、先命后性一切陈言，息心静体，各求其我之所以为我，其庶几性在是、命在是，虽未敢云位天地、育万物，而可与天地万物之化机无多隔阂，俾此七尺之躯，全受全归，斯无负我师救世之婆心云尔。

道光岁次壬寅六月初四日，嗣教弟子熊来实熏沐敬跋。

第九卷　还源阐微

还源篇阐微

还源篇目录

还源篇仙考序

仙可考乎？仙不可考。盖仙迹若云之卷舒，不可执虚而定。第云无心，而仙有文。文者，迹也，又乌不可考？夫木公金母，先天先地，其迹邈矣。若夫道德传宗，系分南北。惟南以文垂世，故紫阳祖肇著《悟真》，至琼琯先生而益富美风华。间尝放观典籍，沈玩精思，求其得琼琯心而溯紫阳之道者，惟朱元阳《悟真阐幽》一册而已。子闵子膺太虚真人之心印，笺杏林二祖之《还源》，无微不阐，尽美矣，又尽善也。惜倪未入室受切耳之提，罔能于字里言外夺不传之真，而道山已隐，为平生一大恨事。盖金丹之术，语其精，则一贯，一字犹增；语其细，则三千三百犹简，层层曲曲，匪可如帖括之揣摩就试。忆师示化，神来告曰："以清静自然为运用。"夫此七字，乃琼琯之言而《阐微》之大旨，呕心相告，师真慈哉！今而后奉此金针，庶几无大过也夫。

是编，吾师三易寒暑而成。钩玄提要，句逗犁然，不忍秘之笥中，以公于众。天下万世慧心者，于太虚中而拈杏林一瓣，不以迹求，则师之愿也。又闻太虚原编载有杏林传赞，特摩石像补之。爰于《金盖心灯》中采传，并吾师所奉太虚像赞次之。不揣僭妄，亦登汤师所撰师传，绘像制赞，又次之。汇为《仙考》。其正文阐微，俱系师放[①]朱元阳《阐幽》体式，未敢稍易，但增此数页于前，俾读其书者，先见其人，以慰四海高山之仰。正不徒以读书考古之心，向青天而说梦，亦以绍金峰夜半之灯也。

时道光十八年三月上巳日，金盖侍者蔡阳倪盌香拜撰。

① "放"，通"仿"。

还源篇仙考

杏林真人像赞[①]

杏林真人赞

杏林杰，红炉雪。一点还源事大[②]奇，编成九九传丹诀。

龙门后学沈一炳拜题。

① 题名原无，为点校者所加。

② “大”，通“太”。

杏林真人传

真人姓石，讳泰，字得之，凤翔府扶风县杏林驿道人也。宋熙宁中，张平叔真人于成都天回寺遇异人以金丹药物火候之秘，仍戒曰：“他日有脱子韁厄者，当受[1]之。”后因妄传获谴，凤洲太守怒按以事，坐黥窜。经邠境，天雪，与护者饮村肆。真人过之，顾众方欢，而平叔未成饮。邀同席，饮酣问知故，真人念之曰：“邠守，故人也，乐善忘势。”平叔曰：“能迂玉趾，有因缘可免此行？”恳诸护者，许之，乃相与之邠。真人为之先容，获免。平叔德之曰：“此恩不报，岂人也哉！况昔受记。”遂授以丹法易简之语。真人依修证道，作《还源篇》行于世，称为南宗二祖云。

龙门后学沈一炳敬辑。

太虚主人像赞[2]

① “受”，同“授”。

② 题名原亦作“还源篇仙考”，为点校者所改。

太虚主人赞

太虚无量，中有畸人，析东山之木为冠，曰：“以楷吾神。”

受业同门弟闵一得拜题。

太虚主人传

大师姓沈，讳一炳，字真扬，又字谷音，号轻云子，蜕号太虚主人。生而有文在手，曰“主宰太虚”。少孤家贫，牧羊而读，有某先生怜而就之，讲“衣敝缊袍”一章，闻而喜曰：“志士当如是也。”又至“颜子问仁章”，曰：“我亦从此四勿，庶几君子。”年十六，遇李泥丸古仙于金盖山麓，席谈达旦。遂遁迹武林金鼓洞，师事子高子东篱宗师，乃命今名。停云戴律师与子高子兄弟也，授以三大戒。访道于高池，华山贝常吉真人亦授以宗旨。

大师好尚不与人同，同参者亦罔测其蕴。第见其坐如尸，立如斋，望之俨然，即之温然，长长幼幼，咸敬如宾。数十年未尝稍懈。所谓恭而安者，于大师见之。曾谒曲阜，得夫子手植楷木，刲而冠戴。呜乎，真我龙门儒仙正轨欤！

若夫祷雨于菰城，祈晴于节署，致雪于钱塘，收狐于青浦，伏虎于终南，驯狼于太白，皆大师不得已一行之事，不足以神通为异也。初母钱太君祷嗣于归安之开化院，故晚岁葺而居之。

其逝也，天乐愔愔，邻里咸闻。世寿七十有九，葬于大涤山之金筑坪。得忝同邑同师，继以师事，惜中年宦游，未能亲炙而窥阃奥。然羹墙梦寐，若或来告，大师其未可测乎？

平生实实朴朴，精精纯纯，不自满假，撒手乃息。此则大师之所以神证太虚也欤？大师不著书，或问之，曰：“恐为斫轮所笑耳。”其手批诸书，皆已星失，惟《还源篇》系诗于前，曰：“万卷丹经一性宗，心神安醒是元功。丹灶谨防丹火焰，抽添有意欠圆通。”

乾隆丙午十月下浣，受业同门弟闵一得拜撰。[①]

---

① 原书在沈传与闵传中有一附页，其文曰：“元学并无男女异途之说，只要炉成丹熟，督任交通，眉丸（心）中自有一颗毫光为验。试以黑夜闭目垂帘，朗如明月。《悟真篇》云：‘欲得谷神常不死，须从玄牝立根基。真金既返黄金室，一颗灵光永不离。’又曰：‘牵将白虎归家养，产个明珠似月圆。’无论男女，皆有此景。”

金盖山人像赞[①]

金盖山人闵子赞

金盖出云云上天，先生日日事丹铅，最后注还源篇。噫！九十年躬行实践，乃能疏一勺之味分真诠。

受业门人蔡阳倪顿首拜题。

金盖山人传

浙西金盖之麓有山人焉，言讷讷，行循循，人莫得而窥其际。予闻之蔡生曰：山人吴兴世族，幼时弗良于行，依桐柏高东篱宗师以愈，故受龙门，名曰一得。归而读书金盖山，山有乃祖高士堂址，葺而居之。其地幽僻

① 题名原亦作“还源篇仙考”，为点校者所改。

殊胜，竹影泉声，故得肆志三余，灵光焕发。时有畸人曰沈太虚，亦宗师门下，所养尤深，曳履来游，山人得其传，欲随云水而不果，以亲在也。

山人工于文而奇于数，薄游滇南，即奉讳归，遂壹志性天之学，不出山者四十年。夫珠光剑气，臭味自尔不同；古往今来，林林亦多拔萃。有若金怀怀、白马李、李鬈头、王袖虎、鸡足叟、龙门道士之流，罔不缟纻言欢，朋簪之盍，金峰一席，亦云盛哉！山人尝谓蔡生曰："之若人固四海所仰望而莫及，然与之言及太虚，亦若四海之仰望而莫及者。何哉？盖太虚得天之清，不可以赤水求，惜未尽其传耳！"因训蔡生以行远自迩之学，平淡而有味乎言。

予每叹山人之学有渊源、行有尺寸，而远大可期，乃一旦溘逝，其厌离而示幻欤？抑别有寄托欤？山人著书甚富，蔡生什其最后所注《还源》一编，手泽犹存，欲列传于前以问世。泣而请曰："不敏曾受教金盖。今金盖颓矣！四海内无有知金盖者。金盖平生多烟霞友，乞师文以传师于不朽。"予笑曰："予亦山人也，以山人而文山人，当不贻青山笑。但身隐焉，文无已，次子之言，以略传山人之生平。"山人姓闵，讳苕旉，字补之，号小艮，又号懒云，吴兴人，年八十有九，葬于金盖山中，门人祠之。

道光十八年二月望，西山道人汤素志拜撰。

还源篇

还源篇自序

泰素慕真宗，遍游胜境，参传正法，愿以济世为心；专一存三，尤以养生为重。古云：“迷云锁慧月，业风吹定海。”盖谓学仙甚易而人自难，脱尘不难而人未易，深可哀哉！昔年于驿中遇先师紫阳张真人，以易简之语不过半句，其证验之效只在片时，知仙之可学，私自欢喜。及今金液交结、圣胎圆成，泰故作《还源篇》八十一章，五言四句，以授晚学。早悟真诠，莫待老来铅虚汞少；急须猛省，寻师访道修炼金丹。同证仙阶，变化飞升，实所愿望焉。

杏林石泰得之序。

还源篇正文

南宗二祖石杏林真人著

铅汞成真体，阴阳结太元。但知行二八，便可炼金丹。

汞是青龙髓，铅是白虎脂。掇来归鼎内，采取要知时。

姹女骑铅虎，金翁跨汞龙。甲庚明正令，炼取一炉红。

蛇魄擒龙髓，龟魂制虎精。华池神水内，一朵玉脂生。

白雪飞琼苑，黄芽发玉园。但能如偃月，何处炼红铅。

药材开混沌，火候炼鸿濛。十月胎仙化，方知九转功。

龙正藏珠处，鸡方抱卵时。谁知铅汞合，正可饮刀圭。

沐浴资坤水，吹嘘赖巽风。婴儿无一事，独处太微宫。

紫府寻离女，朱陵配坎男。黄婆媒合处，太极自函三。

乾马驭[①]金户，坤牛入木宫。阿谁将姹女，嫁去与金翁。

姹女方二八，金翁正九三。洞房生瑞气，欢合产初男。

昨夜西川岸，蟾光照碧涛。采来归玉室，鼎内自煎熬。

---

① 原批：驭，应作“驯”。

离坎非交媾，乾坤自化生。人能明此理，一点落黄庭。

丹谷生神水，黄庭有太仓。更无饥渴想，一直入仙乡。

意马归神室，心猿守洞房。精神魂魄意，化作紫金霜。

一孔三关窍，三关要路头。忽然轻运动，神水自周流。

制魄非心制，拘魂岂意拘？惟留神与气，片晌结玄珠。

口诀无多子，修丹在片时。温温行火候，十月产婴儿。

夫妇初欢合，年深意转浓。洞房生瑞气，无日不春风。

骤雨纸蝴蝶，金炉玉牡丹。三更红日赫，六月素霜寒。

海底飞金火，山巅运土泉。片时交媾就，玉鼎起青烟。

凿破玄元窍，冲开混沌关。但知烹水火，一任虎龙蟠。

娑碣水中火，昆仑山上波。谁能知运用，大意要黄婆。

药取先天气，火寻太乙精。能知药取火，定里见丹成。

元气如何服，真精不用移。真精与元气，此是大丹基。

儒家明性理，释氏打顽空。不识神仙术，金丹顷刻功。

偃月炉中汞，朱砂鼎内铅。龟蛇真一气，所产在先天。

朔望寻弦晦，抽添象缺圆。不知真造化，何物是真铅。

气是形中命，心为性内神。能知神气穴，即是得仙人。

木髓烹金鼎，泉流注玉炉。谁将三百日，慢慢着功夫。

玉鼎烹铅液，金炉养汞精。九还为九转，温养象周星。

玉液滋神室，金胎结气枢。只寻身内药，不用检丹书。

火枣原无核，交梨岂有渣？终朝行火候，神水灌金花。

炼气徒施力，存神枉用功。岂知丹诀妙，镇日玩真空。

欲炼先天气，先干活水银。圣胎如结就，破顶见雷鸣。

气产非干[①]肾，神居不在心。气神难捉摸，化作一团金。

一窍名玄牝，中藏气与神。有谁知此窍，更莫外寻真。

脾胃非神室，膀胱乃肾余。劝君休执泥，此不是丹梯。

内景诗千首，中黄酒一尊。逍遥无物累，身外有乾坤。

乌兔相煎煮，龟蛇自绕缠。化成丹一粒，温养作胎仙。

① “干”，注解中作“关”。

万物生皆死，元神死复生。以神归气穴，丹道自然成。
神气归根处，身心复命时。这般真孔窍，料得少人知。
身里有玄牝，心中无垢尘。不知谁解识，一窍内涵真。
离坎真龙虎，乾坤正马牛。人人皆具足，因甚不知修？
魂魄为心主，精神以意包。如如行火候，默默运初爻。
心下肾上处，肝西肺左中。非肠非胃腑，一气自流通。
妙用非关意，真机不用时。谁能知此窍，且莫任无为。
有物非无物，无为合有为。化权归手内，乌兔结金脂。
虎啸西山上，龙吟北海东。捉来须野战，寄在艮坤宫。
复姤司明晦，屯蒙直晓昏。丹炉凝白雪，无处觅猿心。
黑汞生黄叶，红铅绽紫花。更须行火候，定[1]里结丹砂。
木液须防兔，金精更忌鸡。抽添当沐浴，正是月圆时。
万籁风初起，千山月正圆，急须行正令，便可运周天。
药材分老嫩，火候用抽添。一粒丹光起，寒蟾射玉簷。
蚌腹珠曾剖，鸡窠卵易寻。无中生有物，神气自相侵。
神气非子母，身心岂夫妇？但要合天机，谁识结丹处。
丹头初结处，药物已凝时。龙虎交相战，东君总不知。
旁门并小法，异术及闲言。金液还丹诀，浑无第二门。
贵贱并高下，夫妻与弟兄。修仙如有分，皆可看丹经。
屋破修容易，药枯生不难。但知归复法，金宝积如山。
魂魄成三性，精神会五行。就中分四象，攒簇结胎精。
定志求铅汞，灰心觅土金。方知真一窍，谁识此幽深。
造化无根蒂，阴阳有本源。这些真妙处，父子不相传。
留汞居金鼎，将铅入玉池。主宾无左右，只要识婴儿。
黄婆双乳美，丁老片心慈。温养无他术，无中养就儿。
绛阙翔青凤，丹田养玉蟾。壶中天不夜，白雪落纤纤。
琴瑟合[2]谐后，箕裘了当时。不须行火候，又恐损婴儿。

① “定”：《阐微》正文中作“鼎”。
② 原批：合，应作“和”。

长男才入兑，少女便归乾。巽宫并土位，关锁自周天。
弦后弦前处，月圆月缺时。抽添象刑德，沐浴按盈亏。
老汞三斤白，真铅一点红。夺他天地髓，交媾片时中。
火候通玄处，古今谁肯传？未曾知采取，且莫问周天。
云散海棠月，春深杨柳风。阿谁知此意？举目问虚空。
人间无物累，天上有仙阶。已解乘云了，相将白鹤来。
心田无草秽，性地绝尘飞。夜静月明处，一声春鸟啼。
白金烹六卦，黑锡过三关。半夜三更里，金乌入广寒。
丹熟无龙虎，火终休汞铅。脱胎已神化，更作玉清仙。
塞断黄泉路，冲开紫府门。如何海蟾子，化鹤出泥丸。
江海归何处？山岩属甚人？金丹成熟后，总是屋中珍。
吕承钟口诀，葛授郑心传。总没闲言语，都来只汞铅。
汞铅归一鼎，日月要同炉。进火须防忌，教君结玉酥。
采药并交结，进火与沐浴。及至脱胎时，九九阳数足。

还源篇后序

夫炼金丹之士，须知冬至不在子时，沐浴亦非卯酉，汞铅二物皆非涕唾精津气血液也。七返者返本，九还者还源，金精木液遇土则交，龙虎马牛总皆无相。先师《悟真篇》所谓“金丹之要，在乎神水华池”者，即铅汞也。人能知铅之出处，则知汞之所产。既知铅与汞，则知神水华池。既知神水华池，则可以炼金丹。金丹之功成于片时，不可执九载三年之日程，不可泥年月日时而运用。钟离所谓“四大一身皆属阴”也，如是则不可就身中而求，特寻身中一点阳精可也。然此阳精在乎一窍，常人不可得而猜度也。只此一窍，则是玄牝之门，正所谓神水华池也。知此，则可以采取，然后交结，其次烹炼，至于沐浴，以及分胎，更须温养丹成。可不辨川源、知斤两、识时日者耶？泰自得师以来，知此身不可死，知此丹必可成。今既大事入手，以此诏诸未来学仙者云。

杏林石泰得之又序。

还源篇阐微

还源篇阐微序

得归山四十余年矣。前二十年方自拳拳于外摩内省之功，于先师遗传大道未敢以笔墨阐述，诚恐有背正旨也。迨嘉庆庚午入圜三载，学养稍纯，渐通经咒微言。旋至河上，与诸同人问答，琐言曾录于册。嗣是远近好道者，或持其师说，或携其所习之本，过访于得，间尝就地辨正其讹，皆为门下士后先付梓。大都因人因地以阐发其心思，辟除其悠谬而已。惟“天仙心传”一宗，乃得脱去丹家窠臼，将自己效验功诀编成一册，冀可启迪学人。无如学者罕从实地著脚，不向密处藏神，或兴望洋之叹，或假画饼充饥。即或得其似，仍复失其真，可胜感慨。

前年复就衡阳李公所著丹书悉心改订，以定丹法功夫之节次，俾知循序渐进，自有为以造无为。然尚拘于原本成说，未将入手功诀详明，心尚未慊。今年乙未夏，携从孙阳林同来金陵主秩山瞿观察家，晨夕讲论身心性命之学，因不揣僭妄，以宿所耳于先师者参解石子《还源篇》，阐述人生之源，历循节次，归复还返。以变化气质为入手功夫，以复命、复性、合元为究竟之道。开讲即标出正念为主持，到底以养其无形为了当。其中步骤精详，窃于石子简易之功诀少有发明。阳林笔之于册，爰题其签曰“还源篇阐微”，为阐其絜静精微之教也。

因为摘其丹法次第口诀，亦只取清静铅汞四字。于未得手时，本清静以为体，守铅汞而为用；及下手处，聚铅汞为药材，致清静为火候；既得手后，主清静以拳拳，宾铅汞而穆穆；到了手后，以清静心而宏大愿，休铅汞气而畀鸿钧，如是而已。夫道家之所谓清静铅汞者，即孔子之所谓“絜静精微”也，因复就是编为[①]之解曰：一统七窍谓之清，七窍归一谓之静，身中气生谓之铅，心中精来谓之汞，无思无为谓之体，知来藏往谓之用，见时采合谓之药材，退而冶炼谓之火候，明其正令谓之主，养其无形谓之宾，性光

① “为”，底本作“谓”，依赏云山房本改。

大定谓之心，真空无碍谓之气，此学道之极功，先师之能事，皆尽其在我者而已。自始彻终，更无别巧，神而明之，存乎其人矣。即以弁夫卷端，并加批点以证同志。

道光乙未端午，龙门正宗第十一代闵一得小艮氏敬题于金陵之涵虚室。

还源篇阐微

北宗龙门第十一代闵一得口授　门人闵阳林述、蔡阳倪订

《还源篇》八十一章，宋杏林石真人所著也。杏林出紫阳张真人门下，为南宗第二祖，悯人读书求道不知自体自悟，故作此篇，三复申明，教人返本还源之道[①]。

还源之法，必先坚持正念[②]，就伦常日用中，处处惩忿窒欲[③]，真实无妄，礼以行之[④]，是为炼己。潜致力夫涤虑忘情以疏通督任三关，遂由慎独而退藏于密，是为筑基[⑤]。自然身中还出一点真阳正气[⑥]，心中写出一点真阴至精[⑦]，相与浑融，凝结成丹，是为丹头[⑧]。从此心自存诚、气自周行[⑨]。久则藏心于心而不见，藏气于气而不测，静虚动直，气爽神清，是为完体。第觉三际圆通，万缘澄澈，六根清静，方寸虚明，如是期月不违，药物亦源源而至，始终以清静自然为运用，可以还源返本，与道合真，是为全真。金丹之要如是而已，然大要先知夫身中一窍，然后可以入手。

一窍者，神明之牖、性命之宗也。逐于末则分注乎七窍，还其本则归并为一窍。惟常能以心集身者，则知穷理以尽性，常能以身藏心者，则能尽性

① 原批：道者，率性而已。人不自体认，反向外求。故日逐末流，而违道益远。
② 原夹批：入手第一要诀。
③ 原夹批：无有作恶作好，自然不倚不偏。
④ 原批：礼者，道之体也。即孔子所问于老子，而以告颜子者是也。非度数节文之谓也。
⑤ 原夹批：志至焉，气次焉。志为气帅，气为体充。虚通塞滞，情虑胥忘，疏通督任。
⑥ 原夹批：此为真铅。
⑦ 原夹批：是为真汞。
⑧ 原夹批：谁知铅汞合，正可饮刀圭。
⑨ 原夹批：仍自涤虑忘情以疏督任之故习。昔由勉强，今乃自然而已。

以致命。盖心身为性命所凭依[①]，性命是身心之根蒂，精气乃身心所发用，心身为神气所集藏。故能以心集身中之气者，则神还天谷，可以穷理而尽性；能以身藏心中之神者，则气返绛宫，可以尽性而致命。惟理穷，故欲净；惟性尽，故情忘。欲净情忘，中无他扰，我惟基命宥密，自觉一窍豁然，是为开关。见得此中虚而不屈，动而愈出，随机运变，一任自然，则是《尚书》所谓“道心惟微。惟精惟一，允执厥中”。《道德经》所谓“谷神不死，是谓玄牝。玄牝之门，是谓天地根”者，此也。既归其根，即复乎命，复命即还丹矣！

人可不因流知源，以先还生身受气之初乎？还我初，则谷神可不死。慎厥初以保厥终[②]，则金丹可必成。得曩蒙先师太虚翁慈示此篇，并指点夫上品铅汞[③]之旨，潜神默会[④]，未敢妄参，赖师一言点化[⑤]，顿自悟彻还源之法，见得此篇次序，自采取交结，烹炼沐浴，以及分胎温养，丹成脱化，种种口诀，无非反复申明返本还源之道，尽精微以致广大[⑥]。人能准此修持，可以入圣贤之堂奥，可以登仙佛之阶梯。今因缘已至，敬礼[⑦]师意，依文阐发其微。爰命从孙阳林笔述如下。

铅汞成真体，阴阳结太元。

师曰：“铅指身，汞指心，时而会元，是为上品丹道[⑧]。”

愚按：人于未生受气之初，先成一窍，内含精气神，三者混而为一，絪缊于中，日滋夜长。及至十月胎足，囫地一声，元窍顿开，通乎七窍，遂有呼吸。[⑨]身中遂有三谷：上有天谷泥丸，藏神之府；中有应谷绛宫，藏气之府；下有虚谷关元，以为后来藏精之府。其时元精已遍播于周身实处而运

① 原批：心身所藏之神气，即为性命所凭依。性命实赖此心身，以为神气之窟宅。忘其为二，即合乎一，是为金丹。

② 原夹批：一统七窍，七窍归一。

③ 原夹批：身中气生，心中精来。

④ 原夹批：无思无为，知往藏来。

⑤ 原夹批：见时采合，退而演（原批：演，应作冶）炼。明其正令，养其无形。

⑥ 原夹批：性光大定，真空无碍。

⑦ “敬礼”，赏云山房本作“敬体”，当从。

⑧ 原批：铅汞得时而会元，是为上品丹道。乃通编之纲领。

⑨ 原批：此节先序人生本源如是。

形，元气已归集于中谷绛宫而为命所凭，元神遂上浮于上谷泥丸而为性所托。俄而元气动而生阳，始流注于下谷关元而为精，故下谷又名为气海。然其精尚是元精，仍随气转，常自周流于身。每到静极之际，七窍仍并成一窍，身中即腾起一点真阳之气，上朝元神，丹道名之为真铅[①]，故师指身为铅。元神静而生阴，亦布注于中谷绛宫而为气，故中谷又名为神室。然其气尚是元气，仍与神凝，常生液以养心。每遇阳动之际，一窍将发为七窍，心中先泻出一点真阴之精，来会阳气，丹道名之为真汞[②]，故师指心为汞。铅气得汞精以周流，则形体长成，故曰"铅汞成真体"。阴精兼阳气以上达，则元神凝结，故曰"阴阳结太元"。[③]

其实铅指身中气，汞指心中精，即先天阳神阴精之落于后天者，象坎离中藏有先天乾坤也。[④]阴指海中气，阳指室内神，乃后天铅气汞精之还于先天者，象后天离坎之复为乾坤也。[⑤]只此颠倒坎离，以后还先，神遂藏于心而象乾，气遂依乎身而象坤。坤资生，故称体；乾资始，故称元。曰真体者，以明体尚未漏，犹是真一之体也；曰太元者，以明元尚未漓，犹秉太极之元也。[⑥]皆生身时自成自结，初无待乎作为者也。

此章开宗明义，特指明本源，示人以精气凝成之身为元命所凭，神气凝结之心为元性所托。身心既得，性命完全，精气日滋，药火俱备，只须人自返还真一而已。

但知行二八，便可炼金丹。

言人得此身心性命，神既凭于心而属乾，气既依乎身而属坤，果能常清常静，七窍长归为一窍，犹是一个成形之太极，性命未尝渗失，浑似一丸有质金丹。只须还虚合道，遂合真元，何须用意修炼，有复性复命之烦？[⑦]只因生身之后，七窍已窍窍通灵，不能常归于一窍，以致混沌破而为知，知复

---

① 原批：此节指明铅乃身中之阳气，即阐发气之所由来。
② 原批：此节指明汞为心中之阴精，即阐述精之气由泻。
③ 原批：此节指明铅汞齐发之际，即是阴阳会合之时。
④ 原批：此节言后天之身心藏有先天之铅汞。
⑤ 原批：此节言后天之神气即是先天之阴阳。
⑥ 原批：此节总诠两句正文，即摄起下文二八名义之由来。
⑦ 原批：此节言人之天性本善，天命原长。

转而成识。从此心感于物而有好有恶，身接于物而有喜有怒。[①]心中之精既为外物所引诱，不受元性之主持，常逐于外而不养其心，元性因无所托而遂汩，前所取象乎乾之元神，兹即中虚而为离矣。[②]身中之气，既为阴精所动摇，亦不顺元命以周行，常漏于外而不充其身，元命亦因不足凭而日促，前所取象乎坤之元气，兹又中实而为坎矣。[③]

夫元神本实也，因常逐于气而日见其虚；元气本虚也，因常流为精故返象为实。卒之虚者益虚，实者又复失其实，乃有老病死苦之厄。此非其本其源之不善，本逐于末、源故为流之弊也。[④]

夫神失其实，故心遂变象为离；气失其虚，故身亦变象为坎。则是后天坎身中一点之阳，即先天之元气，于卦德象水中之火，故曰阳气；后天离心中一点之阴，即先天之元神，于卦德象火中之水，故曰阴精。[⑤]所谓二八者，以卦中象数言之：坎水为已成之水，数居地六，水中之火乃初生之火，数居地二，六与二皆属地，为在地之一八，即我先天之元气，从吾身中出者也，喻之为铅；离火为已成之火，数居天七，火中之水乃初生之水，数居天一，七与一皆属天，为在天之一八，即我先天之元神，从吾心中出者也，喻之为汞。故凡言药言火者，必须谓之二八，不可以他数言也。

曰"行二八"者，即师所云"时而会元"之道，只以清静自然为运用也[⑥]。今知其流末之弊而欲返还乎本源，若不肯惩忿窒欲，则断断无从下手[⑦]。若欲已窒而忿已惩，将此二八会合行之，则神即火也，气即药也。采时谓之药，犹是后天阴精阳气也；炼时谓之火，即属先天，神为阳而气又属阴也。但知神以御气，便是火以炼药，可以成金液大还丹也。

---

① 原批：此节言人以好恶凿其心而天性漓，喜怒哀乐丧其身而天命促。

② 原批：此节承明性以好恶而渐漓，遂致刚健之元神中虚而为离。

③ 原批：此节承明命以喜怒而渐促，遂致柔顺之元气中塞而为坎。

④ 原批：元神于先天本象乾之全实，因为形役而中虚。元气于先天本象坤之全顺，因滞于物而中实。从此降本流末，而先天尽丧矣。

⑤ 原批：此节指明先天神气只隐于后天身心之内，虽丧而尚未失，在人但知返还而已。下文遂指行二八之说，即是返还之实义。

⑥ 原批：如是行二八，即如是炼金丹。

⑦ 原夹批：因知恶而有怒则为忿，知好而有喜则为欲。无有作好，则喜亦非欲；无有作恶，则怒亦非忿。是喜怒不失其正。

夫所谓炼者，寓有防危虑险之意[①]，亦只以清静自然为运用也。盖吾身中阳气，今从寄宫虚谷初还，苟不得神以凝之[②]，则此气正防其散漫；吾心中阴精，今由寄宫应谷初返，倘不兼气以行之[③]，则此精尚虑其汩没。夫惟常清静以立道之体，斯得真铅汞以为道之用[④]。及得铅汞二物会元，结成一个正念，登时退藏，凝然大定。念中无念，则是片晌间便可凝结，还我生身受气之初矣。

孔子曰“精气为物”，即指此铅汞凝成之真体乎？老子曰“有物浑成”，即指此阴阳凝结之太元乎？紫阳张子曰“会得坎离基，三界归一身”，即指此行二八以炼金丹之枢要乎？是知铅汞即阴阳也，阴阳会一即太元也，太元即真体也。真体太元，即吾先天之一而二者。时而会之，即二而一之矣[⑤]。夫已[⑥]可以恍然悟矣。

○　上第一章。此通篇之纲领，揭出身心性命，神气药火，皆备于有生之初。是以不惮烦言，将人生本源明白注述，以便学人自悟。以后八十章，悉属此章注脚矣。其下七章，系将采取、交结、烹炼之法逐一发明。其第九章至十五章，教人下手用功之诀。其第十六章至二十四章，发明关窍，详论烹炼沐浴、防危虑险，以及分胎温养成丹之道。其第二十五章至四十八章，重标正旨，阐发真机，令人读之疑窦齐销。自四十九章至七十八章，分明教以后天精气还返先天神气而成谷神，遂由谷神炼出阳神，即从阳神炼还元神，乃以元神还返乎无极之真而成真人，是为与道合真，金丹了当。直泄先圣穷理尽性以致于命之旨，谆谆嘱咐，步骤精详。末后三章，复引证于古圣心传，并丁宁夫神气、身心、性命二必合一，遂以总结通篇之意。学者果然炼己功深，专其气，壹其神，端秉灵然独存之正念，对着此篇，自然得见法甚简易，可以即时坐进于道也。

汞是青龙髓，

心中阴精，本自性根罅出。兹谓是青龙髓者，丹家以青龙喻魂，在先天

---

① 原夹批：怒而忿，则危矣；喜而欲，则险矣。不失性情之正，即得主而有常。
② 原夹批：气之动也不荡，则神自能凝，而不防其散漫。
③ 原夹批：精之生也不摇，则气自相兼，更何虑其汩没。
④ 原批：炼丹指眼，直捷呈露。读者切宜着眼，慎勿滑过。
⑤ 原批：此节明白揭出抟二为一，金丹法诀备于斯矣。
⑥ 原批：已，应作“亦”。

卦位属离居东，故张子以谓“东魂之木”。夫先天之魂尚藏于乾中而不动，至后天而乾已中虚为离，离卦居南属火，张子即以为“南神之火”。是魂藏于肝，虽仍位于东，其卦已变为震动之象而好忿，其用即凭于心而为神。心为神之舍。今我心中泻出之阴精，原由先天木气而为汞，上章喻为火中水，其实即木之液也，故曰青龙髓。谓须烹调者也。

铅为白虎脂。

身中阳气，原从命蒂抽来。今谓为白虎脂者，丹家以白虎喻魄，在先天卦位属坎居西，张子以谓[①]“西魄之金”。夫先天之魄尚伏于坤中而未显，至后天而坤已中实为坎。坎卦居北属水，张子即以为“北精之水”。是魄藏于肺，虽仍位于西，其卦已变为兑悦之象而善柔，其用即依于身而为精。身乃精所凝。今我身中腾起之阳气，原本先天金气而为铅，上章喻为水中火，其实乃金之液也，故曰白虎脂。谓须冶炼者也。

掇来归鼎内，采取要知时。

此言精气二物发生之际，正当采取之时。法惟任意掇来厮配，归于鼎内，则坎即中虚而返坤，离即中实而还乾。精气归鼎而混凝，则乾坤亦遂混合而还太极，是即谓之丹头，张子谓之“真种子”是也。归，藏也。鼎者，乃易道之正传，丹家之口号，并无形象之可睹，在吾一身六合之正中，昔人所谓“中间有个真金鼎”，然亦无地位可拘也，《易》曰“鼎，君子以正位凝命”是也。

时，指癸生之时[②]，即活子之半也。如尚未悟，且以端坐习定为功，到得静极而动，便是癸生之时。急将正念退藏于密，以为采取。转念即非，是断不可求于他也。

总之，坎中阳气为真铅，离中阴精为真汞。坎离能产铅汞者也，铅汞产自身心者也。身心之用乃精气也，精气之体即性命也。坎抽其阳即还乎坤，离实其虚即还乎乾。二物既并，气为元气，精即化神，神气交感，坎离即返为坤乾。及其妙合而凝，乾坤遂混成一太极。从此阴阳动静互为其根，固结而不可解，匀和而不可辨，纯一而不可已矣。如是以为采取之法，岂非至简

① 原批：谓，应作“为”。

② 原批：癸乃阴水，非好其生，应忌其生。壬正之后，即是癸初。张子云“铅遇癸生须急采”，言切忌流为后天也。

至易者乎？

○ 上第二章。此承上章，发明铅汞之由来，采药归鼎之妙诀。

姹女骑铅虎，金翁跨汞龙。[①]

姹女即真汞，金翁即真铅。其名义详注第十章。虎以喻身，龙以喻心，张子曰“心之猖狂如龙，身之狰恶如虎”是也。曰骑曰跨者，取两相驾驭之象也。言二药既采入鼎，自然以阴精驾夫阳气，即以阳气驭夫阴精，成一浑沌无分之象[②]。然此际性情稍欠静逸，则神复外驰，所结之丹头即散，须俟后来铅汞重新结取，故下文以“明正令”为切嘱。

甲庚明正令[③]，炼取一炉红。

甲属木以喻性，庚属金以喻情。正令者，无倚无偏之令。令字系念字之头。方成一个今字，而心尚未现，急下一直而成[④]令字。谓机初发于今，急自直于内以为令，孔子所谓“直其正也”，故曰正令。白子所谓“念头动处为玄牝”，坤二《文言》所云“君子敬以直内”是也。我同门秩山瞿君以谓：“念字去心，乃藏其心之义。谓念头初动，即须直下承当，为气之帅，则心自退藏而无妄矣。”发明正诀，甚为显著。此篇石子本拆字诀传出正令两字，以明夫天人危微之交关，乃直泄古来先正心传，别部丹经均未宣泄者也。

明正令者，要先明之于平素，到此但一申明，百体自然从令矣。言当此精气初交之际，务须性静情逸，方保和而不流。法惟仗我平素主敬存诚之力。及今心尚未动，急明直养之道，先藏于密，自然念中无念。精凝气以成神，情归性而大定，则结为丹头，不虞渗失。孟子所谓“以直养而无害也”。

一炉红者，丹家所谓“一炉火焰煅虚空”，即是烹炼之道，孟子所谓“充实而有光辉”是也。

○ 上第三章。此承上章，发明得药交结，全在性情得正，则神不出位，而气自流行也。

---

① 原批：心精归身，身气归心。身心合一，纯乎其神。

② 原批：是为丹头。

③ 原批：“正令”须着眼。

④ “成”，原书此处作一墨钉，依赏云山房本改。

蛇魄擒龙髓，龟魂制虎精。

蛇以喻情，情每感于善柔而生喜，乃魄之所为，故曰蛇魄。龙髓者，喻心里之阴精。龟以喻性，性每触于震动而生怒，乃魂之所为，故曰龟魂。虎精者，喻身中之阳气。此承上章而言，吾之正令既明，则情已忘，而归于性初，故猖狂之心龙就擒，而精已不摇；性已定，而断灭情根，故狰恶之身虎受制，而气已不滞。曰擒曰制，亦行其所无事而已矣。所谓“虎已伏，龙已降，猕猴不复窥六窗”，其在斯乎？

华池神水内，一朵玉脂生。

张子曰：“以铅见汞名曰华地，以汞入铅名曰神水。”愚按张子之意，以铅喻身，譬之曰池，以见汞而气华也，故名华池；以汞喻心，谓之曰水，以入铅而精神也，故名神水。汞铅融洽，即喻为神水入华池也，其实只是神返身中气自回耳[①]！言铅汞既经凝结，自然情忘性定，神之入气如水归池内。有一个主人常惺惺然，如花已苞浆成朵，欣[②]欣向荣；又如玉已凝液成脂，密密结实之象，乃譬喻也。

○　上第四章。此承上章，发明二物既得交结，则性情已正，其为物不贰，故丹头立矣。

白雪飞琼苑，黄芽发玉园。

白雪云者，身属坎，坎中一阳是乾金，故色白。身中铅生，由于金气之洋溢，得汞一交，化为神水，明净清澈，故有雪象。琼苑，喻身也。[③]

黄芽云者，心属离，离中一阴是坤土，故色黄。心中汞生，由于木液之充盈，遇铅而凝，即入华池，融和滋长，故有芽生。玉园，亦喻此身。[④]

曰飞曰发者，言铅得汞交而上透，势将飞布漫天，汞得铅凝而下行，势将发荣满地也。紫贤薛子曰：“无白雪，无黄芽。白雪乃是神室水，黄芽便是气枢花。”此可以证矣。然不可以有心求也。[⑤]

---

① 原批：着眼。

② “欣”，底本作“坎”，据赏云山房本改。

③ 原批：前句言其能清，即是炼精化气。

④ 原批：次句言其能和，即是炼气化神。

⑤ 原批：着眼。

但能如偃月，何处炼红铅。

如偃月者，即本来元窍之变象。言我身中未得药时，清净内守，七窍已归一窍，此中虚灵洞豁，圆浑如卵[①]，盖其静也翕焉。及至药产[②]，我之正令一到，窍即仰如承盂以受药，盖其将动也，亦将辟焉。尔时若从旁观之，则象如偃月。迨既受药而冥合，仍如卵守矣[③]。盖念头一动而即静，玄窍亦将辟而仍翕焉。若感乎情而心动，则窍遂辟为七而药即散矣。故以但能如偃月为受药之验，然亦只言其意象如是，盖有不期然而然者，初无形质可睹也。

曰红铅者，张子以谓“真铅生于坎，其用在离宫。以黑而变红”[④]是也，然亦初无色相也[⑤]。曰何处炼者，盖神无方体，戒人勿着相于有为也，孟子所谓“必有事焉而勿正”是也。

要之，丹头既立，则药物时时发生，我但能明正令，自无外诱相乘，此中亦时时自能承受，久而气足神充，谷神自然充实焉。[⑥]

夫修炼之士，当初苦不知窍，及会得窍，紧防断窍。[⑦]先事退藏要矣，清静自然妙矣。人能先事退藏，则临事不失机，而后起之念不能扰。知乎此，则心可得而正矣。

〇　上第五章。此承上章，言丹头既立，则药物时刻发生，愈采无穷，总不可转念料量，则此中自能承受，断勿稍假作为以助长。即张子所谓“一粒复一粒，从微而至著”，亦不过言其积累之盛大，并无法象可拟也。

药材开混沌，火候炼鸿濛。

药材者，采取时之称也；火候者，烹炼时之号也。皆指此精气也。曰开混沌、炼鸿濛者，言此精气，只于清静际，七窍归一，如混沌中之无兆，自

---

① 原批：此是密藏真象，尔时并不自知有此象。若泥象，即非矣。

② 原夹批：此静中初动，即冥漠际初觉时也。

③ 原批：此亦过后想象譬词，尔时并不及自观察也。

④ 原夹批：先天一气产于身，只赖心里真精遇合而凝，遂化成神。

⑤ 原批：精属水，色属黑。神属火，色属赤。精受气吸而成神，故曰“以黑变红”耳。岂有色相可求耶？

⑥ 原批：真诀直揭。

⑦ 原批：着眼。

然开辟出来。[①] 即以清静意，不分内外，如鸿濛时之无象，自然混炼成功。谓药才出于混沌，火即炼如鸿濛，发明上文正令、偃月等义，教人只可以无心会，不可以劳心为也。

十月胎仙化，方知九转功。

化者，即白子所谓“打破虚空为了当”，即下文脱胎神化之谓也。九转，即九还。九乃金之成数，指身中阳气之来复，非谓九个转回也。言药材于无中生有[②]，即须如大造之混炼鸿濛[③]，更不及料量夫气象何如[④]。及至三百日胎圆[⑤]，方知我初结丹时，采掇身中先天阳气之功也。

○ 上第六章。此言得丹烹炼，不可拘求形迹，将来自知其效[⑥]，《契》云“不以察求”是也。

龙正藏珠处，鸡方抱卵时。谁知铅汞合，正可饮刀圭。

藏珠抱卵，以喻窍妙内景[⑦]。言人既知归并于一窍，即得处密之法，但当如龙之养珠、如鸡之抱卵，神注不移而已。谁字妙有实义，吾师太虚翁注《九天心印忏文》谓曰：“非我非他，莫可称呼，而强谓之谁也。”篇中谁字凡十一见，均可依此体会。曰“谁知铅汞合”者，只是藏神于密，守其清静，不辨何者为他为主，何者为我为宾，亦不管二物之合与否，乃真妙合无间也。

刀圭，指戊己二土，数皆属五，其初本位原同在中央，生后寄宫分在坎离。坎中之阳即戊土之英，离中之阴即己土之萃，古人称为坎离、刀圭之旨，先儒称之为“二五之精”。刀字一丿，系戊字初笔，一丁系己字初笔，以两初笔合成为刀，以两土字合成为圭，蕴有精义，以明坎戊离己，一见相得，尔时尚无间隔之物，遂交合于中央，故曰刀圭。教人只用初意，乃是正

① 原批：明明道破，只是一动一静、一辟一翕、一冥一觉而已。觉即动而辟也，冥即静而翕也。功诀简易，只在乎是。

② 原夹批：冥里初觉。

③ 原夹批：纯一不贰。

④ 原批：一自料量，神气即离而不合矣。

⑤ 原夹批：道在恒久而不已。

⑥ 原批：着眼。

⑦ 原夹批：杳冥昏默之际即是。

令[①]，即先贤所谓“无极之真，二五之精，妙合而凝”者也。老子《常清静经》所云无形、无情、无名，强名之曰道，即吾师注解“谁”字之实义，乃时而会元之道可用者也。

初后，念即着相。虽正，已落后天。瞬即转为思虑，二土遂为木性金情所间隔。气是坎中戊，遂通达于呼吸，而水府不能保其源；精系离中己，遂渗落于膀胱，而神室不能安其宅。是水精火神又不能相济，则四象俱不复为我用，何能合铅汞而凝结胎仙？故修炼之士必须以能饮刀圭为合铅汞之正法。曰“正可饮”者，盖言铅汞初生之际，即我天心静中初动发为正令，即当二物已凝正可烹炼之时也。其不曰用而曰饮者，寓有饮水饮汤，冷暖自觉。我意觉处，自会烹调，以明正令妙用，用中有正觉存焉，仍只以清静绵密为功而已。于此可知片晌功夫，已连烹炼在内。盖交结于念头动处，只在刹那；烹炼是[②]密自退藏[③]，须经片晌方能坚定。交结得自天然，烹炼方为凝结。故未交以前，只在无功功里施功，端坐习定以为采取；及至药生，即于有用用中无用，凝然大定、无思无为便是烹炼。此乃妙中之妙，岂易言传？然已言之，不胜冗沓矣。读者约而精之，神而明之，则存乎其人焉。

〇　上第七章。此承上章，发明烹炼之道，只要绵绵若存，白子所谓“以断续不专为隄防”是也。

沐浴资坤水，吹嘘赖巽风。

言到此地位，如或藏念不密[④]则火散，体内便觉冷落。但即自明正令，则神返中而气自回，自有真气薰蒸遍体，以为沐浴，此中即温。[⑤]曰“资坤水”者，以我体质已化先天，北方正位，已非后天坎象，故称此天然沐浴之气为坤水。倘竟念起纷扰[⑥]则火杂，体中便觉烦热，但即回顾正念以息躁妄，内仍静专，自有真息悠悠吹嘘，遍体清凉，此中自和。[⑦]曰“赖巽风”者，以我

① 原夹批：即冥际初觉者是，即是念头初动处，即是丹头。
② “是”，底本作“自”，据赏云山房本改。
③ 原批：一觉仍冥，斯为要诀。
④ 原夹批：冥际昏聩。
⑤ 原批：此言沐浴。
⑥ 原夹批：觉而放肆。
⑦ 原批：此言养火。

坤体既复先天，则西南之乡原是巽宫鼻象，故称此自然吹嘘之息曰巽风。是即调匀冷暖之妙剂，是神返而气自回，仍不必求诸气分也。白子以“操持照顾为行火，以真气薰蒸为沐浴，以息念为养火”，其法精矣。

婴儿无一事，独处太微宫。

婴儿，指我心中阴精已兼阳气凝成之神，即还居于天谷本宫，名曰谷神。前辈喻之为婴儿，言此时神力尚微，还须吾之正念常自操持照顾者①，故以喻之。太微宫，在天上为太微垣，有帝坐居中，在人为头上九宫之中宫，即泥丸宫，谷神处以养真之所。我师常言：“婴儿即真人。要在虚闲无用处，闲闲独自养元神。”② 其旨精矣。是即自性光也。言人身中只此是真，养到真身透露，即是妙道真人也。

〇　上第八章。此承上章，言当烹炼之后，即须沐浴，如遇冷暖不调，总由神驰于外、念扰于中，急须自治其咎，照顾婴儿，独处上谷，清静无为③，任气自然周流④，即是调和之剂，不必反惊吾神。若惊其神⑤，即着于物，仍流浪于生死矣。

前章至此，发明丹基、采取、交结、烹炼、沐浴之道备矣。然其大旨，惟以持念为采，念藏为取，神静斯交，妄灭故结，专气为烹，无妄为炼。盖妄灭则正念长存，正念藏则妄自不起，法正简而不烦。其下七章仍承此章，发明温养、分胎、冶炼之道，只是一味清静，全无作为，在人心领神会、身体力行耳。专气二字出于《道德经》，言要如婴儿之饶气自为主行，此心不加调度也。

紫府寻离女，朱陵配坎男。黄婆媒合处，太极自涵三。

紫府喻我身，朱陵喻我心，黄婆喻我意。愚按：后天身象北方坎卦，坎属水，色本黑，欲返先天坤卦，须寻南方离中之阴以纳之。离属火，其色赤，赤黑间色为紫，故曰“紫府寻离女”。女，即离中之阴也，谓以后天坎

---

① 原批：此言行火于沐浴温养之际，只是慎独为功。

② 原批：只此是真，更何他求？

③ 原夹批：安神要诀。

④ 原夹批：养气全功。

⑤ 原批：着眼。

身返还先天坤身也。后天心象南方离卦，欲返先天乾卦，须求北方坎中之阳以配之。朱陵，南岳洞名，以喻心之宅，故曰“朱陵配坎男”。男，即坎中之阳也，谓以后天离心还成先天乾心也。黄者土之色，婆者姥之称，黄婆云者，即吾之正念也。言当时炼此后天心身，先向身中寻得心里之阴精[①]，以配身中之阳气。阳气得阴精兼行直透，阴精即赖阳气凝炼以成神，神遂还于本宫天谷，全赖我之正念先自退藏媒合于密[②]，故得涵身心意三家为一太极，成此谷神。谷神之生，精气所凝，正念惟一，明其正令，遂自浑合乎其中，亦不以为功，故曰“太极自涵三”也。

〇　上第九章。此承上章，发明身心所以返还，只赖我先诚意密合为一窍耳。下章遂反复以申明之。

乾马驭[③]金户，

金以喻情，言朱陵既配坎男而成乾，即可以刚健之道以驭情，故神自藏于密，常栖天谷以养性。然谁致之！

坤牛入木宫。

木以喻性，言紫府既得离女以成坤，即可以柔顺之德以率性，故气自充乎虚，常朝泥丸以养命。谁实使之！

阿谁将姹女，嫁去与金翁。

女本离中之阴精，入于坎中而成坤，因其自离返坤而为气，有女归于宅之象，故曰姹女。金本坎中之阳气，入于离中而成乾，因其自坎还乾而化神，有少年老成之象，故曰金翁。嫁去云者，谓阴精之出离入坎，即以坤而配乾，以喻心既宅身，身即藏心，有女从夫之象。言阴精之出离适坎，则阳气之出坎入离不待言矣。当时若非吾之正令克明，其德知来藏往，气何能养形而致之柔顺、精何能成神而致之刚健耶？而今即以柔顺之形配刚健之神，妙合而凝，为太极之冥冥，性情各得其正，伊谁之力哉！

愚按：金户指兑卦，兑为乾金阙户之象。“乾马驭金户”者，象泽天夬卦，阳气已盛之时也。木宫指艮卦，艮因坤土驾木为宫之象。“坤牛入木宫”

① 原夹批：只是有用用中无用。

② 原夹批：全自无功功里施功。

③ 原批：驭，应作“驯”。

者，象山地剥卦，阴精已盛之时也。姹女指剥上原有一阴，返宅成坤也。金翁指夬象也。“阿谁将姹女，嫁去与金翁”者，即丹家所谓“半斤须配八两”之说。盖以四阳卦内八阳爻为半斤，以四阴卦内八阴爻为八两，配合为八卦，以为一斤满足之喻也。言人当此阴阳并壮之候，若非平素主敬存诚，炼就笃信谨守之正念，谁能收心卷藏于密，使剥上一阳自然配入夬上而成乾，即以夬上一阴返乎剥上而成坤，则体完全坤之柔顺以养气，神还纯乾之刚健以驭形。从此资始资生，重行遘复，运化无疆。是并下章洞房端气之义一并解明，似更直捷。

惟是上品丹道，前辈立言皆含易理，不言卦爻，只据实地指示，以便雅俗共晓。如遇宿学之士，正不妨观象玩辞，直通玄解；如遇未学之人，惟恐语涉经义，反障心目。是以体注此篇，亦宜切指人身具有之物，核实言之，庶冀众见众知，不须求象探索，并以仰体吾师普度之慈愿耳。此章只因“金户”“木宫”两象，正注未及指明，恐留遗义，漏入旁门，是以仍取夬、剥二象指实阐发，以明互变即成遘复，可以祛盈溢之灾而免亢阳之悔也，幸共思之。

〇　上第十章。此申明上章所以返先天之旨，皆赖平时密藏正念之功。盖自丹头初结以来，神气日壮，渐可分胎，更当加意持盈、藏神养气也。

姹女方二八，金翁正九三。

姹女喻我阴精所化之气，二八为成斤之数，分两已足之谓也。金翁喻我阳气所凝之神，九三为内阳已足，即如乾之内卦已届三爻之象。言修丹到此，体内神气并壮，势将分胎，每因好动而不安于静，若任其矜躁，势必气反动心，谷神即难安靖。未有满而不溢者，故特以方二八、正九三点清火候，教人因时而惕，不骄不忧[①]，则有美内含，自然忿欲不兴，分胎无咎。

洞房生瑞气，欢合产初男。

洞房喻我身，即密藏之一窍也。“生瑞气”者，即指我身中阳气勃兴，正是元命来复之凭、阳神初基之兆也。曰“产初男”者，谓阳神初孕[②]，如

① 原批：骄则肆，忧则馁，皆足以致忿欲。不骄不忧，即是惩忿窒欲根柢功夫。

② 原批：吕祖所谓“三铅只得一铅就，金果仙芽未现形”。更当隐晦韬光，温养阳神。

震为长男，加于乾上即为雷天大壮之象，一阳初动于外卦也。言当此体气既壮，神益退藏，猛然阳气勃兴，即与神会，欢合片晌，谷神遂化为阳神。正如初男之方产，即是元命来复，是为谷神成功，可以留神不死矣。

○　上第十一章。此指元命来复景象，以明自然分胎之道。人果读此会悟，当阳盛而将亢，正是夬卦之象，急自退藏，则上复为初，孔子所谓“知来藏往”。互夬为遘，即互剥为复，而阳神从此基生，方知用九用六之所以皆吉而无悔也。

昨夜西川岸，蟾光照碧涛。采来归玉室，鼎内自煎熬。

昨夜者，元命来复时也。西乃坎卦先天本位，坎为水，故曰西川。蟾本月彩，曰蟾光者，喻阳气发生上透之象。篇中凡言阳神初基时，必喻之以蟾，皆取其三足[①]而阳光上透也。碧涛喻后天身，象坎之卦气。坎水色本黑，得蟾光照透则水碧，故曰碧涛。玉室喻我体，缘元命既复，神气缜密，故称玉室。鼎内指神室。煎熬云者，仍取专气为烹、无妄为炼之法也。言我畴昔元命来复，由于后天坎象身中神气充足，顿然阳气勃兴，上透天谷，与神混合，变为阳神。而今体已返还先天坤象，仍复北位，坎即退位于西方，一经回溯，正如昨夜于西川岸上得见阳光照水之蟾，我即掇来归于神室，凝炼一番，使其自相煎熬，但觉温温气象，却无煎熬形象可求也。即此化为阳神而命复矣。此乃玉符保神之道，故谷神可以不死也。

○　上第十二章。此承上章，而言元命已复，必须保合太和，乃利贞也。

离坎非交媾，乾坤自化生。人能明此理，一点落黄庭。

言昔我后天心身相合，虽名为交结，正如日月之合璧，并非交媾。此番复命之时，虽名乾坤交媾，其实只是神凝气聚，自然化生，完一太极。人果能明此理，则凡丹经所云“身中一点阳，心中一点阴”，谓为二物者，不过同出而异名也。相见自然妙合，凝成一个正念，念寂归密，即落黄庭。黄庭指一窍，即密处也。黄乃中央正色，庭乃虚无空际，故名。然总不可以色相

① 原夹批：精气神三品皆足。

求也。

○　上第十三章。此承上各章，发明丹道终始，悉本自然，二必混一之要旨。

丹谷生神水，黄庭有太仓。更无饥渴想，一直入仙乡。

丹谷即人身中绛宫之别名，黄庭已见上章。言中谷自能生气，由下谷盘旋，而上与神会，遂生神水，灌溉周身。故谷神亦时得气来朝，一如太仓之源源收贮，旋复发为神水，充满周身。是身中自有灌溉不渴之浆，并无潋滟之象；谷神自有饱饫不馁之粮，初无积贮之形。知此，则凡世称乳哺之说，可弗讲求，而我心更无饥渴之虞。饥渴尚不必虞，此外更有何想？大可安心退入，直抵仙乡。乃教人一念不生、万幻俱寝之道也。

○　上第十四章。此承上各章，教人专持正念，退密为功，更毋分心他虑，有悮入仙大道。

意马归神室，

一意退藏，神自不散。既归于密，即是天心。

心猿守洞房。

万缘放下，心在身中。趁此无为，亦藏于密。

精神魂魄意，化作紫金霜。

精藏于肾，肾气全，则精安肾脏而人智；神藏于心，心气全[①]，则神安心脏而人礼；魂藏于肝，肝气全，则魂安肝脏而人仁；魄藏于肺，肺气全，则魄安肺脏而人义；意藏于脾，脾气全，则意安脾脏而人信。是五脏各秉一气、各具一德有如此。若人能意诚心正，则五气皆全而各安本藏，其五德亦全，此圣门一以贯之而退藏于密之道，即是丹家攒簇五行而归藏一窍之法。五气会一，可以凝结成神。神即丹也。全真之所谓丹，即孔门之所谓仁也，犹果核之有仁是也。

曰紫者，以金丹初由水火合成，水黑火赤，相间成紫，故关尹子望见老子之气为紫气。此不曰丹而曰霜者，恐人泥字悮作颗粒之见，积想成幻，身

① “全”，底本作“金”，依意改。

中必成气痞之症，大是悮事，故以零露所结之霜为喻。以明迹之可见，搏之不得，乃是虚空粉碎之象，形容金丹于无相中生实相之妙，故曰紫金霜也。

读此二章，益足征人之修养与天地同功，何则？天垂象以覆物者也，天惟养其无象，故象益高明，常覆万物于无穷。地凝体以载物者也，地惟养其无体，故体益博厚，常载万物而无泄。人寓形以成物者也，人能养其无形，则形益悠久，范围天地之化而不过，曲成万物而不遗，可以长生久视，智周万类，泽流永世，参天两地，中立为三。故白子有言曰："人若不为形所累，眼前即是大罗天。"又曰："忘形以养气，忘气以养神，忘神以养虚，忘虚以合道。即此忘之一字，便是无物也。本来无一物，何处惹尘埃？"更何必拘拘于何者为精、何者为神、何者为魂、为魄、为意？总归于养其无形之一诀，一任气化之自然流行，以尽我自性之至诚无息焉尔。

○　上第十五章。此承上各章，发明金丹无质。教人下手用功，只是诚一不贰，养其无形，以合乎无象无体，则正气自流行于天地，元神自集藏于一身，皆得之自然清静之妙。李泥丸所谓"三一音符"，张子所谓"会得坎离基，三界归一身"也。通篇自首章至此，为一总结。其下九章，发明关窍，温养成丹，并以申说各上章之意。

一孔三关窍，三关要路头。忽然轻运动，神水自周流。

一孔，即指七窍归根之一窍也。三关，以炼精化气为下关，炼气化神为中关，炼神化虚为上关，乃上品炼丹之道。有以身后之尾闾、夹脊、玉枕为下、中、上三关，复以身前鹊桥、绛宫、关元为上、中、下三关。我宗亦取其说，以为立基时疏通督任、销其宿疾积垢，以便后来真气得以畅行无滞之功用。然亦只以涤虑忘情以疏之，并不更有作为也。此言三关，却不必拘其说也。窍者，即指此一孔也。言此真体中一孔之窍，乃是积精累气凝神之转关要路。只须致虚守静，养到无形，忽然得见，铅汞应令齐发，是精已化而为气，自然运动，上朝于谷，即为五气朝元。其时神感气交，气即化神，神凝气聚，遂化而为神水充遍周身，即是神水入华池。仍任其周流运动，一息无停，自然而然，非识可识，而吾之神总安安于如如不动中也，故曰三华聚顶。

吾于是悟得精之化气、气之化神、神之化虚合道，只凭我心与息两相忘于无形无物之中。其法始而相依；渐而蛰藏；从此相依于无相依，遂并蛰藏于无可蛰藏之际，是为相忘；湛然常寂，即是化虚；到得寂无所寂，即是炼虚合道也。

吾师太虚翁尝谓：天仙之学，精气神三者转关于一窍之中。仍如子在胞胎，未解料量，母怀胎娠，亦弗矜持，母子相忘而相安。一如水晶盘中之珠，转漉漉地、活泼泼地，自然圆陀陀、光烁烁，初无渣核存滞于中。非如别品丹法，限定几时炼精化气，几时炼气化神，几时炼神化虚。究因未识此一孔转关之诀窍，是以讲不到如此亲切真实功夫，只将小法闲言、名象程限支吾演说，教人误弄，是非吾宗心传上品丹法也。盖吾宗心传，必以藏神混化为天仙功夫者。故考究家珍，件件指明实据。令人修炼，教他先觅主人，事事恳恳勤勤，处处朴朴实实。然后下手炼丹，则伏虎降龙，陶魂制魄，自是易事。回向一孔诀窍，直造三关源头，更复不难。故得以三百日功夫成就金液大还丹也。凡我同人，幸毋歧惑，误认脾边一穴，存思气升气降，谓气腾腾、谓精滴滴、谓神灵灵、谓虚空空，如此拔本塞源，益滋流弊，如饥食盐，反加得渴，永无锻精成神之日，那得炼虚合道之时？徒然兀坐，暴气劳神，不知立丹基于顷刻，运造化于一身，甚可惜也。

〇 上第十六章。此章指出一孔转关密窍，并特发明气精混炼成神之旨，全是清静宥密、养其无形之功效也。

制魄非心制，

言养其无形，则识神死而谷神活。谷神活故情忘，情忘则魄灭矣。夫固有先乎心者[①]能制之，心非能制魄者也。

拘魂岂意拘？

言形既能忘，则七窍并而一窍明。一窍明故性现，性现则魂藏矣。夫惟有持此意者能拘之，意岂能拘魂也哉？

惟留神与气，

魂藏故神全，魄灭故气充。

片晌结玄珠。

① “者”字原本作一墨钉，依赏云山房本改。

神气交感，自然凝结。玄者象其幽渊，珠者象其光洁，故曰玄珠。

〇　上第十七章。此承上章，申明养其无形，则气自充足而神自安藏也。

口诀无多子，修丹在片时。

此言修丹口诀，即上章“惟留神与气”二句，语意只用在“无多子”三字。片晌之时，然而神气之如何并留？片晌之如何凝结？自有简易之诀，即石子原序中所谓“不过半句”是也。学者功夫纯熟，由定生慧，自然领悟[①]，夺取先机，所谓“得来全不费功夫”也。

温温行火候，十月产婴儿。

漫守药炉看火候，但安神息任天然。气专念寂，自无差失。养之三百日，自然灵动，如婴儿之脱胎而产，有见龙在田之象，乃喻辞也。

〇　上第十八章。此承上两章，以起下六章之意。上两章言采取交结，此章点出口诀两字，并教以用诀之际，火侯务要温温。其下六章，详言沐浴，以及分胎温养丹成也。

夫妇初欢合，年深意转浓。洞房生瑞气，无日不春风。

夫妇喻心身，洞房喻一窍，春风喻温温也。言此身心，初以精气凝结成神，已觉欢合无间。及经烹炼沐浴，日积月累，其好合之意较初转浓。于中时时交会，自有真气薰蒸，以为沐浴，其气体温和，如坐春风之中。读者慎勿以辞害意可也。紫贤薛子有歌曰：“夫真夫，妇真妇。坎男[②]离女[③]交感时，虚空无尘天地露[④]。”此形容一窍中光明景象也，其可稍存尘见乎？

〇　上第十九章。此承上章，而言烹炼之久，自有天然真气沐浴，仍以温温为准[⑤]，似无异乎烹炼功用。殊不知得药交结于中，初时行火，致之缜密，谓之烹炼。后来真气时时上朝，充乎遍体，取其温润，谓之沐浴。故言

---

① 原批：读者此处慎勿滑过。

② 原夹批：身也。

③ 原夹批：心也。

④ 原夹批：即还先天乾坤。

⑤ 原批：溟漠中顿然一觉，登时精气齐来，即自凝然大定，自为烹炼。烹炼之后，时觉时冥，渐即于安，而动静两忘，第觉心清而身和，是为沐浴。如未相安，即有危险补救法，详见下章。

烹炼是火候之所致，言沐浴乃药力之自然，白子所以以作止为进退也——烹炼是作，沐浴是止。作为进火，有用用中无用也；止为退火，依前于无功功里施功也。不可不知。

骤雨纸蝴蝶，金炉玉牡丹。三更红日赫，六月素霜寒。

首句喻其险，次句喻其危。三更喻其冷，六月喻其热。红日所以退冷，素霜所以销暑。言丹道当壮长之时，每每好动而不安于静，然火候又当无为无作之际。神果凝然静定，念中无念，功夫纯粹，原无可虑。如其平素炼己未纯，到此无为，势必动念，则神遂外驰，其险有如纸蝴蝶之遇骤雨，身中冷落如夜三更，须得红日之赫以暄之，则神归天谷，即时冷退而返温。倘念头躁动，则神遂躁烈，其危有如玉牡丹之入金炉，心头烦热如夏六月，须得素霜之寒以销之，则气返绛宫，自然躁退而还润。总要念中无念，动直静专，常令温润为度。然而三更何以得日？六月何以得霜？到此而求补救之法，其何能淑？夫岂知三更者，时正子也；六月者，日在午也。言冷必喻以三更，言热必喻以六月，显因其妄动，作警戒之危言，隐示以乘时可斡旋之良会。人能悟此胎元之所在，即可下手调停。如未得诀，请读下章。

○　上第二十章。此承上章，言止火沐浴之时，全凭神定气行，方能盛大，以致分胎。万一念动气散，即致危险，故白子必以断续不专为隄防也，于此可悟。平素炼己功深者，必无此患。有志修丹者，可不先自乾惕乎！

海底飞金火，山巅运土泉。片时交媾就，玉鼎起青烟。

海底喻尾闾，山巅喻顶际。金火，命火也。土泉，性水也。交媾就，喻密里调和得其平也。玉鼎，喻此一孔密窍也。起青烟者，温和乍转之象也。此承上章，言三更何以得日？须将正令一注，从我海底尾闾飞起坎中纯阳乾金之火，以达于巅而还乾，即如红日之赫而遍体冲和。六月何以得霜？即由我山巅运下离中纯阴坤土之泉，以归于海而返坤，有如素霜之寒而遍体温润。言虽剪作两句，其实只是一贯。自下而上以还乾，谓之飞金火。即由上而下返坤，谓之运土泉。别部丹书所讲进火退符之说，即此也。如是斡旋，只须片晌，自得遍体温和，正如鼎已起烟，不必再求夫气。然此究非出于自然，乃不得已而一用之，以为补救[①]。否则，“命宝不宜轻弄”，张子戒之详矣。总之，吾人性命之学，全在防意如城，故文王演坤之六三，系以“含章可贞”之辞也。

○　上第二十一章。此承上章，发明补救之法。愚按：上文第十九章，为自然沐浴之正。此二章，教以补救差失之方，白子所以有运用抽添之说也。

凿破玄元窍，冲开混沌关。

玄元窍者，即指一孔之玄象也。凿破云者，即指七窍归根之一窍，到此豁然顿开，遂尔洞见本来真一，根乎万象之先，贯透色身内外，至虚至无，至妙至玄，但觉“杳杳冥冥，非尺寸之所可量；浩浩荡荡，非涯岸之所可拘。其大无外，其小无内。大包天地，细入毫芒。上无复色，下无复渊。一物圆成，千古显露”，是乃一统七窍玄关大开之时也。

混沌关者，言此时气已旺盛，阳神独处天谷之中，得气来朝，亦复浑浑噩噩，如在混沌关头，块如一卵。冲开云者，言到此地位，药力已足，火力已全，至大至刚，不容潜伏，我之谷神已自得见，玄元真窍顿自冲开，遂尔黄中通理，正位居体，其气即贯乎天地，其神即统乎法身。第觉雷轰电掣，撼动乾坤，旋即百脉耸然，三关透彻，遍体纯阳，身如火热。此真景象，非譬喻也。

上句是销释从前涤虑洗心、抟七归一之苦况，到此即一以归根。下句遂直指金丹大道，即一以统七，以直养而无害，老子所谓“归根曰静，静曰复命”，到此而元命方为全复矣。总之，在后天为身心，功夫须由动以归静，以还我先天；及还到先天为性命，功夫自然静极而动，有或跃在渊之象[②]。苟非夙夜基命宥密者，曷克臻此?

但知烹水火，一任虎龙蟠。

烹水火即是温养，说在下章。虎本喻身，今喻气；龙本喻心，今喻神。言到此地位，玄窍已破，不必伏处色身潜修，然元性未复，正如乾交外卦九四爻象。孔子所谓“上下无常，进退无恒”。言上不能参天，下不能两地，

① 原批：学者切须着眼。

② 原批：先后天之分别在此。

进未能合道，退未足保身，正凝而未定之时，止可括囊内守，温养圣功。如山下初出之泉为蒙，君子以果行育德，养其定以为水也；如山下初发之火为贲，君子以明庶政而无敢折狱，养其慧以为火也。以如是为烹调，必从事以有终而弗敢告成也[①]。故我述《天仙心传》之《圆诀》而曰："三才卯守，黄是福田。我处其中，混化坤乾。"是仍以神气混凝于诚一不贰之中，性命包藏于虚无自然之窍，任龙虎之相蟠，待风云之际会，方可以冀夫丹成也。

林谨记，吾师尝语人曰："欲求金丹至要，请体《周易》之乾坤，则道备矣。"林尝读坤之上六与乾之上九，而悟采取之道；读乾之初九以参坤之初六，而知凝结之道；读九二以参六二，而知烹炼之道；读九三以参六三而知沐浴之道；读九四以参六四，而见分胎即须温养之道；读六五以参九五，而得丹成之道；复读上六上九以参用九用六，遂得了悟生死脱化之道。故周公《系辞》使人玩其占，孔子翼以《彖》《象》《文言》，以阐其微妙，正可观象知变，玩辞知占也欤！附述读《易》之义如此。

○　上第二十二章。此承上章，言沐浴既足，有自然分胎之道，即白子所谓"以移神为换鼎"是也。其实分无可分、移无可移者，不过知见扩而天人不隔，神气充而物我无间，但须温养纯熟，乃见丹成。然而温养之功，有难于克期告成者，此在其人平时慎独之纯否，以证其迟速耳。

娑竭水中火，昆仑山上波。谁能知运用，大意要黄婆。

婆竭水中指海底，昆仑山上指山巅。此二句似与二十一章首次两句相同，但前以飞运二字为色身内补救之法，取其即至。此时，神已正位凝命，气已内外透彻，但知天下有娑竭之海水，吾之慧命藏其中；有昆仑之山头，吾之定性宅乎此[②]。无有东西远近，亦无水火升降，一任浩然之正气自为流行，万物并育以为温养之圣功。其运用较未开关时大不相同，只要一个大意笃信谨守，勿任飞扬浮躁，使体常舒泰，和光同尘，自可望元性之来复也。紫贤薛子有歌曰："水真水，火真火。依前应候运周天，调和炼尽长生宝。"此可以知运用矣。

---

① 原批：道在恒久而不已。

② 原批：此乃法身动静交养之道，是为温养之法。

○　上第二十三章。此承上章，切指温养持盈之道。

药取先天炁，火寻太乙精。能知药取火，定里见丹成。

药指精神魂魄意五者之气。五气一贯而朝元，结成太素氤氲之元神，体中乃有纯阳之气，是为先天气。火指精气神三品之华。三华齐化而聚顶，内凝太乙含真之气，心中乃得有纯阴之精，是为太乙精。

我同门瞿君谓："《春秋合诚图》，北极五星在紫微宫。紫微天帝室，太乙之精也。其位与天乙近而稍南，正当人之巅顶，故能应感直注人心。"其理确有可据，是即人之初生，阴阳结太元之所由来也。愚又核之第七十章，称此际所得者谓为天地髓。天地即太极也，则太乙之本于太极，即鹤臞子所述"杳杳冥冥，太极流精"是也。然太极不可见，故以其主乎天之太乙以况之。是紫微宫太乙之精，即太极所流之精也明矣。其谓之天地髓也亦宜，然此且不必具论。总之，人与天气本来贯通。修养到此，常以五者朝元之真气，凝合三华聚顶之元神，绵绵若存，灰心冥冥，自然得我元性来复。即是寻取太乙之精以为火，采取先天之气以为药，火以炼药，定里丹成，白子所谓"可以无心会，不可有心求"者也。故紫贤薛子有歌曰："药非物，火非候。分明只是一点阳，炼作万劫无穷寿。"我但于清静无象中，密以守之，自然有火锻炼成神，是为定里见丹成也。若以知求，则如庄子所谓黄帝失玄珠，使知求之而不得也矣。

○　上第二十四章。此总承上二十三章，发明自采取以迄丹成，不出乾坤易简之道，皆易知简能之法。但得正念，清静自然，纯一不贰三百日功夫，此后尽可逍遥物外，游戏人间，去来无碍，道合自然矣。

愚按：自首章至此二十四章，所言丹道，业已完备，惟于点化、采取、交结、烹炼、沐浴，以及分胎、温养之处，不能不假譬喻以立言，又不得不作分别以明辨。诚恐后人执其文以泥夫象，以为有形有为而不能顿悟。即或悟得其确，尚恐以为二者并用，着意于往复升降之烦而不知其一贯。即知一贯，犹恐其炼到谷神之后，尚有身内身外之见，而不悟夫真体原兼色法为一身，本自内外透彻也。故下文复申明二十四章，以发明上文之正旨。其文虽间有借物取譬之句，然其处处辟除疑窦，章章阐发真诠，唱叹余音，意在言外。其味深长，当熟玩之。

元气如何服，真精不用移。真精与元气，此是大丹基。

言我身中所产之气，乃无形之元气，不比食物有形，可讲如何服法；我心中所产之精，乃无质之真精，不比外物坚重，是以不用移得。但能知药取火，则知药即是火，火即是药，真精与元气，一而二、二而一者也。其足为大丹基也明矣。

○　上第二十五章。此总承上二十四章，申明丹基止此精气二物合而为一，并不更须外求者也。

儒家明性理，释氏打顽空。不识神仙术，金丹顷刻功。

此言当时圣道、佛法均鲜得传之人，故儒家有但明性理未究元命为性之根，释氏有徒打顽空不探元性即命之本，故不识神仙一贯之道。所谓以火炼药而成丹，只是以神驭气而成道，即是穷理尽性以致命也。噫！儒家先圣著有《周易》《中庸》，释氏世尊说有《金刚》《圆觉》，第各取而参之，则知神仙金丹之术乃仁术也。可以功基顷刻，造化一身。先儒所谓"通乎一而万事毕"者，方知亘古之天下无二道，三教之圣人无两心也。

○　上第二十六章。此承上文，叹世人不知合精气以为丹，慨然广发婆心，棒喝三教门人，冀其探三圣之心传，行道同术，普度天下人也。

偃月炉中汞，朱砂鼎内铅。龟蛇真一气，所产在先天。

偃月炉，即指人身之中堪以安炉烹炼之所，不必拘求部位也。朱砂喻心象，曰鼎者，喻人心本虚，堪以容物烹调之义。龟蛇已见第四章。此特发明首章之意，而言身心中之铅汞原本于阴阳之真一，都系产于先天，只要人自致虚守静以观其复，不用外求者也。故紫贤薛子有歌曰："偃月炉，朱砂鼎。须知抱一守冲和，不管透关投玉井。"夫薛子，石子之徒也，盖得此章正传真诀，而有此歌也。

○　上第二十七章。发明炉鼎药火皆备于我有生之初，叹惜世人之不明而不行也。

朔望寻弦晦，抽添象缺圆。不知真造化，何物是真铅。

朔望弦晦，盈虚消息之象也。寻，转也，不作觅字解。抽者，因其盈而损之；添者，因其虚而益之，皆出于自然者也。自无生有谓之造，即有还无谓之化，取法乎自然者也。言丹道取法乎自然，人身自有动定，气机自有伏跃，如天上之月自有朔望弦晦，因其圆缺以为抽添，断无市月持盈之势。倘不知盈虚消息为造化之真机，而当上弦之后、朔晦以前，于日哺之时欲求月出庚方，必不可得。以明炼丹者未得药时，但当抱清静以为体、守真铅而为用[①]。若未遇癸生之初，断不得见，纵向身中搜遍，究有何物可是真铅？此乃发明第二章“采取要知时”之义。

〇　上第二十八章。上章既明药物之出处，此章指明药物之生时，以冀人人能知而能行也。

气是形中命，心为性内神。能知神气穴，即是得仙人。

形即身也，身资命蒂真气以生，故以气为形中之命。心乃性天，元神所舍，故以心为性内之神，言心即神之室也。总之，性命为身心之根，神气乃身心所发，则知心身为性命所凭，心身即是神气之穴。灵敏之士，得此真穴，集而藏之，即是基命宥密矣。若不知此，从何下手修炼神仙？

〇　上第二十九章。此复发明身心性命之功，惟凭神气为用，冀人顿悟归复之法，以还其源也。

木髓烹金鼎，

木以喻性，性凭于心，心中一点真精，原自性根生出，即是我之元精，譬如木之有髓，故曰木髓。是点明汞之源也。金为先天乾德，先天心本属乾，故喻心曰金。心为性所凭，性无有不善，故寓于心，能具众理以应万事，譬如冶金成鼎，能调水火以烹五味，故曰金鼎。言心本至清，当外物不交之时，尚无疵累，故其精髓可炼成神。只因有身以来，未经烹炼，感物欲而外驰，遂劳其心，反为形役。今欲炼丹，安望其能凝精成汞？故必先明正令，以清静心烹炼明净，方完本性原神，一遇铅生，即产真汞，凝炼成神。故喻之曰“木髓烹金鼎”。

泉流注玉炉。

---

① 原批：入手真诀。务须着眼！

泉者，水尚在山未出之称，以喻我命。命依夫身，身中一点真气，原从命蒂生来，即是我之元气，譬如流之有源，故曰泉流，是点明铅之源也。玉韫先天坤体，先天身本属坤，故喻身为玉。身为命所凭，命无有不旺，故依于身，每到子半一阳自动，譬如琢玉成炉，其中有火，暖气更温，故曰玉炉。言身本至静，当外物未接之时，原无疾病，资此胎息，运以长成。只缘接物之后，不复眷注，遂动荡夫气机，致流为精，而有渗漏。今欲炼丹，此气尚嫌其浊。必先坚持正念，帅气归集于身中，澄注清洁，方得先天一气自然发动，炼汞成神，故喻之曰"泉流注玉炉"。

谁将三百日，慢慢着功夫。

言天下熙熙，谁肯思量生死大事，将自己心身中精气如此正本清源，炮制得如金如玉，乘时配合，着下三百日功夫，勿忘勿助，慢慢行持耶？

○　上第三十章。此因上章已将神气根由发露详明，似可顿悟还源。其有未悟者，盖缘向来习染已深，神昏气浊，当下灵关不透，不能彻底承当，故复教以振刷精神，配制刚洁，待时下手，进火用功也。

玉鼎烹铅液，

鼎喻神室，室中主人得如上章修炼清明，则神已缜密如玉，故曰玉鼎。俄而铅气到来，即发汞火烹调，遂成神水，故曰"玉鼎烹铅液"。

金炉养汞精。

炉喻气海，海中正气得如上章澄注清洁，则气自坚凝如金，故曰金炉。气产必遇汞精，自然兼而长养，遂入华池，故曰"金炉养汞精"。

九还为九转，温养象周星。

九还即为九转，义见第六章。以言采取得法，即是烹炼交结之道。象周星者，犹夫周天星斗，以定四时晨昏之有准，悉本乎天行之健，自然随枢运转而不忒。此言沐浴温养，皆当取法者也。

此章大旨，发明神即是火，气即是药，火见药则猛烹，药得火即坚凝，遂成还丹[1]。曰烹曰养，言自交结而烹炼，即用乾道之静专，以直养至沐浴分胎，温养丹成而已。

---

① 原批：白子所谓"神凝则气聚，气聚则丹成"是也。

○ 上第三十一章。此承上章，言振摄精神之后，时来辐凑，即可凝炼作丹，并指示药火端的，令人晓然于九还之说而无疑也。

玉液滋神室，金胎结气枢。只寻身内药，不用检丹书。

玉液指心气，金胎指铅心。气足而为神，方能烹炼作丹。故必先养我心气以滋神室，则遇铅即浑一而成胎。胎气结成，则通体气机如周天运度之随顺天枢，皆无妄行矣。是神即气枢也。神能常凝，气无不聚，总是身内之药，只可向身中求之。历代丹书亦不过明其大旨，教人内自修省，不用检阅也。

○ 上第三十二章。此言交结之正法。

火枣原无核，交梨岂有渣。终朝行火候，神水灌金花。

枣曰火枣，以喻烹铅成丹之真汞。梨曰交梨，以喻汞铅浑一之丹头。神水义见第四章。金花即华池也。言神无核，气无渣，只要终朝静虚动直，养其无形，自然凝神入气穴。即首章所云“铅汞成真体”之道，成于自然者也。老子所谓“勇于不敢则活”是也。紫贤薛子有歌曰：“真交梨，真火枣。交梨吃后四肢雅，火枣吞时万劫饱。”不信然乎！

○ 上第三十三章。此言烹炼之正法，下章遂言炼气存神者之误，而叹其未明上品正诀之妙也。

炼气徒施力，存神枉用功。岂知丹诀妙，镇日玩真空。

玩者，如大鹏之飞九万里而息六月，总不出乎天外也。真空者，谓神实气虚。我以神入气穴，则观空之见与所空之境一并扫却，而全体通透，内外一真空也。曰“玩真空”者，即海蟾翁所谓“照体长生空不空，灵鉴涵天容万物”是也。言人之正气只宜养而无所为炼，故专任其周行，则清空而无碍。而乃有炼气者，若非搬运，即是闭息。殊不知闭息搬运，法家于行持符秘中，假所空之境蓄以布气，似觉得力，是因有所用而炼之也。若真气正自周流，而人复炼之，是锢其气矣。锢其气便窒滞而不通，势必于寝卧不觉时仍自吹出，徒然施力，劳而无功。是丹家别品，尚着于所空之境，未明内外一贯者之误也。

再人之元神只宜安而无所为存，故常退藏于密，斯真实而不虚。而乃有存神者，若非注想，即为默朝。殊不知注想默朝，常人于祭祀鬼神时，假观空之见致其精虔，自得感通，是因有所注而存之也。若丹神正自寂定，而人复存之，是自扰其神。扰其神便梏桎而不安，势必向游思妄想处茫然驰去，枉用功夫，反不得力。是释氏二乘尚泥于观空之见，未能人法两忘者之误也。

陈泥丸《翠虚吟》中列指其弊，皆因未明真一正诀，以致徒劳枉作，滋弊无穷。夫岂知上品丹诀之妙，早将观空之见与所空之境一齐空却，故得真空无碍，神自藏于密而养其无形，气自充乎虚而会其有极。凡于活子时交正之后，以迄活子时交初以前，镇日凝静，以行止坐卧为火候，日出而作，如鹏之飞，向晦而息，如鹏之息，饥来吃饭，倦来便眠，事至顺应，客去静虚，万物不能挠我之无识，天地不能役我之无形，一任周流乎六气，我独含万有于一诚。是即上章所云"终朝行火候"、此章所谓"镇日玩真空"之妙诀也，而何事炼气存神之徒劳枉作乎哉?

○　上第三十四章。此章承上章，而言命宝不宜轻弄，只是藏气于气而不测、藏神于神而不知，故不滞于空亦不滞于无，如水中鱼悠扬自得，物来则介然以顺应，物去则廓然而大公，浑然而独存可也。此即沐浴之正法，人能如是，更何危险之可虑耶?

欲炼先天气，先干活水银。圣胎如结就，破顶见雷鸣。

活水银者，即未炼之汞。指我心中一点阴精，初时未遇铅烹，尚如水银之活而难制。破顶者，即二十二章凿破、冲开之义。言所以实我心中之阴精者，以其遇我身中阳气，彼能捉住烹炼耳。但精尚属阴，如水银之活而易汩，安望其能聚气成神?则欲炼先天气者，必先于平居戒慎恐惧，坚持其志，由慎独而退藏于密，是本清静以为体，守铅汞以为用[1]。及至癸生，矢我刚健笃实之力，擒此猖狂如龙之阴精，迎捉狰恶如虎之阳气，扭住死斗，一路冲上，兜转头来，即自欢合无间[2]。尔时我之阴精，向来恶其易汩，喻之为活水银者，其水已被阳气吸干，凝结成神，同归于无形窍内，是为玄牝。白

① 原批：入手要诀。切要着眼。

② 原批：此为"始于有作人难见"也。

子所谓“两个泥牛斗入海，至今消息总茫然”也。然此言其丹头初结如是，而此后元命元性之来复，亦莫不基此宥密以为功。即平时身中真气频频而至，亦惟此不神之神妙合而凝于无何有之中者也。如此日复日、夜复夜，不必计日月之程，圣胎自然结就。一旦破开窍顶，即是玄牝之门。第觉此身已坐天上，但见空中雷鸣电掣、振地惊天，旋即百脉俱停，三关爽透。从此身如火热，遍体纯阳，宿病全消，更无梦寐。

前辈尊此复命，谓为是我先天灵宝元命真人来复；于复性，谓为先天太极道德真人来复；及至炼虚合道，谓是我先天无极元始一炁来复。显然以三清演化之天尊，为一炁流行之真体。其说固确有妙理，然愚窃以为炼丹之道，初以复气复神为进步，继即揭复命复性合元为尽功，以阐发返本还源之本旨，更觉亲切而不浮。故不必步步称引尊号，并非敢撇去先辈成说也。

○　上第三十五章。此承上章，发明自然分胎之真景。但正“上不在天、下不在田、中不在人”之际，丹家虽称为还丹，然而金液尚未还也。此时身内功夫更大段着力不得，故下文遂言混化一法，教人温养成丹也。

气产非关肾，神居不在心。气神难捉摸，化作一团金。

一团金者，不自分别其五气三华，内外动定色法等见，只是以清静心养其无形[①]。《太乙救苦经》云“天气归一身，皆成自然神。自然有别体[②]，本在空洞中[③]。空洞迹非迹，遍体皆虚空。第一委气立[④]，第二顺气生[⑤]，第三成万法[⑥]，第四生光明[⑦]”是也。

此承上章，而言生身时初委于身中之气，原由寄宫虚谷而还于应谷，非干于肾。阴精所化之神，只因寄宫应谷顺气周旋而返于天谷，不在于心。然此犹是色身内捉摸之处，并未显现法身。兹兼色法混化，以为温养功夫。要知神本无方，而气本无体，故藏于密者谓之神，充乎虚者谓之气。气神交

① 原夹批：人能常清静，天地悉皆归。
② 原夹批：即是法身。
③ 原夹批：不在身内，不在身外。无内无外，廓然太虚。
④ 原夹批：忘形以养气。
⑤ 原夹批：忘气以养神。
⑥ 原夹批：忘神以养虚。
⑦ 原夹批：忘虚以合道。

感，只在空洞洞中，无迹可迹。第觉恍惚里相逢，即于杳冥中有变。若欲寻时，断难捉摸，但于静虚动直之间，一闪火焰，飞播虚空，直是一团金光，遍体透澈。用之则真神显现，舍之即藏于如如不动中矣。此真景象，非譬喻也。

○　上第三十六章。此承上章，通下五章，皆以发明温养之正法。

一窍名玄牝，中藏气与神。有谁知此窍，更莫外寻真。

此章发明生身受气之初所成一孔之窍，前辈名为玄牝者，只由我能清静，七窍归根，中有精气还返，凝炼成神，窍能藏之，故名玄牝。然大要只因尔时恰好一个贞正念头动处，得以片晌凝结者，故白子则以"念头动处为玄牝"也。师云"气产于幽渊而成神，故曰玄"，即离中之真阴，实心中之阴精，得气一凝，而完我之天性也。"气赖神翕受而化为神水，故曰牝"，即坎中之真阳，实身中之阳气，与气交并，而完我本命也。气精混合于一窍，即名玄牝。人谁知之？如有能知此窍之所以名玄牝者，则是只此一念实，此外即非真，何须更向外求哉？紫贤薛子有歌曰："真玄牝，真玄牝。玄牝都来共一窍，不在口鼻并心肾。"是为此章发明。纯阳子则曰："穷取生身受气初，莫怪天机都泄尽。"语更明显矣。

○　上第三十七章。此言一窍之所以名为玄牝也。

脾胃非神室，膀胱乃肾余。劝君休执泥，此不是丹梯。

言脾胃乃贮谷气之所，并非神室，不可闭阻，致难运化；膀胱只是肾余，收贮水浊，不可误认阳精，泛入河车。丹道阶梯，全不在此，休得执泥也。

○　上第三十八章。此因上章，戒以外寻，恐人内觅，故复言此。教人只管养其无形，乃真正阶梯也。

内景诗千首，中黄酒一尊。逍遥无物累，身外有乾坤。

内景者，色身内之景象也。中黄者，天倪中之黄庭也。身外有乾坤者，乃一统七窍之光明——顿然破顶之后，得见色身内外透有一个金光全体，是我先天乾坤浩气结成，其大无外，其小无内，贯我色身亦在其中，故指乾坤合成之体为身外身也。言此时身内之景不可捉摸，天中之黄又不可进火，正好即景吟咏，以陶天地之性情，借酒和中，以畅阴阳之神气。陶情不厌精详，故诗则千首而无碍；养气不宜过纵，故酒则一尊而毋多。则是神气仍逍遥于法体之中。虽此色身作九万里之飞，六月之息，一任翱翔，皆不出乎法界之外，更无物欲可累其神。此内外交养之道，张子所谓“内通外亦须通”是也。

○　上第三十九章。此因上两章既将内外扫除，点清此时正须内外交养，只要陶情淑性，正是养我浩然。则凡礼仪三百、威仪三千，皆圣人所以陶镕乎天地之中和，俾各得性情之正。要皆本诸无声之乐、无体之礼，从容中道，上下与天地同流，夫岂尚有外物能累其神哉！

乌兔相煎煮，龟蛇自绕缠。化成丹一粒，温养作胎仙。

乌本日魂，以喻此时之性；兔乃月魄，以喻此时之情。相煎煮者，谓性以摄情，情即率性，有水火既济之象。龟善伏藏，以喻神。蛇善蟠旋，以喻气。自绕缠者，谓神驭夫气，气自养神，有阴阳蟠旋之状。

此因上章教人陶情淑性，可以饮酒赋诗，尚恐学人拘泥于身心内外之见，故复教以尽管忘形，则性情借陶铸为煎煮，气神即动定为绕缠，自然混化成丹一粒。其大无外，其小无内，智周万物，神化无方，浑太极而常存。陈泥丸所谓“捉乌兔为药材，把太虚为炉鼎”，正是复性合元之道。紫贤薛子有歌曰：“乌无形，兔无影。乌兔只是日月精，乌兔交时天地永。”又歌曰：“龟无象，蛇无迹。龟蛇只是阴阳形，二气交会混为一。”皆以喻夫性情神气。其为道也屡迁，必须混化圆成，养其一点丹心，随机运变，动静咸宜，合内外以为体，不可着于一偏而寻求也。

○　上第四十章。此承上章，发明此时阴阳神气变动不居，亦无内外之分。举凡明为礼乐，幽为鬼神，总归于我之情陶性淑，以温养其化机，驯致乎无声无臭而丹成矣。

万物生皆死，元神死复生。以神归气穴，丹道自然成。

神即元神，气乃无极元阳之真气。言人能如是善养，似可长生不死，快活逍遥，何必更望丹成、成仙作祖？盖观盈天地间万物，有生皆有死，即我阳神元命，从前亦曾死去者，今虽得诀来复而生，此后终难保其不复死去。如此温养，终非究竟了当之局。此际自须更进一层，必俟温养圆成，方可得手。

何则？盖吾之神气自开关窍以来，一味直养无害，已塞天地而贯三清，只候我完太极，于虚无自然之中，再发起一点先天无极元阳真气，我即凝定如初①，即是神归气穴，一任掀地翻天，固结不解。如是片晌功夫，阳神已得元气贯注，遂尔现形，可以飞升变化，可以寂定安居。论其体质，则耳闻九天，目视万里，不食不馁，饮酒不醉，口能干汞，腹可蒸饼；论其应用，则身有光明，万神朝礼，可以役使雷霆，开晴降雨。鬼妖见而丧魄，精怪遇而亡形②。仍自对影③无心，如如不动，包罗万象，温养元神④，自然与天地合德，日月合明，是为合元。元神成就，待时脱化，与道合真，斯乃《道德经》所谓“功成事遂，百姓皆谓我自然”。夫岂知我彻始彻终功夫，却不外乎“养其无形，则神归气穴”之一诀，非真正聪明睿智神武而不杀者，其孰能与于斯？此为金液炼形之法，故阳神得以现形也。

〇　上第四十一章。此通上五章，皆以发明温养成丹。究竟不假作为，只等元神真性来复，凭我阳神静定，克壮其猷而已矣。〇此下七章，皆为破疑而作，并非另有功夫，阅者当自知之。

神气归根处，身心复命时。这般真孔窍，料得少人知。

神气，已见上章。根，天地根也，即我之元性也。命，元命也。言到此地位，方是归根复命之时，犹恐世人不知归复者之为何物，故特点清神气心身四字，不复借物取譬，以明神气归根之处，即是身心复命之时，皆性之德也，合内外之道也。故时措之宜也，非由外烁我也。教人不必另寻孔窍，即此七窍归根之一窍，一窍复返其真空，便是真孔窍也。白子所谓“以返本还源为真空”，其实只是人能虚心，道自归之。老子所谓“天地悉皆归”，孔子所谓“天下归仁焉”，夫岂别有孔窍之可见也哉！

〇　上第四十二章。此特发明归复之窍，令人释然。故白子“以归根复

① 原批：着眼。
② 原批：此是自然效验。未得勿忧，得之勿骄。行所无事，常应常静而已。
③ “对影”：疑当作“对景”。
④ 原批：温养要诀。切须着眼！

命为丹成”是也。

身里有玄牝，心中无垢尘。不知谁解识，一窍内涵真。

言未得诀时，身里未有玄牝，故须向心中力洗垢尘。及至洗涤功深，一得真诀，但得正令一至，登时铅汞齐来[①]，不待心思计虑，即自退藏于密。从此神居天谷，气返绛宫，是为玄牝。而今身里既有玄牝，则神自肫肫，气自渊渊，心中绝无垢尘，更无事乎洗涤。如此空空荡荡境界，真是浩浩其天，不知者谁能解识？只因我神与气已并成一个正念，混藏于一窍之中，涵养天真，更无外扰，此心亦自成一片灵台，垢尘无从着迹也。此教人以不必逃世避俗，而居尘自可出尘。总之，易简功夫，可久可大。白子所谓“勤而不遇，必遇至人”，一得真诀，则好恶胥捐，而事物到前，权衡悉当，此中有主，万物自不能役我也。

○　上第四十三章，特笔发明得诀成丹则妄念自灭，教人不必畏难而苟安，其言恳切极矣。

离坎真龙虎，乾坤正马牛。人人皆具足，因甚不知修？

离喻后天心，心有阴精而无制，故如龙之猖狂；坎喻后天身，身有阳气而无归，故如虎之狰恶。兹以离坎谓为真龙虎，尚须擒伏者也。乾喻先天心，孔子《说卦》象之为“良马”。坤喻先天身，《说卦》象之为“子母牛”。兹以乾坤谓为正马牛，是皆驯良者也。人之修丹，原不过炼去后天身心之顽劣，化完先天性命之驯良。人人具有身心，人人秉有天彝，因甚而不知修？是皆未得真诀，不知先藏其神于一窍之中，以致魂魄不安于肝肺，皆越俎而代庖，作恶作好以逞其喜怒，日流污下而不知返还，良可叹也。下章遂明言陶铸魂魄之法。

○　上第四十四章。此承各上章，言人人皆具仙材，勉人进修之意。

魂魄为心主，精神以意包。如如行火候，默默运初爻。

意者，心之所发，即我之念头动处也。以意包者，念兹在兹，包藏于

---

① 原批：采取交结烹炼要诀，只此简捷。

密之义也。如如云者，才得动念，便如印圈契约，即自退藏之象也。默默云者，如机务之宜，主帅独谋诸帏幄，不使旁参外议，以况人之团练精神以复命，只此一意主持于密，不许魂魄为主之义也。初爻者，即念头初动处也。言丹道以精神魂魄意为药材，而魂魄本藏于肝肺，并非心主。心中原自有正神①，泰然安居以静镇百骸，且莫不从令。有时发而为意，即是正念之初动，笃信谨守，足以团聚夫精气，故魂魄亦伏藏于正位②，俾我居仁由义，养其德力，却足滋长我精神。只因生身以后，心接于物而不克凝静，神遂流而为气，气亦流而为精，以致气实神虚，心中无主，无以坐镇夫官骸，魂魄亦不安居于本脏③，反欲播弄夫精神而为心之主。

夫魂木离肝而居心，则火发而性受克；魄金离肺而居心，则被铄而情以流。以致魂失其仁，而反逞夫忿；魄违乎义，而遂肆其欲。从此忿懥恐惧、好恶忧患憧扰于中，而猝难惩窒，实由于神不守舍，而魂魄得攘其权以为心主也。故修炼之士，知魂魄之不可以为心主也，必先团练夫精神，坚持夫正念。正念凝而心肾自交，精神即包藏于意中而不散，魂魄亦恋精神而同归于意中，是即攒簇齐全。正念即权为心主，念兹在兹，如如不动，以行清静自然之火候。俄觉一阳来复，默默运起周天，魂魄自不能妄参识见，阳气更无所摇荡，径自上冲，与神交会，正念亦混合而成神，丹头于是乎结矣。此为采取交结之要诀，与下文六十章参看，益足征正念之不可不先立也。

○　上第四十五章。此承上章，悯世人之不知，而示以陶魂铸魄、凝聚精神之正诀。

心下肾上处，肝西肺左中。非肠非胃腑，一气自流通。

此承上章而言。默默运初爻，是运转此阳气也。然究如何运法？运归何处？尚未道破，恐人因疑生妄，则误事非细，故复将一身中通之处指明。却又不言一窍，而谓只在心下肾上、肝西肺左之中，又非肠胃六腑。似乎在脾矣。而上文三十八章又云“脾胃非神室”，则是身中有物之实处，皆非正气归复之乡。只是此中虚无密处，等于太极，大包六合之空中，一气自会流

① 原批：心为神室，独处之，则动静咸宜。

② 原批：魂魄安居于肝肺，犹周召之股肱王室。

③ 原批：心无主则魂魄攘权，有好有恶而忿欲以兴。

通，并无积滞，亦无运转之劳，一任气以养神，频来频复，积久能成遍体之阳神，人更可以恍然于一窍之说也。

○　上第四十六章。此特发明人能虚心，气自流通之正道，以辟除寻孔觅窍之疑团也。

妙用非关意，真机不用时。谁能知此窍，且莫任无为。

窍，诀窍也，密蒂也，不必作孔穴解矣。言此结丹之道，固责成于吾之真意，本清静以为体。至于精来合气，气即炼精以成神。此际妙用，只由精气二物妙合而凝，非关矜心作意。即如阳气发生，第二章中虽有“采取要知时”之说，然其所谓时者，只是宥密中妙觉之真机，并不用钟鸣漏滴之时刻。如此先事退藏之密窍，果然谁能知得。则当此交结之际，正是有用用中无用；未交以前，只在无功功里施功。此吾之正念所当为于无为者。不到分胎温养时候，且莫竟任无为而落于漭荡，自失机宜焉。

○　上第四十七章。此承各上章，发明真机之至，不可任其无为，失机走险。所以吾人正念务要刻刻操持，静以存养正之功，动必加省察之力，庶无失误。万一有失，深恐诸弊丛生，丹倾命险，前功尽弃，再炼需时。昔者南宗五祖白子，以未悟《悟真篇》旨，尝三炼而三倾。夫固天纵之资，不致生弊耳。

林向年功夫，但知洗心，未晓持念而退藏于密。譬如逐贼，竟将自家主人一并逐去。以致静不能专，动无以直，遇事犹豫。是此心半为魂魄所主，而精神亦不能以意包。及至辛卯年冬，感蒙我师耳边一句，不啻醍醐灌顶、甘露洒心，当即迎主归家，渐觉静虚动直，果然日用功夫颇觉省力，遇事顺应亦不烦难。然犹未悟先机，此心终难常应常静，刻自以逾闲为隄防。迄又三年，蒙师指授此篇，令自斋心退听。及至斋无可斋，妙来半个字，顿觉一齐开。师固深造之于道，欲林自得之也。苟非其时，固尝听而不闻者。谨附述困学功夫如此。

有物非无物，无为合有为。化权归手内，乌兔结金脂。

乌兔指日月，以喻天地之性情。金脂者，喻专气致柔之象，如金在镕，其柔如脂，即白子所谓“天地日月软如绵”、陈泥丸所谓“软如绵团硬如铁”

是也。言精气为物，是有非无，当其汞见铅生而相凝，铅得汞并而直透，皆属有为之法。然有为之二物，若任其留连转顾，彼将下流而未肯上达，为斯不善矣。但由我无为而治之正念，摄合二物之有为，先自退藏，则心无畔援，而同归于密[①]，则为斯善矣。此造化之微权，已归于我主持者之手，前后三大交关自然合法，遂可与造物者游而柄其终始。吾之性情既正，则天地之性情亦正矣——子思子所以传述中和之道，纯阳子所以有医世赞化之说也。

○ 上第四十八章。此特发明正念常存之功用，其盛大有如此，以总结上文四十七章之意。其下十五章，教人炼取谷神之法；自六十四章至七十章，教人炼就阳神之道；自七十一章至七十八章，教人炼合元神，脱化还源。义精法简，有志进修者，更当简练以为揣摩，久而纯熟，自能入妙也。

虎啸西山上，龙吟北海东。捉来须野战，寄在艮坤宫。

虎本喻身之属阴，今曰虎啸，借喻阴精之将足。龙本喻心之属阳，兹曰龙吟，借喻阳气之方生。西山之上，乃先天艮位，渐至纯阴之象。北海之东，乃先天震位，一阳初生之象。

野战者，白子以谓“制伏身心”是也。师曰：“后天方位，戌亥之交，其中有乾，是阳为阴包，故坤之上六有龙战于野之象。”所以汉儒以乾为野，全真先辈以戌亥之交谓之野。孔子《文言》曰“阴凝于阳必战”，故曰野战。

艮坤宫，即四象之太阴。艮为宫阙，坤为阖户，有闭户深藏之象。教人此际耳目口三宝，闭塞勿使通，是揣摩密藏之妙，即是烹炼之法。言人当偃息之间，夜气方生，正是真阴将足之际，心坎之上已翕聚一点阴精在内。俄而醒觉，即是阴极阳生，坤体之下自有一点阳气发动，阴精便自凝阳交战。尔时正念觉着，急自退藏密窍[②]，便是制伏身心。自然精气混一，盘背上冲，正位凝命。旋即发为神水，遍布周身。吾仍凝定片晌，即是寄在太阴之宫，仍是退藏于密之道。曰捉曰寄，皆不过于事后追想二物初合之景象，由我静定之力量，浑如捉而寄藏者。当夫行炼之时，断不可稍自计较也[③]。

① 原批：真诀。着眼！
② 原批：入手真诀。到此已三复详晰言之。
③ 原批：切嘱。

《易经·坤卦·文言》曰："阴疑于阳必战，为其嫌于无阳也。"二句古本作"阴凝于阳必战，为其兼于阳也"。疑作"凝"，嫌作"兼"，无"无"字。全真汉唐以来诸前辈皆承其旧，兹故仍之，以解上品丹道自然凝结之实据也。

○ 上第四十九章。此言及时持念先藏，以制伏身心为采取交结烹炼之妙法。说时迟，结时快，全在得之清静。觉即退藏，凝定片时，即是捉来寄着。其所谓艮坤宫者，亦即指此凝定之时，非有溟阴之处也。断断不可着迹寻求，有违刀圭正旨。

复姤司明晦，屯蒙直晓昏。丹炉凝白雪，无处觅猿心。

复为阴极阳生之卦，以喻人身静极而动、阳气初生之际。姤为阳盛阴生之卦，以喻人心动极而静、阴精自生之时。屯卦震下坎上，震动坎险，取象人身阳气初动即有阴精凝入，正是险难当前，速藏正念，退听此气破险直上，方能通透[①]。蒙卦坎下艮上，坎险艮止，取象人心见气方生即欲兼并，此乃危险之时，急冥其心，先自退藏，勿夺此气，方是养正之道[②]。

明晦昏晓，言其动如天时之由夜而明为晓；动而复静，犹天时之自昼而晦为昏。皆任气自流行之象。曰司曰直者，言正气自能司直，即静专动直之谓。吾惟收摄身心，勿任摇荡，即张子所谓"饶他为主我为宾"。以他指气，以我指心，则丹炉自然凝成白雪，遍布周身，更无杂念相乘。即欲洗心，亦无从觅其起灭之迹矣。[③]白雪即神水，其义已见第五章。猿心即未得诀时，一切穿凿之见，并一切妄想杂念也。

○ 上第五十章。此承上章，申明采取交结之法。

黑汞生黄叶，红铅绽紫花。更须行火候，鼎里结丹砂。

心精已顺从身气而上透，故喻为黑汞。身气已吸取阴精而成神，故曰红铅。曰生黄叶者，言黑汞已含阳气同归于纯阴坤土之内，凝定片时，已得土气滋培，故生黄叶，即黄芽初放之嫩叶也。瞿君以谓"叶秉阴质，得阳气以发荣，以喻阴凝于阳而有结丹之朕兆"是也。绽紫花者，谓红铅亦赖黑

---

① 原批：真诀。着眼！
② 原批：真诀。着眼！
③ 赏云山房本有顶批云：总之丹头既立，则妄念悉消，教人不必畏难而苟安也。。

汞，同息片时，已得火气薰蒸，故绽紫花。水火之间色为紫，瞿君以谓“紫花者，果实之胞也，以喻水得火济而有结丹之初基”是也。此际若遂肆意外驰，则神气仍散，何能永定以成谷神？急须放下身心，坚藏正念，含光默默，以为烹炼之火候。如婴儿之专气致柔，勿忘勿助，观其自在，则心气充足，有如鼎里凝结之丹砂。其德性坚凝，而气质之性亦定，方可谓是谷神，然未能保其不死也。

○ 上第五十一章。此承上章，申明交结烹炼之法。

木液须防兔，

木本喻性，心由性生，故曰木液。兔于地支属卯，其时卦气得雷天大壮，阳旺过中之卦。取象人修到此，心已正大，一见小人，如恶恶臭，忿随性生，火发于木，必反克性，故须防之。若待忿已生而后惩，则性已乱而谷神危矣！故君子非礼勿履，所以定性也。性定，则大者壮矣。防之以去理障。

金精更忌鸡。

金以喻情，身因情生，故曰金精。鸡于地支属酉，其时卦气得风地观，阴长过中之卦。取象人修到此，身已茁壮，一遇物触，如好好色，欲动情胜，水泄金枯，遂难制情，当更忌之。若待欲既动而后窒，则情已牵而谷神险矣！故君子观我生，所以遏欲而忘情也。情忘，则观自在矣。忌之以绝情魔。

抽添当沐浴，正是月圆时。

如此防忌以为抽添，身中自有真气流行，薰蒸沐浴，从此以进。即如泽天夬卦，务取法其卦德，神以驭气，顺以应健，使我性情和悦，神气充畅，正如月之将圆气候。然切戒夫自诩自满，暴气劳神，仍当退藏深密，效法乎君子之施禄及下，而不自居其德，则心广体胖，方保满而不溢矣！

○ 上第五十二章。此承上三章，教人沐浴之法。

万籁风初起，千山月正圆。急须行正令，便可运周天。

万籁喻周身之孔窍，千山喻遍体之经络。言人之身心性情冶炼到此，则神完气充，周身关窍爽透，遍体经络清彻。正如初起之风，旁吹万籁，乍圆之月，正照千山，已交泽天夬卦气候，将到纯阳乾卦地位，是元命将复之时，识神将化之际。若不严密内守[①]，则此身已万窍齐开，三尸九虫正窃窥伺，有隙可乘，遂肆侵夺，挟我谷神透身出奔，不知其散，而为飞为潜，为动为植，为胎为卵，为湿为化，惟其生平嗜好之所近以投之，正念亦随而迷遁，人即不死亦呆矣！此知进而不知退者之所以有悔也。故于此时，急须申明正令，防忌加严，密密绵绵，操持照顾，守括囊之箴，凛跃渊之象，致虚守静，以俟元命之来复，则识神自化，便可广运周天也。

〇　上第五十三章。此承上章，教人持密之道。

药材分老嫩，火候用抽添。一粒丹光起，寒蟾射玉簷。

药材指来复之命气，过时为老，不及为嫩。言人气质之性各有不同，到此持盈之际，性情稍欠中正，深恐元命来复之时，刚者勇往先迎则失之骤，柔者畏葸莫措即失之怯。骤者取之速，则药尚嫩，怯者得之迟，则药已老，皆失火候之中。是以吾之正令须审察我气质之性，疆弗友刚克，燮友柔克，沉潜刚克，高明柔克，务绳之以平康正直[②]，密守规中，待时而动，则得药适中，此后温养亦易。故此时火候必须抽添得宜，仍自戒严处密[③]。俄而一粒丹光透起，但觉体中如雷如电，即是元命来复之凭。侭饶一直上冲巅际，遂栖天谷，即是下文六十四章所谓"留汞居金鼎"也。顿觉脉停息止，溟漠片时，便觉心广体胖，肌肤爽透，宿疾全消，更无梦寐。盖魂魄已镕化于神气之中，而谷神已与来复之元命混化，而为阳神之初基。此际天气虽已归体，但阳神方结，正如冬至以后一点蟾光，尚须温养。第可光射玉簷、未可出簷之象，故曰"寒蟾射玉簷"也。

愚按：金丹三百日功夫起于此时，才得先天真气凝结成神，可以一直进道无魔而已。近见别种丹书叙述到此，迅笔带出"阳神现形"一语，则仍是神驰矣。若说现于体内，犹终嫌有语病。如云现形，吾不知其幻相之从何而得也。纯阳子《敲爻歌》云："三铅只得一铅就，金果仙芽未现形。"此可以为证矣。

---

① 原批：此言人已志气清明，切戒再着物欲，为贪为嗔，其力更大。故以急须行正令为切嘱，正圣门克复之功。

② 原批：真诀。着眼！

③ 原批：真诀。着眼！

○　上第五十四章。此承上章，发明急行正令之意，即是分胎之道。盖其夙夜筑基于宥密也久矣[①]。故到此元命来复，方为谷神成功，可以留形不死，正阳神初结之时也。温养功夫载在六十四章以后，此下九章皆发明还丹之要旨，并申劝勉之辞。

蚌腹珠曾剖，鸡窠卵易寻。无中生有物，神气自相侵。

言微物尚知静专，以迄有成，似蚌含珠，似鸡哺卵，皆属无中能生有物。可见人之丹道须要恒诚，只在神注不移，专气致柔，密密绵绵，自相侵射而已。

○　上第五十五章。此以物譬人，并寓以分胎后自然温养之道，可以人而不如物乎？

神气非子母，身心岂夫妇？但要合天机，谁识结丹处。[②]

此因前代师传丹书，每有子母夫妇字样，以喻神气身心。子母之喻未免支离，夫妇之喻陷人妄作，故特点明是喻神气身心，非真子母夫妇。教人勿泥其文，但要知时明令，合天之机，始于有为，终于无为，凝炼阴精，化作阳神，神凝气聚，自然丹成。若问结丹之处，只在无相幽独之中，生完实相，不过养气之实者致之静虚，凝神之虚者还吾笃实，久而刚健，遂有光辉，故得阳神现而天气归焉。谁能识之！

○　上第五十六章。辟除觅空妄见，阐明运用真机。

丹头初结处，药物已凝时。龙虎交相战，东君总不知。[③]

言当气得精兼而上透，精遂凝气以成神，此为丹头初结之处，即是药物已凝之时，当知精凝于气，如龙虎[④]之交战，吾之正令早已退藏于密[⑤]，不识不知，故气自战胜。张子所谓“战罢方能见圣人”也。

---

① 原批：《中庸》所谓“不息则久，久则征”也。

② 原批：安神定志得天机，明其正令以合法而已。

③ 原批：即是“神气归根处，身心复命时”耳。

④ “龙虎”，底本作“龙处”，依文意改。

⑤ 原批：盖冥漠中有自然之宰，气机有不息之枢，至人于此无容心焉。

○　上第五十七章。此再点明交结烹炼只在一刻之中，并以破除四十九章内捉寄等语，教人知来藏往，勿忘勿助而已。

旁门并小法，异术及闲言。金液还丹诀，浑无第二门。

言此金液还丹正诀，乃与佛祖大乘正宗、孔门中庸至道同一不二法门。不比旁门异术令人惹祸招殃，小法闲言令人徒费功力也。

林谨按：旁门异术，我师向未指明，林未知其详。惟读南宗四祖陈泥丸真人《翠虚吟》勘辨邪正，犹如杲日之丽青天，附述于后以备参考。

○　上第五十八章。教人学道择诀须明，必须正邪两辨，方不误入旁门也。

贵贱并高下，夫妻与弟兄。修仙如有分，皆可看丹经。

言此修仙之道，不论贵贱男女，只要安分勤业，发个肯心，即是有分之人，总是仙家眷属。此等丹经，人人皆可看也。

○　上第五十九章。乃劝勉大众之辞，谓皆可与共学也。

屋破修容易，药枯生不难。但知归复法，金宝积如山。

上章既言人人可修，犹恐世间髦士误听异术闲言，自叹药枯不作修仙之想。殊不知全真上品丹道，取材只凭神气，神气通天贯地，并无老少之分。但有一刻之神思凝静，即是一刻之谷神；有一刻之志气清明，即是一刻之元气。肯安此刻之神以自守，即养此刻之气以周行。从此密密绵绵，久而弗懈，则气以养神，神凝气聚，而精自生气。精日滋而神自旺，神水灌注，气海充盈，自有阳气升腾上透，凝精成神。神完气足，返老还婴，即是归复之法。药生何难？故特以屋喻身，但肯修筑，便易完好。身中之药要生不难，只要正念收摄身心髦藏[①]于密[②]，自得神归气复。日积月累，犹夫屋中金宝堆积如山，紫阳张子所谓“真金起屋几时枯”，同此喻也。

○　上第六十章。此承上章，并以劝勉老年人亦可修炼。总之，一息尚存，性命犹为我有，神能兀兀，气自绵绵，此志正不容稍懈也。其下三章，

---

① “髦藏”，赏云山房本作“退藏”。

② 原批：归复法诀。切须着眼！

遂言归复之法。

魂魄成三性，精神会五行。就中分四象，攒簇结胎精。

言人性本一，乃天所付畀于我心，而魂魄系肝肺之所藏，原不容与心并立。瞿君以谓："人未修炼，是非之心固是本性。其枝节分歧，趋向纷扰，乃魂之所为；偏倚坚执，枉直不顾，乃魄之所为。"李善《文选》注曰："魂者，身之精。魄者，性之决。"皆能分真性之权者也。此理甚为明确。是以常人遇事，初念极明，乃根于心，即是真意。倏转一念，乃魂所发，其中虽疑，尚不甚恶。及至三念而决，乃魄所生，其中纯阴，全是私意。夫人只一性，而心因物诱不能自辨贤奸，竟让魂魄与意参主于中，遂成一国三公之势，故曰"魂魄成三性"。

然而东木之魂，实生南火之神；西金之魄，实生北水之精。丹道取材乎精神，精神实资生于魂魄，是魂魄为精神之母，精神乃性命之符。故必会五行而一之，方克成全乎丹道。经云："欲诚其意，先致其知。"知致则穷理而性见，故修炼之士必先穷理尽性，大为之防。性尽则心自刚健，大权不复旁移一面。团聚精神，立定笃信谨守之主意。就中分魂魄精神为四象，凝精以敛魄，安神以藏魂，精神资生于魂魄，魂魄遂收摄于精神。惟时意正清静，四象遂攒簇于宥密之中，则是会聚五行之气为一气，凝然大定，结成胎精，张子所谓"两般和合药方成，点化魂灵魄圣"是也。魂魄既化，精神自凝，而吾之性情可得而正定矣。此章与上文四十五章参观更妙。

○　上第六十一章。此承上两章，发明穷理尽性为修道之要务，性定可与适道矣！

定志求铅汞，灰心觅土金。方知真一窍，谁识此幽深。

志者，我性中所指之事也，即吾之素志。土金者，谓静如纯阴坤土，中藏一点乾金，即戊寄于坤而成坎，乃吾正念之初动时也。此承上章而言，性定则志亦定，从此七窍归根于一，专志冥心，即是求取阳气阴精之法。气精既觉齐来，仍须冥心如灰，即是觅取真意、包藏精神之道。由是神凝气寂，同归于真实无妄一窍之内，自然混化成丹。白子所谓"用志不纷，乃凝于神。灰心冥冥，金丹内成"。如此幽渊深沉之学，谁能识之！

○　上第六十二章。此亦承上章，发明立命之功诀。命立可与立矣。

造化无根蒂，阴阳有本源。这些真妙处，父子不相传。

无名天地之始，造化以之为根蒂；有名万物之母，阴阳以之为本源，固矣。然此玄玄妙窍，但可以心领，未易言传，姑先就造化阴阳名义言之。夫造化者，天独操之权以生死人物，天然有为之道也；阴阳者，人与天地万物并根乎无极元始之一气，不生不灭、虚无自然中无为之道也。无中生有谓之造，即有还无谓之化，以生灭言也。动极而静则为阴，静极复动即为阳，以通复言也。生灭属形质，通复属精神。

夫人与物之形质皆由于精神之所凝，则人得阴精阳气于厥初而生神，即为有生之根蒂，何以此章特言无为根蒂耶？只因世人不知归复，所本乎父母以天然精气构成此身，一届脱胎断脐，即不啻根断蒂落。虽所得于大造之精神有多寡之不同，为寿命之定数，贤者延之稍长，不肖者促之即短，智者愚者不延不促，而顺之囿之，则尽数以终，迟早总归于消化，仍入于大造之炉中，故人物皆难逃乎气数。人之生年月日谓之命造，死年月日谓之化命，《劝善文》中有延寿长命，促寿短命，以及算尽则死之说，总谓有形必灭、有造必化，故曰“造化无根蒂”也。

若夫人身中之阴精阳气，虽亦根于天之所赋，然天地亦本此阴阳以成象成体，天地不过能忘象忘体，不以气质累其神，故遂资此阴阳造生夫人物。人为万物之最灵，知崇礼卑，效天法地，虚心实腹，养其无形。其中二气之运行，即无极元始之一气一样盈虚消长，如鱼在水，刻刻贯通。不过不知归复者，如分水之一勺，如得土之一撮，玩弄不久，勺破撮散，而水归大海、土委大地矣。能自归复者，则原自通乎本源，即此一勺水保之而忘其勺之用，则无时不逢其源，即此一撮土安之而克自敦乎仁，即无时不培其基。恒久而不已，则聚水成湖、累土成山。浸假而充湖之量以为海，遂涵虚而混太清；凝聚而扩山之广以为地，遂厚重而载华岳，皆此勺水撮土之本来面目也。人之积精累气以成神，凝虚养浩以成道，乃属本源内应得之事，老子所谓“谷神不死”，即与天地同根于玄牝之门矣，故曰“阴阳有本源”也。然此乃中品说法也。

若夫上品丹法，自有一着先机、直捷孔道，可以一触而顿证之玄关，自然妙见妙知，直体夫《道德》首章，而知人之神与天地同一造化，即同一元始妙无为根蒂。人之气与万物均秉阴阳，即均秉灵宝妙有为本源，更不比聚水积土之烦难，只本一念至诚、不贰不息，即是功无间断，返还甚速也。故但就造化言阴阳，则阴阳已落于后天，在人为色身寿命，不延不促，守死善道，即大人之"后天而奉天时"也。是以颜子不为夭，非言其有造必化色身也，指夫能"常无以观其妙"者言也。盗跖不为寿，乃言其有造必化之色身也，为夫不知"常无以观其妙者"言也。如统乎阴阳论造化，则造化悉本乎先天，在人为法身慧命，果能复其本、还其源，则真常应物、真常得性，即大人之"先天而天不违"也。是以众生之轮回于六道，转轮圣王之不得为如来，因其以法身殉阴阳之好恶，未能"常有以观其徼"者也。文帝之一十七世身，老子之八十一化，是以法身循乎阴阳之动静，斯能"常有以观其徼"也。故曰"色身凭造化，由天不由己"，以己无根蒂可凭也；"法身贯阴阳，由我不由天"，以我有本源可贯也。天亦佑之，吉，无不利者也。

然而天下之物生于有，有生于无。无固为有之本源，有即为无之根蒂。是则有无即动静也，动静即阴阳也，阴阳即造化也，造化即有无也。吾更不辨何有何无、何阴何阳、何造何化，但就我之一动一静互为其根，无恶无好，遵王之道。[①] 即色身以长养法身，则聚处为形，散处为气；本法身以稳固色身，静则为金丹，动即为霹雳。何生何死、何存何亡？孟子所谓："夭寿不贰，修身以俟之，所以立命也。"何尝有生死之分耶？又曰："万物皆备于我矣！反身而诚，乐莫大焉。"何尝有存亡之别耶？夫亦可以恍然于常应常静者之自在矣。

夫气犹水也，神犹土也。气，命所凭也；神，性所托也。智者乐水以养气，行其所无事而不凿，即以养其慧也；仁者乐山以凝神，安土敦乎仁而不迁，即以养其定也。吾姑穷致此性命兼修之理，先心以藏神，安神以息念，忘念以养形，忘形以养气，忘气以养神，忘神以养虚，是得颜子之坐忘，即尽我性以致乎命。更能忘虚以合道，则天亦纵之将圣，自然元命复而元性还。性命完全，毋意毋必毋固毋我，遂并合乎先天元始之一气，即是与道合

① 原批：真诀妙谛！

真，贯古今而常存，参天地而不贰。动则为太极之永贞，流行而无滞；静即为无极之真一，得主而有常。夫既有常，则无常者皆归掌握；无滞，则有滞者亦会贯通。先儒周子所谓："五行一阴阳也，阴阳一太极也，太极本无极也。"无极固无，太极即有也，造化之根、阴阳之本固在是也。而岂甘被阴阳束缚在五行之中，空自贪生怕死、较有论无？要当直探其根本，会得其枢要，超出乎造化之窠臼，方可名为得道之士矣。

这些真正妙处，色法生死交关，若不自体自悟，穷理尽性，皈神真师幕下，大家正念当空，无声无臭，印证一番，从而自定自立、自返自还、自归自复、自成自证、自解自脱，虽父子之至恩有不能相传者也。吾龙门七祖昆阳王子所以说到"了悟生死"之后而曰："认得真，连夜走，觅个拄儿无一有。空空荡荡独修行，不渴不饥天地寿。"二十二章注内所述"用六"之"利永贞"，而"用九"之"见群龙无首，吉"也，如是如是。

○　上第六十三章。此承上四章，姑就中品阐法，戒之以造化之无根蒂，董之以阴阳之有本源，显现穷理尽性之端倪，教人自己体认，了悟生死，直臻妙有妙无之圣境，以返本还源，惬与上品丹法修证无异，乃知孔子所谓"原始及终，故知生死之说"，即此之谓也。得此真妙，可与权矣。此为通篇眼目，点睛特笔，并以发明上文第四十九章至五十四章炼成谷神之总诀，以起下文各章之意。

《周易·系辞传》"原始及终"，"及"字见汉儒注本，言人能原始以及终，故知生死之说也。语意极亮，今从之。

留汞居金鼎，将铅入玉池。主宾无左右，只要识婴儿。

汞指神，铅指气。金鼎指人身中上有天谷，即婴儿时藏神之府也。玉池指人身中中有应谷，即婴儿时藏气之府也。婴儿即元命既复，谷神初化之阳神也。

此承上文五十四章，元命来复之际而言。此神已由应谷寄宫养到充足，乘气腾转周天，移归本位泥丸宫中，遂留居于天谷，是为谷神。石子谓是分胎，白子谓之移神换鼎，故曰"留汞居金鼎"。而气亦自复其本位，入于应谷绛宫，故曰"将铅入玉池"。此不假作为，自然转移。张子《悟真篇》云："用将须分左右军，饶他为主我为宾。"此章特为剖晰其旨，教人饶气为主而神为宾，并无左右之分，与道合一而归于不死不生。惟神安藏于密，不于分外造作以求生，是以气亦浩然，权且留神以不死。此惟婴儿为能如是纯气之守也，故曰“主宾无左右，只要识婴儿”。教人此际得此阳神，正与婴儿初生无异，只要如婴儿纯气以守纯阳之体，则阳神自壮长矣。

〇　上第六十四章。统上九章，皆以发明穷理尽性之微旨，以致元命来复之原由，及命复时自然之功用。下章遂言温养之道。

黄婆双乳美，丁老片心慈。温养无他术，无中养就儿。

丁老指心，言命复时，已如上章功诀安顿停当，即无所事，只要其人不自执以为有，仍自养其无相之神，主清静以拳拳，宾铅汞而穆穆[①]，则气自流行，滋养神室。如姆哺儿，任其吸饮，心亦慈祥，顺气所行，常常顾复，故得遍体温润，养就婴儿，自然长大，更无他术也。无中者，中不自有之意。《金刚经》所谓若以色见、音声求皆非也，必用观自在之法，只是忘形忘气，以养其不神之神而已矣。

〇　上第六十五章。此承上章，发明温养时之火候，只是忘形一诀，为长养谷神之道。

绛阙翔青凤，丹田养玉蟾。壶中天不夜，白雪落纤纤。

绛阙，指身中应谷绛宫。翔青凤者，指此时之气方从本位绛宫新出，如青凤之翱翔。《阴符经》云“禽之制在气”，故以凤喻气。《释名》云：“青，生也。”故以青凤喻初生之气。丹田乃上丹田，即指天谷泥丸宫。玉蟾即指谷中之阳神，以此时已经温养，不似初阳之寒，而温如玉矣。白雪指气周旋到于上谷，与神一交，遂为神水，其气清澈明净而弥满，有如白雪也。言此时阳神已渐壮长，不可妄动，侭自安养其不神，一任气自流行，如青凤之翱翔而上，来到泥丸，滋养此神。神气一交即为神水，便如白雪纤纤落下，充满周身，但觉遍体清和明净，浑如不夜之天也。

〇　上第六十六章。此言温养时任气自流行之象，如是真正养命方法，较诸《翠虚吟》内所指各种小法养命者为何如哉？心清目明，谅能自辨也。

① 原批：温养妙诀。切须着眼！

琴瑟合[①]谐后，箕裘了当时。不须行火候，又恐损婴儿。

言此时温养元神，不比从前冶炼谷神火候。盖此时谷神已与命气配合，正如琴瑟已谐之后，任气周旋。阳神已壮，即是箕裘了当之时，更无情识好恶之牵缠。若再用心火调度，劳神暴气，则气不充乎虚，神亦难完夫实，何时得就阳神？为损不小，故教人尽管放下身心，安神静谧，任气流行，自然充实，断不可究其火候也。

○　上第六十七章。此言温养不可助长。盖前则尽性以致命，此时又当安命以率性，方克还乎本源也。

长男才入兑，少女便归乾。巽宫并土位，关锁自周天。

长男指震，象阳初生。少女指兑，象阳已壮。入兑归乾，乃依先天卦位爻象而言，指阳方初生，一阳为震，递长至两爻即为兑——兑为少女，再长至三爻即为纯阳乾象。曰才入，曰便归，以明阳神长成甚速也。巽宫指人身鼻窍。土位指形体。曰并者，即前四十九章所谓艮坤宫也。盖一阴为巽，两阴即为艮，三阴即为坤——为土位也。言人自性定命复以来，阳神初如震卦一阳藏于天谷，任气流行，体即壮长如兑二阳，旋即充满，便是纯乾，神遂正位居体，而气亦遂如巽宫一阴初息，旋即寂如艮止，静如坤藏，美在其中而畅于四肢，美之至矣！是神以能凝而愈壮，气亦能寂而愈充，理有固然，应无偏胜之患。

然而胞胎内一分血气究未尽除，此时若不戒严，深藏宥密，复恐好动而不安于静。其行止坐卧之间，鼻息自听有声，形体驰骤劳顿，则气返动心，神常外驰，便为透关漏气。将来成就道果亦偏而不圆，因其气胜神也。故必要真息悠悠，形体申申，容色夭夭，顺六气以周流，随周天之运度，气机自然关锁于内，无偏胜流失之弊，方为善养浩然也。

○　上第六十八章。此言温养壮盛之际，不假作为，只须制节谨度以保满而不溢也。

弦后弦前处，月圆月缺时。抽添象刑德，沐浴按盈亏。

① 原批：合，应作“和”。

弦后弦前，喻气象之消息；月圆月缺，指气质之盈亏。刚治为刑，柔服为德。言当此神旺气足之时，浩气之流行，已自充塞乎天地，固不可任其动荡，亦不可稍有抑制，只须因盈而抽，因虚而添，仍用刚克柔克之道，使此正气常自冲和以为沐浴，则体常舒泰，广大宽平，以待先天元阳遘复还元可也。

总之，气体愈旺，则神愈退藏，勿使神为气役，则阳神自得圆足也。

○ 上第六十九章。此言持盈之时，务使神清气静，勿使神气二者有过不及之弊。

老汞三斤白，真铅一点红。夺他天地髓，交遘片时中。

老汞者，合全体之精气神而成者也。三斤者，即指此三品分两皆足之谓也。白者，纯完本色，不染之谓也。

真铅，乃我太极中有先天一点无极元阳真气，即我之元性也。真铅无形无色，而此曰一点者，以见是一非二，是点非滴。曰红者，张子所谓“以黑而变红”是也。

夫人之秉彝，本乎天性，性赋自天，而降衷于人为心，心于五色为赤。而此时所复之性，乃天地之元性，本无极所赋于太极以为心者。故太清至真上帝所居之境为大赤天宫，而先辈每以本来元性唤作金丹，尊此来复之元性谓之曰“先天太极道德真人”。《中庸》所谓“尊德性”，即尊此元性也，非气质之性也。兹不曰赤而曰红者，以前所得之铅已因水火之间色而成紫，此时身中三品已完，太素贞白，再得此大赤之真铅交合混凝，赤白相间而成红也。天地髓即指此真铅也。言到此神与气精皆已充足，毫无污染，堪为老汞，只须温养功足，待得真铅一点而成红，即为金液还丹。

惟时体内阳神只以静密为事，一任天气流行，到得周圆具足，气亦寂然不动。白子所谓“冥心凝神，致虚守静，则虚室生白，信乎自然”。遂觉体镇如山，巍巍高大。俄而一点真铅渊然透起，焕乎赤明之天，是乃天地之髓，即我元性来复之凭。饶他掀地翻天，迳冲混沌，我神亦遂浑噩，不识不知[1]，如睡方酣。片刻之后，顿觉神清气爽，身如火热，心如冰释。若论进

① 原批：此须何等定力！密藏不久曷克当？“当”字后，赏云山房本多“此”字。

修，此时还须混炼。若论其效，则性光普照，洞彻幽微，耳闻九天，目视万里，遍体纯阳，金筋玉骨，是乃阳神现形，可以出入自然。以言乎长生之道，于兹毕矣！但恐阳有阴对，尚存六合虚空之见，不能无往来隐现之分，何能与造物者游而柄其终始？则非将吾昔时混沌、今时品物，一并交结混炼，以成金液大还丹，势有所不能已者矣。

〇　上第七十章。此言阳神已成，正元神初合之时也。

此章内一“夺”字，正与《阴符经》所云“盗机”相同。《左传》云：“《军志》曰：先人有夺人之心。”彼言兵贵神速，须乘人之心机未动，先夺其要害耳。兹言修己之学，要在神武，先乘己之心机未动，夺取阴阳之枢要而已。天地髓即阴阳之枢要也。

火候通玄处，古今谁肯传。未曾知采取，且莫问周天。

玄，天也。言此元性已复，阳神已成，体内无火候可行。火候只在通天之处，自古及今，谁肯明传？只缘世无能还性命之人，亦无寻“谁”之慧力，则金液大还丹之药尚未知采取，此际之周天火候且莫问及可也。

〇　上第七十一章。此承上章夺字之义，逗见火候端倪。

云散海棠月，春深杨柳风。阿谁知此意，举目问虚空。

愚按此时已得太极中元性以为体，火候只是忘虚合道一着，神气都付相忘之中。故此章首句言云散而月到海棠，似喻神已大净大明，无声无臭。次句言春深而风吹杨柳，似喻气已至和至畅，无影无踪。学者切诸身心，完其体段，则首句是形容喜怒哀乐未发之谓中，次句是形容发而皆中乎节之谓和。象其功用，则首句是摸拟三达德为我所良知，即为人人所同得。次句是摸拟五达道为我所良能，即为人人所共由。

然以云周天火候之窍妙，尚未见入手精一之旨。且下文又何以云“目问虚空”？此须其人自体自悟，通一毕万，但能自得夫本心之良。然则动即孚乎人性之同然，静即合夫天命之本然，常涵养其浑然，斯触处而洞然，方知我神与气已早自混化于心目之间，并复泯迹于虚空之际。何则？气之动静随乎神，神固为气之先也。神之飞潜由乎心，心更为神之先也。心之先机在乎目，则目实心之先也。《阴符经》云“心生于物，死于物，机在目”，是知目为心之先机，实为神气之先务。故目逃者，则心遁而气阻神丧；目明内视者，则心清而神凝气浩；目问虚空者，则心游于物之初而无所住，神气亦湛然常寂。养到寂无所寂，方知道十方三界不外一心，往古来今无非一我。昔本不生，今亦不灭。昔原不减，今亦无增。此意如如，阿谁知得？

曾以此义叩师于太虚之安居，师正持无字观音之经，遂言曰："首句是令人见月之指，不可认指为月。次句如角风之旗，不可认旗为风。盖当雷雨满形之后，肇开光风霁月之场。首句一散字，犹云'但得置身天际坐，莫须回首白云低'。神也，性之命也[1]，而何可执喻为神也[2]？次句一深字，犹云'等闲识得东风面，万紫千红总是春'。气也，命之性也，而何可偏喻为气也[3]？余师泥丸尝留道偈，有曰：'杨柳也当明月舞，海棠亦为好风娇。'又云：'漫空云散家家月，大地春来处处花。'正是澹荡天光，无边明镜，互相容受，莫可端倪[4]。子但坚贞处密，定慧等观，斯自诚而明，则明无或昧，于以尽天命之性，而性命合元，尚何有虚空之可忘[5]？而观自然以合道，即与道合真，永保真空无碍之休焉。"遂稽首而称颂曰："我在太虚中，空明无一物。自在即天真，清风吹浩月。"如是大乘正宗，虚无妙道，若非向日积持念诚恒之力[6]，会得半句先机，由我师虚空藏印证确实，纵使走遍天涯，阿谁能知此意耶？

《易·屯卦·彖辞》："雷雨之动满盈。"盈字，汉儒注本作"形"字，盖指屯卦二三四爻为一坤象也。全真先辈俱从形字解，今仍之。

〇　上第七十二章。此承上二章，指示通玄之火候，即是合元之先机。合参泥丸《翠虚吟》吕秀才一诀，更知妙体妙用，广大精微，见得太虚真境，有如是之妙不可言者。

人间无物累，天上有仙阶。已解乘云了，相将白鹤来。

言到此得诀，直捷了当，则已矿尽金纯，烟销火灭，包含万象，不挂一丝，人间物累无干，天上仙阶有分。然未敢乘云以自达，必谨俟鹤至以冲

① 原批：神为性之命，气为命之性，的是畅论，古来未道破者也。

② 原夹批：神非气聚不能凝。

③ 原夹批：气非神凝不能聚。

④ 原批：气神混化，内外圆融，非至人不能道。

⑤ 原批：如是忘虚以合道，真打破虚空为了当矣。

⑥ 原批：不诚不恒岂能觉误（悟），学者勉之！

霄。教人总不以出入隐显为能，自可造变化飞升之道耳。

〇 上第七十三章。此承上章，火候已明，遂造丹成之境。

心田无草秽，性地绝尘飞。夜静月明处，一声春鸟啼。

夜静月明处，指无极太极互相隐现之象，以喻静极初动，正阳神合元之时。一声春鸟啼，指无极中有一点真机发动之象。言既处密，定慧等观，心性自然明净，但自和光同尘，有道而不见其道，有德而不见其德，与世间愚夫愚妇一般面目、一样举动。随缘度人，多方利物，即或垂手入廛，入净出垢，无所不可。功圆行满，自得无极中发一真机，即我先天二五之精，便是天一所自出之金，先儒周子谓为"无极之真"、陈泥丸谓之"一盏鸿濛酒"是也。饵之便可脱却阴阳，不受五行之束缚矣。

〇 上第七十四章。此言温养元神之道。

白金烹六卦，黑锡过三关。半夜三更里，金乌入广寒。

白金，喻元神已纯一不二，正如金液乍还之象。六卦，震兑乾巽艮坤，六气循环，周行不息，为一太极之象。曰烹者，至虚不宰之谓也。黑锡即铅也，喻阳神既得元神内守，体已至柔至顺，正如铅锡待点之象。三关谓混炼元精、元气、元神三品递化还虚之道，言到此三铅俱就也。

半夜三更里，指无极元始真机将动之时，即上章之夜静月明处也。金乌，亦取三足之义，在天为日魂，此以借喻元始真机，即上章之春鸟也。上章但得声闻，此处乃是缘觉。广寒以象太极。言到温养时足，元性已含六气以周流，至虚不宰，元命已历三关而诣极，无道可行，尔时无极中自然发一真机，即我妙无元始一气来复，混合元神，是为金液大还，遂尔真元迸出，方为妙道真人。

其实金乌即指我元性静极而复动也，广寒即指我元命因性之动而顺与合符，一如日月之合璧，斯为性命合一。即吾师所谓"时而合元"之道，并非另有一个真机外至者也，亦非心思计虑所能掇合者也。真实虚无自然之妙道也，故得之而成真，称为妙道真人。可以经世，可以遁世。如狮子之迷踪，狮子不足以拟其迹；如神龙之变化，神龙亦不足以比其灵。渊乎妙哉，至矣神矣！文王所以系乾之"用九"而"见群龙无首"之吉也。是谓炼虚合道，性命会元，浑太极而常存。然初得天地之元宗，尚须与道合真，方保永无堕落也。

〇　上第七十五章。此言元神合道之时也。

丹熟无龙虎，火终休汞铅。脱胎已神化，更作玉清仙。

丹指真人之体。火指真人之心。玉清乃元始妙无上帝之圣境。此承上章，言炼虚合道，尚未与道合真。必也连此之真体，不复存心身定慧之见；并此真心，不复有阴阳神气之分。惟尽至诚之道，笃无息之恭。无意以藏神，更不必假虚以含实；无必以养心，更不必烹卦以息机；无固以安身，更不必透关以炼形；无我以应物，更不必持念以付事。十方三界，不出一堂；往古来今，无非一我。缘觉声闻，冰销雪亮；潜现飞跃，运用随机。以清静心而宏大愿，休铅汞气而畀洪钧，真妄悉销，有无不设，方是与道合真。可以脱胎神化，平升玉清，永作大罗仙子。流传后世，称为一代圣师。乃为金液大还丹告成之日也。

〇　上第七十六章。此言丹成脱化，与道合真。

塞断黄泉路，冲开紫府门。如何海蟾子，化鹤出泥丸。

紫府，乃东华青童木公道君，即全真大教主，东华紫府、辅元立极、少阳帝君选仙之所。言必须丹成脱化，与道合真，方是塞断黄泉之路，永不复走，迳登道祖之门，听候选仙，上则荣膺天爵，下为一代宗师。上文以寒蟾喻谷神之成，以玉蟾喻阳神之壮，兹以海蟾喻元神已得无极中真机点化，遂尔透出泥丸如鹤冲举。以鹤喻真人，言修炼之士如蟾化鹤，非指南宗启教之海蟾刘公也。

〇　上第七十七章。此言脱胎神化，上朝道祖，乃证果成真也。

江海归何处，山岩属甚人？金丹成熟后，总是屋中珍。

金液大还丹之道，通篇已三复详明，犹恐世人读之，知而不好，好而不乐。推原其故，只是眷恋尘情，发不出一个正念炼己筑基。故复特发此章，言到金丹成熟之后，即与太虚同体，世间江海山岩都未抛撇，总是家珍。言江山，则凡细于江山者概之矣。教人尽管放下万缘，坚持一念，自然修真有路，进道无魔，必可成功，还将度世。否则无常一到，“万般将不去，惟有业随身”，那时虽悔，何追乎？

○　上第七十八章。此为激发人之正念而作，故言丹成之后，与天为体，山河大地，总是家珍。古人所谓“皇皇八荒，皆在我闼”，岂虚言哉！

吕承钟口诀，葛授郑心传。总没闲言语，都来只汞铅。

吕即道祖纯阳帝君。钟谓正阳帝君钟离翁也。葛指老葛仙翁，字孝仙，即太极左公仙翁也。郑谓思远郑真人。言古来修仙得道高真不可胜计，如吕葛两仙翁，人莫不知，无不敬信，而其所传口诀皆无别说，都来只是汞铅而已，教人不必旁信他说，身外求道也。

○　上第七十九章。言此还源丹法，确是古圣的传，易简至道，不似别品异术，其法烦难也。

汞铅归一鼎，日月要同炉。进火须防忌，教君结玉酥。

此言丹道总诀，汞铅要归于一，性情务使和同。其间烹炼沐浴，进火退火之际，大要防忿忌欲，抽添适中。必须夙夜宥密，则物我两忘，六根清静，方寸澄澈，自然凝结成丹。曰玉酥者，言能如是藏神养气，自然于温润缜密之中，兼细腻融和之妙，始终三大交关，皆能如是温养，自不费力，其成甚速也。

○　上第八十章。此明丹道之总诀。

采药并交结，进火与沐浴。及至脱胎时，九九阳数足。

此章总结全篇，点明炼丹功夫具有次序条目，教人循序进修，及至数足纯阳，自然脱胎神化，飞升成道。读者慎勿辜负此篇恺切教人，以返本还源之至意焉。

○　上第八十一章。点明丹诀次序，遂以总结通篇八十章之意。

按：此篇大段功诀，始于有为，终于无为。有为之功，只是正位凝命，养我浩然；无为之诀，只是自强不息，养其无形。吾师尝语人曰：“人必端直其体，空洞其心，真一其念，则得诀炼丹自是容易。即不修炼，亦足却病延年，老而强健。”是真入手之总持正诀也。门下颇有遵行者，果然耄耋矍铄，胜于壮年。盖能端直其体，则身无跛倚之容，其五官四肢百骸悉归整饬，而外物难干也。空洞其心，则气机充畅，其通体脉络筋骨皆无积滞，而气得返乎虚也。真一其念，则遇事率真，中无犹豫，而心中阴精随时兼凝于正气，结而成神，神遂得还其实也。是身心意三家常会于一，谷神长养于不知不觉之中，身其康强，乃自然之功效。何必另求小法以为养命之方哉！

予故谓还源之法，必先坚持正念。正念诚，则体自端直，而心自空洞。心既空洞，则药生而火必正，断无金木间隔之患，亦无水火不济之虞。惟神与气妙合而凝，此中即有根蒂。然后养其无形，驯致乎无象无体，而金液大还矣。金为天一所自出之金，液乃天一将生水之液。然则所谓金液者，即先天无极之真，无极而太极也。大还者，即以此二五之精，妙合而凝为太极，以还我无极之先天也。金液既凝，加以沐浴温养之功，日积月累，从微至著，以成可大可久之德业，此身有不成金刚不坏之法身者乎？源本如是也，还源固如是还也。言下可以恍然于凝精成神之道也。

夫所谓丹者，丹字正与身字相似，只要将身字修削三笔，使其上不飞，下不漏，中不二，腔里只藏一丶，即丹字也。此丶即吾之正令也。正令存于心而未发，谓之正念；及发，其心之音，将以为言，而后谓之意也。诚其意者，即实此一点于未发之先而藏之于密也。发为正令，为正念，为真意，皆用之端也。其未发则性也，即神是也。神无方体、无限量，是以成谷神，成阳神，成元神，皆本此一点丹心之充实，发为光辉，大而化之而已。人更可恍然于丹之为道矣。

是编之名“阐微”者，又窃取《中庸》“莫显乎微”之义，能知微之显，可与入德矣。爰复剖名义，以为同学取证焉[①]。

---

① 底本之后刻有一段文字，似非《阐微》原文。其云：“安炉之法，看初三四纤月，其舒养之意最为合式，妙难言喻，故云‘炼药须寻偃月炉’也（炉底用力，紧靠下腭，中凹边仰）。炉底要舒展，虚虚靠着廉泉，炉边虚近下齿会厌处（即喉咙口），作下垂之状，其势粘近喉节，似乎婴儿吮乳一般，则气息容易下注。向使炉底一空，则天地春生夏长秋收冬藏循环不已之气，从玄牝（即鼻孔）而入灌丹田，而通督任。不仅男子以卵缩为验，女子以乳缩（摩乳之法大谬）为验，并且其气自能至踵，觉足心涌泉穴间有似蚁行之状，有此光景，可谓炉成丹熟。此身一出母胎，渐渐忘却来时根本之路，度一年则督任之路雍塞一年，若再感风寒暑湿之邪，更令脏腑闭塞而死。是以《素问·天真论》首提知道者‘气脉常通’。至圣人传天气以通神明（点校者按:《素问》原作‘故圣人传精神、服天气而通神明’）等句，惜其言略而不详。然修道一法，轩辕歧伯尚且推重如此，而今之人欲将督任之路疏凿一通，谈何容易？必须子午二时，面南趺坐，努力闭气如不息者，一气竭力注下，闭息至再至三，极至一十、二十、三十之数，总有疏通之日。最宜冬月行之，乘天气藏阳之候行此猛法，则气藏而不伤。若从容行之，必待期年而始通矣。”

翠虚吟

南宗四祖陈泥丸真人著

此篇凡一百三十六韵，乃四祖传授五祖白紫清真人者。其中历指旁门异术之不可行，小法闲言之不济事。阐明金液大还丹诀，语精法备，善读者与《还源篇注》合参之，学之甚易，炼必可成，足以醒世破迷。兹并蒙师逐节推详，指示利弊，附列于后。北宗龙门第十二代闵阳林谨识。

嘉定壬申八月秋，翠虚道人在罗浮。眼前万事去如水，天地何异一浮沤。吾将脱影归玉阙，遂以金丹火候诀，说与琼山白玉蟾，使伊深识造化骨。

此言已将脱化飞升，必须传道。既得传人，乃有此吟也。

道光禅师薛紫贤，付我归根复命篇。指示铅汞两个字，所谓真的玄中玄。辛苦都来只十月，渐渐采取渐凝结。而今通身是白血，已觉四肢无寒热。

此述从前自己参访多人，幸遇真师指示铅汞，下手用功，今已得效，遂尔现身说法也。

后来依旧去参人，勘破多少野狐精。个个不知真一处，都是旁门不是真。恐君虚度此青春，从头一一为君陈。若非金液还丹诀，不必空自劳精神。[①]

言得道之后，复去参人，广见世间多少旁门，因教学者必先审知真一之处，自能辟除一切邪径。下文遂将各种空劳精神之术，逐一指明。

有如迷者学采战，心心只向房中恋，谓之阴丹御女方，手按尾间吸气咽。夺人真气补我身，执着三峰信邪见。产门唤作生身处，九浅一深行几遍。轩后彭祖老容成，黄谷寿光赵飞燕。他家别有通霄路，酒肆淫房戏历练。莫言花里遇神仙，却把金篦换瓦片。树根已朽叶徒青，气海波翻死如箭。

此为采生速[②]死之邪术，明有王法，幽有鬼神，行之无不遭殛，断不可

① 原批：此三节开明道脉正传，须辨邪正。

② “速”，底本作“迷”，依赏云山房本改。

为者。

其他有若诸旁门，尚自可结安乐缘。有如服气为中黄，有如守顶为混元。有如运气为先天，有如咽液为灵泉。或者脾边认一穴，执定谓之呼吸根。或者口鼻为玄牝，纳清吐浊为返还。或者默朝高上帝，心目上视守泥丸。与彼存思气升降，以此谓之夹脊关。与彼闭息吞津唾，谓之玉液金液丹。与彼存神守脐下，与彼作念想眉间。又如运心思夹脊，又如合口拄舌端。耸肩缩头偃脊背，唤作直入玉京山。口为华池舌为龙，唤作神水流潺潺。此皆旁门安乐法，拟作天仙岂不难？

以上诸法俱未审知真一正诀，故皆谓之旁门，无益身心性命，但自悮弄其形神，不致遭殛，故曰“尚自可结安乐缘”。然已空劳精神，决非仙道，行之积久，或且致病，是亦不可为也。

八十放九咽其一，聚气归脐谓胎息。手持念珠数呼吸，冰壶土圭测时刻。或依《灵宝毕法》行，直勒尾闾咽精液。或参《西山会真记》，终日无言面对壁。时人虽是学坐禅，何曾月照寒潭碧。时人虽是学抱元，何曾如玉之在石。或言大道本无为，枯木灰心孤默默。或言已自显现成，试问幻身何处得？更有劳形采日月，谓之天魂与地魄。更有终宵服七曜，谓之造化真血脉。更有肘后飞金精，气自腾腾水滴滴。更有太乙含真气，心自冥冥肾寂寂。有般循环运流珠，有般静定想朱橘。如斯皆是养命方，即非无质生灵质。[①]

此等小法岂能养得命住？谓之养命方者，时人之说也，间或行之得诀，谨守躯壳而已。或属搬精弄气，或是劳形驰神，或为枯木死灰，皆于真一诀窍不通，执而不化，徒然废事失业，行之一不得当，亦复致病，是亦不可为也。

道要无中养就儿，个中自有真端的。都缘简易妙天机，散在丹书不肯泄。[②]

言须得妙悟之人及时而授。苟非其人，道不虚行也。

可怜愚夫自执迷，迷迷相指尽胡为。个般诡怪颠狂辈，坐中摇动颤多时。屈伸偃仰千万状，啼哭叫唤如儿嬉。盖缘方寸失主人，精虚气散神狂飞。一队妄人相唱閧，以此诳俗诱愚痴。不知与道合其真，与鬼合邪徒妄为。一才心动意随动，跳跃颤掉运神机。或曰此是神气来，或曰龙虎争战时。

① 原批：此三节历指邪术旁门之不可行。

② 原批：此一节指出天机简易，散在丹书。

或曰河车千万匝，或曰水火相奔驰。看看摇摆五脏气，一旦脑泻精神羸。当年圣祖留丹诀，无中生有作丹基。何曾有此鬼怪状，尽是下士徒阐提。

此乃妄人所传，断不可听也。

我闻前代诸圣师，无为之中无不为。尽于无相生实相，不假作想并行持。

个中真一为真端的，如月照潭，如玉在石，无质生质，无为之为。是以十二活时辰中，只须半个活子，乃无为中之有为。丹道采取交结烹炼都在其中，余只静虚动直，显密相因，沐浴如是，温养亦如是，无为而无不为。仍向伦常日用，以静虚动直为火候，敬以直内，义以方外，活活泼泼，养其无形。自然于无相中生就实相，是为完体，独露真常，有何作想并行持耶？下文遂实指其弊。

别有些儿奇又奇，心肾原来非坎离。肝心脾肺肾肠胆，只是空屋旧藩篱。涕唾精津气血液，只可接助为阶梯。精神魂魄心意气，观之似是而实非。何须内观及鉴形，或听灵响视泓池。吞霞饮露服元气，功效不验精神疲。

此言作想行持之悞，并以扫清上文所说各种法弊。

演说清虚弄炉火，索人投状赍金宝。敢将蛙井窥沧溟，元始天尊即是我。虚收衔号伪神通，指划鬼神说因果。今朝明朝又奏名，内丹外丹无不可。欺贤罔圣昧三光，自视福德皆懡㦬。招摇徒弟步市廛，醉酒饱肉成群夥。大道原来绝名相，真仙本自无花草。教他戒誓立辛勤，争如汝自辛勤好。一人迷昧犹自可，迷以传迷迷到老。此辈一盲引众盲，共入迷途受忧恼。忽朝福尽业报来，获罪于天无所祷。三元九府录其愆，追魄系魄受冥拷。

此言托名丹客法家者，终必自殃也。

举世人人喜学仙，几人日日去参玄。各自妄诞自相尚，不务真实为真诠。[①]

此指托名讲道，以为世俗道贩者，自己不务真实，其说都无实据也。

古人好话切须记，功夫纯熟语通仙。言语不通非眷属，功夫不到不方圆。[②]

此言求道之士，必先坚持正念，涤虑忘情，功夫纯熟，方能听受师言。登时领悟，藏之于中，头头是道。若粗心负气之徒，虽遇真师口诀，亦复听而不闻。即或闻之，亦如方凿圆枘，格格不相入也。

① 原批：此五节复言小法闲言之不足信受。

② 原批：此节教人先自磨洗，功夫纯熟，方能心受心传。

我昔功夫行一年，六脉已息气归根。有一婴儿在丹田，与我形貌亦如然。翻思尘世学道者，三年九载空迁延。依前云水游四海，冷眼看有谁堪传。炷香问道仍下风，勘辨邪正知愚贤。归来作此《翠虚吟》，犹如杲日丽青天。[①]

此就现身说法，直指金丹大道，并无年月迁延，故特勘明邪正，以告后人。下文即将真诀明传。

扫除末学小伎术，分别火候采药物。只取一味水中金，收拾虚无造化窟。捉将百脉尽归源，脉住气停丹始结。初时枯木依寒岩，二兽相逢如电掣。中央正位产玄珠，浪静风平雷雨歇。片时之间见丹头，软似绵团硬如铁。此是南方赤凤血，采之须要知时节。一般才得万般全，复命归根真孔穴。内中自有真壶天，风物光明月皎洁。龙吟虎啸铅汞交，灼见黄芽并白雪。每当天地交合时，夺取阴阳造化机。卯酉甲庚须沐浴，弦望晦朔要防危。随日随时则斤两，抽添运用在怡怡。十二时中只一时，九还七返这些儿。温养切须当固济，巽风常向坎中吹。行坐寝食总如如，惟恐火冷丹力迟。一年周天除卯酉，九转功夫月用九。至于十月玉霜飞，圣胎圆就风雷吼。一载胎生一个儿，子生孙兮孙又枝。千百亿化最妙处，岂可容易教人知。忘形死心绝尔汝，存亡动静分宾主。朝昏药物有浮沉，水火爻符宜检举。真气薰蒸无寒暑，纯阳流溢无生死。有一子母分胎处，妙在尾箕斗牛女。[②]

此指还丹自采取、交结、烹炼、沐浴以至分胎之道。曰扫除，曰只取，曰收拾，曰捉将，曰夺取，一步紧一步，真正口诀上极好替身字义。然不可拘文牵义，合参《还源篇》，自知其法不二也。

若欲延年救老残，断除淫欲行旁门。果欲留形永住世，除非运火炼神丹。神丹之功三百日，七解七蜕成大还。聚则成形散则气，天上人间总一般。宁可求师安乐法，不可邪淫采精血。古云天地悉皆归，须学无为清静诀。缚住青山万顷云，捞取碧潭一轮月。玄关一窍少人知，此是刀圭甚奇绝。[③]

---

① 原批：此节指明丹道甚易，不必畏难。

② 原批：此节将知药采取以后，至元关将开以前，所余玉液还丹之法，切实言之。尚是色身上功夫，所谓外药了命是也。

③ 原批：此节故将开关作中顿笔，以明分胎以后，正当上下无常、进退无恒之际，听人志向之明，在以定色法生死之交关。

此承上节，而言分胎之际，即是复命开关，已得阳神根基。若遂住手，但冀老而康健，则行上文第五节中诸旁门安乐之法，亦可却病。若欲留形住世，必须混炼金液还丹，温养三百日功夫，可以迸出阳神，故称为神丹。七为少阳之数，曰解曰蜕者，言当阳神解蜕，方是合取元神，乃为金液大还。下文遂言混炼神丹之道。

夜来撞见吕秀才，有一丹诀尤奇哉！却把太虚为炉鼎，括捉乌兔为药材。山河大地发猛火，于中万象生云雷。昔时混沌今品物，一时交结成圣胎。也无金木相间隔，也无龙虎分南北。不问子母及雌雄，不问夫妻并黑白。何人名曰大还丹，太上老君吞不得。老君留与清闲客，服了飞升登太极。更将一盏鸿濛酒，饵此刀圭壮颜色。[①]

此言开关已后，混炼阳神，合就元神，只要把捉得定，片晌金液大还，自有猛火烹炼成丹。法诀显露，与《还源篇》合参，自知其妙。

任从沧海变桑田，我道壶中未一年。悬知汝心如铁坚，所以口口密相传。妙处都无半句子，神仙法度真自然。速须下手结胎仙，朗吟归去蓬莱天。[②]

此篇吟成一百三十余韵，犹云“口口密相传”“妙处无半句”，以明真传正诀，不消半句，却非语言文字所能传授。人能坚持正念，炼得心坚如铁，以自然为法度，下手结成胎仙，便可开关混炼成真。全要自体自悟，得而行之，方知其法简易，并非高远难行之事也。

又按：此篇一十八节。首三节开明道脉正传，须辨邪正。四五六三节，历指邪术旁门之不可行。第七节指出真机简易，散在丹书。第八至第十二五节，复言小法闲言之不足信受。其第十三节，教人先自磨洗，功夫纯熟，方能心受心传。第十四节指明丹道甚易，不必畏难。其第十五节，将知药采取以后，至玄关将开以前，所炼玉液还丹之法切实言之，尚是色身上功夫，所谓外药了命是也。其第十七节，乃言开关以后炼取金液还丹之道，须兼法色混炼成功，所谓内药了性是也。中间第十六节，故将开关作一顿笔，以明分胎以后，正当上下无常、进退无恒之际，听人志向之所在，以定色法生死之交关。至第十八节，乃将的传口诀不到半句，特笔透露，令人先将身心克治

① 原批：此节言开关以后，炼取金液还丹之道，须兼法色混炼成功，所谓内药了性是也。

② 原批：此节乃将的传口诀，不到半句，特笔透露。今（令）人先将身心克治明净，果然心坚如铁，到得功难措手，一遇师传，即合神仙法度矣。

明净，果然心坚如铁，到得功难措手，一遇师传，即合神仙法度矣。

总之，学人欲看丹经，须明丹品。凡其书以精血髓气液为药材，用闭咽搐磨、存思升降为火候运用者，下品也。以肝心脾肺肾为药材，按年月日时、抱元守一为火候运用者，中品也。如石子《还源篇》，取精神魂魄意为药材，以行止坐卧清静自然为火候运用者，上品也。上品简易而易成，中品要妙而可成，下品烦难而难成。

五祖白真人具述师言，详著《修仙辨惑论》一篇，仰见四祖度人心切，夙抱点化天下神仙之宏愿，早发露于此篇矣。有志希仙者，当不厌百回读也。

第十卷　梅花问答与金仙直指

梅华问答编

梅华问答编序

夫道，一而已矣，何以三为？一者，儒也，人所共需者也。虽然，道且强名，何有于一？在上知文障扫除，独标至理，言固如是，而下学道问，舍讲习其奚从？是以杏坛启教，三绝韦编，自我圣人，不厌不倦之苦衷，于此可见。今吴门心香薛君，为古书隐楼高弟子，德深学硕，独契心传，示我《梅花问答》一编，嘱作弁言。余读之，茅塞顿开，心心若契。然余素不敏，为此大言，则吾岂敢？既谬托知交，又不敢遽以固辞也。缘细译静参，知薛君之所养者自深，而谭之者益微矣。乃一以至万,万仍返一，陶融其理，不留拟议，悉归其要，乃至无所不用其极者。不第参儒学之精微，抑且发二氏之款要，以是推求，益征学力易而难矣。盖自唐宋以来，善言理学者，必辟二氏，宗二氏者，必小理学，欲求一贯通其说者，竟了不可得。此患由不切近身心，徒树障碍之故耳。顾树障深，则与性命益远，求其所谓润身之道者，更难同岁语矣。今所撰《问答》一编，外之则治平之道，内之尽克复之功。以至至德凝道，大而能化，无微不备，可为为学之楷模，修齐之正鹄也。

余向亦爱读《古书隐楼书》矣。书隐楼[①]书凡数十种，类皆不外乎正诚之道，其讲庸言庸行，而再切近身心者，则《遗言》一卷。《遗言》为钱塘陈云伯编次，而云伯亦尝北面云："至文笔遒逸，如万顷云涛，忽起忽伏，无踪迹处。又如云璈奏万，妙各自寻，展转令能物我皆忘，若三岛神游，应接无穷，则《金盖心灯》一编已臻其极。其余手制，或多述古之作，或揭独得之新，几若于水晶宫中罗列万宝，苟得一焉，已早擅胜于天上人间矣。"顾读其书，尚且云然，况耳提面命，亲承色笑者，其元妙又当何如耶？昔关尹

① 楼字原缺。

子撰《道德》五千言，虽非老子手笔，实获老子之心传矣。今薛君所作，正复类此。至于垂惠后学，有功名理，俱在一以贯中，又何多让哉！还请质之薛君，或有当否？如是云序。

时道光庚子春来日，书于慈竹长春之室，古填后学李文沅顿首序。

自序

夫学贵乎立志，志不立则事无一成，志立而后业可成，德可修矣。学问之要，又在乎读书明理，朱子曰："所谓读书者，只是要理会这个道理。治家有治家道理，居官有居官道理，虽然头项不同，又只是一个道理。"又曰："读书须将心贴在书册上，逐句逐字看得各有着落，方好商量。"所以不读书则学问功夫无由以进，三教圣贤，千言万语，无非发明这个道理。然而读书必先读儒书，方明得道理亲切，学始有根源，所以四子五经，人人所必读者也。世人无志于此者则已，有志者，书可不读乎？然所谓明理者，不是一明白就算了，要在行事上做出来，方见得道理实际。胡敬斋曰："读书既晓其文义，务要令此书自我身上发才是。"正程子所谓"学者必由是而学焉，则庶乎其不差矣"。

今之学者，或专务于文章功业，或一意于元妙清虚，反将伦理身心之事置而不问，所以究竟难入圣贤之域，殊不知极高妙之事，要在极粗近处做起。昔有人问象山先生："在何处做功夫？"曰："在人情事物上做功夫。"又如黄勉斋云："凡吾一念之发，必精以察之，曰是合于道乎？抑离于道乎？其纯粹而无疵乎？抑犹有毫厘之差乎？无一念而不合于理，无一理而不造其极，若是，而后可以谓之做功夫也。"如若一味端于寂静，僻嗜元虚，将此克念之大端视为泛常，而不竭力行持，诚所谓脚跟未定，舍本逐末，乌可望德业之有成哉？故胡敬斋曰："学者能知操存省察，德方有进。"是以为学，莫先乎立志也。志既立，然后书可读，理可明，德可修，业可成矣。圣贤仙佛，同此一理，岂有二道乎？

此意昔先师小艮先生常剀切训诲，同人以此为最要者也。先生乃先贤闵牧斋公之后，即中丞峙庭公之堂侄，幼尝宦于滇南，其庭帏之孝养，政治之贤良，自有史乘记载，兹毋赘焉。至于理学之精纯，元宗之微妙，乃上承钟吕王丘之嫡脉，下袭太虚氏之薪传，先生殆所谓儒而道者也。致仕后隐古梅花岛，即清和洞天，间出河上、江浙、闽燕之间，而于吴门为钓游之所。所著《古书隐楼藏书》，真诠密谛，直写心源，无一不从性海中流出，去尽铅汞之喻言，独传先生之遗秘，俾太上心传重显于世，此先生度世苦心，亦后来学者之万幸焉。

然先生遗言有云："我所著之书，其中多随地随时补偏救弊说法而然。"至儒学心传，先生虽未尝著有专书，观其立言本义，无不以明德为本，修身为用，慎独为入手，尽性至命为究竟，将致知格物，操存于庸言庸行之中，以证其为物不贰之则。盖专以无念为宗，而以虚寂恒诚四字为澈始澈终之体要。斯特阐发儒家之所未发，以示夫性命之实，故法程虽异，实乃度世之金针，儒仙之嫡髓[①]也。原其所事，不外乎主一无欲之功用，造至自然清和而已矣。若然，则先生之于道，未尝背孔门宗旨，实有裨益于后世，先生之心苦矣，先生之功伟矣！

阳桂生也愚，又未尝读书，焉识先生之阃奥？惟以幸列门墙几三十载，而于至道之筌蹄影响盗闻一二，自愧蒲樗菲材，未克负荷薪传，以致深负师恩，无由仰报，今将口传心受之言，约略其旨，汇述一书，名曰《梅花问答编》，然不免希世盗名，获识者之所讥。第以学求自信，非信于人也；功期自知，非知于人也，乃正欲以此质之高明君子，而请授教焉，并缘引后学欲读先生之书者，先以此为启钥耳。

时维道光己亥仲冬长至前一日，龙门后学洞云薛阳桂谨识。

① "嫡髓"，底本作"滴髓"，依文意改。

俨若思斋梅华问答编

吴中薛阳桂心香述　西蜀雷坦芸初校
广陵余阳成层云梓　上海谢来仪海音赞

辛巳之秋，八月望日，有客陶既若、韩洞然偕僧慧澈、道士许洞雷暨冠者五六人，童子六七人，赏桂于竹影梅华馆。是时也，桐叶敲窗，桂香入幕[①]，或鼓琴而啸傲，或临流而赋诗，焚香煮茗，默坐谭心，熙熙皞皞，雍穆一堂。既若喟然曰："人皆可以为尧舜，有志事竟成，信斯言也。何以修道者若牛毛，成道者如麟角乎？大约皆不得其门而入。旁门外道固不足论，而大道正宗若何为是？"

洞然曰："古今无二道，圣凡无两心。教有三教，行之则一。所谓道者，一也。此道乃天地自然之真机，付于万物，见于万事。世人舍近图远，非视为高妙，即目为老生常谈。即有一二有心之士，不得真传，流为怪异。幸遇名师，嗜欲纠缠，因循怠忽，安望有成？今姑无论他人，且各返观内省，果能猛勇直前、与道为一否？颜子曰：'舜何人也？予何人也？有为者亦若是。'若能破釜沉舟，拼却三年苦功，看是如何？至于宗主，下学可以言传，上达必由心悟。窃以为行之始，必先察理，《大学》之格物致知，先儒之穷理主敬，实乃入门之秘钥也。"

赞曰：竹影梅华，郁仪光净。先贤秘要，穷理主敬。大道真宗，是为正令。克己复礼，以师孔孟。

若曰："凡事物之来之应，则以理辨之。而内修之道，则当如何？将何法以为总持？若学无主脑，如渡江而无舟楫。必先明主脑，然后可以为学。"

洞然曰："内修外事，其理则一。古人有云：'心要在腔子里，念不出总持门。'学者必先得明本心，方有主脑。明得主脑，则总在是矣。故理学之书，无非讲明心性两字，而为入德之门。《大学》一书，开口就说'在明明

① "幕"，底本作"墓"，依文意改。

德'，明其明德，则学有主脑矣。"

赞曰：在明明德，为学绳墨。德本我有，明之宜力。终日乾乾，乃造其极。明无可明，一得永得。

若曰："明德二字，朱子注曰：'明德者，人之所得乎天而虚灵不昧，以具众理而应万事者也。'此言人之心乎？性乎？"

洞然曰："心之与性，原不可分。以其主宰而言，谓之心；以其具生生之理而言，谓之性。心必能明而后可见，性须悟而后可以复，言心而性在其中。明得心而后见得性，悟其性而后知其心，尽其心而后知其性也。然必先知存心养性。存养之久得其理，省察之要明其旨。由是而学焉，则庶乎其不差矣。"

赞曰：存心养性，研理之精。省察克治，物我忘情。寂如湛如，自觉灵明。明无可得，乃为至诚。

若曰："儒家四子六经，以及先儒语录，无非性理。释氏内典，亦无非性宗。何以道家谓之性命双修？吕祖有云：'修命不修性，此是修行第一病。若修孤性不修丹，万劫阴灵难入圣。'又有云：'性无命不立，命无性不存。'可见性命不能分开。何故释氏只言性宗、儒家只谈性理乎？"

洞然曰："性命原拆不开。释氏所言之性，谓之本来真性。真即性命之本源也，是父母未生前面目，即《太极图说》所谓'无极之真'。若今人所言之性，乃气质之性，是既生以后禀气成质之性。故木有木性，金有金性，水火土亦然。人为万物之灵，所禀亦不出乎五行。朱子所谓'气以成形'者也。吕祖所云'万劫阴灵'者，乃气质之性，知识之神也。儒家言性理，此理具性中，无物不有，无时不然，为生生化化之机，万物当然之理。理即性也，性即理也。理一而气二，气有阴阳，理唯一致。理明则性在焉。盖天赋之一点○，降衷而能自具生生之机，以为健顺五常之德者谓之性，人各得其所赋至一无二者谓之理。曰本来真性者，本乎无极之真而来也。故能穷究其天理，以尽吾之性，则命在其中。修性即修命，古人云：'修得一分性，保得一分命。'而命功之说，乃道家之妙言耳！"

赞曰：性具伦常，命参造化。以性修命，何忧代谢？战兢自持，休索御驾。命不可知，性无借假。

若曰："凡人之生，皆是禀气成质，所谓气以成形者也。形中所具之性，均属气质之性，而本来真性如何可以明辨？况父母未生前面目，不过如是〇。此未有形体之时，方是如是。若有生以后，已禀气成形，何能复得如是〇之性乎？除非将此形体谢灭之后，归于一无所有，方可复得如是〇也。"

洞然曰："凡人之生，是秉五常之性，各得其一而为人，是以有强有弱，有刚有柔，有智有愚，有贤有不肖。而水火木金土之五性，皆具在真性之中，而本来真性之体，乃是纯粹之精，虚明寂定者也。若气质之性，是气以成形而得然耳。父母既生之后，其形质本无碍于虚明，所谓'虚灵不昧'者是也。形质是形质，虚灵是虚灵。盖虚灵者，乃心中神明之灵觉，并无形迹可见，但觉虚无之中灵明而已，《易》所谓'寂然不动，感而遂通'者也。若言形质，则有物在焉。故虚灵之体，父母未生前本来如是〇，父母既生后仍然如是〇，故形质无碍于虚灵。所谓气质者，缘人以气成形，动静云为，酬酢万变，无一不是知识用事。一落知识，则性体光明掩蔽，若明镜之被尘，澄源之泥浑。将机就机，无非是识神用事，是真性之溷而为气质也。故谓之气质之性。

"若人能心中无物，一念不生，则性体湛然，虚而常明，感而常寂。这个性体，道家谓之'圆明'，释家谓之'圆觉'，儒家谓之'明德'，又谓之'至善'。若身形谢灭之后，身死而心则未尝死，形亡而神则未尝亡。所云'归于一无所有'者，乃形质也。至于心性，本来无物。若心有所住，有所着，何能复得虚明寂定之本体？所谓修持者，无论静止动作，时时使其常觉圆明贞静而已。故能头头合道，左右逢源，而可复命以归根者也。故本来真性原是无方所，无形象，无色相，无去来，无动静，无生灭，以虚无为体，神明为用，天地亦真性中之发现耳。人为心不明，故昧。若明得心，则见得性。心明性坚[①]，方知此性本无所来，亦无所去，本来如在也。是学者必须有个悟入处，然后可以躬行实践。如若徒向纸上寻文，口中摘句，吾知其终不可得欤。"

赞曰：既无来去，何有生死？渊渊若水，湛湛常明。无始之始，太清之

① 坚，疑为见字。

清。发无量光，元亨利贞。

若曰："性既闻有气质、本来之别，明矣。而心不识亦有别耶？何能令其明乎？"

洞然曰："《书》云人心、道心。阳明先生以杂于人为、未杂于人为分释之，甚为明晰。夫心者，非身中肉团之心，乃虚灵不昧之心也，为一身之主宰。故天君泰然，则百体从令矣。人之一心为最灵最活之物，为善为恶皆此心也，乃至成圣成贤、成仙成佛，亦此心也。古人云：'三点如星布，横钩似月斜。披毛从此出，作佛也由他。'此言其心之常变不测也。若忽起忽灭，忽善忽恶，一刻之间，无数念虑，杂乱纷纷，此妄念乃人心也。人心即人欲，是轮回之种子。若起灭之时，能察其善恶，审其是非，而有把握，在动静事物之间辨其义利。在义者，即为天理，在利者，是为人欲，此天理乃道心也。常存天理而去其人欲，即是圣贤克己复礼之功。更得心中空空洞洞，一尘不染，一丝不挂，常觉而常照，但灭动心，不灭照心，惺惺常存，而清明在躬，得志气如神者，方是修道之实际，可以为圣为贤、成仙成佛。然不于事物之间，审其义利，辨其是非，而一味空其心、寂其性，则流入于空寂，仙儒之所不取也。又有所谓天心者，乃天地之心，人心、道心之根本耳。

"夫心，一心也，何有天、人、道之别耶？盖庶人心中所发，无非利欲之私，是以谓之人心。贤人君子所发，尽是正理道义，故谓之道心。若能心无其心，发无所发，但觉天理流行，惺惺寂寂，与天地之心浑为一体，以天地万物之心为心，所以谓之天心。但天心不可见，因人而见。人无私欲障蔽，则虚灵不昧，随时随处所发，无非天地之心，故《易》曰：'复，其见天地之心。'修道之士将声色货利，一切障碍，扫除廓清，养得此中空空洞洞如明镜然，至一阳来复之际，生机发动。盖所动者，即天心之发见也。惟人以有心造物，故生死；天地以无心运化，故常存。人苟无心，亦能如天地焉尔。"

赞曰：天人合家，瀛海无涯。池中菡萏，天外奇葩。无中运化，有妙剖瓜。三更月下，数点梅花。

若曰："性理之学如是，而释氏之坐禅、参话头，其意何居？昔云栖莲池大师又广开莲社，独教人念佛。此二者何以为要？”

慧澈曰：“禅者，定也。参话头，慧也。凡为人者，无论修行不修行，以智慧为第一，知识其次也。盖知识是识神之用事，但知识而无智慧，若萤火之光，非光天化日，不能成大器。有智慧然后可以参禅学道，一切经义，一览便知，万事之来，万物之应，自然真性中流露，无不中理，所谓另具只眼者也。话头者，是初学入道之门，以一棒一喝，一言一顿，令学者当机顿悟，言下豁然，谓之禅机。机者，发动之所由者也。欲使学者以此而内勘，静观其发动之所由，而印契心源，为入道之阶梯，则堂堂大道，不思而得，不勉而中矣。此是禅宗悟性之顿法。即如问念佛的是谁？谁是你本来面目？此等言语，教学者抱住此一句，细参所参者何？无非使其参破自己本来面目，识我之真性而已。学者将此一句话头静参默究，思到无可想之时，念头不动矣，想亦不想矣。此时一念不生之际，湛如寂如，自亦不知其为湛寂。真机一动，忽然而觉。于此一觉之时，体认所觉者何物？谁为觉者？如是体认，方见我未生前面目，本来如是〇。所谓谁者，即吾之真觉也。若透得此机，当下顿悟，谓之破本参。能破本参，方明得性体。明得性体，修行始有路头。

“至坐而参者，自使其定心之法耳。定则自然慧生，忽然而觉。觉而能明，明澈我之本来真性矣。此觉此明，然非智慧不能得也，此是定慧双修之法。定而能慧，慧而自定，久久行之，自然大定大慧，顿契无生，终始不离如是，此为最要。至如一棒一喝，学者虽特然而悟，不思而得，亦必静坐行功，久久纯熟，方得大定大寂，一念万年，古今能有几人哉？今之坐香者，一味兀然静坐，执以禅定为学，着一定字以绝其念，是谓拜死机。古真云：‘饶经千万劫，终是落空亡。’故南岳马祖有‘磨砖作镜’之讥。”

赞曰：悟得是谁，方可云觉。一丝不挂，其宅冥邈。如是如是，守之太朴。太朴非朴，钧天奏乐。

若曰：“然则念佛之理又当何如？且南无阿弥陀佛六个字，抑有妙意乎？”

慧澈曰：“念佛之理，是我佛慈悲，特开方便法门，普摄三根之妙谛也。上智之士，可讲以性理。中根之人，授以经典，使之口诵心维，寻文解义，由解悟而入，谓之渐法。顿法可度上根人，中根以下不能也。渐法是度中等之人。若至下愚，又当如何而可？故开此方便法门，且畏难苟安者多，故独教人念佛。只要执持此佛号，一心不乱，临命终时，即得往生西方极乐国土。盖人之最难制者，心也。今将此一句佛号，念住这个念头，只剩念佛的一念，其余种种杂念无隙可乘，自然得神光独湛，真机透露。久而久之，到一念不生，则灵明独透，自觉无我无人，并无天地万物、日月山川，只知有觉，不知有我。如是方可谓之念佛。而得念佛三昧，自然佛光降照，易于成就。

"昔吕祖与石天基念佛偈曰：'念佛虔诚便是丹，念珠百八转循环。念开窍妙通灵慧，念结菩提了圣凡。念意不随流水去，念心常伴白云[①]间。念成舍利[②]超生死，念偈于今留汝参。'体此行持，方是念佛真谛。若徒口内嘮嘮而心无定止，佛念与妄念相参，不能纯静，夹杂纷纭，终成无益。虽终日执持佛号，与不念等。念而不念，不若不念也。

"盖此法门不讲心性，不究神气，不问性命，自然打成一片，凝结虚灵，过化存神，捷登莲界，极容易，极简便，得寸积寸，不患不成，但患不恒耳。恒而能诚，诚而能专，自得念佛之三昧矣。盖佛者，觉也。念者，存思之谓，非专是口内吟咏。念佛法门又谓之修净土。净者，真净也。土者，土也。土位在中，言人之中宫也。大凡思虑念头，无不从中宫所发。一有念虑，此中即不净矣。故念佛者，念净其心；净土者，真净其中。心无一点之尘翳，则大觉现前，佛我同体焉。

"至于六字之义，亦不出乎本来真性之妙喻。所谓南无者，南是南方，五行属火，在人为心。心中只有神识，故南中无佛，此指心之非佛也。阿者，无量之谓。弥即弥漫之意。陀乃圆陀陀、光烁烁，此指本来真性之形象光明，即我之妙明灵觉。念乃思念不忘之义，是要人推明妄念之非佛，我之灵觉方是无量无边、弥满六合之真性，其象圆陀陀，其明光烁烁，大包天地、体入虚无。佛即我也，我即佛也。生也如是○，死也如是○，生不增，死不减，生不曾带来，死不曾带去，以至无生死、无去来为极致。故《心经》云：'不生不灭，不垢不净，不增不减。'只在觉与不觉，迷悟两字之辨耳。常存如此之大觉，即上智者之念佛也。若维以执持名号，而不悟以大

① "白云"，底本作"白雪"，据石成金《雨花香·乩仙偈》改。
② "舍利"，底本作"念利"，据石成金《雨花香·乩仙偈》改。此句位置，原诗在第三句。

本，则愚者之所为矣，乌可同日语哉？

“其坐香参禅是顿教，乃一悟百澈之法门。此启自达摩，乃因中土后学不明心性，不悟佛旨，泥文着义，终无彻悟之期，故设此法门。不立文字，使其立地见性，亦不得已之权法。古德有云：‘有禅无净土，十人九错路。阴境若现前，忽尔随他去。有禅有净土，犹如带角虎，现世为人师，当来作佛祖。’学者依此行持，何患道之不成耶？”

洞雷闻之，而笑曰：“若所言，可谓大彻大悟矣。然极乐国所乐何事？‘不劳弹指到西方’，西方却在何处？曰‘生则决定生，往则实不往’，能为我下一转语乎？即如是所言，皆属这边事，尚知有那边事乎？所谓彼岸者，又何谓耶？袈裟底下事固明，而裙钗底下事却还未了也，可知‘匝地红轮透，海底不开花’乎？”慧澈默然而瞠视。

洞雷曰：“昔毗陵和尚已悟桔槔，犹说无生话，何故又出外访道，而师石杏林真人、幅巾藜杖乎？六祖慧能既‘菩提本无树，明镜亦非台’矣，其三更时所传何道耶？岂不观《坛经》云‘有情来下种，因地果还生。无情既无种，无性亦无生’乎？汝家言无生，我家云长生，无而长者其谁耶？天地之大德曰生。天地亦造物中一大块尔，位天地，育万物，乃造化之大德也。大造大化，无刻不生，非造化之生万物，乃万物之自造自化也。其中必有主宰造化者存焉。汝家之无生，非专主夫寂定之谓，常无而方能常生。我家之长生，正言其常生也。能证到无常，则可与造化主宰并驾矣。如汝所言，未可谓之极则也。释家虽不言命，而命在其中，然亦连此性字亦不可说，盖有超出乎性命者在耳！生也无生，死也无死，极乐莲台，悟之者谁？”

赞曰：生则决生，往实不往。无佛方生，有土[1]谁往？无无既无，其妙恒长。乐无所乐，有大慈航。

若曰：“性宗既闻命矣，而命学之说可得闻乎？其所谓金丹者，又何谓耶？”

洞雷曰：“稽之上古，并无龙虎铅汞金丹之说。自魏伯阳作《参同契》，张平叔著《悟真篇》，而龙虎铅汞金丹之名始盛行于世。自此金丹养命之书

---

① “土”，底本作“上”，依文意改。

汗牛充栋，而真伪莫辨，邪说流行矣。

“夫所谓命者，气之宗也。凡人之生，须藉乎气。有气则生，无气则死，故人死曰断气，气断则命绝。然人之命根，乃先天之祖炁。赋形而后，即生后天之呼吸。此祖炁者，乃父母媾精时得天赋之一点·。二五之精，妙合而凝，凝结以成人。若无此一点·，不能成胎，以其二五未合而未凝也。此一点者，即人生所得于天之理，周子所谓太极是也。得此一点，而胚胎自立太极。太极又判为阴阳，阴阳化生五行，为胎胞中自生自长，自运自化，又变为后天之气。是时在母腹中，藉母之呼吸而为呼吸，其气在脐中出入。及至十月满足，落地之后，剪断脐带，此气无从出入，不得不从口鼻往来，所谓后天之气者是也。先天之祖炁，乃隐于祖宫，日生而化后天，故有先天炁、后天气之别。先天之炁隐于祖宫不可见，后天之气有口鼻出入，故可以见。然其祖宫却在何处？乃在心之下、肾之上，脊前脐后，中间虚悬一穴，此即世人生生受命之处，又名曰祖窍。此先天之炁，即所谓命也。有此祖窍则有命，无此祖窍则无命矣。盖此祖窍虽自立太极，在人身中，而气仍与天地相通。若闭其七窍，则与天地隔，而人死矣。故修命者，修此祖窍也。命学之说如是。

“夫所谓金丹者，金是金，丹是丹，两者合成之谓。成了金丹，则复还太极矣。盖人受生时，得天赋之一点以降生，而自立太极。此大太极分出之小太极，所谓‘物物一太极’者是也。修成了金丹，则复还此大[①]太极也。故金丹大道非泛泛之所能言。”

赞曰：一阴一阳，参天两地。五行非金，还丹如是。三二而一，太极无始。无始云何？叩我李耳。

慧澈闻之，矍然而起，默然而悟。稽首再拜而言曰：“衲虽不敏，请事斯语，可乎？”

洞雷曰：“太上度生，天道好生，此事人人皆可，况于汝乎？虽愚夫愚妇行之，亦可立跻圣域，但观其立志之如何尔。”

赞曰：村村花香，树树垂杨。何有明月，莩绿道场。之死靡佗，乃游帝

① “大”，底本作“太”，依文意改。

乡。太乙下窥，九炼成刚。

慧澈曰："愿闻其详。"

洞雷曰："金丹之义，亦喻言也。紫贤真人[①]曰：'本来真性是金丹，四大为炉假作团。'金也者，喻万劫不坏之义；丹也者，取圆满无欠之谓。此金非五行中地四之金，乃生天一之水者也，前于五行而为先天。若地四之金，则落在五行中，而为后天者矣。此先天之金，纯是一股虚无元炁，在无极之中，即太极之流行也。太极一判，即生天一之水，次生地二之火，再生天三之木，后生地四之金，末生天五之土。此天地者，即阴阳也。天一之水，位居北，其数一，于人为精。地二之火，位居南，其数二，于人为神。天三之木，位居东，其数三，于人为魂。地四之金，居于西，其数四，于人为魄。天五之土，位在中央，其数五，于人为意。此《河图》之生数也。

"五行中土为最贵，是以春夏秋冬四季各有土王十八日。盖水得土则克，火得土则息，金得土则生，木得土则植。而水火金木之中皆有土在。是以天一生水得五而地六成之，地二生火得五而天七成之，天三生木得五而地八成之，地四生金得五而天九成之，天五生木[②]得五而地十成之，此《河图》之成数。

"故一二三四五为生数，六七八九十为成数。天数五，地数五，五位相得而各有合。天数二十有五，地数三十，天地之数共得五十有五。而一六居北，二七居南，三八居东，四九居西，五十居中，所以《河图》为五行生成之数。其象圆，其体虚而无实，而为先天。自太极判后，分为阴阳，阴阳化生五行。阴阳者，天地也。天地一生一成，互为其根，而得《河图》之象。

"欲炼金丹，必须采取先天一炁，以为金丹之母。此先天一炁，谓之金也。然无极太极，物物一太极，虽有诸名，实唯一极。盖一本而分万殊，万殊而具一本。人身一天地也，天地如是，人身亦如是。人之受生，从太极中一点而来，今则仍从太极中一点而去。逆而修之，即所谓返还之道，又谓之九还七返大金丹。此是太上心传，无上上乘之秘旨，性命不分而为双修者

---

① 当为重阳祖师。原诗为："本来真性号金丹，四假为炉炼作团。不染不思除妄想，自然衮出赴仙坛"。

② "木"，应为"土"。

也。盖天赋之一点，性在是，而命亦在是，所以修性即修命，实为尽性致命之实学。其余上中下三乘各有其法，而性命分为两截，皆所谓旁蹊曲径也。”

赞曰：尽性致命，为学之宗。惟我尼山，见喻犹龙。纸帐无人，夜吼黄钟。披以霞绡，采采芙蓉。

若曰：“丹书中所云：‘修道莫贵乎精气神。’《心印经》云：‘上药三品，神与气精。’今闻是说，精气神竟可无用乎？况本来真性，上士可以悟之，而中下之士岂易明彻哉？天赋之命，既有生以后即隐寓祖宫，日化后天，以资人用。今一旦欲求，乌可得耶？”

洞雷曰：“性命者，人之根本也。精气神，人之大用也。人身三宝，唯此为贵，然亦有先后之别。先天之精，即天一所生之水，有理而无形，具于炁中，融贯一身，每至亥子之交，一阳来复而生，谓之元精。苟一动念，立化为后天有形之物。其先天之炁，即中宫之祖炁，谓之元炁。日化后天营卫于百脉，非只呼吸之气也。先天之神，即心中灵明，谓之元神。一涉知识，即变而为后天思虑之识神。故修道藉后天而复先天，贵先天而不贵后天也。世人不知此旨，妄以后天精气为至宝，且日孜孜于名利之场，七情六欲煽于内，声色货利诱于外，心无一刻之宁静。后天且难久固，又何论先天耶？昔紫阳真人云：‘饶君聪慧过颜闵，不遇真师莫强猜。’所以学者必求真师口诀，然后可行。第患旁门外道眩惑于世，而学者未具只眼，焉识师之正邪哉？”

赞曰：何思何虑，任顺自然。不以形象，乃识先天。宵中心虚，时无五弦。冷然玉壶，撑以铁肩。

若曰：“然则必如何而后可？师之邪正何以辨耶？”

洞雷曰：“辨师之道，第一先观其行——行者，事之实也。次听其言——言者，心之迹也。往往言过其行，而行不顾言者俱[①]多。必密察其言行相顾而诚笃者，始可师之。子曰：‘听其言而观其行。’又曰：‘温故而知新，可以为师矣。’昔王昆阳先生云：‘弟子无出世的真心，障闭慧性，虽遇真师，鬼神不使他见，掩他慧性，就见亦不能识其为真。若果真心苦切，留心访师，

① “俱”，应作“居”。

则天不负人，师真自至也。’”

赞曰：心真见真，心尘见尘。喻彼张弓，犹绿于春。往昔苇简，造化维亲。不求之求，其求乃神。

若曰：“予闻炼丹有三要，请问何为三要？”

洞雷曰：“三要者，炉鼎、药物、火候也。炉者，行火之器。鼎者，贮药之物。药物者，我之先天真一之炁，加以精神魂魄意是也。先天一炁以为金丹之母，使其冲透三关，以通遍身血脉。日日采取此炁以为药物，将精神魂魄意攒簇于中宫，归于炉鼎之中，而封固之。日采而日炼，以此而使先天之精不化为后天有形之精，而并使其化气，身中之气使其化神，心中之神使其化虚，此之谓烹炼。其中有火候寓焉。火者，行火也。候者，时候也。譬之炊饭，行火而无候，非炊之不熟，即成焦炭，故必有候，候其恰好也。如此三者，炼丹中之至要，故谓之三要。”

赞曰：后天先天，行乎左旋。妙不自寻，终日乾乾。毋过不及，既固且专。如日之升，如月长圆。

若曰：“又有所谓三宝者，何耶？”

洞雷曰：“三宝有内外之两名。内三宝，精炁神也；外三宝，耳目口也。凡人之有生，无不藉此精炁神。有精则能化气，有气方能化神。神旺则气旺，气旺则精足，精足则神更足矣。人有精神则康健长寿，而疾病难侵。精神衰弱，则易染风寒。苟不谨慎保养，疾病即至，故谓之内三宝。吕祖云：‘丹田有宝休寻道，对境无心莫问禅。’三者之中，保精第一。《黄庭经》云：‘仙人道士非有神，积精累气以成真。’故精耗神气亦耗。人在少壮时，精虽漏而神气正旺，不觉其虚弱。若老年人或本元亏者，至四五十以外，稍有走泄，明日即觉神疲气怯，此即验也。

“然玄功所用之三宝，乃三元，非后天之精气神也。虽然，欲求先天，即在后天中寻讨。若舍后天而觅先天，从何得耶？其耳目口之外三宝，乃以神从眼漏，精从耳漏，气从口漏。眼不视而魂在肝，鼻不嗅而魄在肺[①]，耳不

① 底本作“眼不视而魂在肺，鼻不嗅而魄在肝”，依文意改。

听而精在肾，四大不动而意在脾，谓之和合四象。昔九天灵飞玉女梦授吾友云：'外三宝宜乎内藏，内三宝宜乎俭啬。'此是入门之至要。《参同契》云：'耳目口三宝，闭塞勿发通。真人潜深渊，浮游守规中。'故此三宝为修道之至要也。"

赞曰：内外三宝，妙宜探讨。守以规中，和以养浩。以后返先，是为至道。琼浆一碗，元霜兔[①]捣。

若曰："炉鼎之义既经详示，而精妙处更祈剖晰。"

洞雷曰："炉鼎者，即中宫黄庭气穴也。黄者，中央之正色。庭者，室之中庭，在人身中位，在心之下、肾之上。气穴在脐轮之内，故以黄庭为鼎，气穴为炉。施肩吾[②]云：'前对脐门后对肾，中间有个真金鼎。'究其妙义，黄庭即在气穴之中，非心下黄庭穴之位也。盖人之泥丸直通涌泉，中空一条，是为黄道。以上下为鼎炉，亦无不可。然此中皆是有名无实，并非实有其位。无非假此名象以立言耳。炉即鼎，鼎即炉。黄庭即气穴，气穴即黄庭，总在一处。无非是此处，始可纳受先天之炁，行之以火候，使后天而化为先天，返其本而还其源也。《中和集》以身心为炉鼎，紫阳《悟真篇》以乾坤为炉鼎，皆无穷之妙喻，亦当深体之，始知古人立言之不谬也。"

赞曰：聚生之所，固有其方。内外黄庭，一卷升堂。而无形体，其名本强。一得其奥，长毋相忘。

若曰，"然则药物之理以及采取之法，又当何如？"

洞雷曰："药物者，先天真一之炁及精神魂魄意是也。其先天真一之炁，自人受生时，得无极之至真，由太极一判而来。天赋之一点，落入母之子宫，凝合父母之阴阳而成人。此天赋一点之命根，即先天真一之炁，又谓太乙含真之炁。凝结胎元之后，此一点在胎中自立太极，太极又化而为阴阳，阴阳化生五行。其阴阳五行之精粹，凝集而为精气神，故此先天即隐寓于后[③]天之中。然其立根处，总在脐中气穴之内，是以脐中命蒂之处，谓之祖

---

① "兔"，底本作"免"，依文意改。

② "施肩吾"，应为"廖蟾辉"。

③ "后天"，底本作"先天"，依文意改。

窍，犹花之根、果之蒂也。

“及至十五六岁时，后天气足，情窦自开，见色迷心，触根神荡，而真元遂破。自此先天之炁日渐亏损。然每日至亥子之交，身中阴阳二气必然交合。一交，则真一之炁自生，生而化为后天之精气神，以资人用。故阴阳交合，真阳自生之时谓之活子时，所生之真阳，即所谓先天一炁是也。即于斯时采取此炁，行之以火候，烹之炼之，不使其化后天，并可将身中之气以及精神魂魄意混合而为一家，俱化为先天，即补还从前之亏损。日采而日补，补至充足，与未破身时无二，是之谓还丹，乃还我本来之真元也。

“其夜半阳生时，在天地为正子时，在人曰活子时。是时外肾必举，此则正子时到也。然人欲念一动，其阳必兴，兴而难遏，必致耗脱而后已。即或不至出外窍，然其身中君民相三火一烘，先天立化为后天，已属无用。所以紫阳真人云：‘见之不可用，用之不可见。’伍冲虚云：‘要辨水源之清浊。清者可用，浊者不可用。’何谓之清？乃不动念时，而真阳自生是也。若一念动，而后阳生，即谓之浊。故清之与浊，在念之动不动也。

“然初学行功时，念头却不动，忽然而真阳自生，是时外肾必举。及至一举，念头亦勃然而动，其所生之真阳立即化为后天，故修行人收拾念头为第一要着。是以惩忿窒欲四个字，乃性命之大关键也。人在少壮时修补还易，若至五十左右，已觉繁难，而老年人更费力矣。钟离祖师云‘莫待老年铅汞少’，至哉言也！然少年人有少年时易处，少年时不易处；老年人有老年时易处，老年时不易处。少年之易者，精神强壮，功夫易进；不易者，欲火炽盛，保精难也。老年之易者，欲念已少，欲火已除；不易者，精力已衰，功夫难进也。有志于斯者，宜熟思之。

“然所谓采取者，乃不采而采，不取而取。古真云：‘采药物于不动之中，行火候于无为之内。’只要一心清静，凝然静定。其阴阳之理，静极则动，动极则静。坐至静极之际，真阳必然自生。我以静而镇之。俟其既生，我则仍然凝守心，不着于方所，致虚致寂而后已。日日如是，自然日生日积，日积日充。气满丹田，则下极火热。是时，则以意微向后推，摄归尾闾，真气若足，自然直透三关，然亦有渐次而通者。伺三关通后，方可以行火候也。”

赞曰：无中生有，静极而动。乃生之初，凝然自董。推过三车，元元方洞。以行火候，无为其总。

若曰："丹书中有谓水中金，又有曰水乡铅者，何谓耶？"

洞雷曰："水中金即水乡铅，铅亦金属也。盖人之心属火，肾属水。心中有神，神属火；肾中有精，精属水。然肾虽为藏精之府，而实未有精。乃因一念之动，欲火一生，君民相三火一烘，遍身火热，薰蒸之气化而为水，汇聚于肾府，夺阳关而出外窍，化为淫液之精。苟能念头不动，欲火不生，则时至而所生之真炁，乃即先天真一之炁，即所谓水中之金也。是时，谓之天机，非自肾生，乃由虚无中来，由肾而出。以其出是肾中，故谓之水中金，又名曰水乡铅。

"大凡人心外实而内虚，又属火，喻之为离。离☲，外阳而内阴也。肾外虚而内实，属水，喻之为坎。坎☵，外阴而内阳也。盖坎离即乾坤之破体。乾☰三阳，坤☷三阴。乾之中爻一动，走入于坤中；坤之中爻走[①]入于乾内。乾变为离，坤变为坎矣。故丹家采肾中之一炁，上而入于心中，犹之取坎中之一画，上填入于离宫，谓之取坎填离。乾卦属金，坎卦属水。坎之中爻即乾之中爻，谓之水中金。"

赞曰：念本无念，生处方生。洋洋不竭，天一之精。坎离易位，无嗅无声。澹然寂然，以朝玉京。

若曰："既采取此先天一炁为药物矣，而所行之火候，如何行法？"

洞雷曰："火候者，亦自然之火候，不过略加作用耳。古人云：'真火本无候，大药不计斤。'然古之陈法，用乾之策三十有六，坤之策二十有四，假以呼吸而数之，谓之烹炼。"

赞曰：火候伊何，自然而过。候无所候，药不计多。乾坤有策，或行之科。虽然古法，未若冲和。

若曰："何为用策？呼吸如何用法？"

洞雷曰："烹炼之法，谓之火候。古人极其郑重，以其天机极秘也。丹经云：'圣人传药不传火，从来火候少人知。'盖药生即火生，药生方可用火。若无药而行火候，谓之水火煮空铛。火即药也，药即火也，火生即药生。白

① "走"，底本作"土"，依文意改。

祖云：‘以火炼药而成丹，即是以神御气而成道。’若无药生而遽[1]行火候，火非真火，徒劳其口鼻耳。

“盖一呼一吸谓之一息。身中真气一升一降，亦谓之一息。息之为言，休息也。休息则定，定则无，无则复其生生之本矣。古人向晦入晏息，以养其生机也。邵子曰‘冬至以后为呼，夏至以后为吸’，此一年之呼吸也。而一日之呼吸，则子后为呼，午后为吸。一呼一吸谓之一息。息犹言养也。呼吸不已，则其生生也亦不已，而运化无穷，故人之一呼一吸关系非细。一吸则天地之气归我，一呼则我之气还天地。《阴符经》曰：‘天地，万物之盗；万物，人之盗；人，万物之盗；三盗既宜，三才乃安。’此三个盗字，互相为盗，其机在乎口鼻。明得其旨，则天地万物皆为我盗。不得其诀，则我被天地万物盗去矣。

“虽然，行火候者，行身中真气之自然升降，非行口鼻之呼吸，特假此以为机括耳。盖初学三关未通，不得不假此为入门，故必先用以调息。待三关通后，则有自然升降之天机，方始谓之火候。

“所谓呼吸者，一呼，口鼻之气自内而出，身中真气由胸前下降于脐中；一吸，口鼻之气自外而入，身中真气由尾间而从脊背上升于顶。要注意于身中，不着意于口鼻，以心寄于息，以耳听其声。司马真人云：‘吐惟细细，纳惟绵绵。’总使其气不粗不急，不疾不徐，调之气之和平，使耳不闻其声。然心静自然息调，息调自然神凝，所谓‘心息相依，息调心定’者也。及其息调至若有若无，则微微凝照于下丹田，自然神凝气聚，遍身和暖。白祖云：‘昔遇圣师真口诀，只要凝神入气穴。’又丹经云：‘调息要调真息息，炼神须炼不神神。’即此之谓也。真积日久，真气日益，待至充足，自然一透三关。

“三关既通，则真气自然升降，即在此升降之中，而用乾之策三十有六，坤之策二十有四。其用策之法，以手轮掐十二时。待至一阳生时，即以手掐子位，数其自然升降之息，一升一降为一息，数三十六息而止。即移掐丑位，亦数三十六息；移至寅位，亦数三十六息。移至卯位，其息不数，将心置以虚寂，其机自停，是时谓之沐浴。少停，其机又动，即掐指至辰位，亦

① “遽”，底本作“据”，依文意改。

数三十六息。移至巳位，亦数三十六息。谓之进阳火。所谓进者，神则存于坤腹，觉则觉于巅顶。至午位，即数二十四息。移至未位，亦数二十四息。移至申位，亦数二十四息。至酉位，其息不数，仍置心于虚寂，其机自然又停，谓之沐浴。少停，其机又动，即掐至戌位，仍数二十四息。移至亥位，亦数二十四息。再行五息，合周天三百六十五度之数。行二十四息时，谓之退阴符。所谓退者，觉则觉于坤腹，神则卵而守之。此之谓小周天火候。

“其周天数满，则神专注于气穴之中，寂而守之，致虚致寂，渐放心于无何有之乡，自然造至混穆地位，则气化为神，神化为虚矣。实则无非要凝结我之元神，打成一片，修成鄞鄂，以成法身耳。虽然，此是古人之成言，未可以为定法。盖心着于数，则未免用意。用意，则火旺而觉心烦。照此行持，恐有火旺烁精之弊。莫若只用‘心息相依，寂虚凝照’八个字，自得神凝气聚，遍体冲和之为稳当也。”

赞曰：天地合辟，呼吸如是。顾此多繁，未若静己。心息相依，寂虚妙旨。凝照不已，冲和自使。

若曰：“丹书云：‘月之圆，存乎口诀。时之子，妙在心传。’此何谓耶？”

洞雷曰：“此月之圆，乃言阳气之充，阳光之足也。盖天上之月，自初三而微阳出于庚方，乃一阳生也。至初八东半边阳满，魂中魄半而二阳生，谓之上弦。至十五日，则三阳生，阳光足而月圆矣。十六日，则一阴生而渐缺。至二十三日，剩西半边之阳光，魄中而魂半，二阴生也，谓之下弦。至三十日，三阴生而魂全藏，而月全晦矣。

“月本阴体而无光，乃借日魂以生明。日，阳神也。月，阴精也。阳则生明，而阴却无光。是以月必假日照之而后有光，谓之上弦金半斤，下弦水八两。此上下两弦之金水，药物在是，而火候亦在是。人身中之真精属阴，喻之为月；真神属阳，喻之为日。精神两字，气以贯之。所以炼金[①]化气者，乃炼去阴精而成纯阳之气；炼气化神者，使气全化为神；炼神还虚者，并斯神而化之，则与太虚之虚无合一矣。

“故真阳初生，喻之为月出庚方；气透至夹脊，喻之为上弦；气透之

① “金“，应为“精”。

巅顶，喻之为月圆；其气到泥丸则必下降，比之十六之一阴生；气降之绛宫，比之为下弦；降而入于气穴，比之三十日之晦月。而至于晦，则日月合璧，魂魄交并矣。是以月圆者，取其阳光之足也。月必十五日而后圆，所以《洛书》之数'戴九履一，左三右七。二四为肩，六八为足'。盖一居北而九居南，得中宫五数，自正北而至正南共十五数。三居东而七居西，中宫五数，自正东至正西得十五数。二居西南，八居东北，中宫五数，自东北而至西南得十五数。六居西北，四居东南，中宫五数，自西北而至东南得十五数。除去中宫之五，正北一数，东北八数，西北六数，此三方得十五数。南方九数，东南四数，西南二数，共得十五数。正东三数，合东南四，东北八，得十五数。正西七数，西南二，西北六，合得十五数。错综经纬，无非十五。盖三是生之始，五为生之终，十为成之终。生成之理，三五而得十五。盖十百千万，无非一也。一气之周流，而自具生成之数。《河图》《洛书》相为表里。《河图》天一之水合九天[①]之金而成十，天三之木合天七之火而成十，地二之火合地八之木而成十，地四之金合地六之水而成十，中藏五十。共一三五七九为天数，二四六八十为地数。天数二十有五，地数三十，故天地之数五十有五，而《河图》中已具天地之全数矣。《河图》一六二七三八四九五十，合《洛书》之一九二八三七四六之对待而相为表里。故《河图》生成之中，已具《洛书》之对待。《青囊经传》曰：'《河图》《洛书》同此中五而立极也。《河图》虽有四象，而先天阳升阴降，上下初分，未可谓之四方。自中五立极，而后四极划然各正其方矣。有四方之正位，而四维介于其间，于是八方立焉。'[②]此天地之理，自然发现者也。故《河图》、《洛书》乃理气象数之祖。一二三四五为天，六七八九十为地，天地之数各得其五，合二五而成十，此十五之道也。学者可不明乎中五之立极哉！

"所谓时之子者，乃身中活子时也。夜半之子为正子时，不拘时候之子谓之活子时。此活子时，他人不知而己独知之者，故曰'妙在心传'，乃天心到晓而以心传之也。"

① "九天"，应为"天九"。

② 此段引文，参考范宜宾《地理乾坤法窍》之《青囊经》上卷蒋注。

赞曰：阴阳升降，妙而成丹。朔望相生，十五为端。活活泼泼，于心独观。天[①]人交合，久久团圆。

慧澈曰："若翁所言，这边事乎？那边事乎？抑那边事另有玄妙乎？"

洞雷曰："所言皆还丹之事，尚属这边。若以三乘之法而论，已属那边矣。然我天仙家是无上上乘，另有那边元妙之天机在。苟非明德之人，真积力久，未可与言。轻言漏泄，反生疑窦也。盖心不能轻虚，理欲必然交争。设或理暗欲强，无不流为邪说。以盲引盲，贻误后人岂浅鲜哉？"

赞曰：修性保命，理欲无争。天仙至要，亦在明明。道奥元微，自然清静。这边那边，妙合而凝。

于是慧澈敬肃而退，六其斋，五其戒。越七十五日，仲冬长至吉旦，洒扫庭墀，盥沐焚香，请雷师重登于读易之堂，郑重其礼，刺血盟天。是日，祥风广扇，庆云覆空。慧澈执弟子礼以进，长跪而请曰："曩者契悟本来，双修定慧，以为道在是矣。敬闻还丹之理，已属顿开茅塞，而又闻无上上乘天仙大道，玄妙天机，非三乘之比，望师慈悲，乞求度化。"

洞雷曰："咦！得人不传失天宝，传其非人受冥拷。可与言而不与之言，失人；不可与言而与之言，失言。智者不失人亦不失言。吾知之矣，汝其可教也。来！吾语汝。夫金丹还丹，一丹也，未有不还丹而遽成金丹者矣。此是登高自卑，行远自迩之意。大概上乘之法，莫不以先行炼精化气，炼气化神，炼神还虚。末后一着，重安炉鼎，再立乾坤，一味炼性，以致炼虚合道，是先修命后修性之法。

"惟我天仙家法，竟从修性入手，了性自然了命。此是尽性致命之学，竟修上关，兼摄中下二关之义，庄子[②]所谓'忘精神而超生'者也。其中元妙与三乘之三不同，乃以太虚为炉鼎，三元为药物，天心为造化主，玄关为总持门，混化为不二法。即《辨惑论》之'以凝神聚气为守城，忘机绝虑为生杀，定慧为水火，作止为进退，清静自然为运用，和气薰蒸为沐浴，年月

① "天"，底本作"大"，依文意改。

② "庄子"，应为"关尹子"。

日时为火候，打成一块为交结，粉碎虚空为了当’。琼琯先生云：‘天仙之道，如水晶盘中之珠，转辘辘地，活泼泼地，岂可被阴阳束缚在五行之中？要当跳出天地之外，方可名为得道之士也。其法简易，以心传之，甚易成也。’其余上[①]乘法，又有卦爻，又有斤两，其法繁难，差之毫厘，谬之千里，所以云‘毫发差殊不作丹’。吾以口传汝，须心会可也。”

赞曰：其妙超超，其道易易。粉碎虚空，乃极其致。毫发如如，恭己无思。心传口授，至宝至秘。

慧澈曰：“无上上乘与三乘之法，分别在何处？”

雷师曰：“分别在彼我、这边那边耳。这边以精气神为三元，那边以天地人为三元。天地人之三元，大无不包，细无不入。精气神之三元，主夫一身而论也。盖元精、元气、元神，是我身本有之物，是以谓之我，为这边。天元、地元、人元，非我之所有，是以谓之彼，为那边。三乘法中，以性命为彼我，或以先后为彼我，以性宗为这边，命宗为那边。我天仙家无分彼我，在乎一理之贯通耳。”

赞曰：天地人元，入道之门。无分彼我，只此独尊。贯乎一理，包括乾坤。妙哉无上，至道乃存。

慧澈曰：“何者为紧要？”

雷师曰：“开玄关为第一紧要处。盖玄关者，身之大门也。大门不开，何由升堂而入室，收摄三元以为我之药物乎？”

赞曰：玄关玄关，众妙之寰。放之卷之，帝宠所颁。花香非香，月弯非弯。欲识真面，还在庐山。

慧澈曰：“大凡修炼金丹，皆以通三关为第一要务。今言玄关为紧要，此玄关与三关有何分别？”

雷师曰：“三关有前后之别。背后三关，尾闾、夹脊、玉枕，谓之前三关。面前三关，泥丸、绛宫、下丹田，谓之后三关。丹经云：‘前三三，后

① “上”字疑误，或为“三”。

三三，收拾起，一旦担。’盖前三关在背脊之中，所理乃督脉；后三关在胸前，所理乃任脉。任督一通，遍身百脉皆通。一朝之间前后三关皆通，有若肩挑然，故谓之一旦担也。

“然此任督乃赤黑二道，丹书曰‘人道’。若夫理中，脐后间前，中有一窍曰关元，乃是理进下黄，升由黄道，直透中黄、上黄者，丹书标曰‘仙道’。此乃先天三宝共由之黄道，又曰黄中，实属仙道总理之处。故《易》曰：‘黄中通理，正位居体。’此是我生身立命之根本处，与天地太素一鼻相通，老子所谓‘玄牝之门’，又曰‘是天地根’。其门曰关元，核乃阴阳出入之门户也，故又谓之关。盖谓玄妙莫测，而玄妙自此发生者，即是我身太极立极之处，人无不由此而生，乌得不仍由此修而返乎？故上乘还丹必先采取先天一炁，下由关元，逆上昆仑，仍下绛阙，降丹田，入于气穴，存行火候，续行水候，乃谓之烹、谓之炼。故我天仙家法，功始功终，总莫出乎玄关，岂仅进修之初步哉？”

赞曰：正位居体，黄中通理。终无所终，始无所始。功始功终，莫出乎此。太素相通，尚友黄李。

慧澈曰：“若先开玄关，此三关要开乎？不开乎？”

雷师曰：“若先开玄关，此三关无用再开矣！盖三关通后而再加行虚寂，是从外打入而虚进者。此玄关开，乃从内虚出也。从外虚入者，有真有假：真则内外如一，假则外若虚而内仍实。欲其内虚，极大费力，必造至真忘而后能，然须得内虚方有实济。故玄关一开，身如亮纱壳子，百孔毫窍皆开，真机升降自有路头，无藉乎此三关也。若先通三关，必须开得玄关后，方能采取三元。”

赞曰：已得元理，厥三何事？三本有象，一元无底。以无摄有，昆仑化鲤。妙哉元元，辟之信美。

慧澈曰：“开玄关之秘旨，愿详示。”

雷师曰：“初学入手，患在心之不定，神之不宁耳。苟得神凝气静，立脚于先天之先，玄关之开易事也。先师云‘功从无念始’，故学者下手之法，诀有几种。

“一曰‘万缘放下，体自寂虚’。此自先师混化入手口诀。然人终日纷纷，心无一刻之宁谧，正如百沸之汤，欲求虚寂，乌可得乎？不有把柄，如何能行？学者先以自心观照心源，则体寂而神虚。此心源非身中肉团心，乃寂然而虚灵者是也。即用‘不即不离’之诀以守之，使心不着于方所。一守如如，常觉此中空空洞洞，不染一物，但觉凝然寂然，抱神以静。此正所谓‘心有主则能不动’，即《金刚经》云‘应无所住而生其心’者是也。

“一曰‘常操此心，退藏于夹脊之窍，守而不离’。自然散其邪心，消其杂虑，降其动心，止其妄念。久久则真息现而无息，息无则命基固矣。此是大易艮背之良法。

“一曰‘存想山根’。夫人受生之初，先生此鼻[①]，名曰鼻祖。山根在鼻之上两眉中间，此处与祖窍相通。祖窍可以夺天地之造化，故存想山根。要勿忘勿助，若存若忘，久久便觉虚无寂定，而山根与祖窍如即一处。仍守之以寂，继之以忘。久久行持，一朝置此心身于不识不知之地，我一灵亦泯，至混穆地位，已入玄窍真境界。此候[②]关系乃在一动念也，念仙则仙，念凡则凡，感应之理本如此。

“若夫混穆中，忽觉无涯无际，或星月在海，月印波心，或平波万顷，草木繁庶，种种玄况，莫可名言，是则玄关开矣！然或念动而着，玄关立隐，故以寂视为寂[③]。盖此关开，已与大素[④]一鼻出气，三才六合不包而包，直一太虚若也。个中机到，神无不觉，自有种种真面目、假面目相将而现者，故只可觉，不可着。《金丹四百字》云：‘此窍非凡窍，乾坤共合成。名为神气穴，内有坎离精。’是正指此玄关一窍也。炉鼎于此中立，药物于此中采，火候于此中行，至于结胎成圣，无不在此者也。或用心息相依，或存神虚寂，务在乎若存若忘，不即不离，而总用夫放下身心，寂虚以视之，则必自得神凝气定焉。学者总先当以无念为主，诚而恒之，何患其不入哉？”

赞曰：体寂神虚，万缘放下。至诚无息，奚间晓夜？忽若洞开，如万随化。觉而仍寂，入道婴姹。

---

① 此句与闵一得所说大异，见《皇极阖辟仙经》。

② “候”，或为“后”。

③ “寂”，应为“要”。

④ “大素”，疑为“太素”。

慧澈曰："前言黄庭气穴为炉鼎，又有身心为炉鼎、乾坤为炉鼎，今以太虚为炉鼎，其精义玄妙，愿更垂示。"

雷师曰："身心两个字，了尽万卷书。身非色身，乃法身也；心非人心，乃天心也。法身无身而有身，天心有心而无心，此非深明造化、洞悉元机者，不可得而知也。黄庭在气穴之上，上下相通。气穴之内，尚有炁穴。气穴是藏后天真气之所。炁穴乃先天元炁禀受之地，是即所谓玄关之处也。

"乾为天，为阳；坤为地，为阴。人身上半属阳，下半属阴。《易》曰：'乾为首，坤为腹。'盖性寄泥丸，命居脐内。故真性属乾，天命属坤。乾坤为真性命也。第以乾坤有互交之义，阴阳有颠倒之机，性中藏有真命，命中含有真性，故有乾坤炉鼎之喻。

"其所以太虚为炉鼎者，太虚包含六合，天地万物皆在其中。我之玄关与太虚同体，以天地为心，真空为用。天地之太虚为鼎，我之太虚为炉，故假以太虚为炉鼎也。鼎中[①]置物之器，炉为贮火之具，无非言安贮药火之物耳，又何必分其是炉是鼎哉？"

赞曰：法无而有，心有而无。乾坤颠倒，交易惟吾。性命互依，太虚鼎炉。以烹以炼，与圣为徒。

慧澈曰："药物之说，精义维何？"

雷师曰："药物之说，下品丹法以涕唾精津汗血液为药物，中品以精气神为药物，上品以精神魂魄意为药物，先天一炁为丹母，皆属还丹之事，无非是这边法界。

"唯我天仙家，乃以太极为丹母，三元为药物。丹母用以结丹者也，药物用以乳哺者也。元者，大也，三才之炁清真纯粹，大而化之之神妙者也，乃是乾元、坤元、人元耳。乾为天，又名天元；坤为地，亦名地元。天地人三才之元，皆蕴毓于太虚之中。其元生之于心，天之心在地，地之心在天，天地之心寄之于人，故人为三才中之至宝，天地无人亦无以见其为天地矣。人之元散于天地之中，藏于太虚之内。故我祖太虚翁曰：'人元遍大千，三元一心领。'是以采药于太虚之中，行火候于玄关之内。

① "中"，疑为"为"或"乃"。

“紫阳真人云：‘道自虚无生一炁，便从一炁产阴阳。’虚无者，无极也。无极而太极，无之极处即是太极，非有两个也。太极判而为两仪，即是一炁化而为阴阳，故一阴一阳之谓道，孤阴寡阳之谓独。阴阳者，道之发用也，‘阴阳由道生，道从阴阳造。一个哉生明，物物能自道。知者悟斯言，说破玄关窍’。

“祖师泥丸氏曰：‘十二时中，机发于勃然者，是先天之炁。人能及时而采得者，乃即至宝。’学者果能虚极静笃之际，则先天一炁自虚无中来。我师云：‘按此先天，非仅一身之先天，乃是太极之祖炁。若三才流行之气，得以为乳哺，太极祖炁得之可为丹母，皆属大药。’苟学不体夫虚寂，坐不至于杳冥，万无得理。”

赞曰：以极为主，以元为乳。虽有两大，惟人独愈。印之于心，虚中记取。虚无所虚，无量花雨。

慧澈曰：“如何谓之采取？如何谓之火候？”

雷师曰：“所谓采取者，遵白祖师之‘端坐习定为采取’可也。盖端坐习定到杳冥恍惚之际，是时性体湛然，一真显露。即《清静经》所云‘人能常清静，天地悉皆归’。故法惟致虚致寂，凝神以俟。使中心主宰寂然不动，则机到神觉，任其自升自降，着不得一些意思，方合神用。久之神息自现，而自然充和。倘有种种现兆，总使此心不着而已。以意而卵守之，收拾个中，一意凝寂，任其自然之运用。故火候者，听其自然也。烹炼者，无非气归于内，神运于中，以神御气而已矣。

“丹经云：‘真火本无候，大药不计斤。’又云：‘自有天然真火候，但安神息任天然。’紫阳真人云：‘元始天尊日日采药，药物愈采而愈无穷。太上老君时时行火候，火候愈行而愈无尽。’[①] 所以天地亦日日采药，日月以时时行火候，故亿万劫而常存。苟或一刻停机，则天地亦将坏矣。是以年月日时为火候者，正言其不计年月日时也。

“然玄关未开，功夫未到真虚真寂，未可遽言采取。且将身心淘洗得洁洁净净，则功夫易到虚寂地位。然又须于虚寂中养其闲活。所谓虚寂者，虚

① 此段引文，改自白玉蟾《谢张紫阳书》。

其心、寂其性也。闲活者，养其气机之活泼也。此着功夫不独于静时如是，而应事接物之时，亦须操存纯熟，要如程子所谓‘动亦定，静亦定’，方能动静如一而功造自然，始谓大成实地功夫。果然功到无有内外、无有边际之时，则玄关已开，药物自生，药生方真。否则所采之物，仍属后天之凡幻，何得称药？盖惟窍开而时至，药物乃得生而采之，以药化凡，凡乃得化也。”

赞曰：元始采药，太上运炉。自然妙用，天地同吾。动静始一，无极开图。得此至妙，方化凡躯。

慧澈曰：“定慧为水火，是否我家之定慧乎？作止为进退者，其义何谓耶？”

雷师曰：“定属水，慧属火。定者，定其心；慧者，用其神。心中有神，神属火。闲杂思虑是识神，谓之凡火。不着色相之神是元神，乃真火，谓之慧光。其所以用定慧者，一义两用耳。盖能定其心，神不着于色相，谓之慧觉。定心而慧照，即是觉而常照。以水而济火，即是照而常觉。释道之别，略有气机闲活、不闲活之一间耳。

“其所谓作止者，即进火退符之义。此时行功，即是进火，造至混忘，即是退符。非专言火候之进火退符也。果能造至混忘，则混化之道基于此矣。而进火退符，自有玄妙之天机呈象，莫可拟议。功至其时，妙觉自生也。”

赞曰：定慧相生，觉照常明。以水济火，归乎太清。浑化之基，自然而肇。莫可拟议，其妙难名。

慧澈曰：“古来丹经中皆云‘坎离交媾’，又有‘乾坤交媾’之说，不知天仙家有无此况？”

雷师曰，“坎离交媾，三乘法中有之，然亦未必定论。至于乾坤交媾一说，我师曰：‘学者虚之极，静之笃，则诚于中，自得凝然大定，勃然机发。顿觉虚灵朗耀，无际无边。一觉急收，登时冥息。顷久，一点自落黄庭，才是先天炁复，自然周流六虚。我处其中，只是一个真意，觉得气爽神清，身心和畅，是谓金液还丹。其实无形无象，虚灵独露，乾坤混合，完我太极焉而已。’”

赞曰：乾坤为媾，至诚其求。凝然大定，晃朗即收。顷久一点，炁复周流。惟余真意，金液还优。

慧澈曰："大凡修道必要道侣，何谓耶？"

雷师曰："此道侣乃师友也。大盖功夫各有禀气之不同，而进境亦异。故须时相讨论，切问近思，则彼此有益。若一味独修，不求讲解，古人谓之冥行，又谓盲修瞎炼，恐难以为功。盖功夫愈进而愈精微，愈精微愈不可不讲，稍有差池，一错百错。此时须得名师益友指点剖析，庶几路头不错，功日精进。是以禅家有棒喝，道门赖点化，儒学尤贵观摩。《易》曰：'君子以朋友讲习。'《礼》曰：'独学而无友，则孤陋而寡闻。'孔子至圣，尚以学之不讲为忧。子夏杏坛高弟，犹以离群索居不能闻过，道侣安可无耶？

"若不切实用功，徒事朋侪聚会，终日谈玄说妙，论古道今，所谓口头禅，与身心学问有何裨益？此修道虽贵得朋，尤贵自砺。物以类聚，方以群分，在我不在人耳。"

赞曰：他山之石，可以攻玉，朋友相资，时来忠告。如金在镕，入黯举烛。长聚德星，超尘迈俗。

慧澈曰："古人有入圜温养，九年面壁之功，有是理乎？"

雷师曰："此是先修命后修性，方用如此。盖恐性学不纯，命功仍有疏虞之故耳。悟元子云：'九年者，九还之义。面壁者，不是定坐，乃用志不分，凝神之谓。期无一毫渣滓，如万仞壁立于前，一无所见，万法归空，静养婴儿胎化也。'先师云：'此功行于还结养圆之后，似属稳当，不知极费大力，而不中废者，古有几人哉？不如太上心宗，澈性即以澈命，澈一凝一，积少成多，日日如此，月月岁岁如此。若步步还虚，造至自然，欲脱立脱，欲化立化，已造夫虚空粉碎地位，行止得自便，何劳入圜面壁哉？'按师说，即白祖所谓'生也由他，死也由他'，只要自家做得主，故功夫造至至诚无息焉而已。"

赞曰：厥惟明性，何有面壁？太上心宗，命由性立。步步还虚，时时贯积。任他生死，妙乎主策。

慧澈曰："古人皆言成功后，裂破顶门而出阳神，其理如是乎？"

雷师曰："此之谓导引元阳也，三乘之法皆如是。然必使其能出而不出，再做炼神还虚，炼虚合道，炼道合自然。故有重安炉鼎，再立乾坤之说，所以紫阳真人云：'项后有光犹是幻，云生足下未为仙。'必至粉碎虚空而后已。此是末后一着之大事也。若此而行之，是将性命分作两截，故多此一番手脚。

“我天仙家法，竟从性宗下手，做一步还一步虚，造到虚无可还，炼道合自然，方为了当。并不要先结阳神，再将阳神粉碎也。无非使吾浩然之气充塞乎宇宙，与太虚为一体，无所出入，所谓‘至大至刚，以直养而无害，则塞乎天地之间’。故最上一乘之法，乃炼形即所以炼神，修性正所以修命，真空而妙有，妙有而真空。故能聚则成形，散则成气，形神俱妙，与道合真者也。”

赞曰：修性即命，炼形炼神。形神俱妙，性命圆成。奚须胎养，游晏玉宸？无上妙诀，与道合真。

慧澈曰：“此金丹大道，乃还丹以后之事，是否必要先修还丹，然后再修金丹乎？”

雷师曰：“非也。所谓还丹者，乃修复我本来所有之丹元耳。盖人自十五六岁之后，真元已破，其精神日日亏损，故须补足如十五六以前未破真元之光景，并且要复我初生时面目。还者，去而复返之义，乃复我本来之太极，是以谓之还丹。上中下三乘之法，皆要先修还丹，然后进修进[①]丹。

“我太上心传，只要开了玄关之后，日日采，时时炼，刻刻还虚，故能逐渐补足。日积而日补，日补而日充，以致充而又充，足而又足。还丹在是，金丹亦在是。所谓充而足者，非后天之精神，乃元和之一炁也。先天足，后天自然日旺；后天旺，则先天更足矣。

“夫人之一点灵原，乃受天地之中气以生，亘古今而常存者。中之气，即太极祖气也，为生天生地生万物之祖。然太极有统体之太极，物物之太极。统体之太极，天地人物统一之太极也。物物之太极，一物各具一太极也。是太极也者，乃理气之浑名。理是气之条理，气是理之生气。程子曰：‘言理不言气不备，言气不言理不明。二之则不是。’朱子曰：‘性即理也，则命即气也。’是以太极言理可也，言气亦可也；言性可也，言命亦可也。

“人自父母媾精以来，一点落于黄庭，而自立太极，由是分阴分阳，而造化生焉。阴阳者，精神也，在天为日月。白祖云：‘日月并为明。日月上下为易。日月重叠为丹。’人能养其精神而至合一，则性命自存。性命存，则

① “进”，应为“金”。

丹基永固。还丹者，还其物物之太极，而金丹则还其统体之太极耳。盖养德养生只是一事。穷理尽性以至于命，则金丹在是矣。”

赞曰：养德养身，只是一事。还丹金丹，岂有二义？圣学仙宗，始终相资。尽性至命，曷观系辞？

慧澈曰：“请问混化之义，其意云何？”

雷师曰：“混化二字，乃成始成终之妙诀也。先哲云：‘忘形以养气，忘气以养神，忘神以养虚。’所以初起手时，必将万缘放下。功到能放，则渐入忘字之阶，为混化之成始也。诀维将我身心神气，内外统照，敛而一之，即撤去其机，自然渐入化境。待有虚景活泼机兆，其中功用，或迎或接，或放或收，等等作用，皆当随机自审，应运天然。寂以承之，一以化之，造至忘无可忘而后已，此混化成终之神妙也。佛经云‘惟此一是实，余二即非真’，故谓之不二法门。”

赞曰：混化之妙，三忘最要。忘无所忘，一以寂照。任顺自然，虚空乃肖。粉碎功圆，相逢一笑。

慧澈曰：“其中妙谛，愿更详焉！”

雷师曰：“混化之宗旨，难以形容。《易》曰‘与天地合其德，与日月合其明，与四时合其序，与鬼神合其吉凶。先天而天不违，后天而奉天时’，庶几近是矣。我师曰：‘天仙心传功夫，万缘放下，身自寂虚。于天于渊，无间刻时。圆虚圆寂，圆清圆和。何内何外？何有何无？生生化化，一付如如。还返妙用，如斯如斯。’

“盖功夫不从万缘放下入手，而六尘诱于外，六根动于内，不由内蕴，即从外触，身心意何能安静？心性不定，功夫何由而入？故《大学》曰：‘知止而后有定。’欲求其定，必先明得所止。欲知其止，必求明得至善所在，然后知其所止也。程子曰：‘心有主则能不动矣。’心有主宰，则心定而神安。所谓‘学问之道无他，求其放心而已矣’。

“待至气静念无，则有身登虚无气象，而性寂情忘，容光必照，则于天于渊，尽在我一觉之中，即《中庸》所谓未发之时也。然此境界，独于静时得之，恐动时还无把握，必动静兼持而后可。故师曰‘无间刻时’也。‘虚寂清和’四字，亦必于动静两时皆有此妙景，方是真功实学。故何有内外？何有有无？其中天机之生生化化，总一以付之如如而已。如如者，无上下、无动静、无方所、无内外之谓也。天仙妙用不过如斯而已矣。

“观之《大学》从明德说到止至善，从格致说到平天下。《中庸》从戒慎恐惧，极之天地位、万物育，复结之以‘上天之载，无声无臭’。凡此功用，皆是动静合一，即本体是功夫之学问。后学不肯体贴于自己身心上看，而泛泛读过。即有能说能明者，以为词章记问之用，与身心竟无干涉。虽曰读书，实未读也。且有见道学等书，往往目为迂阔之谈，求其汲汲性命者有几人哉？若肯真切于自己身心性命上用功，则知圣贤之实学，即是天仙之功夫。识透天仙之功夫，即知的确是圣贤之学问，非道家子午铅汞之可比也。

“道曰金丹，儒曰太极。盖能造化者，太极也，太极本无极。行造化者阴阳也，阴阳本太极。天地人物无非太极阴阳之所生。太极生天地，天地运阴阳，故四时行焉，百物生焉。人乃[①]万物中一物耳，万物自立太极，人亦自立太极，所谓‘物物一太极’者也。太极阴阳，物物皆具，故六合内外尽是太极、阴阳流行。人既在六合内，一身内外莫非阴阳。然太极为吾人生生之本，即万事万物生生之本。太极化阴阳，阴阳运太极，循环无端，运化无穷，百千万年如是而不变。其所以能百千万年不变，以其有主宰乎此也。

“主宰何？天心也。人得天地之气以成形，即得天地之心以为心。得天地之心以为心，即当体天地之心，尽之于万事万物。我心尽，天地之心亦尽，而后可以与天地并立为三。《中庸》曰：‘能尽己之性，则能尽人之性；能尽人之性，则能尽物之性；能尽物之性，则可与天地参矣！’人能夺天地之造化者如是。然造化者，生生不已之谓也。生而化，化而生，一任天然之则，吾不得而与焉，是以生生化化，总付之以如如，则天地氤氲，万物自然化醇。故瞿蓬头曰：‘有无都不立，真在有无中。’此尽性致命之实学。我师又曰：‘大周天界，细入微尘。置心于一，混化圆真。’盖大而至于天界，细而入于微尘，皆不出于一心。所以能置此心于一处，则混化之功备，而圆其真矣。

“虽然，不特道家有混化之说，即儒家功夫，亦必以神化为究竟。《中

① “乃”，底本作“能”，依文意改。

庸》曰：'小德川流，大德敦化。'又曰：'动则变，变则化，惟天下至诚为能化。'孟子曰：'大而化之之谓圣，圣而不可知之之谓神。'儒仙功夫皆必至神化而后为极耳。"

赞曰：妙哉至理，圣学相参。神化浑化，绝古微谭。虚实无滞，至道乃含。不偏不易，敬礼尼山。

慧澈曰："如诸所言，圣学与玄学无二理也，何故先贤皆辟佛老？以为不能用于天下国家。既不能用，则三教之鼎峙于天下已千百年于兹矣，而不灭一者，何哉？"

雷师曰："老子、释迦、孔子，皆圣人也。三教之道，皆道也。道无二理，教则分三。三教中之人，皆人也。人人具此心性，具此天理。理无二理，心无二心。儒家曰存心养性，道家曰修心炼性，佛家曰明心见性。三教无不从心性上着实用功，以各造其极。是以千百年鼎峙于古今，所谓殊途同归也。

"吾人为学，当具只眼，立必为之志，须知我所学何事业。儒者学必到孔颜地位而后止。奉释、道者，功必到释迦、老子[①]而后止。此志立得坚定，加以真实功行，自然日异月新，能心领神会，各得其所学之妙。最忌朝更暮改，见异而迁，舍己芸人，妄论古今是非。盖有一分功夫，方有一分学问；有一分学问，方有一分见识；有一分见识，方知得古人一分境地。若见识不到，谬加评论，及至学问有进，见识高得一层，悔悟从前所论是非，则无及矣。

"'佛老不能用于天下国家'之语，惟圣贤可以说得，吾人断不可轻出诸口。何也？盖有圣贤真实学问，实能行之于天下国家，方可说佛老不能行。若寻常泛泛之人，浅见寡闻，自己身心尚不能治，又安能治天下国家？自己不能治天下国家，遑问佛老之能不能耶？且儒之能用于天下国家，非谓学儒者竟能用之于天下国家也。盖儒之实学，自格致以至治平，无非为尽己尽人之用，必极于天下平，而使天下无一物不得其所而后已。夫使天下无一物不得其所，是何等力量？何等功业？谈何容易？

"吾人且将自己心性体认明白，随时印证于事物，试看能用与否？不然，

① "释迦、老子"，底本作"老子、释迦"，依文意改。

终身儒衣儒巾，即家人父子兄弟之间尚恐不能用，何况用之于天下耶？昔人有言曰：‘释曰慈悲，道曰感应，儒曰忠恕。三教原来共一心。明得心之所以为心，则何有于三？又何有于一哉？’”

赞曰：至理惟一，其道有三。忠恕慈悲，感应交参。心心相印，物物承含。梅华问答，率性指南。

跋

读书之要，在身体力行。力行之微，又在心领神会，不为文字所障，始为有得，庶不负此读矣。是子薛子上承小艮先生口授，总括心传，演为《梅华问答编》一卷，凡四十章。言言率性，字字金丹，由正诚以致至命，即致命而妙为。循论放卷自如，无施不可，斯真为圣学之准绳，探无极之根底矣。虽自然真文，其奚以过。

来仪生至愚，且喜读古今书，兼出己意推求其要，故立之余，每蒙提示，即小艮先生杖履优间，亦与至论。忆自丙戌春初，于雅鹿斋中赐句，书楹帖云：“惟恐薄情心奉佛，只因少学愿求仙。”又赐句云：“养吾浩然气，不失赤子心。”叠荷深恩，沐裁宗匠，固已衔结靡涯矣。顾兹十余年来，学不毫进，反躬自省，徒黯然伤魂，惟恐有负此重叠之深恩者。

间尝览坟典之要，察丘索之微，下暨汉晋唐宋之间诸子各家，皆莫若穷四子书为治身准的。坟与典索，相类而立言。更古如《连山》，推游神未灵之先，中有冥冥而性存者，又曰“太极者，天地之父母也”。又谓“太极而后谓太易，太易之数二”，以此论之，较《周易》更言乎微矣。然观其运用，亦不出于万物化醇之内。又曰“浑沌子居我降龙之位，惟主于民”，则于性命之宗，金丹之要发露，已精其气形。二坟虽切近于政治，亦曰“性以存命，命以保生，生以终寿”，即《周易》所谓“穷理尽性以致于命”，于命上复转一语，直与天仙大道一体同归矣。至《典》《谟》以精一执中揭要，而《左氏》虽独擅文长，兼韬武略，然于至道亦未尝少懈。即如郑伯克段一节，隧而相见，其乐融融泄泄，似顿以震烈之机，归并于土，岂非示人以地雷复，复以见天心之至妙耶？至于《礼》经，本中列《学》、《庸》，乃儒门成始成终之法律，犹天仙正戒也。外此庄、列诸家，虽各谈道妙，实流弊更多。盖汉人之学泥乎法，晋人所学昧于虚，逮至六朝，更偏为因果福善之说。至于唐世，虽亦欲参明道要，然于性理一宗，惟昌黎一人振之，复时遭毁誉，心亦苦矣。后宋而理学大明，朱程叠起，圣学昌隆，则又各立门户，以为专家。然苏玉局不以性理自居，而每于词赋之中，时一流露，如“逝者如斯，而未尝往也”，如“盈虚者如彼，而卒莫消长也”，岂不与无去无来如如妙合耶？又曰“吾为文，如万斛源泉行乎其所不得不行，止乎其所不得不止”，又曰“真砚不坏，真手长存”，则不第火候已明，而兼得真清，所谓主宰者，其有意夫？又如黄子久终日作画，忽向虎跑石上得道成真，向无门户，无门而竟能如是，是其平素致力皆在不偏不易之中。所以君子无所不用其极者。大矣四子书，直疏其用，极之理耳，何有他哉！子曰：“假我数年，五十以学《易》，可以无大过矣。”所谓大过者，何耶？五十者何耶？学至孔子，尚欲假年以学，而无大过者又何耶？岂非即尽性致命上复有吃紧处耶？原即所谓“性以存命，命以保生，生以终寿”之谓矣。

今每谈理学者，必先树障，以为辟端；穷道妙者，反小理学，以为逐末。二者各误，至死不悔。兹《问答》之编，特悯之也，姑通其关要耳。所谓体之可成金丹大道者，用之奚不能修齐平治欤？其中关键，实最微妙吃紧，直与两卷《黄庭》，五千《道德》参观也。可还请质呈似函丈，而更望垂教焉。

海上弟子谢来仪百拜谨跋。

金仙直指性命真源

薛阳桂序[1]

夫道无可言，心以传之，尚矣！故道家之书，汗牛充栋，鲜不以文隐义，以喻引言。初学者览之，难寻其绪，因失其源。斯无他，以道之至尊，德之至贵，苟不遇生铁脊梁之志，踏破铁鞋[2]之功，未敢轻泄耳。桂于弱冠时，即广翻道典，茫茫然如寻津而入海。丙子秋，得授厥业于懒云子小艮先生，每执经而问难，荷析义以直陈，指授多方，于今十载。盖尽泄火符之秘，示传性命之真，贯三教于一源，本一心而万念，不避俗尘，不逐流见，是以太虚之心，口口相传者也。归而读书，乃见其妙。亦尝掩卷默会，几于坐忘，始知鸟语花香，尽是一团生意；鸢飞鱼跃，无非活泼真机。故师以言传，弟以心得；师以心传，弟以神会。古人一言半句而通玄者，大抵心领神会而受益者也。传心之妙，存乎其人，亦及其时也。是书也，语虽粗而义精，言不文而心澈，罄吾所得于师者，述成以遗同志之未得见师者，不惑于旁流也云尔。

道光乙酉仲秋，嗣龙门十二代全真弟子薛阳桂谨识。

闵阳林序

吴门薛心香四兄，林与同砚十年矣。天资敏妙，好学不倦，闻道三载，即自领袖一方，广为析疑辨难，诸同门颇信受之。家叔祖小艮夫子，岁至吴门，驻必匝月，心香随侍读勤，问训倍熟。前年癸未春，心香来山，复侍数十日，颇多问答。尔时玄关顿开，即得安炉立鼎，采药行火，拳拳绵绵已二

① 原仅题作“序”，点校者补入作序者之名。后二序同。本书所用底本，为民国十二年（1923）木刻本。

② “铁鞋”，底本脱“铁”字，据庞本补。

年余。则其心缝意酿于先圣遗书、师口亲传者，醇且密也。今年秋，林随师游海上，心香使来，呈书求训，师周阅之，间为撙节字句，加发妙旨。忻然诏林曰："此薛生迩年来心缝意酿之所发也，尔为达其意，序而布之。"林承命不敢违。

呜呼，夫人之于道，谁不愿得，世有遇而不勤者，固不足惜。若勤而未遇者，方怅怅其无所之，吾同门正不少也。譬之寒者思衣，饮者思酒，方其未得也，遇袯襫亦将披之，遇糟粕或将尝之，甚有入火宅、饮鸩酒者矣。夫安得编制缝掖，广传酝酿以贻人，且明晓以火宅之必炙，鸩酒之必毒耶？准此以衡诸求道者，凡得睹是编，足以引睇吾夫子手著诸书之妙义，其汲引之力，感激之心，当何如哉！林窃拟商之心香，亟谋付梓，广布同门，以副我夫子诲人无隐之慈意焉。

是编直指真源，正传道义，悉除隐语，广揭道程，心香之于丹道，固能刻刻采，刻刻炼，刻刻温养，刻刻还虚，不以节限拘者矣。尚期诸同门，各就现前境地，惟自心清行洁，朴朴实实，精精纯纯，穷理尽性，以致乎命，不泥于见精神而久生之渐法，直造夫忘精神而超生之捷径焉。庶几心缝意酿，真积日久，自然领元酒而得亲淡味，衣无缝而身列金仙。此夫子深望于我侪，所共相策勉也夫。

乙酉秋，同砚弟闵阳林拜序于上海之小蓬莱荫翠楼。

陈文述序

自《参同》《悟真》作而道始明，亦自《参同》《悟真》作而道转晦，以铅汞婴姹取喻过多，卦爻斤两功课亦过密也。余昔在汉上，得《性命圭旨》读之，始有志学道。嗣读《仙佛合宗》《天仙正理》《金仙证论》诸编，虽皆偏重命功，立论较为明晰。庚寅九月自楚旋吴，谒闵小艮师于盘溪葆元堂，蒙以所著《三尼医世功诀》《道程宝则》诸书见贻，以儒宗之论为根本，而以道家之说印证之，大旨在于性命双修，尤以性功为主，谓修得一分性，保得一分命。道家之玄言[①]，实孔门之心法也。

① "玄言"，底本作"立言"，庞本作"元言"，此依庞本。

同门薛君心香，侍师最久，奉教最深，余望衡对宇，旦夕过从，订兄弟交有年矣。余年齿衰颓，闻道苦晚，太极阴阳之理，虽略有所得，而于玄关玄牝二境，道之关键，言人人殊，罔所折衷。一日君过余，出此册见示，盖所手著，经闵师点定者。书凡九章，二者之说在焉。再读之，明白显露，若春风之泮冰，而红炉之点雪也，不禁狂喜。窃以闵师之道，得之沈师；太虚之道，得之李泥丸真人，即唐之李八百也。其发源实出于太上正宗，所言与白紫清真人《修真辨惑论》相合，而薛君得其传者之弟畜灌夫者，今得兄事袁丝矣。余儒人也，顾[①]学儒数十年，视周程张朱，瞠乎不可以道里计。读道家之书，乃于《大学》之格致诚正，《中庸》之中和位育，《论语》之克己复礼，《孟子[②]》之知言养气，《周易》之消长动静，一静验而得之，若游子久出，乍归故居，高堂密室，无不四通六辟也。而更于是书得其要领，则是书又觉路之金绳、迷津之宝筏矣。闵师学道六十余年，亲奉教于黄守中、金怀怀诸前辈，贯通三教，道力渊纯，尽辟旁门，独标真谛，以儒正道，以道辅儒，此海内今日第一驻世神仙。习静金盖梅岛，不轻至尘世[③]。欲闻闵师之道者，尚其于薛君问津焉。

道光壬辰九月，同门愚兄陈文述拜序于吴门瑶潭精舍。

金仙直指性命真源序[④]

仙者何？人心之灵也。既曰人心之灵，则天下人所同具，曷为称之曰金？盖仙而曰金，则其人之心，必能虚灵不昧，以具众理而应万事者也。金刚不坏，万世可师，此仙之所以称为金也。其直指奈何？以人所同具之心，致深人所同知之理，以人所同知之理，致明人所同具之灵，不偏不易[⑤]，不假外求，此金仙之所以有直指也。然性也者，圣如孔子，尚不闻其言也；命也者，亦孔圣所罕言。是性命之理，必精微之极，金仙曷为直指乎？盖性也

① “顾”，底本作“愿”，据庞本改。
② “孟子”，底本作“孔孟”，据庞本改。
③ “尘世”，庞本作“尘市”。
④ 此序底本无，据庞本补。
⑤ “易”，当作“倚”。

命也，夫妇之愚，可以与知焉；及其至也，虽圣人亦有所不知也。而金仙之直指，以夫妇之与知者直指之，不以圣人所不知者直指也。庸德之行，庸言之谨，此金仙之直指，所以即将性与命也。夫既将性与命直指矣，曷为进言夫真源？盖真则无伪，源则有本，凡今之人，能以人心之无伪，循天理之根本，至于用力之久，自能明善以复其初，而返璞归真矣。此性命之真源，金仙所以能直指也。今将以抄本集资付梓，用供求道者之参考，因赘数言，深望阅是书者，人人反求之心也可。

中华民国十二年四月朔日，即癸亥暮春之初，吴县后学庞志德谨识。

金仙直指性命真源

闵小艮先生鉴定
古吴心香氏纂述　广陵担云子录藏[①]

道德章第一

夫上古未闻有修道之说，盖古圣所行所作，无非天理流行，公于天下，其一动一静，妙契天然，留为后世法。逮而中古，人心日变，世道日漓，故圣人出而道兴焉。况今世人鲜不悦生恶死，利己损人，认梦幻为我身、泡影为己有，迷而不悟，辗转沉沦。即有信道者，非趋外道，即入旁门，故修道者愈多，而至道日昧，皆因利欲两字，不能打破耳。是以仙师度世婆心，将修复其本来之法，谓之炼丹，诱人进取，使人人复古，个个完真，谓之成道也。

斯道也，何道也？体天地之造物，外[②]公于世，内益身心者也，实内圣外王之学。故行于外者为道，具于我者为德，《大学》首章明明德者，欲明此德本具于我也。其实不过复本来之天命，体造物之无穷，为人而不为己，无一物之可遗可弃者。故关尹曰："圣人师蜂立君臣，师蜘蛛立网罟，师拱鼠制礼，师战蚁置兵。人师贤，贤师圣，圣师万物。"惟圣人同物，所以无我也。内则生生不已，化化无穷，与天地合其德，日月合其明，四时合其序，鬼神合其吉凶焉。故曰"道不远人，人自远耳"，又云"人能宏道，非道宏人"，总在自己信得明得、行得证得者也。然道人人皆知，个个不识，人在道中而不知道，犹鱼在水而不知水也。《道德经》云"可道非常道"，又曰："有物混成，先天地生，独立而不改，周行而不殆，可以为天下母。"乃生天生地、生物生人之一物，不可得而名，强名之曰道。是生生化化之源，事事物物之母。人能自得于心者为德，无形象之可拟，无声色之可求。然道之在天地间，无一物非道，无一事非道，故曰"道在目前"。

① 庞本题作"后学古润杨寄清恭校、吴县庞志德印行"。

② "外"，底本作"大"，据庞本改。

要之，在天曰道，在人曰德，道以无心运化故常存，人以有心造物故生死。然人无从把握，无处立脚，是以圣人设邪正二字辨之，为工夫实际。若不从此处进取，则何以进德修业？如惟出入上辨，只是省身，仅造近世禅定之学，总无实验。故必能于应事接物之际，廓然大公，无一毫私欲勉强，得造圣贤地位，次亦不失为君子。所谓取法乎上，仅得其中也夫！

心性章第二

道本无名，强之曰道；德本无形，印之于心。圣师不得已，以心字比之，诚至言也。盖心字之形心，上三点而下一勾。心字之说，因人有也。其下之一勾㇃，即一也。是仰体于上之意，既所谓形而下者也。其一即天地未分以前之一物，其象如是○，中含妙有，其象又如是◎，所谓太乙含真之炁，周子云“无极之真”者是也，邵子曰“无极之前，阴含阳也”。而一○即一画，其中一○，即三点未分之妙。至于阴阳判，三才分，即一之妙用发现于外者，而以是心象之，其实一仍是一，用乃自用也。故一是体，三是用，此圣师不得已之婆心，而以◎心形容其体用耳。盖其体浑然一团，絪缊动荡，玄妙莫测，无方体，无形象，不可形容。其为用则有动有静，有生有化，声色可求，形象可拟。然此一也，混沌未分，天地未判，其象如是○，谓之道生一。及其一判，天地分矣，阴阳明矣，而成象如是⊙，是谓一生二。二者，一阴一阳也，一天一地也。其圈中白处，天也，阳也；黑者，地也，阴也。天包乎地，阴蕴乎阳，邵子曰“有象之后，阳分阴也”。阴阳成象，而人生焉，其象如是㊂，是谓二生三也。三才立而万物生矣。其圈中三,三竖则天地人，横则精气神。故以此㊂象竖观，则谓之道；以此(川)象横看，则谓之心。盖去其形而上，就其形而下者形容之，则以是心象之也。而事事物物之生，莫不出乎精气神，则动动植植之物，莫不出乎天地人，故三则生万物也。本乎原，惟一而已。天得此一而为天，地得此一而为地，人得此一而为人，万物得此一而为万物。是一之具此三才三宝，运化无穷也。莫可名言，强名曰道，用之于外，名之曰心。吾人禀一之所赋，而得灵者，谓之性，故性从心生。既得为性矣，则似乎心中另具一物也。而不知性者，心所寄也。在天曰心，在人曰性，不分而分，分而不分者也。今之言心者，性之所变，妄念也，人心也；言性者，心之所化，气质也，识神也。今之人皆

以为我者此物也，故堕轮回，造恶业而不知省，是为认贼为子。即一二有志者，欲求大道，欲免轮回，终不得认此性之本，此心之源，故百无一成也。

《书》曰“人心惟危，道心惟微”，苟能知人心之危殆，道心之微妙，真性之纯一，质性之昭灵，则近道矣。盖昭昭灵灵者，非性也，识也；纯一不杂，湛如寂如，觉如无如者，真性也。忽善忽恶，忽起忽灭者，非心也，妄念也；大周天界，细入微尘，无物不有，无时不然，生化无穷，发而中节者，道心也。知此二者，可以语道矣。

性命章第三

今之人无一不要性命，若问性命在何处，则皆茫然无对。故知今人之所谓性命者，乃贪生怕死之妄念耳。诚可叹也！夫所谓性者，乃天之所赋，而人借以灵，所谓良知是也；命者，是人之所禀，而借以生者，所谓良能是也。性命互为其根，性无命不立，命无性不存。性命二者，无一不根于道。道者，一也。一之在神则曰性，寓之于心；一之在炁则曰命，寄之于脐，所谓乾坤是也。此神炁二者，非思虑之神、呼吸之气，乃先天无形无质之物，莫可拟议者也。故不曰神炁，而曰性命。丹经云“是性命，非神炁”，此性命即乾坤也。《悟真》云“先把乾坤为鼎器”，是要人认得此乾坤，方为真鼎器也。盖脐中有元炁，以生以长，则资其神；心中有元神，以运以化，则益其炁。此人身中神炁，互生互化，乃性命之用，所谓坎离是也。即《悟真》云“次搏乌兔药来烹”之意也。其真性者，乃一之体，真命者，乃一之用，此以形而下者言之也。若以形而上者统言之，则一之在天地人，无有上下间隔，囫囫囵囵，完然一个。更将一之在人在天，强以上下分之，其一之在人，则在下，名之曰性；一之在天则在上，名之曰命。《中庸》首章云“天命之谓性”，是在天为命，到人曰性，可知矣。故此性命二字，可分可合，分则为二，性命各一其用。合则本一，性命未尝有分。其实皆一⊙之妙用也，故曰“得一万事毕”。学者能究澈此真一之妙用，则连此性命亦可无用矣。古哲云“惟此一是实，余二即非真”。

精炁神章第四

精炁神三者，一中所具之三宝也。以其发现于外，故以此⺗象之。谓之三元者，元精、元炁、元神也。盖元精是纯粹至精，一之纯一不杂，至清至洁之谓。元炁者，是虚无空炁，一之絪缊动荡，运化无穷，未见其动而妙其机也。元神者，不坏元神，乃一之不神之神，灵妙莫测者也。用则成三，体则本一，是乃一即三,三即一也。谓之先天，以其在天地未分之前，已具此三宝。天地既分之后，即谓之后天矣。夫先天之神，积虚而成；先天之炁，神充而生；先天之精，因炁而有，故此精炁神已具在父母未交姤以前。缘此三者，因一而有，虽未得胎，而一本在，故三者亦在。修道者，修此三宝耳,《玉皇心印经》云“上药三品，神与气精”，即此是也。

若有胎以后，是以赋之以一，此一即所谓先天一炁。一炁分为二，精神也，阴阳也。然运此一炁，亦化为后天矣。渐而变氤氲活动之气，能知能识之神，有形有质之精。然此后天，即系先天所化。若舍后天而觅先天，从何下手？故必假后天以修，而后天可返先天也。后天之精生于肾而发于耳，耳不外听则精守于肾；后天之气生于形而施于鼻，鼻不呼吸则气潜于脐；后天之神寄于心而寓于目，目不外视则神藏于心。丹经云：“耳目口三宝，闭塞勿发通。真人潜深渊，浮游守规中。”真人者，神也；深渊者，肾也；规中者，脐之内也，古人云“前对脐轮后对肾，中间有个真金鼎”是也。夫神，火也；炁，金也，药也。火之生数二，成数七；金之生数四，成数九。凡人之神皆外视，炁皆外泄，惟修道者神以之返观内照，炁以之内藏不泄，故谓之九还七返。紫清真人云：“以火炼药而成丹，即是以神御炁而成道也。”

夫人一身[①]之精神，粹于两目,《阴符经》云“机在目”，盖深藏妙义也，而机者，发动之所由，要身中生炁发动，必借两目以引之。故人之两目，比之为日月，人之脐腹，比之为坤土。日月照临于地，而百物生焉；目之内照坤腹，而生机自然发动，此理也，非喻也。然筑基为初步工夫，须以保精、蓄气、养神为主。盖精足则气充，气充则神旺，此自然之妙。若精不炼，一遇交感，则成淫液之精，须炼之而使化炁；气不炼，心一动则易成精，必炼之而使化神；神不炼，则易动气，必炼之而使还虚。苟再炼虚以合其道，则复还为一矣。

炼法惟何？以神炼气，以气凝神，用慧以定之，用觉以照之。待虚极静

① “一身”，底本作“一生”，据庞本改。

笃，天机发动，则自然精化气，气化神，神还虚。其间功效得力，在于忘字耳。虚而益虚，忘无可忘，即可谓[①]炼虚合道也。此皆自然而然，不知其所以然之妙，纯是先天运用，无一毫勉强作为者。太乙真人云“炼丹者，炼其所无事”，又云“无心于事，无事于心，故以心传之，甚易成也”。今之修道者，不体无心二字之妙，以为有作有为，故多种种变幻不测之虚[②]虞，无怪乎修道者如牛毛，成道者如麟角也。然古人又有言曰“莫谓无心便是道，无心又隔万重山”，在学者体而行之也。

此道也，喻若水银然，分而为万点，凝而仍一个。日并一粒，从微至著，则渐而成大矣，所谓“一粒复一粒”者是也。雷祖云：“吾于千五百劫以先，心缝此道，遂位上真。意酿此功，遂权大化。”此至中至正之理，至的至当之法也。其功用在心缝意酿四字，其证验在权大化耳。谚曰“破衣要缝补，须用水磨针”。

阴阳章第五

阴阳者，一炁之所分也。气之体，轻清[③]而上升者为阳，重浊而下降者为阴。是以气之上下升降、清浊轻重而分之也。天下事无一物不具阴阳，故一阴一阳之谓道。所谓阳者，乾天也，离日也，男子也，轻清之气也；所谓阴者，坤地也，坎月也，女人也，重浊之气也。又有阴包阳者，外阴而内阳，坎卦也，月象也，女人也，坤腹也，精也；阳包阴者，内阴而外阳，离卦也，日象也，男子也，人心也，神也。且以一身而论之，心中之神，阳火也，而中有真液为阴；肾中之气，阴水也，而中有真气为阳。盖精则藏于气中，言气而精在其中矣。

若使神气合一，则水火既济，而生真一之气。此炁也，动升而为阳，静降而为阴，其升而动也，必氤氲和暖，其降而静也，则清凉湛寂，此自然之妙，非有作为者也。至湛如寂如之际，加以忘字之功，即谓之炼神还虚。若连此忘字亦忘，即炼虚合道之谓，此地仙之法也。能以我之神气而合天地之神气，以烹以炼者，乃水仙之道也。

---

① “可谓”，庞本作“所谓”。

② “虚”，庞本无。

③ “轻清”，底本作“清轻”，据庞本改。后同。

然我之神气而欲合天地之神气，非玄关之开不能也。夫所谓元关者，乃元妙莫测之门，元妙从此而出者，即老子所谓“元牝之门，是天地根”，乃人心与天心交界处。若此关一开，我心与天合之矣。此至元至妙之道，不可以言传，须心领神会，所谓心传者是也。故此元关为修道至要之处，炉鼎在此，药物在此，火候在此，结丹在此。至于脱胎神化，无不在于此。元关开后，功夫方有入头处，药物方有安放处。紫清真人云：“人能念中无念，凝然定静，自然见玄关一窍。”“人能虚心，道自归之。”《清净经》云“人能常清静，天地悉皆归”，此元关之妙用也。舍元关之外，而言采取烹炼，火候结丹者，决非最上一乘之法，学者当细心体之。即后半所言，亦皆元关中之玄妙也。

今再以阴阳互根而言之，盖男秉乾体而生，中一动则为阴，其象为离，外阳而内阴也。女秉坤体而生，中一动则为阳，其象为坎，外阴而内阳也。此寄体也，变动之妙也，《悟真》所谓“日居离位返为女，坎配蟾宫[①]却是男”者，乃受寄也，本体也。故男之所修以成，内实真阴，虽能出神入化，不过阴神。外体虽乾阳，而中已成坤阴，未能复乾，非正位也。女之所修以成，虽属真阳，然其体秉坤而来，中阳亦非正位。故必使阴阳互交，各正性命，方能彼此两得。然此互交，非有为之神交，乃自然之神妙。若采战者，更为邪道。今人但知有五千零四十八卷真经，为白虎首经至宝。固虽亦是真阳，孰知自神未妙，得来亦属平常。况凡母之物，岂能成出神入化之宝乎？果得之，亦不过添油接命之物。况人心难制，欲界难超，炼性未如活死人者，当此境界，无有不从此倒翻，而必至丧身失命。老子不云乎“不见可欲，使心不乱”，圣人岂欺我哉！

盖金丹之母，乃先天真一之炁，是天地未分以前之物。人能虚极静笃，自然复得天地未分时之境象，则此一炁自来，又何用以法取耶？即此首经至宝，一出窍时，去地五丈，旋化入太虚，与先天真一合为一矣。故太虚之一与此真一无二无别也。学者味之，然乎？否乎？辞可辨也，理固在也。然圣师所云，固有妙旨，如《法华经》中，灵山会上，释迦说法，龙女献珠，此

① “蟾宫”，底本作“乾宫”，据庞本改。

真正金液大还丹之妙义。盖龙女[①]已非凡间之女，乃神女也。龙之为物，神妙莫测，彼之[②]应感而献之珠，是以积修所成，强名曰珠，不敢拟议，乃以五千零四十八卷首经喻之。盖表非矫揉而出之妙义焉。古哲谓之正元珠，以其光华如月，故又名曰夜明珠。天地坏，而此珠不坏，万劫常存。修者得之，始可形神俱妙，与道合真。丹书所云金液大还丹者，此也。

吾今试以彼之元珠呈象而妄言之，其珠之呈象也，如一轮红日悬天际。我之元珠呈象也，如月到中秋分外明。譬之两镜相对，光自交互，乃真日月合璧也。何以得有此征而不失？乃得于不识不知，不失于顺帝之则，融化于无声无臭，所谓妙合而凝也。盖彼之珠乃真阳，我之珠乃真阴，阳见阴，阴见阳，必相吞吐，此之谓神交，又名乾坤交姤。然一神交罢，彼之乾阳归我乾体，我之坤阴还彼坤位，各自互归，如客返家然。故曰归根，又曰复命，其实各正性命，彼此两得，皆成无上金仙。故曰“欲求天上宝，须假世间财”。天上宝者，元珠也。世间财者，我之[③]元神也。谚云“门内是君子，门外君子至”，诚哉是言也！

苟或不遇，则又有阴泥阳飞之弊。盖男患阴泥，女患阳飞，阴泥尚有救，阳飞无法挽也。若遇有阴泥者，即取引磬，于左耳边击之，自一至七，其音贵引而忌急。如不醒，须鸣钟以引之，则亦自得醒。此修需灵父圣母自天应点[④]之秘旨。夫岂泥象执文、心迂见腐者，所能测识而信受者哉？

古圣先师，以其至元至妙，未敢妄泄元机，恐遭天谴也。予自丙子之秋，感蒙我父师小艮先生录随左右，迄今十载，盗闻至道，故不避风刀，将上天秘宝，漏泄尽尽，自知罪无可辞，盖缘求道者日多，而至道日昧，苟有得此而成者，即上天加罪，亦所愿也。虽然，即有志者见之，莫作容易看，且自问此心如何？五内如何？而后可言也。

性功章第六

性者，天之所赋，人之所得以灵者，即所谓妙明本性是也。人有此性而

① “女”，底本无，据庞本加。
② “彼之”，底本作“彼此”，据庞本改。
③ “我之”，底本无，据庞本加。
④ “应点”，庞本作“应星”。

生此情，有此情而生此觉，有此觉而后有此意。思想念虑，情之感也；知识应接，觉之缘也。有事而想，谓之正想；无事而想，谓之妄想。应接有心，谓之妄缘；动静无念，谓之正觉。若欲修功，先立真意。意者，心之所发，但具其机而未出其窍也。若一出窍，即谓之念。意而真者，念中无念也。

欲习性功，先须静定。静者静其念，定者定其神。神即性之用，心为神之舍。念静则心清，心清则神定，神定则性见，性见而心明矣。古人云“大道教人先止念，念头不住亦徒然”。故此炼性，又非形如槁木，心若死灰，而为自了汉者。盖性乃至中至正之理，君子素位而行，理之正者。人生于世，莫不有事事物物之来，莫不有事事物物之应。其来也有善有恶，有邪有正。来之善者，则当行之；来之恶者，则当去之。行之者，我以正之当行也；去之者，我以邪之当去也。孝悌忠信，善之大者也。杀盗邪淫，恶之大者也。闲邪存诚，斋庄恭敬，不欺暗室，不愧屋漏，君子之所以慎其独也，志者之当然者也。所谓诚于中，形于外，当细心自省而体认之。凡一切有益于人者，皆善也；一切有损于人者，皆恶也。其中善恶邪正，千头万绪，一言以蔽之曰“诸恶莫作，众善奉行”。勿以善小而不为，勿以恶小而为之可也。然事乃理之发现于外者，应是理之印迹于心者。应事接物，虽皆属后天，实则步步是先天之理，所谓脚踏实地功夫。譬之造屋，若不先把地打得结实坚固，所造之屋，无有不坍者也，故丹经有筑基之说。自心若不时时省察，刻刻提防，则心易肆，性易纵，流为恶业而不自醒，以致堕轮回，入地狱，未可定也。《书》曰“如保赤子”，心诚求之，则庶几近矣。日循以颜子四勿，曾子三省，使仰不愧于天，俯不怍于人，则可以为君子矣。

其功用也，常将我自己神光内顾一身之中，略存坤腹，无音无声，无色无相，但觉清空一炁，神光一团，无内无外，观同太虚。有时内应，其外之天地山川草木人等，皆在我所观之中。有时外接，则一身背后左右，天地山川人物亦皆在我所观之中。但要无起分别，不辨事物，则观之真，即有事物之来之应，亦皆在我所观之中。物来之应，此观如是，物去则无，此观本如是。初则似有内外，久而纯熟，则无内无外[①]矣。但觉神光[②]一团，大包

① “无内无外”，底本作“无内外”，据庞本改。

② “神光”，底本作“神火”，据庞本改。

天地，即所谓放之弥六合者。然我之心未尝一动，我之神未尝一运。内观其心，心无其心；外观其形，形无其形。佛家所谓圆觉，道家所谓圆明。丹经云“动中炼神”者是也。古人云“见物便是心，无物心不见，譬之石中火，不击火无迹。”此所谓卷之退藏于密也。然此虽为性分之功，实是辅命之极则也，古人谓之炼己，又云“未得修成九转，先须炼己待时”。

命功章第七

夫[①]命者，天所赋之一炁，而人[②]借以生者。有命则生，无命则死，乃精气神[③]之根也。若欲修命，须以保精为始。盖精足则气充，气充则神旺，神旺则先天可复，而道可修。其神之为用，蹈水火而无伤，贯金石而无碍。跨凤骖鸾，神之用也；掌握风雷，神之妙也；结丹成胎，神之一也。神之为用大矣！然修道之所谓命者，炼气而已，气不炼则机不活。炼气在乎养神。养神之妙，要在谨守丹炉。丹田者，下田坤腹也，“前对脐门后对肾，中间有个真金鼎”是也。

常将两目照守坤腹，不即不离，勿忘勿助。待至神定气凝，虚极静笃，自然腹中温暖，而我仍然注守[④]，不动分毫。及至下极热盛，自然氤氲活动，直透三关，此自然之妙，无待作为者也。然人身中之气未尝不生，而一日之中，惟夜半后，心肾一交，则精神自生，以为一日之用。奈因应事接物，耗散日多，故不能日积，而日有损，以致日渐衰老。其生也自不知之，惟静定有得者，始悉其妙。故真机一动则一生，一生可夺一日之造化。时刻动则时刻生，故能夺天地一年之造化。夺者，盗也。《阴符经》云：“天地，万物之盗；万物，人之盗；人，万物之盗。”苟知所以盗之为道，则命由我立矣，故又曰“食其时，百骸理；动其机，万物安”也。

而人五脏中之气，借饮食以资其生，然所生乃阴液，必俟心肾一交后，方化为阳，此常人皆如是也。阴气惟寒，阳气惟热，故丹田热则阳气生，阳气生而阴气化。若丹田不热，则阴不能化，阴滞而病丛生矣。然所生者惟

---

① “夫”，底本作“天”，据庞本改。

② “人”，底本作“火”，据庞本改。

③ “精气神”，底本作“精神”，据庞本改。

④ “注守”，庞本作“住守”。

气，所化者惟神。其动者，气也；静者，神也。神而不住于气，则气化而资神；神而不化于虚，则气窒而不灵。所谓有则生于无，故常无方常生也。

其炼精化气、炼气化神、炼神还虚者，一刻之中，皆有此三节工夫。初时神守下极，凝然定静，谓之炼精化气。至热极而气生，上三关、降金鼎，谓之炼气化神。动极而静，静而益静，谓之炼神还虚。古人云“忘形以养气，忘气以养神，忘神以还虚，忘虚以合道”，此忘字之功，乃彻始彻终之妙诀也。其身中造化，各人各异，未可以一概而论之，在学者临时自审可也。

愚今所述，是父师口口相传秘诀，直指性命真源，金仙正路。至于逐步效验，必得躬行实践，请质于师友之前，则庶几无悮耳。其丹经道典，如我父师所著《古书隐楼藏书》数种，系李泥丸真人及太虚氏心传，直陈无上上乘[①]丹诀，性命之学，无有出于此者。更有太乙降笔《唱道真言》一书，性学之精微，尽于斯矣。然古人有言曰“不有十年学，休来读我书。”

玄关一窍章第八

道家之最秘者，玄关一窍也。此秘非珍重不传之说，乃秘密不能言之谓也。然古人有言曰“言语不通非眷属”，既有是文，即有是象；既有是象，便可从象而立言。如果不能言者，亦决无是文也。第以其至玄至妙，言所难言者耳。今以象而言之，即可由象而窥其堂奥矣。

稽以天地未分以前，阴包阳也。阴阳未判，混沌未分，是象这个○。天地既分以后，阳分阴也，是象这个⊙。人之父母未生前面目，亦然若是○，所谓无极。既交以后，先天一点落人子宫，是象这个⊙，所谓太极也，一阳生也。及至面目渐成，手足渐动，十月将足而未足之时，眼耳鼻舌身五者皆具，精气两全，而灵光未透，意根未萌。其气在脐中往来，借母之呼而呼，母之吸而吸，只有在胎之息，以涵以养，其象如是◎，谓之太极生两仪，阴阳成象，二阳生也。待至十月满足，囫地一声，而下灵之透露，脐断息停，其气不得不从口鼻中出入。是时也，真窍顶开，天光降衷，六脉分施，五行齐备，后天之真阳动乎中，真阴应乎外，阳从内出，阴从外入，一动一静，一出一入，外接天地之阴阳以护持，是象这个◎。此时精气形神俱全，是谓

① “无上上乘”，庞本作“无上乘”。

两仪生四象，三阳开泰，而成乾也。然这个◉，即是这个◎，就是这个⊙，这个本是这个○，无非分阴分阳，迭用柔刚而已。

稽丹经中拟此象○为坤炉，拟此象·为祖炁，其成象如是⊙。第恐太简难明，莫若以此象◉为易说。此圈中之有黑白者，阴阳也。中心之小○，是我本来先天之祖炁。白者为阳，黑者为阴，正邵子云“无极之前，阴含阳也”。中层一○之黑白，为我后天之阴阳，即所谓凡精凡气者是也。其外一层黑白者，乃天地之阴阳也。分之虽有三层，实则一气贯通。但我本来之先天，已隐藏于后天之中矣。所谓一气贯通者，其中有神焉。心为神之舍，言心而神在其中，故人心道心，一心也；人神天神，一神也。否则人间私语，天闻若雷；暗室亏心，神目如电，其影响何以如此捷疾耶？

然丹经中尚有此象⊜，比[①]之这个◉，更为明白，包括天地人三才，其乾坤炉鼎，坎离水火心肾，无一不备。可以三层言，亦可以两层论。以三层言之，上层天也，中层人也，下层地也。以一人而论，上层天之阴阳也，下层身中后天之阴阳也。中层是我本来先天之阴阳也。然此一层已隐藏于后天之中矣。以天人之理言之，上○，天之阴阳也；下○人之形质，以及身中之阴阳也。中心一·，人之心也。心则无处不有，缘被人欲所蔽，故不能与天地通。苟去其人欲，惟存天理，则神光独露矣。神之所至，心即随之。心之所至，气即从之。是故先有一·，后有⊜。一·者，太极也，两⊜阴阳也，所谓“一生二兮二生三，三生万物是玄关”。此玄关者，即此象⊜中间交结处也。将这个⊜并作这个⊙，则玄关开矣，天人合矣。如何可以并得一个？将我心中一点·之心，一尘不染，时时保我喜怒哀乐未发之中，至静坐之时，神凝气定，渐至虚无景象，无人无我，无天无地，则神光独湛，无一丝毫念虑，是时复我先天面目，是象这个○。而我之一灵独露，其象这个·，是时清空之中，有我一灵，则如这个⊙。至静定之极，则神有恍惚杳冥之象，老子云“杳杳冥冥，其中有精。恍恍惚惚，其中有物”，此精与物者，乃先天真一之精，而我所禀而得为人之物，即所谓先天之祖炁是也。是象这个⊙，与前这个⊙，是有分别，此进一层之象也。此两个这个⊙，尚属这个⊜。盖前一个这个⊙，是我之元神，与外之清空一气；后一个这个⊙，是我元神之

① “比”，底本作“此”，据庞本改。

中，内含先天祖气。故就内外统论，尚是[illegible]。

其祖炁在恍惚杳冥之中，静极忽然而动，从内攻出，则恍惚之中，豁然一开，冲破我之后天，方与天地之炁合一，其象亦⊙，此真谓之玄关开也。至此时始得这个[illegible]并成一个这个⊙，而我之心与天地之心合一矣。故一个这个[illegible]，即是三个这个⊙，将这个[illegible]并作这个⊙[①]，谓之开玄关。虽曰玄关开，实则心窍开也。盖天地之真阴真阳在极外，我之本来先天之真阴真阳在极内，被我后天之阴阳隔住在中间，而不能内外[②]相通，故须从内攻出，冲破中间之后天，方可与天地合而为一。此所谓静极之久，而一旦豁然贯通焉。此窍一开，我心即天心，我身即天地也。炉鼎于此⊙中立，药物于此⊙中采，火候于此⊙中行，结丹于此⊙中结，即成道亦即在于此⊙中。是以古哲有云“任你一斤斗翻到非非想天[③]，亦跳不出这个○腔子”。故用则有三，而三才立；体则本一，而一不存。虽名得道，实无所得。人能悟此未生前面目，则吾此心长在先天之中矣。得此境，守此行，则吾此身长处天地之内矣。又何有先后之别耶？其妙难穷，其玄莫测，此功夫在人自悟自进而自得耳。

玄牝章第九

夫玄牝一说，亦属紧要。然玄关既明，玄牝更易明矣。玄牝者，天地阴阳之根源也。玄则为阳，天之根也，于物为父；牝则为阴，地之源也，于物为母。然天之根生于地，地之源起于天。夫阳气之生，生于下极。下极者，地脉也。自下而上升，升之至极，则化而为阴。阴气之生，生于泥丸。泥丸者，天谷也。自上而下降，降至极处，则又化而为阳。此阴阳循环无端，而互生互化之理也。故阳生之根则为玄，阴生之源则为牝，是此玄牝为阴阳出入之门户也。《心印经》曰“出玄入牝”，此以出则为玄，入则为牝矣。然老子曰“玄牝之门，是天地根”，天地者，阴阳也，阴阳即玄牝，玄牝即天地未分以前之真一，而根亦即根于其中，故门即根，根即门。所以玄牝之门，即天地之根，亦即所谓玄关一窍也。而阴阳之炁，玄妙莫测，故谓之玄，出

---

① “⊙”，底本作“○”，据庞本改。

② “内外”，庞本作“在外”。

③ “非非想天”，底本作“飞飞想天”，据庞本改。

入[①]必由门，故谓之关。关者，一窍也；一窍者，真一之门也。真一之门一开，而阴阳从此生出。阴阳一生，而玄牝立焉。此由内而出之理也。

然人有生以后，此真一之窍已闭，而生机借阴阳以生，故只有内生而出，并无外生而入。是生来即用，生者少而用者多，生完用完，死而后已。仙师教仙修复之法，要生者多，而用者少。静则多生，而动者多用，动而能静，虽用亦生，静之至极，真一之窍自开，开则生炁从此而入，即此一窍之内，以运以化，复还本来之真一，方谓之归根复命，而玄牝往来于玄关之内，即老子云“天地之间，其犹橐籥乎？虚而不屈，动而愈出”。人能鼓天地之橐籥，亦可如天地之长久矣。然不知天地之为我耶？我之为天地耶？

后跋

杨子《法言》曰：“言，心声；书，心画也。”古吴薛心香先生为金盖山闵门衣钵真传之弟子，《梅花问答》一书久已脍炙人口，好道者无不奉为圭臬矣。岁在庚申季秋，得晤元和陈虚白先生，道号执中子，在金盖山住静有年。一溥叩以《古书隐楼藏书》，欢若平生。谓一溥曰：“子知薛心香先生乎？”一溥曰：“知之久矣。”曰：“是予师也。予师除《梅花问答》外，尚有《金仙直指性命真源》一书，书只九章，不啻心中之声，心中之画。闵祖师许为心缝意酿之作。子既好道，予有故友担云子录秘本，当以奉赠。”一溥拜读之下，是与《古书隐楼藏书》一鼻孔出气者，乃商诸同门道友胡滋甫、沈少希两先生，亟付手民，以公同好。谨识其得书之缘起如此。

民国十二年七月古润杨一溥谨跋于扬州之寄庐。

① “出入”，底本作“出”，据庞本改。

附录　参考资料

修仙辨惑论[①]

海南白玉蟾，自幼事陈泥丸，忽已九年。偶一日，在乎岩阿松阴之下，风清月明，夜静烟寒，因思生死事大，无常迅速，遂稽首再拜而问曰："玉蟾事师未久，自揣福薄缘浅，敢问今生有分可仙乎？"陈泥丸云："人人皆可，况于汝乎？"

玉蟾曰："不避尊严之责，辄伸僭易之问：修仙有几门？炼丹有几法？愚见如玉石之未分，愿得一言点化。"陈泥丸云："尔来，吾语汝。修仙有三等，炼丹有三成。夫天仙之道，能变化飞升也，上士可以学之。以身为铅，以心为汞，以定为水，以慧为火，在片饷之间，可以凝结，十月成胎，此乃上品炼丹之法。本无卦爻，亦无斤两，其法简易，故以心传之，甚易成也。夫水仙之道，能出入隐显者也，中士可以学之。以气为铅，以神为汞，以午为火，以子为水，在百日之间，可以混合，三年成象，此乃中品炼丹之法。虽有卦爻，却无斤两，其法要妙，故以口传之，必可成也。夫地仙之道，能留形住世也，庶士可以学之。以精为铅，以血为汞，以肾为水，以心为火，在一年之间，可以融结，九年成功，此乃下品炼丹之法。既有卦爻，又有斤两，其法繁难，故以文字传之，恐难成也。上品丹法，以精神魂魄意为药材，以行住坐卧为火候，以清静自然为运用；中品丹法，以心肝脾肺肾为药材，以年月日时为火侯，以抱元守一为运用；下品丹法，以精血髓气液为药材，以闭咽搐摩为火候，以存思升降为运用，大抵妙处不在乎按图索骏也。若泥象执文之士，空自傲慢，至老无成矣。"

玉蟾曰："读丹经许多年，如在荆棘中行，今日尘净鉴明，云开月皎，总万法而归一，包万幻以归真，但未知正在于何处下手用功也？"陈泥丸云："善哉问也！夫炼丹之要，以身为坛炉鼎灶，以心为神室，以端坐习

① 录自《修真十书·杂著指玄篇》，《道藏》第4册，文物出版社、上海书店、天津古籍出版社，1988年，第617—618页。

定为采取，以操持照顾为行火，以作止为进退，以断续不专为隄防，以运用为抽添，以真气薰蒸为沐浴，以息念为养火，以制伏身心为野战，以凝神聚气为守城，以忘机绝虑为生杀，以念头动处为玄牝，以打成一块为交结，以归根复命为丹成，以移神为换鼎，以身外有身为脱胎，以返本还源为真空，以打破虚空为了当。故能聚则成形，散则成气，去来无碍，逍遥自然矣。"

玉蟾问曰："勤而不遇，必遇至人；遇而不勤，终为下鬼。若此修丹之法，有何证验？"陈泥丸云："初修丹时，神清气爽，身心和畅。宿疾普消，更无梦寐。百日不食，饮酒不醉。到此地位，赤血换为白血，阴气炼成阳气。身如火热，行步如飞。口中可以干汞，吹气可以炙肉。对境无心，如如不动。役使鬼神，呼召雷雨。耳闻九天，目视万里。遍体纯阳，金筋玉骨。阳神现形，出入自然。此乃长生不死之道毕矣。但恐世人执着药物、火候之说，以为有形有为，而不能顿悟也。夫岂知混沌未分以前，焉有年月日时？父母未生以前，乌有精血气液？道本无形，喻之为龙虎；道本无名，比之为铅汞。若是学天仙之人，须是形神俱妙，与道合真可也。岂可被阴阳束缚、在五行之中？要当跳出天地之外，方可名为得道之士矣。或者疑曰：'此法与禅学稍同。'殊不知终日谈演问答，乃是干慧；长年枯兀昏沉，乃是幻空。然天仙之学，如水晶盘中之珠，转漉漉地，活泼泼地，自然圆陀陀、光烁烁。所谓天仙者，此乃金仙也。夫此不可言传之妙也，人谁知之？人谁行之？人若晓得《金刚》《圆觉》二经，则金丹之义自明，何必分别老释之异同哉！天下无二道，圣人无两心，何况人人具足，个个圆成。正所谓'处处绿杨堪系马，家家门阃透长安'，但取其捷径云尔。"

玉蟾曰："天下学仙者纷纷然，良由学而不遇，遇而不行，行而不勤，乃至老来甘心赴死于九泉之下，岂不悲哉！今将师传口诀，锓木以传于世。惟此泄露天机甚矣，得无谴乎？"泥丸云："吾将点化天下神仙，苟获罪者，天其不天乎！经云'我命在我不在天'，何谴之有？"玉蟾曰："祖师张平叔三传非人，三遭祸患，何也？"泥丸云："彼一时自无眼力，又况运心不普乎！噫，师在天涯，弟子在海角，何况尘劳中识人甚难。今但刊此散行天下，使修仙之士可以寻文揣义，妙理昭然，是乃天授矣，何必乎笔舌以传之哉！但能凝然静定，念中无念，工夫纯粹，打成一片；终日默默，如鸡抱卵，则神归气复，自然见玄关一窍，其大无外，其小无内。则是采取先天一气，以为金丹之母。勤而行之，指日可与钟、吕并驾矣！此乃已试之效验。”

学仙者无所指南，谨集问答之要，名之曰《修仙辨惑论》云。

金丹直指[①]

山东刘真仙述[②]

小人不为财利，述此书者，大概开众蒙愚，寻个实心知音［道］[③]友护持，了毕大事。此书不是古本录传，是小人心中所发，句句真实不谬。若达者用心细看三四回，参悟此理，深为奥妙。小人不曾读书，说是小人说，字是别人写。

金丹大道，自古难闻，不遇正传，错认外金石滓质草药要点化，指外女中采药要了命，又有一等指已空打坐运转浊气要成事，都是非也。金丹祖气在空虚而悬，是自己元精元气元神，实实要真师口口相传，方敢下手。不得天元龙虎，服食大药入腹内，这凡体骨胎岂能脱换？不得抽筋换骨，金蝉脱壳，撒手无碍，全身脱体，岂能去赴三清、玉帝仙举？中过仙举，受其天禄，金丹大药即玉帝赐与俸禄，非凡烧炼丹药，常人都会。要觅[④]知音，普世无一二。

---

① 隆庆庚午（1570）朱睦㮮《万卷堂家藏艺文自记》之《万卷堂书目·道家》载张三丰有《金丹直指》一书，目前尚未知其书存世与否。但从李西月编《张三丰全集·玄机直讲》和闵一得《古书隐楼藏书·玄谭全集》中可知，《金丹直指》已经被重新编辑保存在那两种资料中了。2022 年 6 月 28 日，网友 wd369 传来天一阁原朱别宥藏《还真集》抄本电子档，其中尚抄有山东刘真仙所述之《金丹直指》，经过几日录入对照，大体推测如下：《金丹直指》原是“刘真仙”所述而成，后人改题作张三丰，并作了相关改动，而有了三丰本。此三丰本可能就是李仲愚藏《最上一乘三元破疑直说》抄本（此抄本由李远国校订出版，后又收入董沛文主编的《修道合集》中）的底本，而《玄机直讲》只节录了其中的部分内容，并分成四个章节，《玄谭全集》也没有完全按照《金丹直指》成书，有所节录，并加入了林兆恩所得张三丰《玄谭》的内容。此篇点校文字，以天一阁《金丹直指》为底本，《三元破疑直说》《张三丰全集·玄机直讲》《古书隐楼藏书·玄谭全集》为校本。

② 顶批：［此］老果是得［道］者，内则任督，［外］则金丹，恁地［说］得真切。

③ “道”字原脱，本篇脱字，都补在［ ］内。

④ “觅”，底本作“迷”，依文意改。

今学者都是强名[①]，个个卖弄伶俐[②]聪明，自称己会，颠倒返愚，终无结果。误了自己前程。小人自幼炉火中烧，外鼎器曾进数次，及一切内外杂术，件件亲手弄过，都无一应。惟金丹一件，堪合天机，便应验。

小人内外安炉立鼎[③]，全在口诀，火候细微之旨，俱得正传。曾入室行[④]外药入腹，发火焚身，工夫行到奥妙。至此虚空，万神朝礼，仙音戏顶，此理神鬼也难明。因自己五行不顺，见万神发现凶险，心神恍惚，不能做主。又因外边无知音道友护持看守，着[⑤]其声色，惊散元阳，万神皆丧。若烹鼎炉[⑥]，劣了猿马，神不守舍，遭其阴魔。

缘何是阴魔？我不细说，诸公不知，皆因其阳散尽，阴胜阳衰，昼夜鬼神为害。不论睁眼合眼，鬼神无隔。耳中又听万神炒闹，白日间犹然教可，到夜间最难过，不敢[⑦]。[定]静三日，海底命主便返，五脏百脉血气皆随上腾离体，连身提起不着地[⑧]。杀身丧命，苦哉！苦哉！思量是鬼家活计，心神恍惚。无奈，须要返尘中混俗方可，久久骨脉自定，五脏不返，心猿安意住，才去了道。

想前代祖师多有跌落，皆是初进火候，不知虚空法度，粗心大胆[⑨]。不到此境，不知此境之事。谁知虚空消息至细至微、至凶至恶，当时显应，神通非轻。若是擒捉不住，他肯饶你？若是消息奥妙明白，功夫至简至易，终日赴蟠桃[会]，饮仙酒，受诸逍遥无穷之福。若是愚迷[⑩]不识机关，遭其阴

---

① “强名”，底本后有“曰道”两字，《三元破疑直说》此句作“今人学道都是强名”，据之删除。从“今学者都是强名”至“令别人了道”之间的文字，参考《三丰全书·玄机直讲·登天指迷说》前段。《登天指迷说》前有“道也者，生天地”云云一段，与《三元破疑直说》第一段文字大体相同。《三元破疑直说》文字次序，除删改之外，大致与本篇相似。

② “卖弄伶俐”，底本作“卖灵”，依文意改。

③ 从“小人内外安炉立鼎”至“都因如此”之间的文字，参考《玄谭全集·金丹破疑直指》前段。

④ “行”，底本作“得”，据《三元破疑直说》《玄机直讲·登天指迷说》改。

⑤ “着”，底本作“看”，据《三元破疑直说》《玄谭全集》改。

⑥ “若鼎烹炉”，《三元破疑直说》作“激鼎烹炉”、《玄谭全集》作“激鼎焚炉”，《登天指迷说》作“激鼎翻炉”。

⑦ “不敢”后疑有脱文。《三元破疑直说》等连后句句读，作“不敢定静一时”。

⑧ “地”，底本作“他”，据诸校本改。

⑨ “大胆”，校本作“大意”。

⑩ “愚迷”，底本作“遇迷”，后径改不出注。

魔，受其横祸魔障。想前代先贤多有返坏，都因如此。[①]

［先贤］混俗，恐防后人诽谤埋没，只说采药。今人不识前人之机，认定女中采药。小人虽没成返还[②]，不曾中过玉帝仙举，［然已］得其明路，打开虚空真消息，已得省悟天地造化、三教经书之意，十月火、一年气候，日月交并，盈运度数细微，都诀破无隔。小人虽在尘中混俗，与常人一般，岂敢［不］令别人了道！[③]

诗曰：

我泄天机事，无师枉费心。

要知蓬莱岛，便问去来人。

小人亦无毫厘嫉拓扫谤人我之事，劈开邪正。若遇上士君子，究竟说话。若下士小根小器颠倒，返谤说我扫谤别人。

金丹大道，万劫因缘不遇。一点元阳无体，得之容易无方。踏破铁鞋无觅处，得来呵呵大笑，全不费工夫。饥来飡饭，困来眠觉，得药入腹内，顷刻湛然，脱骨换体，浑身化一道金光，大地成空，身外生身，阳神脱体，赴蓬莱三岛，有三千美女奉侍，终日饮酒带花，日日熏熏大醉不醒。只要会持空养虚[④]，此是五龙大蛰法。

功夫到此，受诸逍遥无穷。觑世间金银如粪土相似，岂有贪恋之心？只有钟吕二仙传留点化在世，他不是贪世名利，乃阐教扶门，恐后人不信大道，迷踪失路，为此滋道也。今人不明大理，都是贪心妄徒，就要点化治家，养活妻子。愚哉！愚哉！你自家寻思：世间金银谁不爱？你凡胎未换，思量圣事，只是愚痴，不醒金丹大药即是三清俸禄[⑤]，玉帝廪给，即先天元气。

常言道：内事无成，外事不就。得其正传，先修内还丹，且积法财。

---

① 从“小人内外安炉立鼎”至“都因如此”之间的文字，参考《玄谭全集·金丹破疑直指》前段。

② “小人虽没成返还”，底本作“水人虽没成返坏”，依文意改。

③ 从“今学者都是”至“令别人了道”之间的文字，参考《三丰全书·玄机直讲·登天指迷说》前段。

④ “持空养虚”，底本作“制空养虚”，制字误，持字后又有误作“特”字者，径改不注。

⑤ 从“三清俸禄”至“乃是日月精华”之间的文字，参考《三丰全书·玄机直讲·服食大丹说》。

直养得气满神全，金光出现，昼夜常明，才是时候。药苗已生，方可采外药配其雌雄，得金丹脱壳入口，吞入腹内。炼金液大还丹，发周天火候，顷刻湛然，骨胎化作一堆肉泥相似，才得金蝉脱壳，撒手无碍，身外生身，默朝玉帝，中过仙举，受其天禄，得了廪给，万神朝礼皆随，呼风唤雨，拆天补地，举意万神受使，无不应矣。觑天地［如］掌中看果相似，福德胜如三朝天子，智慧过于七辈状元，方可才点化凡间滓质成宝。下方一点水银死，上方添个大罗仙。只点铜铁成银，己得地仙位，万神受使，非［同］小可。盖地[①]学仙者，直到这等应验，方才有点化。丹药非凡，米粒大一丸放在地下，金光照天，方是神丹。若不通神，敢说炼丹？此理奥机甚深。

“金种金兮银种银，外边无有别灵神”，此黄白之术，不用凡金银为母过气，着其邪谬，误矣。若得正传，会产先天大药，认得黄芽白雪，此是真黄白，方可为母过气。顷刻湛然，立跻圣位。但凡世间金银，眼见得金石草药万物，皆是天地之后所生，乃为滓质之物，不可用之。不是同类真阴阳，即是非类，皆不成也。叹盖世学仙君子，认假作真，将真作假，胡弄胡为，往往错用，费尽心机。

不遇至人，且净心看书。诸子丹经不空说一字，前人不肯妄语，只愿后人个个成仙。学者不识邪正，诗书都是隐语，比如眼前说话，隔窗纸相似。若遇至人说破消息，忽然惺悟，诸书无隔，凡圣一气，才不受天下邪人瞒昧。凡学者一生，遭人重重啜哄财物，不要暴怨，想过去诸代先贤都遭如此。傍门最多，难分难辩。学至年迈，才遇至人。

既是上士君子[②]，实心为命，扫尽傍门，重整心猿，从发志气。低心下意，且穷生身受气初。初者，始也。此气正是元始初悬祖气，含着真阴真阳，产天地之先，混元之始。此一粒灵明宝珠，悬在空虚，明明丽丽，人人有之，个个难晓不识，如醉汉不醒一般。离此外觅胡[③]弄，靠执傍门，误了也。此明珠在空虚，包藏森罗万象，发生一切万物，乃是日月精华。

① “地”，疑当作“他”。
② 从“既是上士君子”至“别有个乾坤世界”之间的文字，参考《玄谭全集·玄谭》。
③ “胡”，底本作“明”，依文意改。

此一点奥妙[①]，在道门中论，此是真铅真汞。若知时候，要安炉立鼎，会攒簇发火，不过半时，立得黍米之珠，脱壳到口，吞入腹内。顷刻一窍开百窍齐开，火发四肢，浑身血脉、筋肉五脏，都要化气成珠，与外金汞水银一般相似，不粘土、不粘布衣。到此时候，浑身既化成汞气，水银倒头真死。还有百日火工，才得成宝，永无返还。佛门中论，此明真是真空心、妙觉性，若知时候，片晌发起三昧真火，立得摩尼珠，到口湛然，真火焚身，返本还元，一体同观[②]，大地成空，霞光万道，后有五眼，六通自开，正是炼金刚不坏身，鬼神觑不破之机。在儒门中论，此是无极太极。依外天地说，无极是天地周围日月未判之前，东西不辩，南北不分，上下一混，阴雾水气。直到时至，气满相激，才生太极。太极即日月。日月既生，清浊自然分判。清气分在上，轻清为之天，虚空一派星祇，都是清气中精明光耀也。浊气分在下，重浊为之地，大地山河人畜万物俱是浊气中发生也。虽从地下发生，借天气为和。天属清气，是纯阳；地属浊气，是纯阴。雨露俱从天上降，万物俱从地下生。阳中能生阴，阴中能生阳。天地是个虚无，以无穷尽，以无边际，只是神气，按四时八节自然运转升降。

总论虚空，只是日月，包含万象。日月上照三十三天，下至黄泉。日月是天地之精华，东西运转，上升下降，寒暑自然往来。日是纯阳之体，内含着一点真阴之精，乃属青龙、姹女、甲木、朱砂、金乌、三魂是也。月是纯阴之体，内含着一点真阳之气，乃属白虎、婴儿、庚金、黑铅、玉兔、七魄是也。三魂属神，七魄属气。神属阴，气属阳。千般万样，皆是异名，不离阴阳变化。道在天地，天地不知。凡学者先穷一身内外正天地，此物是内外真炉鼎。若不识真阴真阳，看诸书着其异名，靠执傍门，无处辩理。若得正传，识得内外天地、真阴真阳，方可下手。此形象是一身真造化。

① 从“此一点奥妙”至“方可下手”之间的文字，参考《三丰全书·玄机直讲·一粒黍米说》。

② “同观”，底本作“通观”，据校本改。

内外直指之图[1]

此天一混四气周围，以无边际，以无穷尽，只是虚无虚空，止有星辰在此动转，各有方位。	外 虚祇 （天） 太神	此虚空神祇，下至日月五万四千远，至黄泉十五万六千远，至上无穷。此窍包含万神，最难明。
此日月是天地之精、阴阳之首、万物之母，一年四时八节总而合之，盈运交并，自有时候。	中 月併 （人） 日交	此日月终日东出西落，诸人不知落在何处，那个去所转过来。若知起落处，即明大道。
此黄泉是个金兽，天地老时返还气到，他变化吼叫三声，天地皆无。	内 泉獸 （地） 黄金	此黄泉，上至人烟七万六千，至日月十万二千，至星宿十五万六千，至下无穷。凡学者且穷其内。

此外天地人三才。太上初分，定立阴阳，三才自然相盗，盘古至今，以无休歇。此三才只是日月，一阴一阳，再无别说。若得颠倒阴阳，重配日月，当时化作滴水风火，大地山河、人畜万物都化成滴水风火，日月既无，万物皆随，都归虚无。再生天地，重立乾坤，方可才是大道。

先天元阳，只是父母交感之精。男子十六阳精通，女子十四天癸至。凡女人十四岁月经通，所[2]生儿女。经脉至三十时辰两日半，狂水已尽，内暗有三日不尽，共有六日结胎。女人脐下一寸三分为子宫，内有一个消息，生一颗梅，只有黄豆大。凡月经至，梅口张开，以张六日才收。月经至、狂水过尽，三日之后，方可种子。男女交情之时，男得一点阳精，女得一点阴血，赤白二炁结胎成功之时，只可有录豆大一点水泡儿，交混入梅口内。梅口自然收混沌，与外天地一气同体，毫厘不差，四围不辩，只是一混，阴雾水气，筋骨血肉五脏自然发生。至十月胎完，气满相激，自然产生，才开鸿蒙两窍，清浊自然分判。清气流入先天虚无一窍，浊气流入后天地户一窍。天地既分，已生太极。子母分胎之后，金木水火四气升降往来，体天地自然

① 此图文《三丰全书·玄机直讲》缺失相似内容，《三元破疑直说》《玄谭全集》略有"人人有个通天窍"云云诸句。

② "所"，疑为"方"。

而已。男子十六，女子十四，下阳已全，浑身骨髓满盈，助其先天元阳，俱五性已灵，仁义礼智信诸事备晓，贪其五色五乐。人岂不贵乎？

在母腹中未生之时，正是天地混沌未判之前，只是父母交情之时混一黍珠，自己凡胎身骨全在黍珠内自然生成。此一点是自己生身真父母，外父母只是养身父母。凡学仙者，穷生身真父母，这［皮］囊禀真父母所生，生我之门死我之户，只是日月交感之宫，此是己身正天地。道在天地，天地不知，曰真阴真阳，一点玄珠，在身上悬高处藏一点，即是圣体，与天地同体一气，无差毫厘。己身明明放着天地日月真形，在己凡圣同居，过去各代祖师即是凡人做作，人人有一味长生不死药，人人有个通天窍，人人有个上天梯，人人有个躲生死路，万人不识，今人不信果有长生不死之方，不信有白日升天之路。此形相是一身内外天地之造化也。

内外作用之图[①]

此窍是通天窍、上天梯、炼丹炉、躲[②]生死路，正是生身处一点真阳，明明在身。此消息，妙中之妙。	外 天　先 (天) 陽　真	一点明珠在身，与外天地日月同体一气，是自己祖宗。今日觑破真父母，明日不怕死［和生］。此机关，玄之又玄。
产天地之造化，铸雌雄剑，看药老嫩，全在于中，安天立地不难。学人万劫因缘，不遇正传也。	中 間　中 (人) 竅　一	天气下降不到泉，地气上升不到天，空中悬此，理最难明。中间一窍少人知，实要明师口口相传。
此是海底金兽，浑身百脉血气、筋骨五脏，全凭他执掌，成佛成仙，或死或不死，全在此穴安排。	内 底　海 (地) 獸　金	此是顾命之地，养命之方，去诸病不生，万神之根蒂，下元一穴，此消息畜命不死，滋味深奥。

① 此图文内容，《玄机直讲》无有。《三元破疑直说》与《玄谭全集》有所改动，其两者文字大体相似。

② “躲”，底本作“挅”，依文意改。

此天地人三才。在己一身，有形有像，是一身上中下三个消息，属三个炉鼎，又名三教，三乘妙法，三丹田作用。体外天地人三才，匡廓外三教经书。又属三个五行：上是天之五行，下是地之五行，中是人之五行。《悟真篇》云“三五一都三个字，古今明者实然稀”。

小人说话，不是大言，且不论火候攒簇细微，只这三个五行，百万人中无一个识者。若知三才相盗，偷精换气，颠倒采取，攒簇口诀，[若人]敢承当，作仙也不难。凡学烧炼者，先穷内外真炉鼎。若不识真炉鼎，无处下手。既会安炉立鼎，才穷朱砂水银。若不得内外药材性理[①]，生药的时候，炉鼎中煅炼何物？既知内外药材，生的时候，才敢进火烧炼。此是一身内外炉鼎形像。

内外攒簇火候之图

安九阳之炉，炼剑定时候，开关采药。朱里汞外[②]，攒簇沐浴，水火既济，持空养虚，只在此窍。	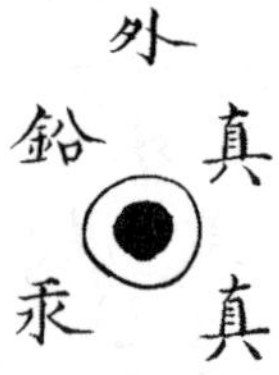 外 鉛　真 汞　真	此窍含着一真朱砂水银，明明在己不远，万人不识，离此外胡烧。此物就是外五行、真炉灶。
立九阳之鼎，四正攒簇，结胎脱体，生天地人万神，风云雷雨，都涌在中宫正位，五物产在中矣。	 中 位　坤 釜　土	此是神室鼎，产内外二药，铸雌雄二剑，接制添汞，看药老嫩，后取点化丹药，只此中间一窍门少人知。
凡兴工，先在脐下安炉立鼎，水火煅炼，且积法财，神真气满精全，上七窍生光，才是时候，方可采外配合。	 内 臍　下 主　命	此穴是成道梯、登仙路，此穴涌神纯熟，直涌得万神受使，回斗转星[③]，随意所变，方可夺外天机。

① “性理”二字疑为衍文。

② “朱里汞外”，《三元破疑直说》与《玄谭全集》作“朱里回汞”。

③ “星”，底本作“寅”，据校本改。

此上窍纯阳之体，内含着真阴，是彼家之物，属外。其外者，他也。下窍纯阴之体，内藏着一点真阳，是我家之物，属内。其内者，我也。中者，是中间一窍，属黄婆舍。

凡下功，只要采阳里真阴，阴里真阳，内外两窍，婴姹匹配，全[①]凭黄婆颠倒重配，方可成圣。命以从外来，还是自家之物。真阳虽在他家，采取不离自己元神。盖世学者不得正传，无处下手，执己不是，离己又不是。凡进火功补虚，看人老少量虚实，直要补得骨髓满盈，须采取内外阴阳。

凡下手[②]，先采上窍阳里真阴，入下丹田气海中，与肾经配合。先天阳里真阴即是三魂，后天阴里真阳即是七魄，会在脐下丹田气海，刚柔匹配，心肾自交，魂魄混合，神气相迎，胎息自定，如外夫妻一般快美。气结成魂，如外阳相似，活熖熖会，发运四肢，水火均平。此是小周天，只要薰蒸，鼻息气倒回，下龟肾自然入内，真气不散，自然冲入骨体。浑身骨髓酸麻酥酥，软成一块，美乐比外夫妻又不同。十二时中，时时如此快乐。腹内如活龙相似，自然动静升降，一日有数十样变化，都是自然。婴儿好动，姹女好静，婴儿姹女自然成亲欢乐。此是采阴补阳一节，才是修内还丹，炼己筑基。正是还精补脑，为积法财。情性既交，终日逍遥，只管睡觉，饥时吃饭。昼夜常用五七飡。

世人全藉五谷为活，是见在的父母。若人十数日不进饮食，自然气脱身死。诸人不知五谷为命，凡人诸病相侵，或年少体衰虚，只是下阳亏损，诸病不离。若浑身骨髓一空，性命难保。若人内外攒簇，水火既济，血气逆流，五脏和顺，胃口自开，能进饮食。饮食到腹内，能化气。气生精，精生气，气生神，所以补其虚损，诸病皆退。既得正传，精气神混合不散，自然冲入四肢，才是补法。直补得骨髓满盈，脐腹如饱胎妇人一般，才是精气神全。真火烧身，做不得主张，方可择善地，习悟等时候。

若想炼天元龙虎大丹服食药，必要僻静，不闻鸡犬之处。外边实要知音人看守，不要一个闲人到此，恐防惊神。入室下手之时，之时想要超凡

① “全”，底本作“金”，据校本改。

② 从“凡下手”至“奉侍大道”之间的文字，参考《三丰全书·玄机直讲·还返证验说》。

入圣之志，非小可事，把世间凡情丝毫不挂，万事一刀两段，永作他乡之客，再不可回思，就止不语，且内持空，一身神气既守，心猿所制，心猿会持空，万神皆随，浑身筋骨肉血五脏都变成青气[①]皈伏。专心调习纯熟，成形不散，万神受使，星[②]回斗转，随意所变。直调得身无有皱皮，面如朱砂相似，又如珠玉，上七窍生光，昼夜常明，身如太虚，才是时候，方可求仙。直到这么应验，才是神满气全，法财广大，方可登起舟舡，才做得起丹客。“家中有酒堪邀客，囊里无钱怎作商？”今人多有胡做，指外金银作法财，炼大丹服食药。又有一等山中枯坐守空，也要想了道。此是执着之者，不能省悟也。

工夫既行如此，上窍发光，三阳开泰，神剑成形，趁水推舡，趁风发火，趁一阳发生，方可下手，夺［外］天机，开关采药，［炼］外金丹。［金丹］夫妇以虎而嫁龙[③]，若颠倒攒簇，摄起海底金郎，后开夹脊，上升行玉枕，到泥丸，落入水晶宫，与木汞配合，不过半时，水火既济，攒簇已定，真气冲入四肢骨髓，浑身骨肉如火烧刀割相似，最难禁受。十分好汉，无一分做得主张。若会持空沐浴，使水［火］既济，不过半时，浑身骨格[④]如炒豆子一般，一齐爆开，百脉血气都成形，［都］会说话，就［在］身上炒闹成一块。舌下有两穴，左为丹井，右为甘泉，此是正涌泉穴，随骨脉[⑤]一齐爆开，下肾水上涌到口，如外水泉一般，咽纳不及，滋味如沙糖。直至三十时辰两日半，狂水尽后，专等天癸降[⑥]。此是正时候，忽然一点真铅下降，到口透心，凉如冰相似，即运一点真汞[⑦]迎之。攒簇吞腹之后，浑身湛然，如千千面战鼓同鸣，又如万万处雷声齐吼，顶上又如狂风揭地[⑧]之响，万神一齐炒闹。不要恐怖，此神即是自己一身血气百脉发生。休［要］惊怕，踏罡

---

① “青气”，《三元破疑直说》作“清气”。

② “星”，底本作“升”，据校本改。

③ 以虎嫁龙金丹夫妇之说，源自陈致虚，如其注《悟真》说：“金丹之言夫妻者，独妙矣哉。又有内外，亦有数说，以虎而嫁龙，外也。”

④ “骨格”，《玄机直讲》作“骨节关窍”，《三元破疑直说》《玄谭全集》无此字。

⑤ “骨脉”，底本作“骨格”，据校本改。

⑥ 夹批：止说得后天接命。

⑦ “真汞”，底本、《玄机直讲》作“凡汞”，据《玄谭全集》改。

⑧ “揭地”，底本作“扬地”，依文意改。

步斗[①]，执剑掌印，这里正是凶恶处，三回九转，降帅召将，照看虚空。虚空［中］或见龙虎相交，或见天地交泰，或见日月交宫，或见仙佛，或见天宫，此是诸境发见，亦不可认。

既得铅汞相投，三日之后才产大药。这三日中最难过，遍世都是邪魔，四面八方，神嚎鬼哭，杀气狼烟，此理正是开关采药，两家争战之处，若不亲口说破机关，工夫到此，十个九个都吓杀了。心有恐怖害怕，都有跌落，遭此魔障。既炼动先天元阳[②]，遍体都化成神，返来害己。虽化成神，却[③]是阴神。［阴神］最灵，能会千变万化，都来为害争战，［岂］肯善善皈伏？常言说的好："你会六通神，［方才脱神鬼。］若不会通六神，休想不见神鬼。"[④]若会遁法，把天地都厌遁了，使鬼神不能为害。若会持空，鬼神不能所见，不能为害。

混沌至三十时辰两日半，炁炁相激，气满至急[⑤]，忽然活泼泼激出太阳流珠，脱壳入口。口里气结成形，如外水银一般成珠，不沾土、不沾布衣。后还有一百日火工，才得真死汞，永无返还。真丹药既得，脱壳到口，才得太平。此时百万龙神尽失惊，始知我命不由天，才是正天地交泰，日月交宫，［浑身］湛然，周天火发，骨胎[⑥]化作一块肉泥相似。阳神脱体，撒手无碍。浑身都化成阳神，上下卫护，遍满虚空，显现真形，专心持空养虚，以空制空，以虚养虚，随身变化，万物体天地发生，自然万神宾伏，赴蓬莱三岛，受诸逍遥无穷，有三千美女侍奉，终日赴蟠［桃会］，饮酒带花，日日薰薰大醉，浑身彻底玲珑，海底龟蛇自然盘绕，骨格软似绵团，大醉不醒，才是五龙大蛰法。

炼之百日，玄关自开，婴儿显像，龟蛇出现，万神受使，才是铅汞颠

---

① "踏罡步斗"。底本作"踏天罡不倒"，据校本改。

② "遭此魔障。既炼动先天元阳"，底本作"若遭此魔障，即炼动先天元阳"，语意不顺，据校本改订。

③ "却"，底本作"即"，据校本改。

④ 常言诸句，《三元破疑直说》作"常人说：'你会大神通，方才脱生死。你若不会大神通，休想服鬼神'"，《玄谭全集》作"常人有言：'你会六通神，方才说死生。不会六通神，休思伏鬼神'"，《登天指迷说》作"前人说得好：'你会六通神，方才脱生死。你若不会六通神，休想成道'"。

⑤ "急"，校本作"极"。

⑥ "骨胎"底本前有"浑身"二字，今将此二字移至"湛然"之前。

倒，血气真死，即是己汞干死，浑身紫雾毫光，瑞气千条，红霞罩体。盖世学仙者直到这么应验，才点得外金[①]茆，口里取出真死水银，如霜白相似——水银不死茆不白，凡人服之，永不生病。炼之六个月，体似银膏，浑身黑血返白，才是白朱砂——朱砂不白汞不干，浑身香气，出在外边，诸人都闻得，口里出气成云，此是灵丹成熟，才干得外汞[②]成宝，永不返还。此药非等闲，人服之永不死，死人便活。炼之十月，阳神脱体，一身能化千万身。炼之十二月，夺尽一年天地气候，全阳已就，浑身出八万四千阳神，步日月无影，入金石无碍，神鬼莫测，变化无穷，才是金丹成熟，浑身成金，不怕外火烧，亦不怕大水溺，虎兕刀兵俱不能毁伤，已成真人矣。此丹鸡餐成凤，鸭啄成鸾，马食成龙，人服成仙，此理鬼神也难明。若不做过、见过，诸人不信。

道法至奥至玄，金丹造化工夫，三回九转，七返九还。若得火候细微，攒簇口诀，只在五七日之间，把天地颠倒过，就了当已毕，万物体天地，都是自然。后火工夫，还要体天地一年十二个月，方可炼金丹成就，白日升天。

小人虽曾炼灵丹成熟处，曾行[③]大药入腹，攒簇口诀，火候细微，三回九转，七返九还，颠倒天地，曾做过、曾见过，曾试验到自然处，只是缘薄分浅，未曾炼成大药。后事虽未到，自得悟门大开，无所不知。大道至简至易，工夫虽是一年，火候细微只在百日之内，动静凶恶只在九日以里，得药内外攒簇，顷刻湛然，圣胎已就，产黍米之珠，吞入腹内，周天火发，脱骨换体，只要会持空养虚，都是自然。若会攒年簇月，大道至简至易，只在一霎之间，不须半个时辰，把天地颠倒过，后运火虽有十个月之功，体天地都是自然此理。若行五龙大蛰法，死中返活，出五行之外。[若不能死中求活，]岂得见仙音、奉侍大道？[④]

---

① “金”，底本作“全”，依文意改。

② “干得外汞”，底本作“干外得汞”，依文意改。

③ “行”，底本作“得”，依文意改。

④ 从“凡下手”至“奉侍大道”之间的文字，参考《三丰全书·玄机直讲·还返证验说》。

广文秀才，聪明睿智，能闻一知十[①]，文理大开，只是外像聪明。讲诸书，只是讲性理字义，只是五常人伦之道，只是学文。若论金丹大道，最难。若不得内外口诀火候明白，看诸书一字难入。果若得遇至人真传，心性自然开悟，如大海一般，看诸书横竖无不是大道。诸子丹书，前人不肯妄语，不下一个空字，只是今人没传授，胡猜胡譬错倚，靠执傍门，不说自己愚迷颠倒，诽谤前人说的不分明。

医中任督二脉形像。任督二脉，万人不识。督者，督总也，正是天地未判、父母未生前，即是先天元阳祖气。任者，仁也。乃生生不息之元气也。[②]此元气形像，静啰啰[③]，圆陀陀，赤叱叱[④]，明丽丽，光灼灼，活泼泼，此物是众卦之母、万物之祖，包含万象，发生万物。佛门以此物为摩尼宝珠，道门以此物［为］黍米之珠，儒门以此物为太极，即是大阳流珠，医中以此物为活滚滚一丸真丹妙药[⑤]，万人不识，不会服此药，病来只去寻外草药，着其邪谬。不能接气，不能留命住世长年。

太上混沌，生天地之后，先治五谷，后立人根[⑥]。男女匹配以后，人民渐多，盖世无穷。既用五谷，身根不清，五脏返浊，诸病相侵，乃是五谷浊气发生。若用不得五谷也是死，所以五谷能养人能伤人。太上因见五谷伤人，慈悯无奈，又返下世身，化十代明医，才集医书在世留传。后辈因道显药，先论内外二科，五脏六腑，大小二肠，上中下三焦，津精气血，筋骨脑髓，针炙穴道。今人不明大理，无得传授，又不能性有省悟，全不论内外二科相返相克，死看医书，依方修合下药之时，又不论五脏虚实，多有伤杀，误杀人矣。

---

① “广文秀才，聪明睿智，能闻一知十”句，底本作“不得谎，不在聪明，就能闻一知十”，文意不通，故改。

② “仁也。乃生生不息之元气也”句，底本作“若会状元气，恁从自己，终日睡觉，诸病自然皆退”，据《三元破疑直说》《玄谭全集》改。

③ “静啰啰”，校本作“静罗罗”，同“静裸裸”。

④ “赤叱叱”，校本作“赤洒洒”，当从。

⑤ “活滚滚一丸真丹妙药”，底本作“活滚三丸真丹妙药”，据《玄谭全集》改。按：三，大致是重文符号与“一”字合在一起的错误。

⑥ “人根”，疑当为“人伦”。

此窍是生身之源，未有身先有此窍。	督脉㊖一訣	此消息正是父母未生之前元阳之气。
此窍是一身五脏之主，内外执掌全在此窍。	任脉㊥一訣	若知颠倒攒簇，意所到、皆可为，恁从自然也。
此穴是五脏之根，未有五脏，先有此穴。	督脉㊄一訣	此消息正是养命之方，留命不死之根蒂。

此是一身上中下三个消息，凡有大病着床瘦弱者，或诸杂等症，专调内督脉，终日睡觉，诸病自然皆退。凡有急紧速病，当时将死，会下无碍手，捉拿上窍外督脉，不须半个时辰，使浑身脉定气回，上中下三焦开和，留命不死[①]。但是动手动脚动气，都是非也，不能治其大病。凡在家者，先要断绝房事，保养元阳，且看下元，不要泄漏。凡有诸病，皆因下元虚损。常人行房，以泄为乐，此理损身丧命。若得正传，炼已工夫纯熟，神气已定，水火既济，后成大药。先要补法明白，使骨髓常要盈满，诸病自然不生。

今三教僧道秀才，无有一个惺悟达者，惺得自己元气，三教贯通一气。今人不明大理，都有分别，不知都在一气而发生，但得正传，岂有分别？

① “留命不死”，底本作“留命不能”，依文意改。此句《三元破疑直说》作“亦可留命不死”。

道士不得正传，终日说道，通身不知道是甚么对象。和尚不得正传，终日念佛，通身不曾见佛怎么面目。秀才不得正传，终日读书，通身不知五经四书之义，太极一气在何处发生。三家虽读经书，不识自己祖宗，难免无常二字。忽然大限到来，譬如活牛生剥皮，螃蟹下滚锅，七脚八手，诸般都顾不得，气脱不知何往，身死化作肉泥。今人不明大理，见今放着这等知君臣父子、仁义礼智之灵性，尚且不肯修仙进步，想要死后往那里托生，都是胡说，无有此理。虽有再来，岂闻至道，惺悟修习也？

大藏经中说："一失人身，万劫无回。""人间阳寿真难得，一寸光阴一寸金[①]。"世间最灵最贵莫过于人，一身精津气血——为命下精，舌头上津，浑身气血，此四气上下周流运转，体外天地日月往来，不差毫厘。此四气属金木水火。一身水火均平，诸病不侵。此四气相返不来潮中[②]，当时就是大限[③]无常。若得正传，此四气皆归一气也。若会归根复命，[使]入下元，魂魄不散，水火既济，有何死也？若得师传，明白内外颠倒配合，倘遇难中，或遇王法不能脱身，海底命主是一身四气之根，若会发命主归元，神气不散，使一身神气都不散成形，才有一着撒手就舍，此消息神鬼不测[④]。常人临死，气先散，使人不知，口里气脱，如冰消一般，岂有踪迹？气既散了，如何又得成形？

论儒门中求先天太极口诀，参悟五经四书，文义自开。先要收其放心，把酒色财气杂念都要弃却，借先天气使一身浊气返清。果然下手，行之一七二七，不过三七日，文义自开，无所不知。或有聪明睿智广文秀才，讲诸书，只是讲字义，性理得悟，只是鬼性，不是祖性。得悟鬼性，属阴。祖性，属阳。鬼性正是心中一点灵意。此意最灵，无不是他作做。三教经书文理，不过意中所发，思虑摆布，千变万化，无不是意。此意正是虚心中一点

---

① "人间阳寿"句，出自《金刚经科仪》。

② "潮中"，疑为"朝中"。

③ "大限"，底本作"大根"，依文意改。

④ "才有一着撒手就舍，此消息神鬼不测"句，《三元破疑直说》作"用一着撒手无碍功夫。舍此消息，亦再无出头而学道也"，《玄谭全集》作"用一着撒手无碍，舍此消息，亦可出头而学道也"。

之神[①]。此神正是思虑之神。凡读书，文义全在思虑而得。此意内外、先天后天都连着。此物最灵，得悟者无一事而不通晓。虽是灵物，不能成形，即是阴物，是为鬼性，就是广文秀才，只是意中得悟。虽是性理明白，还不是祖性源流。祖性是修成圣，祖性方是真性，才是三教贯通一处，一粒黍珠，属心。此意属性。若得明传心性口诀，忽然大悟，讲诸书无所不通。性在天边，命在海底。都来两个字，了却万卷书。依大理论，浑身筋骨肉血五脏都属后天滓质，惟有先天元气含着真阴真阳，此形属心，此心正是真空心，非是肚里这血心。万人不识，他别有个乾坤世界。[②]

红绣鞋

铅与汞结成一块，龙缠虎实是难开，鼎炉混合要分胎。休教他亏了母，也休教损了胎，生下小婴儿还着母妳。

又

诉与诸公知道，我今番不比先遭，果然间辛苦有些儿苦劳[③]。好一个真铅汞，不差了半分毫，把一个精第子煎成至宝。

诗曰：

何言金木水火土，留身保命是龙虎。
学人不知五行精，强认他人为父母。

山东刘真人口述金丹直指终

① “之神”，底本作“元神”，依文意改。

② 从“既是上士君子”至“别有个乾坤世界”之间的文字，参考《玄谭全集·玄谭》。《三元破疑直说》《玄谭全集》之后，尚有“内外三心”等文字。

③ “苦劳”，底本作“劳苦”，依韵改。

玄谭

三峰先生，姓张，名君宝，字全一。生有异质，尝与人论议三教等书，如决江河。其所雅言，专以忠孝仁义劝世。我明太祖高皇帝，遣三山高道，访于四方，竟弗至。太宗御极，遣使致书，曰“真仙张三峰足下”。复命礼科都给事中胡濙、道录任一愚,、岷州卫指挥杨永吉遍诣名山，访求未获。特敕正一孙碧云于武当山建宫以候。天顺中，赠为通微显化真人，锡之诰命。而侍立翠湖，乃先生高弟也，有灵异［《通纪》《传》《双槐岁抄》，及他诸刻，皆以三峰为三丰，误矣］。

玄歌

道情非是等闲情，既得玄微不可轻。先把事情齐放下，听我次第歌玄歌。未炼还丹先炼性，未修大药先修心。心静自然丹信至，性清然后药苗生。药苗生，雷声隐隐震虚空。电光烁处寻真种，风信来时觅本宗。岂曰风雷并电烁，许多境象难尽言。若还到此休惊怕，稳把元神守洞门。心身寂然俱不动，如猫捕鼠又如鹰。许多境象虽非外，一点红光是至真。这些一点春意足，其间若有明窗尘。一点元是先天药，远似葡萄近似金。到此全然宜谨慎，丝毫念起丧天真。待他一点自归伏，身中造化四时春。一片白云香一阵，一番雨过一番新。终日绵绵如醉汉，悠悠只守洞中春。身中阴气都剥尽，变成纯阳不坏金。几回气绝如小死，打成一片号全真。至是洪名班列籍，却宜人世积阴功。功成一日天书至，纯阳出现了真灵。斯言莫与非人说，漏泄天机霹雳轰。嘱咐仙童并道侣，不逢达者莫轻论。其中句句通玄理，此真之外更无真。收拾锦囊牢固闭，他日行功可印心。可印心，五十二句要君寻。三峰若有虚花语，万劫轮回地狱中。

近得览三峰先生《玄歌》一章，复命梓氏标于《玄谭》之上。然《玄歌》乃以修心炼性为先，而所谓真种本宗、阴剥阳纯、住世累功者，是皆玄门之渐教也。若《玄谭》则以外景无无为至，而所谓窍中之窍、长胎住息、紫金黑铁者，不谓玄门之极致乎！学者诚能比而观之，则天下之道无余蕴矣。

玄谭

张三峰曰：夫道，中而已矣。故儒曰执中，道曰守中，释曰空中。而其所谓中者，窍中之窍者中也。予独慨夫世人之不识中也，或求之九宫之中，曰泥丸，而不得也；或求之脐下一寸二分，曰丹田，而不得也；或求之心脐相去八寸四分，而以中一寸二分为中，与夫两肾之间，前对脐轮，而不得也。夫以有形求之，而皆不能得也。乃复逆而度之，则曰关曰玄关，牝曰玄牝，岂虚无之谷，而不可以有形求欤？夫以无形求之，而又不能得也。乃复逆而度之，则曰无而不着于无，有而不着于有，岂非有非无，而不在于有无间欤？智过颜、闵，真难强猜。予今冒禁言之，实非予之得已也，盖以神仙降生于此时者众，以救世也。或官矣，或士矣，农工商矣，道矣，释矣，予故作此篇，以籲徕之，俾知救世，复返天上，而不坠落于尘寰间者，此予之心也。图说如下：

释氏外景

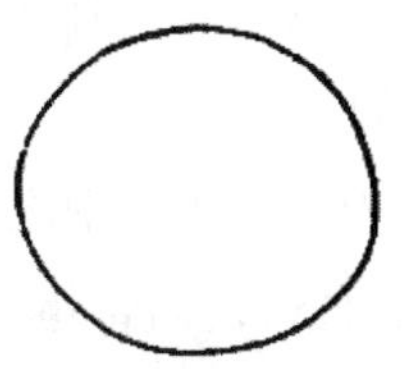

外景也者，外其身而虚空之，先了性也

张三峰曰：释氏了性，须要持斋，故太虚是我，先空其身。其身既空，天地亦空；天地既空，太空亦空；空无所空，乃是真空。

张三峰曰：无无乃出天外，虚空以体无无。

道家内景

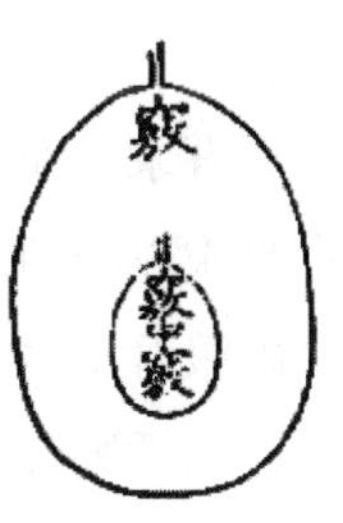

内景也者，内其身而胎息之，先了命也

张三峰曰：胎因息长，息因胎住，而窍中之窍，乃神仙长胎住息之真去处也。然天地虽大，亦一胎也，而日月之往来，斗柄之旋转者，真息也。又不观三氏之书乎？《易经》曰："成性存存，道义之门。"《道德经》曰："玄之又玄，众妙之门。"《遗教经》曰："制之一处，无事不办。"皆直指我之真去处而言之。所谓吾身一天地也，然此真去处也，虽曰不依形而立，而窍中之窍，夫岂无其形哉？今乃借物以明之，譬之乂口然，实其中则张，虚其中则弛。而窍之能张能弛，亦复如是。

张三峰曰：起手时须先凝神，入于窍中之窍，息息归根，而中实矣，中实而胎长矣。然神本生于窍中之窍，而寄体于心宫，予尝谓之元是我家旧物，而复返于我家也。

张三峰曰：窍中之窍者，神室也。神室即气穴，气穴即中黄。盖黄乃土之正色，而土，意也。故坎之土戊，其意常在于离，离之土已，其意常在于坎，此其性情然也，而自有相投合之机矣。若能识其投合之机，而以意送之，神凝气住，则自然结成一点金丹，至简至易，而非有有所于凿也。此盖以母之气伏子之气，而子母之气相眷恋于窍中之窍矣，丹其有不成乎？

张三峰曰：神凝于窍中之窍者，譬之鸡子，而乂口则包乎其外者，外窍也。凝神而入于窍中之窍焉者，即鸡之雌得雄之阳，两意混合，而雏全矣。

张三峰曰：又尝譬人之阳物然，能刚能柔、能张能弛也。然谓之此窍也，窍非凡窍则可。而谓之此窍也，形无其形则不可。

张三峰曰：神凝于窍中窍之中者，譬果子之仁也。窍中窍者，果核中之两片，以抱仁也。外窍者，果核也。

张三峰曰：始而采取吾身一点真汞，而归于我之真去处者，内服也，丹名紫金。继而太虚中自然有一点真汞以与内服紫金相为混合者，外服也，丹名黑铁。故紫金者，阴丹也，以内服吾身之金精也；黑铁者，阳丹也，以外服太虚中金精之性也。然金刚也，而铁则金中之最刚者。黑铁之丹，虽曰自外而来，然亦不可得而内外之也。

张三峰曰：内服而一坎一离者，一雌一雄也；外服而一金一铁者，一雌一雄也。

张三峰曰：紫金黑铁，浑然混合，盖不特充塞于天地，而亦且不囿于天地焉者，乃真了命也。夫不囿于天地，则可以位乎天地；可以位乎天地，则可以育乎万物。岂不以天地生生之真机在我，而为万物之所造命者乎？黑铁功用则固若是其大矣！若徒内服紫金，直可以了一身之命已尔，而命则终非其有也。

张三峰曰：虚空者，佛性之本原，出于自然者也。若黑铁外丹，乃虚空中凝成一颗，而复返于虚空者，佛性之本原也。然外服黑铁，全靠功行，功行未及，孰臻其极？故此黑铁也，殆非圣师之所能传与，亦非大人之所能修持以少致其力也。

张三峰曰：十月火候，全在周天；周天运用，全在斗柄；斗柄建令，全在真息。

张三峰曰：火候之要，只在于时时照顾，以烹以镕。

张三峰曰：即月即日，即时即刻，都分得春夏秋冬，自然而然也。若能念念在兹，照顾不离，则自有旋转真息，一降一升，而水火木金相为进退矣。

张三峰曰：火之功最大，盖火之性能融物之真焉者也。故未得丹时，须藉火以凝之；又藉意以媒之。既得丹时，须藉火以养之；又藉意以调之。然火候微旨，概自从古以来，而学道之人少有知之者。要而言之，其穴有三，三者惟当顺适而利用之，太过则损之，不及则益之，俾得中和，而无水干火寒之病矣。此须口授，非可笔之文词间也。

张三峰曰：意到则息自内调，故周天运用，切不可著意为之。

张三峰曰：外服黑铁，脐带上时有异光。脐带者，命根也，亦能刚能柔。外服火候，当于此处节取寒温消息，然意到亦能伸，而伸缩亦由乎意也。

张三峰玄谈已，乃复谓桃氏子曰：子之内服紫金丹也，盖十有余岁矣。至于黑铁之丹，真古今之所希有也，子今既得之，而火候之说，乃圣人之所深秘也。予既为子详之，子其勉之，其所以为我籲徕，以俾复返于天上者，端有赖乎子，子其勉之。

万历九年夏四月三日，弟子桃文羽传梓。

三教弟子卢文辉重校。

张三峰先生，国初时显化普度，诸家纪录悉其事。太祖太宗遣臣遍觅，莫知踪迹。万历九年，顾访我师龙江夫子，剧谈玄秘而去。恐声闻难以应命，故晦其名曰桃氏子。是时性如卢君，年方志学，羽翼斯道，兆已定矣。戊戌季冬谷旦，三教门人永嘉张鸣鹤顿首百拜谨识。

先天虚无太乙金华宗旨

吕祖全书先天虚无太乙金华宗旨小序

从来语之从重者，不妨姑置其余。《太乙金华宗旨》一编，出自苏门吴氏抄本，阐说存心养性之学，多与儒释二教相同。其初系旌阳真君受斗中孝悌王之传，不落言诠文字，所谓“净明大法，忠孝雷霆”是也。洎康熙戊申岁，我吕祖奉勅偕邱谭二真降坛于毘陵白龙精舍，宣扬宗旨，传示净明法派潘乾德等七人。后缘人多物故，星散不齐，孝悌王于康熙壬申仲夏，复奉帝勅，重提宗旨。时有屠乾元付兹于张坎真，订辑成书，兼录祖师及诸真弟子序文。时师于古红梅阁，又授是旨于坎真等七人。合诸前七人，皆系净明法派，不在南北两宗，乃祖师代旌阳阐述宗旨，以诏后学也。

夫是书编次之例，与医卜星相等书判然迥别。彼则从浅入深，引人入胜，不嫌由轻及重，由显及微。兹既以“金华宗旨”名篇，自宜以开说宗旨渊微，阐明心性筌蹄处列诸前帙，使学者顾名思义，开卷了然。其余丘谭二真之说，非不详述源流，戒律行持大略，而于本旨切要处，了无当焉。张君只依降笔先后，笼统列为二十章，前谭真，次吕祖，终邱真，不分所言轻重，未免本末失宜，恐后日阅书者初时展卷，咸目为金华科仪矣。则于祖师宗旨之名，反多歧视。今既采入《全书》，自应仿照刘本章程，斟酌尽善，何可仍张君原订，漫无区别也。谨将祖师所宣宗旨十三章弁首，而谭邱二真之说作为宗旨垂示，附于卷末。其中有立言似非正大，字句涉于舛讹者，悉皆删正之，庶使后学诸贤审祖师之要旨，而推类以尽其余也。设有责以妄易成书者，予亦何敢辞其罪乎？

乾隆乙未仲春三日，钱塘万善子邵志琳敬序。

目录［前有小序］

孝悌王太乙金华宗旨原序

昔奉纶音，命上真飞鸾演化，五陵之内，奏拔多人。

至戊申岁，于昆陵遴选七人，具闻天阙。每降乩白龙精舍，与诸子所谈，无非尽性至命之学，非若世人言性者不兼言命，言命者或略于言性。本体上复加工夫，有工夫莫识本体。以致失之毫厘，谬以千里。盖言性真达先天，言命不离冲漠。性命合一，体用兼该，形色合天性以为用，天性超形色以还元。六根六尘皆为形色，有形有色悉本天真。离六尘无见性之地，舍六根无立命之基。识得六尘皆是本根，则滴滴归源矣。见得六根皆光明藏，则处处灵通矣。是故有一物不归性量，毕竟见性之未真。有一处不关命脉，难言立命之已至。学人本性命之学，上达玉清，下彻泉壤。法身周遍大千，曲成万物，广大悉备。言性而命无不该，言命而性无不具。彼以龙虎法象炼形炼气，何为乎？

是书也，本为七人宏愿，流传万劫，有具出世福、肩荷法门者，虔奉修持，何患不立致九霄而飞升紫府也？

康熙太岁壬申十一月朔旦，斗中阐教孝悌明王序。

许旌阳真君太乙宗旨原序

天地设位，圣人成能。圣人亦人也，何以成能于天地？盖自日月垂象，四时运行，百卉蕃昌，人物变化，参错不齐，愚人见其自无而之有，莫不执有而滞于形。至人则见其自有而返于无，故皆观象而归于化。所以数往者顺，知来者逆。顺则为人为物，为山川崖谷，为草木禽鱼，为风雨露雷，为龙蛇怪异。凡事变不可名状者，何易悉数？逆则为仙为佛，为威音，为元始，为赞化育之至圣，为知化育之至诚。甚矣！一顺一逆之间，为人鬼异路，圣凡分界。本是同得之圣体，而独让至人成能，而与知与能之愚百姓，日用之而不知返其本初，亦甚可哀也已。易曰“乾坤毁，则无以见易”，亦谓无从指示凡夫耳。若至人即至天地毁形，再从混沌立基，亦可生天生地，生人生物，以至于无穷。是故有日月，即为我之照临；有阴阳翕辟，即为我之一动一静；有屈伸运行，即为我之神明变化。自本自根，诚一毫不假他求，绝无阶级，一了百了。盖人身一天地，天地有日月，人身亦有日月。天地有日月，万象开明，故曰乾坤为易之门户。人有日月，精华发露，其犹重门洞开，从此直登丹阙，而上玉清也，抑何难哉？

丹经玄奥，以玄牝为出入之门，独是宗旨则以乾坤为门［乾坤即阴阳也，阴阳即坎离也。坎离为大道之枢机，故曰以乾坤为门］，学人得此门也，穷神知化，与元始比肩，与威音齐位，而知化育之至诚至圣，又无论矣。噫，至人之能事，其全矣乎！要不外目前之利用出入，愚百姓之易知简能，此至人普度心传所以为无量欤！

康熙壬申仲冬，净明教主许逊序。

孚佑帝君宗旨原序

《易大传》曰：神无方也，无体也。言神至于无方体，则名言之而难尽矣。往来不穷，利用出入，日用之而不知，与天地合其德，与日月合其明，与鬼神同其变化。至矣哉！盛德大业，言之不可终穷，拟议之而无可形似，灵文秘籍俱归尘腐。予之定是宗旨，不落名言，无从拟议，无所谓驱雷掣电，亦无所谓换斗移星。其所以斡旋天地、转运阴阳者，在握其寸机而已。

寸机转，则千钧皆转，非至至妙，其孰能与于此？

自戊申岁于白龙精舍传示七人，命之曰“太乙金华宗旨”，盖秘之也。非秘也，亦喻言以取象也。日月光华，人知其发越。金水之光华，能翕而受，人固不知也。无方体穷尽，而究归于能翕而受，则自坤元而返乎乾元也。是故得其机则妙用在我，而乾坤皆范围之而不过矣。机者何？得一而已。一不可名，一何可守？归之太虚，而浩浩落落，一片神行。其间变化无端，妙用不测。吾何以名之曰太乙？噫，至矣，尽矣。宇庵屠子辈编辑宗旨成书，各授弟子，为之阐发大意，而着之简端。是为序。

康熙壬申孟冬，大罗天仙斗中阐法真人吕嵓撰。

张三丰祖师太乙金华宗旨原序

道也者，时焉而已。日月往来，寒暑迁变，草木生长，禽鸟飞鸣，以及吾人日用动静，莫非运用一时之中。变化无端，时至自见。斯为天地之心，不可以一名，而况于他乎？我来也晚，阳穷于上，剥换尽矣。兹当一阳初复，倏然而来，莫穷其迹，莫究其因，大地阳和，已无不潜行而默运。以为此天地之转运也，而天地不得而自主；以为此日月之进退也，而日月亦听其自然。风云变易乎上，草木萌动于下，大矣哉！时之为用也。

是故言道者不离目前，即一言一动，一事一物，无不可以见天地之心。盖此天地之心，任阴阳剥换，时令推迁，而无思无为，终古寂然不动。今人舍目前而谈玄说妙，则违乎时也。违时，即与道背驰，何时而有见道之日乎？天下之动贞于一，动变不居，何可言尽？观乎时而万变皆在目前矣。从目前一一消归于大虚，谓之见天地之心可，谓之大道之宗旨可。时也，化也，要不离乎目前而得之矣。何道之可名？何太乙之可言乎？故曰：道也者，时焉而已。

壬申长至后二日，三丰道人张道衍序。

邱长春真人太乙金华宗旨原序

昔随侍吕祖，初至白龙庵，与诸子标示宗旨，如易从爻卦以前言太极也。越数年，再至芳茂山，许子深庵偕易庵、沧庵辈，又得大畅宗风，如易言太极生两仪，两仪生四象，而四时行百物生，天地日月，山河鬼神，同体合德，无时无处而非宗旨之大全矣。

今何时乎？大地冰坚，草木黄落，龙蛇蛰藏，风日冥漠，将以为万物退藏而归于宁閟乎？乃朔风何自而来？冻云何自而起？霜清月落，晓日迎暄，鹤羽翩跹，来寻法侣。提起旧时公案，一一如在目前。往日白龙旧游，及芳茂道场，又成故迹。则当此玄冬，亦任草木之凋残，风霜之变易而已，何容心哉？其聚其散，孰往孰来。聚而来，其犹朔风凭虚而忽至；散而往，其若冻云飘然而西驰。聚者不可以为常，散者岂终就于灭？物情变化，来往无端，则自五行四时而太极，而归于无极也。万古一时，寒暄一息，有此刻之烛光日影，霜花笔妙，则为宗旨之现前，为宗风之大畅，为作序之大成。舍此而言五行四时，太极无极，恐未免失之千里矣。

康熙壬申仲冬，斗中阐教真人邱处机序。

谭长真真人太乙金华宗旨原主序

圣真无日不在世度人，究竟何曾度得一人？亦世人能自度耳。若世人与圣真性量有增减分毫，便是度不去。圣祖初发愿度生，已度尽百千万亿劫无量众生。度此七人，非七人也，即七如来，毘卢遮那无量法身也。诸子不离凡夫地，何以即与古佛同尊？子辈原无信不及，所以圣祖当下即度得去。若有一毫信不及，千生难免轮回也。自古圣贤千言万语，无非要人识得此性光，通天彻地，古今圣凡，一齐透过，无少等待，无不完成，所谓尽性者尽此，至命者至此，采药者采此，修证者修证此而已。此宗旨所以为万法归宗，至尊法旨。任尔为仙佛，为人天，为山河，为六道，为鬼怪，为昆虫草木，无不承受法旨，皈命大宗。苟有万分信得及者，不离当下即与度去。有一毫信不及，饶他千生万劫，永堕迷途。

向立严誓，七人外不得妄传。岂圣祖普度之公心？只虑世人障蔽甚深，罪业烦重，不能开法[①]信心，而反生疑谤，是益其罪也。究竟圣祖度世之宏愿，与学人谨凛之畏心，原无二无别。知此，不独仰体祖训，先圣后圣殊途而一致矣。

康熙壬申孟冬，神霄雷霆侍宸、斗中真人谭处端序。

① “开法”，疑为“开发”。

王天君太乙金华宗旨原序

善承受法旨，护持道教，千百年于此矣。不惟派下贤嗣潜修默证，呼吸感通，即愚夫愚妇有能发一念向道真切者，无不敬礼，而左右维持之。此固发愿之初心如是，亦一体感召，虚空上下自无隔碍，本来如是。列祖诸真法身遍满大千，心心相印，法法归宗，往古来今超凡入圣者，不离自本自根，当下一齐正觉，何果何因？何修何证？善也披诚宣力，追随恐后，亦如风霆雷露，随时应化于覆载之中，栽培倾覆，一任万类之各正性命而已，而造物者无心也。自七贤之敬受宗旨，白龙精舍遂为选佛道场，十方三世一时会集，百灵呵护，日月开明，有情无情尽成法侣，上天下地悉与证盟，道祖设教以来，真未有若此广大悉备、易简直截，如宗旨之尽泄玄机者。

是日受命鉴证盟誓，善敬辞曰："无庸有此证也。以七人历劫多生，种诸善缘，得遇圣真传示无上妙道。即佣夫爨媪、牧竖樵童畴非听法之上器，甚至魔神蛟党、龙蛇异类亦无不在此证盟之内。七人何藉于余，余又何必为七人证？"吕祖再三申命，曰："天不爱道，传示七人，将由此七人化度无量。有诽谤法门、诋毁贤圣，惟尔护法呵谴而默相之；法子有不敬慎、凛遵戒律，或轻授匪人，尔护法亦严加谴罚。"善同七人跪而受命。

呜呼！列祖普度慈悲，原无分上下，其奈世人积业如山、无自仰承法雨？七人果能体此化度慈心，随地随时多方接引，无负自度度人之宏愿，则尽法界众生皆投诚归命，亦何待雷露风霆？惟是广生大生，以各正性命于两间可耳。

壬申王侯腊之辰，先天首将王善谨序。

潘易庵太乙金华宗旨原序

忆自戊申冬，我纯阳圣祖传示宗旨，同盟七人，再拜而受。七人之外，无传也。其奥旨不过一二语，全不涉语言文字。迨其后，七人各有所叩。我圣祖慈悲，亦不吝教诲，日积月累，乃至成帙。噫，此非传示之初心，然亦救度婆心所必至欤！

越二十余年，宇庵复收辑散编，与门下细加校订。余伏读是书，弥深愧恨。昔年圣祖奏之上帝，拔录七人，诚何心哉？谓度此七人，即度尽阎浮，彻古彻今，照耀无尽，度生无量，我圣祖之心亦无量，不特七人合而为一人，将合天下古今有情无情尽归慈航，出彼迷涂，同登道岸。白龙一灯将熄，兹地一灯复光明辉耀。是灯也，乾坤得此而定位，三才由此而变化，百昌由此而蕃膴，人天法界，地狱众生，无不由此而超脱。吾不知灵文秘典为何物，不知水火丹铅为何用，诚此灯光，无日不照彻于天地，无日不洞达于人心，无日不光被于草木禽兽，则是宗旨，原秘授于七人，而七人即欲秘而无容秘也已。德自愧恨，负祖训良多，敢以我祖普度之慈心，略述之如左。

康熙壬申孟冬，净明嗣派弟子潘乾德谨序。

刘度庵太乙金华宗旨原序

乾坤定位，成形成象，变化无穷，藐余一身，亦从变化中有此幻相，孰从此幻相而定其主宰？不有主宰，又何所宗而言其旨趣乎？宗也者，有主之谓也。虽然，有主则邻于物，物则不化，不化则能视者不能听，能听者不能持行，喜矣不能怒，喜怒矣不能哀乐，无贵乎其有主也。大矣哉！圣训之示人也无方。神矣哉！学人之变化无尽。

自余七人归依纯阳圣祖，性情不同，志向各异，时而逃于禅，时而耽于俗学，我祖不禁也。非惟不禁，且随机指示焉。诚何所主哉！嗟乎，妙万物而为言者，一而已。曲成万物，穷神达化，安往而非得一以利用耶？所谓宗者非他，神明此一焉而已。天得一以清，地得一以宁，万物得一以化育，吾人得一则变化生身。身非幻化而有尽者也，即今日建法坛，序宗旨，人天拱听，万法皆归，无量世界，无限众生，皆从此而立命者，其宗旨之谓乎？丹经玄奥，一扫皆空，不离目前，而鬼神莫测，虽秘之不终秘，其亦焉敢忽诸！

康熙壬申孟冬，净明嗣派弟子刘乾善谨序。

许深庵太乙金华宗旨原序

余小子亨，自束发随诸先生后，恭聆祖训，多历年所。至戊申岁，同受教宗旨，我祖口传之，亨也耳听之，手录之，未敢一字藏之私室。片言只字，有合宗旨者，敬奉而归之同盟，盖慎之也。至今日宇庵、惺庵一一检出，授爽庵敬录成帙，非时节因缘适至，何以越二十余年，书成而序，序又不外乎七人也？噫，异矣。

昔日祖授之而传之口，已无从觅我祖心传矣。亨也耳听手录之后，亦无从觅余敬奉之至诚矣。惺庵束而藏之秘籍，宇庵识之而未敢轻露，则是宗旨将以不露而遂隐耶？抑弢［音叨］藏之遂泯没耶？非然也，有昔日之传者、听者、录而藏之者，则有今日之编辑之者、校订之者，与夫序者跋者。何尝有所隐，而至泯没无传乎？以其时则二十年之久，以其人则七人之星散，以其地则法宇人寰之各异。要之，风鸣叶落，山峙溪流，下榻升床，饥餐渴饮，无非宗旨之发挥，无非我祖之心传而口授，无非亨辈之耳听而手录。藏者藏其文，非藏其旨；编辑者编辑其语句，非编辑其无穷。序跋者总皆剩迹，非水流花落，天然之旨趣也。得此意以见我祖，不读宗旨，而宗旨现前，则录者、藏者、序而传之者，殊觉多事矣。

康熙壬申孟冬，净明嗣派弟子许乾亨谨序。

顾旦初太乙金华宗旨原序

融自幼好道，而以心神躁动，不能入道。忆童年读《中庸》及“率性谓道”句，则欣然喜。至“戒惧慎独”句，则惴惴焉畏之。谓其功苦难，行之不可终日也。后读《文成先生录》，有云“不睹不闻是本体，戒惧慎独是工夫”，随转语云“戒惧慎独是本体，不睹不闻是工夫”，又云“本体即工夫，工夫即本体”，而后知子思之所谓戒惧慎独非束缚之粗迹，而存养之妙谛也。盖自形生神发而后，吾之心顺流于物感者多矣。非得存养以逆转其真机，则源本不清，而率性二字多流为任意，盖非逆无以为顺也。

厥后广参三教，访明阳朱道师，而与闻回光守中之旨。读《大易》，而粗识数往知来、水火不相射之义。最后约《楞严正脉》，而知返闻旋流为入圆通之方便。无非即本体为工夫，非别有工夫以求吾本体。三教圣人立言虽异，其宗旨则不约而同也。

融今年符卦数，而心神躁动之病犹未能瘳，则于三大圣之堂奥茫乎其未有入也。然窃闻之太上云“致虚极，守静笃。万物并作，吾以观其复。夫物芸芸，各归其根”，夫芸芸之物而既各归其根矣，则天下安有一不归根复命之人？安有一物不在虚静之中乎？此之谓不致之致，不守之守也。人特日用而不知耳。诚知之，则狮乳一滴，可散十斛驴乳；神丹一粒，扫却九种金丹。庸讵知极躁极动之物，非即至静至虚之物？而极躁极动之人，非即归根复命之人乎？则夫日用动静，亦听其自然，而谓之率性可，谓之任意亦可，即广其名而谓之回光反闻，坎离既济，或顺或逆，俱无不可也。

壬申冬，张子爽庵集《金华宗旨》书，诸祖各为序，惺庵、宇庵亦各有言，以附潘刘诸先生之后，可谓汇众美为大观，极一时之盛事矣。而张子必欲融一言，是白璧而益之瑕也。自壬申迄今，历三四年，融辞之益坚，而彼征之益力。无已，则自述其夙昔所见闻，与其平生虽好道而不入道之病，以求证于诸祖诸先生者如此。

康熙乙亥孟夏，净明嗣派弟子顾日融盥手谨序。

庄惺庵太乙金华宗旨原序

忆自丙午秋闱后，先母忽遘危疾。予小子维泣叩于周野鹤乩坛，蒙纯阳圣祖默佑，亲体获痊。而是冬及春，维复患病几殆，又荷多方开导，冥冥扶持，俾身渐安而智渐启。此小子发心向道之始也。自是与易庵、度庵、深庵、宇庵、野鹤，暨胞弟诚庵，无日不谈玄。每聚必叩圣祖，甚至终日不倦，竟夕忘疲，沙飞乩走之间，不啻耳提面命。一言佩服，往往刻骨铭心。盖三载如一日云。

戊申岁，感圣祖厚恩，传授金华宗旨，直泄无上真传，尽扫支离俗学，可谓天不爱道。而维也七人交修共证，靡间晦明，良师胜友，真极一时之盛矣。二十年来，怅知交之星散，悲同气之摧残。成连忽去，海水苍茫，钟子云亡，高山寂寞。惟对残月而唏嘘，临晓风而叹息已耳。欲复闻圣祖之绪余，岂可得哉？

不意壬申孟夏，圣祖忽降宇庵坛内。维闻之，如久客还家，如幼儿遇母，盖欢忻涕泪交集也。年几半百，尚未知非，深负仙佛之恩，自堕尘劳之网，清夜扪心，汗流浃背，誓将及时精进，慎毋虚负此生，自度度人，共臻上乘，使金华宗旨一灯，照耀天壤，庶几报答祖恩之万一乎！但恐道远力微，习深魔重，万望吾师吾友不以为不屑教而弃我也。

康熙癸酉仲夏，净明嗣派弟子庄乾维百拜谨序。

屠宇庵题太乙金华宗旨缘起

忆自丙午岁，余小子元奉教于易庵先生之门。先生授以《净明忠孝录》

一册，曰：“此旌阳真君四字天经也。真君昔从谌母受斗中孝悌王之传，以儒证道，以道振儒，化度弟子多儒流，惇叙人化，服勤官政，志节卓然。间出而斩除妖魅，拯救生灵。无非本性地之光明，为济世之勋业，即《录》中所谓‘净明道法，忠孝雷霆’者也。”小子敬奉而读之，盖天经地义之蕴，尽性至命之学，一以贯之矣。元服膺弗失，他日敬启先生曰：“真君自晋代证果上升，迄今千数百岁，代有传人。净明一灯，照彻天壤，其当吾世，可亲承法语之提诲耶？”先生曰：“是不难。真君因蘂霄启会，奏闻上帝，命大罗真人纯阳吕祖、神霄侍宸长真谭祖协理龙沙大法，飞鸾演化，降周子野鹤坛中，已数年矣。”余且惊且喜，斋戒薰沐，随侍先生，顶礼坛前，即蒙圣祖收录。每承开导，无非养性存心，民胞物与之至意。

迨戊申冬，降乩白龙精舍，命易庵先生以下七人，先期具疏设誓，而传宗旨。其证盟者，王天君也。越两日，先后朝礼上帝大帝，暨道祖列真。是日万灵萃止，八景浮空，鹤驾龙舆，游翔上下。祖降玄坛，七人拜而受教，直接孝悌王之真传，即太乙金华宗旨也。其初授也，不落言诠，绝无文字。直指羲皇画前之易，根于无，妙于有，自一本而万殊，由万殊而一本。亘古亘今，贞恒不变，其金华之谓乎？嗣后发挥宗旨，虽非一言，总之动静无端，阴阳无始，其流行于日用，则六位时成，即今日影辉窗，拈毫呵冻，凝神定虑，敬述缘起，无非由朝乾夕惕之本怀，时而为或潜或见之面目。盛德大业不离现前，即现前为本体，即本体是工夫，神矣哉！斯其至矣。真净明递传之嫡血也！

自戊申迄壬申，历二十余年，七人或存或亡，各各星散。元也敬奉我祖垂戒，不敢轻以向日之取得于提命者示人。今岁仲夏，孝悌明王忽奉帝敕来降，重提旧时宗旨。元即检笥中散简，授同学张子爽庵，订辑书成。复蒙列祖暨易庵先生辈各各赐序简端，命元述缘起一大事因缘时节，岂偶然哉！

元等昔以七人受教于祖，今派下诸同学又适符七人之数，益信道缘之不可思议也。自今以往，传示无穷，化度无量，即邵子所谓“我不得而知之，圣人亦不得而知之”者耶？

康熙壬申仲冬，净明嗣派弟子屠乾元敬题。

张爽庵书太乙金华宗旨缘起后

壬申孟夏，旬有四日，值纯阳圣祖证道之辰，宇庵先生偕真斋沐朝礼。礼竟，辄为扶鸾之举，真佐焉。翼日，真庵潘子适至，伏蒙圣祖首录余二人，命宇庵先生为本师。至五月六日，于古红梅阁遍礼诸真，始得授太乙金华宗旨。嗣后向道者日众，时庵李子继之，返庵冯子偕乃季近庵复继之，而许子凝庵、潘子卓庵又其踵焉者也。复于八月朔，特集五人，传宗旨于阁上，如余二人科律。而许子则又命之奉教于惺庵先生。盖以列圣相传之秘，始授诸先生者，既则广传于我七人，虽时节因缘使然，亦我七人之夙植有以基之也。然真自奉教以来，且喜且惧，诚恐弗克上达，以伤我圣祖慈悲训迪之苦心，即失宇庵先生殷勤指示之深心。又虑同学六人异日或先登觉岸，而余独瞠乎其后也。

会宇庵先生检昔年法宝授余，因掇取其遗文发明宗旨者，辑而订之，阅十余日，而始成帙。敬录以呈我圣祖，祖曰："此段因缘，子与宇庵均有重任。试为子序之，以垂示方来可也。"嗣是易庵、度庵、深庵三先生起而续序焉。诸上真又各抉其玄奥，以立极于无穷。其词约而该，其意简而至，非独求之金匮石室，罕有其文。即探诸两大藏玄言，亦无以过此。此诚天地未有之奇，而为古今一大观也。吾因是有感已，世之高谈性命者，往往以神仙为窈渺荒唐之说，摈斥而不足道。间有修真向道之士，又或堕旁门曲径而不得真师。即得真矣，而或以若信若疑之心失之觌面者不少也。乃以余七人之承拔录者如此，所传示者如此，所谆谆提命者又如此，此犹以为窈渺荒唐而不足信乎？犹有不得其真而失足于他岐乎？犹可介于或信或疑之间，而不一心向往乎？况易庵诸先生辈，又昔吾党之泰山梁木也。余生也晚，不幸而不获闻绪论于晤言色笑之余，犹幸而获闻遗响于乩走沙飞之际，则苟得诸先生接引之心，即有以得我圣祖普度之心，并有以得诸上真垂慈拯拔之至意矣。然则斯会也，岂特余一人之大幸？实七人以及无量众生之大幸也。凡我同志，尚勉旃哉！

康熙壬申仲冬己酉，后学弟子爽庵张坎真挑灯谨识。

先天虚无太乙金华宗旨

天心第一

吕祖曰：

自然曰道，道无名相，一性而已，一元神而已。性命不可见，寄之天光。天光不可见，寄之两目。古来仙真皆口口相传，传一得一。自太上化现东华，递传嵓以及南北两宗，全真可为极盛。盛者盛其徒众，衰者衰于心传。以至今日滥泛极矣，凌替极矣。极则返，故蒙净明许祖垂慈普度，特立教外别传之旨，接引上根。闻者千劫难逢，受者一时法会，皆当仰体许祖心，必于人伦日用间立定脚跟，方可修真悟性。

我今叨为度师，先以太乙金华宗旨发明，然后细为开说。太乙者，无上之谓。丹诀甚多，总假有为而臻无为，非一超直入之旨。所传宗旨，直提性功，不落第二法门，所以为妙。金华即光也。光是何色？取象于金华，亦秘一光字在内。是先天太乙之真炁，“水乡铅，只一味”者，此也。

回光之功全用逆法，注想天心，天心居日月中。《黄庭经》云：“寸田尺宅可长生。”尺宅，面也。面上寸田，非天心而何？方寸中具有郁罗萧台之胜、玉京丹阙之奇，乃至虚至灵之神所注，儒曰虚中，释曰灵台，道曰祖土、曰黄庭、曰玄关、曰先天窍。盖天心犹宅舍一般，光乃主人翁也。故一回光，则周身之气皆上朝，如圣王定都立极，执玉帛者万国。又如主人精明，奴婢自然奉命，各司其事。诸子只去回光，便是无上妙谛。光易动而难定，回之既久，此光凝结，即是自然法身，而凝神于九霄之上矣。《心印经》所谓“默朝飞升”者，此也。

宗旨行去，别无求进之法，只在纯想于此。《楞严经》云“纯想即飞，心生天上”，天非苍苍之天也，即生身于乾宫是也。久之，自然身外天也。

金华即金丹，神明变化各师于心。此中妙诀虽不差毫末，然而甚活，全要聪明，又须沉静，非极聪明人行不得，非极沉静人守不得。

元神识神第二

吕祖曰：

天地视人如蜉蝣，大道视天地亦泡影。惟元神真性则超元会而上之，其精气则随天地而败坏矣。然有元神在，即无极也。生天生地皆由此矣。学人但能护元神，则超生在阴阳外，不在三界中。此见性方可，所谓本来面目是也。

凡人投胎时，元神居方寸，而识神则居下心。下面血肉心，形如大桃，有肺以覆翼之，肝佐之，大小肠承之。假如一日不食，心上便大不自在，以至闻惊而跳，闻怒而闷，见死亡则悲，见美色则眩，头上何尝微微些动，［问：天心不动乎？］方寸中之真意，如何能动？到动时便不妙，然亦最妙。凡人死时方动，此为不妙。最妙者，光已凝结为法身，渐渐灵通欲动矣，此千古不传之秘也，

下识心如强藩悍将，欺天君闇弱，便遥执纪纲。久之，太阿倒置矣。今凝守元宫，如英明之主在上，二目回光，如左右大臣尽心辅弼，内政既肃，自然一切奸雄无不倒戈乞命矣。

丹道以精水、神火、意土三者为无上之诀。精水云何？乃先天真一之炁。神火即光也。意土即中宫天心也。以神火为用，意土为体，精水为基。凡人以意生身，身不止七尺者为身也。盖身中有魄焉，魄附识而用，识依魄而生。魄阴也，识之体也。识不断，则生生世世魄之变形易质无已也。惟有魂，神之所藏也。魂昼寓于目，夜舍于肝。寓目而视，舍肝而梦。梦者，神游也。九天九地刹那历遍，觉则冥冥焉，渊渊焉，拘于形也，即拘于魄也。故回光所以炼魂，即所以保神，即所以制魄，即所以断识。古人出世法，炼尽阴滓以返纯乾，不过消魄全魂耳。回光者，消阴制魄之诀也。无返乾之功，止有回光之诀。光即乾也。回之，即返之也。只守此法，自然精水充足，神火发生，意土凝定，而圣胎可结矣。蜣螂转丸，而丸中生白，神注之纯功也。粪丸中尚可生胎离壳，而吾天心休息处，注神于此，安得不生身乎？

一灵真性既落乾宫，便分魂魄。魂在天心，阳也，轻清之气也。此自太虚得来，与元始同形。魄，阴也，沉浊之炁也，附于有形之凡心。魂好生，魄望死。一切好色动气，皆魄之所为，即识也。死后享血食，活则大苦，阴返阴也，以类聚也。学人炼尽阴魄，即为纯阳。

回光守中第三

吕祖曰：

回光之名何昉乎？昉之自文始真人也［即关尹子］。光回，则天地阴阳之气无不凝，所云精思者此也，纯气者此也，纯想者此也。初行此诀，是有中似无。久之功成，身外有身，乃无中似有。百日专功光才真，方为神火。百日后光自然，一点真阳，忽生黍珠，如夫妇交合有胎，便当静以待之。光之回，即火候也。

夫元化之中，有阳光为主宰。有形者为日，在人为目，走漏神识，莫此甚顺也。故金华之道，全用逆法。回光者，非回一身之精华，直回造化之真气。非止一时之妄想，真空千劫之轮回。故一息当一年人间时刻也，一息当百年九途长夜也。凡人自囮［户卧切。音和］地一声之后，逐境顺生，至老未尝逆视。阳气衰灭，便是九幽之界。故《楞严经》云：纯想即飞，纯情即堕。学人想少情多，沉沦下道。惟谛观息静，便成正觉，用逆法也。《阴符经》云“机在目”，《黄帝素问》云“人身精华，皆上注于空窍”是也。得此一节，长生者在兹，超生者亦在兹矣。此贯彻三教工夫也。

光不在身中，亦不在身外。山河日月大地，无非此光，故不独在身中。聪明智慧，一切运转，亦无非此光，所以亦不在身外。天地之光华布满大千，一身之光华亦自漫天盖地，所以一回光，天地山河一切皆回矣。人之精华上注于目，此人身之大关键也。子辈思之，一日不静坐，此光流转，何所底止？若一刻能静坐，万劫千生从此了彻。万法归于静，真不可思议此妙谛也。然工夫下手，由浅入深，由粗入细，总以不间断为妙。工夫始终则一，但其间冷暖自知，要归于天空地阔，万法如如，方为得手。

圣圣相传，不离反照。孔云致知，释号观心，老云内观，皆此法也。但反照二字，人人能言，不能得手，未识二字之义耳。反者，自知觉之心，反乎形神未兆之初，即吾六尺之中，反求个天地未生之体。今人但一二时中闲坐，反顾己私，便云反照，安得到头？

佛道二祖教人看鼻尖者，非谓着念于鼻端也。亦非谓眼观鼻端，念又注中黄也。眼之所至，心亦至焉，何能一上而一下也？又何能忽上而忽下也？此皆认指而为月。毕竟如何？鼻端二字最妙，只是借鼻以为眼之准耳。初不在鼻上，盖以太开眼，则视远而不见鼻矣。太闭眼，则眼合而不见鼻矣。太开失之外走，易于散乱。太闭失之内驰，易于昏沉。惟垂帘得中，恰好望见鼻端，故取以为准。只是[①]垂帘恰好去，彼光自然透入，不劳你注射与不注射。

看鼻端，只于最初入静处，举眼一视，定个准则便放下，如泥水匠人用线一般。彼只起手一挂，便依了做上去，不只管把线看也。

止观是佛法，原不秘的。以两目谛观鼻端，正身安坐，系心缘中。道言中黄，佛言缘中，一也。不必言头中，但于两目中间齐平处系念便了。光是活泼泼的东西，系念眼之齐平处，光自然透入，不必着一念于中宫也。此数语，已括尽要旨。其余入静出静前后，以《小止观》书印证可也。

缘中二字妙极。中无不在，遍大千皆在里许。聊指造化之机，缘此入门耳。缘者，缘此为端倪，非有定着也。此一字之义，活甚妙甚。

止观二字原离不得，即定慧也。以后凡念起时，不要仍旧兀坐，当究此念在何处？从何起？从何灭？反复推穷，了不可得，即见此念起处也，不要又讨过起处。觅心了不可得，吾与汝安心竟，此是正观，反此者名为邪观。如是不可得已，即仍旧绵绵去。止而继之以观，观而继之以止，是定慧双修。此为回光。回者，止也。光者，观也。止而不观，名为有回无光；观而不止，名为有光无回。志之！

回光调息第四

吕祖曰：

宗旨只要纯心行去，不求验而验自至。大约初机病痛，昏沉散乱二种尽之。却此有机窍，无过寄心于息。息者，自心也。自心为息，心一动而即有气，气本心之化也。吾人念至速，霎顷一妄念，即一呼吸应之，故内呼吸与外呼吸如声响之相随。一日有几万息，即有几万妄念。神明漏尽，如木槁灰死矣。然则欲无念乎？不能无念也。欲无息乎？不能无息也。莫若即其病而为药，则心息相依是已。故回光必兼之调息，此法全用耳光。一是目光，一是耳光。目光者，外日月交光也。耳光者，内日月交精也。然精即光之凝定处，同出而异名也。故聪明总一灵光而已。坐时用目垂帘后，定个准则便放

① “是”，底本作“足”，据他本改。

下。然竟放又恐不能，即存心于听息。息之出入，不可使耳闻。听惟听其无声，一有声，即粗浮而不入细。即耐心，轻轻微微些，愈放愈微，愈微愈静。久之，忽然微者遽断，此则真息现前，而心体可识矣。盖心细则息细，心一则动气也。息细则心细，气一则动心也。定心必先之养气者，亦以心无处入手，故缘气为之端倪，所谓纯气之守也。

子辈不明动字。动者，以线索牵动言，即制字之别名也。既可以奔趋使之动，独不可以纯静使之宁乎？此大圣人视心气之交，而善立方便以惠后人也。丹书云"鸡能抱卵心常听"，此要妙诀也。盖鸡之所以能生卵者，以暖气也。暖气止能温其壳，不能入其中，则以心引气入。其听也，一心注焉，心入则气入，得暖气而生矣。故母鸡虽有时出外，而常作侧耳势，其神之所注未尝少间也。神之所注未尝少间，即暖气亦昼夜无间而神活矣。神活者，由其心之先死也。人能死心，元神即活。死心非枯槁之谓，乃专一不分之谓也。佛云"置心一处，无事不办"。心易走，即以气纯之。气易粗，即以心细之。如此，而心焉有不定者乎？

大约昏沉散乱二病，只要静功日日无间，自有大休息处。若不静坐时，虽有散乱，亦不自知。既知散乱，即是却散乱之机也。昏沉而不知，与昏沉而知，相去奚啻千里！不知之昏沉，真昏沉也。知之昏沉，非全昏沉也，清明在是矣。

散乱者，神驰也。昏沉者，神未清也。散乱易治，昏沉难医。譬之病焉，有痛有痒者，药之可也。昏沉则麻木不仁之症也。散者可以收之，乱者可以整之，若昏沉，则蠢蠢焉，冥冥焉。散乱尚有方所，至昏沉，全是魄用事也。散乱尚有魄在，至昏沉，则纯阴为主矣。静坐时欲睡去，便是昏沉。却昏沉，只在调息。息即口鼻出入之息，虽非真息，而真息之出入亦于此寄焉。凡坐，须要静心纯气。心何以静？用在息上。息之出入，惟心自知，不可使耳闻。不闻则细，细则清。闻则气粗，粗则浊，浊则昏沉而欲睡，自然之理也。虽然，心用在息上，又要善会用。亦是不用之用，只要微微照听可耳［此句有微意］。何谓照？即眼光自照，目惟内视而不外视。不外视而惺然者，即内视也，非实有内视。何谓听？即耳光自听，耳惟内听而不外听。不外听而惺然者，即内听也，非实有内听。听者，听其无声。视者，视其无形。目不外视，耳不外听，则闭而欲内驰。惟内视内听，则既不外走，又不内驰，而中不昏沉矣，此即日月交精交光也。

昏沉欲睡，即起散步，神清再坐。清晨有暇，坐一炷香为妙。过午人事多扰，易落昏沉。然亦不必限定一炷香，只要诸缘放下，静坐片时，久久便有入头，不落昏睡矣。

回光差谬第五

吕祖曰：

诸子工夫渐渐纯熟，然枯木岩前错落多，正要细细开示。此中消息，身到方知，吾今则可以言矣。吾宗与禅学不同，有一步一步征验。请先言其差别处，然后再言征验。宗旨将行之际，预作方便，勿多用心，放教活泼泼地，令气和心适，然后入静。静时正要得机得窍，不可坐在无事甲里［所谓无记空也］。万缘放下之中，惺惺自若也。又不可意兴承当［凡太认真，即易有此。非言不宜认真，但真消息在若存若亡之间，以有意无意得之可也］。惺惺不昧之中，放下自若也。又不可堕于蕴界。所谓蕴界者，乃五阴魔用事。如一般入定，而槁木死灰之意多，大地阳春之意少。此则落阴界，其气冷，其息沉，且有许多寒衰景象。久之，便堕木石。又不可随于万缘。如一入静，而无端众绪忽至，欲却之不能，随之反觉顺适，此名主为奴役。久之，落于色欲界。上者生天，下者生狸奴中，若狐仙是也。彼在名山中，亦自受用风月花果，琪树瑶草，三五百年受用去，多至数千年，然报尽还生诸趣中。此数者，皆差路也。差路既知，然后可求证验。

回光证验第六

吕祖曰：

证验亦多，不可以小根小器承当，必思度尽众生；不可以轻心慢心承当，必须请事斯语。静中绵绵无间，神情悦豫，如醉如浴，此为遍体阳和，金华乍吐也。既而万籁俱寂，皓月中天，觉大地俱是光明境界，此为心体开明，金华正放也。既而遍体充实，不畏风霜，人当之兴味索然者，我遇之精神更旺，黄金起屋，白玉为台，世间腐朽之物，我以真气呵之立生，红血为乳，七尺肉团无非金宝，此则金华大凝也。

第一段是应《观经》日落大水行树法象。日落者，从混沌立基，无极也。上善若水，清而无瑕，此即太极主宰，出震之帝也。震为木，故以行树象焉。七重行树，七窍光明也［西北乾方，移一位为坎。日落大水，乾坎之象也。坎为子方，冬至雷在地中，隐隐隆隆，至震而阳出地上矣，行树之象也。余可类推］。第二段即肇基于此。大地为冰，琉璃宝地，光明渐渐凝矣，所以有蓬台而继之佛也。金性既现，非佛而何？佛者，大觉金仙也。此大段证验耳。

现在可考证验有三：一则坐去，神入谷中，闻人说话如隔里许，一一明了，而声入皆如谷中答响，未尝不闻，我未尝一闻。此为神在谷中，随时可以自验。一则静中，目光腾腾，满前皆白，如在云中，开眼觅身，无从觅视。此为虚室生白，内外通明，吉祥止止也。一则静中，肉身絪缊，如绵如玉，坐中若留不住，而腾腾上浮。此为神归顶天，久之上升，可以立待。此三者，皆现在可验者也。然亦是说不尽的，随人根器各现殊胜，如《止观》中所云“善根发相”是也。此事如人饮水，冷暖自知，须自己信得过方真。

先天一炁即在现前证验中自讨。一炁若得，丹亦立成此一粒真黍也。一粒复一粒，从微而至着。有时时之先天，一粒是也。有统体之先天，一粒乃至无量也。一粒有一粒力量，此要自家胆大为第一义。

回光活法第七

吕祖曰：

回光循循然行去，不要废弃正业。古人云：“事来要应过，物来要识过。”子以正念治事，即光不为物转，即回此时时无相之回光，也可行之，而况真正着相回光乎？

日用间，能刻刻随事返照，不着一毫人我相，便是随地回光，此第一妙用。清晨能遣尽诸缘，静坐一二时最妙。凡应事接物，只用返照法，便无一刻间断。如此行之，三月两月，天上诸真必来印证矣。

逍遥诀第八

吕祖曰：

“玉清留下逍遥诀，四字凝神入气穴。六月俄看白雪飞，三更又见日轮赫。水中吹起藉巽风，天上游归食坤德。更有一句玄中玄，无何有乡是真宅。”律诗一首，玄奥已尽。大道之要，不外无为而为四字。惟无为，故不滞方所形象。惟无为而为，故不堕顽空死虚。作用不外一中，而枢机全在二目。二目者，斗柄也，斡旋造化，转运阴阳。其大药，则始终一水中金［即水乡铅］而已。前言回光，乃指点初机从外以制内，即辅以得主。此为中下之士修下二关，以透上一关者也。今头路渐明，机括渐熟，天不爱道，直泄无上宗旨，诸子秘之秘之！勉之勉之！

夫回光，其总名耳。工夫进一层，则光华盛一番，回法更妙一番。前者由外制内，今则居中御外。前者即辅相主，今则奉主宣猷，面目一大颠倒矣。法子欲入静，先调摄身心，自在安和，放下万缘，一丝不挂，天心正位乎中。然后两目垂帘，如奉圣旨以召大臣，孰敢不至？次以二目内照坎宫，光华所到，真阳即出以应之。离外阳而内阴，乾体也。一阴入内而为主，随物生心，顺出流转。今回光内照，不随物生，阴气即住。而光华注照，则纯阳也。同类必亲，故坎阳上腾。非坎阳也，仍是乾阳应乾阳耳。二物一遇，便纽结不散，絪缊活动，倏来倏往，倏浮倏沉。自己元宫中恍如太虚无量，遍身轻妙欲腾，所谓云满千山也。次则来往无踪，浮沉无辨，脉住气停，此则真交媾矣，所谓月涵万水也。俟其杳冥中忽然天心一动，此则一阳来复，活子时也。然而此中消息要细说。

凡人一听耳目，逐物而动，物去则已。此之动静，全是民庶，而天君反随之役，是常与鬼居矣。今则一动一静，皆与人居，天君乃真人也。彼动即与之俱动，动则天根；静即与之俱静，静则月窟。动静无端，亦与之为动静无端；休息上下，亦与之为休息上下。所谓“天根月窟闲来往”也。天心镇静，动违其时，则失之嫩；天心已动，而后动以应之，则失之老。天心一动，即以真意上升乾宫，而神光视顶，为导引焉，此动而应时者也。天心既升乾顶，游扬自得。忽而欲寂，急以真意引入黄庭，而目光视中黄神室焉。既而欲寂者一念不生矣，视内者忽忘其视矣。尔时身心便当一场大放，万缘泯迹，即我之神室炉鼎亦不知在何所，欲觅已身，了不可得此。为天入地中、众妙归根之时也，即此便是凝神入气穴。

夫一回光也，始而散者欲敛，六用不行，此为涵养本原、添油接命也。既而敛者自然优游，不费纤毫之力，此为安神祖窍、翕聚先天也。既而影响俱灭，寂然大定，此为蛰藏气穴、众妙归根也。一节中具有三节，一节中且有九节，且俟后日发挥。今以一节中具三节言之，当其涵养而初静也，翕聚亦为涵养，蛰藏亦为涵养。至后而涵养皆蛰藏矣。中一层可类推，不易处而处分矣。此为无形之窍，千处万处一处也；不易时而时分焉，此为无候之时，元会运世一刻也。

凡心非静极则不能动，动动妄动，非本体之动也，故曰“感于物而动，性之欲也”。若不感于物而动，即天之动也。不以天之动对天之性句，落下说个欲字。欲在有物也，此为出位之思，动而有动矣。一念不起，则正念乃生，此为真意。寂然大定中，而天机忽动，非无意之乎？无为而为，即此意。

诗首二句，全括金华作用。次二句，是日月互体意。六月，即离火也。白雪飞，即离中真阴将返乎坤也。三更，即坎水也。日轮，即坎中一阳将赫然而返乎乾也。取坎填离即在此中。次二句，说斗柄作用，升降全机。水中，非坎乎？目为巽风，目光照入坎宫，摄召太阳之精是也。天上，即乾宫。游归食坤德，即神入炁中，天入地中，养火也。末二句，是指出诀中之诀。诀中之诀，始终离不得，所谓洗心涤虑为沐浴也。

圣学以知止始，以止至善终。始乎无极，归乎无极。佛以无住而生心，为一大藏教旨。吾道以致虚二字，完性命全功。总之，三教不过一句，为出死护生之神丹。神丹维何？曰：一切处无心而已。吾道最秘者沐浴，如此一部全功，不过心空二字足以了之。今一言指破，省却数十年参访矣。

子辈不明一节中具三节，我以佛家空假中三观为喻。三观先空，看一切物皆空。次假，虽知其空，然不毁万物，仍于空中建立一切事。既不毁万物，而又不着万物，此为中观。当其修空观时，亦知万物不可毁，而又不着，此兼三观也。然毕竟以看得空为得力，故修空观，则空固空，假亦空，中亦空。修假观，是用上得力居多，则假固假，空亦假，中亦假。中道时，亦作空想，然不名为空，而名为中矣。亦作假观，然不名为假，而名为中矣。至于中，则不必言矣。

吾虽有时单说离，有时兼说坎，究竟不曾移动一句。开口提云：枢机全在二目。所谓枢机者，用也。用此斡旋造化，非言造化止此也。六根七窍，悉是光明藏，岂取二目？而他概不问乎？用坎阳，仍用离光照摄，即此便明。

朱子［云阳师，讳元育，北宗法派］尝云：“瞎子不好修道，聋子不妨。”

与吾言何异？特表其主辅轻重耳。日月原是一物，其日中之黑处[①]是真月之精，月窟不在月而在日，所谓月之窟也。不然，只言月足矣。月中之白处是真日之光，日光反在月中，所谓天之根也。不然，只言天足矣。一日一月，分开止是半个，合来方成一个全体。如一夫一妇，独居不成家室；有夫有妇，方算得一家完全。然而物难喻道，夫妇分开不失为两人，日月分开不成全体矣。知此，则耳目犹是也。吾谓瞎子已无耳，聋子已无目。如此看来，说甚一物？说甚两物？说甚六根，六根一根也；说甚七窍，七窍一窍也。吾言只透露其相通处，所以不见有两。子辈专执其隔处，所以随处换却眼睛。

百日立基第九

吕祖曰：《心印经》云："回风混合，百日功灵。"总之立基百日，方有真光。如子辈尚是目光，非神火也，非性光也，非慧智炬烛也。回之百日，则精气自足，真阳自生，水中自有真火。以此持行，自然交媾，自然结胎，吾方在不识不知之天，而婴儿以成矣。若略作意见，便是外道。

百日立基，非百日也。一日立基，非一日也。一息立基，非呼吸之谓也。息者，自心也。自心为息，元神也，元气也，元精也。升降离合，悉从心起；有无虚实，咸在念中。一息一生持，何止百日？然百日亦一息也。

百日只在得力。昼中得力，夜中受用；夜中得力，昼中受用。

百日立基，玉旨耳。上真言语无不与人身应，真师言语无不与学人应。此是玄中之玄，不可解者也。见性乃知。所以学人必求真师授记，任性发出，一一皆验。

性光识光第十

吕祖曰：

回光法，原通行住坐卧，只要自得机窍。吾前开示云"虚室生白"，光非白耶？但有一说，初未见光时，此为效验。若见为光，而有意着之，即落意识，非性光也。子不管他有光无光，只要无念生念。何谓无念？千休千处得。何谓生念？一念一生持。此念乃正念，与平日念不同。今心为念。念

① "黑处"，底本作"异处"，据文意改。

者，现在心也。此心即光即药。凡人视物，任眼一照去，不及分别，此为性光，如镜之无心而照也，如水之无心而鉴也。少顷，即为识光，以其分别也。镜有影，已无镜矣。水有象，已非水矣。光有识，尚何光哉？

子辈初则性光，转念则识。识起而光杳不可觅。非无光也，光已为识矣。黄帝曰"声动不生声而生响"，即此义也。《楞严推勘入门》曰："不在尘，不在识，惟选根。此则何意？尘是外物，所谓器界也。与吾了不相涉，逐之则认物为己。物必有还，通还户牖，明还日月，借他为自，终非吾有。至于不汝还者，非汝而谁？明还日月，见日月之明无还也。天有无日月之时，人无有无见日月之性。若然，则分别日月者，还可与为吾有耶？不知因明暗而分别者，当明暗两忘之时，分别何在？故亦有还，此为内尘也。惟见性无还，见见之时，见非是见，则见性亦还矣。还者，还其识流转之见性，即阿难使汝流转，心目为咎也。初八还辨见时，上七者皆明其一一有还，姑留见性，以为阿难拄杖。究竟见性既带八识，非真不还也。最后并此一破，则方为真见性，真不还矣。"子辈回光，正回其最初不还之光，故一毫识念用不着。使汝流转者，惟此六根；使汝成菩提者，亦惟此六根。而尘与识皆不用。非用根也，用其根中之性耳。今不堕识回光，则用根中之元性。落识而回光，则用根中之识性。毫厘之辨，在此也。

用心即为识光，放下乃为性光。毫厘千里，不可不辨。识不断，则神不生；心不空，则丹不结。

心净则丹，心空即药。不着一物，是名心净；不留一物，是名心空。空见为空，空犹未空；空忘其空，斯名真空。

坎离交媾第十一

吕祖曰：

凡漏泄精神，动而交物者，皆离也。凡收转神识，静而中涵者，皆坎也。七窍之外走者为离，七窍之内返者为坎。一阴主于逐色随声，一阳主于返闻收见。坎离即阴阳，阴阳即性命，性命即身心，身心即神炁。一自敛息，精神不为境缘流转，即是真交。而沉默趺坐时，又无论矣。

周天第十二

吕祖曰：

周天非以气作主，以心到为妙诀。若毕竟如何周天，是助长也。无心而守，无意而行，仰观乎天，三百六十五度，刻刻变迁，而斗柄终古不动，吾心亦犹是也。心即璇玑，气即群星。吾身之气，四肢百骸原是贯通，不要十分着力。于此锻炼识神，断除妄见，然后药生。药非有形之物，此性光也，而即先天之真炁。然必于大定后方见，并无采法。言采者，大谬矣。见之既久，心地光明，自然心空漏尽，解脱尘海。若今日龙虎，明日水火，终成妄想去。吾昔受火龙真人口诀如是，不知丹书所说更何如也。

一日有一周天，一刻有一周天，坎离交处便是一周。我之交，即天之回旋也。未能当下休歇，所以有交之时，即有不交之时。然天之回旋未尝少息，果能阴阳交泰，大地阳和，我之中宫正位，万物一时畅遂，即丹经沐浴法也。非大周天而何？此中火候，实实有大小不同，究竟无大小可别。到得功夫自然，不知坎离为何物，天地为何等，孰为交，孰为一周两周，何处觅大小之分别耶？总之，一身旋运，虽见得极大亦小。若一回旋，天地万物悉与之回旋，即在方寸处，亦为极大。金丹火候，要归自然。不自然，天地自还天地，万物各归万物。欲强之使合，终不能合。即如天时亢旱，阴阳不合。乾坤未尝一日不周，然终见得有多少不自然处。我能转运阴阳，调适自然，一时云蒸雨降，草木酣适，山河流畅，纵有乖戾，亦觉顿释，此即大周天也。

问："活子时甚妙，必认定正子时，似着相？""不着相。不指明正子时，何从而识活子时？既识得活子时，确然又有正子时。是一是二，非正非活，总要人看得真。一真，则无不正、无不活矣。见得不真，何者为活？何者为正耶？即如活子时，是时时见得的。毕竟到正子时，志气清明，活子时愈觉发现。人未识得活的明了，只向正的时候验取，则正者现前，活者无不神妙矣。"

劝世歌第十三

吕祖曰：

"吾因度世丹衷热，不惜婆心并饶舌。世尊亦为大因缘，直指生死真可惜。老君也患有吾身，传示谷神人不识。吾今略说寻真路，黄中通理载大易。正位居体是玄关，子午中间堪定息。光回祖窍万神安，药产川源一炁出。透幙变化有金光，一轮红日常赫赫。世人错认坎离精，搬运心肾成间隔。如何人道合天心，天若符兮道自合。放下万缘毫不起，此是先天真无极。太虚穆穆朕兆捐，性命关头忘意识。意识忘后见本真，水清珠现玄难测。无始烦障一旦空，玉京降下九龙册。步霄汉兮登天关，掌风霆兮驱霹雳。凝神定息是初机，退藏密地为常寂。”

吾昔度张珍奴二词，皆有大道。子后午前，非时也，坎离耳。定息者，息息归根中黄也。坐者，心不动也。夹脊者，非背上轮子，乃直透玉京大路也。双关者，此处有难言者。地雷震动山头者，真气生也。黄芽出土者，药生也。小小二段，已尽修行大路。明此，可不惑人言。

昔夫子与颜子登泰山顶，望吴门白马。颜子见为匹练，太用眼力，神光走落，故致蚤死。回光可不勉哉！

回光在纯心行去，只将真息凝照于中宫。久之，自然通灵达变也。总是心静气定为基，心忘气凝为效，气息心空为丹成，心气浑一为温养，明心见性为了道。子辈各宜勉力行去，错过光阴，可惜也！一日不行，一日即鬼也。一息行此，一息真仙也。勉之！

神霄侍宸谭长真真人宗旨垂示［附］

开宗阐教

真人曰：吾承旌阳真君、纯阳圣祖保奏于天帝，新任此职，上奉真君命，阐扬道法，教育正人。不特为出世之仙佛，且先为辅世之圣贤，故吾同圣祖特传宗旨，收拾文人，为大道栋梁。子辈各宜一力担当，实心肩荷，毋甘自弃。

净明源流

真君曰：源流是上清派，以茅君为第一代。茅君十传而浸失其真。晋初兰公传谌母，谌母传许祖，许祖传十大弟子。再七代，有玉真、中黄两先生继之。今又失其传，故吾特为演出，即宗旨是也。玉真、中黄，犹儒家孔孟，而许祖犹文武，茅君犹尧舜也。

净明弟子十一人：神列真人吴猛，字世云。正持真人陈勋，字孝举。元通真人周广，字惠常。神惠真人曾亨，字兴国。洪施真人时荷，字道扬。精行真人甘战，字伯武。勇悟真人施岑，字太玉。潜惠真人彭抗，字武阳。和静真人旰烈[①]，字道微。普惠真人钟离嘉，字公阳。冲道真人黄仁览，字紫庭。时偕许真君飞升者六人，陈勋、周广、曾亨、时荷、旰烈、黄仁览也。余皆以次上升焉。

净明另为一派，不在南北两宗。目前忠孝可风者，皆净明学人也。龙沙显迹，我与诸真多方接引，无非欲使子辈亲承此派耳。然亦机缘使然，不可强也。

太乙法派

真人曰：金华太乙之传，另有宗派，以纯阳圣祖为第一代开宗大道师。此三教中大纲领，仙释中真骨髓也。在坛弟子，俱依乾坎艮震巽离坤兑为次。潘易庵名乾德，屠宇庵名乾元，庄惺庵名乾维，诚庵名乾心，周野鹤名乾龙，刘度庵名乾善，许深庵名乾亨。以后七人所授弟子，即从坎字叙列，周而复始。此七人者，生生世世或为眷属，或为法侣。今世又会着一处，时节因缘已到也。

戒律

真人曰：凡吾法子，平时立心行事，有不遵守戒律、轻言妄动者，立付雷部处分，不少宽假。传过宗旨，量力行去，有静功而自暴自弃者，天君量重轻加责，使自知警。戒律非他，不忠不孝，贪淫杀生，诸大罪业。总之，举心动念，俨若天君监临，自然虚灵不昧，省过寡愆。一切外人谤言，亦无由而起。慎之！

全真宗主邱长春真人宗旨垂示［附］

行持

真人曰：吾顷随同纯阳圣祖，及谭道兄奏闻玉陛，启白许祖，立一精进指迷大格［即净明玉格］，令诸子宝而行之。其格宗《太上感应》鸿文“欲求天仙”二句，为上真灵梯。一年凡三考，四月为一期，犹佛之结制僧腊也。善过格，改为净明玉格，功自记，善待四月，吾偕圣祖、道兄鉴定。以善在心源，不在事上。若言功，则易见。言善，则惟见性者知之。

① “旰烈”，道书中多作“旴烈”。

初学人道心未坚，宜各防王天君鞭打。晨起，即持天君宝号十声。然后持斗姥心咒，及天皇心咒。不惟不敢怠惰，并可卫持。何则？下元末劫，六天阴魔皆侧目子辈。又蛟党畏惧，思所以害子者百计。故持此咒，一以卫道，一以防身，且可积功行以为神霄之资耳。上午持天尊号，以生东华太乙之气；下午持九佛号，以返西方归宿之乡。独天君号早晨持，或心有怖畏时持，或睡时默持。盖人心中一点是非分明处，便是灵官，所谓“静则金丹，动则霹雳”。然未始无真天君也。

斗姥心咒

唵，嘛哩唧咜，娑诃。

天皇心咒

唵，昆卢嗟嗱唎吽摄。天王伽哪霹雳摄。

天尊宝号

无量度人，三清三境天尊。

九佛宝号

金华光佛，日月光明佛，多宝如来，宝胜如来，妙色身如来，广博身如来，离怖畏如来，甘露王如来，阿弥陀如来。

天君宝号

先天首将，三五火车王天君。

看书，当以《净明忠孝录》第一，《玉皇心印经》《水月集》第二。《心印经》即是宗旨，受过其诀者，方可以此印心。若与人谈论，只讲《净明录》可也。

《水月集》说“回光”二字，原引而不发。重在回风，而未畅其旨。然注书不注诀，从来至此无人敢言者。

《心印经》，不受宗旨者也该持诵。昔宋有士子，一生爱奉，感玉帝赐神丹，白日上升。若能一心久持，成真必矣。

授记

真人曰：今日之会，特为法门大事，授记诸学人。皆对虚空，遥礼上帝群真，各发肩荷道门无量度人之愿：历劫生生，永相提拔；从兹以往，心心为善；各人自度。度得人方妙，不为人度更妙，受人度得尤妙。噫，山河永峙，日月恒明，太虚无尽，此愿不迁。子辈不当此时有圣师良友，度脱此生。刹那间，合眼茫茫也。合眼后，未必即受生矣。三千大千世界，天各一涯，何能复有良缘。今日嘉会，是夙世修来者。过此而又要修，不知几劫，方有是会也。逸之勉之。

宗旨亦有次第，须看本人发心，循序指示，方为有益。不比经书，可以通前彻后，立时讲贯也。

以上宗旨，及天皇心咒，遵太上遗制，非孝悌仁义之人不可妄传。传过者，当发演化度生之愿。若不生演化心、度生心，非惟不能了道，抑且万劫沉沦。志之毋忽！

今日所传，皆天君证盟。天君亦即在心也。夫此宗旨，先天而存，后天而老，为儒道释三教宗源。以后只称宗旨，不可言金华。记之记之。

张爽庵宗旨原跋

《宗旨》一书，阐明先天性学之奥，圣祖盖悯世人之随缘逐流者，终身走失其天光，而不知存守。而稍知学道者，又惑于炼气延年之小术，而不知有本性元神。是以特立教外别传之旨，接引后学，乃见性明心之大道也［一书原委，数语隐括］。学道之士诚能默［塞其兑］以基之，静［止其念］以体之，虚［澄其神］以涵之，则有以通乎一，而达化穷神矣。盖一也者，合显微，兼动静，彻上下，贯古今，运阴阳，而生变化者也。得其一，则范围天地而不过，曲成万物而不遗，诚道法之统宗，性命之极致，而非所为炉鼎龙虎、铅汞银砂之说也。

真以固陋，虽不足与窥其微，然窃虑玄言奥旨散轶无纪，或至久而湮没，不复自揣，辄为编辑，而次第其先后焉。庶几我圣祖之心传昭然若揭，而使后之学道者，得是书为尽性至命之梯航也。则行远升高之助，未必无补于万一云。

康熙壬申孟冬，净明嗣派后学弟子张坎真拜跋。

大女金丹诀[①]

天雷上相兴行妙道天尊孚佑大帝吕自序

纯阳子誓度众生，已[②]有《九皇经注》，为男子修仙之津梁。又不忍坐视善女辈，宿有善根，素存道念，不得真传，恐误迷途，堕入鬼趣。偶于己未冬月初一日，乩临焕彩楼。将西王母之真传，以继魏元君，何、凤、孙、麻诸大仙姑之派一一传示，则本末昭然。使立念学道者有路可寻，栽植福田者得就正果。如是各各女子成真，处处善姑了道。自西王母以至众大仙姑之后，仙缘螽起矣。是为序。

正诀曰：女真金丹，世上岂无？皆混例男子之功。不知其功虽与男子相同，内中稍有分别。以讹传讹者甚多矣。譬如男子修金丹用女鼎，岂有女子修金丹，用可[③]男鼎乎？此皆采战家邪说也！吾今驳正，垂立《女修正途十则》，并示《九戒》，使割爱除贪，女子念坚志固，道姑循途践迹，久久行持，得上仙阶也。

女真九戒

一曰：孝敬柔和，慎言不妒；

二曰：贞洁持身，离诸秽行；

三曰：惜诸物命，慈愍不杀；

① 《大女金丹诀》，从网上收集，原为盛克琦所录，录自《藏外道书》第22册《吕注北斗九皇丹经》卷下后续。今依《中华续道藏》初辑第十八册清抄本《吕注北斗九皇丹经》（书有"咸丰己未三月"字样，与《藏外道书》同一版本）校录。《大女金丹诀》所述内容，部分与《金华直指女功一十八则》（今有咸丰己未年八月刊本）相仿。按：沈太虚已经提到《金华直指》一十八则，谓"仅得夫《直指》，地仙人仙而已矣"。但不知其所见本与咸丰己未年（1859）刊本之同异如何。

② "已"，原作"以"，据《西王母女修正途》改。

③ "用可"，疑当作"可用"。

四曰：礼诵勤慎，断绝荤酒；

五曰：衣具质素，不事华饰；

六曰：调适性情，不生烦恼；

七曰：不得数赴斋会；

八曰：不得虐使奴仆；

九曰：不得窃取人物。

以上《女真九戒》，能行持不退，大有利益，戒果圆成，不经地狱之苦，生逢十善之家，名登紫府，位列仙班矣。

女修正途十则

命本第一则

夫女子者，阴质也，月象也。当十四、五岁时，元炁充足，真血盈满，有阴中之一阳，正月圆之光王[①]。至天癸一降，元气遂破，真血遂泄。若到婚姻之后，或生男女，元气渐损，真血渐亏，虽月月有信水复生，却月月有信水复伤，故女子以命本在天癸也。

性原第二则

夫女子者，水性也，花情也。当少年知识既开之时，便有无许嬉戏游耍。或当先天一点初经，含入牝户之内，东跳西荡而失者，或登楼上台而失者。近世或观淫戏，以动欲火，或听唱本，以荡俗心，而种种失之者。故一见嫁娶，而欲动情胜。或遇轻薄儿郎，而朝夕绸缪，皆损丧真性，迷入魑魅，多至夭丧忘本。所以女子之真性，以洁心为原也。

修经第三则

夫女子之功，有与男子同者，亦有不与男子同者。其功先在运用炁血，有月信者，必要首断赤龙；无月信者，又要复还赤龙。起手用周天之法，于

① “王”，同“旺”。

子午二候，端坐静室，叩齿七十二次，以通肺俞二穴。次用鼻呼吸，微微三十六次，以通周身血脉。再左脚跟抵牝户，着力用两手交叉于脐下牝上，着力往上送三十六次。再上用目闭，左右各旋三十六次，下用意注脐下，左右各旋三十六次。然后两手往天上一托。托法：缓三十六，急三十六。则尾闾一动，两手放下叉腰，两肩往上直耸，则夹脊、双关、肺俞皆动矣。如此后，方咬紧牙关，用意将后颈往上直耸，则玉枕、泥丸皆通矣。方用下嘴唇包上嘴唇，一着力，到泥丸之炁下到鼻中之底处，只用舌一搭天桥，甘露自来。用鼻一缩，以意吞下，直送到脐下。又将两手交叉在脐下牝上，各提三十六次，则此一点甘露直入子宫之中矣。明见子宫中一阵热炁盘旋，但左脚跟莫动，只静坐。片时，候子宫安静，便是魏元君所言“宝归北海安妥妥”是也。已后方歇。此一则，言有赤龙而修者，斩断赤龙于百日内之法也。

复还第四则

夫世上亦有至老而身尤未净者，亦有至四六而即断绝者。如已绝之女流欲修，当先还源如处女象。此功此法，即前三则内之功之法也。但往上提者，而只往下送；往左右各旋者，加左右各揉三十六次。百日内，可得天癸如胭脂水。三日后即用前功，一毫不加不换行持，仍使他斩退，眼见日月双环也。

乳房第五则

夫乳房，上通心肺之泽液，下彻血海之真汁[①]，炼得乳房如处女小儿形，便是女换男体。其功亦在第三则内，只中加一功，于送甘露，不许送下，只许送在绛宫，用意注在两乳。将唇门上下二齿紧咬住，以二鼻孔关闭，用内呼吸在乳内收拾，外以两掌心各在左右揉七十二次，先缓后急，先轻后重，如此一百日，可如两核桃形也。故凤仙姑诗曰“左日右月一阴阳，两鼻内行名运罡。欲得阴阳归日月，须把真火揉双掌”是也。

玉液第六则

夫男子清净之功，运彻河车，保定真精，不出玄关，名为玉液。一到阴

---

① “血海之真汁”，原作“血之海真汁”，据《西王母女修正途》改。

神出现，魂游玉府，魄朝帝真，光照顶门，泥丸海响，名为玉液还丹，此乃醍醐灌顶之候也。女子之玉液者，即赤龙化为白凤之髓，充足结炼于丹田下腹[①]，忽如小儿幢牝，忽如半边熟鸡蛋像，顶忽有欸乃[②]之声，便是玉液还了丹也。此以后，虽不离前三则内之功，却又要如观世音在普陀岩，观一世之音也。

胎息第七则

夫胎息者，踵息也，真人之息以踵。息住则脉停，息行则脉动，仙与妖皆无息无脉。此息即真炁也，所以有伏炁、服气之辨。伏炁则保长生，非内呼以吸[③]不可也。其法于第三则内功行之后，静坐一时六刻，则用门闭窍关，双脚跟抵住牝户。以上唇包下唇，咬牙低首，目内注心肾相去三寸八分之地。左旋右盘，一呼一吸，数至七七，甘露自来。一咽便提，一提归脐。久而纯熟，不呼亦呼，不吸亦吸，不咽自咽，不提自提也。如此将牝户行得如一个风箱，何愁大金丹不自外来也。

南无第八则

夫大士，乃苦修行之佛菩萨，能观世上音者。只先有红孩子五十三参之皈依，后得龙女献自在之至宝，用紫竹林隔住，将白鹦鹉飞舞，以清净瓶插住杨柳枝儿，采取自然甘露水，稳坐普陀岩上。用哆啰之法，以一唵字放入真息之地，收得至宝，放在鱼篮之中，口念伽啰哦哆，将一切婆娑尽得，纵任南海中浪滚，俺只自在观自在也。此一部大法，却少不得第三则内功夫。如此九转，则有七返，可以阳神出现。王母颁诏时，赴瑶池也。

功行第九则

夫男女修持，皆要功满三千，行足八百，方得三官保举，上帝赐鸾，才得脱壳，以归洞天也。

---

① “丹田下腹”，原作“丹下田腹”，依文意改。

② “欸乃”，原作“款乃”，依文意改。

③ “内呼以吸”，疑为“以内呼吸”。

治病第十则

夫世上有一等欲修女子，无奈月水致病，以难行功。须当依此良法，先以退病，后好行功。女子之病，多由月水，或闭经成疾，或崩带致病，或生育惹灾，或怀孕成病。吾赐三大法则：

一法治怀孕与胎前产后而成病者。将前功内加摇腰三十六次，左右如之。加肩一上一下三十六次，左右如之。加摩脐心七十二次，内热方止。

一法治崩带而成病者。以前功加一吊虎法。用一大木悬空横放，以两脚倒挂金钩，以两手指撑地，用意在脐下一寸三分，左右盘旋一百二十次，日日子午如此。

一法治闭经而成诸疾者。以前功加一顺吊金鳌法。以一大木悬空横放，以两手合掌吊起，以两足尖点地，低头闭目，内观心家三十六次；又观脐下一寸三分三十六次；又观有病处三十六次。病在咳嗽者，即观肺；病在诸气痛者，即观诸气痛处；病如血将成瘀而至疱者，即观疱处。即此是用真火为团鱼瞅鳌之法也。

人间未有所传，仙宫常载此方，魏元君每立此行，麻仙姑常采此药。世有道心坚定，信善信佛者，有病将成，当依此法历历行之，决不误人，人当细心体之也。

偈曰：

女金丹头度女流，始末书来说缘由。
一拨浮云见红日，三起凤翼作舡行。
今将十则留后世，惟愿万载皆仙妪。
纯阳演正真演正，广化无边泽不休。

太清紫微中天北斗九皇七元救生济死至真妙道尊经卷下后续《大女金丹》终。

跋[1]

《内经》云“女子二七而天癸至”，此约略之词。以实计之，乃自生时，挨得五千四十八日而天癸至，乃周十三岁又十一个月零五日也。于二七十四岁，周虚五五二五之数，此为真经正期。冲任满甚，月经时行，候准每月日信，平安无病。经行或不及期，或过期，或一月两行，或闭不行，皆可用此治病第十则，不可妄投调经之药。所谓五千四八，须按节气细算，期三百有六旬有六日减九时也。

慈极道人志。

① 原未有题，点校者补入。

太上心传　丹道奇葩

——闵一得其人、其道、其书

自五代两宋以来，道教发展到了一个新的阶段，丹道兴盛，成为这一时期的主旋律。降至元明清，丹道理论不断圆熟，大家辈出。有清一代，天降奇才闵一得真人，集丹道大成，绍隆太上心传，高唱身世同治。抉明入道关窍（玄窍），于此玄窍中行持混化圆诀，而兴燮理阴阳、参赞化育之功，终而身世两泯，与道合真。继承老庄"以道莅天下"的大化精神，发扬黄老"内以致寿，外以致理"的道德功用，在完成丹道由内丹术彻底归向于大道的历史任务中功绩卓著。可惜目下道教衰微，闵真的学问功夫无人能及，其功勋自然也得不到足够的认可。道外之人的有关论说，又不得要领，似是而非。今不揣鄙陋，为彰显闵真功绩和阐扬太上心传而作是文，作为《古书隐楼藏书》的导读。

一、闵真其人

闵一得真人（1749—1836），龙门派第十一代弟子。名苕旉（敷），原名思澄，字谱芝，又字补之，号小艮，别号懒云。又号际莲氏，定梵氏等。生于乾隆十三年十二月初二日，仙逝于道光十六年十一月初十日，享年八十九岁。归安人，出生于浙江湖州府乌程县晟舍镇（现属湖州市吴兴区织里镇仁舍村），世为吴兴望族，其家与金盖山渊源甚深。

据说闵真为贝懒云投胎转世，所以自号懒云子。早年身体羸弱，九岁犹不能行。十岁时梦入桐柏宫，有道士授以导引之法。醒而如法行之，未及百日，渐渐能行了。十一岁行功时大漏，身体受损很大，废功不行，命乃保。十五岁，从兄读书于金盖云巢，得食陈樵云修炼时所感降之甘露。二十岁依天台桐柏宫龙门第十代宗师高东篱（1616—1768）为师，学习道教功法与理论，而皈入龙门，派名一得。

1768 年，闵真 21 岁，高东篱师谢世。嗣是从高师之命，依师兄沈一炳（1708—1786，蜕号太虚）学，并以师礼事之。1780 年，33 岁，他秉父命入金盖山“从事养气”，代陈樵云律师守云巢四年。其间其二子相继出生。乾隆丙午岁（1786）十月二十六日，沈一炳仙逝。时闵真尚有经世志，虽得到沈师《道程戒忌》《双修宝筏》等传授，但感觉所学还很有限，故谓“惜中年宦游，未能亲炙而窥阃奥”。是年于杭州大涤洞，沈一炳于太虚中授《天仙心传 · 内外篇》，神人瞿蓬头默相证授于不识不知之天，是为《大涤洞音》，由此建立了闵真太上心传天仙功夫的基石。

1787 年，闵真 40 岁，以父命入赀，服官滇南，分发云南府经历。或于 1789 年署曲靖府同知。1792 年夏（一说为 1790 年），过鸡足，访至道于驻世神仙黄守中，止宿三月，受《持世陀罗尼》经法，得西竺心宗之传。因父丧，奉讳归。从此绝意仕途，一心天仙混化之道。1795 年秋，与潘雪峰，率徐梅谷，自归安射村起程，作云游天下计。于菱湖文昌阁见金怀怀，金怀怀劝他好好学习沈太虚所传的大道，而后不告而别。闵真寻之不得，而“悔未肃恭，致遭子弃”，兴致废然，遂不复出游。

1796 年，闵真 49 岁。是年冬入金盖山，主持金盖山教务。后重建纯阳宫，由是归山四十余年。“前二十年，方自拳拳于外摩内省之功……迨嘉庆庚午（1810）入圜三载，学养稍纯。渐通经咒微言。旋至河上与诸同人问答（约在 1818 年间），琐言曾录于册。嗣是远近好道者，或持其师说，或携其所习之本，过访于得（闵真自谓）。间尝就地辨正其讹，皆为门下士后先付梓。”又将心传秘学编成《天仙心传》一书。于此后二十年间教化后学，著书立说，以尽度人之志。闵真自题联“修道只为求己志，著书未尽度人心”，正是此际的真实写照。

在入圜闭关那阵子，闵真从实践上证明了“医世”功法，内则返老还童，外则参赞有功。

1813 年，闵真 66 岁，元神出定，“身跌直如初，而颜色顿变，忽成少年，须发皆变白成黑。此为嘉庆十八年长至日事”。内修外应，而有迎元之神验。“（闵真）久寓之乡，春花重放于秋季非一次二次，三四五次也。如金盖之云巢，姑苏之大德庵、莲华庵、葆元善堂，禹航之天柱观、半持庵，武林之寂宁阁，上海之小蓬莱，若杏若桃、若玉兰紫荆、木笔木瓜、西府海棠之属，秋令作花，灿烂芬馥，浓若三春，万目共睹，题咏成贴。九九桃花，吕祖师尝赐诗，诸君子和之。事在嘉庆十六、七、八三年。”更奇者，“吴沈埠桑椹，重实于小春者，亦有七载”。此桑椹有治病之奇效，据载：“嘉兴童翁，名宏毅，衰颓足蹇，有神相断其寿数终于是岁之腊，年已七十矣。得是埠冬实于树，服之盈握，骤强健，弃杖入山，往返七里许，身轻如飞。归采斗许，纯紫者配丸配酒，常服之，次者配于施药方中，治病无不立愈。乃岁岁如期来采，救危疾无算。其友莫达诚，顶患血瘤，大如拳，皮软薄若熟柿，翁以椹酒杯许饮之，入口片时，痒不可忍，立即平伏若失。”

1836年，闵真留诗曰：“回首人间世，等闲八十年。白云还自散，明月又重圆。书要从头检，功须澈底专。生平未了事，后我好仔肩。”语云：“我九岁皈道，到今完得不增不减。你们要晓得，减了固是缺陷，若增点又是累坠，都不是的！要晓得，你们大家要晓得！”其后仙逝。

闵真九龄入道，八十年道功，完得个不增不减。依其功夫，自可驻世更长时间，缘何曾与诸弟子相邀“丙辰”而又爽约？岂其预知大乱之将至而无力回天，是兴世运“时哉！时哉！”之叹而随逝欤？抑所作已办，观道运将变而随化欤？抑别有所寄托欤？

周梯霞说：“懒云子笃实光辉，清虚恢漠……才足以阐扬先哲，德足以化育后贤。”陈樵云说闵真“心性磊落，而好为其难”。闵真亦自谓：“我生平诲人却有不倦之意，然强教是我毛病。”从闵真及其朋友的简短述说中，我们可以见到一个笃实光辉、积极教化的高道形象。

因闵真广博的心胸和积极的化导，“居家出仕，入山修道，寻师访友，蓄发易服，均俾有志者，自然而行大旨”，而传出龙门金盖方便法门，让金盖山成为名符其实的全真“宗坛”，极大的影响了江浙一带的道教发展。1888年衍生“龙门正宗觉云支派”一派。《觉云薪传》说：“自闵祖启方便法派而后，半多出自俗居有志之士。于是儒而道者日愈多，推行教法日益广。今者云坛，竟遍于江浙海上。”

陈文述赞叹道：“（闵真）所至禽畜互乳，草树交芬，善气所敷，动植胥化，得中和位育之道焉。”晏端书作《闵懒云先生传》，评说：“（闵真）随缘启迪，自缙绅之士，至胥史仆舆，钦其道范，纳交受业者实繁有徒。入室者虽不多覯，而诱掖奖劝之下，因其言而自新者，亦复不少。先生朗若秋月，和若春风，定则如山，虚则如谷。中年学已贯通，晚境更臻纯粹。语默无非至道，起居纯是天机。至如乐善好施，精神强固，犹其小焉者也。”

石照山人勉励闵真“愿夫子集大成”，闵真果不负其望，静心考察丹道史，石照山人之愿诚不虚也。

二、闵真之道

闵真之道，具体而言即是修道的见地与功夫。其核心是太上心传，天仙混化之功，亦即身世同治，即身医世之功。闵真云：“我所著书十几种……最玄妙显豁者，是《大涤洞音天仙心传》，是不朽的，《丹法节次》也是我一部正书。”《天仙心传》是见地与功夫，《丹法节次》则是功夫的次序。见地在《修真辨难参证》里多有发挥，功夫次第在《还源篇阐微》里表述得最为圆满。下面根据《修真辨难参证》《还源篇阐微》《天仙心传》《上品丹法节次》和其他论著，予以详细说明。

（一）“心传”渊源

“身世行功一致”的天仙心传，太上宗旨，是闵真一生最得意的心得。心传的实践与弘扬使闵真成为那个时代的佼佼者，其光芒足以掩盖同时代的丹道大师。无奈曲高和寡，他“屡述与人，食之者寡。天涯海角，已踏破乎铁鞋；万载千秋，徒劳神而久视”。为了心传的传续，闵真将它总结于《天仙心传》一书中刊传于世。

闵真的成就，一是其天资深厚，一则源于诸多师友的提携。其一生，数遇驻世神仙，如鸡足道者、瞿蓬头、金怀怀等，印证心要，提点秘传。虽然闵真说心传得之于沈一炳，所谓“余道得之于太虚翁”，但仔细检点，我们发现此心传是闵真从心而得之心传，是古圣先真之道与闵真之道合拍共振，自然萌于心之音。闵真先于1786年耳食天仙“心传”，再于1792年承继西竺“心宗”，后于1810年作金盖“心灯”。如果把这个顺序倒过来，再依其著述的顺序及配合其行迹来看，我们会更加了解此心传的内涵、意义和价值。

1. 心法渊源

闵真早年入道时目的很简单，就是强身健体。因家庭的影响也阅读儒书，虽不赴试，却奠定儒道同参的基调——关注生命的同时也关注社会。

1768 年，高东篱师谢世，此后依师兄沈太虚学道。1786 年，沈一炳仙逝，闵真有“惜中年宦游，未能亲炙而窥阃奥”的感叹。可见闵真21岁至39岁十八年间，依止沈一炳的时间虽然有限，但对沈一炳是很倾心的。沈一炳的学问修养从《金盖心灯》中大致可窥一斑，《沈轻云律师传》记李泥丸问沈一炳之“究竟”，答曰：“《三一音符》，道之至中、至正、至真者，但事长生，非吾愿也。”于是究心儒书，耽性理，参《周易》五十（四十）余年。“其得力在慎独，其致功在真诚，步趋语默，未尝心离中正也。”他晚岁通神，知未来，洞悉三教一贯，而谦让不自盈。正是这种“一儒道，明宗旨”的风范深深影响了闵真。

1775年左右，陈樵云大师对闵真说：“至如假衣推食，拔灾救难，虽分内事，苟不素其位而行焉，鲜有不为所困，而道翻为晦者。”并告戒：“吾子心性磊落，而好为其难者犹当戒。”闵真“好为其难”之事，展现着闵真对社会的深切关注。杨维昆《闵懒云先生传》中举有两个例子：“尝冬月遇一故人寒甚，即解身上裘衣之。族中停柩十数，贫不能举，为经理葬焉。时艮甫公在任所梦衣冠者数辈来谢，疑之，后始知其故。盖即葬柩之夕也。其慷慨任事如此。”

1786年十月初一，闵真得沈一炳所传李泥丸《道程戒忌》。又得《三一音符》《医世功诀》等道书。二十六日午时，沈一炳于开化院等四处示现羽化之相。而后闵真作《太虚主人传》，有“羹墙梦寐，若或来告”之语。《金盖心灯·卷四·沈轻云律师传》太虚大师告诉闵真说：“天地，一阴阳也。阴阳，一造化也。机发于万有不测之间，圣人测之，惟天应之，而吉凶消长之道呈焉。故古之至人，惟密审其不识不知之处，而宏其无我无人之教，盖物各一天，而天含万有，分之则物物一太极，合之则万灵惟一性，譬之一人九子，分则九州，合则一本。气一则贯通，灵一则照圆，天下一家也，万姓一我也，不以天下为天下则化行，能以一身视万姓则世治。盖呼吸相通，舆情自悉，物我无间，大道同风。此治心之玄喻，亦宰世之良谟也。”已经逞露出天仙混化之机。之后在杭州大涤洞，闵真得《天仙心传》的传授（“乾隆丙午，余始得耳食于玄盖洞天之大涤洞，神人瞿蓬头，默相证授于不识不知之天”）。

此心传，闵真最初也认为是“心音”，有瞿蓬头默相证授之《大涤洞音》小序为证：“洞音共十一节。真人瞿蓬头、沈太虚，两相宣说于大涤洞天。余心领袭之，初谓皆我心音尔。”迨至“嘉庆元年（1796），奉天李蓬头到金盖，相见情甚洽。余心忆洞音，李真即跃然曰：‘大音声希，神室不靖，不闻唱应者’”，之后闵真方才认可为沈瞿二仙所授。

《心传》最初含《内篇》九章言身内身、《外篇》八章言身外身，十一节《洞音》概说道要，后增入《圆诀》四章总说混化诀、《续篇》十二章点明医世。1834年二月刻版时又作《自警》十九章，“以束心传全部也”。以上合为一册。注《内篇》《外篇》《圆诀》为一册，《医世玄科》为一册。共三册。此三册两种，“所以申明身世行功一致之义”也。

从关注生命、关注社会到“一儒道”，再到身世同治，此心法才算圆满完成而萌生于闵真心中。而身世同治，正是老庄、黄老道、《太平经》以来一贯的道家心法，乃是中华文明的神髓所在。《大学》《中庸》也是依此心法而来，不过其意较隐，不如道家晓畅明白。

“心传”授受如《心传》云：“我宗溯自秦汉，直承单传，始自关尹。吕祖承之，宗旨复振。既而中晦，我师泥丸氏承之，炳得窃袭（炳乃太虚派名）。自惭德薄，第谨识授。”从老子、关尹、吕祖、李泥丸、沈太虚到闵真，两千多年来只传承了六代，尤其是关尹到沈一炳之间，只有两位神仙相继，让人感到十分难解。再说汉唐盛世与此心法密切相关，何以无人承袭？就常识而言，我们只能说它是传说，不足为据。但从中透露出极重要的信息，即此心传是从老子来的，是道教正统。下面从思想中略加分析。

老子《道德经》说：“修之于身，其德乃真；修之于家，其德乃余；修之于乡，其德乃长；修之于邦，其德乃丰；修之于天下，其德乃普。”又曰：“是以圣人处无为之事，行不言之教。万物作焉而不为始，生而不有，为而不恃，功成而弗居。”是说修身、和家、化天下，乃至陶融万物无不依大道而成功。

《庄子》则以“肌肤若冰雪，淖约若处子，不食五谷，吸风饮露。乘云气，御飞龙，而游乎四海之外。其神凝，使物不疵疠而年谷熟”的藐姑射山神人为喻，说明内怀大道至德则身修物化。“其神凝，使物不疵疠而年谷熟”已有些“即身化世”的味道，与老子直修道德于身、于天下侧重不同。如果能行此道的，在朝为圣王、贤相，在野为真人、宗师。

老子之道传至战国黄老道家，则更重视其用，于“有无相生，难易相成，长短相形，高下相倾，音声相和，前后相随”（老子语）的事物中“依乎天理，因其固然”（庄子语）的处理物事，其术“以虚无为本，以因循为用。无成势，无常形，故能究万物之情。不为物先，不为物后，故能为万物主。有法无法，因时为业；有度无度，因物与合”（司马谈语）。因其势，乃后才有大汉之盛世。

汉初政坛之黄老则为之一变，成了“清虚以自守，卑弱以自持”的君人南面之术，丧失了“与天地神明相往来”的内涵，又缺乏“因时为业、因物与合”的智慧，无怪乎有“独任清虚可以为治”之讥，无怪乎遭受罢黜之难。从而致使黄老道学蒙羞，身国同治之旨只能在民间流传，到汉末时就有了结合方仙神鬼的有浓重巫觋风味的太平道、五斗米道。客观来说，黄老的蜕变与失势是历史必然。

太平道、五斗米道承袭黄老道家身国同治之梦，其初宣扬“内以致寿，外以致理”。而后建立起政教合一的组织，无奈师君少道德之圣功，弟子多是无识之氓众，很快也就破灭了——太平道因起义被镇压，五斗米道被招安。此内圣外王、身国同治的心法也逐渐被神鬼、方仙思想淹没了。于是魏晋南北朝之际便呈显出修“道”（道术）成仙，求神护佑的大流。诸如葛洪、陆修静、陶弘景、寇谦之等硕学之辈也沉浮于这股大流中。虽然魏晋以至南北朝时还有以“太平”等为借口起事作乱的余流，但从正统道教来看，他们不过是些“妖道”而已。

之后身世同治的理念断续不明，但此观念已深入到道教正统内部。大唐倍加推崇《老子》，哲思上虽承续魏晋玄学之风而兴“重玄”之义，但于身世同治的黄老家法亦有申明。所以承袭道教正统者，无不阐扬此心法。

此心传，本与佛教无关。1792年，闵真往谒鸡足道者，得传《持世陀罗尼经》，而受西竺心宗。所谓的心宗，即是“持世”——“佛曰持世，盖犹我宗之医世，乃有身治世宁之义，其义创自薄伽梵，为世宣说《持世陀罗尼》”。闵真以为“佛说世字，乃合身世世身者，义与医世宗旨无二无别”，由是“始明三教传本一贯”。

从文字字意来说，持世是护持世间之义，持世陀罗尼因回答如何让“诸贫贱者可得富贵，诸有疾者可令病愈，诸有罪者可令罪灭，诸危惧者可令安乐”而有，持此咒就能得到财富、尊贵、健康、安乐，与医世毫不相干。以医世之义注释此咒，表达自己的观念，是见仁见智的事情，本无可厚非，但说医世是此经咒之意，难免有附会之嫌了。我们知道，佛教的宗旨是追求解脱涅槃（小乘），或是成就佛国净土（大乘），对现实世间是厌离的，其对世间的裨益主要是五戒十善之类的道德教化，和对他人资生财物的施予，以及其定慧之学，根本就没有揭示身世同根同治的学说与实践。即使宣称“心净则佛土净”，也只是净者自净，浊者自浊，现实还是现实。

虽然佛教本与此心传无关，但鸡足道者入道门、习医世而臆解持世也不无可能。由此达成心宗与心传的一致。

所谓医世，是“即身治世”。内功在通身碍，也就是返本还源之功。外功在通天运，所谓“世之为病有二：曰人为之病，曰天运之病。人为之病，戾气所钟，所谓自作之孽不可活，惟有权者能医之。天运之病，协气可追，所谓天作孽犹可为，惟有道者能医之。然而天运亦转移于人事，消戾气于未萌之先，则天运亦应之。天运通，则元气通，元气通，则大化通，斯道乃大通而不穷也”。我们从理论上还可以进一步推知，元气通，不仅能培人心固有之善，也能消除人世未熟之恶，甚至能多多少少的锄人世已稔之恶。“近则一家一村，远则一县一郡，推其极则四大部洲，无不调摄于此方寸之中。消其灾沴，则无水火刀兵、虫蝗疫疠；正其趋向，则俗无不化、人无不新。民安物阜，熙熙然如登春台。小用之而小效，大用之而大效。”可见“即身治世”仍然是对生命与社会的关怀。

闵真心传以“神”为功。《天仙心传》序中有详细的解说，其云：“主夫世者人也，而主夫人者神也，三才一贯，义则如此。太乙不云乎：‘人身一世身，心即天也，身即地也，念即人也。’诚正修齐，以至治平，毋劳分理，端自净念返诚而已。上古圣人，治世功法，不由身外体制，并勿念外维持，惟自尽己以为功，即使人人尽己以为学，何等简易，何等宥密而自在哉。其得使人尽学已由自者，学尚虚寂志念耳。所谓天下之本在国，国之本在家，家之本在身是也。愚更为进其说，以为身之本在心，心之根在神，神非虚不灵，非寂不宁，不灵不宁，神何克纯。是以学尚虚寂，运道惟神。”

此神，是“真我”——先天一炁之宰，在儒谓之天命之性，是诚意正心之本，在道闵真谓之为真一，在佛谓之心性，于是形成了闵真三教一贯的医世心法。

闵真归功于神的心传，与上古道家归功于自然的心要多少有异。闵真承袭的“医世”之说，更近于“致太平”，与“修道”的关注点不同：一个侧重于本根，一个侧重于世用。

通过以上分析，我们可以确认，只要儒道齐修，以道为根，真真实实的关注生命与社会，暗中就会与身世同治的心法相合拍。即使闵真没有得到太虚翁的传授，此心音也恐怕会萌生于闵真之神室。

2. 功法渊源

（1）身世功夫一致之效验，是在玄窍开启，功入胎息之后的事情。因此，玄关一窍为此心传的另一要点。内炼玄关或玄窍一词来源于《老子》之“玄牝之门”——玄牝之门，是谓天地根——原本用来比喻道化生万物的出口。后被曲解成口鼻，张紫阳作《悟真篇》给以纠正。紫清真人白玉蟾对此玄牝之门大加发挥，或称玄关、或名玄窍，阐述天仙功夫，其原义得以恢复，使内丹术从术上升至道（气）。从此它成了内丹要着、仙家秘密。嗣后白真人再传弟子李道纯又加以发挥，于是各家丹法都必言玄关，玄关之义也越来越复杂，甚至有的舍本逐末，指身上某一穴位为玄关。

闵真说开启玄关窍的入手功诀为“虚寂”，此虚寂是承袭老子“致虚极，守静笃”而来。可见心传的源头仍然在老子。玄关一窍的详情见下文“玄窍”一节。

（2）从具体功法来说，身世“混化”，诀同《医世说述》，“法造身等虚无，迎罡（在人为顶，在天为天镇）下照，纯行三才卵守，中无他念杂入而已”。如果学人身心未靖，关窍未通，须从身色上，加行搬运，继以存思，迨到关窍全通，存思无妄，方行下照之法，即是“乃自顶盖，前下眉心，复由眉心，照注山根。尤须先以真意，直由顶门，透迎上天镇星，自能引到天罡，下合身罡，聚存山根，汇照阙盆。加行虚极静笃，自能深透玄窍。觉已透窍，加造自然，坚持无念一诀，自得胎息真验”。炁机则任其自然变化，如果虚寂功夫未造自然，“法惟升则听升，而于降际，毋忘注海一诀也”。否则妄事归黄，必犯后凡随升，受祸非细。于身是还返之功，可成就法身，乃至平升玉清。于世则有化否成泰之验（小则一身、一家，大则一村、一乡）。

闵真又说：“其中作用，以头为天，以绛阙为都会，以坤腹为闾阎。诀中至诀：意迎无极真气，降注腹心，透脊达背，以得心清气恬，遍体充和为宗旨，不计岁月，日行三次，功验不之间。盖以此宗，乃无上大乘心学。按即中庸大道。而以事清则迎乾，事和则迎坤，以此二气致之中和者也。是为寓德于道之实学云。”此作用，并不是别家那样简单的比类，而是身世一炁相通之后才得以显现。

其“迎光存海”的口诀，“一循道体，而事兼存导，尤必造至自然”的功法，我们能在《二懒心话》《道程戒忌》《琐言续》等书中找到相关内容，与其他丹家之法不同，其源难以考察，“存海”是太虚翁口诀，“迎光”见于《医世说述》（金盖本《说述》是陶太定于康熙甲辰年“蒙吕祖降坛”而辑成）。这种功法似乎与清初乩笔传出陶本《金华宗旨》有关，而《金华宗旨》又出自龙门秘传《丘祖语录》。《太平经》说“头之一者，顶也。七正之一者，目也”，并有“守一明法”，不知两者有没有关系①。“事兼存导，造至自然”是“有用用中无用、无功功里施功”两句意义的发挥。

3. 闵真揭示太上心传，有如宋明理学发挥孔孟心传一样，旨在争取学术正统，绍隆道学，振兴华夏。其一片苦心掩藏在三教合一的平怀中。初则著《心灯》以明儒而道，道而儒的儒道一贯之旨。次则说“心宗”，释《持世》，而援佛入道。后则独标“心传”，明宣道要，三尼圣功，医世秘诀，儒毁于秦，释毁于晋，早已无人知晓，唯我道宗得承不断，是何等之大幸！可叹其心无人能晓。

乾隆嘉庆道光以来的政局，闵真并不看好，而有“世况蹇久，何不早承？”的自责，虽然找了一个等道成后而行之的借口，但也能看到他对世道的深深关怀。客观上说，弘扬此心传自然对社会有裨益，自能扬我华夏之威。

从闵真实践弘扬太上心传的行动中，我们看到了修道者独特的对生命和社会的最真切的终极关爱。

伟矣哉！太上心传。

（二）广博精深的修道见地

1. 玄窍

玄窍不仅是入道的关键，也是成就身世同治与否的关键。古往今来许多

① 《太平经圣君秘旨》：“欲寿者当守气而合神，精不去其形，念此三合以为一，久即彬彬自见，身中形渐轻，精益明，光益精，心中大安，欣然若喜，太平气应矣。修其内，反应于外。内以致寿，外以致理。非用筋力，自然而致太平矣。”《道藏》第24册，第599页。

丹书都对玄关一窍的功理、功法、功境、功用有所阐述，但能象闵真一样明白晓畅、钩深索隐的论述实在难找出第二位，也许多数是因为保守仙家秘密而不以示人，也许有人是因为境界有限而表达不出。从这个角度说，他们的弘道功绩都比不上闵真了。

（1）玄窍功理

①玄关是先后天的关口。

玄关一窍，“要知曰关曰窍者，不过说有此步，并无关窍具也者。所谓关也者，有阻之之义，窍也者，得通得容之义耳。学者知于先天之先立脚，而又深造自然，目前玄况即是窍中玄况，何劳追求乎哉？”需要淘尽后天障碍，自然得以通容，所以说“学人己克不净，净不造至自然，玄关真境，自难幸入者也”。

②入玄窍的关键在机感机应。

闵真说：“玄关开无方所，景无定景。若使开有方所，景有定景，亦不得名玄关矣！盖此玄关，前包亿亿万年，后包亿亿万年。个中玄理玄境，微尘之细，无有或遗；触而应现，捷如影响。得入与否，即在机触之际。或后或前，均不得入也。故古哲修持要诀，端自虚极静笃上，定审动静之启机。若或妄感，关亦妄应，大有关系存焉，机可妄动乎哉！”勉强来说，玄窍是在机感机应后出现的一种浩渺无际、三世融通的境界。“此关窍，无理不备，无境不具”，所以天仙家法、医世作用都在此立定脚跟。

关于感应，需要以真感真，得效方真，闵真说：“学者要知一身关窍，各有真幻二气……玄门所重，在于感应。真感则真应，幻感则幻应。感应从类，其理如是。若然，彼家我家，亦各具有真幻二气者也。古哲事空事寂者，志在克己以全真也。至道真源，不在气机之隐现，而在隐现莫测，心不之摇，念不之动，乃为全真。以真感真，玄关乃开。开真则所现所隐亦真。隐现既真，则取炼还返无妄，而得效亦真。”

简言之，玄窍本来是开着的，只是被我们的后天习染自阻自塞了。要入此窍，当净除身心障碍，于虚寂中循机感机应，一触即到。

在感受中，诚如闵真所言。但经验还告诉我们，在虚寂中，常常是精神猛的一振，高度凝注时，其机才动。因而不管是精思、专注，还是默照、守心，不论在静坐中，还是在其他活动时，甚至在饮食男女睡眠中、困倦已极后也能出现玄窍境界。由此推论，现有感受和玄窍境界应当分别处在不同的“能量级别”里，它们之间似乎有一道关口——玄关，只要有足够的能量就能在两者之间跳转。

（2）开窍功法

开玄窍的方法有多种，散见于诸书中。闵真弟子薛阳桂有很好的总结，摘录如下：

①万缘放下，体自寂虚。

学者先以自心观照心源，则体寂而神虚。此心源非身中肉团心，乃是寂然而虚灵者。即用不即不离之诀以守之，使心不着于方所。一守如如，常觉此中空空洞洞，不染一物，但觉凝然寂然，抱神以静，此正所谓心有主则能不动。《金刚经》云“应无所住而生其心”者是也。

②常操此心，退藏于夹脊之窍。

心藏守于心后脊前，守而不离，自然散其邪心，消其杂虑，降其动心，止其妄念，久久则真息现而无息。息无则命基固矣！此是大《易》艮背之良法。

③存想山根。

山根在鼻之上两眉中间，此处与祖窍相通。祖窍可以夺天地之造化，故存想山根。要勿忘勿助，若存若忘，久久便觉虚无寂定。而山根与祖窍如即一处，仍守之以寂，继之以忘，久久行持。一朝置此心身于不识之地，我一灵亦泯，至混穆地位，已入玄窍真境界。

④此外还有从坤腹入手的一法。究其功法，不外万缘放下，一意留坤（“在脐后一寸三分，气穴是也。又名玄关一窍”）。开启功用，如是如是。

总之，如此操持，“若夫混穆中忽觉无涯无际，或星月在海，月印波心，或平波万顷，草木繁庶，种种玄况莫可名言，是则玄关开矣！然或念动而着，玄关立隐，故以寂视为要……或用心息相依，或存神虚寂，务在乎若存若忘，不即不离，而总用夫放下身心，寂寂以视之，则必自得神凝气定焉！学者总先当以无念为主，诚而恒之，何患其不入哉？”

（3）玄窍境界

无人无我，“浩浩兮无涯，冥冥兮莫测”的玄窍之境，寓有十二时活气象。此十二时活气象为沈一炳所发明，在《琐言续》中有非常详细的描述，其谓："凡夫水月交映，得之自然者，子正有之；我无觉有，丑正有之；觉气通流，寅正也；气机洋溢，卯正也；存无守有，辰正之功；隐现莫测，巳正气象；万象罗列，午正气局；真幻无常，未正如之；念起即扫，申正功法；一灵独露，是酉正兆；闻见顿泯，觉无端倪，非戌不现；切戒惊疑，守戌正法，湛如寂如，是值亥正。"

闵真有很长的一段注解。这里只录一段活子活午内景为参考："行到万虑不生，一灵亦泯，是造混穆极境，是已深入玄窍窍中地位矣！忽而一念顿动，寂而视之，觉有如吸应呼，不击自鸣，乃是一阳初动之候，须加寂如一诀，又忌木住一弊。诀惟循动透入，是正玄关洞启之候。倘犯木住，古哲名为僵立内外。学造此候，旋必如春如夏，境得日暖风和，花明柳暗。我若真瞽真聋，六门紧闭，一窍不开，是为错过。若因驰骋颠倒，昧我本来，是为逐物，亦足自误。诀惟廓放真元，与境元合，而内存涵志，一意内虚且寂，已觉个中得有无上湛润。外境庶繁，听之而已，是为功造正午，万路齐开之玄况。诀惟从事退阴，然亦不过意存敛志，其元必自若云归洞，第见霞绕空谷。倏忽由和返肃，是造申酉玄况矣！寂视久之，况现冬象，则乾卦初爻。学者至此，未可住手。诀惟神收下极，功造遍体充和，悠然住手。"

按玄窍开启的境界有大有小，有深有浅，有圆有偏。而作用与效果自然就不一样。详见下节之"入道关窍"。

（4）玄窍功用

①能打开先天宝藏，归根还源。玄关一窍，与大造同一鼻孔出气，其"外包三才，内充四大，本无内外，无处无所，乃是一气，何有通闭？……三才与我，本是一物。个中真元，原无得失，所失种种，犹如内库珍藏，移于外库。我但靖我内库，物物件件，取归如寄"。

②从它出生天、水、地、人、神、鬼六种仙眷。其得之由，在于机感机应。沈一炳说："修行人能得太极交生之物为圣胎，谓之天仙；得自地天生之物为圣胎，谓之地仙；得自虚空真阴真阳之元作圣胎，谓之神仙；得自生龙活虎空虚交生之物为胎者，谓之人仙。更知加迎太极之一，以点化之，是谓水仙，变化莫测，稍亚天仙。"

③它是各种借假修真法门的枢纽。虽如红铅梅子、五金八石二门，也可用作种媒，而有勾玄大妙用。闵真说："据余所闻内惟炉火与御女虽亦古法，

而五脏柔脆者，万不可服金石；色身不化身外无身者，万无御女得益。”总之，“行从先天立脚，天地、日月、云霞、红铅、梅子等等……古哲缕示。皆有妙用，第非初学所能，更非执着可得。惟能步步不离先天，从头寻讨先天之先。玄关八达，触着撞着，无不先天，如一亮纱大罗罗帐，物物珍珍，洞明洞见。只须具得千手千眼，随意检收。向所失物，全在此中。然不得遇真师，嘱开玄窍于前，具此千手千眼法身于后，从何识得？”

2. 医世

医世功夫，只在一身，实为性命返还之功而外感元气通流而有。沈一炳说：“人身一小天地。言天地，而人在其中……我心即天，我身即地，我念即人。如是体之，三才一我也，何身何世之可分哉。此我道祖纯阳吕翁，肇有医世圣功之原由。后学承之，身治而世宁，其验疾于影响。而体验，只在一身，天地鬼神不得而测者。”闵真也说：“医世大道，乃是即身以医世也，大是圣人脚踏实地大学问，是至道，非法力也。究其效验，实实落落，身安而世治者。但须开得玄关，方可下手。盖其所事，不外性命，而有德功并臻之验，是丹道之无上上乘。有志大道者请事可也。”这里略引述如下。

其功法如《医世说述》所说，有六步，可以参考十二时活气象。

第一步：“法先闭目，意敛目神，向脑一注。继于脑中，向顶注之。”

第二步：“乃自百会，下游阙盆。游夫阙盆，体得闲趣。”

第三步：“运值正午，诀惟勒照。已值未正，正本清源。一入申正，植培而已。若值酉正，诀惟致新。运至戌亥，法惟屯蒙以俟复。

原注云：“窃按是书，二步以上，自顶至胸，言身不言世，乃是自修之事，浑浑穆穆，不必分时体验，故不言时。三步中分言六时者，功用至午位，则为心，乃一身之宰，一世之宰；至未以下，则为腹，为阎浮提。世事不同，补救之法亦不同，故逐时分析言之，以明随运之用。此六时之用，皆学问之事，谓当裕道法于未用之时，午未申酉戌亥，皆迎一迎乾之所贯注。乾，君也。盖有随时医世之学术，而后可以任斯世之重，能调元赞化，而后可以上格君心。欲从事于泽民，必先以致君为主也。”

第四步：“已而华开见佛，自造庆会，於（音乌）万斯年，此为下手第四步。”

第五步：“于斯时也，功造无间，一举一措，不谋自合，盖已两气混一，志神不二，是妙凝之神验。此为下手第五步。”

第六步：“功到此际，朝宁雍熙，百工亮采，而民隐君悉。从而加迎真一，下照万方。继迎坤元以抚之，乾元以一之，物产繁衍，民行淳良。此为下手第六步。”

其效验，如云：“调至胸怀清静，而天都泰定；调至坤腹通泰，而闾阎富庶；调至四肢通畅，而四夷安靖。如是体调而身安，身安而世治，功效捷如响，一经参破，即圣门赞育化功。并非说妙谈玄，乃是脚踏实地道学。”功到乾坤真元回复，“两大元复，则物产茂，生人良。人良则物茂，物茂则人良，人良物茂，非世泰乎？非有互相医治之义乎？”故医世之功显矣。

更有简要的混化圆诀：“上穷九天，下极九渊。三才卵守，黄是福田。我处其中，混化坤乾。知还知返，无后非先。克纯克纯，无地非天。常真真常，玄之又玄。绵绵密密，道无不圆。功造其极，我即佛仙。”

医世功夫的核心在玄窍开后的混化功夫中，不涉及天仙功夫的头尾，整部天仙功夫见下节。

3. 双修

说曰：“孤修非至道，同类自相须。身外有身者，形忘堪事诸。”丹道返还功夫，须资同类真阴真阳，以真阴真阳交生之物为丹本。因为需要真阴真阳共修，所以名为双修，又称作阴阳门派。此种双修从外相来分有三门：一是一己专修感应阴阳门，一是知音侣伴神仙眷属门，一是无遮法会众修感合门。以上三门，都因真破元亏，而不得不借同类以假幻钩玄，因各自因缘不同，“或即身以事复，或设媒以引还”。

闵真曾以阴阳门派问于驻世神仙瞿蓬头，因沈一炳说真阴真阳交生之物“有得于太空，有得自通都大邑，有得自丹室，有得自坛靖，更有得自丹座”者，瞿蓬头解释说：“得自太空者，以太空为法体，以三才为药物，乃是无上上乘。得自通都大邑者，以六合为法身，以活虎生龙气化之材为药物。得自丹室者，以法身为鄞鄂，亦用龙虎为种为媒，致感太极阴阳交生之物，以意摄归黄庭为丹本。得自坛靖，以丹室为鄞鄂，法身为玄窍。法虎法龙，神凝丹室，摄归玄窍，产生真一，留一配元，以为其种者有之；或用虎龙为媒，致含太极阴阳，神凝丹室，而虎龙亦有所生，乃留太极交生之一与我，致还虎龙所生元一，以一归龙，以元归虎，寂然各归而止，皆属上乘。此下尚有中下两乘。”

得于太空、得自通都大邑的是一己专修门，得自丹室的是神仙眷属门，得自坛靖的类似于无遮法会门（其中修士用种龙种虎为媒而修则是“三家”）。上述上乘双修之法，都是玄窍开，法身显现以后之事。所谓法身，沈一炳解释说：“法身者，身外之身也。夫此一身，非存想所得有，非法炼所能成。其诀则借假修真，其加修不外色身，诀惟炼此色身，内外贞白，是身非身，非身是身，所谓功举则身无，功停则身有。方其无时，一切寒暖觉非我，一切痛痒觉非我，所谓觉而勿着者是也。”

下面对知音侣伴略作介绍，读者看后就知道闵真一系的功法与其它“阴阳双修”的差异了。

知音侣伴，是为神仙眷属，因知音侣伴而求宝者也，是为双修家法。又个中火候，凭外侣审报无差，亦称为三家（自己、内侣、外侣）之法。

上乘知音侣伴修法，以同类幻身（法身）为生龙活虎，置之于丹室，阳幻藏有先天阴，阴幻藏有先天阳。“当其两幻相值，神凝气结，出之自然；郁而外透，达于虚际，亦出自然；已而太极应感，沛然元注，充乎两幻，个中玄况，笔难罄述。吕祖三还三失，正此时至焉！必须步步合作，乃得泰定。”

闵真说：“知音侣伴，直是眷属，而古哲用以为媒，勾致无形无象之至宝，以为大丹丹主，育化真元……惟如丁、许、裴、李四大古仙所娶者，乃为内侣焉。是于又设外侣以护之。个中作用，第一世财致充，第二克己无缺，第三寻觅外护法，用磬鱼分省他我，遗有致调陈法，是概用磬以省阳，用鱼以省阴者。当其交与化也，用鱼用磬，不先不后，不疾不徐，调至极和为主。此可意会，不可言传。”

功夫当中，或可得天宝（指太极交生之物），当要极为谨慎的对待。即使是种龙种虎神交所生之宝，也要防危虑险。闵真说：“若果侣属置种之侣，不宽衣，不解带，一龙一虎，均以清净气神，会透虚空，即于虚空净境，相吞相啖。我于其下，但廓鄞鄂，空虚以俟……倘沐天缘，竟于种交之际，感降上天圣父圣母，精交虚际，必有天宝，如月如日，合璧虚悬。我于其时，鄞鄂旷廓，兼吾真阴，积如玄圃，渊深无际，则可以意上迎，自得天宝，如针投芥，亦无他变。倘我此中鄞鄂未具，真阴无多，只可窃叨遗荫，身如背曝日中而已。若或不量，妄意上迎，必有火炎昆岗，玉石俱焚之变。

虽有知音侣伴，同成灰烬也矣！古哲所谓天宝，乃是此宝。所谓世财，乃是鄞鄂与真阴也。盖此天宝，烈过火球，已无真阴以配。我身民相随之，色身立成灰烬者，此无救法也。”又说：“若……属生龙活虎交生之物……亦有非常之险，乃须知音侣伴，默相调护，可致安泰。盖当宝归北海，大忌南炤火炎，此火即是欲火。实以其时，必有非常逸趣。我非童真，即或童真，知识早开，必有所闻，世风如是，真已非真，一旦身得逸趣，难免溜堕情海，此为至险，不可不预防严……学者值此，急须摄此身心于无何有之乡，且须定情于脊前心后，是之谓循艮背，然犹有复然之虞。此须知音外护，从中谨醒，三人咸共遵行，亦以击磬为号，古哲遗有则律。律载：法提涌泉黑煞，升会海底命玄，逆自海北极处，从后升腾，经背达脑，汇聚虚际，即从虚际，往前下注，自觉火降，由面下膺，必有巽风内鼓。旋见大地玄黄，已复天清地宁，乃可寂守玄窍，行夫乾卦初爻，四六呼吸而止，是之谓助调。盖即于侣伴身中，行其内运，升而外注我身者，又必假用法磬，所以致四成一耳！”

对此一门，闵真评价说：“至夫尘世知音，洵岂易得哉！秦皇汉武，贵为天子，富有四海而不得之。达摩尊者，中印梵王王子，中印国土不小，而远求于震旦赤县乃得。千掌和尚驻世千二百载，不遇而逝。此非宿世结有证助奇因，而时又适值，万难凑合者。是不犹泛海求珠乎？舍坤方可求不求，偏欲于茫茫尘世冀遇。余无如千掌寿算，达摩福德，故以知音尘侣一门，记惟俟夫世之大有宿缘者踵而行之，不敢阻亦不敢劝。”

以上引文中元、一等概念比较费解，闵真有段解释的话能帮助理解：“先天之气，乃是先天太极之真阴真阳相交而生之气。在天曰乾元，在地曰坤元，在人曰真元，亦曰人元。三才之气曰元，所禀之理曰一。元即命也，一即性也。命曰我，性曰彼。原是一物、一类、一家，以其各有寄体而强名之，乃有元一、理气、性命、彼我、阴阳、龙虎等等之名，其实一道而已。”我们可以简单的用理学的理气做类比，即一即理，气即元。

（三）澄明有序的丹功道程

太上心传、天仙功夫是既简易又玄妙的。说它简易，不过是因为它始终以清静铅汞（精气）为运用而已。说它玄妙，因为它的体验超出一般的丹法。其功夫，如《还源篇阐微》说：“必先坚持正念，就伦常日用中，处处惩忿窒欲，真实无妄，礼以行之，是为炼己。潜致力夫涤虑忘情，以疏通督任三关、遂由慎独而退藏于密，是为筑基。自然身中还出一点真阳正气，心中泻出一点真阴至精，相与浑融，凝结成丹，是为丹头。从此心自存诚、气自周行，久则藏心于心而不见，藏气于气而不测，静虚动直、气爽神清，是为完体。第觉三际圆通，万缘澄澈，六根清静，方寸虚明，如是期月不违，药物亦源源而至，始终以清静自然为运用，可以还源返本，与道合真，是为全真。金丹之要，如是而已。然大要先知夫身中一窍，然后可以入手。"标明了炼己、筑基、丹头、完体（丹成。此阶段包含了医世功夫）、全真五部功法和入道的关窍，我们以此说明闵真的天仙功夫。

1. 入道关窍

玄窍是功夫的转折处，是豁尔开朗，幽虚无际之境，如果以"泯然虚豁"之义为准的话，它有着浅深层次的不同。最初是身心从杂乱归静后，一窍豁然，神气开明，觉似无身（或是部分感到身体成空）的境界。境中心神幽远，莹然明净，而后觉身，身如云影，气生暖乐，从而精气相生，交媾成丹头真种。是为玄窍初开。其后身心豁然顿开，大无边际，细入毫芒，贯透色身内外，是为玄窍大开，先天一气自虚无中来，谓之元命归复。是为玄窍正位。待到性命合一，虚空粉碎，湛然若存，是为玄窍破碎之境，而后炼虚合道，与道合真。玄窍破碎闵真未言，乃是笔者从闵真文章中析出（闵真称玄关大开为"玄窍已破"，丹家称"打破虚空为了当"，故而笔者进一步说此为破碎）。

功夫上有这样三种不同的觉受，实质上只有玄关破碎才是证道之着，玄窍正位后，色法混炼，禀赋厚机缘巧者功夫中偶尔能撞入，是为顿悟大道。一般情况则是因为没有足够的精炁，只能渐修渐行。前者顿悟，除自然天仙能顿证大道外，其余的人还须修持，方能证道。后者更加需要精勤不懈的努力，才能真悟实证。否则只有停留在湛然常寂之无边光明境界。

玄窍是色法、人天的转折处，天仙功夫始终都在玄窍中转折变化。闵真说："真体中一孔之窍，乃是积精、累气、凝神之转关要路。只须致虚守静，养到无形，忽然得见铅汞应令齐发，是精已化而为气，自然运动上朝于谷，即为五气朝元。其时神感气交，气即化神，神凝气聚，遂化而为神水充遍周身，即是神水入华池。仍任其周流运动，一息无停，自然而然，非识可识，而吾之神总安于如如不动中也，故曰三华聚顶。吾于是悟得精之化气、气之化神、神之化虚合道，只凭我心与息两相忘于无形无物之中。其法始而相依，渐而蛰藏；从此相依于无相依，遂并蛰藏于无可蛰藏之际，是为相忘；湛然常寂，即是化虚；到得寂无所寂，即是炼虚合道也。”

（1）玄窍初开

闵真一向重视无有身心世界的玄窍正位，对即色身非色身的玄窍初开之景，说得较少，《还源篇阐微》逗露端倪，说：“知夫身中一窍，然后可以入手。一窍者，神明之牖、性命之宗也。逐于末则分注乎七窍，还其本则归并为一窍……惟理穷，故欲净；惟性尽，故情忘。欲净情忘，中无他扰，我惟基命宥密，自觉一窍豁然，是为开关。见得此中虚而不屈、动而愈出，随机运变，一任自然。”

《二懒心话》说得明确些：“从事内照，继事无想，未几而心地清朗，渐觉下部豁然若失，觉无边际，深亦莫测。是从内拓，加功许久，念寂至笃，乃现此景。惟觉遍体冲和，已而并此景象亦置之度外，惟觉呼吸之气无，而下部腾腾气热。忽于极热之际，得有几缕凉气，或自胸腹下降，或自腑后脊前流下，溯洄于男根左右，若有走泄之机，恐非妙境（原注：此正妙境），中道而止（原注：若止不加火而炼，则有弊）。”

一般丹法说的玄关，与闵真一系所说不同。太虚翁说：“要知呼吸之气不无则真炁不现，真炁现而玄关始开……念无而后息住，息住而后关开，此一定之理，然亦有一虚一寂而便开焉者，此乃气穴，非炁穴也。气穴（丹田）者，祖气（后天真气）之所自出，而炁穴在其中，炁穴开而玄关辟矣……气穴不开，进火无门。炁穴不开，圣胎不结，忘而又忘，玄关斯辟。是二非二，是一非一，如鸡抱卵，不说而说。”此中“气穴”指元气出生之处，即是通常别派丹法所说的玄窍，并引导其疏通任督。“炁穴”指玄窍，则是先天炁所出。

（2）玄窍正位——复命、复性

凝然大定中，“勃然机发，顿失我与天地现存形相，第觉虚灵朗耀，无际无边。一觉急收，登时冥息，即自入于窍中，混混冥冥、不识不知、无声无臭，斯为大开玄关，深入一窍”，于此息住脉停，方是玄窍正位。

（3）玄窍破碎——性命合一，虚空粉碎

白玉蟾祖师说末后一着以“返本还源为真空，打破虚空为了当”，复命复性之功已于玄窍正位中完成，其后性命合一，完我太极，静定之中，双忘真幻，俄而一点玄机泯转，玄窍破碎，色法同归于无何有之乡，寂无所寂，湛然若存，谓之真空。其机动处正是道将生物之际，无极太极互相隐现之时。待其动机泯定，道合自然，谓之打破虚空。

2. 第一部功夫：炼己

（1）炼己介绍

炼己就是“炼净后起之习染，独露先天之真体”，后天习染指我们在出生后成长中形成的各种干扰内心虚静的心结心使等心理惯性行为，表现为散动与结滞。概念形象思虑的、情感的散动让心烦扰，让人燥狂，虚耗能量。而思维、情感的结滞则使我们的心打结，不仅束缚我们的能量，还成为病瘤，让人沉溺。初习静坐中，我们简单的称其为散乱与昏沉。先天真体指消释散动结滞后的空静心态，是充实的以和、智为底蕴的虚灵不昧状态。也称为正念、真心。

炼己是返本还源的第一步，功法有自净与智净两大类。自净是运用心识自我净化的功能，让心寂静。心境只要不去扰动，就如潭水无风而自平。智净是观察诸缘相生相成、相随相倾，而于其中方便对治，辩证与药的方法。实际功夫中，自净与智净都被使用。因为方便随缘的对治需要深细的慧观，一般难以正确实施。又因自净需要花太长的时间，难免不为内外事务干扰。所以兼得两者长处的坚持正念的观照功夫就成了练功的首选。即是闵真所传的“万缘放下”口诀：“缘者何，情尘情根是也。不由内蕴，即由外触，必须放下，天心乃现，此是入手第一步。修性始此，修命亦始此。”

（2）炼己之法

《天仙心传》说除缘有三法：“缘起立除，一法也。缘起成猬，中如焚炙，聚而坡放，一法也。缘起膜视，听缘自缘，一法也。”以为“缘起膜视，听缘自缘”的万缘放下，“乃为仙著。斯则如云点虚，虚自无染，故无损益者。后学从事，但自顾密而已”。听缘自缘自尽是用自净之功，知其缘生缘尽而保持正念观照的膜视则是用智净之力。

其次是坚持正念，随缘对治的功法。与缘起成猬，聚而坡放有异。对治是随起随解，倾放像是围猎歼敌；对治是剥茧抽丝，明其来龙去脉，倾放是囫囵吞枣，虽得其用，莫明其妙；对治是智取，倾放是力敌。坚持正念，随缘对治的功法按理来说优于万缘放下功夫的。但这太难，闵真也没有论说，这里就从略了。

再次是扫除之法，包括了缘起立除之法与缘起成猬、聚而坡放之法，前者是小股歼灭，后者是聚敌围剿。这种方法多数人容易上手，因此也炼己的重要方法之一。

闵真在《丹法节次》中引儒家学理，说明炼己功夫："须即澹嗜好、寡言语、省思虑、薄滋味、慎寒暑、均劳逸，以期志气清明，乃可希登仙品。故必先存诚以炼己，炼净后起之习染，独露先天之真体，即孔子所谓克己复礼之意。学者果能炼去凡心、独存真性、无论行住坐卧，应事接物、立身行己之际，将平日七情六欲、种种妄想念头刻刻扫除，当不见不闻之际，默默检摄己心，于忽起忽灭时提防，驯致乎不识不知之际寻其趣味，则万般虚妄幻想更无从起，即是起首慎独功夫。直待俗缘顿息、神思渐清、收拾身心退藏于密、即归中宫祖窍，从此勿复外驰，一味凝神定虑，养我本来一点灵光，常应常静如太虚之有容而无碍，乃可以深造无穷尽圣境也。"

在炼己中，还有系心一处的止念法门，其中利弊参半，适合绝大多数人，但只有善于运用的人才易见效。还有压抑强忍心念而不动心的办法，其弊大于利，只能在特殊情况下偶尔使用。

3. 第二部功夫：筑基

（1）疏通任督以筑基

筑基是积累后天精气，疏通身体结缚的功夫。尤其重在疏通任督上。天仙功夫以涤虑忘情、坚持正念以积精累气，精气累积上下盈满自然三田贯通，肌肉若一，而任督于不知不觉间就疏通了。《还源篇阐微》说："身后之尾闾、夹脊、玉枕为下、中、上三关，复以身前鹊桥、绛宫、关元为上、中、下三关……立基时疏通督任，销其宿疾积垢，以便后来真气得以畅行无滞之功用。然亦只以涤虑忘情以疏之，并不更有作为也。"

通督开关的重要性，如《皇极阖辟证道仙经·聚火开关》说："恐人专事中透捷法（指直接从玄窍入手的功法），而置任督于勿理，则于生生妙用，未免功缺。亦非至庸至正功法。此功行后，则于色身固大利，而于法身得培，更无歉缺，后学遵循中透，亦无混入闹黄之误。”所以通督开关是玄关未开时，“乃从色身上攻去积阴，则行无病阻”的功夫。

（2）疏通任督的方法

疏通任督除涤虑忘情之法外，还有意气引导等方便法可以运用。闵真在其他著述中多有叙说，它虽然不是上品丹法，却也是养生救残的妙法。从用功效率上说，以涤虑忘情之法为主，以意气引导作为辅助的话，效率会比单用涤虑忘情之法大得多，兹引述两法如后。

意气导引疏通之法：用“十六锭金诀”，如《修真辨难参证》所说：“即吸即呼以理之。按吸，吸自海底阴跷穴。自穴逆吸，透尾经脊，逾枕达巅，入于天谷。巅即昆仑，人头是也。天谷即人脑之中，乃上丹田也。即自脑中下降，自鼻至上唇，乃与任合，会于华池。池乃舌底，故人口为华池，是乃理督之成法。呼则起自华池，顺经重楼，重楼即人喉管。从此顺降绛阙，绛阙即膺、即胸堂。从此达中黄，即中田。从此达腹，驻于脐后深处，处曰气海，即是下田。从此达阴跷穴。穴在粪门之前，卵囊之后，乃任督交聚处，是为理任之成法。盖皆以意导气，由想合道，乃初学通关必用之成法。”

或用十六锭金养生捷诀，如《尹真人寥阳殿问答编·第二篇》说：“以放下万缘为养阴，聚火开关为助阳；诀则以吸，吸自尾闾，以呼，呼自泥丸。方其吸升，统背内外，阳气雍雍而普升也；方其呼降，统额而胸内外，油然下坡胸腹腰际，内而五脏六腑，畅适无塞。以意渐收，统归下极，神注二十四息，总以造至若存若忘，悠然住手。如是日行无间，不惟却病，亦可延年也。”

4. 第三部功夫：丹头（玄窍初开）

（1）采取

于静极之际，虽然混沌无兆，而身内实有玄妙变化。身中腾起真阳之气，上朝泥丸元神；元神静而生阴，布注于绛宫而为气，常生液以养心。涵养既足，阴极阳动，玄窍开启，坤体之下自有一点阳气发动，心中泻出一点真阴之精，来会阳气。正所谓“人身阳气初动，即有阴精凝入”。此精气二物发生之际，即是癸生之时，应当及时采取。采取不是别派丹法的有为采取，而是将正念退藏于密。退藏密窍，自然精气混一，盎背上冲，正位凝命，旋即发为神水，遍布周身。如闵真说："癸生之时，即活子之半也。如尚未悟，且以端坐习定为功，到得静极而动，便是癸生之时，急将正念退藏于密，以为采取，转念即非，是断不可求于他也。"可见上品丹法药生采取之秘诀。

（2）丹头

闵真说："精气二物发生之际，正当采取之时。法惟任意招来厮配，归于鼎内，则坎即中虚而返坤，离即中实而还乾。精气归鼎而混凝，则乾坤亦遂混合而还太极，是即谓之丹头，张子谓之真种子是也……鼎者，乃《易》道之正传。丹家之口号，并无形象之可睹，在吾一身六合之正中。昔人所谓中间有个真金鼎，然亦无地位可拘也，"此二物交结，即是丹头。

此精气所循之径为中黄黄道，不走任督之脉，但也连带着督任和周身经络一同变化。

（3）烹炼

丹头既立，则药物时刻发生，愈采无穷，总不可转念料量，断勿稍假作为以助长，所谓烹炼之道，只要绵绵若存，即是白玉蟾所说的"以断续不专为堤防"。

闵真说："交结于念头动处，只在刹那。烹炼自密自退藏，须经片晌方能坚定。交结得自天然，烹炼方为凝结。故未交以前，只在无功功里施功，端坐习定以为采取；及至药生，即于有用用中无用，凝然大定无思无为便是烹炼。"归纳了从采取至烹炼这一段工夫的要着。

（4）沐浴

以真气熏蒸遍体以为沐浴，"烹炼之后，即须沐浴，如遇冷暖不调，总由神驰于外、念扰于中，急须自治其咎。照顾婴儿（一名法身，自性光也），独处上谷，清静无为，任气自然周流，即是调和之剂，不必反惊吾神。若惊其神，即着于物，仍流浪于生死矣！"但是神返而气自回，不必求诸气分。

闵真强调说："烹炼之久，自有天然真气沐浴，仍以温温为准，似无异乎烹炼功用。殊不知得药交结于中，初时行火，致之缜密，谓之烹炼；后来真气时时上朝，充乎遍体，取其温润，谓之沐浴。故言烹炼是火候之所致，言沐浴乃药力之自然，白子所以'以作止为进退'也。烹炼是作，沐浴是止。作为进火，有用用中无用也；止为退火，依前于无功功里施功也。不可不知。"

（5）防危补救

止火沐浴之时，全凭神定气行，方能盛大，以致分胎。万一念动气散，即致危险。关于危险与补救，闵真说："丹道当壮长之时，每每好动而不安于静，然火候又当无为无作之际。神果凝然静定，念中无念，功夫纯粹，原无可虑。如其平素炼己未纯，到此无为，势必动念，则神遂外驰，其险有如纸蝴蝶之遇骤雨，身中冷落如夜三更，须得红日之暖以暄之，则神归天谷，即时冷退而返温。倘念头躁动，则神遂躁烈，其危有如玉牡丹之入金炉，心头顿热如夏六月，须得素露之寒以销之，则气返绛宫，自然躁退而还润。总要念中无念，动直静专，常令温润为度。"又说："三更何以得日？须将正令一注，从我海底尾闾飞起坎中纯阳乾金之火，以达于巅而还乾，即如红日之赫而遍体冲和。六月何以得霜？即由我山巅运下离中纯阴坤土之泉，以归于海而返坤，有如素霜之寒而遍体温润。言虽剪作两句，其实只是一贯；自下而上以还乾谓之飞金火，即由上而下返坤谓之运土泉，别部丹书所讲进火退符之说即此也。如是斡旋，只须片晌，自得遍体温和……然此究非出于自然，乃不得已而一用之，以为补救。"

（6）谷神

采取、结丹、烹炼、沐浴功夫足后，气足神充，谷神自然充实，所谓谷神是"我心中阴精已兼阳气凝成之神，还居于天谷本宫，名曰谷神。前辈喻之为婴……是即自性光也"。

谷神成功是在乾坤交媾元命来复之际。元命来复以后是阳神初结之时。所以说："此元命来复，方为谷神成功，可以留形不死，正阳神初结之时也。"

以上功夫犹是色身内捉摸之处，并未显现法身（此法身指阳神）。

按：谷神又名身内身，如果调之出体，通常称作阴神、鬼仙，有神通，以为得功得计，却是上品丹法之大忌。

5. 第四部功夫：完体（玄窍大开）

（1）阳神——乾坤交媾、移神换鼎

自丹头初结以来，神气日壮，更当加意持盈藏神养气。静养间玄窍豁然顿开，遂尔洞见本来真一，根乎万象之先，贯透色身内外，至虚至无，至妙至玄，但觉杳杳冥冥非尺寸之所可量，浩浩荡荡非涯岸之所可拘；其大无外、其小无内，大包天地、细入毫芒，上无复色、下无复渊，一物圆成，千古显露。闵真说："俄而一粒丹光透起，但觉体中如雷如电，即是元命来复之凭。尽饶一直上冲巅际，遂栖天谷……顿觉脉停息止，溟漠片时，便觉心广体胖，肌肤爽透，宿疾全消，更无梦寐。盖魂已熔化于神气之中，而谷神已与来复之元命混化而为阳神之初基。"

元命来复后，"此神已由应谷寄宫养到充足，乘气腾转周天，移归本位泥丸宫中，遂留居于天谷，是为谷神（阳神）。石子谓是分胎，白子谓之移神换鼎，而气亦自复其本位，入于应谷绛宫，此不假作为，自然转移"。其实分无可分、移无可移者，不过知见扩而天人不隔，神气充而物我无间。此是天仙金丹三百日功夫的开始。

丹家虽称此为还丹，然而金液尚未还。此时身内功夫更大段着力不得，故下文遂言混化一法，教人温养成丹。

（2）温养——十月养胎

此时神已正位凝命、气已内外透彻，无有东西远近，亦无水火升降，一任浩然之正气自为流行，万物并育以为温养之圣功。其运用较未开关时大不相同，只要一个大意笃信谨守，勿任飞扬浮躁，使体常舒泰，和光同尘，自可望元性之来复也。

闵真说："到此地位，玄窍已破，不必伏处色身潜修，然元性未复，正如乾交外卦九四爻象。孔子所谓'上下无常，进退无恒'。言上不能参天，下不能两地，进未能合道，退未足保身，正凝而未定之时，止可括囊内守，温养圣功。如山下初出之泉为蒙，君子以果行育德，养其定以为水也；如山下初发之火为贲，君子以明庶政而无敢折狱，养其慧以为火也。以如是为烹调，必从事以有终而弗敢告成也。故我述《天仙心传》之圆诀而曰：'三才卵守，黄是福田。我处其中，混化坤乾。'是仍以神气混凝于诚一不贰之中，性命包藏于虚无自然之窍，任龙虎之相蟠，待风云之际会，方可以冀夫丹成也。"可见，功夫至此，医世功效才显著。

其间功夫效验，如说："兼色（肉身）法（乾坤合成之金光全体）混化，以为温养功夫。要知神本无方，而气本无体，故藏于密者谓之神，充乎虚者谓之气。气神交感，只在空洞洞中，无迹可迹，第觉恍惚里相逢，即于杳冥中有变。若欲寻时，断难捉摸，但于静虚动直之间，一闪火焰飞播虚空，直是一团金光遍体透澈。用之则真神显现，舍之即藏于如如不动中矣！此真景象，非譬喻也。"

此色法混化，万物并育，医世之功寓焉。

（3）元神——阳神现形

闵真说：“吾之神气，自开关窍以来，一味直养无害，已塞天地而贯三清。只候我完太极于虚无自然之中，再发起一点先天无极元阳真气，我即凝定如初，即是神归炁穴，一任掀地翻天，固结不解。如是片晌功夫，阳神已得元气贯注，遂尔现形，可以飞升变化。可以寂定安居，论其体质，则耳闻九天，目视万里，不食不馁，饮酒不醉，口能干汞，腹可蒸饼；论其应用，则身有光明，万神朝礼，可以役使雷霆，开晴降雨。鬼妖见而丧魄，精怪遇而亡形。仍自对影无心，如如不动，包罗万象，温养元神，自然与天地合德，日月合明，是为合元。元神成就，待时脱化，与道合真。”如其说，功夫至此，已经出神入化了。但不知世间能有几人修炼达到这样的境界。

元性来复，阳神现形，是元神初成之时。以言乎长生之道，于兹毕矣！此为金液炼形之法，故阳神得以现形。阳神现形，隐显随心，具大神通，得大自在。散则为气，融入大光明藏；聚则成形，成就庄严妙身。可以分形化影，能够混元抱一，名为炼神还虚。

6. 第五部功夫：全真（玄窍破碎）

（1）真人——炼虚合道

心性明净，定慧等观，但自和光同尘，有道而不见其道，有德而不见其德，与世间愚夫愚妇一般面目、一样举动。随缘度人，多方利物，即或垂手入廛，入净出垢，无所不可。功圆行满，“温养时足，元性已含六气以周流至虚不宰，元命已历三关而诣极无道可行，尔时无极中自然发一真机，即我妙无元始一气来复，混合元神，是为金液大还；遂尔真元迸出，方为妙道真人。”

闵真说：“我元性静极而复动……我元命因性之动而顺与合符，一如日月之合璧，斯为性命合一。即吾师所谓时而合元之道，并非另有一个真机外至者也，亦非心思计虑所能掇合者也。真实虚无自然之妙道也，故得之而成真，称为妙道真人——可以经世，可以遁世。如狮子之迷踪，狮子不足以拟其迹；如神龙之变化，神龙亦不足以比其灵。渊乎妙哉，至矣神矣！……是谓炼虚合道，性命会元，浑太极而常存。然初得天地之元宗，尚须与道合真，方保永无堕落也。”

时而合元，性命合一，实是色法混化，将现有之粗浊实体与精微之虚灵妙体一并锻炼，俄而一点真机勃动，玄窍破碎，化入大道，湛然若存。见山河大地、虚明法身，尽在大道之怀抱，知真我假我、天下万物，无非大道之化现。正所谓“打破虚空为了当”也。功夫至此，已无功可施，是为无为。但恐尚未圆熟，而方便设有下步说法。

（2）全真——与道合真

闵真说：“炼虚合道，尚未与道合真。必也连此之真体，不复存心身定慧之见；并此真心，不复有阴阳神气之分。惟尽至诚之道，笃无息之恭；无意以藏神，更不必假虚以含实；无必以养心，更不必烹卦以息机；无固以安身，更不必透关以炼形；无我以应物，更不必持念以付事。十方三界，不出一堂；往古来今，无非一我。缘觉声闻，冰销雪亮，潜现飞跃，运用随机。以清静心而宏大愿，休铅汞气而畀洪钧，真妄悉销，有无不设，方是与道合真，可以脱胎神化，平升玉清，永作大罗仙子；流传后世，称为一代圣师。乃为金液大还丹告成之日也……此言丹成脱化，与道合真。”

丹成之后，与天为体，山河大地，总是家珍。如古人所说“皇皇八荒，皆在我闼”。

总之，如《还源篇阐微》说：“以变化气质为入手功夫，以复命、复性、合元为究竟之道。开讲即标出正念为主持，到底以养其无形为了当……摘其丹法口诀，亦只取清静铅汞四字。于未得手时，本清静以为体，守铅汞而为用；及下手处，聚铅汞为药材，致清静为火候；既得手后，主清静以拳拳，宾铅汞而穆穆；到了手后，以清静心而弘大愿，休铅汞气而畀鸿钧，如是而已。”

三、闵真之书

请参考《古书隐楼藏书考》，这里简单介绍一下。

按闵真之意，其道书著述总称为《古书隐楼藏书》。现在一般分作两种：《金盖心灯》与《古书隐楼藏书》。前者是专著，后者是丛书。

《金盖心灯》八卷，记述金盖龙门源流及有关人士事迹。取名“心灯”，意在点明“儒仙”心法。以龙门为标志，“夫龙门一派，学穷性命，不事神奇，穷则独善而有余，达则兼善无不足。宗盖道而儒，儒而道者也”。其书前有《道谱源流图》《龙门正宗流传支派图》《龙门分派西竺心宗流传图》。第一至第五卷为龙门正宗诸师传记，卷六上为西竺心宗诸师传记，卷六下为女贞传记。卷七为名贤高士等传记，卷八上为高僧，下为神仙传记。

《古书隐楼藏书》，原收20种，外1种。闵真仙逝前两年（1834）的《天仙心传》后志有记载："现已梓者：《碧苑坛经》、《吕祖师三尼医世说述》、《张三丰真人玄谭集》、《陆约庵先生就正录》、《吕祖三尼医世功诀》、《吕祖师重申西王母女修正途十则》、《泥丸李翁女宗双修宝筏十则》、张祖师《金丹四百字》、太虚氏《天仙心传》、太虚氏《天仙心传医世玄科》、《悟元子前辨参证》、《悟元子后辨参证》、《古法养生十三则》、《道程戒忌》、《琐言续》、《如是我闻》、《泄天机》、《上品丹法功夫节次》、《吕祖师金华宗旨》、《尹蓬头皇极阖辟证道仙经》、《阴符经玄解正义》、《雨香天经咒注》一部。以上二十种，共装一套，总名《古书隐楼藏书》。外《金盖心灯》八卷，共一套，总名同上。"

闵真又谓："尚有宋代李注《元始天尊先天道德经》一部，宋代白祖手注《道德经》一部，云门朱祖《参同契阐幽》一部，又《悟真篇阐幽》一部，王无异《周易图说》一部，郧阳守梓陈翁《易说》一部，计共六种。兹缘力薄，未能重梓。"此六种如重刻，极有可能有所注评，而归入《古书隐楼藏书》之中。

我们现在见到的有两个本子，一是清光绪年间金盖山纯阳宫增刊本，一是民国五年（1916）开始式一子重刊顶批本。此外，尚有民国丁福保辑本《道藏续编》。这三种本子都没有完全按照闵真的意图进行结集。

《古书隐楼藏书》的价值无疑是巨大的，它是学习"太上心传"的秘笈，是研究闵真最直接、最可靠的资料，是了解丹道的最终归向从而认清五代以来道教进入新的发展阶段的一把钥匙。

虽然"远近好道者，或持其师说，或携其所习之本，过访于得。间尝就地辨正其讹，皆为门下士后先付梓"，而收录入《古书隐楼藏书》，但其编撰更多注入了闵真的心血，从假有作用以致中庸中逗露着太上心传的踪迹。

此套书，有其宗旨，闵真说："我宗功法，一准天元，中间杂有作用者，盖以学人向自世尚入手，不得不假有作，以致中庸耳。若未入世尚者，只从《碧苑坛经》入门，而致由乎白祖所注《道德经》，云门朱祖所注《参同》《悟真》两书（白祖、朱祖之书因'力薄'未梓），归宗于《张祖金丹四百字》，累行于《三尼医世》，致化于《天仙心传》，救弊于《悟元子前后辨参证》一书，证明于《阴符经玄解正义》《泥丸氏双修宝筏》二书。以上所事，翻翻覆覆，不过造致中和两字耳。其旨只是返本还源，乃即所谓全受全归而已。”

因此，就整个思想体系来看，闵真是“吾道一以贯之”的，即便是在诸经咒的注解中也能看出来。绝不是南怀瑾先生所说的“驳杂无归，离道尚远”。

四、结语

清乾隆至咸丰间，丹道人才济济，甘肃栖云山有刘一明（1734—1821），四川乐山有李西月，又有柳华阳等与闵真同时或稍前后诸师，弘传丹道，各有所长，见识卓伟，为一代宗师，但都未能点透黄老心要、天仙道程，其心胸境界与闵真相比，如星月不可与太阳争辉。

人无全人，仙无全能，在现实生活中，每个人都带有命运与时代的印记，闵真也不例外。因为对生命的关注，而习练丹法，学习丹道；因为对社会的关注，而读书致仕，乐善好施；对诸经咒的注释，虽然论理分明，但打破语言约定的规则，未免让人不易接受；传述“女贞”，丹功中窒情惩欲，虽然情势所趋有不得不为之举，但修养未到时，未免压抑人性。在调和三教和描述玄窍时，多注意他们的相似性，而忽略其差别性。这些都带着浓重的命运与时代的烙印。

老子之道，贯串于生命、社会、神灵、自然之中，闵真证道，其所学所行又都融入到太上心传中，自能一以贯之。那个时代，科技尚未普及，环境问题还不严重，除了感应于外物之外，闵真没有多的说词，不过我们就不一样了。现在的时代，要弘扬道教，必要的身心修养以至证道之外，还得吸收科技优秀成果，才能丰富自身，才能更加容易的为现代人理解和修学，才能让生命、社会、神灵、自然处于春风浩荡的和谐境地。

只有内怀大道至德，才能化导天下，才能依乎天理、因其固然而因时为业、因物与合，只有这种应对人天物事的“太上心传”得以弘扬，才能真正弘扬道教，扬我中华神威。

闵真的时代已经过去，内丹也完成了从方术回归于道的任务。道教又处在新的发展形势下，但还有许多人还沉溺在方仙、神鬼中，还有许多人误解着道教的精神实质。与道合真、身国同治之太上心传始终象阳春白雪一样曲高和寡，不觉为之一叹！

古书隐楼藏书考

闵一得（1749—1836）是清朝中叶证道的仙人，其渊源直通老庄，旁及经咒微言，是五代两宋以来丹道中的佼佼者，是真正以道融汇儒释的大家。无奈曲高和寡，一百六十多年来鲜有人能步其后尘，即使是他“强教”的弟子，能真正理解他的也不多。他编纂的《古书隐楼藏书》，耀眼夺目，恰如功入正午，万路齐开，真幻不一，精粗杂陈。人们见其泄露的内炼秘诀和功夫化境，无不叹为奇观。道眼明者自能全受全归，而吐浊扬清。心蔽意塞者，则讥为“驳杂无归，离道尚远”，而入宝山空回。耽着小成，坐井观天者，或称之为“调和派”，而昧于上乘阴阳双修之道；或琐琐于“佛密之咒道”，有“不过不深入耳”之评，而岂知心密之旨？更有目迷五色，猎奇贪生者，乡语村言，漫无旨归。其实他们都没有认真细致读过此部丛书，只是各取所需罢了。为了研究闵真人的道德学养及其对道学的深刻影响，本文先从基础的工作做起，就手上的资料对《古书隐楼藏书》加以考证。因资料、学识有限，文中错误在所难免，还望方家指正。

一、《古书隐楼藏书》的由来及所收书目

《古书隐楼藏书》之名首见于道光乙酉（1825）薛阳桂之《金仙直指性命真源》——“如我父师所著《古书隐楼藏书》数种”[①]。当时只有“数种”，此数种，不知何指。按：1810 年，闵真作《金盖心灯》七卷本。1817 年，在“渐通经咒微言”后作《大悲神咒注》，同年又作《大洞玉章经》《智慧真言》等经咒注解。1818 年，“游于河上，遇长山袁君培，为述所授：一曰《太虚集录》，二曰《双修宝筏》，三曰《古法养生》，四曰《河上琐言》。”传述沈太虚真人的修炼诀窍。薛阳桂说：“《古书隐楼藏书》数种，系李泥丸真人及太虚氏心传，直陈无上丹诀，性命之学，无有出于此者。”由此推断，那时

① 《道书集成》卷四十九，第 686 页。

《古书隐楼藏书》主要是河上所述太虚氏授受诸书，也许《金盖心灯》及诸经咒注尚未纳入其中。至于为何以“古书隐楼”为名，不得而知。大约是闵真于此闭关精修初成医世功效之故[①]。又或与卫正节先生的书隐楼有关——卫正节先生在宋亡后，“隐金盖，负笈相从者犹千计，为书隐楼、云根、云窝、雪心等居（原注：按书隐楼址，即今建古书隐楼是也）”[②]——“负笈相从者犹千计”，也暗示着闵一得真人著书育人的抱负。这是其《遗言》“修道但为求己志，著书未尽度人心”的先声。

《古书隐楼藏书》，大致于闵真仙逝前两年（1834）成型。原收二十种，外《金盖心灯》八卷一种。1834农历四月在汇集完《天仙心传》后，闵真将已往所订正注释改纂的已刊刻书籍和待刻版的经典作了个总结，总名之为《古书隐楼藏书》。曰：“现已梓者：《碧苑坛经》、《吕祖师三尼医世说述》、《张三丰真人玄谭集》、《陆约庵先生就正录》、《吕祖三尼医世功诀》、《吕祖师重申西王母女修正途十则》、《泥丸李翁女宗双修宝筏十则》，张祖师《金丹四百字》、太虚氏《天仙心传》、太虚氏《天仙心传医世玄科》、《悟元子前辩参证》、《悟元子后辩参证》、《古法养生十三则》、《道程戒忌》、《琐言续》、《如是我闻》、《泄天机》、《上品丹法功夫节次》、《吕祖师金华宗旨》、《尹蓬头皇极阖辟证道仙经》、《阴符经玄解正义》、《雨香天经咒注》一部。以上二十种[③]，共装一套，总名《古书隐楼藏书》。外《金盖心灯》八卷，共一套，总名同上。”又谓：“尚有宋代李注《元始天尊先天道德经》一部，宋代白祖手注《道德经》一部，云门（阳）朱祖《参同契阐幽》一部，又《悟真篇阐幽》一部，王无异《周易图说》一部，郧阳守梓陈翁《易说》一部，计共六种。兹缘力薄，未能重梓。”[④]此六种原计划重刻在《古书隐楼藏书》

---

① 《还源篇》序：“归山四十余年。前二十年，方自拳拳于外摩内省之功。庚午入圜（嘉庆十五年）三载，学养稍纯。”《金盖心灯·卷七·茂才李清如传》：“嘉庆十六年……余时又适避静书隐楼。”《还源篇》序：“归山四十余年。前二十年，方自拳拳于外摩内省之功。庚午入圜（嘉庆十五年）三载，学养稍纯。”则知闵真在古书隐楼闭关。其功效参见《医世说述管窥》，文繁不引。

② 《藏外道书》第31册，第303页。

③ 书名有二十二种，如果太虚氏《天仙心传》、太虚氏《天仙心传医世玄科》合为一种，《悟元子前辩参证》《悟元子后辩参证》合为一种，则为二十种。下面以“二十种”来作介绍。此外尚遗漏《二懒心话》一种。

④ 《藏外道书》第10册，第449页。

（后面简称《藏书》）中，那时因“力薄”而罢。1834年冬，作《持世陀罗尼》跋、《雨香天经咒注》跋，作《行持佛说持世陀罗尼经法规则》科仪。至1835年正月十五作了一篇《自述》，而《藏书》又有所增订了。可见这部丛书不是一次性刻好的。

之后，闵真还作了《金丹四百字自序注》，《金丹四百字自序注》中说道光十五年（1835）正月还刊有《悟真篇阐幽》一书。又参解《还源篇》，闵阳林笔之于册，称作《还源篇阐微》，其间尚有《管窥编》之作。除《悟真篇阐幽》外，这些作品后来也收入《藏书》中。

《藏书》所收之书除《金盖心灯》《古法养生十三则》等少数自著外，其他诸书则校订注解或者增删修改重纂成册。我们现在见到的有两个本子，一是清光绪年间[①]金盖山纯阳宫增刊本（以下称金盖本）。一是民国五年（1916）开始重刊的式一子顶批本（以下称万本）。此外，尚有民国丁福保从其所购《藏书》校读的辑本《道藏续编》[②]（以下称丁本）。

金盖本分十四册三十六种，万本分十二卷二十八种，前者在原有20种上增订拆分而来。增加的有《二懒心话》、《持世陀罗尼经法》、《管窥编》、遗作《还源篇阐微·附翠虚吟》、《清规玄妙》、《遗言》（在编首）和弟子著作《梅华问答编》等七种。拆分则显得较乱，详下表及后面的解说。

民国五年开始重刊所用的底本，或许就是晏端书道光末年间所见并于《金盖心灯·闵懒云先生传》中提到的“二十八种”本。此本较为接近“二十种”本，还保留着许多原始序跋和汇集的痕迹。增加了《二懒心话》

① 光绪本第十三册《还源篇阐微》后有“助资芳名”，并谓：“总共收洋壹千元，正当交付王文光斋刻板刷书经费。光绪己亥年（1899）仲春开雕，至丙午年（1906）孟夏告竣。”此一信息，后印本已无。而第十四册刻印还要稍后。《中国道教》第二卷、《中国历史博物馆藏普通古籍目录》等说其是光绪三十年（1904）刻本，不知何据。

② 参见拙作《道藏续编为丁福保所作考》。因未知丁福保曾购有《藏书》并批点，原考证有重大失误处。丁福保所校读之《藏书》，目前收藏在复旦大学图书馆。《道藏续编》收书有：《太一金华宗旨》《东华正脉皇极阖辟仙经》《尹真人寥阳殿问答编》《泄天机》《古法养生十三则阐微》《上品丹法节次》《管窥编》《就正录》《与林奋千先生书》，以上第一册；《吕祖师三尼医世说述》《读医世说述管窥》《吕祖师三尼医世功诀》《天仙心传》《天仙道戒忌须知》《天仙道程宝则》《二懒心话》，以上第二册；《三丰真人玄谭全集》《如是我闻》《西王母女修正途十则》《泥丸李祖师女宗双修宝筏》《金丹四百字注释》《琐言琐》，以上第三册；《修真辩难参证》为第四册。

《持世陀罗尼经法》《管窥编》《清规玄妙》四种，《道程戒忌》分为《天仙道程宝则》《天仙道戒忌须知》两种，从《持世陀罗尼经注》别出《雨香天经咒注》为一种，总计二十八种。目录中虽单独列出《医世说述管窥》，但只作为附录，《遗言》则放到第十二册篇首。

至于“未能重梓”的六种书，金盖本与万本都没有收入，外一种《金盖心灯》也没有收入。

我们把上面两种《藏书》的书目对照如下：

<table>
<tr><th colspan="2">金盖本书目</th><th colspan="2">万本书目</th></tr>
<tr><td>第一册</td><td>1. 碧苑坛经</td><td>1. 持世陀罗尼经（法）</td><td rowspan="2">卷一</td></tr>
<tr><td>第二册</td><td>2. 修真辩难前编参证</td><td>2. 陀罗尼经注</td></tr>
<tr><td>第三册</td><td>3. 修真辩难后编参证</td><td>3. 阴符经玄解正义</td><td>卷二</td></tr>
<tr><td rowspan="2">第四册</td><td>4. 阴符经玄解正义</td><td rowspan="8">4. 雨香天经咒注
含：大洞玉章经
智慧真言
一目真言
增智慧真言
密迹金刚咒
大悲咒
祭炼心咒［附］</td><td rowspan="8">卷三</td></tr>
<tr><td>5. 金丹四百字注释</td></tr>
<tr><td rowspan="4">第五册</td><td>6. 太乙金华宗旨</td></tr>
<tr><td>7. 吕祖师三尼医世说述</td></tr>
<tr><td>8. 吕祖师三尼医世功诀</td></tr>
<tr><td>9. 医世说述管窥</td></tr>
<tr><td rowspan="2">第六册</td><td>10. 皇极阖辟仙经</td></tr>
<tr><td>11. 寥阳殿问答编</td></tr>
<tr><td rowspan="5">第七册</td><td>12. 如是我闻</td><td>5. 碧苑坛经</td><td>卷四</td></tr>
<tr><td>13. 泄天机</td><td>6. 太乙金华宗旨</td><td rowspan="4">卷五</td></tr>
<tr><td>14. 上品丹法节次</td><td rowspan="2">7. 吕祖师三尼医世说述
附：医世说述管窥</td></tr>
<tr><td>15. 养生十三则阐微</td></tr>
<tr><td>16. 管窥编</td><td>8. 吕祖师三尼医世功诀</td></tr>
</table>

续表

金盖本书目		万本书目	
第八册	17. 天仙心传	9. 皇极阖辟仙经	卷六
	18. 天仙道程宝则	10. 寥阳殿问答编	
	19. 天仙道戒忌须知	11. 天仙心传	卷七
	20. 二懒心话	12. 天仙道程宝则	
第九册	21. 雨香天经咒注	13. 天仙道戒忌须知	
	22. 智慧真言注	14. 二懒心话	
	23. 一目真言注	15. 如是我闻	卷八
	24. 增智慧真言注	16. 泄天机	
	25. 祭炼心咒注	17. 上品丹法节次	
	26. 琐言续	18. 十三则阐微	
第十册	27. 三丰真人玄谭全集	19. 管窥编	
	28. 西王母女修正途十则	20. 就正录 含：与林奋千书	
	29. 李祖师女宗双修宝筏		
第十一册	30. 持世陀罗尼经法	21. 三丰真人玄谭全集	卷九
	31. 陀罗尼经注	22. 西王母女修正途十则	
	32. 密迹金刚神咒注	23. 李祖师女宗双修宝筏	
	33. 大悲神咒注	24. 金丹四百字注释	
第十二册	34. 清规玄妙	25. 琐言续	
	附·就正录	26. 修真辩难前编参证	卷十
	附·与林奋千书	27. 修真辩难后编参证	卷十一
第十三册	35. 梅华问答编（薛阳桂作）	28. 清规元妙	卷十二
第十四册	36. 还源篇阐微 附·翠虚吟		

二、《古书隐楼藏书》的主旨与各书内容及成书略考

闵一得说："嘉庆庚午（1810）入圜三载，学养稍纯，渐通经咒微言。旋至河上（1818），与诸同人问答，琐言曾录于册。嗣是远近好道者，或持其

师说，或携所习之本，过访于得，间尝就地辨正其讹，皆为门下士后先付梓。”可知其所作先后付梓之书，乃是积七十年的学养而后发，“无一不从性海中流出”。

而选编此套丛书，闵真自有其用意，从功法来说，“我宗功法，一准天元，中间杂有作用者，盖以学人向自世尚入手，不得不假有作以致中庸耳。若未入世尚者，只从《碧苑坛经》入门，而致由夫白祖所注《道德经》，云门朱祖所注《参同》《悟真》两书，归宗于张祖《金丹四百字》，累行于《三尼医世》，致化于《天仙心传》，救弊于《悟元子前后辩参证》一书，证明于《阴符经玄解正义》《泥丸氏双修宝筏》二书。以上所事，翻翻覆覆，不过造致中和两字耳。其旨只是返本还元，乃即所谓全受全归而已。”[①] 而造致中和，返本还元之旨集中体现在其遗作《还源篇阐微》中。从理法来说，则是“以儒释之精华，诠道家之元（玄）妙”，体现三教传本一贯之旨。从心法来说，则是以玄关一窍“一以贯之”。从道法来说，则以“真一”为主宰，以“真元”为化机（所谓真一、真元，可以简单的对应为理学的理、气）。从而造致中和，返本还源。这条选书主线连被誉为“国学大师”的南怀瑾都看走眼了，而有“驳杂无归，离道尚远”的谬评。

书中描述的返本还元之功，始于洗涤心性，疏通经络，然后玄关开启，采药结丹，待到玄窍大开，合虚合道，则内通外达，便有陶镕天地，参赞化育之实功。这是中华道脉薪传，老庄相袭的绝学。《藏书》围绕这一主题，务实而不尚虚玄，或在开通任督，培养鄞鄂上施以有为之法，如《二懒心话》《古法养生十三则》，实乃“有用用中无用”；或澄情涤虑，惩忿窒欲以明心和气，如《就正录》《碧苑坛经》，是为“无功功里施功”。由是性光发现、橐籥动机，待神凝气定之后复命复性，进而超凡入圣。

下面依照成书时间先后对《藏书》一一考查，并对其内容略加评论。

1. 原收书二十种、外一种（共二十一种）考

（1）《金盖心灯》

是书初稿七卷，嘉庆庚午（1810）秋，闵真携稿商订于鲍廷博，次年（1811）三月鲍廷博集注已成并为之序，1814 年秋钱塘太守鲍锟为之作序并

① 《藏外道书》第 10 册，第 449 页。

评。1817年冬至萧抡又序。今本卷六《白马李宗师传》末段有“今岁戊寅秋季”之语，是1818年补入的。卷六附《陆芳卿传》有“岁辛巳”之语，已到1821年了。第七卷有甚多未注未评的传记。可知现在传本八卷，当是1814年之后不断增补而成的。据沈秉成《重刊金盖心灯序》言“是书刻于道光辛巳（1821）”。今书后附有道光三年（1823）作的《金盖山纯阳宫古今迹略》，大致是后来附入的。

此书记述龙门源流及金盖山有关人士、神灵事迹。取名“心灯”，意在点明龙门宗“儒仙”心法：“夫龙门一派，学穷性命，不事神奇，穷则独善而有余，达则兼善无不足。宗盖道而儒，儒而道者也。”带有很强的忠孝神仙观念（传说黄赤阳律师还是净明宗隐真子的后身）。书前有《道谱源流图》《龙门正宗流传支派图》《龙门分派西竺心宗流传图》。第一至第五卷为龙门正宗诸师传记，卷六上为西竺心宗诸师传记，卷六下为女贞传记。卷七为名贤高士等传记，卷八上为高僧，下为神仙传记。它是研究金盖山历史的重要文献，虽然其书以思想观念为重，在史实上存在一些问题（或所据文献本身就有问题，或因为信仰而作了不同的解读与修正），但在现今找不到《钵鉴》《钵鉴续》等龙门律宗史料的情况下，则体现了它极大的宗教思想史的价值。

（2）《古法养生十三则阐微》

嘉庆戊寅（1818）仲冬刊刻。据说闵真生而足弱，九岁犹不能行，十余龄时，梦游仙山。有道士二三人，授以导引之法。醒而如法行之，未及百日，渐能行走。闵真因足弱而入道，最初即受益于养生导引之法。此篇为初学所作，着重养生。其诀先于心窝绛宫处存心，得有如云如雾气感后，再存想泥丸，待有明晃晃光景后，再从事神游水府等等功法。其于存想、按摩、导引疏通关窍中寓以丹诀。

（3）《道程戒忌》

此书初名《太虚集录》，同《古法养生十三则》《河上琐言》《双修宝筏》一样，是闵真为长山袁培传述沈太虚真人授受之道之一。原稿录于乾隆丙午十月，存于玄盖洞天柱峰金筑坪。此为袁浦间，述所记忆者。此书之刊传，是应沈太虚羽化前所说“此书得行尚有待，岁越四八而又一”之谶而行。也刊刻于嘉庆戊寅（1818）冬季。金盖本、万本、丁本都分为《道程》《戒忌》两种，分别题名为《天仙道程宝则》《天仙道戒忌须知》。

此书为沈太虚真人仙逝前口授，集中体现了沈太虚真人三教合一的丹道思想和天仙修炼功诀，剖析修行戒忌与行功得进之由，显示内炼秘诀多多，如气穴与炁穴的明白区分（这是其它丹书经常混淆不清的）。

（4）《阴符经玄解正义》

此书是对范一中《阴符经玄解》的修正。闵真说："《阴符经玄解》者，范一中所著，名曰玄解而义不轨于正，遗误非细，故述本经之义以正之。"故名"阴符经玄解正义"。正文前有"先师太虚翁遗有泥丸李真人《三一音符》一书……一得藏之四十春秋矣"之语，疑为1825年作品。此书辟除阴阳邪说，辨明双修正途。

（5）《琐言续》

此书为《河上琐言》的增订本，因山阳吴江之请，"因以十二时诀示之。江则进叩活子午，乃统以活岁活月活日活时，增入古哲治病行工活诀数则纂付"。"爰名是编曰《琐言续》，所以申《河上》所未发"，道光六年（1826）刊。

此书以炼法三则（端直其体，空洞其心，真实其念）始，继述冬春、春秋行功常法，及治病行工活诀数则。再述十二时活气象，活子活午秘诀。结以培火之说。之后重申三则而细说之，补以化食诀、虚空无妄诀。其书以十二时活气象，活午诀最为精彩。书中已见"医世"功诀端倪。

据清末张松谷说："庚寅年（1890），余差次长安，遂游西岳，谒吴兴沈太虚真人于郝祖洞。"曾得沈太虚真人活午诀传授，刊入《丹经指南》附录中。但其所述也不如《琐言续》精彩。

（6）《三尼医世说述》附《医世管窥》

此书的收集经历了一个漫长的过程。《医世说述》序记载：闵真弱冠时，曾于高东篱宗师处就听说过"三尼医世"。1786年沈太虚真人羽化前两日，得书一册，即《吕祖三尼医世功诀》，其时豁达，不务慎守，听为友人携赴晋宁，久借不归。己酉岁（1789），从浙江督学朱珪处得见《医世说述》，拟录未果。越四载（1792），在鸡足山黄守中仙师处复见《医世说述》，乞勿予。1793年，从洞庭朱氏得《医世说述》详善本二种（一为朱石君誊本，一为陶石庵辑本），其时未闻个中玄理，期道成而后行之。迟至道光五年（1825），蒙太虚翁询呈昔授医世功诀，始悔为友借去未还。其间又蒙吕祖临沙，洋洋万言，玄理乃明。"爰谨节录沙示，又采闻见，汇而注之。儒释二家之说，则分引经义以补之。以未读《持世经》故，爰附《管窥》七则，钞成一册。”并作序详述得书注书颠末，于道光戊子年（1828）夏成稿。此书原文为乩笔所示，金盖山原有藏本，曾佚，后蒙吕祖降坛重宣，陶石庵于康熙甲辰（1664）作序。金盖本《藏书》分《说述》与《管窥》为两种。

所谓三尼指仲尼（孔子）、牟尼（释迦）、青尼（老子）三大圣人，此三大圣人传承羲黄以身治世之大道，所以此书阐述的“是羲黄以身治世之大道也”。此书内容非常精简，分六步说法，而“以得合真一为本，而功用总自胎息一节始”。前二步存神寂照，自顶至胸，言身不言世，尚有功法，第三步至心至腹，外应世事，旨在迎真一迎乾元以贯注。四至六步，意在世功，谓之“燮理阴阳，寅亮天地”，但只可意迎元一以陶以融，不可妄自施功。简言之，“法造身等虚无，迎罡（在人为顶，在天为天镇）下照，纯行三才卵守，中无他念杂入而已”。闵真《管窥》七则中述有身、世同治的功效。理论上说，“近则一家一村，远则一县一郡，推其极则四大部洲，无不调摄于此方寸（玄窍）之中”。但实际功效还有有限的，能达到一县一郡已经不容易了。

三尼之称，首见于万历年间莆田人林兆恩三一教，孔子称儒仲尼氏，老子称道清尼氏，如来称释牟尼氏，林兆恩则称夏午尼氏。《三尼医世》中把林兆恩去掉，补进吕祖称文尼。不知三一教与三尼医世有无瓜葛？

谨按：修身体道，而后以道莅天下，是儒道同传的圣学，是中华文明的精髓所在。所谓“道”，儒、道有不同的理解，但都同源于巫觋天人感应的学养。天人感应，通称为“神”，而天人感应的媒介称为“气”（Mana），或“精”。这种精气是很复杂的概念，包含了今天所说的粒子流、能量流之类的东西。老子在前人的基础上加以凝炼，更体证出但知其用，不见其形的精气之源，而以大道强名之——反之，其他学问都是小道了。道乃宇宙之本，天地之源，明此道，用此道（道不可见，不可用，能用者实为精气），则天下治焉，万物育焉。不过这种学养举世罕见，故而举世难识。战国以后，精气学说又占主流，道被等同于精气。于是有了结合道的观念及精气作用的新的理论出现——元气论。秦汉形成的元气论影响了中国两千多年的修道观念。由元气论旁及心性的探讨，便有了思孟的“天命之性”和“尽心、知性”理论。禅宗通常说的见性明心，其心性之说与思孟大致同在一个层次（其实禅宗的心性论，只是中国式的心性论染上佛教色彩而已）。

贯通物我的心气，不仅仅是“万物皆备于我”的主观感受，更有“使物不疵疠而年谷熟”的实际功效，强调备于我而理具，万物任其自生自化，与强调神凝气聚，参赞化育是后世理（心）学、道（气）学的一个重要差异，勉强说来，前者相当于“阴神”，后者乃为“阳神”。而明道以用精气心性，与以精气或以其同层面的心性为道而用则是道、儒（及禅学、仙学、神学）的根本差异。

因为此种心气“不二不一”，可以养气而明心（气一则动心），可以见性而化气（心一则动气），所以丹道中传出修性兼命、修命见性之辩。闵真称不二不一的心气为真一（心）、真元（命），但强调真一为本为主，真元为用为宾。

（7）《三尼医世功诀》

《医世功诀》小序说：“《三尼医世说述》刻本，余曾得而疏之，而功诀未备，功诀一册，得自太虚翁……中为友人携去，岁越四十春秋，始得重事。乃为重述而手注之。”未署日期，以沈太虚真人仙逝后“四十春秋”计算，为1825年，但此年作《说述》注时仍悔《功诀》“迄今未归”，或许稍后得此书注解（其书“师命辑从《玄蕴》开张者”云云，或恐是借助乩笔而成）。与《医世说述》疏注一起在1828刊刻。

医世功诀不同于医世说述，功诀的行持，闵真说“（太虚）翁谓功惟神持《玉经》，而诀自《玄蕴咒》入手云云……后更以申以祝词，以昭示我功用。如是，诀功乃备”，如是“调心虚寂入门。调至胸怀清静，而天都泰定；调至坤腹通泰，而闾阎富庶；调至四肢通畅，而四夷安靖。如是体调而身安，身安而世治，功效捷如响，一经参破，即圣门赞育化功，并非说妙谈玄，乃是脚踏实地道学”（“调至胸怀清静，而天都泰安”云云，又见《女修正途》第十则中）。参赞圣功依旧在胎息成就、玄关洞启后才有实效。

《医世功诀》和后面的《天仙心传医世玄科》《持世陀罗尼经法规则》一样，都是科仪，是融通于“法家”而作的。

（8）《修真辩难前后编参证》

《修真辩难》，悟元子刘一明作于嘉庆三年（1798）。分前后两编，前编以问答的方式阐述修真之要，后编以二十六个专题讨论丹道要点。嘉庆十六年（1811），湖北长春观崔教淳刊板，新安鲍兰浦以之印证于闵真。闵真反覆探讨，“爰为采择师传，谨述补于问答则中义泄未备下，似注非注，似批非批，上以求印于悟元子，下以请证于读是书者”而作《参证》，道光九年（1829）成书。

此书中，闵真揭示了许多丹道秘密——玄关一窍、上乘双修、肉身冲举、拔宅圣功等等，发前人所未发，古今罕见。

这里略引上乘双修得药以窥一斑。嘉庆间驻世神仙张蓬头来金盖，闵真叩以阴阳门派，究以何派为的？“仙曰：‘汝师太虚翁应有开示，何问我？’余跪而诉曰：‘然。师谓有得于太空，有得于通都大邑，有得自丹室，有得自坛靖，更有得自丹座。而皆非旁门。’仙曰：‘得自太空者，以太空为法体，以三才为药物，乃是无上上乘。得自通都大邑者，以六合为法身，以活虎生龙气化之材为药物。得自丹室者，以法身为鄞鄂，亦用龙虎为种为媒，致感太极阴阳交生之物，以意摄归黄庭为丹本。得自坛靖，以丹室为鄞鄂，法身为玄窍。法虎法龙，神凝丹室，摄归玄窍，产生真一。留一配元，以为真种者有之；或用虎龙为媒，致含太极阴阳，神凝丹室，而虎龙亦有所生。乃留太极交生之一与我，致还虎龙所生元一。以一归龙，以元归虎，寂然各归而止，皆属上乘。此下尚有中下两乘，汝师勿道是也。汝守吾示而行，能虚尔心，寂尔神，忘尔气，世财充足，所得必富。汝欲事此，培德为先，德大则福大。上天泄此妙道，所以度一而济万。志在长生，上天未必鉴佑。汝自量材以行可也。’”此等上乘双修，皆玄关窍开后之事，根据各人的机缘不同，“或即身以事复，或设媒以引还”，而有一已清静而得者，有于丹室双修而得者，有于坛靖众修中得者，而所得不一，“自成天、水、地、人、神、鬼六等仙眷者”。并不是调和清静、阴阳法门之说。“仙学巨子”陈撄宁以中下乘之理法视之，便误以为闵真是“调和派”了。

谨按：以玄关一窍横包三才彼我，纵贯三关（炼精、炼气、炼神）古今之心法，就连闵真有“阐扬道要，非君莫任”之奖掖的陈颐道都未能嚼碎而尽得其味，故其曰：“（双修）其效亦甚速，然非玄关开不可。玄关开则天地之气悉皆归，又无藉乎此矣。黄帝受道法于广成……或即静中气交之法。贵为天子，后宫繁多，千二百女供其气交，又得素女授以口诀。则其得益，较之常人自倍。长生久视，或由于此。”而在清静、双修中游移。至于中下品丹法中，始有清静、双修的明确界限。但中乘丹法也不是气穴未开任督未通者能行，因为“气穴不开，进火无门”（丹道有丹道的证量，气穴开大约与李西月说的“展窍开关”相同，不是他术之存想造作、闭气搐身所能窥）。

（9）《女宗双修宝筏》

此书为李泥丸所传，约在1818年，闵真曾向长山袁培传授。道光十年（1830）重订。此书甚为重要，闵真说“我师太虚翁无上大道得传于师祖泥丸氏者，十有八九更于此书见矣。按此中心传，岂仅女宗之宝筏？男宗枕秘，于中逗透者，不一而足”。它不仅是研究闵真仙道思想必须精读之书，也是修学双修大道必备之书。参以《修真辩难参证》，则仙家上乘双修之旨尽呈无遗。

（10）《西王母女修正途》

是书序谓吕祖于“己未孟冬朔日乩临焕彩楼”，并感孙不二仙姑阐述《西王母大女金丹诀》，申改为女修正途九则，并颁示女真九戒共十则。陈颐道《西泠仙咏卷三·焕彩楼咏孙不二》说：“孙清静……嘉庆中降武林焕彩楼，传《西王母女大金丹》为《女修正途》，金盖弟子陈兰云刻于吴门葆元堂。”则此己未为嘉庆四年（1799）。此书与《女宗双修宝筏》同为陈兰云所刻。或许两书同年刊刻。《女大金丹诀》原收于《吕注北斗九皇丹经》内，题名《大女金丹诀》，由吕祖乩降而出。此本经过吕祖、孙不二乩改，闵真加了按语注解。

此书第一则为女真九戒，第十则殿以“医世大道”，为吕祖所纂，乃后补入。中间八则叙女子丹功，内景颇为详实。第七则注中引翠娥仙子自述一段，是难得的女子丹功经验。而在第八“胎息”、第九“南无”二则，逗露仙家秘密。但只许意会，毋用饶舌。

（11）《吕祖师金华宗旨》

闵真说“是书出于康熙戊辰岁（1688），吴兴金盖龙峤山房所传，先哲陶石庵先生寿诸梓”。因见《道藏辑要》所收本与陶本差异颇大而叹大道之晦，故于道光辛卯年（1831）四月上浣依陶本订正并注。强调此书为后学医世张本。此书最大特色在“回光”。

谨按：《道藏辑要》所收《太乙金华宗旨》，本于邵志琳《吕祖全书》中《金华宗旨》，谓是书于康熙戊申（1668）垂示人间，“其初授也，不落言诠，绝无文字，直指羲皇画前之易，根于无，妙于有”，可知尚无经本传示。壬申年（1692）“孝悌王又重提旧时宗旨”，于是屠乾元将文本授与张爽庵等人“订辑书成”，诸真降坛作序。待到乾隆乙未（1775）“钱塘邵志林得苏门吴氏抄本，自加订定，刊入《全书》”。之后由广化子根据宗正本详为厘订，归入《全书宗正》中（已有《阐幽问答》），此一本为净明后学多次扶乩多次厘定而定稿。

《太一金华宗旨》于康熙年间演出，大致无疑。但是出于净明后学？还是出于龙门宗坛？是金盖本抄净明本，还是净明本抄金盖本呢？

按陶石庵羽化于康熙壬申（1692）秋，生前即已刊刻《金华宗旨》。此年净明后学才订辑成书，可知净明系《金华宗旨》后出。但“是书出于康熙戊辰岁（1688）”之说不成立，因闵本提到参与完成此书的陶靖庵、黄隐真已经于康熙十二年癸丑（1673）羽化。闵本有谓：“时为康熙戊辰秋，（王昆阳）律师自北南来，馆于杭城宗阳宫，靖庵隐真往谒。”按王昆阳馆于杭城宗阳宫的时间应在康熙三年（1664），如《心灯·卷三·谢凝素律师传》说：“康熙甲辰，出竭昆阳王祖于宗阳宫。”则戊辰可能是甲辰之误，而此年亦是陶本《医世说述》演出之时。

从邵本七子序中，我们发现他们在戊申曾经得到了一个与“金华”有关的乩降，不过只有只言片语。从现在《金华宗旨》来看，除第一章文字涉及宗派的不同和对“中黄”（玄关）的解释相差很大外，其余大致相同。于是我们推断，《宗旨》有个共同的源。

陶本第八章有朱子云瞎子不好修道一语。注云：“云阳讳元育，北宗派。”辑要本已删。查邵志琳《吕祖全书》所收《金华宗旨》原有此语。民国《道经秘集》一书，其中收有《金华宗旨》，大致与辑要本同。其第八章依然直言“朱子云阳讳元育，北宗派”。这朱子是非常重要的线索。

朱云阳康熙己酉（1669）曾作《参同契阐幽》序，为明末清初人。是《宗旨》“净明七子”之首的潘静观之师，朱云阳有秘本《邱祖语录》（见《济一子道书十七种·邱祖全书》），里面开示“回光”之意。直接导致净明系《宗旨》文本出现的两人之一的庄骞（号惺庵。另一人为屠宇庵）就从中别有会心。

《邱祖语录》载：“师示众曰：‘世法用实，大道用虚。惟虚故明，明即慧也。慧非根生，心定而凝，心凝神现，性见人成。人非块然者，元始与威音……学者急须止念，念止则心定，心定则慧光自生。慧既生矣，还须自涵于不睹不闻、无声无臭之中，久之方返于虚无真境。今学人皆理解，非心解也；皆识光，非智光也……学者现有外光，几在目也。太阳流珠，将欲去人，顺也。逆而内之，金华含苞矣。有内光，迷而失之，六欲牵之，妄想惊其神也。不能片时清静，为有无颠倒耳。悟而超之，破除无始习气，寻取最初种子，光烁圆陀也。”又：“师示众曰：‘学人但能回光，即了生死。此光超日月、透三界。若无此光，天地亦冥顽不灵矣，万物何处发生。此光即元始威音也。众生轮回者，因此光顺出，作种种妄想，故幻出皮囊，积骸如山，积血如海。今一句说破，人自两目外皆死物也。一目中，元精、元气、元神皆在，可不重欤！眼光落地，万古长夜。人在胎中，先生两目，其死也，先化两目……’或问曰：‘回光与金丹工夫是一是二？’师曰：‘回光不止金丹，即宗门真诀也。摩顶者，此也，受记者，此也。《楞严》二十四位圆通，原有谛观鼻端，心空漏尽，出入息化为光明，证菩萨果。吾宗皆是此法。’曰：‘每日将一时回光，如何？’师曰：‘真正一时也妙，一时已夺天地万年之数。一日奔驰光散，即造罗酆千劫之苦。”短短两则，本于重阳祖师“本来真性唤金丹”、《南华》“虚室生白”、《阴符》“机在目”、《楞严》“出入息化为光明”，点明识光慧光，目（性）光息（命）光，内光外光，回光顺光，“逆而内之，金华含苞”，而回光之理诀已备。由此大约可以演出《太一金华宗旨》矣。

此金华即性光，性中兼命，回光则性命双修，与“净明忠孝”干系不大。由是得知，《太一金华宗旨》实由北宗秘传演绎而成，

我们猜测：湖州与毗陵相距不远，陶靖庵等人也许和朱云阳有过交往（谢凝素即在古红梅馆住过）。或者他们都有北宗秘本《邱祖语录》（也许朱云阳传陶靖庵等人），朱云阳传给潘静观、庄骞等人，而潘静观等人依乩降就有了“不落言诠，绝无文字”的金华观念。陶靖庵等人则进一步发挥回光之说，而演出与“医世”相关的《宗旨》文本。这个文本传到屠宇庵手上后，再由张爽庵等人“订辑书成”。当然，也有闵真见到“山本”后，而错误判断并加改订的可能。孰是孰非，目前难以定案。另外，闵真删订他人作品，有直接改定的，如《碧苑坛经》《丹法节次》等，《金华宗旨》《阖辟证道仙经》引证“山本”的订正模式，则颇为不同。

（12）《尹蓬头皇极阖辟仙经》（含《寥阳殿问答编》）

据传此书为尹蓬头于青羊宫“寥阳殿演出”。道光辛卯年（1831）四月十五订正，闵真受人之请，见青羊宫传钞本，强半失真。故依金盖山康熙年间刊刻的初传版本加以订正。谓此书与《太一金华宗旨》相表里。原本《皇极阖辟经》与《寥阳殿问答编》合为一种，金盖本与万本、丁本都分为二种。

《问答编》第六篇是整个丹功的一部缩影，《阖辟经》比《性命圭旨》精简有序，更加条理通贯。此书也是修真者、研究丹道者所必读，内容不多说了。

谨按：尹蓬头为明代传奇人物，《念庵文集》《彭比部集》里面都提到过他。闵真说他：“于元明时姓尹，世所称尹蓬头是也。于东汉时姓屈讳祯，道号无我。”《金盖心灯》卷八有传，题曰《蓬莱长史传》，但传说不实。

考《皇极阖辟经》与《性命圭旨》渊源甚深，一题为尹蓬头著，一为尹真人高弟著。《性命圭旨》万历年间已有刻本（《圭旨》序作于万历四十三年，谓于新安唐太史家“藏之有年”）。不过《圭旨》征引太过庞杂，似乎偏离了尹真人的重心，如“救护命宝为急，涵养本源为先”，直接从山根入手，贯通夹脊，然后直入脐后祖窍。以意守夹脊双关为正功，功夫一贯，而《圭旨》前三步功次第为：“以其散之于耳目口鼻四肢百骸者而复返于肉团之心，谓之涵养本原。又将以肉团心之所涵养者而复返之于天地之间，谓之安神祖窍。又将以天地间之所翕聚者而复返之于真人呼吸处，谓之蛰藏气穴。日复一日，神凝气聚，乃生之途也。”则是从林三教那里来的。反把洗心退藏于密的艮背功夫放到次要位置，不如《皇极阖辟经》明白。我们猜想或许是《圭旨》大量引用了林三教的东西，而又主线不够简捷明白，被明眼人觑破，撮其要着集成了《阖辟经》，而托名尹篷头（或许也借助了乩笔）。

我们发现《性命圭旨》《皇极阖辟经》与三一教主林兆恩的作品关系紧密，却没有找到能够证明尹真人与尹蓬头是同一个人的信息。

（13）《如是我闻》、（14）《泄天机》

此两册，前者为出自西川陈翁口授，后者为神人泥丸李翁口授，俱与闵真的师祖神人李泥丸有关，故闵真谓“是为我宗一家言也”。道光癸巳（1833）七月由闵真重订、重纂而成。

《如是我闻》详说一身关窍，全篇着重于“鼻息若无，而息归心脐”后，玄关开辟前，以意引气扫荡周身阴滞之功，以为后来中黄仙道之基。并详述气穴开后功法及效验。

《泄天机》是对“筑基全凭橐籥，炼己须用真铅。金水铸剑采先天，得药方施烹炼。抽添火候不忒，方为陆地神仙。再求大药证金仙，火候修持九转。九年面壁绝尘缘，始合神仙本愿”（这大致是《西江月》词牌，但多了两句）的注解，融合了所谓的南北二宗的功诀，又释九年面壁为行医世之功。本书所述丹法在《藏书》中有些另类，如谓调真息后，“两手将肾茎并阴囊，兜捧使热，若举更妙，令我之阳气发露，则天地之阳气方应，得招摄而入我身中也”的后天真气调运之法。其书经过闵真重纂，目前尚未发现与之相关的来源。在其后识中，已经提到了《碧苑坛经》。

谨按：开关之说，明末已经盛行，陆西星就有过批评，所谓：“古仙垂语示人，曷尝隐秘？然皆绝口不言开关展窍、离形交炁之说。而今乃有之，是知蛇足不添，则骏骨无价。大道之厄，斯人为之也。”其所指，大约是“橐籥进气”之法（进气法实乃旁门之法，故受到许多的批评）。又出现相对稳定的如《新刊汇集完真妙谛捷径并附经验奇方·开关法》说的“以我之真神运我之真气，何关不可开哉”的用真气打通“尾闾关在背下夹脊尽头处……从此关起一条髓路……此阳气上生之路”之路的开关法，《神悟子传道集八则·开关法》《如是我闻·开关法说》都与之相关。进气法之开关，陶式玉称为“吹铁笛”，仇兆鳌称为聚气开关。清静法通关，仇兆鳌称为积气开关。而“筑基先明橐籥，炼己须用真铅”句，《金丹真传》中已见引用。

（15）《碧苑坛经》

康熙二年（1663）十月，昆阳子王常月律师说戒于金陵碧苑，所作开示，由戒弟子施守平纂成册，呈请律师题示后学，律师曰：“毋庸，汝但得人迭授，粤阅一百七十岁，当得订为《碧苑坛经》。”是此书名的由来。陈颐道《西泠仙咏序》说：“癸巳（1833），同门赵君刻《碧苑坛经》于吴门。”正是“粤阅一百七十岁”，闵真应谶而订并刊布。此书另有一传本，名《龙门心法》，也系抄本，同治十年（1861）白云观刊，现在见到的本子还有光绪十八年（1892）成都二仙庵刻本。此本题“维阳子詹太林校”“初阳子唐清善演”，有邵守善、詹守椿之跋。据彭定求《詹维阳律师塔铭》载：“（詹太林）尝采药过良常洞天，见石函中秘扃《龙门心法》一帙，精思而勤习之，若有神授。”可知詹太林所得亦非亲自从王常月那里传承而来。而其本经过唐清善之手而“演”定。

《碧苑坛经》目次如下：卷首有心法真言、皈依三宝、忏悔罪业三篇；卷上有断除障碍、舍绝爱缘、戒行精严、忍辱降心、清静身心、求师问道六篇；卷中有定慧等持、密行修真、报恩消灾、立志发愿、印证效验、保命延生六篇；卷下有阐教宏道、济度众生、智慧光明、神通妙用、了悟生死、功德圆满六篇；卷末参悟玄机一篇。共计二十二篇。《龙门心法》分为上下两卷，从皈依三宝第一到密行修真第十，皈依三宝第一前冠以心法真言，清静身心第七后补入参悟玄机为上卷。从报恩消灾第十一到功德圆满第二十为下卷。两书内容大体相同，但《龙门心法》中的佛教气味要重一些。两本文字对照，《碧苑坛经》颇有增、删、改的痕迹，其删改从书名和“一百七十年”的谶语即可见一斑。

如圆峤真逸陈颐道所言，是书“所以鞭策性功者，甚至不言戒目，而戒之大旨在其中”。所以闵真把此书为作入门所用。但细细品味，书中说戒定归依以致智慧光明，简直是“佛道一家”，如果后功不致由乎《道德》《参同》《悟真》，几乎认人分不清是在阐佛还是扬道了。此书阐扬戒律，而忽视其他。与认为律、宗、科、法一贯的闵真思想有异。

谨按：王常月平生得力处在“戒法”上，对传统道术则多有批评。不知是否未透彻理解丹道的原因，他甚至还无论青红皂白的贬斥丹法。如《龙门心法·印证效验》中说：“效验日日有，时时变，局局新。看着上进的，不在乎眼中见光，镜中见物，头生圆象，脑破天门，腹内火蒸，浑身骨响，面润口香，手足坚固，都是外道邪魔。至于拘名执象，安甚炉，立甚鼎，子时升铅，午时降汞，进阳火，退阴符，按卦行功，依时取验，都是下乘小道。”如果不是矫枉过正，让人怀疑其是否真正在做“兴玄护教”的工作。闵真将这一小段订正为：“效验日日有，时时变，津润口香，手足坚实，头生圆象，脑启天门，腹内火蒸，浑身骨响，然这是中下修功，须要步步节节归入道体。盖道本至虚，体本至无（这两句，《藏书》中多引。其源，大约出自李道纯‘神本至虚，道本至无’之语），故为无极。若功失所归，而以现得为得，便是旁门外道，所以失之毫厘，谬以千里者也。至于拘名执象，安甚炉，立甚鼎，子时升铅，午时降汞，进阳火，退阴符，按卦行功，依时取验，不识返还道体者，都是下乘小道。”所说包容圆融而归于道体的正旨，两者相较，则见地自别。

吴太一《初真戒说》：“今初学仙之士，未遇明师点化……不悟持斋受戒，即是筑基炼己之功；煅炼身心，即是下学上达之功。”也将斋戒作为丹道初功。笪重光《初真戒后序》：“仆栖拙郁岗，时得待先生几杖。蒙教言不弃，与先生诸弟子游，每述先生内养之道，精通祖诀，只以传戒设教，故秘而不谈。”其说王常月“精通祖诀”，若以《龙门心法》为基础并参照全真前三代的丹法来看，恐怕与事实不符。如《龙门心法·参悟玄微》谓：“大众，自己身中知善知恶，知是知非，知邪知正，知生知灭，知己知彼，知真知假的，便是婴儿……此知乃良知，释门唤作善知识，道门婴儿、元神。总而言之，大众，即是一点虚灵不昧之理性也……先死妄心后入圜，先了爱缘后打坐。淫心久息，则肾足而真铅上升。嗔心久息，则心虚而真汞下降。饮食调节，合乎时宜，则脾强而封固汞铅。情空则肺润，性定则肝荣。肾水旺，则眼光亮，而瞳珠如漆；心火消，则口津满，而味咽如醴。魂清则肝气顺，而筋骨轻；魄安则肺液通，而须发黑。脾壮胃和，则舌喉爽洌，而音声响亮。窍通血盛，则耳聪气壮。神全则目明，五脏得中，则百病却；五味澹泊，则正气生。按四时八节，搓摩导引，则风寒暑湿不能侵。将六欲七情，戒性降心，则邪妖鬼魅不能犯。参求大道，则良心见，而真性明；了悟真机，则色身空，而法王现。自度而后度人，还是度己。大众，到此田地，才算进了大门第一步也。然后入圜坐静，上可通天，下能彻地，鬼神之情状，天地之枢机，阖辟不出呼吸之间，造化不出手掌之外。”

对照王处一《金丹诀》：“酒色财气绝，世事般般彻。三尸阴魂消，六贼十恶灭。魔山竭底摧，都休乱扭捏。乞食纸布衣，顿把心猿歇。一意不真常，慧刀分两截。动静两俱忘，不得夸清洁。性命稳栽排，深藏精气血。万神自欢谐，灵风透骨节。上凑朱灵宫，下通龙虎穴。保养气精神，慎勿轻心泄。四海发云光，三山落白雪。际会玄元宫，绵绵无断绝。水火自抽添，周天自摆列。神气自然灵，真师自提挈。百骸自豁畅，容貌自然别。日月自循环，金丹自然结。婴儿自然欣，姹女自欢悦。五气自朝元，四大俱调摄。玄理自然通，万神自超越。大道自然成，陆地自然别。定正个中真，暗把心香爇。光散化成神，神光如电掣。锻炼大丹成，现出家家月。一撞过三关，仙班云外列。开廓天地清，阴灵飘荡彻。日月交光转，参罗碧凛冽。圆光满世间，说中非有说。九转大丹成，永永超生灭。清歌聒太空，浩浩朝金阙。混元三界中，嘱付叮咛切。东牟王一书，传此金丹诀。”则知有所不同。

（16）《上品丹法功夫节次》

原本为衡阳道人李德洽作，经闵真改定而成。此书未署编定时间，中有“孟冬十有四日”之语。又道光乙未（1835）《还源篇阐微序》说“前年复就衡阳李公所著丹书悉心改定，以定丹法功夫之节次——而1834四月的《藏书》书目中已有此书，且其书引有闵阳林《金丹四百字》注语，故推定为1833年孟冬完成。今本中有闵阳林“其下十一节，悉准先师纂定，较订无讹”之语，恐怕是后来的刻本。全书分炼已存诚、筑基培药、坎离交媾、采药归鼎、周天火候、乾坤交媾、十月养胎、移神换鼎、泥丸养慧、炼神还虚、炼虚合道、与道合真十二章。

除《还源篇阐微》外，此书是闵真阐述丹道功程最细致的书。如《遗言》中说：“我所著书十几种，其中多有随地随人补偏救弊说法，不是经常公正之论。最玄妙显豁者，是《大涤洞音天仙心传》，是不朽的。《丹法节次》也是我一部正书。此皆是太虚的传。”可知此书的重要性。

按：《丹法节次》原本可能援引了刘文彬述记的《太极冲玄至道心传》或者朱本中在刘本基础上编辑的《葛仙翁太极冲玄至道心传》的内容，故有气冲心主、掐掌轮位（掐纹轮指、数息行火）等内容。《周天火候》一节谓：“衡阳子以谓‘凡炼丹，随正子时阳气起火，则火力全……以天地间之正子时，值人身之活子时，一齐发动，则内外相合，方是天人合发妙机，得以全盗天地之造化而成丹’。”大致引自俞琰《周易参同契发挥》，则知李德洽原本所参考他人者恐怕不少。

（17）《天仙心传》与《天仙心传医世玄科》

道光十二年（1832），闵真说：“师传天仙功夫，余于乾隆丙午岁（1786），耳食于玄盖洞天。心袭以藏之者，迄今四十有七年矣。”录示金盖诸生，那时只有《内篇》九章、《外篇》八章昭示内外丹诀。之后将传示薛阳桂的《圆诀》四章收入。道光十三年除夕（1834）纂述《续篇》十二章发明医世之功。补入“真人瞿蓬头、沈太虚真人，两相宣说于大涤洞天”的《大涤洞音》十一节。并作《天仙心传医世玄科》。道光甲午（1834）二月，结以《自警篇》共十九章。总名《天仙心传》，三册而二种——内外篇至大涤洞音一册，内外篇注为一册，上两册为一种。玄科为一册一种。三月，继续汇录《心传》，增入附录法言两则。四月作所刊丛书宗旨与书目为小结而完稿。金盖本《藏书》将上所说合为一种①。民国重刊本也一样，不过次序迥异：先是道光甲午正月初一之序，次为道光十二年之自述，次为《藏书》所选书目的小结，次为李蓬头法言一则，次为太虚氏法言一则，次为天仙心传医世玄科，次圆诀薛阳桂注，次为正文内外篇、圆诀、续篇、大涤洞音、自警篇，次为内外篇注。显示出层层累积的原貌。

此书是闵真一生的心血所结，闵真言其大旨如是："初学之士，或心性未纯，关窍莫启；或情尘久搅，锢蔽方深。法惟先事洗涤，继事存思（原注：存是存想，思是精思）。倘有中阻，虽因后天物滞，究因杂念中肆，以致真炁隐藏，关窍闭塞。上士于此，惟有不事搬运，但崇止念，晋造自然，终始不贰，自还先天，身得晶若。故欲还先天，法惟一意虚寂，念中无念，自然后天气寂，先天仍现，元炁仍行，身中关窍，豁然洞开。惟觉五色神光，亿万千聚，此系攒簇五行之实据。学士不为惊惶，不为喜悦，亦全凭真一不贰，遂得凝然大定，纯粹以精。仍以真一育养，功圆行满，梵炁弥罗天地，元胚模范十方，谓其现而显诸仁也，岂知其贯三清而上下，太极本无；谓其隐而藏诸用也，岂知其乘六气而周流，至虚不宰。坐镇太虚真境，长为无极金仙。谓其将升证也，更何天阶之可升？正不知我之为太初玉清，太初玉清之为我矣。"

《天仙心传医世玄科》分设坛、进坛、退休、告圆四步仪则，和正本持念开科偈、镕一真言、圣诰、情词、忏解真言、云篆（四言玉章经）、普应真言、回向誓偈八科，"可谓简易之至。准而行之，捷应如响者，为能致虚致寂而致诚耳。学鲜克成，乃在不恒。学用体注，功法并如也"。

谨按：《天仙心传》属于"心传"而得。乾隆丙午十月二十六日午时沈太虚羽化，随后闵真作有《太虚主人传》，中有"然羹墙梦寐，若或来告。大师其未可测乎？"之语，既而太虚大师归葬于杭州大涤山金筑坪，闵真于大

① 金盖本次序为：自序，自述，正文（内外篇、圆诀、续篇、大涤洞音、自警篇），内外篇圆诀注，医世玄科（仪则，正本并注），附录法言两则（李蓬头法言、太虚氏法言），最后附有《藏书》书目。

涤洞“耳食”《心传内外篇》，及《大涤洞音》，袭藏于心。“初谓皆我心音尔”。嘉庆元年，奉天李蓬头以为是因“心靖”而得闻者，闵真遂以为心传。这颇类似于佛教密宗的定中传承。

又《金盖心灯 · 沈轻云律师传》太虚大师告诉闵真说：“天地，一阴阳也，阴阳一造化也，机发于万有不测之间，圣人测之，惟天应之，而吉凶消长之道呈焉。故古之至人，惟密审其不识不知之处，而宏其无我无人之教，盖物各一天，而天含万有，分之则物物一太极，合之则万灵惟一性，譬之一人九子，分则九州，合则一本。气一则贯通，灵一则照圆，天下一家也，万姓一我也，不以天下为天下则化行，能以一身视万姓则世治。盖呼吸相通，舆情自悉，物我无间，大道同风。此治心之玄喻，亦宰世之良谟也。”这与《心传》宗旨一致，故知《心传》其来有自。

《天仙心传》：“运到庚辰，神母懿旨，持世承颁，泄罚律恕，太虚承之，乃敢诰世。”如果庚辰没有记错的话，是嘉庆二十五年庚辰（1820），大约此际太虚降神（不知是元神，还是降乩）解说与《心传》相关的问题。

（18）《雨香天经咒注》

道光甲午（1834）四月序曰：“尝为注释道宗奥典，经如《大洞玉经》，咒如《智慧真言》等。而于释宗密部，不敢饶舌。以非华言，不可推测耳。其时（1817）寓于姑苏莲华庵，门人忽庵、心香等辈，以《大悲咒》请注。”十一月跋所谓“曾为翻译如《智慧真言》《密迹神咒》，《大悲》《持世》二经陀罗尼”云云。故知此书是汇总闵真佛道经咒注的全集。“雨香天”指姑苏莲华庵雨香天，闵真曾在那里会通佛教密咒，而以之为集名。

按 1817 年，闵真作《大悲神咒注》，重阳序于姑苏莲华庵。注解《大洞玉章经》最晚不过 1817 年重阳日作《大悲咒注》之前，而嘉庆戊寅（1818）冬季所刊之《道程戒忌》中已有《玉章经》（《太玄玉经》）的部分解释。《大洞玉章经五言苏本》说：“丁丑至苏，又得此本于法家。”这个丁丑是嘉庆二十二年（1817），已收集到最后一个《玉章经》传本而作注。《持世陀罗尼经注》注解最晚，是在戊子年（1828）仲夏作《医世说述》序后，于季秋方作。至于道教《智慧真言注》《一目真言注》《增智慧真言注》《祭炼心咒注》和佛教《密迹金刚神咒注》，大约在《大悲神咒注》后不久。

金盖本《藏书》之《雨香天经咒注》，只收集《大洞玉章经》的注本，把《智慧真言注》等别立为一种，于是一部《雨香天经咒注》被分成八种经咒注。且将“大洞玉章经正文辨体”改作“雨香天经正文辨体”，甚为唐突。万本《藏书》先列两篇序，次《玉章经》、次《智慧真言》、次《一目真言》、次《增智慧真言》、次《密迹金刚神咒》、次《大悲神咒》、次附《祭炼心咒》、次《雨香天心咒注》跋。此跋已在刊刻《天仙心传》之后，是道光甲午仲冬补入的。此两本俱将《持世陀罗尼经注》别立在《雨香天经咒注》外，单独做为一种。笔者依闵真之意，将之归入于《雨香天经咒注》之中。

谨按：闵真的经咒注解颇有特色，既非望文生意生拉硬扯，也不按翻译常规作音字训诂，而是别有会心，所谓“心通则音通”。其云：“余尝云游海内，虽言语不通之处，每于定静之中，偶闻人言，辄能知其意。及心动而审听之，则仍不可晓。盖气禀所拘，着相则不通矣。《道藏》所载经咒，有上清法箓，非下方文字，然其音，则与下方之人心通也。《鹖冠子》：‘唯圣人能正其音，调其声。故其德上及太清。’太清，天也。谓人间元音，上通于天也。《内典》所载经咒，多西域梵音，非东土文字。而其音，则与东土之人心通也。十六国春秋，鸠摩罗什、佛图澄皆能译华言。盖华严字母，实通乎中国也。余究心经咒有年，恒于极静之时，默有所会。有扞格不通之处，索解不得者。忽闻神语曰：‘无口循其义，有口会其声，揭而传之，毋负神佛启牖下民之意。’因恍然领悟，分析注之，然不敢自信。道书经咒注，质之先师太虚翁，以为不失玄解。释典梵咒注，则鸡足道者黄真人所鉴定（其时沈、黄二真已化，闵真之遇为阳神？为乩临？）。”

闵真足迹半个中国，听到过许多方言，甚至外国语言，于“每于定静之中，偶闻人言，辄能知其意”经验中，得出“心通则音通”之语。这已深入到集体潜意识中，洞察音韵与意义之间的联系，可惜没有深入广泛的探讨。以意为先、以汉语为背景，所以经咒注体现出的多是汉语系潜意识中的东西被修真之意联想疏理而出。如果从翻译角度来说，不免有曲解之嫌，如解“持世”为“医世”。基本上没有什么可取之处，但从研究语言与意义关系上说，其价值就显现出来了。至于作为修行之用，则是仁者见仁，智者见智——可以当成是系心一处的柱杖，甚至是无意义的话头；或是虔信联想，以期感应等等。

（19）《金丹四百字注释》

《金丹四百字》由南宋白玉蟾传出，据说是张紫阳托马自然寄来。道光辛卯（应为壬辰，1832 年），闵真“将余门人阳林子，签呈其笺释彭（好古）注《金丹四百字》一册，刊示同门”，即是 1834 年《藏书》之本。道光十五年（1835）二月，闵真重刊《悟真篇阐幽》一书后，“兹复审译此序，逐节笺注”而作《金丹四百字自序》注。今本《藏书》合序注及闵阳林正文笺释为一册。

闵阳林之笺释经闵真核定。闵真于序注中说：“于玄牝一节，即将己所阅历课程，略为指引。”表现了他一贯的以玄关为功夫核心的思想。

以下两种未知刊刻时间。

（20）《张三丰真人玄谭集》

《明史・艺文志》记载，张三丰著有有《金丹直指》《金丹秘诀》各一卷（李西月谓：即今《大道论》、《玄机直讲》与《玄要篇》也。又名《节要》，又名《捷要》）。清雍正元年（1723），汪锡龄以所见张三丰《丹经秘诀》一章及《捷要篇》二卷，诗文若干篇，附张三丰“显迹”三十余条，辑成《三丰祖师全集》。道光年间，李西月据汪氏残本补辑，衍成《张三丰先生全书》，达八卷之多。《玄谭集》闵真未说明从何而得，集中有张三丰真人自序一篇，三丰真人小像跋一篇，玄谭一篇，正道歌二首，金丹破疑直指一篇。其中《金丹破疑直指》与《三丰全书》中《登天指迷说》《服食大丹说》主要内容一样。《正道歌・我有一口诀》全书中无收，《正道歌・道情不是等闲情》与《玄要篇》中《道情歌》文字小异。《玄谭》的主体功夫与《三丰全书》中《返还证验说》《一粒黍米说》大体一致。《登天指迷说》等诸说在《三丰全书》中归入《玄机直讲》。而内外景之说则是从《林子三教正宗统论》所收《玄谭》而来（《玄谭》书名首见于此）。或恐此书也是经过乩笔传出。另《自序》批注中记有一则闵真亲眼所见的外丹黄白之术。

此书“决破一身内外两个真消息”，于“内丹成，外丹就”的上乘双修有较为详实的描述。如谓：“凡炼大还丹，先要补虚，只补得骨髓盈满，方可炼金液大还丹。夫下手功夫，先采上窍阳里真阴，入内金鼎气海之中，与肾经配合……其先后二炁一会，则坎离自交，魂魄混合，神凝气结，胎息自定。每日如夫妇交情，美快无比，切不可著意。水火既济，发运四肢，如外火活焰相似，只要水火均平，此是小周天火候。调和薰蒸，喉中真息倒回元海，则下肾自入内，真火自然冲入四肢，浑身软美快无穷，腹内如活龙回转升降，有数十样变化，婴儿姹女自然交合，此是采阳补阴，筑基炼己一节事。”又谓：“养得气满神全，金光出现，昼夜常明，则此时内丹成，而吾身外丹法象现矣。”

谨按：近来得见天一阁原朱别宥藏《还真集》抄本中所抄刘真仙口述之《金丹直指》，对照署名张三丰的《古书隐楼藏书·玄谭全集》《张三丰全集·玄机直讲》《最上一乘三元破疑直说》的相关文字之后，推测可知：《金丹直指》原是“刘真仙”所述而成，姚燮（1805—1864）《大楳山馆书目》即载有：“刘真定（仙）金丹直指一卷。”后人改题作张三丰著，并作了相关改动，而有了三丰本《金丹直指》。此三丰本可能就是李仲愚藏《三元破疑直说》抄本（此抄本由李远国校订出版，后又收入董沛文主编的《修道合集》中）的底本。而《玄机直讲》只节录了其中的部分内容，并分成《返还证验说》等四个章节。《玄谭全集》也没有完全按照《金丹直指》成书，有所节录，并加入了林兆恩所得张三丰《玄谭》的内容。

（21）《陆约庵先生就正录》与《与林奋千书》

陆世忱约庵先生《就正录》并《与林奋千书》二册，康熙丁丑年（1697）序刊。原《藏书》中为一种，金盖本当作两种附录。讲述儒门存心功夫，颇为精详简捷。

闵真说：“取是梓本以持，则则法有据，穷可以独善其身，达可以兼善天下，廓此心气，逆返之极。辅以医世，得效无偏，自有过化存仁（疑作神）之妙，此余辑入藏书之意。况夫医世之学，颁自三尼，在天口授者。”

虽然此册论心说性简明易观，不过，其谓“前一念过去，后一念未来，这个过去未来之间，是名无念，却向此一眼认定，再莫放他，便是真心所在”，又谓“前念已过，后念未生，此处不睹不闻，无声无嗅，便是心，便是性，便是命，便是天。所谓孔颜乐处，千古不传之邈绪也。但不可错认，盖静坐中，不以空然荡然者为是，而以灵灵醒醒，知此空然荡然者为是”，谓“功夫既久，心悟渐开，须于独坐时验之。其时上不知有天，下不知有地，外不见物，内不见我。空空旷旷，昭昭融融，是何光景，是何境地，乃是性体，乃是心斋坐忘时候”。大约与禅宗部分派系认昭昭灵灵之“知性”

为性相似，其中禅门之毒已深。从理路来说，无从辨别先后天知性之异，有认贼作父之嫌；从功用上说，无从体证混沌无知（寂然不动）之妙，难得精思静虑（感而遂通）之用；从功夫上说，只了得丹道最初修性一段，于命功化境，尚未知悉。闵真所评似乎太高了。

2. 续收七种考

（1）《二懒心话》

此书作于嘉庆戊寅（1818）十一月，疑为闵真托名懒翁对大懒（不知何人，疑与袁培有关）传授功诀之作。其《萍逢》云："余师太虚翁……金怀怀，余尝师之，乃因太虚翁而得师之者。"而师事此二仙者，现有资料显示，除闵真之外别无他人。

此篇详说内照开关，既有理诀，又有依诀行持的经验记录，是研究炼功内景不可多得的资料。

（2）《持世陀罗尼经法》

道光十四年（1834）冬至作成，闵真说："原世建立坛场一切规则，盖为祈求现证者设。若夫缁素，平时行持，凭诚足矣……要而论之，必须三密相应，所谓口诵神咒，心想梵字，手结印相，谓之三坛。然非初学所能，我师野怛婆闍一准《三尼医世功法》纂成便科以授余。盖以佛说世字，乃合身世世身者，义与医世宗旨无二无别。"

谨按：闵真传下三个经咒仪规，《吕祖师三尼医世功诀》、《天仙心传医世玄科》及此《持世陀罗尼经法》，都非常简捷，不似藏密仪规繁杂，又不以意识妄想观像、观光、观气、观脉、观空、观净，乃于万缘放下之后，自然呈显空净心体，于此心气和平之后，音韵调泰（乃是无声之声，久之自三摩地者），不高不下，不散不结，字字韵韵，流自性天。置夫应验得未等等思议于绝无，无中斯能圣凡混一，世身、身世溶成一片，是含藏命学于性学中之学问，乃至得证世身、身世大陀罗尼。

张义尚说闵真"兼学佛密之咒道，不过不深入耳"，说"《玄科》类似密法，惟远不及密法之精深"，是不知心密为何义者之言。闵真或许没有见过佛教密宗仪规，不了解密宗双修拙火，不知道大手印大圆满之法，但即使有所了解，也绝不会象那些没有真实学养的人一样，认为丹道不如咒密。绝不会玩弄虚头，迷光认影。自然不会舍简就繁，舍精求粗，舍本就末。只要认真阅读《藏书》自会明白。

（3）《管窥编》

自嘉庆庚午（1810）入圜三载，学养纯熟以来，闵真一方面强调借假修真之道，如初学之士，心性未纯，关窍莫启，法当洗涤情尘，继事存思通关。另一方面强调上品天仙之道，如上士但崇止念，晋造自然，终始不贰，一意虚寂，念中无念，自然后天气寂，先天仍现，元炁仍行，身中关窍，豁然洞开。晚年重心更加放到了上品丹法上，如《上品丹法节次》说“即如白紫清祖师《修仙辨惑论》，凡吾门下已为家弦户诵之书”。此篇即是对《修仙辨惑论》上品丹法的具体解释。未知著作时间。

（4）《还源篇阐微　翠虚吟附》

此书题为闵一得口授，门人闵阳林述、蔡阳倪订。闵真道光乙未（1835）端午序说：“乙未（1835）夏，携从孙阳林，同来金陵主秩山瞿观察家，晨夕讲论身心性命之学……以宿耳于先师（指沈太虚真人）者，参解石子《还源篇》，……阳林笔之于册，爰题其签曰《还源篇阐微》。”是为初稿。金盖侍者蔡阳倪说：“是编吾师三易寒暑而成……其正文阐微，系师放朱元阳《阐幽》体式。”于道光十八年（1838）三月后刊刻。其先有赏云山房刊本，后收入《藏书》。

此书集《天仙心传》与《上品丹法节次》之长，可以说是闵真最圆满又极平实的著作。其论丹道，以清静自然为运用。其丹功，简言之，所谓：“还源之法必先坚持正念，就伦常日用中，处处惩忿窒欲，真实无妄，礼以行之，是为炼己。潜致力夫涤虑忘情以疏通督任三关、遂由慎独而退藏于密，是为筑基。自然身中还出一点真阳正气，心中泻出一点真阴至精，相与浑融，凝结成丹，是为丹头。从此心自存诚、气自周行，久则藏心于心而不见、藏气于气而不测，静虚动直、气爽神清，是为完体。第觉三际圆通，万缘澄澈，六根清静，方寸虚明，如是期月不违，药物亦源源而至，始终以清静自然为运用，可以还源返本与道合真，是为全真。金丹之要如是而已。然大要先知夫身中一窍，然后可以入手。”

谨按：“先知夫身中一窍，然后可以入手”之一窍指玄关，笔者从《还源篇阐微》中析出玄关之境的三个层次。一是静极而动，“我身中未得药时，清净内守，七窍已归一窍，此中虚灵洞敞，圆浑如卵，盖其静也翕焉；及至药产，我之正令一到，窍即仰如承盂以受药，盖其将动也亦将辟焉……迨既受药而冥合，仍如卵守矣。盖念头一动而即静，玄窍亦将辟而仍翕焉”。二是于呼吸气无，凝然大定中，“勃然机发，顿失我与天地现存形相，第觉虚灵朗耀，无际无边。一觉急收，登时冥息，即自入于窍中，混混冥冥、不识不知、无声无臭，斯为大开玄关，深入一窍”。三是从此无之极处迸出真机，“温养时足，元性已含六气以周流至虚不宰，元命已历三关而诣极无道可行，尔时无极中自然发一真机（并非另有一个真机外至者也，亦非心思计虑所能掇合者也），即我妙无元始一气来复，混合元神，是为金液大还”。此无之极处，不可知，不可见，老子强名之道。待其真机迸出，乃是最初本性、妙明真心、元始祖气、金液大丹。得之者是为大觉金仙、妙道真人。第三个层次是笔者析出，闵真未言。闵真经常说的是第二层面的玄关，并以之为上透下达、左右旁通的中枢。

（5）《遗言》

《遗言》为闵真之子闵傅臣所述，钱塘陈云伯（陈文述）编次，沈来仁刊。其中有“我不及到丙辰年了，我今于冬至日演政府受事取材”之语，下一丙辰在 1856 年，闵真羽化于道光十六年（1836）丙申十一月初十日。而丙申年十一月十五方是冬至。其记应该有误，留待资料充足时再作考证。此书记录闵真仙逝前对子弟的谆谆告诫与嘱托。

（6）《清规玄妙》

闵真说此书“纂自碧云子，而订正于逍遥客。我山僻在吴兴，金盖道众乐闻，爰为重梓”，未知刊刻时间。

此书分为内外两集。外集记载参访须知的规矩。内集有学道须知、戒食铭、紫清白真人清规榜、长春邱真人清规榜、长春邱真人执事榜、清规榜、执事榜、长春邱真人垂训文数篇。是全真道士住观与参访应遵守的规矩。

（7）《梅华问答编》

此书是闵真高足薛阳桂的作品。薛阳桂于丙子（1816）秋拜师，癸未（1823）春玄关顿开。此乃将三十年口传心受之言，演为《梅花问答编》一卷，凡四十章，完成于道光己亥（1839）仲冬。梅华乃古梅华岛，即金盖山，以此标明授受。明阳道人汤东晖赞道：“《梅华问答编》一本，将列真妙诀，与师门所传，和盘托出，而归本于太上心宗，是真能承先圣以开后学者，厥功伟矣！”

3. 未收六种略说

（1）李注元始天尊先天道德经一部

闵真曾说：“我道《道藏》载有《先天道德经》，全部皆明道体者，无人知取究参。斯经文义渊深，幸有息斋李先生为之注解，余拟从而体注之，庶几人知体味焉。得而伏揣，后先了然，真假得辨。余拟取作分金炉用之。借余学浅才疏，而年又垂迈，驻世神仙无缘重遇。真师沈太虚存时，惜书未之遇。有疑莫问，有难莫辩，渴欲即注，以体以参，窃有未敢云。”

此书收录于《道藏》。其文晦涩，分五卷，论说妙、元、神、真、道。道体论仿效《道德经》，又仿效《化书》《太极图说》之顺化逆成。其谓妙生元、元生神、神生真、真生道、道生德，“道不一，散而为德，万物各得一德以生”。又谓吾始元元，妙惚妙恍，非物非象。吾始神神，杳杳冥冥，非妙非形。吾始真真，冥冥杳杳，非形非妙。吾始道道，精中有真，自然之道。则以恍惚杳冥为元、神、真，是不可见寂寥之妙所分，杳冥中有精方称为道。是分老子之道为妙、元、神、真、道五层，而道散为万物。再谓“失德归道，道敛致一，一致入真，体真应变，真入至神。神至神，神入元，元至元，元入妙。湛兮似或存，非象非声，独立于元始，元始之妙”，则是逆以成道。笔者没有耐心细读，记如上。

（2）宋代白祖手注道德经一部

此书为白玉蟾所作，名《道德宝章》，明陈继儒尝刊之，改题《蟾仙解老》。《藏外道书》第一册收入。《四库提要》说：“其书随文标识，不训诂字句，亦不旁为推阐，所注乃少于本经，语意多近禅偈，盖佛老同源故也。”此书解道为心，且无生死而长存。其心无思无虑，无念无为，却包含万象，同于禅宗心性之说。是性中有命，如闵真说：“在天赋我时谓之命，我得于天即谓之性，天命之谓性，性即是命，性外问命功，误了古今来多少英材。”不过与强调心气同用，而“于未得手时，本清静以为体，守铅汞而为用；及下手处，聚铅汞为药材，致清静为火候；既得手后，主清静以拳拳，宾铅汞而穆穆；到了手后，以清静心而宏大愿，休铅汞气而畀鸿钧，如是而已”次第井然的丹法还是多少有些差异。

（3）云阳朱祖参同契阐幽一部、（4）悟真篇阐幽一部

此两种《道藏辑要》虚集一、奎集三有收，《道书集成》第十八卷也有收。《藏外道书》第六册只收了《参同契阐幽》。汪东亭曾说“朱元育《参同契阐幽》，那是到了极顶了，可以看得”，但笔者以为不然。此两种《阐幽》，满篇虚玄空理，偶见实际功夫，亦少有自家灼见。其论命功，核心部分分小周天活子时坎离交媾，大周天正子时乾坤交媾两步，所论与陈虚白《规中指南》相仿。说乾坤交媾谓从太玄关逆流天谷穴，又杂以吸舔撮闭之法。说坎离，却不点明功入虚寂，腹内机发成窍（玄窍），一缕气机上朝（坎），一点心液下降（离），结成丹头。反而虚虚的说“身心会合，打成一片，真种才得入手，而有氤氲变化之证验”。由此观之，恐是玉液还丹，非是金液还丹。果系金液，必然呼吸气停，勃然机发，顿失人我色相，不由任督，而于黄道上下，自然一点落于黄庭。即使其所谓正子时亥子之间，感得先天祖炁自虚无中来，因为不是身心素质极佳的上德之士（举世难觅一二），又没有将身心陶炼干净（所以须有疏瀹督任，澡雪精神之功），必定杂有后天气，所得之丹，非是真金，所谓“鼎中有宝非真宝”也。详闵真《皇极阖辟经·长养圣胎章》之辨。惜此两种《阐幽》，未见闵真批点参证。

（5）王无异周易图说一部

《陕西省志·著述志》称：王宏撰《周易图说述》四卷，此书卷首自序云：“天地事物之理，圣贤之意，有语言文学所不能遽悉者，莫如图为易。”作者博采诸家图说，或相证合，或相发明，或推测一义，或旁通别类，以图文并茂的形式阐释易理，是研究易学的重要资料。我们所见为日本内阁文库所载的康熙二十六年（1687）刊本。

（6）郧阳守梓陈翁易说一部

未见此书，从略。

附：闵真师传及弟子其他著作略考

（1）泥丸李翁《三一音符》

是书书名首见于《金鼓洞志》卷七姚文田所作沈太虚传。沈太虚答泥丸李翁之问，曰：“《三一音符》，道之至中至正至真者也。但事长生，非吾愿也。”（《金盖心灯卷四·沈轻云律师传》所载相同）《阴符经玄解正义》文前小序中，说太虚翁遗有泥丸李真人《三一音符》一书。并称“是书（《三一

音符》）盖与《阴符经》相表里也。”《还源篇阐微》第十五章注解云：“下手用功。只是诚一不贰，养其无形，以合乎无象无体，则正气自流行于天地，元神自集藏于一身，皆得之自然清静之妙。李泥丸所谓‘三一音符’，张子所谓‘会得坎离基，三界归一身’也。”将三一作了发挥。

此书由《大学直解》《摩诃般若波罗密多心经直解》《道德经首章心印真解》三书构成，民国郑观应曾将之与《金笥宝箓》《天仙心传问答》合刊，并作序。可惜我们目前未见全本，这次整理就不附入了。另《中华仙学养生全书》所收《三一音符》与此无关。

（2）泥丸李翁《男宗双修宝筏》

《泥丸李翁女宗双修宝筏》后文小跋云：“我师太虚翁无上大道得传于师祖泥丸氏者，十有八九更于此书见矣……惜有《男宗双修宝筏》，为长山袁氏携去。待访之，应未失也。盖男宗书中，亦逗女宗宝秘，而其誊本，乃亦大有脱简，若得而订正之、合刻之，斯成完璧，两书得以会参矣，度世之功不小也。”“长山袁氏”指《琐言续》序中提到的“长山袁君培”，是闵氏姻亲。可惜现在不知其书消息。

《琐言续》谓李泥丸尚有《阴符经注》，因未见相关信息，从略。

（3）《大梵先天梵音斗咒》

《金盖心灯卷六・鸡足道者黄律师传》鲍廷博注中提到：“愚按懒云子得其斗法，奉为西竺心宗。归纂《大梵先天梵音斗咒》十部十二卷，刊传于世。”又《西泠仙咏》中说：“（闵真）尝官滇，至鸡足山，以昆阳三大戒，易《梵音斗咒》（及）西竺心宗于黄守中。”此书或许即为斗法，具体内容不知。

（4）《先天金鼓龙门正宗太虚帝君至真经》

简称《至真经》，《金鼓洞志卷八・谷音沈真人别传》所引题名为“先天金鼓龙门正宗太虚帝君至真经”。《金盖心灯》卷四附沈太虚真人弟子周梯霞《子沈子太虚主人传》中说：“又闻子于丙午十月（1786，正是沈师羽化之月），神降蜀之云停净所，偕梓潼君降经三卷，名曰《至真经》。明年正月，蜀都人士传送至苏，长洲彭氏、吴兴闵氏先后刊刻，以传于世。”书的内容没有介绍。

以上四种是闵真的师祖、师父之书，除《三一音符》外，其他几种可能已佚失。[1]

（5）薛阳桂《金仙直指性命真源》

嘉庆二十一年（1816），薛阳桂师事闵一得。道光三年癸未（1823）复至金盖参学，彼时玄关开启。两年后，即道光乙酉（1825），其将所得所学丹道之秘形诸文字，即成此书。民国十二年（1923）有两种刊本。此书经闵真点定者，书凡九章，有图象指示。《阴阳章》中述有双修正学，《性功章》《命功章》中直指性命真源。

（6）陈文述《西泠仙咏》

陈文述道光丁亥（1827）作男仙之咏二卷，而轩皇禹舜、太白东坡并列其中。道光甲午（1834）作女仙之咏一卷。乙未（1835）冠以自叙而定稿。共三卷诗集，一序一咏。保留有闵真一系的部分资料和其道学见解。

（7）《天仙心传问答》

《天仙心传答问》乃陈兰云与其女弟爽卿和陈文述继室管静初，暨其门下沈云显、陈茗仙、黄素亭、叶复贞关于《天仙心传》的问答，由汪端记录，薛心香编辑而成。是书辑成于道光庚子（1840），次年刊印，将附于《书隐楼藏书》之后，道光壬寅（1842）有熊来实之跋。陈兰云，名羲，适长山袁培，为陈文述族妹，闵一得入室弟子，派名阳莱。袁培尝延请闵一得于袁浦问道，而陈兰云“窃闻绪论，一意修真，四十七日而元关开”，后师从闵一得，成为金盖山重要的女弟子。该书以“以真我为体，以妙元为用，以混化为彻始彻终之要”，故首先倡导于静坐中得些光景，并于事上磨炼，于后天中寻得主人，修炼成先天法身之真我。

目前只找到闵真弟子著作三种。

三、结语

闵真“心性磊落，而好为其难”，假衣推食，拔灾救难，挥金以数十万许。乾隆间“和相国（绅）欲招致门下，以计脱，遂隐”。嘉庆元年（1796），在父母大事已了后，始入金盖，归山四十余年。“前二十年方自拳拳于外摩内

① 读友、学友、道友若有《三一音符·大学直指》《至真经》《大梵先天梵音斗咒》《男宗双修宝筏》相关资料与信息，恳请与点校者联系（Email：bodhixiaoyao@126.com），以全闵真一系度世初心。

省之功”，于嘉庆庚午（1810）入圜三载，学养纯熟，会通经咒微言。后二十年阐发道妙，方便教授。闵真“时或往来江浙间，随缘启迪，自缙绅之士，至胥吏仆舆，钦其道范，纳交受业者实繁有徒。入室者虽不多觏，而诱掖奖劝之下，因其言而自新者，亦复不少”。其“所至禽畜互乳，草树交芬，善气所敷，动植胥化，得中和位育之道焉”。闵真传承发扬道学的功绩有目皆睹，欲挽劫运之志更为难能可贵。但至今仍未能得到足够的重视与认可，让人感慨良多。闵真仙逝至今，中国几经磨难，社会发生了天翻地覆的变化，而道脉几绝。“生平未了事，后我好仔肩。”愿有志者承继闵真的遗愿，在新时代重新诠释、践履道学修养与医世圣功。不负闵真汇集《古书隐楼藏书》之初衷。

闵真人年谱

（修道但为求己志，著书未尽度人心）

《左传》穆叔曰：“豹闻之，太上有立德，其次有立功，其次有立言，虽久不废，此之谓不朽。”是三不朽者，内修外化谓之德，泽人利生谓之功，文以载道谓之言。闵真之德之言，见于《古书隐楼藏书》矣。而闵真利世之功，如还人遗金，救人厄难而“挥金以数十万许”之诸多事迹，惜文载不详。

金盖山为闵真成道之地，故附以金盖山重要相关人事。

本年谱部分参考了王宗耀先生的《年谱述略》，在此表示感谢。

乾隆九年甲子（1744）。

真人父闵大夏先生中举。

道光十三年（1833）刻《吴兴闵氏宗谱》载：闵大夏“归安庠生，以书举乾隆甲子浙江乡试，历任仙居余杭儒学教谕。生于康熙丙申八月初三日亥时（康熙五十五年，1716年），卒于乾隆辛亥十二月廿三日戌时（乾隆五十七年，1791年）。寿七十六”。

《余杭县志》《晟舍镇志》《清代官员履历档案全编》等书所载中举时间皆同。但据《清代官员履历档案全编》，乾隆四十三年（1778），闵大夏年五十八，则出生为康熙六十年（1721）。如果是“士大夫履历，例减年岁”（王士禛《池北偶谈》）的原因，则当依《家谱》计寿。

乾隆一十三年戊辰（1748），一岁。

十二月初二，真人出生，传为贝懒云转生。

晏端书《闵懒云先生传》谓：“生于乾隆戊寅十二月初二日，卒于道光丙申十一月初十日，住世七十有九年。”《吴兴闵氏宗谱》作“生于乾隆戊寅十二月初二日寅时”。道光十八年（1838）汤素志《金盖山人传》谓“年八十有九”。通过考证[①]，真人世寿实为八十有九。十二月初二在西历已是1749年了。

《自述》云：“余初生，先慈梦见天际下一红灯，约有三尺许，恍若照顶直落，冉冉到胸际，以裾承之，携入室，腹大震，遂分娩。时先严假寐书室，见道士三人，貌清癯一老叟，二少年。一少年呈名纸曰：‘家师至矣。’接视之，朱纸一片，上署曰‘贝懒云’。老者向前稽首，遽入内，急止之，忽不见。仆妇陈兑二扣扉曰：‘起，起。主母已生产，男也。’是时先严心知为贝叟降生矣。”故真人号懒云子。

徐隆岩出金盖山，蒋雨苍继守十七年——金盖山事附入年谱中，用仿宋字区别。

《金盖心灯·卷五·王护云宗嗣传》鲍注：“云巢自乾隆十三年戊辰（1748），徐隆岩出山后，蒋公雨苍继守十七年。至乾隆三十年乙酉（1765），山归陈樵云掌十有五年，为乾隆四十五年庚子（1780）。樵云子出山，懒云子代守四年。岁甲辰（1784），仍以山事交樵云之徒杨来逸。越一载乙巳（1785），杨复至余杭，惟其徒傅复兴居守四年。至乾隆五十三年戊申（1788），始有朱春阳先生归山，主持其事。越四年壬子（1792）夏五，朱公又卒。石门吴君竹巢居守两年。至甲寅（1794），吴君又出山，仍归傅复兴独守。次年为乾隆六十年乙卯（1795），傅子又卒，山无守者，四壁为之一空。明年为嘉庆元年（1796），乃得懒云子入山，慨仙踪之不振，吊逸绪之无承，遂居休焉，并延梯霞周师，入主讲席，重振云巢。越数年，周师返余杭，静居金筑坪。先后有徐根云、李碧云、陈春谷辈，来山佐理，均不数年而殁。至嘉庆十年乙丑（1805），李碧云从侄名廷佐者，懒云子甥，居山掌理，然廷佐举业中人，不能久住。次年丙寅（1806），适护云王君来山，愿居守，故懒云子遂以山事付之，窃稽前后六十年来，其往来山中者，善信固属不少，而俗情道样者，亦颇有之。”

乾隆二十一年丙子（1756），真人九岁。

归依道门。

---

① 见谢正强《闵一得小考二则》、王宗耀《闵一得生年考疑》、赖全《闵一得生年新考》等。

《遗言》:“我九岁皈道。”归道之因大致如《自述》所云:“余生而足弱，膝骨大仅如豆，九岁犹不能行。”是因为想强健身体而入道门的。此时归道尚未入龙门。

乾隆二十三年戊寅(1758)，真人十一岁。

行功大漏。

《修真后辩参证》:“余自九龄入道，行至十一岁而大漏，后几成弱，废功不行，命乃保。”十余龄时，梦游桐柏，得导引法，依功而行，虽是童真，但耳闻心知有交媾一事，故而大漏——“其伤在耳闻心知之际，其精未漏，其窍已开，一经功到念动，立有此变，是亦天机之有顺行之理耳”。

乾隆二十五庚辰(1760)，真人十三岁。

读书云巢，有“一枕熟黄粱”之语。为日后入住金盖埋下伏笔。

《金盖心灯·卷七·陈天行先生传》载:“余年十三，入金盖，先生年四十五，遇于拨云巢。先生正酣饮，去非陈公(陈樵云)邀余侍，先生浮一大白来。辞，不许，曰:‘半壶生白酒，能对即已。’余应声曰:‘一枕熟黄粱。’先生大悦，笑而散。”

乾隆二十七年壬午(1762)，真人十五岁。

从兄读书云巢，得食陈樵云所感降之甘露。

《金盖心灯·卷五·陈樵云律师传》云:“(陈)日夜虔礼(紫光梵斗)，甘露为之屡降，露凝若珠，挂诸松针竹叶间，有红白二种，余年十五尝从兄(鲍注:胞兄希颜先生)读书云巢(鲍注:时乾隆二十七年岁壬午)，时出采服之，甘香非饧蜜可比。师曰:‘服此者寿。’初亦未悟其为甘露降而凝者。”

孟夏，吕祖降云巢，传《金丹内炼》济幽真科。见邵本《吕祖全书》

乾隆二十八年癸未(1763)，真人十六岁。

吕祖降云巢精舍，出《金丹示掌初编》。甲午初秋于云怡草堂(朱春阳所创)降示后记。时蔡来鹤至湖，吕祖令蔡捧回交与邵志琳重辑(原为云怡草堂刻本），另定次序。见《吕祖全书》卷二十二。

《示邵万善重辑金丹示掌初编（出云怡草堂抄本）》："一树花开朵朵红，千年古柏翠如桐。今朝重整金丹后，万法归源道炁充。"

乾隆三十年乙酉（1765），真人十八岁。

金盖山归陈樵云主持达十五年。

乾隆三十二年丁亥（1767），真人二十岁。

皈入龙门，拜高东离宗师为师，派名一得。其父闵大夏先生授台州府仙居县教谕。

晏端书《闵懒云先生传》谓："先生生而体弱，九岁犹艰于行。依高东篱翁于桐柏山习导引术，遂皈龙门，派名一得。"

按《自述》云："九岁犹不能行……十余龄时，梦游仙山……有道士二三人。若素相识，授以导引之法。醒而如法行之……渐能行矣。又数年，忽染患，郁郁无生理。先严选授仙居广文，余侍从，路过天台之紫阳宫……主是观者曰高东离，大学士高讳晋之伯父行也。年已百有十岁矣。侍司知众者，归安人，姓沈，名一炳，化号太虚，与先严为中表昆季。中途访之，余得随入山。所历山境，仿佛旧游，道侣皆一一若曾相识。予恋恋不能去。东离老人云：'汝居此，疾可愈。'先严怜之，遂留勿行。越三载，疾果瘳，精神强固。遵古制以抵山之岁为初生，所谓道腊也。"又曰："其后出山省亲……数年中，寻山问水，矻矻无倦，遂游楚汉间。是时先叔峙庭先生任湖北方岳，石君朱文正公任廉访。"

《清史稿》卷三百四十载，乾隆三十二年（1767），朱珪补湖北按察使。三十三年三月即与山西按察使互调（《知足斋文集·年谱》三十二年"正月服阕……三月出京抵楚"），而闵鄂元在湖北任布政使的时间在乾隆三十一年腊月至乾隆三十五年四月间。《吴兴闵氏宗谱》载，闵大夏先生"丁亥（1767）授台州府仙居县教谕"，则知闵真归入龙门派的时间在乾隆三十二年丁亥。

闵真没有在桐柏长时间住下，不久即出山省亲（可能在年底），此后数年，寻山问水，往来楚汉间。而身体痼疾三年后也好了。

孟冬，石有恒降云巢，演《玉清金丹救劫度人宝忏》，见《吕祖全书》五十八卷。

乾隆三十三年戊子（1768），真人二十一岁。

高东离宗师羽化，嗣后从沈太虚真人学。

《金盖心灯·卷四·沈轻云律师传》鲍注："乾隆三十三年戊子七月望日，高东离宗师……年百五十一岁，谢世于天台。懒云子先期得书，亟往送，及至，沈师已先在。嗣是懒云子常从沈师学，以师礼事沈师，从高师命也。"

《金盖心灯》记高东篱宗师生于后金天命元年（1616），享年151岁。若以1616至1768年算，应是153岁，《金盖心灯》有误字。

戊子春日，吕祖降云巢，演《儒道同源》。见《吕祖全书》四十六卷。

乾隆三十四年己丑（1769），真人二十二岁。

朱珪39岁，二月升山西布政使，冬"始学道，通任督脉"（朱珪《年谱》），朱珪奉吕祖，而闵真访朱珪，大约切磋过道术。

乾隆三十五庚寅年（1770），二十三岁。

吕祖降云巢演《群言会粹》，言修身、养性。见《吕祖全书》四十七卷。

乾隆三十九年甲午（1774），真人二十七岁。

正月，吕祖降云巢删正顺治辛丑间乩降之《金刚经注释》。见《吕祖全书》卷二十六。

乾隆四十年乙未（1775），二十八岁。

春，沈轻云至金盖山，陈樵云归投为龙门派。见《金盖心灯·卷五·陈樵云律师传》。

秋，邵志琳增辑《吕祖全书》，多有云巢、云怡所出之书。

乾隆四十一丙申年（1776），二十九岁。

杨来逸之徒傅复兴来山，辅助樵云子主山事。

同年，江夏张蓬头来山，年百有五十余岁。居山，兼任樵采，越四年己亥，出山至湖北。事见《金盖心灯·卷六·张蓬头传》。

乾隆四十四年己亥（1779），真人三十二岁。

闵大夏先生改余杭教谕。

《吴兴闵氏宗谱》：“俸满，保举升河南息县知县。引见，仍以教职用调杭州府余杭县教谕。”《晟舍镇志》所说大约相同。

《清代官员履历档案全编》乾隆四十三年六月，闵大夏“候选知县，今签掣河南光州息县知县缺”，因九卿验看“年力衰庸”而改余杭教谕。

乾隆四十五年庚子（1780），真人三十三岁。

于金盖山从事养气。

《金盖心灯·卷五·陈樵云律师传》载：“岁庚子，先君子（廷博谨按：闵艮甫先生，讳大夏，字位思，乾隆甲子榜魁，挑选河南息县，后请改教谕）秉铎余杭，命余入山，从事养气。”

在金盖山遇杨来逸和傅复兴。杨来逸于此年来山皈依陈樵云。居月余，杨来逸即收录乌程傅复兴为徒，陈樵云即出山云游。而后，闵一得代陈樵云守山四年。详见《金盖心灯·卷五·王护云宗嗣传》。

乾隆四十六年辛丑（1781），真人三十四岁。

五月二十六日丑时，长子傅臣出生。

乾隆四十七年壬寅（1782），真人三十五岁。

九月初五日辰时，次子受福出生。

蔡来鹤偕关槐、邵秋漪（志琳）至金盖。秋漪晚年，犹每岁至金盖。事见《金盖心灯·卷七·邵秋漪先生传》。

乾隆四十九年甲辰（1784），真人三十七岁。

有事于姑苏，以山事付杨来逸。

乾隆五十年乙巳（1785），真人三十八岁。

九月二十四日，在余杭遇陈樵云，樵云暗示明日即将羽化。为其卜葬于天柱山金筑坪北。

《金盖心灯·卷五·陈樵云律师传》载："时余有事于姑苏，数月始至余邑（鲍注：按：懒云子于乾隆四十九年甲辰以山事交樵云之徒杨来逸，出山之苏）。时为九月二十四日，至则家人告曰：'师至久矣。'既见，寒温而外，默无一语。久之，起，顾余曰：'我之来也，三三五五。我之去也，三三五五。殆有数焉。'遂辞出，留之不可。余味其语，夜半乃悟：'三三得非月数耶？五五得非日数耶？来非生义耶？去非卒义耶？明日乃师生辰，师岂明日当逝耶？何曰有数耶？'坐以待旦，不意户启，而群客掩至。迨散始往，师果于辰刻危然坐逝矣。是为乾隆乙巳年九月二十五日。师生于雍正庚戌年九月二十五日，住世五十有六。"

此年陈樵云至余杭，闵大夏先生请住三元宫，祈雨甚灵。

沈轻云祷雨于菰城，雨大如豆。见《金盖心灯·卷四·沈轻云律师传》。

乾隆五十一年丙午（1786），真人三十九岁。

沈太虚真人羽化。得《道程戒忌》《天仙心传》之传。

《琐言续》序称"余道得之于太虚翁"。太虚之道，述于文者，有《道程戒忌》《天仙心传》等。《戒忌》载："十月朔，懒云氏侍太虚翁，为述泥丸氏《天仙道程宝则》《天仙道戒忌须知》。"十月二十六，沈太虚真人仙逝，住世七十有九。于前两日寄《医世功诀》于闵真。闵真随后（十月下浣）作《太虚主人传》，有"惜中年宦游，未能亲炙而窥阃奥，然羹墙梦寐，若或来告。大师其未可测乎？"之语。再后得《天仙心传》之传，"师传天仙功夫，余于乾隆丙午岁，耳食于玄盖洞天"，心袭以藏之。

乾隆五十二年丁未（1787），真人四十岁。

服官滇南，分发（清制：道府以下非实缺人员分省发往补用者）云南府经历。

《金盖心灯·卷七·朱春阳先生传》："方先生（朱春阳）之入山也……余方奉檄于滇南（鲍注：懒云子于五十五年丁未服官之滇南，次年戊申春阳子始入山（按：五十五年为庚戌，丁未为五十二年））。"《家谱》："太学生，分发云南，候补府经历（正八品），署曲靖府同知（从六品）。"《晟舍镇志》："援例分发云南府经历，署曲靖府同知。"

《自述》："和相国欲招致门下，以计脱，遂隐。而道腊已逾二旬。"

冬，闵真复葬沈太虚蜕于陈樵云墓之右，归辑射村开化院，为金盖下院。见《金盖山纯阳宫古今绩略》。

乾隆五十三年戊申（1788），真人四十一岁。

在京师李铁拐斜街见白马李。同年冬白马李至金盖山，转至金筑。

《金盖心灯·卷六·白马李宗师传》载："乾隆戊申，余（闵一得）入京师，见其休于李铁拐斜街，身不满五尺，而心通三教，信也。是年冬，飘然至金盖，师谓自北南来为谒故人遗蜕，且以订后缘。时轻云子逝已两载，墓葬金筑坪，其曰'且订后缘'，未审何指。师盖知我有《心灯》之作欤？"

朱春阳先生归山，主持山事。

朱春阳筹资建吕祖殿、神将殿及崇德堂，至乾隆五十七年壬子竣工。事见《金盖心灯·卷五·朱春阳先生传》。

按《金盖山志》，朱春阳于己酉入山，癸丑五月五日去世。同样是居金盖五年，但入山、去世时间移后了一年。

乾隆五十四年己酉（1789），真人四十二岁。

或署曲靖同知。谒浙江省督学朱珪于右文馆，知朱珪藏有《三尼医世功诀》，欲抄录未果。

民国《新纂云南通志》卷十三载，乾隆间任曲靖府同知的有刘大祺、熊爵勋等。《清代官员履历档案全编》谓刘大祺于乾隆五十二年十月"签掣云南曲靖府同知缺"，乾隆五十七年八月熊爵勋的履历说他于"乾隆五十六年十二月分论俸签，升云南曲靖府同知缺"，《遵义府志》载熊爵勋乾隆五十四年署桐梓县知县。按边俸外官三年俸满升转的惯例，闵一得大致于己酉年冬署职，在刘大祺、熊爵勋之间。

《医世说述》序："岁己酉，浙督学朱石君先生按临湖州，进谒于右文馆。始知先生有是书珍藏，不以示人，颇疑有脱简。闻金盖藏本完善，以余为诚实可信，嘱往搆取，不得而返。乃示余所藏之本，系明代人手录，有诚意伯跋。余拟录之，适先生俶装将按他郡，匆匆不果。”

朱珪至金盖，并题额。

《金盖心灯·卷七·朱相国盘陀居士传》：“岁己酉，公方视学湖州，至云巢，徘徊达旦，为题额。额曰‘白云深处’，复题联有‘云将问道鸿蒙跃，巢父临源犊饮清’之句。”

乾隆五十五年庚戌（1790），**真人四十三岁**。

闵大夏先生辞官回乡（《余杭县志》）。

谒鸡足道者，以大戒书交易斗秘（存疑）。

《金盖心灯·鸡足道者黄律师》谓“岁庚戌（1790），余往谒”。鲍廷博注：“愚按懒云子得其斗法，奉为西竺心宗。归纂《大梵先天梵音斗咒》十部十二卷，刊传于世。”按：岁庚戌之说，照应了《钵鉴》“百三十秋得戒”的谶语。《鸡足道者黄律师》说道者顺治十六年（1659）至京师，“观光演钵，昆阳王祖……曰：‘汝但住世越百三十秋，大戒自得’”。之前乾隆四十八年（1783）闵真即应谶得谭心月手书大戒书，庚戌携之往谒道者，交易斗秘，正好百三十年。今《钵鉴》《梵音斗咒》不得见，不知有无此谶及相关记述。

乾隆五十六年辛亥（1791），**真人四十四岁**。

闵大夏先生促闵真去滇南服官，捐升曲靖司马。年底其父逝。

《自述》：“先严心动，促就滇南，而先严即于是岁季冬二十三日辞世。”查《吴兴闵氏宗谱》，闵大夏先生卒于乾隆辛亥年十二月二十三日戌时。

晏端书《闵懒云先生传》：“及壮，以父命入赀为州司马，服官滇南。”

杨炳堃《中议公自订年谱》卷8载：“本朝乾隆年间，有闵补芝又号小艮，系晟舍村人，曾由议叙得云南二尹。摄篆曲靖同知，捐升司马。试用年余，即归隐云巢，讲玄成之学，刊有《书隐楼丛书》［廿］八种，中有《金盖心灯》一书。”

乾隆五十七年壬子（1792），真人四十五岁。

闰四月，委署易古巡检司（今昆明寻甸回族彝族自治县），得《龙树山珍》。夏，谒鸡足道者黄守中，“止宿三月”，得西竺心宗之传。

《龙树山珍心经》：“壬子闰月朔，余馆于滇城五华山麓……越六日，余有易古之役。”戴锡绂《龙树山珍》序：“闵少尹筮仕滇南，委署易古篆务。”《寻甸州志》卷十八载：“闵苕敷。顺天大兴县吏员，五十七年四月署任。”按此职，其前邓安三月署任，其后七月左辂署任。

《心经正续三卷》载：“壬子闰朔，余馆于浔城之五华山麓，初梦一癯姥牵帘入室，以盒授余曰：‘此汝龙树山珍。’语毕，盒忽坠地，化为燕巢，姥亦寻失。见三金豆而觉。越六日，余有易古之役，道经板桥，憩息于王氏旅店。因挥鸣燕，误落其巢，见片纸方长八寸许，翻舞成风。接视之，乃多心全经，解注俱全。其字大如星粟，姿搆疏秀。厥卷有三，额曰‘龙树山珍’。问之主人，茫不知答，不亦异乎？其朔梦癯姥之神通欤？何其应符之不爽也。既抵易古署，虔诚悬笔坛，详叩于太虚真君，仰荷批言盈万，如知是经乃演于汉，译于唐，解于宋，而毁于元者。”

《行持佛说持世陀罗尼经法规则·源流》中说：“妙月长者……是为正宗二代。遗有记云：汝递承传启，有素宗副事正法，核即西竺心宗……运至元代，我师野怛婆阇承，由月支入滇，休于鸡足，溯为素宗百叶宗师，留守待承。直至乾隆壬子秋，小子入侍，梦想不到得受素宗心学……师为伽陀副事竺宗前派百叶，小子僭承，得名真仙，乃为竺宗后派一叶。”说“西竺心宗”以《佛说持世陀罗尼经》为传，以“持世”为宗。则与《金盖心灯·鸡足道者黄律师》所说斗秘大异。

以礼去官，奔归守制。

《金盖心灯卷七·陈天行先生传》说“岁壬子，余自滇归”。嘉庆十六年（1811）鲍廷博《金盖心灯》序：“懒云子以礼去官，以病入山，二十年矣。”

冬，结识鲍廷博。

《金盖心灯·卷七·知不足斋主人传》载：“余与先生交有年矣，忆自壬子仲冬，先生在金盖为营御书楼计，书为纯庙所赐，书曰《图书集成》。”知不足斋主人，姓鲍，名廷博，字以文，一字通纯，世称渌饮先生。原籍新安，兹因奏居乌程，可谓浙之渊博士矣。

又结识王卧云与吴竹巢。

《金盖心灯·卷七·王卧云先生传》载:“壬子……余之得交于先生(王卧云),亦于此岁始。”

《金盖心灯·卷七·吴竹巢传》载:“余与竹巢初会,岁在壬子之冬,其年朱君已逝,竹巢应郑观察命留守金盖。”

朱春阳逝后,吴竹巢在山居守两年。

“五月五日,朱阳春逝世。春阳忽遗句云:‘冒昧山中客,逍遥世外人。生平未了事,留待后贤行。’语毕,遂化。”

乾隆五十八年癸丑(1793),真人四十六岁。

游洞庭东山,访得《三尼医世说述》。

《医世说述》序:“至岁癸丑,游洞庭之东山,休于朱氏。朱为吾山前辈九还翁舅孙,好玄学。出示藏本二册,其一为文正中堂珍藏之书,亦属誊本,而无名人手跋。其一为吾山石庵律师手录于龙峤山房,辑题于隐真黄祖者,文义更为明畅,殆鸡足真人所称详善本也。因乞携归。”

乾隆五十九年甲寅(1794),真人四十七岁。

与陈天行会于拨云,陈天行力劝闵真主金盖山事,诺之。

《金盖心灯·卷七·陈天行先生传》:“甲寅冬,始复会于拨云,时守山者为吴竹巢(鲍注:石门人,名峙,邑诸生,先于乾隆五十四年己酉始往来山中。及五十七年朱春阳卒,竹巢因观察郑公名沄者助以资,入山居守,至是二年),将应聘北游。先生因留休旬日,年已八十矣,须发浩然,而声似洪钟,犹健饭而善饮,告余曰:‘竹巢之去,势使之耳。院自樵云出游八载后,春阳来守。五年之间,复址购室,宗坛略振。不意前年五月,春阳遽逝,院事有不可问者,竹巢以一介寒儒,受郑观察托付,勉居支守。又不幸而观察之甥罗愚樵者卒于院,今观察久不复至。外侮群来,竹巢之行,其势有不能止者,此吾之所以暂居此也。然吾老矣,子若孙未必能以此为念者。’余曰:‘然,则院将谁托?’曰:‘我待个一枕熟黄粱者。’余肃承而起曰:‘诺!’先生即跪曰:‘天知、地知、祖师知之。’余亦随跪曰:‘不敢有悔。’复相再拜而起。余之入山也,樵云引之于前(鲍注:盖谓乾隆四十五年庚子,樵云出山时，以山事交懒云子代理，懒云子尝居山四年也），春阳招之于后（鲍注：春阳临殁时有遗谒一首招懒云子），渌饮翁与竹巢等劝之，实先生决之也。余嗣是一岁三至山。先生又谓余曰：'云巢故址，春阳已复，拨云与齐假龛址，尚隶苓山，子其留意焉。'"

吴竹巢因戴太史某召，出山游京师，只有傅复兴一人独守金盖山。

《金盖心灯·卷七·吴竹巢传》载："岁甲寅，余入山，竹巢始北游京师，盖应戴太史某召，而志在劝余振兴金盖耳。"

乾隆六十年乙卯（1795），真人四十八岁。

遇金怀怀，遂止云游天下计。

《金盖心灯·卷六·金怀怀王宗师传》："乙卯秋，余始与雪峰率梅谷自归安射村起程，作云游天下计。发舟至菱湖文昌阁，一道士衣破衲，荷七宝，年约四十许，面圆而赤，两目星星，无多须，飘飘过。雪峰望见，大喜登岸，拜，叩语良久，同下登舟，谓余曰：'我师祖也（鲍注：王宗师有徒云大辫者，为雪峰之师，故称师祖）。'余亦喜而拜，舟乃行。次早将迟平望，子顾余曰：'两缘洽，莫虚过。十洲三岛，不出一心。不悟远游，徒招磨折。太虚大道（鲍注：轻云律师，蜕号太虚主人，为懒云子传道师，故曰太虚大道），闻莫忽撩。'余再拜，愿皈投，子曰：'可。'遂登岸去，余尚不知其为子也，且未知子之即去我也。良久不见返，雪峰又述其始末，始知金怀怀者，即子也。悔未肃恭，致遭子弃。遂偕雪峰、梅谷分道周寻，人无得而见之者，废然返，不复出游，迄今不复见。"

结识钟孺人方佛心、蕉散人吴玉树。

《金盖心灯·卷七·钟孺人传》："余于乾隆六十年始见之，态度幽闲，而见事明澈。钟孺人方氏，名佛心，桐乡人，年五十后，常至金盖。孺人尝谓余曰：'金盖宗风，振于陶靖庵、石庵、徐紫垣三宗师，徐隆岩、蒋通祥承事而已；继蒋而兴者，陈樵云能以无我为宗，而一循夫王道焉；朱春阳精于符录，能格真仙，藉致善信，亦一代之师也。'听其所议论，澈乎明哉。"

《金盖心灯·卷七·蕉散人传》："乙卯岁，订交于南巢（即云巢）陈氏，散人（吴君蕉散人，讳玉树，字灵圃，一字临甫，前溪世家子）年仅三十许，为绘东林山图惠余。"

傅复兴逝世，山无守者，四壁为之一空。

嘉庆元年丙辰（1796），真人四十九岁。

真人之母去世，处理丧事后，离家遗子，入金盖山。

《吴兴闵氏宗谱》，真人之母金氏“生于康熙丁酉十二月初一日戌时，卒于嘉庆丙辰三月初六日戌时”。

《金盖心灯·卷七·茂才李清如传》：“余归（自滇南），感其（李清如）德……家事即委之掌，兼课吾二子。余时偏信二氏小学，以散财山处为宗。”《陈天行先生传》：“岁丙辰……余于是年冬遂止山，勿他出。”

《金盖心灯·卷五·潘雪峰律师传》：“昔余之入金盖也，嘉庆元年之岁。”

入金盖山后重建纯阳宫，主持金盖山教务。慨仙踪之不振，吊逸绪之无承，遂居休焉。并延周梯霞入主讲席，重振云巢。越数年，周师返余杭，静居金筑，先后有徐根云、李碧云、陈春谷辈来山佐理，均不数年而殁。

在金盖山二次遇李蓬头。《天仙心传》：“嘉庆元年，奉天李蓬头到金盖，相见情甚洽。”鲍注：“李蓬头丙辰（1796）八月，曾复来山，至丁巳（1797）正月出山，秋复来，居山五日，与懒云子极相契洽者。”

嘉庆二年丁巳（1797），真人五十岁。

死守金盖。

《金盖志略》：嘉庆二年（1797），大水发于山，墙垣倾圮，诸负逼追人，皆望而避之。闵真息装未久，睡中忽有吟陆简寂“几根瘦骨撑天地”联语，警寤，犹闻其声，心眷眷不能置，乃携浦江徐子德晖入守。是山薪则采于巅，水则连于湄，豺虎为邻，苍凉满目。时且风雪盈山，缾无粒粟者二日，自分甘以死守，更无悔心。忽闻叩门声急，疑为索欠者，启户视之，乃故人林公琅，自滇回苏，应梦相访。初未知闵真已入山，乃解囊以赠，遂得易米，疗数日饥。

在金盖山遇龙门道者。

《金盖心灯·龙门道士传》：“嘉庆丁巳岁，（龙门道者）飘飘适金盖，为访太虚（轻云沈律师）来，须发墨黑，一食斗米不称饱，停餐月余不鸣饥，声洪若钟，目光若电，与谈明季事，历历若亲见者。”

潘雪峰在苏州去世，神灵入金盖。

《金盖心灯·卷五·潘雪峰律师传》："嘉庆二年丁巳，雪峰卒于姑苏，金盖诸公未之知也。一日昧爽，忽闻扣门声，时有徐君德晖启门，则雪峰潘师也。仍闭门翼以入，众人皆起，均望见之。及登吕祖殿庭，遂入，忽不见。"

嘉庆三年戊午（1798），真人五十一岁。

兴建纯阳宫。

林琅携偿金八百为金盖解困，闵真与徐德晖益励进修之志，复齐假龛址，以图兴建。

在朱春阳所建崇德堂的基础上，旁拓净心庵、徐庵（净心庵在桐凤邬，明季属归安陶氏；钱庵在桐凤邬，明吏部郎中钱镇别墅；徐庵在桐凤邬即齐假龛，以上三庵即今云巢旧址。钱庵为钱澹庵祠，乾隆中朱春阳购基建崇德堂，供奉纯阳仙师，齐假龛、净心庵为闵真续拓），因之建纯阳宫地，祀"孚佑帝君纯阳祖师"，尊陆修静为开山祖师。吴锡麒撰《金盖山纯阳宫碑记》有所记述，此碑尚存。

因山事至京师，与吴竹巢谒朱珪于内城，筹划护山之策。

《金盖心灯·卷七·吴竹巢传》："戊午，余避魔北行，会竹巢于都城虎坊桥，遂偕谒文正中堂于内城，历述余北行之故，互相筹划护山之策而散。"

于金盖山遇住住生之神，结识马通宗。

《金盖心灯·卷六·住住生传》载："嘉庆戊午夏至日，（住住生）忽至金盖，一无所携，休三日，飘然去，谓驻冠山。余就访，无踪。崇明祝氏，余戚也。余返，遇祝虎邱，因叩其踪，曰：'已于去秋病逝，墓之北郭九月矣。'相与诧异而散。盖余向慕已久，住住生来慰余念欤？抑以显其神欤？将以坚毕祝诸君之意欤？未可知也。"

《金盖心灯·卷七·马善人传》载："马君通宗，青镇人，为鲍夕阳所亲信者，家贫而好善，闻得见收于孚佑帝君，故常往来于云怡、云巢。岁戊午，余始与君会。"

徐根云来金盖山皈投，求派名阳盈。

详见《金盖心灯·卷五·徐根云传》。

嘉庆四年己未（1799），真人五十二岁。

春，姑苏洪铣及其母出资建成弥罗宝阁，祀昊天上帝，费工五百余日。

事由姑苏洪氏母病革，有感至山，徐生应治之，三易其剂，沉疴顿起。夜感陆祖梦，益深信奉，自愿捐舍白镪约计万金，此斗阁、弥罗阁所由成也。事见《金盖心灯·卷七·洪宜人传》。

闵真人京筹策护山计划有了成效，得到了朱珪等王公重臣的支持。并为金盖书题匾额，使纯阳宫基础巩固，影响增大。

《金盖山志》载：定亲王书“太虚真境”、郑亲王书“古梅福地”，成亲王书“弥罗宝阁”“蓬莱方丈”，并联句云：“在在寻声扶妙道，心心相印锡通灵。”大学士朱文正亦寄题，柱联云：“贯三清而上下，太极本无；乘六气而周流，至虚不宰。”

于京师天坛东侧，造访柳华阳。见其所著《金仙正论》《慧命篇》与谢凝素之作“目同文小异”，而疑柳为谢之弟子辈。

见《金盖心灯·卷三·谢凝素律师传》。

嘉庆五年庚申（1800），真人五十三岁。

嘉庆五年钦蒙天锡纶音，颁以“玉清赞化”匾额，均得摹悬祖殿，以昭敬肃。姚兆芝钦奉颁赐御书“玉清赞化”匾额。

姚亦为金盖山弟子，派名阳信，道号兆芝，讳端，字肇之，德清人。

从事避静，忘言修行间，吴竹巢去世。

《金盖心灯·卷七·吴竹巢传》载：“庚申秋，竹巢南回，誓止金盖不他出。余时避静一室，山事议还付竹巢掌，竹巢意亦欣然。岂其归取奚囊，不十日，竟以长逝之音来讣！”

嘉庆七年壬戌（1802），真人五十五岁。

夏，陈春谷自天台来礼闵真。后为引礼于轻云沈子像前，而授以三戒。

详见《金盖心灯·卷五·陈春谷律嗣传》。

秋，童老翁捐砌进山路桥。

闵真念山径崎岖，恐慕道者裹足不前，而自河口（吴沈埠）进山径亘二里许，欲平除之工且非易。忽得槜里童翁（童老翁者，嘉郡善人也，寄姓沈氏，名宏毅，字通缘，家于郡城西郭外），年几八秩，病体龙钟，感梦而来，诚求丹药，一服而病即霍然。乃倡砌石路百丈，复建云香桥于寻真溪，往来行客得免褰裳涉险之患。详见《金盖志略》。

嘉庆八年癸亥（1803），真人五十六岁。

遇徐芝田，结成师弟。

“金盖之兴，芝田有力焉（鲍注：盖谓其身代懒云子力护虎邱放生河，且引苏洪铣等助山）。”后为其引礼于沈太虚像前，授以三大戒。见《金盖心灯·卷五·徐芝田律嗣传》。

嘉庆九年甲子 (1804)，真人五十七岁。

拜访马通宗。

《金盖心灯·卷七·马善人传》载：“岁甲子，余自苏适杭，道经其宅，造访留三日，……戊午以来，岁常一叙。”

冬，童翁之姻孙张某，亦为祈方而来，得吴沈埠桑椹十五枚，红紫相间，累若贯珠，以非时所有为异，持归服之，病即寻愈。翁复劝输路，疏以襄善举其余。踊跃慨助。详见《金盖志略》。

嘉庆十年乙丑（1805），真人五十八岁。

陈归云来山，闵真他出，而主持山事。

《金盖心灯·卷五·陈归云律嗣传》：“余得交于嘉庆乙丑岁，余之畏友也。……飘然来金盖，年已六十矣。余适他出，归云主之。”

嘉庆十一年丙寅（1806），真人五十九岁。

六月，王护云来金盖山，愿居守，以山事尽付之。

见《金盖心灯·卷五·王护云律嗣传》。

嘉庆十二年丁卯（1807），真人六十岁。

吴玉树编辑《东林山志》。而闵真在此之前为做编辑《金盖心灯》的准备而寻访名胜。

《东林山志》陈大绅嘉庆二十三年戊寅（1818）孟夏跋："丁卯（1807）春，吴门彭远峰太史来山询及东林故迹，以原志奉览，太史慨许付梓。于是丐妹倩蕉散人吴君玉树增而辑之，亥豕鱼鲁，悉皆校正。散人风云在握，欬唾成珠，洵矣溪山增胜，继而太史仙逝，其弟咏莪茂才重加删定，再易寒暑，其嗣君以遗命剞劂成书。"

《金盖心灯·卷七·蕉散人传》载："乙卯岁（1795），订交于南巢陈氏，散人年仅三十许，为绘东林山图惠余。已而，余守金盖，君驻东林，每月朔望一相叙，情致而迹，心心相照有年，志不在巍焕室宇而已，无如世风不古，同志者少，散人乃出游江淮间，返，辑其《东林山志》，余则浪游名胜，访辑《金盖心灯》，既归，始得复与散人晤。"

秋，建古书隐楼。

入山十三年，于斗阁东偏齐假龛址，廓建房屋二进，一作祖堂，一作客座。梁同书题以额，曰古书隐楼，并为之跋。见《金盖志略》。

嘉庆十三年戊辰（1808），真人六十一岁。

夏，山水暴长，桥梁复圮，潭亦动塞。寻真溪路几作迷津，童翁复捐银补葺之。

见《金盖志略》。

秋，陈春谷逝世，闵真为陈春谷卜葬于菡萏山之东北麓。

详见《金盖心灯·卷五·陈春谷律嗣传》。

嘉庆十四年己巳（1809），真人六十二岁。

三月望日著《金盖志略》。

六月二十七日王护云去世，闵真为王护云卜葬于菡萏山之东北麓。

见《金盖心灯·卷五·王护云律嗣传》。

嘉庆十五年庚午（1810），真人六十三岁。

于书隐楼三年精修。秋《金盖心灯》七卷初稿成。

《还源篇》序："归山四十余年。前二十年，方自拳拳于外摩内省之功。庚午入圜三载，学养稍纯。"

仲秋，石照山人施法携闵真观浙江潮。

《金盖心灯·卷六·石照山人传》："庚午仲秋，特访余于虎阜，时方正午，适有问日甲子者，余指十七，山人指十八，余方疑之，山人曰：'浙江大潮可证也，夫子不信，请往观。'遂携余手，令闭目，余知其技，遂如瞩，但觉足履空际，两耳风生，愈行愈响，俄而若有万马奔腾之势，傍人喧闹之声，猝然身止，曰：'开。'遥见雪涛万丈，如山如云，果已江干矣。观毕，返步入城，访徐梅谷于武林巷，相视而笑，啜茗食果而散，复如前约归苏，而夕阳半山，天香馥郁。"

与鲍廷博商订《金盖心灯》。

《金盖心灯》鲍序："庚午秋夕，出其师传源流卷册，并所撰《金盖心灯》七卷商订于余。"《心灯》之作，乃"积十余年耳目心思之力，而成于两旬日之间"。

嘉庆十六年辛未（1811），真人六十四岁。

石照山人去世，得其遗著。

《金盖心灯·卷六·石照山人传》："辛未……四月，山人长子某，来扶其柩，归葬于绩溪大油坑先茔之侧。八月，其仆某，以其手批《金口诀》三册、《枕中秘》一卷来投，往年此日之偈果念。余谨录其副，而藏其原本。"

三月上巳，鲍廷博《金盖心灯》集注完成，鲍廷博作《金盖心灯》序。

外甥李清如卒，其卒时仅四十岁。

《金盖心灯·卷七·茂才李清如传》（此篇道光元年作）载："嘉庆十六年四月日，卒于晟舍……余时又适避静书隐楼，问庵之殁，未之知也。"

嘉庆十八年癸酉（1813），真人六十六岁。

内则返老还童，外则参赞有功。

《吕祖师三尼医世说述管窥》（其六）云："……元神出定，趺直如初。而颜色顿变，忽成少年，须发皆变白成黑。此为嘉庆十八年长至日事。"

又云："迎元之应，已历有神验：一得久寓之乡，春花重放于秋季，非一次二次，三四五次也……若杏若桃，若玉兰紫荆，木笔木瓜，西府海棠之属，秋令作花，灿烂芬馥，浓若三春，万目共睹，题咏成帖，九九桃花，吕祖师尝赐诗，诸君子和之。事在嘉庆十六、七、八三年。金盖之花木尤盛，遍满山麓，岁放成例。”

太仓王白石以太仓鹤梅馆为金盖纯阳宫下院。见《金盖心灯·卷五·王白石生传》。

嘉庆十九年甲戌（1814），真人六十七岁。

冬至前三日，往浙江武林，出《金盖心灯》示钱塘太守鲍锟，鲍锟为之作序并评。

嘉庆二十一年丙子（1816），真人六十九岁。

春，释彻尘游禹航天柱峰，访金筑老人遗迹，得遇闵真，就弟子列。得授全真秘要、医法心传。

《石云选秘序》：“庶知治病先治脉，治脉先治心，以我心即人心，心心相印，调和六气，洞彻五脏，而生死关头，了然指上。”

嘉庆二十二年丁丑（1817），真人七十岁。

作《大洞玉章经》注。会通西竺梵语，重阳完成《大悲神咒》注。

《雨香天经咒注》序：“其时，寓于姑苏莲华庵，门人忽庵、心乡辈，以《大悲咒》请注。余曰：‘余华人，焉识西方梵语？’语未毕，空中得大斥曰：‘否，佛乃会通华言而说法者！究其字义，乃在有口无口中测之。盖此梵语，有言无文，受而笔述者，世之善知识也。会而笔之，韵通而义有异者，乃加口旁以别之。汝会佛义，以测以通，自可注释也。’爰即取以测之，则知曩谟即南无，喝啰即赫啰也，怛乃性日也，那者他也，乃是指点口气，啰者助语辞。按此一句，盖言心虚则性现，乃有如日之威明，是教学人明心见性为宗。故其下文，皆说怛义。然按西方古德，乃谓一句一佛号者，是训西方后学，遵循句义，以彷以修之慈旨。若训华人，只以明心见性会之，不必证以佛号，说见《云门语录》。”

冬至日，太仓萧抡为《金盖心灯》作序。

嘉庆二十三年戊寅（1818），真人七十一岁。

十一月十五日作成《二懒心话》，而《古法养生十三则阐微》已刻版。

十二月纂集刊刻《道程戒忌》。授《河上琐言》《双修宝筏》。又收女弟子陈兰云。

《西泠仙咏卷三·怀仙阁咏陈兰云》："兰云，名羲，越籍吴产，余族妹也，适长山袁司马。袁闵世姻，司马尝延小艮师至袁浦问道，君窃闻绪论，一意修真，四十七日而玄关开。幼未读书，因定生慧，经典无不通晓。兼受西竺心宗，解铁罐祭炼。方伯某公女遇祟，巫医不效，君至应手而除，因于瑶潭赞化宫建葆元堂也。于龙门为第十二辈，派名阳莱。金盖女真向未入派，入派自君始。前身为太虚玉女胡刚刚也。中年以后，兼修性功。"陈兰云有女弟子二十余人。

复得祖坟。

《金盖心灯·卷七·牧斋公传》："于余杭董氏处得见明朝林源所撰牧斋公墓志铭。为邑人闵良隶书碑本，乃得按碑文遍访于朱葛里，得黄家坂所在，乃浼董君等购复之，并公之本生祖、本生父两墓咸复，睢阳蒋元庭先生(《道藏辑要》编者)为撰《闵氏复得祖墓记》。"

嘉庆二十四年己卯(1819)，真人七十二岁。

陈归云逝世。陈归云生于乾隆乙丑年，卒于嘉庆己卯十一月初五日辰时，享年七十有五。见《金盖心灯·卷五·陈归云律传》。

冬，高芗云抱病来山主持山事。

《金盖心灯·卷五·高芗云小传》："己卯冬，抱病来山，不负归云之约。主持山事，备历辛苦，居山一载，病革乃归。"

嘉庆二十五年庚辰(1820)，真人七十三岁。

于吴(苏州)会雷观察兰皋先生和孙孝廉先生。

《金盖心灯·卷七·雷观察兰皋先生传》载："庚辰，先生(雷观察兰皋)、孙孝廉，均会余于吴会，性淳而澈。"雷观察兰皋先生四川井研人，讳纶，字绍堂。由翰林出守吴兴十年，擢巡江西吉南赣宁，旋转粮道。先生且尝为民禳灾，三至金盖，屡祷金井，感得铁牌于署后，雨乃如注，民呼太守雨。

道光三年癸未（1823），真人七十六岁。

民岁腊日，于古书隐楼著《金盖山纯阳宫今古绩略》，今附于《金盖心灯》末。笺注《阴符经玄解正义》。

道光五年乙酉（1825），真人七十八岁。

方士淦访闵真不遇。

见《啖蔗轩诗·卷之上·生还小草·游金盖山访闵补芝不值》。

道光六年丙戌（1826），真人七十九岁。

二月清明日增订《河上琐言》，改名《琐言续》。

道光八年戊子（1828），真人八十一岁。

孟夏作《三尼医世说述》注。季秋注《持世陀罗尼经》。

道光九年己丑（1829），真人八十二岁。

二月作《修真辨难参证》。

道光十年庚寅（1830），真人八十三岁。

七月订正重刻《女宗双修宝筏》并注。

疑《西王母女修正途》同年刊刻。

道光十一年辛卯（1831），真人八十四岁。

四月上浣订正《太乙金华宗旨》，十五订正《皇极阖辟证道经》。

道光十二年壬辰（1832），真人八十五岁。

录《天仙心传》内外篇示金盖诸生。

道光十三年癸巳（1833），真人八十六岁。

七月重订《如是我闻》，重纂《泄天机》，孟冬改订《丹法节次》。

是年又订《碧苑坛经》而刊。

道光十四年甲午（1834），真人八十七岁。

三月《天仙心传》汇集完毕。四月刊定《古书隐楼藏书》书目。仲冬望日汇集《雨香天经咒注》。冬至后一日完成《持世陀罗尼经法规则》。

1834农历四月在汇集完《天仙心传》后，闵真将已往所订正注释重纂的书籍和准备刊刻的书作了个总结，总名之为《古书隐楼藏书》。曰："现已梓者：《碧苑坛经》、《吕祖师三尼医世说述》、《张三丰真人玄谭集》、《陆约庵先生就正录》、《吕祖师三尼医世功诀》、《吕祖师重申西王母女修正途十则》、《泥丸李翁女宗双修宝筏十则》、张祖师《金丹四百字》、太虚氏《天仙心传》、太虚氏《天仙心传医世玄科》、《悟元子前辩参证》、《悟元子后辩参证》、《古法养生十三则》、《道程戒忌》、《琐言续》、《如是我闻》、《泄天机》、《上品丹法功夫节次》、《吕祖师金华宗旨》、《尹蓬头皇极阖辟证道仙经》、《阴符经玄解正义》、《雨香天经咒注》一部。以上二十种（书名有二十二种，尚遗漏《二懒心话》一种），共装一套，总名《古书隐楼藏书》。外《金盖心灯》八卷，共一套，总名同上。"又谓："尚有宋代李注《元始天尊先天道德经》一部，宋代白祖手注《道德经》一部，云门（阳）朱祖《参同契阐幽》一部，又《悟真篇阐幽》一部，王无异《周易图说》一部，郧阳守梓陈翁《易说》一部，计共六种。兹缘力薄，未能重梓。"

此套丛书的编辑宗旨，如其云："我宗功法，一准天元，中间杂有作用者，盖以学人向自世尚入手，不得不假有作以致中庸耳。若未入世尚者，只从《碧苑坛经》入门，而致由夫白祖所注《道德经》，云门朱祖所注《参同》《悟真》两书，归宗于《张祖金丹四百字》，累行于《三尼医世》，致化于《天仙心传》，救弊于《悟元子前后辩参证》一书，证明于《阴符经玄解正义》《泥丸氏双修宝筏》二书。以上所事，翻翻覆覆，不过造致中和两字耳。其旨只是返本还元，乃即所谓全受全归而已。"

按：《古书隐楼藏书》之名首见于道光乙酉（1825）薛阳桂之《金仙直指性命真源》——"如我父师所著《古书隐楼藏书》数种"。当时只有"数种"，此数种，不知何指。

1810年，闵真作《金盖心灯》七卷本。1817年，在"渐通经咒微言"后作《大悲神咒注》，同年又作《大洞玉章经》《智慧真言》等经咒注解。1818年，"游于河上，遇长山袁君培，为述所授：一曰《太虚集录》，二曰《双修宝筏》，三曰《古法养生》，四曰《河上琐言》。”传述沈太虚真人的修炼诀窍。薛阳桂说：“《古书隐楼藏书》数种，系李泥丸真人及太虚氏心传，直陈无上丹诀，性命之学，无有出于此者。”由此推断，那时《古书隐楼藏书》主要是河上所述太虚氏授受诸书。

道光十五年乙未（1835），真人八十八岁。

正月初一作《自述》。正月刊刻《悟真篇阐幽》。二月作《金丹四百字自序注》。参解《还源篇》，端午作《还源篇阐微序》。

《还源篇阐微》署名为北宗龙门第十一代闵一得口授、门人闵阳林述、蔡阳倪订，书中有西山道人汤志素撰《还源篇仙考·金盖山人传》，成书于道光十八年二月望日。在闵真羽化后三年才付梓出版。

道光十六年丙申（1836），真人八十九岁。

十一月初十仙逝。葬金盖菡萏山东麓。

其子闵傅臣记录整理出《遗言》。

沈一炳真人年谱

沈一炳真人，字真阳，一作真扬，号谷音，又号轻云子，化号太虚，吴兴前邱人，龙门派第十一代弟子。生有异禀，志向超凡。十六岁遇仙人李泥丸，遂有出尘志。十七入龙门派，归高东篱宗師门下。其后游历名山，学贯三教，道深德隆，为世所仰。化后，于大涤洞天传闵一得《天仙心传》，于蜀乩降《至真经》。真人一生，功从止敬入，德自太虚宏，所论所宗，出入乎《学》《庸》性理，《道德》《楞严》，而一准乎《周易》，神通变化，能而勿尚。

康熙四十七年戊子（1708），一岁。

七月十八日子时生。传为沈东老后身。

父周章，母钱氏，以乏嗣，祷于归安射村开化院，归梦巨星陨于庭。越十有四月而生，生时异香绕室，天乐盈空，乡里咸闻而惊异之。

吴兴王菊泉广文云："沈谷音本东老再世，临化，赋诗云：'有人问我西归日，不是庚申即丙辰。昨夜习归来处去，始知东老是前身。'"《先天金鼓龙门正宗太虚帝君至真经》序跋汇函秘载真人后传亦谓前身为东老。

康熙五十三年甲午（1714），七岁。

父卒，母复疾殂。四顾壁立，日随牧子以刈草，夜率形影以归庐，乡里咸悲之，而处之恬如也。或问之，曰："我闻之父母云，上古之人，无衣无褐，茹毛而饮血，上巢而下窟，故寿至盈万。中古不然，火而食，织而衣，入则宫室，出则舟车，而寿止满百。不见夫渔家子乎，寒冬而裸其体，酷署而寘之风，一生无疾，且寿且康。无他，贫苦以炼之，忘机以生之耳，我亦犹是，故亦自乐。"其立志坚定已如此。

好读书，断卷残编，常携之野，伏而读之，琅琅之声澈邻里。有某先生怜而就之，讲说至衣敝緼饱一节，先生喜益眉际，曰："志士原当若是也。"

一日，讲至颜渊问仁一章，先生拜曰："我亦愿从事四勿，庶几君子其可及乎。"某先生益心敬之，因赠之名曰谷音。

雍正元年癸卯（1723），十六岁。

遇蜀人李泥丸于城南金盖山，授秘诗三章，始受心宗。遂有出尘志。

雍正二年甲辰（1724），十七岁。

遁迹武林金鼓洞，师事龙门高东篱宗师，印证心宗。未几，尽得其传。

雍正九年辛亥（1731），二十四岁。

叠受全真（初真、中极、天仙）三戒于戴停云律师。

雍正十一年癸丑（1733），二十六岁。

归安亢旱，沈真不忍膜视，奋然起曰："请尝试之。"爰于清溪桥上，设桌二三，重跪赤日中默祷，咬舌书符。历一时许，有黑云自东北来，须臾，甘霖大霈，而当事者竟莫知之。南陔柯煜立亭、潘汝诚皆有诗赠。吴峨雪公有诗云："奇哉一羽士，济物道心坚。睠此农氓苦，血书籲上天。赤脚曝日中，暍死奚恤焉。一诚信足感，竟得屏翳怜。甘澍霎时足，欢声腾陌阡。赠诗有丹邱，赞叹非徒然。潘生念桑梓，亦投鸦青牋。我田有负郭，对之喜不眠。濡笔遂志之，簷角犹潺湲。"

乾隆元年乙卯（1736），二十九岁。

从高东篱宗师应聘至天台桐柏山，主崇道观讲席。

乾隆二年丙辰（1737），三十岁。

遇西河萨真君于桐柏山麓，遂出游，访道于高池（武康山名，今并入德清），得贝常吉（名本恒，为华山派裔）为友。贝常吉厚遇沈真，临别，谓之曰："他年得君同主大涤洞，足矣。余年长，请先往以待君。"继往松江从周法师，得诸大法秘宗。

沈真勇猛精进，三十通神，其后出游滇、黔、山、陕间，多所阐扬，学征化域。

乾隆十年乙丑（1745），三十八岁。

贝本恒因余杭邑侯及绅士之请住洞霄宫，沈真住无锡正气庵（镇溪庵），面壁三年，遂出之松江，复遇泥丸，问其究竟，答曰："三一音符，道之至中、至正、至真者，但事长生，非吾愿也。"嗣是究心儒书，耽性理、参《周易》五十（四十）馀年。其得力在慎独，其致功在真诚，步趋语默，未尝心离中正也。

乾隆二十八年癸未（1763），五十六岁。

云游归，从事忘言于无锡、青浦诸静居，人莫得而窥其奥。

乾隆三十一年丙戌（1766），五十九岁。

庄亲王招沈真入京，与谈大悦，将荐之朝，固辞，乃返。王常念之，谓诸大臣曰："若谷音者，惜不幸而羽其服矣，用之启议，舍之可惜。我闻其论治平也，长官不好货，下吏不剥民，除蠹役，达舆情，因其治而治之。其论黄河也，循故道，守旧制，严察成堤，而厚恤河兵。论监法，则曰培灶户，察重觔，除赂献，禁升腾。又谓钱禁私铸，不如折十而五用，筑城掘河，要务也，俟其岁饥而行之。其论极当。有材如是，而使之老朽空谷，我辈何以对天下？"当时大臣咸自引咎，为之叹息，而沈真则窃以为幸。

乾隆三十三年戊子（1768），六十一岁。

七月望日，高东离宗师谢世于天台，懒云子（闵一得）先期得书，函往送，及至，沈真已先在。嗣是懒云子常从沈师学，以师礼事沈师，从高师命也。

尝谓懒云子曰："天地，一阴阳也；阴阳，一造化也。机发于万有不测之间，圣人测之，惟天应之，而吉凶消长之道呈焉。故古之至人，惟密审其不识不知之处，而宏其无我无人之教。盖物各一天，而天舍万有，分之则物物一太极，合之则万灵惟一性。譬之一人九子，分则九州，合则一本。气一则贯通，灵一则照圆，天下一家也，万姓一我也，不以天下为天下则化行，能以一身视万姓则世治。盖呼吸相通，舆情自悉，物我无间，大道同风。此治心之元喻，亦宰世之良谟也。”

菱湖王西溪（王沂，王以衔之父）与沈真交善。西溪项患瘤，大如盌。沈真以符治之，出水即平。郡人皆敬重如神仙。有《王西溪问坐炼工夫赋诗以答》云：“万籁绝无声，黄庭月色盈。周行明八景，静坐奈三彭。玉液频时嚥，金胎不可倾。广成论至道，坚守总长生。”

乾隆四十年乙未（1775），六十八岁。

春，闵湘波先生始迎沈真自桐柏来，陈樵云乃皈投，始得继嗣龙门，为十二代弟子，派名阳复，遂受三大戒，承金盖山陶、徐四宗师遗绪，主讲席。

后周梯霞亦皈投。

寓无锡大学士嵇璜宅。

乾隆四十二年丁酉（1777），七十岁。

大澈悟，超三界、出五行，盖征入虚空粉碎元境矣。

乾隆四十六年辛丑（1782），七十四岁。

费丹心皈投。

乾隆四十七年壬寅（1782），七十五岁。

春孟日，作《记金盖山名胜序》及诗。

乾隆五十年乙巳（1785），七十八岁。

乾隆乙巳亢旱，当事敦请，祷雨於菰城，甘霖随至。乾隆乙未至乙巳十年间，尝祈晴于抚署，致雪于钱唐，收狐于青浦，伏虎于终南，驯狼于太白。皆不假符篆法箓，盖其为用神矣。常语人曰：“有道德者有神通，无道德者无神通。是以《楞严》一籍，极诋神通。《关尹》《五千》，惟明道德。可知道德体也，神通用也。取其用，而遗其体，适成其为妖孽。君子则不然，廓其真灵，养其真气，积之宏，蓄之久，及时流露，有行乎其所不得不行，止乎其所不得不止之妙也。”

乾隆五十一年丙午（1786），七十九岁。

十月二十六日午时，仙逝。

沈真垂殁时，一日而奇迹四著焉：一告逝于归安开化院，再告逝于武林张宅，三告逝于无锡顾氏，四告逝于松江杨姓。其告于开化院也，集道侣，焚符图，分经籍，翩翩然，翼翼然，朝神揖侣，若将他之。已而手书逝偈四十九章，有“住世七十九，光阴非等闲。喜完真面目，神证太虚天”等句，又出其平日所作“万卷丹经一性宗，心神安醒是元功。丹灶谨防丹火熖，抽添有意欠圆通”偈于八十一偈（即《还源篇》）之上。寻见红光冉冉，出自其顶而逝。斯时也，异香盈室，天乐愔愔，群闻，移时歇。于武林、于松江、于无锡则无不于同日之正午至其家，地相距凡百里、五百里、七百里不等，或现天仙服，或现处士衣，或见披发，或见巾冠，稽其饮食酬酢皆如昔。于杨氏，则书偈云：“一样精修七十春，如君世有几人能。驽材让我称先觉，觉后还须尔独承。”于顾氏，则云：“仙事希夷人事危，利名误尔好天材。知君也解崇真教，万古金仙心净来。”于张氏，则云：“萧萧白发意悬悬，底事句留日半恬。为爱主人闲且旷，好从清静去修仙。”

陈樵云谓：“某坛吕祖榴皮题诗处也（盖即归安县境之东林山）。子尝往侍之，吕祖不之名，称曰故人，坐毋烦礼，赠以诗，有‘炎汉名盘柏，陇西是故家’句。又时有某者失仪，王纠察将致罚，风狂烛灭，子就前解之，纠察连书某领谕，风顿止。”

其掌有朱色四篆文，辨之莫识，或曰主宰太虚，或曰炎汉盘白，未知孰是。

贝常吉门人李仁凝为封其龛，葬衣冠于大涤山之金筑坪。

十月，沈真神降蜀之云停净所，偕梓潼君，降经三卷，名曰《至真经》。明年正月，蜀都人士传送至苏，长洲彭氏，吴兴闵氏，先后刊刻以传于世。

门下有闵一得、陈樵云、费丹心、周梯霞、潘复圆等龙门高道，李月峰、□常清、郑韬圃诸真人，高海留（名山辉）、王西溪（名沂）及顾、杨、张诸公，约十余人。王以衔、姚文田两状元先后为之立传。

沈真所传丹诀有《天仙道程禁忌须知》（一名《太虚集录》）《女宗双修宝筏》等。化后，于大涤洞天传《天仙心传》内外篇。

万启型事迹及其丹法

万启型（1874–1919），字雯轩，号式一子，祖籍江西南昌丰城县人氏。因病辞官侨居扬州，1914 年从乩坛得陈抱一所传天元秘旨。其后学修有得，广传大道。不仅刊印闵一得《古书隐楼藏书》、陆潜虚《方壶外史》、陈显微《周易参同契解》等丹家秘籍，还创立扬州修道院，并开始引入科学术语解释丹法，成为丹道“现代化”的先驱者。人们通常通过周海萍《万启型真人事略》来了解他，但《事略》都系传闻，与事实差距甚远，而其《古书隐楼藏书》批注，也留下一些值得商榷的问题。因此写作此文，希望能够给研究者提供参考。

一、万启型事迹

万启型之父万时若（1808—？），字怀谦，号虚谷，道光五年（1825）举人[①]。咸丰四年（1854）万时若任南康县教谕[②]，咸丰十年（1860）任湖南兴宁县知县[③]。万启型生于同治十三年（1874）[④]，生长于湖南，1895年入皮锡瑞主讲的经训书院学习[⑤]，光绪二十三年丁酉（1897）江西乡试中举[⑥]，戊戌（1898）秋赴礼部试未果。光绪二十八年（1902），遵例奖内阁中书[⑦]。光绪三十一年（1905）他因“新海防一百九十五次”而改捐知县，光绪三十二年（1906）即任扬州

---

① 同治《丰城县志》卷八。

② 同治《南康县志》卷六。

③ 光绪《兴宁县志》卷十一、卷十六。又见秦国经主编，唐益年、叶秀云副主编：《清代官员履历档案全编》第 26 册，上海：华东师范大学出版社 1997 年版，第 378、380 页。

④ 皮锡瑞《师伏堂日记》乙未年（1895）七月初四日载“丰城万启型来见……启型年廿二三”（皮锡瑞：《师伏堂日记》第 2 册，北京：国家图书馆出版社 2009 年版，第 90 — 91 页），而光绪三十二年（1906）年万启型进呈的履历中，称“臣万启型，江西举人，年三十三岁”（《清代官员履历档案全编》第 28 册，第 605 页），故推知其生于 1874 年。

⑤ 《师伏堂日记》乙未年（1895）六月十四日。

⑥ 《鹿皮门年谱》，上海：上海书店出版社，1939 年，第 53 页。

⑦ 台湾故宫博物院藏宣统元年（1909）端方《请以万启型调补甘泉县令由》奏折。

宝应县知县[①]。光绪三十四年（1908）署甘泉县知县[②]，次年实任[③]。宣统二年（1910）到任期时，他已积劳成疾。1911 年因病辞官，侨居维扬（扬州）。

万启型一病数载，几濒危殆。其间杨光甫劝以修真，郃宝书教以静坐，并阅丹经数十百卷，但不得其门而入。甲寅（1914）九月十日，万启型在旧友胡绍苏[④]的介绍下，进入扬州某个以南宋陈显微（号抱一）[⑤]为主要神灵的乩坛（疑主是坛者为陈履白），得授天元秘旨，先用符水化尸虫，“继用玄科法，开天目，辟玄窍”[⑥]。开关展窍后，随即身心开朗，立起沉疴。其智慧识见也得以开发，以前所阅佛道典籍疑而莫解之处，皆能一目了然。郑观应《陈抱一祖师与陈履白真人度式一子赋诗纪之并述近怀》中略载其事，云：“真人治病胜卢医，符水沾灌称神奇。万师一饮六蛇出（原注：万师式一之病，一服神水，即吐小蛇六条），如焚五窍肝胆披。夙疾潜消体清爽，从兹颖悟无庸思。教读丹经与梵典，默想即到袪悬疑。”[⑦]万启型继后遵行筑基炼己之功，越二载，病躯渐复。郑观应（1842 — 1922）得知万启型之事后，因托观妙道人戴公复[⑧]为介绍。乙卯（1915）春万启型代禀陈显微，授郑观应玄科秘旨，而郑观应也就称万启型为度师了。万启型曾得《方壶外史》光绪七年（1881）所刊数种，并批注了《玄肤论》刊印。当黄邃之从友人处得明

① 秦国经主编，唐益年、叶秀云副主编：《清代官员履历档案全编》第 28 册，上海：华东师范大学出版社 1997 年版，第 605 页。又见《民国宝应县志・官师表》。

② 《民国甘泉县续志・职官》。

③ 台湾故宫博物院藏宣统元年（1909）端方《请以万启型调补甘泉县令由》奏折。

④ 胡绍苏，光绪二十年甲戌（1894）科进士。工部主事，补授龙泉知县。见郑翔主编：《江西历代进士全传》1，上海：上海古籍出版，2016 年，第 189 页。

⑤ 陈显微，字宗道，号抱一子，淮阳（今属河南省）人。宋宁宗嘉定癸未年（1223），遇至人于淮之都梁（今安徽省盱眙县都梁山），“尽得金丹真旨”。宋理宗宝庆初（1125），又得《参同契》，读之迎刃而解，随即遍谢宾朋门人，闭门入室修炼年余，于是“以其亲履实诣者，笔诸训解”，而撰成《周易参同契解》三卷。又尝著《文始真经言外旨》《玄圣篇》《显微卮言》《抱一子书》等，及校正《神仙养生秘术》一卷。清末民初，其降神地点颇多，所谓“现栖神匡庐，来往蜀中。兹次江南，系度□山一以□，复来扬州，又度万君文轩”。

⑥ 郑观应：《万式一先生事略》，方勇主编：《子藏・道家・关尹子卷》第 6 册，北京：国家图书馆出版社 2014 版，第 252 页。

⑦ 夏东元：《郑观应集》下册，上海：上海人民出版社 1988 年版，第 1467 页。

⑧ 《历代画史汇传补编》中有其小传，云：“戴振年，字公复，号白阳子，晚以字行，大庾人。官广东知县。工山水、花果、翎毛。山水笔苍墨润，气雄韵厚。花果、翎毛有白阳逸趣。尤工写梅，繁简相应，雅韵不凡。著《白阳画稿》。”吴心谷编著：《历代画史汇传补编》，（香港）博雅斋，1997 年，第 195—196 页。

板《方壶外史》全部并传示诸道友后，乙卯冬月，万启型以其为“斯道（指丹道）正宗”，在郑观应、张振勋（1841 — 1916）、马驯之的资助下用聚珍版重印（铅印）。民国五年（1916）春，因《古书隐楼藏书》与《方壶外史》同为陈抱一所嘉许，谓此书为“普渡之津梁”，故万启型开始重刻《古书隐楼藏书》，并作了大量的批注。其刊印约须一千二百馀元，在张振勋、郑观应、张允顗等人资助下开始木刻工作。丙辰年（1916）十二月万启型入室修命，次年正月十九日即得龙虎大丹。丹成息住之后，即遵行温养胎息之功，并奉其师之命广传其道。[①]大约此际，万启型在郑观应等人的资助下于扬州创办了以丹法为主的修道院，称扬州修道院[②]。丁巳（1917），万启型避暑庐山，出其同门杨霁青所得陈显微注《关尹子》，郑观应亦资助将之刊印，此书由万启型重订，刘采年校正。1919年万启型羽化[③]，随着他的去世和郑观应等人的去世，民国初年这一特殊的修道团体也离散而去。

万启型初见皮锡瑞时，皮锡瑞对他就有“此子尚可造也”的评价，但其习举出仕后的政绩资料甚少，目前仅能在清代《南洋官报》《时报》和民国《宝应县志》《甘泉县志》上略知一二。而其修道理论工夫，主要记述于《古书隐楼藏书》《玄肤论》的批注中，下面略加说明。

二、万启型的丹法

万启型自称为“东华正脉”，似乎有溯源东华帝君并总和丹道东西南北派之意，但其丹道理论、工夫实际上主要源自陆潜虚与闵一得。他也深赞闵一得，如谓“闵先生……泄露真秘不少，寓南宗于北宗之内，语语隐括，字字精详，是东派（按此东派，因陈抱一曾经宣说其所传之“东派，即道祖之传陆西星真人”者，故一直沿用，但后来实指东华）正脉”[④]。

万启型承陆潜虚三元丹之说，以为“三元之丹名不同，因药品各异耳。

---

① 万启型：《重刻陈注〈关尹子〉序》，方勇主编：《子藏·道家·关尹子卷》第6册，北京：国家图书馆出版社2014版，第259页。

② 《修真径约》称“《古书隐楼藏书》，以余所闻，有两处可购。一在浙省湖洲金盖山，一在苏省扬州城内李官人巷道院中，有式一子批注，尤善”，故疑此修道院地处李官人巷。

③ 郑观应在其妻去世后，有《闻噩感有感》诗，自注云：“去岁式一子在扬州羽化，今年老弟老妻在粤病殁。”（《郑观应集》下册第1461页）查其继室叶氏去世，在民国庚申（1920），故推算如此。

④ 万启型：《皇极阖辟仙经》批注。

然要皆不外乎先天一炁”[①]，各丹品中其“炁藏之有定所，来之有定时，故采之有定法”[②]。他说天元之法自古皆系口传心受，无著于文者。地元之书尚多，陆潜虚在《法藏》中有精微的议论。而传世之法中，最有把握的是人元，古来成真者，十有八九是由人元而成。其所谓人元，即采药于彼家之说，所谓“丹头须用同类者以相和合，此人元之真种，亦人元之秘传也”[③]。但他批注《书隐楼藏书·玄谭全集》时说“尝闻之陈师抱一先生云，炉火之法得真师传授确有把握，外丹点化金石可以济世，内丹服之结成神室，由地元上接天元，可成天仙”[④]，则与陆潜虚所说地元不作服食，但结为神室而上接天元不同。他在《阖辟证道仙经》批注说“盖玄关未开，只是凝神于气穴，做人元功夫。若玄关已开，则凝神于炁穴，直接天元矣”[⑤]，在《寥阳殿问答》中批道“做人元，则灵谷为藏修之密室。做天元，则玄关为藏修之密室也”[⑥]，可知其所说人元工夫重在灵谷（指灵谷关元），而天元则重在玄关，则其天元之说亦与陆潜虚不同。故略可知其所谓天元之学，实际上是闵一得所说玄关开后，从虚无中得先天大宝之诀，即如其云“必俟玄关开后，胎息已定，方事采取，乃万无一失。否则性荡情移，人元不得，家宝反丧矣”[⑦]。

万启型曾赞赏东派，以为南派先了命后了性，是金液还丹；北派先了性后了命，是玉液还丹；而东派则“性命双修”“金玉其相”。但这个东派，并非是陆潜虚的东派，而是后来他说的东华正脉一派。三派理同而功异，皆重在炼己，故炼己为彻始彻终之学。他批注人元之功时说：“临炉采药之功，首在炼己，次要调鼎，次在知时，次在迎送，倘炼己不熟，调鼎无功，则命宝未得而家珍先丧矣。察时不真，迎送无法，则大药当前得而复失矣。”[⑧]虽然没有具体功法，但也略可知其丹理之一斑。

功法之中，万启型吸收了闵一得阐述的不少秘诀，如其批注《玄肤

---

① 万启型:《陆潜虚玄肤论批注》民国刻本。

② 万启型:《陆潜虚玄肤论批注》民国刻本。

③ 万启型:《陆潜虚玄肤论批注》民国刻本。

④ 万启型:《玄谭全集》批注。

⑤ 万启型:《皇极阖辟仙经》批注。

⑥ 万启型:《寥阳殿问答》批注。

⑦ 万启型:《皇极阖辟仙经》批注。

⑧ 万启型:《陆潜虚玄肤论批注》民国刻本。

论·凝神论》时说："玄关未开，则凝神于气穴。玄关已开，则凝神于炁穴。穴道同而上下深浅则各别也。此非口诀不明。"[①]《道程宝则》批注说："气穴在下，炁穴在上，穴同而窍异也。此非已经开关者不知。余蒙师恩，以神力开关，故未敢自私，特详示之，以告来者。若遇开关之士，当以余言为不谬矣。"[②] 其实不过是沈太虚传述的"气穴不开，进火无门。炁穴不开，圣胎不结。忘而又忘，玄关斯辟。是二非二，是一非一，如鸡抱卵，不说而说"[③] 气穴、炁穴之说的发挥而已。而其所重的有定位的玄关，在其批注《书隐楼藏书》中多次说明，究其位置所在，如闵一得说"此窍在脊前脘后，而有形无形，未开谓之玄关，既开谓之玄窍"[④]。万启型虽然并未明了闵一得说脊前脘后开关只是方便之一法，但其在开玄关上也有一些独到的见解，如说："不识玄关一窍，功夫无从下手，此窍有得神力开之者，有因功夫到时自开者，然非十年八载，难言开窍。若当虚极静笃之时，恍然其中，天空地阔，似有开关之象，不知者认为玄关已开，其误甚矣。盖此是玄象现呈，非玄关开辟也。玄象有时而现，有时不现，关则一开而永开耳。关开则神有所藏，妄念自无，而真心自见。余蒙陈师神力，开关展窍，故辨之最晰，不敢自隐，以误初学，而负师恩，故详说之。"[⑤] 将玄关之开，分成神力和自力两种，并分辨出玄象和关开两各种境界，颇有指导价值。

万启型在批注中，或有前后相违之语，不知是其理论未能一贯，还是随文议论的原因。而其在丹法论述中，也吸收了现代科学知识，如其表述"转息法"时说："道在天地间，古今由一息……天有此一息，故四时不忒；地有此一息，故六气无差；人有此一息，故呼吸不绝；草木有此一息，故荣枯有候；金石有此一息，故宝藏潜滋……天地人物草木金石之凡息中之真息，惟修真者能知之。而真息中之无息，无息中之不息，非真人莫辨。虚极静笃之时，凡息除而真息见；杳杳冥冥之中，真息现而无息立；绵绵密密之顷，无息安而不息转。知转息，即知转识；知转识，即知转几，知几其神乎！……欲实证之，当

① 万启型:《陆潜虚玄肤论批注》民国刻本。
② 万启型:《天仙道程宝则》批注。
③《天仙道程宝则》。
④《皇极阖辟仙经》。
⑤ 万启型:《二懒心话》批注。

知五岳之一呼齐应，萍浮之大地皆春，公冶长之识鸟语，鹦鹉之能人言，莫非此坎离之一息，周流六虚，一转皆转，转无不转之几也。呜呼，可与知者言，难为外人道，西人之无线电，尚能略明此理，中国开辟最早，而犹未闻知，道之不明也，无怪乎下士笑之也。”[①] 他在“通天下一气耳”“古今一息”等说法的基础上，以气为息，而出此转息之说，且用无线电解释此一息之炁，虽然现今看来不免牵强，但已经开始走在丹道“现代化”的道路上了。

万启型一系重要的玄科之说，目前仅见戴公复与郑观应的信中有所涉及，其云：“玄科为谌母所传，钟离祖师再传道祖（指吕洞宾），此东派之命工。盖先天大法，能化后天之气而为先天，亦由南派之取先天气于彼家，以化人之后天。”大意是说玄科“密咒”为先天气所成，故而能化后天体质。此玄科，颇疑与闵一得所说“晋时旌阳令许讳逊者，得之谌母”的四言《大洞玉章经》相关。因为未见到相关资料，就此略过。

万启型符水化尸虫之说，疑问颇多[②]。而其在“神力”下开关病除的经验，却是有迹可寻的，如王松龄的经验就与之相似。王松龄说：“我两次开下玄关，都是在身体衰弱到临近死亡边缘的时候，既没有精也没有炁，在奄奄一息的情况下，一练玄关就开了……开了下玄关后在外表上看变样了……脸色内原来的青、黄变成红润，全身暖洋洋的，如初春太阳，自觉由心里往外美，完全是由生理的变化导致心理上的变化，情绪无需调整，自生和气、正如古人讲的‘烦恼无由更上心’，烦不起来，恼不起来. 就是高兴……生理的……所患疾病立时全消，不是慢慢地好转，而是突变，一下于痊愈，一切症状全部消失，自觉体力、精力当即恢复。”[③] 象万启型这类弱宗教化而以身心炼养的实践为主，值得道门深入研究，从而实现“现代化”——吸收科技等让炼养在理论上更加优化，在实践上更加实用。

三、万启型批注及其思想的问题

万启型批注《古书隐楼藏书》，让人感觉他似乎没有真正理解闵真的原

---

① 万启型：《重刻古书隐楼藏书序》。

② 万启型之病，未有具体信息，郑观应称“一服神水，即吐小蛇六条”，这个“小蛇”不知是否为寄生虫。

③ 赵继承：《王松龄气功养生法》，沈阳：沈阳出版社 1991 年版，第 26—28 页。

意。只是按照自己的想法想当然的批评，颇有断章取义之嫌。有时又象是在做自己“东华正脉”的广告，不过却又藏头露尾，殊乖闵真著书之旨。所以于修真之景之功之理上，虽然也有精彩之处，但几乎没有特别的建树。其“秘密心传”在“转息法”中可窥一斑，其所谓“真息”者，比拟于“无线电”，或许可以用现今常说的“能量”来理解。虽然有些道理，但这是“道”吗？如果万启型生活到今天，说不定他还会用能量转化物质来理解道生万物呢。

其实，古人所说之“息”，或称风，多称气，是形象概括类似空气饱满、流动感受的一个词，包含了现今的气流、粒子流、能量流等概念。我们现有的呼吸为“凡息”，气脉开通时气机在体内的运行一般称“真息”，脉住气停后与山河大地、天地精神相往来之交流方是真“真息”。人们不明白古人的形象表述，更没有经验佐证，常常指鹿为马，认韭作麦。这是对万启型真息凡息的一点补充，读其批注“神息相依是彻始彻终功夫，但须虚极静笃之时，神安息定，自然相依，不可勉强。否则，以心逐息，流弊无穷”，就能更好的理解了。从表述来说，万启型“转息法”远不如《金华宗旨·劝世歌》“凝神定息是初机，退藏密地为常寂”简明，更不如《还源篇阐微·十六章注》“吾于是悟得精之化气、气之化神、神之化虚合道，只凭我心与息两相忘于无形无物之中。其法始而相依；渐而蛰藏；从此相依于无相依，遂并蛰藏于无可蛰藏之际，是为相忘；湛然常寂，即是化虚；到得寂无所寂，即是炼虚合道也”精详。

万启型以为“玄关一窍，确有定位”，囿于己见，而不明白闵真玄关正义，致有微词（如其《后辩》玄关一窍批注“闵先生之论玄关，是从《唱道真言》套来，亦非确论，不敢为古人文过也”）。但其认定的玄关定位，不过在“脊前宫后”，闵真在《修真前辩》《皇极阖辟经》等注中已提到，不过是开关的一方便法门。他却赞叹说“此批考究玄关最为精切，系入道之阶，非过来人不能道其一字，非过来人亦不明其所指，钦佩良深”[①]，便有执一而废万之嫌了。而其批云：“盖炉鼎即身中大空旷处，上而泥丸，下而乐海是也。不在身之实处，故曰不在身内，不在身外，必冥闻见而乃见之，故为法身神室，亦是身之虚空处，心后脊前，玄窍是也。”观乎此，则知他始终在身内

① 万启型：《皇极阖辟仙经》批注。

捉摸，恐怕离道还很远。

也许就是没有真正懂得玄关之意，所以万启型在顶批中多次强调“南宗”的人元（其实是明清以来的彼家丹法），把这种闵真一系认为至多不过添油接命的小法混淆于闵真的上乘“人元”丹法，而说采用药物有多种途径，对闵真批判彼家不满。不过他又说：“盖玄关未开，只是凝神于气穴（下丹田），做人元功夫。若玄关已开，则凝神于炁穴（中黄），直接天元矣。”似乎应该对气穴添油与炁穴人元的差异有明确的认识。如果真的如此，那他真个是不管别人说什么而在自说自话了。

大悲神咒正译①

句序	汉语音译	罗马字母转写及汉语词意	句意
1	南无喝 啰怛那 哆啰夜耶	namaḥ（礼敬、信从、归依）ratna（宝）trayāya（三）	礼敬三宝
2	南无 阿唎耶	namo（归依）āryā（圣）	礼敬圣者观自在菩萨大菩萨，大悲心者
3	婆卢羯帝 烁哇啰耶	Avalokite（观）śvarāya（自在）	
4	菩提萨埵婆耶	bodhi-sattvāya（菩萨、觉悟有情）	
5	摩诃 萨埵婆耶	mahā-sattvāya（大有情）	
6	摩诃 迦卢尼迦耶	Mahā（大）kāruṇikāya（慈悲心）	
7	唵	oṃ（嗡，供养、皈命）	礼敬一切尊者上乘言教
8	萨皤 啰罚曳	Sarva（一切）rabhaye（尊者）	
9	数怛那怛写	Śudhanadasya（正法、正教）	
10	南无悉吉哩埵 伊蒙 阿唎耶	namaskṛtvā（敬礼已竟）imoṃ（此）āryā	礼敬已竟此香山圣观自在
11	婆卢吉帝室佛啰 楞驮婆	Avalokiteśvara（观自在）rāṃdhava（海岛香山？）	
12	南无 那啰谨墀	namo narakindhi（贤爱）	礼敬贤爱随心、具大光明、富乐无忧及无能胜者
13	醯唎 摩诃 皤哆沙咩	Heri（随心）mahā vadhaśame（光明）	
14	萨婆 阿他豆 输朋	sarva athādu śubhuṃ（富乐无忧）	
15	阿逝孕	ajeyaṃ（殊胜无比）	

① 依据 http://www.wisdombox.org/index.html 网站提供的信息，及简丰祺《千手千眼观世音菩萨大悲心陀罗尼》的翻译（《古梵文佛教咒语全集》（修正版），台北：佛陀教育基金会出版，2007 年，第 177—179 页）等编辑。

续表

句序	汉语音译	罗马字母转写及汉语词意	句意
16	萨婆萨哆 那摩婆萨哆 ② 那摩婆伽	sarva sata（有情、善人）namo-vasat（有情）namo vaga（天真）	一切善人，礼敬有情，礼敬天真天亲
17	摩罚特豆	Mavadudhu（天亲）	
18	怛侄他	Tadyathā（即说咒曰、谓）	即说咒曰
19	唵 阿婆卢醯	oṃ avaloki（光明）	唵，观照此世间大悲莲花心者，大菩萨
20	卢迦帝	Locate（观）	
21	迦罗帝	Karate（大悲者）	
22	夷醯唎	Ehre（莲花随心）	
23	摩诃菩提萨埵	Mahābodhisattva（大菩萨）	
24	萨婆 萨婆	sarva sarva	一切离垢清静大自在心者
25	摩啰 摩啰	Mala（离垢、清静）mala	
26	摩醯 摩醯唎驮孕	mahe mahredayaṃ（大自在心）	
27	俱卢 俱卢 羯蒙	Kuru（作）kuru karmaṃ（事业）	作成事业的度成圣尊大圣尊
28	度卢 度卢 罚阇耶帝	Dhuru（度成）dhuru vajayate（圣尊）	
29	摩诃罚阇耶帝	mahāvajayate	
30	陀罗陀罗	Dhara（能持）dhara	能持甚勇的自在者
31	地唎尼	dhiriṇI（甚勇）	
32	室佛啰耶	Śvarāya（自在）	
33	遮啰 遮啰	Cala（行动）cala	令我纯净解脱
34	摩摩 罚摩啰	Mama（我）vamara（纯净的）	
35	穆帝唎	Muktele（解脱）	
36	伊醯 伊醯	Ehy（召请）ehe	奉请弘誓的法王觉身
37	室那 室那	Cinda（弘誓）cinda	
38	阿啰嘇 佛啰舍利	arsaṃ（法王）pracali（觉身）	

① 此五字，不空、伽梵达摩二师译本及佛教大藏经中古梵文均未载。

续表

句序	汉语音译	罗马字母转写及汉语词意	句意
39	罚沙罚嚟	vaṣa vaṣaṃ（欢喜）	欢喜和谐
40	佛啰舍耶	Praśaya（和谐）	
41	呼卢 呼卢 摩啰	Huru（作法）huru mara	作法清静随心
42	呼卢 呼卢 醯利	huru huru hri	
43	娑啰 娑啰	Sara（坚固）sara	坚固勇猛
44	悉唎 悉唎	Siri（勇猛）siri	
45	苏嚧 苏嚧	Suru（甘露）suru	甘露
46	菩提夜 菩提夜	Bodhiya（觉悟）bodhiya	觉悟
47	菩驮夜 菩驮夜	Bodhaya（觉者）bodhaya	觉者
48	弥帝唎夜	Maitriya（慈爱者）	慈爱者
49	那啰谨墀	narakindi	贤善者
50	地利瑟尼那	dhiṛṣiṇian（坚利）	坚利名闻，悉皆圆满
51	婆夜摩那	Payamana（名闻）	
52	娑婆诃	Svāhā（一切、成就、圆满）	
53	悉陀夜	Siddhāya（成就者）	成就大成就者，悉皆圆满
54	娑婆诃	svāhā	
55	摩诃悉陀夜	mahā-siddhāya	
56	娑婆诃	svāhā	
57	悉陀喻艺	siddhā-yoge（瑜珈成就）	瑜伽成就自在者，悉皆圆满
58	室皤啰耶	Śvaraya（自在）	
59	娑婆诃	svāhā	
60	那啰谨墀	narakindi	贤善者，悉皆圆满
61	娑婆诃	svāhā	
62	摩啰那啰	Mara-nara	清静贤者，悉皆圆满
63	娑婆诃	svāhā	

续表

句序	汉语音译	罗马字母转写及汉语词意	句意
64	悉啰僧 阿穆佉耶	sirasaṃ（爱语）amukhāya（第一义）	爱护第一义者，悉皆圆满
65	娑婆诃	svāhā	
66	娑婆 摩訶 悉陀夜	sarva mahā siddhāya	一切大成就者，悉皆圆满
67	娑婆诃	svāhā	
68	者吉啰 阿悉陀夜	Cakrā（轮）asiddhāya	法轮斗战成就者，悉皆圆满
69	娑婆诃	svāhā	
70	波陀摩羯悉陀夜	padma-khastāya（红莲花）	红莲花手持者，悉皆圆满
71	娑婆诃	svāhā	
72	那啰谨墀 皤伽啰耶	narakindi vagaraya（首尊）	贤善圣尊，悉皆圆满
73	娑婆诃	svāhā	
74	摩婆利胜羯啰夜	mavariśaṇkharāya（仁慈最胜）	大勇仁慈者，悉皆圆满
75	娑婆诃	svāhā	
76	南无喝 啰怛那 哆啰夜耶	namaḥ ratna trayāya	礼敬三宝，礼敬圣观自在，悉得圆满
77	南无 阿利耶	namo āryā	
78	婆卢吉帝	avalokite	
79	烁皤啰夜	śvarāya	
80	娑婆诃	svāhā	
81	唵，悉殿都	oṃ Siddhyantu（令我成就）	唵，令我成就
82	漫多啰	Mantra（真言）	真言文句今已圆满
83	跋陀耶	Padāya（文句）	
84	娑婆诃	svāhā	

持世陀罗尼释词[①]

句序	汉语音译	罗马字母转写及汉语词意
1	呾侄他	Tadyathā（即说咒曰）
2	苏鲁闭	Surūpe（美、妙）
3	跋达逻筏底	Bhandra-vati（贤善）
4	瞢揭丽	māṃgale（吉祥）
5	頞折丽	acale（不动）
6	頞折钵丽	acapale（无动）
7	嗢伽嘶尼	ughātani
8	嗢鞞达尼	ubhedani
9	萨写罚底	sasyavati（谷物、果实）
10	驮娜罚底	dhānyavati（米谷）
11	达那罚底	dhanavati（财宝）
12	室利沫底	śrīmati（功德、吉祥慧）
13	钵拉婆罚底	prabhavati（光明）
14	罯沫丽	amale（无垢）
15	毘沫丽	vimale（离垢、清静）
16	鲁卢 苏缕波	ruru（速）surūpe
17	毘沫丽	vimale
18	頞捺捺悉谛	adataste
19	毘呾呾[②]悉谛	vidataste

① 本咒以《大正藏·持世陀罗尼经》为底本，依据 http://www.wisdombox.org/index.html 网站提供的信息，及简丰祺《雨宝陀罗尼》的翻译（《古梵文佛教咒语全集》（修正版），台北：佛陀教育基金会出版，2007 年，第 69—71 页）、林光明《梵汉佛教语大辞典》等编辑。

② “呾”字原无，据《大正藏·雨宝陀罗尼》收录之梵字音补。

续表

句序	汉语音译	罗马字母转写及汉语词意
20	毘湿缚系始	Viśva keśi（众发——神名）
21	泱矩丽	aṅkule（芽）
22	茫矩丽	māṃkule
23	昆昆谜	dhi（知、觉）dhime（我、如是）
24	杜杜谜	dhu（降伏、灭除）dhume
25	咀咀丽	ta（如是）tale
26	咀洛 咀洛	tara（救济）tara
27	罚折丽 罚折丽	vajre（金刚）vajre
28	羯龢 羯龢	ṭake ṭake
29	罚栗杀尼	varṣaṇi（降雨）
30	昵涩波达尼	nighodani（能成、通达）
31	罚折洛达洛	vajradhara（持金刚）
32	咀他揭多萨点	tathagata sat（如来真谛）
33	娑揭洛	sāgara（海）
34	昵惧衫	nirghoṣaṃ（音）
35	咀他揭耽萨点[①]	tathāgata-sat（如来真谛）
36	頞奴飒沫洛	manusmara（思维忆念）
37	飒沫洛 达磨萨点飒沫洛	smara dharmma-sat（法真谛）smara
38	僧伽萨点 飒沫洛	suṃgha-sat（僧真谛）smara
39	咀吒 咀吒	taṭa taṭa
40	谱洛 谱洛	pūra（满足）pūra
41	谱剌耶	pūraya
42	跋洛 跋洛尼	bhara（普集、资粮）bharaṇi（福智）
43	苏瞢揭丽	sumoṃgale（福、吉祥）

① “萨点”原无，据别本补。

续表

句序	汉语音译	罗马字母转写及汉语词意
44	扇多沫底	śāntamati（寂静智慧）
45	瞢揭罗罚底	moṃgalemati（吉祥智慧）
46	苏跋达洛罚底	subhandravati（贤善、善妙）
47	阿揭车 阿揭车	āgacchā（来、诣）āgacchā
48	三沫阇 阿奴飒沫洛 莎诃	samaya（等持、本誓）manusmara svāhā（成就、圆满）
49	阿罚剌喃	ādhārānu（保持）
50	頞奴飒沫洛 莎呵	manusmara svāhā
51	钵剌婆凡 頞奴飒沫洛 莎呵	prabhāva（威势、神力）manusmara svāhā
52	绖栗点[1]	dhṛti（坚持、堪受）
53	頞奴飒沫洛 莎诃	manusmara svāhā
54	毘折阇	vijaya（胜利）
55	頞奴飒沫洛 莎诃	manusmara svāhā
56	萨缚 萨埵 毘捺阇 頞奴飒沫 莎呵	sarva（一切）sattva（有情众生）vijaya manusmara svāhā

① “点”，原作“砧”，据别本音改。

致　谢

笔者点校的《古书隐楼藏书》曾由宗教文化出版社出版，那时因诸多缘由，错误颇多，令人汗颜。今得以修订，虽然错误在所难免，但已经少之又少了。本次修订得以出版，要感谢华龄出版社与盛克琦道兄。在校订过程中，道友范觉居士（网名 wd369）、苏志强给了很大的帮助，不仅提供资料，还改正诸多遗留问题，在此一并致谢！